漢文典

修訂本

〔瑞典〕高本漢　著
潘悟雲　楊劍橋
陳重業　張洪明　編譯

中華書局

圖書在版編目(CIP)數據

漢文典:修訂本/(瑞典)高本漢著;潘悟雲等編譯. —北京:中華書局,2021.6 (2024.5 重印)
ISBN 978-7-101-15180-0

Ⅰ.漢… Ⅱ.①高…②潘… Ⅲ.古漢語-字典 Ⅳ.H163

中國版本圖書館 CIP 數據核字(2021)第 082956 號

書　　名	漢文典(修訂本)
著　　者	〔瑞典〕高本漢
編 譯 者	潘悟雲　楊劍橋　陳重業　張洪明
責任印製	陳麗娜
出版發行	中華書局
	(北京市豐臺區太平橋西里 38 號　100073)
	http://www.zhbc.com.cn
	E-mail:zhbc@zhbc.com.cn
印　　刷	北京建宏印刷有限公司
版　　次	2021 年 6 月第 1 版
	2024 年 5 月第 2 次印刷
規　　格	開本/710×1000 毫米　1/16
	印張 40¼　插頁 2　字數 760 千字
印　　數	2001-2400 册
國際書號	ISBN 978-7-101-15180-0
定　　價	168.00 元

編譯前言

高本漢（Bernhard Karlgren）是國際著名的瑞典漢學家，生於1889年10月5日，卒於1978年10月20日。高氏年輕時就具有非凡的語言學才能，十五歲就開始進行方言描寫工作，十九歲發表了《瑞典南部方言同中部方言的分界綫》的論文。進大學後主攻俄語，深受斯拉夫語言學家、方言學家隆德爾（J. A. Lundell）的影響。以後，在隆氏推薦之下獲得獎學金，遂於1910年2月來中國研究漢語方言。

高氏在中國逗留兩年，先以數月工夫學會漢語口語，不久又掌握了書面語，以後親自走訪各地，口問手寫，調查了二十四個地點的漢語方言，記錄了十萬多個字音，獲得了大量第一手資料。回歐洲後，高氏根據《廣韻》的反切和宋代等韻圖，整理出了中古漢語的音類系統。同時，又根據現代漢語各方言的讀音，以及日語吳音、漢音、朝鮮譯音和越南譯音，給中古漢語各音類構擬了音值，並追溯各音類從中古到現代的演變歷史，最終於1926年完成了名著《中國音韻學研究》（Etudes sur la Phonologie Chinoise）。

高氏在完成中古漢語的研究之後，就開始向上古漢語攀登，從1926年到1934年，又陸續發表了《中日漢字分析字典》（Analytic Dictionary of Chinese and Sino-Japanese）、《上古中國音之中的幾個問題》（Problems in Archaic Chinese）、《詩經研究》（Shi-King Researches）和《漢語詞類》（Word Families in Chinese）等重要著作，大體完成了對上古漢語的構擬。最後，1940年高氏把以上研究成果以字典形式寫進《漢文典》（Grammata Serica）。如果説《中國音韻學研究》是高氏關於中古漢語的精彩論述，那麼《漢文典》就是他畢生研究上古漢語的結晶。

《漢文典》是一本古漢語工具書。字典正文前附有長篇導言，詳細闡明了高氏研究漢字形、音、義的理論依據和方法；又附有研究漢語語音史的論文《從上古漢語到中古漢語》《從中古漢語到官話》，研究日語譯音的論文《上古漢語和日語漢字》；還附有《〈詩經〉韻譜》。字典正文模仿朱駿聲的《説文通訓定聲》，把所收漢字統繫於一千多個諧聲字族之中，字族依上古韻部排列；每一個字族中，先列聲符字、獨體字，後列會意字、形聲字等，凡見於甲金文的，擇要描録甲金文；而每一漢字，又先列上古音、中古音和現代音，次列字的本義、引申義和假借義，每一義項均標明書證出處。字典最末尚有餘論一篇，闡述漢語同源字的内部屈折和音義通轉現象。

《漢文典》一書的價值首先在於音韻。幾百年來，漢語字典的編寫者總是輾轉傳抄漢字的各種音讀，而從不過問這些音讀是否來自同一個語音系統，於是古今南北之音往往糾纏混雜，使人無所適從。高本漢獨具慧眼，利用了隋代陸法言的《切韻》和唐代陸德明的《經典釋文》（兩書相距不到三十年），對所有字音嚴加審辨，從而確定了從上古到中古到現代的讀音。高氏此舉無疑是古漢語字典審音工作的一種獨創。

其次，《漢文典》的價值還在於字、詞的釋義。高氏一方面從文字學的角度詮釋漢字的結構和字義，使漢字的本義得以明確；另一方面，又從訓詁學的角度，嚴格選取只出現在漢代以前典籍中的詞義，於是字的本義、引申義和假借義得以明確。這種把字形、字義和詞義的解釋有機地結合在一部辭書中的做法，無論在當時還是在現在，都可稱爲一種創造。

最後，《漢文典》的編排方式是以諧聲字族爲單位的，把具有同一諧聲成分的漢字都集中在一起，這樣對於我們運用因聲求義的方法，瞭解語言和語義的關係，無疑是具有重要意義的。

1957 年高本漢又出版了《漢文典》修訂本（Grammata Serica Recensa）。修訂版主要有兩大改進：一，根據 1940 年以來對古漢語的深入研究，對字典的釋義作了較大修訂，並注明這些釋義在自己的《詩經注釋》和《書經注釋》中的出處；二，注音補充了聲調。顯然，修訂版更能體現高氏的研究特色及其豐碩成果。

高本漢一生著作宏富，其中不少已譯成漢語，包括名著《中國音韻學研究》，但是《漢文典》一書卻至今未有譯本。現在，幾位專治漢語史的中青年學者不辭辛勞，悉心譯校，通力合作，奮戰四載，並替原書逐一補出書證，對於高氏的錯失之處也多所指正，使此書更加臻於完美，合於實用。《漢文典》一書在國際漢學界影響頗大，此書的編譯出版，對於我國的語言文字學也一定會產生重要的影響；同時，此書對於一般語文愛好者的閱讀和學習也極富啟發作用。因此，能够爲此書作序，這是我最感歡愉的。

張世禄

1987 年 6 月

編譯凡例

一、本字典根據瑞典漢學家高本漢（B. Karlgren）的Grammata Serica（原文載《遠東博物館館刊》［Bulletin of the Museum of Far Eastern Antiquities］第12期，1940）及其修訂版Grammata Serica Recensa（載《遠東博物館館刊》第29期，1957）編譯而成，原文是英文。爲方便讀者起見，編譯時補出了全書的書證。

二、本字典正文的注音，依次爲上古音、中古音、現代音，三者之間用斜綫隔開。上古音和中古音，原文使用瑞典方言字母標注，譯本改用國際音標；中古音的聲調，原文用“：”表示上聲、“-”表示去聲，不加符號表示平聲和入聲，譯本同；現代音，原文用威妥瑪式音標，譯本改用漢語拼音。原文的現代音是指北方官話讀音，如果該讀音與現代漢語普通話有別，編譯者就在該讀音後用括號標注出現代漢語普通話讀音。字典正文前後所附高氏論文的注音除特別説明者外也同此。

三、本字典的釋義，有許多不同於中國傳統的看法，而代表了高氏漢學研究的成果。這些成果的考證大多見於高氏的《詩經注釋》和《書經注釋》二書，讀者可以根據字典中“Gl”注明的數碼，參閲這兩部著作。字典中“Gl”一律置於每字釋義之末。

四、凡高氏注有書證出處，但譯者未檢得適當用例者，儘量以其他漢前書證代替；如無可代，則注明“今本未見”，待考。

五、符號和略語説明：釋義部分“＞”表引申，“=”表等於；書證出處均作略寫，如“左傳·隱公元年”略作“左·隱元”；古文字部分，“殷甲文”表示殷周甲骨文，“殷”表示殷代銘文，“周”表示周代銘文，羅馬字“Ⅰ、Ⅱ”等表示分期年代，古文字字形來源詳見附録《古文字引用説明》。

六、字典正文中，譯者的意見均冠以“按”字樣，以示區別。

七、爲切合實用，突出重點，删除了原書中《〈詩經〉韻譜》，並將正文從《古文字引用説明》後，提前置於《導言》之後。

八、爲簡便計，譯本將原書構擬的上古音所標星號一概删除。

中古音聲調

中古音

上古音

字頭

現代音

諧聲字族編號

1

可 k'ɑ/k'ɑ:/kǒ（kě） ❶能够，可以。《詩·邶風·柏舟》："我心匪石，不～轉也。" ❷適合。《莊子·天運》："其味相反而皆～於口。"

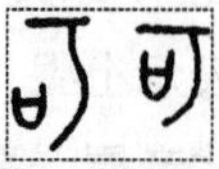

1—2

1 周Ⅲ/Ⅳ（銘文 301）

2 周Ⅲ/Ⅳ（銘文 324）

朝代與分期　古文字字形來源

（詳見附録《古文字引用説明》）

古文字編號

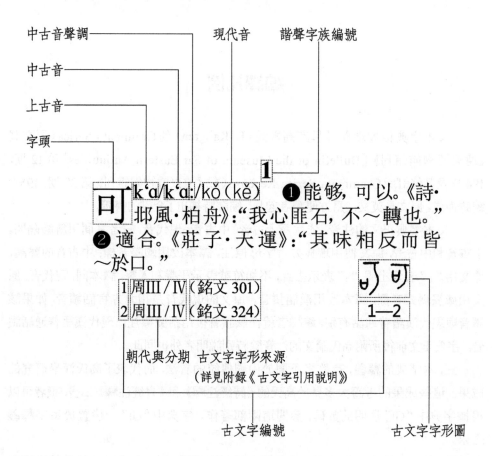

古文字字形圖

目　録

導　言

如果不堅持運用語言學的方法，對中日漢字的結構和發展加以科學的研究是不可能的。許多中國和西方的學者曾經把這種古老的文字作爲有趣的字謎來研究，這是由於他們没有充分認識到，漢字無論現在和過去畢竟都是表示活的口語的書面符號，而這種口語自身獨有的語音系統，正是開啟漢字結構之謎的鑰匙。漢語的單音節性促成了“詞一字”結構的産生，而分析性的“音一形”結構則難以産生。這些大量的單音節詞中有許多同音詞或近音詞，由此又産生了假借字，即代表某詞的一個字，被另一個意義完全不同的同音詞或近音詞所借用。假借字再加上一個表義的形符，就産生了形聲字。形聲字由形符和聲符組成，这類字在數量上更占優勢。可見，如果不考慮到漢字的上古讀音，殷周文字的研究將無從下手。因爲研究象形字、會意字的假借用法，上古音是唯一可靠的鑰匙，同時對於瞭解由假借而産生的諧聲系統來説，上古音也是必不可少的工具。所以，中日漢字的歷史研究必須包括兩個主要方面：一方面，對於象形字、會意字，從最早的形式一直到現代漢字所由發展的小篆爲止，都要儘可能作全面的研究；另一方面，必須研究這些象形字、會意字是怎樣假借爲其他同音詞或近音詞的，必須整理由此而産生的諧聲系列，並加以語言學的解釋。

只是到最近，這兩個問題的解決才成爲可能。因爲甲骨文以及金文的大量發現，相當一部分的先秦文字已經可以收集到；同時，由於對各種材料進行了系統的研究，上古漢語音系的主要特徵也可以構擬出來了。

本書並不打算收録所有已知的甲金文字形。已有好多彙編性著作可供參考，例如高田忠周的《古籀篇》、汪仁壽的《金石大字典》等。與此相反，我的做法跟容庚的《金文編》和孫海波的《古文聲系》相似，只選擇本書所需要的東西。當然，我的選擇標準跟容氏、孫氏多少有些不同：一方面，我剔除了在漢代及其稍後時代没有繼承下來的古代字形，例如hun字在金文中有一個字形，這個字形在後代已經廢棄，而爲另一個以完全不同的原則創造出來的字形“婚”所代替。這樣，我就不收録前者而收録後者，因爲前者與現代的字形没有關係。换言之，我只收録作爲現代漢字祖先的先秦字字形，這兩者之間只有字體上的改變（有時或者是誤用）。另一方面，雖然我也像容氏、孫氏一樣並不收録所有的早期字形，而僅僅作些選擇，但與他們不同的是，我至少在一定程度上遵循了編年的原則，例如，如果已經收有公元前1000年左右的很可靠的一個字形，那麽公元前400年或前250年的類似的字形，要是没有特别有趣的内容或比早期字形有更多的東西，我就把它們捨去。换言之，我只列舉儘可能早的字形，並儘可能把銘文按年代分組。我這方面的觀點，參考了我關於殷周銅器的著作（見《遠東博物館館刊》，1936）。我在那本著作中指出，銘文的年代可以通過不同的銅器類型來確定，一個金文的出現年代常常可以被限制在相當狹窄的範圍内。下面字典中的符號，“周Ⅰ”表示該字形出現在公元前1122年至前950年左右；“周Ⅱ”表示前950年至前770年左右；“周Ⅲ”表示前770年至前450年左右；“周Ⅳ”表示前450年至前250年左右。在另一些場合，我們只能滿足寬泛一些的年代。“周Ⅰ/Ⅱ”表示所涉及的金文出現在公元前1122年至前770年之間，但不能肯定是該時期的前期抑或後期；“周Ⅱ/Ⅲ、周Ⅲ/Ⅳ”依次類推。有時“周”後面没有羅馬數字，表示我們只知道該金文出現在周代；“漢前”表示只知道出現在公元前213年統一漢字之前。

我在引用甲金文時頗費苦心，就甲金文而言，這實在是一個新的開端。在中國和日本，還没有關於查找甲金文每一個字形出處的書籍或文章，僅僅有查找器物名稱（毛公鼎、秦公簋等）的索引，這是極爲不便的：第一，對於同一器物，不同的作者會用不同的名稱；第二，即使名稱明確了，但要在諸如王國維、羅福頤《三代秦漢金文著録表》等參考書目中找到它，也需要繁複而曠日持久的工作。爲此，我編了一份完備的明細表①，這樣，就能够在一份比較熟悉的表中直接找到甲金文某一字形的出處。

文字研究的另一重要方面，即上古漢字的語言學（語音）的研究，在此須詳加説明。可以認爲，這一研究必須分兩個階段進行。十分幸運的是，由於綜合研究了大量内容極不相同的資料，如韻書、外語轉寫、朝鮮和日本的漢語借詞以及互不相同的現代方言等，我們把漢語發展的一個階段弄清楚了：隋和唐初（公元6到7世紀初）首都長安的方言。這一方言，可謂中古漢語的代表，它最充分地體現在《切韻》（公元601年）一書中，我已經在《中國音韻學研究》（Etudes sur la Phonologie Chinoise, 1915—1926）和《答馬斯貝羅論切韻音》（The Reconstruction of Ancient Chinese,《通報》第21期，1922）中把它構擬出來了②。構擬的方法和結果可參考這些著作及其所引的其他學者的著作，其中已經詳述的論點和論證此處不再重複，不過按習慣把它們作爲結論來引用。

中古漢語的構擬完成後，就可以前進一大步，轉到第二階段：我們也十分幸運地得到了漢語發展另一階段中兩種内容全然不同的材料，即《詩經》韻脚和假借字、

① 譯者注：指《古文字引用説明》。

② 譯者注：《答》有林語堂的譯文，《國學季刊》一卷三號。

形聲字（兩者均依據上古音在隋代的發展形式加以研究），這些材料基本上跟同一時代的語言有聯繫，所以我們能够把代表上古漢語的周初首都語音的主要特徵構擬出來。在此，再提出三本參考著作，其中有我的構擬原則和論證：《詩經研究》（Shi-King Researches,《遠東博物館館刊》第 4 期，1932）、《漢語詞類》（Word Families in Chinese,《遠東博物館館刊》第 5 期，1933）和《論周代文字》（On the Script of the Chou Dynasty,《遠東博物館館刊》第 8 期，1936）①。前兩篇討論《詩經》韻脚的上古音構擬，第三篇是説，爲什麼這些結論（由於假借和諧聲）也適用於没出現在《詩經》韻脚中的字。

第三篇的理由簡單歸納於下。大家知道，從《詩經》（公元前 800 年至前 600 年左右）韻脚中能够得出系統而固定的上古韻部。儘管周代初期和中葉存在許多方言，許多歌謠是從不同的諸侯國采集來的，但它們已被加工過，被標準化爲周代首都的語言，故整部《詩經》大體説來（當然有某些例外）是同一性質的語音材料。另一方面，如果我們對那些音借字（假借字，還有加上形符的形聲字）接音韻分組，把有相同聲符的字歸在一起，那麽所得的韻部跟《詩經》韻部相同（有少許例外須進一步討論），而跟這種語言的其他階段不同。由此可見，音借字（假借字和形聲字）雖然有些比《詩經》古老，有些比《詩經》年輕，但它們總的説來是代表了周初的首都方言。因此，那些存在於漢前但不見於《詩經》的漢字，其上古音在某種情況下同樣可以重建。這些字如果具備下面兩個條件：(1) 它們的聲符在《詩經》韻部中的地位是已知的；(2) 它們的隋代讀音（在《切韻》的中古讀音）跟聲符所屬的《詩經》韻部在中古的規則讀音相同，那麽我們可以知道這些字是“規則”的，是周代的首都方言，而不像《切韻》的某些不規則讀音（跟所屬《詩經》韻部在中古的讀音不同），代表不同於周代首都方言的上古方言。詳情見上引《論周代文字》。

上述原則表明，某些漢字即使不見於《詩經》，其上古音也還可以通過聲符和隋代的讀音（在《切韻》的讀音）加以構擬。但這也僅僅是一般的原則罷了，並非必定適用於所有個別情況。依據聲符在《詩經》韻部中的地位，替那些取自《莊子》《孟子》《屈賦》而不見於《詩經》的漢字構擬上古音，我們總是面臨着兩種危險：一，不管怎麽若合符節，在周代首都方言中這個字也許根本不存在，其字形只是其他某個地區創造的（即選擇了該聲符）；二，周代表示這個詞的，可能是另一個全然不同的字，而我們討論的字直到漢代才造出來（即選擇了該聲符）。實際上，即使是《詩經》中的罕見字，也不能完全排除這種危險。因爲在這本書裏我們不可能慮及《詩經》

① 譯者注：《漢語詞類》有張世禄譯本，商務印書館 1937 年。

和其他周代文獻的所有注本，只得像拉丁語詞庫的編者曾做過的那樣，依據於某種常見的版本（如《詩經》用毛傳，而不采用韓詩、魯詩或齊詩），因此，我們始終不能肯定，毛詩中的某個罕見字就是周代中葉的流行形式：也許韓詩或魯詩中的異文才是真正的流行形式。

鑒於所有這些危險，我只得采取某些預防措施，以免過於大膽和武斷。在我看來，只有那些在一系列漢前典籍中出現的普通漢字，如“人、目、來、知”等，我所構擬的上古音才是保險和肯定的。本字典將毫無保留地注明它們的周代讀音，僅在前面標一星號，以表明其爲構擬的上古音。然而只要某字稍微生僻一點，不是上古漢語中的常用字，我就將其構擬形式放入括號内，以表明其構擬僅僅是可能正確：只有該字確實出現在周代首都方言，而且其字形也是這一方言區所創造的（即采用該聲符）；或者該字在其他方言中的讀音與首都方言相同，只有如此，這個構擬才是肯定的（我們應該記得，上古其他方言跟周代首都方言在某些方面會相當不同，但在許多方面可能相同）。

作完上面的説明，我相信我加了這麽多的括號實在是過分謹慎了。按照聲符和隋代讀音把上古音構擬完畢以後，我們將會發現諧聲系統是如此的整齊，這個事實正好證實我的設想：漢前典籍中的大部分漢字在周代中葉的首都方言中已經産生（即已選擇該聲符）。許多漢字不見於漢前典籍，只好被放入括號内，這樣做的主要原因是我們所持有的周代文獻在數量上太有限了。

綜上所述，顯然將得出如下結論：即上古語音的正確構擬，極大地依賴於有關它的中古讀音的可靠知識。這個中古讀音就是《切韻》，它是上古漢語的一個主要的子方言。故對於上古漢語及其文字的成功研究，只有具備了嚴格而有條理的中古漢語知識才有可能。爲了挑選中古漢語的語詞材料，以獲得足够的知識，我們所處理的中古漢語語詞材料在性質上必須完全相同，即所挑選的中古注音必須依據6世紀的同一個方言。如果我們采用現行普通字典中的反切，就有把不宜比較的讀音放在一起的危險，因爲這些反切可能來源於中古不同的方言，例如，打開《康熙字典》，我們將發現許多漢字有兩個、三個或者一系列不同的反切，這些異讀有兩種不同的情况：

一種情况，它們可能是真的異讀，代表同一方言中確實的並行讀音。其所以如此，有時是由於一個詞根産生兩個變體，例如“長”ṭsaŋ，又讀ṭṣ‘aŋ；多數時候則是由於一個字早先曾被聲音相近的另一個詞所借用（所謂假借），例如“女”讀ny和ẓu，後者實爲“汝”ẓu的假借，即“你”的意思。這些異讀並不影響材料性質的相同。

另一種情况，我們發現許多字有兩個以至多個反切，卻有相同的字義。在此情況下，它們有時也是同一方言中確實的並行讀音——《切韻》就有許多這樣的例子，字義相同，讀音則游移於長安方言的兩個讀音之間。但是多數時候，這些具有相同字義的異讀是非常靠不住的，它們實際上是不同的作者在各種典籍注釋中的注音，而這些注音可能依據於全然不同的中古方言。它們被一視同仁地收進了宋代的字典，特别是《集韻》中，一直流傳到後代的字典，主要是《康熙字典》、現代的《中華大字典》和Couvreur的字典中。這實在是最致命的毛病。舉例來説，“婉”字見於《詩經·靜女》①，最早的釋義各不相同。《説文》釋“順”，毛亨訓“美”。《切韻》僅於阮切一讀，即ʔjwɐn（這個音發展爲現代音yān），但兼收“順、美”兩義。陸德明（《經典釋文》）對該字作這樣的注音：“迂阮反，順也，徐於管反。”意思是ʔjwɐn（這個音發展爲現代音yān）是“順”的意思，徐邈讀作ʔwɑn（這個音發展爲現代音wān）。

可見陸氏傾向於《説文》的釋義，注其音爲ʔjwɐn，與《切韻》同，但他又明確指出徐邈有異讀：ʔwɑn（不過没有不同的字義）。

但是如果翻開《康熙字典》，我們卻發現：

1）《廣韻》於阮切，順也。

2）《集韻》烏管切，美也。

這就令人吃驚了：字典的編纂者在古代注釋中找到兩個不同的字義，又找到兩個不同的讀音，一個是《切韻》——陸德明的ʔjwɐn，另一個是徐邈的ʔwɑn。他們毫不難爲情地加以竄改，把該詞一分爲二，一個讀ʔjwɐn，釋作“順”，一個讀ʔwɑn，釋作“美”②。這樣做是毫無根據的。我們不可能知道，徐邈的ʔwɑn是不是他的方言中跟《切韻》的ʔjwɐn對應的讀音。把這兩個讀音並列在一起作爲異讀是不可以的，因爲它們來源不同，是兩個不可比較的形式，不能把它們看作性質相同的材料。

但是這種不同性質、不平行的反切材料卻逐步混雜起來，以致達到如此可怕的程度，即它們不僅存在於《集韻》，而且也存在於現代字典。在這方面，没有比大部頭的《中華大字典》更糟糕，更缺乏學術價值了。

當然更糟糕的是Couvreur，他把宋儒讀《詩經》時發明的叶音，也作爲中古的讀音收進字典，例如“芼”mo-這個讀音除了説明宋儒的想像以外，純係杜撰。

由於這些重要的原因，我們必須十分謹慎地注意材料的來源。於是，看起來很自然的做法就是嚴格地把材料來源限制在《切韻》一書，而不理會其他不見於《切韻》的反切。但這是不行的，因爲對本書來説，許多不見於《切韻》的借用讀音（假借）是不可或缺的。此外，爲了驗證《切韻》音，也最好能十分小心地采用另一個古

① 譯者注：應該是《新臺》。

② Couvreur和Giles都遵照此例，收有兩個讀音、兩個字義。

代材料。下面就是我們采用的材料。

1）我們的主要材料是《切韻》，這是以陸法言爲首的一批學者編纂的，成書於公元601年。關於此書，我不再詳細介紹了，因爲已有許多著作廣泛討論過，我早期關於中古漢語語音的全部研究也是以此書爲根據的。這裏只須指出一點，即雖然此書失傳已經幾個世紀，只是通過其宋代增訂本《廣韻》才爲世人所知，但是由於《切韻》以及稍有擴充的唐韻的古代抄本的重要發現①，現在我們已能知道它的大部分原貌了。其中尤爲重要的是斯坦因（M.stien）和伯希和（P.Pelliot）在敦煌的劃時代發現。中國還發現了其他古代抄本，使此書的面貌更爲完全。羅常培和魏建功兩位中國學者最近出版了一本有相當數量《切韻》抄本的輯本，外加一種版本的《廣韻》及其校注。特別重要的是，他們極有學術價值的出色著作《十韻彙編》收有國家圖書館最好的伯希和抄本和大英博物館非常豐富而重要的斯坦因抄本（中國的著作稱爲《切三》，但誤認爲是巴黎圖書館所藏）。我對《切韻》的語音解釋，包括其聲母、介音和韻母，均見我上述有關著作。

2）上文曾提及的長安方言的另一古代資料是陸德明（卒於公元630年左右）的《經典釋文》。這是對十三經中的十二種經典（《孟子》未論及）以及《老子》《莊子》的集釋。可幸的是，此書的唐代抄本被伯希和發現，並且一部分已由他出版了（Le Chang Chou en Caractères Anciens et le King Tien Che Wen, 1916），因此，我們可以查對現存的版本（最好的版本是盧文弨的《抱經堂叢書》本）跟原書的符合程度。我們發現現存本有些刪節，而注音卻極忠實地保存下來了。這樣我們就有了一本跟《切韻》同時代的重要而廣泛的語音集注。那麽，這本集注跟《切韻》在語音學上有什麽關係呢？

仔細地檢查一下《經典釋文》的反切，我便得出結論：這是一本極爲混雜的有不同來源的著作，只能非常小心地加以利用，但它能在一定程度上向我們提供很有價值的東西。首先，從書中數以千計的反切用語來看——所有最常用最普通的詞語，陸德明都是在未經參考其他著作的情況下，予以解釋、注音的——陸氏雖非長安人，但其著作跟《切韻》一樣都依據於隋代和唐初的長安方言。從陸氏語言中觀察到的聲母、韻母等方面的區別，跟《切韻》是非常一致的。也有一些例外。在韻母前面，《切韻》是ȶ-、ȶʻ-、ȡʻ-的地方，陸氏都是t-、tʻ-、dʻ-；陸氏經常dz-、z-混用；他有時讓-i̯ĕn、-i̯ɛn跟-i̯ən相混；偶爾也不十分肯定-i̯ĕ和-i的區別。只要記住這些，並按嚴格的規則

① 譯者注：高氏所説的唐韻並不僅指孫愐《唐韻》，而且指唐人寫的韻書，主要是王仁昫《刊謬補缺切韻》。

把這些不同之處折合成《切韻》的讀音，那麼陸氏的注音便是《切韻》的絶好驗證。因爲陸德明的工作是獨立於《切韻》之外進行的，並挑選了跟《切韻》不同的反切用語——而如用現代音標重新表示，所得的音值是完全相同的。

《經典釋文》要真的這樣注音就好了，即如果陸德明嚴格限用自己的讀音注音，它的價值將不可估量。可惜陸氏廣泛地引用了許多前輩作者特別是徐邈的反切，因而降低了其著作的價值。而且這些作者説的方言顯然不同於《切韻》，他們的反切經常不能跟《切韻》相合，出現了《切韻》不應有的聲韻配合關係（如“涑”，陸云：徐、劉色遘反）。

所以，把陸氏著作中所引的古代作者的注音略去，似乎是很自然和容易的。不過此事説來容易做來難，這是陸氏引用前輩作者的方法造成的。他引用另一作者的注音，有時是爲了説明另一個與己不同的讀音——上文已經舉了一個這樣的例子；有時則是同意並采納該作者的注音。遇到後一種情況，他常常不標出處，例如“插”字，卷 9：21（《周禮·考工記·序》）陸云“劉、徐初輒反，戚初洽反”，意爲劉、徐讀 tṣʻi̯ɛp，戚讀 tṣʻăp。而卷 10：10（《儀禮·鄉射禮》）他只簡單地説“初洽反”，讀 tṣʻăp，不引作者名。在此處，他是同意跟《切韻》相同的戚氏讀音的。但是，當接受一個前輩作者的讀音時，有時他不但捨去了作者的名字，而且還會重新注出一個與己不同的讀音，卻不標明出處，例如“撥”字，卷 9：29（《周禮·考工記·梓人》）云“必末反，沈蒲末反”，讀 puat，沈讀 bʻuat。此處沈氏的 bʻuat 跟他自己的 puat 相對立，puat 也是《切韻》的讀音。然而卷 7：14（《詩·大雅·蕩》）卻只説“蒲末反”，讀 bʻuat ——該音是沈氏的，並没有得到他自己的贊同。瞭解到這種情況以後，我們才會明白爲什麼在許多跟《切韻》相符而且顯然是代表長安方言的反切中，會突然遇到一個跟《切韻》音系相抵觸的反切：這是因爲陸德明從某個資料中抄下了一個跟《切韻》性質不同的古代注音，卻没有記下作者的名字，例如“挎”，他記作 kʻuo 或 kʻə̯u（《儀禮·大射》），前者跟《切韻》相同，後者就非常不合理——帶該聲符的字中，不可能出現韻母 -ə̯u。在另一處（《周易·繫辭下》），他告訴我們 kʻə̯u 取自徐邈，我們已經知道徐邈的方言跟《切韻》不同。

總而言之，陸氏提不提前輩作者，並不能説明什麼問題；取自前人的陸氏反切也許跟他自己的語言極其相符，也許不相符；不標前人名字的陸氏反切可能是他自己的長安方言，但也可能是前人的注音，與長安方言不合。

如此説來，似乎陸德明的著作過於蕪雜，絲毫無助於我們的目的。但事實上，我們在一定程度上仍可利用，而且大有益處。

應該記住，《切韻》成千上萬的詞語中，有許多是死語詞，它們僅出現於上古典籍，而從來没有在隋唐時代的長安方言中流行過。《切韻》能用當時的語音替它們注音，這看起來是奇怪的，實際上卻很簡單，譬如説，古代有一個活語詞“逑”（配偶），上古（周初）讀作g'i̯ɷg，跟常用詞“求”及其他一些詞同音，語音的發展逐漸使“求”的讀音從上古的g'i̯ɷg變成中古（隋代）的g'i̯ə̯u。當然，同音詞“逑”也會跟着變。即使“逑”在口語中逐漸消失，但每一時代的《詩經》讀者都知道“逑”的讀音跟“求”相同（它出現於《詩經》第一首詩中）。這樣，隋唐學者讀《詩經》時就會把“逑”讀作g'i̯ə̯u，跟“求”一樣，依據此法，可以説，“逑”的《切韻》音g'i̯ə̯u是周代音g'i̯ɷg通過“逑”跟“求”及其他同音字的平行關係而折合出來的隋代語音形式。所以對於那些常見於上古典籍，但在隋唐活的語言中已經消失的字來説，它們在《切韻》中讀音的可靠性，就依賴於歷代學者保持古代讀音的忠實程度。這樣，那些罕見字也及時地跟着其他活的同音的常用字發生了相同的音變①。在這方面，不同的詞會有很不相同的結果。有些活的語言中不再使用的上古漢字，因爲出現在經常讀的典籍中，所有的文人都非常熟悉，它們隋唐時代的語音形式（《切韻》中的反切）是完全可靠的，就跟口語中還存在的讀音一樣。但是，對於那些在經典中只出現一次和少數幾次，或許從不出現於十三經，只出現於《莊子》《荀子》和《墨子》的罕見字，歷代學者的讀音就不會那麽牢靠，那麽不易改變了。《切韻》有許多讀音就不像“逑”字那樣可靠。它們的真實讀音可能已經失傳好幾代了，後代的學者只是依照聲符替它們造出讀音來。

在這種地方，陸德明的著作就很有價值了。我們知道，雖然陸德明跟《切韻》的編者們一樣依據於同一方言，但他是離開他們獨立工作的。當陸德明的讀音不同於《切韻》時，這些讀音也許是他從不同方言的前人著作中抄來的；而許多已經廢棄不用的罕見字在他的書中有跟《切韻》相同的讀音，這就極有價值，因爲它證實了《切韻》的讀音確實是上古發展到隋唐時代的正確而忠實的語音形式。

他的著作還有一個好處。《切韻》是一本釋義非常簡短的字典，許多字没有注明最普通的假借用法。陸德明則相反，他廣泛地記録了經典中的假借用法。事實上，他的許多不同於《切韻》的讀音正是這種正確的記録造成的，並非轉抄不同的方言資料的結果：他記録了《切韻》不曾記録的近音詞假借用法。在這方面，陸德明有時填補了重要的空白。

鑒於上述理由，我將定出如下原則：中古讀音以《切韻》（或《唐韻》）爲依據，

---

① 漢字的性質不像我們的表音字母文字那樣，可以寫出一個個的音素：b-e-d、d-u-s-t，所以一些生僻詞的古音難以保存下來。當“求”從g'i̯ɷg變成g'i̯ə̯u時，不再有人知道它曾讀作g'i̯ɷg，也没有字母文字g'-i̯-ɷ-g告訴學者“逑”曾經是g'i̯ɷg。它也像“求”字一樣在歷代《詩經》讀者的口中緩慢地經過了g'i̯ɷg＞g'i̯ə̯u的演變過程。

如果某讀音見於《十韻彙編》中的某一抄本，則加上記號T；如果少數字不見於抄本，則依《廣韻》，並加上記號K。如果《經典釋文》注音跟《切韻》相同（不必反切用語相同，只要中古讀音相同），則加上記號L；但那些依然存在於現代口語中的常用字，就不要陸德明的“監督”了，因爲現代讀音已足以驗證《切韻》。反之，如果陸德明的注音跟《切韻》不同，而字義相同，則意味着陸德明采用了不同方言的古代注音，我就把這個注音捨去；如果字義也不同，則該字就是《切韻》所不曾記録的假借字，只要其假借義足够普通和重要，我就收録它，並加上記號L[①②]。

然而，我們又會遇到一個非常重要而實際的問題：我們的研究到底要收録哪些字和字義呢？

我在《中文分析字典》（Analytic Dictionary of Chinese，1926）中挑選了6000個左右最普通的漢字。但本書必須有另外的挑選原則，因爲我們的目的是要證實上古漢語的某個諧聲系列中可能有哪些讀音。這就意味着要把公元後創造的、而且現在還流行的許多漢字排除在外，因爲它們代表了較後的很不相同的語言，會使我們的上古諧聲原則的研究嚴重地步入迷途。另一方面，我們須要收集時代最早的真正的綜合性材料。要做到這一點，似乎自然會以《説文解字》作爲我們的出發點，收録其中所有的漢字，再加上不見於《説文》但存在於公元前典籍和《爾雅》《方言》《廣雅》等字典以及漢代經典注釋中的漢字。然而此法不足取，例如《説文》和《爾雅》中的許多字就不見於任何一本典籍。當然不能説這些字是純粹的“字典字”，從不出現於典籍。《漢書·藝文志》記録有許多已經亡佚的周秦、漢代文獻，這些字也許出現於這些古代作品。不過，除了它們不見於典籍而使我們缺乏興趣以外[③]，它們還是一種危險的材料。猜測它們的字義是一種冒險的事，簡短的字典釋義常常會使人誤入歧途，例如“務”字，《説文》釋作“趣”，意思是跑。如果我們不求諸典籍，一味跟從《説文》，當然會把“務”解釋作跑——這是絶對錯誤的。《説文》的解釋來自下面的引申義：“趣”的意思是跑，引申爲追逐、爭取、趨向；“務”的意思是致力於，引申爲專心於、趨向於。此例有力地説明字典釋義之危險。因此，我將堅定地遵循這樣的原

① 我原想給每條注音寫出《經典釋文》完整的章節出處，但篇幅不允許這樣做。讀者如果想查閱它們的出處，必須去翻典籍和普通詞典的語詞索引，找出被陸德明注釋過的（常有十餘處之多）那個字在原文中出現的章節。我希望將來能出一本有關《經典釋文》的專著，屆時，我便可把爲便利自己而編製的索引附在裏面了。

② 譯者注：在修訂版《漢文典》中，高氏把這些記號都去掉了。

③ Couvreur的《經典詞典》（Dictionnaire Classique）和Giles的《漢英詞典》（Chinese-English Dictionary）都收有大量不見於任何經典、僅見於《康熙字典》的漢字，相反，早期經典中確實出現的許多漢字，這些詞典卻没有收入。

則，即本書只收録見於先秦典籍的字，少數特殊場合也收録見於漢初典籍的字[①]。

哪些字義應該注明，則是一個更困難的問題。因爲本書是研究語音和文字的，我當然可以列一張只有上古、中古讀音而没有釋義的字表。但這是不够的，這樣就解釋不了象形字和會意字，也解釋不了形聲字的形符是如何選擇的。故簡短的釋義仍然不可缺。

最理想的做法是注出每個字剛創造出來時的本義[②]。但這在許多情況下辦不到。數百年來，中國學者一般都認爲許慎的《説文》中已經注明每個字的本義，古文字學家都把他的解釋奉爲經典。但是許慎怎麽可能知道每個字的本義呢？有許多字，如"目、口、馬"，他是能做到的，但還有許多字，他是絶無辦法注出本義的，"菁"字，他注爲"韭華也"，這個解釋有點道理——因爲這是一個有文獻可稽的古義，而且字的形符是"艸"，看來很保險。但是該字還釋作"蕪菁、茅"，還有——甚至在《詩經》中！——釋作"茂盛"，所有這些都跟字的形符相合，其中每一個都可能是該字所由産生的本義。我們怎麽能僅據一本出版於公元 100 年的字典，就肯定"韭華"是本義呢？當然不行。此外，還有一些字義，是許慎依據字形自己推測的，從未得到典籍的證實，如"幺、癶"等。所以，要確定一個字的本義，許慎不是一個可靠的指導。

那麽，現代語文學家是否做得好一些呢？在某種情況下，我們確實可以糾正許慎的明顯的錯誤。但在大多數模棱兩可的地方，我們並不比他做得更好。也許還有一個看來可靠的辦法，即找出漢字的最早出處，把該處的字義作爲本義。但這樣將會謬誤百出。因爲有相當數量的周代文獻已經亡佚，我們没有理由認爲，孔子《論語》的字義就一定比《吕氏春秋》的早——也許在比孔子更早、但已經亡佚的詩歌或文獻中，某個字的意義跟《吕氏春秋》的相同。

於是，唯一有效的辦法是把周秦文獻的各種字義都收録下來。可是，成千上萬的字不僅使用過本義，而且還有一系列的引申義，再加上許多假借義，故依照這一辦

① 我自然把《禮記》和《大戴禮》也看作是周代的典籍，因爲它們在漢代編輯成書的各篇實在是周代作品。專用於人名、地名的漢字，除少數很常用很常見的以外，我都一概捨去。

② 請注意，我們務必仔細分辨詞的本義（即一種語言的詞根，完全不考慮它們的文字）跟字（漢語表意字）的本義之間的區别，它們決不相同。中外作者常常認爲字的基本義就是詞的基本義，這是一個普遍性的錯誤。相反，漢字的發明者們發現，描寫抽象概念是困難的，於是他們常常挑選一個詞根的非常特殊和次要的具體用法，來作爲它們的字形。如"裏"li，其詞根li的意思是裏面，而衣服襯裏只是它的一個特殊而次要的具體派生意義。但是漢字的發明者抓住了這個易於描寫的特殊意義，來創造一個合適的字形。後來經過一再擴展，這個字形就用於詞根li（裏面）的一系列意義上去。在此，詞的本義是裏面，而不是衣服襯裏，但是字的本義是衣服襯裏，而不是裏面。

法，我們就得編一本大部頭的漢語《牛津詞典》。這工作完全超越了本書的范圍。由於我不可能總是把自己限制在本義範圍内，所以我將替每個字簡單地選擇一些見於漢前典籍中的最重要的字義。同時考慮到假借字在語音研究上富有啟發性和趣味性，我也收進少許最重要的假借義[①]。但必須指出，本書並不是一本字典，我對字的釋義是非常不全面的，只不過對最重要的字義作些概括説明。

由於篇幅的限制，本書不能標明完整的出處，但我還是注上了每條釋義的來源（《詩》《書》《論語》等）。讀者依靠别的參考書的幫助，可以找到它們的出處，其中大部分見於Legge的《詩經》《書經》《春秋》《論語》《孟子》引得、Couvreur的《禮記》引得、Stuart lockhart的《左傳》引得[②]，在這些引得中找不到的釋義，大部分可以在朱駿聲那本出色的《説文通訓定聲》中找到。

① 《書經》"害" hai，用作"曷"hə的假借字，這在語音上是很有意思的，因爲"害"的上古音是g'ɑd，而"曷"的上古音是g'ɑt。

② 請注意，我的詞義翻譯有時候跟這些著作不同。因爲Couvreur總是遵照宋儒的傳統解釋，Legge則根據近代注家的意見自己決定取捨，而我總是采用漢代最早的注釋。

修訂本導言

《漢文典》最初發表在1940年《遠東博物館館刊》第12期。這種版本現已告罄，看來須要出新的版本了①。

但由於多方面的原因，簡單地再版已經不行；我覺得必須對它作徹底的修訂，以便使大量新的事實能體現在修訂本中。實際上，目前這個版本在很大程度上是一本新著作；所以我給它取了一個新的書名：《漢文典》（修訂本）。我們的《館刊》第29期收有這本書，目的是把這本新著提供給《館刊》的訂户，來取代某些方面已經過時的老版本。新版本主要在兩個方面作了改動：

第一，古代典籍中大量詞語的意義是有爭論的，而且一直是中國語文學家學術討論的課題。我在1940年的《漢文典》中既未采用Couvreur的釋義，也未采用Legge的釋義。Couvreur是盲目照抄宋儒的解釋，儘管這些解釋已被傑出的清儒多次斷然否定。Legge的釋義是從宋、元、明的各種注釋中隨意取來的，而很少考慮到清儒的意見。中國的辭書也同樣没有多大幫助。《康熙字典》和現在的《辭源》只是重複一般的傳統注釋，没有注意到18、19世紀卓越的中國學者的成就②。

我在1940年只能用一種權宜之計，像傳統的做法一樣忠實地采用最接近於周代的漢代學者和注釋家的意見。但是從1940年以後，我發表了有關中國最古文獻（《詩經》《書經》）的廣泛的研究成果③。我在許多未決問題上拋棄了傳統的解釋，引入了新的見解（一方面是探討了最優秀的清儒的研究，另一方面是我自己的語言學論據）。新版的《漢文典》必須考慮到我自己的這些成果，所以這本字典的釋義常常會跟老版本有根本的不同。我感到，把我評論《詩經》《書經》的著作的主要論證的出處完

① 《漢文典》在瑞典出版的同一年（1940），没有經過我的同意，北京出版了此書的影印本。

② 新出版的《辭海》在這方面稍好一些，但也只是偶而引用最重要的清儒的觀點，還不能令人滿意。它在很大程度上只照抄古代各家的釋義，而這些釋義早就被優秀的中國語文學家否定了。

③ 高本漢《國風注釋》（Glosses on the Kuo Feng Odes），《館刊》第14期，1942年；《小雅注釋》（Glosses on the Siao Ya Odes），《館刊》第16期，1941年；《大雅頌注釋》（Glosses on the Ta Ya and Sung Odes），《館刊》第18期，1946年；《書經注釋》（Glosses on the Book of Documents），《館刊》第20期，1948年；《書經注釋之二》（Glosses on the Book of Documents Ⅱ），《館刊》第21期，1949年。

整地列出來是很有用的[①]。

我總是注明每條釋義的出處（《詩》《書》《論語》等），不過很簡短。研究者如果需要完整的出處，首先得查閱哈佛燕京學社那套傑出的引得，其次還可查閱朱駿聲的《説文通訓定聲》以及其他類似著作。

第二，我彌補了第一個版本的一個嚴重缺陷。上古漢語的聲調我們現在知道的還很少，1940 年我的主要興趣是説明上古音給形聲字的研究提供了一個多麼好的工具，忽視了我們在聲調方面的無知，没有標出每個字的聲調。然而，對每個語言學家來説，得到我們確實知道的聲調並給以標注，是饒有興趣的。就中古漢語（大約公元 6 世紀《切韻》的語言）而言，我們對聲調已有了詳細的知識。因此，我在這本書中給每個漢字都加上了中古的聲調，不僅是《切韻》（以及《唐韻》和《廣韻》）所記録的主要字義的聲調，而且還有用於辨別細微意義差別或假借（音借字）的聲調變體。爲了得到所有這些材料，我只得經常參閱出現這些字的古代典籍的有關章節，再從那裏參閱陸德明的注音（《經典釋文》）。

總之，我不僅在聲調方面，而且在中古漢語讀音的各方面都普遍作了大量的工作。令人奇怪的是，在讀音方面，竟没有一本中國或西方的辭書不是將最雜亂的材料堆積在一起的，因此它們在許多方面都會使人誤入迷途。我們絶不能像前人一樣不分青紅皂白地從《廣韻》《集韻》《韻會》和《正韻》中亂引材料。到今天爲止，它們之中最保險的一本要數《康熙字典》了，因爲它至少還標明每個讀音引自古代什麼辭書（儘管它有時也會在這方面出差錯）。《辭源》在審音方面謬誤百出。《辭海》稍微好一些，但也像以前的辭書一樣，不加鑒別地從所有不同性質的來源中引用讀音。他們没有認識到這種必要性：必須把材料限制在以同一個中古方言爲依據的一家傳統讀音之内，例如首都方言不是其他地區的方言，這樣才能得到前後一致的、系統的結果[②]。

幸好，對出現於典籍的所有漢字的各種字義，我們都能找到内部完全一致的讀音。這是因爲我們有兩個極好的材料來源：一個是成書於公元 601 年的《切韻》[③]，另

---

① 我對這些書的注釋（見前注）是按連續數字標注的，所以有上述諸書的讀者能根據本書的出處標注“Gl155”（=注釋第 155 條）或“Gls306、892”（=注釋第 306 和 892 條）立刻找到它們。

② 舉一個簡單的例子：“聶”（薄切肉）（《儀禮·少儀》），《辭海》注作“直葉切”，即 ȡʻi̯ɛp（tʂə），但《經典釋文》的權威注音作“之葉反”，即 tɕi̯ɛp（tʂə）。《辭海》的不規則讀音 ȡʻi̯ɛp 是依據於《康熙字典》所引的《正字通》（一本初版於公元 1705 年的字典）。

③ 還有它的增訂本《唐韻》和《廣韻》。《十韻彙編》很管用，收有各種重要的《切韻》和《唐韻》的殘卷及《廣韻》全書。

一個是陸德明（卒於公元 630 年左右）的《經典釋文》。這兩個材料都依據於同一個中古長安方言，而且極爲出色地互相補充。在這本《漢文典》（修訂本）中，我們嚴格遵照《切韻》《釋文》的傳統讀音，而決不像所有先前的中西辭典學家那樣，把諸如宋代《集韻》、明代《正韻》中没有聯繫的無關的内容與這兩個内部一致的寶貴材料所提供的内容混同起來。

《漢文典》（修訂本）使用的上古和中古漢語語音音標如下：

輔音

	清	濁
舌根音	k k‘ x	g g‘ ŋ ɣ
腭　音	ȶ ȶ‘ tɕ tɕ‘ ɕ	ȡ ȡ‘ ȵ ʑ dʑ ȵʑ j
齒　音	t t‘ ts ts‘ s	d d‘ n l dʑ dz‘ z r
後齒音	tʂ tʂ‘ ʂ	dʐ‘
脣　音	p p‘	b b‘ m w
喉　音	ʔ（ʔi̯u）	Ø（i̯u）

元音

ɑ	ɐ	ŭ
a	i	ă
ɑ̆	o	ĕ
ɔ	ɷ	ŏ
e	ɷ̆	i̯
ɛ	ɔ	e̯
æ	u	ə̯

這本字典的每一個字我都列出三個讀音：

人　ȵi̯ĕn/ȵʑi̯ĕn/rén

古　ko/kuo:/gǔ

帶　tɑd/tɑi-/dài

第一個帶星號的是上古音（周初）[①]；第二個是中古音（約公元 6 世紀的《切韻》音）；第三個是現代音。

讀者也許會問：我們怎麼會知道一個字的上古音和中古音呢？這個答案可參見我

① 譯者注：星號已删。

的《中國聲韻學大綱》(Compendium of Phonetics in Ancient and Archaic Chinese)，載《遠東博物館館刊》第 26 期，1954，第 211 至 367 頁①。在這本廣泛詳盡的著作中，我一步步地對我的構擬作出證明，其中沒有一個例子不是在清楚的理由的説明下作出構擬的。這些理由有時看來還不能作爲絶對肯定的證明，但至少在我的構擬系統中没有對中古音作隨便的猜測（好多人卻是這樣做的）。我的上古音系統向中古漢語的發展是自然的、有機的，這正是對這個系統的最好證明。同時，我們所以認爲《切韻》所代表的中古漢語是活的語言（長安方言）的記録，而不是隋代各種方言的人爲綜合，是因爲絶大多數差得很遠的現代方言都能够把《切韻》音作爲它們系統而邏輯地發展而來的母語。

中古漢語有平聲、上聲和去聲的區别。我暫時采用一個簡單的辦法來表示它們，平聲不標任何記號（如“人”ȵʑiĕn），上聲在字後加一個冒號表示（“古”kuo:），去聲用一個短横表示（“帶”tɑi-）。

大部分現代音的聲調可以通過下面的規則從中古漢語推得：

A. 無標記的中古形式（即平聲），如果帶一個清聲母，它在現代音中就是陰平調；但如果帶濁聲母，它在現代音中就是陽平調：

都 to/tuo/dū　　圖 d‘o/d‘uo/tú

湯 t‘ɑng/t‘ɑng/tāng　　唐 d‘ɑng/d‘ɑng/táng

相 si̯ang/si̯ang/xiāng　　詳 dzi̯ang/zi̯ang/xiáng

B. 帶短横的中古漢語形式（去聲），在現代音中全是去聲調。

太 t‘ɑd/t‘ɑi-/tài　　見 kiɑn/kien-/jiàn

C. 中古漢語帶冒號的形式（上聲），如果聲母是清的，或者是ŋ-、n-、j-、ȵ-、l-、m-，它在現代音中是上聲調；如果聲母是其他濁輔音（即濁塞、擦、塞擦音），現代音就是去聲調：

古 ko/kuo:/gǔ　　户 g‘o/ɣuo:/hù

補 pwo/puo:/bǔ　　簿 b‘o/b‘uo:/bù

翦 tsi̯an/tsi̯ɛn:/jiǎn　　踐 dz‘i̯an/dz‘i̯ɛn:/jiàn

坦 t‘ɑn/t‘ɑn:/tǎn　　但 d‘ɑn/d‘ɑn:/dàn

鮮 si̯an/si̯ɛn:/xiǎn　　善 ḍi̯an/ʑi̯ɛn:/shàn

米 miər/miei:/mǐ　　弟 ḍ‘iər/d‘iei:/dì

裏 li̯əg/lji:/lǐ　　祀 dzi̯əg/zi:/sì

① 也有單行本。

女　ni̯o/ȵiwo:/nǔ　　　　拒　gʻi̯o/gʻi̯wo:/jù

以-p、-t、-k收尾的入聲調在現代音中的分布情況，不能從本書獲得。

現代的漢字字形是公元前213年頒定的小篆（現在簡稱篆字）經過技術性的改造而形成的。更早階段的殷周甲金文常常跟小篆的字形很不相同，同一字形的結構會變化得很厲害。在此我只選録少數古代字形，而且興趣所及只限於小篆和現代漢字的古代形式。許多最重要的金文的出現年代已可確定在一個相當狹窄的範圍中（見高本漢《殷周青銅器》（Yin and Chou in Chinese Bronzes），載《遠東博物館館刊》第8期），故我們有可能給所收的漢前字形都標上一個大致的出現年代：周Ⅰ表示這個字形出現在公元前1027年至前900年左右；周Ⅱ表示公元前900年至前770年左右；周Ⅲ表示公元前770至前450年左右；周Ⅳ表示公元前450年至前250年左右。在另一些場合，我們只得滿足於寬泛一些的年代：如周Ⅰ/Ⅱ表示所討論的甲金文出現在公元前1027年至前770年，其餘記號均以此類推。"周"（不標羅馬字）表示我們只知道這個字形出現在周代，"漢前"表示這個字形是公元前213年統一文字以前的形式[①]。

① 譯者注：這裏的起止年代與《導言》略有不同，原文如此。

1

可 k'ɑ/k'ɑ:/kǒ(kě) ❶能够，可以。《詩·邶風·柏舟》："我心匪石，不～轉也。"❷適合。《莊子·天運》："其味相反而皆～於口。"

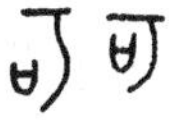

1—2

1 周III / IV（銘文 301）

2 周III / IV（銘文 324）

柯 kɑ/kɑ/kō(kē) 斧柄。《詩·伐柯》："伐～如何？匪斧不克。"

笴 kɑ/kɑ:/gǒ(gě)，kɑn/kɑn:/gǎn 箭杆。《周禮·矢人》："以其～厚，爲之羽深。"

何 g'ɑ/ɣɑ:/hò(hè) 負荷。《詩·候人》："彼候人兮，～戈與祋。"

假借爲g'ɑ/ɣɑ/hó(hé) ❶哪個。《詩·綢繆》："今夕～夕？見此良人。"❷甚麽。《詩·北門》："天實爲之，謂之～哉！"❸怎樣。《詩·綢繆》："子兮子兮，如此良人～？"❹爲甚麽。《詩·雲漢》："王曰於乎，～辜今之人？"❺哪裏。《孟子·梁惠王上》："～由知吾可也？"

河 g'ɑ/ɣɑ/hó(hé) 河流（特指黄河）。《詩·新臺》："新臺有洒，～水浼浼。"

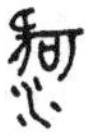

3

3 周II（銘文 169）（按：此字从何得聲）

苛 音同上(kē) 小草。《國策·楚一》："以～廉聞於世。"

同音假借 ❶擾亂，殘暴。《禮·檀弓下》："無～政。"❷叱罵，譴責。《周禮·世婦》："比外内命婦之朝莫哭不敬者，而～罰之。❸疥瘡，癢疹。《禮·内則》："疾痛～癢。"

呵 xɑ/xɑ/hē 責罵。《韓非子·外儲説左上》："關市～難之。"

訶 音同上 呼叫，責罵（僅有漢代書證）。

4

4 周III（銘文 225，"歌"義）。

阿 ʔɑ/ʔɑ/ō(ē) ❶偏斜，傾斜。《詩·載馳》："陟彼～丘，言采其蝱。"❷河岸。《左·襄二十八》："濟澤之～。"❸（偏斜，傾向＞）奉承，諂媚。《國語·吴語》："句踐願諸大夫言之，皆以情告，無～孤。"

同音假借 ❶柱子。《周禮·匠人》："堂崇三尺，四～重屋。"❷棟梁。《儀禮·士昏禮》："升西階，當～。"❸應答詞。《老子》二十章："唯之與～，相去幾何？"❹柔美。《詩·隰桑》："隰桑有～，有葉有難。"Gl188

旖 ʔɑ/ʔɑ:/ǒ(ě) ʔia/ʔie:/yǐ 旗飄動貌。《楚辭·九辯》："紛～旎乎都房。"（按：今本作"旖"。）

荷 g'ɑ/ɣɑ/hó(hé) 荷花。《詩·澤陂》："彼澤之陂，有蒲與～。"

假借爲g'ɑ/ɣɑ:/hò(hè) ❶擔負。《論語·微子》："遇丈人以杖～蓧。"❷接受。《左·昭三》："猶～其禄。"Gl350

哥 kɑ/kɑ/gō(gē) 唱（此字是"歌"的古文，後同音假借爲"哥哥"的"哥"）。

歌 音同上(gē) 歌唱，歌曲。《詩·園有桃》："心之憂矣，我～且謡。"

謌 前字的異體。《荀子·議兵》："故近者～謳而樂之。"（按：今本作"歌"。）

奇 g'ia/g'jie̯/qí 奇怪，異常。《左·閔二》："尨～無常，金玦不復。"

kia/kjie̯/jī ❶奇數。《易·繫辭下》："陽卦～，陰卦耦。"❷單個。《禮·投壺》："一筭爲～。"❸多餘的。《韓非子·十過》："遺有～人者使治城廓之繕。"❹不規則。《禮·曲禮上》："國君不乘～車。"

琦 gʻia/gʻjie̯/qí ❶寶石（僅有漢代書證）。❷撫弄。《荀子·非十二子》："而好治怪説，玩～辭。"

騎 gʻia/gʻjie̯/qí 跨坐。《莊子·大宗師》："乘東維，～箕尾。"

gʻia/gʻjie̯-/jì 騎者。《禮·曲禮上》："前有車～，則載飛鴻。"

錡 gʻia/gʻjie̯:/jì gʻia/gʻjie̯/qí ŋia/ŋjie̯:/yǐ 炊具。《詩·采蘋》："于以湘之，維～及釜。"

gʻia/gʻjie̯/qí 曲鑿。《詩·破斧》："既破我斧，又缺我～。"Gl350

寄 kia/kjie̯-/jì ❶寄宿。《國語·周語中》："國無～寓，縣無施舍。"❷寄放，安頓。《左·襄十四》："齊人以郲～衛侯。"❸交托任務。《論語·泰伯》："可以～百里之命。"❹委托。《管子·明法解》："～托之人不肖而位尊。"❺傳譯語言者。《禮·王制》："達其志，通其欲，東方曰～。"❻居住他鄉。《禮·喪大記》："君拜～公國賓於位。"

掎 kia/kjie̯:/jǐ ❶拖住一足。《左·襄十四》："譬如捕鹿，晉人角之，諸戎～之。"❷斜拉。《詩·小弁》："伐木～矣，析薪扡矣。"

畸 kia/kjie̯/jī ❶奇數。《荀子·天論》："中則可從，～則不可爲。"❷單個，奇特。《莊子·大宗師》："～人者，～於人而侔於天。"❸軍隊一翼。《國語·吳語》："王稱左～。"

羇 音同上 ❶旅館。《左·莊二十二》："～旅之臣，幸若獲宥。"❷旅客。《左·昭十三》："爲～終世，可謂無民。"

綺 kʻia/kʻjie̯:/qǐ 織有花紋的絲綢。《國策·齊四》："下宮揉羅紈，曳～縠。"

踦 kʻia/kʻjie̯/qī 一隻脚的。《國語·魯語》："～跂畢行。"

kia/kjie̯:/jǐ 站立門旁。《公羊·成二》："相與～閭而語。"

ŋia/ŋjie̯:/yǐ 抵住。《莊子·養生主》："足之所履，膝之所～。"

攲 kʻia/kʻjie̯/qī kia/kjie̯/jī 傾斜。《荀子·宥坐》："虛則～，中則正。"

觭 kʻia/kʻjie̯/qī 角一俯一仰。《易·睽》："見輿曳，其牛～。"（按：今本作"掣"，高氏從荀本。）

通"奇"。奇數。《莊子·天下》："以～偶不仵之辭相應。"

倚 ʔia/ʔjie̯:/yǐ ❶依靠。《論語·衛靈公》："在輿則見其～於衡也。"❷依傍。《國策·秦四》："東負海，北～河。"❸偏斜。《禮·曲禮上》："主佩～則臣佩垂。"❹拉向一邊，引入歧途。《書·盤庚中》："恐人～乃身，迂乃心。"

通"奇"。奇異。《莊子·天下》："南方有～人焉曰黃繚。"Gl159

椅 ʔia/ʔjie̯/yī 一種梓樹。《詩·定之方中》："樹之榛栗，～桐梓漆。"

猗 ʔia/ʔjie̯/yī ❶歎詞，啊。《詩·那》："～與那與，置我鞉鼓。"❷句尾助詞。《詩·伐檀》："河水清且漣～。"

ʔia/ʔjie̯:/yǐ 繁盛貌（特指葉子）。《詩·七月》："～彼女桑。"

ʔɑ/ʔɑ:/ǒ（ě） 繁盛貌。《詩·隰有萇楚》："隰有萇楚，～儺其枝。"

通"倚"。❶偏離。《詩·車攻》："四黃既駕，兩驂不～。"❷依靠。《詩·淇奧》："寬兮綽兮，～重較兮。"Gl188、370

輢 ʔia/ʔjie̯:/yǐ 車旁。《國策·趙三》："臣恐秦折王之～也。"（按：今本作"椅"，高氏從鮑本。）

陭 ʔia/ʔjie̯/yī　地名（僅有漢代書證）。

5

5 周Ⅱ/Ⅲ（銘文 257）

旖 ʔia/ʔjie̯:/yǐ　“猗”的異體。繁盛貌。《楚辭·九辯》：“紛～旎乎都房。”

2

我 ŋɑ/ŋɑ:/ǒ（wǒ）　❶我（主格）。《詩·采薇》：“昔～往矣，楊柳依依。”❷我（領格）。《詩·卷耳》：“陟彼高岡，～馬玄黃。”❸我（賓格）。《詩·木瓜》：“投～以木桃，報之以瓊瑤。”❹我們（主格）。《詩·黍苗》：“～行既集，蓋云歸哉。”❺我們（領格）。《詩·黃鳥》：“彼蒼者天，殲～良人。”❻我們（賓格）。《詩·青蠅》：“讒人罔極，構～二人。”

6 殷甲文（A1: 27, 4）　7 殷甲文（A2: 16, 2）

8 殷（銘文 12）　9 周Ⅰ（銘文 58）

10 周Ⅰ（銘文 65）　11 周Ⅰ（銘文 70）

6—11

俄 ŋɑ/ŋɑ/ó（é）　❶傾斜。《詩·賓之初筵》：“側弁之～，屢舞傞傞。”❷一會兒。《公羊·桓二》：“～而可以爲其有矣。”

娥 音同上（é）　優美。《列子·周穆王》：“簡鄭衛之處子～媌靡曼者。”Gl165

12

12 殷甲文（A4: 52, 2 人名）

峨 音同上（é）　高。《詩·棫樸》：“奉璋～～，髦士攸宜。”

睋 音同上（é）　看，凝視。《公羊·定八》：“～而曰：‘彼哉彼哉。’”

莪 音同上（é）　植物名（艾屬？）。《詩·菁菁者莪》：“菁菁者～，在彼中阿。”

誐 音同上　美好（特指言語）。《説文》引《詩》：“～以謐我。”（按：今《詩·維天之命》作“假以溢我”。）Gl758

餓 ŋɑ/ŋɑ-/ò（è）　飢餓，挨餓。《孟子·告子下》：“勞其筋骨，～其體膚。”

鵝 ŋɑ/ŋɑ/ó（é）　鵝。《孟子·滕文公下》：“其母殺是～也。”

蛾 ŋɑ/ŋɑ/ó（é）　蠶蛾。《詩·碩人》：“齒如瓠犀，螓首～眉。”

ŋia/ŋjie̯:/yǐ　螞蟻。《禮·樂記》：“～子時術之。”

義 ŋia/ŋjie̯-/yì　❶正直，正義。《詩·文王》：“宣昭～問，有虞殷自天。”❷道理，意義。《禮·禮器》：“因其財物而致其～焉。”Gl1914

13 殷甲文（B下 13: 5）

14 周Ⅰ（銘文 56）

此字从羊，我聲。

13—14

儀 ŋia/ŋjie̯/yí　❶正確的舉止、行爲。《詩·相鼠》：“人而無～，不死何爲？”❷莊嚴的儀表。《詩·斯干》：“無非無～，唯酒食是議。”❸儀式，準則。《詩·楚茨》：“禮～卒度，笑語卒獲。”❹禮貌，謙恭。《書·洛誥》：“享多～。”❺模範，典型。《國語·周語下》：“～之於民，而度之於羣生。”❻（適當的配合＞）配偶，朋友。《詩·鄘風·柏舟》：“髧彼兩髦，實維我～。”❼（判斷何爲適當＞）估量，判斷。《詩·烝民》：“民鮮克舉之，我～圖之。”❽應該。《詩·文王》：“～刑文王，萬邦作孚。”

同音假借　來。《書·益稷》：“蕭韶九成，鳳皇來～。”Gl506、763、768、1022、1346

議 ŋia/ŋjie̯-/yì　❶謀求。《詩·斯干》：“無非無儀，唯酒食是～。”❷討論。《詩·北山》：“或出入風～，或靡事不爲。”❸選擇。《儀禮·有司》：“乃～侑於賓以異姓。”

蟻 ŋia/ŋjię:/yǐ ❶螞蟻。《禮·檀弓上》："～結於四隅。"❷蟻色。《書·顧命》："卿士邦君，麻冕～裳。"

羲 xia/xjię/xī 人名。《書·堯典》："申命～叔，宅南交。"

犧 音同上 祭祀用的牲畜，純色的祭牲。《詩·閟宮》："皇祖后稷，享以騂～。" Gl1166

3

多 tɑ/tɑ/dō（duō） 衆多。《詩·訪落》："維予小子，未堪家～難。"

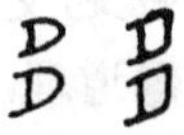
15—16

15 殷甲文（A 1：27, 4）

16 周I（銘文 58）

此字从雙肉，爲食物豐盛義（比較 1033 組"肉"和 178 組"饗"）

痑 t'ɑ/t'ɑ/tō（tuō） tɑ/tɑ-/dò（duò） 力竭，有病（特指馬）。《説文》引《詩》："～～駱馬。"（按：今《詩·四牡》作"嘽嘽"。） Gl402

奓 tɑ/ȶa/zhā 開。《莊子·知北遊》："婀荷甘日中～户而入。"

⿱尚多 t'ɑ/ȶ'a/chà 厚脣貌。見《説文》（無書證）。

17

17 周I（銘文 121，人名）

恀 ȶia/tɕię:/zhǐ（chǐ） 確信，自負。《荀子·非十二子》："儉然、～然、輔然、端然。"

侈 ȶ'ia/tɕ'ię:/chǐ ❶大。《詩·巷伯》："哆兮～兮，成是南箕。"❷奢侈，過度。《左·昭三》："臣不足以嗣之，於臣～矣。"

拸 t'ia/ȶ'ię:/chǐ 分離，離棄。《莊子·庚桑楚》："介者～畫，外非譽也。"

哆 ȶ'ia/tɕ'ię:/chǐ ȶ'ia/tɕ'ia:/chě 大。《詩·巷伯》："～兮侈兮，成是南箕。"Gl617

誃 d'ia/ɖ'ię/chí ȶ'ia/tɕ'ię:/chǐ 離別。《國策》："出～門也。"（按：今本《國策》未見，高氏從《康熙字典》。）

趍 d'ia/ɖ'ię/chí 奔跑。《石鼓文》："～～奔馬。"

18

18 周III/IV（銘文 326）

陊 d'ia/ɖ'ię:/zhì 落下，崩潰（僅有漢代書證）。

19

19 周III/IV（銘文 314，人名）

移 dia/ię/yí ❶遷徙。《書·多士》："我乃明致天罰，～爾遐逖。"❷改變。《孟子·滕文公下》："貧賤不能～。"

dia/ię-/yì ❶充盈。《禮·郊特牲》："順成之方，其蜡乃通，以～民也。"❷延及。《禮·大傳》："絶族無～服。"

ȶ'ia/tɕ'ię:/chǐ 擴大。《禮·表記》："容貌以文之，衣服以～之。"

迻 dia/ię/yí 移動。《楚辭·惜誓》："或推～而苟容兮。"

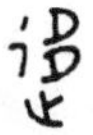
20

20 周III（銘文 232，人名）

⿸广多 ȶ'ia/tɕ'ię/chī 擴大，伸展。《國語·吳語》："將夾溝而～我。"

4

它 t'ɑ/t'ɑ/tā 殷代甲骨文中的意義似乎是：危險，傷害，妨礙。同音假借爲其它之"它"。《詩·鄘風·柏舟》："之死矢靡～。"

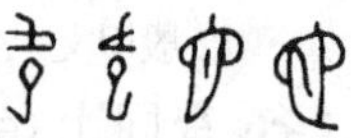
21—24

21 殷甲文（A1：39, 2）

22 殷甲文（A1：52, 1）

23 周I（銘文 58，人名）

24 周II（銘文 185，"其它"義）

此字在殷代甲骨文中是足踏蛇會意，周代銘文爲眼鏡蛇象形，可能是"蛇"的初文。

㐌 "它"的現代異體。

也 從"匜"和"池"的銘文看，此字是"它"的異體。

假借爲 dia/ia:/yě 句尾助詞，啊。《詩·木瓜》："匪報也，永以爲好～。"

佗 tʻɑ/tʻɑ-/tò(tuō) 加。《詩·小弁》："舍彼有罪，予之～矣。"

dʻɑ/dʻɑ/tó(tuó) 委～：依從貌。《詩·君子偕老》："委委～～，如山如河。"

此字有時用作"他"。《左·隱元》："～邑唯命。"Gl49

拕 "拖"的異體(僅有漢代書證)。

紽 dʻɑ/dʻɑ/tuó 束，一束綫。《詩·羔羊》："羔羊之皮，素絲五～。"Gl50

沱 音同上 ❶流。《詩·澤陂》："寤寐無爲，涕泗滂～。"❷水名。《詩·江有汜》："江有～。"

蛇 ȡʻia/dʑʻi̯a/shé 蛇。《詩·斯干》："維虺維～，女子之祥。"

假借爲 dia/ie̯/yí 委～：依從貌，自足貌。《詩·羔羊》："退食自公，委～委～。"

同音假借(淺薄>)虛假。《詩·巧言》："～～碩言，出自口矣。"Gl49、609

鉈 ɕia/ɕi̯a/shē 短矛。《荀子·議兵》："宛鉅鐵～。"(按：今本作"鉇"，高氏從《説文通訓定聲》。)

匜 dia/ie̯/yí ❶大口水壺。《左·僖二十三》："奉～沃盥，既而揮之。"❷大口壺狀(船形調汁壺狀)禮器。《儀禮·既夕禮》："兩敦兩杅槃～。"

25 周II(銘文199，形符是"金"，不是"匚")

26 周II/III(銘文262，形符是"金、皿"，不是"匚")

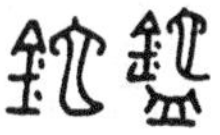

25—26

訑 dia/ie̯/yí 自滿。《孟子·告子下》："夫苟不好善，則人將曰～～。"

tʻwɑ/tʻuɑ/tō tʻɑ/tʻɑ/tō(tuō) 欺騙。《國策·燕一》："寡人甚不喜～者言也。"

迆 dia/ie̯/yí 傾斜。《周禮·考工記》："既建而～。"(按：今本作"迤"，高氏從《説文通訓定聲》。)

酏 音同上 米或黍之粥湯。《禮·內則》："饘、～、酒、醴。"(依賈逵、鄭玄説，《説文》認爲是一種黍酒。)

池 ȡʻia/ȡʻie̯/chí ❶池塘。《詩·召旻》："～之竭矣，不云自頻。"❷城壕。《詩·東門之池》："東門之～，可以漚麻。"❸靈車上的飾物(霤管?)。《禮·檀弓上》："～視重霤。"

同音假借 不齊。《詩·燕燕》："燕燕于飛，差～其羽。"

此字有時也寫作"沱"。Gl70

27 周I(銘文109)

27

竾 音同上 樂器名，同篪。《禮·月令》："調竽笙～簧。"

馳 音同上 ❶馬跑。《詩·載馳》："載～載驅，歸唁衛侯。"❷追逐。《左·莊十四》："公將～之。"

杝 dʻia/ȡie̯:/zhì tʻia/ȶʻie̯:/chǐ 順木紋劈開。《詩·小弁》："伐木掎矣，析薪～矣。"(按：今本作"扡"，誤。)

dia/ie̯/yí 一種樹，似白楊。《禮·檀弓上》："～棺一，梓棺二。"

通"椸"。《禮·曲禮上》："男女不雜坐，不同～枷。"(按：今本作"椸"。)

阤 dʻia/ȡʻie̯:/zhì ❶斜坡。《周禮·輈人》："及其登～，不伏其轅。"❷落下，崩塌。《國語·周語下》："是故聚不～崩，而物有所歸。"

弛 ɕia/ɕie̯:/shǐ ❶放鬆，鬆弦。《禮·曲禮上》："張弓尚筋，～弓尚角。"❷免除，寬容。《禮·坊記》："君子～其親之過。”❸解除，消除。《左·昭三十二》：“～周室之憂。”❹伸展，擴大。《禮·孔子閑居》：“～其文德，協此四國。”❺施陳。《詩·江漢》：“～其文德，洽此四國。”（按：今本作“矢”，高氏依《禮》引《齊詩》。）Gl1043

地 dʻia/dʻi-/dì ❶大地，地面。《詩·正月》：“謂～蓋厚，不敢不蹐。”❷地位。《孟子·離婁下》：“曾子子思，易～則皆然。”

中古讀dʻi-是不規則的，《詩》韻和諧聲關係都説明它在上古是dʻia，發展到中古應該是dʻię-。

他 tʻɑ/tʻɑ/tā 其他。《詩·褰裳》：“子不我思，豈無～士？”（此字是“它”的今字）

扡 “拖”的異體。

髢 見850組。

拖 tʻɑ/tʻɑ/tō（tuō） tʻɑ/tʻɑ-/tò（tuò） dʻɑ/dʻɑ:/dò（duò） 曳拉。《論語·鄉黨》：“東首加朝服～紳。”

胣 dia/ię:/yǐ tʻia/ȶʻię:/chǐ 剖腹刳腸。《莊子·胠篋》：“比干剖，萇弘～。”

袘 dia/ię/yí 衣裙的下緣。《儀禮·士昏禮》：“主人爵弁，纁裳緇～。”

迤 音同上 ❶斜行貌。《書·禹貢》：“東～北會于匯。”（按：今本作“池”。）❷委～：同“委蛇”。參“蛇”。Gl49、1378

弛 ɕia/ɕię:/shǐ 毁棄。《國語·魯語上》：“文公欲～孟文子之宅。”（按：今本作“弛”。）

酏 “酏”的異體。《穆天子傳》六：“脯棗～。”

施 ɕia/ɕię:/shī ❶散布，布施。《易·乾》：“雲行雨～。”❷展示，暴露。《國語·晉語三》：“秦人殺冀芮而～之。”❸（散布＞）設置（特指魚網）。《詩·碩人》：“～罛濊濊，鱣鮪發發。”❹實施，施行。《書·君陳》：“友于兄弟，克～有政。”❺躲閃貌（特指行走）。《孟子·離婁下》：“～從良人之所之。”（也可能是通“迆”）

ɕia/ɕię-/shì 給予。《左·昭二十六》：“陳氏雖無大德，而有～於民。”

dia/ię/yí 延續。《詩·皇矣》：“既受帝祉，～于孫子。”

通“弛”。解除，棄置。《論語·微子》：“君子不～其親。”Gl121、212

葹 ɕia/ɕię/shī 草名。《楚辭·離騷》：“薋菉～以盈室兮。”

椸 dia/ię/yí 衣架。《禮·曲禮上》：“男女不雜坐，不同～枷。”

5

左 tsɑ/tsɑ:/zǒ（zuǒ） ❶左邊。《詩·有杕之杜》：“有杕之杜，生于道～。”❷往左。《詩·裳裳者華》：“～之～之，君子宜之。”❸幫助。《易·泰》：“以～右民。”

28 殷甲文（A3: 31，1）
29 周I（銘文 67）
30 周II（銘文 157）

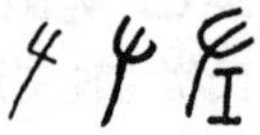
28—30

此字爲左手的象形，後增加了“工”。

佐 tsɑ/tsɑ-/zò（zuǒ） 幫助。《詩·六月》：“王于出征，以～天子。”

差 tsʻa/tʂʻa/chā ❶分歧，差異。《書·吕刑》：“察辭於～，非從惟從。”❷差錯。《荀子·天論》：“亂生其～，治盡其祥。”

？/tʂʻăi/chāi ？/tʂʻai/chāi 選擇。《詩·吉日》：“吉日庚午，既～我馬。”

tṣʻia/tṣʻię/chī　分等的，長短不同的。《詩·燕燕》："燕燕于飛，～池其羽。"

tsʻɑ/tsʻɑ/cō(cuō)　搓。《禮·喪大記》："御者～沐于堂上。"

ṣia/ṣię/shī　～車：管戰車的官。《左·哀六》："其臣～車鮑點。"

31

31 周III（銘文 228）

字形上部的意思不明。（按：上从來（麥），手搓麥使脱粒，參董作賓《馭嫠説》。）

槎 dzʻa/dẓʻa:/zhà　dzʻa/dẓʻa/chá　砍樹。《國語·魯語上》："且夫山不～蘖，澤不伐夭。"

瑳 tsʻɑ/tsʻɑ:/cǒ(cuǒ)　鮮白。《詩·竹竿》："巧笑之～，佩玉之儺。" Gl187

磋 tsʻɑ/tsʻɑ/cō(cuō)　琢磨。《詩·淇奧》："有匪君子，如切如～。"

傞 sɑ/sɑ/sō(suō)　tsʻɑ/tsʻɑ/cō(cuō)　描繪醉舞不止的擬聲字。《詩·賓之初筵》："側弁之俄，屢舞～～。"

瘥 dzʻɑ/dzʻɑ/có(cuó)　tsi̯a/tsi̯a/jiē(juē)　病。《詩·節南山》："天方薦～，喪亂弘多。"

醝 dzʻɑ/dzʻɑ/có(cuó)　鹽，鹹的。《禮·曲禮下》："鹽曰鹹～。"

嗟 tsi̯a/tsi̯a/jiē(juē)　❶歎息聲，唉。《詩·卷耳》："～我懷人，置彼周行。"❷歎詞，啊。《詩·烈祖》："～～烈祖，有秩斯祜。"

髊 dzʻia/dzʻię-/zì　肉骨頭。《呂氏春秋·孟春》："揜骼霾～。"

6

羅 lɑ/lɑ/ló(luó)　❶鳥網。《詩·兔爰》："有兔爰爰，雉離于～。"❷薄紗。《國策·齊四》："下宫揉～紈。"此字从网、糸、隹。

蘿 音同上(luó)　女～：地衣類植物。《詩·頍弁》："蔦與女～，施于松柏。"

7

戈 kwɑ/kuɑ/guō(gē)　戈。《詩·秦風·無衣》："修我～矛，與子同仇。"

32 殷甲文（A6: 9, 2）

33 殷甲文（B上 10: 11）

34 周I（銘文 59）此字象形。

32—34

划 gʻwa/ɣwa/huá　用篙撑（小船）。《呂氏春秋·異寶》："見一丈人～小船，方將漁。"（按：今本作"刺"。）

⿰戈丮 gʻwa/ɣwa:/huà　擊刺。見《説文》（無書證）。

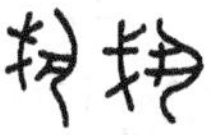
35—36

35 殷（銘文 11，人名）

36 周I（銘文 79，意義不明）。

8

禾 gʻwɑ/ɣuɑ/huó, hó(hé)　正在生長的穀物。《詩·生民》："～役穟穟。"

37 殷甲文（A3: 29, 3）

38 殷（銘文 37，人名）

39 周II（銘文 132）

37—39

此字象形。

和 gʻwɑ/ɣuɑ/hó(hé)　❶和諧。《詩·常棣》："鼓瑟鼓琴，～樂且湛。"❷和平。《左·襄四》："因魏莊子納虎豹之皮，以請～諸戎。"❸和解。《左·襄三十》："雖其～也，猶相積惡也。"❹按正確的比例配製。《左·昭二十》："～如羹焉。"❺一種吹奏樂器。《周禮·小師》："掌六樂聲音之節與其～。"❻～鸞：古代車前軾上的鈴。《詩·蓼蕭》："～鸞雝雝，萬福攸同。"❼～門：營門。《周禮·大司馬》："以旌爲左右～之門。"❽墓前的頌碑。《國策·魏二》："欒水齧其墓，見棺之前～。"

gʻwɑ/ɣuɑ-/hò(hè)　❶（樂器）合調。《禮·檀弓上》："竽笙備而不～。"❷唱和。

《詩·蘀兮》:"叔兮伯兮，倡予～女。"

40

40 周IV（銘文 287，人名）

龢 音同上（hé）　前字的異體。《國語·晉語八》:"國無道而年穀～熟。"

41 殷甲文（A2: 45, 2）
42 周II（銘文 146）
43 周II（銘文 153）

41—43

盉 gʻwa/ɣuɑ/huó（hé）　一種容器（銘文 64, 203）。

44 周II（銘文 64）
45 周I/II（銘文 203）

44—45

科 kʻwa/kʻuɑ/kō（kē）　❶等級，程度。《論語·八佾》:"爲力不同～，古之道也。"❷規則，法規。《國策·秦一》:"～條既備，民多僞態。"

同音假借　❶樹榦中空。《易·説卦》:"其於木也，爲～上槁。"❷坑，洞。《孟子·離婁下》:"盈～而後進，放乎四海。"❸～斗：蝌蚪。《莊子·秋水》:"還虷蟹與～斗。"

9

臥 ŋwa/ŋuɑ-/wò　躺下，睡覺。《孟子·公孫丑下》:"隱几而～。"

10

朵（朶）twa/tuɑ:/dǒ（duǒ）　咀嚼時活動頜部。《易·頤》:"觀我～頤。"

11

隓 dʻwa/dʻuɑ:/dò（duò）　《説文》認爲是"墮"的初文（故有此讀音），以雙"左"爲聲符（無書證）。

隋 tʻwa/tʻuɑ:/tǒ（tuǒ）　swia/swię-/suí　xwia/xjwię-/huì　❶碎裂的祭肉（祭後被埋葬）。《周禮·守祧》:"既祭，則藏其～。"❷用碎肉祭祀。《周禮·小祝》:"贊～、贊徹、贊奠。"❸國名。《墨子·耕柱》:"～侯之珠，三棘六異。"

通"橢"。《淮南子·齊俗訓》:"窺面於盤水則員，於杯則～。"

橢 tʻwa/tʻuɑ:/tǒ（tuǒ）　狹長的卵形物品，橢圓。《楚辭·天問》:"南北順～，其衍幾何？"

嶞 dʻwa/dʻuɑ:/dò（duò）　狹長的山。《詩·般》:"～山喬嶽，允猶翕河。"

墮 dʻwa/dʻuɑ:/dò（duò）　xjwia/xjwię/huī　❶拆除，毀壞（特指城墻）。《春秋·定十二》:"季孫斯、仲孫何忌帥師～費。"❷毀壞，推翻。《書·益稷》:"股肱惰哉，萬事～哉。"❸損壞（特指名譽）。《國策·燕二》:"～先王之名者，臣之所大恐也。"

通"惰"。《禮·月令》:"行春令，則暖風來至，民氣解～。"（按：今本作"惰"，高氏從《康熙字典》。）

隳 xwia/xjwię/huī　毀壞。《老子》二十九章:"或挫或～。"

隨 dzwia/zwię/suí　❶跟隨。《書·益稷》:"予乘四載，～山刊木。"❷依隨，順從。《詩·民勞》:"無縱詭～，以謹無良。"❸脚。《易·咸》:"咸其股，執其～。"Gl916

髓 swia/swię:/suǐ　骨髓。《韓非子·外儲説右上》:"夫痤疽之痛也，非刺骨～。"

瀡 swia/swię-/suì（suǐ）　滑。《禮·内則》:"滫、～，以滑之。"

鬌 twa/tuɑ:/dǒ　dʻwa/dʻuɑ:/dò　dʻwia/dʻwię/chuí（duò）　一束垂着的頭髮。《禮·内則》:"三月之末，擇日，翦髮爲～。"

嫷 tʻwa/tʻuɑ:/tǒ　dʻwa/dʻuɑ-/dò（tuǒ）　美麗。《列子·楊朱》:"皆擇稚齒婑

～者以盈之。”

惰 dʻwa/dʻuɑ:, duɑ-/dò（duò）　❶懶惰，疏忽。《書·益稷》：“股肱～哉，萬事墮哉。”❷漫不經心。《左·僖十一》：“王賜之命，而～於受瑞。”❸無用的。《禮·玉藻》：“垂緌五寸，～游之士也。”

12

坐 dzʻwa/dzʻuɑ:/zò（zuò）　❶就座。《詩·車鄰》：“既見君子，並～鼓瑟。”❷座位。《論語·憲問》：“孔子與之～而問焉。”❸跪。《禮·曲禮上》：“～而遷之，戒勿越。”該字从雙人从土。

痤 dzʻwa/dzʻuɑ/có（cuó）　癰痔。《韓非子·外儲説右上》：“夫～疽痛也，非刺骨髓，則煩心不可支也。”

挫 tswa/tsuɑ-/cò（cuò）　❶推動。《老子》二十九章：“或～或隳。”❷虐待。《孟子·公孫丑上》：“思以一毫～於人。”❸摧折。《周禮·輪人》：“凡揉牙，外不廉而内不～。”❹搞成圓形。《禮·玉藻》：“大夫前方，後～角。”❺去除。《楚辭·招魂》：“～糟凍飲，酎清涼些。”❻毁壞。《國語·吳語》：“而未嘗有所～也。”❼按下。《莊子·人間世》：“～鍼治繲。”

莝 tswa/tsuɑ-/zò　tsa/tʂa-/zhà（zuò）　欺詐的致禮。《禮·曲禮上》：“介者不拜，爲其拜而～拜。”

剉 tsʻwa/tsʻuɑ-/cò　tswa/tsuɑ-/zò（cuò）　切割。《莊子·山木》：“廉則～，尊則議。”

脞 tsʻwa/tsʻuɑ:/cǒ（cuǒ）　細割。《書·益稷》：“元首叢～哉。”

髽 tswa/tʂwa/zhuā　女子舉哀時的一種髮結。《禮·檀弓上》：“魯婦人之～而弔也。”

13

肖 swa/suɑ:/sǒ（suǒ）　貝殼之聲。見《説文》（無書證）。此字可能是“瑣”的初文，从小、貝。

瑣 音同上（suǒ）　❶細碎。《詩·節南山》：“～～姻亞，則無膴仕。”❷鎖鏈。《楚辭·離騷》：“欲少留此靈～兮。”（此義《墨子》改形符从“金”。〔按：《墨子·備穴》：“鐵鎖長三丈。”〕）

14

嬴 此字音義不明。《説文》的宋代校訂者讀作 luɑ/ló（luó），但《切韻》和《廣韻》不載。

一種動物。見《説文》（無書證）。

蠃 lwa/luɑ:/lǒ（luǒ）　❶蜾～：一種小蜂。《詩·小宛》：“螟蛉有子，蜾～負之。”❷一種軟體動物。《國語·吳語》：“其民必移就蒲～於東海之濱。”

羸 lwia/ljwie̯/léi　❶瘦弱。《國語·楚語下》：“民之～餒，日以甚矣。”❷疲乏。《左·桓六》：“請～師以張之。”

同音假借　纏住。《易·大壯》：“羝羊觸藩，～其角。”

15

加 ka/ka/jiā　❶增加。《論語·述而》：“～我數年，五十以學《易》。”❷實施。《論語·公冶長》：“吾亦欲無～諸人。”❸射中，擊中。《詩·女曰雞鳴》：“弋言～之，與子宜之。”❹欺凌。《國語·周語中》：“是則聖人知民之不可～也。”Gl226

46 周II（銘文 157，“嘉”義）

此字从力、口。

46

枷 音同上　❶連枷。《國語·齊語》：“耒耜～芟。”❷一種架子、支撐物。《禮·曲禮上》：”男女不雜坐，不同椸～。”

珈 音同上　婦女的首飾，髮夾上的寶石。《詩·君子偕老》："君子偕老，副笄六～。"

駕 ka/ka-/jià　❶駕馭。《詩·株林》："～我乘馬，説于株野。"❷一隊車馬。《左·定十三》："比君之～也，寡人請攝。"❸套上了馬的車。《莊子·大宗師》："予因以乘之，豈更～哉？"

通"加"。《莊子·庚桑楚》："譬猶飲藥以～病也。"（按：今本作"加"，高氏從《釋文》。）

47

47 周III/IV（銘文 331）

嘉 ka/ka/jiā　❶好，優秀。《詩·鹿鳴》："我有～賓，鼓瑟吹笙。"❷幸福。《左·昭七》："致君之～惠。"❸贊成。《詩·載馳》："既不我～，不能旋反。"❹使……快樂。《禮·禮運》："君與夫人交獻，以～魂魄。" Gl774

48

48 周III（銘文 224）

哿 kɑ/kɑ:/kǒ(kě)　好，十全十美。《詩·正月》："～矣富人。" Gl549

賀 g'ɑ/ɣɑ-/hò(hè)　祝賀。《詩·下武》："受天之祜，四方來～。"

16

沙 sa/ʂa/shā　沙，沙灘。《詩·鳧鷖》："鳧鷖在～，公尸來燕來宜。"

同音假借　❶聲音嘶啞。《周禮·內饔》："鳥皫色而～鳴。"❷綢縠。《禮·雜記上》："狄税素～。"（此義後來寫作"紗"）

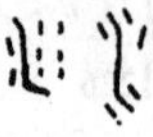
49—50

49 周II（銘文 179）

50 周II（銘文 181）

此字爲沙粒和水流的象形。

鯊 音同上　一種生活在海灘上的小魚。《詩·魚麗》："魚麗于罶，鱨～。"

娑 sɑ/sɑ/sō(suō)　婆～：舞貌。《詩·東門之枌》："子仲之子，婆～其下。"

莎 swɑ/suɑ/sō(suō)　莎草。

sa/ʂa/shā　～雞：一種蝗蟲。《詩·七月》："六月～雞振羽。"

17

麻 ma/ma/má　大麻。《詩·七月》："禾～菽麥。"

51

51 周III/IV（銘文 313，人名）

此字是一束麻懸挂在屋頂下的象形。

塺 mwɑ/muɑ-/mò　灰塵。《楚辭·九歎》："愈氛霧其如～。"

麽 mwɑ/muɑ:/mó　細小。《列子·湯問》："江浦之間生～蟲。"

摩 mwɑ/muɑ/mó　❶摩擦。《左·昭十二》："～厲以須。"❷觸摸。《禮·內則》："濯手以～之。"❸切近。《左·宣十二》："～壘而還。"❹磨滅。《莊子·徐无鬼》："反已而不窮，循古而不～。"

同音假借　隱蔽。《周禮·弓人》："强者在內而～其筋。"

磨 音同上　研磨。《詩·淇奧》："如切如磋，如琢如～。"

糜 mia/mjię/mí　❶粥。《禮·問喪》："鄰里爲之～粥以飲食之。"❷壓碎，搞成糊狀。《孟子·盡心下》："～爛其民而戰之。"

靡 mia/mjię:/mǐ　不，没有。《詩·蕩》："～不有初，鮮克有終。"

同音假借　❶微小。《禮·月令》："～草死，麥秋至"。❷放下，落下。《左·莊十》："望其旗～。"❸浪費，揮霍。《禮·檀弓上》："若是其～也！"❹耗損。《國語·越語》："王若行之，將妨於國家，～王躬身。"❺摩擦。《莊子·馬蹄》："喜則交頸相～。"❻緩慢。《詩·黍離》："行邁～～，中心摇摇。”❼順從。《荀子·儒效》:“是非天性也，積～使然也。”❽連結。《莊子·人間世》:“凡交近，則必相～以信。”

mia/mjię/mí 分享。《易·中孚》:“我有好爵，吾與爾～之。” Gl183、197、1074 a

麾 xmwia/xjwię/huī ❶信號旗。《左·隱十一》:“周～而呼。”❷發信號。《詩·無羊》:“～之以肱，畢來既升。”

同音假借 迅速。《禮·禮器》:“祭祀不祈，不～蚤。”

攠 mia/mjię/mí 懸鐘上被鐘槌撞擊的部分。《周禮·鳧氏》:“于上之～謂之隧。”

18

冎 kwa/k‘wa:/guǎ 從骨上切下肉來，變成赤裸的骨頭。《列子·湯問》:“～其肉而棄之。”(按: 今本作“𣦸”，高氏從《釋文》。)

咼 ? /k‘wai/kuā
口歪不正。見《説文》(無書證)。

騧 kwa/kwa/guā ? /kwai/guā 黑嘴的黄馬。《詩·小戎》:“～驪是驂。”

蝸 kwa/kwa/guā(wō) ? /kwai/guā glwa/lua/ló(luó) 蝸牛。《禮·内則》:“食～醢而苽食雉羹。”

媧 kwa/kwa/guā(wā) ? /kwai/guā 人名。《禮·明堂位》:“女～之笙簧。”

過 kwa/kua-/guò ❶經過。《詩·江有汜》:“不我～，其嘯也歌。”❷過錯。《論語·雍也》:“不遷怒，不貳～。”❸超過，過分。《左·襄十四》:“勿使～度。”

kwa/kua/guō 由旁邊經過。《書·禹貢》:“東～洛汭。”

禍 g‘wa/ɣua:/huò ❶災難。《詩·何人斯》:“二人從行，誰爲此～。”❷(使……遭難>)懲罰。《詩·殷武》:“勿予～適，稼穡匪解。” Gl1204

旤 前字的異體。《荀子·仲尼》:“曲重其豫，猶恐及其～。”

薖 k‘wa/k‘ua/kuō(kē) 恢宏。《詩·考槃》:“考槃在阿，碩人之～。”(《韓詩》作“𠌯”，美好義) Gl162

19

化 xwa/xwa-/huà ❶改變，改造。《書·大誥》:“肆予大～。”❷重新組成。《易·繫辭上》:“範圍天地之～而不過。”❸轉變，變化。《書·泰誓中》:“淫酗肆虐，臣下～之。”

通“貨”。貨物。《書·益稷》:“懋遷有無～居。” Gl1316

52 周(銘文 333)

52

此字爲一人背對另一人的象形。

貨 xwa/xua-/huò ❶財物。《左·襄二十三》:“貪～棄命，亦君所惡也。”❷行賄，賄賂。《書·吕刑》:“五過之疵，惟官、惟反、惟内、惟～、惟來。” Gl2057

吪 ŋwa/ŋua/ó(é) ❶行動。《詩·兔爰》:“逢此百罹，尚寐無～。”❷改變。《詩·破斧》:“周公東征，四國是～。”

訛 音同上(é) ❶行動。《詩·無羊》:“或飲于池，或寢或～。”❷改變。《詩·節南山》:“式～爾心，以畜萬邦。”❸詐僞。《詩·沔水》:“民之～言，寧莫之懲。”❹勞動。《書·堯典》:“平秩南～。” Gl508、1219

20

瓦 ŋwa/ŋwa:/wǎ ❶瓦片。《詩·斯干》:“載衣之裼，載弄之～。”❷盾背拱起部分。《左·昭二十六》:“射之，中楯～。”

21

宜 ŋia/ŋjię/yí 向土神獻祭。《禮·王制》:“諸侯將出，～乎社。”

同音假借 ❶適宜。《詩·桃夭》:“之子于歸,～其室家。”❷調整。《詩·鳧鷖》:“公尸來燕來～。”❸有責任於。《詩·螽斯》:“～爾子孫,振振兮。”Gl589、897

53 殷甲文(A5: 37, 2)

54 殷甲文(A1: 39, 2)

55 殷(銘文 27)

56 周Ⅰ(銘文 69)

57 周Ⅰ(銘文 98)

58 周Ⅲ(銘文 229)

53—58

許多學者認爲這些初文是“俎”字(祭祀用的桌子),但我還是遵從《説文》;在有些場合它可能是“俎”(同一個字可作兩個詞解,正如同一個字既是“夕”又是“月”一樣),但在許多上下文中它無疑是“宜”字。此字是社祭活動中,祭壇的柱子上懸挂着肉片的象形。

誼 ŋia/ŋjie̯-/yì 正確的原則。《國策·趙二》:“子不反親,臣不逆主,先王之通～也。”

22

虘 xia/xjie̯/xī 《説文》:陶製容器(無書證)。此字从豆(容器)、虎,从虎意義不明。(按:《説文》虍聲,金文不从豆,康殷以爲鼓形。)

戲 xia/xjie̯-/xì ❶游樂。《書·盤庚下》:“無～怠,懋建大命。”❷開玩笑。《詩·淇奥》:“善～謔兮,不爲虐兮。”❸歎詞。《禮·大學》:“於～,前王不忘。”(據説用作此義時讀如“呼”字,但這是靠不住的)

23

离 t'lia/t̑'ie̯/chī 山嶽的神靈。見《説文》。此字是“魑”的初文(無書證)。

魑 音同上 一種神靈。《左·宣三》:“～魅罔兩。”(按:今本作“螭”,段玉裁《説文解字注》認爲是俗寫之譌。)

螭 音同上 ❶一種龍。《吕氏春秋·舉難》:“～食乎清而游乎濁。”❷一種神靈。《左·文十八》:“投諸四裔,以禦～魅。”

縭 lia/ljie̯/lí 頭巾。《詩·東山》:“親結其～,九十其儀。”Gl392

醨 音同上 淡酒。《楚辭·漁父》:“何不餔其糟而啜其～。”

離 lia/ljie̯/lí 流～:鳥名。《詩·旄丘》:“瑣兮尾兮,流～之子。”

同音假借 ❶離開。《詩·中谷有蓷》:“有女仳～,啜其泣矣。”❷離散。《詩·四月》:“亂～瘼矣,爰其適歸。”❸劃分。《禮·學記》:“一年視～經辨志。”❹陳設,安排。《左·昭元》:“楚公子圍設服～衛。”❺面對面的。《禮·曲禮上》:“～坐～立,毋往參焉。”❻遭逢。《詩·漸漸之石》:“月～于畢,俾滂沱矣。”❼依附,附著。《詩·兔爰》:“有兔爰爰,雉～于羅。”❽經過,穿過。《詩·小明》:“二月初吉,載～寒暑。”❾垂下。《詩·湛露》:“其桐其椅,其實～～。”❿落下。《左·哀十六》:“其求無饜,偏重必～。”⓫光明。《易·説卦》:“～也者,明也。”

lia/ljie-/lì ❶被分開。《禮·曲禮上》:“鸚鵡能言,不～飛鳥。”❷相異。《禮·月令》:“司天日月星辰之行,宿～不貸。”

通“籬”。《國語·楚語下》:“爲之關籥蕃～而遠備閑之。”Gl107、196、442、638

籬 lia/ljie̯/lí 籬笆。《楚辭·招魂》:“蘭薄户樹,瓊木～些。”

灕 音同上 滴下,落下。《國策·東周》:“非效鳥集烏飛,兔興馬逝,～然止於齊者。”

24

罹 lia/ljię/lí ❶拉進，卷入。《書·洪範》：“不協于極，不～于咎。”❷苦難。《詩·兔爰》：“我生之後，逢此百～。”❸憂慮。《書·酒誥》：“辜在商邑，越殷國滅無～。”Gl1683

25

皮 b'ia/b'ję/pí 獸皮。《詩·羔羊》：“羔羊之～，素絲五紽。”

59 周III（銘文 230）

60 周III / IV（銘文 307）

59—60

此字爲一隻手和一張獸皮的象形，參 931 組“革”的古文字。

疲 音同上 ❶疲倦。《左·成十六》：“奸時以動而～民以逞。”❷瘦弱。《管子·小匡》：“故使天下諸侯以～馬犬羊爲幣。”

被 b'ia/b'jię:, b'jię-/bèi ❶被子。《楚辭·招魂》：“翡翠珠～，爛齊光些。”❷穿戴。《左·襄十四》：“乃祖吾離～苫蓋。”❸衣服的表面。《儀禮·士昏禮》：“笄，緇～纁裏。”❹（被遮蓋>）被加上，受到。《孟子·離婁上》：“今有仁心仁聞，而民不～其澤。”❺遭受。《左·僖四》：“～此名也以出，人誰納我？”❻披蓋。《詩·既醉》：“其胤維何？天～爾祿。”❼達到。《書·堯典》：“光～四表，格于上下。”❽婦女的頭飾。《詩·采蘩》：“～之僮僮，夙夜在公。”❾（被覆蓋的部分>）武器的把手。《周禮·廬人》：“以其一爲之～而圍之。”❿散亂的。《左·成十》：“晉侯夢大厲，～髮及地。”

p'ia/p'jię/pī 覆蓋自身的。《左·襄三》：“使鄧廖帥組甲三百，～練三千。”

p'ia/p'jię-/pì 斗篷。《左·昭十二》：“王見之，去冠～舍鞭。”

鞁 b'ia/b'jię-/bì 馬車的牽引皮帶。《國語·晉語九》：“吾兩～將絶，吾能止之。”

彼 pia/pjię:/bǐ ❶那，那個。《詩·采薇》：“～爾維何？維常之華。”❷他們。《詩·桑扈》：“～交匪敖，萬福來求。”

詖 pia/pję, pjię-/bì ❶偏頗（指言辭）。《孟子·公孫丑上》：“～辭知其所蔽。”❷僞善。《孟子·滕文公下》：“息邪説，距～行。”

陂 pia/pję/bī(bēi) ❶岸。《詩·澤陂》：“彼澤之～，有蒲與荷。”❷堤防。《書·禹貢》：“九澤既～。”❸傾斜。《易·泰》：“无平不～，无往不復。”

pia/pjie-/bì 不公正。《書·洪範》：“無偏無～，遵王之義。”

披 p'ia/p'jie/pī 分開。《左·成十八》：“今將崇諸侯之奸，而～其地。”

pia/pjię-/bì 側面支撑棺材的繩索。《禮·檀弓上》：“設～，周也。”

鈹 p'ia/p'jię/pī 短劍。《左·襄十七》：“賊六人以～殺諸盧門。”

通“披”。《荀子·成相》：“吏謹將之無～滑。”

波 pwa/pua/bō ❶波浪。《詩·漸漸之石》：“有豕白蹢，烝涉～矣。”❷波動。《莊子·外物》：“且以豨韋氏之流觀今之世，其孰能不～。”

跛 pwa/pua:/pǒ 跛足。《易·履》：“眇能視，～能履。”

pia/pjię-/bì 偏向一邊。《禮·禮器》：“有司～倚以臨祭。”

簸 pwa/pua:, pua-/bǒ 簸揚，篩去。《詩·大東》：“維南有箕，不可以～揚。”此字从箕（簸箕），皮聲。

破 pʻwɑ/pʻuɑ-/pò 破壞。《詩·破斧》："既～我斧，又缺我斨。"

頗 pʻwɑ/pʻuɑ/pō ❶歪斜。《楚辭·離騷》："舉賢才而授能兮，循繩墨而不～。"❷不公平。《書·洪範》："人用側～僻。"❸墮落。《書·多方》："爾乃惟逸惟～。"

婆 bʻwɑ/bʻuɑ/pó ～娑：舞貌。《詩·東門之枌》："子仲之子，～娑其下。"Gl334

26

罷 bʻia/bʻjię/pí 筋疲力盡。《左·成七》："余必使爾～於奔命以死。"

?/bʻai:/bà 阻止，停止。《論語·子罕》："約我以禮，欲～不能。"

羆 pia/bjię/bī（pí） 棕白色的熊。《詩·韓奕》："赤豹黃～。"此字的初文可能是"罷"，是跟885組相似的象形字。

27

爲 gwia/jwię/wéi ❶做，幹。《詩·七月》："～此春酒，以介眉壽。"❷充當，變成。《詩·十月之交》："高岸～谷，深谷～陵。"❸代理，幫助。《詩·鳧鷖》："公尸燕飲，福祿來～。"

gwia/jwię-/wèi 爲了，因爲。《詩·韓奕》："～韓姞相攸，莫如韓樂。"

通"僞"。《詩·采苓》："人之～言，苟亦無信。"Gl306、892

61 殷甲文（B下10：11）
62 殷（銘文46）
63、64 周I（銘文101）

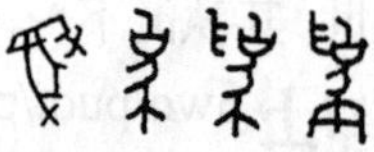

61—64

此字是一隻手伸向大象的頭部（可能來源於殷代盛興的象牙工藝？）。

⿵門爲 gwia/jwię:/wěi 開。《國語·魯語下》："康子往焉，～門與之言。"

嬀 kwia/kjwię/guī 地名和氏族名。《左·隱八》："鄭公子忽如陳逆婦～。"

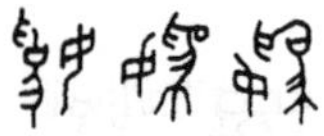

65—67

65 周I（銘文120）
66、67 周III（銘文216）

僞 ŋwia/ŋjwię-/wèi（wěi） ❶虛假。《荀子·性惡》："其善者～也。"❷欺騙。《左·襄三十》："淑慎爾止，無載爾～。"Gl306

撝 xwia/xjwię/huī 點出，表明。《易·謙》："无不利～謙。"

譌 ŋwɑ/ŋuɑ/ó（é） ❶欺騙，虛假。《説文》引《詩》："民之～言。"（按：今《詩·沔水》作"訛"。）❷行動，勞動。《書·堯典》："平秩南～。"（按：今本作"訛"。）Hl508、1219

28

虧 kʻwia/kʻjwię/kuī ❶虧缺。《易·謙》："天道～盈而益謙。"❷減少。《易·鼎》："雉膏不食，方雨～悔。"❸缺少，失掉。《左·昭九》："股肱或～，何痛如之？"❹損害，傷害。《詩·閟宮》："不～不崩，不震不騰。"Gl1169

29

危 ŋwia/ŋjwię/wēi ❶高。《禮·緇衣》："民言不～行。"❷險峻。《國語·晉語八》："拱木不生～。"❸高尚的。《論語·憲問》："邦有道，～言～行。"❹屋脊。《禮·喪大記》："中屋履～。"❺危險。《易·繫辭下》："～者使平。"❻星座的名稱。《淮南子·天文訓》："北方曰玄天，其星須女、虛～、營室。"

詭 kwia/kjwię:/guǐ ❶不正當，狡猾。《詩·民勞》："無縱～隨，以謹無良。"❷欺詐。《穀梁·文六》："～辭而出。"❸神秘的。《莊子·齊物論》："是其言也，其名爲弔～。”

佹 音同上　反對，對抗。《淮南子·齊俗訓》：“爭爲～辯，久稽不訣。”

垝 音同上　毀壞的（指牆）。《詩·氓》：“乘彼～垣，以望復關。”

恑 音同上　欺詐。《莊子·齊物論》：“恢～憰怪，道通爲一。”

跪 gʻwia/gʻjwie̯:/guì　kʻwia/kʻjwie̯:/kuǐ　❶跪下。《左·襄十八》：“首隊於前，～而戴之。”❷脚。《荀子·勸學》：“蟹六～而二螯。”

30

吹 ȶʻwia/tɕʻwie̯/chuī
吹。《詩·何人斯》：“仲氏～篪。”

ȶʻwia/tɕʻwie̯-/chuì　音樂和諧。《禮·月令》：“上丁命樂正入學習～。”此字从口、欠（張口打哈欠）。

炊 ȶʻwia/tɕʻwie̯/chuī　燒煮，烹調。《公羊·宣十五》：“易子而食之，析骸而～之。”

通“吹”。吹開。《莊子·在宥》：“從容無爲而萬物～累焉。”此字从火、吹省聲。

31

垂 ȡwia/ʑwie̯/chuí　❶挂下，懸下。《詩·都人士》：“彼都人士，～帶而厲。”❷落下，降下。《左·昭元》：“伍舉知其有備也，請～櫜而入。”

通“陲”。❶邊緣。《書·顧命》：“立于東～。”❷邊疆。《國語·吳語》：“而思邊～之小怨。”此字从𠂌、土。參“陲”的古文字和44組。

陲 音同上　邊緣，邊疆。《左·成十三》：“虔劉我邊～。”

68

68 周Ⅳ（銘文283）

睡 ȡwia/ʑwie̯-/shuì　睡眠。《國策·秦一》：“讀書欲～，引錐自刺其股。”

菙 ȡwia/ʑwie̯:/shuì　一種灌木。《周禮·菙氏》：“～氏掌共燋契。”

甀 dʻwia/ȡʻwie̯/chuí　dʻwia/ȡʻwie̯-/zhuì　罐子。《列子·湯問》：“狀若甀～。”

錘 音同上　鋤頭。《莊子·大宗師》：“皆在爐～之間耳。”（按：今本作“捶”，趙本作～。）

硾 dʻwia/ȡʻwie̯-/zhuì　壓下，壓碎。《吕氏春秋·勸學》：“夫弗能兑而反説，是拯溺而～之以石也。”

捶 ȶwia/tɕwie̯:/zhuǐ（chuí）　敲打。《禮·内則》：“欲乾肉則～而食之。”

箠 音同上（chuí）　馬鞭。《國語·吳語》：“君王不以鞭～使之。”

諈 twia/ȶwie̯-/zhuì　牽連，糾纏（用作寓言中的人名）。《列子·力命》：“眠娗、～諉、勇敢、怯疑，四人相與游於世。”

埵 twɑ/tuɑ:/dǒ（duǒ）　❶低垂。《荀子·議兵》：“案角鹿～隴種東籠而退耳。”❷土堆。《淮南子·齊俗訓》：“狟狢得～防，弗去而緣。”

唾 tʻwɑ/tʻuɑ-/tò（tuò）　吐唾沫。《左·僖三十三》：“不顧而～。”

32

家 kɔ/ka/jiā　❶家庭。《詩·桃夭》：“之子于歸，宜其室～。”❷家族。《詩·桓》：“于以四方，克定厥～。”❸有利于家。《書·吕刑》：“無或私～于獄之兩辭。”Gl2079

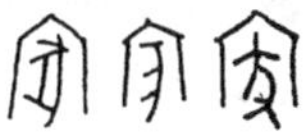
69—71

69 殷甲文（A7: 4, 15）
70 殷甲文（A7: 38, 1）
71 周Ⅰ（銘文69）　此字从宀、豖。

嫁 kɔ/ka-/jià　出嫁。《詩·大明》：“來～于周，曰嬪于京。”

稼 音同上　❶穀物。《詩·七月》：“九月築場圃，十月納禾～。”❷播種。

《詩·伐檀》:“不～不稽,胡取禾三百廛兮?”

33

叚 kɔ/ka:/jiǎ　借。見《説文》。此字是“假”的初文(無書證)。

72

72 周II(銘文148,“嘏”義)

假 音同上　❶假的。《禮·王制》:“～於鬼神、時日、卜筮,以疑衆。”❷假充,假冒。《孟子·公孫丑上》:“以力～仁者霸。”❸借。《左·僖二》:“～道於虞以伐虢。”❹～寐:抽取片刻時間睡眠。《詩·小弁》:“心之憂矣,不遑～寐。”

同音假借　❶偉大。《詩·雝》:“～哉皇考,綏予孝子。”❷來到。《詩·雲漢》:“大夫君子,昭～無贏。”

通“嘏”。幸福。《禮·曾子問》:“不旅不～。”

通“遐”。遠。《禮·曲禮下》:“告喪,曰天王登～。”Gl758、1018、2041

嘏 音同上　❶偉大。《詩·我將》:“伊～文王,既右享之。”❷豐富,幸福。《詩·閟宫》:“天錫公純～,眉壽保魯。”Gl708

葭 kɔ/ka/jiā　蘆葦。《詩·騶虞》:“彼茁者～,壹發五豝。”

豭 音同上　公猪。《左·隱十一》:“鄭伯使卒出～。”

暇 gʻɔ/ɣa-/xià(xiá)　❶空閑。《詩·何草不黄》:“哀我征夫,朝夕不～。”❷短暫的休息。《書·酒誥》:“不敢自～自逸。”Gl1919

瑕 gʻɔ/ɣa/xiá　瑕疵,污點。《詩·狼跋》:“公孫碩膚,德音不～。”

同音假借　如何、爲何。《禮·表記》:“心乎愛矣,～不謂矣?”

通“遐”,遠。《詩·泉水》:“遄臻于衛,不～有害。”Gl111、758

蝦 音同上(xiā)　～蟆:一種蛙。《淮南子·主術訓》:“～蟆鳴燕降而達路除道。”

遐 音同上　遠。《詩·汝墳》:“既見君子,不我～棄。”

同音假借　什麽,如何。《詩·南山有臺》:“樂只君子,～不眉壽?”Gl111、446、806

霞 音同上　遠。《楚辭·遠遊》:“載營魄而登～兮。”

騢 音同上　紅白毛色相雜的馬。《詩·駉》:“薄言駉者,有騆有～。”

34

斝 kɔ/ka:/jiǎ　一種祭器。《詩·行葦》:“或獻或酢,洗爵奠～。”

73

73 殷甲文(B下7:10)

此字象形。

35

下 gʻɔ/ɣa:/xià　下面。《詩·采蘋》:“于以奠之,宗室牖～。”

gʻɔ/ɣa-/xià　下來。《詩·燕燕》:“燕燕于飛,～上其音。”

74—75

74 殷甲文(A7:38,1)

75 周II(銘文139)

此字爲指事。

苄 gʻɔ/ɣa-/xià　❶蒲草。《禮·間傳》:“齊衰之喪,居堊室,～翦不納。”❷地黄。《儀禮·公食大夫禮》:“鉶毛牛藿羊～豕薇皆有滑。”(按:今本作“苦”,高氏從今文。)

36

夏 gʻɔ/ɣa-/xià　夏季。《詩·四月》:“四月維～,六月徂暑。”

gʻɔ/ɣa:/xià　❶大。《詩·權輿》:“～屋渠渠。”❷雜色的。《書·禹貢》:“羽畎～翟。”❸地名和朝代名。《詩·思文》:“無此疆爾界,陳常于時～。”

通"檟"。《禮·學記》:"～、楚二物，收其威也。"Gl841

76

76 周III（銘文 229）

廈 （厦）g'ɔ/ɣa:/xià　房屋。《楚辭·招魂》:"冬有突～，夏室寒些。"

37

牙 ŋɔ/ŋa/yá　牙齒。《詩·行露》:"誰謂鼠無～，何以穿我墉？"

77

77 周II/III（銘文 250）

此字似爲象形。

庌 ŋɔ/ŋa:/yǎ　院子兩旁的廊屋、馬棚。《周禮·圉師》:"夏～馬。"

芽 ŋɔ/ŋa/yá　發芽。《禮·月令》:"是月也，安萌～。"（按：今本作"牙"，高氏從《康熙字典》。）

訝 ŋɔ/ŋa-/yà　❶迎接。《儀禮·聘禮》:"厥明，～賓于館。"❷驚奇。《吕氏春秋·必已》:"無～無訾。"

迓 音同上　迎接。《書·盤庚中》:"予～續乃命于天。"Gl37、1978

雅 ŋɔ/ŋa:/yǎ　❶典雅純正的。《論語·述而》:"子所～言，《詩》《書》、執禮皆～言也。"❷一種樂器。《周禮·笙師》:"笙師掌教吹竽、……應、～。"

鴉 ʔɔ/ʔa/yā　烏鴉。《莊子·齊物論》:"鴟～耆鼠。"

38

襾 xɔ/xa:/xiǎ
覆蓋。見《説文》（無書證）。

賈 kɔ/ka-/jià　價值。《論語·子罕》:"求善～而沽諸？"

ko/kuo:/gǔ　❶商人，行商。《詩·邶風·谷風》:"既阻我德，～用不售。"❷買。《左·昭二十九》:"平子每歲～馬。"

價 kɔ/ka-/jià　價值。《國策·燕二》:"一旦而馬～十倍。"

檟 kɔ/ka:/jiǎ　梓樹。《左·襄四》:"匠慶用蒲圃之～。"

39

巴 pɔ/pa/bā　❶蛇（僅有漢代書證）。❷地名。《左·桓九》:"～子使韓服告于楚。"

把 pɔ/pa:/bǎ　❶抓住。《國策·燕三》:"臣左手～其袖。"❷一把。《國語·楚語下》:"烝嘗不過～握。"

芭 pɔ/pa/bā　❶一種香草。《楚辭·禮魂》:"傳～兮代舞。"❷花。《大戴禮·夏小正》:"拂桐～。"

豝 音同上　大母猪。《詩·騶虞》:"彼茁者葭，壹發五～。"Gl62

杷 b'ɔ/b'a/pá　b'ɔ/b'a-/bà　耙子。《國策·秦四》:"舞～銚推耨之勢而有積粟之實。"（按：今本作"把"，高氏從《康熙字典》。）

40

馬 mɔ/ma:/mǎ　馬。《詩·漢廣》:"之子于歸，言秣其～。"

78 殷甲文（A2: 19, 1）
79 殷甲文（A4: 475）
80 殷（銘文 26）
81 周I（銘文 55）

78—81

此字象形。

禡 mɔ/ma-/mà　在戰地中的祭祀。《詩·皇矣》:"是類是～，是致是附。"Gl473

82

82 漢前（銘文 459）

罵 mɔ/ma:, ma-/mà　罵。《左·昭二十六》:"冉豎射中武子，中手，失弓而～。"

41

瓜 kwɔ/kwa/guā　瓜。《詩·七月》:"七月食～，八月斷壺。"

呱 kwo/kuo/gū 哭叫。《詩·生民》:"鳥乃去矣,后稷～矣。"

孤 音同上 ❶幼年喪父者,孤兒。《論語·泰伯》:"可以托六尺之～。"❷孤獨。《論語·里仁》:"德不～,必有鄰。"❸突出,特立。《書·禹貢》:"嶧陽～桐。"

罛 音同上 網。《詩·碩人》:"施～濊濊。"

苽 音同上 一種淺水植物,即茭白。《禮·内則》:"蝸醢而～食雉羹。"

觚 音同上 一種喇叭形的禮器。《論語·雍也》:"～不～,～哉～哉!"

通"孤"。突出。《莊子·大宗師》:"與乎其～而不堅也。"

軱 音同上 大骨頭,彎骨頭。《莊子·養生主》:"技經肯綮之未嘗,而況大～乎!"

弧 gʻwo/ɣuo/hú ❶弓。《易·繫辭下》:"弦木爲～。"❷彎曲。《周禮·輈人》:"凡揉輈欲其孫而無～深。"

狐 音同上 狐狸。《詩·有狐》:"有～綏綏,在彼淇梁。"

42

寡 kwɔ/kwaː/guǎ ❶少。《易·繫辭下》:"吉人之辭～。"❷孤獨。《詩·鴻鴈》:"爰及矜人,哀此鰥～。❸獨一無二的。《詩·燕燕》:"先君之思,以勗～人。"Gl812

83

83 周II(銘文 180)

此字从宀(屋頂)、首(頭)

43

夸 kʻwɔ/kʻwa/kuā 自夸。《詩·板》:"天之方懠,無爲～毗。"Gl929

誇 音同上 自夸。《管子·白心》:"是故萬物均既～衆矣。"

姱 音同上 美好。《楚辭·離騷》:"苟余情其信～以練要兮。"

跨 kʻwɔ/kʻwa-/kuà 跨越,邁過。《左·昭十三》:"康王～之,靈王肘加焉。"

kʻwo/kʻuo-/kù(kuà) 侵占,占有。《國語·晉語一》:"不～其國,可謂挾乎?"

通"誇"。《列子·楊朱》:"而欲尊禮義以～人。"(按:今本作"夸",高氏從《釋文》。)

荂 kʻwɔ/kʻwa/kuā xi̯wo/xi̯u/xū 花。《莊子·天地》:"折楊皇～,則嗑然而笑。"

刳 kʻwo/kʻuo/kū 剖開,切割成片。《易·繫辭下》:"～木爲舟。"

挎 kʻwo/kʻuo/kū 抓在手中。《儀禮·鄉飲酒禮》:"～越,内弦。"

袴 kʻwo/kʻuo-/kù 褲子。《禮·内則》:"衣不帛襦～。"

絝 前字的異體。《墨子·非樂上》:"因其蹄蚤以爲～屨。"

瓠 gʻwo/ɣuo, ɣuo-/hú 葫蘆,瓠瓜。《詩·碩人》:"領如蝤蠐,齒如～犀。"

洿 ʔwo/ʔuo/wū ❶池塘。《孟子·梁惠王上》:"數罟不入～池。"❷污穢。《左·文六》:"治舊～。"❸深。《楚辭·天問》:"九州安錯?川谷何～?"❹挖坑。《禮·檀弓下》:"～其宮而豬焉。"

槬 gʻwɔ/ɣwa-/huà 大。《左·昭二十一》:"今鐘～矣。"

摦 前字的異體。《左·昭二十一》:"大者不～。"(按:今本作"槬",高氏從《漢書·五行志》引。)

44

華 gʻwɔ/ɣwa/huá(huā) 花。《詩·桃夭》:"桃之夭夭,灼灼其～。"

同音假借 剖開。《禮·曲禮上》:"爲

國君者～之。”

ɡʽwɔ/ɣwa-/huà　山名。《書·禹貢》：“至于太～。”

84

84 周II（銘文 139，人名）

此字象形。

驊 ɡʽwɔ/ɣwa/huá　一種良馬。《莊子·秋水》：“騏驥～騮，一日而馳千里。”

譁 xwɔ/xwa/huá　喧嘩。《書·費誓》：“人無～，聽命。”

45

者 ȶi̯ɔ/tɕi̯a:/zhě　助詞。《詩·黍離》：“不知我～，謂我何求？”

85—86

85 周I（銘文 70，“諸”義）

86 周II（銘文 189）

赭 音同上　❶紅土。《管子·地數》：“上有～者下有鐵。”❷紅色顏料。《詩·簡兮》：“赫如渥～，公言錫爵。”

奢 ɕi̯ɔ/ɕi̯a/shē　奢侈。《論語·八佾》：“禮，與其～也，寧儉。”

87

87 周（銘文 348，人名）

褚 ti̯o/ȶi̯wo:/zhǔ　❶裝衣服的口袋。《左·成三》：“鄭賈人有將置諸～中以出。”❷貯藏。《左·襄三十》：“取我衣冠而～之。”❸覆在靈柩上的帷幕。《禮·檀弓上》：“～幕丹質。”

猪 ti̯o/ȶi̯wo/zhū　猪。《左·定十四》：“既定爾婁～。”

通“瀦”。《書·禹貢》：“大野既～。”Gl1357

楮 tʽi̯o/ȶʽi̯wo:/chǔ　to/tuo:/dǔ　構樹。《韓非子·喻老》：“宋人有爲其君以象爲～葉者，三年而成。”

箸 dʽi̯o/ȡʽi̯wo-/zhù　筷子。《禮·曲禮上》：“飯黍毋以～。”

通“著”。明顯。《荀子·王霸》：“致忠信，～仁義，足以竭人矣。”

渚 ȶi̯o/tɕi̯wo:/zhǔ　小島。《詩·江有汜》：“江有～。”Gl57

煑（煮）音同上　燒煮。《周禮·亨人》：“職外内饗之爨亨～。”

鬻 前字的異體。《周禮·鹽人》：“凡齊事～鹽以待戒令。”

翥 ȶi̯o/tɕi̯wo-/zhù　高飛。《楚辭·遠遊》：“鸞鳥軒～而翔飛。”

諸 ȶi̯o/tɕi̯wo/zhū　❶許多，全部。《詩·泉水》：“孌彼～姬，聊與之謀。”❷句首語助詞。《公羊·桓六》：“其～以病桓與？”❸句末語助詞。《詩·日月》：“日居月～，照臨下土。”❹蜜餞。《禮·内則》：“桃～、梅～、卵鹽。”❺等於“之乎”。《論語·顔淵》：“雖有粟，吾得而食～？”

通“者”。《禮·郊特牲》：“於彼乎？於此乎？或～遠人乎？”

陼 ȶi̯o/tɕi̯wo:/zhǔ　小島。《國語·越語下》：“而蛙黽之與同～。”參“渚”。

署 d̑i̯o/ʑi̯wo-/shù（shǔ）　任命，官職。《國語·魯語上》：“夫～，所以朝夕虔君命也。”

緒 dzi̯o/zi̯wo:/xù　❶絲頭，繼承物。《國語·周語上》：“今天子欲修先王之～而棄其大功。”❷延續，延伸。《莊子·山木》：“食不敢先嘗，必取其～。”❸最末，剩餘，《莊子·讓王》：“道之真以治身，其～餘以爲國家。”❹工作，事業。《詩·常武》：“不留不處，三事就～。”Gl1047

書 ɕi̯o/ɕi̯wo/shū　❶文字。《易·繫辭下》：“上古結繩而治，後世聖人易之以～契。”❷文書。《詩·出車》：“豈不懷歸，畏此簡～。”❸書寫。《周禮·士師》：“～而懸于門閭。”

88—89

88 周I（銘文 56）

89 周II（銘文 164）

此字的現代字形中聲符縮略了。

暑 ći̯o/ći̯wo:/shǔ 炎熱。《詩·小明》：“二月初吉，載離寒～。”

堵 to/tuo:/dǔ 五十立方的一段牆。《詩·鴻鴈》：“之子于垣，百～皆作。”

同音假借 一排鐘磬。《周禮·小胥》：“凡縣鐘磬，半爲～，全爲肆。”

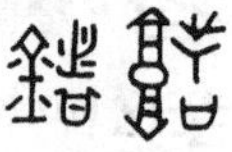

90—91

90 周Ⅲ（銘文 217，形符是“金”不是“土”）

91 周Ⅲ/Ⅳ（銘文 295，形符是“享”〔牆〕不是“土”）

幡 音同上 旗幟。《荀子·禮論》：“無～，絲黨。”

睹 音同上 看。《禮·禮運》：“以陰陽爲端，故情可～也。”

覩 前字的異體。《孟子·告子下》：“爲其事而無其功者，髡未嘗～之也。”

都 to/tuo/dū 都市。《詩·都人士》：“彼～人士，狐裘黄黄。”

同音假借 ❶閑雅。《詩·有女同車》：“彼美孟姜，洵美且～。”❷歎詞。《書·堯典》：“驩兜曰：‘～！’”

通“瀦”。《管子·水地》：“而水以爲～居。”Gl727、1357

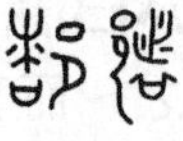

92—93

92 周Ⅲ（銘文 184）

93 周Ⅲ/Ⅳ（銘文 301）

闍 to/tuo/dū d'i̯ɔ/dź'i̯a/shé 城牆上的塔樓。《詩·出其東門》：“出其闉～，有女如荼。”Gl239

屠 d'o/d'uo/tú 屠殺。《周禮·廛人》：“凡～者斂其皮角筋骨。”

瘏 音同上 疲憊不堪。《詩·卷耳》：“陟彼砠矣，我馬～矣。”

瀦 ti̯o/ȶi̯wo/zhū 滯留的水，池塘。《周禮·稻人》：“以～畜水。”

儲 d'i̯o/ȡ'i̯wo/chǔ 積蓄，貯藏。《淮南子·主術訓》：“二十七年而有九年之～。”

曙 ȡi̯o/ʑi̯wo-/shǔ 日出。《管子·形勢》：“～戒勿怠。”

著 ti̯o/ȶi̯wo-/zhù 位次，安排位次。《左·昭十二》：“若不廢君命，則固有～矣。”

同音假借 ❶顯露。《易·繫辭下》：“吉凶生而悔吝～也。”❷明顯。《孟子·滕文公下》：“孔子之道不～。”❸標識。《管子·立政》：“十二月一～。”

通“宁”。《詩·著》：“俟我於～乎而，充耳以素乎而。”

ti̯ak/ȶi̯ak/zhó（zhuó） ❶安置，運用。《禮·中庸》：“故先王～其教焉。”❷（安放於地>）無足祭器。《禮·明堂位》：“～，殷尊也。”❸公布，發表。《左·昭二十九》：“～范宣子所爲刑書焉。”

d'i̯ak/ȡ'i̯ak/zhó（zhuó） 附著，《公羊·莊十二》：“齒～乎門闔。”

躇 d'i̯o/ȡ'i̯wo/chú 躊～：彳亍不前，猶豫不決。《莊子·外物》：“聖人躊～以興事。”

t'i̯ak/ȶ'i̯ak/chò（chuò） 超越。《公羊·宣六》：“趙盾知之，～階而走。”Gl116

斮 ti̯ak/ȶi̯ak/zhó（zhuó） 砍。《墨子·經説下》：“毋與非半，不可～也。”

46

且 ts'i̯ɔ/ts'i̯a:/qiě ❶而且，和。《詩·魚麗》：“君子有酒，旨～多。”❷即使。《孟子·公孫丑上》：“～以文王之德，百年而後崩，猶未洽於天下。”❸姑且。《詩·山有樞》：“～以喜樂，～以永日。”❹即將，不久。《國策·秦一》：“城～拔矣。”

tsi̯o/tsi̯wo/jū ❶句末助詞。《詩·褰

裳》："狂童之狂也～。"❷許多。《詩·韓奕》："籩豆有～，侯氏燕胥。"

通"徂"。去。《詩·溱洧》："女曰觀乎？士曰既～。"Gl133、229、240、1106、1127、1283

94 殷甲文（E124: 3）

95 殷甲文（A1: 10，2）

96 殷（銘文 9）　97 周I（銘文 65）

98 周I（銘文 86）　99 周II（銘文 134）

所有這些字形都是"祖"（祖先）的初文，是男性生殖器形狀的祖宗牌位的象形。上述諸義都是"祖"字的假借用法。

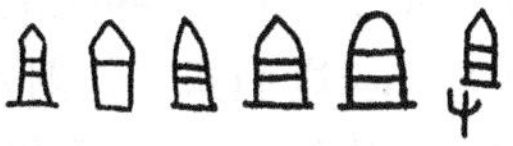

94—99

罝 tsi̯ɔ/tsi̯a/jiē（jū）　兔網。《詩·兔罝》："肅肅兔～，施于中逵。"

樝 tsɔ/tʂa/zhā　一種酸果（山楂？）。《禮·內則》："～梨曰攢之。"

抯 tsɔ/tʂa/zhā　tsi̯ɔ/tsi̯a:/jiě　dz'i̯ɔ/dz'i̯a:/jiè　（從水中）提出。《墨子·天志下》："而況有踰於人之牆垣、～格人之子女者乎？"

沮 tsi̯o/tsi̯wo-/jù　沼澤地。《詩·汾沮洳》："彼汾～洳，言采其莫。"

dz'i̯o/dz'i̯wo:/jù　滲漏。《禮·月令》："地氣～泄。"

同音假借　❶阻止。《詩·巧言》："君子如怒，亂庶遄～。"❷戰勝。《國語·晉語一》："殺君而厚利衆，衆孰～之？"Gl573

100

100 殷甲文（G1: 14，"祖"義）

蛆 tsi̯o/tsi̯wo/jū　蝍～：蜈蚣。《莊子·齊物論》："蝍～甘帶。"

岨 ts'i̯o/ts'i̯wo/qū（jū）　帶土的石山。《詩·卷耳》："陟彼～矣，我馬瘏矣。"（按：今本作"砠"，高氏從《說文通訓定聲》。）Gl1078

通"徂"。《韓詩》："彼～者岐，有夷之行。"（按：今《詩·天作》作"徂"。）

狙 ts'i̯o/ts'i̯wo/qū（jū）　猴子。《莊子·齊物論》："朝三而暮四，衆～皆怒。"

疽 音同上　潰爛。《莊子·田子方》："丘以是日～。"（按：今本作"徂"，高氏從司馬本。）

砠 音同上（jū）　帶土的岩石。《詩·卷耳》："陟彼～矣，我馬瘏矣。"此字同"岨"。

雎 音同上（jū）　～鳩：一種水鳥。《詩·關雎》："關關～鳩，在河之洲。"

鴡 前字的異體。《左·昭十七》："～鳩氏，司馬也。"

苴 ts'i̯o/ts'i̯wo/qū（jū）　❶結籽的麻。《詩·七月》："八月斷壺，九月叔～。"❷稻草。《詩·召旻》："草不潰茂，如彼棲～。"

ts'i̯o/ts'i̯wo/qū　tsi̯o/tsi̯wo/jū　墊鞋底的草。《楚辭·悲回風》："草～比而不芳。"

通"藉"。《禮·曲禮上》："凡以弓劍苞～簞笥問人者。"

tsɔ/tʂa:/zhǎ　混合糞土的草。《莊子·讓王》："其土～以治天下。"

咀 dz'i̯o/dz'i̯wo:/jǔ　咀嚼。《管子·水地》："三月如～，～者何？"

俎 tʂi̯o/tʂi̯wo:/zǔ　小祭桌。《詩·楚茨》："爲～孔碩，或燔或炙。"

詛 tʂi̯o/tʂi̯wo-/zù（zǔ）　❶祈求降禍於某人。《詩·何人斯》："出此三物，以～爾斯。"❷誓言。《書·吕刑》："罔中于信以覆～盟。"

阻 tʂi̯o/tʂi̯wo:/zǔ　❶險峻的。《詩·殷武》："罙入其～。"❷危險，艱難，充滿障礙。《詩·蒹葭》："遡洄从之，道～且長。"❸困難，麻煩。《詩·雄雉》："我之懷矣，自詒伊～。”❹留難，挑剔。《詩·邶風·谷風》：“既～我德，賈用不售。”❺阻礙。《左·閔二》：“是服也，狂夫～之。”

同音假借　依靠。《左·隱四》：“夫州吁～兵而安忍。”

通“且”。不久，將要。《書·舜典》：“黎民～飢。”Gl89、1283

助 dẓʽi̯o/dẓʽi̯wo-/zhù　幫助。《詩·正月》：“載輸爾載，將伯～予。”

鉏 dẓʽi̯o/dẓʽi̯wo:/zhǔ(jǔ)　～鋙：像不整齊的牙齒不能配合。《楚辭·九辯》：“吾固知其～鋙而難入。”

祖 tso/tsuo:/zǔ　❶祖父，祖宗。《詩·斯干》：“似續妣～。”❷出行前在路旁祭祀。《詩·韓奕》：“韓侯出～，出宿于屠。”❸仿效。《禮·鄉飲酒義》：“～陽氣之發於東方也。”❹練習。《國語·魯語下》：“與三公九卿～識地德。”❺開始（特指出葬的隊伍）。《禮·檀弓上》：“主人既～填池。”

通“且”。不久，將要。《漢書·食貨志》引《書》：“黎民～飢。”（按：今《書·舜典》作“阻”。）Gl1283

101

101 周Ⅳ（銘文 292）

租 tso/tsuo/zū　❶收集，貯藏。《詩·鴟鴞》：“予所畜～，予口卒瘏。”❷賦稅。《禮·玉藻》：“關梁不～。”Gl382

組 tso/tsuo:/zǔ　細繩。《詩·大叔于田》：“執轡如～，兩驂如舞。”Gl143

102—103

102 周Ⅱ（銘文 182）

103 周Ⅱ/Ⅲ（銘文 249，人名）

粗 tsʽo/tsʽuo/cū　dzʽo/dzʽuo:/zù　粗糙的。《禮·月令》：“其器高以～。”

徂 dzʽo/dzʽuo/cú　❶前往。《詩·東山》：“我～東山。”❷終止，死亡。《書·酒誥》：“我西土棐～邦君。”Gl240、635、990、1078、1674

殂 dzʽo/dzʽuo/cú　去世。《書·舜典》：“帝乃～落。”

虘 音同上（cuó）　殘忍，不守信義。見《説文》（無書證）。

104

104 周Ⅰ（銘文 67，虛詞）

駔 dzʽo/dzʽuo:/zù　tsaŋ/tsaŋ:/zǎng　❶壯馬（僅有漢代書證）。❷販馬商。《吕氏春秋·尊師》：“段干木，晉國之大～也。”

通“組”。《周禮·典瑞》：“～圭璋璧。”

菹 tṣi̯o/tṣi̯wo/zhū(jū)　❶醃泡。《詩·信南山》：“疆埸有瓜，是剝是～。”❷枯草。《管子·輕重甲》：“請君伐～薪。”

通“沮”。沼澤地。《孟子·滕文公下》：“驅蛇龍而放之～。”（此義《集韻》讀作tsi̯a/jiē，是錯誤的，因爲此處顯然是通“沮”。）

耡 dẓʽi̯o/dẓʽi̯wo-/zhù　dẓʽi̯o/dẓʽi̯wo/chú　合力耕種公田。《周禮·里宰》：“以歲時合耦于～，以治稼穡。”參“助”。

鋤 dẓʽi̯o/dẓʽi̯wo/chú　鋤頭。《楚辭·卜居》：“寧誅～草茅以力耕乎？”

蒩 tso/tsuo/zū　tsʽi̯o/tsʽi̯wo/qū　tsi̯o/tsi̯wo/jū　用稻草鋪墊或包扎（特指禮品）。《周禮·鄉師》：“大祭祀羞牛牲共茅～。”

𪓐 tṣʽi̯o/tṣʽi̯wo:/chǔ　（服裝）色彩豐富而優雅。《説文》引《詩》：“衣裳～～。”（按：今《詩·蜉蝣》作“楚楚”。）Gl360

樝 tsɔ/tṣa/zhā　一種樹（山楂？）。《莊子·天運》：“故譬三皇五帝之禮義法度，其猶～梨橘柚耶？”（按：今本作“柤”，高氏從《康熙字典》。）

105

105 周Ⅰ/Ⅱ（銘文 212，人名）

楂 前字的異體。《禮·内則》:“桃李梅杏～梨薑桂。”

䣇 音同上　拿取。見《説文》(無書證)。

106—107

106 殷甲文(A5: 37, 5, 人名)

107 周I(銘文54, 虛詞)

47

邪 zi̯ɔ/i̯a/yé　地名。《孟子·梁惠王下》:“放於瑯～。”

同音假借　疑問語助詞。《易·繫辭下》:“其柔危, 其剛勝～?”

假借爲dzi̯ɔ/zi̯a/xié　❶歪斜不正。《荀子·成相》:“～枉辟回失道途。”❷偏誤, 墮落。《詩·駉》:“思無～, 思馬斯徂。”

通“徐”。緩慢。《詩·北風》:“其虛其～, 既亟只且。”Gl114

此字从阝(城邑)、牙。(按:《説文》認爲“牙”聲。)

耶 前字的異體。《左·昭二十六》:“不知天之棄魯～?”

衺 音同上　邪僻不正。《周禮·宫正》:“去其淫怠與其奇～之民。”此字从衣, 邪省聲。

48

舍 çi̯ɔ/çi̯a-/shè　❶旅館。《周禮·冢宰》:“掌舍掌王之會同之～。”❷休息, 停止。《詩·何人斯》:“爾之安行, 亦不遑～。”❸休息處, 野營。《左·莊三》:“凡師一宿爲～。”❹一天的行程。《左·僖二十八》:“退三～辟之。”❺放下。《左·昭四》:“使杜洩～路。”

假借爲çi̯ɔ/çi̯a:/shě　❶放棄, 擱置一旁, 離棄。《詩·雨無正》:“～彼有罪, 既伏其辜。”❷放縱。《詩·車攻》:“不失其馳, ～矢如破。”❸贈送。《左·昭十三》:“施～不倦。”Gl223、563

108

108 周I(銘文148)　此字象形。

捨 çi̯ɔ/çi̯a:/shě　放棄, 放走。《國語·晉語六》:“然戰而擅～國君。”參“舍”。

49

古 ko/kuo:/gǔ　古代。《詩·思齊》:“～之人無斁, 譽髦斯士。”

109 殷甲文(A5: 7, 7, 意義不明)

110 周I(銘文56)

111 周I(銘文65,“故”義)

112 周III/IV(銘文329,“故”義)

此字从十、口。

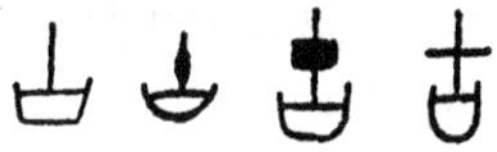
109—112

固 ko/kuo-/gù　❶堅固, 安全。《禮·禮運》:“城廓溝池以爲～。”❷可靠, 確保。《詩·泮水》:“式～爾猶, 淮夷卒獲。”❸堅決, 堅定。《書·大禹謨》:“禹拜稽首～辭。”❹固執。《論語·子罕》:“子絶四: 毋意, 毋必, 毋～, 毋我。”❺簡陋。《論語·述而》:“奢則不孫, 儉則～。”❻粗野, 無禮。《左·定十》:“吾僞～而授之末, 則可殺也。”❼本來, 原來。《孟子·滕文公上》:“夫世禄, 滕～行之矣。”❽必定。《論語·子罕》:“～天縱之將聖, 又多能也。”Gl1800

姑 ko/kuo/gū　❶父親的姐妹。《詩·泉水》:“問我諸～, 遂及伯姊。”❷丈夫的母親。《左·昭二十六》:“～慈婦聽。”

同音假借　暫且。《詩·卷耳》:“我～酌彼金罍, 維以不永懷。”

113

113 周I(銘文92)

故 ko/kuo-/gù　❶事實, 事故。《孟子·盡心上》:“父母俱存, 兄弟無～, 一樂也。”❷原因, 緣故。《詩·式微》:“微君之～，胡爲乎中露？”❸所以。《書·酒誥》：“腥聞在上，～天降喪于殷。”❹舊交。《詩·正月》：“召彼～老，訊之占夢。”❺老的，舊的。《易·雜卦》：“革去～也，鼎取新也。”

114 周Ⅱ/Ⅲ（銘文255）

沽 ko/kuo/gū　河名。（銘文147）

同音假借　買賣。《論語·子罕》：“求善賈而～諸？”

假借爲ko/kuo:/gǔ　簡略。《禮·檀弓上》：“杜橋之母之喪，宮中無相，以爲～也。”

115 周Ⅱ（銘文147）

罟 ko/kuo:/gǔ　網。《易·繫辭下》：“作結繩而爲網～。”

通“辜”。《詩·小明》：“豈不懷歸？畏此罪～。”Gl651

116 周Ⅲ/Ⅳ（銘文328）

蛄 ko/kuo/gū　蟪蛄。《莊子·逍遥遊》：“蟪～不知春秋。”

辜 音同上　罪。《詩·十月之交》：“無罪無～，讒口囂囂。”

盬 ko/kuo:/gǔ　❶鹽。《周禮·鹽人》：“凡齊事，鬻～以待戒令。”❷鹽灘。《左·成六》：“沃饒而近～。”

同音假借　懈怠，疏忽，有缺點。《詩·鴇羽》：“王事靡～，不能蓺稷黍。”Gl301

䀇 音同上

一種器皿。（銘文165）

117 周Ⅱ（銘文165，形符是“匚”，而不是“皿”或“缶”）。許多學者把此字讀成fǔ，但根據聲符“古”，這是不可能的。

枯 k'o/k'uo/kū　枯萎，乾枯。《禮·月令》：“行冬令，則草木蚤～。”

苦 k'o/k'uo:/kǔ　❶苦菜。《詩·采苓》：“采～采～，首陽之下。”❷苦味的。《詩·邶風·谷風》：“誰謂荼～？其甘如薺。”❸受苦。《詩·凱風》：“有子七人，母氏勞～。”

假借爲ko/kuo:/gǔ　壞的，粗劣的。《周禮·典婦功》：“辨其～良，比其小大而賈之。”

岵 g'o/ɣuo:/hù　有樹木的山。《詩·陟岵》：“陟彼～兮，瞻望父兮。”Gl275

怙 音同上。❶依靠。《詩·蓼莪》：“無父何～？無母何恃？”❷自恃。《書·舜典》：“～終賊刑。”Gl1270

祜 音同上　天的賜福。《詩·信南山》：“曾孫壽考，受天之～。”

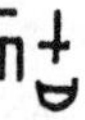

118 周Ⅲ（銘文236）

胡 g'o/ɣuo/hú　牛等動物頸部下垂的皮肉。《詩·狼跋》：“狼跋其～，載疐其尾。”

同音假借　❶爲何。《詩·伐檀》：“不稼不穡，～取禾三百廛兮？”❷怎樣。《詩·日月》：“～能有定，寧不我顧？”❸多麼。《詩·生民》：“～臭亶時，后稷肇祀。”❹久遠。《詩·載芟》：“有椒其馨，～考之寧。”❺戈戟的一部分。《周禮·冶氏》：“～三之，援四之。”❻～蝶：蝴蝶。《莊子·齊物論》：“昔者莊周夢爲～蝶。”❼北方少數民族。《周禮·考工記》：“～無弓車。”

通“瑚”。《左·哀十一》：“～簋之事，則嘗學之矣。”Gl1126

酤 g'o/ɣuo:/hù　一宿釀成的酒。《詩·烈祖》：“既載清～，賚我思成。”

ko/kuo, kuo-/gū　買酒或賣酒。《詩·伐木》：“有酒湑我，無酒～我。”Gl421

居 ki̯o/ki̯wo/jū　❶坐下。《論語·陽貨》：“～，吾語女。”❷居住，占居。

《詩·鵲巢》:"維鵲有巢,維鳩～之。"❸住所。《詩·蟋蟀》:"無已大康,職思其～。"❹止息。《詩·采薇》:"不遑啟～,玁狁之故。"❺安然,滿足。《詩·生民》:"其香始生,上帝～歆。"❻傲慢專橫。《詩·羔裘》:"羔裘豹袪,自我人～～。"❼舒適。《詩·公劉》:"篤公劉,匪～匪康。"❽貯藏。《書·益稷》:"懋遷有無化～。"❾最後。《詩·菀柳》:"曷予靖之,～以凶矜?"

同音假借　語助詞。《詩·日月》:"日～月諸,照臨下土。"

?/kji/jī　句末語助詞。《禮·檀弓上》:"何～?我未之前聞也。"Gl300、557、869、1316

119

119 漢前(銘文417)

錮 ko/kuo-/gù　❶阻止。《左·成二》:"子反請以重幣～之。"❷慢性的(病)。《禮·問喪》:"身有～疾,不可以備禮也。"

箇 ?/kɑ-/gè　量詞。《禮·少儀》:"少牢,則以羊左肩七～。"

橭 ko/kuo/gū　kʻo/kʻuo/kū　一種樹。《周禮·壺涿氏》:"若欲殺其神,則以牡～午貫象齒而沈之。"

楛 gʻo/ɣuo:/hù　一種樹。《詩·旱麓》:"瞻彼旱麓,榛～濟濟。"

假借爲ko/kuo:/gǔ　粗劣。《荀子·議兵》:"械用兵革窳～不便利者弱。"參"苦"。

瑚 gʻo/ɣuo/hú　一種祭祀用的器皿。《論語·公冶長》:"～璉也。"

湖 音同上　湖泊。《周禮·職方氏》:"其浸五～。"

葫 音同上　葫蘆。《國策·齊三》:"今求柴、～、桔梗於沮澤。"

餬 音同上　供食。《左·隱十一》:"而使～其口於四方。"

鶘 音同上　鵜鶘。《莊子·外物》:"魚不畏網而畏鵜～。"

倨 ki̯o/ki̯wo-/jù　❶彎成一個角度。《禮·樂記》:"～中矩。"❷傲慢。《左·襄二十九》:"直而不～。"

据 ki̯o/ki̯wo/jū　抓住。《詩·鴟鴞》:"予手拮～,予所捋荼。"Gl381

琚 音同上　作爲腰帶垂飾的佩玉。《詩·木瓜》:"投我以木瓜,報之以瓊～。"

裾 音同上　寬大貌。《荀子·子道》:"由,是～～何也?"

踞 ki̯o/ki̯wo-/jù　蹲坐。《左·襄二十四》:"復～轉而鼓琴。"

鋸 音同上　鋸子。《國語·魯語上》:"中刑用刀～。"

椐 kʻi̯o/kʻi̯wo/qū　ki̯o/ki̯wo, kiwo-/jū　一種樹。《詩·皇矣》:"啟之辟之,其檉其～。"

腒 gʻi̯o/gʻi̯wo/qú　ki̯o/ki̯wo/jū　乾的鳥肉(特指雉肉)。《禮·內則》:"夏宜～鱐。"

50

鼓 ko/kuo:/gǔ　❶鼓。《詩·擊鼓》:"擊～其鏜,踴躍用兵。"❷重量單位。《左·昭二十九》:"遂賦晉國一～鐵。"❸容積單位。《禮·曲禮上》:"獻米者操量～。"

鼔 音同上　擊鼓。《詩·山有樞》:"子有鍾鼓,弗～弗考。"

120 殷甲文(A5: 1, 1)

121 殷甲文(E38: 3)

122 周II(銘文139)

123 周III(銘文234)

此字由鼓架上的鼓和手持鼓槌組成。“鼓”和“鼔”的現代字形没有區别。

120—123

瞽 音同上　瞎子。《詩·有瞽》:“有～有～,在周之庭。”

51

股 ko/kuo:/gǔ　大腿。《詩·采菽》:“赤芾在～,邪幅在下。”此字从月(肉)、殳(敲打)。

羖 音同上　公羊。《詩·賓之初筵》:“由醉之言,俾出童～。”此字爲“股”省聲。

52

蠱 ko/kuo:/gǔ　❶食物和腹中的有害的蟲。《周禮·庶氏》:“庶民掌除毒～。”❷有害的影響,誘惑,瘋狂。《左·莊二十八》:“楚令尹子元欲～文夫人。”

124

同音假借　事務。《易》卦名“～”。

124 殷甲文(A6: 42, 6)　此字从皿、蟲。

53

户 g'o/ɣuo:/hù　❶門。《詩·七月》:“塞向墐～。”❷空隙。《禮·月令》:“蟄蟲咸動,啓～始出。”❸房子,家庭。《左·襄二十九》:“餼國人粟,～一鍾。”

同音假借　阻止。《左·宣十二》:“屈蕩～之。”(按:今本作“尸”,高氏從《康熙字典》。)

125

125 此字取自“肈”的古文字(周I銘文58)。參下面“雇”的古文字。此字是門扇的象形。

扈 音同上　古城名。《春秋·莊二十三》:“公會齊侯盟于～。”

同音假借　❶一種像鵪鶉的鳥。《詩·桑扈》:“交交桑～,有鶯其羽。”❷阻止。《左·昭十七》:“～民無淫者也。”❸寬廣。《禮·檀弓上》:“爾毋～～爾。”❹看管(特指馬)。《公羊·宣十二》:“廝役～養死者數百人。”(按:養馬曰～,炊烹曰養。)❺披帶。《楚辭·離騷》:“～江離與辟芷兮。”

雇 (鳸) g'o/ɣuo:/hù　“雇”字出自《説文》,“鳸”字出自《爾雅》,在經典中寫作“扈”(像鵪鶉的鳥)。漢以後假借爲kuo-/gù　雇用。《後漢書·光武帝紀上》:“女徒雇山歸家。”

126

126 殷甲文(A2: 4, 8 人名)

顧 ko/kuo-/gù　❶回頭看。《詩·匪風》:“～瞻周道,中心弔兮。”❷注重,關心。《詩·碩鼠》:“三歲貫女,莫我肯～。”❸顧念。《書·康王之誥》:“今予一二伯父,尚胥曁～。”❹恩顧。《書·多方》:“惟爾多方,罔堪～之。”

同音假借　只是。《禮·祭統》:“上有大澤,則惠必及下,～上先下後耳。”

54

互 g'o/ɣuo-/hù　❶交錯,纏結。《周禮·司會》:“以參～考日成。”❷障礙。《周禮·修閭氏》:“修閭氏掌比國中宿～欜者。”❸(用棍棒交結成的)架子。《周禮·牛人》:“凡祭祀共其牛牲之～。”

枑 音同上　柵欄。《周禮·掌舍》:“設梐～再重。”

冱 音同上　閉塞(指天寒地凍)。《左·昭四》:“深山窮谷,固陰～寒。”

55

乎 g'o/ɣuo/hū　❶句尾歎詞。《詩·著》:“俟我於著～而。”❷句尾疑問詞。《詩·溱洧》:“女曰觀～?”❸介詞,在。《詩·丰》:“子之丰兮,俟我～巷兮。”

127 殷甲文（A 1：48，4）
128 周I（銘文 57，“呼”義）
129 周II（銘文 133）

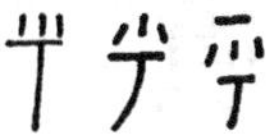

127—129

虖 前字的異體。《漢書·刑法志》引《論語》：“攝～大國之間。”（按：今《論語·先進》作“乎”。）

130 周I（銘文 58）
131 周I（銘文 76）

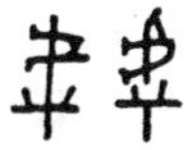

130—131

呼 xo/xuo，xuo-/hū ❶喊叫。《詩·蕩》：“式號式～，俾晝作夜。”❷歎詞，啊。《左·文元》：“江芈怒曰：‘～！役夫。’”❸召唤。《禮·檀弓下》：“平公～而進之。”

嘑 xo/xuo/hū ❶喊叫。《周禮·雞人》：“夜～旦以嘂百官。”❷辱罵。《孟子·告子上》：“～爾而與之，行道之人弗受。”

56

壺 gʻo/γuo/hú ❶細頸瓶。《詩·韓奕》：“顯父餞之，清酒百～。”❷葫蘆。《詩·七月》：“八月斷～。”

132 殷甲文（A5：5，5）
133 周I（銘文 121）
134 周II（銘文 150）

132—134

此字象形。

57

虍 xo/xuo/hǔ 《切韻》讀爲平聲。虎皮的花紋。見《説文》（無書證）。此字是“虎”的簡略形式。

虎 xo/xuo:/hǔ 老虎。《詩·何草不黄》：“匪兕匪～，率彼曠野。”

135 殷甲文（A4：44，5）
136 殷甲文（B上6：8）
137 周I（銘文 86）

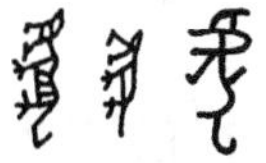

135—137

此字象形，在現代字形中尾巴誤成兩腿。

琥 音同上 虎形玉器。《左·昭三十二》：“賜子家子雙～。”

58

五 ŋo/ŋuo:/wǔ 五。《詩·干旄》：“素絲組之，良馬～之。”

138 殷甲文（E247：2）
139 殷（銘文 6）
140 周I（銘文 54）

138—140

伍 音同上 五人一組。《左·桓五》：“爲魚麗之陳，先偏後～。”

吾 ŋo/ŋuo/wú ❶我。《左·襄三十一》：“其所善者，～則行之。”❷我們。《左·僖四》：“不虞君之涉～地也。”❸我的。《左·昭十七》：“郯子曰：‘～祖也，我知之。’”❹我們的。《左·桓六》：“我張～三軍而被～甲兵。”❺昆～：國名。《詩·長發》：“韋顧既伐，昆～夏桀。”

ŋi̯o/ŋi̯wo/yú 疏遠，冷淡。《國語·晉語二》：“暇豫之～～，不如烏烏。”

141 周I（銘文 58）
142 周II（銘文 180）
143 周III/IV（銘文 323）

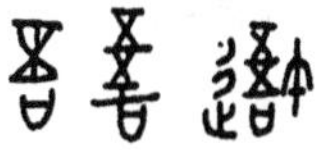

141—143

在後兩個銘文當中聲符重複了，末一個銘文還附了形符。

悟 ŋo/ŋuo-/wù 覺醒，認識到。《書·顧命》：“今天降疾殆，弗興弗～。”

捂 音同上 相對。《儀禮·既夕禮》：“若無器，則～受之。”

晤 音同上 相遇，面對。《詩·東門之池》：“彼美淑姬，可與～歌。”Gl339

梧 ŋo/ŋuo/wú 梧桐。《詩·卷阿》：“～桐生矣，于彼朝陽。”

寤 ŋo/ŋuo-/wù 醒，睡醒。《詩·關雎》：“窈窕淑女，～寐求之。”

牾 音同上（wǔ） ❶逆。《吕氏春秋·明理》：“長短頡～。”❷相遇。《楚辭·懷沙》：“重華不可～兮。”（按：今本作“遌”，高氏從《康熙字典》。）

圄 ŋi̯o/ŋi̯wo:/yǔ ❶監獄。《禮·月令》:"命有司,省囹～。"❷關押。《左·宣四》:"～伯嬴於轑陽而殺之。"

敔 音同上 一種敲擊樂器。《書·益稷》:"合止柷～。"

144

144 周II（銘文 200, 人名）

衙 ŋi̯o/gi̯wo/yú 行。《楚辭·九辯》:"通飛廉之～～。"

ŋɔ/ŋa/yá 彭～: 地名。《左·文二》:"甲子,及秦師戰于彭～。"

語 ŋi̯o/ŋi̯wo:/yǔ 説話。《詩·公劉》:"于時言言,于時～～。"

ŋi̯o/ŋi̯wo-/yù 告訴。《左·隱元》:"公～之故。"

145

145 周III（銘文 225）

鋙 ŋi̯o/ŋi̯wo, ŋi̯wo:/yǔ 鉏～: 如同不整齊的牙齒不相配合。《楚辭·九辯》:"圜鑿而方枘兮,吾固知其鉏～而難入。"

59

吳 ŋɔ/ŋuo/wú ❶喊。《詩·絲衣》:"不～不敖,胡考之休。"❷國名。《左·宣八》:"盟～越而還。"

146—147

146 周I（銘文 109, 人名）

147 周II（銘文 134, 人名）

此字从人（彎腰的人）、口會意。

誤 ŋɔ/ŋuo-/wù ❶受騙。《荀子·正論》:"是特姦人之～於亂説,以欺愚者。"❷謬誤。《書·立政》:"其勿～于庶獄庶慎。"

悮 前字的異體。謬誤。《莊子·列禦寇》:"彼宜女與?予頤與?～而可矣。"（按: 今本作"誤",高氏據别本。）

俣 ŋi̯wo/ŋi̯u:/yǔ 高大。《詩·簡兮》:"碩人～～,公庭萬舞。" Gl110

娛 ŋi̯wo/ŋi̯u/yú 歡樂。《詩·出其東門》:"縞衣茹藘,聊可與～。"

虞 ŋi̯wo/ŋi̯u/yú ❶騶～: 獸名。《詩·騶虞》:"于嗟乎騶～。"❷掌管山澤的官員。《書·舜典》:"咨益,汝作朕～。"

同音假借 ❶估計,考慮。《詩·雲漢》:"昊天上帝,則不我～。"❷憂慮,戒備。《左·桓十一》:"且日～四邑之至也。"❸舉行葬禮時的獻祭。《左·襄四》:"秋,定姒薨,不殯于廟,無櫬,不～。"❹欺騙。《左·宣十五》:"我無爾詐,爾無我～。"❺閑聊。《左·昭四》:"恃險與馬,而～鄰國之難。"

通"娛"。《孟子·盡心上》:"霸者之民,驩～如也。" Gl63、1001、1161

148

148 周II（銘文 147, 人名）

麌 ŋi̯wo/ŋi̯u:/yǔ 衆多。《詩·吉日》:"獸之所同,麀鹿～～。" Gl110

噳 音同上 大羣,衆多。《詩·韓奕》:"麀鹿～～。"（按: 今本作"噳",《釋文》:"本亦作麌,同。"高氏疑誤。）

60

午 ŋo/ŋuo:/wǔ 地支名稱之一。《詩·吉日》:"吉日庚～,既差我馬。"

同音假借 ❶違逆。《禮·哀公問》:"～其衆以伐有道。"❷十字形交錯。《儀禮·特牲饋食禮》:"肵俎心舌,皆去本末,～割之。"

149—152

149 殷甲文（E4: 1）

150 殷甲文（B上 5: 9）

151 周I（銘文 76） 152 周I（銘文 79）

仵 ŋo/ŋuo:, ŋuo-/wǔ 對等。《莊子·天下》:"以觭偶不～之辭相應。"

忤 ŋo/ŋuo-/wǔ 對抗。《韓非子·難言》:"且至言～於耳而倒於心,非賢聖莫能聽。"

迕 音同上 逆行。《列子·黄帝》:"物亡～者,如斯而已。"

許 xi̯o/xi̯wo:/xǔ ❶贊成，允許。《書·金縢》："爾之～我，我其以璧與珪，歸俟爾命。"❷允諾。《吕氏春秋·首時》："王子～。"❸期望，可能。《孟子·公孫丑上》："管仲、晏子之功可復～乎？"❹讓……進來。《詩·下武》："昭茲來～，繩其祖武。"

同音假借 地名。《左·隱十一》："公會齊侯、鄭伯伐～。"

假借爲xo/xuo:/hǔ 伐木聲。《詩·伐木》："伐木～～。"Gl417、858

153

153（按：高氏漏注。）

滸 xo/xuo:/hǔ 河岸。《詩·葛藟》："緜緜葛藟，在河之～。"

御 ŋi̯o/ŋi̯wo-/yù ❶駕馭馬車。《論語·子罕》："執～乎？執射乎？"❷駕車者。《詩·車攻》："徒～不驚，大庖不盈。"❸統治，管理。《詩·思齊》："以～于家邦。"❹侍奉。《禮·月令》："后妃帥九嬪～。"❺官職。《禮·禮運》："國有禮，官有～。"❻官員，侍從。《詩·崧高》："王命傅～，遷其私人。"❼進獻。《詩·六月》："飲～諸友。"❽養。《左·昭二十九》："故國有豢龍氏，有～龍氏。"❾妾。《左·襄二十六》："姬納諸～。"

通"禦"。《詩·邶風·谷風》："我有旨蓄，亦以～冬。"

ŋo/ŋa-/yà 迎接。《詩·鵲巢》："之子于歸，百兩～之。"Gl37、813、1519、1999

154 殷甲文（A1: 34, 7）

155 周 I（銘文 55）

156 周 II（銘文 146）

154—156

從第一個字可見，右邊是一個跪着的人。

禦 ŋi̯o/ŋi̯wo:/yù ❶抵擋。《詩·緜》："予曰有～侮。"❷倔强，執拗。《詩·烝民》："不畏强～。"❸敵手，對手。《詩·黄鳥》："維此鍼虎，百夫之～。"❹禁止。《書·牧誓》："弗～克奔。"（按：今本作"迓"，高氏從馬融。）❺阻止。《孟子·萬章下》："今有～人於國門之外者，其交也以道。"

157

157 殷（銘文 12）

61

烏 ʔo/ʔuo/wū 烏鴉。《詩·北風》："莫赤匪狐，莫黑匪～。"

同音假借 歎詞，啊。《書·洪範》："～嘑箕子！"（按：今本作"嗚"，高氏從《漢書·五行志》。）

158—159

158 周 I（銘文 58）

159 周 II（銘文 180） 此字象形。

嗚 音同上 歎詞，啊。《左·哀十六》："～呼哀哉，尼父無自律！"

於 ʔo/ʔuo/wū 歎詞，啊。《詩·召旻》："～乎哀哉！"

假借爲ʔi̯o/ʔi̯wo/yú 介詞，"在、自、從"等。《詩·靜女》："俟我～城隅。"

通"飫"。ʔi̯o/ʔi̯wo-/yù。滿足。《書·堯典》："黎民～變時雍。"Gl1213

160

160 周 III（銘文 225）

此字即"烏"字，爲烏鴉的象形，假借爲同音詞"啊"，不過現代字形有不同變化。

棜 ʔi̯o/ʔi̯wo-/yù 托盤。《禮·禮器》："大夫士～禁。"

瘀 音同上（yū） 充血。《楚辭·九辯》："形銷鑠而～傷。"

菸 ʔi̯o/ʔi̯wo/yū 枯萎。《楚辭·九辯》："葉～邑而無色兮。"

62

土 t'o/t'uo:/tǔ 泥土，土地。《詩·碩鼠》："逝將去女，適彼樂～。"

同音假借 測度。《周禮·大司徒》：

“以土圭～其地而制其域。”

假借爲dʻo/dʻuo:/dù 桑樹根。《詩·鴟鴞》:“徹彼桑～。”Gl380

161—162

161 殷甲文(A5: 10, 2)

162 周I(銘文 65)

此字是泥土祭壇上男性生殖器形狀的聖柱的象形。

吐 tʻo/tʻuo:, tʻuo-/tǔ 從口中吐出。《詩·烝民》:“柔則茹之,剛則～之。”

徒 dʻo/dʻuo/tú ❶步行。《詩·黍苗》:“我～我御。”❷步兵。《詩·閟宫》:“公～三萬。”❸追隨者。《詩·巧言》:“爲猶將多,爾居～幾何?”❹役僕。《周禮·冢宰》:“胥十有二人,～百有二十人。”❺衆人。《詩·車攻》:“之子于苗,選～囂囂。”

同音假借 ❶徒勞,白白地。《論語·陽貨》:“夫召我者,而豈～哉?”❷但,僅。《孟子·離婁上》:“～善不足以爲政。”❸空手,無憑借。《禮·王制》:“君子耆老不～行。”

163

163 周II(銘文 162)

杜 dʻo/dʻuo:/dù ❶杜梨,棠梨。《詩·杕杜》:“有杕之～,生于道左。”❷充塞,堵塞。《書·費誓》:“～乃擭。”

164—165

164 周I(銘文 97)

165 周II(銘文 134, 人名)

社 ȡi̯ɔ/ʑi̯a:/shè ❶祭祀土神的支柱和祭壇。《詩·小雅·甫田》:“與我犧羊,以～以方。”❷祭祀土神。《詩·雲漢》:“祈年孔夙,方～不莫。”此字與“土”同源。

63

兔 tʻo/tʻuo-/tù 兔子。《詩·巧言》:“躍躍毚～,遇犬獲之。”

166

166 周III/IV(銘文 325)

菟 dʻo/dʻuo/tú 植物名。《左·僖十八》:“邢人、狄人伐衛,圍～圃。”

通“兔”。《楚辭·天問》:“厥利維何,而顧～在腹?”

64

圖 dʻo/dʻuo/tú ❶地圖,圖畫,圖表。《書·顧命》:“大玉、夷玉、天球、河～在東序。”❷商量,謀畫,考慮。《詩·常棣》:“是究是～,亶其然乎?”❸計算,預料。《論語·述而》:“不～爲樂之至於斯也。”

該字在傳統的《書》中,有時誤用爲“鄙”(鄙視)。(按:指《書·多方》“洪帷～天之命”句。)Gl1905

167—168

167 周II(銘文 147)

168 周II(銘文 179)

此字象形。

65

犓 tsʻo/tsʻuo/cū 粗劣。《公羊·莊十年》:“～者曰侵,精者曰伐。”此字从牛、角會意。

66

麤 tsʻo/tsʻuo/cū ❶粗劣。《左·哀十三》:“粱則無矣,～則有之。”❷大。《禮記·月令》:“其器高以～。”(按:今本作“粗”。)

此字从三鹿,在詞源上跟“粗、犓”爲同一個詞。

67

穌 so/suo/sū 集攏成捆。見《説文》(無書證)。

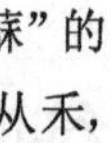
169

169 周II(銘文 163, 人名)

古文字从魚、木(植物),可能是“蘇”的初文:(給予食物)使蘇醒。(按:《説文》从禾,魚聲。)

蘇 音同上　扶～：一種樹。《詩·山有扶蘇》："山有扶～。"

同音假借　❶蘇醒。《書·仲虺之誥》："后來其～。"❷拿取。《楚辭·離騷》："～糞壤以充幃兮。"❸顫抖，恐懼。《易·震》："震～～。"

170

170 周III/IV（銘文 296，人名）

68

素 so/suo-/sù　❶白色絹帛。《詩·素冠》："庶見～冠兮。"❷白色。《詩·羔羊》："羔羊之皮，～絲五紽。"❸樸素，不加修飾。《禮·檀弓下》："軍有憂，則～服哭於庫門之外。"❹白白地，徒然。《詩·伐檀》："彼君子兮，不～餐兮。"❺通常，平素。《左·僖二十八》："其衆～飽。"❻（熟習>）預先。《國語·吳語》："夫謀，必～見成事焉，而後履之。"❼預計。《左·哀元》："晝夜九日，如子西之～。" Gl279

69

虘 lo/luo/lú　一種食物容器。見《説文》（無書證）。

171—172

171 周II（銘文 136，"盧"義）

172 周（銘文 382，人名）

此字下部爲象形，上部"虎"的作用不明。（按：《説文》从甾，虎聲。）

盧 音同上　食物的容器。見《説文》（無漢前書證）。

同音假借　❶房屋。《荀子·富國》："君～屋妾。"❷獵狗。《詩·盧令》："～令令，其人美且仁。"❸矛戟的柄。《國語·晉語四》："侏儒扶～。"❹黑色。《書·文侯之命》："～弓一，～矢百。"

虜 lo/luo:/lǔ

俘虜。《詩·常武》："仍執醜～。"

慮 li̯o/li̯wo-/lǜ　❶思索，預見。《詩·雨無正》："旻天疾威，弗～弗圖。"❷憂慮。《論語·衛靈公》："人無遠～，必有近憂。"

膚 pli̯wo/pi̯u/fū　皮膚。《詩·碩人》："手如柔荑，～如凝脂。"

同音假借　❶猪肉。《儀禮·聘禮》："～鮮魚鮮腊。"❷切細的肉。《禮·内則》："麋～，魚醢。"❸美好。《詩·狼跋》："公孫碩～，德音不瑕。"

173—174

173 周III（銘文 217，"⿰金膚"義）

174 周（銘文 389，"⿰金膚"義）

壚 lo/luo/lú　黑色堅硬的土壤。《書·禹貢》："下土墳～。" Gl1370

櫨 音同上　一種果樹。《吕氏春秋·本味》："箕山之東，青鳥之所，有甘～焉。"

爐 音同上　火爐。《韓非子·内儲説下六微》："奉熾～炭。"

鑪 音同上　火爐。《左·定三》："廢于～炭。"

籚 音同上　矛戟的柄。《説文》引《國語》："朱儒扶～。"（按今《國語·晉語四》作"盧"。）

纑 音同上　麻綫。《孟子·滕文公下》："彼身織屨，妻辟～。"

顱 音同上　頭顱。《國策·秦四》："頭～僵仆，相望於境。"

廬 li̯o/li̯wo/lú（lú）　❶小屋。《詩·信南山》："中田有～，疆埸有瓜。"❷客棧。《周禮·遺人》："凡國野之道，十里有～，～有飲食。"❸寄宿。《詩·公劉》："于時～旅。"

通"籚"。《周禮·考工記》："燕無函，秦無～。"

臚 音同上（lú）　展示，暴露。《國語·晉語六》："風聽～言於市。"

175

175 周Ⅲ（銘文 219，"盧"義）

𢥮 li̯o/li̯wo:/lǚ　消極，被動。《荀子·非十二子》："勞苦事業之中，則～～然，離離然。"

藘 li̯o/li̯wo/lǘ　茜草。《詩·東門之墠》："茹～在阪。"

鑢 li̯o/li̯wo-/lǜ　鑲嵌（特指在銅或鐵上）。（僅有漢代書證）

攄 t'li̯o/ȶ'i̯wo/chū　伸展。《楚辭·悲回風》："據青冥而～虹兮。"

鏞 li̯o/li̯wo-/lǜ　（義同"鑢"，故定此音）鑲嵌（特指在銅或鐵上）。

176

176 周Ⅲ（銘文 218）

70

魯 lo/luo:/lǔ　❶遲鈍。《論語·先進》："柴也愚，參也～。"❷地名。《詩·閟宮》："建爾元子，俾侯于～。"

177 殷甲文（B上 312，其義不明）

178 周Ⅰ（銘文 63，其義不明）

179 周Ⅰ（銘文 71，人名）

177—179

此字从魚、口。（按：段注《説文》从白，魚聲）

櫓 音同上　盾牌。《禮·儒行》："禮義以爲干～。"

71

鹵 lo/luo:/lǔ　❶鹽性的（特指土地）。《左·襄二十五》："辨京陵，表淳～。"❷粗魯，粗糙。《莊子·則陽》："君爲政焉勿～莽。"

通"櫓"。《國策·中山策》："流血飄～。"

180

180 周Ⅰ/Ⅱ（銘文 203）

字中的小點可能是鹽粒。

72

普 p'o/p'uo:/pǔ　❶廣大，普遍。《易·乾》："見龍在田，德施～也。"❷全部，所有。《左·昭七》引《詩》："～天之下，莫非王土。"（按：今《詩·北山》作"溥"。）

73

步 b'o/b'uo-/bù　❶步行。《左·僖三十三》："寡君聞吾子將～師出於敝邑。"❷路程。《詩·白華》："天～艱難，之子不猶。"Gl739

181

181 殷甲文（A2：8，4）

此字爲兩"止（脚）"合成一步。在殷甲文中常加形符"行"。

74

車 ki̯o/ki̯wo/jū　t̑'i̯o/tɕ'i̯a/chē　馬車，戰車。《詩·北風》："惠而好我，攜手同～。"

182—184

182 殷甲文（A5：6，5）

183 周Ⅰ（銘文 59）

184 周Ⅰ（銘文 86）　此字象形。

庫 k'o/k'uo-/kù　❶藏兵甲戰車的庫房。《淮南子·道應訓》："出高～之兵以賦民。"❷倉庫。《左·哀十四》："成子出舍于～。"

75

舉 ki̯o/ki̯wo:/jǔ　❶舉起。《詩·大叔于田》："火烈具～。"❷呈獻（物品）。《詩·雲漢》："靡神不～，靡愛斯牲。"❸開始。《詩·有瞽》："既備乃奏，簫管備～。"❹記録。《左·襄二十七》："仲尼使～是禮也。"❺提及，説起。《禮·曲禮上》："主人不問，客不先～。"❻提升。《禮·儒行》："懷忠信以待～。"❼攻取。《孟子·梁惠王下》："五旬而～之。"

同音假借　全部。《左·哀六》："君～不信羣臣乎？"

76

吕 gli̯o/li̯wo:/lǚ ❶脊骨。《莊子·列禦寇》:“如而夫者，一命而～鉅。”❷定音管，陽曰律，陰曰吕。《禮·月令》:“律中大～。”

185 殷甲文（H1: 5，8 其義不明）
186 周Ⅰ（銘文 98，人名）

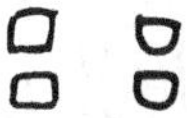
185—186

此字象形。

侣 音同上　朋友。《國策·趙一》:“一蓋呼～，一蓋哭。”

梠 音同上　支撑屋頂椽子的桁條（僅有漢代書證）。

187

187 周（銘文 333，人名）

閭 gli̯o/li̯wo/lǘ ❶里巷的門。《左·昭二十五》:“臧氏使五人以戈楯伏諸桐汝之～。”❷小村莊。《周禮·大司徒》:“令五家爲比，使之相保，五比爲～，使之相受。”

同音假借 ❶聚集。《莊子·秋水》:“尾～泄之。”❷一種戰陣。《逸周書·武順》:“左右一卒曰～。”

郘 gli̯o/li̯wo:/lǚ 地名。

188

188 周（銘文 295，人名）

筥 kli̯o/ki̯wo:/jǔ　圓形竹筐。《詩·采蘋》:“于以盛之，維筐及～。”

189

189 周（銘文 374，人名）

莒 音同上
植物名（無漢前書證）。

同音假借　地名。《春秋·隱二》:“～人入向。”

77

旅 gli̯o/li̯wo:/lǚ ❶軍隊。《詩·皇矣》:“王赫斯怒，爰整其～。”❷衆人。《詩·閟宫》:“敦商之～，克咸厥功。”❸侍從。《詩·有客》:“有萋有且，敦琢其～。”❹許多。《詩·殷武》:“～楹有閑，寢成孔安。”❺家庭中的幼者。《詩·載芟》:“侯亞侯～，侯彊侯以。”❻陳列，編排。《詩·賓之初筵》:“籩豆有楚，殽核維～。”❼一個接一個。《禮·樂記》:“今夫古樂，進～退～。”❽陳述，贊揚。《書·召誥》:“拜手稽首，～王若公。”

同音假借 ❶客人，陌生人。《左·莊二十二》:“羈～之臣。”❷旅客。《易·復》:“商～不行。”❸寄宿。《詩·公劉》:“于時處處，于時廬～。”❹道路。《禮·郊特牲》:“臺門而～樹。”❺祭山。《論語·八佾》:“季氏～於泰山。”❻皮革衣服的衣片。《周禮·函人》:“權其上～，與其下～，而重若一。”

通“膂”。《詩·北山》:“～力方剛，經營四方。”Gl644、834、901、908、1118、1371、1719

190 殷甲文（A4: 31，7）
191 殷（銘文 36）
192 周Ⅰ（銘文 67）

190—192

此字从㫃、从，表示衆人在一面旗幟下前進。

膂 音同上　脊骨。《國語·周語下》:“謂其能爲禹股肱心～。”此字與“吕”爲同一詞。

旅 glo/luo/lú　黑色。《左·僖二十八》:“～弓矢千。”

78

虛 k'i̯o/k'i̯wo/qū ❶山，丘。《左·僖元》:“～丘之成將歸者也。”❷廢墟。《詩·定之方中》:“升彼～矣，以望楚矣。”❸場所。《左·昭十七》:“宋，大辰之～也。”

假借爲 xi̯o/xi̯wo/xū ❶空虛。《禮·少儀》:“執～如執盈。”❷謙虛。《詩·北風》:“其～其邪，既亟只且。”Gl114

西方學者堅持把此字讀作xū，甚至在它的意義是廢墟時，如衆所周知的安陽殷虛也這樣讀。但在《廣韻》和《經典釋文》中此字作廢墟解時必定讀作qū。同一個詞的“墟”讀qū是肯定的，而且《經典釋文·禮記音義·樂記》特地把“殷虛”作爲讀qū的例子。

墟 k'i̯o/k'i̯wo/qū（xū） ❶廢墟。《國語·晉語四》：“實沈之～，晉人是居。”❷溪谷。《楚辭·惜誓》：“休息虖崑崙之～。”

歔 xi̯o/xi̯wo/xū 歎氣，抽泣。《楚辭·離騷》：“曾～欷余鬱邑兮。”

噓 xi̯o/xi̯wo, xi̯wo-/xū 吹氣。《莊子·齊物論》：“仰天而～。”

虡 g'i̯o/g'i̯wo:/jù 鐘架或鼓架上的垂直木杆。《詩·有瞽》：“設業設～，崇牙樹羽。”

193

193 周III/IV（銘文295）

簴 前字的異體。《周禮·典庸器》：“帥其屬而設筍～。”（按：今本作“虡”，高氏從毛本。）

79

魚 ŋi̯o/ŋi̯wo/yú 魚。《詩·衡門》：“豈其食～，必河之鯉？”

194—195

194 殷甲文（A4：55，5）

195 周II（銘文180）

此字象形。

䲚 前字的異體，增加了“虍”（虎），作用不明。

196—197

196 殷甲文（A6：50，8）

197 周II（銘文189，人名）

漁 音同上 捕魚。《左·襄二十五》：“申蒯侍～者。”

198 殷甲文（A7：9，1）

199 殷甲文（A5：45，3）

200 周I/II（銘文210）

201 周II（銘文190）

202 周III/IV（銘文324）

198—202

𢿶 音同上 捕魚。《周禮·𢿶人》：“～人掌以時～爲梁。”

203

203 周III（銘文224，“吾”義）

80

馭 ŋi̯o/ŋi̯wo-/yù ❶駕馭。《周禮·田僕》：“田僕掌～田路。”❷引導，指揮。《周禮·大宰》：“以八柄詔王以～羣臣。”參60組“御”。

204

204 周I（銘文65）

此字从馬、又（手）。

字形中的手正在揮動某物。

81

圉 ŋi̯o/ŋi̯wo:/yǔ ❶監獄，監禁。《逸周書·寶典》：“不～我哉。”❷受限制，受困。《孟子·萬章上》：“始舍之，～～焉。”❸（守護在欄圈中>）養馬。《左·僖二十八》：“不有行者，誰扞牧～？”❹馬夫。《左·襄二十七》：“使～人駕。”❺（欄圈>）邊境，邊界。《詩·桑柔》：“孔棘我～。”

通58組“敔”。共鳴箱。《詩·有瞽》：“鞉磬柷～。”

通60組“禦”。阻止，抵禦。《莊子·繕性》：“其來不可～，其去不可止。”

205—206

205 殷甲文（A6：53，1）

206 殷甲文（A4：4，1）

此字中有圍牆和一個被銬的人。

82

余 di̯o/i̯wo/yú 我，我們。《詩·邶風·谷風》：“不念昔者，伊～來塈。”

通“餘”。《周禮·委人》：

“凡其～聚以待頒賜。”

207 殷甲文（A2: 5, 3）

208 周 I（銘文 65）

209 周 I（銘文 105）

210 周 II（銘文 143,“賖”義）

207—210

此字可能是“畬”的初文，是犂頭的象形，假借爲第一人稱。

畬 音同上　耕種三年（二年?）的田。《詩·臣工》:“如何新～。”

悆 di̯o/i̯wo-/yù　高興。《説文》引《書》:“有疾不～。”（按: 今《書·金縢》作“豫”。）

211

211 漢前（銘文 427, 人名）

艅 di̯o/i̯wo/yú

專名。（銘文 138）

212 殷（銘文 22）

213 周 II（銘文 138）

212—213

餘 音同上　❶殘餘。《詩·權輿》:“今也每食無～。”❷多餘。《論語·學而》:“行有～力，則以學文。”

除 dʻi̯o/dʻi̯wo/chú　❶排除，消除。《詩·斯干》:“風雨攸～，鳥鼠攸去。”❷清出，騰出。《左·昭十三》:”將爲子～館於西河。”

同音假借（通“儲”）　堆積。《詩·天保》:“俾爾單厚，何福不～?”

dʻi̯o/dʻi̯wo-/zhù　離去，過去。《詩·蟋蟀》:“今我不樂，日月其～。” Gl424

214

214 周 III / IV（銘文 328）

敘 dzi̯o/zi̯wo:/xù　❶排序，次序。《書·大禹謨》:“九功惟～。”❷等級，分等。《周禮·巾車》:“辨其用與其旗物而等～之。”❸依次，有序。《書·舜典》:“納于百揆，百揆時～。”❹不久以後。《書》。（按: 今本未見。）Gl1248

徐 dzi̯o/zi̯wo/xú　❶慢走。《孟子·告子下》:“～行後長者謂之弟。”❷不久以後。《左·襄二十六》:“公～聞其無罪也。”❸慢慢地。《孟子·盡心上》:“子謂之姑～～云爾。”❹安靜貌。《莊子·應帝王》:“其臥～～，其覺于于。”

通“郐”。《左·昭元》:“周有～奄。”

郐 音同上

地名。（銘文 223）

215 周 III（銘文 223）

215

賖 śi̯o/śi̯a/shē　賖欠。《周禮·泉府》:“凡～者，祭祀無過旬日。”

賒 前字的異體。《周禮·泉府》:“凡～者，祭祀無過旬日。”（按: 今本作“賖”，高氏從毛本。）

涂 dʻo/dʻuo/tú　❶溝渠邊上的小路。《周禮·遂人》:“百夫有洫，洫上有～。”❷鋪設的道路。《周禮·匠人》:“國中九經九緯，經～九軌。”

途 音同上　道路。《公羊·僖四》:“桓公假～于陳而伐楚。”（按: 今本作“塗”，高氏從毛本。）

荼 dʻo/dʻuo/tú　dʻɔ/ḍa/chá　❶一種苦菜。《詩·邶風·谷風》:“誰謂～苦？其甘如薺。”❷苦味的。《詩·桑柔》:“民之貪亂，寧爲～毒。”❸一種蘆葦或燈心草。《詩·出其東門》:“出其闉闍，有女如～。”

假借爲 ći̯o/ći̯wo/shū　❶緩慢。《周禮·弓人》:“斲目必～。”❷一種玉器。《禮·玉藻》:“諸侯～。”

梌 dʻo/dʻuo/tú

一種樹（無早期書證）。

216 殷甲文（O1017, 人名）

216

瑹 tʻo/tʻuo/tú

一種寶石。見《切韻》。

稌 tʻo/tʻuo, tʻuo:/tú　dʻo/dʻuo:/dù　糯稻。《詩·豐年》:“豐年多黍多～。”

篨 dʻi̯o/ȡʻi̯wo/chú　粗席。《詩·新臺》:“燕婉之求,籧～不鮮。”(這裏隱喻醜陋之物)Gl121

塗 dʻo/dʻwo/tú　❶淤泥。《詩·出車》:“今我來思,雨雪載～。”❷塗抹灰泥。《詩·角弓》:“毋教猱升木,如塗～附。”❸塞住。《左·襄九》:“火所未至,徹小屋,～大屋。”❹弄髒。《莊子·讓王》:“其並乎周以～吾身也。”❺道路。《論語·陽貨》:“孔子時其亡也而往拜之,遇諸～。”參“途”。

83

予 di̯o/i̯wo:/yǔ　❶給。《詩·采薇》:“君子來朝,何錫～之?”❷和。《詩·雞鳴》:“無庶～子憎。”

假借爲di̯o/i̯wo/yú　我,我們(主格)。《詩·鴟鴞》:“曰～未有室家。”(參82組“余”)Gl247

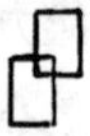
217

217 殷甲文(2, 7: 9)

𨑒 讀音不明。似爲跑義(銘文329),這裏引用它的目的是爲了説明“予”的晚周字形。

218

218 周III/IV(銘文329)

豫 di̯o/i̯wo-/yù　❶大象。見《説文》(無書證)。❷(如象一般>)慢而謹慎。《老子》十五章:“～焉,若冬涉川。”❸事先想到,預防。《禮·樂記》:“禁於未發之謂～。”❹參與。《左·隱元》:“～凶事,非禮也。”

同音假借　❶安樂。《詩·白駒》:“逸～無期。”❷幸福。《書·金縢》:“王有疾弗～。”❸娛樂,消遣。《孟子·梁惠王下》:“吾王不～,吾何以助?”❹滿意。《莊子·應帝王》:“何問之不～也。”

杼 ȡʻi̯o/ȡʻi̯wo:/zhù　❶織布梭。《詩·大東》:“～柚其空。”❷(梭狀>)削薄,削尖。《周禮·輪人》:“凡爲輪,行澤者欲～。”

ȡʻi̯o/dʑʻi̯wo:/shù　柞樹。《莊子·山木》:“食～栗。”

ȡʻi̯o/dʑʻi̯wo-/shù　泄水槽。《管子·禁藏》:“～井易水。”

抒 ȡʻi̯o/dʑʻi̯wo:/shù(shū)　消除。《左·文六》:“有此四德者,難必～矣”。

序 dzi̯o/zi̯wo:/xù　❶(宫殿)正堂兩邊南北走向的圍墻。(按:原文無書證。)❷靠近東西牆的空地、廂房。《書·顧命》:“西～東嚮。”❸學校。《孟子·滕文公上》:“設爲庠～學校以教之。”

同音假借　❶次序。《左·莊二十三》:“帥長幼之～”❷級別。《左·昭二十九》:“卿大夫以～守之”。❸按次序排列。《詩·行葦》:“～賓以賢。”❹繼續,承繼。《詩·烈文》:“繼～其皇之。”Gl1075、1082

芧 音同上　一種栗樹。《莊子·徐无鬼》:“先生居山林,食～栗,厭葱韭。”

紓 ɕi̯o/ɕi̯wo/shū　ȡʻi̯o/dʑʻi̯wo:/shù　❶懈怠。《詩·采薇》:“彼交匪～。”❷松,緩。《左·成十六》:“可以～憂。”❸拖延。《左·文十六》:“姑～死焉。”

舒 ɕi̯o/ɕi̯wo/shū　❶鬆,慢,從容,舒適。《詩·野有死麕》:“～而脱脱兮。”❷怠惰。《書·多方》:“洪～于民。”Gl1911

野 di̯ɔ/i̯a:/yě　❶城外空野。《詩·燕燕》:“遠送于～。”❷粗俗。《論語·子路》:“～哉由也。”

di̯o/ʑi̯wo:/shù　田廬。《國策》。(按:今本未見。)

壄 前字"城外空野"義的異體。《楚辭·國殤》:"嚴殺盡兮棄原～。"

埜 前字的異體(省去聲符)。《吕氏春秋·愛士》:"見～人方將食之於岐山之陽。"

219

219 周II(銘文 139)

84

宁 dʻi̯o/ȡʻi̯wo:/zhù　dʻi̯o/ȡʻi̯wo/chú　門、屏之間。《禮·曲禮下》:"天子當～而立。"

通"著"。地方。《國語·周語上》:"大夫、士日恪位～,以儆其官。"(按:今本作"著"。)

220

220 殷甲文(A4: 33, 6, 其義不明)

佇 dʻi̯o/ȡʻi̯wo:/zhù　侍立。《詩·燕燕》:"瞻望弗及,～立以泣。"

竚 音同上　立。《楚辭·大司命》:"結桂枝兮延～。"

紵 音同上　一種麻。《詩·東門之池》:"東門之池,可以漚～。"

羜 音同上　小羊。《詩·伐木》:"既有肥～,以速諸父。"

貯 ti̯o/ȶi̯wo:/zhù　貯藏,積。《公羊·僖三》:"無～粟。"

221 殷甲文(A 4:2,3)

222 殷甲文(B下 18:8)

223 周I(銘文 58)

224 周I(銘文 97)

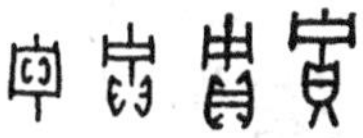

221—224

85

處 ȶʻi̯o/tɕʻi̯wo:/chǔ　❶居,住。《詩·擊鼓》:"爰～。"❷止。《詩·鳧鷖》:"公尸來燕來～。"❸安置。《禮·檀弓下》:"何以～我?"

ȶʻi̯o/tɕʻi̯wo-/chù　地方。《詩·公劉》:"于時處～。"

225

225 周II(銘文 132)

字从夂(人)、几,虍頭作用不明。(按:《説文》:"或从虍聲。")

86

杵 ȶʻi̯o/tɕʻi̯wo:/chǔ　舂米、捶衣用的棒槌。《易·繫辭下》:"斷木爲～,掘地爲臼。"

87

初 tʂʻi̯o/tʂʻi̯wo/chū　開始。《詩·生民》:"厥～生民,時維姜嫄。"

226 殷甲文(A5: 39, 8, 筆畫不清)

227 殷(銘文 25)

228 周I(銘文 55)

226—228

此字从衣、刀。

88

楚 tʂʻi̯o/tʂʻi̯wo:/chǔ　❶荆樹,荆棘。《詩·漢廣》:"言刈其～。"❷叢生,茂盛。《詩·楚茨》:"～～者茨。"❸豐盛。《詩·蜉蝣》:"衣裳～～。"❹排列有序。《詩·賓之初筵》:"籩豆有～。"❺撲責學生的小杖。《禮·學記》:"夏、～二物,收其威也。"

229 殷甲文(O1547, 人名)

230 周I(銘文 69, 人名)

229—230

字从雙木,"疋"可能是聲符。

89

㪯 zi̯o/i̯wo:/yǔ(yú)　擡(僅有漢代書證)。古字形从四手(如下面"與"的古文字所示)。

與 zi̯o/i̯wo:/yǔ　❶給。《詩·皇矣》:"此維～宅。"❷於,爲。《詩·車舝》:"雖無德～女,式歌且舞。"❸援助。《孟子·告子下》:"我能爲君約～國,戰必克。"❹結交。《詩·江有汜》:"子之歸,不我～。"❺和。《詩·小雅·谷風》:"維予～女。"❻對付。《老子》六十八章:"善勝敵者不～。"❼比較。《禮·禮運》:"～三代之英，丘未之逮也。”❽贊成，同意。《詩·旄丘》：“叔兮伯兮，靡所～同。”

zi̯o/i̯wo-/yù　參與。《左·僖三十二》：“蹇叔之子～師。”

假借爲zi̯o/i̯wo/yú　❶句尾助詞。《論語·先進》：“然則師愈～？”❷碩大，繁茂（特指穀物）。《詩·楚茨》：“我黍～～。”❸尊嚴。《論語·鄉黨》：“君在，踧踖如也，～～如也。”

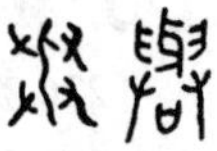
231—232

231 殷（銘文 12）

232 周Ⅲ/Ⅳ（銘文 301）

當中部分意義未明。後一銘文還另加“口”。

歟 zi̯o/i̯wo/yú　句尾助詞。《吕氏春秋·自知》：“可反～？”

璵 音同上　玉名。《左·定五》：“陽貨將以～璠斂。”

䐳 zi̯o/iwo:/yǔ（此爲《集韻》音，《廣韻》的讀音很怪，念 ʔăi）肥（無早期書證）。

233

233 周（銘文 336，人名）

譽 zi̯o/iwo/yú　稱贊。《詩·思齊》：“古之人無斁，～髦斯士。”

zi̯o/iwo-/yù　❶名望，聲譽。《孟子·告子上》：“令聞廣～施於身。”❷快樂。《詩·車舝》：“式燕且～。”Gl449

輿 zi̯o/i̯wo/yú　❶車。《左·僖二十八》：“欒枝使～曳柴而僞遁。”❷載負者，肩扛。《左·哀十五》：“～豭從之。”❸賤人，衆人。《左·昭七》：“皂臣～，～臣隸。”❹權～：（萌芽>）開始。《詩·權輿》：“于嗟乎，不承權～。”Gl328

鸒 zi̯o/i̯wo-/yù　鳥名（渡鴉？烏鴉？）。《詩·小弁》：“弁彼～斯，歸飛提提。”

旟 zi̯o/i̯wo/yú　❶繪有隼的旗。《詩·干旄》：“孑孑干～，在浚之都。”❷向上彎曲（頭髮卷曲）。《詩·都人士》：“髮則有～。”

234

234 漢前（銘文 443，人名）

藇 dzi̯o/zi̯wo:/xù　zi̯o/i̯wo:/yǔ　美，美味（特指酒）。《詩·伐木》：“釃酒有～。”

鱮 dzi̯o/zi̯wo:/xù　魚名。《詩·敝笱》：“敝笱在梁，其魚魴～。”

235

235 周Ⅲ/Ⅳ（銘文 324）

90

疋 ṣi̯o/ṣi̯wo/shū　足，脚。《説文》引《管子》：“問～何止。”（按：今《管子·弟子職》作“所”。）此字可能是象形字。

疏（疎）音同上　❶分得很開。《左·成十六》：“陳於軍中而～行首。”❷遠。《詩·緜》：“予曰有～附。”❸稀鬆（不緊密，特指織物）。《禮·禮運》：“～布以冪。”❹除去。《國語·楚語上》：“教之樂，以～其穢。”❺（不精>）粗。《詩·召旻》：“彼～斯粺。”❻使之分開。《孟子·告子下》：“無他，～之也。”❼刻穿，鏤通。《禮·明堂位》：“殷以～勺。”❽通達，敏慧。《禮·經解》：“～通知遠，《書》教也。”❾雕刻。《禮·明堂位》：“～屏，天子之廟飾也。”

通“蔬”。《周禮·大宰》：“八曰臣妾，聚斂～材。”

蔬 音同上　菜，穀類。《禮·月令》：“有能取～食田獵禽獸者，野虞教道之。”

胥 si̯o/si̯wo/xū　❶助。《管子·法法》：“四者備體，則～足上尊時而王。”❷共同，互相。《詩·閟宮》：“壽～與試。”❸皆。《詩·雨無正》：“淪～以鋪。”

同音假借　❶逗留。《詩·緜》：“聿來～宇。”❷小吏。《周禮·天官·序》：“～十有二人。”❸蝴蝶。《莊子·至樂》：“胡蝶，～也，化而爲蟲”❹等候，期待。《詩·

公劉》:"于～斯原。"Gl298、564、719、790、1928

湑 si̯o/si̯wo:/xǔ　❶濾(酒)。《詩·鳧鷖》:"爾酒既～。"❷大量滴落(特指露水)。《詩·蓼蕭》:"零露～兮。"❸茂盛。《詩·杕杜》:"其葉～～。"Gl298、564

稰 音同上　穀物成熟,顆粒下垂。《禮·内則》:"飯黍、稷、稻、粱、白黍、黄粱、～穛。"

糈 si̯o/si̯wo:/xǔ　ṣi̯o/ṣi̯wo:/shǔ　祭神米。《楚辭·離騷》:"懷椒～而要之。"

壻 si̯o/siei-/xù　女壻。《左·文八》:"復致公～池之封,自申至于虎牢之竟。"

中古音令人費解。現代音xù跟聲符"胥"的讀音相同。"胥"在《詩經》中屬si̯o韻部,所以"壻"的上古音也應是si̯o。

91

所 ṣi̯o/ṣi̯wo:/sǒ(suǒ)　❶地方。《詩·殷武》:"有截其～。"❷在那裏(處所副詞)。《詩·祈父》:"靡～止居。"❸指代動作對象。《詩·載馳》:"百爾～思。"

xi̯o/xi̯wo:/xǔ　數量(年數)。《書·君奭》:"多歷年～。"

xo/xuo:/hǔ　通"許"。砍伐聲。《詩·伐木》:"伐木～～。"(按:今本作"許許",高氏從《説文》。)Gl417、1872

236 周III/IV(銘文328)

237 周(銘文370)

此字从户、斤(斧)。(按:《説文》户聲。)

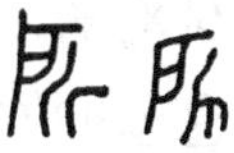

236—237

92

鼠 ɕi̯o/ɕi̯wo:/shǔ　老鼠。《詩·行露》:"誰謂～無牙?"

通"癙"。《詩·雨無正》:"～思泣血。"

此字象形。

癙 音同上　隱憂。《詩·正月》:"～憂以痒。"Gl529

93

黍 ɕi̯o/ɕi̯wo:/shǔ　小米。《詩·黍離》:"彼～離離。"

同音假借　酒器。《吕氏春秋·權勳》:"操～酒而進之。"

238 殷甲文(A3: 29, 7)

239 殷甲文(A4: 40, 2)

240 周(銘文391)　此字象形。

238—240

94

女 ni̯o/ṇi̯wo:/nǚ　女人,夫人,姑娘。《詩·七月》:"～心傷悲。"

ni̯o/ṇi̯wo-/nǜ　嫁爲妻。《書·堯典》:"～于時。"

通"汝"。《詩·碩鼠》:"三歲貫～。"

241 殷甲文(A1: 41, 1"母"義)

242 殷(銘文1)

243 周I(銘文65,"汝"義)

244 周I(銘文70,"汝"義)　此字象形。

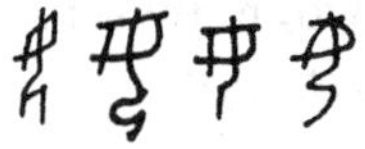

241—244

籹 ni̯o/ȵi̯wo:/nǚ　米粉和蜂蜜做的糕點(團狀或條狀)。《楚辭·招魂》:"粔～蜜餌。"

如 ȵi̯o/ȵʑi̯wo/rú　❶像。《詩·野有死麕》:"有女～玉。"❷如果。《論語·述而》:"～不可求,從吾所好。"❸符合。《書·舜典》:"至于南岳,～岱禮。"❹至于。《論語·先進》:"～其禮樂,以俟君子。"

同音假借　❶往。《左·僖二十八》:"宋人使門尹般～晉師告急。"❷或。《論語·先進》:"安見方六七十,～五六十,而非邦也者?"❸而。《詩·車攻》:"舍矢～破。"Gl217、471、536、729、1264

245 殷甲文(E72: 4)

246 周III/IV(銘文326)

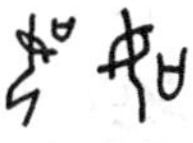

245—246

汝 ṇi̯o/ṇẓi̯wo:/rǔ 河名。《詩·汝墳》:“遵彼～墳。”

同音假借 你。《書·舜典》:“命～典樂,教胄子。”

247

247 殷甲文(G9:2)

奴 no/nuo/nú 奴隸。《論語·微子》:“箕子爲之～。”

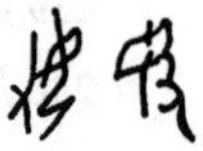
248—249

248 殷甲文(A5:33,2)

249 漢前(銘文 375)

帤 ṇi̯o/ṇi̯wo/nú 包紮用的絲帶。《周禮·弓人》:“厚其～則木堅。”(官話應作 nǔ)

袽 ṇi̯o/ṇi̯wo/nǘ(rú) 破衣。《易·既濟》:“繻有衣～。”

洳 ṇi̯o/ṇẓi̯wo, ṇẓi̯wo-/rù 濕地。《詩·汾沮洳》:“彼汾沮～。”

茹 ṇi̯o/ṇẓi̯wo/rú 茜草。《詩·東門之墠》:“～藘在阪。”

ṇi̯o/ṇẓi̯wo, ṇẓi̯wo-/rú 糾結之根。《易·泰》:“拔茅～。”

假借爲ṇi̯o/ṇẓi̯wo:, ṇẓi̯wo-/rú 吞,吃。《詩·烝民》:“柔則～之。”

假借爲ṇi̯o/ṇẓi̯wo:/rǔ ❶腐爛,發臭。《吕氏春秋·功名》:“以～魚去蠅,蠅愈至,不可禁。”❷軟。《楚辭·離騷》:“攬～蕙以掩涕兮。”

假借爲ṇi̯o/ṇẓi̯wo-/rù 商議,考慮。《詩·臣工》:“來咨來～。”Gl66、456

鴽 ṇi̯o/ṇẓi̯wo/rú 鴾鶉。《禮·月令》:“田鼠化爲～。”

恕 ɕṇi̯o/ɕi̯wo-/shù ❶寬容。《論語·衛靈公》:“其～乎,己所不欲,勿施於人。”❷忠誠。《左·襄二十四》:“～思以明德。”

絮 sṇi̯o/si̯wo-/xù 絲綿絮。《孟子·滕文公上》:“麻縷絲～輕重同,則賈相若。”

假借爲t̂ṇi̯o/t̂ʻi̯wo-/chù 調味(特指羹)。《禮·曲禮上》:“毋～羹。”

拏 no/nuo/nú 妻和子。《書·甘誓》:“予則～戮汝。”Gl1403

250

250 周I(銘文 100,字形稍有簡化)

帑 音同上

國庫,財寶(僅有漢代書證)。

同音假借 尾巴。《左·襄二十八》:“以害鳥～。”

通“拏”。《詩·常棣》:“宜爾家室,樂爾妻～。”

弩 no/nuo/nú 弩弓。《周禮·稾人》:“～四物亦如之。”

怒 no/nuo:, nuo-/nù ❶憤怒。《詩·邶風·柏舟》:“薄言往愬,逢彼之～。”❷猛烈,有力。《莊子·外物》:“草木～生。”

拏(挐) nɔ/na/ná ❶拿起。《楚辭·九辯》三:“枝煩～而交横。”❷握持。《莊子·漁父》:“方將杖～而引其船。”

砮 no/nuo, nuo:/nú 一種用作箭鏃的石頭。《書·益稷》:“厥貢璆鐵銀鏤～磬。”

笯 no/nuo, nuo-/nú nɔ/na/ná 籠。《楚辭·懷沙》:“鳳凰在～兮。”

駑 no/nuo/nú 弱馬。《禮·雜記下》:“凶年則乘～馬,祀以下牲。”

95

巨 ki̯wo/ki̯u:/jǔ(跟“矩”音義全同) 木工的角尺。《管子·七臣七主》:“夫～不正,不可以求方。”

假借爲gʻi̯o/gʻi̯wo:/jù 大。《孟子·梁惠王下》:“爲～室,則必使工師求大木。”

251

251 周III/IV(銘文 308,人名)

此字象形。

矩 ki̯wo/ki̯u:/jǔ　❶木工角尺。《孟子·離婁上》:"不以規～,不能成方圓。"❷法則。《論語·爲政》:"七十而從心所欲,不踰～。"❸做上標記(特指伐木記號)。《周禮·輪人》:"凡斬轂之道,必～其陰陽。"

252

252 周(銘文 347,人名)

榘 前字的異體。《楚辭·九辯》:"滅規～而改鑿。"

柜 音同上　檐槽。《周禮·掌舍》:"設梐～再重。"

渠 gʻi̯o/gʻi̯wo/qú　溝渠。《禮·曲禮上》:"門閭溝～必步。"

同音假借　❶大,廣。《詩·權輿》:"夏屋～～。"❷車輪外圍。《周禮·車人》:"～三柯者三。"❸盾。《國語·吳語》:"奉文犀之～。"

蚷 音同上　馬蚿。《莊子·秋水》:"是猶使蚊負山、商～馳河也。"

拒 gi̯o/gʻi̯wo:/jù　反對,避免。《論語·子張》:"可者與之,其不可者～之。"

ki̯wo/ki̯u:/jǔ　方陣。《左·桓五》:"爲右～以當陳人。"

秬 gʻi̯o/gʻi̯wo:/jù 黑黍。《詩·生民》:"維～維秠。"

䜭 同"秬"。(銘文 86)

253—254

253 周 I(銘文 86)

254 周 II(銘文 155)

粔 音同上　米粉和蜂蜜做的糕點(團狀或條狀)。《楚辭·招魂》:"～籹蜜餌。"

耟 音同上　犁。《管子·輕重己》:"～耒耨鑲鉊鉛。"

詎 gʻi̯o/gʻi̯wo:, gʻi̯wo-/jù　庸～:怎樣。《莊子·齊物論》:"庸～知吾所謂不知之非知邪?"

距 gʻi̯o/gʻi̯wo:/jù　雞距。《左·昭二十五》:"季、郈之雞鬬,季氏介其雞,郈氏爲之金～。"

同音假借　❶反對,抵抗。《詩·皇矣》:"敢～大邦。"❷相去。《國語·周語上》:"～今九日。"❸保持距離。《孟子·告子下》:"訑訑之聲音顏色～人於千里之外。"❹至,達。《書·益稷》:"予決九川,～四海。"❺躍。《左·僖二十八》:"～躍三百。"

鉅 音同上　硬鐵。《荀子·議兵》:"宛～鐵釶。"

通"巨"。《禮·内則》:"～鑊湯以小鼎。"

通"詎"。《國策·楚一》:"臣以爲王～速忘矣。"

96

昍 ki̯wo/ki̯u-/jù　向左右看。見《説文》。此字爲"瞿"的初文(無書證)。

255

255 漢前(銘文 442,人名)

瞿 ki̯wo/ki̯u-/jù　❶驚視。《禮·雜記下》:"見似目～。"❷擔心,小心。《詩·蟋蟀》:"良士～～。"❸驚慌。《詩·東方未明》:"狂夫～～。"

假借爲 gʻi̯wo/gʻi̯u/qú　一種矛。《書·顧命》:"一人冕,執～,立于西垂。"Gl252、1996

衢 gʻi̯wo/gʻi̯u/qú　街道。《左·定八》:"林楚怒焉,及～而騁。"

躣 音同上　行。《楚辭·九辯》:"右蒼龍之～～。"

256

256 周 II(銘文 180,"懼"義,从走不从足)

鸜 音同上　～鵒：鳥名。《左·昭二十五》："～鵒來巢。"

臞 gʻi̯wo/gʻi̯u/qú　gʻi̯wo/gʻi̯u-/jù　瘦。《國策·燕二》："遂入見太后曰：'何～也?'"

懼 gʻi̯wo/gʻi̯u-/jù　怕。《詩·小雅·谷風》："將恐將～。"

97

于 gi̯wo/ji̯u/yú　❶往，至。《詩·小旻》："伊～胡底。"❷向，在。《詩·桓》："於昭～天。"❸助詞。《詩·葛覃》："黄鳥～飛。"

同音假借　❶大。《禮·檀弓下》："諸侯之未辱敝邑者，易則易，～則～。"❷增大。《禮·文王世子》："況～其身以善其君乎。"❸鐘脣。《周禮·鳧氏》："銑間謂之～。"❹唱和。《莊子·齊物論》："前者唱～，而隨者唱喁。"❺安靜。《莊子·應帝王》："泰氏其臥徐徐，其覺～～。"

通"吁"。《詩·麟之趾》："～嗟麟兮!" Gl575、1006

257 殷甲文（A1: 53, 2）

258 殷甲文（B下 43: 1）

259 殷（銘文 6）

260 殷（銘文 27）

261 周 I（銘文 56）

262 周 I（銘文 57）

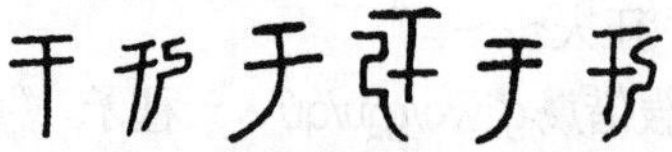

257—262

宇 gi̯wo/ji̯u:/yǔ　❶屋檐，檐下屋邊。《詩·七月》："八月在～。"❷住所。《詩·緜》："聿來胥～。"❸（覆蓋>）庇護。《國語·晉語四》："今君之德～，何不寬裕焉?"❹領地。《詩·閟宫》："大啟爾～，爲周室輔。"❺疆域。《左·昭四》："或無難以喪其國，失其守～。"❻宇宙。《尸子》："天地四方曰～。"❼廣大。《莊子·庚桑楚》："有實而无乎處者～也。" Gl499

杅 gi̯wo/ji̯u/yú　❶浴盆。《禮·玉藻》："出～，履蒯席。"❷大杯。《儀禮·既夕禮》："兩敦、兩～、盤匜。"

同音假借　自足貌。《荀子·儒效》："是～～亦富人已。"

玗 音同上　一種寶石。《列子·湯問》："珠～之樹皆叢生。"

盂 音同上　❶碗。《韓非子·外儲説左上》："～方水方。"❷行獵陣名。《左·文十》："宋公爲右～。"

263 殷甲文（A1: 41, 7, 人名）

264 周 I（銘文 65, 人名）

263—264

竽 音同上　笙。《禮·檀弓上》："～笙備而不和。"

芋 gi̯wo/ji̯u-/yù　芋。《儀禮·士喪禮》："其實葵菹～蠃醢。"

通"宇"。覆蓋。《詩·斯干》："君子攸～。" Gl499

迂 gi̯wo/ji̯u/yú　ʔi̯wo/ʔi̯u/yū　❶曲，斜。《書·盤庚中》："恐人倚乃身，～乃心。"❷離正路，遠離。《論語·子路》："子之～也，奚其正?"

雩 gi̯wo/ji̯u/yú　祈雨之祭。《論語·先進》："風乎舞～。"

265 殷甲文（A5: 39, 6）

266 周 I（銘文 54,"于"義）

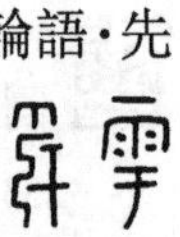

265—266

吁 xi̯wo/xi̯u/xū　"啊"，歎息，悲傷。《詩·卷耳》："我僕痡矣，云何～矣。"

盱 音同上　❶仰目注視。《易·豫》："～豫，悔。"❷張目直視。《荀子·非十二子》："～～然。"❸痛苦。《詩·何人斯》："我不見兮，云何其～。" Gl244、610

訏 音同上 大。《詩·溱洧》:"洵～且樂。"Gl244

267

267 周Ⅲ/Ⅳ(銘文 311)

紆 ʔi̯wo/ʔi̯u/yū 彎曲。《周禮·矢人》:"中弱則～。"

圬 ʔwo/ʔuo/wū 以灰泥塗牆。《左·襄三十一》:"～人以時塓館宮室。"

杇 音同上 以灰泥塗牆。《論語·公冶長》:"糞土之牆,不可～也。"

污(汙)ʔwo/ʔuo/wū ❶不淨。《左·昭元》:"～而不治。"❷亂雜。《詩·十月之交》:"田卒～萊。"❸不流動的水。《左·隱三》:"潢～行潦之水。"❹浸。《詩·葛覃》:"薄～我私。"❺低的,低賤的。《左·宣十五》:"川澤納～。"❻勞苦之事。《左·昭元》:"處不辟～。"❼下降,減少。《禮·檀弓上》:"道～,則從而～。"

ʔwɔ/ʔwa/wā ❶穢,鄙,賤。《孟子·萬章下》:"柳下惠不羞～君。"❷鑿池爲坑。《禮·禮運》:"～尊而杯飲。"

通"紆"。《左·成十四》:"盡而不～。"Gl11、554

冔 xi̯wo/xi̯u:/xǔ 冠名。《詩·文王》:"常服黼～。"

98

羽 gi̯wo/jiu:/yǔ 羽毛,翼。《詩·鴇羽》:"肅肅鴇～。"

268

268 摘自 1124 組"翟"的古文字(銘文 439) 此字象形。

栩 xi̯wo/xi̯u:/xǔ 柞樹。《詩·鴇羽》:"肅肅鴇羽,集于苞～。"

同音假借 高興。《莊子·齊物論》:"～～然,胡蝶也。"

詡 音同上 ❶自負,精力充沛。《禮·少儀》:"會同主～。"❷遍布。《禮·禮器》:"德發揚,～萬物。"

99

禹 gi̯wo/ji̯u:/yǔ ❶《說文》:蟲(昆蟲或爬蟲)。(無書證)❷專有名詞,大禹。《詩·信南山》:"信彼南山,維～甸之。"

通"矩"。《周禮·輪人》:"～之以眡其匡也。"(按:今本作"萬",高氏從《說文通訓定聲》。)

269 周Ⅱ(銘文 174,人名)

270 周Ⅲ(銘文 229,人名)

269—270

偊 音同上 謹慎小心的。《列子·力命》:"～～而步。"

椇 ki̯wo/ki̯u:/jǔ 族名。《詩·十月之交》:"～維師氏。"

萬 音同上 木工角尺。同"巨、矩"。《周禮·輪人》:"規之以眡其圜也,～之以眡其匡也。"

踽 音同上 孤獨。《詩·唐風·杕杜》:"獨行～～。"

100

雨 gi̯wo/ji̯u:/yǔ 雨。《詩·大田》:"興～祈祈。"

gi̯wo/ji̯u-/yù 降雨其上。《詩·小甫》:"～我公田。"

271 殷甲文(A1: 25, 3)

272 殷甲文(A2: 35, 3)

273 漢前(銘文 444,人名)

274 周Ⅲ/Ⅳ(銘文 327) 此字象形。

271—274

101

夫 pi̯wo/pi̯u/fū 男人。《詩·車攻》:"射～既同。"

假借爲 bʻi̯wo/bʻi̯u/fú ❶此,彼。《詩·墓門》:"～也不良。"❷發語詞。《論語·雍也》:"～仁者,己欲立而立人,己欲達而達人。”❸至於。《左·隱四》：“～兵，猶火也。”❹語尾助詞。《論語·子罕》：“逝者如斯～。”

275 殷甲文（A5: 32, 1）

276 殷（銘文 17）

277 周Ⅰ（銘文 65）

275—277

此字爲人的頭上加一橫（髮簪？）。

鈇 pi̯wo/pi̯u/fū　斧。《禮·王制》：“賜～鉞然後殺。”

扶 b‘i̯wo/b‘i̯u/fú　支持，援助。《論語·季氏》：“危而不持，顛而不～。”

同音假借　❶爬行。《禮·檀弓下》：“～服救之。”（亦可讀作 p‘wo/p‘uo/pū）❷各種植物名稱的前綴。《詩·山有扶蘇》：“山有～蘇。”

pi̯wo/pi̯u/fú　四指寬。《禮·投壺》：“庭中九～。”Gl98

枎 b‘i̯wo/b‘i̯u/fú　樹名。《管子·地員》：“宜彼羣木，桐、柞、～、櫄。”

芙 音同上　～蓉：荷花。《楚辭·離騷》：“集～蓉以爲裳。”

102

父 b‘i̯wo/b‘i̯u:/fù　❶父親。《詩·蓼莪》：“～兮生我。”❷老年男子。《左·隱十一》：“寡人唯是一二～兄，不能共億。”

pi̯wo/pi̯u:/fǔ　表尊敬的後綴，如“家～”。《詩·節南山》：“家～作誦，以究王訩。”

278 殷甲文（A1: 24, 5）

279 殷（銘文 2）

280 周Ⅰ（銘文 54）

281 周Ⅱ（銘文 139）

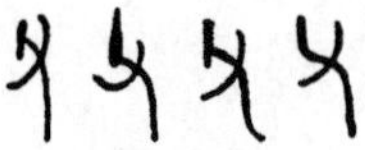

278—281

此字爲一手持祖先靈牌（？，參“主”字“祖先靈牌”義，上面部分相同）的象形。

釜 b‘i̯wo/b‘i̯u:/fǔ　❶鍋。《詩·采蘋》：“維錡及～。”❷容量單位。《論語·雍也》：“冉子爲其母請粟，子曰：‘與之～。’”

282

282 周Ⅳ（銘文 290，从缶不从金。）

斧 pi̯wo/pi̯u:/fǔ　斧頭。《詩·伐柯》：“伐柯如何？匪～不克。”同“鈇”。

283

283 漢前（銘文 417）

布 pwo/puo-/bù　❶布。《詩·氓》：“抱～貿絲。”❷貨幣。《周禮·司市》：“以商賈阜貨而行～。”

同音假借　❶鋪開（席子）。《禮·内則》：“灑掃室堂，及庭，～席，各從其事。”❷顯示。《左·昭十七》：“彗所以除舊～新也。”❸宣告。《左·昭十六》：“僑若獻王，不知所成，敢私～之。”❹分散。《左·襄三十》：“皆自朝～路而罷。”

284 周Ⅰ（銘文 91）

285 周Ⅰ（銘文 131 a）

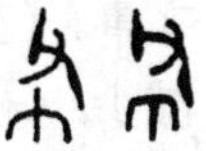

284—285

現代字形經過變化已經看不出聲符“父”了。

怖 p‘wo/p‘uo-/pù（bù）　害怕。《莊子·逍遥遊》：“吾驚～其言。”

甫 pi̯wo/pi̯u:/fǔ　❶表尊敬的後綴，如“吉～”。《詩·六月》：“文武吉～。”❷名字（跟“父”的第二個讀音屬於同一個詞）。《禮·雜記上》：“稱陽童某～。”❸大。《詩·小雅·甫田》：“倬彼～田，歲取十千。”❹開始。《周禮·小宗伯》：“卜葬兆～竁，亦如之。”Gl464、678

286 殷甲文（A2: 8, 4，可能是“圃”義）

287 漢前（銘文 440，人名）

288 周Ⅲ/Ⅳ（銘文 303，人名）

286—288

此字的字形解釋不清楚。有些古文字，如“輔、匍”，顯然以“用”爲形符，“父”爲聲符；

但另一些古文字，如“甫、圃”的前兩個古文字和“尃”的第一個古文字，更像是一棵植物從田裏生長出來的形狀（“圃”的初文？）。“甫”和“尃”的最後一個古文字和“鱄”的古文字則處於这二者之間。

脯 pi̯wo/pi̯u:/fǔ 乾肉。《詩·鳧鷖》：“爾殽伊～。”

莆 音同上 一種表吉祥的植物。見《説文》（無早期書證）。

通“蒲”。《楚辭·天問》：“～雚是營。”

黼 音同上 斧紋刺綉。《詩·采菽》：“玄袞及～。”Gl1321

簠 pi̯wo/pi̯u, pi̯u:, pi̯u-/fǔ 禮器名。《儀禮·聘禮》：“夫人使下大夫勞以二竹～方。”（按：今本作“簋”，高氏從《釋文》。）

輔 b‘i̯wo/b‘i̯u:/fǔ ❶車廂兩旁的護板。《詩·正月》：“乃棄爾～，載輸爾載。”❷保護，幫助。《閟宮》：“爲周室～。”❸上腭骨。《易·咸》：“咸其～頰舌。”Gl544

289

289 周II（銘文 156，人名）

鬴 音同上 度量單位。《周禮·廩人》：“人四～，上也。”參“釜”。

圃 pwo/puo:, puo-/bǔ(pǔ) ❶菜園。《詩·七月》：“九月築場～。”❷庭院。《詩·車攻》：“東有～草。”（按：今本作“甫”，高氏從《魯詩》《韓詩》《齊詩》。）❸種菜的人。《論語·子路》：“吾不如老～。”Gl464

290—291

290 殷（銘文 21）

291 周I / II（銘文 211）

補 pwo/puo:/bǔ ❶補充，修補。《詩·烝民》：“袞職有闕，維仲山甫～之。”❷補助。《周禮·小行人》：“若國札喪，則令賻～之。”

逋 pwo/puo/bū 逃跑。《書·牧誓》：“乃惟四方之多罪～逃。”

餔 音同上（bù） ❶吃。《孟子·離婁上》：“我不意子學古之道，而以～啜也。”❷午後用餐。《淮南子·天文訓》：“至于悲谷，是謂～時。”

浦 p‘wo/p‘uo:/pǔ 河邊。《詩·常武》：“率彼淮～。”

痡 p‘wo/p‘uo/pū p‘i̯wo/p‘i̯u/fū 受苦，精疲力盡，傷殘。《詩·卷耳》：“我僕～矣。”

鋪 音同上 鋪陳，廣闊地。《詩·常武》：“～敦淮濆。”

通“痡”。❶受苦。《詩·雨無正》：“若此無罪，淪胥以～。”❷困擾。《詩·江漢》：“淮夷來～。”Gl564、1037

哺 bwo/b‘uo-/bǔ 口含食物。《莊子·馬蹄》：“含～而熙。”

捕 音同上 抓住。《左·襄十四》：“譬如～鹿，晉人角之，諸戎掎之。”

酺 b‘wo/b‘uo/pú 喝一大口酒（僅有漢代書證）。

假借爲b‘wo/b‘uo-/bù 害人之神。《周禮·族師》：“春秋祭～，亦如之。”

匍 b‘wo/b‘uo/pú b‘i̯wo/b‘i̯u/fú 爬行。《詩·邶風·谷風》：“～匐救之。”Gl98

292

292 周I（銘文 65，“敷”義）

蒲 b‘wo/b‘uo/pú ❶蘆葦，燈心草。《詩·韓奕》：“其蔌維何？維笋及～。”❷蒲柳。《詩·王風·揚之水》：“揚之水，不流束～。”

通“匍”。《左·昭十三》：“奉壺飲冰，以～伏焉。”

蒱 前字的異體。《荀子·不苟》：“柔從若～草。”（按：

今本作"蒲葦"，高氏從《康熙字典》。）

尃 pʻi̯wo/pʻi̯uo/fū　分布，伸展，展開。《易·説卦》："震爲雷，爲龍，爲玄黄，爲～。"

293 周II（銘文 148）

294 周II（銘文 180）

293—294

専 前字的異體。

敷 音同上　❶鋪陳，寬廣。《詩·般》："～天之下，裒時之對。"❷廣泛地。《書·舜典》："～奏以言。"❸安排。《詩·長發》："不剛不柔，～政優優。"❹陳述。《詩·賚》："～時繹思。"❺公布。《書·君牙》："弘～五典。" Gl1037、1890

傅 pi̯wo/pi̯u:/fù　❶幫助，助手。《詩·崧高》："王命～御，遷其私人。"❷師傅，教導。《左·僖二十八》："鄭伯～王。"

bʻi̯wo/bʻi̯u-/fù　❶附著，應用。《左·僖十四》："皮之不存，毛將安～？"❷至，達。《詩·卷阿》："有鳥高飛，亦～于天。"❸接近，迫近。《左·隱十一》："庚辰，～于許。"

通"敷"。廣泛地。《詩·長發》："～奏其勇。"（按：今本作"敷"，高氏從《釋文》。）Gl1011

榑 bʻi̯wo/bʻi̯u/fú　樹名。《吕氏春秋·求人》："禹東至～木之地。"

賻 bʻi̯wo/bʻi̯u-/fù　助葬之錢。《左·隱三》："武氏子來求～。"

鮄 pʻwo/pʻuo/pū

魚名。（銘文 324）

295 周III/IV（銘文 324）

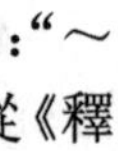

295

103

無 mi̯wo/mi̯u/wú　❶没有。《詩·七月》："萬壽～疆。"❷不。《詩·鶉之奔奔》："人之～良，我以爲兄。"❸不要。《詩·將仲子》："～折我樹杞。"

296 殷甲文（A6: 21, 1）

297 殷甲文（A3: 20, 4）

298 殷（銘文 49）

299 周I（銘文 63）

300 周II（銘文 140）

此字爲"舞"之初文，像人雙手持羽而舞。

296—300

舞 mi̯wo/mi̯u:/wǔ　依樂而動，跳舞。《詩·簡兮》："公庭萬～。"

同音假借　鐘的頂部。《周禮·鳧氏》："鉦上謂之～。"

儛 前字的異體。《莊子·在宥》："鼓歌以～之。"

廡 音同上　大房子。《管子·國蓄》："夫以室～籍，謂之毁成。"

同音假借　繁盛。《書·洪範》："庶草蕃～。"

憮 mi̯wo/mi̯u:/wǔ　xmwo/xuo/hū　吃驚，茫然。《論語·微子》："夫子～然。"

同音假借　大。《詩·巧言》："無罪無辜，亂如此～。"（按：今本作"幠"，高氏從《康熙字典》。）

甒 mi̯wo/mi̯u:/wǔ

罌子。《禮記·禮器》："君尊瓦～。"

蕪 mi̯wo/mi̯u/wú　野草蔓生。《孟子·告子下》："土地荒～。"

譕 音同上　勸誘，勸告。《管子·形勢》："～臣者可以遠舉。"

幠 xmwo/xuo/hū

覆蓋。《禮·喪大記》："～用斂衾。"

同音假借　❶大。《詩·巧言》："無罪無辜，亂如此～。"❷傲慢。《禮·投壺》："毋～毋敖。"

膴 xmwo/xuo/hū　xmi̯wo/xiu:/xǔ　mi̯wo/mi̯u/wú　大片乾肉。《禮·少儀》:“祭～。”

假借爲mi̯wo/mi̯u:/wǔ　❶大，重要。《詩·節南山》:“瑣瑣姻亞，則無～仕。”❷衆多。《詩·小旻》:“民雖靡～，或哲或謀。”❸豐美。《詩·緜》:“周原～～。”參“廡”。Gl580

撫 p'i̯wo/p'i̯u/fǔ　❶按壓。《禮·曲禮上》:“國君～式。”❷撫慰。《左·襄十九》:“宣子盥而～之曰:‘事吳敢不如事主。’”❸使之穩定。《左·襄十三》:“～有蠻夷。”❹適應。《書·酒誥》:“我其可不大監～于時。”❺執，拿。《禮·曲禮上》:“至于大門，君～僕之手。”❻治理。《書·微子之命》:“～民以寬。”Gl1685、1760

鄦 xmi̯o/xi̯wo:/xǔ　地名（銘文294）。在典籍中寫作“許”。

301

301 周III/IV（銘文294）

104

武 mi̯wo/mi̯u:/wǔ　戰爭的，軍事的。《詩·漸漸之石》:“～人東征。”

同音假借　❶足迹。《詩·下武》:“繩其祖～。”❷捲起的帽子。《禮·玉藻》:“縞冠玄～。”

302 殷甲文（A1: 20, 7）　303 殷（銘文32）

304 周I（銘文75）

305 周I（銘文65）

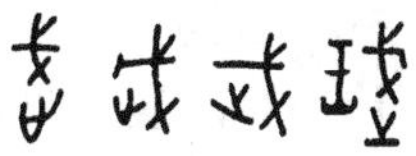

302—305

此字从止（足）、戈。

鵡 音同上　鸚～。《禮·曲禮上》:“鸚～能言，不離飛鳥。”

賦 pi̯wo/pi̯uo-/fù　❶税，收税。《書·禹貢》:“厎慎財～。”❷貢獻。《左·昭二十九》:“遂～晉國一鼓鐵，以鑄刑鼎。”❸拿出，頒布。《詩·烝民》:“明命使～。”

同音假借　歌謡，唱誦。《左·隱元》:“公入而～:‘大隧之中，其樂也融融。’”

306

306 周II（銘文180）

105

巫 mi̯wo/mi̯u/wū　術士。《論語·子路》:“人而無恒，不可以作～醫。”此字从工、雙人。

誣 音同上　❶欺騙。《論語·子張》:“君子之道，焉可～也。”❷誹謗，誣告。《左·襄二十七》:“詩以言志，志～其上。”❸犯錯誤。《禮·經解》:“詩之失愚，書之失～。”

106

无 mi̯wo/mi̯u/wú　没有，不。《易·夬》:“君子夬夬，終～咎也。”

107

毋 mi̯wo/mi̯u/wú　❶不要。《詩·角弓》:“～教猱升木。”❷不。《左·文十五》:“情雖不同，～絶其愛，親之道也。”

?/mi̯ə̯u/móu　～追：一種禮帽。《禮·郊特牲》:“～追，夏后氏之道也。”（有時候寫作“母”）

108

句 ku/kə̯u/gōu　❶鉤，鉤狀。《禮·樂記》:“倨中矩，～中鉤。”❷彎曲的。《詩·行葦》:“敦弓既～。”

ki̯u/ki̯u-/jù　句子（僅有漢代書證）。通“絇”。《周禮·屨人》:“青～素屨。”Gl883

307

307 周II（銘文143，人名）

此字从“口”，上有雙鉤相扣。

鉤 ku/kə̯u/gōu　❶鉤。《詩·皇矣》:“以爾～援。”❷帶鉤。《左·僖二十四》:“齊桓公置射～而使管仲相。”❸鉤住。《左·襄二十三》:“或以戟～之。”❹引起。《易·繫辭上》:“～深致遠。”❺彎曲。《國

策·西周》:“弓撥矢～。” Gl843

狗 ku/kə̯u:/gǒu 狗。《左·閔二》:“牛、羊、豕、雞、～,皆三百。”

笱 音同上 捕魚的裝置或簍。《詩·邶風·谷風》:“毋發我～。”

耇 音同上 老人枯瘦的臉,老。《詩·南山有臺》:“遐不黃～。”

308

308 周II(銘文 133)

苟 音同上 草。見《説文》(無書證)。

同音假借 ❶不小心,輕率。《左·宣十二》:“吾不可以～射故也。”❷不在意。《詩·抑》:“無曰～矣。”❸誠然。《禮·中庸》:“～日新,日日新。”❹如果真的,只要。《詩·君子于役》:“君子于役,～無飢渴。” Gl307、953

雊 ku/kə̯u-/gòu 雉鳴。《詩·小弁》:“雉之朝～,尚求其雌。”

怐 k‘u/k‘ə̯u-/kòu 愚笨。《楚辭·九辯》:“直～愗而自苦。”

敂 k‘u/k‘ə̯u:/kòu 叩擊。《周禮·司關》:“凡四方之賓客,～關則爲之告。”

袧 k‘u/k‘ə̯u/kōu 狹長切口,衣服褶間凹缺。《儀禮·喪服》:“裳内削幅,幅三～。”

詬 g‘u/γə̯u-/hòu xu/xə̯u-/hòu 辱罵,侮辱,使受恥辱。《左·襄十七》:“重丘人閉門而～之。”

蚼 xu/xə̯u:/hǒu 螞蟻。《吕氏春秋·審時》:“如此者不～蛆。”

枸 ki̯u/ki̯u:/jǔ 樹名(Legge等人認爲是枳椇)。《詩·南山有臺》:“南山有～。”

ku/kə̯u/gōu 曲木。《荀子·性惡》:“故～木,必將待檃括烝矯然後直。”

拘 ki̯u/ki̯u/jū 抓住。《書·酒誥》:“盡執～以歸于周。”

ku/kə̯u/gōu ❶蓋住。《禮·曲禮上》:“以袂～而退。”❷接受。《禮·曲禮上》:“不然則自下～之。”

通“句”。鉤狀。《荀子·哀公》:“古之王者有務而～領者。”

g‘i̯u/g‘i̯u/qú 株～:樹樁。《莊子·達生》:“吾處身也,若厥株～。”

痀 ki̯u/ki̯u/jū 曲背。《莊子·達生》:“見～僂者承蜩。”

駒 ki̯u/ki̯u/jū 小馬。《詩·漢廣》:“言秣其～。”

309

309 周II(銘文 133,人名)

劬 g‘i̯u/g‘i̯u/qú ❶勞苦。《詩·鴻鴈》:“～勞于野。”❷慰勞。《禮記·内則》:“食子者三年而出,見於公宫,則～。” Gl86

絇 音同上 鞋頭飾帶。《禮·檀弓上》:“葛要絰,繩屨無～。”

朐 音同上 乾肉的屈曲部分。《禮·曲禮上》:“以脯脩置者,左～右末。”

同音假借 遠。《管子·侈靡》:“古之祭有時而～。”

通“軥”。《左·昭二十六》:“繇～汏輈。”

軥 音同上 軛下夾馬頸的彎曲部分。《左·襄十四》:“射兩～而還。”

通“拘”。《荀子·榮辱》:“～録疾力。”

鴝 音同上 ❶鳥名。《左·昭二十五》:“有～鵒來巢。”(按:今本作“鸜”。《釋文》:本又作“～”。)❷～掇:蟲名。《莊子·至樂》:“化而爲蟲,生於竈下,其狀若脱,其名爲～掇。”(也許是因鴝所啄之食而得名)

竘 kʻi̯u/kʻi̯u:/qǔ　kʻu/kʻə̯u/kōu　手巧的，技藝好的，工匠。《説文》引《逸周書》："～匠。"

呴 xi̯u/xi̯u，xi̯u-/xū　❶呼氣。《老子》二十九章："或～或吹。"❷大聲呼喊。《國策·燕一》："～籍叱咄，則徒隸之人至矣。"❸吐沫。《莊子·天運》："相～以濕，相濡以沫。"

姁 xi̯u/xi̯u:/xǔ　愉快。《吕氏春秋·喻大》："～～焉相樂也。"

煦 xi̯u/xi̯u:，xi̯u-/xù　暖，熱。《禮·樂記》："～嫗覆育萬物。" Gl92

109

冓 ku/kə̯u-/gòu　中～：内室。《詩·牆有茨》："中～之言，不可道也。" Gl130

310 殷甲文（E77：1，"遘"義）
311 周（銘文 383，"媾"義）
312 漢前（銘文 413，人名）

310—312

詞根的本義好像是糾結、交錯、格子狀物件、聯結、交叉，"冓、媾、搆、構、溝、篝"都來自此詞根。從詞源角度考慮，這個詞跟前組的"笱"是同一個詞。捕魚簍由竹條織成，實際的意義爲交織物。"冓"的字形表明它是編織成的漁具。

媾 音同上　❶再婚。《易·震》："婚～有言。"❷厚愛。《詩·候人》："彼其之子，不遂其～。" Gl362

搆 音同上　交錯，交接（戰鬬中武器相交）。《孟子·告子下》："吾聞秦楚～兵。"

構 音同上　❶製造，建造。《書·大誥》"厥子乃弗肯堂，矧肯～。"❷交合。《易·繫辭下》："男女～精，萬物化生。"❸接觸。《詩·四月》："我日～禍，曷云能穀。"❹和……衝突。《詩·青蠅》："讒人罔極，～我二人。"❺圖謀對付。《左·桓十六》："宣姜與公子朔～急子。"

溝 ku/kə̯u/gōu　❶排水溝，灌溉渠。《論語·泰伯》："卑宫室而盡力乎～洫。"❷護城河。《禮·禮運》："城郭～池爲固。"

篝 音同上　竹籠。《楚辭·招魂》："秦～齊縷。"

覯 ku/kə̯u-/gòu　遇見。《詩·草蟲》："亦既～止，我心則説。"

通"逅"。《詩·綢繆》："今夕何夕？見此邂～。"（按：今本作"逅"，高氏從《釋文》引《韓詩》。） Gl242

購 音同上　呈獻，償付。《國策·燕三》："今聞～將軍之首，金千斤，邑萬家。"

遘 音同上　遇見。《書·金縢》："惟爾元孫某，～厲虐疾。"（參"覯"）

通"逅"。《詩·野有蔓草》："邂～相遇。"（按，今本作"逅"，高氏從《釋文》。） Gl242

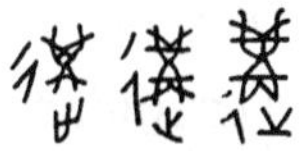

313—315

313 殷甲文（A1：2，6）
314 殷（銘文 32）　315 周 I（銘文 77）

110

口 kʻu/kʻə̯u:/kǒu　嘴。《詩·巧言》："蛇蛇碩言，出自～矣。"

316 殷甲文（O220，人名）
317 取自 575 組"唯"的古文字（周 I，銘文 54）

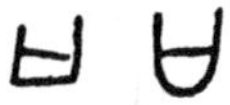

316—317

此字象形。

叩 kʻu/kʻə̯u:，kʻə̯u-/kòu　❶敲，擊。《論語·子路》："以杖～其脛。"❷攻擊，發動。《論語·子罕》："我～其兩端而竭焉。"

扣 音同上　❶敲，擊。《荀子·法行》："～之，其聲清揚而遠聞。"❷抓住。《左·襄十八》："大子與郭榮～馬。"

釦 kʻu/kʻə̯u:/kòu　敲擊金屬物件，發出噪雜聲。《國語·吳語》："三軍皆嗶～以振旅，其聲動天地。”

111

寇 kʻu/kʻə̯u-/kòu ❶搶劫。《書·費誓》：“無敢～攘。”❷盜賊。《詩·民勞》：“式遏～虐。”❸侵犯。《左·文七》：“兵作於内爲亂，於外爲～。”❹匪徒。《左·僖五》：“～不可翫。”

318

318 周II（銘文132）

此字从宀（房屋）、攴（擊）、元（頭）。

112

后 gʻu/γə̯u:，γə̯u-/hòu ❶君王，領主。《詩·玄鳥》：“商之先～，受命不殆。”❷王后。《左·莊二十一》：“王以～之鞶鑑予之。”

通“後”。《禮·大學》：“知止而～有定。”

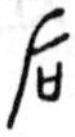
319

319 殷甲文（M351，其義不明），參972組“司”。

逅 gʻu/γə̯u-/hòu 邂～：輕鬆快樂。《詩·野有蔓草》：“邂～相遇，適我願兮。”Gl242

垢 ku/kə̯u:/gòu 污穢。《詩·桑柔》：“維彼不順，征以中～。”Gl130

姤 ku/kə̯u-/gòu ❶遇。《易·姤》：“～，遇也。”❷善，好。《管子·地員》：“士女皆好，其民工巧，其泉黄白，其人夷～。”

詬 ku/kə̯u:/gòu kʻu/kʻə̯u-/kòu xu/xə̯u-/hòu 辱罵，使受恥辱。《左·哀八》：“曹人～之。”

呴 xu/xə̯u:，xə̯u-/hòu 使受恥辱，侮辱。《大戴禮·武王踐阼》：“皇皇惟敬，口生～，口戕口。”

113

侯 gʻu/γə̯u/hóu ❶箭靶。《詩·猗嗟》：“終日射～。”❷（本領高的射手，首領>）諸侯。《詩·兔罝》：“公～干城。”❸高貴，莊嚴。《詩·鄭風·羔裘》：“羔裘如濡，洵直且～。”

同音假借 ❶語助詞。《詩·大明》：“維予～興。”❷乞求。《周禮·肆師》：“與祝～禳于畺及郊。”Gl760、784、857

320—322

320 殷甲文（A2：28，2）

321 殷（銘文9）

322 周I（銘文60）

此字从矢、厂，“厂”爲只有一道墻的屋頂。參807組“榭”的“射箭房”義。

候 gʻu/γə̯u-/hòu ❶注意，監視。《左·宣十二》：“豈敢辱～人。”❷接待，陪同，侍候。《詩·候人》：“彼～人兮。”

喉 gʻu/γə̯u/hóu 喉嚨。《詩·烝民》：“出納王命，王之～舌。”

猴 音同上 猴子。《莊子·齊物論》：“木處則惴慄恂懼，猨～然乎哉？”

翭 音同上 羽毛的根部。見《説文》（無書證）。

通“鍭”。《儀禮·既夕禮》：“～矢一乘。”

鍭 gʻu/γə̯u，γə̯u-/hóu 以金屬爲鏃的箭。《詩·行葦》：“四～既鈞。”

餱 gʻu/γə̯u/hóu 乾糧，食物。《詩·公劉》：“迺裹～糧。”

114

厚 gʻu/γə̯u:/hòu ❶厚。《詩·正月》：“謂地蓋～，不敢不蹐。”❷大。《老子》五十五章：“含德之～，比於赤子。”❸豐盛。《禮·禮器》：“禮之薄～，與年之上下。”

323—325

323 殷甲文（P211）

324 周I（銘文93） 325 周II（銘文152）

115

後 gʻu/γə̯u:/hòu ❶後面，以後。《詩·小毖》：“予其懲而毖～患。”❷跟

隨。《左·定四》："～者慕之。"❸置於其後。《論語·衛靈公》："事君，敬其事而～其食。"❹子孫。《詩·瞻卬》："式救爾～。"❺繼承者。《左·桓二》："臧孫達其有～於魯乎？"

326 周Ⅰ（銘文 69）

327 周Ⅰ（銘文 94）

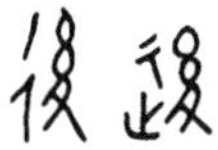

326—327

116

斗 tu/tə̯u:/dǒu ❶量器名。《禮·月令》："鈞衡石，角～甬，正權概。"❷杓。《詩·行葦》："酌以大～，以祈黃耇。"❸星座名。《詩·大東》："維北有～，不可以挹酒漿。"

ṭi̯u/tɕi̯u:/zhǔ 杓。《周禮·鬯人》："大喪之大渳設～。"

枓 前字的異體。《禮記·喪大記》："浴水用盆，沃水用～。"

117

兜 tu/tə̯u/dōu ❶頭盔。見《說文》（無書證）。❷（頭巾遮住頭>）欺騙。《國語·晉語六》："在列者獻詩，使勿～。"此字初文一定是象形字。

118

豆 d'u-/d'ə̯u:/dòu 禮器名。《詩·生民》："卬盛于～。"

同音假借 豆子。《禮·投壺》："壺中實小～焉，爲其矢之躍而出也。"

通"斗"。《周禮·梓人》："食一～肉，飲一～酒，中人之食也。"

328 周Ⅱ（銘文 138，人名）

329 周Ⅱ（銘文 147，人名）

328—329

此字象形。

脰 音同上 頸項。《左·襄十八》："兩矢夾～。"

頭 d'u/d'ə̯u/tóu 頭。《左·襄十九》："生瘍於～。"

裋 d̑i̯u/ʑi̯u:/shù 料子不好的衣服。《列子·力命》："衣則～褐。"

豎 音同上 隨從，童子。《左·哀十六》："～告大子。"

119

走 tsu/tsə̯u:/zǒu ❶跑，趕緊。《詩·緜》："古公亶父，來朝～馬。"❷往。《儀禮·士相見禮》："某將～見。"

330 周Ⅰ（銘文 63）

331 周Ⅰ（銘文 65）

330—331

此字从大（人）、辵（行走），或从大、止（足）。

120

漏 lu/lə̯u-/lòu ❶泄漏。《左·僖二》："齊寺人貂始～師于多魚。"❷房子隱蔽的西北角。《詩·抑》："相在爾室，尚不愧于屋～。"Gl956 此字《說文》有一初文，其左邊無"水"旁。

121

具 g'i̯u/g'i̯u-/jù ❶準備，安排。《左·隱元》："～卒乘。"❷貯藏。《書·盤庚中》："～乃貝玉。"❸實現。《左·成十六》："求無不～。"❹具全。《詩·常棣》："兄弟既～，和樂且孺。"

通"俱"。《詩·節南山》："赫赫師尹，民～爾瞻。"

332 周Ⅱ（銘文 132）

333 周Ⅱ（銘文 145）

332—333

此字从雙手、貝（錢幣）。

俱 ki̯u/ki̯u/jū（jù） 都，所有，一道。《左·定八》："與一人～斃。"

椇 ki̯u/ki̯u:/jǔ ❶枳椇。《禮·曲禮下》："婦人之摯，～、榛、脯、脩、棗、栗。"❷一種放置碗碟的盤或架。《禮·明堂位》："俎，有虞氏以梡，夏后氏以嶡，殷以～。"

122

區 kʻi̯u/kʻi̯u/qū　隱藏處。《荀子·大略》：“言之信者在乎～蓋之間。”

同音假借　❶級别，分類。《論語·子張》：“譬諸草木，～以别矣。”❷區域。《書·康誥》：“用肇造我～夏。”❸地面。《淮南子·原道訓》：“縱志舒節以馳大～。”❹小。《左·襄十七》：“宋國～～，而有詛有祝。”❺滿足，快樂。《吕氏春秋·務本》：“～～焉相樂也。”

ʔu/ʔə̯u/ōu　隱藏。《左·昭七》：“吾先君文王作僕～之法。”

同音假借　量名。《左·昭三》：“齊舊四量：豆、～、釜、鍾。”

假借爲ku/kə̯u/gōu　屈。《禮·樂記》：“草木茂～萌達。”

334

334 周Ⅰ（銘文67）

此字像物貯器内。

驅 kʻi̯u/kʻi̯u/qū　❶趕（馬）向前。《詩·載馳》：“～馬悠悠。”❷奔馳，趕緊。《左·宣六》：“趙盾～而出。”❸趕走，驅逐。《左·襄十四》：“～其狐狸豺狼。”

敺 前字的異體。《周禮·方相氏》：“以戈擊四隅，～方良。”

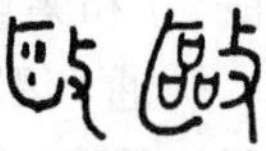

335—336

335 周Ⅱ（銘文182）

336 周Ⅲ/Ⅳ（銘文323）

軀 音同上　身體。《孟子·盡心下》：“未聞君子之大道也，則足以殺其～而已矣。”

摳 kʻu/kʻə̯u/kōu　提起（衣服）。《禮·曲禮上》：“～衣趨隅，必慎唯諾。”

嘔 ʔu/ʔə̯u:/ǒu
嘔吐。《左·哀二》：“吾伏弢～血。”

ʔu/ʔə̯u/ōu　（像小兒那樣）細聲細氣地説話。《荀子·富國》：“垂事養民，拊循之，呴～之。”

毆 ʔu/ʔə̯u:/ǒu（ōu）
擊。《吕氏春秋》。（按：今本未見。）

漚 ʔu/ʔə̯u-/òu　浸，泡。《詩·東門之池》：“東門之池，可以～麻。”

假借爲ʔu/ʔə̯u/ōu　海鷗。《列子·黄帝》：“海上之人有好～鳥者。”

甌 ʔu/ʔə̯u/ōu　碗。《荀子·大略》：“流丸止於～臾。”

謳 音同上　唱。《孟子·告子下》：“昔者王豹處於淇，而河西善～。”

傴 ʔi̯u/ʔi̯u:/yǔ　❶曲身，鞠躬。《左·昭七》：“一命而僂，再命而～，三命而俯。”❷駝背。《禮·問喪》：“～者不袒。”

嫗 ʔi̯u/ʔi̯u:，ʔi̯u-/yù　用身體使之暖和（如母對子）。《禮·樂記》：“煦～覆育萬物。”

饇 ʔi̯u/ʔi̯u-/yù　kʻi̯u/kʻi̯u/qū　飽足。《詩·角弓》：“如食宜～，如酌孔取。”（《詩·常棣》“飲酒之飫”《韓詩》作“飲酒之醧”，“醧”顯然是“饇”的異體，形符从酉不从食。）Gl414

樞 tʻi̯u/tɕʻi̯u/chū（shū）　門軸。《易·繫辭上》：“言行，君子之～機。”

ʔu/ʔəu/ōu　一種刺榆。《詩·山有樞》：“山有～，隰有榆。”（辭書把此義的“樞”讀作chū，但是《切韻》和《釋文》都讀作ōu。）

貙 tʻi̯u/tɕʻi̯u/chū　野貓。《列子·黄帝》：“帥熊、羆、狼、豹、～、虎爲前驅。”

123

婁 gli̯u/li̯u/lǘ　曳，拖。《詩·山有樞》：“子有衣裳，弗曳弗～。”

假借爲gli̯u/li̯u:/lǚ　❶拴。《公羊·昭二十五》：“牛馬維～。”❷交接。《莊子·徐无鬼》：“卷～者，舜也。”

假借爲glu/lə̯u/lóu　❶空虛。《詩·

角弓》:"式居～驕。"❷星座名。《禮·月令》:"季冬之月,日在婺女。昏,～中。"❸發情(特指豬)。《左·定十四》:"既定爾～豬,盍歸吾艾豭。"

假借爲glu/lə̯u, lə̯u:/lóu 土墩,小丘。《左·襄二十四》:"部～無松柏。"Gl289、557

僂 gli̯u/li̯u:/lǚ glu/lə̯u/lóu ❶彎曲。《荀子·儒效》:"未能～指也。"❷曲身,駝背。《左·昭七》:"一命而～,再命而傴。"

膢 gli̯u/li̯u/lǘ glu/lə̯u/lóu 二月或八月之祭。《韓非子·五蠹》:"～臘而相遺以水。"

摟 音同上(lǒu) 拖開。《孟子·告子下》:"踰東家牆而～其處子。"Gl289

蔞 gli̯u/li̯u, li̯u:/lǘ glu/lə̯u/lóu 艾。《詩·漢廣》:"言刈其～。"

屢 gli̯u/li̯u-/lǜ(lǚ) 時常,屢次。《詩·巧言》:"君子～盟。"Gl796

瘻 gli̯u/li̯u/lǘ 痀～:駝背。《列子·黃帝》:"其痀～丈人之謂乎?"(按:今本作"僂"。)

縷 gli̯u/li̯u:/lǚ 綫。《孟子·滕文公上》:"麻～絲絮輕重同,則賈相若。"

鞻 glu/lə̯u/lóu gli̯u/li̯u-/lǜ kli̯u/ki̯u-/jù 一種鞋。《周禮·春官·序》:"鞮～氏下士四人。"

塿 glu/lə̯u:/lǒu 土丘。《左·襄二十四》:"部～無松柏。"(按:今本作"婁",高氏從《釋文》。)

樓 glu/lə̯u/lóu 多層建築。《孟子·告子下》:"方寸之木可使高於岑～。"

螻 音同上 ❶螻蛄。《莊子·列禦寇》:"在下爲～蟻食。"❷蛙。《禮·月令》:"～蟈鳴。"❸惡臭。《周禮·内饔》:"馬黑脊而般臂,～。"(一家注爲glu/lə̯u-/lòu,"内病也"。)

鏤 glu/lə̯u-/lòu ❶雕,刻。《詩·韓奕》:"鉤膺～錫。"❷(雕刻金屬>)剛硬的金屬。《書·禹貢》:"厥貢璆、鐵、銀、～、砮、磬。"。

髏 glu/lə̯u/lóu 髑～:頭骨。《莊子·至樂》:"援髑～枕而臥。"

窶 g'li̯u/g'i̯u:/jù 窮困,匱乏。《詩·北門》:"終～且貧。"

寠 前字的異體。《説文》引《詩》:"終～且貧。"(按:今本《説文》無引詩,高氏從《康熙字典》。)

屨 kli̯u/ki̯u-/jù 便鞋,鞋。《詩·葛屨》:"糾糾葛～,可以履霜。"

數 sli̯u/ṣi̯u-/shù ❶數字。《易·繫辭上》:"大衍之～五十。"❷級别。《禮·王制》:"布帛精麤不中～,幅廣狹不中量,不粥於市。"❸規則,標準。《禮·樂記》:"百度得～而有常。"❹方術,技藝。《孟子·告子上》:"今夫奕之爲～,小～也。"❺一些,幾個。《論語·子張》:"夫子之牆～仞。"

sli̯u/ṣi̯u:/shǔ ❶點數,計算。《詩·巧言》:"往來行言,心焉～之。"❷(數説過錯>)申斥。《左·昭二》:"使吏～之。"

此字還由於字義的相近關係借用作另一個詞suk/ṣə̯k/shuò 屢次,經常。《論語·里仁》:"事君～,斯辱矣。"參1207組的"數"。

124

禺 ŋi̯u/ŋi̯u-/yù 猴子。《禮·檀弓下》:"公叔～人遇負杖入保者息。"(人名用字)

假借爲ŋi̯u/ŋi̯u/yú 魚名。《逸周書·王會解》:"～,魚名。"

通"隅"。《管子·侈靡》:"是爲十～。"

通"耦"。《管子·海王》:"～筴之商,曰二百萬。"

337 周Ⅲ(銘文237,可能是"愚"義)。此字初文一定是象形字。

337

寓 ŋi̯u/ŋi̯u-/yù ❶寄宿。《孟子·離婁下》:"無～人於我室。"❷給一個位置。《左·成二》:"綦毋張喪車,從韓厥曰:'請～乘。'"❸交托。《左·襄二十四》:"子産～書於子西。"

338 周Ⅰ/Ⅱ(銘文206,人名)

339 周Ⅲ/Ⅳ(銘文332)

338—339

嵎 ŋi̯u/ŋi̯u/yú 山角或山曲。《孟子·盡心下》:"虎負～。"

愚 音同上 無知,愚笨。《論語·公冶長》:"邦有道則知,邦無道則～。"

遇 ŋi̯u/ŋi̯u-/yù 碰到。《詩·中谷有蓷》:"～人之不淑矣。"

通"愚"。《詩·巧言》:"躍躍毚兔,～犬獲之。"Gl605、1496

隅 ŋi̯u/ŋi̯u/yú 角。《詩·緜蠻》:"緜蠻黄鳥,止于丘～。"

通"偶"。相配者。《詩·抑》:"抑抑威儀,維德之～。"Gl946

腢 (髃) ŋi̯u/ŋi̯u/yú ŋu/ŋə̯u:/ǒu 鎖骨。《儀禮·既夕禮》:"即牀而奠,當～用吉器。"

齵 ŋi̯u/ŋi̯u/yú ŋu/ŋə̯u:/ǒu (不平的牙齒>)不平,不規則(特指輪輻)。《周禮·輪人》:"察其菑蚤不～。"

喁 ŋi̯u/ŋi̯u/yú ŋi̯uŋ/ŋi̯woŋ/yóng ŋu/ŋə̯u:/ǒu 唱和。《莊子·齊物論》:"前者唱于,而隨者唱～。"

偶 ŋu/ŋə̯u:/ǒu 一對,成對的。《禮·曲禮上》:"～坐不辭。"

耦 ŋu/ŋə̯u/ǒu 二人並耕。《詩·載芟》:"千～其耘。"

顒 ŋi̯uŋ/ŋi̯woŋ/yóng ❶大,《詩·六月》:"四牡脩廣,其大有～。"❷尊嚴。《詩·卷阿》:"～～卬卬。"Gl914

125

俞 di̯u/i̯u/yú ❶是,同意之辭。《書·堯典》:"帝曰:'～。'"❷滿足,安適。《莊子·天道》:"无爲則～～。"

通"愉"。《吕氏春秋·知分》:"古聖人不以感私傷神,～然而以待耳。"

通"逾"。《荀子·解蔽》:"而未有～疾之福。"

340

340 周Ⅱ(銘文172,人名)

喻 di̯u/i̯u-/yù ❶懂得。《論語·里仁》:"君子～於義,小人～於利。"❷教導,啟迪。《禮·文王世子》:"師也者,教之以事,而～諸德者也。"❸比喻,起開導作用的例子。《孟子·梁惠王上》:"王好戰,請以戰～。"

愈 di̯u/i̯u:/yù ❶增加。《詩·正月》:"憂心～～。"❷更加。《左·哀二十五》:"公～怒。"❸勝過。《論語·公冶長》:"女與回也孰～?"❹病好轉。《孟子·公孫丑下》:"昔者疾,今日～。"

通"愉"。《荀子·君子》:"天子也者,執至重,形至佚,心至～。"Gl530

341

341 周Ⅱ/Ⅲ(銘文251,人名)

愉 di̯u/i̯u/yú 快樂,愉快。《詩·山有樞》:"他人是～。"

通"偷"。苟且。《周禮·大司徒》:"以俗教安,則民不～。"(按:今本作"偷",高氏從《釋文》。)

榆 音同上 榆樹。《詩·山有樞》:"山有樞,隰有～。"

渝 音同上 變。《詩·鄭風·羔裘》:"彼其之子,舍命不～。"

通“逾”。《左·桓元》：“盟曰：‘～盟無享國。’”

瑜 音同上 寶石。《禮·玉藻》：“世子佩～玉而綦組綬。”

瘉 di̯u/i̯u:/yù ❶病，痛苦。《詩·角弓》：“不令兄弟，交相爲～。”❷病好轉（僅有漢代書證）。

羭 di̯u/i̯u/yú ❶羊。《列子·天瑞》：“老～之爲猨也。”❷善。《左·僖四》：“攘公之～。”

覦 di̯u/i̯u, i̯u-/yú 期望，欲望。《左·襄十五》：“能官人，則民無～心。”

諭 di̯u/i̯u-/yù ❶告知，宣告。《禮·文王世子》：“教之以事而～諸德者也。”❷懂得。《國策·齊》：“欲客之必～寡人之志也。”

踰 di̯u/i̯u/yú ❶跳或越過。《詩·將仲子》：“將仲子兮，無～我里。”❷違反。《論語·爲政》：“七十而從心所欲，不～矩。”

逾 音同上 ❶違反。《書·顧命》：“嗣守文武大訓，無敢昏～。”❷超越而進。《書·秦誓》：“日月～邁，若弗云來。”

揄 di̯u/i̯u/yú d'u/d'ə̯u:/dòu 引向自己，（從臼）舀出。《詩·生民》：“或舂或～，或簸或蹂。”（《說文》作“舀”，今本可能是誤字）。

通“鷂”。雉。《禮·玉藻》：“王后褘衣，夫人～狄。”

通“臾”。《莊子·漁父》：“被髮～袂。”Gl876

窬 di̯u/i̯u/yú d'u/d'ə̯u/tóu 洞，小門。《論語·陽貨》：“其猶穿～之盜也與。”

蝓 di̯u/i̯u/yú d̑i̯u/dʑ'i̯u/chú 蝸牛。《儀禮·士冠禮》：“葵菹蠃醢”，鄭玄注：“蠃醢，螔～也。”

輸 ɕi̯u/ɕi̯u/shū ❶運輸，獻。《左·僖十三》：“秦於是乎～粟于晉。”❷傳送。《書·吕刑》：“獄成而孚，～而孚。”❸打翻，墮壞。《詩·正月》：“載～爾載。”❹（運走＞）濫用，耗盡。《左·昭二十》：“～掠其聚。”❺毀壞。《春秋·隱六》：“鄭人來～平。”（按：今本作“渝”，誤。）Gl2070

歈 d'u/d'ə̯u/tóu（yú） 一種歌曲。《楚辭·招魂》：“吳～蔡謳，奏大吕些。”

偷 t'u/t'ə̯u/tōu ❶偷竊。《管子·形勢解》：“～得利而後有害。”❷苟且，不在意。《禮·表記》：“安肆日～。”❸粗率。《左·昭十六》：“晉國韓子不可～也。”❹卑劣。《論語·泰伯》：”故舊不遺，則民不～。”

媮 音同上 怠慢，輕蔑。《左·襄三十》：“晉未可～也。”

通“愉”。《楚辭·離騷》：“聊假日以～樂。”

126

臾 di̯u/i̯u/yú ❶拖，曳。《周禮·弓人》：“往體多，來體寡，謂之夾～之屬。”❷須～：一會兒。《禮·中庸》：“道也者，不可須～離也。”

庾 di̯u/i̯u:/yǔ ❶田中穀堆。《詩·小雅·甫田》：“曾孫之～，如坻如京。”❷量名。《論語·雍也》：“與之～。”

斞 音同上
量名。《周禮·弓人》：“漆三～。”

楰 音同上 梓樹。《詩·南山有臺》：“北山有～。”

腴 di̯u/i̯u/yú ❶腹部脂肪。《禮·少儀》：“冬右～。”❷腸。《禮·少儀》：“君子不食圂～。”❸肥沃。《國策·燕二》：“且夫宋，中國膏～之地。”

諛 音同上　討好。《孟子·告子下》："士止於千里之外，則讒諂面～之人至矣。"

鍭 dịu/ịu:/yǔ　量名。《莊子·田子方》："～斛不敢入於四竟。"見"庾、斞"。

127

壴 ṭịu/ṭịu-/zhù　懸樂器的柱或架。（銘文 293）

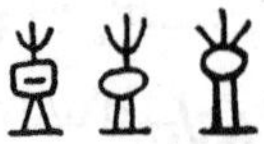

342 殷甲文（A5: 2, 7）

343 殷甲文（I25: 12）

342—344

344 周IV（銘文 293）　此字象形。

侸 dịu/ẓịu-/shù　站立，侍候。（殷甲文 E172: 4）

345 殷甲文（E172: 4）

346 殷甲文（A7: 5, 1）

345—346

在殷甲文中，此字總是用作"豎"（僕人）義。有時候，如殷甲文（A7: 5, 1），字中站立的"人"被跪着的"女"（女僕）所代替。

尌 音同上　樹立，建立（僅有漢代書證）。

347

347 周（銘文 385，人名）。

樹 dịu/ẓịu-/shù　樹木。《左·昭二》："宿敢不封殖此～，以無忘角弓。"

dịu/ẓịu:/shù　❶栽種。《詩·巧言》："荏染柔木，君子～之。"❷豎立。《詩·有瞽》："崇牙～羽。"❸設立，委任。《左·昭元》："引其封疆而～之官。"

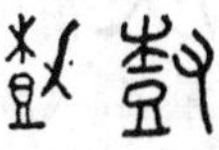

348 殷甲文（A2: 7, 6）

349 周III/IV（銘文 328）

348—349

廚 dʼịu/dʼịu/chú　廚房。《孟子·梁惠王上》："君子遠庖～也。"

躕 音同上　踟～：遲疑不前。《詩·靜女》："搔首踟～。"Gl116

128

朱 ṭịu/tɕịu/zhū　紅色。《詩·閟宮》："貝胄～綅。"

同音假借　～儒：矮人。《左·襄四》"～儒是使。"

350 殷甲文（B上 12: 8，人名？）

351 周I（銘文 86）

350—351

此字像樹幹上標有一劃或一點。樹幹塗有紅色顏料。

侏 音同上　矮人。《禮·樂記》："及優～儒，獶雜子女。"

珠 音同上　珍珠。《書·禹貢》："淮夷蠙～曁魚。"

株 ṭịu/ṭịu/zhū　❶樹根。《易·困》："臀困于～木。"❷樹幹。《韓非子·五蠹》："兔走觸～。"

蛛 音同上　蜘蛛。《關尹子·三極》："聖人師蜘～立網罟。"

鼄 前字的異體。見《説文》。

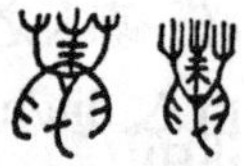

352 周III（銘文 217，"邾"義）

352—353

353 周III（銘文 218，"邾"義）

誅 ṭịu/ṭịu/zhū　❶責備。《論語·公冶長》："於予與何～？"❷處罰。《左·文十八》："見無禮於其君者，～之。"❸殺。《左·昭十三》："吾父再奸王命，王弗～，惠孰大焉！"

跦 音同上　向前跳。《左·昭二十五》："鸜鵒～～。"

邾 音同上
地名。《左·隱七年》："公伐～。"

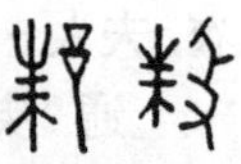

354 周IV（銘文 282）

355 周II/III（銘文 248，形符是"殳"，不是"邑"）

354—355

姝 ṭʼịu/tɕʼịu/chū（shū）　❶美麗，可愛。《詩·靜女》："靜女其～。"❷順從。《詩·干旄》："彼～者子，何以畀之？"❸溫柔。《莊子·徐无鬼》："有暖～者？"Gl144

356

356 周Ⅱ/Ⅲ（銘文 248，人名）

袾 同“朱”。《荀子·富國》：“天子～裷衣冕。”

同“姝”。《説文》引《詩》：“靜女其～。”（按：今《詩·靜女》作“姝”。）

殊 ḍi̯u/ʑi̯u/shū ❶死，殺。《莊子·在宥》：“今世～死者相枕也。”❷斷絶。《左·昭二十三》：“斷其後之木而弗～。”

同音假借 ❶不同。《易·繫辭下》：“天下同歸而～塗。”❷極，甚。《詩·汾沮洳》：“美無度，～異乎公路。”

銖 zhū 一兩的二十四分之一。《禮·儒行》：“雖分國，如錙～。”

咮 tu/tə̯u-/dòu ？/ȶi̯ə̯u-/zhòu 鳥喙。《詩·候人》：“維鵜在梁，不濡其～。”

129

主 ȶi̯u/tɕi̯u:/zhǔ ❶主人。《詩·載芟》：“侯～侯伯。”❷諸侯、大夫之妻女。《國語·晉語二》：“～孟啗我。”❸祖先靈牌。《周禮·司巫》：“祭祀則共匰～。”❹支配。《禮·聘禮》：“～國待客，出入三積。”❺主要的，認爲是主要的。《論語·學而》：“～忠信。”

此字《説文》釋“燈芯”，即“炷”的初文，而“炷”在漢代以後才出現。也許此字是架子上祖先靈牌的象形（？）。參 102 組“父”及其前三個古文字。

罜 ȶi̯u/tɕi̯u-/zhù 網。《國語·魯語上》：“水虞於是禁罝～麗。”

注 ȶi̯u/tɕi̯u-/zhù ti̯u/ȶi̯u-/zhù ❶灌。《詩·泂酌》：“挹彼～兹。”❷導至，流向。《詩·文王有聲》：“豐水東～。”❸運用。《左·襄二十三》：“樂射之，不中，又～。”❹打中。《莊子·達生》：“以瓦～者巧。”❺聚集。《周禮·獸人》：“及弊田，令禽～于虞中。”

通“咮”。《周禮·梓人》：“以～鳴者。”

註 音同上 記載。《穀梁·昭十一》：“一事～乎志。”

拄 ti̯u/ȶi̯u:/zhǔ 支撑，支持。《國策·齊六》：“大冠若箕，修劍～頤。”

鉒 ti̯u/ȶi̯u-/zhù 礦物。《管子·地數》：“上有鉛者，其下有～銀。”

住 di̯u/ḍi̯u-/zhù 停留。《列子·黄帝》：“百～而不止。”

柱 di̯u/ḍi̯u:/zhù ❶柱子。《儀禮·喪服》：“翦屏～楣。”❷支撑物。《禮·明堂位》：“殷～鼓。”

黈 t'u/t'ə̯u:/tǒu 黄色。《穀梁·莊二十三》：“天子、諸侯黝堊，大夫倉，士～。”

130

殳 di̯u/ʑi̯u/shū 杖，一種長矛。《詩·伯兮》：“伯也執～，爲伯前驅。”

357

357 周Ⅱ（銘文 136）

此字像手執杖形。

投 d'u/d'ə̯u/tóu ❶扔。《書·大誥》：“遺大～艱于朕身。”❷投贈。《詩·木瓜》：“～我以木瓜，報之以瓊琚。”❸丢開，驅逐。《詩·小弁》：“相彼～兔，尚或先之。”❹丢棄，貶謫。《禮·樂記》：“～殷之後於宋。”Gl600

131

取 ts'i̯u/ts'i̯u:/qǔ ts'u/ts'ə̯u:/cǒu 拿取。《詩·伐檀》：“不稼不穡，胡～禾三百廛兮？”

ts'i̯u/ts'i̯u-/qǔ 娶。《詩·伐柯》：“～妻如何？匪媒不得。”

358 殷甲文（A1：9，7）

359 殷甲文（A4：26，1）

360 周Ⅱ（銘文 180）

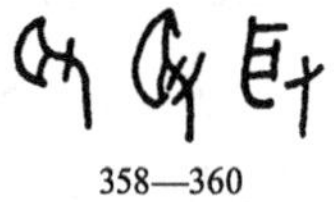

358—360

此字从又（手）、耳。

娶 tsʻi̯u/tsʻi̯u-/qǔ　娶妻。《孟子·萬章上》：“～妻如之何？必告父母。”

361

361 殷甲文（D7）

趣 tsʻi̯u/tsʻi̯u-/qù　急促於事。《詩·棫樸》：“左右～之。”

tsʻu/tsʻə̯u-/còu　（使跑＞）～馬：管馬人。《詩·十月之交》：“蹶維～馬。”

（驅策使跑＞）通“促”。《禮·月令》：“～民收斂。”

362

362 周III/IV（銘文 308，“取”義）

娵 tsʻi̯u/tsʻi̯u/qu（ju）　星宿名。《左·襄三十》：“及其亡也，歲在～訾之口。”

諏 音同上（zōu）　問，謀。《詩·皇皇者華》：“周爰咨～。”

聚 dzʻi̯u/dzʻi̯u:, dzʻi̯u-/jù　❶會集，集合。《易·繫辭上》：“方以類～，物以羣分。”❷貯藏。《左·哀十七》：“陳人恃其～而侵楚。”

陬 tsu/tsə̯u/zōu　tsi̯u/tsi̯u/jū　角，隅。《國策·宋衛》：“有雀生鸇於城之～。”

同音假借　卑～：不安。《莊子·天地》：“子貢卑～失色。”

掫 tsu/tsə̯u/zōu　tsi̯u/tsi̯u/jū　?/tʂi̯ə̯u:/zǒu　巡夜打更。《左·昭二十》：“賓將～。”

緅 tsu/tsə̯u/zōu　tsu/tsi̯u-/jù　?/tʂi̯ə̯u/zōu　深褐色。《論語·鄉黨》：“君子不以紺～飾。”

棷 su/sə̯u:/sǒu　長滿草的沼澤地。《禮·禮運》：“鳳皇麒麟，皆在郊～。”

菆 ?/tʂi̯ə̯u/zōu　❶麻莖。《儀禮·既夕禮》：“御以蒲～。”❷好箭。《左·宣十二》：“每射，抽矢～納諸廚子之房。”

dzʻwɑn/dzʻuɑn/cuán　聚集木材。《禮·檀弓上》：“天子之殯也，～塗龍輴以椁。”

驟 ?/dzʻi̯ə̯u-/zòu（zhòu）　❶快跑（特指馬）。《詩·四牡》：“載～駸駸。”❷快，突然。《左·成十八》：“杞伯於是～朝于晉。”

同音假借　屢次。《左·宣元》：“～諫而不入。”

中古韻-i̯ə̯u按規則應來自上古的-i̯ɷg，但是本諧聲系列中“掫、緅、菆、驟”都出現i̯u和i̯ɷg的交替，這個現象難以解釋，下面一個諧聲系列也有這種情況。

132

芻 tʂʻi̯u/tʂʻi̯u/chū（chú）　作燃料或飼料用的草。《詩·白駒》：“生～一束。”

363

363 殷甲文（A7: 32, 4）

殷代字形从又（手）、艸。

趨 音同上（qū）　❶趕至，跑至。《詩·猗嗟》：“巧～蹌兮。”❷追求目標。《孟子·告子下》：“三子者不同道，其～一也。”

通“促”。《禮·祭義》：“其行也～～以數。”參 131 組的“趣”字。

雛 dzʻi̯u/dzʻi̯u/chú　❶小雞，小鳥。《禮·月令》：“天子乃以～嘗黍羞。”❷泛指幼小動物。《禮·內則》：“不食～鱉。”

鶵 音同上　鵷～：鳥名，似雉。《莊子·秋水》：“南方有鳥，其名爲鵷～。”

縐 ?/tʂi̯ə̯u-/zòu（zhòu）　縐紋，縐布。《詩·君子偕老》：“蒙彼～絺。”Gl134

騶 ?/tʂi̯ə̯u/zōu　馬夫。《詩·騶虞》：“于嗟乎～虞。”

?/dzʻi̯ə̯u-/zòu　跑。《禮·曲禮上》：“車驅而～。”Gl63

齺 ?/tʂi̯ə̯u/zōu　牙齒相齧。《荀子·王霸》：“～然上下相信，而天下莫之敢當。”

133

須 si̯u/si̯u/xū
鬍子。《易·賁》:"賁其～。"

同音假借 ❶等待。《詩·匏有苦葉》:"人涉卬否,卬～我友。"❷所需,必須,徵取。《書·顧命》:"伯相命士～材。"❸滿足需要,協助。《儀禮·士昏禮》:"某敢不敬～。"❹～臾:一會兒。《禮·中庸》:"道也者,不可～臾離也。"Gl1984

364 周(銘文 350,"盨"義)
365 周(銘文 352,"盨"義)
此字象形。

364—365

鬚 音同上
鬍子。《左·昭二十六》:"鬒～眉。"

嬃 音同上 姊。《楚辭·離騷》:"女～之嬋媛兮。"

盨 si̯u/si̯u:/xǔ (《切韻》和《廣韻》讀 si̯wo,但宋本《說文》引《切韻》作 si̯u,無疑是正確的讀音) 禮器名。(銘文 142)

366 周II(銘文 142)
367 周II(銘文 178)

366—367

134

需 sni̯u/si̯u/xū ❶遲疑。《左·哀十四》:"～,事之賊也。"❷等待。《莊子·大宗師》:"聶許聞之～役。"

此字跟"耎"相似而產生混淆,所以又假借作 ȵi̯wan/ȵʑi̯wɛn:/ruǎn 軟,《周禮·鮑人》:"欲其柔滑而腥脂之,則～。"

nwɑn/nuɑn:/nuǎn 弱。《周禮·輈人》:"行數千里,馬不契～。"參"懦"。

繻 sni̯u/si̯u/xū ȵi̯u/ȵʑi̯u/rú 敗絮。《易·既濟》:"～有衣袽,終日戒。"

儒 ȵi̯u/ȵʑi̯u/rú ❶學者,文人。《禮·儒行》:"敢問～行。"❷矮人。《禮·樂記》:"及優侏～,獶雜子女。"

通"懦"。《荀子·修身》:"勞苦之事則偷～轉脫。"

孺 ȵi̯u/ȵʑi̯u/rú ❶孩子。《書·金縢》:"公將不利於～子。"❷(弱>)温柔。《詩·常棣》:"兄弟既具,和樂且～。"Gl415

懦 ȵi̯u/ȵʑi̯u/rú 弱,怯。《荀子·禮論》:"苟怠惰偷～之爲安,若者必危。"

由於跟近似的聲符發生混淆(見"需"),所以假借作 ȵi̯wan/ȵʑi̯wɛn:/ruǎn nwɑn/nuɑn/nuán nwɑr/nuɑ-/nuò 弱,怯。《左·僖二》:"～而不能强諫。"

濡 ȵi̯u/ȵʑi̯u/rú ❶打濕。《詩·匏有苦葉》:"濟盈不～軌。"❷浸濕。《左·定八》:"主人焚衝,或～馬褐以救之。"❸潤澤。《詩·鄭風·羔裘》:"羔裘如～。"

同音假借 ❶止。《孟子·公孫丑下》:"是何～滯也。"❷逗留。《莊子·徐无鬼》:"～需者,豕蝨是也。"

通"渜"。《禮·喪大記》:"～濯弃于坎。"

通"胹"。《禮·内則》:"～豚包苦實蓼。"這種通假是聲符字形相似引起的。

溤 前字的異體。
《莊子·大宗師》:"相～以沫。"

臑 ȵi̯u/ȵʑi̯u/rú 柔軟。《荀子·臣道》:"喘而言,～而動。"

?/nɑu, nɑu-/nào 肩,(獸類)前肢的上部。《儀禮·少牢饋食禮》:"肩臂～膊骼。"

通"胹"。《楚辭·招魂》:"～若芳些。"

襦 ȵi̯u/ȵʑi̯u/rú 短衣。《左·昭二十五》:"徵褰與～。"

通"繻"。《周禮·羅氏》:"蜡則作羅～。"

醹 ȵi̯u/ȵʑi̯u, ȵʑi̯u:/rú 强烈(特指酒)。《詩·行葦》:"酒醴維～。"可比較

288 組。

135

乳 n̥i̯u/n̥ʑi̯u:/rǔ ❶乳頭。鄭玄注《周禮·鳧氏》:“枚,鍾～也。”❷乳液,哺乳。《左·宣四》:“虎～之。”❸孵。《禮·月令》:“鵲始巢,雉雊雞～。”❹養育,生育。《吕氏春秋·音初》:“主人方～。”

136

付 pi̯u/pi̯u-/fù
給。《書·康王之誥》:“～畀四方。”
通“祔”。《周禮·大祝》:“～練祥。”

368 周II(銘文132)

此字从人、寸(手)。 368

府 pi̯u/pi̯u:/fǔ ❶藏文書之所。《周禮·司民》:“王拜受之,登于天～。”❷庫藏。《論語·先進》:“魯人爲長～。”❸武器庫。《左·成七》:“因諸軍～。”❹積聚。《書·吕刑》:“惟～辜功。”

柎 pi̯u/pi̯u/fū
木筏。《管子·兵法》:“方舟投～。”
bʻi̯u/bʻi̯u:/fù bʻu/bʻə̯u:/bòu 棺中置屍之板。《左·昭二十五》:“唯是楄～所以藉幹者。”
通“弣”。《周禮·弓人》:“方其峻而高其～。”
通“附”。《儀禮·士冠禮》:“素積白屨,以魁～之。”

跗 pi̯u/pi̯u/fū ❶足背。《儀禮·士喪禮》:“乃屨綦結于～,連絇。”❷花萼。《管子·地員》:“黑實朱～黄實。”

弣 pʻi̯u/pʻi̯u:/fǔ 弓把的握手部分。《禮·曲禮上》:“左手承～。”

拊 音同上 ❶置于其上,拍,撫。《詩·蓼莪》:“～我畜我。”❷敲擊。《書·益稷》:“予擊石～石。”❸一種鼓。《書·益稷》:“搏～琴瑟以詠。”❹柄。《禮·少儀》:“削授～。”Gl1340

泭 pʻi̯u/pʻi̯u/fū 木筏。《國語·齊語》:“方舟設～。”參“柎”。

坿 bʻi̯u/bʻi̯u-/fù 加,增。《吕氏春秋·孟秋紀》:“大～牆垣。”

祔 音同上 ❶新死者附於祖先共享祭祀。《左·定十五》:“不赴且不～也。”❷附葬於他人之墓,合葬。《禮·喪服小記》:“～葬者不筮宅。”

附 音同上 ❶靠。《易·剥》:“出～於地。”❷附著,粘著。《詩·角弓》:“如塗塗～。”❸附加,鄰接。《詩·閟宫》:“賜之山川,土田～庸。”❹增加。《論語·先進》:“而求也爲之聚斂而～益之。”
通“祔”。《禮·雜記》:“朋友虞～而退。”Gl722

駙 音同上 附加之馬。《韓非子·外儲説右下》:“王子於期爲～駕。”

符 bʻi̯u/bʻi̯u/fú
符節。《周禮·掌節》:“門關用～節。”

腐 bʻi̯u/bʻi̯u:/fǔ
腐爛。《禮·月令》:“～草爲螢。”

胕 bʻi̯u/bʻi̯u-/fù
腸(僅有漢代書證)。
pi̯u/pi̯u/fū 足。《國策·楚三》:“服鹽車而上太行,蹄申膝折,尾湛～潰。”

蚹 bʻi̯u/bʻi̯u-/fù 蛇腹下的横鱗。《莊子·齊物論》:“吾待蛇～蜩翼耶?”

鮒 音同上 魚名。《儀禮·士昏禮》:“腊必用鮮,魚用～。”

俯 pi̯u/pi̯u:/fǔ 低頭,彎下。《左·宣六》:“～而闚其户。”

137

鳧 bʻi̯u/bʻi̯u/fú 野鴨。《詩·鳧鷖》:“～鷖在涇。”此字象形,鳥下有二足。

138

侮（侮）mi̯u/mi̯u:/wǔ ❶輕視。《書·仲虺之誥》："兼弱攻昧，取亂～亡。"❷侮辱。《孟子·公孫丑上》："今此下民，或敢～予。"❸玷辱。《書·伊訓》："敢有～聖言、逆忠直、遠耆德、比頑童，時謂之亂風。"

139

干 kan/kan/gān ❶盾。《詩·公劉》："～戈戚揚。"❷衝突，冒犯。《左·文四》："其敢～大典以自取戾。"❸求，獲。《詩·旱麓》："～祿豈弟。"

同音假借 ❶竿。《詩·干旄》："孑孑～旄。"❷河岸。《詩·伐檀》："寘之河之～兮。"❸山澗。《詩·斯干》："秩秩斯～，幽幽南山。"❹件，項。《禮·曲禮下》："聞之始服衣若～尺矣。"

通"扞"。《詩·采芑》："師～之試。"Gl27、160

369

369 周II（銘文 180）此字象形。

奸 kan/kan/gān，jiān ❶不忠。《左·哀七》："乃背晉而～宋。"❷不服從。《左·昭十三》："吾父再～王命。"❸冒犯。《左·莊二十》："～王之位，禍孰大焉。"

姧 前字的異體。《管子·五輔》："賢人進而～民退。"

忓 kan/kan/gān "干"的"冒犯"義的異體。《國語·魯語下》："懼～季孫之怨也。"

旰 kan/kan-/gàn 日落，黃昏，傍晚。《左·哀十三》："日～矣，大事未成。"

玕 kan/kan/gān 一種寶石。《書·禹貢》："厥貢惟球琳琅～。"

皯 kan/kan:/gǎn 面部黑氣。《列子·黄帝》："焦然，肌色～黣。"

矸 kan/kan/gān 硃砂。《荀子·正論》："加之以丹～。"

稈 kan/kan:/gǎn 穀類植物的莖。《左·昭二十七》："或取一秉～焉。"

竿 kan/kan:/gān ❶竹竿，竿子。《詩·竹竿》："籊籊竹～。"❷（寫字用的）竹簡。《莊子·列禦寇》："不離苞苴～牘。"

肝 音同上 肝。《禮·大學》："人之視己，如見其肺～然。"

飦 kan/kan/gān ki̯ăn/ki̯ɐn/jiān 厚粥。《莊子·讓王》："回有郭外之田五十畝，足以給～粥。"此字也用作同義字"饘"。《孟子·滕文公上》："～粥之食。"

刊 k'an/k'an/kān 砍。《書·禹貢》："隨山～木。"Gl1314

栞 前字的異體。《說文》引《書》："隨山～木。"（按：今《書·禹貢》作"刊"。）

衎 k'an/k'an-/kàn 樂。《詩·南有嘉魚》："嘉賓式燕以～。"

扞 g'an/ɣan-/hàn ❶避免。《禮·祭法》："能～大患則祀之。"❷保護，保衛。《書·文侯之命》："～我于艱。"

370

370 周II（銘文 176）

旱 g'an/ɣan:/hàn 乾旱，乾燥。《詩·雲漢》："～既大甚，蘊隆蟲蟲。"

汗 g'an/ɣan-/hàn 汗。《易·渙》："渙～其大號。"

蚈 g'an/ɣan/hán 蚯蚓。《莊子·秋水》："還～蟹與科斗。"

邗 音同上 地名。《左·哀九》："吴城～。"

371

371 周III（銘文 237，可能是"扞"義）

釬 g'an/ɣan-/hàn 射手的臂鎧，護腕。《管子·戒》："弛弓脱～。"

同音假借或假借爲kan/kan/gān　敏捷，輕快。《莊子·列禦寇》："有緩而～。"

閈 g'an/ɣan-/hàn　門。《左·襄三十一》："高其～閎。"

372

372 周II（銘文 180）

馯 音同上　（馬）疾奔。《韓非子·外儲說右下》："今馬見池，～而走。"（按：今本作"駻"。）

犴 ŋan/ŋan-/àn　監獄。《荀子·宥坐》："獄～不治，不可刑也。"

豻 音同上　野狗。《禮·玉藻》："麛裘青～褎。"

通"犴"。《荀子》。（按：今本未見。）

岸 音同上　河岸。《詩·氓》："淇則有～。"

通"犴"。《詩·小宛》："宜～宜獄。"

Gl833

罕 xan/xan:/hǎn　網（僅有漢代書證）。

同音假借　稀少。《詩·大叔于田》："叔馬慢忌，叔發～忌。"

軒 xi̯ăn/xi̯ɐn/xiān（xuān）　❶帶有上伸曲輈的車。《左·閔二》："鶴有乘～者。"❷後低前高。《詩·六月》："如輊如～。"

同音假借　薄肉片。《禮·內則》："肉腥細者爲膾，大者爲～。"

悍 g'an/ɣan-/hàn　凶暴。《荀子·大略》："～戇好鬭。"

捍 音同上　❶避免。《禮·祭法》："能～大患則祀之。"❷護臂之具。《禮·內則》："右佩玦～。"（與"扞"同）

同音假借　輕快，活潑。《莊子·大宗師》："彼近吾死而我不聽，我則～矣。"（按：今本作"悍"，高氏從《釋文》。）參"釬"。

睅 g'wan/ɣwan:/huàn　突目。《左·宣二》："～其目。"

140

倝 kan/kan-/gàn　日出。見《說文》（無書證）。

373

373 周III（銘文 220，"韓"義）

乾 kan/kan/gān　乾燥。《詩·中谷有蓷》："暵其～矣。"

g'i̯an/g'i̯ɛn/qián　天，天的。《易·說卦》："～爲天，爲圜，爲君，爲父。"

幹 kan/kan-/gàn　❶主幹。《左·成十三》："禮，身之～也。"❷間架，骸骨。《左·昭五》："唯是楄柎所以藉～者。"❸軀體，實質。《左·襄九》："貞，事之～也。"

同音假借　❶事業，責任。《書·多士》："爾厥有～有年于茲洛。"❷實行，執行。《易·蠱》："～父之蠱。"❸井欄。《莊子·秋水》："吾跳梁乎井～之上。"

榦 音同上　❶築土牆的木版兩旁之木樁。《書·費誓》："峙乃楨～。"❷（扶持>）糾正。《詩·韓奕》："～不庭方，以佐戎辟。"❸一種樹。《書·禹貢》："杶～栝柏。"此字與"幹"字同源，常常互用。

翰 g'an/ɣan-/hàn　❶雉羽。《說文》引《逸周書》："文～若翬雉。"（按：今《逸周書·王會》作"鶾"。）❷翼，飛。《詩·常武》："如飛如～。"

同音假借　❶高。《易·中孚》："～音登于天。"❷拖長的（聲音）。《禮·曲禮下》："雞曰～音。"❸白。《易·賁》："白馬～如。"❹支撐，支持。《詩·文王有聲》："王后維～。"❺棺側裝飾。《左·成二》："棺有～檜。"

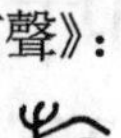

374

374 周III/IV（銘文 331）

韓（韓）gan/ɣan/hán　地名。《詩·韓奕》："溥彼～城。"

鶾 音同上　一種有雜色羽毛的鳥。《逸周書·王會》："文～者若皋雞。"參"翰"。

簳 kan/kan:/gǎn　細竹。《列子·湯問》："乃以燕角之弧、朔蓬之～射之。"

斡 kwan/kuan:/guǎn（與"館"同詞，故定此音）　車軸蓋。《楚辭·天問》："～維焉繫？"此字後來用作另一個詞 ʔuat/wò。轉（僅有漢代書證）。

澣 gʻwan/ɣuan:/huàn 洗。《詩·葛覃》："薄～我衣。"

141

侃 kʻan/kʻan:, kʻan-/kǎn 剛直。見《說文》（無書證）。

同音假借　樂。《論語·鄉黨》："朝與下大夫言，～～如也。"

375 周II（銘文197）

376 周III/IV（銘文316）

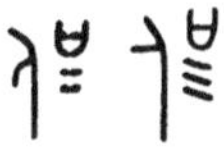

375—376

諐 kʻi̯an/kʻi̯ɛn/qiān　過失。《禮·緇衣》："淑慎爾止，不～于儀。"

142

看 kʻan/kʻan, kʻan-/kàn　看。《韓非子·外儲說右下》："其姊往～之。"

小篆从目、手。

143

寒 gʻan/ɣan/hán　寒冷。《詩·生民》："誕置之～冰。"

377 周II（銘文139，人名）

378 周II/III（銘文245，人名）

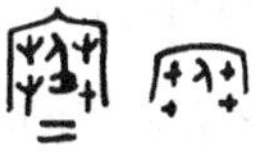

377—378

此字从宀（屋頂）、人、重茻（燃料？牆的墊料？）

搴 kʻi̯an/kʻi̯ɛn:/qiān（北京音不規則）取，采。《楚辭·湘君》："～芙蓉兮木末。"

謇 ki̯an/ki̯ɛn:/jiǎn　❶說話坦白，忠貞。《楚辭·離騷》："余固知～～之爲患兮。"❷說話困難。《楚辭·離騷》："～吾法夫前修兮。"

蹇 ki̯an/ki̯ɛn:/jiǎn　ki̯ăn/ki̯ɐn:/jiǎn 跛。《莊子·達生》："聾盲跛～。"

同音假借　❶難。《易·蹇》："～，難也，險在前也。"❷高。《楚辭·離騷》："瑶臺之偃～兮。"❸驕傲。《左·哀六》："彼皆偃～，將棄子之命。"❹拔高。《管子·四時》："毋～華絶芋。"❺助詞。《楚辭·離騷》："～將憺兮壽宮。"

通"褰"。卷起。《莊子·山木》："～裳躩步。"

褰 kʻi̯an/kʻi̯ɛn/qiān　❶袴。《左·昭二十五》："徵～與襦。"❷捲起衣衫。《詩·褰裳》："～裳涉洧。"

騫 kʻi̯an/kʻi̯ɛn/qiān　缺點，過失。《詩·天保》："如南山之壽，不～不崩。"

攓 ki̯an/ki̯ɛn:/jiǎn　ki̯ăn/ki̯ɐn:/jiǎn 拔。《莊子·至樂》："～蓬而指之。"

144

暵 xan/xan:, xan-/hàn 乾枯。《詩·中谷有蓷》："中谷有蓷，～其乾矣。"Gl202

此字从日、𦰩（艱）。（《說文》从日，𦰩聲）

熯 xan/xan:/hàn　❶乾。《易·說卦》："燥萬物者，莫～乎火。"❷燒。《管子·禁藏》："狄室～造。"

n̥i̯an/n̥ʑi̯ɛn:/rǎn　敬。《詩·楚茨》："我孔～矣，式禮莫愆。"（"戁"之假借字）Gl664

漢 xan/xan-/hàn　河名。《詩·漢廣》："～之廣矣，不可泳思。"此字的聲符是省略形式。

145

厂 xan/xan-/hàn 懸崖。（銘文147）

379 周II（銘文147）　此字象形

379

146

安 ʔan/ʔan/ān　平安，安靜。《詩·民勞》："民亦勞止，汔可小～。"

同音假借　❶怎麽。《詩·小弁》："天之生我，我辰～在？"❷哪裏，什麽。《左·襄三十一》："朝不及夕，將～用樹？"

380—381

380 殷甲文（G10: 17）

381 周I（銘文 91）

此字从"宀"（房子）、女

按 ʔan/ʔan-/àn　❶壓抑。《詩·皇矣》："以～徂旅。"❷安排。《楚辭·招魂》："陳鐘～鼓。"❸考查。《禮·月令》："命工師效功，陳祭器，～度程。"

同音假借　於是。《荀子·富國》："我～起而治之。"

案 音同上　❶坐、臥用的家具。《周禮·掌次》："王大旅上帝，則張氊～。"❷承盤。《周禮·玉人》："～十有二寸。"

同音假借　❶置手其上，抓住。《荀子·不苟》："非～亂而治之之謂也。"❷界。《國語·齊語》："參國起～，以爲三官。"❸句首助詞。《荀子·王制》："～謹募選閱材伎之士。"

晏 ʔan/ʔan-/yàn ʔan/ʔan-/àn　晚。《論語·子路》："冉子退朝，子曰：'何～也？'對曰：'有政。'"

假借爲　ʔan/ʔan-/yàn　❶光亮的。《詩·鄭風·羔裘》："羔裘～兮。"❷快樂。《詩·氓》："言笑～～。"

ʔan/an-/yàn　ʔian/ʔien-/yàn　❶安，息。《禮·月令》："以定～陰之所成。"❷和柔。《書·堯典》："欽明文思～～。"Gl1208

鴳 ʔan/ʔan-/yàn　鳥名。《吕氏春秋·明理》："雉亦生～。"

頞 ʔat/ʔat/è　鼻梁。《孟子·梁惠王下》："舉疾首蹙～而相告。"

鷃 ʔan/ʔan-/yàn　鳥名。《禮·内則》："雉兔鶉～。"参"鴳"。

147

單 tan/tan/dān　❶豐厚。《詩·天保》："俾爾～厚。"❷盡。《禮·祭義》："歲既～矣，世婦卒蠶。"❸極而行之。《書·洛誥》："乃～文祖德。"❹完全。《左·襄二十七》："～斃其死。"❺單獨，簡單。《禮·禮器》："鬼神之祭～席。"❻單位。《詩·公劉》："其軍三～。"❼單方面。《書·吕刑》："明清于～辭。"Gl423、905

382 殷甲文（A7: 26，4，其義不明）

383 殷甲文（D5，其義不明）

384 周II（銘文 162，人名）

此字可能爲蟬之象形。

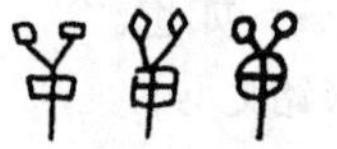
382—384

僤 tan/tan:/dǎn　盛，厚。《詩·桑柔》："我生不辰，逢天～怒。"

通"彈"。《説文》引《周禮》："句兵欲無～。"（按：今《周禮·廬人》作"彈"。）Gl423

匰 tan/tan/dān　盛祖先靈牌的匣子。《周禮·司巫》："祭祀則共～主。"

殫 音同上　盡。《莊子·胠篋》："～殘天下之聖法。"

簞 音同上　筐子。《論語·雍也》："一～食，一瓢飲。"

禪 音同上　單衣。《禮·玉藻》："～爲絅，帛爲褶。"

鄲 音同上　地名。《左·哀元》："齊侯衛侯救邯～。"

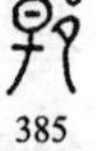
385

385 周（銘文 373）

癉 tan/tan:/dǎn　tar/ta-/duò　❶病，痛苦。《詩·板》："下民卒～。"❷厚。

《國語·周語上》："陽～憤盈。"

嘽 tʻɑn/tʻɑn/tān 力竭。《詩·四牡》："～～駱馬。"

同音假借 衆多。《詩·崧高》："徒御～～。"

假借爲ȶʻi̯an/tɕʻi̯ɛn:/chǎn 慢，拖長，輕鬆。《禮·樂記》："其樂心感者，其聲～以緩。" Gl402、1017

彈 dʻɑn/dʻɑn/tán ❶射彈丸。《左·宣二》："從臺上～人而觀其辟丸也。"❷擊打。《楚辭·漁父》："新沐者必～其冠。"❸演奏弦樂。《禮·檀弓上》："入～琴而后食之。"❹摇動。《周禮·廬人》"句兵欲無～。"

dʻɑn/dʻɑn-/dàn 彈丸。《國策·秦》："此～丸之地，猶不予也。"

憚 dʻɑn/dʻɑn-/dàn 怕，不喜歡。《詩·雲漢》："我心～暑。"

tɑr/tɑ-/duò 勞累，疲憊。《詩·大東》："哀我～人，亦可息也。" Gl998

⿰犭單 tʻăn/ȶʻăn/chān 咬（無早期書證）。

386

386 漢前（銘文416，人名）

戰 ȶi̯an/tɕi̯ɛn-/zhàn ❶戰鬬，交戰。《論語·述而》："子之所愼，齊、～、疾。"❷怕。《詩·小旻》："～～兢兢。"

樿 ȶi̯an/tɕi̯ɛn:/zhǎn 一種樹。《禮·玉藻》："櫛用～櫛。"

di̯an/ʑi̯ɛn-/shàn 棺。《莊子·人間世》："七圍八圍，貴人富商之家求～帝者斬之。"

燀 ȶi̯an/tɕi̯ɛn:/zhǎn ȶʻi̯an/tɕʻi̯ɛn:/chǎn ❶加熱。《左·昭二十》："～之以薪。"❷燃燒。《國語·周語下》："火無災～。"

幝 ȶʻi̯an/tɕʻi̯ɛn:/chǎn 緩慢。《詩·杕杜》："檀車～～。" Gl439

繟 音同上 （緩>）從容的，大度的。《老子》七十三章："～然而善謀。"

闡 音同上 展現，弄清楚，解釋。《易·繫辭下》："夫易彰往而察來，而微顯～幽。"

嬋 di̯an/ʑi̯ɛn/chán ❶迷人的。《楚辭·離騷》："女嬃之～媛兮。"❷受感動的。《楚辭·哀郢》："心～媛而傷懷兮。"❸親族。《楚辭·逢紛》："惟楚懷之～連。"

蟬 音同上 蟬。《禮·檀弓下》："范則冠而～有緌。"

墠 di̯an/ʑi̯ɛn:/shàn 平整好的地塊。《詩·東門之墠》："東門之～。"

禪 di̯an/ʑi̯ɛn-/shàn 放棄，讓與，交給他人。《孟子·萬章上》："唐虞～，夏后殷周繼，其義一也。"

觶 ȶi̯ar/tɕi̯e, tɕi̯e-/zhī 一種禮器，酒杯。《禮·禮器》："尊者舉～。"

驒 dʻɑr/dʻɑ/tó（tuó） dʻɑn/dʻɑn/tán tian/tien/diān 白斑的青馬。《詩·駉》："有～有駱。"

鼉 dʻɑr/dʻɑ/tó（tuó） dʻɑn/dʻɑn/tán 鱷。《詩·靈臺》："～鼓逢逢。"

387—388

387 殷甲文（B下33: 11）

388 周III/IV（銘文295）

鱓 前字的異體。

148

亶 tɑn/tɑn:/dǎn ❶真誠的。《詩·板》："靡聖管管，不實於～。"❷真正的。《詩·祈父》："祈父，～不聰。"

通"襢"。赤露。《荀子·議兵》："彼可詐者，怠慢者也，路～者也。"

通147組"殫"。耗盡。《書·君奭》：

"汝明勖偶王，在～乘兹大命。" Gl1891

癉 音同上　痛苦，憂傷。《禮·緇衣》引《詩》："上帝板板，下民卒～。"（按：今《詩·板》作"癉"。）

儃 t'ɑn/t'ɑn:/tǎn　悠閑而行。《莊子·田子方》："有一史後至者，～～然不趨。"

ḍi̯an/ʑi̯ɛn/chán, shàn　猶豫不決。《楚辭·涉江》："入溆浦余～佪兮，迷不知吾所如。"

壇 d'ɑn/d'ɑn/tán　祭壇。《書·金縢》："爲～於南方北面。"

通147組"墠"。《周禮·大司馬》："暴内陵外，則～之。"

檀 音同上　一種樹。《詩·伐檀》："坎坎伐～兮。" Gl439

澶 d'ɑn/d'ɑn-/dàn　放縱，無憂無慮。《莊子·馬蹄》："～漫爲樂。"

襢 d'ɑn/d'ɑn:/dàn（tǎn）　赤裸（身體，特别是手臂和胸部）。《詩·大叔于田》："～裼暴虎，獻于公所。"

ṭi̯an/ṭi̯ɛn:/zhǎn　❶單獨的，簡單的。《禮·喪大記》："設床～第有枕。"❷暴露，無遮蓋。《禮·喪大記》："大夫士～之。"

ṭi̯an/ṭi̯ɛn-/zhàn　無裝飾的（長袍）。《禮·喪大記》："世婦以～衣。"

皽 ṭi̯an/ṭi̯an:/zhǎn　ṭi̯an/tɕi̯ɛn:/zhǎn　皮肉上的薄膜。《禮·内則》："濯手以摩之，去其～。"

邅 ṭi̯an/ṭi̯an/zhān　移動困難。《易·屯》："屯如～如。"

d'i̯an/ḍ'i̯ɛn:/zhàn　轉。《楚辭·離騷》："～吾道夫崑崙兮，路脩遠以周流。"

鱣 ṭi̯an/ṭi̯ɛn/zhān　魚名。《詩·碩人》："～鮪發發。"

旜 ṭi̯an/tɕi̯ɛn/zhān　一種旗幟。《周禮·司常》："通帛爲～。"

氈 音同上　氊。《周禮·掌皮》："共其毳毛爲～。"

饘 ṭi̯an/tɕi̯ɛn, tɕi̯ɛn:/zhān　粥，厚稀飯。《左·昭七》："～於是，鬻於是，以糊余口。"

鸇 ṭi̯an/tɕi̯ɛn/zhān　一種鷹或隼。《左·文十八》："如鷹～之逐鳥雀也。"

擅 ḍi̯an/ʑi̯ɛn-/shàn　專權，獨裁，專横，擅自。《左·哀二》："欲～晉國而滅其君。"

蟺 ḍi̯an/ʑi̯ɛn:/shàn　蚯蚓。《荀子·勸學》："蟹六跪而二螯，非蛇～之穴無可寄托者，用心躁也。"

羶 ɕi̯an/ɕi̯ɛn/shān　羊臊氣，惡臭。《禮·月令》："其臭～。"

膻 前字的異體。《列子·周穆王》："王之嬪御～惡而不可親。"

顫 音同上　對臭味的敏感。《莊子·外物》："鼻徹爲～。"

149

旦 tɑn/tɑn-/dàn　❶黎明，早晨。《詩·葛生》："誰與獨～？"❷明亮。《詩·板》："昊天曰～。"

同音假借　痛苦地，熱切地。《詩·氓》："信誓～～。" Gl186、305

389

389 周II（銘文135）

此字象日升形

鴠 tɑn/tɑn-/dàn　鳥名。《吕氏春秋·仲冬紀》："鶡～不鳴。"

坦 t'ɑn/t'ɑn:/tǎn　❶平。《易·履》："履道～～。"❷舒適，安心。《論語·述而》："君子～蕩蕩。"

但 d'ɑn/d'ɑn:/dàn　僅。《楚辭·天問》："不～還來。"

袒 音同上(tǎn) 赤裸(身體,特別是手臂和胸部)。《左·哀十七》:"～裘不釋劍而食。"同"襢"。

怛 tat/tat/dá 憂傷。《詩·匪風》:"顧瞻周道,中心～兮。"

150

丹 tan/tan/dān 丹砂,紅色。《詩·終南》:"顏如渥～。"

390

390 周Ⅰ(銘文 92)

字中的點或畫表示器中之物。

旃 ṭi̯an/tɕi̯ɛn/zhān 一種旗幟。《穀梁·昭八》:"置～以爲轅門。"

同音假借 ❶他、她、它(作賓語)。《左·襄二十八》:"其將聚而殲～。"❷語末助詞。《詩·陟岵》:"上慎～哉!"

151

炭 t'an/t'an-/tàn ❶煤炭,木炭。《禮·月令》:"乃伐薪爲～。"❷石灰。《周禮·赤犮氏》:"赤犮氏掌除牆屋,以蜃～攻之。"

此字从山、厂(崖)、火。

152

嘆 t'nan/t'an, t'an-/tàn 嘆息。《詩·下泉》:"愾我寤～。"

391

391 周(銘文 377,人名)

此字从口、𦰩("艱"的初文,見 480 組)

歎 前字的異體。《詩·東山》:"婦～于室。"形符从欠而不从口。

難 nan/nan/nán ❶不容易。《詩·大明》:"天～忱斯。"❷難得,罕見的。《詩·泮水》:"永錫～老。"

nan/nan-/nàn ❶困難,災難。《詩·出車》:"王事多～。"❷阻止,斥退。《書·舜典》:"而～任人。"

通"儺"。❶驅逐。《禮·月令:》"命國～。"❷茂盛。《詩·隰桑》:"其葉有～。"

通"戁"。恭敬的。《詩·桑扈》:"不戢不～,受福不那。"Gl188、693、1149、1278

392 周Ⅲ/Ⅳ(銘文 300)

393 周(銘文 366)"歎"的形符被"隹"所代替,其作用不明。

392—393

"歎"和"難"同源;"難"又作"灘"的聲符。

鸛 前字的異體。見《說文》。

戁 nan/nan:/nǎn ṇi̯an/ṇʑi̯ɛn:/rǎn 畏懼。《詩·長發》:"不～不竦。"

𤇹 ṇi̯an/ṇʑi̯ɛn/rán 燃燒("然"的異體)。

394

394 周Ⅲ(銘文 230,人名)

儺 nar/na/nuó 驅惡鬼,逐邪惡。《論語·鄉黨》:"鄉人～。"

同"難"。

nar/na, na:/nuó 繁茂,豐盛,優美。《詩·隰有萇楚》:"猗～其枝。"Gl188

臡 niər/niei/ní nar/na/nuó 醃製的帶骨的肉。《周禮·醢人》:"麋～。"

灘 t'nan/t'an/tān 水邊濕地。《說文》引《詩》:"～其乾矣。"(按:今《詩·中谷有蓷》作"暵"。)Gl202

153

贊(賛)tsan/tsan-/zàn ❶助。《書·臯陶謨》:"～～襄哉!"❷顯明。《易·說卦》:"幽～於神明而生蓍。"Gl1312

讚 音同上 贊美,同意。《列子·黃帝》:"黃帝乃喟然～曰:'朕之過淫矣。'"

瓚(瓚)dz'an/dz'an:/zàn ❶有點像石頭的不純之玉。《周禮·玉人》:"侯用～。"❷祭祀盛酒用的玉杓。《詩·旱麓》:"瑟彼玉～。"

纘 tswan/tsuan:/zuǎn ❶繼承。《詩·大明》:"～女維莘。"❷接替。《書·

仲虺之誥》："～禹舊服。"Gl777

酇 音同上　一百家。《周禮·遂人》："五家爲鄰，五鄰爲里，四里爲～。"

鑽（鑚）tswan/tsuan/zuān　❶鑿孔，打洞。《莊子·外物》："神龜……知能七十二～而無遺筴，不能避刳腸之患。"❷鑽研。《論語·子罕》："～之彌堅。"

欑（櫕）dzʻwan/dzʻuan/cuán　一梱木杆。《禮·喪大記》："～至于上。"

攢 dzʻwan/dzʻuan-/zuàn（cuán）聚（僅有漢代書證）。

通"鑽"。《禮·内則》："柤梨曰～之。"

154

𣦼 dzʻɑn/dzʻɑn/cán 鑽穿。見《説文》（無書證）。

粲 tsʻɑn/tsʻɑn-/càn　❶好米，食物。《詩·緇衣》："還，予授子之～兮。"❷（顏色）鮮艷，光彩奪目。《詩·葛生》："角枕～兮，錦衾爛兮。"❸三個同類的美的事物。《詩·鄭風·羔裘》："三英～兮。"❹（露出潔白的牙齒）笑。《穀梁·昭四》："軍人～然皆笑。"Gl224

餐 tsʻɑn/tsʻɑn/cān　❶吃。《詩·狡童》："維子之故，使我不能～兮。"❷食物。《國策·中山》："吾以一杯羊羹亡國，以一壺～得士二人。"（按：今本作"飡"。）❸一頓飯食。《莊子·逍遥遊》："適莽蒼者，三～而反，腹猶果然。"（按：今本作"飡"。）

155

戔 dzʻɑn/dzʻɑn/cán　毀壞，有害的。《説文》引《書》："～～巧言也。"（按：今《書·秦誓》作"截截善諞言"。）

dzʻian/dzʻiɛn/qián　積聚。《易·賁》："束帛～～。"

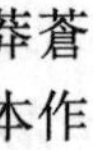

395 殷甲文（A6: 38, 4, 其義不明）

此字从雙戈，也許是"殘"的初文？

殘 dzʻɑn/dzʻɑn/cán　❶殺死。《周禮·大司馬》："放弒其君則～之。"❷殘酷。《詩·民勞》："惠此中國，國無有～。"❸邪惡的。《論語·子路》："善人爲邦百年，亦可以勝～去殺矣。"❹毀壞，傷害。《國策·秦一》："張儀之～樗里疾也。"❺壓制。《孟子·梁惠王下》："是上慢而～下也。"❻碎片，殘餘。《吕氏春秋·權勳》："若～豎子之類，惡能給若金？"

棧 dzʻan/dẓʻan:, dẓʻan-/zhàn　dzʻăn/dẓan:/zhàn　❶用枝條編的小棚。《莊子·馬蹄》："編之以皁～，馬之死者十二三矣。"❷竹木製的車廂。《詩·何草不黄》："有～之車。"❸靈車。《儀禮·既夕禮》："賓奠幣于～。"

琖 tsăn/tṣan:/zhǎn　玉杯。《禮·明堂位》："爵，夏后氏以～。"

盞 音同上

杯子。（銘文 231）

396 周III（銘文 231）

醆 tsăn/tṣăn:/zhǎn　tṣi̯an/tṣi̯ɛn:/zhǎn　❶杯子。《禮·禮運》："～斝及尸君，非禮也。"❷半清之酒。《禮·郊特牲》："～酒涚于清。"

剗 tsʻăn/tṣʻăn:/chǎn　鏟除。《國策·齊一》："～而類，破吾家。"Gl46

錢 tsi̯an/tsi̯ɛn:/jiǎn　除草田具。《詩·臣工》："庤乃～鎛。"

dzʻi̯an/dzʻi̯ɛn/qián　貨幣，金錢。《國語·周語下》："景王二十一年，將鑄大～。"

淺 tsʻi̯an/tsʻi̯ɛn:/qiǎn　❶淺。《詩·邶風·谷風》："就其～矣，泳之游之。"❷短毛（特指獸皮）。《詩·韓奕》："鞹鞃～幭。"

tsi̯an/tsi̯ɛn/jiān　急速流動。《楚辭·

九歌·湘君》:"石瀨兮~~。"

俴 dzʻi̯an/dzʻi̯ɛn:/jiàn　❶淺。《詩·小戎》:"小戎~收。"❷不帶鎧甲(特指馬)。《詩·小戎》:"~駟孔羣。" Gl313

諓 dzʻi̯an/dzʻi̯ɛn:, dzi̯ɛn-/jiàn　("淺薄"之言>)不誠實的,狡猾的。《國語·越語下》:"又安知是~~者乎?"《公羊·文十二》引《書》:"惟~~善竫言。"(按:今《書·秦誓》作"惟截截善諞言"。) Gl2109

賤 dzʻi̯an/dzʻi̯ɛn-/jiàn　❶價廉的。《左·昭三》:"國之諸市,屨~踊貴。"❷低下的,卑鄙的。《論語·里仁》:"貧與~,是人之所惡也。"

踐 dzʻi̯an/dzʻi̯ɛn:/jiàn　❶踏,踩。《詩·行葦》:"牛羊勿~履。"❷履行,遵循。《禮·曲禮上》:"修身~言,謂之善行。"

同音假借　(淺的>)低矮的。《詩·東門之墠》:"有~家室。"

通"餞"。饋送的食品。《周禮·司尊彝》:"其朝~用兩獻尊。" Gl233

餞 dzʻi̯an/dzʻi̯ɛn:, dzʻi̯ɛn-/jiàn　❶舉行告別宴會。《詩·韓奕》:"顯夫~之。"❷送別。《書·堯典》:"寅~納日。" Gl223

帴 dzʻi̯an/dzʻi̯ɛn:/jiǎn(按:dzʻ當爲ts。) tsi̯an/tsi̯ɛn/jiān　狹窄。《周禮·鮑人》:"若苟自急者先裂,則是以博爲~也。"

綫 si̯an/si̯ɛn-/xiàn　細綫。《公羊·僖四》:"中國不絕若~。"

濺 tsi̯an/tsi̯ɛn-/jiàn　tsian/tsien/jiān　濺。《國策·魏三》:"王急召君,君不行,血~君襟矣!"

156

散 san/san:, san-/sǎn　❶散開的。《詩·雲漢》:"~無友紀。"❷無紀律的。《荀子·修身》:"庸衆駑~。"❸無用的。《莊子·人間世》:"~木也,以爲舟則沈,以爲棺槨則速腐。"

假借爲san/san-/sàn　禮器名。《儀禮·大射》:"賓一~于篚。"

397

397 周II(銘文147,人名)

潸 san/ṣan, ṣan:/shān　sǎn/ṣǎn/shān　淚流。《詩·大東》:"~焉出涕。"

霰 sian/sien-/xiàn　夾雨雪珠。《詩·頍弁》:"先集維~。"

157

官 kwan/kuan/guān　❶官府,辦事處。《禮·玉藻》:"在~不俟屨。"❷公職。《左·昭十四》:"貪以敗~爲墨。"❸行政人員,官員。《論語·憲問》:"君薨,百~總己以聽於冢宰三年。"❹職務,任職。《禮·王制》:"論定然後~之。"

398 殷甲文(B下4:6)
399 周I(銘文78)
400 周I(銘文99)

398—400

(按:李孝定《甲骨文字集釋》謂本義是官舍。)

棺 kwan/kuan/guān　内柩。《左·成二》:"槨有四阿,~有翰檜。"

kwan/kuan-/guàn　入殮。《禮·曾子問》:"下殤用棺衣~,自史佚始也。"

涫 kwan/kuan-/guàn　沸騰。《荀子·解蔽》:"~~紛紛,孰知其形!"

痯 kwan/kuan:/guǎn　疲勞,精疲力盡。《詩·杕杜》:"四牡~~。"

管 音同上　❶管子。《詩·靜女》:"貽我彤~。"❷笛。《詩·有瞽》:"簫~備舉。"❸鑰匙。《禮·月令》:"慎~鑰。"❹管理。《禮·檀弓下》:"~庫之士七十有餘家。"❺連接,包括。《禮·樂記》:"禮樂之説~乎人情矣。"

同音假借　無助的,没有任何依靠的(實際上是通"痯")。《詩·板》:"靡聖～～。”

琯 前字的異體。《大戴禮·少閑》：“西王母來獻其白～。”

錧 kwan/kuan:, kuan-/guǎn 車轂端蓋。《儀禮·既夕禮》：“木～。”

館 kwan/kuan:/guǎn ❶供寄宿的房子，旅店。《詩·緇衣》：“適子之～兮。”❷寄宿。《周禮·委人》：“凡軍旅之賓客～焉。”

倌 kwan/kuan/guān kwan/kwan-/guàn 雇工，男僕。《詩·定之方中》：“命彼～人。”

逭 gʻwan/ɣuan-/huàn 逃，避。《禮·緇衣》：“自作孽，不可以～。”

菅 kan/kan/jiān ❶一種有白花的燈心草類植物（用來打繩）。《詩·白華》：“白華～兮。”❷蒼白。《管子·牧民》：“野蕪曠則民乃～。”

158

雚 kwan/kuan-/guàn 蒼鷺。《説文》引《詩》：“～鳴于垤。”（按：今《詩·東山》作“鸛”。）

401—403

401 殷甲文（A6: 14, 1）

402 殷甲文（A4: 43, 4，“觀”義）

403 周 I（銘文 76，“觀”或“歡”義？）

此字象形。

鸛 前字的異體。《詩·東山》：“～鳴于垤。”

灌 音同上 ❶倒出。《論語·八佾》：“禘自既～而往者，吾不欲觀之矣。”❷濕透，灌溉。《莊子·逍遥遊》：“時雨降矣，而猶浸～。”

同音假借 稠密的，密集的。《詩·葛覃》：“集于～木。”

通“讙”。《詩·板》：“老夫～～。” Gl6、927

爟 音同上 引火，生火。《周禮·司爟》：“司～掌行火之政令。”

瓘 音同上 一種玉。《左·昭十七》：“若我用～、斝、玉瓚，鄭必不火。”

觀 kwan/kuan/guān 見，視，注視。《詩·公劉》：“相其陰陽，～其流泉。”

kwan/kuan-/guàn ❶使看，示。《周禮·栗氏》：“嘉量既成，以～四國。”❷外表，景象。《管子·五輔》：“淫聲諂耳，淫～諂目。”❸所見的東西。《詩·采緑》：“薄言～者。”❹觀察樓。《左·僖五》：“遂登～臺以望。”❺給自己打扮。《禮·玉藻》：“既服，習容～。” Gl732

歡 xwan/xuan/huān 高興。《左·昭四》：“從宋之盟，承君之～。”

懽 前字的異體。《孝經·孝治章》：“故得萬國之～心。”

驩 “歡”的異體。《孟子·盡心上》：“霸者之民，～虞如也。”

嚾 xwan/xuan-/huàn（huān） 喧叫。《荀子·非十二子》：“世俗之溝猶瞀儒，～～然不知其所非也。” Gl927

讙 xwan/xuan/huān xi̯wăn/xi̯wɐn/xuān ❶喊叫。《禮·樂記》：“鼓鼙之聲～。”❷高興。《禮·檀弓下》：“言乃～。”

權 gʻi̯wan/gʻi̯wɛn/quán ❶秤錘，稱重量。《論語·堯曰》：“謹～量。”❷對環境、急事隨機應變。《書·吕刑》：“輕重諸罰有～。”❸權勢。《國策·齊一》：“齊恐田忌欲以楚～復於齊。”❹～輿：（萌芽>）開始。《詩·權輿》：“不承～輿。” Gl328

蠸 音同上 吃瓜葉的蟲。《莊子·至樂》：“瞀芮生乎腐～。”

趯 音同上 弓着身體走。見《説文》（無書證）。

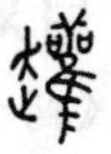

404

404 周 II/III（銘文 271，人名）

勸 kʻi̯wăn/kʻi̯wɐn-/quàn　❶規勸。《書·大禹謨》:“～之以九歌。”❷鼓勵。《論語·爲政》:“舉善而教不能,則～。”

159

貫 kwan/kuɑn, kuɑn-/guàn　❶穿過。《左·成二》:“矢～余手及肘。”❷從中心穿過。《詩·猗嗟》:“射則～兮。”❸穿一條繩子,穿成一串。《禮·樂記》:“累累乎端如～珠。”❹關係密切。《詩·何人斯》:“及爾如～。”❺侍奉。《詩·碩鼠》:“三歲～女。”

kwan/kwan-/guàn　❶熟習,習慣,習慣於……。《孟子·滕文公下》:“我不～與小人乘。”❷慣例。《論語·先進》:“仍舊～,如之何?”

405

405 周I(銘文 57)

此字像繩穿貝殼。

摜 kwan/kwan-/guàn　熟習,習慣於……。《説文》引《左傳》:“～瀆鬼神。”(按:今《左·昭二十六》作“貫”。)

慣 前字的俗體。

串 kwan/kwan-/guàn　❶風俗。《詩·皇矣》:“～夷載路。”❷習慣。《荀子·大略》:“國法禁拾遺,惡民之～以無分得也。”

此字其實是“貫”(貝殼連在一起)的謌誤形式,跟“貫”的第二種讀音語源相同。Gl824

患 gʻwan/ɣwan-/huàn　❶禍患。《詩·小毖》:“予其懲而毖後～。”❷危難。《左·襄十一》:“有備無～。”❸悲傷,憂慮。《論語·學而》:“不～人之不己知,～不知人也。”

160

冠 kwɑn/kuɑn/guān　帽子。《詩·素冠》:“庶見素～兮!”

kwɑn/kuɑn-/guàn　戴帽。《禮·曲禮上》:“男子二十～而字。”

此字从冖(覆蓋物)、元(頭)、寸(手)。

161

盥 kwɑn/kuɑn:, kuɑn-/guàn　洗手。《書·顧命》:“～以異同。”

406—407

406 殷甲文(A6: 42, 1)

407 周III/IV(銘文 299)

此字从皿(容器)、水、从一手(見殷甲文)或二手(見銘文)。

162

款 kʻwɑn/kʻuɑn:/kuǎn　❶誠懇的,忠誠的。《楚辭·卜居》:“吾寧悃悃～～樸以忠乎?”❷空的。《莊子·達生》:“今休,～啟寡聞之民也。”❸敲,叩擊。《吕氏春秋·愛士》:“廣門之官夜～門而謁。”

窾 音同上　洞,空隙。《莊子·養生主》:“批大郤,導大～,因其固然。”

163

丸 gʻwɑn/ɣuɑn/huán(wán)　❶彈丸。《左·宣二》:“從臺上彈人,而觀其辟～也。”❷球。《莊子·徐无鬼》:“市南宜僚弄～而兩家之難解。”

通 164 組的“桓”。柱形物。《詩·殷武》:“松柏～～。”Gl1206

疷 gʻwɑn/ɣuɑn-/huàn　潰瘍。《莊子·大宗師》:“彼以生爲附贅縣疣,以死爲決～潰癰。”

紈 gʻwɑn/ɣuɑn/huán(wán)　白色薄絹。《國策·齊四》:“下宫糅羅～,曳綺縠。”

芄 音同上(wán)　蘿藦(植物名)。《詩·芄蘭》:“～蘭之支。”

骫 ʔi̯war/ʔjwie̯:/wěi　彎曲。《列子·黃帝》:“～骨無碣。”

164

亘 此字意義無書證可稽。《切韻》或《廣韻》也無讀音。《集韻》及宋人注《説文》則把它讀成了si̯wen，認爲是“宣”的初文。但我以爲更可能是“桓”(gʻwan，轉)的初文。

408 殷甲文(A1: 53, 1)
409 殷甲文(W4: 30, 4)
410 殷甲文(A7: 12, 1)
411 殷甲文(A7: 13, 1)

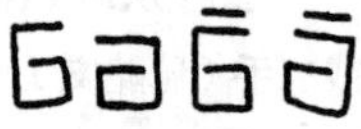
408—411

這些殷甲文全是人名。

桓 gʻwɑn/ɣuɑn/huán ❶柱子。《禮·檀弓下》:“三家視～楹。”❷武貌。《詩·桓》:“～～武王。”

同音假借 轉，躊躇。《易·屯》:“雖磐～，志行正也。”Gl1188

洹 音同上 ❶河名。《左·成十七》:“聲伯夢涉～。”❷水盛。《詩·溱洧》:“溱與洧，方～～兮。”(按：今本作“渙”，高氏從《釋文》引《韓詩》。）Gl243

412 殷甲文(B下3: 11，其義不明） 413 周III(銘文234，人名)。

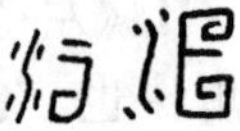
412—413

狟 音同上 尚武。《説文》引《書》:“尚～～。”(按：今《書·牧誓》作“桓桓”。)參“桓”。

荁 音同上 堇菜屬植物。《禮·内則》:“堇、～、枌、榆、免。”

貆 xwɑn/xuɑn/huán gʻwɑn/ɣuɑn/huán xi̯wăn/xi̯wɐn/xuān 貛。《詩·伐檀》:“不狩不獵，胡瞻爾庭有縣～兮？”

垣 gi̯wăn/ji̯wɐn/yuán 牆。《詩·板》:“大師維～。”

⿺走亘 gi̯wăn/ji̯wɐn/yuán 更换田地。見《説文》(無書證)。

414 殷甲文(A2: 8, 4，人名，形符从止而不从走)

415 周II(銘文157,“桓”義，用作人名)

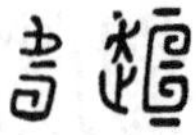
414—415

咺 xi̯wăn/xi̯wɐn:/xuǎn 輝煌的，明亮的。《詩·淇奥》:“赫兮～兮。”Gl154

晅 音同上 太陽下曬乾。《易·説卦》:“日以～之。”(按：今本作“烜”，高氏從《釋文》。)

烜 xi̯wăn/xi̯wɐn, xi̯wɐn:/xuān 曬，太陽下曬乾。《易·説卦》:“日以～之。”

xi̯wăr/xjwie̯:/huǐ 光明。《周禮·司烜氏》:“司～氏掌以夫遂取明火於日。”Gl154。

宣 si̯wan/si̯wɐn/xuān ❶展開，擴散，遍布。《詩·江漢》:“來旬來～。”❷放蕩。《左·宣九》:“公卿～淫，民無效焉。”❸疏通(航道)。《左·昭元》:“～汾、洮。”❹宣揚，顯示。《詩·文王》:“～昭義問。”❺(好顯示的＞)自我炫耀。《詩·鴻鴈》:“謂我～驕。”❻無所不知的。《詩·雝》:“～哲維人。”

同音假借 ❶長度單位。《詩·緜》:“迺～迺畝。”❷頭髮正變白。《易·説卦》:“爲～髮。”(按：今本作“寡”，高氏從《釋文》。)

通“垣”。《詩·崧高》:“四國于蕃，四方于～。”Gl479、765、791a、1006、1041

“宣”的聲母s-在語音上令人不解，特别是它的所有派生字都以舌根音x-作聲母。

416 殷甲文(B上24: 7)
417 周II(銘文157)

416—417

喧 “咺”的異體 xi̯wăn/xi̯wɐn:/xuān 《禮·大學》引《詩》:“赫兮～兮。”(按：今《詩·淇奥》作“咺”。)

愃 “咺”的異體。《説文》引《詩》:“赫兮～兮。”(按:今《詩·淇奧》作“咺”。)

諠 xi̯wăn/xi̯wen/xuān　喧嚷。《吕氏春秋·樂成》:“衆雖～嘩,而弗爲變。”

165

萈 gʻwan/ɣuan/huán
山羊。見《説文》(無書證)。

寬 kʻwan/kʻuan/kuān　❶廣闊,寬裕。《易·乾》:“～以居之,仁以行之。”❷寬綽。《詩·考槃》:“碩人之～。”❸寬宏大量的。《詩·淇奧》:“～兮綽兮。”❹饒恕。《國策·趙一》:“君前已～舍臣,天下莫不稱君之賢。”❺使解除(苦痛、憂愁等)。《左·昭十三》:“施舍～民。”❻安逸舒適。《左·襄三十》:“國乃～。”Gl161、1289

166

雈 gʻwan/ɣuan/huán
一種蘆屬植物。《詩·七月》:“八月～葦。”此字从艸、隹(鳥)。

167

奐 xwan/xuan-/huàn　❶盛貌。《禮·檀弓下》:“美哉～焉!”❷伴～:輕鬆。《詩·卷阿》:“伴～爾游矣。”Gl832。

渙 音同上　❶離散。《易·序卦》:“～者,離也。”❷水盛。《詩·溱洧》:“溱與洧,方～～兮。”❸判～:放鬆的,鬆弛的。《詩·訪落》:“繼猶判～。”Gl243、1112

煥 音同上　光亮,卓越。《論語·泰伯》:“～乎其有文章。”

寏 gʻwan/ɣuan/huán　合圍的牆。見《説文》(無書證)。

418

418 周II/III(銘文 267,人名)

換 gʻwan/ɣuan-/huàn　❶改變,《列子·湯問》:“～汝之心。”❷畔～:鬆弛没有約束。《詩·皇矣》:“帝謂文王,無然畔～。”(按:今本作“畔援”,高氏從《漢書·敘傳》注引《齊詩》。)Gl832

敻 xiwan/xiwen-/xuàn　xi̯wĕŋ/xi̯wɛŋ-/xiòng　遠。《穀梁·文十四》:“～入千乘之國。”

前一讀音是此字的本音,以“奐”爲聲符;後一讀音實際是另一個詞,因爲跟前者是同義詞,而且語音有點相似,所以借用同一個字形。這兩個不同的讀音還可説明下面兩個派生詞。Gl84

讂 xiwan/xiwen-/xuàn　堅决要求,渴望。《管子·宙合》:“～充,言心也。心欲忠。”

瓊 gʻi̯wĕŋ/gʻi̯wɛŋ/qióng　寶石,寶貴的。《詩·木瓜》:“投我以木瓜,報之以～琚。”

168

耑 twan/tuan/duān　尖端,末梢,尖狀物。《周禮·磬氏》:“已上則摩其旁,已下則摩其～。”

419—420

419 周III(銘文 227)

420 周II/III(銘文 264“鍴”義)

此字可能像正在發芽的植物,參“端”。

端 音同上　❶尖端,末梢,尖狀物,盡頭。《禮·中庸》:“執其兩～。”❷(最先露出的尖端,發芽>)開始,最初徵兆。《孟子·公孫丑上》:“惻隱之心,仁之～也。”❸開始。《書·康王之誥》:“用～命于上帝。”❹主動提出。《國策·燕三》:“敢～其願,而君不肯聽,故使使者陳愚意。”❺正,直。《禮·玉藻》:“目容～。”❻正確,正直。《左·昭二十六》:“咸黜不～。”❼部分,項目。《禮·祭義》:“二～既立。”❽一種長袍。《左·昭元》:“吾與子弁冕～委。”Gl2017

剬 twan/tuan/duān　ti̯wan/tɕi̯wɛn:/zhuăn　割,截。《國策·齊三》:“夫

～楚者王也，以空名市者太子也。”

褍 twɑn/tuɑn/duān　黑色禮服。《墨子·非儒下》：“祇～爲僕。”參“端”。

鍴 音同上

一種容器。（銘文 226）

421

421 周Ⅲ（銘文 226）

湍 tʻwɑn/tʻuɑn/tuān　急流。《孟子·告子上》：“性猶～水也。”

喘 ȶʻi̯wan/tɕʻi̯wɛn:/chuǎn　氣喘。《莊子·大宗師》：“～～然將死。”

諯 ȡi̯wan/ʑi̯wɛn/chuán　ȶʻi̯wan/tɕʻi̯wɛn-/chuàn　責怪。《吕氏春秋·任地》：“草～大月。”

輲 ȡi̯wan/ʑi̯wɛn/chuán　有實心輪子（没有輪輻）的靈車。《禮·雜記上》：“載以～車。”

遄 音同上　趕緊，急速地。《詩·相鼠》：“人而無禮，胡不～死！”

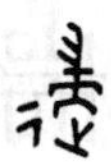
422

422 周Ⅰ/Ⅱ（銘文 215）

惴 ȶi̯war/tɕwiḙ-/zhuì

憂慮。《詩·小宛》：“～～小心。”

假借爲ȶʻi̯wan/tɕʻi̯wɛn:/chuǎn（像蟲一樣）蠕動。《莊子·胠篋》：“～耎之蟲。”

瑞 di̯war/ʑwiḙ-/shuì（ruì）　當信物用的玉板。《書·舜典》：“班～于羣后。”

揣 tʂʻi̯war/tʂʻwiḙ:/chuǐ　twɑr/tuɑ:/duǒ　ȶʻi̯wan/tɕʻi̯wɛn:/chuǎn（chuǎi）　❶估量。《孟子·告子下》：“不～其本，而齊其末，方寸之木可使高於岑樓。”❷判斷。《左·昭三十二》：“計丈數，～高卑。”❸（前兩個讀音）摇動，移動。《易·頤》：“觀我～頤。”（按：今本作“朵”，高氏從《釋文》。）

169

短 twɑn/tuɑn:/duǎn

不長。《論語·鄉黨》：“～右袂。”

170

斷 twɑn/tuɑn:，tuɑn-/duàn　dʻwɑn/dʻuɑn:/duàn　❶折斷。《詩·七月》：“八月～壺。”❷解決。《易·繫辭上》：“以～天下之疑。”❸果斷的。《書·秦誓》：“～～猗，無他伎。”Gl2113

171

彖 tʻwɑn/tʻuɑn-/tuàn　❶奔跑的猪。見《説文》（無書證）。❷《易經》裏對各卦的定義。《易·繫辭下》：“知者觀其～辭。”

《爾雅·釋獸》有“貒”tʻwɑn/tʻuɑn/tuān（平聲）（一種猪，書證可見《楚辭·九思》），《説文》可能用“彖”字作同一詞根的去聲變體。“彖”字釋作“奔跑的猪”，是由於“豚”字（《禮記》裏“豚”用作“步行的猪”，即懶洋洋的、脚也不擡的猪）又作“腞”而引起的推測。（按：《禮·玉藻》：“圈豚行，不舉足。”豚，《釋文》作“腞”。）

褖 音同上

黑袍。《儀禮·士喪禮》：“～衣。”

蝝 di̯wan/i̯wɛn/yuán

小蝗蟲。《春秋·宣十五》：“冬，～生。”

緣 di̯wan/i̯wɛn-/yuán　衣服摺邊或滚邊。《禮·玉藻》：“～廣寸半。”

di̯wan/i̯wɛn/yuán　❶沿，順。《莊子·養生主》：“～督以爲經。”❷攀援（樹）。《孟子·梁惠王上》：“以若所爲，求若所欲，猶～木而求魚也。”

通“褖”。《周禮·内司服》：“～衣。”

椽 dʻi̯wan/ȡʻi̯wɛn/chuán　椽條。《左·桓十四》：“以大宫之～歸爲盧門之～。”

瑑 dʻi̯wan/ȡʻi̯wɛn:/zhuàn　玉製信物上刻的文飾。《周禮·典瑞》：“～圭璋璧琮。”

篆 音同上　❶鐘上或車輪軸蓋上的飾帶。《周禮·巾車》：“孤乘夏～。”❷雕刻，銘文。《吕氏春秋》。（按：今本未見。）

腞 ȡʻi̯wan/ȡʻi̯wɛn:/zhuàn　ȶʻi̯wan/ȶʻi̯wɛn:/chuǎn　雕刻，裝飾。《莊子·達生》：“死得於～楯之上。”

喙 ȶʻi̯wad/tɕʻi̯wɛi-/chuì　?/xi̯wɐi-/huì　❶（動物的）嘴。《左·昭四》：“深目而豭～。”❷氣喘。《詩·緜》：“混夷駾矣，維其～矣。”

172

段 twan/tuan-/duàn　錘打，鍛造。《周禮·輈人》：“～氏爲鎛器。”

dwan/duan-/duàn　撕成碎塊。《管子·五行》：“羽卵者不～。”

通“腶”。《禮·昏義》：“婦執笲、棗栗、～脩以見。”

423

423 周 I / II（銘文 207，人名）

鍛 twan/tuan-/duàn　❶錘打，鍛造。《書·費誓》：“～乃戈矛。”❷敲擊。《莊子·列禦寇》：“取石來～之。”❸（在水裏捶打>）洗。《儀禮·喪服》：“～而勿灰。”❹鍛打的石砧。《詩·公劉》：“取厲取～。”

通“腶”。《穀梁·莊二十四》：“婦人之贄，棗栗、～脩。”Gl907

腶 音同上　加香料的乾肉片。《左·哀十一》：“進稻醴、粱糗、～脯焉。”

173

笲 swan/suan-/suàn　計數的竹籤。（銘文 205）

424

424 周 I / II（銘文 205）

此字从竹从雙手，中間大概是某種竹籤。

174

算 swan/suan:, suan-/suàn　❶計數。《儀禮·鄉飲酒禮》：“無～爵。”（按：今本作“筭”，高氏從毛本。）❷計數的竹籤。《儀禮·鄉射禮》：“執～以從之。”（按：同上。）❸算賬，考慮。《論語·子路》：“斗筲之人，何足～也？”

此字當中部分可能像算盤之形。

匴 swan/suan:/suǎn　筐。《儀禮·士冠禮》：“爵弁、皮弁、緇布冠各一～。”

篹 音同上　竹製容器。《禮·喪大記》：“食於～者盥。”

纂 tswan/tsuan:/zuǎn　❶辮狀物或絲織帶子。《國語·齊語》：“縷～以爲奉。”❷繼續。《左·襄十四》：“～乃祖考。”

簒 tsʻwan/tʂʻwan-/cuàn　用暴力搶奪，篡奪。《孟子·萬章上》：“是～也，非天與也。”

175

祘 swan/suan-/suàn　計算。《説文》引《逸周書》：“士分民之～。”（按：今《逸周書》無此語，見段玉裁《説文解字注》“祘”條。）

參 173 組“笲”和 174 組“算”。此字可能像算籌之形（占卜的蓍草？）。參 553 組“示”。

蒜 音同上　大蒜。《大戴禮·夏小正》：“卵～也者，本如卵者也。”

176

竄 tsʻwan/tsʻuan-/cuàn　❶隱藏。《左·定四》：“而君又～之。”❷逃避，逃匿。《左·襄二十一》：“無所伏～。”❸（使之逃匿>）放逐。《書·舜典》：“～三苗于三危。”Gl1272

此字从穴、鼠。

177

爨 tsʻwan/tsʻuan-/cuàn　❶竈。《詩·楚茨》：“執～踖踖。”❷加熱，烹調。《左·宣十五》：“析骸以～。”

178

䜌 blwan/luan/luán 馬飾上的鈴。（銘文 135）

425 周II（銘文 135，參“鑾”）  425

此字象形。

巒 音同上 小山峰。《楚辭·自悲》：“登～山而遠望兮。”

欒 音同上 橢圓形鐘的邊角。《周禮·鳧氏》：“兩～謂之銑。”

同音假借 消瘦的。《詩·素冠》：“棘人～～兮。”

灓 音同上 流滴。《國策·魏二》：“昔王季歷葬於楚山之尾，～水齧其墓。”

鑾 音同上

馬飾上的鈴。（銘文 326）

426 周III/IV（銘文 326）  426

鸞 音同上 鳳凰。《楚辭·離騷》：“～皇爲余先戒兮。”

通“䜌”。《詩·采芑》：“八～瑲瑲。”

臠 bli̯wan/li̯wen:/lüǎn blwan/luan/luán 筋疲力盡的，消瘦的。《説文》引《詩》：“棘人～～。”（按：今《詩·素冠》作“欒欒”。參“欒”。）

bli̯wan/li̯wen:/lüǎn ❶切下的肉。《吕氏春秋·察今》：“嘗一～肉，而知一鑊之味、一鼎之調。”（按：今本作“脟”，誤。）❷不伸舒。《莊子·在宥》：“乃始～卷獊囊而亂天下也。”

427 周III/IV（銘文 324） 427

孌 bli̯wan/li̯wɛn:，li̯wɛn-/lüàn（luán）美麗的。《詩·靜女》：“靜女其～。”

428 周II/III（銘文 268，人名） 428

戀 bli̯wan/li̯wɛn-/lüàn（liàn） 愛慕不捨。《列子·湯問》：“齊國之富奚～？”

攣 bli̯wan/li̯wɛn/lüán（luán） 連接，連續。《易·小畜》：“有孚～如。”

變 pli̯an/pi̯ɛn-/biàn ❶變化。《論語·子張》：“君子有三～：望之儼然，即之也温，聽其言也厲。”❷易變的，順從的。《書·盤庚上》：“民用丕～。”

蠻 mlwan/mwan/mán 南方野蠻人。《詩·采芑》：“蠢爾～荆。”

同音假借 緜～：小貌，嬌小，幼小。《詩·緜蠻》：“緜～黄鳥。”

孿 slwan/ṣwan-/shuàn sli̯wan/ṣi̯wen-/shuàn（luán） 孿生子。《吕氏春秋·疑似》：“夫～子之相似者，其母常識之。”

179

卵 lwan/luan:/luǎn 蛋。《左·哀十六》：“勝如～，余翼而長之。”

180

𤔔 lwan/luan-/luàn 《説文》认爲是“亂”的初文（無書證）。 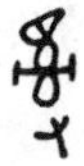

429 周II（銘文 194，其義不明） 429

如《説文》解釋是正確的話，則此字像雙手理臺上的絲綫。

亂 lwan/luan-/luàn 無秩序，混亂，反叛。《詩·節南山》：“～靡有定。”

同音假借 ❶穿過小河。《詩·公劉》：“涉渭爲～。”❷樂曲尾聲。《論語·泰伯》：“《關雎》之～，洋洋乎盈耳哉！”

通“嗣”。“嗣”是 972 組“司”的異體（見於金文，可參看 972 組“司”的古文字）。管理，使之有秩序。《書·梓材》：“王啟監，厥～爲民。”（傳統上也讀作 luàn，但這是不正確的。）Gl906、1464、1696

181

半 pwan/puan-/bàn 一半。《易·繫辭下》：“知者觀其彖辭，則思過～矣。”

小篆从牛，上兩竪意爲劈開、劃分。

參471組“分”。

靽 音同上　馬飾革帶。《左·僖二十八》：“晉車七百乘，韅靷鞅～。”

伴 pʻwan/pʻuan-/pàn　～奐：輕鬆。《詩·卷阿》：“～奐爾游矣。”

bʻwan/bʻuan:/bàn　朋友。《楚辭·惜誦》：“又何以爲此～也。”Gl832

判 pʻwan/pʻuan-/pàn　❶分開。《周禮·朝士》：“凡有責者，有～書以治則聽。”❷劃分。《左·莊三》：“紀於是乎始～。”❸～渙：鬆弛。《詩·訪落》：“繼猶～渙。”Gl832

拌 pʻwan/pʻuan/pān

捨棄（僅有漢代書證）。

通“判”。《呂氏春秋·論威》：“以木擊木則～。”

泮 pʻwan/pʻuan-/pàn　❶半圓形水池。《詩·泮水》：“思樂～水。”❷岸。《詩·氓》：“濕則有～。”

同音假借　融解。《詩·匏有苦葉》：“士如歸妻，迨冰未～。”

牉 音同上　一半。《儀禮·喪服》：“夫妻～合也。”

胖 pʻwan/pʻuan-/pàn

動物半體。《禮·內則》：“鵠鴞～。”

bʻwan/bʻuan-/pán　大，肥。《禮·大學》：“心廣體～。”

頖 pʻwan/pʻuan-/pàn　半圓形水池。《禮·禮器》：“魯人將有事於上帝，必先有事於～宮。”見“泮”。

柈 bʻwan/bʻuan/pán　盤。《墨子·尚賢下》：“故書之竹帛，琢之～盂。”（按：今本作“槃”，高氏從《康熙字典》。）

畔 bʻwan/bʻuan-/pàn　❶田埂。《左·襄二十五》：“行無越思，如農之有～。”❷離。《論語·雍也》：“君子博學於文，約之以禮，亦可以弗～矣夫！”❸反叛。《論語·陽貨》：“公山弗擾以費～。”❹～援：鬆弛，没有約束。《詩·皇矣》：“帝謂文王，無然～援。”Gl832

叛 bʻwan/bʻuan-/pàn　背離，造反。《左·哀十四》：“民遂～之。”

袢 bʻi̯wăn/bʻi̯wen/fán　素淨的衣服。《詩·君子偕老》：“是紲～也。”Gl135

182

般 bʻwan/bʻuan/pán

旋。《禮·投壺》：“主人～還曰辟。”

同音假借　高興。《孟子·盡心下》：“～樂飲酒。”

pwan/puan/bān　蹲坐。《莊子·田子方》：“公使人視之，則解衣～礴贏。”

通“鞶”。《穀梁·桓三》：“諸母～。”

通190組“斑”。雜色的。《禮·內則》：“馬黑脊而～臂。”

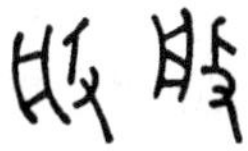
430—431

430 殷甲文（A1: 48, 4）

431 周II（銘文135）

此字从舟、殳（杖）（用篙推進的船？）。

槃 bʻwan/bʻuan/pán　水盆。《禮·內則》：“進盥，少者奉～。”

同音假借　高興。《詩·考槃》：“考～在澗。”Gl160

盤 音同上　❶盤子，碟子。《左·僖二十三》：“乃饋～飧，置璧焉。”❷水盆。《禮·大學》：“湯之～銘曰：‘苟日新，日日新，又日新。’”

同音假借　❶盤旋（參“般”）。《易·屯》：“～桓。”（按：今本作“磐”，高氏從《釋文》。）❷高興。《書·無逸》：“文王不敢～于遊田。”

通“磐”。《荀子·富國》：“國安於～石。”Gl160

432

432 周II（銘文157）

磐 音同上 大石頭，巖石。《易·漸》：“鴻漸于～。”

鞶 音同上 有帶小袋。《禮·内則》：“婦事舅姑……右佩箴、管、綫、纊、施～、帙。”

鞶 音同上 ❶大帶。《易·訟》：“或錫之～帶。”❷附有小袋的帶子。《左·定六》：“定之～鑑。”

183

㒼 mwɑn/muɑn/mán 平匀（僅有漢代書證）。

433 周II（銘文 195，人名）

可能是天平的象形（？）。

433

滿 mwɑn/muɑn:/mǎn 充滿。《左·哀九》：“如川之～，不可游也。”

瞞 mwɑn/muɑn/mán ❶閉眼，被騙。《荀子·非十二子》：“酒食聲色之中，則～～然、瞑瞑然。”❷羞愧。《莊子·天地》：“子貢～然慚，俯而不對。”

樠 mwən/muən/mén miwǎn/miwen/wán 一種榆木。《左·莊四》：“王遂行，卒於～木之下。”

miwǎn/miwen/wán mwɑn/muɑn, muɑn-/mán 樹脂，樹膠。《莊子·人間世》：“散木也……以爲門户則液～。”

璊 mwən/muən/mén 紅寶石。見《説文》（無書證）。

同音假借 紅黍（同 442 組“穈”）。《詩·大車》：“毳衣如～。”Gl210

懣 mwɑn/muɑn:/mǎn mwən/muən:, muən-/mèn 悲痛。《禮·問喪》：“悲哀志～氣盛。”

184

姦 kan/kan/jiān ❶惡棍似的，亂逆。《書·舜典》：“寇賊～宄。”❷邪惡。《書·周官》：“司寇掌邦禁，詰～慝。”❸通奸。《左·莊二》：“夫人姜氏會齊侯于禚，書～也。”

此字从三女。

185

柬 klǎn/kǎn:/jiǎn 選擇，辨别。《荀子·修身》：“安燕而血氣不惰，～理也。”

諫 klan/kan-/jiàn 規勸，勸告。《詩·思齊》：“不～亦入。”

434 周II（銘文 154）

435 周II（銘文 160）

434—435

揀 klǎn/kǎn:/jiǎn 挑選。《逸周書》：“比黨不～。”（按：今本未見，高氏從《康熙字典》。）

闌 glan/lan/lán 栅欄，遮攔，保護。《國策·魏三》：“異日者，秦乃在河西，晉國之去梁也，千里有餘，河山以～之。”（按：今本作“蘭”，高氏從鮑本。）

436

436 周II（銘文 173，人名）

湅 glian/lien-/liàn 練絲。《周禮·㡛氏》：“㡛氏～絲以涚水。”

練 音同上 ❶練絲。《周禮·染人》：“凡染，春暴～。”❷潔白的絲絹。《左·昭三十一》：“季孫～冠麻衣跣行。”❸純淨，精良。《吕氏春秋·簡選》：“老弱罷民，可以勝人之精士～材。”❹訓練。《禮·月令》：“選士厲兵，簡～桀俊。”❺經培養而改善。《墨子·尚同中》：“《吕刑》之道曰：‘苗民否用～，折則刑。’”（按：今《書·吕刑》作“苗民弗用靈，制以刑”。）

鍊 音同上 精煉（金屬）。《國策·趙一》：“董子之治晉陽也，公宫之室，皆以～銅爲柱質。”

瀾 glan/lan, lan-/lán 大波。《孟子·盡心上》：“觀水有術，必觀其～。”Gl278

爛（爤）glan/lan-/làn　❶有光彩。《詩·女曰雞鳴》："明星有～。"❷煮爛。《吕氏春秋·本味》："熟而不～。"❸腐爛，軟化。《公羊·僖十九》："魚～而亡也。"❹燒傷，毀於火。《左·定三》："廢于爐炭，～，遂卒。"

蘭 glan/lan/lán　❶蘭花。《左·宣三》："夢天使與己～。"❷芄～：蘿藦（植物名）。《詩·芄蘭》："芄～之葉。"

讕 glan/lan, lan:/lán
撒謊，欺騙。（僅有漢代書證）

437

437 周I（銘文65，"諫"義）

欄 glian/lien-/liàn　一種樹。《周禮·㡛氏》："涑帛以～爲灰。"

glan/lan/lán　柵欄，（家畜）圈欄。（僅有漢代書證）

186

鴈 ŋan/ŋan-/yàn
野鵝。《詩·鴻鴈》："鴻～于飛。"

雁 前字的異體。《左·成十六》："至于鳴～。"（按：今本作"鴈"，高氏從毛本。）

187

丱 kwan/kwan-/guàn　孩童頭上的兩束頭髮。《詩·齊風·甫田》："總角～兮。"

此字象形。

關 kwan/kwan/guān　❶門閂。《墨子·備城門》："門植～必環錮。"❷關卡，邊界大門。《詩·氓》："乘彼垝垣，以望復～。"

同音假借　鳥叫聲。《詩·關雎》："～～雎鳩。"

假借爲ʔwan/ʔwan/wān　彎（特指弓）。《左·昭二十一》："將注豹，則～矣。"

通159組"貫"。插入。《詩·車舝》："間～車之舝兮。"Gl699

438

438 周IV（銘文290）

188

宦 g'wan/ɣwan-/huàn　❶奴隸。《國語·越語下》："與范蠡入～於吳。"❷官員，官員的。《左·宣二》："及成公即位，乃～卿之適子。"❸學當官。《左·宣二》："～三年矣。"

439

439 周II/III（銘文274，人名）

此字从宀（屋頂）、臣（奴隸，僕人）。

189

奻 nwan/nwan, nwan-/nuán
爭吵。見《説文》（無書證）。

440

440 漢前（銘文431，人名）

此字从二女。

190

班 pwan/pwan/bān　❶分，分賜。《書·舜典》："～瑞于羣后。"❷鋪開。《左·襄二十六》："～荆相與食。"❸分散的。《左·襄十八》："有～馬之聲，齊師其遁。"❹退縮，撤退（指軍隊）。《左·襄十》："請～師。"❺行動遲疑貌。《易·屯》："乘馬～如。"❻分等級，排列。《孟子·萬章下》："周室～爵禄也。"❼等級，地位。《左·襄三十一》："而辨於其大夫之族姓、～位、貴賤能否。"❽雜色。《禮·王制》："～白不提挈。"

441

441 周（銘文352）

此字从刀、玨（一對玉）

斑 音同上　雜色。《禮·祭義》："～白者，不以其任行乎道路。"

191

閒（間）kăn/kăn/jiān　❶縫隙，空隙。《莊子·刻意》："就藪澤，處～曠。"❷介於兩者的空間。《禮·樂記》："一動一靜者，天地之～也。”❸中間，裏面。《詩·十畝之間》：“十畝之～兮。”❹一段時間。《莊子·大宗師》：“莫然有～，而子桑户死。”

kǎn/kǎn-/jiàn ❶找縫隙，挑剔。《論語·先進》：“孝哉閔子騫，人不～於其父母昆弟之言。”❷離間，使不和。《左·定四》：“惎～王室。”❸有利時機，機會。《孟子·告子下》：“連得～矣。”❹多管閑事。《左·莊十》：“肉食者謀之，又何～焉？”❺代替，取代。《詩·桓》：“皇以～之。”❻接替。《書·立政》：“時則勿有～之。”❼（從縫隙中看>）窺伺。《左·襄二十三》：“小國～大國之敗而毀焉。”❽插入。《詩·車舝》：“～關車之舝兮。”

gǎn/ɣǎn/xián ❶（時間上的空隙>）閑暇。《孟子·公孫丑上》：“賢者在位，能者在職，國家～暇。”❷安寧。《左·僖三十三》：“吾子取其麋鹿以～敝邑。”Gl699、1956

442

442 周II（銘文184）

此字从門、月。“間”是後世通用字形，照現代習慣用“日”取代了“月”，“間”讀作jiān，而“閒”仍保持其xián的讀音。但在古典文獻中通常寫作“間”。

簡 kǎn/kǎn:/jiǎn 用於書寫的竹片或竹牌。《詩·出車》：“畏此～書。”

同音假借 ❶選擇。《書·冏命》：“慎～乃僚。”❷簡略，概括。《易·繫辭上》：“易～而天下之理得矣。”❸有節制的，適度的。《禮·樂記》：“嘽諧、慢易、繁文、～節之音作，而民康樂。”❹行事寬略，大度，不拘小節。《論語·雍也》：“居敬而行～”。❺怠慢。《孟子·離婁下》：“孟子獨不與驩言，是～驩也。”❻大。《詩·執競》：“降福～～。”❼（聲音）響。《詩·那》：“奏鼓～～。”❽檢查。《書·盤庚下》：“予其懋～相爾。”❾核實，真實，實在的。《禮·王制》：“有旨無～，不聽。”

通185組“練”。《左·成八》：“《詩》曰：‘猶之未遠，是用大～。’”（按：今《詩·板》作“諫”。）

Gl87、109、1290、1484、1916

443

443 周III/IV（銘文325）

蕑 kǎn/kǎn/jiān 一種芳香植物（蘭花？）。《詩·澤陂》：“彼澤之陂，有蒲與～。”

僩 g'ǎn/ɣǎn:/xiàn 美麗的，優雅的。《詩·淇奧》：“瑟兮～兮。”

瞯 g'ǎn/ɣǎn/xián 窺伺，注視。《孟子·離婁下》：“王使人～夫子。”

澗 kan/kan-/jiàn 峽谷中的小溪。《詩·采蘩》：“于以采蘩？于～之中。”

撊 g'an/ɣan:/xiàn 有力的，精力充沛的，强烈的。《左·昭十八》：“今執事～然授兵登陴。”Gl153

192

閑 g'ǎn/ɣǎn/xián ❶限制，障礙。《易·家人》：“～有家。”❷欄圈。《周禮·校人》：“天子十有二～。”❸阻止，戒備。《左·昭六》：“～之以義，糾之以政。”❹保護。《孟子·滕文公下》：“～先聖之道……邪說者不得作。”

同音假借 ❶訓練，訓練有素的，精良的。《詩·卷阿》：“君子之馬，既～且馳。”❷大。《詩·殷武》：“旅楹有～。”❸思想開闊的。《莊子·齊物論》：“大知～～。”❹從容而行。《詩·十畝之間》：“十畝之間兮，桑者～～兮。”Gl88、153、844

444

444 周II（銘文169，191組“間”義）

此字从門、木。

193

山 săn/ṣăn/shān　山。《詩·漸漸之石》：“～川悠遠。”

445—446

445 殷甲文（O72）

446 周II（銘文 139）　此字象形。

汕 săn/ṣan-/shàn　柳條做的捕魚器。《詩·南有嘉魚》：“烝然～～。”Gl443

訕 săn/ṣan-/shàn　毁謗，污蔑。《論語·陽貨》：“惡居下流而～上者。”

仙 si̯an/si̯ɛn/xiān　長生不死的人。《列子·黄帝》：“～聖爲之臣。”

194

産 săn/ṣăn:/chǎn（不規則，應爲 shǎn）❶繁殖，生育。《左·哀二十三》：“有不腆先人之～馬。”❷生産。《禮·鄉飲酒義》：“～萬物者聖也。”❸産業。《孟子·滕文公上》：“有恒～者有恒心。”❹生計。《孟子·梁惠王上》：“明君制民之～。”

195

釆 bʻăn/bʻăn-/bàn　bʻi̯an/bʻi̯ɛn/pián ❶辨别，整理，區别。《書·堯典》：“～章百姓。”（按：今本作“平”。）❷辨事周到。《詩·采菽》：“～～左右。”（按：今本作“平”。）

“釆”跟 825 組“平”的小篆很相似，漢代的《書》《詩》已用“平”代“釆”。“釆”跟 219 組“辨”同源，但讀音不同。Gl716、1212、1217

番 pʻi̯wăn/pʻi̯wɐn/fān 回，次。《列子·湯問》：“迭爲三～。”

pwɑr/puɑ/bō　勇武貌。《詩·崧高》：“申伯～～。”

通“皤”。（白>）白髮。《書·秦誓》：“～～良士。”

通“蕃”。《荀子·禮論》：“抗折，其貌以象槾茨～闑也。”Gl2107

447

447 周II（銘文 194，人名）

幡 pʻi̯wăn/pʻi̯wɐn/fān　❶轉向，轉變。《孟子·萬章上》：“既而～然改曰：‘與我處畎畝之中。’”❷（像樹葉那樣）摇擺。《詩·瓠葉》：“～～瓠葉，采之亨之。”❸易變的，輕浮的。《詩·賓之初筵》：“威儀～～。”❹便捷的，反覆多變的。《詩·巷伯》：“捷捷～～，謀欲譖言。”Gl619

旛 音同上

旗幟（銘文 325）。

448

448 周III/IV（銘文 325）

轓 pi̯wăn/pi̯wɐn/fān　蓋子，罩子。《吕氏春秋·辯土》：“厚土則孽不通，薄土則蕃～而不發。”

繙 bʻi̯wăn/bʻi̯wɐn/fán　pʻi̯wăn/pʻi̯wɐn/fán 混淆，混亂地（一説清理，整理）。《莊子·天道》：“於是～十二經以説。”

燔 bʻi̯wăn/bʻi̯wɐn/fán 燒，烤。《詩·楚茨》：“或～或炙。”

通“膰”。《孟子·告子下》：“～肉不至。”

璠 音同上　一種玉。《左·定五》：“陽虎將以璵～斂。”

膰 音同上　燒熟的祭肉。《穀梁·定十四》：“祭肉也，生曰脤，熟曰～。”

蹯 音同上　脚掌。《左·宣二》：“宰夫胹熊～不熟。”

蕃 bʻi̯wăn/bʻi̯wɐn/fán　❶（生長）繁茂。《詩·椒聊》：“椒聊之實，～衍盈升。”❷衆多的，興隆。《書·蔡仲之命》：“睦乃四鄰，以～王室”。《左·宣三》：“其子孫必～。”

pi̯wăn/pi̯wɐn/fān　❶籬，屏障。《詩·崧高》：“四國于～。”❷（遮蔽>）統轄的邊遠地區。《周禮·大行人》：“九州之外，

謂之～國。” Gl716

潘 pʻwan/pʻuan/pān 淘米水。《禮·内則》:“燂～請靧。”
通“蟠”。《列子·黄帝》:“鯢旋之～爲淵。”

蟠 bʻwan/bʻuan/pán ❶卷縮。《尚書大傳·虞夏傳》:“～龍賁信於其藏,蛟魚踴躍於其淵。”❷傳播。《禮·樂記》:“及夫禮樂之極乎天而～乎地。”

播 pwar/pua/bō ❶散布,播種。《詩·七月》:“其始～百穀。”❷分。《書·禹貢》:“北～爲九河。”❸公布。《左·昭四》:“～於諸侯。”❹流放,捨棄。《書·泰誓中》:“～棄犂老。”❺揚掉。《莊子·人間世》:“鼓筴～精,足以食十人。”❻摇。《論語·微子》:“～鼗武入於漢。”

譒 音同上 公布。《說文》引《書》:“王～告之。”(按:今《書·盤庚上》作“播”。)

皤 bʻwar/bʻua/pó pwar/pua/bō 白。《易·賁》:“賁如～如。”
假借爲bʻwar/bʻua/pó 大的,鼓脹的。《左·宣二》:“～其腹。”

藩 pi̯wăn/pi̯wɐn/fān ❶籬,栅欄(參“蕃”)。《詩·板》:“價人維～。”❷邊域。《莊子·大宗師》:“吾願遊於其～。”❸有障蔽的車子。《左·襄二十三》:“以～載樂盈及其士。”

196

𠳋 kʻi̯an/kʻi̯ɛn:/qiǎn 小土塊。見《說文》(無書證)。

遣 kʻi̯an/kʻi̯ɛn:/qiǎn ❶派遣。《詩·崧高》:“王～申伯。”❷送走,打發走。《左·成二》:“王～夏姬歸。”
kʻi̯an/kʻi̯ɛn-/qiàn 把(祭肉)送往墓地。《禮·檀弓下》:“～車一乘,及墓而反。”

449 殷(銘文12)
450 周II(銘文184)

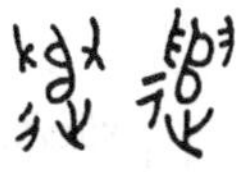
449—450

繾 kʻi̯an/kʻi̯ɛn:/qiǎn ～綣:依附於,緊密附著。《詩·民勞》:“以謹～綣。” Gl919

譴 kʻi̯an/kʻi̯ɛn-/qiǎn 責備,申斥。《詩·小明》:“豈不懷歸?畏此～怒。”
451 殷甲文(B下3:10,其義不明)
452 周I(銘文71,“遣”義)
453 周I(銘文72,“遣”義)
這些古文字的形符都用“口”替代了“言”。

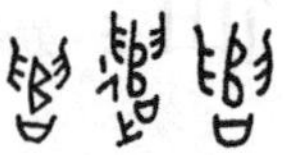
451—453

197

衍 gi̯an/i̯ɛn:, i̯ɛn-/yǎn ❶溢出,流出。《易·需》:“～在中也。”❷(定期遭淹的>)低地。《左·襄二十五》:“井～沃。”❸過度。《詩·椒聊》:“椒聊之實,蕃～盈升。”❹豐富,多。《詩·伐木》:“釃酒有～。”❺極大的。《書·洪範》:“卜五,占用二,～忒。”
同音假借 盛器。《莊子·天運》:“盛以篋～。” Gl419、1552
此字从氵(水)、行。

愆 kʻi̯an/kʻi̯ɛn/qiān ❶超過。《詩·氓》:“匪我～期,子無良媒。”❷犯錯誤,差錯。《詩·楚茨》:“式禮莫～。”❸失去。《左·昭二十六》:“王昏不若,用～厥位。”❹惡疾。《左·昭二十六》:“王～于厥身。”

餰 “饘”的異體。《荀子·禮論》:“～鬻、魚肉、菽藿、酒漿,是吉凶憂愉之情發於食飲者也。”

198

虔 ŋi̯an/gʻi̯ɛn/qián ❶殺。《詩·長發》:“有～秉鉞。”❷削。《詩·殷武》:“方斲是～。”❸恭敬的。《詩·韓奕》:“～共

爾位。”Gl1024、2023

454

454 周II（銘文 180）

此字从虍（虎）、文（紋）。

199

彥 ŋi̯an/ŋi̯ɛn-/yàn ❶裝飾品。《詩》（按:《詩》中“彥”僅一例，見❷）。❷有才藝的，天資高的。《詩·羔裘》:“邦之～兮。”

諺 音同上　諺語，格言，俗語。《左·僖五》:“～所謂‘輔車相依，脣亡齒寒’者，其虞虢之謂也。”Gl1831

顏 ŋan/ŋan/yán ❶臉，容顏。《詩·巧言》:“巧言如簧，～之厚矣。”❷顏色，臉色。《詩·終南》:“～如渥丹。”

喭 ŋan/ŋan-/yàn　粗魯的，無禮的。《論語·先進》:“由也～。”（一說是從容無拘束的、漫不經心的）

200

焉 ʔi̯an/ʔi̯ɛn/yān
一種鳥。見《説文》（無書證）。

同音假借　安，何。《詩·伯兮》:“～得諼草？”

gi̯an/ji̯ɛn/yán（yān）❶副詞詞尾。《莊子·田子方》:“孔子便而待之，少～見。”❷句末助詞。《詩·采苓》:“人之爲言，胡得～！”

嘕 xi̯an/xi̯ɛn/xiān　快活，笑。《楚辭·大招》:“宜笑～只。”

201

展 ti̯an/ţi̯ɛn:/zhǎn ❶翻轉。《詩·澤陂》:“～轉伏枕。”（按:今本作“輾”，高氏從《釋文》。）❷展開，打開。《儀禮·聘禮》:“入竟，斂旜乃～。”❸顯示，宣布，説明。《左·莊二十七》:“天子非～義不巡守。”❹查看。《禮·檀弓下》:“～墓而入。”

同音假借　確實。《詩·車攻》:“允矣君子，～也大成。”

假借爲 ti̯an/ţi̯ɛn-/zhàn　禮物。《詩·君子偕老》:“瑳兮瑳兮，其之～也。”

輾 ti̯an/ţi̯ɛn:/zhǎn
翻轉。《詩·關雎》:“～轉反側。”

蹍 ni̯an/ȵi̯ɛn:/niǎn　踩。《莊子·庚桑楚》:“～市人之足，則辭以放驁。”

202

蕆 t'i̯an/ţ'i̯ɛn:/chǎn　結束，完成。《左·文十七》:“寡君又朝，以～陳事。”

203

延 di̯an/i̯ɛn/yán ❶延及。《書·大禹謨》:“罰弗及嗣，賞～于世。”❷延續。《左·成十三》:“君亦悔禍之～。”❸耽擱。《書·大誥》:“不少～。”❹伸（特指脖子）。《呂氏春秋·順説》:“天下丈夫、女子莫不～頸舉踵而願安利之。”❺引導，邀請。《書·顧命》:“～入翼室。”❻（延伸部分>）冕上的方頂。《禮·玉藻》:“天子玉藻，十有二旒，前後邃～。”Gl1586

筵 音同上　竹席。《詩·行葦》:“或肆之～，或授之几。”

綖 音同上　冕上的方頂（參“延”）。《左·桓二》:“衡紞紘～。”

梴 t'i̯an/ţ'i̯ɛn/chān　長（特指椽條）。《詩·殷武》:“松桷有～。”

埏 ɕi̯an/ɕi̯ɛn/shān　揉土製陶器。《管子·揆度》:“吾非～埴搖鑪橐而立黃金也。”

挻 音同上　揉和。《老子》十一章:“～埴以爲器。”（按:今本作“埏”，高氏從《釋文》。）

誕 d'ɑn/d'ɑn:/dàn ❶大言。《書·湯誥》:“～告萬方。”❷虛妄之言。《國語·楚語上》:“是知天咫，安知民則？是言～也。”❸大。《書·酒誥》:“～惟民怨。”❹

欺騙。《列子·黄帝》:“吾不知子之有道而～子。”❺過分的,騷亂的。《書·大誥》:“～鄰胥伐于厥室。”❻廣闊,遠離的,遠達的。《詩·旄丘》:“旄丘之葛兮,何～之節兮?”

同音假借　語助詞。《詩·皇矣》:“～先登于岸。”Gl833、1617

204

廛 dʻi̯an/ȡʻi̯ɛn/chán　❶一農户所有之地。《周禮·遂人》:“夫一～,田百晦。”❷農田,農户庭院。《詩·伐檀》:“不稼不穡,胡取禾三百～兮?”❸店鋪。《禮·王制》:“市,～而不稅。”

躔 音同上　天體運行的軌道,循軌道而行。《吕氏春秋·圜道》:“月～二十八宿。”

纏 音同上　縛,繞。《列子·説符》:“臣有所與共擔～薪菜者。”

205

善 ȡi̯an/ʑi̯ɛn:/shàn　❶好。《詩·凱風》:“母氏聖～。”❷贊成。《孟子·梁惠王下》:“王如～之,則何爲不行?”❸成功,實現。《論語·衛靈公》:“工欲～其事,必先利其器。”❹好好款待。《左·哀十六》:“又辟華氏之亂於鄭,鄭人甚～之。”

455 殷(銘文 28)

456 周II(銘文 160)

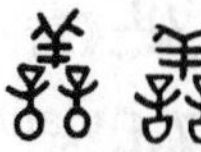

455—456

此字从羊、吅(雙笛。意爲羊肉〔食物〕,還有音樂?),可能是“膳”的初文。

膳 ȡi̯an/ʑi̯ɛn-/shàn　❶煮熟之食。《詩·十月之交》:“仲允～夫。”❷吃。《禮·文王世子》:“王季復～,然後亦復初。”

457

457 周III/IV(銘文 298)

繕 音同上　(補償>)修補,整治。《左·襄三十》:“～城郭。”

206

䙴 tsʻi̯an/tsʻi̯ɛn/qiān
升高。見《説文》(無書證)。

在諧聲字中,字形有所簡化。

僊 si̯an/si̯ɛn/xiān　雀躍,跳舞。《詩·賓之初筵》:“屢舞～～。”

通 193 組“仙”。《楚辭·惜誓》:“念我長生而久～兮。”

遷 tsʻian/tsʻiɛn/qiān　❶遷移,被移動的。《詩·巷伯》:“既其女～。”❷變易。《左·昭五》:“未改禮而又～之。”Gl620

207

羡 dzi̯an/ziɛn-/xiàn　dzʻi̯an/dzʻiɛn-/xiàn　❶羡慕,希望。《詩·皇矣》:“無然歆～。”❷剩餘,富裕。《詩·十月之交》:“四方有～。”

zi̯an/i̯ɛn/yán　橢圓形的。《周禮·典瑞》:“璧～以起度。”Gl559

208

孱 dʐʻi̯an/dʐʻi̯ɛn/chán　dʐăn/dʐʻăn/chán　膽怯的。《大戴禮·曾子立事》:“君子博學而～守之。”

通“僝”。《説文》引《書》:“旁逑～功。”(按:今《書·堯典》作“方鳩僝功”。)

潺 dʐʻi̯an/dʐʻi̯ɛn/chán　流動。《楚辭·湘夫人》:“觀流水兮～湲。”

僝(僝) dzʻăn/dʐʻan:/zhàn　dʐʻi̯wan/dʐʻi̯wɛn-/zhuàn　顯現。《書·堯典》:“共工方鳩～功。”Gl1234

輚 dzʻăn/dʐʻăn:/zhàn　dzʻan/dʐʻan:/zhàn　臥車。《左·成二》:“丑父寢於～中。”

209

鮮 si̯an/si̯ɛn/xiān　❶生魚。《禮·内則》:“冬宜～羽。”❷鮮肉。《書·益稷》:“暨益奏庶～食。”❸善。《詩·新臺》:“籧篨不～。”❹鮮明。《詩·皇矣》:“度其～

原。”❺早亡。《左·昭五》：“葬～者自西門。”

sịan/sịɛn:/xiǎn　❶稀，少。《詩·蕩》：“～克有終。”❷獨居的。《詩·蓼莪》：“～民之生，不如死之久矣！”Gl122、624、643、702、838、1845

458 周 I（銘文 125，人名）

459 周Ⅲ/Ⅳ（銘文 324）

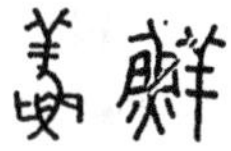

458—459

此字从魚、羊（羊肉）。

癬 sịan/sịɛn:/xiǎn　疥癬。《國語·吳語》：“夫齊魯譬諸疾，疥～也，豈能涉江淮而與我爭此地哉？”

蹮 sịan/sịɛn/xiān　行步艱難。《莊子·大宗師》：“跰～而鑑於井。”

210

尟 sịan/sịɛn:/xiǎn　稀，少。《易·繫辭下》：“力小而任重，～不及矣。”（按：今本作“鮮”，高氏从《釋文》。）此字从是（此）、少。參 209 組“鮮”。

211

鱻 sịan/sịɛn/xiān　新鮮的食物。《周禮·庖人》：“凡其死生～薨之物，以共王之膳。”

此字从三魚。參 209 組“鮮”。

212

扇 ɕịan/ɕịɛn-/shàn　❶柳條門，門扇。《禮·月令》：“乃修闔～。”❷屏。《呂氏春秋·知接》：“蟲流出於户，上蓋以楊門之～。”

通“煽”。《漢書·谷永傳》注引《魯詩》：“閻妻～方處。”（按：今《詩·十月之交》作“煽”。）

此字从户（門）、羽（翼）。

傓 音同上　熾盛。《説文》引《詩》：“豔妻～方處。”（按：今《詩·十月之交》作“煽”。）

煽 音同上　熾盛。《詩·十月之交》：“豔妻～方處。”

213

連 lịan/lịɛn:/liǎn　人坐的一種車（即 215 組的“輦”）。《周禮·巾車》：“～車，組輓，有翣蓋。”（按：今本作“輦”，高氏從《釋文》。）

假借爲 lịan/lịɛn/lián　❶連結。《禮·王制》：“十國以爲～。”❷聯合。《孟子·離婁上》：“善戰者服上刑，～諸侯者次之。”❸一連串的，連續不斷的。《詩·皇矣》：“執訊～～。”❹洗。《禮·玉藻》：“～用湯。”❺費力的，困難的，緩慢的。《易·蹇》：“往蹇來～。”

通“璉”。《禮·明堂位》：“夏后氏之四～。”

此字从辵（行）、車。

漣 lịan/lịɛn/lián　❶細浪。《詩·伐檀》：“河水清且～猗。”❷（淚）滴落。《詩·氓》：“泣涕～～。”Gl278

璉 lịan/lịɛn:/liǎn　一種祭器。《論語·公冶長》：“曰：‘何器也？’曰：‘瑚～也。’”

蓮 lịan/lịɛn/lián　蓮子。邢昺《爾雅疏》引《魯詩》：“有蒲與～。”（按：今《詩·澤陂》作“簡”。）Gl352

214

聯 lịan/lịɛn/lián　連結，聯合。《周禮·族師》：“五家爲比，十家爲～。”

小篆从耳、絲。

215

輦 lịan/lịɛn:/liǎn（niǎn）　兩個男子拉的車。《詩·黍苗》：“我任我～。”

此字从車、二夫。

216

艮 nịan/nịɛn:/niǎn　使皮革光滑柔軟。見《説文》（無書證）。

赧 nan/nan:/nǎn 臉紅。《孟子·滕文公下》："觀其色～～然。"

217

然 ṇi̯an/ṇźi̯ɛn/rán 燃燒。《孟子·公孫丑上》："若火之始～。"

同音假借 ❶這樣，如此。《詩·角弓》："民胥～矣。"❷肯定，贊成。《論語·微子》："曰：'是魯孔丘之徒與？' 對曰：'～。'"❸副詞詞尾。《詩·葛屨》："宛～左辟。"

小篆从肉、犬、灬（火）。

燃 音同上 燃燒。《墨子·備蛾傅》："皆立而待鼓音而～。"

218

片 p‘ian/p‘ien-/piàn （一半>）部分的，片面的。《論語·顏淵》："～言可以折獄者，其由也與？"

p‘wan/p‘uan-/pàn 一半，兩份中的一份。《莊子·則陽》："雌雄～合於是庸有。" Gl2077

小篆从木字之半。

219

辡 pi̯an/pi̯ɛn:/biǎn 犯人互相指責。見《説文》（無書證）。

辨 （辦）b‘i̯an/b‘i̯ɛn:/biàn b‘ăn/b‘ăn-/bàn （參195組"釆"）❶劃分。《周禮·小司徒》："以～其貴賤老幼廢疾。"❷辨別。《論語·顏淵》："子張問崇德～惑。"❸分類。《左·隱五》："明貴賤，～等列。"

通"辦"。《周禮·考工記》："以～民器。"

通246組"徧"。《左·定八》："子言～舍爵於季氏之廟而出。"

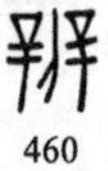

460

460 漢前（銘文405，人名）

辯 b‘i̯an/b‘i̯ɛn:/biàn ❶辨別。《易·履》："君子以～上下。"❷辯論。《孟子·滕文公下》："外人皆稱夫子好～。"❸爭鬭。《左·襄二十九》："～而不德，必加於戮。"❹細察，控制。《周禮·馮相氏》鄭玄注引《書》："～秩東作。"（按：今《書·堯典》作"平"。）❺發現錯誤。《周禮·鄉士》："～其獄訟，異其死刑之罪而要之。"❻分發，遍。《禮·曲禮上》："主人延客食胾，然後～殽。"

通246組"徧"。《儀禮·少牢饋食禮》："尸取韭菹～擩于三豆。" Gl1217

辦 b‘ăn/b‘ăn-/bàn 治理，處理。《左·哀三》："無備而官～者，猶拾沈也。"

220

弁 b‘i̯an/b‘i̯ɛn-/biàn 帽子。《詩·淇奧》："會～如星。"

同音假借 急促地。《禮·玉藻》："～行。"

通"拚"。飛。《詩·小弁》："～彼鸒斯。" Gl591

小篆从廾（雙手）、亠（帽形）。

卞 音同上 前字的譌字。

同音假借 ❶法度。《書·顧命》："率循大～。"❷快，匆促地（參看"弁"）。《左·定三》："莊公～急而好潔。" Gl2002

抃 音同上 擊手。《楚辭·天問》："鼇戴山～。"

拚 b‘i̯an/b‘i̯ɛn-/biàn 同"抃"。假借爲p‘i̯wăn/p‘i̯wɐn/fān 飛，跳躍。《詩·小毖》："～飛維鳥。"

pi̯wən/pi̯uən-/fèn 掃塵。《禮·少儀》："掃席前曰～。"

犿 p‘i̯wăn/p‘i̯wɐn/fān 宛轉。《莊子·天下》："其書雖瓌瑋而連～无傷也。"

笲 b‘i̯wăn/b‘i̯wɐn/fán b‘i̯an/b‘i̯ɛn-/biàn 籃子。《禮·昏義》："婦執～。"

221

便 b'i̯an/b'i̯ɛn-/biàn ❶舒適的。《楚辭·大招》:"恣所～只。"❷合適的,熟習的。《禮·表記》:"故自謂～人。"❸敏捷。《荀子·非十二子》:"辯説譬喻,齊給～利而不順禮義。"❹於是,然後。《莊子·達生》:"若乃夫没人,則未嘗見舟而～操之也。"

b'i̯an/b'i̯ɛn/pián 有口才的,言辭漂亮(嚴格説,即:有辨別力的,辦事周到的,參195組"釆")。《論語·鄉黨》:"其在宗廟朝廷,～～言,唯謹爾。"Gl716、1217

楩 b'i̯an/b'i̯ɛn-/biàn b'i̯an/b'i̯ɛn/pián 一種樹。《墨子·公輸》:"荆有長松、文梓、～枬、豫章。"

鞭 pi̯an/pi̯ɛn/biān 鞭打。《書·舜典》:"～作官刑。"

222

免 mian/miɛn:/miǎn ❶逃避,避免。《左·桓六》:"庶～於難。"❷脱去。《左·僖三十三》:"左右～胄而下。"❸停息。《論語·爲政》:"道之以政,齊之以刑,民～而無恥。"

假借爲mi̯wən/mi̯uən-/wèn 居喪者之髮飾。《禮·檀弓上》:"公儀仲子之喪,檀弓～焉。"

同音假借 新的,新鮮的。《禮·内則》:"堇荁、枌榆、～薨,滫瀡以滑之。"

俛 mi̯an/mi̯ɛn:/miǎn ❶低頭。《國策·楚四》:"驥於是～而噴,仰而鳴,聲達於天。"❷彎腰。《左·成二》:"韓厥～定其右。"

此字有時通同義詞"俯"。(見136組)

通"勉"。《禮·表記》:"～焉日有孳孳。"

勉 音同上 ❶盡力。《詩·十月之交》:"黽～從事,不敢告勞。"❷精力充沛的。《詩·棫樸》:"～～我王。"

冕 音同上 禮帽。《書·太甲中》:"伊尹以～服。"

悗 mwan/muan/mán muən/muən:/mèn 糊塗的,感覺遲鈍的(此義爭議頗多)。《莊子·大宗師》:"～乎忘其言也。"

鞔 mwan/muan/mán 鞋,鞋底。《吕氏春秋·召類》:"南家,工人也,爲～者也。"(一説通"輓")

通183組"懣"。《吕氏春秋·重己》:"胃充則中大～。"

娩 mi̯wǎn/mi̯wɐn:/wǎn mi̯an/mi̯ɛn:/miǎn 恭順的,温柔的。《禮·内則》:"女子十年不出,姆教婉～聽從。"

晚 mi̯wǎn/mi̯wɐn:/wǎn 遲。《國策·楚四》:"見兔而顧犬,未爲～也。"

脕 音同上 有光澤的,豐富的(特指色彩)。《楚辭·遠遊》:"玉色頩以～顔兮。"

輓 音同上 拉(車)。《左·襄十四》:"或～之,或推之。"

絻 mi̯wən/mi̯uən-/wèn 喪服,居喪時的髮飾(參見"免")。《左·哀十二》:"季氏不～。"

通"冕"。《荀子·正名》:"乘軒戴～。"

浼 mwər/muɑ̆i:/měi ❶平穩的流水。《詩·新臺》:"河水～～。"❷污染。《孟子·公孫丑上》:"爾焉能～我哉!"

223

面 mi̯an/mi̯ɛn-/miàn ❶臉。《詩·何人斯》:"有靦～目。"❷面對面地。《詩·抑》:"匪～命之,言提其耳。"

通222組"勉"。《書·召誥》:"～稽

天若。"Gl1728

偭 mi̯an/mi̯ɛn:/miǎn 背，丢棄。《楚辭·離騷》："～規矩而改錯。"

湎 音同上 沉迷於（特指酒）。《詩·蕩》："天不～爾以酒。"Gl940

緬 音同上 細的，拉長了的。《國語·楚語上》："～然引領南望。"

同音假借 遠。《穀梁·莊三》："改葬之禮緦，舉下，～也。"

224

臱 mi̯an/mi̯ɛn/mián 藏起來看不見。見《説文》（無書證）。可能是"籩"的初文（參看"邊"及其銘文）。

櫋 音同上 屋檐板。《楚辭·九歌·湘夫人》："擗蕙～兮既張。"

邊 pian/piwɛn/biān ❶邊境。《左·襄四》："～鄙不聳。"❷偏倚。《禮·檀弓上》："齊衰不以～坐。"

461 周I（銘文65）

462 周II（銘文147）

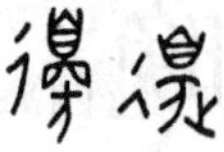

461—462

籩 音同上 一種禮器。《詩·伐柯》："～豆有踐。"

225

綿 （緜）mi̯an/mi̯ɛn/mián ❶細而長，拉長的。《詩·葛藟》："～～葛藟。"❷微小的，纖弱的。《詩·緜蠻》："～蠻黄鳥。"❸連綿不絶。《詩·常武》："～～翼翼。"Gl741

此字从糸、帛。

226

卷 ki̯wan/ki̯wɛn:/juǎn 捲。《詩·邶風·柏舟》："我心匪席，不可～也。"

g'i̯wan/g'i̯wɛn/quán ❶彎，曲。《詩·卷阿》："有～者阿。"❷英俊的。《詩·澤陂》："有美一人，碩大且～。"

通"拳"。拳頭。《禮·檀弓下》："執女手之～然。"

有時同418組"衮"。Gl249

眷 （睠）ki̯wan/ki̯wɛn-/juàn 愛慕而視。《詩·小明》："～～懷顧。"

棬 k'i̯wan/k'i̯wɛn/quān ❶彎曲的木頭。《國策·秦一》："蘇秦特窮巷掘門、桑户～樞之士耳。"❷曲木製成的碗。《孟子·告子上》："子能順杞柳之性，而以爲桮～乎？"

ki̯wan/ki̯wɛn-/quàn 牛鼻環。《吕氏春秋·重己》："使五尺竪子引其～，而牛恣所以之，順也。"

鬈 g'i̯wan/g'i̯wɛn/quán k'i̯wan/k'i̯wɛn/quān （女子）髮髻。《禮·雜記下》："燕則～首。"

通"卷"。漂亮的。《詩·盧令》："其人美且～。"Gl249

捲 g'i̯wan/g'i̯wɛn/quán 力量，有力的。《莊子·讓王》："～～乎后之爲人，葆力之士也。"

拳 音同上 ❶（卷曲的手>）拳頭。《禮·檀弓下》："執女手之～然。"（按：今本作"卷"，高氏從《釋文》。）❷力，力量。《詩·巧言》："無～無勇。"

蜷 音同上 扭動，像蛇一樣蠕行。《楚辭·離騷》："～局顧而行。"

倦 g'i̯wan/g'i̯wɛn-/juàn 厭倦。《論語·述而》："誨人不～。"

勌 前字的異體。《莊子·應帝王》："學道不～。"

圈 g'i̯wan/g'i̯wɛn:/juàn g'i̯wǎn/g'i̯wɛn:/juàn 豬欄。《管子·立政》："凡出入不時，衣服不中，～屬羣徒不順於常者，閭有司見之，復無時。"

ki̯wǎn/ki̯wɛn:/juǎn k'i̯wǎn/k'i̯wɛn:/quǎn （足）轉。《禮·玉藻》："～豚行，

不舉足。”

通“棬”。木碗。《禮·玉藻》:“母没而杯 ～不能飲焉。”

券 kʻi̯wăn/kʻi̯wɐn-/quàn　由兩半（木片）組成的契據。《管子·輕重乙》:“使無～契之責。”

綣 kʻi̯wăn/kʻi̯wɐn:, kʻi̯wɐn-/quǎn　繾～: 依附, 牢固附著。《詩·民勞》:“以謹繾～。” Gl919

裷 kʻi̯wăn/kʻi̯wɐn:/quǎn　ʔi̯wăn/ʔi̯wɐn:（按: 應爲平聲。）/yuān

頭巾。《韓非子·外儲説左上》:“鳥至, 因先以其～麾之。”

通 418 組“衮”。《荀子·富國》:“天子袾～衣冕。”

豢 gʻwan/ɣwan-/huàn　❶以穀喂養牲畜,（爲屠宰而）飼養。《左·昭二十九》:“古者畜龍, 故國有～龍氏。”❷食穀的牲畜。《禮·月令》:“共寢廟之芻～。”

犧 前字的異體。《莊子·達生》:“吾將三月～汝。”

227

員 gi̯wan/ji̯wɐn/yuán　❶圓圈, 周圍。《詩·玄鳥》:“景～維河。”❷圓的。《孟子·離婁上》:“不以規矩, 不能成方～。”❸旋。《書·秦誓》:“若弗～來。”（按: 今本作“云”, 高氏從古本。）

gi̯wən/ji̯uən/yún　語助詞。《詩·出其東門》:“聊樂我～。”

通“隕”。《詩·正月》:“無棄爾輔, ～于爾輻。” Gl238、545、1187、2104

463

463 周 I（銘文 124, 人名）

此字从口、鼎, 義爲鼎的圓口。現代字形中“鼎”譌作“貝”。

圓 gi̯wan/ji̯wɐn/yuán　❶圓的。《韓非子·解老》:“故欲成方～而隨其規矩。”❷周圍各處, 普遍的。《易·繫辭上》:“蓍之德, ～而神。”

塤 xi̯wăn/xi̯wɐn/xuān（xūn）　一種陶製吹奏樂器。《周禮·小師》:“小師掌教鼓……～、簫、管、弦、歌。”

殞 gi̯wæn/ji̯wĕn:/yǔn　❶墜落, 失去（特指生命）。《國語·晉語五》:“齊侯來, 獻之以得～命之禮。”❷毀壞。《荀子·臣道》:“君有過、謀過事, 將危國家、～社稷之懼也。”

縜 gi̯wæn/ji̯wĕn/yún　用來貫繩繫靶的紐襻。《周禮·梓人》:“上綱與下綱出舌尋, ～寸焉。”

隕 gi̯wæn/ji̯wĕn:/yǔn　❶墜落, 扔下。《詩·氓》:“桑之落矣, 其黄而～。”❷推翻。《左·成十三》:“我襄公未忘君之舊勳, 而懼社稷之～。”❸失去。《左·昭三》:“早世～命。”

通“圓”。圓的。《詩·長發》:“幅～既長。” Gl1187

磒 前字的異體。《説文》引《左傳》:“～石于宋五。”（按: 今《左·僖十六》作“隕”。）

實 音同上　❶下雨, 像雨樣落下。《公羊·莊七》:“夜中星～如雨。”❷墜地,（希望）落空。《左·宣十五》:“受命以出, 有死無～, 又可賂乎?”

娟 gi̯wən/ji̯uən/yún（《説文》説是 460 組“妘”的異體, 故用此讀音）

族名。（銘文 96）

464

464 周 I / II（銘文 212）

228

肙 ʔiwan/ʔiwɐn/yuān　小蟲。見《説文》。此字爲“蜎”的初文（故用此讀音）。（無書證）

蜎 ʔi̯wan/ʔi̯wɛn，ʔi̯wɛn:/yuān ʔiwan/ʔiwen/yuān gʻi̯wan/gʻi̯wɛn:/juàn ❶像毛蟲一樣蠕動。《詩·東山》："～～者蠋。"❷柔軟，彎曲。《周禮·廬人》："刺兵欲無～。"

悁 ʔi̯wan/ʔi̯wɛn/yuān 不滿，傷心。《詩·澤陂》："中心～～。"

㾓 音同上 勞累，痛苦。《列子·楊朱》："心～體煩。"

狷 ki̯wan/ki̯wɛn-/juàn 受抑制的，沉默寡言的，謹慎的。《論語·子路》："～者有所不爲也。"

絹 音同上 一種絲織品。《墨子·辭過》："梱布～以爲民衣。"

捐 gi̯wan/i̯wɛn/yuán（juān） ❶棄。《國策·趙一》："臣願～功名去權勢以離衆。"❷搬開。《孟子·萬章上》："父母使舜完廩，～階。"

涓 kiwan/kiwen/juān 使潔淨。《國語·吳語》："三日乃見其～人。"

睊 ki̯wan/kiwen，kiwen-/juàn 掃視，斜眼看。《孟子·梁惠王下》："～～胥讒。"

鞙 gʻiwan/ɣiwen:/xuàn ❶縛軛之帶。見《說文》（無書證）。❷純淨（指玉）。《詩·大東》："～～佩璲。"（此字《爾雅》引《魯詩》作"琄"）

駽 xiwan/xiwen，xiwen-/xuān 青黑色的馬。《詩·有駜》："駜彼乘～。"

229

㕣 di̯wan/i̯wɛn:/yuán 山和山之間的沼澤。見《說文》（無書證）。

沿 di̯wan/i̯wɛn/yuán（yán） ❶順着（特指河）走。《書·禹貢》"～于江海，達于淮泗。"❷遵從，效仿。《禮·樂記》："禮樂之情同，故明王以相～也。"

鉛 di̯wan/i̯wɛn/yuán（qiān） 鉛（一種金屬）。《書·禹貢》："～、松、怪石。"

通"沿"。《荀子·榮辱》："反～察之而俞可好也。"

兗 di̯wan/i̯wɛr:/yuǎn（yǎn） 地名。《書·禹貢》："濟、河惟～州。"

船 d̑ʻi̯wan/dʑʻi̯wɛn/chuán 舟。《墨子·備水》："二十～爲一隊。"

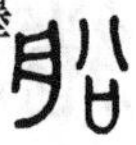

465 周III/IV（銘文315，其義不明） 465

230

鳶 di̯wan/i̯wɛn/yuān 鷹，鳶。《詩·旱麓》："～飛戾天。"

此字从弋（帶綫的箭）、鳥。

231

專 t̑i̯wan/tɕi̯wɛn/zhuān ❶獨自。《論語·子路》："使於四方，不能～對。"❷完全地，專一。《孟子·告子上》："不～心致志，則不得也。"❸使……成爲唯一的目標，盡力於。《左·僖七》："女～利而不厭。"❹獨占，專權。《左·定八》："季氏～魯國。"

通"團"。《周禮·大司徒》："其民～而長。"

466 殷甲文（A5: 12, 1，人名） 466

可能是171組"蝝"（蝗蟲）的初文，這裏是假借字；此字左邊像昆蟲之形（右邊爲捉蟲的手），可參533組"惠"的古文字，無疑跟蟬或蟋蟀的象形相同。

剸 t̑i̯wan/tɕi̯wɛn/zhuān dʻwan/dʻuɑn/tuán 割。《禮·文王世子》："其刑罪，則纖～。"

通"專"。獨自。《荀子·榮辱》："信而不見敬者好～行也。"

篿 t̑i̯wan/tɕi̯wɛn/zhuān 用竹籤占卜。《楚辭·離騷》："索藑茅以筳～兮。"

轉 ti̯wan/ȶi̯wɛn:/zhuǎn ❶轉動。《詩·邶風·柏舟》:“我心匪石,不可~也。”❷運,移。《詩·祈父》:“胡~予于恤?”Gl487

傳 dʻi̯wan/ȡʻi̯wɛn/chuán ❶傳授。《論語·子張》:“君子之道,孰先~焉?”❷移。《禮·内則》:“父母舅姑之衣、衾、簟、席、枕、几不~。”

dʻi̯wan/ȡʻi̯wɛn-/zhuàn (已傳>)記載。《孟子·梁惠王下》:“於~有之。”

ti̯wan/ȶi̯wɛn-/zhuàn (傳送的地方>)(傳送郵件等的)驛站。《左·成五》:“晉侯以~召伯宗。”

467 殷甲文(B下7: 13,其義不明)

468 周II(銘文147)

469 漢前(銘文415,人名)

467—469

縳 dʻi̯wan/ȡi̯wɛn:/zhuàn ❶束。《周禮·羽人》:“十摶爲~。”❷包捲。《左·襄二十五》:“閭丘嬰以帷~其妻而載之。”

膞 ȡi̯wan/ʑi̯wɛn:/shuàn ȶi̯wan/tɕi̯wɛn:/zhuǎn 切好的肉,薄片。《淮南子·説林訓》:“一~炭熯,掇之則爛指。”

假借爲ȡi̯wan/ʑi̯wɛn/chuán 製陶工人的轉模。《周禮·旊人》:“器中~。”

假借爲ȡi̯wən/ʑi̯wĕn/chún ȶi̯wən/tɕi̯uĕn:/zhǔn 股骨。《儀禮·少牢饋食禮》:“肩臂臑、~骼。”

鱄 ȡi̯wan/ʑi̯wɛn:/shuàn 魚名。《儀禮·士喪禮》“~鮒九。”

ȶi̯wan/tɕi̯wɛn, tɕi̯wɛn:/zhuān 另一種魚名。《吕氏春秋·本味》:“魚之美者,洞庭之~。”

漙 twɑn/tuɑn/duān ȶi̯wan/tɕi̯wɛn:/zhuǎn 調齊。《國語·齊語》:“~本肇末。”

團 dʻwɑn/dʻuɑn/tuán 圓,到處,多。《詩·野有蔓草》:“零露~兮。”(按:今本作“漙”,高氏從《釋文》。)

慱 音同上 傷心。《詩·素冠》:“勞心~~兮。”

摶 音同上 ❶球形,弄成球形。《禮·曲禮上》:“毋~飯。”❷聚。《管子·内業》:“~氣如神,萬物備存。”❸束。《周禮·羽人》:“百羽爲~。”(《釋文》念dʻi̯wan/ȡʻi̯wɛn:/zhuàn,跟“縳”同音,但這是不可能的,因爲在《周禮·羽人》中這兩個字的字義不同:“縳”是小束,而“摶”是大束)(按:據《周禮·羽人》,前者當是大束,後者則爲小束。)

通“專”。《吕氏春秋·適音》:“不收則不~。”

溥 音同上 (露水)盛,多。《詩·野有蔓草》:“零露~兮。”

232

穿 ȶʻi̯wan/tɕʻi̯wɛn/chuān 鑽孔而過。《詩·行露》:“何以~我屋?”

此字从牙、穴。

233

舛 ȶʻi̯wan/tɕʻi̯wɛn:/chuǎn 反,背。《莊子·天下》:“其道~駁。”

234

全 (仝)dzʻi̯wan/dzʻi̯wɛn/quán ❶完全。《孟子·離婁上》:“有不虞之譽,有求~之毁。”❷保全。《莊子·養生主》:“可以保身,可以~生。”

牷 音同上 純色祭牲。《左·桓六》:“吾牲~肥腯。”

痊 tsʻi̯wan/tsʻi̯wɛn/quán 治愈(特指病)。《莊子·徐无鬼》:“今予病少~。”

筌 音同上　捕魚竹具。《莊子·外物》："～者所以在魚。"（按：今本作"荃"，高氏從趙諫議本。）

荃 音同上　香草名。《楚辭·離騷》："蘭芷變而不芳兮，～蕙化而爲茅。"

銓 音同上　稱量，度量。《國語·吴語》："無以～度天下之衆寡。"

輇 ḍi̯wan/ẓi̯wen/chuán　帶實心輪子（没有輻條）的車（僅有漢代書證）。

同音假借爲ts'i̯wan/ts'i̯wen/quān　度量。《莊子·外物》："後世～大諓説之徒，皆驚而相告也。"

235

雋 dz'i̯wan/dz'i̯wɛn:/juàn
肥（肉）。（僅有漢代書證）

通"儁"。《左·宣十五》："酆舒有三～才。"（按：今本作"儁"，高氏從《説文通訓定聲》。）

小篆从弓、隹（鳥）。

臇 tsi̯wan/tsi̯wɛn:/juàn
肥。《楚辭·招魂》："鵠酸～鳧。"

鐫 tsi̯wan/tsi̯wɛn/juān　鑿，尖端。《墨子·備梯》："雜其間以～劍。"

儁 tsi̯wən/tsi̯uěn-/jùn　卓越的，非凡的。《左·莊十一》："得～曰克。"同468組"俊"。

236

旋 dzi̯wan/zi̯wen/xuán　❶旋轉，轉動。《左·定十五》："左右周～。"❷歸。《詩·小雅·黄鳥》："言～言歸。"❸轉向。《詩·清人》："左～右抽。"❹處處。《孟子·盡心下》："動容周～中禮者，盛德之至也。"❺（用以懸掛鐘的）圈。《周禮·鳧氏》："鐘縣謂之～。"

同音假借　小便。《左·定三》："夷射姑～焉。"

470 殷甲文（B下35：5）

470

此字由止（足）、㫃（旗）和一圓圈組成。

嫙 音同上　美麗的。《詩·還》："子之～兮。"（按：今本作"還"，高氏從《釋文》引《韓詩》。）Gl248

璇 音同上　一種寶石。《山海經·中山經》："黄酸之水出焉，而北流注于河，其中多～玉。"

琁 前字的異體（聲符略寫）。《荀子·賦》："～玉瑤珠，不知佩也。"

237

泉 dz'i̯wan/dz'i̯wen/quán　源泉。《詩·召旻》："～之竭矣，不云自頻？"

471 殷甲文（A4：17，1）
472 殷甲文（B下3：6）
473 周II（銘文147）

471—473

此字像有流水之泉，現代字形按俗寫法變爲从白、水。

線 si̯an/si̯en-/xiàn　綫。《周禮·縫人》："縫人掌王宫之縫～之事。"

238

耎 ȵi̯wan/ȵʑi̯wɛn:/ruǎn　軟，弱。《國策·楚一》："鄭、衛者，楚之～國。"

輭 音同上　軟，弱。《國策·楚四》："李園，～弱人也。"（按：今本作"軟"。）

蝡 音同上　蠕動，微動。《荀子·勸學》："～而動。"

蠕 前字的異體，聲符跟134組的聲符"需"混同。（按：今讀rú。）

瑌 ȵi̯wan/ȵʑi̯wen, ȵʑi̯wɛn:/ruǎn　一種寶石。《禮·玉藻》："士佩～玟而緼組綬。"（按：今本作"瓀"，高氏從《釋文》。）

瓀 前字的異體。《禮·玉藻》："士佩～玟而緼組綬。"

聲符跟134組的聲符"需"混同。

偄 nwɑn/nuɑn-/nuàn（ruǎn） 弱。《荀子·大略》："～弱易奪，似仁而非。"

渜 nwɑn/nuɑn:, nuɑn-/nuǎn 熱水。《儀禮·士喪禮》："～濯棄于坎。"

煗 nwɑn/nuɑn:/nuǎn 温暖。《國語·魯語上》："是歲也，海多大風，冬～。"（按：今本作"煖"，高氏從《康熙字典》。）

㨎 ṇi̯wat/ṇẓi̯wɛt/ruò（ruán） 浸，泡。《儀禮·特牲饋食禮》："右取菹，～于醢，祭之。"

擩 前字的異體。《周禮·大祝》："六曰～祭。"

聲符跟134組的聲符"需"混同。

239

幵 kian/kien/jiān 平的。見《說文》（無書證）。

此字是兩個並列的、意義未明的物體（參"汧"的古文字）。

豣 音同上 三歲的猪或公猪。《詩·七月》："獻～于公。"

趼 kian/kien:/jiǎn 胼胝，雞眼。《莊子·天道》："百舍重～而不敢息。"

汧 k'ian/k'ien, k'ien-/qiān 水從河裏流出形成靜水池。《列子·黄帝》："～水之潘爲淵。"

474

474 周III/IV（銘文324）

蚈 k'ian/k'ien/qiān 螢火蟲。《吕氏春秋·季夏》："腐草化爲～。"

硏（研）ŋian/ŋien/yán （磨＞）深入細究。《易·繫辭下》："能～諸侯之慮。"

枅 kiad/kiei/jī kian/kien/jiān 柱頂的橫木。《莊子·齊物論》："大木百圍之竅穴，似鼻，似口，似耳，似～。"

240

肩 kian/kien/jiān ❶肩膀，責任。《詩·敬之》："佛時仔～。"❷擔荷。《書·盤庚下》："朕不～好貨。"

通"豣"。《詩·還》："並驅從兩～兮。"

假借爲 g'ian/ɣien/xián g'ən/ɣən/hén 單薄，消瘦。《莊子·德充符》："其脰～～。"Gl1486

此字由"月"（肉）和肩膀形（？）組成（參"豜"的古文字）。

豜（猏）kian/kien/jiān 三歲的猪或公猪。《吕氏春秋·知化》："今釋越而伐齊，譬之猶懼虎而刺～。"

475

475 周III/IV（銘文323）

參239組"豣"。

顅 k'ian/k'ien/qiān k'an/k'an/qiān 長頸。《周禮·梓人》："數目，～脰，小體。"

241

見 kian/kien-/jiàn ❶看見。《詩·汝墳》："既～君子，不我遐棄。"❷構成被動語態的助詞。《論語·陽貨》："年四十而～惡焉，其終也已。"

g'ian/ɣien-/xiàn ❶露面。《詩·靜女》："愛而不～，搔首踟躕。"❷惹人注目的，明顯的。《孟子·盡心上》："不得志，修身～於世。"❸使出現，引見。《論語·微子》："止子路宿，殺鷄爲黍而食之，～其二子焉。"

假借爲 kăn/kăn-/jiàn ❶棺套。《禮·雜記上》："實～間。"❷混合。《禮·祭義》："～以蕭光。"

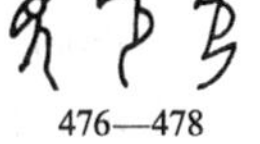
476—478

476 殷甲文（A1: 29, 1）

477 殷甲文（A1: 29, 2）

478 周I（銘文58）此字像大目之人。

現 前字念xiàn義的後世俗寫字。

俔 k'ian/k'ien-/qiàn g'ian/ɣien:/xiàn 出現，像。《詩·大明》："大邦有子，

～天之妹。”Gl775

晛 gʻian/ɣien:/xiàn　美麗的。《詩·凱風》:“～睆黄鳥。”Gl87

莧 gʻăn/ɣăn-/xiàn　一種紅莖植物。《管子·地員》:“～下於蒲。”

假借爲gʻwan/ɣwan:/huàn　微笑。《論語·陽貨》:“夫子～爾而笑。”(按:今本作“莞”,高氏從《釋文》。)(可能是165組“莧”字誤寫?)

242

顯 xian/xien:/xiǎn　❶顯示,表現。《左·昭十三》:“再會而盟以～昭明。”❷光明的,光輝的,輝煌的。《詩·敬之》:“天維～思。”❸清楚,明確的規則。《書·康誥》:“于弟弗念天～。”

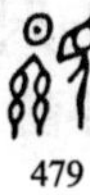

479

Gl1113、1647、1676

479 周I(銘文65)

左邊可能是“韅”的初文(?)。

韅 xian/xien:/xiǎn　馬飾帶。《左·僖二十八》:“～靷鞅靽。”

243

燕 ʔian/ʔien-/yàn　燕子。《詩·燕燕》:“～～于飛。”

同音假借　❶休息,安逸,使平靜。《詩·北山》:“或～～居息,或盡瘁事國。”❷宴會。《詩·鹿鳴》:“嘉賓式～以敖。”❸美好的。《詩·新臺》:“～婉之求。”(《文選》注引《韓詩》作“嬿”)❹閑居,隨便。《禮·仲尼燕居》:“仲尼～居。”

ʔian/ʔien/yān　古國名。《左·隱五》:“衛人以～師伐鄭。”Gl120

480

480 殷甲文(A6:43,6)

此字象形。

嚥 ʔian/ʔien-/yàn　吞下。《韻府》引《韓非子》:“龜～日氣而壽。”(按:今本《韓非子》無。)

曣 音同上　晴朗無雲。《詩·角弓》:“～晛曰消。”(按:今本作“見”,高氏從《釋文》引《韓詩》。)Gl723

讌 音同上　交談。《國策·齊三》:“孟嘗君～坐。”

244

靦 tʻian/tʻien:/tiǎn　臉。《詩·何人斯》:“有～面目。”

此字从面(臉)、見。Gl614

245

前 dzʻian/dzʻien/qián　❶前面,前方。《詩·伯兮》:“伯也執殳,爲王～驅。”❷前導。《儀禮·特牲饋食禮》:“尸謖祝～。”❸預先。《禮·中庸》:“至誠之道,可以～知。”❹從前的。《詩·烈文》:“於乎～王不忘。”

481 殷甲文(A1:40,2,部首是“行”)

482 周II(銘文186)

483 周II(銘文196)

481—483

揃 tsi̯an/tsi̯ɛn:/jiǎn　剪下。《儀禮·士喪禮》:“蚤～如他日。”

湔 tsi̯an/tsi̯ɛn/jiān　濺灑,洗滌。《國策·齊三》:“臣輒以頸血～足下衿。”

煎 音同上　❶油煎,煎煮。《禮·内則》:“淳熬～醢加于陸稻上。”❷減少,耗盡。《韓非子·亡徵》:“～靡貨財者,可亡也。”

箭 tsi̯an/tsi̯ɛn-/jiàn　箭竹,箭。《禮·禮器》:“如竹～之有筠也。”

翦 tsi̯an/tsi̯ɛn:/jiǎn　❶剪。《詩·甘棠》:“蔽芾甘棠,勿～勿伐。”❷剪除,剥奪。《左·成二》:“余姑～滅此而朝食。”❸完全,徹底。《左·襄八》:“～焉傾覆,無所控告。"❹淺色。《儀禮·既夕禮》："加茵用疏布，緇～有幅。"

剪 前字的俗體。

鬋 tsi̯an/tsi̯ɛn, tsi̯ɛn-/jiān 一束頭髮垂在鬢角。《楚辭·招魂》："盛～不同制，實滿宮些。"

tsi̯an/tsi̯ɛn:/jiǎn 剪髮。《禮·曲禮下》："不蚤～，不祭食。"

246

扁 pian/pien:/biǎn 一種行政組織和區域。《鶡冠子·王鈇》："五家爲伍，十伍爲里，四里爲～。"

同音假借 平而且薄。《詩·白華》："有 ～斯石，履之卑兮。"

通"偏"。《荀子·修身》："～善之度，以治氣養生。"

通"翩"。《莊子·知北遊》："～然而萬物自古以固存。"

此字从户（家庭）、册（文書）。

徧 pian/pien-/biàn ❶全部，所有。《詩·北門》："我入自外，室人交～摧我。"❷祭名。《書·舜典》："望于山川，～于羣神。"Gl1217、1258

遍 前字的異體。

楄 b'ian/b'ien/pián 棺中墊屍體的木板。《左·昭二十五》："唯是～柎所以藉幹者，請無及先君。"

編 pian/pien/biān pi̯an/pi̯ɛn/biān 編織。《楚辭·悲回風》："～愁苦以爲膺。"

b'ian/b'ien:/biàn 編成一列。《周禮·磬師》："掌教擊磬，擊～鐘。"

惼 pi̯an/pi̯ɛn:/biǎn 狹隘，急躁。《莊子·山木》："有虛船來觸舟，雖有～心之人不怒。"

褊 音同上 狹窄。《詩·葛屨》："維是～心，是以爲刺。"參"扁"。

偏 p'i̯an/p'i̯ɛn/piān ❶偏斜，傾向一方。《書·洪範》："無～無陂，遵王之義。"❷側面，旁邊。《左·隱十一》："鄭伯使許大夫百里奉許叔以居許東～。"❸部屬《左·襄三》："舉其～，不爲黨。"❹戰車的編制單位。《左·桓五》："先～後伍。"❺不完善，不完全。《禮·樂記》"禮粗則～矣。"

猵 p'i̯an/p'i̯ɛn-/piàn 一種動物（尚不知其種類，或許是一種猴）。《莊子·齊物論》："猨，～狙以爲雌。"

pian/pien/biān 水獺。《淮南子·兵略訓》："夫畜池魚者，必去～獺。"

篇 p'i̯an/p'i̯ɛn/piān 文章，章節。《墨子·貴義》："昔者周公旦，朝讀書百～。"

翩 音同上 ❶飛旋，飛翔。《詩·四牡》："～～者鵻，載飛載下。"❷（像旗幟一樣）飄揚。《詩·桑柔》："旟旐有～。"

通"偏"。偏離。《詩·角弓》："騂騂角弓，～其反矣。"

通"諞"。《詩·巷伯》："緝緝～～，謀欲譖人。"Gl618、718

萹 p'i̯an/p'i̯ɛn/piān pian/pien, pien:/biān 植物名（蓼屬植物?）。《楚辭·思美人》："解～薄與雜菜兮。"

諞 b'i̯an/b'i̯ɛn/pián b'i̯an/b'i̯ɛn:/biàn 巧言善辯。《書·秦誓》："惟截截善～言。"Gl209

247

丏 mian/mien:/miǎn 隱藏。見《說文》（無書證）。

眄 mian/mien:, mien-/miǎn 斜視。《莊子·山木》："雖羿、逢蒙不能～睨也。"

沔 mi̯an/mi̯ɛn:/miǎn　河水盛滿地流動。《詩·沔水》:"～彼流水，朝宗于海。"

484

484 周III/IV（銘文 324）

248

縣 gʻiwan/ɣiwen/xuán
懸掛。《詩·有瞽》:"應田～鼓。"

假借爲gʻian/ɣien-/xiàn　行政區域。《周禮·小司徒》:"四甸爲～。"

懸 gʻiwan/ɣiwen/xuán　懸挂。《孟子·公孫丑上》:"民之悦之，猶解倒～也。"

249

建 ki̯ăn/ki̯ɐn-/jiàn　❶建立。《禮·鄉飲酒義》:"～國必立三卿。"❷竪立。《詩·出車》:"～彼旄矣。"

同音假借　星座名稱（人馬座）。《禮·月令》:"日在奎，昏弧中，旦～星中。"

通"鍵"。《禮·樂記》:"倒載干戈……名之曰～櫜。"

揵 ki̯ăn/ki̯ɐn:/jiǎn　gʻi̯ăn/gʻi̯ɐn:/jiàn　閉塞，堵塞。《莊子·庚桑楚》:"夫外韄者不可繁而捉，將内～。"

鞬 ki̯ăn/ki̯ɐn/jiān　盛弓箭之具。《左·僖二十三》:"左執鞭弭，右屬櫜～。"

騝 ki̯ăn/ki̯ɐn/jiān　gʻi̯an/gʻi̯ɐn/qián
黄鬃赤馬。（銘文 325）

485

485 周III/IV（銘文 325）

腱 ki̯ăn/ki̯ɐn/jiān　gʻi̯ăn/gʻi̯ɐn-/jiàn
肌腱。《楚辭·招魂》:"肥牛之～。"

健 gʻi̯ăn/gʻi̯ɐn-/jiàn　强健。《易·乾》:"天行～，君子以自强不息。"

楗 gʻi̯ăn/gʻi̯ɐn:/jiàn　門閂。《老子》二十七章:"善閉，無關～而不可開。"

假借爲ki̯ăn/ki̯ɐn:/jiǎn　疲憊。《周禮·輈人》:"終日馳騁，左不～。"

鍵 gʻi̯an/gʻi̯ɐn:/jiàn　❶鎖上的横門。《周禮·司門》:"掌授管～。"❷車轄。《尸子》卷下:"文軒六駃，題無四寸之～，則車不行。"

250

憲 xi̯ăn/xi̯ɐn-/xiàn　❶法。《書·説命下》:"監于先王成～，其永無愆。"❷模範。《詩·六月》:"萬邦之～。"❸定出條規。《周禮·内宰》:"～禁令于王之北宫而糾其守。"

同音假借　❶卓越。《逸周書·謚法》:"博聞多能曰～。"❷欣喜。《詩·板》:"無然～～。"

通"軒"。❶高揚。《禮·中庸》:"～～令德。"❷高舉。《禮·樂記》:"武坐致右～左。" Gl924

486

486 周II（銘文 152）

瀗 音同上
河名。（銘文 147）

487

487 周II（銘文 147）

251

言 ŋi̯ăn/ŋi̯ɐn/yán　大簫。《墨子·非樂上》:"黄～孔章"。

同音假借　❶話語。《詩·鄭風·揚之水》:"無信人之～。"❷第一人稱主格。《莊子·山木》:"～與之偕逝之謂也。"❸語助詞。《詩·葛覃》:"～告～歸。"❹高大。《詩·皇矣》:"崇墉～～。"

假借爲ŋi̯ən/ŋi̯ən/yín　滿足貌。《禮·玉藻》:"二爵而～～斯。" Gl10、844、978

488—490

488 殷甲文（A5: 20, 3，其義不明）

489 殷甲文（B下 10: 4，其義不明）

490 周II（銘文 143，人名）

此字是籥的象形。

唁 ŋi̯an/ŋi̯ɛn-/yàn ❶憑弔，哀悼。《詩·載馳》："歸～衛侯。"❷慰問遭不幸者。《詩·何人斯》："不入～我。"

誾 ŋi̯æn/ŋi̯ĕn/yín 和顏悦色貌。《論語·鄉黨》："與上大夫言，～～如也。"

狺 ŋi̯ən/ŋi̯ən/yín 犬吠。《楚辭·九辯》："猛犬～～而迎吠兮。"

252

鬳 ŋi̯ăn/ŋi̯ɐn-/yàn 一種炊器。見《説文》（無書證）。

491 殷甲文（B下8: 1，人名）

492 周I（銘文67，"獻"〔器皿〕之義）

491—492

此字爲一種炊器，下部像鬲，上部有一附件。古文字爲炊器的象形。現代字形的上部已變作"虍"，其義不明。此字的讀音《切韻》和《釋文》都跟"甗"稍有不同。

甗 ŋi̯ăn/ŋi̯ɐn/yán ŋi̯an/ŋi̯ɛn:, ŋi̯ɛn-/yàn 古炊器。《左·成二》："與我紀侯之～。"

獻 xi̯ăn/xi̯ɐn-/xiàn ❶奉獻。《詩·行葦》："或～或酢。"❷出示。《詩·泮水》："在泮～功。"❸（顯著的>）傑出的，賢者。《書·益稷》："萬邦黎～，共惟帝臣。"❹祭器名，即"鬳"的禮儀名稱。（周代銘文82）Gl1327

493 周I（銘文82）

494 周I（銘文102）

493—494

此字形已增加"虎"和"犬"（或"肉"？）。

巘 ŋi̯ăn/ŋi̯ɐn:/yǎn ŋi̯an/ŋi̯ɛn:/yǎn 山巔。《詩·公劉》："陟則在～。"

讞 ŋi̯at/ŋi̯ɛt/yè（yàn） 審判定案。《禮·文王世子》："獄成，有司～于公。"

欁 ŋat/ŋat/è 樹樁，樹樁上抽出的嫩枝。《説文》引《書》："若顛木之有由～。"（按：今《書·盤庚上》作"蘖"。）同聲符的"钀"字，參見Gl174

253

妟 ʔan/ʔan-/yàn 安和。《説文》引《詩》："言笑～～。"（按：今《詩·氓》作"晏晏"。）

此字从曰、女。

宴 ʔian/ʔien-/yàn ❶休息。《易·隨》："君子以嚮晦入～息。"❷宴飲。《詩·頍弁》："樂酒今夕，君子維～。"❸快樂。《詩·邶風·谷風》："～爾新昏。"

495

495 周III（銘文218）

匽 ʔi̯ăn/ʔi̯ɐn:, ʔi̯ɐn-/yǎn 儲污水的坑池。《周禮·宮人》："爲其井～，除其不蠲，去其惡臭。"

496 周I（銘文103，人名）

497 周II（銘文139，人名）

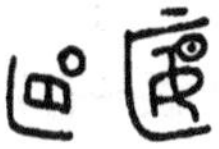

496—497

偃 ʔi̯ăn/ʔi̯ɐn:/yǎn ❶下彎。《書·金縢》："天大雷電以風，禾盡～。"❷臥倒。《詩·北山》："或息～在床，或不已于行。"❸低地。《左·襄二十五》："規～豬。"

同音假借 ❶傲慢。《左·哀六》："彼皆～蹇，將棄子之命。"❷鼹鼠。《莊子·逍遥遊》："～鼠飲河，不過滿腹。"

通"匽"。《莊子·庚桑楚》："又適其～焉。"

郾 ʔi̯ăn/ʔi̯ɐn-/yàn 地名。（銘文293）

498

498 周IV（銘文293）

鰋 ʔi̯ăn/ʔi̯ɐn:/yǎn 魚名。《詩·魚麗》："魚麗于罶，～鯉。"

499

499 周III/IV（銘文324）

蝘 ʔian/ʔien:/yǎn 蜥蜴之屬。《荀子·賦》："螭龍爲～蜓，鴟梟爲鳳皇。"

揠 ʔat/ʔat/yà 拔高。《孟子·公孫丑上》：“宋人有閔其苗之不長而～之者。”

254

㫃 ʔi̯ăn/ʔi̯ɐn:/yǎn 旌旗飄揚貌。見《説文》（無書證）。

500

500 殷甲文（A5：5，7）

此字象形。

255

爰 gi̯wăn/ji̯wɐn/yuán 緩行貌。《詩·兔爰》：“有兔～～，雉離于羅。”

同音假借 ❶乃，於是。《詩·碩鼠》：“樂土樂土，～得我所。”❷語助詞。《詩·凱風》：“～有寒泉，在浚之下。”❸更換。《左·僖十五》：“晉於是乎作～田。”（此依服虔説）

通“援”。提高，鼓舞。《書·盤庚下》：“綏～有衆。”Gl207、461、1473

501—502

501 殷甲文（《田野報告》P147，其義不明）

502 周II（銘文157）

此字像雙手抓住某種意義不明的物體。

猨 音同上 猴子。《莊子·齊物論》：“木處則惴慄恂懼，～猴然乎哉？”

援 gi̯wăn/ji̯wɐn/yuán ❶拉。《孟子·公孫丑上》：“～而止之而止。”❷拉起，抬起。《孟子·離婁上》：“嫂溺，～之以手。”❸握住。《左·成二》：“左並轡，右～枹而鼓。”❹梯子。《詩·皇矣》：“以爾鉤～，與爾臨衝。”❺戈之直刃。《周禮·冶氏》：“戈廣二寸，内倍之，胡三之，～四之。”❻畔～：鬆懈。《詩·皇矣》：“無然畔～”。

gi̯wan/ji̯wɐn-/yuàn（yuán） 救助。《國語·魯語上》：“夫爲四鄰之～。”Gl832、843、1981

瑗 gi̯wăn/ji̯wɐn-/yuàn gi̯wan/ji̯wɐn-/yuàn 環狀玉信。《荀子·大略》：“問士以璧，召人以～。”

媛 gi̯wan/ji̯wɐn-/yuàn 美女。《詩·君子偕老》：“展如之人兮，邦之～也。”

gi̯wăn/ji̯wɐn/yuán 恍惚不安。《楚辭·哀郢》：“心嬋～而傷懷兮。”Gl136

湲 gi̯wan/ji̯wɐn/yuán 流。《楚辭·湘夫人》：“觀流水兮潺～。”

煖 xi̯wăn/xi̯wɐn/xuān 温暖。《禮·月令》：“～氣早來。”

此字也用作同義詞 nwɑn/nwɑn:/nuǎn 温暖。《禮·王制》：“七十非帛不～，八十非人不～。”

暖 xi̯wăn/xi̯wɐn, xi̯wɐn:/xuān 柔和貌。《莊子·徐无鬼》：“學一先生之言，則～～姝姝，而私自説也。”

此字也讀 nwɑn/nuɑn:/nuǎn 温暖。《楚辭·天問》：“何所冬～？何所夏寒？”此字爲“煖”的異體字。

諼 xi̯wăn/xiwɐn/xuān ❶欺詐。《公羊·文三》：“此伐楚也，其言救江何？爲～也。”❷忘記。《詩·考槃》：“獨寐寤言，永矢弗～。”

緩 g'wɑn/ɣuɑn:/huǎn ❶鬆馳，縱容。《左·文七》：“既不受矣，而復～師，秦將生心。”❷延緩。《孟子·滕文公上》：“民事不可～也。”❸疏忽，大意。《易·序》：“～必有所失。”❹柔軟。《吕氏春秋·任地》：“使地肥而土～。”

鍰 g'wɑn/ɣwɑn/huán 古代重量單位。《書·吕刑》：“其罰百～。”Gl2062

256

袁 gi̯wăn/ji̯wɐn/yuán 長衣貌。見《説文》（無書證）。

同音假借 地名。《春秋·成二》：“及國佐盟于～婁。”

園 音同上　園圃。《詩·將仲子》："將仲子兮，無踰我～。"

猿 音同上　猴子。《國策·齊三》："～獮猴錯木據水，則不若魚鼈。"

榬 音同上　縣掛鐘磬的器具。《管子·霸形》："於是令之懸鐘磬之～。"

轅 音同上　車前駕牲畜的直木。《左·宣十二》："令尹南～返旆。"

遠 gi̯wăn/ji̯wɐn:/yuǎn 遠。《詩·雄雉》："道之云～。"

gi̯wăn/ji̯wɐn-/yuàn　遠離。《詩·泉水》："～父母兄弟。"

503

503 周II（銘文139）

睘 gʻwan/ɣuan/huán（此字是"還"的初文，故定此讀音）　旋轉。《墨子·節葬下》："譬猶使人三～而毋負己也。"

504—505

504 周I（銘文91，人名）

505 周II（銘文154，"環"義）

此字从目（轉動眼睛，旋轉），袁省聲。同樣的字形還表示另一個詞。參829組"睘"。

還 gʻwan/ɣuan/huán　轉回。《詩·何人斯》："爾～而入，我心易也。"

此字常用來表示同義詞"旋"dzʻi̯wan/zi̯wɐn/xuán ❶轉。《詩·泉水》："～車言邁。"❷迅速地。《詩·采蘩》："薄言～歸。"❸敏捷貌。《詩·還》："子之～兮，遭我乎猱之間兮。"Gl248

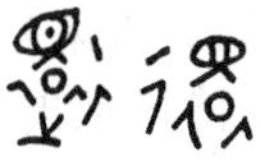

506—507

506 周II（銘文147）

507 周II（銘文173）

環 gʻwan/ɣuan/huán　❶圓環。《詩·小戎》："遊～脅驅。"❷包圍。《孟子·公孫丑下》："～而攻之而不勝。"

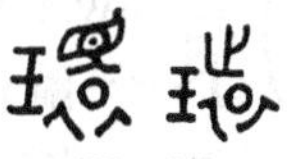

508—509

508 周II（銘文180）

509 周II（銘文193，聲符是"袁"而非"睘"）

繯 gʻiwan/ɣiwen:/xuàn(huán)　環繞。《國語·齊語》："～山於有牢。"（按：今《國語》作"環"，高氏從《說文通訓定聲》。）

鐶 gʻwan/ɣuan/huán　金屬圓環。《國策·齊五》："矛戟折，～弦絕。"

寰 音同上　京城本土。《穀梁·隱元》："～內諸侯，非有天子之命，不得出會諸侯。"

510

510 周II（銘文181，它跟古文字509一樣，聲符是"袁"而非"睘"）

擐 gʻwan/ɣwan-/huàn　貫，穿（特指甲胄）。《左·成十三》："文公躬～甲胄，跋履山川。"

轘 音同上　車裂。《左·桓十八》："齊人殺子亹而～高渠彌。"

懁 gʻwan/ɣwan/huán　xi̯wan/xi̯wɛn/xuān　敏捷。《莊子·列禦寇》："有順～而達。"

圜 gi̯wan/ji̯wɛn/yuán 圓。《易·說卦》："乾爲天，爲～。"

儇 xi̯wan/xi̯wɛn/xuān　輕捷，靈便。《詩·還》："揖我謂我～兮。"Gl249

翾 音同上　飛翔。《楚辭·東君》："～飛兮翠曾，展詩兮會舞。"

獧 ki̯wan/ki̯wɛn-/juàn　狷謹。《孟子·盡心下》："欲得不屑不絜之士而與之，是～也。"

噮 ʔiwan/ʔiwen-/yuàn　食物變質。《呂氏春秋·審時》："食之不～而香。"

257

元 ŋi̯wăn/ŋi̯wɐn/yuán　❶頭。《書·益稷》："～首明哉。"❷本原，至高的。《易·坤》："至哉坤～。"❸大。《詩·泮水》："～龜像齒。"❹排行最大的。《詩·崧高》："王之～舅，文武是憲。"❺第一。

《書·舜典》："月正～日。"❻善。《禮·文王世子》："一有～良。" Gl1277

511 殷甲文（A3: 22, 5）

512 周II（銘文 132）

此字从人，上兩畫表示頭。 511—512

芫 音同上 有毒植物。《墨子·雜守》："常令邊縣豫種畜～、芸、烏喙、袾葉。"

黿 ŋi̯wăn/ŋi̯wen/yuán ŋwan/ŋwan/wán 大鱉。《左·宣四》："楚人獻～於鄭靈公。"

魭 前字的異體。通"輐"。《莊子·天下》："常反人，不見觀，而不免於～斷。"

頑 ŋwăn/ŋwăn/wán ŋwan/ŋwan/wán ❶愚。《書·堯典》："父～，母嚚。"❷頑固。《左·僖二十八》："喜賂，怒～。"

刓 ŋwan/ŋuan/wán 將角削圓。《楚辭·懷沙》："～方以爲圜兮，常度未替。"

园 前字的異體。《莊子·齊物論》："五者～而幾向方矣。"

忨 ŋwan/ŋuan, ŋuan-/wàn 貪圖。《國語·晉語八》："今～日而潵歲，怠偷甚矣。"

玩 ŋwan/ŋuan-/wán ❶供玩賞的物品。《左·襄二十九》："職貢不乏，～好時至。"❷玩弄。《國語·吳語》："大夫種勇而善謀，將還～吳國於股掌之上，以得其志。"

通"翫"。《國語·周語上》："觀則～，～則無震。"

翫 音同上 習於，輕侮。《左·昭二十》："民狎而～之。"

通"忨"。《左·昭元》："～歲而愒日。"

完 g'wan/ɣuan/huán（wán） ❶修好，完成。《詩·韓奕》："溥彼韓城，燕師所～。"❷完備。《論語·子路》："少有，曰苟～矣。"❸堅固。《周禮·輪人》："輪敝，三材不失職，謂之～。"

垸 g'wan/ɣuan/huán ❶重量名。《周禮·冶氏》："鋌十之，重三～。"❷轉動。《淮南子·時則訓》："轉而不復，員而不～。"

浣 g'wan/ɣuan:/huàn 洗滌。《公羊·莊三十一》："臨民之所漱～也。"

輐 g'wan/ɣuan-/huàn ŋwan/ŋuan:, ŋuan-/wàn 圓。《莊子·天下》："椎拍～斷，與物宛轉。"

莞 g'wan/ɣuan/huán kwan/kuan/guān 草名（蒲草）。《詩·斯干》："下～上簟，乃安斯寢。"

假借爲 g'wan/ɣuan:/huàn（wǎn） 微笑貌。《論語·陽貨》："夫子～爾而笑。"

筦 kwan/kuan:/guǎn ❶（管>）樂器名。《詩·執競》："鐘鼓喤喤，磬～將將。"❷鑰匙。《國策·趙三》："納于～鍵。"

梡 k'wan/k'uan:/kuǎn 小桌。《禮·明堂位》："俎，有虞氏以～。"

睆 g'wan/ɣwan:/huǎn 視貌。《莊子·天地》："～～然在纆繳之中，而自以爲得。"（此據通行說法，一說爲閉目）

同音假借 ❶明亮的（特指星星）。《詩·大東》："～彼牽牛，不以服箱。"❷美（特指水果）。《詩·小雅·杕杜》："有～其實。" Gl87

院 gi̯wan/ji̯wen-/yuàn 有圍牆的庭院。《墨子·大取》："其類在～下之鼠。"

258

原 ŋi̯wăn/ŋi̯wen/yuán ❶泉，源。《孟子·離婁下》："資之深，則取之左右逢其～。"❷起源。《易·繫辭下》："～始要終，以爲質也。”❸高原。《詩·常棣》：“脊令在～。”

同音假借　再。《易·比》：“～筮，元永貞。”

通“愿”。《論語·陽貨》：“鄉～，德之賊也。”

513 周II（銘文 139）

此字从厂（懸崖）从泉水形。

源 音同上　泉，源。《禮·月令》：“命有司爲民祈祀山川百～。”

通“謜”。《孟子·萬章上》：“～～而來。”

愿 ŋi̯wăn/ŋi̯wen-/yuàn　樸實，善良，謹慎。《書·皋陶謨》：“～而恭。”

謜 ŋi̯wăn/ŋi̯wen/yuán　輕聲徐語。《説文》引《孟子》：“～～而來。”（按：今《孟子·萬章上》作“源源”。）

願 ŋi̯wăn/ŋi̯wen-/yuàn　❶心願。《詩·野有蔓草》：“邂逅相遇，適我～兮。”❷思念。《詩·伯兮》：“～言思伯。”Gl126

騵 ŋi̯wăn/ŋi̯wen/yuán　赤毛白腹的馬。《詩·大明》：“駟～彭彭。”

豲 g'wan/ɣuan/huán　豕屬。《逸周書·周祝》：“～有蚤而不敢以撅。”

259

邍 ŋi̯wăn/ŋi̯wen/yuán　平原。《周禮·邍師》：“辨其丘陵墳衍～隰之名。”參 258 組“原”。

514 周II/III（銘文 263，人名）

260

夗 ʔi̯wăn/ʔi̯wen:/yuǎn　床上轉身。見《説文》（無書證）。

宛 ʔi̯wăn/ʔi̯wen:/yuǎn, wǎn　❶委曲，宛轉。《莊子·天下》：“與物～轉，舍是與非。”❷熱心，有禮貌的。《詩·蒹葭》：“～在水中央。”❸避讓。《詩·葛屨》：“好人提提，～然左辟。”

同音假借　❶小貌。《詩·小宛》：“～彼鳴鳩。”❷堆積（特指崖石）。《詩·宛丘》：“～丘之上兮。”

通“苑”。枯萎。《詩·山有樞》：“～其死矣。”Gl290、323、330

怨 ʔi̯wăn/ʔi̯wen-/yuàn　埋怨。《詩·氓》：“及爾偕老，老使我～。”

ʔi̯wăn/ʔi̯wen, ʔiwen-/yuān　仇人。《禮·儒行》：“儒有内稱不避親，外舉不避～。”

苑 ʔi̯wăn/ʔi̯wen:/yuàn　草木茂盛貌。《國語·晉語二》：“人皆集於～，己獨集於枯。”

假借爲 gi̯wən/ji̯uən:/yǔn　❶鬱結。《禮·禮運》：“故事大積焉而不～。”❷充滿裝飾（特指盾）。《詩·小戎》：“蒙伐有～。”

假借爲 ʔi̯wăn/ʔi̯wen:/yuǎn（yuàn）

ʔi̯wət/i̯uət/yù　❶抑鬱。《詩·都人士》：“我心～結。”❷枯病。《淮南子·俶真訓》：“形～而神壯。”Gl323

鴛 ʔi̯wăn/ʔiwen/yuān　鴛鴦。《詩·鴛鴦》：“～鴦于飛。”

眢 ʔwan/ʔuan/wān　廢棄，乾枯（特指井）。《左·宣十二》：“目於～井而拯之。”

婉 ʔi̯wăn/ʔi̯wen:/yuǎn（wǎn）　❶美麗。《詩·猗嗟》：“清揚～兮。”❷和順，宛轉。《左·昭二十六》：“姑慈而從，婦聽而～。”❸翱翔（特指龍）。《楚辭·離騷》：“駕八龍之～～兮。”Gl120

惌 音同上（yuān）　小孔。《周禮·函人》：“凡察革之道，眡其鑽空，欲其～也。”

晼 音同上（wǎn）　日將暮。《楚辭·九辯》：“白日～晚其將入兮。”

畹 音同上（wǎn） 田地面積單位（《説文》：三十畝爲畹）。《楚辭·離騷》："余既滋蘭之九～兮。"

鵷 ʔi̯wăn/ʔi̯wen/yuān ～鶵：鳥名，似雉。《莊子·秋水》："南方有鳥，其名～鶵。"

琬 ʔi̯wăn/ʔi̯wen:/yuǎn ʔwan/ʔuan-/wǎn 上端渾圓的圭。《書·顧命》："赤刀、大訓、弘璧、～琰在西序。"

捥 ʔwan/ʔuan-/wàn 手腕。《左·定八》："涉佗捘衛侯之手及～。"

腕 前字的異體。《國策·魏一》："是故天下之遊士，莫不日夜搤～瞋目切齒，以言從之便。"

椀 ʔwan/ʔuan:/wǎn 碗。《管子·弟子職》："奉～以爲緒。"

轅 ʔi̯wăn/ʔi̯wen/yuān ʔi̯wən/ʔi̯uən/yūn 一種大車。《墨子·備城門》："蟻傅、轒～、軒車。"（按：今本作"轀"，高氏從《廣韻》。）

菀 ʔi̯wăn/ʔi̯wen:/yuàn ʔi̯wət/ʔi̯uət/yù ❶茂盛貌。《詩·桑柔》："～彼桑柔，其下侯旬。"❷（畜養禽獸的）苑囿。《管子·水地》："地者，萬物之本原，諸生之根～也。"（現代用"苑"表示此義）Gl323

餫 ʔi̯wăt/ʔi̯wet/yuè ʔi̯wət/ʔi̯uət/yù 甜食（據銘文74，似爲祭祀用的甜食）。

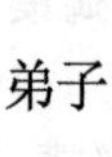
515

515 周I（銘文74）

261

冤 ʔi̯wăn/ʔi̯wen/yuān 冤枉。《楚辭·懷沙》："撫情效志兮，～屈而自抑。"

262

反 pi̯wăn/pi̯wen:/fǎn ❶轉。《詩·關雎》："輾轉～側。"❷回。《詩·猗嗟》："四矢～兮。"❸送回。《左·僖二十三》："公子受飧～璧。"❹反駁。《書·西伯戡黎》："祖伊～曰。"❺反覆。《詩·小明》："豈不懷歸，畏此～覆。"❻相反。《詩·邶風·谷風》："不我能慉，～以我爲讎。"❼背叛。《國策·齊一》："若是者信～"

通"昄"。《詩·賓之初筵》："威儀～～。"

通"販"。《荀子·儒效》："積～貨而爲商賈。"Gl652、711

516 殷甲文（A2: 4, 1, 人名）

517 殷甲文（銘文27）

518 周I（銘文54）

516—518

此字像一隻手在翻轉物體。

返 音同上

回。《説文》引《書》："祖甲～。"

販 pi̯wăn/pi̯wen-/fàn 出售貨物。《周禮·司市》："～夫～婦爲主。"

阪 pi̯wăn/pi̯wen:/fǎn b'wan/b'wan:/bǎn 斜坡，岸。《詩·正月》："瞻彼～田。"

通"反"。反面。《荀子·成相》："患難哉，～爲先。"

519

519 周III/IV（銘文328）

飯 b'i̯wăn/b'i̯wen-/fàn 煮熟的穀類食物。《禮·曲禮上》："毋放～。"

b'i̯wăn/b'i̯wen:/fàn ❶吃飯。《論語·述而》："～疏食飲水。"❷餐。《論語·微子》："亞～干適楚。"❸喂食。《莊子·田子方》："故～牛而牛肥。"

同音假借 拇指根部。《儀禮·士喪禮》："自～持之。"

板 pwan/pwan:/bǎn ❶木板。《詩·小戎》："在其～屋。"❷攔阻物。《管子·度地》："以冬無事之時籠臿～築各什六。"

通"昄"。《潛夫論》引《魯詩》："威儀～～。"（按：今《詩·賓之初筵》作"反

反”。）Gl711、921

版 音同上　❶木板。《詩·緜》：“縮～以載。”❷書板。《論語·鄉黨》：“凶服者式之，式負～者。”

通“昄”。《詩·板》：“上帝板板。”（《爾雅·釋訓》引《詩》作“～～”）Gl921

鈑 音同上　金屬版。《周禮·職金》：“則共其金版。”（按：《爾雅》郭注引作“～”。）

扳 pʻwan/pʻwan/pān　pwan/pwan/bān　前引。《公羊·隱元》：“諸大夫～隱而立之。”

昄 bʻwan/bʻwan:/bàn　pwan/pwan:/bǎn　大。《詩·卷阿》：“爾土宇～章，亦孔之厚矣。”Gl711

263

楙 bʻi̯wăn/bʻi̯wɐn/fán　籬笆。《説文》引《韓詩》：“營營青蠅，止于～。”（按：今《詩·青蠅》作“樊”。）

此字爲兩“木”（樹）相交。

樊 音同上　❶籬笆。《詩·青蠅》：“營營青蠅，止于～。”❷籠子。《莊子·養生主》：“澤雉十步一啄，百步一飲，不蘄畜乎～中。”

同音假借　紛雜貌。《莊子·齊物論》：“～然殽亂。”

bʻwan/bʻuan/pán　皮帶。《周禮·巾車》：“～纓九就。”

520

520 周II/III（銘文 273，人名）

攀 pʻwan/pʻwan/pān　❶牽，拖。《國語·晉語八》：“～輦即利而舍。”❷援引而上。《莊子·馬蹄》：“烏鵲之巢可～援而闚。”

264

煩 bʻi̯wăn/bʻi̯wɐn/fán　麻煩，煩擾。《左·僖三十》：“敢以～執事。”

此字从火、頁（頭）。

蹞 音同上　獸足。《呂氏春秋·過理》：“使宰人臑熊～，不熟，殺之。”

265

繁（緐）bʻwan/bʻuan/pán　皮帶，馬腹帶（參 263 組“樊”）。《左·成二》：“～纓以朝。”“緐”是《説文》所用字，“繁”是通行字。

假借爲 bʻi̯wăn/bʻi̯wɐn/fán　富庶，衆多。《詩·公劉》：“既庶既～。”

521

521 周II（銘文 134）

蘩 bʻi̯wăn/bʻi̯wɐn/fán　艾屬植物。《詩·采蘩》：“于以采～。”

266

曼 mi̯wăn/mi̯wɐn-/wàn　❶延伸的，長。《詩·閟宮》：“孔～且碩。”❷纖細，細膩。《楚辭·天問》：“平脅～膚，何以肥之？”

mwan/muan-/màn　（延伸>）無限的。《莊子·齊物論》：“因之以～衍。”

通“萬”。舞蹈。《荀子·正論》：“～而饋。”

522—523

522 周II/III（銘文 252，人名）

523 周IV（銘文 285，人名）

此字也許是“謾”的初文，从冒（帶有眉毛的眼睛）、又（手），眼睛上部有一遮蓋物。參 1062 組“冒”的類似結構。

蔓 mi̯wăn/miwɐn-/wàn　❶蔓生的植物。《詩·野有蔓草》：“野有～草。”❷蔓延。《詩·葛生》：“蘞～于域。”

嫚 man/man-/màn　輕慢。《左·昭二十》：“其言僭～於鬼神。”

524

524 周II/III（銘文 256，人名）

僈 前字的異體。《荀子·非十二子》：“上功用，大儉約，而～差等。”

慢 音同上 ❶慢。《詩·大叔于田》:“叔馬～忌。”❷怠忽。《書·咸有一德》:“～神虐民。”❸輕侮。《左·莊二十八》:“民～其政。”❹放縱。《禮·樂記》:“五者皆亂,迭相陵,謂之～。”

墁 mwɑn/muɑn/mán(màn) 抹子,塗抹。《孟子·滕文公下》:“毁瓦畫～。”

幔 mwɑn/muɑn-/màn 帷,幕。《墨子·非攻下》:“～幕帷蓋。”

縵 音同上 ❶無花紋的繒帛。《管子·霸形》:“令諸侯以～帛鹿皮報。”❷未文飾的。《左·成五》:“降服,乘～。”

同音假借 ❶(樂曲)變化。《周禮·磬師》:“凡祭祀,奏～樂。”❷驚恐貌。《莊子·齊物論》:“小恐惴惴,大恐～～。”

通“慢”。《莊子·列禦寇》:“有堅而～。”

鄤 音同上 地名。《左·成三》:“鄭公子偃帥師禦之,使東鄙覆諸～。”

525

525 周 I(銘文 114)

漫 音同上 ❶(溢出>)遍及。《公羊·定十五》:“曷爲不言其所食?～也。”❷無拘束。《莊子·馬蹄》:“澶～爲樂。”

通“墁”。《莊子·徐无鬼》:“郢人堊～其鼻端,若蠅翼,使匠石斲之。”

謾 mwɑn/muɑn, muɑn-/mán man/man-/màn mi̯an/mi̯ɛn/mián 欺詐。《荀子·非相》:“偕則～之。”

mwɑn/muɑn-/màn 過分的,輕率的。《莊子·天道》:“大～,願聞其要。”

267

萬 mi̯wăn/mi̯ɐn-/wàn 蟲。見《説文》(無書證)。

同音假借 ❶一萬。《詩·信南山》:“壽考～年。”❷儀禮中的舞蹈。《詩·那》:“～舞有奕。”

526 周 I(銘文 59)

526

此字爲蠆的象形(參 326 組和 340 組)。

勱 mwad/mwai-/mài 盡力。《書·立政》:“用～相我國家。”

邁 音同上 ❶行,前進。《詩·黍離》:“行～靡靡,中心摇摇。”❷精力充沛地。《左·莊八》:“皋陶～種德。”

同音假借 不喜歡。《詩·白華》:“念子懆懆,視我～～。”Gl726

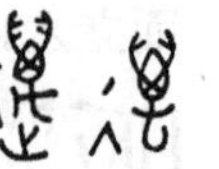

527—528

527 周 I(銘文 86,“萬”義)

528 周 I(銘文 92,“萬”義)

268

枿 ŋɑt/ŋɑt/è 樹木的殘幹,樹木經斫伐後重新生長的枝條。《書·盤庚上》:“若顛木之有由～。”(按:今本作“蘖”,高氏從《釋文》。)

269

歺 (歺,歺) ŋɑt/ŋɑt/è 殘骨。見《説文》(無書證)。

該字後來在口語中常用來表示“壞”的意思,讀音爲 dǎi。

529 殷甲文(I 48:3,其義不明)

530 周 I(銘文 65,摘自古文字“死”)

529—530

270

閼 ʔɑt/ʔɑt/è 阻,止。《莊子·逍遥遊》:“背負青天而莫之夭～者。”

271

羍 tʻɑt/tʻɑt/tà 小羊。見《説文》(無書證)。

達 dʻɑt/dʻɑt/dá ❶(幼苗)出土。《詩·載芟》:“驛驛其～。”❷透,穿過。《書·召誥》:“周公朝至于洛,則～觀于新邑營。”❸出生。《詩·生民》:“先生如～。”❹相通。《書·臯陶謨》:“～于上下。”❺達到。《論語·子路》:“欲速則不～。”❻出衆，卓越。《詩·長發》:“苞有三櫱，莫遂莫～。”❼使之突出，顯示。《論語·衛靈公》:“辭～而已矣。”❽通達，明智。《左·昭七》:“聖人有明德者，若不當世，其後必有～人。”❾無所不通，普通的。《論語·顔淵》:“士何如斯可謂之～矣?”

同音假借　邊室。《禮·内則》:“天子之閣，左～五，右～五。”

tʻat/tʻat/tà　來來往往。《詩·子衿》:“挑兮～兮。”Gl237、868、1189、1311

531

531 周II（銘文 182，人名）

撻 tʻat/tʻat/tà　❶鞭笞。《書·益稷》:“侯以明之，～以記之。”❷擊。《孟子·梁惠王上》:“可使制梃以～秦楚之堅甲利兵矣。”❸急速貌。《詩·殷武》:“～彼殷武，奮伐荆楚。”❹弓的中間部分。《儀禮·既夕禮》:“設依～焉。”Gl237

闥 音同上　（門>）屋子。《詩·東方之日》:“在我～兮。”Gl251

272

剌 lat/lat/là　邪惡。《逸周書·謚法》:“愎佷遂過曰～。”

532 殷甲文（銘文 45，人名）

533 周I（銘文 107，人名）

534 周II（銘文 179，“莿”義）

532—534

賴 lad/lai-/lài　❶贏得，得利。《國語·晉語三》:“已～其地，而又愛其實。”❷依靠，憑借。《書·大禹謨》:“六府三事允治，萬世永～。”❸贏，利。《國語·齊語》:“相語以利，相示以～。”Gl2052

瀨 音同上　沙灘上的急流。《楚辭·湘君》:“石～兮淺淺。”

籟 音同上　古代一種管樂器。《莊子·齊物論》:“人～則比竹是已。”

藾 lad/lai-/lài　lat/lat/là　艾屬植物。《爾雅·釋草》:“苹，～蕭。”（無書證）

假借爲 lad/lai-/lài　蔭。《莊子·人間世》:“結駟千乘，隱將芘其所～。”

獺 tʻlad/tʻat/tǎ　tʻlat/ȶʻat/chǎ　水獺。《禮·月令》:“魚上冰，～祭魚，鴻鴈來。”

273

㕦 ʔwat/ʔuat/wò

挖眼珠。見《説文》（無書證）。

此字从目、叉。

擥 ʔwan/ʔuan-/wàn　手腕。《儀禮·士喪禮》:“設決，麗于～。”

274

奪 dʻwat/dʻuat/duó　搶，取走，奪。《詩·瞻卬》:“人有民人，女覆～之。”

dʻwad/dʻwai-/duì　狹路。《禮·檀弓下》:“齊莊公襲莒于～”。

275

癶 pwat/puat/bō

踐踏。見《説文》（無書證）。

癹 bʻwat/bʻuat/bó　踩踏而毁壞（特指草）。《説文》引《左傳》:“～夷蘊崇之。”（按：今《左·隱六》作“芟”。）

發 pi̯wăt/pi̯wɐt/fā　❶發射（箭）。《詩·騶虞》:“彼茁者葭，壹～五豝。”❷發表，發布。《詩·小旻》:“～言盈庭，誰敢執其咎。”❸顯示，表明。《詩·長發》:“遂視既～。”❹出發，啟程。《詩·東方之日》:“在我闥兮，履我～兮。”❺走開，離去。《詩·載驅》:“齊子～夕。”❻開發。《詩·噫嘻》:“駿～爾私，終三十里。”❼（發出>）迅疾貌。《詩·蓼莪》:“南山烈烈，飄風～～。”

假借爲pwat/puat/bō 魚躍聲。《詩·碩人》：“鱣鮪～～。”Gl173、366、1069、1188

撥 pwat/puat/bō ❶分開，撥開。《禮·曲禮上》：“衣毋～。”❷建立秩序。《詩·長發》：“玄王桓～。”❸整理。《詩·蕩》：“枝葉未有害，本實先～。”❹把弓往相反方向彎曲。《國策·西周》：“弓～矢鉤，一發不中，前功盡矣。”

同音假借 拉棺材的大繩。《禮·檀弓下》：“孺子䵲之喪，哀公欲設～。”Gl945、1188

襏 音同上 蓑衣。《國語·齊語》：“首戴茅蒲，身衣～襫。”

廢 pi̯wăd/pi̯wɐi-/fèi ❶廢除，抛棄。《左·成十八》：“逮鰥寡，振～滯。”❷鎮壓，滅亡。《禮·中庸》：“繼絶世，舉～國。”❸去除。《詩·楚茨》：“～徹不遲。”❹玩忽。《書·胤政》：“羲和～厥職。”❺停止。《禮·中庸》：“半塗而～。”❻墜落。《左·定三》：“自投于床，～于爐炭。”❼不成功。《詩·韓奕》：“無～朕命。”❽（因病）毁壞，衰竭。《禮·王制》：“～疾非人不養者，一人不從政。”

音同上 又pi̯wăt/pi̯wɐt/fā 大。《詩·四月》：“～爲殘賊。”Gl640

276

犮 bʻwat/bʻuat/bó（bá） 驅逐。《周禮·秋官》：“赤～氏下士一人。”

此字从“犬”，犬腿上有一畫。

跋 音同上（bá） ❶踩，踐踏。《詩·狼跋》：“狼～其胡。”❷艱難行走。《詩·載馳》：“大夫～涉，我心則憂。”❸特指火炬的基部。《禮·曲禮上》：“燭不見～。”Gl145

魃 音同上（bá） 引起旱災的鬼怪。《詩·雲漢》：“旱～爲虐。”

坺 bʻwat/bʻuat/bó（bá） bʻi̯wăt/bʻi̯wɐt/fá 耕田，犁地。《國語·周語上》：“王耕一～。”（按：今本作“墢”，高氏從《康熙字典》。）

軷 bʻwat/bʻuat/bó（bá） bʻwad/bʻwai-/bèi 道祭。《詩·生民》：“取羝以～。”Gl145

胈 pwat/puat/bō（bá） 人體細毛。《莊子·天下》：“腓無～，脛無毛。”

茇 音同上
草根（僅有漢代書證）。

bʻwat/bʻuat/bó（bá） 息於野外、草莽。《詩·甘棠》：“勿翦勿伐，召伯所～。”

拔 bʻwat/bʻuăt/bá 拔出。《書·金縢》：“大木斯～，邦人大恐。”

bʻwat/bʻuat/bó（bá） 超出。《孟子·公孫丑上》：“出乎其類，～乎其萃。”

同音假借 ❶箭的末端。《詩·駟驖》：“舍～則獲。”❷迅疾。《禮·少儀》：“毋～來，毋報往。”

bʻwad/bʻwai-/bèi 除削（如在森林裏拔除一些樹木）。《詩·緜》：“柞棫～矣，行道兑矣。”Gl366、800

髮 pi̯wăt/pi̯wɐt/fà
頭髮。《詩·閟宫》：“黄～兒齒。”

瞂 bʻi̯wăt/bʻi̯wɐt/fá 盾。《逸周書·王會》：“鮫～利劍爲獻。”

紱 pi̯wət/pi̯uət/fú 繫印於腰間的絲帶。《易·困》：“朱～方來。”

韍 音同上 蔽膝。《禮·玉藻》：“一命緼～幽衡。”

黻 音同上 黻飾。《詩·終南》：“～衣繡裳。”

通“韍”。《左·桓二》：“衮、冕、～、珽……昭其度也。”Gl1321

帗 p'i̯wət/p'i̯uət/fú 祭祀用的一種舞具，柄上繫有五色繒帛。《周禮·樂師》："凡舞，有～舞，有羽舞。"

祓 音同上 又pi̯wăd/pi̯wɐi-/fèi 去不祥，使潔淨。《左·僖六》："武王親釋其縛，受其璧而～之。" Gl45

277

末 mwat/muat/mò ❶樹梢。《左·昭十一》："～大必折。"❷末端。《禮·曲禮上》："獻杖者執～。"❸四肢。《左·昭元》："風淫～疾，雨淫腹疾。"❹最終，結果。《書·立政》："我則～惟成德之彥。"❺小。《禮·樂記》："樂之～節也。"❻減輕。《左·昭十四》："三數叔魚之惡，不爲～減。"

同音假借 無，沒有。《論語·子罕》："如有所立，卓爾，雖欲從之，～由也已。" Gl2003。

此字从木，上部有一畫。

沫 音同上 ❶泡沫。《莊子·德充符》："人莫鑑於～水而鑑於止水。"（按：今本作"流"，高氏從崔本。）❷唾沫。《莊子·大宗師》："相濡以～。"

假借爲mwad/muai-/mèi 終止。《楚辭·離騷》："芬至今猶未～。"（此字常誤作"沬"）

秣 mwat/muat/mò 喂馬。《詩·漢廣》："之子于歸，言～其馬。"

278

鞂 kăt/kăt/jiē 麥秆，稻草。《禮·郊特牲》："莞簟之安，而蒲越，稾～之尚，明之也。" Gl1386

此字从革、禾。

279

丰刀 k'ăt/k'ăt/qiè 巧刻。見《説文》（無書證）。

此字可能是"契"的初文。

契 k'iad/k'iei/qì ❶契刻文字。《易·繫辭下》："上古結繩而治，後世聖人易之以書～。"❷契約。《禮·曲禮上》："獻粟者執右～。"

同音假借 ❶憂苦貌。《詩·大東》："～～寤嘆，哀我憚人。"❷害怕。《周禮·輈人》："行數千里，馬不～需。"❸在龜甲上灸孔占卜。《詩·緜》："爰～我龜。"

假借爲k'iat/k'iet/qiè 分離。《詩·擊鼓》："死生～闊，與子成説。"

通"鍥"。《吕氏春秋·察今》："舟止，從其所～者入水求之。"

假借爲si̯at/si̯et/xiè 古人名。《左·文二》："湯不先～。" Gl82

挈 k'iat/k'iet/qiè 提起。《禮·王制》："班白不提～。"

通"契"。契約。《莊子·大宗師》："狶韋氏得之，以～天地。"

絜 kiat/kiet/jié g'iat/ɣiet/xié ❶約束，捆綁。《莊子·人間世》："見櫟社樹，其大蔽數千牛，～之百圍。"❷度量，節制。《禮·大學》："是以君子有～矩之道也。"

通"潔"。《詩·楚茨》："濟濟蹌蹌，～爾牛羊。"

齧 ŋiat/ŋiet/niè 咬，啃，嚼。《禮·曲禮上》："侍食於長者……毋～骨。"

鍥 k'iat/k'iet/qiè ❶用刀刻。《荀子·勸學》："～而不舍，金石可鏤。"❷截斷。《左·定九》："～其軸，麻約而歸之。"

瘈 ki̯ad/ki̯ɛi-/jì 狂（指狗）。《左·襄十七》："國人逐～狗。"

喫 k'ad/k'ai-/qiè 有力的。《莊子·天地》："使～詬索之而不得也。"

楔 siat/siet/xiē 楔子，插入死人齒間的楔形木片。《禮·喪大記》："小臣～齒用角柶。"

潔 kiat/kiet/jié　純潔，使之潔淨。《論語·述而》：“人～己以進。”

縻 g‘iat/ɣiet/xié　k‘iat/k‘iet/qiè　帶子。《莊子·山木》：“正～係履而過魏王。”

280

軋 ʔăt/ʔăt/yà　輾，輾碎，使倒下。《莊子·人間世》：“名也者，相～也。”

札 tsăt/tsăt/zhá　（鎧甲上的）葉片。《左·成十六》：“潘尪之黨與養由基蹲甲而射之，徹七～焉。”

同音假借　❶瘟疫。《周禮·大宗伯》：“以荒禮哀凶～。”❷早死。《左·昭四》：“癘疾不降，民不夭～。”

這些字實際上有一個跟“乙”的篆字相同的聲符，其讀音爲ʔăt/ʔăt/yà，燕子義，有西漢初期的書證（見《詩·燕燕》毛傳）。（按：《說文》从“乙”得聲。）

281

八 pwăt/pwăt/bā　八。《詩·烝民》：“～鸞鏘鏘。”

535—537

535 殷甲文（A1: 6, 6）

536 殷（銘文 25）　537 周 I（銘文 54）

282

舝 g‘at/ɣat/xiá　車軸兩頭的銷釘。《詩·車舝》：“間關車之～兮。”

283

孑 ki̯at/ki̯ɛt/jié　❶戟，古代兵器。《左·莊四》：“楚武王荆尸，授師～焉，以伐隨。”❷像戟一樣直立，纖細。《詩·干旄》：“～～干旄。”❸整體，無損的。《詩·雲漢》：“周餘黎民，靡有～遺。”Gl995

284

桀 g‘i̯at/g‘i̯ɛt/jié　家禽所棲木。《詩·君子于役》：“鷄棲于～，日之夕矣。”

同音假借　傑出者，豪傑。《詩·伯兮》：“伯兮朅兮，邦之～兮。”

假借爲ki̯at/ki̯ɛt/jiē　❶舉起，扛在肩上。《左·成二》：“齊高固入晉師，～石以投入。”❷高。《詩·齊風·甫田》：“無田甫田，維莠～～。”Gl175、255

傑 g‘i̯at/g‘i̯ɛt/jié　❶特出的。《詩·載芟》：“驛驛其達，有厭其～。”❷英雄。《孟子·公孫丑上》：“尊賢使能，俊～在位。”❸莊健有力貌。《莊子·天運》：“又奚～然若負建鼓而求亡子者邪？”

285

臬 ŋi̯at/ŋi̯ɛt/niè　❶標的。《周禮·匠人》：“置槷以縣。”鄭玄注：“槷，古文～，假借字。”❷法度。《書·康誥》：“外事，汝陳時～。”Gl1641、1926

538

538 殷甲文（A5: 13, 6, 人名？）

此字爲帶底架（木）的靶子的象形。

闑 ŋi̯at/ŋi̯ɛt/niè　ŋiat/ŋiet/niè　門中央所竪的短木。《禮·玉藻》：“君入門，介拂～。”

臲 ŋiat/ŋiet/niè　動摇不安。《易·困》：“困于葛藟，于～卼。”

“危”爲形符。

劓 ŋi̯ad/ŋi̯ɛi-/yì　割鼻。《說文》引《易》：“天且～。”（按：今《易·睽》作“劓”。）

539

539 周（銘文 379，其義不明）

286

㪔 此字音義不明。

撤 d‘i̯at/ȡ‘i̯ɛt/chè　t‘i̯at/ȶ‘i̯ɛt/chè　撤除，拿走。《論語·鄉黨》：“不～薑食。”

徹 音同上　❶通，穿，透。《左·成十六》：“～七札焉。”❷透徹瞭解。《詩·十月之交》：“天命不～。”❸敏銳。《莊子·外物》：“目～爲明，耳～爲聰。”❹傳達。《左·昭二》：“～命於執事。”❺按照租賦制度（以田畝的幾分之幾取賦）劃分田地。《詩·公劉》：“度其隰原，～田爲糧。”❻撤去。《詩·楚茨》：“廢～不遲。”❼中止。《左·襄二十三》：“平公不～樂，非禮也。”❽毀壞。《詩·十月之交》：“～我墻屋。”Gl560、905a

澈 dʻi̯at/ȡʻi̯ɛt/zhé（chè） 明淨清澈。《關尹子·九藥》：“或曰澄～。”

轍 音同上 車輪迹。《左·莊十》：“下視其～。”

蹵 前字的異體。《列子·説符》：“若此者絶塵彌～。”

287

折 ȶi̯at/tɕi̯ɛt/zhé ❶折斷。《詩·將仲子》：“無～我樹杞。”❷彎曲。《禮·玉藻》：“～還中規。”❸毀壞。《易·鼎》：“鼎～足，覆公餗。”❹決斷。《論語·顔淵》：“片言可以～獄者，其由也與！”

同音假借 古代葬具。《禮·雜記上》：“甕甀筲衡，實見間而后～入。”

ȡi̯at/ʑi̯ɛt/shé 彎曲。《禮·曲禮下》：“立則磬～垂佩。”

假借爲dʻi̯ad/dʻiei/tí 緩慢貌。《禮·檀弓上》：“吉事欲其～爾。”

通“制”。制服。《書·吕刑》：“～民惟刑。”Gl2025、2038

540

540 周I（銘文67）

此字从手（雙手）、斤（斧）。

哲 ȶi̯at/tɕi̯ɛt/zhé 敏鋭的，有才智的。《詩·抑》：“其維～人，告之話言。”

通“制”。制服。《書·吕刑》：“～人惟刑。”Gl2084

悊 前字的異體。《漢書·五行志》引《書》：“知人則～能官人。”（按：今《書·皋陶謨》作“哲”。）

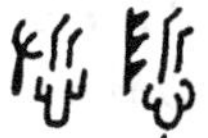

541—542

541 周II（銘文，139）

542 周II（銘文，183）

蜇 音同上 刺痛。《列子·楊朱》：“鄉豪取而嘗之，～於口，慘於腹。”

哲 ȶʻi̯at/ȶʻi̯ɛt/chè ?/ȶʻiek/tì 擊落。《周禮·司寇》：“～蔟氏下士一人。”

晰 ȶi̯ad/tɕi̯ɛi-/zhì ȶi̯at/tɕi̯ɛt/zhé 光亮貌。《詩·庭燎》：“庭燎～～。”

晢 音同上 光亮貌。《詩·東門之楊》：“明星～～。”

誓 ȡi̯ad/ʑi̯ɛi-/shì ❶發誓。《詩·氓》：“信～旦旦。”❷誓言。《書·顧命》：“恐不獲～言嗣。”

同音假借 恭敬的，留心的。《禮·文王世子》：“曲藝皆～之。”Gl1972

543

543 周II（銘文，145）

逝 音同上 ❶前往。《詩·車鄰》：“～者其耋。”❷離開。《詩·十畝之間》：“行與子～兮。”❸達到。《詩·日月》：“～不相好。”❹流逝。《詩·蟋蟀》：“歲聿其～。”Gl76、283、309、972

哳 tat/ȶat/zhā 鳥鳴。《楚辭·九辯》：“鵾鷄啁～而悲鳴。”

288

舌 dʻi̯at/dʑʻi̯ɛt/shé 舌頭。《詩·雨無正》：“哀哉不能言，匪～是出。”

289

辥 si̯at/si̯ɛt/xiē 糾正，控制，管理。（銘文，180）

544—545

544 周II（銘文，139）

545 周II（銘文，180）

此字字形意義不明，左半可參157組“官”的古文字。

薛 （薛）音同上（xuē） 植物名（僅有漢代書證）。

同音假借 地名。《春秋·莊三十一》：

"築臺于～。"

"薛"在下列派生詞中通常用來代替"辥"。

躠 sɑt/sɑt/sà siat/siet/xiē （持續不斷地）行走。《莊子·馬蹄》："及至聖人，蹩～爲仁，踶跂爲義。"

孼 ŋi̯at/ŋi̯ɛt/niè 庶子。《孟子·盡心上》："獨孤臣～子，其操心也危，其慮患也深，故達。"

同音假借 ❶災害，禍患。《詩·十月之交》："下民之～，匪降自天。"❷載高。《詩·碩人》："庶姜～～。"Gl174

蠥 音同上 不祥的，憂。《楚辭·天問》："卒然離～。"

糱 音同上 酵母，麯子。《禮·禮運》："猶酒之有～也。"

櫱 ŋɑt/ŋɑt/è ŋi̯at/ŋi̯ɛt/niè 樹椿，樹木砍伐後萌出的嫩枝。《詩·長發》："苞有三～。"

該組字中s-與ŋ-的交替可能是某種上古輔音聲母組合的痕迹。

290

設 ɕi̯at/ɕi̯ɛt/shè ❶建立，開設，放置。《詩·車攻》："建旐～旄。"❷假設，如果。《列子·楊朱》："～有一者，孩抱以逮昏老，幾居其半。"

同音假借 大。《周禮·桃氏》："桃氏爲劍，……中其莖，～其後。"

此字从言、殳（木棍）。

291

列 li̯at/li̯ɛt/liè ❶分割，分裂。《荀子·大略》："故古者～地建國。"❷分布，排列。《周禮·稻人》："以～舍水。"❸行列，位次。《左·僖十五》："入而未定～。"❹程度。《書·立政》："以～用中罰。"

同音假借 阻止。《禮·玉藻》："山澤～而不賦。"Gl1967

此字从歹（骨頭？）、刂（刀）。

冽 音同上 寒冷。《詩·大東》："有～氿泉。"

洌 音同上 清澈。《易·井》："井～寒泉，食。"

烈 音同上 ❶焚燒。《孟子·滕文公上》："益～山澤而焚之。"❷烤。《詩·生民》："載燔載～。"❸燃燒。《詩·采薇》："憂心～～。"❹猛烈的。《書·舜典》："～風雷雨弗迷。"❺灼熱。《詩·長發》："如火～～，則莫我敢曷。"❻光明，顯赫。《詩·賓之初筵》："烝衎～祖，以洽百禮。"❼功業，有功。《詩·武》："於皇武王，無競維～。"

通"列"。行列。《詩·大叔于田》："火～具舉。"

通"冽"。《詩·七月》："二之日栗～。"Gl214、627、758

（從語源學角度看，"冽"和"烈"也許是同一個字，義爲"尖鋭"？）

茢 音同上 一種可做苕帚的灌木。《禮·檀弓下》："以巫祝桃～執戈。"

裂 音同上 扯開，分裂。《左·昭元》："～裳帛而與之。"參"列"。

栵 li̯ad/li̯ɛi-/lì li̯at/li̯ɛt/liè 一種樹。《詩·皇矣》："其灌其～。"Gl823

例 li̯ad/li̯ɛi-/lì 慣例，規則。《公羊·僖元》："臣、子，一～也。"

痢 音同上 疾疫。《公羊·莊二十》："大瘠者何？～也。"

292

别 bʻi̯at/bʻi̯ɛt/bié pi̯at/pi̯ɛt/bié ❶分開，分爲兩半。《周禮·小宰》："聽稱責以傅～。"❷區分。《論語·子張》："譬如草木，區以～矣。"❸不同的。《禮·檀弓上》："唯天子之喪有～姓而哭。"❹離別。《楚辭·離騷》："余既不難夫離～兮，傷靈脩之數化。"

293

𥄎 xi̯wat/xi̯wɛt/xuè　對人眨眼，用目示意。見《説文》(無書證)。

546

546 漢前（銘文，455，人名）

此字从目、攴（打擊）。

294

威 xmi̯wat/xi̯wɛt/xuè　撲滅，毀壞。《詩·正月》："赫赫宗周，褒姒～之。"

滅 mi̯at/mi̯ɛt/miè　❶淹没。《易·大過》："過涉～頂，凶。"❷撲滅，毀壞。《詩·正月》："寧或～之。"

搣 音同上　把手放在……上。《莊子·外物》："眥～可以休老。"

295

叕 ti̯wat/ȶi̯wɛt/zhuó　綴聯。見《説文》(無書證)。　該字爲"綴"的初文。在《淮南子》裏其義爲短。(按：《淮南子·人間訓》："愚人之思～。")該字初文可能是縫紉針脚的象形。

綴 ti̯wat/ȶi̯wɛt/zhuó　ti̯wad/ȶi̯wɛi-/zhuì　❶縫綴。《書·顧命》："出～衣于庭。"❷連結。《禮·喪大記》："～旁七。"❸裝飾，點綴。《書·顧命》："～純，文貝仍几。"❹延續，承襲。《大戴禮·小辨》："～學之徒，安知忠信?"❺邊緣。《楚辭·招魂》："網户朱～。"❻標明。《禮·樂記》："行其～兆。"❼表章，表記，徽識。《詩·長發》："爲下國～旒。"

通"輟"。停止。《禮·樂記》："禮者所以～淫也。"Gl361、1194、1980、1987

啜 ti̯wat/ȶi̯wɛt/zhuó　吞。《詩·中谷有蓷》："有女仳離，～其泣矣。"

ȶʻi̯wat/tɕʻi̯wɛt/chuò　di̯wad/ʑi̯wɛi-/shuì　嘗，吃。《禮·檀弓下》："～菽飲水，盡其歡，斯之謂孝。"Gl206

惙 ti̯wat/ȶi̯wɛt/zhuó(chuò)　憂傷。《詩·草蟲》："未見君子，憂心～～。"

輟 音同上　中止，停止。《論語·微子》："耰而不～。"

畷 ti̯wat/ȶi̯wɛt/zhuó　ti̯wad/ȶi̯wɛi-/zhuì　田間小道。《禮·郊特牲》："及郵表～。"Gl1194

剟 ti̯wat/ȶi̯wɛt/zhuó　twɑt/tuɑt/duō　砍。《商君書·定分》："有敢～定法令，損益一字以上，罪死不赦。"

掇 twɑt/tuɑt/duō　ti̯wat/ȶi̯wɛt/zhuó　拾取，收集。《詩·芣苢》："薄言～之。"

同音假借　短。《莊子·秋水》："故遥而不悶，～而不跂。"

歠 ȶʻi̯wat/tɕʻi̯wɑt/chuò　飲，喝。《禮·曲禮上》："毋流～。"

參"啜"。

錣 twat/ȶwat/zhuā　馬鞭端的針刺。《列子·説符》："倒杖策，～上貫頤。"

ti̯wad/ȶi̯wɛi-/zhuì　用作數籌的棒針。《管子·國蓄》："且君引～量用，耕田發草，上得其數矣。"

蝃 tiad/tiei-/dì　～蝀：虹。《詩·蝃蝀》："～蝀在東，莫之敢指。"

296

絶 dzʻi̯wat/dzʻi̯wɛt/jué　❶杜絶，斷絶。《論語·子罕》："子～四：毋意，毋必，毋固，毋我。"❷滅。《詩·皇矣》："是～是忽。"❸突出，極端。《詩·正月》："終踰～險。"

蕝 tsi̯wat/tsi̯wɛt/jué　tsi̯wad/tsi̯wɛi-/zuì　茅草束。《國語·晉語八》："置茅～，設望表。"

脃 tsʻi̯wad/tsʻi̯wɛi-/cuì　易斷易碎。《周禮·弓人》：“～故欲其柔也。”

此字从月（肉），絶省聲。

脆 前字的異體。《吕氏春秋·介立》：“因相暴以相殺，～弱者拜請以避死。”

此字聲符已譌變。

297

雪 si̯wat/si̯wɛt/xuě　❶雪。《詩·北風》：“雨～其霏。”❷洗滌。《莊子·知北遊》：“澡～而精神。”❸拭去。《吕氏春秋·觀表》：“吳起～泣而應之。”

547

547 殷甲文（B下1：3）

此字从雨、彐（雪片）。

298

刷 s̥i̯wat/s̥i̯wɛt/？　swat/s̥wat/shuā　擦淨，刷。《周禮·凌人》：“夏，頒冰掌事；秋，～。”

299

寽 此字音義不明。《説文》：“五指持也。”（無書證）《切韻》把它讀爲li̯uĕt/lǜ。

在銘文56（周Ⅰ）裏，它表示“鋝”。《説文》顯然認爲它是“捋”的初文（但《切韻》並未遵循其讀音）。此字形像雙手緊握一個圓形物（水果？）。但是，如果“寽”爲“鋝”的初文（如銘文所示），那麼，這圓形物或者是一個秤砣？

548

548 周Ⅰ（銘文56）

鋝 li̯wat/li̯wɛt/lüè　古代重量單位名稱。《周禮·冶氏》：“重三～。”Gl2062

埒 音同上（liè）　❶水道，河床。《列子·湯問》：“一源分爲四～，注於山下。”❷堤，堰，壩等。《淮南子·精神訓》：“而遊敖于無形～之野。”

同音假借　等同，相等。《國語·晉語》：“叔向、子産、晏嬰之才相等～。”（按：今本未見，高氏據《康熙字典》。）

捋 lwɑt/luɑt/luō　采集，摘。《詩·芣苢》：“采采芣苢，薄言～之。”

300

訐 ki̯ăt/ki̯ɐt/jié　ki̯at/ki̯ɛt/jié　ki̯ad/ki̯ɛi-/jì　控告，揭發。《論語·陽貨》：“惡不遜以爲勇者，惡～以爲直者。”

該字从言、干（衝突），干亦聲。

301

欮 ki̯wăt/ki̯wɐt/jué　一種病。《列子·湯問》：“食其皮汁，已憤～之疾。”（按：今本作“厥”，高氏從《康熙字典》。）

549

549 周Ⅰ（銘文88）

此字義可能同302組的“栝”（箭）。左邊部分跟“矢”（箭）相似。

厥 音同上　石。《荀子·大略》：“和之璧，井里之～也。”

同音假借　❶第三人稱代詞（單複數領格）。《詩·抑》：“曰喪～國。”❷磕碰。《孟子·盡心下》：“若崩～角稽首。”

蕨 音同上　蕨（植物名）。《詩·草蟲》：“陟彼南山，言采其～。”

蟨 音同上　跳鼠。《吕氏春秋·不廣》：“北方有獸，名曰～。”（按：今本作“蹶”，高氏從《説文通訓定聲》。）

蹶 （蹷）ki̯wăt/ki̯wɐt/jué　gʻi̯wat/gʻi̯wɐt/jué　❶顛仆，倒。《孟子·公孫丑上》：“今夫～者趨者，是氣也，而反動其心。”❷踏。《吕氏春秋·知化》：“子胥兩袪高～而出於廷。”

同音假借　拔。《左·襄十九》：“是謂～其本。”

ki̯wad/ki̯wɛi-/guì　❶行急貌。《禮·曲禮上》：“足毋～。”❷警覺貌。《詩·

板》：“天之方～。”

通“蕨”。《詩·緜》：“文王～厥生。”
Gl802

闕 kʻi̯wăt/kʻi̯wɐt/què　❶城門兩邊的觀望樓。《詩·子衿》：“挑兮達兮，在城～兮。”❷門。《禮·月令》：“塗～廷門閭。”❸空缺。《禮·禮運》：“三五而～。”❹(裂縫>)缺點，錯誤。《詩·烝民》：“袞職有～，維仲山甫補之。”❺削弱。《左·成十三》：“又欲～翦我公室，傾覆我社稷。”❻遺漏，忽略。《左·僖十四》：“不書其人，有～也。”❼～狄：一種禮服。《周禮·内司服》：“内司服掌王后之六服：褘衣、揄狄、～狄、鞠衣、展衣、緣衣。”

假借爲 gʻi̯wăt/gʻi̯wɐt/jué　掘。《左·隱元》：“～地及泉。”

撅 gʻi̯wăt/gʻi̯wɐt/jué　拔起，掘出。《逸周書·周祝》：“貛有蚤而不敢以～。”

參見“蹷”和“闕”。

ki̯wad/ki̯wei-/guì　揭起(衣服)。《禮·内則》：“不涉不～。”

橛(橜) gʻi̯wăt/gʻi̯wɐt/jué　❶柱，杆。《列子·黃帝》：“吾處也若～株駒。”❷馬口所銜的橫木，即馬銜。《莊子·馬蹄》：“前有～飾之患，而後有鞭筴之威。”

嶡 ki̯wad/ki̯wei-/guì　祭祀用的小桌。《禮·明堂位》：“俎，有虞氏以梡，夏后氏以～。”

⿰亻厥 ki̯wăt/ki̯wɐt/jué　仆倒。《吕氏春秋·辯士》：“見風則～。”(按：原書缺音義，《廣韻》《釋文》《集韻》皆不收此字，此處讀音據《字彙》補。)

302

氒 ki̯wăt/ki̯wɐt/jué　在銘文中此字經常用作“厥”(第三人稱代詞)，因此定此讀音。

550 殷(銘文 5)
551 殷(銘文 6)
552 周I(銘文 54)

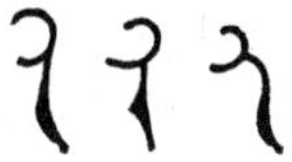
550—552

𠯑(舌) kwat/kuat/guō　塞口。見《説文》(無書證)。

553 周III/IV(銘文 305，人名)

553

上半部分以“氒”作聲符，但在現代字形中或多或少已有改變。本組的“舌”跟 288 組的“舌”在字形上恰巧一致，然而此“舌”與彼“舌”(甚至包括下面的“話”)實際上毫無關係。

括 kwat/kuat/guō(kuò)　❶結扎，捆束。《易·坤》“六四，～囊，无咎无譽。”❷聚合。《詩·君子于役》：“日之夕矣，羊牛下～。”

同音假借　箭的末端。《禮·緇衣》：“若虞機張，往省～于厥，度則釋。”

栝 音同上(kuò)　❶一種樹(雪松？)。《書·禹貢》：“杶榦～柏。”❷木匠的直角尺。《荀子·性惡》：“故枸木必將待檃～烝矯然後直。”❸箭的末端。《莊子·齊物論》：“其發若機～。”

聒 音同上　❶聲音嘈雜。《書·盤庚上》：“今汝～～。”❷被嘈雜聲弄得耳聾。《韓非子·顯學》：“千秋萬歲之聲～耳。”Gl1419

髺 音同上(kuò)　挽束頭髮。《儀禮·士喪禮》：“主人～髮袒。”

同音假借　形體歪斜(特指容器等)。《周禮·旊人》：“凡陶旊之事，～墾薜暴不入市。”

佸 gʻwat/ɣuat/huó　kwat/kuat/guō　相會。《詩·君子于役》：“君子于役，不日不月，曷其有～。”Gl198

活 gʻwat/ɣuat/huó　(潮濕的>)活的，生存。《詩·載芟》：“播厥百穀，實函斯～。”

假借爲kwɑt/kuɑt/guō　～～：（流水）潺潺地流。《詩·碩人》：“河水洋洋，北流～～。”

刮 kwɑt/kuɑt/guā　❶刮。《周禮·考工記》：“～摩之工五。”❷磨光，擦亮。《禮·明堂位》：“山節……～楹達鄉。”

話 gwad/ɣwai-/huà　❶説話，言語。《詩·抑》：“愼爾出～，敬爾威儀。”❷善言。《左·文十八》：“顓頊有不才子，不可教訓，不知～言。”此字右邊部分不是“舌”（舌頭），而是聲符“𠯑”。

懖 kwɑt/kuɑt/guō　頑固的，愚蠢的，任性的。《説文》引《書》：“今汝～～。”（其他本子作“聒”，兩者的解釋，分歧很大）（按：今《書·盤庚上》作“聒聒”，爲聲音嘈雜義。）Gl1419

闊 kʻwɑt/kʻuɑt/kuò　疏遠，遠離。《詩·擊鼓》：“于嗟～兮，不我活兮。”Gl82

303

戉 gi̯wăt/ji̯wɐt/yuè　一種斧（古兵器）。《書·牧誓》：“王左杖黃～。”（按：今本作“鉞”，高氏從《釋文》。）

554 殷甲文（A4: 13, 1）

555 周II（銘文157）此字象形。

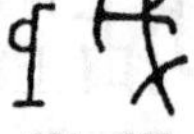

554—555

鉞 音同上　一種斧（古兵器）。《詩·長發》：“武王載旆，有虔秉～。”

越 gi̯wăt/ji̯wɐt/yuè　❶逾越，違反。《詩·長發》：“率履不～。”❷經過。《書·召誥》：“惟二月既望，～六日。”❸擴大，延伸。《國語·晉語八》：“使～於諸侯。”❹頌揚。《詩·清廟》：“對～在天。”❺遠離。《國語·魯語上》：“～哉，臧孫之爲政也！”❻消散。《左·昭四》：“風不～而殺。”❼傳播。《書·梓材》：“汝若恒，～曰：我有師師。”❽使倒下，隕落。《書·盤庚中》：“顛～不恭。”

同音假借　❶管理，治理。《書·盤庚下》：“亂～我家。”❷和。《書·大誥》：“猷大誥爾多邦，～爾御事。”❸語助詞。《詩·東門之枌》：“～以鬷邁。”❹（瑟底的）小孔。《禮·樂記》：“清廟之瑟，朱弦而疏～。”

假借爲gʻwɑt/ɣuɑt/huó　把草編成（席）。《左·桓二》：“清廟茅屋，大路～席。”Gl1068、1479、1612、1676、1720

狘 xi̯wăt/xi̯wɐt/xuè　獸奔走。《禮·禮運》：“麟以爲畜，故獸不～。”

304

曰 gi̯wăt/ji̯wɐt/yuē　❶説。《詩·園有桃》：“子～何其。”❷語助詞。《詩·渭陽》：“我送舅氏，～至渭陽。”Gl791、803、1054、1207

556 殷甲文（A7: 17, 4）

557 殷（銘文10）

558 周I（銘文56）

556—558

此字从口，其中的一畫意義不明。

抇 gʻwət/ɣuət/hú　發掘（墳墓）。《荀子·堯問》：“深～之，而得甘泉焉。”

汩 kwət/kuət/gǔ　❶弄亂，擾亂。《書·洪範》：“我聞在昔，鯀陻洪水，～陳其五行。”❷治理，疏通（特指河流）。《國語·周語下》：“決～九川。”

gʻwət/ɣuət/hú　（水等）向上冒。《莊子·達生》：“與齊俱入，與～偕出。”

gi̯wæt/ji̯uĕt/yù　流。《楚辭·懷沙》：“浩浩沅湘，分流～兮。”

此字右邊常被寫成“日”，這跟“汨”（“汨羅江”的“汨”）混淆起來了。

305

粵 gi̯wăt/ɣi̯wɐt/yuè　❶語助詞。《説文》引《書》：“～三日丁亥。”（按：今《書·召誥》作“越三日丁巳”。）❷贊許，有幫助。《管子·五行》：“然則天爲～宛。”

306

月 ŋi̯wăt/ŋi̯wɐt/yuè　❶月亮。《詩·雞鳴》：“匪東方則明，～出之光。”❷月份。《詩·七月》：“七～流火。”

559 殷甲文（A1: 36, 6）

560 殷甲文（A2: 4, 1）

561 殷甲文（A2: 22, 6）　562 殷（銘文 10）

563 周 I（銘文 54）　此字象形。

559—563

抈 音同上　折斷。《國語·晉語八》：“其爲德也深矣，其爲本也固矣，故不可～也。”

刖 ŋi̯wăt/ŋi̯wɐt/yuè　ŋwat/ŋwat/wà　斷足。《韓非子·和氏》：“王以和爲誑而～其左足。”

564

564 殷甲文（O1233，人名？）

跀 前字的異體。《韓非子·外儲説左下》：“弟子子皋爲獄吏，刖人足，所～者守門。”

307

伐 bʻi̯wăt/bʻi̯wɐt/fá　❶擊，敲打。《詩·采芑》：“鉦人～鼓。”❷砍伐。《詩·伐檀》：“坎坎～檀兮。”❸討伐，攻打。《詩·出車》：“薄～西戎。”❹懲罰。《書·盤庚上》：“用罪～厥死，用德彰厥善。”❺（被打擊者）盾。《詩·小戎》：“蒙～有苑。”

同音假借　❶功勞，自夸。《論語·雍也》：“孟之反不～。”❷犁溝時翻上來的泥土。《周禮·匠人》：“一耦之～。”

565 殷甲文（A2: 8, 5）

566 殷甲文（A6: 5, 7）

567 殷（銘文 37）

568 周 I（銘文 54）

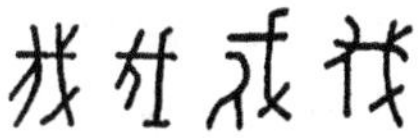

565—568

此字从人、戈（短劍）。

茷 bʻwad/bʻwai-/bèi（pèi）　❶旆蘇。《左·定四》：“分康叔以大路、少帛、綪～、旃旌、大呂。”❷飄揚。《詩·泮水》：“其旆～～。”（跟第 501 組的“旆”相同）Gl1148

308

罰 bʻi̯wăt/bʻi̯wɐt/fá　懲罰，罰款。《書·吕刑》：“五刑不簡，正于五～。”

569 周 I（銘文 56）

570 周 I（銘文 65）

此字从网、言、刀。

569—570

309

竊 tsʻiat/tsʻiet/qiè　❶盜取，偷取。《書·微子》：“好草～奸宄。”❷偷偷地，未經允許。《左·莊十》：“公弗許，自雩門～出。”❸謙稱，私下。《論語·述而》：“～比於我老彭。”

通“察”。《荀子·哀公》：“～其有益與其無益。”

此字右下部分聲符是殷商始祖的名字（古籍中常用“契”字替代）。

310

截（截）dzʻiat/dzʻiet/jié　❶（切斷，剪截>）治理，整頓。《詩·常武》：“～彼淮浦，王師之所。”❷近路，捷徑。《國語·晉語》：“不如～而行。”（按：今本《國語》未見，高氏依《經籍籑詁》。）

同音假借　淺薄的，虛僞的。《書·秦誓》：“惟～～善諞言。”Gl1052、2109

“截”是《説文》所用字形（从雀、戈）。“截”是譌變的現代字形。

311

蔑 miat/miet/miè ❶消滅，滅絕。《國語·周語中》："今將大泯其宗祊，而～殺其民人。"❷無，不。《詩·板》："喪亂～資，曾莫惠我師。"Gl930、1880

571 殷甲文（A1:49, 2, 人名）

572 殷（銘文 10）

573 周I（銘文 54） 574 周I（銘文 78）

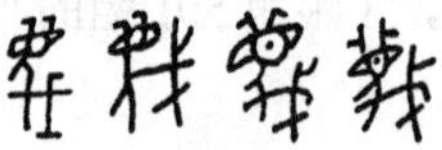

571—574

後三個古文字字義不明（"點明"義？"報答"義？）。此字从伐、苜（有角的腦袋）。

幭 音同上 覆蓋物。《詩·韓奕》："鞹鞃淺～，鞗革金厄。"

懱 miat/miet/miè 輕侮。《説文》引《書》："以相陵～。"（按：今《書》無此文。）

⿰目蔑 音同上 病眼，視力不佳。《吕氏春秋·盡數》："處目則爲～爲盲。"

⿰禾蔑 音同上 禾。見《説文》（無書證）。

575 周I（銘文 92，其義同"蔑"的古文字〔銘文 10〕）

575

篾 音同上 竹片。《書·顧命》："敷重～席黼純。"

韈 mi̯wăt/mi̯wɐt/wà ❶襪子。《韓非子·外儲説左下》："～繫解，因自結。"❷穿襪子。《左·哀二十五》："褚師聲子～而登席。"（按：今本作"韤"。）

韤 前字的異體。《左·哀二十五》："褚師聲子～而登席。"

312

夬 kiwad/kiwet/jué 放在大拇指上用來鉤弓弦的套子。《詩·車攻》："～拾既佽。"（按：今本作"決"，高氏從《釋文》。）

kwad/kwad-/guài 分開，決口。《易·夬》："澤上於天，～。"

決 kiwat/kiwet/jué ❶打通水路，導引水流。《書·益稷》："予～九州，距四海。"❷打開。《周禮·冶氏》："已句則不～。"❸切斷。《左·成十五》："則～睢澨。"❹啃斷。《孟子·盡心上》："放飯，流歠，而問無齒～。"❺決定，判定。《禮·曲禮上》："夫禮者所以定親疏，～嫌疑，别同異，明是非也。"❻決心果斷。《國策·秦四》："寡人～講矣！"

通"夬"。鉤弦，扳指。《詩·車攻》："～拾既佽。"

假借爲xiwat/xiwet/xuè 快疾貌。《莊子·逍遥遊》："我～起而飛，槍榆枋。"

玦 kiwat/kiwet/jué 半環形的腰墜。《左·閔二》："公與石祁子～。"

通"夬"。鉤弦，扳指。《禮·内則》："右佩～、捍、管。"

袂 kiwat/kiuet/jué 衣袖。《論語·鄉黨》："褻裘長，短右～。"該字也用來表示一個同義詞mi̯ad/mi̯ɛi-/mèi《禮·玉藻》："～可以回肘。"

訣 kiwat/kiwet/jué 臨别之語。《列子·説符》："衛人有善數者，臨死以～喻其子。"

趹 音同上 在地上蹬出痕迹（特指馬疾行時）。《國策·韓一》："秦馬之良，探前～後，蹏間三尋。"

鴂 音同上 伯勞鳥。《孟子·滕文公上》："南蠻～舌之人非先王之道。"

缺 kʻi̯wat/kʻi̯wet/quē kʻi̯wat/kʻiwet/quē ❶破，碎。《詩·破斧》："既破我斧，又～我斨。"❷欠缺，不完滿。《老子》五十八章："其政察察，其民～～。"

吷 xiwat/xiwet/xuè　xi̯wat/xi̯wɛt/xuè　喘氣。《莊子·則陽》:"吹劍首者,～而已矣。"

抉 ʔiwat/ʔiwet/yuè(jué)　拔起,拔出,挖出。《左·襄十》:"縣門發,郰人紇～之以出門者。"

快 kʻwad/kʻwai-/kuài　❶快樂。《孟子·梁惠王上》:"抑王興甲兵,危士臣,構怨於諸侯,然後～於心與?"❷令人滿足。《左·襄二十八》:"以～楚心。"

313

匃 kɑd/kɑi-/gài　kɑt/kɑt/gé(gài)　乞求。《左·昭六》:"不强～。"

576 殷甲文(A5: 7, 6, 其義不明)　577 周I(銘文 108)

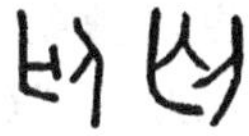
576—577

此字从人、亡(没有,缺乏)。

曷 gʻɑt/ɣɑt/hó(hé)　何,何處,何時,如何,爲何。《詩·緑衣》:"～維其亡。"

通"害"。傷害。《書·湯誓》:"時日～喪,予及汝皆亡。"Gl1407

毼 音同上(hé)　毛布。《儀禮·士喪禮》:"角觶木柶,～豆兩。"

蝎 音同上(hé)　木中蠹蟲。《國語·晉語一》:"雖～譖,焉避之?"

褐 音同上(hè)　粗毛織成的衣,粗布衣。《詩·七月》:"無衣無～,何以卒歲?"

鶡 gʻɑt/ɣɑt/hó(hé)　鳥名。《列子·黄帝》:"鵰、～、鷹、鳶爲旗幟。"

kʻɑt/kʻɑt/kǒ(kě)　～旦:鳥名。《禮·月令》:"～旦不鳴。"

葛 kɑt/kɑt/gó(gé)　藤類植物。《詩·葛覃》:"～之覃兮,施于中谷。"

渴 kʻɑt/kʻɑt/kǒ(kě)　口乾思飲。《詩·采薇》:"載饑載～。"

gʻi̯at/gʻi̯ɛt/jié　乾涸。《周禮·草人》:"墳壤用麋,～澤用鹿。"

喝 xɑt/xɑt/hō(hē)　喊叫。《國策·趙二》:"是故横人日夜務以秦權恐～諸侯。"

ʔɑd/ʔɑi-/yài(ài)　噎塞。《莊子·庚桑楚》:"兒子終日嗥而嗌不～。"(按:今本作"嗄",高氏從崔本。)

遏 ʔɑt/ʔɑt/ò(è)　❶阻止,抑止。《詩·民勞》:"式～寇虐,無俾民憂。"❷停止。《詩·武》:"勝殷～劉,耆定爾功。"Gl764

朅 kʻi̯at/kʻi̯ɛt/qiè　kʻi̯ăt/kʻi̯ɐt/qiè(jiē)　離去。《吕氏春秋·士容》:"富貴弗就,而貧賤弗～。"

同音假借　英武壯大貌。《詩·碩人》:"庶士有～。"Gl175、358

通"曷"。《吕氏春秋·貴因》:"膠鬲曰:'～至?'"

揭 gʻi̯at/gʻi̯ɛt/jié　ki̯at/ki̯ɛt/jiē　kʻi̯at/kʻi̯ɛt/qiè　gʻi̯ăt/gʻi̯ɐt/jié　❶提高,舉起。《詩·大東》:"維北有斗,西柄之～。"❷扛在肩上。《國策·齊四》:"於是乘其車,～其劍。"❸高長之貌。《詩·碩人》:"葭菼～～。"

kʻi̯ad/kʻi̯ɛi-/qì(jiē)　掀起衣服。《詩·匏有苦葉》:"深則厲,淺則～。"Gl944

楬 gʻi̯at/gʻi̯ɛt/jié　❶(置於墳上)做標志的小木樁。《周禮·蜡氏》:"若有死於道路者,則令埋而置～焉。"❷銘刻。《周禮·職金》:"～而璽之。"

kʻɑt/kʻɑt/qià　❶一種樂器。《禮·樂記》:"然後聖人作爲鞉、鼓、椌、～、壎、篪。"❷木製的高脚瓶。《禮·明堂位》:"夏后氏以～豆。"

偈 gʻi̯at/gʻi̯ɛt/jié　ki̯ăt/ki̯ɐt/jiē　强健。《莊子·天道》:"又何～～乎揭仁義……"

通“揭”。離去。《詩·匪風》:“匪車～兮。”Gl358

碣 gʻi̯at/gʻi̯ɛt/jié　獨塊巨石(巨石名)。《書·禹貢》:“夾右～石,入于河。”

竭 音同上　❶乾,盡。《詩·召旻》:“池之～矣,不云自頻。”❷～蹶:力竭顛仆。《荀子·儒效》:“遠者～蹶而趨之。”

通“揭”。舉起。《禮·禮運》:“五行之動,迭相～也。”

愒 kʻi̯ad/kʻi̯ɛt-/qì　kʻi̯at/kʻi̯ɛt/qiè　休息。《詩·民勞》:“民亦勞止,汔可小～。”

kʻad/kʻai-/kài　❶貪求。《左·昭元》:“主民翫歲而～日,其與幾何?”❷急。《廣韻》十四泰引《公羊》:“不及時而葬曰～。”(按:今《公羊·隱三》作“不及時而日,渴葬也”。)

猲 xi̯ăt/xi̯ɐt/xiē　短嘴犬。《説文》引《詩》:“載獫～獢。”(按:今《詩·駟驖》作“載獫歇驕”。)

歇 音同上(xiē)　停止,休息。《左·宣十二》:“憂未～也。”

通“猲”。《詩·駟驖》:“載獫～驕。”

暍 ʔi̯ăt/ʔi̯ɐt/yē　傷暑。《荀子·富國》:“使民夏不宛～,冬不凍寒。”

謁 音同上(yè)　❶宣布,宣告。《左·昭三十二》:“卜人～之。”❷晉見,訪問。《左·昭十六》:“宣子～諸鄭伯。”

餲 ʔi̯ad/ʔi̯ɛi-/yì　ʔad/ai-/yài　ʔat/ʔat/è(ài)　(食物)變味、變壞。《論語·鄉黨》:“食饐而～,魚餒而肉敗,不食。”

㵣 kʻat/kʻat/kǒ(kě)　渴,渴望。《國語·晉語八》:“今忨日而～歲。”

藹 ʔad/ʔai-/ài(ǎi)　❶豐富貌(指雲彩)。《管子·侈靡》:“～然若夏之靜雲。”❷(豐>)多。《詩·卷阿》:“～～王多吉士。”

314

害 gʻad/ɣai-/hài　❶傷害。《詩·大田》:“無～我田穉。”❷被傷害。《詩·蕩》:“枝葉未有～。”❸損失,禍害。《左·隱元》:“都城過百雉,國之～也。”❹不利。《國策·秦二》:“無伐楚之～。”

通313組“曷”。何。《詩·葛覃》:“～澣～否,歸寧父母。”

578

578 周II(銘文180,“何”義)

犗 kad/kai-/jiè　閹割過的牛。《莊子·外物》:“五十～以爲餌。”

割 kat/kat/gō(gē)　❶用刀截斷。《左·襄三十一》:“猶未能操刀而使～也。”❷毀壞。《書·堯典》:“湯湯洪水方～。”Gl1404、1810

579

579 周II(銘文179,“匄”義)

轄 gʻat/ɣat/xiá　插有銷釘的車軸。《左·哀三》:“巾車脂～。”

豁 xwat/xuat/huò　空。《吕氏春秋·適音》:“以危聽清則耳～極。”(按:今本作“谿”,高氏從《説文通訓定聲》。)

315

帶 tad/tai-/dài　❶腰帶。《詩·鳲鳩》:“淑人君子,其～伊絲。”❷帶子。《左·昭十一》:“衣有襘,～有結。”❸放在腰帶裏攜帶,攜帶。《左·昭元》:“使請～焉。”

此字初文可能是裙上繫腰帶的象形。

滯 dʻi̯ad/dʻi̯ɛi-/zhì　❶凝結。《國語·周語下》:“氣不沈～。”❷阻塞,滯塞。《孟子·公孫丑下》:“是何濡～也?”❸積。《周禮·泉府》:“貨之～於民用者,以其賈買之。”❹聚集,貯積。《左·襄九》:“國無～積。”❺遺棄,遺落。《詩·大田》:“彼有遺秉,此有～穗。”

蔕 tiad/tiei-/dì　花蒂或果蒂。《老子》五十九章:“深根、固～。”

墆 dʻiad/dʻiei-/dì　隱蔽。《楚辭·遠逝》："舉霓旌之～翳兮。"

dʻiat/dʻiet/dié　貯積。《管子·五輔》："發伏利，輸～積。"

遰 dʻiad/dʻiei-/dì　離去。《大戴禮·夏小正》："九月……～鴻雁。"

假借爲　d̥iad/ʑ̥iɛi-/shì　刀鞘。《禮·內則》："右佩玦、捍、管、～、大觿、木燧。"

懘 t̥iad/tɕʻi̥ɛi-/chì　？/tɕie̥:/zhǐ　不和諧（指聲音）。《禮·樂記》："五者不亂，則無怗～之音矣。"

316

泰 tʻɑt/tʻɑi-/tài　❶大。《論語·子路》："君子～而不驕。"❷過甚。《詩·巧言》："昊天～幠。"（按：今本作"大"，高氏從《釋文》。）❸倨傲。《論語·子罕》："今拜乎上，～也。"❹延伸而通達。《易·泰卦》："天地交，～也。"❺一種禮器。《禮·明堂位》："～，有虞氏之尊也。"

317

大 dʻɑd/dʻɑi-/dà　tʻɑd/tʻɑi-/tài　極大。《詩·泮水》："～賂南金。"（參316組）

580 殷甲文（A1: 3, 1）

581 周I（銘文54）

此字爲人（成年人）的象形。

580—581

太 tʻɑd/tʻɑi-/tài　此字是"大"字在此讀音上的特殊書寫形式。

582 周I（銘文70）

582

汏（汰）dʻɑd/dʻɑi-/dài　水波。《楚辭·涉江》："齊吳榜以擊～。"

假借爲tʻɑd/tʻɑi-/tài　❶過甚。《左·昭五》："楚王～侈已甚，子其戒之。"❷倨傲。《左·昭三》："伯石之～也。"❸穿過，看透，識破。《莊子·天下》："泠～於物，以爲道理。"

假借爲tʻɑt/tʻɑt/tà　掠過。《左·宣四》："伯棼射王，～輈及鼓跗，著於丁寧。"

軑 dʻɑd/dʻɑi-/dài　dʻiad/dʻiei-/dì　車轂端的金屬帽。《楚辭·離騷》："齊玉～而並馳。"

忕 d̥iad/ʑ̥iɛi-/shì　熟習。《管子·小匡》："曹孫宿其爲人也，小廉而苛～。"

杕 d̥ʻiad/dʻi̥ei-/dì　孤零獨立（特指樹木）。《詩·唐風·杕杜》："有～之杜，其葉湑湑。"

583 周III/IV（銘文311，人名）

583

釱 dʻiad/diei-/dì　dʻɑd/dʻɑi-/dài　古代刑具，脚鐐之類。《管子·幼官》："刑則交寒害～。"

318

奈（柰）nɑd/nɑi-/nài　水果名（僅有漢代書證）。

同音假借　權宜之計，對策，辦法。《書·召誥》："嗚呼！曷其～何弗敬？"

319

杀 tsʻɑd/tsʻɑi-/cài　地名（銘文117等）。此字在古籍中寫成"蔡"，因而定此讀音。

584 周I（銘文117）

585 周II（銘文167）

584—585

殺 sǎt/ṣǎt-/shā　殺死。《詩·七月》："朋酒斯饗，曰～羔羊。"

sǎd/ṣǎi-/shài　❶減低（懲罰）。《周禮·廩人》："詔王～邦用。"❷低一等。《禮·禮器》："禮不同，不豐，不～。"

同音假借　裹住屍脚的布袋。《儀禮·士喪禮》："䞓～掩足。" Gl1272

閷 前字殺死義的異體。《周禮·梓人》："凡攫～援簭之類，必深其爪，出其目，作其鱗之而。"

榝 sǎt/ṣat/shā　ṣi̯at/ṣi̯ɛt/shè　一種香木樹。《楚辭·離騷》："～又欲充夫佩

幃。”

摋 sat/sat/sà 側手以擊。《公羊·莊十二》：“萬臂～仇牧，碎其首。”

320

貝 pwad/pwai-/bèi 貝殼。《詩·閟宮》：“～冑朱綅。”

586 殷甲文（A4: 30, 2）

587 殷甲文（A5: 10, 2）

588 殷（銘文 4）

589 周 I（銘文 54）

此字象形。

586—589

敗 b'wad/b'wai-/bài pwad/pwai-/bài ❶毀壞。《詩·甘棠》：“蔽芾甘棠，勿翦勿～。”❷毀滅性的。《書·湯誓》：“夏師～績。”❸敗壞。《詩·桑柔》：“大風有隧，貪人～類。”❹失敗。《左·桓十三》：“莫敖必～。”❺擊敗。《左·隱九》：“鄭人大～戎師。”

590

590 周III/IV（銘文 315）

321

會 g'wad/ɣwai-/huì ❶會集，連結，積聚。《詩·大明》：“其～如林。”❷共同地。《詩·大明》：“～朝清明。”❸聯合，合。《書·禹貢》：“九河既道，雷夏既澤，灉沮～同。”❹相會。《詩·雞鳴》：“～且歸矣。”❺適逢。《詩·生民》：“～伐平林。”❻（關閉者>）食器蓋。《儀禮·士喪禮》：“敦啟～。”❼使一致。《禮·樂記》：“竹聲濫濫以立～。”

kwad/kwai-/guì（kuài） ❶（加上>）計算。《周禮·小宰》：“聽出入以要～。”❷攏在一起（指頭髮）。《詩·淇奧》：“～弁如星。”Gl156、788、1321

591 周III（銘文 220）

592 周III/IV（銘文 297）

此字爲置於架上有蓋容器（帶把手）的象形。

591—592

廥 kwad/kwai-/guì（kuài） 堆積乾草、穀物的屋舍。《韓非子·内儲説下六微》：“昭奚恤之用荊也，有燒倉～窌者而不知其人。”

旝 音同上（kuài） 一種旌旗。《左·桓五》：“～動而鼓。”Gl782

澮 音同上（kuài） 田間水溝，排水溝。《書·益稷》：“濬畎～，距川。”

膾 音同上（kuài） 細切（食物）。《詩·六月》：“炰鱉～鯉。”

襘 音同上 衣領或腰帶的兩頭交叉處。《左·昭十一》：“視不過結～之中，所以道容貌也。”

檜 kwad/kwai-/guì kwat/kuat/guō ❶一種針葉樹。《詩·竹竿》：“淇水滺滺，～楫松舟。”❷棺木裝飾品。《左·成二》：“椁有四阿，棺有翰～。”

禬 kwad/kwai-/guì g'wad/ɣwai-/huì 祈求除災的祭祀。《周禮·女祝》：“掌以時招、梗、～、禳之事。”

繪 g'wad/ɣwai-/huì 用多種顏色繪畫，色彩斑斕。《論語·八佾》：“～事後素。”

噲 k'wad/k'wai-/kuài 舒適（特指房間）。《詩·斯干》：“～～其正，噦噦其冥。”

kwad/kwai-/guì kwat/kuat/guō 褪去（特指顏色）。《莊子·讓王》：“顏色腫～。”Gl504

鬠 g'wat/ɣuat/huó kwad/kwai-/guì 將頭髮束成髮結。《儀禮·士喪禮》：“～笄用桑。”

薈 ʔwad/wai-/wèi(huì)　遮蔽。《詩·候人》:"～兮蔚兮，南山朝隮。"Gl363

322

外 ŋwad/ŋwai-/wài　❶外面。《詩·北門》:"我入自～。"❷在國外。《詩·長發》:"海～有截。"❸排除在外。《易·象》:"内君子而～小人。"

593

593 周I(銘文109)

此字从月、卜(用龜甲占卜)，會意。在我們構擬的上古音ŋwad中，"月"ŋi̯wăt可能是聲符。外側一竪的含義是：當龜甲内側被烤焦時，龜殼表面(外部)出現表示預言的龜裂。

323

祋 twad/twai-/dài(duì)　棍棒。《詩·候人》:"彼候人兮，何戈與～。"

324

兑 dʻwad/dʻwai-/duì　喜悦。《莊子·德充符》:"使之和豫，通而不失於～。"

假借爲dʻwad/dʻwai-/duì　tʻwad/tʻwai/tuì　❶開通道路。《詩·緜》:"柞棫拔矣，行道～矣。"❷空隙。《老子》五十二章:"塞其～，閉其門。"

通"鋭"。《荀子·議兵》:"～則若莫邪之利鋒，當之者潰。"Gl800

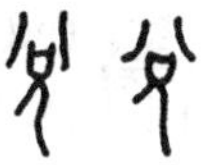

594—595

594 殷甲文(B下9:12，其義不明)　595 周II(銘文152，人名)

此字从人、口(跟第765組的"兄"相同)，頂部兩畫意義不明。

駾 tʻwad/tʻwai-/tuì　dʻwad/dʻwai-/duì　退離，逃竄。《詩·緜》:"混夷～矣，維其喙矣。"Gl801

蜕 tʻwad/tʻwai-/tuì　ɕi̯wad/ɕi̯wεi-/shuì　tʻwar/tʻua-/tuò　di̯wat/i̯wεt/yuè　昆蟲或爬蟲等脱下的皮、殼。《莊子·寓言》:"予，蜩甲也，蛇～也，似之而非也。"

鋭 di̯wad/i̯wεi-/ruì　❶鋒利，尖。《莊子·天下》:"～則挫矣。"❷鋭猛，英勇(士兵)。《左·桓十一》:"我以～師宵加於鄖。"❸細小。《左·昭十六》:"且吾以玉賈罪，不亦～乎?"

dʻwad/dʻwai-/duì　長矛。《書·顧命》:"一人冕，執～立于側階。"Gl1996

帨 ɕi̯wăd/ɕi̯wεi-/shuì　tsʻi̯wad/tsʻi̯wεi-/cuì　佩巾。《詩·野有死麕》:"舒而脱脱兮，無感我～兮。"

涚 音同上　使水潔淨。《禮·郊特牲》:"醆酒～于清。"

税 ɕi̯wad/ɕi̯wεi-/shuì　❶徵税。《春秋·宣十五》:"初～畝。"❷贈送。《禮·檀弓上》:"未仕者不敢～人，如～人則以父兄之命。"

假借爲tʻwad/tʻwai-/tuì　補行服喪之禮。《禮·檀弓上》:"小功不～。"

假借爲tʻwan/tʻuan-/tuàn　黑衣。《禮·雜記上》:"繭衣裳，與～衣。"

通"脱"。❶脱去。《左·襄二》:"～服而如内宫。"❷釋放。《左·成九》:"有司對曰:'鄭人所獻楚囚也。'使～之。"

敓 dʻwat/dʻuat/duó　强取。《説文》引《書》:"～攘，矯虔。"(按：今《書·吕刑》作"奪"。)

596

596 周III(銘文220)

挩 tʻwat/tʻuat/tuō　dʻwat/dʻuat/duó　❶拿走。《老子》五十四章:"善抱者不～。"❷擊，殺死。《穀梁·宣十八》:"戕，猶殺也，～殺也。"

ɕi̯wad/ɕi̯wεi-/shuì　擦，拭。《儀禮·鄉飲酒禮》:"坐～手，遂祭酒。"

脱 tʻwat/tʻuat/tuō　dʻwat/dʻuat/duó　❶剥落，剥皮。《列子·天瑞》:"其狀若～。"❷脱去(特指衣服)。《國語·

齊語》:“～衣就功,首戴茅蒲。”❸去掉,拆掉。《左·宣十二》:“楚人惎之～扃。”❹（把人帶走＞）逃脱,消失。《莊子·天道》:“夫巧知神聖之人,吾自以爲～焉。”❺釋除。《公羊·昭十九》:“復加一飯,則～然愈。”❻疏忽,輕慢。《左·僖三十三》:“輕則寡謀,無禮則～。”

tʻwad/tʻwai-/tuì　舒適,從容。《詩·野有死麕》:“舒而～～兮。” Gl60

梲 ȶi̯wat/tɕi̯wɛt/zhuó　支撑屋椽的短柱。《論語·公冶長》:“臧文仲居蔡,山節藻～。”

通“鋭”。《老子》九章:“揣而～之,不可長保。”

通“脱”。《荀子·禮論》:“凡禮始乎～,成乎文。”

悦 di̯wat/i̯wɛt/yuè　高興,愉快。《孟子·梁惠王下》:“取之而燕民～,則取之。”

閲 音同上　洞穴。《詩·蜉蝣》:“蜉蝣掘～,麻衣如雪。”

同音假借　❶檢閲。《公羊·桓六》:“大～者何?簡車徒也。”❷總計,計算。《左·襄九》:“商人～其禍敗之舋,必始於火。”

通“悦”。❶被喜歡。《詩·小弁》:“我躬不～,遑恤我後。”❷（歡喜的＞）滿意的。《書·多方》:“克～于乃邑謀介。” Gl97、1929

説 ɕi̯wat/ɕi̯wɛt/shuō　❶説。《詩·擊鼓》:“與子成～。”❷解釋。《論語·八佾》:“或問禘之～。”❸辯解。《詩·氓》:“士之耽兮,猶可～也。”

ɕi̯wad/ɕi̯wɛi-/shuì　規勸。《孟子·盡心下》:“～大人,則藐之。”

同音假借　止息,休息過夜。《詩·碩人》:“碩人敖敖,～于農郊。”

通“脱”。赦免。《詩·瞻卬》:“彼宜有罪,女覆～之。”

通“悦”。喜悦。《詩·靜女》:“～懌女美。” Gl83、117、168

325

最（冣）tswad/tswai-/zuì　❶聚集,積聚。《公羊·隱元》:“曷爲或言會?……會,猶～也。”❷極其,尤。《國策·趙一》:“趙襄子～怨知伯。”

蕞 dzʻwad/dzʻwai-/zuì　小貌。《左·昭七》:“鄭雖無腆,抑諺曰:‘～爾國,而三世執其政柄。’”

嘬 tsʻwăd/tʂʻwăi-/chuài　tsʻwad/tʂʻwai-/chuài　叮咬,吃。《孟子·滕文公上》:“狐狸食之,蠅蚋姑～之。”

撮 tsʻwat/tsʻuat-/cuō　用手指抓取,一撮。《禮·中庸》:“今夫地,一～土之多。”

同音假借　❶小帽套。《詩·都人士》:“臺笠緇～。”❷尖鋭的,突出的。《莊子·人間世》:“會～指天。”

326

蠆 tʻad/ȶʻai-/chài

蝎子。《詩·都人士》:“卷髮如～。”

此字爲帶有形符“虫”的象形字（參267組的“萬”）。

327

介 kăd/kăi-/jiè　❶盔甲。《詩·清人》:“駟～旁旁。”❷（動物的）甲殼。《禮·月令》:“其蟲～。”❸保護。《左·僖七》:“求～於大國。”❹輔助,助手。《詩·臣工》:“嗟嗟保～。”❺依賴。《左·文六》:“～人之寵,非勇也。”

同音假借　❶分界綫。《左·昭二》:“偪～之關。”❷邊,緣。《楚辭·哀郢》:“悲江～之遺風。”❸介於二者之間。《左·襄九》:“天禍鄭國，使～居二大國之間。”❹大。《詩·楚茨》:“報以～福。”❺增大，增加。《詩·既醉》:“君子萬年，～爾昭明。”❻堅固的。《易·豫》:“～于石。”❼堅決，堅定。《孟子·盡心上》:“柳下惠不以三公易其～。”❽纖微，微小。《易·繫辭上》:“憂悔吝者存乎～。”❾削足。《莊子·養生主》:“惡乎～也。”

假借爲kăt/kăt/jiā ❶傾斜，側斜。《莊子·馬蹄》:“而馬知～倪闉扼鷙曼詭銜竊轡。”❷倏忽，忽然。《老子》五十三章:“使我～然有知，行於大道，唯施是畏。”

通“芥”。芥菜。《孟子·萬章上》:“一～不以與人。”

通“個”。《書·秦誓》:“如有一～臣。”Gl374、563、679、1089、1091、2112

597 殷甲文（A1: 43, 4，其義不明） 598 殷甲文（A1: 45, 6，其義不明） 此字像人披條編盔甲。

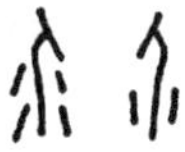
597—598

价 kăd/kăi-/jiè 偉大的。《詩·板》:“～人維蕃，大師維垣。”Gl932

界 音同上 邊界。《詩·思文》:“無此疆爾～，陳常于時夏。”

參“介”。

疥 音同上 ❶疥瘡，患疥癬。《禮·月令》:“民多～癘。”❷瘧疾。《左·昭二十》:“齊侯～，遂痁。”

599 殷甲文（A4: 10, 7，該字的解釋分歧很大，但右邊聲符無疑是“介”）

599

齘 găd/ɣăi-/xiè 齒相摩切而發聲。《周禮·函人》:“衣之欲其無～也。”

忦 xăd/xăi-/xiè 粗心，疏忽。《說文》引《孟子》:“孝子之心，不若是～。”（按：今《孟子·萬章上》作“恝”。）

芥 kăd/kăi-/jiè 芥菜。《禮·內則》:“膾，春用葱，秋用～。”

kad/kai-/jiè 草，野草。《左·哀元》:“以民爲土～。”

紒 kiad/kiei-/jì 結髮。《儀禮·士冠禮》:“將冠者，采衣～。”

328

拜（拲）pwăd/pwăi-/bài ❶鞠躬以示恭順。《詩·江漢》:“虎～稽首。”❷拜謝。《左·僖二十三》:“重耳～賜。”❸屈曲（特指樹枝）。《詩·甘棠》:“勿翦勿～。”Gl47

前字是通行字體，後字是出現在《周禮》中的異體。

600 周I（銘文 58）

此字从手、丰（樹枝）。

600

329

愒 kʻi̯ad/kʻi̯ɛi-/qì 休息。《詩·甘棠》:“召伯所～。”

330

埶 ŋi̯ad/ŋi̯ɛi-/yì 種植，栽培。《說文》引《詩》:“我～黍稷。”（按：今《詩·楚茨》作“蓺”。）

çi̯ad/çi̯ɛi-/shì 力，權勢。《禮·禮運》:“在～者去。”

現在還難斷言，這個讀音到底是同字形的另一個有同源意義（勞苦>力）的詞呢，還是表明ŋ和ç是上古某些複輔音聲母的遺迹。不過，ŋi̯ad和çi̯ad這兩讀能够解釋這個諧聲字族中出現兩類聲母的現象。

601 殷甲文（A6: 15, 2）
602 周I（銘文 57）
603 周I（銘文 180）

此字像一個人跪着種植。

601—603

蓺 ŋi̯ad/ŋi̯ɛi-/yì ❶種植。《詩·生民》："～之荏菽。"❷生長的莊稼。《左·昭六》："不采～。"

藝 音同上 ❶種植，栽。《書·酒誥》："其～黍稷。"❷藝術。《左·襄十四》："百工獻～。"❸方法，準則。《左·文六》："陳之～極，引之表儀。"❹有規律的，經常的。《左·昭十三》："貢之無～，小國有闕。"❺有才能。《論語·子罕》："子云：'吾不試，故～。'"❻技藝。《書·金縢》："能多材多～。"Gl1265、1570

摰 ŋi̯at/ŋi̯et/yè(niè) 不穩固。《周禮·輪人》："轂小而長則柞，大而短則～。"

槷 音同上 杆。《周禮·匠人》："置～以縣，眡以景。"

同音假借 不穩固，危險。《周禮·輪人》："直以指牙，牙得則無～而固。"

通"闑"。門柱。《穀梁·昭八》："以葛覆質以爲～。"

囈 ŋi̯ad/ŋi̯ɛi-/yì 夢囈。《列子·周穆王》："眠中啽～呻呼，徹旦息焉。"

熱 ȵi̯at/ȵʑi̯ɛt/rè 熱。《詩·桑柔》："誰能執～，逝不以濯。"

爇 (爇) ȵi̯wat/ȵʑi̯wɛt/ruò 燒。《左·僖二十八》："～僖負羈氏。"

勢 ɕi̯ad/ɕi̯ɛi-/shì ❶勢力。《孟子·盡心上》："古之賢王好善而忘～。"❷形勢，環境。《孟子·公孫丑上》："雖有智慧，不如乘～。"

暬 si̯at/si̯ɛt/xiè 親近。《詩·雨無正》："曾我～御，憯憯日瘁。"

褻 音同上 ❶貼身之衣，便服。《説文》引《詩》："是～袢也。"(按：今《詩·君子偕老》作"紲"。)《論語·鄉黨》："紅紫不以爲～服。"❷普通的，家常用的。《禮·郊特牲》："不敢用常～味而貴多品。"❸親近，親密的，與……關係密切。《禮·檀弓下》："調也，君子～臣也。"❹狎習，不恭。《書·盤庚中》："咸造勿～在王庭。"

604

604 周II(銘文 180)

331

帠 ŋi̯ad/ŋi̯ɛi-/yì 方法，規則。《莊子·應帝王》："女又何～以治天下感予之心爲？"

332

瘞 ʔi̯ad/ʔi̯ɛi-/yì 埋葬(殉葬品)。《詩·雲漢》："上下奠～，靡神不宗。"

333

裔 di̯ad/i̯ɛi-/yì ❶邊境。《左·文十八》："投諸四～。"❷後裔。《左·襄十四》："謂我諸戎，是四嶽之～胄也。"

605

605 周IV(銘文 292)

334

彘 d̑i̯ad/d̑i̯ɛi-/zhì 公豬，豬。《禮·月令》："天子乃以～嘗麥。"

606

606 殷甲文(A4: 51, 3)

此字爲一隻中箭的動物象形。

335

制 ȶi̯ad/tɕi̯ɛi-/zhì ❶裁成(衣服)。《詩·東山》："～彼裳衣。"❷裁製(供祭祀用的祭品)。《禮·禮器》："太廟之内敬矣，君親～祭。"❸準備，制定。《左·閔二》："師在～命而已。"❹制度，法律，法規。《左·隱元》："今京不度，非～也。"❺治理。《左·襄十四》："君～其國。"❻遏制。《書·仲虺之誥》："以禮～心。"

製 ȶi̯ad/tɕi̯ɛi-/zhì ❶裁剪、製作(衣服)。《左·襄三十一》："子有美錦，不使人學～焉。"❷袍服，斗篷。《左·哀二十七》："成子衣～杖戈。"

掣 ȶ'i̯ad/tɕ'i̯ɛi-/chì ȶ'i̯at/tɕ'i̯ɛt/chè 拖曳，拖拉。《易·睽》："其牛～。"

猘 ki̯ad/ki̯ɛi-/jì（zhì） 瘋（特指狗）。《吕氏春秋·首時》："鄭子陽之難，～狗潰之。"

336

筮 di̯ad/ʑi̯ɛi-/shì 用蓍草占卜。《詩·氓》："爾卜爾～。"

此字从竹、巫。

簭 前字的異體。《周禮·簭人》："以辨九～之名。"

噬 音同上 咬。《左·哀十二》："國狗之瘈，無不～也。"

同音假借 逮到，及。《詩·有杕之杜》："彼君子兮，～肯來遊。" Gl76

澨 音同上 濱，河岸。《左·文十六》："次于句～。"

337

祭 tsi̯ad/tsi̯ɛi-/jì 祭獻。《詩·七月》："獻羔～韭。"

tsăd/tṣăi-/zhài 國名。《左·成四》："取汜～。"

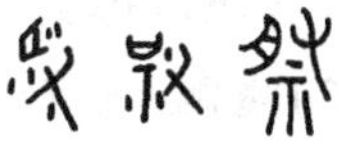
607—609

607 殷甲文（A1: 41，7）

608 殷甲文（A2: 38，2）

609 周III（銘文218） 此字从又（手）、"："（滴酒，奠酒）、夕（肉）。在後兩個古文字中，"滴酒"不見了，而代之以形符"示"。

穄 tsi̯ad/tsi̯ɛi-/jì 粟，黍。《吕氏春秋·本味》："不周之粟，陽山之～。"

際 同音上 ❶相接處。《論語·泰伯》："唐虞之～。"❷相連，交際。《左·昭四》："爾未～。"

僁 t'i̯ad/ṭ'i̯ɛi-/chì 停止。《楚辭·九辯》："然欿～而沈臧。"

瘵 tsăd/tṣăi-/zhài 受傷害，痛苦。《詩·菀柳》："上帝甚蹈，無自～焉。" Gl725

蔡 ts'ɑd/ts'ɑi-/cài ❶草地，大草原。《書·禹貢》："二百里～。"❷國名。《論語·先進》："從我於陳～者，皆不及門也。"❸大龜。《論語·公冶長》："臧文仲居～。"

săd/ṣăi-/shài 通"殺"。減輕。《左·昭元》："周公殺管叔而～蔡叔。"（金文中"殺"的左半部即爲蔡國之"蔡"） Gl1272、1390

察 ts'ăt/tṣ'ăt/chá ❶檢查。《論語·衛靈公》："衆惡之，必～焉。"❷分辨，知道。《禮·喪服四制》："皆可得而～焉。"❸昭著，明顯。《禮·中庸》："言其上下～也。"

338

曳 zi̯ad/i̯ɛi-/yì 拖拽。《詩·山有樞》："子有衣裳，弗～弗婁。" Gl289

洩 si̯at/si̯ɛt/xiè ❶洩漏。《左·昭二十五》："言若～，臣不獲死。"❷減少。《左·昭二十》："濟其不及，以～其過。"

zi̯ad/i̯ɛi-/yì ❶舒散。《左·隱元》："大隧之外，其樂也～～。"❷悠閑，舒適。《詩·十畝之間》："桑者～～。"（按：今本作"泄泄"，高氏從唐石經。） Gl88

絏 si̯at/si̯ɛt/xiè ❶繩索，脚鐐。《論語·公冶長》："子謂公冶長可妻也，雖在縲～之中，非其罪也。"❷繮繩。《左·僖二十四》："臣負羈～，從君巡於天下。"

339

世 ɕi̯ad/ɕi̯ɛi-/shì ❶一代，時代。《詩·文王》："文王孫子，本支百～。"❷世世代代，代代相傳。《詩·下武》："～德作求。"❸世界，世道，世俗。《禮·樂記》："～亂則禮慝而樂淫。"

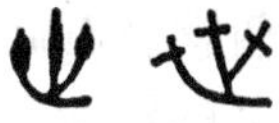
610—611

610 周II（銘文169）

611 周Ⅲ/Ⅳ(銘文295)

此字形的解釋參633組“枼”的古文字。

貰 çi̯ad/çi̯ɛi-/shì ?/ʑia-, dʑʻi̯a-/shè ❶借,貸。《周禮·司市》:“以泉府同貨而斂賒。”鄭玄注:“民無貨,則賒～而予之。”❷赦免。《國語·吳語》:“不～不忍,被甲帶劍。”

抴 zi̯ad/i̯ɛi-/yì zi̯at/i̯ɛt-/yè ❶拉,拖。《荀子·非相》:“接人則用～。”❷槳。《楚辭》。(按:今本未見。)

枻 zi̯ad/i̯ɛi-/yì 槳。《楚辭·湘君》:“桂棹兮蘭～。”

詍 音同上 饒舌,喋喋不休。《荀子·解蔽》:“辯利非以言是,則謂之～。”

泄 si̯at/si̯ɛt/xiè zi̯ad/i̯ɛi-/yì ❶泄露。《管子·君臣下》:“牆有耳者,微謀外～之謂也。”❷蔓延,分散,散布。《禮·中庸》:“振河海而不～。”❸被分散,解除。《詩·民勞》:“惠此中國,俾民憂～。”❹拖曳而行,緩飛貌。《詩·雄雉》:“～～其羽。”

通“媟”。輕慢,親狎。《孟子·離婁下》:“武王不～邇,不忘遠。”

通“詍”。多言。《詩·板》:“天之方蹶,無然～～。”Gl88

紲 si̯at/si̯ɛt/xiè 縛,繫。《周禮·弓人》:“恒角而達,譬如終～。”

通“褻”。內衣。《詩·君子偕老》:“是～絆也。”Gl135

靾 音同上 馬韁繩。《儀禮·既夕禮》:“～載旜載。”

勩 zi̯ad/i̯ɛi-/yì 勞苦,苦難。《詩·雨無正》:“莫知我～。”(《切韻》還有一個讀音di̯əd/i-/yì,這實際上是《左傳》所引《詩·雨無正》的異體“肄”的讀音)Gl566

渫 si̯at/si̯ɛt/xiè ❶除去污穢。《易·井》:“井～不食,爲我心惻。”❷漏,泄漏。《莊子·秋水》:“尾閭～之。”(按:今本作“泄”,高氏從《康熙字典》。)

參“泄”。

緤 音同上 ❶拴,繫。《楚辭·離騷》:“登閬風而～馬。”❷牽引繩。《禮·少儀》:“犬則執～。”

參“紲”和“靾”。

340

厲 li̯ad/li̯ɛi-/lì ❶磨刀石。《詩·公劉》:“取～取鍛。”❷磨光,擦亮。《左·僖三十三》:“則束載～兵秣馬矣。”

同音假借 ❶壓制,暴虐。《詩·正月》:“胡然～矣。”❷邪惡。《詩·桑柔》:“誰生～階,至今爲梗。”❸嚴厲。《論語·子張》:“望之儼然,即之也温,聽其言也～。”❹醜陋,醜惡。《莊子·天地》:“～之人夜半生其子。”❺高。《穀梁·定元》:“踰年即位,～也。”❻危險。《易·乾》:“夕惕若～,无咎。”❼可涉水而過的淺灘。《詩·有狐》:“有狐綏綏,在彼淇～。”❽弄濕衣服。《詩·匏有苦葉》:“深則～,淺則揭。”❾腰帶的垂端。《詩·都人士》:“彼都人士,垂帶而～。”❿時疫,流行病。《書·金縢》:“遘～虐疾。”⓫激勵。《書·皋陶謨》:“庶明～翼。”(按:今《書》作“勵”,但高本漢認爲有一種本子作“～”。詳Gl1289)⓬惡魔。《左·成十》:“晉侯夢大～,被髮及地,搏膺而踴。”⓭接近於,達到。《莊子·大宗師》:“且汝夢爲鳥而～乎天。”⓮樹籬。《周禮·司隸》:“守王宮與野舍之～禁。”Gl582、758、1298、1568

此字从厂(懸崖,參145組)、萬(蝎

子，參 267 組和 326 組），也許即爲“蠣”的初文。

礪 音同上　❶磨刀石。《書·禹貢》：“～砥砮丹。”❷磨。《書·費誓》：“～乃鋒刃，無敢不善。”

勵 音同上　努力，盡力。《書·皋陶謨》：“庶明～翼。”Gl1298

癘 音同上　❶時疫，災害。《左·昭四》：“～疾不降，民不夭札。”❷惡瘡。《禮·月令》：“水泉咸竭，民多疥～。”❸毀滅。《管子·五行》：“不～雛鷇。”Gl758

蠣（蠇）音同上　有螫針的毒蟲。《莊子·天運》：“其知憯於～蠆之尾。”

糲 lad/lai-/lài　li̯ad/li̯ɛi-/lì　lat/lat/là　粗米。《列子·力命》：“食則粢～。”

341

敝 bʻi̯ad/bʻi̯ɛi-/bì　❶壞，破舊。《詩·緇衣》：“緇衣之宜兮，～予又改爲兮。”❷損壞，毀滅。《左·僖十》：“帝許我伐有罪矣，～於韓。”❸不足道的，可鄙的。《左·昭二十六》：“孟氏，魯之～室也。”❹棄置一邊。《禮·郊特牲》：“冠而～之可也。”

通“蔽”。《周禮·弓人》：“長其畏而薄其～。”

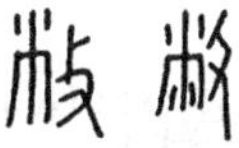

612 殷甲文（B上 10：2，人名）

613（G6：11，人名）　612—613

此字从攴（棍棒，敲擊）、㡀（巾，短畫表示裂縫）。

幣 音同上　繒帛，饋贈用的繒帛，禮品。《書·召誥》：“惟恭奉～，用供王能祈天永命。”

弊 音同上　❶跌倒。《國語·晉語八》：“信反必～。”（按：今本作“斃”，高氏從《説文通訓定聲》。）❷使倒下，停止。《周禮·大司馬》：“質明～旗。”❸毀壞。《國策·秦一》：“黑貂之裘～，黄金百斤盡。”❹被損壞，被毀壞。《國語·晉語六》：“今吾司寇之刀鋸日～。”❺低劣，壞。《周禮·司弓矢》：“句者謂之～弓。”❻衰竭。《國策·西周》：“兵～於周，而合天下於齊。”

同音假借　隱蔽，隱藏。《國策·秦五》：“南陽之～幽。”參“蔽”。

斃 音同上　❶死。《左·僖四》：“公祭之地，地墳；與犬，犬～。”❷跌倒，仆倒。《左·隱元》：“多行不義必自～。”❸殺。《禮·檀弓下》：“射之，～一人。”❹消滅。《左·宣十五》：“有以國～，不能從也。”

獘 前字的異體。《説文》引《左》：“與犬，犬～。”（按：今《左·僖四》作“斃”。）

蔽 pi̯ad/pi̯ɛi-/bì　❶掩蓋，覆蓋。《禮·月令》：“是察阿黨，則罪無有掩～。”❷屏蔽。《左·昭十八》：“葉在楚國，方城外之～也。”❸使不知，蒙騙。《左·襄二十七》：“以誣道～諸侯。”❹遮蔽的，濃蔭的，豐盛的。《詩·甘棠》：“～芾甘棠。”

同音假借　❶判決（動詞）。《左·昭十四》：“叔魚～罪邢侯。”❷判決，裁決（名詞）。《書·康誥》：“丕～要囚。”

通“笰”。《周禮·巾車》：“木車蒲～。”Gl45、1658

鷩 pi̯ad/pi̯ɛi-/bì　pi̯at/pi̯ɛt/biē　一種野雞。《周禮·司服》：“享先公饗射則～冕。”

鼈 pi̯at/pi̯ɛt/biē　龜屬。《詩·韓奕》：“炰～鮮魚。”

鱉 前字的異體。《莊子·秋水》：“東海之～左足未入，而右膝已縶矣。”

憋 pʻi̯at/pʻi̯ɛt/piē (biē) 性情急躁。《列子·力命》："墨㞒、單至、嘽咺、～憋四人相與遊於世，胥如志也。"

蹩 bʻi̯at/bʻi̯et/bié 邁進，（不停止地）前行。《莊子·馬蹄》："及至聖人，～躠爲仁，踶跂爲義，而天下始疑矣。"

342

衛 gi̯wad/ji̯wɛi-/wèi 保衛。《禮·檀弓下》："能執干戈，以～社稷。"

614 殷甲文（A4: 31, 5）

615 殷甲文（B下 22: 16）

616 周I（銘文 55） 617 周II（銘文 145）

此字从行、韋（雙足）、口（方形或圓形），可能表示衛兵守衛着用牆圍起來的地區。參571組的"韋"。

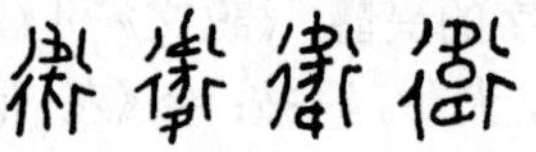

614—617

讏 音同上 夸張。《管子·形勢》："訾～之人勿與任大。"

躛 gʻwad/ɣwai-/huài (wèi) 逾越，越軌，胡言。《左·哀二十四》："是～言也。"

343

贅 ȶi̯wad/tɕi̯wɛi-/zhuì ❶聯合，聚集。《詩·桑柔》："哀恫中國，具～卒荒。"❷瘤。《莊子·大宗師》："彼以生爲附～縣疣。"❸多餘的。《老子》二十四章："其在道也，曰餘食～行。" Gl976

344

睿 di̯wad/i̯wɛi-/ruì 穎悟，敏鋭，明哲。《國語·楚語》："謂之～聖武公。"

此字从目、宊（深）。（參466組的"睿"）

叡 前字的異體。《易·繫辭上》："古之聰明～知，神武而不殺者夫。"

345

毳 tsʻi̯wad/tsʻi̯wɛi-/cuì ʈʂʻi̯wad/tʂʻi̯wɛi-/chuì ❶細毛，細髮。《禮·內則》："羊泠毛而～，羶。"❷氈。《詩·大車》："～衣如璊。" Gl210

此字从三毛。

竁 tsʻi̯wad/tsʻi̯wei-/cuì ȶʻi̯wad/tɕʻi̯wei-/chuì ȶʻi̯wan/tɕʻi̯wen-/chuàn 洞，穴，坑。《周禮·冢人》："大喪既有日，請度甫～。"

膬 tsʻi̯wat/tsʻi̯wet/quē 易碎，脆弱。《管子·霸言》："釋堅而攻～。"

在官話裏，因跟同義詞296組"脆"相混而常讀作cuì。

346

歲 si̯wad/si̯wei:/suì ❶年。《詩·碩鼠》："三～貫女，莫我肯顧。"❷收成。《左·昭三十二》："閔閔焉如農夫之望～。"

618 殷甲文（A1: 36, 6）

619 殷甲文（A7: 38, 2）

620 周II（銘文 132）

621 周II（銘文 180）

此字似爲某種戈的象形（參第7組），也許是"劌"的初文。

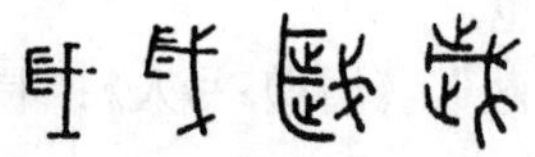

618—621

顪 xi̯wăd/xi̯wɐi-/huì 䫌鬚。《莊子·外物》："接其鬢，壓其～。"

翽 xwad/xwai-/huì 振羽聲。《詩·卷阿》："鳳皇于飛，～～其羽。" Gl172

濊 xwat/xuat/huò 飛濺聲。《詩·碩人》："施罛～～，鱣鮪發發。" Gl172

穢 ʔi̯wăd/ʔi̯wɐi-/wèi (huì) ❶雜草。《荀子·富國》："田瘠以～，則出實不半。"❷污垢，污穢。《書·盤庚中》："今予命汝一，無起～以自臭。"

噦 ʔi̯wăt/ʔi̯wɐt/yuě　ʔi̯wat/ʔi̯wɛt/yuě 嘔聲。《禮·内則》:"不敢～噫、嚏咳、欠伸、跛倚、睇視。"

xwad/xwai-/huì 鈴聲。《詩·泮水》:"其旂茷茷,鸞聲～～。"

同音假借 深,廣(特指房間)。《詩·斯干》:"噲噲其正,～～其冥。"Gl172、482、504

劌 ksi̯wad?/ki̯wɛi-/guì 受傷,損害。《禮·聘義》:"廉而不～,義也。"

該組的上古聲母非常不規則,令人費解。參613組。

347

乂 ŋi̯ăd/ŋi̯ɐi-/yì 割草。見《説文》。此字爲"刈"的初文(無書證)。

同音假借 治理,管理,控制,有秩序。《書·堯典》:"下民其咨,有能俾～。"

通"艾"。白髮的。《書·皋陶謨》:"俊～在官。"Gl1245、1317、1922

此字初文也許是一種割草刀的象形。

刈 音同上 ❶割草。《詩·葛覃》:"是～是濩。"❷割。《詩·漢廣》:"言～其楚。"

艾 ŋad/ŋai-/ài ❶艾屬植物。《詩·采葛》:"彼采～兮。"❷白髮的,年老的。《詩·閟宫》:"俾爾耆而～。"❸美。《孟子·萬章上》:"知好色,則慕少～。"❹報答。《國語·周語上》:"樹於有禮,～人必豐。"

假借爲ŋi̯ăd/ŋi̯ɐi-/yì(參"乂"和"刈")。❶割草。《詩·臣工》:"奄觀銍～。"❷治理,管理,有秩序。《詩·小旻》:"或肅或～。"❸盡頭,終止。《詩·庭燎》:"夜如何其?夜未～。"Gl447、481、1304、1875

348

吠 bʻi̯wăd/bʻi̯wɐi-/fèi 狗叫。《詩·野有死麕》:"無使尨也～。"

此字从口、犬。

349

个 kar/kɑ-/gò(gè) ❶數籌,件,個。《禮·大學》引《秦誓》曰:"若有一～臣。"(按:今《書·秦誓》作"介"。)《周禮·匠人》:"廟門容大扃七～。"《左·昭三》:"又弱一～焉。"❷正堂兩邊的廂房。《左·昭四》:"使置饋於～而退。"

kan/kan-/gàn 靶邊。《周禮·梓人》:"上兩～與其身三。"Gl2112

350

那 nar/nɑ/nó(nuó, nà) 地名。《左·莊十八》:"巴人叛楚,而伐～處。"

同音假借 ❶多。《詩·桑扈》:"不戢不難,受福不～。"❷美。《國語·楚語上》:"使富都～豎贊焉。"❸對於,關於。《國語·越語下》:"吳人之～不穀,亦又甚焉。"❹如何,何。《左·宣二》:"牛則有皮,犀兕尚多,棄甲則～?"Gl188

351

果 klwar/kuɑ:/guǒ ❶水果。《禮·喪大記》:"不食菜～。"❷結果,效果。《左·昭二》:"傷疾作而不～。"❸(當得到結果時>)果真。《孟子·梁惠王下》:"君是以不～來也。"❹終於。《吕氏春秋·忠廉》:"吳王不能止,～伏劍而死。"❺堅持做而使産生結果。《論語·子路》:"言必信,行必～。"❻(結局不好時>)有決斷地,無畏地。《論語·陽貨》:"惡～敢而窒者。"❼～蠃:葫蘆。《詩·東山》:"～蠃之實。"

通"蠃"。《周禮·龜人》:"東龜曰～屬。"

通"祼"。《周禮·大宗伯》:"則攝而載～。"

通"婐"。《孟子·盡心下》:"被袗衣,

鼓琴，二女～。”

假借爲k'lwar/k'ua:/kě 飽足。《莊子·逍遥遊》：“三飡而反，腹猶～然。”

622

622 殷甲文（A4: 41, 5, 人名）

此字象形。

蜾 klwar/kua:/guǒ ～蠃：一種小蜂。《詩·小宛》：“螟蛉有子，～蠃負之。”

裹 音同上 纏，裹起來。《詩·公劉》：“迺～餱糧，于橐于囊。”

堁 k'lwar/k'ua:/kuǒ (kè) 塵土。《楚辭·風賦》：“堀～揚塵。”

課 音同上（kè） 嘗試，試驗。《楚辭·天問》：“何不～而行之？”

倮 glwar/lua:/lǒ (luǒ) 赤身裸體。《禮·月令》：“其蟲～。”

裸 前字的異體（luǒ）。《左·僖二十三》：“曹共公聞其駢脅，欲觀其～。”

臝 音同上（luǒ） ❶赤身裸體。《左·昭三十一》：“趙簡子夢童子～而轉以歌。”❷果～：葫蘆。《詩·東山》：“果～之實。”（參“果”）

蠃 音同上（luǒ） 蜾～：一種小蜂。《詩·小宛》：“蜾～負之。”（參“蜾”）

踝 g'lwar/ɣwa:/huà (huái) 脚脖子。《禮·深衣》：“負繩及～以應直。”

髁 音同上（kuà） 謑～：斜的，不正的。《莊子·天下》：“謑～无任而笑天下之尚賢也。”

輠 g'lwar/ɣwa:/huà g'lwər/ɣuǎi:/huì g'lwan/ɣuan:/huàn 轉（指車輪）。《禮·雜記下》：“叔孫武叔朝，見輪人以其杖關轂而～輪者。”

祼 klwan/kuan-/guàn ❶祭祀時倒出祭酒。《詩·文王》：“～將于京。”❷給客人斟酒。《周禮·典瑞》：“以～賓客。”

婐 ʔwar/ʔua:/wǒ 女侍。《説文》引《孟子》：“舜爲天子，二女～。”（按：今《孟子·盡心下》作“果”。）

623

623 殷甲文（A7: 17, 2, 人名）

352

⿰鬲十 klwar/kua/guō 土釜。見《説文》（無書證）。

624

624 周II（銘文 143, 人名）

此字象形。

⿰虫⿰鬲十 klwar/kua:/guǒ（此字是“蜾”的異體，故定此音） 一種小蜂。《説文》引《詩》：“螟蛉有子，～蠃負之。”（按：今《詩·小宛》作“蜾”。）

353

火 xwar/xua:/huǒ 火。《詩·長發》：“如～烈烈。”

625 殷甲文（A8: 3, 1）

626 摘自 480 組“爟”的古文字（周II，銘文 132）

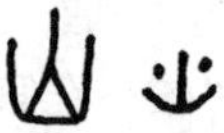
625—626

354

妥 t'nwar/t'ua:/tǒ (tuǒ) 安寧，自在，安坐。《詩·楚茨》：“以～以侑。”Gl659

627 殷甲文（A5: 19, 1）

628 周I（銘文 58）

此字从女、爫（手）。

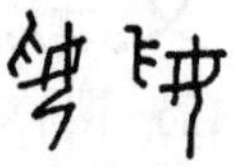
627—628

餒 nwər/nuǎi:/něi 飢餓。《論語·衛靈公》：“耕也～在其中矣。”

同音假借 腐爛，腐敗（特指食物）。《論語·鄉黨》：“魚～而肉敗，不食。”

緌 ṇiwər/ɳzwi/ruí ❶流蘇，帶子自由下垂的一端。《詩·南山》：“葛屨五兩，冠～雙止。”❷翼，翅。《禮·檀弓下》：“范則冠而蟬有～。”

右邊聲符已譌爲 357 組的“委”。354 組和 357 組的上古字形十分相似。

諉 ni̯wăr/ȵwie̯-/wèi（wěi） 牽連（用於一個象徵性名字）。《列子·力命》："眠娗、諈～、勇敢、怯疑，四人相與遊於世。"

如同"綏"一樣，此字聲符也已譌變。

綏 sni̯wər/swi/suí 登車時拉手用的繩索。《論語·鄉黨》："升車必正立執～。"

同音假借 ❶安慰，使鎮靜。《詩·民勞》："惠此中國，以～四方。"❷遏制，使停止。《書·盤庚中》："我先后～乃祖乃父。"❸停戰。《左·文十二》："秦以勝歸，我何以報？乃皆出戰，交～。"❹沉靜，莊嚴。《荀子·儒效》："～～兮其有文章也。"❺徐行貌。《詩·有狐》："有狐～～。"

假借爲sni̯war/swie̯/suī ？/xjwie̯/huī 祭名。《禮·曾子問》："不旅，不假，不～祭。"

假借爲t'nwar/t'ua:/tuǒ 保持在胸部之下（特指表敬意時酒杯舉至該處）。《禮·曲禮下》："執天子之器則上衡，國君則平衡，大夫則～之。"

此字又是上面"諉"的異體（見《詩經》和《禮記》的某些本子）。Gl195、1027、1178、1463

355

衰 swar/sua/sō（suō） 用稻草製的蓑衣（僅有漢代書證）。此字是"蓑"的初文，其讀音也由此而來。

假借爲ṣwi̯ər/ṣwi/shuī（shuāi） 縮減，衰退，衰敗。《論語·微子》："鳳兮鳳兮，何德之～？"

tṣ'i̯war/tṣ'wie̯/chuī 遞減，漸逝。《左·桓二》："庶人工商，各有分親，皆有等～。"

ts'wər/ts'uǎi/cuī （分等級的衣服>）喪服。《禮·喪服小記》："斬～括髮以麻。"

蓑 swar/sua/sō（suō） ❶用稻草或蒲草製的蓑衣。《詩·無羊》："爾牧來思，何～何笠？"❷用茅草或稻草覆蓋。《公羊·定元》："仲幾之罪何？不～城也。"

簑 前字的異體。《列子·力命》："吾君方將披～笠而立乎畎畝之中。"（按：今本作"蓑"。）

榱 ṣi̯wər/ṣwi/shuāi（cuī） 椽子。《左·襄三十一》："棟折～崩。"

縗 ts'wər/ts'uǎi/cuī （分等級的衣服>）喪服，掛在胸前的麻布條。《左·襄十七》："齊晏桓子卒，晏嬰麤～斬。"

356

毀 xi̯wăr/xjwie̯:/huǐ ❶破壞。《詩·鴟鴞》："既取我子，無～我室。"❷詆毀，辱罵。《論語·衛靈公》："吾之於人也，誰～誰譽？"❸爲消災驅邪而祈禱。《周禮·牧人》："凡外祭～事，用尨可也。"❹哀傷過度。《禮·檀弓下》："～不危身。"

燬 音同上 烈火。《詩·汝墳》："魴魚赬尾，王室如～。"Gl36

357

委 ʔi̯wăr/ʔjwie̯:/wěi ❶彎曲。《禮·檀弓上》："小功不爲位也者，是～巷之禮也。"❷落，降落。《莊子·養生主》："如土～地。"❸垂。《禮·雜記上》："～武玄縞而后蕤。"❹丢掉，抛棄。《孟子·公孫丑下》："～而去之。"❺委託。《左·成二》："王使～於三吏。"❻交付。《左·襄三十一》："子皮以爲忠，故～政焉。"

ʔi̯wăr/ʔjwie̯:，ʔjwie̯-/wěi 收集，積儲。《周禮·遺人》："遺人掌邦之～積，以待施惠。"

ʔi̯wăr/ʔjwie̯/wēi ～蛇：順從，殷勤。《詩·羔羊》："退食自公，～蛇～蛇。"Gl49

倭 ʔi̯wăr/ʔjwie̯/wēi 漫長曲折（特指道路）。《詩·四牡》："周道～遲。"

痿 音同上 雙腿風濕或麻木。《吕氏春秋·盡數》："處足則爲～爲蹷。"

萎 音同上 枯萎。《詩·小雅·谷風》："無草不死，無木不～。"

逶 音同上 ❶曲折行進。《楚辭·離世》："遵江曲之～移兮。"❷（旌旗）飄動。《楚辭·九歌·東君》："載雲旗兮～蛇。"

參"倭"。Gl49、401

餧 ʔi̯wăr/ʔjwie̯-/wèi 喂（動物）。《禮·月令》："～獸之藥。"

通 354 組"餒"。《國語·楚語下》："民之羸～，日已甚矣。"

踒 ʔwɑr/ʔuɑ，ʔuɑ-/wō 扭傷。《韓非子·説林下》："此其爲馬也，～肩而腫膝。"

緌 參 354 組

諉 參 354 組

358

此 ts'i̯ăr/ts'ie̯:/cǐ 這，這個。《詩·新臺》："燕婉之求，得～戚施。"

629 周III/IV（銘文 315）

此字从人、止（足），可能是"跐"的初文。

629

佌 音同上 小。《詩·正月》："～～彼有屋。"

庛 ts'i̯ăr/ts'ie̯-/cì 犁下端安裝犁頭的部分。《周禮·車人》："車人爲耒，～長尺有一寸。"

跐 ts'i̯ăr/ts'ie̯:/cǐ 踐踏。《列子·天瑞》："若躇步～蹈，終日在地上行止。"

雌 ts'i̯ăr/ts'ie̯/cī（cí） 雌鳥，雌性的。《詩·正月》："誰知鳥之～雄。"

䳄 前字的異體。

泚 ts'i̯ăr/ts'ie̯:/cǐ ts'i̯ər/ts'iei:/cǐ ❶（液體＞）清澈。《詩·新臺》："新臺有～，河水瀰瀰。"❷汗。《孟子·滕文公上》："其顙有～，睨而不視。"Gl118

玼 音同上 晶瑩，有光澤。《詩·君子偕老》："～兮～兮，其之翟也。"Gl118

紫 tsi̯ăr/tsie̯:/zǐ 紫色，紫紅色。《論語·陽貨》："惡～之奪朱也。"

訾（訿）tsi̯ăr/tsie̯:/zǐ ❶誹謗，詆毁。《詩·小旻》："潝潝～～，亦孔之哀。"❷厭惡。《管子·形勢》："～食者不肥體。"

假借爲 tsi̯ăr/tsie̯/zī ❶計量。《商君書·墾令》："～粟而税，則上壹而民平。"❷（標準的等級＞）限度。《管子·君臣上》："吏嗇夫盡有～程事律。"❸想，向往。《禮·少儀》："不～重器。"

dzi̯ăr/zie̯/sí 缺點。《禮·檀弓下》："故子之所刺於禮者，亦非禮之～也。"

通"恣"。《荀子·非十二子》："禮節之中則疾疾然、～～然。"

通"貲"。《列子·力命》："有人於此，年兄弟也，～兄弟也。"（按：今本作"言"，高氏從《釋文》。）Gl574

貲 tsi̯ăr/tsie̯/zī 財貨，價值。《管子·山權數》："吾有無～之寶於此。"

髭 音同上 唇上的髯子。《吕氏春秋·觀表》："衛忌相～。"

頾 前字的異體。《左·昭二十六》："至于靈王，生而有～。"

疵 dz'i̯ăr/dz'ie̯/cī ❶缺點。《書·大誥》："知我國有～。"❷瑕疵。《左·僖七》："不女～瑕也。"

通"訾"。誹謗。《荀子·不苟》："正義直指，舉人之過，非毁～也。"

骴 dzʻi̯ăr/dzʻiḙ, dzʻiḙ-/cī　帶殘肉的骨頭。《周禮·蜡氏》："蜡氏掌除～。"

胔 dzʻi̯ăr/dzʻiḙ-/zì　動物的屍體，骨殖。《禮·月令》："掩骼埋～。" Gl470

眥 dzʻi̯ăr/dzʻiḙ-/zì　dzʻiər/dzʻiei-/jì　眼眶。《列子·湯問》："離朱子羽方晝拭～揚眉而望之，弗見其形。"

觜 tsi̯wăr/tswiḙ:/zuǐ　tsi̯ăr/tsiḙ/zī　（猛禽、甲魚等的）嘴；～觿：星宿之名。《禮·月令》："日在角，昏牽牛中，旦～觿中。"

㧘 dzʻăr/dzʻa̯i/chái　堆積，一堆。《説文》引《詩》："助我舉～。"（按：今《詩·車攻》作"柴"。） Gl470

祡 音同上　焚燎以祭。《説文》引《書》："至于岱宗，～。"（按：今《書·舜典》作"柴"。）

柴 dzʻăr/dzʻa̯i/chái　❶木柴。《禮·月令》："乃命四監收秩薪～。"❷焚燎以祭。《書·舜典》："東巡守，至于岱宗，～。"❸圍以柵欄，堵塞。《莊子·外物》："知出乎爭，～生乎守。"

tsi̯ăr/tsiḙ-/zì　dzʻi̯ăr/dzʻiḙ-/zì　堆積，堆。《詩·車攻》："射夫既同，助我舉～。" Gl470

359

爾 ȵi̯ăr/ȵʑiḙ:/ěr　❶副詞後綴。《論語·子罕》："如有所立，卓～。"❷語末助詞。《論語·述而》："不知老之將至云～。"

niər/niei:/nǐ　花繁盛貌。《詩·采薇》："彼～爲何？維常之華。"

假借爲ȵi̯a/ȵʑiḙ:/ěr　你。《詩·竹竿》："豈不～思，遠莫致之。"

通"邇"。《詩·行葦》："戚戚兄弟，莫遠具～。" Gl264、780

630

630 周III（銘文 234）

邇 ȵi̯ăr/ȵʑiḙ:/ěr　近。《詩·汝墳》："父母孔～。"

嬭 niər/niei:/nǐ（nǎi）　母親（見《廣雅》和《切韻》，無早期書證）。

631—632

631 周III（銘文 231，人名）

632 周II/III（銘文 266，人名）

濔 音同上　衆多貌。《詩·載驅》："垂轡～～。" Gl264

禰 音同上　亡父的牌位和宗廟。《書·舜典》："歸，格于～祖。"（按：今《書》作"藝"。） Gl1265

薾 niər/niei:/nǐ　繁盛貌。《説文》引《詩》："彼～惟何？"（按：今《詩·采薇》作"爾"。）

其簡體形式"苶"假借爲 niət/niet/niè，不在意，忘卻，不以爲然。《莊子·齊物論》："～然疲役而不知其所歸。" Gl264

璽 sni̯ăr/siḙ:/xǐ　印章。《左·襄二十九》："～書追而與之。"

獮 sni̯an/si̯ɛn:/xiǎn　秋獵。《左·隱五》："故春蒐、夏苗、秋～、冬狩，皆於農隙以講事也。"

𤣻 前字的異體，見《説文》。

彌 mi̯ăr/mjiḙ:/mǐ　終止，消除。《周禮·小祝》："～災兵，遠罪疾。"

mi̯ar/mjiḙ/mí　❶使完滿。《詩·卷阿》："俾爾～爾性。"❷擴大，增加。《左·哀二十三》："以肥之得備～甥也。"❸更加。《論語·子罕》："仰之～高。"❹延長，長久。《書·顧命》："病日臻，既～留。" Gl912、1971

633

633 周III/IV（銘文 301）

瀰 mi̯ăr/mjiẹ, mjiẹ:/mí　mi̯ər/miei:/mǐ（河流）水滿貌。《詩·新臺》：“新臺有泚，河水～～。”Gl119

360

弭 mi̯ăr/mjiẹ:/mǐ　弓的兩端縛弦處，未綳弦塗漆，但嵌有骨頭或象牙。《詩·采薇》：“四牡翼翼，象～魚服。”

同音假借　❶停止。《詩·沔水》：“心之憂矣，不可～忘。”❷息，消。《左·成十六》：“若之何，憂猶未～。”

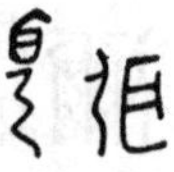
634—635

634 周Ⅰ（銘文 88）

635 周（銘文 352，人名）

此字从弓、耳。

渳 音同上　洗。《周禮·小宗伯》：“王崩大肆，以秬鬯～。”

麛 mi̯ər/miei/mí　幼鹿（泛指幼小動物）。《禮·曲禮下》：“士不取～卵。”

361

天 tʻien/tʻien/tiān　天。《詩·鄘風·柏舟》：“母也～只。”

同音假借　額頭上烙印。《易·睽》：“其人～且劓。”

636—637

636 殷甲文（A: 3, 7）　637 周Ⅰ（銘文 63）

此字爲具有人形的神的象形。

呑 tʻən/tʻən/tūn　吞咽，吞食。《國策·西周》：“兼有～周之意。”

362

田 dʻien/dʻien/tián　❶耕種的土地。《詩·大田》：“雨我公～。”❷打獵。《詩·叔于田》：“叔于～，巷無居人。”

同音假借　鼓聲。《禮·問喪》：“殷殷～～，如壞牆然，悲哀痛疾之至也。”

dʻien/dien-/diàn　耕種田地。《詩·齊風·甫田》：“無～甫田，維莠驕驕。”

通“朄”。《詩·有瞽》：“應～縣鼓。”

Gl1097

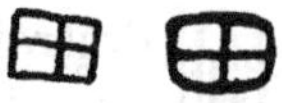
638—639

638 殷甲文（A2: 7, 3）

639 周Ⅰ（銘文 65）

此字象形。

佃 dʻien/dʻien/tián　dʻien/dʻien-/diàn　耕種田地（僅有漢代書證）。

通“田”。打獵。《易·繫辭下》：“以～以漁。”

畋 dʻien/dʻien/tián　打獵。《吕氏春秋·直諫》：“以～於雲夢。”

dʻien/dʻien-/diàn　耕種田地。《書·多方》：“今爾尚宅爾宅，～爾田。”

640

640 殷甲文（G9: 7）

甸 dʻien/dʻien-/diàn　❶王畿。《書·禹貢》：“五百里～服。”❷耕種的田地，農產品。《禮·少儀》：“納貨貝於君，則曰納～於有司。”❸耕治。《詩·信南山》：“維禹～之。”

通“田”。打獵。《周禮·小宗伯》：“若大～，則帥有司而饁獸于郊。”

《釋文》有 di̯əŋ/ʑi̯əŋ/shèng 這個讀音（通“乘”），作兩種解釋：❶上古井田制區域（六十四井）。《禮·祭義》：“古之道五十不爲～徒。”❷大臣之車。《左·哀十七》：“良夫乘衷～，兩牡。”該通假從聲符角度説是非常難以理解的。

641

Gl675、1384

641 周Ⅰ（銘文 97）

363

奠 dʻien/dʻien-/diàn　dʻieŋ/dʻieŋ-/dìng　❶陳列，獻上（祭品）。《詩·采蘋》：“于以～之，宗室牖下。”❷祭品。《書·康王之誥》：“一二臣衛敢執壤～。”❸示，陳。《書·顧命》：“～麗陳教則肄。”❹定。《書·禹貢》：“～高山大川。”❺放置。《詩·行葦》：“洗爵～斝。”

dʻieŋ/dʻieŋ/tíng　不流動（特指水）。《周禮·匠人》：“凡行～水，磬折以參伍。”Gl1974

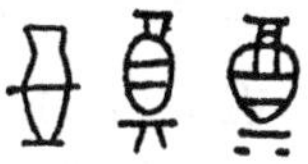
642—644

642 殷甲文（A1: 24, 3）

643 周 I（銘文 112，其義同“鄭”）

644 周 II（銘文 148）

此字像容器擱在支座上。

鄭 dʻi̯ĕŋ/dʻi̯ɛŋ-/zhèng　國名。《左·隱元》：“衛人爲之伐～。”

躑 dʻi̯ĕk/dʻi̯ɛk/zhí　躑躅。《荀子·禮論》：“～躅焉，踟躕焉，然後能去之也。”

364

年 nien/nien/nián　❶年成。《春秋·宣十六》：“冬，大有～。”❷歲。《詩·東山》：“自我不見，于今三～。”

645—646

645 殷甲文（A1: 50, 1）

646 周 I（銘文 57）

此字爲人荷一禾。

365

千 tsʻien/tsʻien/qiān　數詞。《詩·閟宮》：“萬有～歲。”

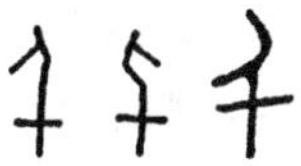
647—649

647 殷甲文（A8: 5, 1）

648 殷甲文（A4: 1, 7）

649 周 I（銘文 65）

此字从人，腿上有一畫，其義不明。

阡 音同上　南北走向的田間小道。《墨子·雜守》：“丘陵～陌。”

芊 音同上　茂盛，富庶（指國土）。《列子·力命》：“美哉國乎，鬱鬱～～。”

366

玄 gʻiwen/ɣiwen/xuán　深色，黑色。《詩·七月》：“載～載黃，我朱孔陽。”

650

650 周 II（銘文 133）

泫 gʻiwen/ɣiwen:/xuàn　流。《禮·檀弓上》：“～然流涕。”

眩 gʻiwen/ɣiwen, ɣiwen-/xuàn　頭暈眼花。《孟子·滕文公上》：“若藥不瞑～，厥疾不瘳。”

鉉 gʻiwen/ɣiwen:/xuàn　棒狀物，穿在鼎耳舉鼎用。《易·鼎》：“鼎黃耳金～。”

弦 gʻien/ɣien/xián　❶弓弦。《儀禮·鄉射禮》：“有司左執弣，右執～而授弓。”❷樂器上的弦。《論語·陽貨》：“聞～歌之聲。”

絃 前字的異體。《禮·樂記》：“昔者舜作五～之琴以歌南風。”

炫 gʻien/ɣien-（應爲合口）/xián（xuàn）　光輝燦爛的。《國策·秦一》：“轉轂連騎，～熿於道。”

蚿 gʻien/ɣien/xián　千足蟲（如蜈蚣等）。《莊子·秋水》：“夔憐～，～憐蛇。”

衒 gʻien/ɣien-（應爲合口）/xiàn（xuàn）　沿街叫賣，夸耀貨色。《楚辭·疾世》：“抱昭華以寶璋，欲～鬻兮莫取。”

牽 kʻien/kʻien/qiān　❶拉，牽，引。《詩·大東》：“睆彼～牛。”❷（被牽着走的動物>）牛。《左·僖三十三》：“唯是脯資餼～竭矣。”❸牽聯。《呂氏春秋·離俗》：“不漫於利，不～於執。”

鮌 kwən/kuən:/gǔn　大魚（用作人名）。《國語·周語下》：“其在有虞，有崇伯～。”此字是 417 組“鯀”和 419 組“鮌”的異體字。

誸 gʻien/ɣien/xián　急急地說。《莊子·外物》：“謀稽乎～，知出乎爭。”

367

淵 ʔiwen/ʔiwen/yuān　❶深淵。《詩·小旻》：“戰戰兢兢，如臨深～。”❷深。《詩·燕燕》：“仲氏任只，其心塞～。”

❸深沉的鼓聲。《詩·那》：“鞉鼓～～。”

651 周I（銘文 58）

652 周III/IV（銘文 324）

651—652

此字从水、𣶒，後者爲深潭的象形。

婣 “姻”的異體。《周禮·大司徒》：“二曰六行：孝、友、睦、～、任、恤。”

368

臤 kʻi̯ěn/kʻi̯ěn-/qìn　kʻăn/kʻăn-/qiān　堅。見《説文》（無書證）。一般認爲它是“掔”的初文。

653 周I（銘文 81，人名）

此字从又（手）、臣（奴隸）。

653

堅 kien/kien/jiān　硬，堅固，牢固。《詩·大田》：“既～既好，不稂不莠。”

掔 kʻien/kʻien/qiān　kʻăn/kʻăn/qiān　堅固，堅硬。《墨子·迎敵祠》：“令命昏緯狗纂馬，～緯。”

通“牽”。《莊子·徐无鬼》：“君將黜耆欲，～好惡，則耳目病矣。”Gl398

賢 gʻien/ɣien/xián　❶聰明，有才幹。《詩·行葦》：“序賓以～。”❷勝過。《禮·投壺》：“某～於某若干純。”

假借爲 gʻien/ɣien-/xiàn　車轂眼。《周禮·輪人》：“五分其轂之長，去一以爲～。”

654 周I（銘文 118，人名）

654

緊 ki̯ěn/ki̯ěn:/jǐn

纏緊，使貼緊（僅有漢代書證）。

通“堅”。《管子·問》：“鉤弦之造，戈戟之～。”

腎 di̯ěn/ʑi̯ěn:/shèn　腎。《書·盤庚下》：“今予其敷心腹～腸。”

369

矜 gʻi̯ěn/gʻi̯ěn/qín（jīn）　矛柄。《淮南子·兵略訓》：“伐棘棗而爲～。”

同音假借　❶可憐的。《詩·鴻鴈》：“爰及～人，哀此鰥寡。”❷謙虚，恭敬。《孟子·公孫丑下》：“使諸大夫國人皆有所～式。”❸尊嚴，莊嚴。《論語·衛靈公》：“君子～而不爭。”❹强健的。《詩·無羊》：“爾羊來思，～～兢兢。”❺自負，自夸。《管子·法法》：“彼～者，滿也。”Gl477、748

在這些假借義裏，《切韻》和《釋文》讀作 ki̯əŋ/ki̯əŋ/jīng，但這簡直是不可思議的，因爲在《詩經》裏，同樣的意思而其韻爲 -ěn 類。

該字也通“鰥”，收 -n 尾。《詩·何草不黄》：“何人不～？”

370

因 ʔi̯ěn/ʔi̯ěn/yīn　❶依據。《孟子·離婁上》：“爲高必～丘陵，爲下必～川澤。”❷依靠。《詩·韓奕》：“～時百蠻。”❸利用，充分利用。《書·堯典》：“厥民～。”❹可信賴的，愛慕的，親愛的。《詩·皇矣》：“～心則友。”❺沿襲，繼續。《論語·爲政》：“殷～於夏禮，所損益可知也。”❻符合，一致。《孟子·離婁上》：“爲政不～先王之道。”❼因而，因此。《孟子·梁惠王上》：“若民則無恒産，～無恒心。”❽由於。《禮·禮器》：“～天事天，～地事地。”Gl826、1032、1221

655 殷甲文（A5: 38, 3，其義不明）

656 周IV（銘文 286，人名）

“休息”與“席”來源相同，此字爲一個人在席上休息。

655—656

茵 音同上　席。《詩·小戎》：“文～暢轂，駕我騏馵。”

絪 音同上

席，床（僅有漢代書證）。

同音假借　天地交互作用。《易·繫

辭下》：“天地～緼，萬物化醇。”

姻 音同上　❶由婚姻而結成的親戚關係。《詩·節南山》：“瑣瑣～亞。”❷婚姻。《詩·我行其野》：“不思舊～，求爾新特。”Gl493

駰 音同上　灰白相間的馬。《詩·皇皇者華》：“我馬維～，六轡既均。”Gl409

咽 ʔien/ʔien/yān　咽喉。《國策·秦四》：“韓，天下之～喉。”

ʔien/ʔien-/yàn　吞咽。《孟子·滕文公下》：“三～，然後耳有聞，目有見。”

假借爲 ʔiĕn/ʔiĕn/yīn　ʔiwen/ʔiwen/yuān 擊鼓聲。《詩·有駜》：“鼓～～，醉言舞。”

烟 ʔien/ʔien/yān　烟霧，烟。《荀子·富國》：“然後飛鳥鳧雁若～海。”

恩 ʔən/ʔən/ēn　❶仁慈，善意的行爲。《孟子·梁惠王上》：“今～足以及禽獸，而功不至於百姓者，獨何與？”❷情愛。《詩·鴟鴞》：“～斯勤斯，鬻子之閔斯。”

371

引 di̯ĕn/i̯ĕn:/yǐn　❶開弓。《孟子·盡心上》：“君子～而不發，躍如也。”❷拉，牽。《左·襄十三》：“怨其君以疾其大夫，而相牽～也。”❸引伸，伸展。《孟子·梁惠王上》：“則天下之民皆～領而望之矣。”❹引導。《詩·行葦》：“黃耇台背，以～以翼。”❺勸導。《書·多士》：“上帝～逸，有夏不適逸。”❻延長。《詩·楚茨》：“子子孫孫，勿替～之。”❼試圖獲得。《禮·王制》：“凡三王養老皆～年。”

通“紖”。《禮·檀弓下》：“弔於葬者必執～。”Gl1802

此字从弓，一豎可能象徵弓弦。

靷 di̯ĕn/i̯ĕn-/yìn　引車前行的皮帶。《詩·小戎》：“游環脅驅，陰～鋈續。”

蚓 di̯ĕn/i̯ĕn:/yǐn　蚯蚓。《孟子·滕文公下》：“夫～上食槁壤，下飲黃泉。”

紖 d'i̯ĕn/ɖ'i̯ĕn:/zhèn　牽牛繩。《禮·少儀》：“牛則執～，馬則執靮。”

372

絼 d'i̯ĕn/ɖ'i̯ĕn:/zhèn　牽牛繩。《周禮·封人》：“置其～，共其水槀。”此字是“紖”的異體字。

373

陳 d'i̯ĕn/ɖ'i̯ĕn/chén　❶陳列，排列。《詩·伐木》：“～饋八簋。”❷顯示。《論語·季氏》：“～力就列，不能者止。”❸炫耀，傑出。《書·顧命》：“越玉五重，～寶。”❹散布，給。《左·襄三十一》：“非薦～之，不敢輸也。”❺廣。《詩·文王》：“～錫哉周。”❻（陳列之處>）從門至堂的過道。《詩·何人斯》：“彼何人斯，胡逝我～。”

同音假借　❶陳舊（跟“新”相對，特指穀物）。《詩·小雅·甫田》：“我取其～，食我農人。”❷逗留，停留。《書·盤庚中》：“失于政，～于兹。”

d'i̯ĕn/ɖ'i̯ĕn-/zhèn　列戰陣。《論語·衛靈公》：“衛靈公問～於孔子。”Gl675

657 周IV（銘文 284）

658 周IV（銘文 285）

這兩個古文字都是齊國王族的姓，加了形符“土”。

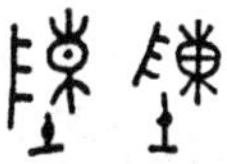

657—658

敶 前字的異體。《楚辭·招魂》：“～鐘按鼓，造新歌些。”

659 周III（銘文 216，諸侯國名）

659

陣 前字的異體，僅用作列戰陣一義。《楚辭·國殤》：“凌余～兮躐余行。”

塦 d'i̯ĕn/ɖ'i̯ĕn/chén　～蜳：不安貌。《莊子·外物》：“～蜳不得成，心若縣於天地之間。”

374

塵 d'ĭĕn/d'ĭĕn/chén 塵土。《詩·無將大車》:"維～冥冥。"

此字从鹿、土。

375

真 ṭĭĕn/tɕĭĕn/zhēn 真的,真實的。《莊子·田子方》:"其爲人也～。"

稹 ṭ'ĭĕn/tɕĭĕn, tɕĭĕn:/zhěn d'ien/d'ien-/diàn 乾燥緊密(特指木頭)。《周禮·輪人》:"陽也者,～理而堅。"Gl132

縝 ṭĭĕn/tɕĭĕn, tɕĭĕn:/zhěn 細密,質地優良(特指材料)。《禮·聘儀》:"～密以栗,知也。"

鬒 ṭĭĕn/tɕĭĕn:/zhěn 黑髮。《詩·君子偕老》:"～髮如雲。"Gl132

黰 前字的異體。《左·昭二十八》:"昔有仍氏生女,～黑而甚美。"

鎮 ṭĭĕn/ṭĭĕn-/zhèn ❶壓,鎮壓。《國語·周語上》:"爲贄幣、瑞節以～之。"❷控制。《左·昭二十五》:"國君是以～撫其民。"

通"填"。阻塞,填滿。《國語·晉語二》:"既～其甍矣,又何加焉?"

假借爲ṭĭĕn/ṭĭĕn, ṭĭĕn:/zhēn 珍貴之物。《周禮·大宗伯》:"王執～圭。"

瞋 ṭ'ĭĕn/tɕ'ĭĕn/chēn 張目,瞪眼。《莊子·秋水》:"晝出,～目而不見丘山。"

磌 ṭĭĕn/tɕĭĕn/zhēn d'ien/d'ien/tián (石頭滾落的)聲音。《公羊·僖十六》:"賈石記聞,聞其～然,視之則石,察之則五。"

慎 d̑ĭen/ʑĭĕn-/shèn 小心仔細,小心謹慎。《詩·巷伯》:"～爾言也。"

傎 tien/tien/diān 推翻,顛倒。《穀梁·僖二十八》:"以爲晉文公之行事爲已～矣。"

蹎 音同上 絆倒,跌倒。《荀子·正論》:"～跌碎折,不待頃矣。"

瘨 音同上 ❶疾病,疾苦,苦惱。《詩·召旻》:"～我饑饉,民卒流亡。"❷瘋狂。《國策·楚一》:"水漿無入口,～則殫悶。"

顛 tien/tien/diān ❶頭頂。《詩·車鄰》:"有馬白～。"❷(頭朝下>)倒下,被推翻,顛覆。《詩·邶風·谷風》:"及爾～覆。"

同音假借集中,專心於。《莊子·馬蹄》:"故至德之世,其行填填,其視～～。"

假借爲d'ien/d'ien/tián ❶填滿,填塞。《禮·玉藻》:"盛氣～實揚休。"❷憂慮,憂思。《禮·玉藻》:"喪容纍纍,色容～～。"

巔 tien/tien/diān 山頂。《詩·采苓》:"首陽之～。"

齻 音同上 上顎犬牙。《儀禮·既夕禮》:"右～左～。"

瑱 t'ien/t'ien-/tiàn ṭĭĕn/ṭĭĕn/zhèn 遮耳的玉製垂飾。《詩·君子偕老》:"玉之～也。"

ṭĭĕn/ṭĭĕn-/zhèn 一種玉。《楚辭·東皇太一》:"瑤席兮玉～。"

嗔 d'ien/d'ien-/tián 鼓聲。《説文》引《詩》:"振旅～～。"(按:今《詩·采芑》作"闐闐"。)

闐 前字的異體。《詩·采芑》:"振旅～～。"

搷 音同上 擊。《楚辭·招魂》:"竽瑟狂會,～鳴鼓些。"

窴 d'ien/d'ien-/diàn 塞滿。《楚辭·天問》:"洪泉極深,何以～之?"

填 d'ien/d'ien/tián　阻塞，填滿。《國策·楚四》："不知夫穰侯方受命乎秦王，～黽塞之內。"

同音假借　❶有尊嚴。《莊子·馬蹄》："至德之世，其行～～。"❷鼓聲。《孟子·梁惠王上》："～然鼓之。"

假借爲 d'ien/d'ien/tián　ti̯ĕn/ti̯ĕn-/zhèn　征服，使馴服。《穀梁·隱九》："誅不～服。"

假借爲 d'ien/d'ien:/diàn　筋疲力盡，貧困。《詩·小宛》："哀我～寡。"

假借爲 d'i̯ĕn/d'i̯ĕn/chén　❶古老的，長期存在的。《詩·桑柔》："倉兄～兮。"❷長久。《詩·瞻卬》："孔～不寧。" Gl588

嵮 前字的異體。阻塞，填滿。《荀子·大略》："望其壙，皋如也，～如也，鬲如也，此則知所息矣。"

寘 ti̯ĕr/tçi̯e-/zhì　❶放置。《詩·卷耳》："嗟我懷人，～彼周行。"❷棄置。《詩·生民》："誕～之隘巷。"

660

660 周Ⅳ（銘文 289）

376

昚 d̑i̯ĕn/ʑi̯ĕn-/shèn　小心，謹慎。（銘文 218）"慎"的異體。（見《說文》）

661

661 周Ⅲ（銘文 218）

377

臣 d̑i̯ĕn/ʑi̯ĕn/chén　❶奴隸，奴僕。《詩·正月》："民之無辜，並其～僕。"❷臣民。《禮·經解》："喪祭之禮，所以明～子之恩也。"❸官員。《詩·臣工》："嗟嗟～工，敬爾在公。"❹大臣。《論語·八佾》："定公問：'君使～，～事君，如之何？'"

662 殷甲文（A4: 32，5）

663 殷甲文（A4: 15，4）

664 殷（銘文 23）

665 周Ⅰ（銘文 58）

666 周Ⅰ（銘文 59）

此字像直竪的"目（眼睛）"（低頭屈服之形）。以"目"代頭很常見。參 241 組的"見"。

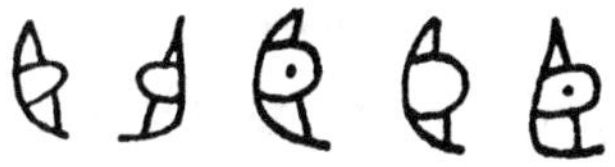
662—666

挋 ti̯ĕn/tçi̯ĕn-/zhèn　擦去。《禮·喪大記》："浴用絺巾，～用浴衣，如它日。"

378

晉 tsi̯ĕn/tsi̯ĕn-/jìn　進。《易·晉》："～，進也。"

同音假借　❶矛戟下端的銅鐏。《周禮·廬人》："去一以爲～圍。"❷古代諸侯國名。《左·成十三》："天禍～國。"❸插。《周禮·典瑞》："王～大圭，執鎮圭。"

667 殷甲文（G13: 1）

668 周Ⅲ（銘文 220）

669 周Ⅱ/Ⅲ（銘文 259）

670 周Ⅲ（銘文 238）

667—670

這些古文字都是人名。此字上部爲兩支箭，也許表示呈獻的禮品（置於托盤上），箭作爲禮物在銅器銘文中是有記録的。參 379 組的"進"（從語源學角度看是同源的）。

搢 音同上　插。《禮·月令》："司徒～扑，北面誓之。"

縉 音同上　淺紅色（用作人名）。《左·文十八》："～雲氏有不才子。"

通"搢"。《荀子·禮論》："～紳而無鉤帶矣。"

戩《切韻》和《釋文》都讀作 tsi̯an/tsi̯ĕn:/jiǎn，是因爲此字在《詩·閟宮》中有一個異文"翦"（按：指《詩·閟宮》的"翦"，《說文》引作"～"），但實際上它應讀作tsiĕn/tsi̯ĕn:/jǐn(從語源學角度看跟“盡”音同)。割。《詩·天保》:“俾爾～穀。”Gl425

379

進 tsi̯ĕn/tsi̯ĕn-/jìn ❶引薦,引進。《書·盤庚中》:“盤庚乃登～厥民。”❷奉獻。《禮·曲禮上》:“侍飲於長者,酒～則起。”❸前進。《詩·常武》:“～厥虎臣。”

671 殷甲文(A4: 36, 7; 形符是“止”而不“辵”)

672 周I(銘文67)

673 周II(銘文189)

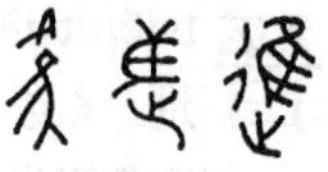

671—673

此字从隹(鳥,用作獻禮?)、足或辵。

380

秦 dz'i̯ĕn/dz'i̯ĕn/qín 地名。《左·僖十五》:“及惠公在～。”

674 殷甲文(B下39: 2)

675 周III(銘文220)

676 周III(銘文229)

674—676

螓 音同上 一種類似蟬的昆蟲。《詩·碩人》:“～首蛾眉,巧笑倩兮。”Gl165

榛 tṣi̯ĕn/tṣi̯æn/zhēn 榛木。《詩·鳲鳩》:“鳲鳩在桑,其子在～。”

溱 音同上

河名。《詩·褰裳》:“褰裳涉～。”

同音假借 衆多的,豐富的。《詩·無羊》:“室家～～。”

臻 音同上 到達,至。《詩·雲漢》:“天降喪亂,饑饉薦～。”

蓁 音同上 ❶茂盛貌。《詩·桃夭》:“桃之夭夭,其葉～～。”❷衆多貌。《楚辭·招魂》:“蝮蛇～～,封狐千里些。”

381

盡 dz'i̯ĕn/dz'i̯ĕn:/jìn tsi̯ĕn/tsi̯ĕn:/jǐn ❶竭盡,完全地。《詩·北山》:“或～瘁事國。”❷都,完全。《書·金縢》:“禾～偃。”❸達到極限。《禮·曲禮上》:“君子不～人之歡,不竭人之忠,以全交也。”

677

677 殷甲文(A1: 44, 7, 人名)

此字像手持刷清掃空皿。

燼 dz'i̯ĕn/dz'i̯ĕn-/jìn 灰燼,燒焦的。《詩·桑柔》:“民靡有黎,具禍以～。”

藎 音同上

一種草。見《説文》(無書證)。

同音假借 推進的,出衆的(特指臣僕)。《詩·文王》:“王之～臣,無念爾祖。”

贐 (賮)音同上 離別時的贈物。《孟子·公孫丑下》:“行者必以～。”

津 tsi̯ĕn/tsi̯ĕn/jīn ❶可徒涉之處,渡口。《書·微子》:“今殷其淪喪,若涉大水,其無～涯。”❷潤濕。《周禮·大司徒》:“其民黑而～。”此字聲符有所減省。

382

辛 si̯ĕn/si̯ĕn/xīn ❶天干名稱之一。《詩·十月之交》:“朔月～卯。”❷辛辣。《書·洪範》:“從革作～。”❸痛。《詩·小毖》:“自求～螫。”

678 殷甲文(E87: 3)

679 殷甲文(A1: 16, 5)

680 殷(銘文7)

681 周I(銘文74)

682 周I(銘文78)

678—682

𦍒 ṣi̯ĕn/ṣi̯ĕn/shēn 一種神。《莊子·達生》:“水有罔象,丘有～。”

莘 ṣi̯ĕn/ṣi̯æn/shēn ❶衆多貌。《國語·晉語四》引《詩》:“～～征夫。”(按:今《詩·皇皇者華》作“駪”。)❷拖長的,

長。《詩·魚藻》:“魚在在藻,有~其尾。”Gl17、715

亲 tʂi̯ĕn/tʂi̯æn/zhēn 榛樹。《説文》引《左傳》:“女摯不過~栗。”(按:今《左·莊二十四》作“榛”。)此字同“榛”。

683

683 周Ⅱ/Ⅲ(銘文 29,人名)

新 si̯ĕn/si̯ĕn/xīn 新,更新。《詩·邶風·谷風》:“宴爾~昏,如兄如弟。”

684—685

684 殷甲文(A1: 30, 5)

685 周Ⅰ(銘文 67)

薪 音同上 木柴。《詩·南山》:“析~如之何?匪斧不克。”

親 ts'i̯ĕn/ts'i̯ĕn/qīn ❶父母雙親。《孟子·盡心上》:“孩提之童,無不知愛其~者。”❷親戚。《左·僖二十四》:“故封建~戚,以蕃屏周。”❸親近。《禮·郊特牲》:“敬而~之,先王之所以得天下也。”❹愛。《孟子·梁惠王下》:“斯民~其上死其上矣。”❺充滿深情。《書·伊訓》:“立愛惟~。”❻親自。《詩·節南山》:“弗躬弗~,庶民弗信。”

686

686 周Ⅱ(銘文 148)

窺 前字的異體(見《廣韻》)。

687

687 周Ⅰ/Ⅱ(銘文 205)

櫬 tʂ'i̯ĕn/tʂ'i̯ĕn-/chèn 内棺。《左·僖六》:“大夫衰絰,士輿~。”

383

卂 si̯ĕn/si̯ĕn-/xìn 疾飛。見《説文》(無書證)。

迅 si̯ĕn/si̯ĕn-/xìn si̯wĕn/si̯uĕn-/xùn 迅疾,迅速。《論語·鄉黨》:“~雷風烈必變。”

訊 si̯ĕn/si̯ĕn-/xìn(xùn) ❶詢問。《詩·正月》:“召彼故老,~之占夢。”❷告示。《國語·吴語》:“乃~申胥。”❸治理。《禮·樂記》:“~疾以雅。”❹計劃,打算,設計。《禮·學記》:“多其~。”

因爲音義相似,此字又誤用作 490 組的“誶”。指責。《詩·墓門》:“夫也不良,歌以~之。”Gl342

芁 音同上 一種藥草。見《集韻》(無書證)。

688

688 周Ⅲ/Ⅳ(銘文 330,其義不明)

384

信 si̯ĕn/si̯ĕn-/xìn ❶誠實,真誠。《詩·氓》:“言笑晏晏,~誓旦旦。”❷確實。《詩·崧高》:“申伯~邁。”❸相信。《詩·小弁》:“君子~讒。”❹信任。《左·宣十二》:“其君能下人,必能~用其民矣。”❺信義,信用。《左·文十八》:“毁~廢忠。”

同音假借 (再一次>)再宿曰信。《詩·九罭》:“公歸不復,於女~宿。”

通“申”。延伸,延長,繼續。《詩·擊鼓》:“不我~兮。”

通“伸”。伸直。《孟子·告子上》:“屈而不~。”Gl85、396、674、1014

此字从人、言。

385

申 ɕi̯ĕn/ɕi̯ĕn/shēn ❶地支名稱之一。《書·召誥》:“越三日戊~。”❷伸展。《荀子·解蔽》:“形可劫而使詘~。”❸擴大,延長。《詩·采菽》:“福禄~之。”❹重複。《書·堯典》:“~命羲叔,宅南交。”❺再次,進一步地。《書·太甲下》:“伊尹~誥于王。”❻陳列,顯示。《禮·郊特牲》:“大夫執圭而使,所以~信也。”❼莊嚴的,高貴的。《論語·述而》:“子之燕居,

～～如也。”

通“呻”。吟唱。《莊子·刻意》：“熊經鳥～，爲壽而已矣。”

689 殷甲文（A1：12，2）

690 殷甲文（A1：5）

691 周 I（銘文 55）

692 周 II（銘文 139）

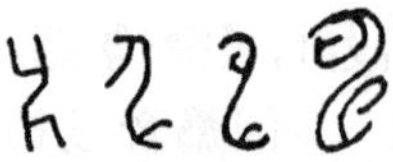

689—692

伸 音同上　❶伸展。《禮·樂記》：“屈～、俯仰、綴兆、舒疾，樂之文也。”❷伸直。《儀禮·士相見禮》：“君子欠～。”❸舒適貌。《漢書·敘傳下》引《論語》：“夭夭～～。”（按：今《論語·述而》作“申申如也，夭夭如也”。）

呻 音同上　吟唱，低吟。《禮·學記》：“今之教者，～其佔畢。”

紳 音同上　腰帶。《論語·衛靈公》：“子張書諸～。”

693

693 周 II/III（銘文 241，人名）

神 d'i̯ĕn/dz'i̯ĕn/shén　❶神靈。《詩·雲漢》：“敬恭明～。”❷非凡，超人。《易·繫辭上》：“陰陽不測之謂～。”

694

694 周 II（銘文 184）

朄 di̯ĕn/i̯ĕn-/yìn　小鼓。鄭玄注《禮·明堂位》“周縣鼓”引《詩》：“應～縣鼓。”（按：今《詩·有瞽》作“田”。）

此字也許是引導者之義，從語源學角度看，跟 371 組的“引”同源。Gl1097

電 d'ien/d'ien-/diàn　閃電。《詩·十月之交》：“爗爗震～。”

695

695 周 II（銘文 154）

386

身 ɕi̯ĕn/ɕi̯ĕn/shēn　身體，自身。《詩·燕燕》：“終温且惠，淑慎其～。”

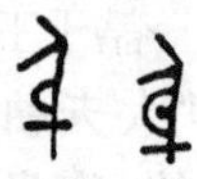

696—697

696 周 I（銘文 77）

697 周 II（銘文 174）　此字象形。

䡩 d'ien/d'ien/tián　喜悦貌。《廣韻》先韻引《吕氏春秋》：“～～啟啟，莫不載悦。”（按：今《吕氏春秋·慎人》作“振振殷殷”。）

387

粦 li̯ĕn/li̯ĕn, li̯ĕn-/lín　鬼火。見《説文》（無書證）。此字爲“燐”的初文。从炎（火焰）从雙止（正在跳舞？）。參“憐”的古文字。

燐 音同上　燐火，鬼火。《淮南子·氾論訓》：“老槐生火，久血爲～。”

粼 li̯ĕn/li̯ĕn/lín　被水剥蝕。《詩·唐風·揚之水》：“白石～～。”Gl294

獜 音同上　壯健。《説文》引《詩》：“盧～～。”（這個解釋可疑）（按：今《詩·盧令》作“令令”。）參 Gl257

甐 li̯ĕn/li̯ĕn-/lìn　鬆掉，變得不牢固（特指車輪的部分零件）。《周禮·輪人》：“是故輪雖敝，不～於鑿。”

磷 音同上（lín）　磨薄，磨損。《論語·陽貨》：“磨而不～。”Gl294

轔 li̯ĕn/li̯ĕn/lín　車聲。《楚辭·大司命》：“乘龍兮～～，高駝兮沖天。”

遴 li̯ĕn/li̯ĕn-/lìn　行路難。《大戴禮·子張問入官》：“故不先以身，雖行必～。”（按：今本作“鄰”，高氏從《説文通訓定聲》。）

鄰 li̯ĕn/li̯ĕn/lín　❶五户人家爲一組。《周禮·遂人》：“五家爲～，五～爲里。”❷鄰居。《詩·正月》：“洽比其～。”❸（關係接近者>）助手。《書·益稷》：“欽四～。”

通“燐”。《列子·天瑞》：“馬血之爲轉～也。”

通“甐”。《周禮·鮑人》：“察其綫而

藏，則雖敝不～。”

通“轔”。《詩·車鄰》：“有車～～，有馬白顛。”

麟 音同上 麒麟。《詩·麟之趾》：“～之趾，振振公子，于嗟～兮。”

鱗 音同上 爬行動物或魚的鱗片。《禮·月令》：“其蟲～。”

憐 lien/lien/lián 可憐，憐憫。《楚辭·九辯》：“惆悵兮，而私自～。”

698

698 周III/IV（銘文 332）

388

人 ȵi̯ĕn/ȵʑi̯ĕn/rén 人。《詩·將仲子》：“～之多言，亦可畏也。”

699 殷甲文（A1: 50, 6）

700 殷甲文（A7: 30, 2）

701 殷（銘文 10）

702 周I（銘文 63） 此字象形。

699—702

仁 音同上 仁慈，好心。《詩·盧令》：“其人美且～。”

703

703 周II/III（銘文 251，人名）

389

賓 pi̯ĕn/pi̯ĕn/bīn 客人。《詩·鹿鳴》：“我有嘉～。”

通“擯”。《書·多士》：“予惟四方罔攸～。”

704 殷甲文（A1: 9, 6）

705 殷甲文（A3: 21, 5）

706 殷甲文（A1: 1, 6）

707 周I（銘文 67）

708 周II（銘文 167）

此字从宀（屋頂）、人，有時還加上“止”（足）或“貝”（禮物）。人頭上一畫其義不明。

704—708

儐 pi̯ĕn/pi̯ĕn-/bīn ❶迎客者，贊禮者。《禮·文王世子》：“乃退～于東序。”❷迎接。《禮·禮運》：“～鬼神，考制度，别仁義，所以治政安君也。”

同音假借 陳列。《詩·常棣》：“～爾籩豆，飲酒之飫。”

通“擯”。《國策·趙二》：“大王收率天下以～秦。”

擯 音同上（bìn） 排除，拋棄。《莊子·徐无鬼》：“以～寡人久矣夫。”（按：今本作“賓”，高氏從《説文通訓定聲》。）

通“儐”。《禮·曲禮下》：“其～於天子也。”

殯 音同上（bìn） ❶屍體入棺。《禮·王制》：“大夫士庶人三日而～，三月而葬。”❷棺材，運送棺材。《左·哀十一》：“公孫夏命其徒歌虞～。”

濱 pi̯ĕn/pi̯ĕn/bīn 河岸，濱。《書·禹貢》：“厥土白墳，海～廣斥。”

通“賓”。《詩·北山》：“率土之～。”Gl642

鬢 pi̯ĕn/pi̯ĕn-/bìn 太陽穴邊的頭髮。《國語·晉語九》：“美～長大則賢。”

繽 p'i̯ĕn/p'i̯ĕn/pīn（bīn） ❶雜亂。《楚辭·離騷》：“時～紛以變易兮。”❷繁盛貌。《楚辭·離騷》：“九疑～其並迎。”Gl618

嬪 b'i̯ĕn/b'i̯ĕn/pín ❶出嫁爲人妻。《詩·大明》：“曰～于京。”❷王妃。《禮·昏義》：“古者天子后立六宫、三夫人、九～、二十七世婦、八十一御妻。”❸已死的妻子。《禮·曲禮下》：“生曰父、曰母、曰妻，死曰考、曰妣、曰～。”❹妾，侍女。

《左·哀元》:“今聞夫差次有臺榭陂池焉,宿有妃嬙~御焉。”

709

709 殷甲文(4: 31, 1)

矉 音同上 皺眉。《莊子·天運》:“故西施病心而~其里。”

蠙 bʻi̯ĕn/bʻi̯ĕn/pín bʻien/bʻi̯en/pián 珍珠貝。《書·禹貢》:“淮夷~珠暨魚。”Gl1360

髕 bʻi̯ĕn/bʻi̯ĕn:/bìn 膝蓋骨。《大戴禮·本命》:“期而生~,然後能行。”(按:今本作“臏”,高氏從《説文通訓定聲》。)

臏 前字的異體。《韓非子·難言》:“孫子~脚於魏。”

390

頻 bʻi̯ĕn/bʻi̯ĕn/pín ❶河岸,濱。《詩·召旻》:“池之竭矣,不云自~。”❷在……邊沿,靠近於。《國語》。(按:此字《國語》僅一見,無此義。)❸緊急的。《詩·桑柔》:“於乎有哀,國步斯~。”

同音假借 ❶蹙(特指眉毛)。《孟子·滕文公下》:“己~顣。”❷反復,屢次。《列子·黄帝》:“汝何去來之~?”❸並列。《國語·楚語下》:“百嘉備舍,羣神~行。”Gl966

710

710 周I(銘文 63)

跟 241 組的“見”一樣,此字中有一個人形,不過,它還帶有一個“涉”(跋涉),但在現代字形裏,“水”的部分已失落。

嚬 音同上 神色惱怒,皺眉。《韓非子·内儲説上七術》:“吾聞明主之愛,一~一笑。”

蘋 音同上(píng) 一種水生植物。《詩·采蘋》:“于以采~。”

391

匀 gi̯wĕn/i̯uĕn/yún 少。見《説文》(無書證)。後來同音假借爲“均匀”。

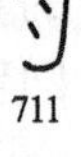
711

711 周I/II(銘文 209,“鈞”義)

均 ki̯wĕn/ki̯uĕn/jūn ❶均匀,平等。《詩·北山》:“大夫不~。”❷調整。《詩·皇皇者華》:“六轡既~。”❸服裝。《左·僖五》:“~服振振,取虢之旂。”❹都,全。《墨子·尚同下》:“其鄉里之人皆未之~聞見也。”

袀 音同上 士兵制服。《吕氏春秋·悔過》:“今~服回建,左不軾而右之。”

鈞 音同上 ❶三十斤重爲一鈞。《孟子·梁惠王上》:“吾力足以舉百~。”❷陶工的旋盤。《莊子·齊物論》:“是以聖人和之以是非而休乎天~。”

通“均”。《詩·行葦》:“四鍭既~。”

昀 gʻiwen/ɣiwen/xuán 睜大眼睛。《大戴禮·本命》:“三月而徹~,然後能有見。”

眴 前字的異體。

筍 音義不明。

712

712 周II/III(銘文 276,人名)

從此字可以瞭解“昀”和“眴”的上古字形。

筠 gi̯wĕn/i̯uĕn/yún 竹皮。《禮·禮器》:“如竹箭之有~也。”

392

旬 dzi̯wĕn/zi̯uĕn/xún ❶十天。《書·堯典》:“期,三百有六~有六日。”❷到處,各處。《詩·江漢》:“王命召虎,來~來宣。”❸平均分發,平等,均匀。《詩·桑柔》:“其下侯~。”Gl222、1041

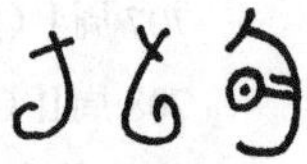
713—715

713 殷甲文(A1: 7, 1)

714 殷甲文(A4: 29, 6)

715 周III/IV(銘文 306,“遍”義)

徇 dzi̯wĕn/zi̯uĕn-/xùn ❶巡行。《左·襄十四》："遒人以木鐸～于路。"❷公布，當衆宣布。《左·哀二十六》："大尹～曰：'戴氏、皇氏，將不利公室。'"

dzi̯wĕn/zi̯uĕn, zi̯uĕn-/xún 引起，使。《莊子·人間世》："夫～耳目内通，而外於心知。"

狥 前字的異體。《韓非子·説疑》："有務朋黨～智尊士以擅逞者。"

殉 dzi̯wĕn/zi̯uĕn-/xùn ❶陪葬，以活人從葬，爲……而死。《左·文六》："秦伯任好卒，以子車氏之三子奄息、仲行、鍼虎爲～。"❷爲……獻身。《莊子·盜跖》："小人～財，君子～名。"

侚 前字的異體（見《切韻》）。

716 殷甲文（B下21: 1，其義不明） 716

畇 zi̯wen/i̯uĕn/yún dzi̯wĕn/zi̯uĕn/xún siwĕn/si̯uĕn/xún 開墾，平整土地。《詩·信南山》："～～原隰，曾孫田之。"此處聲符中無"日"。

恂 si̯wĕn/si̯uĕn/xún ❶真誠的，真摯的。《書·立政》："迪知忱～于九德之行。"❷相信。《列子·周穆王》："且～士師之言可也。"❸恭順貌。《論語·鄉黨》："孔子於鄉黨，～～如也。"

si̯wĕn/si̯uĕn, si̯uĕn-/xún 恐懼。《禮·大學》："瑟兮澗兮者～慄也。" Gl222

洵 si̯wĕn/si̯uĕn/xún 滴下，流淚。《國語·魯語下》："請無瘠色，無～涕。"

同音假借 確實，實在。《詩·靜女》："～美且異。"

假借爲xiwen/xiwen/xuán 遥遠。《詩·擊鼓》："于嗟～兮，不我信兮。" Gl84、222

眴 si̯wĕn/si̯uĕn/xún 眼睛昏花，受騙。《莊子·田子方》："今汝怵然有～目之志。"（按：今本作"恂"，高氏從《釋文》。）

xiwen/xiwen-/xuàn 目動，驚慌失措貌。《莊子·德充符》："適見㹠子食於其死母者，少焉～若皆棄之而走。"

筍 si̯wĕn/si̯uĕn:/xǔn(sǔn) ❶竹笋。《詩·韓奕》："維～及蒲。"❷嫩竹。《書·顧命》："敷重～席玄紛純。"❸懸挂鐘磬的横木。《周禮·梓人》："梓人爲～虡。"❹竹輿。《公羊·文十五》："脅我而歸之，～將而來也。" Gl1989

荀 si̯wĕn/si̯uĕn/xún ❶植物名。《山海經·中山經》："名曰～草，服之美人色。"❷古人名。《左·昭十一》："晉～吳謂韓宣子曰。"

詢 音同上 ❶謀劃。《詩·皇皇者華》："周爰咨～。"❷請教，就教於。《書·舜典》："～于四岳。"

迿 si̯wĕn/si̯uĕn-/xùn dzi̯wĕn/zi̯uĕn/xún 先采取不友好的步驟，開始與……爭吵。《公羊·定四》："朋友相衛而不相～，古之道也。"

絢 xiwen/xiwen-/xuàn si̯wĕn/si̯uĕn/xún 華麗，修飾過的。《論語·八佾》："素以爲～兮。"

簨 si̯wĕn/si̯uĕn:/xǔn(sǔn) 懸挂鐘磬的横木。《周禮·梓人》："梓人爲～虡。"（按：今本作"筍"，高氏從《釋文》。）參"筍"。

箰 "筍"的異體。竹笋。《莊子·至樂》："羊奚比乎不～，久竹生青寧。"

栒 t'i̯wĕn/ȶ'i̯uĕn/chūn si̯wĕn/si̯uĕn/xǔn(sǔn) 一種樹（漆樹？）。《左·襄十八》："孟莊子斬其～，以爲公琴。"

393

吉 ki̯ĕt/ki̯ĕt/jí ❶幸運，吉利。《詩·吉日》："～日庚午，既差我馬。"❷好，

善。《詩·卷阿》:“藹藹王多～人。”

717 殷甲文(A7: 43, 2)

718 殷甲文(A2: 35, 1)

719 殷甲文(A5: 16, 2)

720 殷甲文(A5: 17, 1)

721 殷甲文(A5: 16, 2)

722 殷(銘文 25)

723 周Ⅰ(銘文 55)

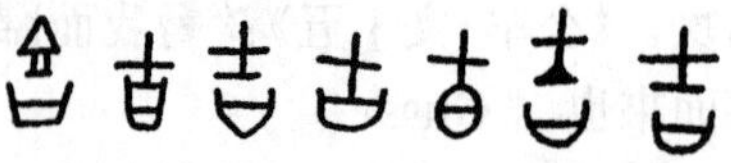

717—723

蛣 k‘i̯ĕt/k‘i̯ĕt/qì(jié) 甲蟲。《莊子》。(按: 今本《莊子》未見。《莊子·齊物論》“庸詎知吾所謂知之非不知邪”郭象注:“夫～蜣之知, 在於轉丸。”高氏依《康熙字典》誤爲《莊子》文。)

詰 音同上(jié) ❶查問, 詢問。《書·立政》:“其克～爾戎兵。”❷懲戒, 管理, 控制。《書·吕刑》:“度作刑以～四方。”

同音假借 ❶～朝: 次日早晨。《左·僖二十八》:“～朝將見。”❷喬～: 憂慮, 渴望。《莊子·在宥》:“於是乎天下始喬～卓鷙。” Gl1962

佶 g‘i̯ĕt/g‘i̯ĕt/jí 筆直, 不偏不歪(指疾跑中的馬)。《詩·六月》:“四牡既～, 既～且閑。” Gl459

姞 音同上 姓名。《詩·韓奕》:“爲韓～相攸, 莫如韓樂。”

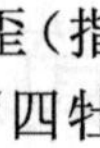

724

724 周Ⅰ(銘文 90)

拮 kiet/kiet/jié ki̯ĕt/ki̯ĕt/jí 握, 執。《詩·鴟鴞》:“予手～据。”

通 504 組的“戛”。《國策·秦三》:“勾踐終～而殺之。” Gl381

桔 kiet/kiet/jié ❶藥用植物名。《國策·齊三》:“今求柴葫、～梗於沮澤, 則累世不得一焉。”❷井上汲水的工具。《莊子·天運》:“且子獨不見夫～槔者乎?”

結 音同上 ❶繫, 縛, 打結。《詩·東山》:“親～其縭。”❷卷曲(指蚯蚓)。《禮·月令》:“蚯蚓～。”❸終了, 死。《淮南子·繆稱》:“故君子行思乎其所～。”

通“髻”。《楚辭·招魂》:“激楚之～, 獨秀先些。”

袺 kiet/kiet/jié kăt/kăt/jiá 提起衣服下襬, 把東西兜在衣襟裏。《詩·芣苢》:“采采芣苢, 薄言～之。”(按: 今本作“襭”。) Gl29

頡 g‘iet/ɣiet/xié 揚脖(指鳥)。《詩·燕燕》:“燕燕于飛, ～之頏之。”

同音假借 ～滑: 複雜, 錯綜。《莊子·徐无鬼》:“～滑有實, 古今不代。” Gl71

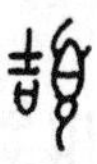

725

725 周Ⅲ/Ⅳ(銘文 295)

髻 kied/kiei-/jì 挽髮結之, 髮髻(無漢以前書證)。

kiet/kiet/jié 梳有這種髮髻的神名。《莊子·達生》:“沈有履, 竈有～。”

秸 kăt/kăt/jiá(jiē) 稻草, 麥秆, 禾秆。《書·禹貢》:“三百里納～服。” Gl1386

黠 g‘ăt/ɣăt/xiá 狡猾。《國策·楚三》:“今山澤之獸, 無～於麋。”

劼 k‘ăt/k‘ăt/qiā(jié) 堅定地, 認真地, 努力地。《書·酒誥》:“予惟曰:‘汝～毖殷獻臣。’” Gl1604

襭 g‘iet/ɣiet/xié 把衣服下襬掖在腰間以便盛物品。《詩·芣苢》:“采采芣苢, 薄言～之。”參“袺”。Gl29

擷 前字的異體(《釋文》引《詩·芣苢》作～)。

394

一 ʔi̯ĕt/ʔi̯ĕt/yī　一，一個。《詩·野有蔓草》："有美～人，清揚婉兮。"

726 殷甲文（A1: 33, 7）

727 殷（銘文 32）

728 周 I（銘文 54）

726—728

此字指事。

395

壹 ʔi̯ĕt/ʔi̯ĕt/yī　❶一，一個。《詩·騶虞》："～發五豝。"❷一心一意地，專心於，單獨地。《詩·小宛》："彼昏不知，～醉日富。"❸一樣。《左·昭十》："佻之謂甚矣，而～用之。"

噎 ʔiet/ʔiet/yē　食塞咽喉。《詩·黍離》："中心如～。"

懿 ʔi̯ĕd/ʔi-/yì　❶優秀的，好的。《詩·烝民》："好是～德。"❷美的。《詩·七月》："女執～筐。"❸抑制。《國語·楚語上》："於是乎作～戒以自儆也。" Gl368、1055

729 周 II（銘文 188，人名）

730 周 III / IV（銘文 317，人名）

731 周（銘文 357）

729—731

饐 音同上　❶變壞，腐敗（指食物）。《論語·鄉黨》："食～而餲，魚餒而肉敗，不食。"❷食塞咽喉。《吕氏春秋·蕩兵》："夫有以～死者，欲禁天下之食，悖。"

曀 ʔied/ʔiei-/yì　陰天，多風，天空陰暗。《詩·終風》："終風且～。"

壇 前字的異體。《説文》引《詩》："～～其陰。"（按：今《詩·終風》作"曀"。）

殪 音同上　殺死。《詩·吉日》："～此大兕。" Gl822

396

逸 di̯ĕt/i̯ĕt/yì　❶逃，逃脱。《左·桓八》："隨師敗績，隨侯～。"❷釋放。《左·成十六》："明日復戰，乃～楚囚。"❸放鬆，放肆。《書·大禹謨》："罔游于～，罔淫于樂。"❹過失。《書·盤庚上》："予亦拙謀作乃～。"❺安逸。《詩·賓之初筵》："舉醻～～。"❻隱退。《論語·微子》："～民：伯夷、叔齊、虞仲、夷逸、朱張、柳下惠、少連。" Gl706。

此字从兔、辵（奔走）。

397

佾 diĕt/i̯ĕt/yì　古代樂舞的隊列。《論語·八佾》："八～舞於庭。"

398

實 d̑ʼi̯ĕt/dʑi̯ĕt/shí　❶果實。《詩·載芟》："～函斯活。"❷財富。《左·文十八》："聚斂積～，不知紀報。"❸使富裕。《書·君奭》："則商～百姓，王人罔不秉德。"❹充滿。《左·僖十八》："梁伯益其國而不能～也。"❺充填，塞住。《詩·都人士》："充耳琇～。"❻堅實的。《詩·閟宫》："～～枚枚。"❼真實，真實地。《論語·泰伯》："有若無，～若虛。"❽忠實。《孟子·離婁上》："仁之～，事親是也。"

同音假借　這，這樣，那，那樣。《詩·生民》："～覃～訏。" Gl730、1159、1878

732 周 II（銘文 147）

733 周 III（銘文 228）

732—733

此字宀（屋頂）下爲貝（錢財），但字的另一部分意義不明。

399

即 tsi̯ĕt/—/jí　（《切韻》或《廣韻》雖無此音，但它却出現在《詩經》押韻和幾個諧聲字中)❶走到,走向。《詩·氓》:"來~我謀。"❷達到,獲得。《書·無逸》:"作其~位,乃或亮陰。"❸立即,隨即。《詩·生民》:"~有邰家室。"❹(如果是>)即使,就是。《書·文侯之命》:"~我御事,罔或耆壽俊在厥服。"

同音假借 燭炬之燼。《管子·弟子職》:"左手執燭,右手正~。"(按:今本作"櫛",高氏從《康熙字典》。) Gl2029

此字還用於同義詞 tsi̯ək/tsi̯ək/jí 參923組。

734 殷甲文(A5: 21, 5)

735 周Ⅰ(銘文65)

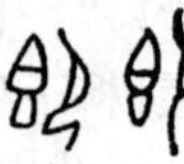

734—735

此字像一個人跪於食物容器前。參921組。

楖 tṣi̯ĕt/tṣi̯ĕt/zhì 刮。《周禮·考工記》:"刮摩之工:玉、~、雕、矢、磬。"

節 tsiet/tsiet/jié ❶竹或其他植物的節或枝幹交接處。《詩·旄丘》:"何誕之~兮。"❷階層,等級。《書·康誥》:"惟厥正人,越小臣諸~。"❸有規則的劃分。《禮·禮運》:"義者,藝之分,仁之~也。"❹時機,環境。《國語·越語下》:"天~不遠,五年復反。"❺節制,區別。《論語·學而》:"不以禮~之,亦不可行也。"❻使和緩。《左·昭元》:"於是乎~宣其氣。"❼法則,法度。《禮·樂記》:"好惡無~於內。"❽符節,印信之物,權力的標志。《孟子·離婁下》:"得志行乎中國,若合符~。"❾柱上斗栱。《論語·公冶長》:"臧文仲居蔡,山~藻梲。"

假借爲tsiet/tsiet/jié dzʻiet/dzʻiet/jié 高聳貌。《詩·節南山》:"~彼南山。" Gl511

736 周Ⅳ(銘文290)

736

櫛 tṣi̯ĕt/tṣi̯æt/zhì 梳子。《詩·良耜》:"其比如~。"

400

七 tsʻi̯ĕt/tsʻi̯ĕt/qī 數詞。《詩·大東》:"終日~襄。"

737 殷甲文(E5: 3)

738 殷(銘文19)

739 周Ⅰ(銘文67)

737—739

請注意,橫豎相交後用來表示"十",但在上古表示"七"。參606組。"十"的上古字形是一豎。

叱 t̂ʻi̯ĕt/tçʻi̯ĕt/chì 叱罵。《左·昭二十六》:"子囊帶從野洩,~之。"

切 tsʻiet/tsʻiet/qiè ❶切割。《詩·淇奧》:"如~如磋。"❷壓,急切,熱切。《論語·子張》:"~問而近思。"

401

桼 tsʻi̯ĕt/tsʻi̯ĕt/qī 清漆(僅有漢代書證)。

小篆像一棵流滴液體的樹。

漆 音同上 ❶漆樹。《詩·定之方中》:"椅桐梓~。"❷黑色。《周禮·巾車》:"~車藩蔽,豻禊雀飾。"

膝 si̯ĕt/si̯ĕt/xī 膝蓋。《儀禮·既夕禮》:"袂屬幅,長下~。"

402

失 ɕi̯ĕt/ɕi̯ĕt/shī ❶捨棄,失去。《詩·伐木》:"民之~德。"❷放開,疏忽,失誤。《左·哀十六》:"~志爲昏,~所爲愆。"

通"佚"。《莊子·徐无鬼》:"天下馬有成材,若邮若~。"

佚 di̯ĕt/i̯et/yì ❶逃逸。《公羊·成二》:"頃公用是~而不反。"❷退隱。《孟子·公孫丑上》:"遺~而不怨。"❸安逸。《孟子·盡心下》:"四肢之於安~也,性也。"❹游手好閑。《論語·季氏》:"樂驕樂,樂~遊,樂宴樂,損矣。"❺疏忽,過失。《書·盤庚上》:"惟予一人有~罰。"

泆 di̯ĕt/i̯ĕt/yì　❶急速涌出。《莊子·天地》:“挈水若抽,數如～湯。”(此義也讀作 d‘iet/d‘iet/dié)❷釋放,放縱,魯莽。《書·酒誥》:“誕惟厥縱淫～于非彝。”

軼 di̯ĕt/i̯ĕt/yì　d‘iet/d‘iet/dié　❶衝過,超過。《左·僖三十二》:“將有西師過～我。”❷突襲。《左·隱九》:“彼徒我車,懼其侵～我也。”

通“轍”。《國策·齊三》:“車～之所能至。”

抶 t‘i̯ĕt/ȶ‘i̯ĕt/chì　鞭撻。《左·文十》:“無畏～其僕以徇。”

秩 d‘i̯ĕt/ȡ‘i̯ĕt/zhì　❶次序,使遵守規章。《書·堯典》:“寅賓出日,平～東作。”❷順序地,有規則地。《詩·賓之初筵》:“賓之初筵,左右～～。”❸連續地。《書·皋陶謨》:“天～有禮。”❹等級,官職。《左·文六》:“教之防利,委之常～。”❺俸禄。《左·莊十九》:“王奪子禽、祝跪、與詹父田,而收膳夫之～。”❻純淨,清明。《詩·假樂》:“威儀抑抑,德音～～。”Gl317

袠 音同上
小書包。《禮記·内則》:“施縏～。”

通“秩”。《莊子·知北遊》:“墮其天～。”

泆 音同上　飛,翱翔。《莊子·山木》:“其爲鳥也,翂翂～～。”

瓞 d‘iet/d‘iet/dí(dié)
葫蘆藤蔓。《詩·緜》:“緜緜瓜～。”

跌 音同上(diē)　❶絆倒。《荀子·正論》:“以焦僥而戴太山也,蹎～碎折不待頃矣。”❷疾行。《淮南子·修務訓》:“墨子～蹄而趨千里。”

迭 音同上(dié)　交互,更迭。《詩·邶風·柏舟》:“胡～而微。”

同音假借　突入,突然襲擊。《左·成十三》:“～我殽地,奸絶我好。”參“軼”。Gl69

眣 d‘iet/d‘iet/dié　t‘i̯ĕt/ȶ‘i̯ĕt/chì　眨眼示意,眨眼。《公羊·成二》:“郤克～魯衛之使。”(按:今本作“昳”,高氏從閩監本。)

403

栗 li̯ĕt/li̯ĕt/lì　栗子,栗樹。《詩·山有樞》:“山有漆,隰有～。”

同音假借　❶豐滿(特指穀穗)。《詩·生民》:“實穎實～。”❷堅實,緊密。《禮·聘義》:“縝密以～,知也。”❸稠密的。《詩·良耜》:“獲之挃挃,積之～～。”❹寒顫,寒冷。《詩·七月》:“二之日～烈。”❺敬畏,恭敬。《書·皋陶謨》:“寬而～,柔而立。”❻沿着……而過(特指階梯)。《儀禮·燕禮》:“凡～階,不過二等。”

通“裂”。《周禮·弓人》:“菑～不迤。”

Gl873、1132、1289

740 殷甲文(A2: 19, 3, 人名)
741 周III/IV(銘文 328)
此字象形。

740—741

慄 音同上　恐懼,顫抖。《詩·黄鳥》:“臨其穴,惴惴其～。”

瑮 音同上　紋理規則(特指玉)。《説文》引《論語》:“玉粲之璱兮,其～猛也。”(按:今《論語》無此文。)

404

日 ȵi̯ĕt/ȵʑi̯ĕt/rì　❶太陽。《詩·伯兮》:“其雨其雨,杲杲出～。”❷晝,白天。《詩·葛生》:“夏之～,冬之夜。”

742 殷甲文(A3: 19, 4)
743 殷(銘文 6)
744 周I(銘文 79)
此字象形。

742—744

衵 ni̯ĕt/ȵi̯ĕt/nì　婦女内衣。《左·宣九》："皆衷其～服，以戲于朝。"

馹 ȵi̯ĕt/ȵʑi̯ĕt/rì　驛馬。《左·文十六》："楚子乘～，會師于臨品。"

䵒 ni̯ĕt/ȵi̯ĕt/nì　粘附，追隨。《説文》引《左》："不義不～。"（按：今《左·隱元》作"暱"。）

圼 niet/niet/niè
堵塞，塞住。（銘文 294）

745

745 周Ⅲ/Ⅳ（銘文 294）

涅 音同上　❶泥水中黑色沉積物。《論語·陽貨》："～而不緇。"❷堵塞，守住。《儀禮·既夕禮》："隸人～廁。"

405

必 pi̯ĕt/pi̯ĕt/bì　必定，一定，必須。《詩·旄丘》："何其久也，～有以也。"

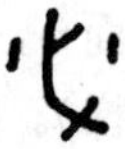
746

746 周Ⅱ（銘文 179，其義同"柲"）
此字可能是柲（長矛柄）的初文。
參 7 組。

珌 音同上　刀鞘口處的裝飾。《詩·瞻彼洛矣》："君子至止，鞞琫有～。"Gl692

怭 bʻi̯ĕt/bʻi̯ĕt/bì　若無其事，無禮。《詩·賓之初筵》："威儀～～。"

抋 音同上　敲擊。《列子·黄帝》："攩～挨抌，亡所不爲。"

駜 音同上　馬强壯貌。《詩·有駜》："有～有～，～彼乘黄。"

苾 bʻi̯ĕ/bʻi̯ĕt/bì　bʻiet/bʻiet/bié　芳香。《詩·楚茨》："～芬孝祀，神嗜飲食。"

飶 bʻi̯ĕt/bʻi̯ĕt/bì　bʻiet/bʻiet/bié　香味（特指食物）。《詩·載芟》："有～其香。"

覕 bʻiet/bʻiet/bié　割。《莊子·徐无鬼》："是以一人之斷制利天下，譬之猶一～也。"

柲 pi̯ĕd/pji-/bì　pi̯ĕt/pi̯ĕt/bì　❶（矛或其他兵器的）柄或杆。《左·昭十二》："君王命剥圭以爲鏚～。"❷縛在弓上使其不變形的板條。《儀禮·既夕禮》："弓矢之新沽功……有～。"

毖 pi̯ĕd/pji-/bì　❶謹防，謹慎。《詩·小毖》："予其懲，而～後患。"❷告誡。《書·酒誥》："汝典聽朕～。"❸操勞，貧苦。《書·大誥》："無～于恤。"
通"泌"。《詩·泉水》："～彼泉水。"
Gl336、1604

泌 音同上　往上冒（像水從泉眼里涌出）。《詩·衡門》："～之洋洋，可以樂飢。"Gl336

祕 音同上（mì）　秘密。《楚辭·惜往日》："～密事之載心兮。"

閟 音同上　關閉。《詩·閟宫》："～宫有侐。"Gl1158

宓 mi̯ĕt/mi̯ĕt/mì
寧靜，沉靜（僅有漢代書證）。

密 音同上　❶寂靜，安靜。《詩·昊天有成命》："夙夜基命宥～。"❷秘密。《易·繫辭上》："幾事不～則害成。"❸稠密。《詩·公劉》："止旅迺～。"❹靠近，接近。《左·文十七》："以陳蔡之～邇於楚。"❺～勿：努力。《漢書·楚元王傳》引《詩》："～勿從事，不敢告勞。"（按：今《詩·十月之交》作"黽勉"。）Gl95、908

747

747 周Ⅱ（銘文 202，人名）

蜜 音同上　蜂蜜。《楚辭·招魂》："粔籹～餌，有餦餭些。"

𥁑 音同上
擦淨器皿。見《説文》（無書證）。

謐 音同上　文雅，温柔。《書·舜典》：“維刑之～哉。”（按：今《書·舜典》作“恤”，高氏從古文《尚書》。）Gl758、1271

406

弜 pi̯ĕt/pi̯ĕt/bì（此字爲“柲”的初文，讀音由此而來）　縛在弓上護弓的板條。

上面的本義和本音有兩方面的證據：一方面，它是帶板條的弓的象形；另一方面，在甲金文中它通“必”，《説文》云“强也”，《切韻》云“强弓”，正與它相吻合。但是，《切韻》g‘i̯aŋ 的讀音一定是與“强”相混淆了。

748 殷甲文（A4: 43）

749 殷甲文（B上 26: 6，“必”義）

750 殷（銘文 32，人名）

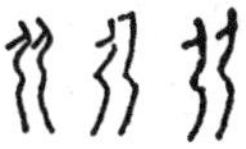

748—750

弼 bi̯ĕt/b‘i̯ĕt/bì　❶支持，輔助。《書·大禹謨》：“明于五刑，以～五教。”❷輔助的，助手。《書·説命上》：“夢帝賚予良～。”

該字形符是“因”（席），支撑物。

751 周II（銘文 180，其義不明）

751

407

畢 pi̯ĕt/pi̯ĕt/bì　❶（捕鳥用的）長柄網。《詩·鴛鴦》：“鴛鴦于飛，～之羅之。”❷木叉（用於從鍋裏取肉）。《禮·雜記上》：“～用桑。”❸木簡。《禮·學記》：“今之教者，呻其佔～。”

同音假借　❶終止，結束。《書·大誥》：“攸受休～。”❷都，全部。《詩·無羊》：“～來既升。”❸星宿名。《詩·漸漸之石》：“月離于～，俾滂沱矣。”❹～發：急速而動。《玉燭寶典》卷十一引《韓詩》：“一之日～發。”（按：今《詩·七月》作“觱發”。）Gl366

752 殷甲文（A1: 29, 4）

753 周I（銘文 77，人名）

752—753

此字象形。

罼 前字網義的異體。《國語·齊語》：“田狩～弋，不聽國政。”

⿰畢攵 音同上
終止，結束。（銘文 58）

754 殷甲文（A2: 30, 1）

755 殷甲文（A5: 14, 4）

756 周I（銘文 58）

754—756

彃 音同上　射。《楚辭·天問》：“羿焉～日？烏焉解羽？”

篳 音同上　交錯的樹枝，籬笆。《禮·儒行》：“～門圭窬，蓬户甕牖。”

縪 音同上　帽子的縫口。《儀禮·既夕禮》：“冠六升，外～纓條屬厭。”

蹕 音同上　禁止，禁止人們靠近。《左·襄二十五》：“丁亥，葬諸士孫之里，四翣，不～。”

韠 音同上　蔽膝。《詩·素冠》：“庶見素～兮，我心蘊結兮。”

408

匹 p‘i̯ĕt/p‘i̯ĕt/pǐ　❶配對，一對中的一個。《左·僖二十三》：“秦晉～也。”❷相稱，相應，同等的。《詩·文王有聲》：“作豐伊～。”❸單個，一匹（特指馬）。《公羊·僖三十三》：“～馬隻輪無反者。”❹（單個的人>）～夫：意爲獨夫，即普通平庸的人。《孟子·梁惠王下》：“此～夫之勇，敵一人者也。”

757 周I（銘文 55）

758 周I（銘文 86）

757—758

疋 前字的異體。《國策·魏一》：“車六百乘，騎五千～。”

409

穴 gʻiwet/ɣiwet/xué ❶土室，窑洞。《詩·緜》:“陶復陶～。”❷坑。《詩·大車》:“死則同～。”❸孔洞。《孟子·滕文公下》:“鑽～隙相窺。”

通“遹”。紆曲。《文選·班孟堅〈幽通賦〉》注引《韓詩》:“謀猶回～。”（按:今《詩·小旻》作“遹”。）Gl572

759

759 摘自1027組的古文字（周III，銘文229）

此字象形。

泬 xiwet/xiwet/xuè 空曠。《楚辭·九辯》:“～寥兮天高而氣清。”

鴥 gi̯wĕt/i̯uĕt/yù 疾飛（指鳥）。《詩·采芑》:“～彼飛隼，其飛戾天。”

通“遹”。紆曲。《釋文》引《韓詩》:“謀猶回～。”（按:今《詩·小旻》作“遹”。）Gl572

410

血 xiwet/xiwet/xuè 血液。《詩·信南山》:“以啟其毛，取其～膋。”

760—761

760 殷甲文（A4: 33, 2）

761 周I（銘文63）

此字爲盛有祭品的祭器的象形。

洫 xi̯wĕt/—/xù（此字一方面是從韓嬰所引《詩·文王有聲》的押韻中推斷出來，在《韓詩》中此字跟“匹”押韻；另一方面是根據聲符“血”推斷的）水溝，護城河。《詩·文王有聲》:“築城伊～。”（按:今《詩》作“淢”，《釋文》引《韓詩》作“～”。）此字後來用近義詞“淢”來表示。參930組。

恤 si̯wĕt/si̯wĕt/xù ❶焦慮，憐憫，悲傷。《詩·祈父》:“胡轉予于～。”❷擔憂。《詩·小弁》:“遑～我後。”❸熱心，積極。《書·康王之誥》:“用奉～厥若。”Gl1271、2012、2037

卹 音同上 焦慮，擔憂。《周禮·典瑞》:“以～凶荒。”

假借爲 swət/suət/sù 摩擦，刷。《禮·曲禮上》:“國中以策彗～勿驅。”

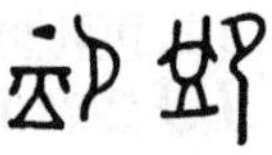
762—763

762 周I（銘文79） 763 周II（銘文182）

411

瑟 şi̯ĕt/şi̯æt/sè 一種弦樂器，琴。《詩·關雎》:“琴～友之。”

同音假借 ❶潔淨鮮明貌。《詩·旱麓》:“～彼玉瓚。”❷風的瑟瑟聲。《楚辭·九辯》:“蕭～兮草木搖落而變衰。”Gl153

412

閉 pied/piei-/bì piet/piet/bì ❶鎖環。《禮·月令》:“修鍵～，慎管籥。”❷關閉。《左·哀十五》:“門已～矣。”❸阻塞，阻絕。《書·大誥》:“予不敢～于天降威用。”

通“柲”。正弓之板條。《詩·小戎》:“交韔二弓，竹～緄縢。”Gl1593

764

764 周II（銘文138）

此字像帶鎖的門。

413

至 ti̯ĕd/tɕi-/zhì ❶到達。《詩·天保》:“如川之方～。”❷最高點，極。《左·襄二十九》:“大之～也，其周之舊乎！”❸（完全>）適當，合適。《荀子·正論》:“不知逆順之理，小、大、～、不～之變者也，未可與及天下之大理者也。”

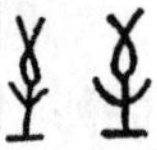
765—766

765 殷甲文（A1: 16, 5）

766 周I（銘文）

致 ti̯ĕd/ti-/zhì ❶（使……來>）傳送，傳達。《詩·楚茨》:“工祝～告。”❷提供，奉獻。《左·桓六》:“是以聖王先成民，而後～力於神。”❸導致。《詩·皇矣》：“是～是附。”❹提出。《書·盤庚上》：“其惟～告。”❺至極點。《論語·子張》：“喪～乎哀而止。”❻移交，辭去（特指官職）。《孟子·公孫丑下》：“～爲臣而去。”❼決定至日點（冬至、夏至）。《書·堯典》：“平秩南訛敬～。”❽目的。《易·繫辭下》：“言～一也。”❾徹底檢查。《禮·月令》：“必功～爲上。”❿樣子好，做工精緻。《禮·禮器》：“禮也者物之～也。”Gl846、1220

輊 音同上　沉重下壓。《詩·六月》：“如～如軒。”

挃 ti̯ĕt/ți̯ĕt/zhì　打，擊。《詩·良耜》：“獲之～～。”Gl1131

銍 音同上　❶鐮刀。《詩·臣工》：“奄觀～艾。”❷（用鐮刀割的穀>）穀穗。《書·禹貢》：“二百里納～。”Gl1385

窒 ti̯ĕt/ți̯ĕt/zhì　tiet/tiet/diē　❶填塞。《詩·七月》：“穹～熏鼠，塞向墐户。”❷頑固不通，執拗到底者。《論語·陽貨》：“惡果敢而～者。”

dʻiet/dʻiet/dié　～皇：門檻。《左·宣十四》：“屨及於～皇，劍及於寢門之外。”

桎 ți̯ĕt/tçi̯ĕt/zhì　脚鐐。《周禮·掌囚》：“中罪～梏。”

通“窒”。《莊子·達生》：“故其靈臺一而不～。”

室 çi̯ĕt/çi̯ĕt/shì　❶房間。《詩·良耜》：“以開百～。”❷宅第，宫殿。《詩·汝墳》：“王～如燬。”❸房子，家庭。《詩·行露》：“～家不足。”

767 殷甲文（A1: 36，3）

768 周 I（銘文 79）

767—768

咥 dʻiet/dʻiet/dié　❶大笑（用作此義項時，《切韻》和《釋文》有一個異讀 ?/xji-/xì）。《詩·氓》：“～其笑矣。”❷咬。《易·履》：“是以履虎尾，不～人亨。”

垤 dʻiet/dʻiet/dié　❶蟻冢。《詩·東山》：“鸛鳴于～。”❷山丘。《孟子·公孫丑上》：“泰山之於丘～，河海之於行潦，類也。”

姪 dʻiet/dʻiet/dié　dʻi̯ĕt/ḍʻi̯ĕt/zhí　侄子，侄女。《左·襄二十三》：“繼室以其～。”

769

769 殷甲文（A1: 25，3）

絰 dʻiet/dʻiet/dié　喪期所繫的麻帶或所穿的白衣。《左·襄二十三》：“王鮒使宣子墨縗冒～。”

耊 音同上　高壽，年老。《詩·車鄰》：“逝者其～。”

770

770 殷甲文（B下 20: 14）

414

臸 ni̯ĕt/nʑi̯ĕt/rì　到。見《説文》（無書證）。

771

771 周 I（銘文 88，其義不明）

此字从雙至。

415

疐 ti̯ed/ți-/zhì　滑倒。《詩·狼跋》：“載～其尾。”

假借爲 tied/tiei-/dì　瓜果梗。《禮·曲禮上》：“爲大夫累之，士～之。”

通“懥”。惱怒，煩悶。《詩·終風》：“願言則～。”（按：今本作“嚔”，高氏從《釋文》。）Gl81

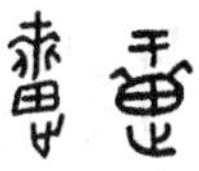

772 殷甲文（A2: 30，人名）

773 周 I（銘文 89，人名）

772—773

懥 ti̯ĕd/tçi-/zhì　tʻi̯ĕd/ți-/chì　惱怒。《禮·大學》：“身有所忿～，則不得其正。”

嚔 tied/tiei-/dì（tì）　打噴嚔。《禮·内則》：“不敢噦噫～咳。”

通“懥”。惱怒，煩悶。《詩·終風》：“願言則～。”Gl81

416

艮 kən/kən-/gèn　固執，違戾。《易·艮》："～其背，不獲其身。"

此字像一個睜大眼睛凝視着的人。參"限"的古文字。

根 kən/kən/gēn　❶植物根。《左·隱六》："絶其本～，勿使能殖，則善者信矣。"❷植物莖幹。《左·文七》："公族，公室之枝葉也，若去之，則本～無所庇蔭矣。"

貇 k'ən/k'ən:/kěn　誠懇的。《吕氏春秋·下賢》："～乎其誠自有也。"（按：今本作"狠"，高氏從畢沅。）

佷 g'ən/ɣən:/hěn　不服從，倔强。《國語·晉語九》："宵也～。"

很 音同上　❶惡毒，有害。《書·酒誥》："厥心疾～。"❷對抗。《國語·吴語》："今王將～天而伐齊。"❸好爭吵。《孟子·離婁下》："好勇鬭～。"❹嫌惡，怨恨。《左·昭二十六》："傲～威儀。"❺爭訟。《禮·曲禮上》："～毋求勝。"

恨 g'ən/ɣən:/hèn　❶憎恨。《墨子·兼愛中》："凡天下禍篡怨～其所以起者，以不相愛生也。"❷不高興。《國語·周語下》："今財亡民罷，莫不怨～。"❸好爭吵。《左》。（按：今本未見。）

痕 g'ən/ɣən/hén　疤痕，傷疤。《列子·湯問》："鋩鍔推屈，而體無～撻。"

垠 ŋi̯ən/ŋi̯ən/yín　高出的邊沿，堤堰。《楚辭·遠遊》："其小無内兮，其大無～。"

限 g'æn/ɣăn:/xiàn　阻隔，界限。《國策·秦一》："南有巫山、黔中之～，東有肴、函之固。"

774 周II（銘文 132，人名）

銀 ŋi̯æn/ŋi̯ĕn/yín　銀。《書·禹貢》："厥貢璆鐵～鏤砮磬。"

通"垠"。《荀子·成相》："刑稱陳，守其～。"

眼 ŋæn/ŋăn/yǎn　眼睛。《易·説》："爲多白～。"

假借爲ŋən/ŋən:/ěn　如球形突出。《周禮·輪人》："望其轂，欲其～也。"

墾 k'ən/k'ən:/kěn　劈開，裂開，損傷。《周禮·旊人》："凡陶旊之事，髺、～、薜、暴不入市。"

417

昆 kwən/kuən/gūn（kūn）　❶兄長。《詩·葛藟》："終遠兄弟，謂他人～。"❷後代。《國語·晉語二》："讒言繁興，延及寡君之紹續～裔。"❸後來，以後。《左·哀十八》："～命于元龜。"❹衆多，成羣（指昆蟲）。《禮·王制》："～蟲未蟄，不以火田。"

775 周III/IV（銘文 322，人名）

崐 音同上（kūn）　～崙：山名。《書·禹貢》："織皮～崙，析支渠搜，西戎即敘。"

琨 音同上（kūn）　一種寶石。《書·禹貢》："瑤～篠簜。"

碮 kwən/kuən:/gǔn　高，聲音回蕩（特指鐘聲）。《周禮·典同》："凡聲，高聲～。"

緄 音同上　繩索。《詩·小戎》："交韔二弓，竹閉～縢。"

輥 音同上　均匀整齊（特指車轂滚動起來平穩）。《説文》引《周禮》："望其轂，欲其～。"（按：今《周禮·輪人》作"眼"。）

錕 kwən/kuən/gūn（kūn）　～鋙：一種紅色金屬。《列子·湯問》："西戎獻～鋙之劍。""昆吾"可能爲西域一民族名，該民族生産出來的這種金屬就以此命名，只是加了形符“金”。

鯤 音同上（kūn）　❶魚卵。《國語·魯語上》：“魚禁～鮞。”❷一種傳説中的大魚。《莊子·逍遥遊》：“北冥有魚，其名爲～。”

鵾 音同上（kūn）　一種大鳥。《楚辭·九辯》：“～鷄啁哳而悲鳴。”

混 gʻwən/ɣuən:/hùn　❶混沌。《老子》二十五章：“有物～成，先天地生。”❷大水奔流貌。《孟子·離婁下》：“源泉～～，不舍晝夜。”（某些注疏此義讀作kwən/kuən:/gǔn）

假借爲kwən/kuən/gūn　～夷：古代西北部落名。《詩·緜》：“～夷駾矣。”

焜 gʻwən/ɣuən:/hùn　kwən/kuən/gūn（kūn）　閃耀，照明。《左·昭三》：“～耀寡人之望。”

418

衮（袞）kwən/kuən:/gǔn　飾有龍紋的帝王禮服，飾有紋章的。《詩·九罭》：“～衣綉裳。”

776—777

776 周II（銘文155）

777 周II（銘文159）

此字爲禮服的象形。

蓘 音同上　爲植物培土。《左·昭元》：“譬如農夫，是穮是～。”

419

鯀 kwən/kuən/gūn（gǔn）　❶大魚（同417組的“鯤”）。❷古人名。《書·舜典》：“殛～于羽山。”

778

778 漢前（銘文401，人名）

420

困 kʻwən/kʻuən-/kùn　❶阻礙。《易·蒙》：“～蒙，吝。”❷貧苦，窮竭。《左·僖三十》：“行李之往來，共其乏～。”❸憂慮。《書·盤庚中》：“汝不憂朕心之攸～。”❹疲勞。《禮·學記》：“教然後知～。”

779

779 殷甲文（O61）

此字从木、口（圍欄）。

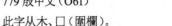

悃 kʻwən/kʻuən:/kǔn　真誠，誠懇。《楚辭·卜居》：“吾寧～～款款朴以忠乎？”

捆 音同上　敲擊，敲打。《孟子·滕文公上》：“～屨織席以爲食。”

梱 音同上　門檻，門。《禮·曲禮上》：“外言不入於～，内言不出於～。”

同音假借　❶長度等同。《儀禮·大射》：“既拾，取矢～之。”❷掠過（特指箭從靶子上彈回）。《儀禮·大射》：“中離維綱，揚觸～復。”

稛 音同上　捆束在一起。《國語·齊語》：“～載而歸。”聲符常作“困”。

421

坤 kʻwən/kʻuən/kūn　地。《易·繫辭上》：“天尊地卑，乾～定矣。”

此字从土、申（伸）。

422

巛 kʻwən/kʻuən/kūn　地。《易·坤》：“～，元亨利牝馬之貞。”（按：今本作“坤”，高氏從《釋文》。）此字是“坤”的初文。

甽 kiwən/kiwen:/juǎn（quǎn）　田野小水溝。《周禮·匠人》：“廣尺深尺謂之～。”

圳 前字的異體。《吕氏春秋·任地》：“上田棄畝，下田棄～。”

訓 xi̯wən/xi̯wən-/xùn　❶教誨，解釋。《詩·烝民》：“古～是式。”❷（被教誨>）服從。《詩·抑》：“四方其～之。”❸遵循，照做。《書·洪範》：“皇極之敷言，是彝是～。”Gl1542

此字聲符是“巛”而不是“川”。

423

髡 k‘wən/k‘uən/kūn 剃頭髮。《左·哀十七》:“使～之以爲吕姜髢。”

此字从髟(頭髮)、兀(切斷)。

424

壼 k‘wən/k‘uən:/kǔn (宫中)屋與屋之間的小徑。《詩·既醉》:“室家之～。”Gl889

425

圂 g‘wən/ɣuən-/hùn 猪圈,廁所。《儀禮·既夕禮》:“君子不食～腴。”

780 周II(銘文180)

此字从豕、囗(圍欄)。

慁 音同上 ❶受痛苦,悲痛。《國策·秦三》:“此天以寡人～先生,而存先王之廟也。”❷打擾,受煩擾。《左·昭六》:“舍不爲暴,主不～賓。”❸使蒙受耻辱。《禮·儒行》:“不～君王,不累長上。”

溷 音同上 煩亂,混亂。《楚辭·離騷》:“世～濁而不分兮。”

426

𥁕 ʔwən/ʔuən/wēn 仁。見《説文》(無書證)。此字是“温”的初文。

781 漢前(銘文457,人名)

此字像盛物容器。

温 音同上 ❶暖和。《禮·曲禮上》:“冬～而夏凊。”❷温和,柔和。《詩·小戎》:“～其如玉。”❸(熱一熱>)温習,反覆灌輸(特指早先學的東西)。《論語·爲政》:“～故而知新,可以爲師矣。”

通“藴”。茂密。《詩·晨風》:“～彼北林。”(按:今《詩》作“鬱”,高氏從《易林》引《齊詩》。)Gl323

輼 音同上 封閉形旅行臥車。《韓非子·内儲説上七術》:“不見～車。”

愠 ʔi̯wən/ʔi̯wən-/yùn ❶怨恨,憤怒。《詩·邶風·柏舟》:“～于羣小。”❷悲痛。《禮·檀弓下》:“～,哀之變也。”

緼 ʔi̯wən/ʔi̯uən:, ʔi̯uən-/yùn ❶麻絮或絲綿。《論語·子罕》:“衣敝～袍。”❷混亂,衆多。《楚辭·惜往日》:“紛～宜脩姱而不醜兮。”

同音假借 隱藏,神密。《易·繫辭上》:“乾坤其易之～邪?”

ʔi̯wən/ʔi̯uən/yūn 天地交互作用影響。《易·繫辭下》:“天地絪～,萬物化醇。”

ʔwən/ʔuən/wēn 赤黄色,棕色。《禮·玉藻》:“一命～韍幽衡。”

韞 ʔi̯wən/ʔi̯uən:/yùn 包裝,貯藏。《論語·子罕》:“～櫝而藏諸?求善賈而沽諸?”

薀 ʔwən/ʔuən/wēn 水生植物。《左·隱三》:“蘋蘩～藻之菜。”

ʔi̯wən/ʔi̯uən:, ʔi̯uən-/yùn 積聚。《左·昭二十五》:“蓄而弗治,將～。”Gl323

藴 ʔi̯wən/ʔi̯uən:, ʔi̯uən-/yùn ❶積聚,堵塞。《詩·素冠》:“我心～結兮。”❷壓抑,悶熱。《詩·雲漢》:“旱既大甚,～隆蟲蟲。”Gl323、799、988

427

屯 d‘wən/d‘uən/tún ❶聚集。《易·序卦》:“故受之以～。”❷派兵固守,士兵駐扎。《左·哀元》:“夫～晝夜九日。”

同音假借 小山丘。《莊子·至樂》:“生於陵～,則爲陵舄。”

ti̯wən/ȶi̯uĕn/zhūn 困難的。《易·屯》:“～如邅如。”

782 周II(銘文133,“純”義)

783 周II(銘文139,“純”義)

782—783

忳 d‘wən/d‘uən/tún 憂傷,憂慮。《楚辭·離騷》:“～鬱邑余侘傺兮,吾獨

窮困乎此時也。”Gl962

肫 音同上 小猪。《莊子·德充符》:“適見～子食於其死母。”

芚 音同上 糊塗,愚笨。《莊子·齊物論》:“衆人役役,聖人愚～。”

軘 音同上 戰車。《左·宣十二》:“使～車逆之。”

沌 d'wən/d'uən:/dùn 渾～:混沌。《莊子·應帝王》:“中央之帝爲渾～。”

d'wən/d'uən/tún d'wən/d'uən:/dùn 糊塗,愚笨。《老子》二十章:“我愚人之心也哉,～～兮!”

鈍 d'wən/d'uən-/dùn 鈍。《國語·吴語》:“使吾甲兵～弊。”

頓 twən/tuən-/dùn 叩地而拜(特指頭)。《左·定四》:“九～首而坐。”

同音假借 ❶提挈,舉起。《荀子·勸學》:“若挈裘領,詘五指而～之。”❷即刻,突然。《列子·天瑞》:“凡一氣不～進,一形不～虧,亦不覺其成,亦不覺其虧。”❸小山丘。《詩·氓》:“送子涉淇,至于～丘。”❹用壞的,鈍的,損壞(特指刀刃)。《左·襄四》:“甲兵不～。”❺疲勞不堪。《左·昭十五》:“勤民而～兵。”❻毁滅,毁壞。《國語·周語上》:“其無乃廢先王之訓而王幾～乎。”Gl177

窀 ṭi̯wən/ȶi̯uěn/zhūn d'wən/d'uən/tún 濃厚(指黑暗,如在墓穴裏)。《左·襄十三》:“唯是春秋～穸之事。”

杶 ṭ'i̯wən/ȶ'i̯uěn/chūn 一種樹(漆樹?)。《書·禹貢》:“～、榦、栝、柏。”

肫 ȶi̯wən/tɕi̯uěn/zhūn ḍi̯wən/ʑi̯uěn/chún 一整塊(肉)。《儀禮·士昏禮》:“～髀不升。”

假借爲ȶi̯wən/tɕi̯uěn/zhūn 誠懇,勤奮。《禮·中庸》:“～～其仁。”

純 ḍi̯wən/ʑi̯uěn/chún ❶絲製的。《論語·子罕》:“子曰:麻冕,禮也。今也～儉,吾從衆。”❷純粹的。《易·乾》:“大哉乾乎,剛健中正,～粹精也。”❸不混雜(指聲音)。《論語·八佾》:“從之,～如也,皦如也,繹如也,以成。”❹完全。《書·君奭》:“亦維～佑。”❺皆,都。《周禮·玉人》:“諸侯～九,大夫～五。”❻大的。《詩·賓之初筵》:“錫爾～嘏。”《書·多方》:“惟天不畀～。”❼一整套。《禮·報壺》:“一～以取,一筭爲奇。”(由於鄭玄釋“純”爲“全”,故《釋文》誤讀爲dz'i̯wɛn)

ȶi̯wən/tɕi̯uěn:, tɕi̯uěn-/zhǔn (席、衣服等的)邊緣,邊界。《書·文侯之命》:“侵戎我國家～。”

d'wən/d'uən/tún d'wən/d'uən:/dùn 縛在一起,包裹。《詩·野有死麕》:“白茅～束。”

假借爲tsi̯əg/tsi/zī 黑的。《禮·祭統》:“王后蠶於北郊,以共～服。”此字也可能是以“才”爲聲符,“才”在古籍中與“屯”字形相似(參“才”)。Gl59、708、1071、1913、2089

784

784 周Ⅳ(銘文290,人名)

428

豚 d'wən/d'uən/tún 小猪。《論語·陽貨》:“歸孔子～。”

假借爲d'wən/d'uən:, d'uən-/dùn 拖曳而行(脚不提起)。《禮·玉藻》:“圈～行,不舉足。”

785—786

785 殷甲文(A3: 23, 6)

786 周Ⅰ(銘文74)

此字从豕、月(肉),在後一個字裏,還从“又”(手)。

遯 dʻwən/dʻuən:, dʻuən-/dùn ❶退隱。《書·説命》:"既乃～于荒野。"❷逃匿。《詩·雲漢》:"昊天上帝,寧俾我～。" Gl999

429

屍 dʻwən/dʻuən/tún 臀部。見《説文》。此字爲"臀"的初文(無書證)。

臀 (臋)音同上 臀部。《國語·周語下》:"其母夢神規其～以墨。"

殿 tiən/tien-/diàn ❶(軍隊的)後尾。《左·襄二十六》:"晉人置諸戎車之～以爲謀主。"❷保護。《詩·采菽》:"～天子之邦。"

同音假借 悲歎。《詩·板》:"民之方～屎。"

dʻiən/dʻien-/diàn 宫殿,華廈。(無漢前書證)

430

尊 tswən/tsuən/zūn 一種容器。《詩·閟宫》:"犧～將將。"

同音假借 ❶尊敬。《書·立政》:"籲後～上帝。"❷推崇。《論語·子張》:"君子～賢而容衆。"

787—793

787 殷甲文(A5: 4, 6)

788 殷甲文(A5: 4, 4)

789 殷(銘文 23)

790 殷(銘文 3)

791 周 I(銘文 54)

792 周 II(銘文 69)

793 漢前(銘文 430)

此字像兩手持瓶;在有些古字裏,附加的形符"阜"作用不明。

樽 音同上 酒杯,酒壺。《左·襄二十三》:"新～絜之。"

僔 tswən/tsuən:/zǔn 聚。《説文》引《詩》:"～沓背憎。"(按:今《詩·十月之交》作"噂"。)

同音假借 尊敬。《荀子·仲尼》:"主尊貴之,則恭敬而～。"

通"噂"。《左·僖十五》:"～沓背憎。"

噂 音同上 閑談。《詩·十月之交》:"～沓背憎。"

撙 音同上 ❶有目的的,有控制的,有節制的。《禮·曲禮上》:"是以君子恭敬～節,退讓以明禮。"❷管理,掌管。《國策·秦一》:"伏軾～銜,横歷天下。"

繜 tswən/tsuən/zūn 一種褲子(僅有漢代書證)。

通"撙"。控制。《荀子·不苟》:"不能則恭敬～絀以畏事人。"

蹲 dzʻwən/dzʻuən/cún(dūn) ❶下蹲。《莊子·外物》:"～乎會稽,投竿東海。"❷堆積,一個置於另一個之上。《左·成十六》:"潘尫之黨與養由基～甲而射之。"

tsʻi̯wən/tsʻi̯uĕn/qūn ❶(跳舞時的)舞姿。《詩·伐木》:"～～舞我。"❷躊躇。《莊子·至樂》:"忠諫不聽,～循勿爭。" Gl422

鐏 dʻzwən/dzʻuən-/zūn 兵器或矛柄端的金屬帽套。《禮·曲禮上》:"進戈者,前其～。"

鱒 dzʻwən/dzʻuən:, dzʻuən-/zūn 魚名。《詩·九罭》:"九罭之魚,～、魴。"

遵 tsi̯wən/tsi̯wĕn/zūn ❶沿着(一條路)。《詩·汝墳》:"～彼汝墳。"❷依循。《書·洪範》:"～王之義。"❸按照,根據。《左·宣十二》:"於鑠王師,～養時晦。"

431

寸 ts'wən/ts'uən-/cùn　❶拇指。《公羊·僖三十一》："觸石而出，膚～而合。"❷寸。《孟子·告子上》："無尺～之膚不愛焉。"

794

794 此字取自"守"的古文字。

周Ⅱ（銘文 161）

此字像一隻手，一畫表示拇指。在合體字裏，此字表"手"義。

刌 ts'wən/ts'uən:/cǔn　切，砍下。《儀禮·特牲饋食禮》："～肺三。"

忖 音同上　揣測，估量。《詩·巧言》："予～度之。"

432

存 dz'wən/dz'uən/cún　❶想念，在……之中。《詩·出其東門》："匪我思～。"❷存在。《孟子·公孫丑上》："流風善政，猶有～者。"❸存留，幸存。《左·成十六》："國之～亡，天也。"❹保存，保持。《左·僖十四》："皮之不～，毛將安傅？"

荐 dz'iən/dz'ien-/jiàn　dz'wən/dz'uən-/zùn（《釋文》作此兩音）　草，草本植物。《左·襄四》："戎狄～居。"

假借爲 dz'iən/dz'ien-/jiàn　重復，一再。《左·僖十三》："冬，晉～饑。"

栫 dz'iən/dz'ien-/jiàn　籬笆，用籬笆圍起來。《左·哀八》："囚諸樓臺，～之以棘。"

洊 音同上　重複，再次。《易·震》："～雷震，君子以恐懼修省。"

433

巽 swən/suən-/sùn　❶謙卑，恭順。《易·蒙》："童蒙之吉，順以～也。"❷讓予，相讓。《書·堯典》："汝能庸命，～朕位。"Gl1242

簨 si̯wən/si̯uĕn:/xǔn（sǔn）　古代懸挂鐘磬鼓的橫架。《禮·明堂位》："夏后氏之龍～虡。"

僎（僔）tsi̯wən/tsi̯uĕn/jūn（zūn）　贊禮。《禮·少儀》："介爵，酢爵，～爵，皆居右。"

通"撰"。《論語·先進》："異乎三子者之～。"（按：今本作"撰"，高氏從鄭玄。）

䠣 si̯wan/si̯wɛn-/xuǎn　套捕動物脚的網。《説文》引《逸周書》："不卵不～，以成鳥獸。"（按：語見《逸周書·文傳》，原文略異。）

選 si̯wan/si̯wɛn:/xuǎn　❶選擇。《詩·車攻》："～徒囂囂。"❷挑毛病，批評。《左·昭元》："弗去懼～。"❸片刻。《呂氏春秋·任數》："～間，食熱，謁孔子而進食。"❹一種重量單位。《漢書·蕭望之傳》引《書·吕刑》："小過赦，薄罪贖，有金～之品。"（按：此非《書·吕刑》原文。高氏認爲"～"即《書·吕刑》之"鍰"。）

si̯wan/si̯wɛn-/xuàn　提升。《禮·王制》："命鄉論秀士，升之司徒，曰～士。"

si̯wan/si̯wɛn:/xuǎn　swan/suan:/suǎn　數，計量，度量。《詩·邶風·柏舟》："威儀棣棣，不可～也。"Gl68、267、1434、2062

撰 dz'i̯wan/dz'i̯wɛn:/zhuàn　❶創造。《易·繫辭下》："以體天地之～。"❷發明，設計。《論語·先進》："異乎三子者之～。"❸持，拿。《禮·曲禮上》："君子欠伸，～杖屨。"

通"選"。選擇。《禮·內則》："栗曰～之，桃曰膽之。"

饌 dz'i̯wan/dz'i̯wɛn-/zhuàn　❶提供食物。《周禮·酒正》："以共王之四飲三酒之～。"❷糧食，食物。《論語·爲政》："有酒食，先生～。"❸美味菜肴。《禮·文王世子》:“膳宰之～必敬視之。”

譔 dzʻi̯wan/dzʻi̯wɛn:, dzʻi̯wɛn-/zhuàn ts'i̯wan/ts'i̯wɛn/quān 撰述，贊頌。《禮·祭統》:“銘者，論～其先祖之有德善。” 通“饌”。提供。《楚辭·大招》:“魂乎歸徠，聽歌～只。”

434

孫 swən/suən/sūn 孫子，孫女，子孫。《詩·有駜》:“詒～子，于胥樂兮。” 通“遜”。《論語·述而》:“奢則不～。”

795 殷甲文（B下14: 7）

796 周I（銘文 58）

此字从子、系（絲綫）。

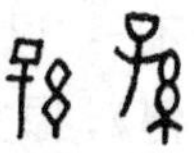

795—796

蓀 音同上 一種香草。《楚辭·湘君》:“～橈兮蘭旌。”

遜 swən/suən-/sùn(xùn) ❶退避。《書·堯典》:“將～于位，讓于虞舜。”❷恭順。《書·舜典》:“百姓不親，五品不～。”

愻 前字的異體。《説文》引《書》:“五品不～。”（按：今《書·舜典》作“遜”。）

797 周III/IV（銘文 320）

797

435

損 swən/suən:/sǔn ❶減少。《易·損》:“～下益上，其道上行。”❷損傷，毁壞。《論語·季氏》:“友便辟，友善柔，友便佞，～矣。”此字右邊部分不可能爲聲符，故該字字形解釋未定。（按：《説文》从手，員聲。）

436

飧 swən/suən/sūn ❶食用少量米飯。《周禮·司儀》:“致～如致積之禮。”❷熟飯。《詩·伐檀》:“彼君子兮，不素～兮。”❸摻水的米飯。《禮·玉藻》:“君未覆手，不敢～。”

此字从夕、食。

437

賁 pwən/puən/bēn 烈性的，勇敢的。《書·顧命》:“虎～百人。”

b'i̯wən/b'i̯uən/fén 大。《詩·靈臺》:“～鼓維鏞。”

piăr/pjiĕ-/bì 光采貌，裝飾華麗的。《詩·白駒》:“～然來思。”

通“僨”。《禮·射義》:“～軍之將、亡國之大夫與爲人後者不入。”

通“墳”。隆起。《穀梁·僖十》:“覆酒於地，而地～。”

通“憤”。《禮·樂記》:“粗厲、猛起、奮末、廣～之音作，而民剛毅。”Gl137、489、1482、1591

798 殷甲文（A6: 43, 2，其義不明）

799 周I（銘文 63，某種祭品）

800 周I（銘文 86，“宏大、美好”義）

此字本義可能是絢爛華麗，爲一種花草的象形。參 44 組“華”的古文字。

798—800

至於附加的形符“貝”，參“饙”和“饙”。

噴 p'wən/p'uən, p'uən-/pēn 突然的噴射。《莊子·秋水》:“～則大者如珠，小者如霧。”

歕 音同上 噴出，吐出。《穆天子傳》五:“黄之池，其馬～沙，皇人威儀。”

獖 b'wən/b'uən:/bèn 守衛，像狗一樣。《韓非子·十過》:“豎刁自～以爲治内。”

僨 pi̯wən/pi̯uən-/fèn ❶翻倒，倒下。《左·隱三》:“鄭伯之車～于濟。”❷動。《左·僖十五》:“張脈～興，外彊中乾。”

饙（餴）pi̯wən/pi̯uən/fēn 蒸米飯。（銘文 246）這兩個字在《説文》中是異體字，這表明“貝”是個後加成分，而且還表明上面的"賁"及其古文字實際上是同一個字。

801 周Ⅱ/Ⅲ（銘文 246）

802 周Ⅱ/Ⅲ（銘文 272）

801—802

墳 bʻi̯wən/bʻi̯uən/fén ❶墳墓。《禮·檀弓上》："古也墓而不～。"❷堤岸。《詩·汝墳》："遵彼汝～。"❸大。《詩·苕之華》："牂羊～首。"❹依從，屈從。《管子·君臣下》："～然若一父之子。"

bʻi̯wən/bʻi̯uən:/fèn ❶沃土。《書·禹貢》："厥土黑～。"❷突起，隆起。《左·僖四》："公祭之地，地～。"Gl746

憤 bʻi̯wən/bʻi̯uən:/fèn ❶充溢，煩惱。《國語·周語上》："陽癉～盈，土氣震發。"❷充積，不滿。《論語·述而》："不～不啟。"❸熾熱。《左·僖十五》："亂氣狡～。"

濆 bʻi̯wən/bʻi̯uən:/fén ❶河岸。《詩·常武》："鋪敦淮～。"❷噴涌出。《公羊·昭五》："～泉者何？直泉也。"

羵 音同上　外形似羊的精靈。《國語·魯語下》："土之怪曰～羊。"

蕡 音同上　❶結果實的（特指水果）。《詩·桃夭》："有～其實。"❷麻的種子。《禮·內則》："菽、麥、～、稻、黍、粱、秫，唯所欲。"

豶 音同上　閹猪。《易·大畜》："～豕之牙，吉。"

轒 bʻi̯wən/bʻi̯uən, bʻi̯uən:/fén　一種戰車。《墨子·備水》："以臨～輼決外隄。"

幩 bʻi̯wən/bʻi̯uən/fén　pʻi̯wən/pʻi̯uən/fēn　馬嚼子上的金屬飾板。《詩·碩人》："朱～鑣鑣。"

438

奔 pwən/puən/bēn ❶急走，奔跑。《詩·清廟》："駿～走在廟。"❷逃走。《詩·大車》："畏子不～。"

通"賁"。猛烈的。《詩·鶉之奔奔》："鶉之～～。"Gl137

803 周Ⅰ（銘文 63）

804 周Ⅰ（銘文 65）

803—804

此字从人从數止（脚）。

犇 前字的異體。《荀子·議兵》："勞苦煩辱則必～。"

此字从三"牛"。

餴 pi̯wən/pi̯uən/fēn　蒸米飯。《詩·泂酌》："可以～饎。"Gl911

鼖 bʻi̯wən/bʻi̯uən/fén　大鼓。《書·顧命》："大貝，～鼓，在西房。"

439

畚 pwən/puən:/běn　籃，筐。《左·宣二》："殺之，置諸～。"

小篆不从"田"，而是一個帶蓋盛器的象形。

440

本 pwən/puən:/běn ❶植物根。《詩·蕩》："～實先撥。"❷植物莖幹。《左·文七》："若去之，則～根無所庇蔭矣。"❸根源，基礎。《左·桓十八》："並后、匹嫡、兩政、耦國，亂之～也。"❹古代的木簡，版牒。《禮·禮器》："先王之立禮也，有～有文。"

此字从"木"，一畫表根部。

441

門 mwən/muən/mén ❶門。《詩·北門》："出自北～，憂心殷殷。"❷攻門。《左·襄十》："庚午，圍宋，～于桐門。"

805 殷甲文（A4: 15, 7）

806 周Ⅰ（銘文 67）

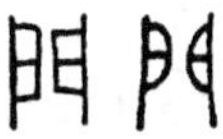

805—806

此字象形。

悶 mwən/muən-/mèn ❶憂傷。《易·乾》："遁世无～。"❷愚蠢，遲鈍。《老

子》二十章："俗人察察，我獨～～。"

mwən/muən/mén　無意識也，無知覺地。《莊子·德充符》："～然而後應。"

捫 mwən/muən/mén　持有，掌握。《詩·抑》："莫～朕舌。"

聞 mi̯wən/mi̯uən/wén　❶聽見。《詩·何人斯》："我～其聲。"❷嗅到。《書·君陳》："我～曰：至治馨香。"

mi̯wən/mi̯uən-/wèn　❶被聽見。《詩·鶴鳴》："鶴鳴于九皋，聲～于天。"❷聲譽。《詩·卷阿》："令～令望。"

問 mi̯wən/mi̯uən-/wèn　詢問。《詩·泉水》："～我諸姑。"

通"聞"。聲譽，名望。《詩·文王》："宣昭義～。" Gl765、799

807

807 殷甲文（B下 9：10）

閩 mi̯ən/mi̯ĕn/mǐn　mi̯wən/mi̯uən/wén　古代南方部落名。《周禮·職方氏》："七～、九貉。"

442

麋 mwən/muən/mén　高粱。《詩·生民》："維～維芑。"

此字从麻、禾，字形解釋不明。

443

斤 ki̯ən/ki̯ən/jīn　斧頭。《左·哀二十五》："無者執～。"

假借爲ki̯ən/ki̯ən-/jìn　明察貌。《詩·執競》："～～其明。"

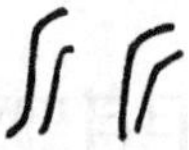

808—809

808 此字取自"新"的古文字（周I，銘文 67）

809 漢前（銘文 420，人名）　此字象形。

釿 音同上　斧頭。《莊子·在宥》："於是乎～鋸制焉，繩墨殺焉，椎鑿決焉。"

靳 ki̯ən/ki̯ən-/jìn　馬胸前的皮帶。《左·定九》："吾從子如驂之～。"

同音假借　嘲弄。《左·莊十一》："宋人請之，宋公～之。"

芹 g'i̯ən/g'i̯ən/qín　水芹。《詩·采菽》："言采其～。"

近 g'i̯ən/g'i̯ən:/jìn　附近。《易·繫辭下》："～取諸身，遠取諸物。"

g'i̯ən/g'i̯ən-/jìn　接近，親近。《詩·民勞》："以～有德。"

昕 xi̯ən/xi̯ən/xīn　黎明。《儀禮·士昏禮》："凡行事，必用昏～。"

欣 音同上　❶喜悦。《左·哀二十》："諸夏之人莫不～喜。"❷美味。《詩·鳧鷖》："旨酒～～。"

忻 前字的異體。《墨子·經説上》："譬之，必其行也，其言之～。"

訢 前字的異體。《孟子·盡心上》："終身～然，樂而忘天下。"

圻 g'i̯ər/g'jei̯/qí　❶一千平方里之封地，帝王的領地。《左·襄二十五》："天子之地一～。"❷～父：官名，掌管京畿的軍事。《書·酒誥》："矧惟若疇～父。"

ŋi̯ən/ŋi̯ən/yín　高凸的邊界。《淮南子·俶真訓》："四達無境，通于無～。"參 547 組"畿"。

頎 g'i̯ər/g'jei̯/qí　修長貌。《詩·猗嗟》："～而長兮。"

k'ən/k'ən:/kěn　❶熱切。《禮·檀弓上》："稽顙而後拜，～乎其至也。"❷堅固的。《周禮·輈人》："是故輈欲～典。"

肵 g'i̯ər/g'jei̯/qí　古代祭祀時盛放牲體的小桌子。《禮·曾子問》："無～俎。"

祈 音同上　❶祈禱。《詩·雲漢》："～年孔夙。"❷宣告。《詩·行葦》："酌以大斗，以～黄耇。"

通"圻"。官名，即司馬。《詩·祈父》："～父，予王之爪牙。"

通“祁”。大貌。《詩·大田》：“興雨～～。”

旂 音同上

龍旗。《詩·韓奕》：“淑～綏章。”

810 殷（銘文 25，人名）

811 周 I（銘文 65）

812 周 II（銘文 133）

810—812

蘄 音同上　旗幟（義同“旂”）。（殷甲文 I 47: 9）

同音假借　祈禱，請求（同“祈”）。《莊子·齊物論》：“予惡乎知夫死者不悔其始之～生乎？”

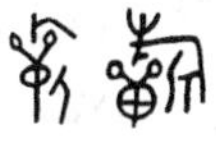

813—814

813 殷甲文（I 47: 9）

814 周 II（銘文 164，“祈求”義）

焮 xi̯ən/xi̯ən-/xìn（xīn）　燃燒。《左·昭十八》：“司馬司寇，列居火道，行火所～。”

掀 xi̯ăn/xi̯ɐn/xiān　舉起。《左·成十六》：“乃～公以出於淖。”

444

巹 ki̯ən/ki̯ən:/jǐn　（半個瓠＞）結婚酒杯。《禮·昏儀》：“共牢而食，合～而酳。”

445

筋 ki̯ən/ki̯ən/jīn

腱。《孟子·告子下》：“勞其～骨。”

446

釁 xi̯ən/xi̯ən-/xìn　xi̯æn/xi̯ĕn-/xìn　❶祭祀時用血塗抹。《孟子·梁惠王上》：“將以～鍾。”❷塗油。《國語·齊語》：“比至，三～三浴之。”

同音假借　❶縫隙，裂痕。《左·桓八》：“讎有～，不可失也。”❷事端，徵兆。《國語·魯語上》：“惡有～，雖貴罰也。”❸傾向（指脾性），愛好。《左·襄二十六》：“夫小人之性，～於勇。”

通“熏”。《周禮·女巫》：“女巫掌歲時祓除～浴。”

815

815 周 II（銘文 164）

在許多情況下，此字與“壽”一起構成一形容詞，其義類似古籍裏“眉壽”一詞中的“眉”。參 567 組和 585 組。

447

衅 xi̯ən/xi̯ən-/xìn　xi̯æn/xi̯ĕn-/xìn　用血塗抹。《禮·樂記》：“車甲～而藏之府庫，而弗復用。”此字有時用同“釁”。此字从血、半（切成兩半的牛）。

448

殷 ʔi̯ən/ʔi̯ən/yīn　❶巨大，豐盛。《書·盤庚中》：“～降大虐。”❷衆多。《詩·溱洧》：“士與女，～其盈矣。”❸一種祭祀。《禮·曾子問》：“有～事則之君所。”

同音假借　❶準確，齊整。《書·禹貢》：“九江孔～。”❷憂傷貌。《詩·北門》：“出自北門，憂心～～。”❸城名和朝代名。《詩·文王》：“有虞～自天。”

假借爲 ʔi̯ən/ʔi̯ən:/yǐn　雷聲。《詩·殷其雷》：“～其雷，在南山之陽。”

假借爲 ʔæn/ʔăn/yān　黑紅色。《左·成二》：“左輪朱～。”Gl65、766、1367、1448、1754

816 周 I（銘文 54）

817 周 I（銘文 65）

818 周 I（銘文 74）

816—818

慇 ʔi̯ən/ʔi̯ən/yīn　憂傷貌。《詩·正月》：“念我獨兮，憂心～～。”

449

隱 ʔi̯ən/ʔi̯ən:/yǐn　❶隱瞞。《論語·述而》：“二三子以我爲～乎？”❷（似幕之物＞）矮牆。《左·襄二十三》：“踰～而待之。”❸憂傷，痛苦。《詩·邶風·柏舟》：“耿耿不寐，如有～憂。”

ʔi̯ən/ʔi̯ən-/yìn　倚。《孟子·公孫丑

下》："～几而臥。"

通"檃"。矯正。《書·盤庚下》："邦伯師長、百執事之人，尚皆～哉。" Gl65

檃 ʔi̯ən/ʔi̯ən:/yǐn　古代矯正竹木彎曲的工具。《荀子·性惡》："直木不待～栝而直者，其性直也。"

450

寅 di̯ən/i̯ĕn/yín　di̯ər/i/yí　❶地支名稱之一。《春秋·襄二》："夏五月庚～，夫人姜氏薨。"❷恭敬。《書·舜典》："夙夜惟～，直哉惟清。"

819 殷甲文（A3: 3, 1）

820 殷甲文（A3: 7, 4）

821 殷甲文（A3: 7, 2）

822 殷（銘文 26）

823 周 I（銘文 74）

824 周 I（銘文 77）

819—824

夤 di̯ən/i̯ĕn/yín　腰背部，腰部。《易·艮》："列其～。"

825

825 周 III（銘文 229）

螾 di̯ən/i̯ĕn:/yǐn　蚯蚓。《荀子·勸學》："～無爪牙之利，筋骨之强。"

演 di̯an/i̯en:/yǎn　流出，延伸。《國語·周語上》："夫水土～而民用也。水土無所～，民乏財用。"

826

826 殷甲文（H2: 26, 8, 人名）

451

胤 di̯ən/i̯ĕn-/yìn　❶後代子孫。《詩·既醉》："君子萬年，永錫祚～。"❷跟隨。《書·洛誥》："予乃～保大相東土。"

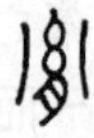

827

827 周 III（銘文 229）

酳 音同上　喝一口酒漱口。《禮·樂記》："執爵而～。"

452

疢 ţi̯ən/tɕi̯ĕn:/zhěn　❶發熱。《詩·小弁》："～如疾首。"❷疾病《孟子·盡心上》："恒存乎～疾。"

此字从疒、火。

453

㐱 ţi̯ən/tɕi̯ĕn:/zhěn　濃髮。《說文》引《詩》："～髮如雲。"（按：今《詩·君子偕老》作"鬒"。）Gl132

828 漢前（銘文 414，人名）

828

此字从人、彡（表示人的頭髮）。

眕 音同上　爲掩蓋内心憤怒而鎮靜地盯視，克制。《左·隱三》："憾而能～者鮮矣。"

畛 ţi̯ən/tɕi̯ĕn，tɕi̯ĕn:/zhēn（zhěn）　❶田間小道。《詩·載芟》："徂隰徂～。"❷疆界。《莊子·齊物論》："請言其～，有左有右。"

假借爲ţi̯ən/tɕi̯ĕn-/zhèn　獻祭。《禮·曲禮下》："臨諸侯，～於鬼神。"

紾 ţi̯ən/tɕi̯ĕn:/zhěn　ţi̯an/ţi̯en:/zhǎn　扭轉。《孟子·告子下》："～兄之臂，而奪之食。"

ȡi̯an/ʑi̯en:/shàn　ď'i̯an/ď'i̯en:/zhàn　扭曲的。《周禮·弓人》："老牛之角～而昔。"

袗 ţi̯ən/tɕi̯ĕn:/zhěn　單衣。《論語·鄉黨》："當暑，～絺綌，必表而出之。"

通"珍"。質好，珍貴（特指衣服）。《孟子·盡心下》："及其爲天子也，被～衣，鼓琴，二女果，若固有之。"

軫 音同上　❶車廂後面的十字形木板。《周禮·考工記》："車～四尺。"❷車廂。《左·昭二十一》："扶伏而擊之，折～。"

❸星座名。《禮·月令》:“日在斗，昏東辟中，旦～中。”

同音假借 抑鬱，憂慮。《楚辭·哀郢》:“出國門而～懷兮。”

829

829 周II（銘文 194）

珍 ti̯ən/ȶi̯ĕn/zhēn 珍貴之物，珍貴的。《左·哀元》:“～異是聚。”

疹 ȶ'i̯ən/ȶ'i̯ĕn-/chèn（zhěn） ❶熱病。《國語·越語上》:“令孤子、寡婦、疾～貧病者，納宦其子。”❷受痛苦。《詩·小宛》:“哀我～寡。”（按：今本作“填”，高氏從《釋文》引《韓詩》。）Gl588

殄 d'i̯ən/d'ien:/diàn（tiǎn） ❶停止。《左·僖十》:“君祀無乃～乎!”❷使停止。《詩·雲漢》:“不～禋祀。”❸消除。《詩·緜》:“肆不～厥愠。”

通“腆”。好。《詩·新臺》:“籧篨不～。”Gl124、799、815、989

診 d'i̯ən/ȡ'i̯ĕn-/zhèn ȶi̯ən/tɕi̯ĕn:/zhěn 考查。《莊子·人間世》:“匠石覺而～其夢。”

餮 t'iət/t'iet/tiè 饕～：貪婪者。《左·文十八》:“天下之民以比三凶，謂之饕～。”

跈 ni̯an/ni̯ɛn:/niǎn niən/nien:/niǎn d'ian/d'ien:/diàn 踐踏。《莊子·外物》:“哽而不止則～，～則衆害生。”

454

齔 ȶ'i̯ən/tɕ'i̯ən:, tɕ'i̯ən-, tɕ'i̯ĕn-/chèn 换牙齒。《周禮·司厲》:“凡有爵者，與七十者，與未～者，皆不爲奴。”

455

辰 ȡi̯ən/ʑi̯ĕn/chén ❶地支名稱之一。《左·昭九》:“～在子卯，謂之疾日。”❷天體。《左·昭七》:“歲時日月星～是謂也。”❸黄道帶上的某區域。《左·昭十七》:“日月交會是謂～。”❹時辰。《詩·小弁》:“我～安在?”❺及時的，適時的。《詩·抑》:“遠猶～告。”❻季節。《書·皋陶謨》:“撫于五～。”❼季節性的。《詩·駟驖》:“奉時～牡。”❽黎明。《禮·内則》:“妻將生子，及月～，居側室。”Gl310、596、1215

830 殷甲文（E7: 4）

831 殷甲文（A7: 27, 2）

832 殷（銘文 25） 833 殷（銘文 32）

834 周I（銘文 59）

835 周I（銘文 70）

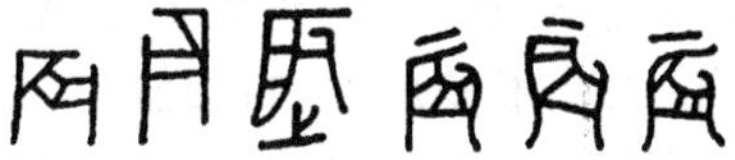
830—835

晨 ȡi̯ən/ʑi̯ĕn/chén ȡ'i̯ən/dʑ'i̯ĕn/chén ❶天蝎星座裏的部分。《國語·周語上》:“農祥～正，日月底于天廟，土乃脈發。”❷早晨。《詩·庭燎》:“夜如何其？夜鄉～。”

曟 前字的異體，見《説文》。

836

836 周II（銘文 161，人名）

宸 ȡi̯ən/ʑi̯ĕn/chén 屋頂。《國語·越語上》:“君若不忘周室，而爲弊邑～宇。”

脤 ȡi̯ən/ʑi̯ĕn:/shèn 祭祀用的肉。《左·閔二》:“帥師者，受命於廟，受～於社。”

蜃 音同上 蚌類。《禮·月令》:“雉入大水爲～。”

侲 ȶi̯ən/tɕi̯ĕn-/zhèn 男孩或女孩（僅有漢代書證）。

837

837 周II（銘文 175，人名）

振 音同上 ❶振動。《詩·七月》:“六月莎鷄～羽。”❷去塵。《禮·曲禮下》:"～書端書於君前,有誅。"❸動。《禮·喪大記》:"飾棺,君龍帷、三池、～容、黼荒。"❹舉起。《國語·晉語七》:"逮鰥寡,～廢淹。"❺拯救,幫助。《易·蠱》:"君子以～民育德。"❻整頓(軍隊)。《詩·采芑》:"～旅闐闐。"❼停止。《莊子·齊物論》:"忘年忘義,～於无竟。"❽(振動>)驚恐。《國策·燕三》:"燕王誠～怖大王之威,不敢興兵以拒大王。"❾開放(糧倉)。《左·文十六》:"自廬以往,～廩同食。"❿及時援助。《孟子·滕文公上》:"勞之來之,匡之直之……又從而～德之。"⓫聯合。《禮·中庸》:"～河海而不洩。"⓬從,自。《詩·載芟》:"～古如兹。"

假借爲ȶi̯ən/tɕi̯ěn/zhēn ❶數量衆多。《詩·有駜》:"～～鷺,鷺于下。"❷威嚴貌。《詩·麟之趾》:"～～公子。"

通"袗"。《禮·玉藻》:"～絺綌不入公門。" Gl18、462、1095

娠 ȶi̯ən/tɕi̯ěn-/zhèn ɕi̯ən/ɕi̯ěn/shēn 懷孕。《左·哀元》:"后緡方～。"

賑 ȶi̯ən/tɕi̯ěn-/zhèn 賑濟。《墨子·辭過》:"是以其財不足以待凶饑、～孤寡。"

震 音同上 ❶雷聲。《詩·十月之交》:"爗爗～電。"❷震動。《詩·閟宫》:"不～不騰。"❸恐嚇。《詩·常武》:"～驚徐方。"❹使人敬畏的。《詩·長發》:"有～且業。"❺懷孕。《詩·生民》:"載～載夙。" Gl867、1083、1199

䚢 ȶ'i̯ən/ȶ'i̯ěn:/chěn ȶ'i̯ər/ȶ'i/chī 笑。《莊子·達生》:"桓公～然而笑。"

唇 d̑'i̯wən/dʑ'i̯uěn/chún 嘴唇。《左·哀八》:"～亡齒寒。"

漘 音同上 河邊。《詩·葛藟》:"緜緜葛藟,在河之～。"

456

刃 n̑i̯ən/ȵzi̯ěn-/rèn ❶刀口。《書·費誓》:"礪乃鋒～。"❷刀。《孟子·梁惠王上》:"殺人以梃與～,有以異乎?"

此字从刀,丶表示刀刃。

仞 音同上 ❶古代長度單位。《論語·子張》:"夫子之牆數～。"❷測量。《左·昭三十二》:"計丈數,揣高卑,度厚薄,～溝洫。"

通"認"。《列子·天瑞》:"天地萬物不相離也,～而有之,皆惑也。"

忍 n̑i̯ən/ȵzi̯ěn:/rěn ❶容忍。《詩·四月》:"先祖匪人,胡寧～予?"❷殘忍。《詩·桑柔》:"維彼～心。"

牣 n̑i̯ən/ȵzi̯ěn-/rèn 滿。《詩·靈臺》:"於～魚躍。"

肕 音同上 强健(如肌肉)。《管子·心術下》:"人能正靜者,筋～而骨强。"

訒 音同上 出言遲疑。《論語·顏淵》:"仁者,其言也～。"

軔 音同上 使車輪停止而插入的木片。《楚辭·離騷》:"朝發～於蒼梧兮。"

同音假借 ❶長度單位(八尺爲一軔)。《孟子·盡心上》:"掘井九～而不及泉。"❷牢固。《管子·制分》:"故凡用兵者,攻堅則～。"❸柔弱,懶散。《荀子·富國》:"其禮義節奏也芒～僈楛,是辱國已。"

紉 ni̯ən/ni̯ěn/nín n̑i̯ən/ȵzi̯ěn/rèn ❶把兩縷捻成單繩。《楚辭·離騷》:"～秋蘭以爲佩。"❷以綫穿針。《禮·内則》:"衣裳綻裂,～箴請補綴。"

韌 ni̯ət/ni̯ět/nì 膠合。《國策·趙三》:"夫膠漆,至～也,而不能合遠。"

認 n̑i̯ən/ȵzi̯ěn-/rèn 辨識。《關尹子·二柱篇》:"渾人我同天地,而彼私智

～而已之。”

457

民 mi̯ən/mi̯ĕn/mín　mi̯ĕn/mi̯ĕn/mín　人，人類。《詩·生民》：“厥初生～。”

通“緡”：～蠻。《詩·緜蠻》：“～蠻黃鳥。”（按：今《詩》作“緜”，高氏云《釋文》引《韓詩》作“～”，然今《釋文》無。）Gl741

《詩經》中該字押mi̯ĕn韻，但它的各種派生詞却明顯表明是mi̯ən韻，因此，上古一定有兩個讀音。

838 周I（銘文65）

838

泯 mi̯ən/mi̯ĕn, mi̯ĕn:/mín　❶消滅。《左·宣十二》：“不～其社稷。”❷紊亂貌。《書·吕刑》：“民興胥漸，～～棼棼。”Gl965、2028

珉 mi̯ən/mi̯ĕn, mi̯ĕn:/mín　一種寶石。《禮·聘義》：“敢問君子貴玉而賤～者，何也？”（按：今本作“瑉”，高氏從《康熙字典》。）

眠 miən/mien/mián　閉眼。《山海經·東山經》：“其壯如菟而鳥喙，鴟目蛇尾，見人則～。”

miən/mien:/miǎn　欺騙，愚弄。《列子·力命》：“～娗、諈諉、勇敢、怯疑，四人相與游於世。”

⿰歹民 miən/mien:/miǎn　mwən/muən/mén　xmwən/xuən/hūn　❶昏亂，神志不清。《莊子·達生》：“以黃金注者～。”（按：今本作“殙”，高氏從《釋文》。）❷孤寂，心緒煩亂。《吕氏春秋·論威》：“則知所兔起鳧舉死～之地矣。”

此字又作“殙”，右半爲聲符。

敃 mi̯wæn/mi̯wĕn:/mǐn　强壯貌（見《説文》，同“暋”）。

839 周II（銘文139）

840 周II（銘文180）

839—840

昏（昬）xmwən/xuən/hūn　❶日暮之時，黑暗。《詩·東門之楊》：“～以爲期，明星煌煌。”❷結婚。《詩·邶風·谷風》：“宴爾新～。”❸妻子。《詩·車舝》：“覯爾新～。”❹姻親。《詩·角弓》：“兄弟～姻。”❺昏昧。《詩·小宛》：“彼～不知。”❻死，殺死。《書·益稷》：“下民～墊。”❼太監。《詩·召旻》：“～椓靡共。”❽出生後不久夭折。《左·昭十九》：“寡君之二三臣，札、瘥、夭、～。”

通“泯”。消滅。《書·牧誓》：“今商王受惟婦言是用，～棄厥肆祀弗答。”Gl493、1063、1313、1425、1514

841 殷甲文（O715）

841

婚 音同上　❶娶妻，結婚。《易·屯》：“求～媾。”❷有婚姻關係的親戚、朋友。《書·盤庚上》：“汝克黜乃心，施實德于民，至于～友。”

惛 音同上　❶混亂。《詩·民勞》：“無縱詭隨，以謹～怓。”❷愚笨。《孟子·梁惠王上》：“吾～，不能進於是矣。”❸不坦率。《荀子·賦》：“往來～憊而不可爲固塞者與？”

惽 音同上　糊塗，愚蠢。《國策·秦一》：“今之嗣主，忽於至道，皆～於教。”

涽 音同上　混淆不清。《莊子·齊物論》：“爲其吻合，置其滑～，以隸相尊。”

閽 音同上　守門人。《左·襄二十九》：“吳人伐楚，獲俘焉，以爲～。”

痻（⿸疒昬）mi̯ən/mi̯ĕn/mín　xmwən/xuən/hūn　痛苦，悲傷。《詩·桑柔》：“多我覯～。”

捪 mi̯ən/mi̯ĕn/mín　撫摸。《吕氏春秋·求人》：“～天之山，鳥谷青丘之鄉。”

瑉 音同上　一種寶石。《周禮·弁師》："諸侯之繅斿九就，～玉三采。"參"珉"。

碈 前字的異體。《禮·聘義》："敢問君子貴玉而賤～者，何也?"

緍 mi̯ən/mi̯ĕn/mín　❶絲繩。《詩·何彼襛矣》："維絲伊～。"❷纏繞，包，蓋。《詩·抑》："荏染柔木，言～之絲。"❸不知不覺。《莊子·在宥》："當我，～乎!遠我，昏乎!"❹～蠻：(像絲綫一樣>)連綿不絕。《禮·大學》引《齊詩》："～蠻黃鳥。"(按：今《詩·緜蠻》作"緜"。)Gl741

mi̯ən/mi̯ĕn:/mǐn　堆積貌。《莊子·則陽》："雖使丘陵草木之～，入之者十九，猶之暢然。"

暋 mi̯wæn/mi̯wĕn:/mǐn　强悍。《書·康誥》："殺越人于貨，～不畏死。"

mi̯ən/mi̯ĕn, mi̯ĕn:/mǐn　xmwən/xuən/hūn　難過，憂鬱。《莊子·外物》："心若縣於天地之間，慰～沈屯。"

愍 mi̯wæn/mi̯wĕn:/mǐn 哀憐。《左·昭元》："吾代二子～矣。"

458

軍 ki̯wən/ki̯uən/jūn　❶軍隊。《詩·公劉》："其～三單。"❷駐扎。《左·桓六》："～於瑕以待之。"

此字从冖(覆蓋)、車。

渾 gʻwən/γuən/hún　❶流水聲。《荀子·富國》："財貨～～如泉源。"❷混亂無秩序。《莊子·在宥》："～～沌沌，終身不離。"

gʻwən/γuən:/hùn　混濁，混雜。《老子》十五章："～兮其若濁。"

暈 gi̯wən/ji̯uən-/yùn　太陽或月亮周圍的蒸氣光圈。《吕氏春秋·明理》："其日有鬬蝕，有倍僪，有～珥。"

運 音同上　❶轉動。《易·繫辭上》："日月～行，一寒一暑。"❷移動。《莊子·逍遥遊》："海～則將徙於南冥。"❸縱向的。《國語·越語上》："東至於鄞，西至於姑蔑，廣～百里。"

餫 音同上　饋送糧食。《左·成五》："晉荀首如齊逆女，故宣伯～諸穀。"

韗（韗）gi̯wən/ji̯uən-/yùn　xi̯wăn/xi̯wɐn-/xuàn　製革。《周禮·韗人》："～人爲皋陶。"

葷 xi̯wən/xi̯uən/xūn（hūn）　蒜、葱等氣味强烈的菜蔬。《禮·玉藻》："膳於君，有～桃茢。"

揮 xi̯wər/xjwe̯i/huī　摇動，揮動。《禮·曲禮上》："飲玉爵者弗～。"

暉 音同上　光，光明。《易·未濟》："君子之光，其～吉也。"

煇 xi̯wər/xjwe̯i/huī　火焰，光明。《易·大畜》："剛健篤實～光。"

gi̯wən/ji̯uən-/yùn　光亮。《周禮·眡祲》："眡祲掌十～之法。"

通"韗"。《禮·祭統》："夫祭有畀、～、胞、翟、閽者，惠下之道也。"

通"暈"。《周禮·保章氏》："保章氏掌天星，以志星辰日月之變動。"注："日有薄食～珥。"(按：今本作"暈"，《釋文》："本又作～。")

輝 xi̯wər/xjwe̯i/huī　光輝。《孟子·盡心下》："充實而有光～之謂大。"

楎 音同上　衣架。《禮·内則》："不敢縣於夫之～椸。"

翬 音同上　一種野鷄。《詩·斯干》："如～斯飛，君子攸躋。"Gl502

459

君 ki̯wən/ki̯uən/jūn　❶君主。《詩·假樂》："穆穆皇皇，宜～宜王。"❷君

主的夫人。《詩·鶉之奔奔》:“人之無良,我以爲～。”

842—843

842 殷甲文(B下27: 13)

843 周I(銘文67)

此字的字形意義不明。參1251組“尹”及其古文字。

羣 gʻi̯wən/gʻi̯uən/qún ❶一羣(禽獸)。《詩·無羊》:“誰謂爾無羊?三百維～。”❷類,組。《易·繫辭上》:“物以～分。”❸所有,全部。《詩·邶風·柏舟》:“憂心悄悄,愠于～小。”❹合羣。《論語·衛靈公》:“～居終日。”

844

844 周Ⅳ(銘文284)

裙 音同上 下裳。《莊子·外物》:“未解～襦,口中有珠。”

郡 gʻi̯wən/gʻi̯uən-/jùn 古代的行政區。《左·哀二》:“下大夫受～。”

焄 xi̯wən/xi̯uən/xūn 蒸氣,香氣。《禮·祭義》:“～蒿悽愴。”

麕 ki̯wæn/ki̯wĕn/jūn 一種鹿。《公羊·哀十四》:“有～而角者。”(按:今本作“麕”,高氏從《釋文》。)

頵 kʻi̯wæn/kʻi̯wĕn/qún ʔi̯wæn/ʔi̯wĕn/yūn 頭大。見《説文》(《左傳》用作人名)。《春秋·文元》:“楚世子商臣弒其君～。”

845

845 周II(銘文181,人名)

窘 gʻi̯wæn/gʻi̯wĕn:/jǔn(jiǒng) 窘迫,困擾。《詩·正月》:“終其永懷,又～陰雨。”Gl543

460

云 gi̯wən/ji̯uən/yún ❶天上的雲。《國策·秦四》:“楚燕之兵,～翔不敢校。”❷雲一般的。《吕氏春秋·明理》:“有其狀若懸釜而赤,其名曰～旍。”(按:“云旍”非雲狀之旍,乃旍狀之雲,高氏誤。)

同音假借 ❶説。《詩·雨無正》:“亦～可使,怨及朋友。”❷助詞。《詩·雄雉》:“道之～遠。”❸運行。《管子·戒》:“四時～下而萬物化。”

通“芸”。❶盛多。《莊子·在宥》:“萬物～～,各復其根。”❷衆多。《詩·正月》:“洽比其鄰,昏姻孔～。”

通“運”。《吕氏春秋·圜道》:“雲氣西行,～～然。”Gl546、973

雲 音同上 天上的雲。《詩·君子偕老》:“鬒髮如～。”

妘 音同上 氏族名。《左·襄十》:“偪陽,～姓也。”

抎 gi̯wən/ji̯uən:/yǔn 丟失,喪生。《國策·楚四》:“折清風而～矣。”

耘 gi̯wən/ji̯uən/yún 除草。《詩·小雅·甫田》:“或～或耔。”

芸 gi̯wən/ji̯uən/yún 香草。《禮·月令》:“～始生,荔挺出。”

gi̯wən/ji̯uən, ji̯uən-/yún ❶盛多,繁茂(指花朵)。《詩·裳裳者華》:“裳裳者華,～其黄矣。”❷衆多。《老子》十六章:“夫物～～,各復歸其根。”

通“耘”。《論語·微子》:“植其杖而～。”

魂 gʻwən/ɣuən/hún 靈魂(與“魄”相對)。《左·昭七》:“人生始化曰魄,既生魄,陽曰～。”(按:舊注附形之靈爲魄,附氣之神爲～。)

461

熏 xi̯wən/xi̯uən/xūn ❶用煙熏,蒸。《詩·七月》:“穹室～鼠。”❷燃燒。《詩·雲漢》:“我心憚暑,憂心如～。”(按:今本作“薰”,高氏從《釋文》。)

同音假借 和悦貌。《詩·鳧鷖》:“公尸來止～～。”Gl894

846 周II（銘文 154）
847 周II（銘文 180）

846—847

“熏、燻、薰、勳”的詞根相同，基本義都是氣味、氣味强烈等。此字可能是一袋香草或香料的象形。

燻 音同上　用煙熏。《韓非子·外儲説右上》：“～之則恐焚木。”

薰 音同上　❶一種香草。《左·僖四》：“一～一蕕，十年尚猶有臭。”❷刺鼻，刺痛。《易·艮》：“艮其限，列其夤，厲～心。”

同音假借　❶温和，和睦。《莊子·天下》：“～然兹仁，謂之君子。”❷～胥：混同一起。《詩·雨無正》：“若此無罪，淪胥以鋪。”（按：《漢書·敘傳》“烏呼史遷，薰胥以刑”。晉注：“《齊》《韓》《魯詩》作～。”）Gl564

勳 音同上　功勳。《左·昭四》：“孟孫爲司空，以書～。”

獯 音同上　～鬻：北方民族。《孟子·梁惠王下》：“故太王事～鬻。”

纁 音同上　紫色，棕褐色。《書·禹貢》：“厥篚玄～璣組。”

臐 音同上　羊肉羹。《禮·内則》：“膳：膷、～、膮、醢。”

壎 xi̯wăn/xi̯wɐn/xuān（xūn）　陶製樂器。《詩·何人斯》：“伯氏吹～。”

462

川 ȶʻi̯wan/tɕʻi̯wɛn/chuān　溪，河。《詩·雲漢》：“旱既太甚，滌滌山～。”

此字中古音不規則，《詩經》韻表明，此字最初屬於 ən 韻部。此字象形，參 940 組“災”。

輴 tʻi̯wən/ȶʻi̯uĕn/chūn　裝飾在車轂上的箍帶。《説文》引《周禮》：“孤乘夏～。”（按：今《周禮·巾車》作“篆”。）

順 ȡʻi̯wən/dʑʻi̯uĕn-/shùn　❶跟從。《周禮·小祝》：“～豐年，逆時雨。”❷服從。《左·昭二十八》：“慈和遍服曰～。”❸一致。《詩·皇矣》：“王此大邦，克～克比。”❹柔順。《詩·女曰雞鳴》：“知子之～之。”Gl1150

紃 dzi̯wən/zi̯uĕn/xún　ȡʻi̯wən/dʑʻi̯uĕn/chún　絲繩。《禮·内則》：“織紝組～。”

通“循”。《荀子·非十二子》：“及～察之，則倜然無所歸宿。”

巡 dzi̯wən/zi̯uĕn/xún　巡視，進行訪問和檢查。《書·周官》：“王乃時～。”

馴 音同上（xùn）　❶馴順。《列子·黄帝》：“雖虎狼鵰鶚之類，無不柔～者。”❷漸漸。《易·坤》：“～致其道。”

463

春 ȶʻi̯wən/tɕʻi̯uĕn/chūn　春季。《詩·七月》：“～日載陽，有鳴倉庚。”

通“蠢”。《周禮·梓人》：“張皮侯而棲鵠，則～以功。”

848

848 殷甲文（B上 31：6）

惷 ȶʻi̯wən/tɕʻi̯uĕn:/chǔn　不安，動亂。《説文》引《左傳》：“王室日～～焉。”（按：今《左·昭二十四》作“蠢蠢”。）

同音假借　愚蠢。《禮·表記》：“其民之敝，～而愚。”

蠢 音同上　蠕動，移動。《詩·采芑》：“～爾蠻荆，大邦爲讎。”

通“惷”。不安，動亂。《左·昭二十四》：“今王室實～～焉。”Gl463

椿 tʻi̯wən/ȶʻi̯uĕn/chūn　香椿樹。《莊子·逍遥遊》：“上古有大～者，以八千歲爲春，八千歲爲秋。”

鬊 ɕi̯wən/ɕi̯uĕn-/shùn　一簇自然下垂的雜亂的頭髮。《禮·喪大記》：“君大夫～爪實于緑中。”

464

辜 ḓi̭wən/ʑi̭uĕn/chún　煮熟，準備就緒（指祭品）。見《説文》（無書證）。

849 殷甲文（A4：34，6　其義不明）

850 周Ⅱ（銘文 172，“敦”義）

851 周Ⅲ/Ⅳ（銘文 298“敦”〔器皿〕義）

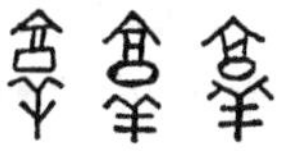

849—851

此字从享（獻祭）、羊會意。現代簡化字形與 716 組“享”混同。

淳 ḓi̭wən/ʑi̭uĕn/chún　❶流動。《莊子·則陽》：“禍福～～。”❷浸泡。《國語·周語上》：“王乃～濯饗醴。”❸鹽碱地。《左·襄二十五》：“表～鹵。”

同音假借　❶一對。《左·襄十一》：“廣車、軘車～十五乘。”❷廣大。《國語·鄭語》：“～耀敦大。”

ṱi̭wən/tɕi̭uĕn/zhūn　❶弄濕。《周禮·鍾氏》：“～而漬之。”❷肥潤。《禮·内則》：“煎醢加于陸稻上，沃之以膏，曰～熬。”

假借爲ṱi̭wən/tɕi̭uĕn:/zhǔn　一種寬度的計量單位（指布匹）。《周禮·質人》：“壹其～制。”

醇 ḓi̭wən/ʑi̭uĕn/chún　❶清徹，純淨。《莊子·繕性》：“澆～散朴。”❷寬宏。《老子》五十八章：“其政悶悶，其民～～。”

錞（鐓）ḓi̭wən/ʑi̭uĕn/chún　～于：一種鈴，球狀的上部比下部邊緣寬。《國語·晉語五》：“戰以～于、丁寧，儆其民也。”

dʻwər/dʻuai:，dʻuăi-/duī　套在矛戟柄下端的金屬帽。《詩·小戎》：“厹矛鋈～。”

852

852 周Ⅳ（銘文 284，“敦”〔器皿〕義）

鶉 ḓi̭wən/ʑi̭uĕn/chún　鵪鶉。《詩·鶉之奔奔》：“～之奔奔，鵲之彊彊。”

dʻwan/dʻuan/tuán　鷹。《詩·四月》：“匪～匪鳶，翰飛戾天。”

853

853 周（銘文 371）

諄 ṱi̭wən/tɕi̭uĕn/zhūn　反復教誨，重複。《詩·抑》：“誨爾～～，聽我藐藐。”

同音假借　偏愛，輔佐。《國語·晉語九》：“曾孫蒯聵以～趙鞅之故。”Gl962

犉 n̂i̭wən/n̂ʑi̭uĕn/rún　七尺高的牛。《詩·無羊》：“誰謂爾無牛？九十其～。”Gl507

惇 twən/tuən/dūn　ṱi̭wən/tɕi̭uĕn/zhūn　❶敦厚。《書·堯典》：“柔遠能邇，～德允元。”❷寬宏，大度。《書·皋陶謨》：“～敘九族，庶明勵翼。”Gl1277、1297、1308

蜳 twən/tuən/dūn　不安，焦急。《莊子·外物》：“螴～不得成。”

敦 twən/tuən/dūn　❶堅實，寬厚。《禮·中庸》：“温故而知新，～厚以崇禮。”❷誠摯。《左·成十三》：“盡力莫如～篤。”❸寬宏，大度。《左·成十六》：“民生～厖。”❹堅定。《詩·東山》：“～彼獨宿，亦在車下。”❺擅長，精通。《左·僖二十七》：“説禮樂而～《詩》《書》。”❻厚壓，堆積。《詩·北門》：“王事～我，政事一埤遺我。”❼聚集（特指軍隊）。《詩·閟宫》：“～商之旅，克咸厥功。”❽指揮，指導。《孟子·公孫丑下》：“使虞～匠，事嚴。”❾折斷。《莊子·説劍》：“今日試使士～劍。”

twər/tuăi-/duì　一種祭器。《周禮·玉府》：“若合諸侯，則共珠槃玉～。”

dʻwan/dʻuan/tuán　許多。《詩·東山》：“有～瓜苦，烝在栗薪。”

dʻwən/dʻuən:/dùn　渾～：愚昧，混亂。《左·文十八》：“天下之民，謂之渾～。”

twər/tuăi/duī　雕刻。《詩·行葦》：

854

"～弓既堅。"（同 543 組"追"）

Gl112、177、390、882、1162

854 周Ⅳ（銘文 290）

焞 tʻwən/tʻuən/tūn　❶明亮，照亮。《説文》引《國語》："～耀天地。"（按：今《國語·鄭語》作"淳耀敦大，天明地德，光照四海"，《説文》概括言之。）❷占卜時用以燒灼甲骨的火把。《儀禮·士喪禮》："楚～置于燋。"在此意義上，《釋文》記録了多種讀音。（按：指《周禮·菙氏》"菙氏掌共燋契"下《釋文》。）❸光綫暗淡（指星）。《左·僖五》："天策～～。"

假借爲 tʻwən/tʻuən/tūn　tʻwər/tʻuăi/tuī　盛壯，完全。《詩·采芑》："嘽嘽～～，如霆如雷。"Gl390

暾 tʻwən/tʻuən/tūn　初升的太陽。《楚辭·東君》："～將出兮東方。"

啍 tʻwən/tʻuən/tūn　dʻwən/dʻuən/tún　呻吟。《詩·大車》："大車～～。"

通"諄"。《莊子·胠篋》："釋夫恬淡無爲，而悦夫～～之意。"Gl209

憝 dʻwər/dʻuăi-/duì　憎恨。《書·康誥》："暋不畏死，罔弗～。"Gl1646

譈 音同上　憎恨，不滿。《孟子·萬章下》："閔不畏死，凡民罔不～。"

465

盾 ɖʻi̯wən/dʑʻi̯uĕn:/shǔn　dʻwən/dʻuən:/dùn　盾牌。《詩·小戎》："龍～之合。"

《切韻》和《釋文》的這兩個讀音是有區别的，前讀爲盾牌義，後讀用作專有名詞，如《左傳》"趙盾"，而在現代官話中兩種意義都讀 dùn。

楯 ɖʻi̯wən/dʑʻi̯uĕn:/shǔn　❶桌子。《莊子·達生》："死得於腞～之上。"❷盾牌。《左·定六年》："獻楊～六十於簡子。"

揗 ɖʻi̯wən/dʑʻi̯uĕn:, dʑʻi̯uĕn-/shǔn　dzi̯wən/zi̯uĕn/xún　撫摸。《墨子·備城門》："樓撕～，守備繕利。"

輴 tʻi̯wən/ʈʻi̯uĕn/chūn　出殯車。《禮·檀弓上》："天子之殯也，菆塗龍～以椁。"

遁 dʻwən/dʻuən:, dʻuən-/dùn　❶離去，隱去。《詩·白駒》："慎爾優游，勉爾～思。"❷逃避。《孟子·公孫丑上》："～辭知其所窮。"

循 dzi̯wən/zi̯uĕn/xún　❶跟從。《書·顧命》："臨君周邦，率～大卞。"❷沿着。《左·昭七》："～牆而走。"❸因循。《左·昭元》："武將信以爲本，～而行之。"❹有次序地。《論語·子罕》："夫子～～然善誘人。"❺四周，周圍。《禮·月令》："～行國邑，周視原野。"

通"揗"。撫摸。《淮南子·原道訓》："～之不得其身。"

腯 dʻwət/dʻuət/dú　肥壯。《左·桓六》："吾牲牷肥～。"

466

睿 si̯wən/si̯uĕn-/xùn　深的。見《説文》。此字是"濬"的初文（無書證）。

濬 音同上（jùn）　❶深的。《詩·長發》："～哲維商，長發其祥。"❷疏浚。《書·禹貢》："隨山～川。"

該字聲符譌變成 344 組的"睿"。

璿 dzi̯wən/zi̯uən/xún　一種美玉。《書·舜典》："在～璣玉衡。"Gl1255

由於《釋文》把此字混同於 236 組"璇"，故又讀 dzi̯wən/zi̯wan/xuán

467

隼 sni̯wən/si̯uĕn:/xǔn（sǔn）　鷹。《詩·沔水》："鴥彼飛～，載飛載止。"

855

855 周（銘文 355，人名）

此字象形。

毴 ṇi̯wən/ṇʑi̯uĕn:/rǔn(rǒng) 絨毛豐長。《說文》引《書》：“鳥獸～髦。”（按：今《書·堯典》作“氄”。）

準 ṭṇi̯wən/tɕi̯uĕn:/zhǔn ❶水平儀。《孟子·離婁上》：“繼之以規矩～繩。”❷執法，調節。《書·立政》：“立政，任人，～夫。”❸規則，典範。《易·繫辭上》：“易與天地～。”

468

允 zi̯wən/i̯uĕn:/yǔn ❶真的，確實的。《詩·湛露》：“顯～君子，莫不令德。”❷真正，確實。《詩·泮水》：“～文～武，昭假烈祖。”❸真誠。《書·堯典》：“～恭克讓。”❹相信，信任。《書·多士》：“惟天不畀～罔固亂。”❺允諾，答應。《書·大禹謨》：“成～成功。”Gl1277、1800

856—857

856 殷甲文（A7: 19, 1）

857 周III/IV（銘文 326）

旴 “允”的異體。

858—859

858 殷甲文（A4: 28, 5）

859 周I（銘文 65）

狁 音同上 玁～：北方民族。《詩·采薇》：“靡室靡家，玁～之故。”

㺗 “狁”的異體。

860

860 周II（銘文 172）

鈗 音同上 某種鋭利的兵器。《說文》引《書》：“一人冕執～。”（按：今《書·顧命》作“鋭”。）

𣥂 音同上 前進。《說文》引《易》：“～升大吉。”（按：今《易·升》作“允”。）

861

861 周II（銘文 189，“狁”義）

吮 d̑ʻi̯wən/dʑʻi̯uĕn:/shǔn 舔吃。《韓非子·備內》：“醫善～人之傷。”

沇 di̯wan/i̯uɛn:/yuǎn(yǎn) 河名。《書·禹貢》：“導～水，東流爲濟。”

862

862 周III（銘文 224，人名）

夋 tsʻi̯wən/tsʻi̯uĕn/qūn 跑或蹲坐。見《說文》（無書證）。

竣 音同上（jùn） 退卻，停息。《國語·齊語》：“有司已於事而～。”

逡 tsʻi̯wən/tsʻi̯uĕn/qūn 退卻。《管子·戒》：“桓公蹴然～遁。”

si̯wən/si̯uĕn-/xùn 急速。《禮·大傳》：“遂率天下諸侯執豆籩，～奔走。”Gl1069

鵕 tsʻi̯wən/tsʻi̯uĕn/qūn tsi̯wən/tsi̯uĕn-/jùn 野兔。《國策·齊三》：“東郭～者，海内之狡兔也。”（按：今本作“逡”。）

俊 tsi̯wən/tsi̯uĕn-/jùn 才智出衆。《書·太甲上》：“旁求～彥。”Gl1210、1304

焌 tsi̯wən/tsi̯uĕn-/jùn tswən/tsuən-/zùn 點火。《周禮·菙氏》：“遂歈其～契。”

畯 tsi̯wən/tsi̯uĕn-/jùn 田～：農田巡查官。《詩·七月》：“田～至喜。”

餕 音同上 剩餘的飯食。《禮·祭統》：“夫祭有～。”

通“飧”。《公羊·昭二十五》：“～饔未就。”

駿 音同上 良馬。《穆天子傳》一：“天子之～。”

同音假借 迅速。《詩·清廟》：“～奔走在廟。”

通“俊”。偉大，尊崇，延續。《詩·雨無正》：“浩浩昊天，不～其德。”Gl561、1069

峻 si̯wən/si̯uĕn-/xùn(jùn) 高聳。《禮·中庸》：“發育萬物，～極于天。”Gl1210

浚 音同上(jùn) ❶舀出,取出。《左·襄二十四》:"子實生我,而謂子～我以生乎?"❷挖出。《孟子·萬章上》:"使～井。"❸深。《詩·小弁》:"莫高匪山,莫～匪泉。"❹淵博,聰明。《書·皋陶謨》:"夙夜～明有家。"

同音假借 煎煮。《國語·晉語九》:"～民之膏澤以實之。"Gl1302

踆 dz'wən/dz'uən/cún ❶踢。《公羊·宣六》:"祁彌明逆而～之。"❷蹲。《莊子·外物》:"帥弟子而～於窾水。"

悛 ts'i̯wən/ts'i̯wen/quān ❶改變。《左·隱六》:"長惡不～。"❷依次。《左·哀三》:"外內以～。"

狻 swɑn/suɑn/suān 一種動物,尚不知其類屬。《穆天子傳》:"～猊野馬,走五百里。"(後代的注釋認爲是獅子,但靠不住,因爲中國在周代幾乎不知道獅子這種動物)

酸 音同上 酸味。《書·洪範》:"曲直作～。"

捘 tswər/tsuǎi-/zuì 推。《左·定八》:"涉佗～衛侯之手。"(《切韻》和《釋文》同此讀。《廣韻》又讀ts'i̯wən/ts'i̯uěn/qūn和tswən/tsuən-/zùn)

朘 (峻)tswər/tsuǎi/zuī 嬰兒的生殖器。《説文》引《老子》:"未知牝牡之合而～作。"(按:高氏據《説文通訓定聲》,今本《説文》"朘"在新附字,亦無《老子》文。又,所引《老子》見五十五章。)

469

舜 çi̯wən/çi̯uěn-/shùn 木槿。《詩·有女同車》:"有女同車,顔如～華。"

蕣 "舜"的異體。《説文》引《詩》:"顔如～華。"(按:今《詩·有女同車》作"舜"。)

瞬 音同上 眨眼。《列子·湯問》:"倡者～其目,而招王之左右侍妾。"

瞚 "瞬"的異體。眨眼,動目。《莊子·庚桑楚》:"終日視而目不～。"此字右邊不可能是聲符,因此其構造不明。

470

侖 li̯wən/li̯uěn/lún 思索,深思。見《説文》。此字是"論"的初文(無書證)。

論 li̯wən/li̯uěn/lún lwən/luən, luən-/lùn ❶討論。《論語·憲問》:"世叔討～之。"❷談論。《左·襄三十一》:"鄭人游于鄉校,以～執政。"❸審評。《孟子·萬章下》:"以友天下之善士爲未足,又尚～古之人。"

通"倫"。❶分條理。《詩·靈臺》:"於～鼓鍾。"❷原則。《禮·王制》:"凡制五刑,必即天～。"

通"掄"。《國語·齊語》:"～比協材,旦暮從事。"Gl853

倫 li̯wən/li̯uěn/lún ❶種類。《儀禮·既夕禮》:"凡絞紟用布,～如朝服。"❷原則。《詩·正月》:"維號斯言,有～有脊。"❸次序。《書·舜典》:"八音克諧,無相奪～。"❹倫常關係。《孟子·滕文公上》:"教以人～。"

通"掄"。《儀禮·少牢饋食禮》:"雍人～膚九。"

淪 音同上 ❶水的波紋。《詩·伐檀》:"河水清且～猗。"❷混淆不分。《詩·雨無正》:"若此無罪,～胥以鋪。"Gl280、564、1504

綸 音同上 ❶緯綫。《禮·中庸》:"唯天下至誠,爲能經～天下之大經。"❷搓繩。《詩·采緑》:"之子于釣,言～之繩。"❸繩。《禮·緇衣》:"王言如絲,其出如～。”❹纏繞，包裹。《易·繫辭上》：“故能彌～天地之道。”

輪 音同上　車輪。《詩·伐檀》：“坎坎伐～兮。”

同音假借　❶從南到北的垂直綫。《周禮·大司徒》：“周知九州之地域廣～之數。”❷廣大。《禮·檀弓下》：“美哉～焉，美哉奂焉！”

惀 li̯wən/li̯uĕn/lún　lwən/luən:/lŭn　不滿，不悦。《楚辭·哀郢》：“憎慍～之修美兮。”

崙 lwən/luən/lún　崑崙：山名。《書·禹貢》：“織皮崑～。”

掄 音同上　挑選。《國語·晉語八》：“君～賢人之後，有常位於國者而立之。”

471

分 pi̯wən/pi̯uən/fēn　❶劃分。《禮·禮運》：“是故夫禮，必本於大一，～而爲天地。”❷分離。《莊子·漁父》：“嗚呼，遠哉其～於道也！”❸分配。《禮·樂記》：“五成而～周公左，召公右。”❹判别。《禮·曲禮上》：“～爭辨訟，非禮不決。”

b'i̯wən/b'i̯uən-/fèn　❶部分。《左·定四》：“逮吴之未定，君其取～焉。”❷份額，義務。《禮·禮運》：“男有～，女有歸。”

863 殷甲文（A5: 45, 7）

864 周II（銘文 145）

此字爲刀劈某物的象形。

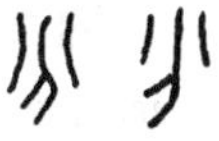

863—864

粉 pi̯wən/pi̯uən:/fĕn　❶去皮的穀子。《書·益稷》：“宗彝、藻、火、～、米。”❷穀物磨成的粉。《禮·内則》：“羞糗餌～酏。”

翂 （翁）pi̯wən/pi̯uən/fēn 飛，翱翔。《莊子·山木》：“其爲鳥也，～～翐翐。”

忿 pi̯wən/pi̯uən:，pi̯uən-/fèn　憤怒。《左·昭十九》：“舍前之～，可也。”

紛 p'i̯wən/p'i̯uən/fēn　❶混雜。《孟子·滕文公上》：“何爲～～然與百工交易？”❷混亂。《左·昭十六》：“刑之頗類，獄之放～。”❸衆多。《易·巽》：“用史巫～若。”❹佩巾。《禮·内則》：“左佩～帨。”❺豐盛。《書·顧命》：“敷重筍席，玄～純。”Gl676、1990

芬 音同上　芳香。《詩·楚茨》：“苾～孝祀，神嗜飲食。”

通“墳”。《管子·地員》：“五壤之狀，～然若澤若屯土。”

雰 音同上　雨雪紛降貌。《詩·信南山》：“上天同雲，雨雪～～。”Gl676

岎 b'i̯wən/b'i̯uən:/fèn　山。《莊子·知北遊》：“登隱～之丘。”

扮 b'i̯wən/b'i̯uən，b'i̯uən:/fèn　抓住，緊握。《國策·魏二》：“又身自醜於秦，～之請焚天下之秦符者，臣也。”

枌 b'i̯wən/b'i̯uən/fén　白榆。《詩·東門之枌》：“東門之～，宛丘之栩。”

氛 音同上（fēn）　空中指示吉凶的雲氣。《左·昭二十》：“梓慎望～。”

秎 b'i̯wən/b'i̯uən-/fèn　割稻成束。《管子·立政》：“歲雖凶旱，有所～穫。”

頒 b'i̯wən/b'i̯uən/fén　大。《詩·魚藻》：“魚在在藻，有～其首。”（參 437 組“賁”）

假借爲 pwan/pwan/bān　❶散發，給予。《禮·明堂位》：“制禮作樂，～度量。”❷安排。《書·洛誥》：“乃惟孺子～，朕不暇，聽朕教汝。”（按：此依高氏斷句。）在此意義上，《説文》用形符“攴”，而不是“頁”。（按：《説文》寫作“攽”。）

通“斑”。《孟子·梁惠王上》：“～白者不負戴於道路矣。”Gl715

肦 前字的異體。分配。《禮·王制》:"名山大澤不以～。"

棻 bʻi̯wən/bʻi̯uən/fén 麻布。《周禮·巾車》:"素車,～蔽。"

同音假借,又pʻi̯wən/pʻi̯uən/fēn 紛擾貌。《書·吕刑》:"泯泯～～。"Gl2028

此字上部是形符"麻"的省略。

盆 bʻwən/bʻuən/pén 器皿、碗、盆。《禮·禮器》:"盛於～,尊於瓶。"

865

865 周III(銘文257)

份 pi̯ən/pi̯ĕn/bīn 質或量相等(指兩物之間)。《説文》引《論語》:"文質～～。"(按:今《論語·雍也》作"彬彬"。)

貧 bʻi̯ən/bʻi̯ĕn/pín 貧窮。《詩·北門》:"終窶且～,莫知我艱。"

盼 pʻæn/pʻăn-/pàn 美麗的眼睛黑白分明貌。《詩·碩人》:"巧笑倩兮,美目～兮。"Gl167

472

糞 pi̯wən/pi̯uən-/fèn ❶糞便,污土。《左·襄十四》:"其言,～土也。"❷掃除。《左·昭三十一》:"將使歸～除宛裄以事君。"

473

奮 pi̯wən/pi̯uən-/fèn ❶展翅飛起。《詩·邶風·柏舟》:"靜言思之,不能～飛。"❷發動。《書·舜典》:"有能～庸熙帝之載。"❸興起。《孟子·盡心下》:"～乎百世之上。"❹噴出,衝出。《詩·常武》:"王～厥武,如震如怒。"❺努力的,有力的。《詩·殷武》:"撻彼殷武,～伐荊楚。"❻急切,激昂。《左·僖十五》:"我怠秦～,倍猶未也。"❼激發。《禮·樂記》:"～至德之光,動四氣之和。"❽震動。《易·豫》:"雷出地～。"Gl1280

474

焚 bʻi̯wən/bʻi̯wən/fén ❶燃燒。《詩·雲漢》:"旱魃爲虐,如惔如～。"❷毀壞。《左·襄二十四》:"象有齒以～其身。"

866

866 殷甲文(B下9:2)

此字从林、火。

彬 pi̯ən/pi̯ĕn/bīn 質或量相等(特指兩物)。《論語·雍也》:"文質～～,然後君子。"參471組"份"。此字从彡,焚省聲。

475

文 mi̯wən/mi̯uən/wén ❶綫條交錯。《易·繫辭下》:"物相雜,故曰～。"❷有條紋的。《書·顧命》:"～貝仍几。"❸裝飾。《詩·六月》:"織～鳥章。"❹文字。《左·隱元》:"仲子生而有～在手。"❺典籍。《論語·八佾》:"～獻不足故也。"❻有才藝。《詩·江漢》:"告于～人,錫山土田。"❼非軍事的(跟"武"相對)。《詩·六月》:"～武吉甫,萬邦爲憲。"❽文飾。《論語·子張》:"小人之過也必～。"宋代學者認爲此義當讀去聲,但不合《切韻》和《釋文》。

通"紊"。《書·洛誥》:"咸秩無～。"Gl1068、1755

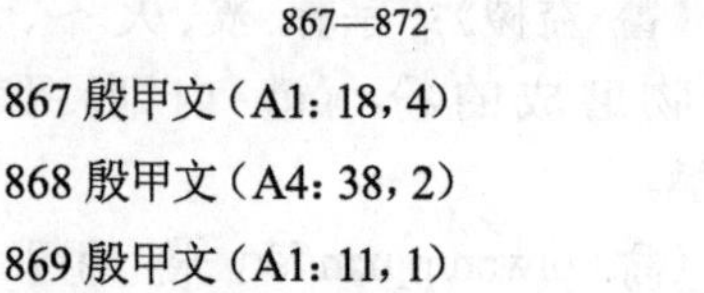

867—872

867 殷甲文(A1:18,4)

868 殷甲文(A4:38,2)

869 殷甲文(A1:11,1)

870 殷(銘文3)

871 殷(銘文15) 872 周I(銘文60)

此字爲胸刺花紋者的象形,但早在殷代即

已出現簡略形式，如殷甲文（A1: 11, 1）。

抆 mi̯wən/mi̯uən:, mi̯uən-/wěn　擦拭。《楚辭·悲回風》：“孤子唫而～淚兮。”

汶 mi̯wən/mi̯uən-/wèn　河名。《書·禹貢》：“浮于～，達于濟。”

同音假借　污垢。《楚辭·漁父》：“安能以身之察察，受物之～～者乎？”

紊 mi̯wən/mi̯uən-/wèn（wěn）　糾纏，混亂。《書·盤庚上》：“若網在綱，有條而不～。”

蚊（蚉）mi̯wən/mi̯uən-/wén　蚊子。《莊子·應帝王》：“其於治天下也，猶涉海鑿河而使～負山也。”

忞 mi̯ən/mi̯ĕn/mín　强暴。《説文》引《書》：“在受德～。”（按：今《書·立政》作“暋”。）

旻 音同上　秋（天），嚴峻的。《詩·小旻》：“～天疾威，敷于下土。” Gl571

玟 音同上　寶石。《禮·玉藻》：“士佩瓀～而緼組綬。”（《切韻》讀作muǎi，是把此字作爲546組“玫”的異體）

873

873 周I（銘文65，“文”義）

閔 mi̯wæn/mi̯wĕn:/mǐn　❶悲痛，苦惱。《詩·邶風·柏舟》：“覯～既多，受侮不少。”❷憐憫。《詩·閔予小子》：“～予小子，遭家不造。”❸努力。《書·君奭》：“予惟用～于天越民。” Gl95、1902

874

874 周（銘文381，人名）

憫 音同上　悲傷。《孟子·公孫丑上》：“阨窮而不～。”

吝 mli̯ən/li̯ĕn-/lìn　❶悔恨。《易·繫辭上》：“悔～者憂虞之象也。”❷小氣。《論語·堯曰》：“出納之～謂之有司。”

875

875 殷甲文（B下13: 15，人名）

476

典 tiən/tien:/diǎn　❶法律，法規。《詩·我將》：“儀式刑文王之～。”❷規則，準則。《書·舜典》：“慎徽五～，五～克從。”❸遵行法度。《書·多方》：“爾乃自作不～。”❹管理，指導。《書·舜典》：“命汝～樂，教胄子。”❺永恒的。《書·説命下》：“念終始～于學。”❻主持。《書·舜典》：“有能～朕三禮。”

假借爲 tʻiən/tʻien/tiān　堅固。《周禮·輈人》：“是故輈欲頎～。” Gl1661、1787

876—877

876 周I（銘文97）

877 周II（銘文151）

此字像“册”（文獻，845組）放在架子上。

腆 tʻiən/tʻien:/tiǎn　❶豐足。《書·酒誥》：“自洗～致用酒。”❷富裕的。《左·昭二十四》：“不～敝邑之禮。”❸過分的。《書·酒誥》：“尚克用文王教，不～于酒。”❹美，善。《禮·郊特牲》：“辭無不～。”

通“典”。統治者。《書·大誥》：“殷小～，誕敢紀其敘。” Gl1595

477

薦 tsiən/tsien-/jiàn　❶草，飼料。《莊子·齊物論》：“麋鹿食～。”❷草墊。《楚辭·逢紛》：“薜藶飾而陸離～兮。”❸（放在草墊上>）陳列，呈獻。《詩·行葦》：“醓醢以～，或燔或炙。”

假借爲 dzʻiən/dzʻien-/jiàn　重複。《詩·雲漢》：“饑饉～臻。” Gl987

878—879

878 周IV（銘文286）

879 周III/IV（銘文330）

此字像草席上置有一種動物（祭品或呈獻的野味？）

478

先 siən/sien/xiān ❶在前面。《詩·緜》：“予曰有～後。”❷從前的。《詩·那》：“自古在昔，～民有作。”❸前進。《書·禹貢》：“祇台德～，不距朕行。”

siən/sien-/xiàn 先行，引導。《詩·六月》：“元戎十乘，以～啟行。”Gl1383

880 殷甲文（A6: 56, 8）

881 殷甲文（A2: 15, 2）

882 殷（銘文 10） 883 周I（銘文 57）

此字从人、止（脚）會意。

880—883

毨 siən/sien:/xiǎn 光澤，光彩。《書·堯典》：“鳥獸毛～。”Gl1225

跣 音同上 赤脚。《左·昭三十一》：“季孫練冠麻衣～行。”

銑 音同上 ❶有光澤的金屬。《國語·晉語一》：“而玦之以金～者，寒之甚矣。”❷鐘的角，帶卵形開口。《周禮·鳧氏》：“鳧氏爲鐘，兩欒爲之～。”

姺 siən/sien:/xiǎn siər/siei:/xǐ 地名。《左·昭元》：“商有～邳。”

洗 音同上 洗滌。《詩·行葦》：“或獻或酢，～爵奠斝。”

侁 ṣi̯ən/ṣi̯ən/shēn 成羣奔跑。《楚辭·招魂》：“豺狼從目，往來～～些。”Gl17

𢓜 音同上 來來往往。《廣韻》：“往來之貌。”（無早期書證）

884

884 周III（銘文 225，“先”義）

詵 音同上 衆多貌。《詩·螽斯》：“螽斯羽，～～兮。”參“侁”。Gl17

駪 音同上 又 ṣi̯ən/ṣi̯ĕn/shěn 衆多貌。《詩·皇皇者華》：“～～征夫，每懷靡及。”

479

犬 k'iwən/k'iwen:/quǎn 狗。《詩·巧言》：“躍躍毚兔，遇～獲之。”

885 殷甲文（A1: 26, 6）

886 殷甲文（A4: 17, 5）

887 周II（銘文 161）

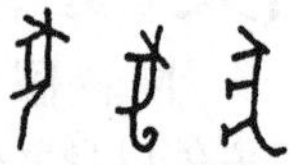

885—887

此字象形。

畎 kiwən/kiwen:/juǎn（quǎn） ❶田間的小水溝。《書·益稷》：“濬～澮，距川。”❷山谷。《書·禹貢》：“岱～絲枲。”

480

𦰩 kæn/kăn/jiān 此字是“艱”（困难，艱難）的初文，讀音亦同，其古文字（殷甲文E1593）可證。

888

888 殷甲文（E1593）

此字像一個反綁的人（囚犯？），它實際上跟“黄”字完全相同（參 707 組）。

艱 音同上 ❶困難，艱難。《書·説命中》：“非知之～，行之惟～。”❷貧困，困苦。《詩·北門》：“終窶且貧，莫知我～。”❸難得。《書·益稷》：“暨稷播，奏庶～食鮮食。”Gl1315

889

889 殷甲文（A5: 40, 7）

此字从𦰩（反綁的人）、壴（鼓，凱旋而奏樂？），在現代字形中右邊變成“艮”。

堇 前字的異體。困難，艱難（殷甲文B下24: 2）。

假借爲 g'i̯æn/g'i̯ĕn/qín ❶黏土。見《説文》（無早期書證）。❷時間，季節。《管子·五行》：“修概水土以待乎天～。”

890—893

890 殷甲文（B下24: 2）

891 殷（銘文 10，其義不明）

892 周II（銘文 150，“瑾”義）

893 周II（銘文 164，“瑾”義）

此字爲“堇”（反綁的人）在“火”上，現代字形中“火”譌變爲“土”。

艱 kæn/kăn/jiān　困難，艱難。《周禮·遺人》：“鄉里之委積，以恤民之～阨。”

894 周II（銘文 172）

895 周II（銘文 180）

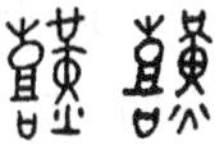

894—895

此字與“艱”實際是同一個字，凱旋之鼓則畫得更爲精細。

僅 gʻi̯æn/gʻi̯ĕn-/jìn（jǐn）　僅僅，勉强。《國語·周語中》：“余一人～亦守府。”

墐 音同上　❶用泥土塗塞。《詩·七月》：“穹窒熏鼠，塞向～户。”❷掩埋。《詩·小弁》：“行有死人，尚或～之。”

殣 音同上
餓死。《左·昭三》：“道～相望。”

瑾 音同上（jǐn）　一種寶石。《左·宣十五》：“～瑜匿瑕。”

覲 音同上　❶朝見天子。《詩·韓奕》：“韓侯入～。”❷接受謁見。《書·舜典》：“乃日～四岳羣牧。”

饉 音同上　饑荒（特指蔬菜缺乏）。《詩·雨無正》：“降喪饑～，斬伐四國。”

896

896 周II（銘文 132）

菫 ki̯ən/ki̯ən:/jǐn　此字常省作“堇”。❶堇菜，即旱芹。《詩·緜》：“周原膴膴，～荼如飴。”❷木～：樹名。《禮·月令》：“木～榮。”

ki̯ən/ki̯ən-/jìn　草名，即烏頭。《國語·晉語二》：“置～于肉。”（按：今本《國語》作“堇”。《正字通》《康熙字典》以爲菫即堇。）

謹 ki̯ən/ki̯ən:/jǐn　❶注意。《書·盤庚上》：“恪～天命。”❷謹慎，小心。《詩·民勞》：“無從詭隨，以～無良。”

慬 gʻi̯ən/gʻi̯ən/qín　❶悲哀。《公羊·定八》：“～然後得免。”❷誠摯，全力而爲。《列子·說符》：“此而不報，無以立～於天下。”

勤 音同上　辛苦，勤奮。《詩·鴟鴞》：“恩斯～斯，鬻子閔斯。”

懃 前字的異體。《大戴禮·武王踐阼》：“無～弗志，而曰我知之乎？”

廑 “僅”的異體。《禮·射義》：“蓋～有存者。”

481

鰥 kwæn/kwăn/guān　一種魚。《詩·敝笱》：“敝笱在梁，其魚魴～。”

同音假借　鰥夫。《詩·鴻鴈》：“爰及矜人，哀此～寡。”Gl259

897 周II（銘文 180）

此字从魚、眔（眼睛）。

897

瘝 音同上　悲痛。《書·康誥》：“恫～乃身，敬哉。”

482

巾 ki̯æn/ki̯ĕn/jīn　❶頭巾。《詩·出其東門》：“縞衣綦～，聊樂我員。”❷毛巾。《左·襄十四》：“余以～櫛事先君。”❸覆蓋禮器的布。《周禮·冪人》：“掌共～冪。”

898 殷甲文（A7: 5, 3）

899 周II（銘文 153）

此字象形。

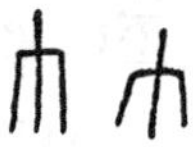

898—899

483

垔 ʔi̯æn/ʔi̯ĕn/yīn　築壩堵水。《説文》引《書》：“鯀～洪水。”（按：今《書·洪範》作“陻”。）

900 殷甲文（A7: 14, 4，“禋”義）

900

也許此字是“禋”的初文，爲高脚器皿的象形。

陻 音同上　築壩堵水。《書·洪範》：“鯀～洪水。”

堙 音同上　❶堵塞。《左·襄二十五》：“井～木刊。”❷堆土爲丘。《左·襄六》：“甲寅，～之環城，傅於堞。”

湮 音同上　堵塞。《左·昭二十九》：“鬱～不育。”

闉 音同上　❶用以保護城門的一段彎曲有角的外牆。《詩·出其東門》：“出其～闍，有女如荼。”❷彎曲。《莊子·德充符》：“～跂支離无脤説衛靈公。”

通“堙、湮”。《莊子·馬蹄》：“～扼鷙曼，詭銜竊轡。”Gl239

禋 音同上　祭祀。《詩·生民》：“生民如何，克～克祀。”Gl690

煙 ʔiən/ʔien/yān　煙。《周禮·大宗伯》：“以～祀祀昊天上帝。”

484

甡 ṣi̯æn/ṣi̯æn/shēn　衆多，一羣。《詩·桑柔》：“瞻彼中林，～～其鹿。”Gl17

此字由兩個“生”(活的動物)組成。

485

囷 kʻi̯wæn/kʻi̯wĕn/qūn　圓形穀倉。《詩·伐檀》：“不稼不穡，胡取禾三百～兮?”

此字从口(圍牆)、禾(穀物)。

箘 gʻi̯wæn/gʻi̯wĕn:/jùn　一種竹子。《書·禹貢》：“惟～簵楛。”

kʻi̯wæn/kʻi̯wĕn/qūn　桂樹。《楚辭·離騷》：“雜申椒與～桂兮。”

菌 gʻi̯wæn/gʻi̯wĕn:/jùn(jūn)　蘑菇。《莊子·逍遥遊》：“朝～不知晦朔。”

通“箘”。《吕氏春秋·本味》：“越駱之～。”

麕 ki̯wæn/ki̯wĕn/jūn　獐。《詩·野有死麕》：“野有死～，白茅包之。”

麇 前字的異體。聲符簡省。《左·哀十四》：“逢澤有介～焉。”

假借爲kʻiwæn/kʻiwĕn:/qǔn　捆綁。《左·哀二》：“羅無勇，～之。”

通459組“羣”。《左·昭五》：“求諸侯而～至。”

攟 ki̯wən/ki̯uən-/jùn(同後字，故定此讀音)　采集，收集。《國語·魯語上》：“收～而蒸，納要也。”

攈 音同上　采集，收集。《穆天子傳》。(按：今本未見。)此字聲符簡省。

稛 420組“梱”的異體。《國語·齊語》：“～載而歸。”

486

骨 kwət/kuət/gǔ　骨頭。《左·襄二十二》：“所謂生死而肉～也。”

此字从冎(剔骨)、月(肉)。

鶻 kwət/kuət/gǔ　gʻwət/ɣuət/hú　gʻwæt/ɣwăt/huá　～鳩：一種鳥(用作官名)。《左·昭十七》：“～鳩氏，司事也。”

搰 gʻwət/ɣuət/hú　❶挖出。《國語·吴語》：“狐埋之而狐～之，是以無成功。”❷混亂。《吕氏春秋·本生》：“夫水之性清，土者～之。”(按：今本作“扫”，高氏從《康熙字典》。)

kʻwət/kʻuət/kù　用力貌。《莊子·天地》：“～～然用力甚多，而見功寡。”

猾 gʻwæt/ɣwăt/huá　❶擾亂。《書·舜典》：“蠻夷～夏。”❷狡黠。《左·昭二十六》：“奬順天法，無助狡～。”

滑 gʻwæt/ɣwăt/huá　滑溜，光滑。《周禮·食醫》：“調以～甘。”

kwət/kuət/gǔ　擾亂。《莊子·齊物

論》："是故～疑之耀，聖人之所圖也。"

487

兀 ŋwət/ŋuət/wù 砍去雙脚。《莊子·德充符》："魯有～者王駘。"

此字爲雙腿上部貫穿一畫。

扤 音同上 搖動，移動。《詩·正月》："天之～我，如不我克。"

杌 音同上 ❶無枝條的樹幹。《左·文十八》："天下之民謂之檮～。"❷危險，不安全。《書·秦誓》："邦之～隉。" Gl2118

阢 前字的異體。《説文》引《書》："邦之～隉。"（按：今《書·秦誓》作"杌"。）

卼 "杌"字的異體。不安全。《易·困》："困于葛藟，于臲～。" Gl2118

軏 ŋi̯wăt/ŋi̯wɐt/yuè ŋwət/ŋuət/wù 四輪馬車轅杆末端的橫閂。《論語·爲政》："小車無～。"

488

𠫓 tʻwət/tʻuət/tū 不順利，難控制。《説文》以爲即《易》"突如其來如"的"突"字。

489

突 tʻwət/tʻuət/tū dʻwət/dʻuət/tū ❶挖通，突破。《左·襄二十五》："宵～陳城。"❷凸出。《吕氏春秋·任地》："子能以窒爲～乎？"❸突然，猝然。《詩·齊風·甫田》："未幾見兮，～而弁兮。"

此字从穴（洞穴）、犬（狗）。

490

卒 tswət/tsuət/zú ❶士兵。《左·僖二十八》："子玉收其～而止。"❷一組人。《禮·郊特牲》："然後簡其車賦，而歷其～伍。"❸家庭或國家。《禮·王制》："三十國以爲～。"

tsi̯wət/tsi̯uĕt/zú ❶結束，完成。《詩·日月》："父兮母兮，畜我不～。"❷死。《左·隱七》："七年春，滕侯～。"❸完全，徹底。《詩·板》："上帝板板，下民～癉。"

假借爲tsʻwət/tsʻuət/cù 唐突。《孟子·梁惠王上》："～然問。"

通"崒"。高而尖的。《詩·漸漸之石》："漸漸之石，維其～矣。"

通"瘁"。《詩·節南山》："不自爲政，～勞百姓。"

通"碎"。《詩·十月之交》："百川沸騰，山冢～崩。"（按：今本作"崒"，《釋文》：一本作"～"。）

通"倅"。《禮·燕義》："庶子官職諸侯卿大夫士之庶子之～。" Gl522、550、922

小篆从衣、一（加在衣服的下襬上）。

捽 dzʻwət/dzʻuət/zú ❶揪頭髮。《國策·楚一》："吾將深入吴軍，若扑一人，若～一人。"❷抵觸，衝突。《國語·晉語一》："戎夏交～。"

崒 dzʻi̯wət/dzʻi̯uət/zú tsi̯wət/tsi̯uĕt/zú 高而尖（僅有漢代書證）。

通"碎"。《詩·十月之交》："百川沸騰，山冢～崩。" Gl550

倅 tsʻwəd/tsʻuǎi-/cuì 副的，幫手。《周禮·戎僕》："掌王～車之政。"

啐 音同上 嘗。《禮·雜記下》："衆賓兄弟則皆～之。"

淬 音同上 浸入液體。《國策·燕三》："使工以藥～之。"

焠 音同上 燃燒。《荀子·解蔽》："有子惡臥而～掌。"

醉 tsi̯wəd/tswi-/zuì 酒足，酒醉。《詩·既醉》："既～以酒，既飽以德。"

翠 tsʻi̯wəd/tsʻwi-/cuì ❶翠鳥。《左·昭十二》："～被豹舄。"❷鳥尾。《禮·內則》："舒雁～。"

悴 dzʻi̯wəd/dzʻwi-/zuì(cuì) 憂傷。《孟子·公孫丑上》:"民之憔～於虐政,未有甚於此時者也。"

瘁 音同上(cuì) 疾苦,勞累,憂患。《詩·雨無正》:"維躬是～。"

顇 音同上(cuì) 疲乏。《荀子·王霸》:"必自爲之然後可,則勞苦耗～莫甚焉。"

萃 音同上(cuì) ❶聚集。《詩·墓門》:"墓門有梅,有鴞～止。"❷羣,類。《孟子·公孫丑上》:"出於其類,拔乎其～。"

通"倅"。《周禮·車僕》:"車僕掌戎路之～。"

通"瘁"。《荀子·富國》:"勞苦頓～而愈無功。"Gl191

碎 swəd/suǎi-/suì 破碎。《列子·黄帝》:"不敢以全物與之,爲其～之之怒也。"

睟 si̯wəd/swi-/suì 正直的(特指注視)。《孟子·盡心上》:"～然見於面。"

粹 音同上(cuì) 純粹。《易·乾》:"剛健中正,純～精也。"

通"碎"。《荀子·儒效》:"是猶力之少而任重也,舍～折無適也。"

誶 si̯wəd/swi-/suì swəd/suǎi-/suì dzʻi̯wət/dzʻi̯uět/zú ❶譴責。《詩·墓門》:"夫也不良,歌以～之。"(按:今本作"訊",高氏從《釋文》。)❷侮辱。《楚辭·離騷》:"謇朝～而夕退。"Gl342

491

孛 bʻwət/bʻuət/bó bʻwəd/bʻuǎi-/bèi 彗星。《左·文十四》:"有星～入于北斗。"

通"勃"。《説文》引《論語》:"色～如也。"(按:今《論語·鄉黨》作"勃"。)

勃 bʻwət/bʻuət/bó ❶爭吵。《莊子·外物》:"室无空虚,則婦姑～谿。"❷突然。《莊子·天地》:"蕩蕩乎,忽然出,～然動。"❸迅速改變(特指態度,據鄭玄注,指變恭敬)。《論語·鄉黨》:"君召使擯,色～如也。"

同音假借 粉狀的(特指泥土)。《周禮·草人》:"～壤用狐。"Gl847

浡 bʻwət/bʻuət/pó(bó) 突然爆發,茂盛生長。《孟子·梁惠王上》:"沛然下雨,則苗～然興之矣。"

悖 bʻwət/bʻuət/bó bʻwəd/bʻuǎi-/bèi ❶混亂,糊塗。《詩·桑柔》:"匪用其良,覆俾我～。"❷反叛。《左·僖三十二》:"勤而無所,必有～心。"❸矛盾,背理。《禮·祭義》:"致義,則上下不～逆矣。"❹損害,減少。《莊子·胠篋》:"故上～日月之明。"

bʻwət/bʻuət/bó 豐盛。《左·莊十一》:"禹湯罪己,其興也～焉。"

誖 bʻwət/bʻuət/bó bʻwəd/bʻuǎi-/bèi 語言混亂。《墨子·經下》:"説在頓,假必～。"

紼 pi̯wət/pi̯uət/fú 繩索。《禮·緇衣》:"王言如綸,其出如～。"

492

叟 mwət/muət/mò 潛水。見《説文》。此字是"没"的初文(無書證)。

没 mwət/muət/mò, méi(北京音méi是口語形式,書面語讀mò) ❶潛水。《莊子·列禦寇》:"其子～於淵,得千金之珠。"❷消失,死。《左·隱十一》:"若寡人得～于地。"❸使……結束,毀滅。《禮·雜記下》:"如未～喪而母死。"❹結束,完成。《論語·衛靈公》:"君子疾～世而名不稱焉。"❺竭盡。《詩·漸漸之石》:

"山川悠遠，曷其～矣。"❻（有一個最終目標>）渴望。《國語·晉語二》："再拜不稽首，不～爲後也。" Gl745

歿 mwət/muət/mò　死。《左·昭二十五》："獲保首領以～。"

⿰王𠬛 音同上　一種玉。《穆天子傳》："爰有采石之山……～瑤。"（按：今本作"⿰王殳"，高氏從《康熙字典》。）

493

質 ȶi̯ət/tɕi̯ĕt/zhì　❶本體，堅實部分。《易·繫辭下》："原始要終，以爲～也。"❷本質。《論語·雍也》："～勝文則野，文勝～則史。"❸天性。《禮·禮器》："禮，釋回，增美～。"❹天然，簡樸，純正。《詩·天保》："民之～矣，日用飲食。"❺誠信。《左·襄九》："且要盟無～。"❻斷言，肯定。《禮·曲禮上》："疑事毋～。"❼宣誓，保證。《詩·緜》："虞芮～厥成。"❽恰好，正好。《禮·月令》："黑黃倉赤，莫不～良。"❾徑直，直接。《禮·聘義》："君子於其所尊弗敢～。"❿查證，核實。《禮·中庸》："～諸鬼神而無疑。"⓫契約。《周禮·質人》："凡賣價者～劑焉，大市以～，小市以劑。"⓬（固體>）大木塊。《穀梁·昭八》："以葛覆～以爲槷。"⓭劈物的用具。《國策·秦一》："白刃在前，斧～在後。"⓮靶心。《荀子·勸學》："是故～的張而弓矢至焉。"

ti̯əd/ȶi-/zhì　❶人質，抵押品。《左·隱三》："王子狐爲～於鄭。"❷禮物。《左·昭七》："寡君將承～幣而見于蜀。" Gl802、951

鑕 ȶi̯ət/tɕi̯ĕt/zhì　劈物的用具。《公羊·昭二十五》："君不忍加之以鈇～。"

躓 ti̯əd/ȶi-/zhì　絆倒。《左·宣十五》："杜回～而顛。"

懫 t'i̯əd/ȶ'i-/chì　ȶi̯əd/tɕi-/zhì　❶煩惱。《書·多方》："亦惟有夏之民叨～。"❷憤怒。《禮·大學》："身有所忿～，則不得其正。"（按：今本作"懥"，高氏從《釋文》。）

494

疾 dz'i̯ət/dz'i̯ĕt/jí　❶疾病，病痛。《詩·小弁》："譬彼壞木，～用無枝。"❷痛苦。《管子·小問》："凡牧民者，必知其～。"❸缺點。《孟子·梁惠王下》："寡人有～，寡人好色。"❹傷害。《詩·瞻卬》："蟊賊蟊～，靡有夷屆。"❺憎恨。《論語·泰伯》："人而不仁，～之已甚，亂也。"❻焦慮，擔心。《管子·君臣》："有過者不宿其罰，故民不～其威。"❼暴虐。《詩·蕩》："～威上帝，其命多辟。"❽中傷，誹謗。《書·秦誓》："人之有技，冒～以惡之。"❾急遽。《論語·鄉黨》："車中不內顧，不～言。"❿緊迫，積極，有活力。《詩·雨無正》："鼠思泣血，無言不～。" Gl815

901—902

901 殷甲文（B下35：2）
902 周II（銘文180）
此字从人、矢（箭）。

蒺 音同上　～藜：草名。《易·困》："困于石，據于～藜。"

嫉 dz'i̯ət/dz'i̯ĕt/jí　dz'i̯əd/dz'i-/jì　妬忌。《楚辭·離騷》："衆女～余之蛾眉兮。"

495

鬱 ʔi̯wət/ʔi̯uət/yù　一種香草。見《説文》。此字即下字的初形（無書證）。

鬱 音同上　❶樹木茂密。《詩·晨風》："鴥彼晨風，～彼北林。"❷阻塞。《左·昭二十九》："～湮不育。"❸憂鬱，壓抑。《楚辭·離騷》："忳～邑余侘傺兮，吾獨窮困乎此時也。"❹焦急。《孟子·萬章上》:"～陶思君爾。"❺一種香草。《禮·郊特牲》:"～合鬯,臭陰達於淵泉。"❻氣味强烈。《禮·内則》:"鳥皫色而沙鳴,～。"❼蒸氣。《吕氏春秋》。(按:今本未見。)❽一種李子。《詩·七月》:"六月食～及薁。"Gl323

496

出 ȶʻi̯wət/tɕʻi̯uĕt/chū ❶出去,出來。《詩·賓之初筵》:"既醉而～,並受其福。"❷提出。《詩·都人士》:"其容不改,～言有章。"❸趕出,驅逐。《左·文十八》:"遂～武穆之族。"

ȶʻi̯wəd/tɕʻwi-/chuì 拿出,擺出。《詩·出車》:"我～我車,于彼牧矣。"

903 殷甲文(A1: 28, 6)

904 周Ⅰ(銘文59)

905 周Ⅱ(銘文132)

906 周Ⅱ(銘文139)

此字爲止(脚)從凵(彎曲的一筆,表示一地區)中跨出。

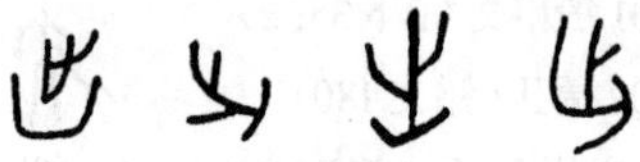

903—906

黜 ȶʻi̯wət/ȶʻi̯uĕt/chù ❶驅逐。《左·昭二十六》:"則有晉、鄭,咸～不端。"❷貶黜,降級。《書·舜典》:"三考～陟幽明。"❸拋棄。《左·襄二十六》:"何以～朱於朝。"❹減少。《左·襄十》:"子駟與尉止有爭,將禦諸侯之師,而～其車。"❺删除。《書·泰誓中》:"天乃佑命成湯,降～夏命。"

絀 ȶi̯wət/ȶi̯uət/zhú(chù) 彎曲。《荀子·非相》:"緩急嬴～。"

通"黜"。貶黜,降級。《禮·王制》:"不孝者,君～以爵。"

咄 twət/tuət/dū(duō) 責罵。《國策·燕一》:"呴籍叱～,則徒隸之人至矣。"

拙 ȶi̯wat/tɕi̯wɛt/zhō(zhuō) 笨拙。《書·周官》:"作僞,心勞日～。"

茁 tswăt/tʂwăt/zhuā tʂi̯wat/tʂi̯wɛt/zhuó ❶發芽,抽枝。《詩·騶虞》:"彼～者葭,壹發五豝。"❷旺盛壯實。《孟子·萬章下》:"牛羊～壯,長而已矣。"

屈 kʻi̯wət/kʻi̯uət/qū ❶彎曲。《左·昭七》:"好以大～。"❷使……屈服。《詩·泮水》:"順彼長道,～此羣醜。"

同音假借 耗盡。《荀子·王制》:"使國家足用而財物不～,虞師之事也。"

通"闕":～狄。《禮·玉藻》:"君命～狄。"Gl918

此字小篆的形符"尾"在現代字形中已經縮略。

詘 (誳)音同上 ❶語塞。《國策·趙四》:"魏王聽此言也甚～。"❷停止。《禮·聘義》:"叩之,其聲清越以長,其終～然。"❸捲曲,彎曲。《禮·喪大記》:"凡陳衣不～。"❹壓制。《吕氏春秋·壅塞》:"宋王因怒而～殺之。"❺屈服,制服。《荀子·議兵》:"然而敵國不待試而～。"

通"黜"。《國策·韓三》:"彼公仲者,秦勢能～之。"

鈯 "掘"的異體。《荀子·正論》:"～人之墓,抉人之口。"(按:今本作"扫",高氏從《康熙字典》。)

淈 kwət/kuət/gǔ gʻwət/ɣuət/hú 玷污。《楚辭·漁父》:"何不～其泥而揚其波?"

同音假借 耗盡。《荀子·宥坐》:"其洸洸乎不～盡,似道。"

堀 kʻwət/kʻuət/kū ❶掘地爲室，地下。《左·昭二十七》：“光伏甲於～室而享王。”❷揚起（特指灰塵）。《楚辭·風賦》：“～堁揚塵。”

窟 kʻwət/kʻuət/kū 穴，洞。《左·襄三十》：“鄭伯有耆酒，爲～室，而夜飲酒。”

倔 gʻi̯wət/gʻi̯uət/jú (jué) 倔强，强烈，過分。《楚辭·九辯》：“蹇充～而無端兮。”

掘 gʻi̯wət/gʻi̯uət/jú gʻi̯wăt/gʻi̯wɐt/jué 挖土。《詩·蜉蝣》：“蜉蝣～閱，麻衣如雪。”

497

术 dʻi̯wət/dʑʻi̯wĕt/shú 黏的穀子。

907

907 周（銘文 364） 此字象形。

秫 音同上 黏的穀子。《禮·月令》：“～稻必齊。”

通“鉥”。《國策·趙二》：“黑齒雕題，鯷冠～縫，大吳之國也。”

術 音同上（shù） ❶道路。《禮·月令》：“審端徑～。”❷方法，技藝。《左·襄二十七》：“廢興存亡，昏明之～。”

述 音同上（shù） ❶跟隨。《禮·中庸》：“父作之，子～之。”❷遵從正道。《詩·日月》：“胡能有定，報我不～。”❸傳達，傳播。《論語·述而》：“～而不作。”❹開始，於是。《詩·文王》：“聿修厥德。”（按：“聿”，《漢書·宣元六王傳》引《魯詩》作“～”。）Gl78、762

908

908 周 I（銘文 54）

鉥 音同上（shù） ❶針。《管子·輕重乙》：“一女必有一刀、一錐、一箴、一～。”❷（穿針引綫>）引導。《國語·晉語二》：“吾請爲子～。”

怵 t̑ʻi̯wət/t̑ʻi̯uĕt/chù 驚恐，焦急。《孟子·公孫丑上》：“今人乍見孺子將入於井，皆有～惕惻隱之心。”

訹 si̯wət/si̯uĕt/xù 引誘。《國策·魏一》：“橫人～王，外交强虎狼之秦。”（按：今本作“謀”，高氏從鮑本。）

498

率 sli̯wət/ṣi̯uĕt/shuài sli̯wəd/ṣwi-/shuài ❶跟隨，遵循。《詩·假樂》：“不愆不忘，～由舊章。”❷率領。《詩·噫嘻》：“～時農夫，播厥百穀。”❸將帥。《左·哀十七》：“～賤，民慢之，懼不用命焉。”❹（隨着>）馬上。《論語·先進》：“子路～爾而對。”

同音假借 所有。《詩·北門》：“～土之濱，莫非王臣。”

li̯wət/li̯uĕt/lǜ ❶邊緣，邊界。《禮·玉藻》：“士練帶，～下辟。”❷標準，級別。《孟子·盡心上》：“羿不爲拙射變其彀～。”❸皮帶。《左·桓二》：“藻～鞞鞛。”

Gl642、1089、1279、1406

909—911

909 殷甲文（A1: 11, 5）

910 周 I（銘文 65）

911 周 II（銘文 180）

《説文》説此字義爲捕鳥的網，但無書證。如果《説文》不誤，則此字爲網的象形，假借爲上述各義。

䢦 sli̯wət/ṣi̯uĕt/shuài （跟着>）接着，隨即。

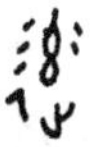
912

912 周 I（銘文 54）

蟀 sli̯wət/ṣi̯uĕt/sò (shuài) 蟋～：一種昆蟲。《詩·蟋蟀》：“蟋～在堂，歲聿其莫。”

膟 li̯wət/li̯uĕt/lǜ 腸間的脂肪。《禮·郊特牲》：“取～膋燔燎升首。”

499

帥 sli̯wət/ṣi̯uĕt/shuài　❶率領（指軍隊），《左·成十三》：“我文公～諸侯及秦圍鄭。”❷指導，安排。《左·莊二十三》：“朝以正班爵之義，～長幼之序。”❸遵循，服從，效仿。《禮·王制》：“命鄉簡不～教者以告。”

sli̯wəd/ṣwi-/shuài　❶（軍隊的）統帥。《左·成十三》：“晉～乘機，師必有大功。”❷官員。《左·昭十三》：“吳人敗諸豫章，獲其五～。”此字在詞源上與“逹”相同。

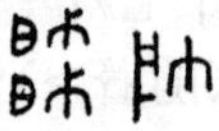
913—914

913 周Ⅰ（銘文 86）

914 周Ⅱ（銘文 134）

500

弗 pi̯wət/pi̯uət/fú　不（特指不可能、不樂意）。《詩·燕燕》：“瞻望～及，實勞我心。”

同音假借　一陣狂風。《詩·蓼莪》：“南山律律，飄風～～。”

通“拂”。排除。《詩·生民》：“克禋克祀，以～無子。”

通“咈”。冒犯。《書·洪範》：“强～友剛克。”Gl865、1545

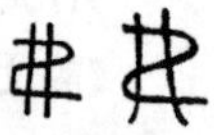
915—916

915 殷甲文（A1: 25, 8）

916 周Ⅰ（銘文 56）

此字可能是“紼”的初文，是一根繩子把兩個物體綁在一起的象形。

第 音同上　一種簾帷，又作爲遮蓋馬車進口處的簾子。《詩·采芑》：“簟～魚服。”（按：今本作“茀”，高氏從《康熙字典》。）

紼 音同上
繩子。《詩·采菽》：“～纚維之。”

刜 pʻi̯wət/pʻi̯uət/fú　砍。《左·昭二十六》：“苑子～林雍，斷其足。”

917

917 周Ⅲ（銘文 238）

拂 音同上　❶拭去。《禮·曲禮上》：“進几杖者～之。”❷抖動。《左·襄二十六》：“～衣從之。”❸擊退，彈去。《禮·内則》：“子事父母，鷄初鳴……～髦。”

通“茀”。遮蓋。《楚辭·離騷》：“折若木以～日兮。”

通“咈”。《詩·皇矣》：“四方以無～。”

通“弼”。輔助。《孟子·告子下》：“入則無法家～士。”

彿 音同上　彷～：不能分辨，好像。《楚辭·九辯》：“柯彷～而萎黄。”

髴 前字的異體。
《楚辭·遠遊》：“時髣～以遥見兮。”

茀 pʻi̯wət/pʻi̯uət/fú　草十分稠密。《國語·周語中》：“道～不可行也。”

pi̯wət/pi̯uət/fú　❶把稠密的草除去。《詩·生民》：“～厥豐草，種之黄茂。”❷遮蔽馬車的竹簾。《詩·碩人》：“翟～以朝。”

同音假借　❶巨大。《詩·皇矣》：“臨衝～～。”❷頭飾。《易·既濟》：“婦喪其～。”❸幸福。《詩·卷阿》：“爾受命長矣，～禄爾康矣。”

通“紼”。《左·宣八》：“始用葛～。”

通“勃”。《莊子·人間世》：“獸死不擇音，氣息～然。”Gl45、261、847、865

佛 bʻi̯wət/bʻi̯uət/fú　❶大的。《詩·敬之》：“～時仔肩，示我顯德行。”❷違背，反對。《禮·學記》：“其施之也悖，其求之也～。”❸扭轉。《禮·曲禮上》：“獻鳥者～其首。”

通“弼”。《荀子·非十二子》：“～然平世之俗起焉。”Gl847、1237

咈 音同上
違背，冒犯。《書·堯典》：“吁，～哉！”

岪 音同上　山坡小道。《楚辭·招隱士》："山曲～。"

怫 bʻi̯wət/bʻi̯uət/fú　bʻi̯wəd/bʻjwe̯i-/fèi 傷心，生氣。《莊子·天地》："謂己諛人，則～然作色。"

艴 bʻwət/bʻuət/bó　pʻi̯wət/pʻi̯uət/fú 盛怒貌。《孟子·公孫丑上》："曾西～然不悅。"

沸 pi̯wəd/pjwe̯i-/fèi 沸騰。《詩·蕩》："如～如羹。"

pi̯wət/pi̯uət/fú　（如泉）噴涌。《詩·瞻卬》："觱～檻泉，維其深矣。"

昲 pʻi̯wəd/pʻjwe̯i-/fèi　曬，曬乾。《列子·周穆王》："視其前，則酒未清，肴未～。"

費 音同上　❶大量花費。《論語·堯曰》："君子惠而不～。"❷浪費。《左·襄二十九》："施而不～，取而不貪。"

通"咈"。《禮·中庸》："君子之道，～而隱。"

通"昲"。《楚辭·招魂》："晉制犀比，～白日些。"

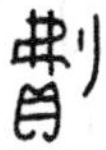
918

918 周 I（銘文 67）

501

市 pi̯wət/pi̯uət/fú 蔽膝。

919

919 周 I（銘文 65）

芾 pi̯wəd/pjwei-/fèi　pwad/pwai-/bèi 繁茂成蔭。《詩·甘棠》："蔽～甘棠。"

假借爲pi̯wət/pi̯uət/fú　蔽膝。《詩·采菽》："赤～在股。"參"市"。 Gl45

旆 bʻwad/bʻwai-/bèi（pèi）❶長旗。《詩·長發》："武王載～，有虔秉鉞。"❷飄動。《詩·出車》："彼旟旐斯，胡不～～？"

怖 pʻwad/pʻwai-/pèi（另有幾個異讀）不悅貌。《詩·白華》："念子懆懆，視我邁邁。"（按：《釋文》云，"邁邁"《韓詩》及《説文》並作"～～"。）Gl726

沛 pʻwad/pʻwai-/pèi　❶水流盛大（特指雨水）。《孟子·梁惠王上》："天油然作雲，～然下雨。"❷豐富。《公羊·文十四》："力～若有餘。"

同音假借　❶向前行駛。《楚辭·湘君》："～吾乘兮桂舟。"❷發怒。《公羊·宣十二》："是以使君王～焉。"❸遮蓋，變暗。《易·豐》："豐其～，日中見沬。"

pwad/pwai-/bèi　多沼澤的叢林。《孟子·滕文公下》："～澤多而禽獸至。"

假借爲pwad/pwai-/bèi（pèi）❶拔除。《詩·蕩》："人亦有言，顛～之揭。"❷跌倒。《論語·里仁》："顛～必於是。"Gl944

肺 pʻi̯wăd/pʻi̯wɐi-/fèi　肺臟。《詩·桑柔》："自有～腸，俾民卒狂。"

假借爲pʻwad/pʻwai-/pèi　bʻwad/bʻwai-/bèi　稠密，繁茂（指葉子）。《詩·東門之楊》："東門之楊，其葉～～。"

502

聿 bi̯wət（?）/i̯uĕt/yù　書寫的筆。見《説文》（無書證）。

同音假借　❶隨着，於是。《詩·蟋蟀》："蟋蟀在堂，歲～其莫。"❷語氣助詞。《詩·文王》："無念爾祖，～修厥德。"Gl762

920

920 漢前（銘文 451，人名）

此字象形。

律 bli̯wət/li̯uĕt/lǜ　❶法律，法則。《易·師》："師出以～。"❷仿效。《禮·中庸》："上～天時，下襲水土。"❸成排狀。《詩·蓼莪》："南山～～，飄風弗弗。"❹等級。《禮·王制》："有功德於民者，加地進～。"❺（整治>）梳理（指頭髮）。《荀子·禮論》："不沐則濡櫛三～而止。"❻（調節器>）律管。《書·舜典》："聲依永，～和聲。" Gl627、1261

筆 pli̯ət/pi̯ĕt/bǐ 書寫的筆。《禮·曲禮上》："史載～。"

503

勿 mi̯wət/mi̯uət/wù 不要。《詩·行葦》："敦彼行葦，牛羊～踐履。"

同音假借 渴望，殷切。《禮·禮器》："～～乎其欲其饗之也。"

通"忽"。漫不經心，不介意。《書·盤庚中》："咸造～褻在王庭。" Gl95、1445

921 殷甲文（A7: 35, 2"不要"義）

922 殷甲文（A1: 27, 3"不要"義）

923 殷甲文（A4: 54, 4"物"義）

924 殷甲文（A6: 22, 2"物"義）

925 殷甲文（A6: 54, 3"物"義）

926 周I（銘文65，"不要"義）

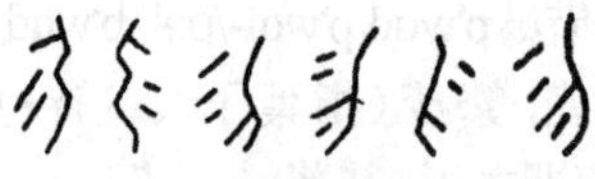

921—926

"勿"與"物"二詞原先有兩個不同的字形，但它們在殷代已經互相混淆。

物 音同上 ❶物體，物件。《詩·何人斯》："出此三～，以詛爾斯。"❷牲畜的顏色。《詩·無羊》："三十維～，爾牲則具。"❸品質。《詩·烝民》："天生烝民，有～有則。"❹種類，等級。《左·桓六》："是其生也，與吾同～。"❺劃分種類、等級。《左·昭三十二》："仞溝洫，～土方。"❻雜色旗。《周禮·司常》："雜帛爲～。"

927 殷甲文（I6: 4）

927

芴 mi̯wət/mi̯uət/wù 蘿葡類植物。見《説文》（無書證）。

假借爲 xmwət/xuət/hū 混亂，朦朧。《莊子·至樂》："～乎芒乎，而无有象乎！"

歾 "殁"的異體。《左·僖二十二》："叔詹曰：'楚王其不～乎？'"（按：今本作"没"，高氏從《康熙字典》。）

忽 xmwət/xuət/hū ❶疏忽。《莊子·天地》："～然出，勃然動。"❷混亂，混淆。《國策·秦一》："今之嗣主，～於至道。"❸突然，即刻。《左·莊十一》："桀紂罪人，其亡也～焉。"❹毀滅。《詩·皇矣》："是伐是肆，是絶是～。"

笏 音同上 書寫文字用的板。《禮·玉藻》："凡有指畫於君前，用～。"

刎 mi̯wən/mi̯uən:/wěn 割脖子。《禮·檀弓下》："不至者，廢其祀，～其人。"

吻 音同上 嘴唇的兩角，閉唇。《周禮·梓人》："鋭喙決～。"

惚 xmwət/xuət/hū 混亂，昏亂。《禮·祭義》："夫何慌～之有乎！"

脗 mi̯wən/mi̯uən:/wěn mi̯ən/mi̯ĕn:/mǐn 閉唇。《莊子·齊物論》："爲其～合，置其滑涽，以隸相尊。"

⿰月昒 前字的異體。

504

戛 kæt/kăt/jiá ❶一種長矛（見銘文181）。❷音箱。《書·益稷》："～擊鳴球。"❸規範，規範化。《書·康誥》："不率大～。" Gl1340、1650

928 周I（銘文67）

929 周II（銘文181）

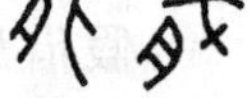

928—929

此字从肉、戈，在現代字形中"肉"已被誤解，變形。古文字常被釋爲戟，似不合理。

505

乙 ʔi̯æt/ʔi̯ĕt/yǐ 天干名稱之一。《左·宣十二》："～卯，王乘左廣，以逐趙旃。"

同音假借　魚的内臟。《禮·内則》："魚去～。"

930 殷甲文（A1: 20, 7）
931 殷甲文（A1: 3, 1）
932 殷（銘文 6）
933 周 I（銘文 59）

930—933

506

蝨 ṣi̯æt/ṣi̯æt/shī　蝨子。《莊子·徐无鬼》："濡需者，豕～是也。"

507

矞 gi̯wæt/i̯uĕt/yù
刺穿。見《説文》（無書證）。

通"譎"。《荀子·非十二子》："欺惑愚衆，～宇嵬瑣。"

遹 音同上　❶不正，邪惡。《詩·小旻》："謀猶回～，何日斯沮。"❷遵循。《書·康誥》："今民將在祗～乃文考。"❸助詞，於是。《詩·文王有聲》："文王有聲，～駿有聲。" Gl78、572

934 周 I（銘文 65）
935 周 II（銘文 140）

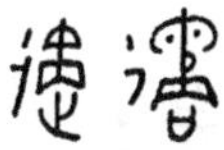
934—935

驈 音同上　臀部白色的黑馬。《詩·駉》："薄言駉者，有～有皇。"

鷸 音同上　翠鳥。《左·僖二十四》："好聚～冠。"

橘 ki̯wæt/ki̯uĕt/jú　柑橘。《書·禹貢》："厥包～柚錫貢。"

繘 ki̯wæt/ki̯uĕt/jú　gi̯wæt/i̯uĕt/yù　井上汲水的繩子。《禮·喪大記》："管人汲，不説～。"

僪 g'i̯wæt/g'i̯uĕt/jú　❶無頭精靈（僅有漢代書證）。❷日邊的雲氣。《吕氏春秋·明理》："其日有鬭蝕，有倍～，有暈珥。"

獝 音同上　受驚而奔逃。《禮·禮運》："鳳以爲畜，故鳥不～。"

劀 kwæt/kwăt/kuā　刮。《周禮·瘍醫》："瘍醫掌腫瘍、潰瘍、金瘍、折瘍之祝藥，～殺之齊。"

譎 kiwət/kiuet/jué　奸詐，欺騙。《論語·憲問》："晉文公～而不正。"

憰 前字的異體。《莊子·齊物論》："恢恑～怪，道通爲一。"

鐍 音同上　箱子或盒子上的鎖。《莊子·胠篋》："則必攝緘縢，固扃～。"

潏 kiwət/kiuet/jué　gi̯wæt/i̯uĕt/yù　水涌出。《楚辭·悲回風》："氾～～其前後兮。"

瞲 xi̯wæd/xjwi-/huì　xiwət/xiuet/xuè　驚視。《荀子·榮辱》："則～然而視之曰：'此何怪也！'"

508

愛 ʔəd/ʔăi-/ài　❶喜愛，愛好。《詩·將仲子》："豈敢～之？畏我父母。"❷吝惜。《詩·雲漢》："靡神不舉，靡～斯牲。"

曖 音同上　昏暗，不明。《楚辭·遠遊》："時～曃其曭莽兮。"

薆 音同上　隱蔽，隱藏。《楚辭·離騷》："衆～然而蔽之。" Gl115

僾 ʔəd/ʔăi-/ài　ʔi̯əd/ʔjẹi:/yì　模糊不清。《禮·祭義》："祭之日，入室，～然必有見乎其位。"

假借爲ʔəd/ʔăi-/ài　喘息，喘不過氣來。《詩·桑柔》："如彼遡風，亦孔之～。" Gl115

509

隶 d'əd/d'ăi-/dài　di̯əd/i-/yì（lì）　來到，達到。見《説文》。此字是"逮"的初文（無書證）。

936 周III/IV（銘文 295，"肆"〔一套鐘〕之義）

936

此字爲一手抓住尾巴，會意（參583組）。

逮 dʻəd/dʻăi-/dài dʻiəd/dʻiei/dì ❶來到。《書·吕刑》："羣后之～在下。"❷達到。《論語·里仁》："古者言之不出，耻躬之不～也。"❸前來。《詩·桑柔》："民有肅心，荓云不～。"❹直到……的時候。《左·哀六》："～夜至於齊。"

假借爲dʻiəd/dʻiei-/dì 安寧。《禮·孔子閑居》："威儀～～，不可選也。"

通"曃"。《禮·曾子問》："～日而舍奠。"Gl2035

937

937 周III/IV（銘文327）

曃 tʻəd/tʻăi-/tài（dài） 昏暗不明。《楚辭·遠遊》："時曖～其曭莽兮。"

棣 dʻiəd/dʻiei-/dì 唐～：櫻桃樹。《詩·何彼襛矣》："何彼襛矣，唐～之華。"

假借爲dʻiəd/dʻiei-/dì dʻəd/dʻăi-/dài 至極，完善。《詩·邶風·柏舟》："威儀～～，不可選也。"（這一用法與"逮"同源）Gl67

肄 di̯əd/i-/yì ❶練習。《左·文四》："臣以爲～業及之也。"❷辛苦。《詩·邶風·谷風》："有洸有潰，既詒我～。"❸騷擾。《左·昭三十》："若爲三師以～焉。"

同音假借 殘餘，殘存的樹枝。《詩·汝墳》："遵彼汝墳，伐其條～。"Gl566

在此字和以下的派生字中，由於古文字相似，聲符"隶"已經譌變爲"聿"。參下文"𣨄"和"殔"，它們一誤一正，但現在已經作爲異體字。

肆 si̯əd/si-/sì ❶廣泛。《詩·崧高》："其風～好，以贈申伯。"❷展開，展示。《詩·行葦》："～筵設席，授几有緝御。"❸（展示>）一排樂鐘。《周禮·小胥》："凡縣鍾磬，半爲堵，全爲～。"❹（陳列貨物>）店鋪。《論語·子張》："百工居～，以成其事。"❺集市。《左·襄三十》："伯有死於羊～。"❻放縱，放肆。《論語·陽貨》："古之狂也～。"❼馬虎，放鬆。《書·大誥》："嗚呼，～哉！爾庶邦君。"❽饒恕，寬赦。《書·舜典》："眚災～赦。"

同音假借 ❶於是，隨即。《詩·抑》："～皇天弗尚。"❷殺。《詩·皇矣》："是伐是～，是絶是忽。"

通"肄"。殘餘。《禮·玉藻》："～束及帶，勤者有事則收之。"Gl787、1269、1613、1819

938 周I（銘文65）

939 周II（銘文139）

940 周II（銘文180）

941 周III（銘文234，形符是"金"而不是"長"，一排樂鐘之義）

938—941

𢑴 音同上 於是，隨即（此用法同"肆"）。《説文》引《書》："～類于上帝。"（按：今《書·舜典》作"肆"。）

蕼 音同上 一種植物。見《説文》（無書證）。

同音假借 寬舒貌。《荀子·非十二子》："儼然壯然祺然～然。"

𣨄 di̯əd/i-/yì si̯əd/si-/sì 淺葬，預葬。《儀禮·士喪禮》："掘～見衽。"

殔 前字的異體。

510

凷 kʻwəd/kʻuăi-/kuài （北京音應讀kuì，因與"塊"字相混而變讀kuài。這兩字雖然同源，但不全同） 土塊。《禮·喪大記》："寢苫枕～。"

此字小篆从凵（坑）、土。

屆 kæd/kǎi-/jiè ❶來到，達到。《詩·小弁》：“譬彼舟流，不知所～。”❷界限。《詩·蕩》：“侯作侯祝，靡～靡究。”❸（限制＞）自我節制。《詩·節南山》：“君子如～，俾民心闋。” Gl521、597

511

對 (twəb＞) twəd/tuǎi-/duì ❶應答。《詩·桑柔》：“聽言則～，誦言如醉。”❷回答。《左·隱三》：“其將何辭以～？”❸匹配，符合。《詩·清廟》：“～越在天，駿奔走在廟。”❹匹配者。《詩·皇矣》：“帝作邦作～，自大伯王季。”

942 殷甲文（A4: 36, 4） 943 殷（銘文 8）
944 殷（銘文 14） 945 周 I（銘文 63）
946 周 I（銘文 86） 947 II（銘文 139）

942—947

轛 twəd/tuǎi-/duì ti̯wəd/ȶwi-/zhuì 車廂在前的一面。《周禮·輿人》：“參分軹圍，去一以爲～圍。”

懟 dʻi̯wəd/ɖʻwi-/zhuì(duì) ❶招致怨恨。《詩·蕩》：“而秉義類，彊禦多～。”❷不滿。《左·僖二十四》：“盍亦求之，以死誰～？”

512

退 tʻwəd/tʻuǎi-/tuì 退卻，退下。《詩·桑柔》：“人亦有言，進～維谷。”

513

罪 dzʻwəd/dzʻuǎi-/zuì 罪行，犯法。《詩·巧言》：“無～無辜，亂如此憮。”

辠 前字的異體。《楚辭·惜往日》：“何貞臣之無～兮，被離謗而見尤。”

514

配 pʻwəd/pʻuǎi-/pèi ❶匹配者，配對者。《詩·皇矣》：“天立厥～，受命既固。”❷配得上。《詩·文王》：“殷之未喪師，克～上帝。” Gl825

948 周 II（銘文 180）
949 周 III / IV（銘文 319）

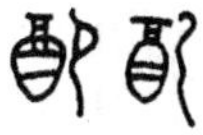

948—949

此字从酉（酒罈）、己（可能是跪着的人）。參 714 組。

515

旡 ki̯əd/kje̯i-/jì 打嗝。見《說文》（無書證）。

950 周 III（銘文 235，人名）

950

此字是“既”的初文。

既 音同上 ❶食畢。《禮·玉藻》：“君～食，又飯飧。”❷完成，結束。《書·堯典》：“九族～睦，平章百姓。”❸用盡，耗盡。《左·宣十二》：“董澤之蒲可勝～乎？”❹所有，完全。《詩·載驅》：“～不我嘉，不能旋濟。”❺助詞，表完成時態。《詩·楚茨》：“～醉～飽，小大稽首。”❻然後。《詩·巷伯》：“豈不爾受，～其女遷。”

通“餼”。《禮·中庸》：“日省月試，～廩稱事。” Gl1410

951 殷甲文（A8: 10, 3）
952 殷（銘文 28）

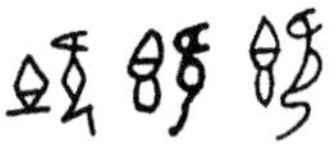

951—953

953 周 I（銘文 70） 此字从皀（盛食品的器皿）、旡（跪着的人）。參 921 組。

蔇 ki̯əd/kje̯i-/jì 草多貌。見《說文》（無書證）。

假借爲 gʻi̯æd/gʻji-/jì 來。《左·隱六》：“善鄭以勸來者，猶懼不～，況不禮焉。”

塈 xi̯əd/xje̯i-/xì xi̯æd/xji-/xì gʻi̯æd/gʻji-/jì ❶塗泥。《書·梓材》：“惟其塗～茨。”❷收集。《詩·摽有梅》：“摽有梅，頃筐～之。”❸休息。《詩·邶風·谷風》：“不念昔者，伊余來～。” Gl102

摡 kəd/kǎi-/gài xi̯əd/xje̯i-/xì 洗滌，擦洗。《周禮·世婦》：“帥女宮而濯

~。”

概（槩）kəd/kăi-/gài ❶測量穀類時，刮平高出量器口的穀類的器具，刮平。《禮·月令》：“正權~。”❷度量，份量。《禮·曲禮上》：“食饗不爲~。”❸標準。《莊子·天下》：“~乎皆常有聞者也。”❹一種器皿。《周禮·鬯人》：“凡祼事用~。”

同音假借　感動，感情。《莊子·至樂》：“我獨何能無~然！”

溉 音同上　灌注，洗滌。《詩·匪風》：“誰能亨魚，~之釜鬵。”

嘅 kʻəd/kʻăi-/kài　嘆息。《詩·中谷有蓷》：“有女仳離，~其嘆矣。”

慨 音同上　❶失望，悲哀。《禮·檀弓下》：“既葬，~焉，若不及其反而息。”❷嘆息貌。《楚辭·怨思》：“情~~而長懷兮。”

暨 gʻi̯æd/gʻji-/jì　❶達到。《書·禹貢》：“朔南~聲教。”❷和，同。《書·堯典》：“咨汝羲~和。”

同音假借　威武。《禮·玉藻》：“戎容~~。”

516

豙 ŋi̯əd/ŋje̯i-/yì　被激怒的公猪。見《説文》（無書證）。

954

954 周II（銘文 180，人名）

毅 音同上　果敢，堅決。《書·皋陶謨》：“亂而敬，擾而~。”

藙 音同上　食茱萸。《禮·內則》：“三牲用~。”

517

气 kʻi̯əd/kʻje̯i-/qì　雲氣。見《説文》（無書證）。從此字音義看，它明顯是“氣”的初文。

955 周III（銘文 234，“乞”義）

此字象形。

955

氣 xi̯əd/xje̯i-/xì　餽送食物。《説文》引《左傳》：“齊人來~諸侯。”（按：今《左·桓十》作“餼”。）

假借爲kʻi̯əd/kje̯i-/qì　❶空氣。《列子·天瑞》：“天，積~耳，亡處無~。”❷氣息。《論語·鄉黨》：“屏~似不息者。”❸蒸氣，霧氣。《左·昭元》：“天有六~，降生五味。”❹氣質，性情。《論語·泰伯》：“出辭~，斯遠鄙倍矣。”❺生氣，生機。《禮·樂記》：“~衰則生物不遂。”

愾 xi̯əd/xje̯i-/xì　kʻəd/kʻăi-/kài　嘆息。《詩·下泉》：“~我寤嘆，念彼周京。”

kʻəd/kʻăi-/kài　憤怒。《左·文四》：“諸侯敵王所~而獻其功。”

通“迄”。《禮·哀公問》：“君行此三者，則~乎天下矣。”

餼 xi̯əd/xje̯i-/xì　❶贈送的牲畜。《論語·八佾》：“子貢欲去告朔之~羊。”❷贈送的穀物。《國語·周語中》：“廩人獻~。”❸牲畜。《左·僖三十三》：“唯是脯資~牽竭矣。”

乞 kʻi̯ət/kʻi̯ət/qǐ　請求，乞求。《論語·公冶長》：“~諸其鄰而與之。”

此字是“气”的變體，早在上古“气”就假借爲kʻi̯ət（請求，乞求）。參“气”（銘文 234）。

吃 ki̯ət/ki̯ət/jī　講話困難，口吃。《管子·樞言》：“故行年六十而老~也。”

訖 音同上（qì）　❶結束，終止。《書·呂刑》：“典獄，非~于威，惟~于富。”❷僅僅。《書·秦誓》：“民~自若是多盤。”

通“迄”。《書·禹貢》：“朔南暨聲教，~于四海。”Gl1395、2013、2102

扢 xi̯ət/xi̯ət/xì　雀躍，輕快地。《莊子·讓王》：“子路~然執干而舞。”

汔 音同上（qì） 水乾涸。《易·未濟》："小狐～濟。"

通"迄"。《詩·民勞》："民亦勞止，～可小康。"Gl915

迄 音同上（qì） 至，到。《詩·生民》："庶無罪悔，以～于今。"

956

956 周Ⅲ/Ⅳ（銘文 327）

仡 ŋi̯ət/ŋi̯ət/yì xi̯ət/xi̯ət/xì 大，强大。《詩·皇矣》："臨衝茀茀，崇墉～～。"Gl848

圪 "仡"的異體。《説文》引《詩》："崇墉～～。"（按：今《詩·皇矣》作"仡仡"。）

齕 gʻwət/ɣuət/hé gʻi̯ət/ɣiet/xié 咬。《禮·曲禮上》："庶人～之。"

刉 ki̯əd/kjẹi/jī 切，割。《周禮·士師》："凡～珥，則奉犬牲。"

518

四 si̯əd/si-/sì 四。《詩·猗嗟》："～矢反兮，以禦亂兮。"

此字的齒音韻尾很早就失去了，《集韻》提及在陝西方言中此字讀作 si̯ət。

此字最古的寫法是四條水平綫，如周Ⅰ，銘文 65。但接着又出現了下列寫法：

957 周Ⅱ/Ⅲ（銘文 261）

958 周Ⅲ/Ⅳ（銘文 295）

959 周（銘文 373）

957—959

駟 音同上 四匹馬一組。《詩·清人》："清人在彭，～介旁旁。"

通"四"。《禮·樂記》："天子夾振之，而～伐。"

柶 音同上 勺子。《禮·喪大記》："小臣楔齒用角～。"

泗 音同上 鼻涕。《詩·澤陂》："寤寐無爲，涕～滂沱。"

519

利（㓟）li̯əd/lji-/lì ❶鋒利。《論語·衛靈公》："工欲善其事，必先～其器。"❷利益，有利。《詩·桑柔》："爲民不～，如云不克。"❸營養。《禮·曾子問》："無肵俎，無玄酒，不告～成。"❹貪利。《禮·坊記》："先財而後禮，則民～。"❺機智，聰明。《孟子·離婁下》："故者以～爲本。"

"利"是通行的字體，"㓟"是《説文》異體字，它們的古文字形式爲：

960 殷甲文（A2: 18, 2）

961 殷甲文（A2: 31）

962 周Ⅱ（銘文 137）

963 周Ⅱ（銘文 193）

"利"以及第 1、3 個古文字从禾、刀；"㓟"以及第 2、4 個古文字从禾、勿（物）。參 503 組。

960—963

犂 liər/liei/lí li̯ər/lji/lí ❶犂田。《論語·雍也》："～牛之子騂且角。"（依照某些注釋；另一種注釋是雜色牛）❷犂。《管子·輕重甲》："今君躬～墾田，耕發草土。"

梨 li̯ər/lji/lí 梨樹，梨子。《禮·内則》："梅、杏、樝、～、薑、桂。"

同音假借 切，割。《管子·五輔》："是故博帶～，大袂列。"

通"黧"。《荀子·堯問》："顏色～黑而不失其所。"

棃 前字的異體。

黧 liər/liei/lí 棕黑色（特指牛）。《國策·秦一》："形容枯槁，面目～黑。"（按：今本作"犂"，高氏從鮑本。）

黎 音同上 ❶衆多，全部。《詩·雲漢》："周餘～民，靡有孑遺。"《書·堯典》："～民於變時雍。"❷黑色。《書·禹貢》："厥土青～。"《吕氏春秋·行論》："顔色～黑，步不相過。"❸年老。《國語·吴語》："今王播棄～老。" Gl430、1372

蔾 li̯ər/lji/lí 蒺～：一種植物。《易·困》："困于石，據于蒺～。"

藜 liər/liei/lí 蒿類植物。《禮·月令》："～莠蓬蒿並興。"

520

涖 li̯əd/lji-/lì
滴水聲（僅有漢代書證）。

同音假借 ❶來臨。《詩·采芑》："方叔～止，其車三千。"❷指揮，統帥。《禮·曲禮上》："班朝治軍，～官行法。"❸對待（特指人民）。《論語·衛靈公》："不莊以～之，則民不敬。"

莅 音同上 ❶前往檢查。《易·明夷》："君子以～衆。"❷控制。《孟子·梁惠王上》："～中國而撫四夷也。"

蒞 前字的異體。

521

畀 pi̯əd/pji/bì 給。《詩·巷伯》："取彼譖人，投～豺虎。" Gl1800、1913

964

964 周II（銘文177）

此字爲雙手遞送某物（器皿或藍筐）。

鼻 bʻi̯əd/bʻji-/bí 鼻子。《孟子·離婁下》："西子蒙不潔，則人皆掩～而過之。"

淠 pʻi̯ad/pʻi̯ɛi-/pì pʻiad/pʻiei-/pì 移動，飄動（如小船、旗幟）。《詩·棫樸》："～彼涇舟，烝徒楫之。"《詩·采菽》："言觀其旂，其旂～～。"

假借爲pʻiad/pʻiei-/pì 大羣，茂盛（特指蘆葦）。《詩·小弁》："萑葦～～。"

522

鬽 mi̯əd/mji-/mèi 一種魔鬼。《周禮·家宗人》："以夏日至，致地示物～。"此字與531組"魅"爲同一個詞。

523

胃 gi̯wəd/jwe̯i-/wèi 胃臟。《禮·内則》："鴇奥鹿～。"

965

965 周III/IV（銘文312，"謂"義）

此字从月（肉）、囟（裝有食物的胃）。參"謂"的古文字。

娟 音同上 妹妹。《公羊·桓二》："若楚王之妻～。"

謂 音同上 説，告訴，稱作。《詩·行露》："誰～雀無角，何以穿我屋？"

966

966 周III/IV（銘文331）

蝟 音同上
豪猪（僅有漢代書證）。

喟 kʻi̯wæd/kʻjwi-/kuì kʻwæd/kʻwǎi-/kuài 嘆息。《論語·先進》："夫子～然嘆曰：'吾與點也。'"

524

彙 gi̯wəd/jwe̯i-/wèi（huì） 豪猪。見《説文》（同523組"蝟"，無書證）。

同音假借 種類，等級。《易·泰》："以其～，征吉。"

525

尉 ʔi̯wəd/ʔwe̯i-/wèi 控制，審計官。《左·襄二十一》："臣戮餘也，將歸死於～氏。"

尉 前字的異體。

熨 ʔi̯wəd/ʔjwe̯i-/wèi ʔi̯wət/ʔi̯uət/yù 烤焦，壓抑（特指用重藥敷治疾病）。《韓非子·喻老》："疾在腠理，湯～之所及也。"

尉 ʔi̯wəd/ʔjwe̯i/wèi　❶安慰，撫慰。《詩·凱風》：“有子七人，莫～母心。”❷安靜。《詩·緜》：“迺～迺止，迺左迺右。”Gl704

罻 音同上　網。《禮·王制》：“鳩化爲鷹，然後設～羅。”

蔚 ʔi̯wəd/ʔjwe̯i/wèi　ʔi̯wət/ʔi̯uət/yù　❶某種蒿草。《詩·蓼莪》：“蓼蓼者莪，匪莪伊～。”❷遮蔽。《詩·候人》：“薈兮～兮，南山朝隮。”❸豐富，富麗（特指美麗）。《易·革》：“君子豹變，其文～也。”Gl363

褽 ʔi̯wəd/ʔjwe̯i-/wèi　加在上面。《左·哀十一》：“公使大史固歸國子之元，置之新篋，～之以玄纁。”

526

彖 dzi̯wəd/zwi-/suì　跟從，同意。見《説文》（無書證）。此字是“遂”的初文。

967 周 I（銘文 63，“墜”義）

968 周 I（銘文 86，“墜”義）

967—968

從字形看，此字當是“豕”的象形。

遂 音同上　❶前進。《易·大壯》：“羝羊觸藩，不能退，不能～。”❷進展。《詩·長發》：“莫～莫達，九有有截。”❸完成，達到。《詩·氓》：“言既～矣，至于暴矣。”❹完全，圓滿。《禮·月令》：“上無乏用，百事乃～。”❺延續，延長。《詩·候人》：“彼其之子，不～其媾。”❻伴隨，跟隨。《禮·祭義》：“及祭之後，陶陶～～。”❼然後，於是。《詩·泉水》：“問我諸姑，～及伯姊。”❽效外的道路和地區。《書·費誓》：“魯人三效三～。”❾水中小道。《周禮·稻人》：“以～均水。”❿水道，渠道。《周禮·遂人》：“凡治野，夫間有～，～上有徑。”

通“璲”。《詩·芄蘭》：“容兮～兮，垂帶悸兮。”

通“邃”。《楚辭·天問》：“曰～古之初。”Gl184、190、362、1019

969 漢前（銘文 421，人名）

969

隊 dʻwəd/dʻuǎi-/duì　部隊。《左·文十六》：“分爲二～。”

dʻi̯wəd/ḍʻwi-/zhuì　❶墜落。《周禮·輪人》：“殷畝而馳，不～。”❷拋棄，扔下。《禮·檀弓下》：“退人若將～諸淵。”

通“隧”。小路。《穆天子傳》一：“於是得絶鈃山之～。”

墜 dʻi̯wəd/ḍʻwi-/zhuì　❶掉下。《論語·子張》：“文武之道，未～於地。”❷使……倒塌，毀滅。《書·酒誥》：“今惟殷～厥命。”

檖 dzi̯wəd/zwi-/suì　一種梨樹。《詩·晨風》：“山有苞棣，隰有樹～。”

燧 音同上　❶鑽火。《論語·陽貨》：“鑽～改火。”❷火把。《左·定四》：“王使執～象以奔吳師。”

璲 音同上　佩戴在帶子上的瑞玉。《詩·大東》：“鞙鞙佩～，不以其長。”

穟 音同上　穀穗。《詩·生民》：“禾役～～。”Gl871

襚 音同上　贈送他人的壽衣。《左·文九》：“秦人來歸僖公成風之～。”

隧 音同上　❶隧道，地道。《左·隱元》：“闕地及泉，～而相見。”❷水道，渠道。《左·襄七》：“叔仲昭伯爲～正。”❸山隘中的小道。《左·襄二十五》：“當陳～者，井堙木刊。”❹道路。《詩·桑柔》：“大風有～，貪人敗類。”

同音假借　❶旋轉。《莊子·天下》：“若飄風之還，若羽之旋，若磨石之～。”❷鐘的一部分。《周禮·鳧氏》：“于上之攡謂之～。”

通“墜”。《荀子·儒效》：“至共頭而山～。”

通“邃”。《周禮·輿人》：“參分車廣，去一以爲～。”Gl981

旞 音同上　旗上的羽飾。《周禮·司常》：“道車載～。”

邃 si̯wəd/swi-/suì　❶深，遠。《楚辭·離騷》：“閨中既以～遠兮。”❷拖長，長。《禮·玉藻》：“十有二旒，前後～延。”

527

彗 dzi̯wəd/zwi-/suì　dzi̯wad/zi̯wɛi-/suì（huì）　❶掃帚。《禮·曲禮上》：“國中以策～郵勿驅。”❷彗星。《左·昭十七》：“～所以除舊布新也。”

此字現代音没有中古音依據。此字从又（手）、雙丰（兩把掃帚）。

篲 前字“掃帚”義的異體。《莊子·達生》：“開之操拔～以侍門庭。”

嘒 xiwəd/xiwei-/huì　❶（昆蟲）鳴聲。《詩·小弁》：“菀彼柳斯，鳴蜩～～。”❷鈴聲。《詩·采菽》：“鸞聲～～，載驂載駟。”❸樂器回響。《詩·那》：“鞉鼓淵淵，～～管聲。”

同音假借　小。《詩·小星》：“～彼小星，維參與昴。”Gl53

慧 gʻiwəd/ɣiwei-/huì　聰明。《論語·衛靈公》：“言不及義，好行小～。”

譓 前字的異體。《國語·晉語五》：“今陽子之情～矣。”（按：今本作“譿”，高氏從《康熙字典》。）這一組字的上古聲母未能確定。

528

祟 si̯wəd/swi-/suì　邪惡力量，神鬼禍害。《左·昭元》：“實沈、臺駘爲～。”

529

類 li̯wəd/ljwi-/lèi　❶種類，等級。《易·繫辭上》：“方以～聚，物以羣分。”❷（確定種類>）區别。《論語·衛靈公》：“有教無～。”❸（相同的種類>）類似，相似，相等。《左·莊八》：“非君也，不～。”❹善。《詩·皇矣》：“克明克～，克長克君。”❺祭祀的名稱。《詩·皇矣》：“是～是禡，是致是附。”Gl830、845、1256

此字小篆从米、犬、頁（頭）。

纇 lwəd/luǎi-/lèi　❶絲綫上的結，疵點。《老子》四十一章：“夷道若～。”❷違戾。《左·昭二十八》：“貪惏無饜，忿～無期。”

530

朏 pʻi̯wəd/pʻjwe̯i:/fěi　pʻwət/pʻuət/pò　新月初見，新月第三天。《書·召誥》：“三月，惟丙午～。”

970 周II（銘文 132，人名）

971 周II（銘文 187，人名）

970—971

此字从月、出。

531

未 mi̯wəd/mjwe̯i-/wèi　地支名稱之一。《左·隱十》：“辛～，歸于我。”

同音假借　還没有。《詩·東方未明》：“東方～明，顛倒衣裳。”

972 殷甲文（A3: 6, 1）

973 殷甲文（B上 8: 14）

974 殷甲文（A2: 9, 3）

975 殷（銘文 20）

976 周I（銘文 70）

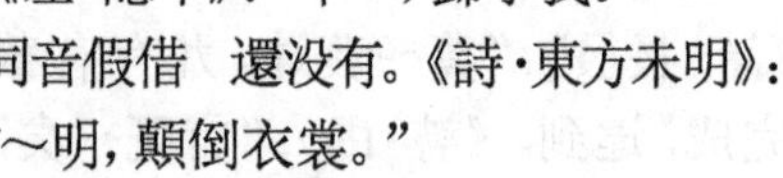
972—976

味 音同上　味道，滋味。《論語·述而》：“子在齊聞韶，三月不知肉～。”

魅 mi̯əd/mji-/mèi　一種魔鬼。《左·宣三》:"螭～罔兩,莫能逢之。"此字與522組"鬽"字同。

寐 音同上　❶入睡。《詩·關雎》:"窈窕淑女,寤～求之。"❷躺下睡覺。《詩·氓》:"夙興夜～,靡有朝矣。"

977

977 殷甲文(A2: 5, 2)

妹 mwəd/muǎi-/mèi　妹妹。《詩·碩人》:"東宮之～,邢侯之姨。"

978 殷甲文(A2: 407, 大多爲"昧"義)　979 周Ⅰ(銘文65,"昧"義)

978—979

昧 音同上　❶幽暗,昏黑。《詩·女曰雞鳴》:"女曰雞鳴,士曰～旦。"❷目不明。《左·僖二十四》:"目不别五色之章爲～。"❸(搞混亂>)昏亂。《書·仲虺之誥》:"兼弱攻～,取亂侮亡。"

通"韎"。樂曲。《禮·明堂位》:"～,東夷之樂也。"

980

980 周Ⅰ/Ⅱ(銘文204)

沬 音同上　❶地名。《詩·桑中》:"爰采唐矣,～之鄉矣。"❷星名,微弱的光。《易·豐》:"豐其沛,日中見～。"

韎 mwəd/muǎi-/mèi　用茜草染的(特指皮革)。《詩·瞻彼洛矣》:"～韐有奭,以作六師。"(《廣韻》音muɑt/mò,是把聲符看作"末"了。)

同音假借　mwæd/mwǎi-/mài　一種東夷音樂。《周禮·韎師》:"～師掌教～樂。"

532

戾 liəd/liei-/lì　liət/liet/liè　❶暴力行爲。《荀子·儒效》:"殺管叔,虚殷國,而天下不稱～焉。"❷犯罪。《詩·抑》:"哲人之愚,亦惟斯～。"❸有罪,怪罪。《書·大誥》:"今天降～于周邦。"❹違戾,不服從。《左·昭六》:"下臣弗堪,無乃～也。"❺剛愎任性。《論語·陽貨》:"今之矜也忿～。"

假借爲liəd/liei-/lì　❶達到。《詩·小宛》:"宛彼鳴鳩,翰飛～天。"❷安定。《詩·桑柔》:"民之未～,職盜爲寇。"❸弄乾。《禮·祭義》:"風～以食之。"❹狼～:散亂不整。《孟子·滕文公上》:"樂歲粒米狼～。" Gl582、947、1616

此字小篆从户(門)、犬(狗)。

悷 liəd/liei-/lì　悲傷,苦惱。《楚辭·九辯》:"心繚～而有哀。"

淚 liwəd/ljwi-/lèi　眼淚。《楚辭·悲回風》:"孤子唫而抆～兮。"

533

惠 gʻiwəd/ɣiwei-/huì　一種蟬或蟋蟀。《莊子·逍遥遊》:"～蛄不知春秋。"(按:今本作"蟪",高氏從《説文通訓定聲》。)

同音假借　❶仁愛,慈善。《詩·節南山》:"昊天不～,降此大戾。"❷敬詞。《左·成十三》:"君若～顧諸侯……則寡人之願也。"❸喜愛。《詩·北風》:"～而好我,攜手同行。"❹給以恩惠。《詩·維天命》:"駿～我文王,曾孫篤之。"❺順從。《詩·終風》:"終風且霾,～然肯來。"

同音假借　一種長矛。《書·顧命》:"二人雀弁執～。" Gl1072、1281

981 殷甲文(A2: 7, 6, 其義不明)

982 殷甲文(A3: 33, 7, 其義不明)

983 周Ⅰ(銘文86)

981—983

此字爲昆蟲的象形。

蟪 音同上　一種蟬或蟋蟀。《莊子·逍遥遊》:"～蛄不知春秋。"此字與"惠"同。

蕙 音同上　一種蘭花。《楚辭·離騷》：“又樹～之百畝。”

譓 音同上　聰明。《國語·晉語五》：“今陽子之情～矣。”

穗 dzi̯wəd/zwi-/suì　穀穗。《詩·黍離》：“彼黍離離，彼稷之～。”

繐 si̯wad/si̯wɛi-/suì　稀薄織物。《禮·檀弓上》：“緦衰～裳非古也。”

跟 527 組相同，本組字也有語言上難以理解的非同源聲母的聯繫，它們的上古聲母不能確定。

534

蒯 k‘wæd/k‘wăi-/kuài 切斷。見《切韻》（無書證）。

蒯 音同上　一種燈心草。《左·成九》：“雖有絲麻，無棄菅～。”

此字的現代字形中，聲符已經譌變，但在小篆中尚完整。

535

棄 k‘i̯æd/k‘ji-/qì　拋棄。《詩·汝墳》：“既見君子·不我遐～。”

984

984 周II（銘文 147）

536

器 k‘i̯æd/k‘ji-/qì　❶器皿。《書·盤庚下》：“～非求舊，惟新。”❷工具。《左·成十六》：“德、刑、詳、義、禮、信，戰之～也。”❸器物。《左·僖二十二》：“戎事不邇女～。”❹職位。《書·舜典》：“如五～，卒乃復。”❺才能，才幹。《論語·子路》：“及其使人也，～之。”

985 周I（銘文 91）

986 周I（銘文 101）

此字从四口、犬。

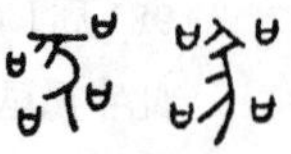
985—986

537

劓 ŋi̯æd/ŋji-/yì　❶割鼻子（一種刑罰）。《書·康誥》：“無或～刵人。”❷消滅，殲滅。《書·盤庚中》：“我乃～殄滅之。”Gl1470

此字从鼻、刀。此字與 285 組“剸”同源，但不全同。

538

季 ki̯wæd/kjwi-/jì（應爲 kuì）❶（兄弟排行）最小的，年輕的。《詩·陟岵》：“母曰嗟予～行役。”❷最末的。《左·隱元》：“惠公之～年，敗宋師于黃。”❸小的。《儀禮·少牢饋食禮》：“實于左袂，掛于～指。”❹薄的。《管子·乘馬》：“～絹三十三。”

987 殷甲文（A5: 40, 5）

988 殷（銘文 50）

989 周I（銘文 96）　此字从禾、子。

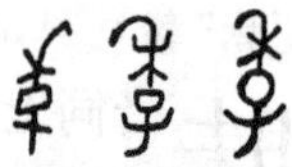
987—989

悸 gʻi̯wæd/gʻjwi-/jì　❶不安。《楚辭·悼亂》：“惶～兮失氣。”❷擺動。《詩·芄蘭》：“容兮遂兮，垂帶～兮。”Gl191

539

位 gi̯wæd/jwi-/wèi　❶列隊中的位置。《詩·楚茨》：“孝孫徂～，工祝致告。”❷統治者的位置。《左·隱元》：“及莊公即～，爲之請制。”

此字从人、立。

540

臾 gʻi̯wæd/gʻjwi-/guì　簣子。《説文》引《論語》：“有荷～而過孔氏之門。”（按：今《論語·憲問》作“蕢”。）參“蕢”。此字初文當是象形。

貴 ki̯wəd/kjwe̯i-/guì　❶珍貴。《易·繫辭上》：“卑高以陳，～賤位矣。”❷昂貴。《左·昭三》：“國之諸市，屨賤踊～。”❸品質優良。《左·昭二十五》：“君子～其身，而後能及人。”

憒 kwəd/kuǎi-/guì（kuì）　擾亂，焦急。《楚辭·逢尤》：“心煩～兮意無聊。”

潰gʻwəd/ɣuǎi-/huì（kuì）　❶決堤，流出（特指河流）。《國語·晉語二》："恐其如壅大川，～而不可救禦也。"❷散亂，分散。《左·文三》："凡民逃其上曰～。"❸狂暴，暴怒。《詩·邶風·谷風》："有洸有～，既詒我肄。"❹力量强盛。《詩·小旻》："是用不～于成。"

通524組"彙"。（種類，等級＞）衆多。《詩·召旻》："如彼歲旱，草不～茂。"

Gl101、579

繢音同上　雜色的。《禮·曲禮上》："飾羔雁者以～。"

靧xwəd/xuǎi-/huì　洗臉。《禮·内則》："其間面垢，燂潘請～。"

匱gʻi̯wəd/gʻjwi-/guì（kuì）　箱子。《書·金縢》："乃納册于金縢之～中。"

同音假借　缺乏，不足。《詩·既醉》："孝子不～，永錫爾類。"

櫃前字箱子義的異體。《韓非子·外儲説左上》："爲木蘭之～。"

蕢音同上　籃子。《論語·憲問》："有荷～而過孔氏之門者。"

通510組"甴"。《禮·禮運》："～桴而土鼓。"

簣gʻi̯wæd/gʻjwi-/guì　kʻwæd/kʻwǎi-/kuài（kuì）　籃子。《論語·子罕》："譬如爲山，未成一～。"

鞼gʻi̯wæd/gʻjwi-/guì　皮革的綉製品。《國語·齊語》："輕罪贖以～盾一戟。"

饋音同上（kuì）　❶贈送食物。《孟子·滕文公下》："湯使亳衆往爲之耕，老弱～食。"❷膳食。《易·家人》："无攸遂，在中～。"❸食物。《詩·伐木》："陳～八簋。"

遺gi̯wæd/i̯wi/yí（應爲wéi）　❶遺失，丢掉。《詩·小雅·谷風》："將安將樂，棄予如～。"❷留下，剩下。《詩·北門》："王事敦我，政事一埤～我。"❸留傳。《左·昭二十》："仲尼聞之，出涕曰：'古之～愛也。'"❹粗心，疏忽。《書·大誥》："予造天役～，大投艱于朕身。"

gi̯wæd/i̯wi-/yì（wèi）　贈送。《孟子·滕文公下》："湯使～之牛羊。"

Gl724、996、1589

990

990 周II（銘文132）

儶xwæd/xwǎi/huài　自然，從容，温順。《莊子·外物》："於是乎有～然而道盡。"

有時讀dʻwər/dʻuǎi/tuí，這是因爲跟544組"隤"字混淆了。

聵ŋwæd/ŋuǎi-/wài（kuì）　耳聾。《國語·晉語四》："聾～不可使聽。"

壝gi̯wæd/i̯wi，i̯wi:/wéi　矮牆。《周禮·封人》："封人掌詔王之社～。"

541

開kʻər/kʻǎi/kāi　❶打開，開啟。《詩·武》："允文文王，克～厥後。"❷（打開＞）釋放。《書·多方》："～釋無辜。"

Gl1907

此字从門、开，爲兩手提起門栓的會意。

542

回gʻwər/ɣuǎi/huí　❶回轉。《詩·雲漢》："倬彼雲漢，昭～于天。"❷圍繞。《左·襄十八》："右～梅山。"❸歪邪，腐敗。《詩·鼓鐘》："淑人君子，其德不～。"

此字爲螺旋的象形。

迴前字的異體。《列子·湯問》："温風徐～，草木發榮。"

迴 音同上　回轉，遍及。《吕氏春秋·上德》："故古之王者，德～乎天地。"

徊 音同上　往返來回。《莊子·盜跖》："獨成而意，與道徘～。"

洄 音同上　逆流而上。《詩·蒹葭》："遡～從之，道阻且長。"

蛔 音同上　腸道寄生蟲。《關尹子·六七》："内變蟯～，外烝蝨蚤。"

543

𠂤 twər/tuǎi/duī　小土丘。見《説文》（無書證）。此字是"堆"的初文。

991 殷甲文（A4: 2, 2"師"義）

992 周I（銘文54，"師"義）

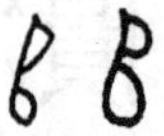

991—992

該古文字字形在以下文字中都有出現：157組"官"（官員）、559組"師"（師長）、570組"歸"（女子出嫁）、196組"譴"（責備）、289組"辥"（統帥），因此它似乎跟某種禮儀性的對象有關。

追 ti̯wər/ṭwi/zhuī　❶追趕。《詩·文王有聲》："匪棘其欲，遹～來孝。"❷追上，趕上。《左·定九》："～而得之。"❸護送。《詩·有客》："薄言～之，左右綏之。"❹追憶，追溯。《左·成十三》："復修舊德，以～念前勳。"

假借爲twər/tuǎi/duī　❶雕刻。《詩·棫樸》："～琢其章，金玉其相。"❷鐘鈕。《孟子·盡心下》："以～蠡。"❸（一堆，堆積>）毋～：帽子名。《儀禮·士冠禮》："毋～，夏后氏之道也。" Gl807

993 殷甲文（5: 26，形符是"止"而不是"辵"）

994 周I（銘文63）

995 周I（銘文70）

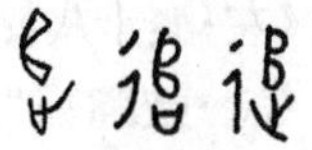

993—995

縋 d'i̯wăr/d'wie-/zhuì　繩子，懸掛繩子。《左·僖三十》："夜～而出。"

腿 音同上　脚腫。《左·成六》："於是乎有沈溺重～之疾。"

544

隤 d'wər/d'uǎi/tuí　❶疲乏不堪。《詩·卷耳》："陟彼崔嵬，我馬虺～。"❷柔軟。《易·繫辭下》："夫坤～然，示人簡矣。" Gl13

穨 音同上　光秃。《周禮》（按：今本未見）。此字从"秃"，"隤"省聲。

頹 音同上　❶崩塌。《禮·檀弓上》："泰山其～乎？"❷恭讓，顺從，遵從。《禮·檀弓上》："～乎其顺也。"❸暴風。《詩·小雅·谷風》："習習谷風，維風及～。"

545

磊 lwər/luǎi:/lěi　堆積的石頭。《楚辭·山鬼》："石～～兮葛蔓蔓。"

此字从三"石"，會意。

546

枚 mwər/mwǎi/méi　❶樹幹，樹枝。《詩·汝墳》："遵彼汝墳，伐其條～。"❷一種銜在口中以防喧嘩的器具。《詩·東山》："制彼裳衣，勿士行～。"❸板。《詩·閟宫》："閟宫有侐，實實～～。"❹馬鞭。《左·襄十八》："以～數闔。"❺銅鐘上的乳頭狀隆起。《周禮·鳧氏》："篆間謂之～。"❻十分之一寸。《周禮·輪人》："十分寸之一謂之～。" Gl386、1159

此字从木、攴（手持短棒打擊）。

玫 音同上　一種珍珠。《韓非子·外儲説左上》："綴以珠玉，飾以～瑰。"

此字聲符是"枚"省聲。

547

幾 ki̯ər/kjei̯/jī　❶小，少。《詩·齊風·甫田》："未～見兮，突而弁兮。"❷小事，徵兆。《書·皋陶謨》："一日二日萬

～。"❸接近，靠近。《詩·楚茨》："卜爾百福，如～如式。"❹危急。《詩·瞻卬》："天之降罔，維其～矣。"❺幾乎，差不多。《左·昭十三》："魯朝夕伐我，～亡矣。"❻庶～：可能，也許。《左·文十八》："庶～免於戾乎?"❼庶～：有希望，可期待的。《孟子·梁惠王下》："王之好樂甚，則齊國其庶～乎?"❽時間。《左·定元》："易～而哭。"❾檢查。《禮·玉藻》："御瞽～聲之上下。"

ki̯ər/kje̯i:/jǐ　❶一些，若干。《左·昭二十四》："王壹動而亡二姓之帥，～如是而不及郢?"❷一段時間。《詩·頍弁》："死喪無日，無～相見。"❸多少。《詩·巧言》："爾居徒～何?"

假借爲gʻi̯ər/gʻje̯i/qí　衣服的邊緣。《禮·郊特牲》："丹漆雕～之美。"

996

Gl668、1307、1320、1624

996 周II(銘文185，人名)

機 ki̯ər/kje̯i/jī　❶機械，靈巧的裝置。《莊子·天地》："有～械者必有～事。"❷弩機。《禮·緇衣》："若虞～張。"

璣 音同上　❶不圓的珍珠。《書·禹貢》："厥篚玄纁～組。"❷儀器。《書·舜典》："在璿～玉衡。"

磯 音同上　河中阻擋水流的石頭。《孟子·告子下》："親之過小而怨，是不可～也。"

禨 ki̯ər/kje̯i/jī　吉祥。《列子·說符》："楚人鬼而越人～。"

ki̯ər/kje̯i-/jì　沐浴後所飲的烈酒。《禮·玉藻》："進～進羞。"

穖 ki̯ər/kje̯i:/jǐ　穀穗的莖。《吕氏春秋·審時》："疏～而穗大。"

蟣 音同上　蝨子。《韓非子·喻老》："甲胄生～蝨。"

譏 ki̯ər/kje̯i/jī　❶中傷，責怪，譏笑，批評。《左·隱元》："稱鄭伯，～失教也。"❷檢查，審察。《孟子·公孫丑上》："關～而不征。"

鞿 音同上　馬韁繩。《楚辭·離騷》："余雖好修姱以～羈兮。"

饑 音同上　饑荒(尤指穀物匱乏)。《詩·雲漢》："天降喪亂，～饉薦臻。"

畿 gʻi̯ər/gʻje̯i/qí(jī)　天子的領地。《詩·玄鳥》："邦～千里，維民所止。"

同音假借　門内，門檻。《詩·邶風·谷風》："不遠伊邇，薄送我～。"

548

豈 kʻi̯ər/kʻje̯i:/qǐ　怎麼，難道。《詩·唐風·羔裘》："～無他人? 維子之故。"

kʻər/kʻǎi:/kǎi　快樂，幸福。《詩·載驅》："魯道有蕩，齊子～弟。"Gl265

此字後讀跟"凱、愷"的詞源相同。此字是某種鼓的象形(參"尌"的古文字和第50組)，它可能是"愷"(凱旋樂)字的初文。

凱 kʻər/kʻǎi:/kǎi　愉快的。《詩·凱風》："～風自南，吹彼棘心。"

愷 音同上　❶凱旋樂。《周禮·樂師》："凡軍大獻，教～歌。"❷勝利地。《左·僖二十八》："振旅～以入于晉。"❸快樂。《詩·旱麓》："～弟君子，干祿～弟。"(按：今本作"豈"，《釋文》："本亦作～。")

塏 音同上　高而乾燥(指地方)。《左·昭三》："請更諸爽～者。"

鎧 kʻər/kʻǎi:, kʻǎi-/kǎi　甲衣。《管子·地數》："蚩尤受而制之以爲劍～矛戟。"

闓 kʻər/kʻǎi, kʻǎi:/kǎi　打開。《管子·七臣七主》："法傷則奸門～。"

趧 g'ər/ɣǎi/hái（此音見於《玉篇》,《切韻》和《廣韻》均不載此字，所以是靠不住的）

跑。《玉篇》走部:"～，走。"（無書證）

997

997 周Ⅱ（銘文 202，人名）

螘 ŋi̯ər/ŋje̯i:/yǐ
螞蟻。《楚辭·招魂》:"赤～若象。"

覬 ki̯ær/kji-/jì　渴望。《左·桓二》:"是以民服事其上，而下無～覦。"

549

希 xi̯ər/xje̯i/xī　❶稀薄（特指鳥獸羽毛）。《書·堯典》:"鳥獸～革。"❷稀少，稀疏。《論語·公冶長》:"怨是用～。"❸停止，結束。《論語·先進》:"鼓瑟～，鏗爾。"

悕 音同上　悲傷。《公羊·成十六》:"在招丘～矣。"

晞 音同上　❶晨曦。《詩·東方未明》:"東方未～，顛倒裳衣。"❷乾。《詩·蒹葭》:"蒹葭萋萋，白露未～。"

欷 音同上　抽泣，呻吟。《楚辭·九辯》:"憯悽增～兮。"

狶 xiər/xje̯i，xje̯i:/xī　猪。《莊子·知北遊》:"正獲之問於監市履～也，每下愈況。"

豨 前字的異體。

睎 xi̯ər/xje̯i/xī　希望，期待。《吕氏春秋·不屈》:"或操表掇以善～望。"

550

衣 ʔi̯ər/ʔje̯i/yī 衣服。《詩·秦風·無衣》:"豈曰無～？與子同袍。"

ʔi̯ər/ʔje̯i-/yì　穿衣。《詩·碩人》:"碩人其頎，～錦褧衣。"

通"依"。依照，符合。《書·康誥》:"紹聞～德言。"

通"殷"。殷朝。《書·武成》:"一戎～，天下大定。"Gl1625、1627

998 殷甲文（A3: 27, 7，人名）

999 殷甲文（B下 34: 1，人名）

1000 周Ⅰ（銘文 65）

1001 周Ⅱ（銘文 58，其義不明）

此字爲衣袖和衣襟的象形。

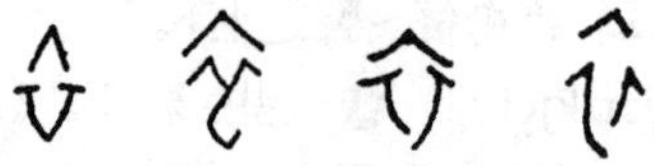
998—1001

依 ʔi̯ər/ʔje̯i/yī　❶依靠。《詩·公劉》:"既登乃～，乃造其曹。"❷依從。《詩·小旻》:"謀之不臧，則具是～。"❸符合，一致。《詩·那》:"既和且平，～我磬聲。"❹定居。《詩·公劉》:"篤公劉，于京斯～。"

同音假借　繁密，盛多。《詩·車舝》:"～彼平林，有集維鷮。"

ʔi̯ər/ʔje̯i:/yǐ　譬喻。《禮·學記》:"不學博～，不能安詩。"

通"扆"。《儀禮·士虞禮》:"佐食無事，則出户負～南面。"

通"隱"。苦難。《書·無逸》:"則知小人之～。"Gl837、902、1830

扆 ʔi̯ər/ʔje̯i:/yǐ　畫有斧形的屏風。《書·顧命》:"狄設黼～綴衣。"

哀 ʔər/ʔǎi/āi　❶憐憫。《詩·破斧》:"～我人斯，亦孔之將。"❷悲哀。《詩·采薇》:"我心傷悲，莫知我～。"❸嘆詞，"唉"。《詩·蓼莪》:"～～父母，生我劬瘁。"❹哀悼。《左·僖三十三》:"秦不～吾喪。"❺可憎的，醜陋的。《莊子·德充符》:"衛有惡人焉，曰～駘它。"

1002

1002 周Ⅰ（銘文 68）

偯 ʔi̯ər/ʔjei:/yǐ　慟哭結束時的抽泣。《禮·雜記下》：“童子哭不～。”

551

夷 di̯ər/i/yí　野蠻人（特指古代中國東部的部落）。《詩·江漢》：“匪安匪游，淮～來求。”

同音假借　❶平坦，平易。《詩·天作》：“彼徂矣，岐有～之行。”❷同等的。《禮·曲禮上》：“在醜～不爭。”❸公正的。《孟子·盡心下》：“～考其行，而不掩焉者也。”❹平凡，普通。《左·昭二十四》：“紂有億兆～人。”❺簡樸的。《禮·喪大記》：“大夫設～盤造冰焉。”❻平靜。《詩·草蟲》：“我心則～。”❼休息。《書·泰誓上》：“乃～居，弗事上帝神祇。”❽平定。《詩·出車》：“赫赫南仲，玁狁于～。”❾容易。《詩·有客》：“既有淫威，降福孔～。”❿高興。《詩·風雨》：“既見君子，云胡不～？”⓫陳列，展示。《禮·喪大記》：“男女奉尸～于堂。”⓬規律，法則（與1237組“彝”是一個詞）。《孟子》引《詩》：“民之秉～。”（按：今《孟子·告子上》和《詩·烝民》均作“彝”，高氏依石經本）⓭習俗，制度。《詩·皇矣》：“帝遷明德，串～載路。”⓮損傷。《易·明夷》：“～于左股。”⓯殺死，消滅。《左·隱六》：“芟～薀崇之。”⓰箕踞。《論語·憲問》：“原壤～俟。”Gl41、401、519、824、1819

1003 殷甲文（M150）

1004 周Ⅰ/Ⅱ（銘文 209）

1003—1004

此字或者是从人、矢，或者是从矢，矢杆上並繞有某種東西。

侇 音同上　陳列，展開。《儀禮·士喪禮》：“士舉男女，奉尸～于堂。”

姨 音同上　姨子。《詩·碩人》：“東宫之妹，邢侯之～。”

洟 di̯ər/i/yí　tʻi̯ər/tʻiei-/tì　鼻涕。《禮·檀弓上》：“待于廟，垂涕～。”

痍 di̯ər/i/yí　創傷。《公羊·成十六》：“王～者何？傷乎矢也。”

陝 音同上。
陡峭。見《切韻》（無書證）。

1005 殷甲文（O1225，人名）

1005

桋 音同上
一種樹。《詩·四月》：“隰有杞～。”

荑 dʻi̯ər/dʻiei/tí　❶草木的新芽。《詩·碩人》：“手如柔～，膚如凝脂。”❷稗草。《孟子·告子上》：“苟爲不熟，不如～稗。”

di̯ər/i/yí　芟刈。《周禮·稻人》：“夏以水殄草而芟～之。”（按：今本作“夷”，高氏從《釋文》。）

552

旨 ṭi̯ər/tɕi:/zhǐ　❶美味的（特指食物、酒）。《詩·鹿鳴》：“我有～酒，以燕樂嘉賓之心。”❷優美的，好的。《詩·防有鵲巢》：“防有鵲巢，邛有～苕。”❸（味道>）内容，含意，要旨。《易·繫辭下》：“其～遠，其辭文，其言曲而中。”

1006 殷甲文（A4: 35, 7，其義不明）

1007 殷甲文（B下 1: 4，其義不明）

1008 周Ⅰ（銘文 103，人名）

1009 周Ⅲ（銘文 228）　此字从人、口。

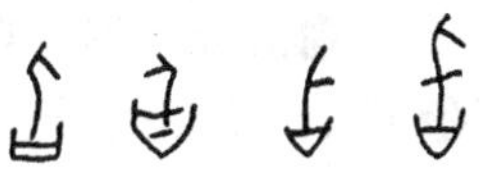

1006—1009

指 音同上　❶手指。《左·宣四》：“子公之食～動。”❷脚指。《左·定十四》：“闔廬傷將～。”❸指向，指點。《詩·蝃蝀》：“蝃蝀在東，莫之敢～。”❹目的，目標。《書·盤庚上》：“王播告之脩，不匿厥～。”

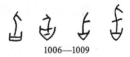

通“耆”。實現，完成。《潛夫論》引《詩》：“上帝～之。”（按：今《詩·皇矣》作“耆”。）《書·西伯勘黎》：“殷之即喪，～乃功。”Gl820、1498

脂 ȶi̯ər/tɕi/zhī　脂肪，油脂。《詩·碩人》：“手如柔荑，膚如凝～。”

鮨 gʻi̯ær/gʻji/qí　腌魚。《儀禮·公食大夫禮》：“～南羊炙以東。”

䭫 kʻiər/kʻiei:/qǐ　稽首。《周禮·大祝》：“辨九拜，一曰～首。”（按：今本作“稽”，高氏從《釋文》。）

1010 周I（銘文58）　1010

詣 ŋiər/ŋiei-/yì　到，來到。《墨子·號令》：“若無符，皆～縣延言。”

耆 gʻi̯ær/gʻji/qí

年老。《詩·閟宮》：“俾爾～而艾。”

同音假借　强橫。《左·昭二十三》：“不懦不～。”

通 ȶi̯ər/tɕi:/zhǐ　致使，達到。《詩·武》：“勝殷遏劉，～定爾功。”

通“嗜”。《左·襄二十八》：“齊慶封好田而～酒。”Gl820

鰭 gʻi̯ær/gʻji/qí　魚的脊鰭。《禮·少儀》：“冬右腴，夏右～。”

鬐 前字的異體。《儀禮·士虞禮》：“魚進～。”

稽 kiər/kiei/jī　❶耕田。《書·梓材》：“若～田。”❷計算。《禮·樂記》：“～之度數。”❸查詢。《書·洪範》：“七，～疑。”❹考查。《書·堯典》：“曰若～古帝堯。”❺相同，一致。《禮·儒行》：“儒有今人與居，古人與～。”

同音假借　❶至，到。《莊子·逍遥遊》：“大浸～天而不溺。”❷一種長矛。《國語·吳語》：“擁鐸拱～。”

通“䭫”。《詩·楚茨》：“既醉既飽，小大～首。”

嗜 ȡi̯ər/ʑi-/shì　享用。《詩·楚茨》：“苾芬孝祀，祀～飲食。”

蓍 ɕi̯ər/ɕi/shī　一種植物（蓍草？蚰蜒草？），古人用其莖占卜。《詩·下泉》：“洌彼下泉，浸彼苞～。”

553

示 ȡʻi̯ər/dʑʻi-/shì　❶表示，顯示。《詩·敬之》：“佛時仔肩，～我顯德行。”❷告訴，告知。《左·昭十三》：“不可以不～衆。”

通“視”。《莊子·徐无鬼》：“中之質若～日。”（按：今本作“視”，高氏從《釋文》。）

通“祇”。《周禮·大宗伯》：“掌建邦之天神人鬼地～之禮。”

1011 殷甲文（A1: 1, 1）

1012 殷甲文（A2: 5, 3）

1013 殷甲文（A3: 22, 7）

1014 取自“祀”的古文字（殷，銘文22）

1015 取自“祀”的古文字（周I，銘文65）

1016 取自“祀”的另一古文字（周II，銘文132）

此字可能是用擺成不同樣式的蓍草占卜的象形。參175組“祘”（計算）。該字由二“示”組成。

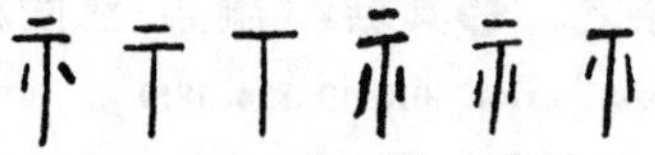

1011—1016

視 ȡi̯ər/ʑi:, ʑi-/shì　❶看，審視。《詩·載馳》：“～爾不臧，我思不遠。”❷顯示，展示。《詩·鹿鳴》：“～民不恌，君子是則是效。”❸等於。《孟子·萬章下》：“天子之卿受地～侯。”❹宣告。《左·宣二》：“大史書曰‘趙盾弑其君’，以～於朝。”（按：今本作“示”，高氏從别本。）

祁 g‘i̯ær/g‘ji/qí　地名。《左·昭二十八》："賈辛爲～大夫。"

同音假借　❶大。《詩·吉日》："瞻彼中原，其～孔有。"❷衆多。《詩·七月》："春日遲遲，采蘩～～。" Gl39

554

朿 tsi̯ər/tsi:/zǐ
停止。見《説文》（無書證）。

姊 音同上　姐姐。《詩·泉水》："問我諸姑，遂及伯～。"

姉 前字的異體。

秭 音同上　大數目，百萬。《詩·豐年》："亦有高廩，萬億及～。"

1017

1017 周II（銘文 132）

笫 tʂi̯ər/tʂi:/zǐ　床席。《左·襄二十七》："床～之言不逾閾。"

胏 音同上　帶骨的肉乾。《易·噬嗑》："九四，噬乾～。"

柹 dʐ‘i̯ər/dʐ‘i:/shì
柿。《禮·内則》："棗、栗、榛、～。"

柿 前字的異體。

䪡 tsiər/tsiei/jī 腌製。《莊子·大宗師》："～萬物而不爲義。" 此字有兩個聲符，參 555 組"䪡"。

《切韻》"姊、姉、秭" 在旨韻，上古音當爲 i̯ər，《詩經》音與此相符。《切韻》"朿、笫、胏、柹、柿" 在止韻，上古音當爲 i̯əg，這可能是跟 963 組 "市"（di̯əg）混淆的緣故。"市" 的古文字跟本組 "朿" 極爲相似。

555

次 ts‘i̯ər/ts‘i-/cì　❶排列，編次。《左·昭十六》："庸～比耦。"❷次序，順序。《左·桓十三》："亂～以濟。"❸次等，第二個。《書·洪範》："初一曰五行，～二曰敬用五事。"❹屯次，停留。《左·莊三》："凡師一宿爲舍，再宿爲信，過信爲～。"❺旅次，旅舍。《左·襄二十六》："師陳焚～。"❻職位，位次。《左·襄二十三》："恪居官～。"

同音假借　倉促，匆忙。《論語·里仁》："造～必於是。"

1018

1018 周III（銘文 219，人名）

佽 音同上　❶排列有序，便利。《詩·車攻》："决拾既～，弓矢既調。"❷援助，幫助。《詩·杕杜》："人無兄弟，胡不～焉？" Gl468

絘 音同上　在市場上陳列（紡織品）。《周禮·廛人》："廛人掌斂市～布。"

咨 tsi̯ər/tsi/zī　❶詢問，商量。《詩·皇皇者華》："載馳載驅，周爰～謀。"❷嘆息。《書·君牙》："小民惟曰怨～。"❸嘆詞，"啊"。《書·堯典》："～！汝羲暨和。"❹悲嘆聲，"哎呀"。《詩·蕩》："文王曰～，～女殷商。"❺疑問助詞。《書·堯典》："疇～若時登庸。" Gl1230

恣 tsi̯ər/tsi-/zì　放縱，放肆。《孟子·滕文公下》："聖王不作，諸侯放～。"

粢 tsi̯ər/tsi/zī　祭祀的穀物。《左·桓六》："～盛豐備。"

dz‘i̯ər/dz‘iei-/jì　一種酒。《禮·禮運》："～醍在堂。"

通"餈"。《列子·力命》："食則～糲。"

資 tsi̯ər/tsi/zī　❶財産，生活資料。《詩·板》："喪亂蔑～，曾莫惠我師。"❷糧食，物資。《左·僖三十三》："唯是脯～餼牽竭矣。"❸利用，運用。《禮·喪服四制》："～於事父以事君。"❹得到。《禮·明堂位》："是故天下～禮樂焉。"❺憑借，依靠。《孟子·離婁下》："居之安，則～之深。”❻供給，給予。《國策·秦四》：“乃～萬金，使東遊韓魏。”

通“咨”。嘆息。《禮·緇衣》：“小民惟曰怨～。”Gl930

茨 dz'i̯ər/dz'i/cí　❶茅草屋頂。《詩·小雅·甫田》：“曾孫之稼，如～如梁。”❷蒺藜。《詩·牆有茨》：“牆有～，不可束也。”❸堆積。《詩·瞻彼洛矣》：“君子至止，福禄如～。”Gl691

餈 音同上　米糕。《周禮·籩人》：“羞籩之實，糗餌粉～。”

䪡 tsi̯ər/tsiei/jī　腌製。《莊子·大宗師》：“～萬物而不爲義。”

諮 tsi̯ər/tsi/zī　商量，規劃。《左·桓六》：“紀來～謀齊難也。”

⿰禾資 dz'i̯ər/dz'i/cí（zī）　積貯穀物。《説文》引《詩》：“～之秩秩。”（按：今《詩·良耜》作“積之栗栗”。）

薋 音同上　植物盛多。《楚辭·離騷》：“～菉葹以盈室兮。”

556

兕 dzi̯ər/zi:/sì　犀牛。《詩·何草不黄》：“匪～匪虎，率彼曠野。”

557

厶 si̯ər/si/sī　自私。《説文》引《韩非子》：“自營爲～。”（按：今《韓非子·五蠹》作“自環者謂之私”。）

私 音同上　❶私人的。《詩·大田》：“雨我公田，遂及我～。”❷自私。《禮·檀弓下》：“起而不～則遠利也。”❸姐妹之夫。《詩·碩人》：“邢侯之姨，譚公維～。”

558

死 si̯ər/si:/sǐ　死亡。《詩·相鼠》：“人而無儀，不～何爲？”

1019 殷甲文（A5: 41, 3）

1020 周I（銘文 65）

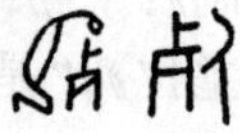

1019—1020

559

師 ṣi̯ər/ṣi/shī　❶衆多。《詩·采芑》：“其車三千，～干之試。”❷所有，全部。《書·堯典》：“～錫帝曰：有鰥在下，曰虞舜。”❸軍隊。《詩·秦風·無衣》：“王于興～，修我戈矛。”❹一個地區，一個地區的居民。《書·益稷》：“州十有二～。”❺京都。《詩·生民》：“惠此京～，以綏四國。”❻長官，首領。《書·泰誓上》：“天佑下民，作之君，作之～。”❼法官。《書·吕刑》：“兩造具備，～聽五辭。”❽老師，師傅。《詩·大明》：“維～尚父，時維鷹揚。”❾女總管。《詩·葛覃》：“言告～氏，言告言歸。”❿仿效，模仿。《孟子·離婁上》：“今也小國～大國而恥受命焉。”⓫師法。《書·益稷》：“皋陶曰：俞，～汝昌言。”Gl1244、1305、1318、1335、2056

1021 殷甲文（A2: 17, 6）

1022 殷（銘文 19）　1023 殷（銘文 32）

1024 周I（銘文 70）　此字左半部分又見於157、543、570、196、289組。

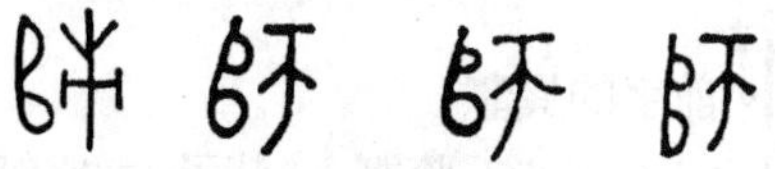

1021—1024

560

矢 çi̯ər/çi:/shǐ　箭。《詩·車攻》：“不失其馳，舍～如破。”

同音假借　❶施陳。《詩·江漢》：“～其文德，洽此四國。”❷陳兵。《詩·皇矣》：“陟我高岡，無～我陵。”❸發誓。《詩·鄘風·柏舟》：“之死～靡它。”❹誓師。《詩·大明》：“～于牧野，維予侯興。”❺糞屎。《莊子·人間世》：“夫愛馬者以筐盛～。”Gl783、1043、1409

1025 殷甲文（A4: 51, 3）

1026 殷（銘文 39）

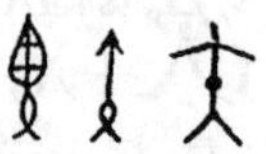

1025—1027

1027 周Ⅰ（銘文 88） 此字象形。

雉 dʻi̯ər/ɖʻi:/zhì 野鷄。《詩·雄雉》："雄～于飛，泄泄其羽。"

同音假借 長度單位。《左·隱元》："都城過百～，國之害也。"

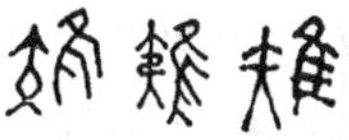

1028—1030

1028 殷甲文（A7: 24，1）

1029 殷甲文（A2: 11，6）

1030 周Ⅲ/Ⅳ（銘文 325） 在第二個古文字中，箭被包纏着。参 551 組"夷"。

矧 ɕi̯ən/ɕi̯ěn:/shěn 齒根。《禮·曲禮上》："笑不至～。"

同音假借 何況。《詩·伐木》："～伊人矣，不求友生。"

弞 前字的異體。

眣 ɕi̯wən/ɕi̯uěn-/shùn 眨眼。《公羊·成二》："郤克～魯衛之使。"

1031

1031 殷甲文（I47: 8，其義不明）

薙 tʻiər/tʻiei-/tì dʻi̯ər/ɖʻi:/zhì dzi̯ər/zi:/sì 除草。《禮·月令》："燒～行水。"

561

尸 ɕi̯ər/ɕi/shī ❶屍體。《左·成二》："不獲其～。"❷像死屍一樣躺着。《論語·鄉黨》："寢不～。"❸祭祀時象徵死者的人。《詩·楚茨》："神具醉止，皇～載起。"❹陳列。《詩·祈父》："有母之～饔。"❺主持。《左·襄二十七》："非歸其～盟也。"❻坐着不動。《詩·板》："威儀卒迷，善人載～。"❼暴屍。《左·桓十五》："～諸周氏之汪。"❽列陣。《左·莊四》："楚武王荆～，授師孑焉。"Gl43、488

1032

1032 周Ⅰ（銘文 54，"夷"義）

古文字實際上與"人"全同。

屍 音同上 屍體。《周禮·大司樂》："～出入則令奏肆夏。"（按：今本作"尸"，高氏從《釋文》。）

屎 ɕi̯ər/ɕi:/shǐ 糞便。《莊子·知北遊》："在～溺。"

xi̯ər/xji/xī 呻吟。《詩·板》："民之方殿～。"此字《説文》形符爲"口"，不是"米"。

鳲 ɕi̯ər/ɕi/shī 鳥名。《詩·鳲鳩》："～鳩在桑，其子七兮。"

562

履 li̯ər/lji:/lǚ ❶草鞋。《莊子·山木》："衣弊～穿。"❷踏，踩。《詩·小旻》："如臨深淵，如～薄冰。"❸道路。《詩·長發》："率～不越，遂視既發。"

同音假借 禄位。《詩·樛木》："樂只君子，福～綏之。"

563

尼 ni̯ər/ȵi/ní 附近，近的。《尸子》卷下："悦～而來遠。"

niər/niei/nì 阻止，止息。《孟子·梁惠王下》："止或～之。"

怩 ni̯ər/ȵi/ní 羞愧。《孟子·萬章上》："鬱陶思君爾，忸～。"

柅 ni̯ər/ȵi:, ni-/nǐ （《釋文》還有幾個異讀） 塞在車輪下的制動木塊。《易·姤》："繫于金～。"

泥 niər/niei/ní 泥土，污泥。《書·禹貢》："厥土惟塗～。"

niər/niei-/nì 阻礙。《論語·子張》："致遠恐～。"

niər/niei:/nǐ ❶露水沾濕。《詩·蓼蕭》："蓼彼蕭斯，零露～～。"❷繁茂。《詩·行葦》："方苞方體，維葉～～。"Gl880

旎 ni̯ăr/ȵie̯:/nǐ 旖～：❶（旗）飄動貌。《楚辭·九嘆·惜賢》："結桂樹之旖～兮。"❷繁茂。《詩·隰有萇楚》："倚儺其枝。"（按:《楚辭·九辯》注引《魯詩》

作“旖～”。）Gl188、880

昵 ni̯ət/ȵi̯ĕt/ní ❶熟習的，親密的。《左·昭二十五》：“私降～宴。”❷親近。《書·泰誓中》：“～比罪人。”❸（最親的親屬>）亡父。《書·高宗肜日》：“典祀無豐于～。”❹（緊密粘合>）粘膠。《周禮·弓人》：“凡～之類不能方。”

564

二 ni̯ər/ȵʑi-/èr 二。《詩·二子乘舟》：“～子乘舟，汎汎其景。”

1033—1035

1033 殷甲文（A1: 16, 5）

1034 殷（銘文 12）

1035 周 I（銘文 65）

此字指事。

弍 前字的異體。

1036

1036 周 II（銘文 132）

貳 音同上 ❶兩面派的。《詩·氓》：“女也不爽，士～其行。”❷重複。《論語·雍也》：“不遷怒，不～過。”❸猶豫不決。《詩·閟宮》：“無～無虞，上帝臨女。”❹有二心。《詩·大明》：“上帝臨女，無～爾心。”❺輔助的，副的。《禮·少儀》：“乘～車則式。”❻兩屬。《左·隱元》：“既而大叔命西鄙北鄙～於己。”Gl181

1037

1037 周 II（銘文 150）

樲 音同上 一種酸棗樹。《孟子·告子上》：“養其～棘。”

膩 ni̯ər/ni-/nì 肥厚，滑膩。《楚辭·招魂》：“靡顏～理。”

565

匕 pi̯ər/pji:/bǐ ❶羹匙，勺子。《詩·大東》：“有捄棘～。”❷箭頭。《左·昭二十六》：“～入者三寸。”

此字的初文一定是象形。

朼 前字的異體。羹匙。《儀禮·士喪禮》：“乃～載。”

566

匕 pi̯ər/pji:, pji-/bǐ （此字是“妣”的初文，故作此讀） 亡母。（銘文 12 和 461，殷甲文 A1: 36, 2 等）。

1038 殷甲文（A1: 36, 2）

1039 殷甲文（A1: 38, 4）

1040 殷（銘文 12）

1041 漢前（銘文 461）

1042 周III/IV（銘文 301，加了形符“示”）

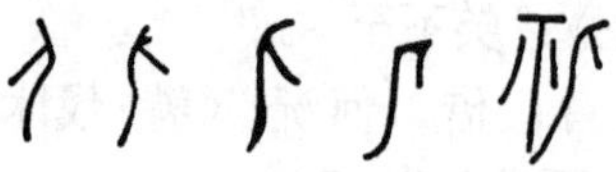

1038—1042

此字的初文與“人”字完全相同，不過它們通常是右向的。

比 pi̯ər/pji:/bǐ ❶相比，比較。《詩·邶風·谷風》：“既生既育，～予于毒。”❷相等，相似。《禮·曲禮上》：“不勝喪，乃～於不慈不孝。”

pi̯ər/pji-/bì b'i̯ər/b'ji-/bì ❶聯結。《詩·正月》：“洽～其鄰，昏姻孔云。”❷調集，集中。《詩·六月》：“～物四驪，閑之維則。”❸相配，比合。《詩·皇矣》：“王此大邦，克順克～。”❹跟隨。《論語·里仁》：“義之與～。”❺和協。《詩·杕杜》：“嗟行之人，胡不～焉。”❻偏袒，結黨。《論語·爲政》：“君子周而不～。”❼輔助。《易·比》：“～，輔也，下順從也。”❽爲，替。《孟子。梁惠王上》：“願～死者壹洒之。”❾符合。《禮·射儀》：“其容體～於禮。”❿幾個一起，連續。《禮·投壺》：“～投不釋。”⓫達到。《書·盤庚中》：“非汝有咎，～于罰。”⓬當……時候。《國語·齊語》：“～至，三釁三浴之。”⓭緊密。《詩·良耜》：“其～如櫛，以開百室。”⓮

矢括，箭的尾端。《周禮·矢人》：“夾其陰陽，以設其～。”

假借爲bʻi̯ər/bʻji/pí ❶皋～：虎皮。《左·莊十》：“蒙皋～而先犯之。”❷師～（很可能是外來詞）：衣帶上的鈎。《國策·趙二》：“具帶黃金師～。”

通“庀”。《周禮·大胥》：“～樂官。”Gl831、1467

1043

1043 周II（銘文143，人名——如果此字不是“从”的話）

牝 bʻi̯ən/bʻi̯ĕn:/bìn（pìn） bʻi̯ər/bʻji:/bì 雌性禽獸。《詩·定之方中》：“秉心塞淵，騋～三千。”

1044

1044 殷甲文（F4: 2）

在甲骨文中，此字通常的形符是“羊”或“豕”，而不是“牛”。

庀 pʻi̯ər/pʻji:/pǐ pʻi̯ăr/pʻjie̯:/pǐ ❶準備。《左·襄五》：“宰～家器爲葬備。”❷全部，完備。《左·襄九》：“使樂遄～刑器。”❸治理。《國策·魯語下》：“內朝，子將～季氏之政焉。”

疕 pʻi̯ər/pʻji:/pǐ pʻi̯ăr/pʻjie̯:/pǐ pi̯ər/pji:/bǐ 頭瘡。《周禮·醫師》：“凡邦之有疾病者，有～瘍者，造焉。”

朼 565組“匕”和“枇”的異體。羹匙。《禮·雜記上》：“～以桑。”

妣 pi̯ər/pji:, pji-/bǐ 亡母。《詩·斯干》：“似續～祖。”

1045

1045 周III/IV（銘文308）

庇 pi̯ər/pji-/bì ❶遮蔽。《周禮·輪人》：“弓長六尺謂之～軹。”❷保護。《左·文七》：“葛藟猶能～其本根。”

秕 pi̯ər/pji:/bǐ ❶癟穀。《左·定十》：“若其不具，用～稗也。”❷瑣碎渺小之物。《莊子·逍遥遊》：“是其塵垢～糠。”（按：今本作“粃”，《釋文》：“本又作～。”）

粃 前字的異體。《莊子·逍遥遊》：“是其塵垢～糠。”

仳 pʻi̯ər/pʻji:/pǐ bʻi̯ər/bʻji:/bì 分離。《詩·中谷有蓷》：“有女～離，嘅其嘆矣。”

bʻi̯ər/bʻji/pí 醜陋。《淮南子·修務訓》：“雖粉白黛黑，弗能爲美者，嫫母、～倠也。”

紕 pʻi̯ər/pʻji:/pǐ 劣質絲織品。《後漢書》注引《逸周書》：“請令以丹青、白旄、～罽、龍角、神龜爲獻。”

pʻi̯ər/pʻji/pī pʻi̯ăr/pʻjie̯/pī pi̯ər/piei/bī 錯誤。《禮·大傳》：“五者一物～繆，民莫得其死。”

bʻi̯ăr/bʻjie̯/pí bʻi̯ər/bʻji/pí ❶替衣服等鑲邊。《詩·干旄》：“素絲～之，良馬四之。”❷絲的鑲邊。《禮·玉藻》：“縞冠素～。”Gl143

毗 bʻi̯ər/bʻji/pí ❶崇厚，加强。《詩·節南山》：“天子是～，俾民不迷。”❷支持，輔助。《莊子·在宥》：“人大喜邪？～於陽。”❸自誇。《詩·板》：“天之方懠，無爲誇～。”Gl517、929

鈚 bʻi̯ər/bʻji/pí 一種器皿（銘文367）

1046

1046 周（銘文367）

坒 bʻi̯ər/bʻji-/bì 如階梯狀的土地（僅有漢代書證）。參“陛”。

芘 bʻi̯ər/bʻji/pí 一種植物（無漢前書證）。

pi̯ər/bji, pji-/bì 遮蔽。《莊子·人間世》：“隱將～其所藾。”

批 pʻiər/pʻiei/pī 擊，拍。《左·莊十二》：“遇仇牧于門，～而殺之。”

bʻiət/bʻiet/piē 碰撞，觸擊。《莊子·養生主》：“依乎天理，～大郤。”

梐 bʻiər/bʻiei/bì 栅欄。《周禮·掌舍》："設～枑再重。"

陛 音同上 宫殿的臺階。《國策·燕三》："而秦舞陽奉地圖匣，以次進至～下。"

吡 pʻi̯ăr/pʻji̯e:/pǐ 詆毁。《莊子·列禦寇》："有以自好也，而～其所不爲者也。"

囟比 bʻi̯ər/bʻji/pí 肚臍。見《説文》。此字是"膍"的初文（無書證）。

膍 bʻi̯ər/bʻji/pí 牛胃。《莊子·庚桑楚》："臘者之有～胲。"

同音假借 豐厚，加大。《詩·采菽》："樂只君子，福禄～之。"

bʻiər/bʻiei/pí 肚臍（僅有漢代書證）。

脃 前字的異體。

貔 bʻi̯ər/bʻji/pí 一種野獸，可能是某種豹。《詩·韓奕》："獻其～皮，赤豹黄羆。"Gl1034

567

眉 mi̯ər/mji/méi
眉毛。《詩·碩人》："螓首蛾～。"

通 585 組"亹"。强健有力的（指長壽）。《詩·七月》："爲此春酒，以介～壽。"參 446 組和 585 組。Gl374

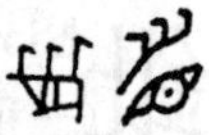
1047—1048

1047 殷甲文（B下25：7，其義不明）

1048 周Ⅰ（銘文 54，"湄"義）

此字象形。

媚 mi̯ər/mji-/mèi ❶熱愛，可愛。《詩·載芟》："思～其婦，有依其士。"❷諂媚，阿諛。《論語·八佾》："與其～於奥，寧～於竈。"

1049

1049 殷甲文（A6：28，6，人名）

楣 mi̯ər/mji/méi ❶門窗上的横木。《楚辭·湘夫人》："辛夷～兮藥房。"❷前面的横梁。《禮·内則》："當～立東面。"

湄 音同上 河邊。《詩·蒹葭》："所謂伊人，在水之～。"

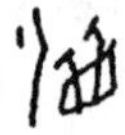
1050

1050 殷甲文（B上14：9）

568

美 mi̯ər/mji:/měi 美麗，美化。《詩·簡兮》："云誰之思？西方～人。"

1051—1052

1051 殷甲文（A2：18，2）

1052 漢前（銘文 450，人名）

此字从大（人）、羊（羊角狀的頭飾）。參 732 組。

569

鬼 ki̯wər/kjwe̯i:/guǐ 鬼怪，幽靈。《詩·何人斯》："爲～爲蜮，則不可得。"

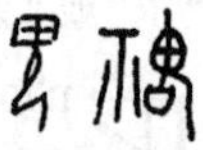
1053—1054

1053 殷甲文（A4：18，3）

1054 周Ⅳ（銘文 287，增添了部首"示"）

此字象形。

傀 kwər/kuǎi/guī ❶偉大。《荀子·性惡》："天下不知之，則～然獨立天地之間而不畏。"❷奇異的，怪異的。《周禮·大司樂》："凡日月食、四鎮五嶽崩，大～異災。"

瑰 音同上 一種寶石。《詩·渭陽》："何以贈之？瓊～玉佩。"

魁 kʻwər/kʻuǎi/kuí ❶調羹（僅有漢代書證）。❷（調羹形的，用如調羹>）一種貽貝或牡蠣。《儀禮·士冠禮》："素積白屨，以～柎之。"

同音假借 ❶大。《荀子·修身》："倚～之行，非不難也。"❷首領。《禮·檀弓上》："不爲～。"❸土墩。《國語·周語下》："幽王蕩以爲～陵、糞土、溝瀆。"

塊 kʻwər/kʻuǎi-/kuì kʻwær/kʻwǎi-/kuài ❶土塊。《左·僖二十三》："乞食於野人，野人與之～。"❷團，塊。《莊子·齊物論》："夫大～噫氣，其名爲風。"

同音假借　孤獨。《楚辭·初放》："～兮鞠，當道宿。"

通"傀"。《穀梁·僖五》："～然受諸侯之尊己而立乎其位。"

參 510 組的"甶"。

瘣 gʿwər/γuǎi:/huì　病，壞（特指樹木）。《説文》引《詩》："譬彼～木。"（按：今《詩·小弁》作"壞"。）Gl13、599

槐 gʿwər/γuǎi/huí　gʿwær/γwǎi/huái　槐樹。《左·宣二》："觸～而死。"

嵬 ŋwər/ŋuǎi, ŋuǎi:/wéi　高而多石。《詩·卷耳》："陟彼崔～。"

魏 ŋwər/ŋjwei̯, ŋjwei̯-/wèi　高大。《周禮·大宰》："乃縣法象之法于象～。"

愧 ki̯wær/kjwi-/guì（kuì）羞愧。《詩·抑》："相在爾室，尚不～于屋漏。"

1055

1055 周Ⅳ（銘文 287）

媿 前字的異體。《荀子·儒效》："衆人～之。"

1056 周Ⅱ/Ⅲ（銘文 265，人名）

1057 周Ⅱ/Ⅲ（銘文 272，人名）

1056—1057

螝 ki̯wær/kjwi, kjwi-/guī　gʿwər/γuǎi-/huì　蠶蛹。《韓非子·説林下》："蟲有～者，一身兩口，爭食相齕，遂相殺也。"

餽 gʿi̯wær/gʿi̯wi-/guì（kuì）　贈送。《孟子·公孫丑下》："王～兼金一百而不受。"

巍 ŋi̯wər/ŋjwei̯/wēi　高大，雄偉。《論語·泰伯》："～～乎唯天爲大。"

570

歸 ki̯wər/kjwei̯/guī　❶返回。《詩·采蘩》："薄言還～。"❷歸往。《詩·泂酌》："豈弟君子，民之攸～。"❸使止息。《詩·蜉蝣》："於我～息。"❹新娘出嫁。《詩·桃夭》："之子于～，宜其室家。"

1058 殷甲文（A4: 6, 8）

1059 殷甲文（B上 30: 5）

1060 周Ⅰ（銘文 54）

1061 周Ⅰ（銘文 57）

1062 周Ⅱ（銘文 172）

這些字的左半部分在前面 157、543、559 組裏重複出現過。

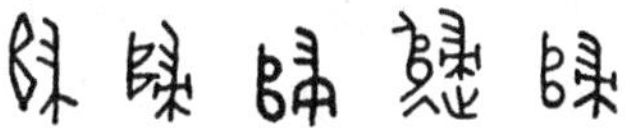
1058—1062

巋 kʿi̯wær/kʿjwi, kʿjwi:/kuī　孤獨（像獨立的山峰）。《莊子·天下》："～然而有餘。"

571

韋 gi̯wər/jwei̯/wéi　反向而走。見《説文》。此字是"違"的初文（無書證）。

同音假借　製過的皮革。《左·成十六》："有韎～之跗注。"

1063 殷甲文（E77: 4，"衛"義）

1064 周Ⅰ（銘文 334，人名）

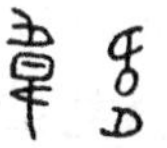
1063—1064

像是兩隻脚在環狀物（城牆？）的各邊反向而走，或是"圍"的初文？

違 音同上　❶違背。《詩·長發》："帝命不～。"❷反對。《左·襄三十》："非相～也，而相從也。"❸離開。《詩·殷其雷》："何斯～斯。"❹偏離。《禮·中庸》："忠恕～道不遠。"❺錯誤，缺點。《左·桓二》："君人者，將昭德塞～。"❻任性。《書·堯典》："靜言庸～。"Gl1190、1235、1862

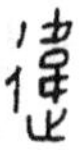
1065

1065 漢前（銘文 447）

偉 gi̯wər/jwei̯:/wěi　非凡，偉大。《莊子·大宗師》："～哉夫造物者。"

圍 gi̯wər/jwei̯/wéi　❶圍繞，包圍。《禮·曲禮下》："國君春田不～澤。"❷區域。《詩·長發》："帝命式于九～。"

幃 音同上　❶盛香之囊。《楚辭·離騷》:"椴又欲充夫佩～。"❷裙之前幅。《國語·鄭語》:"王使婦人不～而譟之。"

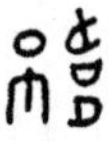

1066

1066 周II(銘文 159)

煒 gi̯wər/jwe̯i:/wěi
光彩。《詩·靜女》:"彤管有～。"

瑋 音同上　珍奇。《莊子·天下》:"其書雖瓌～而連犿无傷也。"

禕 ʔi̯ăr/ʔie̯/yī　美。《國策·楚四》:"～布與絲,不知異兮。"(按:今本作"禕"。)

緯 gi̯wər/jwe̯i-/wěi　❶緯綫。《左·昭二十四》:"嫠不恤其～。"❷編織。《莊子·列禦寇》:"河上有家貧恃～蕭而食者。"

gi̯wər/jwe̯i:/wěi　束。《大戴禮·夏小正》:"農～厥耒。"

葦 gi̯wər/jwe̯i:/wěi　蘆葦,燈心草屬植物。《詩·七月》:"八月萑～。"

闈 gi̯wer/jwe̯i/wéi　❶宮内小門。《禮·雜記下》:"夫人至,入自～門。"❷門。《左·昭十三》:"遇諸棘～。"(按:今本作"圍",高氏從《釋文》。)

韙 gi̯wər/jwe̯i:/wěi　正確的。《左·隱十一》:"犯五不～而以伐人。"

韡 音同上　色彩鮮明的(特指花)。《詩·常棣》:"常棣之華,鄂不～～。"

褘 xi̯wər/xjwe̯i/huī　❶王后的祭服。《禮·玉藻》:"王后～衣。"❷蔽膝。《穆天子傳》一:"天子大服冕～。"

諱 xi̯wər/xjwe̯i-/huì　避免,忌諱。《左·文十五》:"～君惡也。"

572

虺 xi̯wər/xjwe̯i:/huǐ
小蛇。《詩·斯干》:"維～維蛇。"

同音假借　雷聲。《詩·終風》:"～～其雷。"

假借爲xwər/xuǒi/huī　xwær/xwǎi/huāi　筋疲力盡。《詩·卷耳》:"我馬～隤。"Gl13、505

573

畏 ʔi̯wər/ʔjwe̯i-/wèi　害怕。《詩·北山》:"或慘慘～咎。"

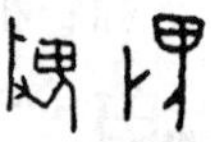

1067—1068

1067 殷甲文(F1: 2)

1068 周I(銘文 65)

此字像鬼托物(參 569 組"鬼"及其古文字),其義不明。

嵔 ʔi̯wər/ʔjwe̯i:/wěi　ʔwər/ʔuǒi:/wěi
蜿蜒起伏的山。《莊子·庚桑楚》:"以北居～壘之山。"(按:今本作"畏",高氏從《釋文》。)

偎 ʔwər/ʔuǒi/wēi
愛撫。《列子·黄帝》:"不～不愛。"

煨 音同上　火盆裏熾熱的炭。《國策·秦一》:"犯白刃,蹈～炭。"

猥 ʔwər/ʔuǒi:/wěi　多。《管子·八觀》:"以人～計其野。"

隈 ʔwər/ʔuǒi/wēi　彎曲隱蔽處。《左·僖二十五》:"～入而係輿人。"

574

威 ʔi̯wər/ʔjwe̯i/wēi　❶怕人的。《詩·雨無正》:"旻天疾～。"❷受驚恐。《詩·采芑》:"蠻荆來～。"❸威懾。《書·君奭》:"有殷嗣天滅～。"❹威嚴。《詩·柏舟》:"～儀棣棣。"❺害怕,厭惡。《詩·常棣》:"死喪之～。"Gl1000、1878

1069 周II(銘文 174)

1070 周II(銘文 146)

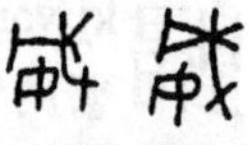

1069—1070

此字像一個女人和某種兵器。參 1257 組"戉"的甲骨文。

崴 ʔwær/ʔwăi/wāi（wēi） 高，陡峭。《楚辭·抽思》："軫石～嵬。"

575

隹 ȶi̯wər/tɕwi/zhuī 短尾鳥。《詩·四牡》："翩翩者～。"（按：今本作"鵻"，高氏從《釋文》。）

通"崔"。《莊子·齊物論》："山林之畏～。"

1071 殷甲文（A1: 46, 2,"唯"義，助詞）
1072 殷（銘文 10,"唯"義）
1073 周 I（銘文 57,"唯"義）
此字象形。

1071—1073

鵻 音同上
鳥名。《詩·四牡》："翩翩者～。"

䳡 前字的異體。

錐 音同上
鑽子。《左·昭六》："～刀之末。"

騅 音同上 青白雜色的馬。《詩·駉》："有～有駓。"

唯 di̯wər/i̯wi/wéi ❶僅。《詩·斯干》："～酒食是議。"❷助詞。《論語·述而》："與其進也，不與其退也，～何甚？"

di̯wər/i̯wi:/wěi 應諾。《左·昭四》："未問其名，號之曰牛，曰：'～。'"

假借爲 tsʻi̯wər/tsʻwi:/cuǐ 進進出出（>趡）。《詩·敝笱》："敝笱在梁，其魚～～。" Gl260

1074 殷甲文（A5: 39, 8）
1075 殷（銘文 25）
1076 周 I（銘文 54）

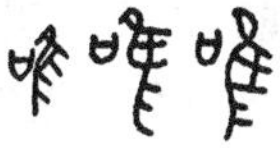
1074—1076

帷 di̯wər/jwi/wéi（中古音不規則，應念 i̯wi） 幕。《詩·氓》："淇水湯湯，漸車～裳。"

惟 di̯wər/i̯wi/wéi ❶想。《詩·生民》："載謀載～。"❷即，是。《書·益稷》："萬邦黎獻，共～帝臣。"❸僅。《孟子·滕文公上》："～天爲大。"參"唯"。

維 音同上 ❶連結。《詩·節南山》："四方是～。"❷綱。《左·昭十》："居其～首。"❸指導原則，標準。《管子·禁藏》："法令爲～綱。"

同音假借 ❶但，僅。《荀子·子道》："非～下流水多邪？"❷助詞。《詩·文王》："周雖舊邦，其命～新。"❸是。《詩·桑柔》："君子實～，秉心無競。"
Gl516、968

1077 周 II（銘文 157, 加形符"又"）

1077

蜼 di̯wər/i̯wi-/wèi（wěi） li̯wər/ljwi:/lěi ? /i̯ə̯u-/yòu 一種似猴的動物。《周禮·司尊彝》："祼用虎彝～彝。"

椎 dʻi̯wər/ȡʻwi/chuí 擊物之具，錘擊。《國策·齊六》："君王后引～～破之。"

顀 音同上 突出的額頭。見《説文》（無書證）。在銘文 180 中用作動詞，但其義甚難斷定。

1078

1078 周 II（銘文 180）

誰 di̯wər/ʑwi/shuí 什麼人。《詩·墓門》："～昔然矣。" Gl341

雖 si̯wər/swi/suī
一種蜥蜴。見《説文》（無書證）。

同音假借 雖然。《詩·常棣》："～有兄弟，不如友生。"

1079

1079 周 II（銘文 229）

稚 dʻi̯ər/ȡʻi-/zhì 幼小。《孟子·滕文公上》："使老～轉乎溝壑。"

堆 twər/tuâi/duī 土堆。《楚辭·九嘆·遠逝》："陵魁～以蔽視兮。"

同音假借 捨棄。《國策·秦四》："中期～琴。"（按：今本作"推"，高氏從《康熙字典》。）

推 tʻwər/tʻuǎi/tuī ȶi̯wər/tɕʻwi/chuī ❶推動。《左·成二》:"苟有險,余必下~車。"❷推開。《詩·雲漢》:"旱既太甚,則不可~。"❸推廣。《孟子·梁惠王上》:"故~恩足以保四海。"❹估計。《管子·海王》:"受人之事,以重相~。"❺變化,繼續。《易·繫辭下》:"寒暑相~而歲成焉。"

陮 dʻwər/dʻuǎi:/duì 高,陡峭。見《説文》(無書證)。

1080

1080 殷甲文(O1034,人名)

崔 dzʻwər/dzʻuǎi/cuī 高,多石的。《詩·卷耳》:"陟彼~嵬。"

趡 tsi̯wər/tsʻwi:/cuǐ ❶移,跑(僅有漢代書證)。❷地名。《左·桓十七》:"公會邾儀父盟于~。"

1081

1081 漢前(銘文454,人名)

鷕 di̯wər/i̯wi:/wěi(此讀音據《釋文》引《字林》音,從形聲結構來看,此讀音肯定是正確的;但在經籍中反切下字"水"訛作"小",所以該字現在常讀成yǎo,這顯然是錯的) 雌雉的鳴聲。《詩·匏有若葉》:"有~雉鳴。"

蠵 di̯wər/i̯wi-/wèi 牛虻。《國語·楚語上》:"譬之如牛馬,處暑之既至,虻~之既多,而不能掉其尾。"

蓷 tʻwər/tʻuǎi/tuī ȶʻi̯wər/tɕʻwi/chuī 益母草。《詩·中谷有蓷》:"中谷有~。"

催 tsʻwər/tsʻuǎi/cuī 催促,抑制。《説文》引《詩》:"室人交徧~我。"(按:今《詩·北門》作"摧"。)Gl113

漼 tsʻwər/tsʻuǎi:/cuǐ 深。《詩·小弁》:"有~者淵。"Gl118

摧 dzʻwər/dzʻuǎi/cuī ❶折斷,制服。《國語·吳語》:"爲虺弗~,爲蛇將若何?"❷壓制。《詩·北門》:"室人交徧~我。"❸退卻(照有些注釋是"悲痛")。《易·晉》:"晉如~如。"❹切割草料。《詩·鴛鴦》:"乘馬在廄,~之秣之。"Gl113、696

576

水 ɕi̯wər/ɕwi:/shuǐ 水。《詩·王風·揚之水》:"揚之~,不流束薪。"

1082 殷甲文(A4: 13, 5)

1083 周II(銘文169)

像流水之形。

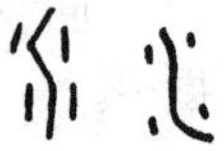

1082—1083

577

畾 li̯wər/ljwi:/lěi(《集韻》音,參"壘") lwər/luǎi/léi(《切韻》音) 田地中的小溝或隆起的小路,"壘"的初文(《切韻》説是田地中的裂縫)。《説文》以爲是"靁"之古文,但這顯然是假借用法,因爲在古文字中田地和路是可以清楚地看出來的。

1084 周I(銘文56,人名)

1085 周III(銘文234,人名)

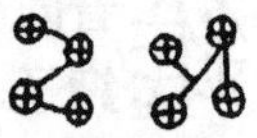

1084—1085

壘 li̯wər/ljwi:/lěi 軍壘。《左·僖十九》:"因~而降。"

通"累"。《荀子·大略》:"氐羌之虜也,不憂其係~也,而憂其不焚也。"

虆 音同上 蔓生植物。《管子·地員》:"五蘟之狀……其種~葛。"

纍 li̯wər/ljwi/léi ❶纏繞。《詩·樛木》:"南有樛木,葛藟~之。"❷捆綁,拘押。《左·成三》:"兩釋~囚,以成其好。"❸繩子。《莊子·外物》:"揭竿~。"(按:今本作"累",高氏從《釋文》。)❹連續。《禮·樂記》:"~~乎端如貫珠。"

同音假借 沮喪,力竭。《禮·玉藻》:"喪容~~。"

藟 li̯wər/ljwi:/lěi 蔓生植物。《詩·樛木》:"南有樛木,葛~纍之。"

讄 音同上　祈禱文。《説文》引《論語》："～曰：'禱爾于上下神祇。'"（按：今《論語·述而》作"誄"。）

[言纍] 前字的異體。

儡 lwər/luǎi, luǎi:/lěi　❶敗壞，損耗。《淮南子·俶真訓》："孔墨之弟子，皆以仁義之術教導於世，然而不免於～身。"❷木偶。《列子》（按：《康熙字典》云周穆王時有傀儡戲，高氏誤爲書證）。

礨 lwər/luǎi:/lěi　小孔，洞。《莊子·秋水》："計四海之在天地之間也，不似～空之在大澤乎？"

罍 lwər/luǎi/léi　瓶，罇。《詩·卷耳》："我姑酌彼金～。"

1086

1086 周（銘文 360，形符从金而不从缶）。

靁 音同上　雷。《詩·殷其靁》："殷其～，在南山之陽。"

雷 前字之省文。

儽 li̯wər/ljwi/lěi　lwər/luǎi-/lěi　筋疲力盡，沮喪。《老子》二十章："～～兮若無所歸。"

虆 lwɑr/luɑ/luó　筐。《孟子·滕文公上》："蓋歸反～梩而掩之。"

累 li̯wər/ljwi/léi　❶捆。《孟子·梁惠王下》："係～其子弟。"這是"纍"的省文（參看"雷"）。❷繩子。《莊子·外物》："揭竿～。"

假借爲li̯wăr/ljwie̯:/lěi　增加，積聚。《穀梁·僖十八》："善～而後進之。"

li̯wăr/ljwie̯-/lèi　使困惱，牽連。《左·隱十一》："無～後人。"

lwɑr/luɑ:/luǒ　裸體。《禮·曲禮上》："爲大夫～之。"

縲 li̯wər/ljwi/léi　繩索。《論語·公冶長》："雖在～絏之中，非其罪也。"

騾 lwɑr/luɑ/luó　騾子。《吕氏春秋·愛士》："趙簡子有兩白～而甚愛之。"

578

耒 li̯wər/ljwi:/lěi　lwər/luǎi-/lèi　犁柄，犁。《孟子·滕文公下》："農夫豈爲出疆舍其～耜哉？"

誄 li̯wər/ljwi:/lěi　❶祈禱文。《論語·述而》："～曰：'禱爾于上下神祇。'"❷祈禱。《禮·曾子問》："賤不～貴，幼不～長，禮也。"參 577 組的"讄"。

579

非 pi̯wər/pjwe̯i/fēi　❶不是。《詩·北山》："溥天之下，莫～王土。"❷不。《書·盤庚下》："各～敢違卜。"❸殘缺。《左·昭七》："孟，～人也，將不列於宗。"❹（不是那樣＞）錯誤。《易·繫辭下》："辯是與～。"

通"誹"。《荀子·解蔽》："百姓怨～而不用。"

1087

1087 周Ⅱ（銘文 132）

也許這是 580 組"飛"的初文，像兩翼。

匪 pi̯wər/pjwe̯i:/fěi　方筐子。《孟子·滕文公下》："其君子實玄黄于～。"（按：今本作"篚"，高氏從廖本。）

同音假借　不是。《詩·南山》："取妻如之何？～媒不得。"

通"斐"。《詩·淇奥》："有～君子。"

通"騑"。《禮·少儀》："車馬之美，～～翼翼。"

通"分"。《周禮·廩人》："廩人掌九穀之數，以待國之～頒，賙賜稍食。"Gl151、357

扉 pi̯wər/pjwe̯i/fēi　木門，門扇。《左·襄二十八》："子尾抽桷擊～三。"

棐 pi̯wər/pjwe̯i:/fěi ❶固定彎弓的板條，支撑物。《荀子·性惡》："繁弱、鉅黍，古之良弓也；然而不得～檄，則不能自正。"（按：今本作"排"，高氏從《説文通訓定聲》。）❷加强，輔助。《書·君奭》："篤～時二人。"

通"匪"。不是。《書·大誥》："天～忱辭，其考我民。" Gl1609、1900

篚 音同上 圓筐子。《書·禹貢》："厥～織文。"

誹 pi̯wər/pjwe̯i, pjwe̯i-/fěi 誹謗。《莊子·刻意》："高論怨～。"

悱 p'i̯wər/p'jwe̯i:/fěi 竭力而爲。《論語·述而》："不～不發。"

斐 p'i̯wər/p'jwe̯i:/fěi ❶有文彩的。《詩·巷伯》："萋兮～兮，成是貝錦。"❷優雅的。《禮·大學》："有～君子。" Gl151、616

霏 p'i̯wər/p'jwe̯i/fēi 雪盛貌。《詩·北風》："雨雪其～。"

騑 音同上 不停地跑（特指馬）。《詩·四牡》："四牡～～。"

pi̯wər/pjwe̯i/fēi 驂馬（只用作專用名詞）。《左·襄八》："～也受其咎。"

菲 p'i̯wər/p'jwe̯i:/fěi ❶一種植物（小蘿蔔?）。《詩·邶風·谷風》："采葑采～，無以下體。"❷價值小的，無意義的。《禮·坊記》："君子不以～廢禮。"❸節儉。《論語·泰伯》："～飲食而致孝乎鬼神。"

p'i̯wər/p'jwe̯i/fēi 芬芳的。《楚辭·九歌·東皇太一》："芳～～兮滿堂。"

b'i̯wər/b'jwe̯i-/fèi 草鞋。《禮·曾子問》："則子麻弁絰，疏衰，～，杖。"

剕 b'i̯wər/b'jwe̯i-/fèi 砍足。《書·吕刑》："～罰之屬五百。"

厞 音同上 隱蔽的，昏暗不清的。《禮·喪大記》："甸人取所徹廟之西北～，薪用爨之。"

屝 音同上 草鞋。《左·僖四》："共其資糧～屨。"参"菲"。

翡 音同上（fěi） 翠鳥。《楚辭·招魂》："～翠珠被。"

腓 b'i̯wər/b'jwe̯i/féi ❶小腿。《易·咸》："咸其～。"❷放在兩腿中間。《詩·生民》："牛羊～字之。"❸（邁腿>）步行，跟從。《詩·采薇》："小人所～。"

同音假借 衰敗，枯萎。《詩·四月》："百卉具～。" Gl432、637

蜚 b'i̯wər/b'jwe̯i-/fèi pi̯wər/pjwe̯i:/fěi 一種害稻的臭蟲。《左·隱元》："有～不爲災。"

通 580 組的"飛"。《墨子·耕柱》："昔者夏后開使～廉折金於山川。"

陫 b'i̯wər/b'jwe̯i:, b'jwe̯i-/fěi 隱蔽。《楚辭·湘君》："隱思君兮～側。"

徘 b'wər/b'uǒi/péi（pái） 走來走去。《莊子·盗跖》："獨成而意，與道～徊。"

悲 pi̯ər/pji/bēi 悲痛，悲哀。《詩·鼓鐘》："憂心且～。"

俳 b'ær/b'ǎi/pái 矮子。《荀子·王霸》："～優、侏儒、婦女之請謁以悖之。"

排 音同上 ❶推。《禮·少儀》："～闔説屨於户内者，一人而已矣。"❷排擠。《莊子·在宥》："人心～下而進上。"❸壅。《孟子·滕文公上》："决汝漢，～淮泗而注之江。"

580

飛 pi̯wər/pjwe̯i/fēi 飛翔。《詩·邶風·柏舟》："静言思之，不能奮～。"

581

妃 p'i̯wər/p'jwe̯i/fēi p'wər/p'uǒi-/pèi ❶君王之妻，妻。《左·哀元》："宿有～嬙嬪御焉。"❷匹耦。《左·桓二》："嘉

耦曰～。”

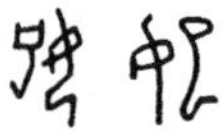
1088—1089

1088 殷甲文（A4: 24, 1）

1089 周Ⅳ（銘文 284）

此字从女、巳（胎兒），見 967 組。

582

肥 bʻi̯wər/bʻjwe̯i/féi　胖。《詩·伐木》：“既有～牡，以速諸舅。”

583

尾 mi̯wər/mjwe̯i:/wěi　❶尾巴。《詩·汝墳》：“魴魚赬～。”❷交配。《書·堯典》：“鳥獸孳～。”

1090

通“娓”。《詩·旄丘》：“瑣兮～兮，流離之子。”Gl106

1090 此字摘自“犀”字銘文（周，銘文 359），像人屁股上的尾巴。

娓 音同上　美麗。《詩·防有鵲巢》：“誰侜予～。”（按：今本作“美”，高氏從《釋文》引《韓詩》。）Gl344

浘 音同上　流水。《詩·新臺》：“河水～～。”（按：今本作“浼”，高氏從《釋文》引《韓詩》。）Gl119

焜 xmi̯wər/xjwe̯i:/huǐ　火。《說文》引《詩》：“王室如～。”（按：今《詩·汝墳》作“燬”。）Gl36

584

散 mi̯wər/mjwe̯i:/wěi　微小。見《說文》。此字是“微”之初文（無書證）。

1091—1092

1091 周Ⅱ（銘文 147, 人名）

1092 周Ⅱ/Ⅲ（銘文 278, 人名）

微 音同上（wēi）　❶微小。《詩·巧言》：“既～且尰，爾勇伊何？”❷衰微無用。《詩·式微》：“式～式～，胡不歸？”❸隱藏。《左·哀十六》：“白公奔山而縊，其徒～之。”❹隱蔽，不明。《易·繫辭下》：“君子知～知彰。”❺（去除>）遮蝕。《詩·邶風·柏舟》：“日居月諸，胡迭而～？”❻要不是。《詩·式微》：“～君之故，胡爲乎中露？”Gl608

1093

1093 周Ⅲ/Ⅳ（銘文 328）

薇 音同上　一種可吃的植物。《詩·草蟲》：“言采其～。”

媺 “美”的異體。《周禮·大司徒》：“～宮室。”

徽 xmi̯wər/xjue̯i/huī　繩子。《易·坎》：“係用～纆。”

同音假借　❶極妙的，極好的。《詩·角弓》：“君子有～猷。”❷旗子。《禮·大傳》：“殊～號。”❸顯示，表現。《書·舜典》：“慎～五典。”Gl1247

585

亹 mi̯wən/mjwe̯i:/wěn　❶强壯有力。《詩·文王》：“～～文王。”❷努力。《禮·禮器》：“君子達～～焉。”

mwən/muən/mén　河谷。《詩·鳧鷖》：“鳧鷖在～。”Gl752

此字可能是 446 組“釁”古文字的譌誤。所引的銘文中“亹壽”應該念 mi̯wər/d̑i̯ʊg/wěi, shòu（壯健的老人），跟經籍中的“眉壽”相似。參 446 組和 567 組。

586

笄 kiər/kiei/jī　髮針。《詩·君子偕老》：“副～六珈。”

小篆从“竹”，下面是兩個髮針的象形。

587

卟 kiər/kiei, kiei:/jī　用龜甲占卜。《說文》引《書》：“明用～疑。”（按：今《書·洪範》作“稽”。）

小篆从口、卜。

588

启 kʻiər/kʻiei:/qǐ（“啟”的初文，故定此讀音）　開，《玉篇》引《書》：“胤子朱～明。”（按：今《書·堯典》作“啟”。）

1094

1094 殷文（A5: 21, 3，其義不明）

从户（門）、从口（開口）。

啓 音同上 ❶開闢。《詩·皇矣》：“～之辟之。”❷開始。《詩·六月》：“元戎十行，以先～行。”❸擴大。《詩·閟宫》：“大～爾宇，爲周室輔。”❹揭示。《論語·述而》：“不憤不～，不悱不發。”❺開導。《書·説命上》：“～乃心，活朕心。”❻教育，指導。《書·梓材》：“王～監。”

同音假借 ❶跪。《詩·四牡》：“王事靡盬，不遑～處。”❷白足之馬。《左·昭二十九》：“衛侯來獻其乘馬，曰～服。”Gl1695

1095 殷甲文（B下 12: 4）

1096 殷甲文（A1: 43, 5）

1097 周II（銘文 146）

1098 周III/IV（銘文 318）

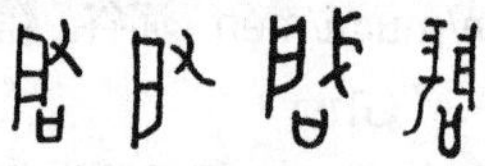

1095—1098

綮 kʻiər/kʻiei:/qǐ ？/kʻieŋ:/qìng （身體的）關節。《莊子·養生主》：“技經肯～未嘗，而況大軱乎！”

1099

1099 周I/II（銘文 213，人名）

晵 kʻiər/kʻiei:/qǐ 雨止轉晴（銘文。殷甲文 A6: 9, 1）。

1100

1100 殷甲文（A6: 9, 1）

589

医 ʔiər/ʔiei-/yì 箭袋。《説文》引《國語》：“兵不解～。”（按：今《國語·齊語》作“翳”。）

此字从匚（盒子）、矢。

殹 音同上

助詞（銘文 324）。

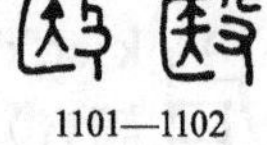

1101—1102

1101 周I（銘文 97，人名）

1102 周III/IV（銘文 324）

跟 604 組的“伊”同源。

緊 ʔiər/ʔiei/yī 棕褐色。《周禮·巾車》：“彫面～總。”（按：今本作“鷖”，高氏從鄭玄注。）

通“殹”。《左·隱元》：“～我獨無。”

翳 ʔiər/ʔiei, ʔiei-/yì 屏，遮蔽。《國語·楚語下》：“縱過而～諫。”Gl822

鷖 ʔiər/ʔiei/yī ❶一種水鳥。《詩·鳧鷖》：“鳧～在涇。”❷鳳凰。《楚辭·離騷》：“駟王虬以乘～兮。”

通“緊”。《周禮·巾車》：“彫面～總。”

590

氏 tiər/tiei:/dǐ 根，根本，基礎。《詩·節南山》：“尹氏大師，維周之～。”

假借爲tiər/tiei/dī ❶西方部族。《詩·殷武》：“自彼～羌，莫敢不來享。”❷星座名。《禮·月令》：“季冬之月……旦，～中。”Gl515

1103

1103 周III/IV（銘文 324）

底 tiər/tiei:/dǐ ❶底部。《列子·湯問》：“有大壑焉，實惟無～之谷。”❷滯，塞。《左·昭元》：“勿使有所壅閉湫～，以露其體。”

ȶiər/tɕi:/zhǐ ❶至。《詩·祈父》：“胡轉予于恤？靡所～止。”❷調節。《左·桓十七》：“日官居卿以～日，禮也。”

通“砥”。磨。《書·禹貢》：“東至于～柱。”

“底”的異體，安定。《書·禹貢》：“大野既猪，東原～平。”Gl820

柢 tiər/tiei, tiei:, tiei-/dǐ 根，基礎。《老子》五十九章：“是謂深根固～，長生久視之道也。”

低 tiər/tiei/dī

俯下。《莊子·盜跖》：“據軾～頭。”

張 tiər/tiei:/dǐ　裝飾華麗的弓。《孟子·萬章上》:"～朕。"

抵 音同上　推。《大戴禮·夏小正》:"昆小蟲,～蚳。"

羝 tiər/tiei/dī
公羊。《詩·生民》:"取～以軷。"

邸 tiər/tiei:/dǐ　投宿。《楚辭·涉江》:"～余車兮方林。"

同音假借　一種屏風。《周禮·掌次》:"設皇～。"

通"柢"。《周禮·典瑞》:"四圭有～。"

詆 dʻiər/dʻiei/tí　tiər/tiei:/dǐ　辱駡。《墨子·修身》:"雖有～訏之民,無所依矣。"

胝 ȶi̯ər/ȶi/zhī　(手和脚上的)硬厚皮。《莊子·讓王》:"顔色腫噲,手足胼～。"

坻 dʻi̯ər/ȡʻi/chí　水中高地。《詩·甫田》:"曾孫之庚,如～如京。"

有時誤用如867組的"坻"。《左·昭二十九》:"物乃～伏。"Gl682a

蚳 音同上
蟻卵。《禮·内則》:"腶脩～醢。"

厎 ȶi̯ər/tɕi:/zhǐ　磨刀石。《山海經·南山經》:"佩之不聾,可以爲～。"

同音假借　❶至。《楚辭·天問》:"南土爰～。"❷致。《左·昭十三》:"盟以～信。"❸安定。《書·舜典》:"乃言～可績。"Gl820、1252　參552組"耆"。

砥 音同上　❶磨刀石。《詩·大東》:"周道如～,其直如矢。"❷調節。《國語·魯語下》:"先王制土,籍田以力,而～其遠邇。"

祗 ȶi̯ər/tɕi/zhī
崇敬。《詩·長發》:"上帝是～。"

此字常常誤跟867組的"祇"(僅)混同。Gl1383、1934

眡 ȡi̯ər/ʑi:, ʑi-/shì
看。《周禮·春官》:"～瞭三百人。"

眂 前字的異體,但實際上是錯字,聲符"氏"屬上古帶-g的韻部。

鴟 ȶʻi̯ər/tɕʻi/chī　❶～鴞:猫頭鷹。《詩·瞻卬》:"爲梟爲～。"❷～鴞:尚不清楚的一種鳥。《詩·鴟鴞》:"～鴞～鴞,既取我子,無毁我室。"(晚近雖也把"～鴞"釋作猫頭鷹,但跟早期的注釋相牴牾)

591

弟 dʻiər/dʻiei:/dì　❶弟弟。《詩·邶風·谷風》:"宴爾新昏,如兄如～。"❷年幼的。《孟子·萬章上》:"彌子之妻與子路之妻兄～也。"

同音假借　高興的。《詩·泂酌》:"豈～君子,民之父母。"

dʻiər/dʻiei-/dì　尊敬兄長。《孟子·告子下》:"徐行後長者謂之～。"

1104—1105

1104 周Ⅰ(銘文58)

1105 周Ⅱ/Ⅲ(銘文278)

娣 dʻiər/dʻiei:, dʻiei-/dì　妾。《詩·韓奕》:"諸～從之,祁祁如雲。"

第 dʻiər/dʻiei-/dì
次序。《左·哀十六》:"楚國～。"

悌 dʻiər/dʻiei-/dì(tì)　尊敬兄長。《孟子·滕文公下》:"入則孝,出則～。"

通"弟"。高興的。《左·僖十二》:"愷～君子,神所勞矣。"Gl265

稊 dʻiər/dʻiei/tí　❶芽,嫩枝。《易·大過》:"枯楊生～。"❷一種稷類植物。《莊子·秋水》:"不似～米之在大倉乎?"

綈 音同上　厚繒。《列子·楊朱》:"一朝處以柔毛～幕。"

苐 音同上　似穀類的植物。《莊子·知北遊》:“在～稗。”(按: 今本作“稊”, 高氏從《釋文》。)

鵜 音同上
鸕鷀。《詩·候人》:“維～在梁。”

睇 dʻiər/dʻiei-/dì　tʻiər/tʻiei/tī　斜眼看, 掃視。《禮·内則》:“升降出入揖遊, 不敢噦噫、嚏咳、欠伸、跛倚、～視。”

梯 tʻiər/tʻiei/tī　❶木梯, 樓梯。《孫子兵法·九地》:“帥與之期, 如登高而去其～。”❷圓滑。《楚辭·卜居》:“將突～滑稽, 如脂如韋, 以潔楹乎?”

涕 tʻiər/tʻiei:, tʻiei-/tì
泣, 淚。《詩·澤陂》:“～泗滂沱。”

豑 dʻi̯ət/dʻi̯ĕt/zhì　次序, 排列。《説文》引《書》:“平 ～ 東 作。”(按: 今《書·堯典》作“秩”。)

592

妻 tsʻiər/tsʻiei/qī　妻子。《詩·常棣》:“宜爾室家, 樂爾～帑。”

tsʻiər/tsʻiei-/qì　嫁女。《左·桓六》:“齊侯欲以文姜～鄭大子忽。”

1106 殷甲文(D3)
1107 漢前(銘文 458)
1108 漢前(銘文 448)

1106—1108

銘文 458 的上半部分是“齊”(593 組)。但這不只是個聲符,“齊”dzʻiər 和“妻”tsʻiər 同源, 即妻子作爲配偶在社會地位上跟丈夫是平等的。這幾個古文字和“陖、齊”等古文字的上半部分是表示已婚女子特徵的髮笄。

悽 tsʻiər/tsʻiei/qī　悲哀, 傷心。《禮·祭義》:“霜露既降, 君子履之, 必有～愴之心。”

淒 音同上　❶寒冷。《詩·緑衣》:“～其以風。”❷(雲霧)濃厚。《説文》引《詩》:“有渰～～。”(按: 今《詩·大田》作“萋”。)

萋 音同上　豐富, 多, 繁茂(枝葉)。《詩·葛覃》:“維葉～～, 黄鳥于飛。”
Gl616、1106

1109 周III/IV(銘文 327, 這實際上是“淒”和“萋”的合體, 二字的字義都是稠密)。

1109

緀 前字的異體。《説文》引《詩》:“～兮斐兮, 成是貝錦。”(按: 今《詩·巷伯》作“萋”。)

[阝+妻] tsiər/tsiei, tsiei-/jī(593 組“隮”的異體, 故據《集韻》取此讀音)
登(銘文 325)。

1110 周III/IV(銘文 325)

1110

棲 siər/siei/xī(qī)　❶鳥巢。《詩·召旻》:“如彼歲旱, 草不潰茂, 如彼～苴。”❷棲息, 休息。《詩·衡門》:“衡門之下, 可以～遲。”❸床。《孟子·萬章上》:“二嫂使治朕～。”Gl335、452、1066

593

齊 dzʻiər/dzʻiei/qí　❶相同, 相等。《詩·長發》:“帝命不違, 至于湯～。”❷一樣長。《詩·大叔于田》:“兩服～首。”❸調節。《易·繫辭上》:“～小大者存乎卦。”❹決定。《書·舜典》:“在璿璣玉衡, 以～七政。”❺機智的。《詩·小宛》:“人之～聖, 飲酒温克。”❻恭敬的。《禮·玉藻》:“廟中～～。”

假借爲tsi̯ər/tsi/zī　衣服鑲邊的下襬。《論語·鄉黨》:“攝～升堂。”

通“臍”。《左·莊六》:“若不早圖, 後君噬～, 其及圖之乎?”

通“劑”。《周禮·亨人》:“亨人掌共鼎鑊, 以給水火之～。”

通“薺”。《禮·玉藻》:“趨以采～。”

通“躋”。《禮·樂記》:“地氣上～。”

通“齏”。《禮·曲禮上》：“徹飯～以授相者。”

通“齍”。《詩·楚茨》：“既～既稷。”

通“齋”。恭敬的。《詩·采蘋》：“有～季女。” Gl44、583、669、1191

1111 殷甲文（A2: 15, 3, 人名）

1112 周II（銘文 182, 人名）

1113 周III（銘文 220, 人名）

1114 周IV（銘文 285, 人名）

這是跟丈夫地位平等的已婚女子髮笄的象形。見 592 組“妻”及其古文字。

1111—1114

臍 dzʻiər/dzʻiei/qí　肚臍。《左·莊六》：“若不早圖，後君噬～，其及圖之乎?”（按：今本作“齊”，高氏從淳熙本。）

蠐 音同上　樹上的蠐螬。《詩·碩人》：“領如蝤～。”

劑 dzʻiər/dzʻiei-/jì　割。《古文苑·詛楚文》：“賜克～楚師。”

tsi̯ăr/tsie̯/jī　（割成兩半＞）由兩半組成的券契。《周禮·司市》：“以質～結信而止訟。”

嚌 dzʻiər/dzʻiei-/jì　把容器放到嘴邊。《書·顧命》：“太保受同，祭～。”

懠 dzʻiər/dzʻiei, dzʻiei-/jì　發怒。《詩·板》：“天之方～。”

癠 dzʻiər/dzʻiei, dzʻiei:, dzʻei-/jì　病。《禮·玉藻》：“親～，色容不盛。”

薺 dzʻiər/dzʻiei:/jì　薺菜。《詩·邶風·谷風》：“其甘如～。”

通 555 組“茨”。《說文》引《詩》：“牆有～。”（按：今《詩·牆有茨》作“茨”。）

穧 dzʻiər/dzʻiei-/jì tsiər/tsiei-/jì　一捆，一束。《詩·大田》：“此有不斂～。”

擠 tsiər/tsiei, tsiei:, tsiei-/jǐ　推。《左·昭十三》：“小人老而無子，知～于溝壑矣。”

濟 tsiər/tsiei-/jì　❶涉水，渡河。《詩·匏有苦葉》：“～深涉。”❷（幫某人度過＞）幫助，挽救。《書·武成》：“惟爾有神，尚克相予，以～兆民。”❸有益於。《左·僖二十八》：“是糞土也，而可以～師，將何愛焉?”❹有助於。《左·桓十一》：“又何～焉?”❺成功。《左·僖九》：“不～，則以死繼之。”❻增加。《左·桓十一》：“盍請～師於王。”❼停止 。《詩·載馳》：“不能旋～。”

tsiər/tsiei:/jǐ　❶漂亮。《詩·載馳》：“四驪～～。”❷尊嚴的。《詩·文王》：“～～多士。”❸衆多的。《詩·載芟》：“載獲～～。”

通“擠”。《國語·晉語四》：“二帝用師以相～也。” Gl146、263、1123

躋 tsiər/tsiei, tsiei-/jī　❶登，升。《詩·七月》：“～彼公堂。”❷陡。《詩·蒹葭》：“道阻且～。”❸推舉，提拔。《左·文二》：“～聖賢，明也。”

1115 周III（銘文 234，部首是“辵”而不是“足”）

1115

隮 音同上　❶登。《書·顧命》：“由賓階～。”❷上升的氣霧，虹。《詩·蝃蝀》：“朝～于西，崇朝其雨。”❸墜。《書·微子》：“我乃顛～。” Gl1498

霽 tsiər/tsiei-/jì　轉晴。《書·洪範》：“乃命卜筮，曰雨、曰～。”

齏 tsiər/tsiei/jī　腌製的食品。《禮·曲禮上》：“獻孰食者操醬～。”（按：今本作“齊”，高氏從《釋文》。）

齎 tsiər/tsiei/jī　tsi̯ər/tsi/zī　❶財產。《周禮·典臬》：“以待時頒功而授～。”

❷提供，贈予。《儀禮·聘禮》："又～皮馬。"

同音假借　嘆息。《易·萃》："～咨涕洟。"

通"臍"。《列子·黄帝》："與～俱入，與汨偕出。"

通"劑"。《周禮·鬯人》："禜門用瓢～。"

齍 tsi̯ər/tsi/zī　祭祀用的穀物。《周禮·甸師》："以共～盛。"

1116

1116 周III（銘文夢鄀，續 7）

齋 tsær/tṣǎi/zhāi　洗心滌慮。《易·繫辭上》："聖人以此～戒。"（按：今本作"齊"，高氏從《康熙字典》。）

儕 dz'ær/dẓ'ǎi/chái　輩，類，（地位）相同的人。《左·成二》："夫文王猶用衆，況吾～乎？"

1117

1117 周（銘文 395）

594

西 siər/siei/xī　西面。《詩·大東》："～人之子，粲粲衣服。"

1118 殷甲文（A1: 48, 5）

1119 殷甲文（A4: 6, 1）

1120 殷（銘文 27）　1121 周I（銘文 108）

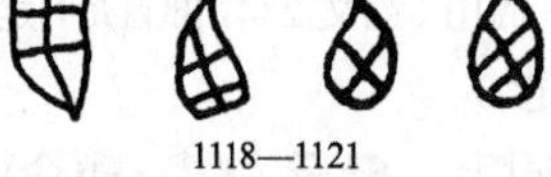
1118—1121

此字可能是"栖"之初文，即鳥巢的象形。

栖 音同上　❶棲息。《莊子·至樂》："夫以鳥養養鳥者，宜～之深林。"（同 592 組的"棲"）❷保持不動。《論語·憲問》："丘何爲是～～者與？"Gl335

洒 siər/siei:/xǐ　siən/sien:/xiǎn　❶洗。《左·襄二十一》："在上位者～濯其心。"❷洗淨，潔淨。《詩·新臺》："新臺有～，河水浼浼。"（同 478 組的"洗"）

同音假借　❶恭敬的。《禮·玉藻》："君子之飲酒也，受一爵而色～如也。"❷驚恐。《莊子·庚桑楚》："吾～然異之。"

sær/ṣǎi:/shǎi（sǎ）　灑，使潔淨。《詩·山有樞》："弗～弗埽。"Gl123

1122

1122 殷甲文（K109，人名）

哂 ɕi̯ən/ɕi̯ěn:/shěn　笑。《論語·先進》："夫子～之。"

595

屖 siər/siei/xī　遲延。見《説文》（無書證）。

1123 殷甲文（A2: 23, 1，其義不明）

1123—1124

1124 周I（銘文 78，人名）

遲 d'i̯ər/ḍ'i/chí　遲延（銘文 145），同 596 組的"遲"。

1125 周I（銘文 80，人名）

1126 周II（銘文 145）

1125—1126

稺 d'i̯ər/ḍ'i/chí　❶晚播。《詩·閟宫》："植～菽麥。"❷幼苗。《詩·大田》："無害我田～。"❸幼稚。《詩·載馳》："衆～且狂。"

緀 音同上　縫製，刺綉（銘文 180）。（按：應爲"緻"字，見郭沫若《金文叢考》269 頁。）

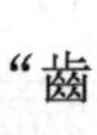
1127

1127 周II（銘文 180）

596

犀 siər/siei/xī　犀牛。《左·宣二》："～兕尚多。"

同音假借　瓠實。《詩·碩人》："齒如瓠～。"

1128 周（銘文 359，人名）

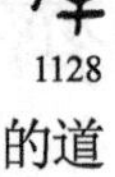
1128

此字从牛、尾。

墀 d'i̯ər/ḍ'i̯/chí　從門到大廳間高出的道路。《韓非子·十過》："白壁堊～。"

遲 d'i̯ər/ḍ'i/chí　❶滯留。《詩·衡門》："衡門之下，可以棲～。"❷慢步。

《詩·采薇》:"行道～～。"❸緩慢的，長的。《詩·四牡》:"周道倭～。"

d̑ʻi̯ər/d̑ʻi-/zhì 等候。《荀子·修身》:"故學曰～，彼止而待我，我行而就之。"Gl335、401、435

穉 595組"稺"的異體。《莊子·列禦寇》:"以其十乘驕～莊子。"

597

豊 liər/liei:/lǐ 禮器（銘文392）。

1129—1130

1129 殷甲文（《安陽發掘報告》4，P666，其義不明） 1130 周（銘文392）

此字是裝有一些不明物體的容器的象形。

禮 音同上 ❶行爲規範。《詩·相鼠》:"人而無～，胡不遄死?"❷禮節。《詩·楚茨》:"我孔熯矣，式～莫愆。"❸儀式。《詩·賓之初筵》:"以洽百～。"

醴 音同上 釀一夜而成之烈酒，新釀的甜酒。《詩·吉日》:"且以酌～。"

1131—1132

1131 周II（銘文176）

1132 周II（銘文193）

鱧 音同上 魚名（鯉魚？鮦魚？）。《詩·魚麗》:"魚麗于罶，魴～。"

體 tʻliər/tʻiei:/tǐ ❶身體。《左·昭二十七》:"羞者獻～改服於門外。"❷肢體。《詩·相鼠》:"相鼠有～。"❸體現。《易·乾》:"君子～仁，足以長人。"❹形狀，成形。《詩·行葦》:"方苞方～。"❺級別。《禮·仲尼燕居》:"官得其～。"❻卦兆。《詩·氓》:"爾卜爾筮，～無咎言。"Gl179

598

米 miər/miei:/mǐ 米。《左·僖二十九》:"饋之芻～。"

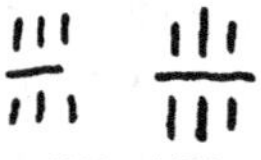

1133—1134

1133 殷甲文（B上25: 7）

1134 周（銘文394）

此字象形。

眯 音同上 物入目中，視覺不好。《莊子·天運》:"夫播糠～目，則天地四方易位矣。"

迷 miər/miei/mí ❶迷路。《詩·節南山》:"俾民不～。"❷欺騙。《書·舜典》:"烈風雷雨弗～。"

麋 mi̯ər/mji/mí 一種鹿。《左·僖三十三》:"吾子取其～鹿以間敝邑。"

通567組"湄"。河邊。《詩·巧言》:"居河之～。"

通567組"眉"。眉毛。《荀子·非相》:"伊尹之狀，面無須～。"

通"蘼"。《楚辭·少司命》:"秋蘭兮～蕪。"

1135

1135 周III/IV（銘文325）

敉 mi̯ăr/mjie̯:/mǐ 達到（目的）。《書·大誥》:"～寧武圖功。"Gl1600

侎 前字的異體（銘文286）

1136

1136 周IV（銘文286）

罙 mi̯ăr/mjie̯/mí 深。《詩·殷武》:"～入其阻。"（同359組"彌"）Gl1201

冞 前字的異體。

蘪 mi̯ər/mji/mí 一種香草。《管子·地員》:"五臭生之，薜荔、白芷、～蕪、椒連。"

599

皆 kær/kăi/jiē ❶都。《詩·緜》:"百堵～興。"❷總是，到處。《左·隱五》:"～於農隙以講事也。"❸同。《儀禮·鄉射禮》:"主人以賓三揖，～行，及階。"❹齊全，多。《詩·豐年》:"降福孔～。"Gl440

偕 音同上（xié） ❶同。《詩·小雅·杕杜》:"卜筮～止。"❷多。《詩·魚麗》:

“物其旨矣，維其～矣。”❸人數衆多。《詩·北山》：“～～士子。”Gl440

喈 kær/kăi/jiē ❶和諧。《詩·葛覃》：“其鳴～～。”❷寒冷。《詩·北風》：“北風其～。”Gl7

階 音同上　臺階，樓梯。《詩·瞻卬》：“婦有長舌，維厲之～。”

楷 k'ær/k'ăi:/qiě（kǎi）楷模。《禮·儒行》：“後世以爲～。”

湝 gʻær/ɣăi/xié　kær/kăi/jiē 寒冷。《詩·鼓鐘》：“淮水～～。”Gl234、656

諧 gʻær/ɣăi/xié（一種《切韻》殘卷讀 ɣăi，但從此字押韻看，此讀有誤）和諧地。《書·堯典》：“克～以孝。”

揩 kæt/kăt/jiā 木製箱子，敲擊以成樂曲節奏。《禮·明堂位》：“拊搏，玉磬，～擊。”參 504 組。Gl1340

600

褢 gʻwær/ɣuăi/huái
胸懷，懷着（銘文 58）。

1137

1137 周 I（銘文 58）

懷 音同上　❶胸，胸懷。《左·襄三十一》：“納諸其～。”❷懷有。《論語·陽貨》：“～其寶而迷其邦，可謂仁乎？”❸環抱。《書·堯典》：“蕩蕩～山襄陵。”❹藏在懷裏。《左·桓十》：“匹夫無罪，～璧其罪。”❺想望。《詩·大明》：“聿～多福。”❻擔心。《詩·皇皇者華》：“駪駪征夫，每～靡及。”❼安慰。《詩·泮水》：“～我好音。”❽愛，懷念。《詩·將仲子》：“仲可～也。”Gl405、771、1156、2087

壞 gʻwær/ɣuăi-/huái　kwær/kuăi-/guài　gʻwər/ɣuði:/huì ❶毀壞。《左·成十》：“～大門及寢門而入。”❷腐傷。《詩·小弁》：“譬彼～木，疾用無枝。”Gl599

瓌 kwər/kuăi/guī　奇特。《莊子·天下》：“其書雖～瑋而連犿无傷也。”

601

淮 gʻwær/ɣuăi/huái　河名。《詩·江漢》：“匪安匪遊，～夷來求。”

1138 殷甲文（A2: 16, 3）

1139 周 I（銘文 84）

此字从水、隹（鳥）。

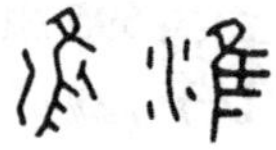

1138—1139

滙 gʻwər/ɣuði:/huì
器皿。見《説文》（無書證）。
同音假借　沼澤名。《書·禹貢》：“東迆北會于～。”

602

几 kiær/kji/jī　凳子，小桌子。《詩·行葦》：“或肆之筵，或授之～。”
～～：盛飾狀。《詩·狼跋》：“赤舃～～。”

1140 此字摘自“處”的古文字（周 II，銘文 132）。此字象形。

1140

机 音同上　❶小桌子。《易·渙》：“渙奔其～。”❷凳子。《左·昭五》：“設～而不倚，爵盈而不飲。”

肌 kiær/kji/jī　肌肉。《禮·禮運》：“所以講信修睦，而固人之～膚之會，筋骸之束也。”

骪 前字的異體。
《列子·黄帝》：“～骨無礙。”

飢 音同上　❶饑荒。《書·舜典》：“黎民阻～。”❷飢餓。《詩·采薇》：“行道遲遲，載渴載～。”

603

冀 kiær/kji-/jì ❶希望。《左·僖三十三》：“鄭有備矣，不可～也。”❷地名。《左·僖三十三》：“臼季使過～。”

“異”（-g 部）非聲符，因爲“冀”在《楚辭》中是與 -r 部押韻的。

𩡯 前字的異體。

驥 音同上 良馬。《論語·憲問》："～不稱其力，稱其德也。"

604

伊 ʔi̯ær/ʔi/yī ❶此。《詩·蒹葭》："所謂～人，在水一方。"❷助詞。《詩·小旻》："我視謀猶，～于胡厎？"❸專用名詞。《孟子·萬章下》："～尹，聖之任者也。"

～威：地蝨。《詩·東山》："～威在室。"Gl859

1141 殷甲文（I9：2，人名）
1142 周II（銘文 144，人名）
此字从人、尹。

1141—1142

咿 音同上 勉强地笑。《楚辭·卜居》："喔～儒兒，以事婦人乎？"

605

癸 ki̯wær/kjwi:/guǐ 天干名稱之一。《左·昭二十六》："～酉，王入于成周。"

1143 殷甲文（A3：19，1）
1144 殷（銘文 2）
1145 周I（銘文 70）

1143—1145

揆 gʿi̯wær/gʿjwi:/kuǐ（應爲 guǐ） ❶度量，檢查，判斷。《詩·定之方中》："～之以日。"❷處理，管理。《書·舜典》："納于百～。"❸法則。《孟子·離婁下》："先聖後聖，其～一也。"Gl1248

戣 gʿi̯wær/gʿjwi/kuí 一種矛。《書·顧命》："一人冕，執～。"Gl1995

葵 音同上 一種可吃的植物，也許是冬寒菜。《詩·七月》："七月亨～及菽。"

通"揆"。判斷。《詩·采菽》："天子～之。"

騤 音同上
强壯的。《詩·采薇》："四牡～～。"

睽 kʿi̯wər/kʿiwei/kuí 乖離，不平常。《易·序卦》："～者，乖也。"

1146

1146 周II（銘文 175，人名）

闋 kʿiwət/kʿiwet/què ❶（闗閉＞）終止。《禮·文王世子》："有司告以樂～。"❷止息。《詩·節南山》："君子如屆，俾民心～。"❸空虛。《莊子·人間世》："瞻彼～者，虛室生白。"

606

甘 kɑm/kɑm/gān 甜。《詩·邶風·谷風》："誰謂荼苦？其～如薺。"

1147 殷甲文（A1：52，5，人名）
此字爲口含東西的象形。

1147

泔 音同上 烹調、配製（食物）。《荀子·大略》："曾子食魚有餘，曰～之。"

曆 音同上
融洽，忠誠（銘文 54）。

1148 殷（銘文 10）
1149 周I（銘文 54）

1148—1149

酣 gʿɑm/ɣɑm/hān 因喝酒而興高采烈，喝醉的。《書·伊訓》："～歌于室。"

拑 gʿi̯am/gʿi̯ɛm/qián 夾住。《國策·燕二》："蚌方出曝，而鷸啄其肉，蚌合而～其喙。"

鉗 音同上 夾在一起。《莊子·胠篋》："～楊墨之口，攘棄仁義，而天下之德始玄同矣。"

柑 音同上 木製的牲畜口銜。《公羊·宣十五》："～馬而秣之。"

紺 kəm/kăm-/gàn 紫紅色。《論語·鄉黨》："君子不以～緅飾。"

箝 gʿi̯am/gʿi̯ɛm/qián 牲畜口銜。《荀子·解蔽》："案强～而利口。"（按：今本

作“鉗”，高氏從《説文通訓定聲》。）

607

敢 kɑm/kɑm:/gǎn 有膽量。《詩·緜蠻》：“豈～憚行，畏不能趨。”

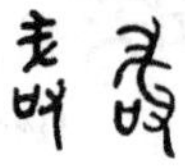

1150 周I（銘文 58）

1151 周I（銘文 63） 1150—1151

闞 k'ɑm/k'ɑm-/kàn 地名。《左·昭二十五》：“君子自～歸見平子。”

假借爲 xăm/xăm:/xiǎn xam/xam:/xiǎn xɑm/xɑm:/hǎn 吼叫，激怒（特指虎）。《詩·常武》：“～如虓虎。”Gl1050

矙 k'ɑm/k'ɑm-/kàn 窺視。《孟子·滕文公下》：“陽貨～孔子之亡也，而饋孔子蒸豚。”

厰 k'ɑm/k'ɑm:/kǎn ŋi̯əm/ŋi̯əm/yín t'ɑm/t'ɑm:/tǎn 險峻。見《説文》（無書證）。

1152 周II（銘文 157，“玁”義） 1152

嚴 ŋi̯ăm/ŋi̯ɐm/yán ❶莊嚴，威嚴。《詩·六月》：“有～有翼，共武之服。”❷嚴肅，嚴格。《書·無逸》：“～恭寅畏。”❸尊敬，可尊敬的。《詩·殷武》：“下民有～。”❹緊急。《孟子·公孫丑下》：“事～，虞不敢請。”

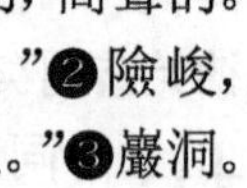

1153 周II（銘文 146）

1154 周II（銘文 184） 1153—1154

儼 ŋi̯ăm/ŋi̯ɐm:/yǎn 莊重。《詩·澤陂》：“有美一人，碩大且～。”

巖 ŋam/ŋam/yán ❶多石的，高聳的。《詩·閟宮》：“泰山～～。”❷險峻，險要。《左·隱元》：“制，～邑也。”❸巖洞。《楚辭·哀命》：“穴～石而窟伏。”

玁 xi̯am/xi̯ɛm:/xiǎn ～狁：北方部落名。《詩·采薇》：“靡室靡家，～狁之故。”

608

銜 g'am/ɣam/xián ❶（馬）嚼子。《莊子·馬蹄》：“詭～竊轡。”❷含在嘴裏，帶着。《詩·蓼莪》：“出則～恤，入則靡至。”

此字从金、行。

609

監 klam/kam，kam-/jiān ❶看。《詩·皇矣》：“～觀四方。”❷查看。《詩·節南山》：“國既卒斬，何用不～？”❸監視。《國語·周語上》：“王怒，得衛巫，使～謗者。”❹監督，管理。《左·閔二》：“從曰撫軍，守曰～國。”

klam/kam-/jiàn 照鏡子。《書·酒誥》：“人無於水～，當於民～。”Gl763

1155 周II（銘文 164）

此字从人、目、皿，即自己看自己，在盛水的器皿中照自己之意。 1155

鑑 klam/kam-/jiàn ❶照鏡子。《詩·文王》：“宜～于殷。”❷鏡子。《左·莊二十一》：“王以后之鞶～予之。”

g'am/ɣam-/hàn 大的碗、盤。《周禮·凌人》：“春始治～。”Gl1735

礛 klam/kam/jiān 一種磨刀石。《國策·楚四》：“彼～礛。”

壏 g'ham/ɣam:/xiàn（hǎn） 硬地。《管子·地員》：“五尨之狀……廪焉如～。”

㯺 前字的異體。《周禮·草人》：“强～用蕡。”

檻 g'lam/ɣam:/xiàn（jiàn） g'lɑm/ɣam:/hàn ❶圍欄。《楚辭·東君》：“照吾～兮扶桑。”❷籠。《莊子·天地》：“虎豹在於囊～。”

同音假借 ❶馬車隆隆聲。《詩·大車》：“大車～～。”❷筆直噴出（特指水）。

《詩·采菽》："觱沸～泉。"

嚂 glam/lam-/làn 無節制，放縱。《説文》引《論語》："小人窮斯～矣。"（按：今《論語·衛靈公》作"濫"。）

擥 glam/lam:/lǎn 采，取。《楚辭·遠遊》："～彗星以爲旍兮。"

濫 glam/lam-/làn ❶泛濫。《孟子·滕文公下》："水逆行泛～於中國。"❷過度。《詩·殷武》："不僭不～，不敢怠遑。"❸失實。《左·昭八》："民聽～也。"❹把東西投入水中。《國語·魯語上》："宣公夏～於泗淵。"❺多汁的。《禮·内則》："漿水醷～。"

假借爲❶ glam/lam:/lǎn 連接。《禮·樂記》："竹聲～。"❷ glam/ɣam-/hàn 浴盆。《莊子·則陽》："同～而浴。"（參"鑑"）

通"鑑"。鏡子。《吕氏春秋·節喪》："鍾鼎壺～。"

藍 glam/lam/lán 靛青。《詩·采緑》："終朝采～。"

同音假借 破爛的。《左·宣十二》："篳路～縷。"

覽 glam/lam:/lǎn 視。《國策·齊一》："五官之計，不可不日聽也而數～。"

嚂 xlam/xam:/hǎn 呼喊。《國策·楚四》："横人～口利機。"

鹽 ?/i̯ɛm/yán 鹽。《書·説命下》："若作和羹，爾惟～梅。"

通1247組"鹽"。《禮·郊特牲》："而～諸利。"

攬 glam/lam:/lǎn 取。《莊子·山木》："王獨不見夫騰猿乎？其得枏梓豫章也，～蔓其枝而王長其間。"

610

芟 sam/ṣam/shān ❶刈。《詩·載芟》："載～載柞，其耕澤澤。"❷鐮刀。《國語·齊語》："耒、耜、枷、～。"

此字从艸、殳。

611

斬 tsam/tṣam:/zhǎn 砍去，砍下。《詩·雨無正》："降喪饑饉，～伐四國。"

此字从斤、車。

摲 sam/ṣam/shàn 芟除。《禮·禮器》："有～而播也。"

慙 dz'am/dz'am/cán 慚愧。《左·昭三十一》："君與子歸，一～之不忍，而終身～乎？"

暫 dz'am/dz'am-/zhàn（應爲 zàn） ❶魯莽。《書·盤庚中》："顛越不恭，～遇姦宄。"❷突然，立刻。《左·僖三十三》："婦人～而免諸國。"Gl1469

蹔 前字的異體。《列子·湯問》："不得～峙焉。"

漸 tsi̯am/tsi̯ɛm/jiān ❶沾濕。《詩·氓》："淇水湯湯，～車帷裳。"❷流入。《書·禹貢》："東～于海。"❸使浸透，影響。《書·吕刑》："民興胥～，泯泯棼棼。"

dz'i̯am/dz'i̯ɛm:/jiàn ❶（滴下的樣子>）逐漸，日益。《易·坤》："非一朝一夕之故，其所由來者～矣。"❷加劇。《書·顧命》："疾大～。"

dz'am/dẓ'am/chán 高而峻峭。《詩·漸漸之石》："～～之石，維其高矣。"Gl1393、1469、1546

塹 ts'i̯am/ts'i̯ɛm:/qiàn ❶護城河。《左·昭十七》："環而～之。"❷挖掘。《莊子·外物》："然則廁足而～之致黄泉。"（按：今本作"塹"，高氏從《釋文》。）

蔪 dz'i̯am/dz'i̯ɛm:/jiàn 纏繞。《説文》引《書》："草木～苞。"（按：今《書·禹貢》作"漸"。）

612

毚 dzʻăm/dẓʻăm/chán dzʻam/dẓʻam/chán 狡黠。《詩·巧言》:"躍躍～兔，遇犬獲之。" Gl604

欃 dzʻăm/dẓʻăm/chán 木蘭。《吕氏春秋·明理》:"有天～，有天竹。"

儳 dzʻam/dẓʻam/chán dzʻăm/dẓʻăm:/zhàn 不齊，不均匀，混亂。《左·僖二十二》:"聲盛致志，鼓～可也。"

tsʻam/tṣʻam-/chàn dzʻăm/dẓʻăm-/zhàn 混雜的，根本不同的。《禮·曲禮上》:"長者不及，毋～言。"

讒 dzʻăm/dẓʻăm/chán dzʻam/dẓʻam/chán dzʻam/dẓʻam-/zhàn 誹謗。《左·昭五》:"敗言爲～。"

鑱 dzʻam/dẓʻam, dẓʻam-/chán 鋭利的。《墨子·備娥傅》:"～杙長五尺。"

613

僉 kʻsi̯am?/tsʻi̯ɛm/qiān 皆。《書·堯典》:"～曰:'於，鯀哉。'"

憸 kʻsi̯am?/tsʻi̯ɛm, tsʻi̯ɛm:/qiān gsiam?/siɛm/xiān 僞善，奉承，油嘴滑舌。《書·冏命》:"爾無昵于～人。"

這些讀音是可疑的。可能此字僅是"險"字奉承義的異體。見Gl1428

譣 前字的異體。《説文》引《書》:"勿以～人。"(按:今《書·立政》作"憸"。)

檢 kli̯am/ki̯ɛm:/jiǎn kli̯ăm/ki̯ɐm:/jiǎn ❶法度，標準。《荀子·儒效》:"禮者，人主之所以爲羣臣寸尺尋丈～式也。"❷積聚。《孟子·梁惠王上》:"狗彘食人食而不知～。"

儉 gʻli̯am/gʻi̯ɛm:/jiǎn ❶節儉的。《左·莊二十四》:"～，德之共也。"❷受約束，節制。《孟子·告子下》:"地非不足，而～於百里。"

險 xli̯am/xi̯ɛm:/xiǎn xli̯ăm/xi̯ɐm:/xiǎn ❶險峻的，危險的狹道。《詩·正月》:"終踰絶～。"❷危險。《禮·少儀》:"軍旅思～。"❸使遭到危險。《書·盤庚上》:"今汝聒聒，起信～膚。"❹傾嚮一邊，奉承。《莊子·漁父》:"不擇善否，兩容頰適，偷拔其所欲，謂之～。" Gl1420、1428

嶮 前字的異體。《列子·楊朱》:"山川阻～。"(按:今本作"險"，高氏從《釋文》。)

驗 ŋi̯am/ŋi̯ɛm-/yàn 核實。《國策·齊一》:"亦～其辭於王前。"

劍 kli̯ăm/ki̯ɐm-/jiàn 劍。《左·僖十》:"伏～而死。"

1156

1156 周III/IV(銘文307)

獫 gli̯am/li̯ɛm, li̯ɛm:, li̯ɛm-/lián 長喙犬。《詩·駟驖》:"載～歇驕。"

斂 gli̯am/li̯ɛm:, li̯ɛm-/liǎn ❶聚集。《詩·大田》:"此有不～穧。"❷積累。《詩·蕩》:"～怨以爲德。"❸税收。《孟子·盡心上》:"易其田疇，薄其税～。"

gli̯am/li̯ɛm-/liàn 給屍體穿衣，掩蓋。《左·僖三十三》:"文夫人～而葬之鄶城之下。"

蘞 gli̯am/li̯ɛm, li̯ɛm:/liǎn 蔓草。《詩·葛生》:"～蔓于野。"

614

奄 ʔi̯am/ʔi̯ɛm:/yǎn 掩蓋，擴展，寬廣。《詩·皇矣》:"～有四方。"

同音假借 宦官。《禮·月令》:"命～尹，申宮令。" Gl827

掩 ʔi̯am/ʔi̯ɛm:/yǎn ʔi̯ăm/ʔi̯ɐm:/yǎn ❶遮蓋。《孟子·離婁下》:"西子蒙不潔，則人皆～鼻而過之。"❷乘其不備襲取。《左·文十二》:"秦軍～晉上軍。"❸

使停下來。《左·昭二十七》："仁者殺人以～謗，猶弗爲也。"

淹 ʔi̯am/ʔi̯ɛm/yān　淹没，浸泡。《禮·儒行》："～之以樂好。"

同音假借　逗留，耽擱。《左·宣十二》："二三子無～久。"

閹 ʔi̯am/ʔi̯ɛm，ʔi̯ɛm:/yān　ʔi̯ăm/ʔi̯ɐm:/yǎn　宫殿看門人，宦官。《吕氏春秋·仲冬紀》："是月也，命～尹申宫令。"

晻 ʔəm/ʔăm:/ǎn　ʔi̯am/ʔiɛm:/yǎn　暗。《荀子·不苟》："是姦人將以盜名於～世者也。"

615

弇 ʔi̯am/ʔi̯ɛm:/yǎn　kəm/kăm/gān　❶遮蓋。《穆天子傳》三："天子遂驅升于～山。"❷（上有小空隙的廊道>）狹道。《左·襄二十五》："行及～中。"❸有狹窄縫隙的（特指器皿）。《周禮·典同》："侈聲筰，～聲鬱。"

此字从合、廾（兩手）。

揜 ʔi̯am/ʔi̯ɛm:/yǎn　❶遮蓋。《禮·聘義》："瑕不～瑜。"❷乘其不備襲取。《禮·王制》："諸侯不～羣。"（按：今本作"掩"，高氏從《釋文》。）參 614 組"掩"。

渰 ʔi̯am/ʔi̯ɛm:/yǎn　ʔi̯ăm/ʔi̯ɐm:/yǎn　增厚，聚集（特指雲）。《詩·大田》："有～萋萋，興雨祈祈。"

黭 ʔəm/ʔăm:/ǎn　（從黑暗裏>）突然的。《荀子·强國》："～然而雷擊之。"

616

猒 ʔi̯am/ʔi̯ɛm，ʔi̯ɛm-/yàn　飽，足。《國語·周語中》："狄，封豕豺狼也，不可～也。"

1157 周 I（銘文 58）

此字从犬、月（肉）、口。

1157

厭 ʔi̯am/ʔi̯ɛm-/yàn　❶飽，滿足。《書·洛誥》："萬年～乃德。"（按：今本作"猒"，高氏從《釋文》。）❷厭煩。《詩·小旻》："我龜既～，不我告猶。"❸盛，美。《詩·載芟》："～～其苗。"

ʔi̯am/ʔi̯ɛm/yān　❶滿意，安靜。《詩·小戎》："～～良人。"❷（對之心滿意足>）符合。《國語·周語下》："莫非嘉績，克～帝心。"

ʔăm/ʔăm:/yǎn　掩蓋。《禮·大學》："見君子而后～然，揜其不善而著其善。"

ʔi̯ap/ʔi̯ɛp/yè　❶厭。《周禮·巾車》："～翟勒面。"❷鎮壓，平定。《左·哀二十七》："將爲輕車千乘以～齊師之門。"❸壓低，使平。《禮·曲禮下》："苞屨、扱衽、～冠，不入公門。"❹～浥：濕。《詩·行露》："～浥行露。"

通"壓"。《禮·檀弓上》："死而不弔者三，畏、～、溺。"Gl48、316、1122

饜 ʔi̯am/ʔi̯ɛm，ʔi̯ɛm-/yàn　滿足。《左·昭十六》："何～之有？"

懕 ʔi̯am/ʔi̯ɛm/yān　安靜。《説文》引《詩》："～～夜飲。"（按：今《詩·湛露》作"厭厭"。）

檿 ʔi̯am/ʔi̯ɛm:/yǎn　野生桑樹。《詩·皇矣》："其～其柘。"

擪 ʔi̯am/ʔi̯ɛm:/yǎn　ʔi̯ap/ʔi̯ɛp/yè　用手指按住，控制。《莊子·外物》："接其鬢，～其顪。"（按：今本作"壓"，高氏從《釋文》。）

壓 ʔap/ʔap/yā　壓下，壓向。《左·成十六》："楚晨～晉軍而陣。"

617

炎 di̯am/ji̯ɛm/yán　di̯am/i̯ɛm-/yàn（中古音 ji̯ɛm 不規則）　燃燒，燒得旺的。《詩·大田》："秉畀～火。"

音同上　又音dʻɑm/dʻɑm/tán　卓越的，極動人的。《莊子·齊物論》："大言～～。"

1158 周I（銘文69，人名）

此字从雙火。

1158

燄 di̯am/i̯ɛm:, i̯ɛm-/yàn　燃起。《書·洛誥》："無若火始～～。"

剡 di̯am/i̯ɛm:/yǎn　❶銳利的，刺穿。《禮·雜記下》："三年之喪如斬，期之喪如～。"❷割。《荀子·强國》："案欲～其脛而以蹈秦之腹。"❸削。《易·繫辭下》："～木爲矢。"

同音假借　❶升高。《禮·玉藻》："弁行，～～起屨。"❷光輝的。《楚辭·離騷》："皇～～其揚靈兮。"

掞 前字的異體。《易·繫辭下》："～木爲楫。"（按：今本作"剡"，高氏從《釋文》。）

琰 di̯am/i̯ɛm:/yǎn　上端尖銳形的玉製鑲嵌物。《書·顧命》："弘璧琬～在西序。"

裧 ȶʻi̯am/tɕʻi̯ɛm/chān　車上的帷幕，緣飾，衣服鑲邊。《禮·雜記上》："其輤有～。"

燅 dzi̯am/zi̯ɛm/xián　加熱。《儀禮·有司徹》："乃～尸俎。"

覢 ɕi̯am/ɕi̯ɛm:/shǎn　一瞥，一瞬間。《説文》引《公羊傳》："～然公子陽也。"（按：今《公羊·哀六》作"闖"。）

菼 tʻɑm/tʻɑm:/tǎn　一種燈心草屬植物。《詩·碩人》："葭～揭揭。"

惔 dʻɑm/dʻɑm/tán　❶火燒。《詩·雲漢》："旱魃爲虐，如～如焚。"❷悲痛如焚。《詩·節南山》："憂心如～。"

談 音同上

說話。《詩·節南山》："不敢戲～。"

倓 dʻɑm/dʻɑm-/dàn　dʻɑm/dʻɑm/tán　安靜，鎮靜。《荀子·仲尼》："～然見管仲之能足以託國也。"

啖 dʻɑm/dʻɑm:/dàn　吞没，貪婪。《荀子·王霸》："～～常欲人之有。"

淡 dʻɑm/dʻɑm:, dʻɑm-/dàn　無味。《禮·表記》："君子～以成，小人甘以壞。"

餤 dʻɑm/dʻɑm/tán　di̯am/i̯ɛm/yán（誘餌，引誘>）引起，誘出。《詩·巧言》："亂是用～。"Gl603

618

占 ȶi̯am/tɕi̯ɛm/zhān　占卜。《詩·斯干》："大人～之。"

1159 殷甲文（A4: 25, 1）

此字从口（説）、卜。

1159

沾 ti̯am/ȶi̯ɛm/zhān

沾濕。《楚辭·大招》："不～薄只。"

通"覘"。《禮·檀弓下》："我喪也斯～。"

霑 音同上　沾濕，濕透。《詩·信南山》："既～既足。"

阽 di̯am/i̯ɛm/yán　靠近倒塌的地方（特指牆邊）。《楚辭·離騷》："～余身而危死兮，覽余初其猶未悔。"

佔 tʻi̯am/ȶʻi̯ɛm/chān　看，視。《禮·學記》："今之教者，呻其～畢。"

覘 tʻi̯am/ȶʻi̯ɛm, ȶʻi̯ɛm-/chān　窺看。《左·成十七》："公使～之，信。"

怗 ȶʻi̯am/tɕʻi̯ɛm/chān（zhān）不和諧的（曲調）。《禮·樂記》："五者不亂，則無～懘之音矣。"

tʻiap/tʻiep/tiē　使服從，安寧。《公羊·僖四》："桓公救中國而攘夷狄，卒～荆。"

苫 ɕi̯am/ɕi̯ɛm, ɕi̯ɛm-/zhān（應爲shān）蓋屋頂的材料（稻草、茅草等）。《左·襄十七》："寢～枕草。"

痁 ɕi̯am/ɕi̯ɛm, ɕi̯ɛm-/shān　tiam/tiem-/diàn　❶瘧疾。《左·昭二十》:"齊侯疥,遂～。"❷病痛。《禮·曾子問》:"且君子行禮,不以人之親～患。"

坫 tiam/tiem-/diàn　❶放杯子的土臺。《論語·八佾》:"邦君爲兩君之好,有反～。"❷屋角,倉庫。《禮·內則》:"士於～一。"

玷 tiam/tiem:, tiem-/diàn　(玉上的)瑕疵。《詩·抑》:"白圭之～,尚可磨也。"

㓠 前字的異體。《説文》引《詩》:"白圭之～。"(按:今《詩·抑》作"玷"。)

點 tiam/tiem:/diǎn　黑點,污漬。《楚辭·九辯》:"或黕～而汙之。"

拈 niam/niem/niān　持,拾。《列子·湯問》:"女何蚩而三～予?"(按:今本作"招",高氏從别本。)

呫 t'iap/t'iep/tiē　嘗。《玉篇》引《穀梁傳》:"未嘗有～血之盟。"(按:今《穀梁·莊二十七》作"歃"。)

帖 音同上　使服從。《公羊·僖四》:"桓公救中國而攘夷狄,卒～荆。"(按:今本作"怗",高氏從《釋文》。)參"怗"。

619

詹 ȶi̯am/tɕi̯ɛm/zhān　喋喋不休的。《莊子·齊物論》:"小言～～。"

通"瞻"。《詩·閟宫》:"魯邦所～。"

通"贍"。《吕氏春秋·適音》:"不充則不～。"

通618組"占"。《楚辭·卜居》:"～尹乃端策拂龜。"Gl1174

噡 音同上　説話,閑談。《荀子·非相》:"～唯則節。"

瞻 音同上　看見,視。《詩·雄雉》:"～彼日月,悠悠我思。"

幨 ȶ'i̯am/tɕ'i̯ɛm/chàn　大衣。《管子·揆度》:"列大夫豹～。"

假借爲ȶ'i̯am/tɕ'i̯ɛm/chān　切掉,割開。《周禮·弓人》:"夫筋之所由～,恒由此作。"

襜 ȶ'i̯am/tɕ'i̯ɛm/chān　❶圍裙。《詩·采緑》:"終朝采藍,不盈一～。"❷摇動,擺脱(特指衣襬)。《論語·鄉黨》:"衣前後,～如也。"

贍 d̑i̯am/ʑi̯ɛm-/shàn　❶供養。《禮·大傳》:"民無不足,無不～者。"❷足够的。《孟子·公孫丑上》:"以力服人者,非心服也,力不～也。"

檐 di̯am/i̯ɛm/yán　屋檐。《禮·明堂位》:"復廟重～。"

同音假借　殿堂走廊。《國語·吴語》:"王背～而立。"

儋 tam/tam/dān　肩挑。《國語·齊語》:"負任～荷。"

甔 音同上　罎,罐。《列子·湯問》:"當國之中有山,山名壺領,狀若～甀。"

1160

1160 周III(銘文228)

擔 tam/tam/dān　肩挑。《國策·秦一》:"負書～橐。"

tam/tam-/dàn　重負。《左·莊二十二》:"弛於負～。"

d̑i̯am/ʑi̯ɛm-/shàn　借作。《儀禮·喪服》:"無爵而杖者何?～主也。"

膽 tam/tam:/dǎn　大膽。《荀子·修身》:"勇～猛戾。"

憺 d'am/d'am:, d'am-/dàn　安靜。《楚辭·抽思》:"心怛傷之～～。"

澹 音同上　恬靜。《老子》二十章:"～兮其若海。"

通"贍"。《荀子·王制》:"物不能～

則必爭。”

620

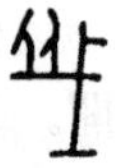

1161

𢦏 tsi̯am/tsi̯ɛm/jiān　割斷。見《説文》（無書證）。此字是“殲”的初文。

1161 殷甲文（A4: 10, 3, 其義不明）

此字从雙人、戈。

韱 si̯am/si̯ɛm/xiān　野葱。見《説文》（無書證）。

孅 音同上　細小。《大戴禮·曾子立事》：“禍之所由生，自～～也。”

纖 si̯am/si̯ɛm/xiān　❶纖細的，薄綢。《書·禹貢》：“厥篚玄～、縞。”❷細的，細長，尖。《周禮·輪人》：“欲其㮚爾而～也。”

tsi̯am/tsi̯ɛm/jiān　刺，割。《禮·文王世子》：“其刑罪，則～剸。” Gl1361

殲 tsi̯am/tsi̯ɛm/jiān　毀滅。《詩·黄鳥》：“彼蒼者天，～我良人！”

瀸 音同上　沾濕，豐富，有益於。《吕氏春秋·圜道》：“～於民心。”

通“殲”。《公羊·莊十七》：“齊人～于遂。”

攕 săm/ṣăm/shān（xiān）　纖細的手。《説文》引《詩》：“～～女手。”（按：今《詩·葛屨》作“摻摻”。） Gl270

621

銛 si̯am/si̯ɛm/xiān　鋭利的。《墨子·親士》：“～者必先挫。”

恬 d'iam/d'iem/tián　恬靜，安寧。《書·梓材》：“引養引～。”

“銛”省聲。

622

冉 ȵi̯am/ȵʑi̯ɛm:/rǎn　進，行，逐漸。《楚辭·離騷》：“老～～其將至兮。”

1162—1163

1162 殷甲文（A8: 14, 2, 人名）

1163 周II（銘文 182, 人名）

冄 前字的異體。

呥 ȵi̯am/ȵʑi̯ɛm/rán　咀嚼。《荀子·榮辱》：“～～而噍。”

姌 ȵi̯am/ȵʑi̯ɛm:/rǎn　niam/niem:/niǎn　纖細，優雅（僅有漢代書證）。

1164

1164 殷甲文（D2, 其義不明）

袡 ȵi̯am/ȵʑi̯ɛm/rán　❶衣服的寬邊。《儀禮·士昏禮》：“純衣纁～。”❷婦女結婚穿的上衣。《禮·喪大記》：“婦人復，不以～。”

䫇 ȵi̯am/ȵʑi̯ɛm, ȵʑi̯ɛm-/rán　顎鬚。《莊子·田子方》：“昔者寡人夢見良人，黑色而～。”

髥 前字的異體。《莊子·列禦寇》：“美～長大壯麗勇敢。”

枏 nəm/nǎm/nán　一種樹。《莊子·山木》：“其得～、梓、豫章也。”

聃 t'nam/t'am/tān（dān）　nam/nam/nán　長大而下垂的耳朵（用作專用名詞）。《禮·曾子問》：“昔者吾從老～助葬於巷黨。”

623

染 ȵi̯am/ȵʑi̯ɛm:, ȵʑi̯ɛm-/rǎn　❶染色。《周禮·地官·序》：“掌～草。”❷浸。《左·宣四》：“～指於鼎，嘗之而出。”

同音假借　柔弱的，易彎曲的。《詩·巧言》：“荏～柔木。”

624

欠 k'i̯ăm/k'i̯ɐm-/qiàn　（張嘴>）打呵欠。《禮·曲禮上》：“君子～伸……侍坐者請出矣。”

1165

1165 取自 301 組“欶”的古文字

（周I，銘文 88）

芡 gʻi̯am/gʻi̯ɛm-/jiàn　gʻi̯ăm/gʻi̯ɐm-/jiàn（qiàn）　鷄頭（植物名）。《周禮·籩人》："加籩之實，蔆、～、栗、脯。"

坎 kʻəm/kʻɑm:/kǎn
坑。《易·坎》："入于～窞。"

同音假借　敲擊聲。《詩·伐木》："～～鼓我。" Gl422

625

凡 bʻi̯wăm/bʻi̯wɐm/fán　❶一切的，所有。《詩·巷伯》："～百君子，敬而聽之。"❷（在每件事中>）凡是。《左·襄元》："～諸侯即位，小國朝之，大國聘焉。"❸都，皆。《書·微子》："卿士師師非度，～有辜罪。"❹平庸的。《孟子·盡心上》："待文王而後興者，～民也。"

1166 殷甲文（A1: 43, 6,"風"義）

1167 周I（銘文 67）

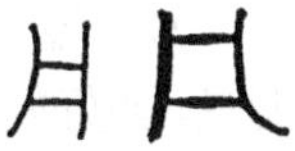

1166—1167

此字也許是"帆"的象形，故爲"帆"的初文；它可用作"風"字"風"義（殷甲文A1: 43, 6），因爲"帆"和"風"同源，來自同一詞根。這個字後來借用作同音詞"凡"。

帆 音同上
帆（僅有漢代書證）。

軓 bʻi̯wăm/bʻi̯wɐm:/fàn　車前面的橫木。《周禮·輈人》："～前十尺而策半之。"

汎 pʻi̯wăm/pʻi̯wɐm-/fàn　bʻi̯ŭm/bʻi̯uŋ/fěng
❶漂浮。《詩·邶風·柏舟》："～彼柏舟。"❷廣泛，普遍。《論語·學而》："～愛衆而親仁。"

芃 bʻŭm/bʻuŋ/péng　bʻi̯ŭm/bʻi̯uŋ/féng
❶豐盛，叢生。《詩·載馳》："～～其麥。"❷厚密的毛。《詩·何草不黄》："有～者狐。" Gl750

風 pi̯ŭm/pi̯uŋ/fēng　❶風。《詩·風雨》："～雨如晦。"❷曲調。《詩·崧高》："其～肆好。"❸風俗。《左·文六》："是以並建聖哲，樹之～聲。"❹性欲衝動。《書·費誓》："馬牛其～。"

假借爲pi̯ŭm/pi̯uŋ-/fèng　批評。《詩·北山》："或出入～議。"

通"諷"。《周禮·大師》："教六詩，曰～，曰賦，曰比，曰興，曰雅，曰頌。" Gl647、757

飌 前字"風"義的異體。《周禮·大宗伯》："以槱燎祀司中、司命、～師、雨師。"

鳳 bʻi̯ŭm/bʻi̯uŋ-/fèng
鳳凰。《詩·卷阿》："～皇于飛。"

1168 殷甲文（G7: 9）

1169 殷甲文（A6: 51, 6）

1170 殷甲文（A8: 14, 1）

1168—1170

這些字均爲"風"字"風"義。殷甲文（A8: 14, 1）中有一意義不明的成分取代了"風"的聲符"凡"。

楓 pi̯ŭm/pi̯uŋ/fēng　一種樹（楓樹？）。《楚辭·招魂》："湛湛江水兮上有～。"

諷 pi̯ŭm/pi̯uŋ-/fěng　朗誦。《周禮·大司樂》："以樂語教國子，興、道、～、誦、言、語。"

渢 bʻi̯ŭm/bʻi̯uŋ/fēng　從容、流暢的（特指聲音）。《左·襄二十九》："美哉！～～乎，大而婉，險而易行。"

626

犯 bʻi̯wăm/bʻi̯wɐm:/fàn　❶冒犯，反對《論語·學而》："其爲人也孝弟，而好～上者鮮矣。"❷忽視。《周禮·大司馬》："～令陵政則杜之。"❸遭遇。《左·襄二十八》："蒙～霜露。"❹抵觸。《左·襄十》:“衆怒難～,專欲難成。”

軓 音同上(625組“帆”的異體)
車前面的横木。《周禮·輈人》:“～前十尺而策半之。”(按:今本作“軓”,高氏從《釋文》。)

氾 pʻi̯wăm/pʻi̯wɐm-/fàn　❶泛濫。《孟子·滕文公上》:“洪水横流,～濫於天下。”❷灑。《禮·少儀》:“～埽曰埽。”

bʻi̯wăm/bʻi̯wɐm-/fàn　❶分散。《左·襄二十八》:“慶封～祭。”❷亂拋,漂浮。《楚辭·天問》:“將～～若水中之鳧乎?”

範 bʻi̯wăm/bʻi̯wɐm:/fàn　❶用模子做。《易·繫辭上》:“～圍天地之化而不過。”❷法則,規範。《書·洪範》:“帝乃震怒,不畀洪～九疇。”

范 音同上
植物名。見《説文》(無書證)。

同音假借　蜜蜂。《禮·檀弓下》:“～則冠而蟬有緌。”

通“軓”。《禮·少儀》:“祭左右軌～乃飲。”

通“範”。用模子做。《禮·禮運》:“～金合土。”

627

兼 kliam/kiem, kiem-/jiān　❶兼有。《易·艮》:“～山艮,君子以思不出其位。”❷同時。《書·康王之誥》:“賓稱奉圭～幣。”❸總合,加倍的。《孟子·公孫丑下》:“王餽～金一百而不受。”

通“慊”。不滿。《書·立政》:“文王罔攸～于庶言。”Gl1953

此字爲一手持雙箭(見“濂”的古文字)。

蒹 kliam/kiem/jiān　燈心草,蘆葦。《詩·蒹葭》:“～葭蒼蒼。”

嗛 kʻliam/kʻiem:/qiǎn　gʻliam/ɣiem:/xiǎn
銜在嘴裏。《大戴禮·夏小正》:“田鼠者,～鼠也。”

通“慊”。滿足。《荀子·正名》:“故嚮萬物之美而不能～也。”

通“歉”。《穀梁·襄二十四》:“一穀不升謂之～。”

慊 kʻliam/kʻiem:/qiǎn
不滿。《禮·坊記》:“貴不～於上。”

kʻliap/kʻiep/qiè　滿足。《孟子·公孫丑上》:“行有不～於心,則餒矣。”

歉 kʻliam/kʻiem:/qiǎn　kʻăm/kʻăm:, kʻăm-/qiàn　不足。《荀子·仲尼》:“主信愛之,則謹慎而～。”(按:今本作“嗛”,高氏從《説文通訓定聲》。)

謙 kʻliam/kʻiem/qiān　謙虚。《易·繫辭上》:“～也者,致恭以存其位者也。”

通“慊”。滿足。《禮·大學》:“如惡惡臭,如好好色,此之謂自～。”

濂 gliam/liem/lián　薄冰或淺水。見《説文》(無書證)。

gnl̯am(?)/n̥i̯ɛm/nián　黏,黏住。《周禮·輪人》:“雖有深泥,亦弗之～也。”

1171

1171 周I(銘文94,人名)

熑 gliam/liem/lián　gli̯am/li̯ɛm/lián
(因過熱而)斷裂,折斷。《説文》引《周禮》:“糅牙,外不～。”(按:今《周禮·輪人》作“廉”。)

嫌 gʻliam/ɣiem/xián　疑惑。《禮·禮運》:“禮者,君之大柄也,所以别～明微。”

鼸 gʻliam/ɣiem:/xiàn　一種嚙齒動物。《墨子·非儒下》:“～鼠藏。”

廉 gli̯am/li̯ɛm/lián　角,棱角。《禮·月令》:“其器～以深。”

同音假借　❶有辨别力的,注意細

節的。《書·臯陶謨》："簡而～。"❷正直，謙恭。《論語·陽貨》："古之矜也～。"

通"熑"。《周禮·輪人》："揉牙，外不～。"

磏 音同上 （礪石>）機警、敏捷（特指士兵）。《韓非子·六反》："行劍攻殺，暴憿之民也，而世尊之曰～勇之士。"

鎌 音同上 刈鉤。《墨子·備城門》："十步一長～。"

628

𦐇 t'ap/t'ap/tà 飛行。見《說文》（無書證）。

蹋 d'ap/d'ap/tà（應爲dá） 踏，踢。《國策·齊一》："其民無不吹竽、鼓瑟……～踘者。"（按：今本作"蹹"，高氏從別本。）

此字的右半部常誤作"翕"。

629

甲 kap/kap/jiǎ ❶天干名稱之一。《書·召誥》："越七日～子，周公乃朝用書。"❷外殼。《易·解》："雷雨作而百果草木皆～坼。"❸鎧甲。《詩·無衣》："修我～兵。"

通"狎"。親近。《詩·芄蘭》："能不我～。"Gl192、1908

1172—1174

1172 殷甲文（A1: 4, 3）

1173 殷（銘文 3）

1174 周I（銘文 55）

匣 g'ap/ɣap/xiá 盒子。《國策·燕三》："秦武陽奉地圖～。"

柙 音同上 ❶籠子。《論語·季氏》："虎兕出於～。"❷盒子。《莊子·刻意》："夫有干越之劍者，～而藏之，不敢用也，寶之至也。"

狎 音同上 ❶親密。《論語·鄉黨》："見齊衰者，雖～，必變。"❷無禮的，輕蔑地對待。《論語·季氏》："～大人，侮聖人之言。"

同音假借 交替，更迭。《左·襄二十七》："且晉楚～主諸侯之盟也久矣。"

押 ʔap/ʔap/yā 記號，印信。《韓非子·外儲說右下》："田嬰令官具～券斗石參升之計。"

630

夾 kăp/kăp/jiā ❶在兩旁。《詩·公劉》："～其皇澗。"❷支持。《書·多方》："爾曷不～介乂我周王，享天之命？"❸側屋。《書·顧命》："西～南嚮。"❹兩邊夾住。《左·定四》："自豫章與楚～漢。"❺鉗子。《周禮·射鳥氏》："矢在侯高，則以並～取之。"

kiap/kiep/jié 劍把。《莊子·說劍》："天子之劍，以……韓、魏爲～。"

通"挾"。周匝。《書·梓材》："先王既勤用明德，懷爲～。"Gl1708、1922

1175 殷（銘文 7，人名）

1176 周I（銘文 65）

1175—1176

此字像一個人站在中間，另兩人站在他的兩側。

郟 kăp/kăp/jiá ❶地名。《左·襄二十四》："齊人城～。"❷東西廂房。《大戴禮·諸侯釁廟》："～室割雞于室中。"

狹 g'ăp/ɣăp/xiá 狹窄的。《禮·王制》："布帛精麤不中數，幅廣～不中量，不粥於市。"

梜 kiap/kiep/jié kap/kap/jiā 筷子。《禮·曲禮上》："羹之有菜者用～。"

莢 kiap/kiep/jié（jiá） 豆科植物中的莢果。《周禮·大司徒》："其植物宜～物。"

頰 音同上(jiá)　臉頰，下腭。《左·定八》："偃且射子鉏，中～，殪。"

鋏 音同上(jiá)　劍。《國策·齊四》："長～歸來乎！"

匧 k'iap/k'iep/qiè　藏，箱篋。見《説文》(無書證)。

俠 g'iap/ɣiep/xié(xiá)　❶見義勇爲的人(僅有漢代書證)。❷專用名詞。《公羊·隱九》："～者何？吾大夫之未命者也。"

通"夾"。在兩旁《禮·祭義》："間以～甒。"

挾 g'iap/ɣiep/xié, jiá　?/tsiep/jié　❶抓住，拿。《詩·吉日》："既～我矢。"❷夾在胳臂底下。《孟子·梁惠王上》："～太山以超北海。"❸挾持，倚仗。《孟子·萬章下》："不～長，不～貴。"

?/tsiep/jié　❶兼有，擁有。《詩·大明》："使不～四方。"❷周匝。《周禮·大司馬》："～日而劍之。"

通"梜"。《管子·弟子職》："右執～匕。"Gl770

浹 ?/tsiep/jié(jiá)　周匝。《左·成九》："～辰之間，而楚克其三都。"

愜 k'iap/k'iep/qiè　心滿意足的。《國策·燕二》："先王以爲～其志。"

篋 k'iap/k'iep/qiè　❶箱篋。《禮·内則》："夫不在，斂枕～簟席襡器而藏之。"❷筐子。《左·昭十三》："衛人使屠伯饋叔向羹與一～錦。"參"匧"。

631

臿 ts'ăp/ts'ăp/chā　古農具(僅有漢代書證)。

插 音同上　插入物。《國策·齊六》："坐而織蕢，立則杖～。"

歃 săp/ṣăp/shà　ṣi̯ap/ṣi̯ɛp/shè　把祭品的血塗在嘴旁。《左·隱七》："壬申，及鄭伯盟，～如忘。"

632

耴 ti̯ap/ṭi̯ɛp/zhé　耳垂(用作專用名詞)。《説文》引《春秋》："秦公子～者，其耳垂也，故以爲名。"

輒 音同上　車廂兩側。見《説文》(無書證)。

假借爲tiap/tiep/dié　麻痹的，不能動的。《莊子·達生》："齊七日，～然忘吾有四枝形體也。"

踂 ni̯ap (tni̯ap？)/ńi̯ɛp/niè　腿合在一起，不能走動。《穀梁·昭二十》："兩足不能相過，齊謂之綦，楚謂之～。"

633

枼 di̯ap/i̯ɛp/yè　(葉子>)世代。(銘文220)　此字是"葉"的初文。

1177 周I(銘文77)

1178 周III(銘文220)

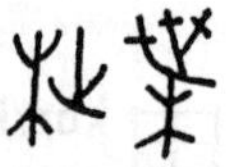
1177—1178

銘文220像一棵長着葉子的樹，而銘文77所代表之物不太清楚。參339組的"世"。

葉 音同上　❶葉子。《詩·唐風·杕杜》："有杕之杜，其～萋萋。"❷世代，時期。《詩·長發》："昔在中～。"

鍱 音同上　用金屬片包在外面。《墨子·備城門》："以錮金若鐵～之。"

堞 d'iap/d'iep/dié　女牆。《左·襄六》："甲寅，堙之環城傅於～。"

牒 音同上　書板。《左·昭二十五》："受～而退。"

蝶 音同上　胡～：蝴蝶。《莊子·齊物論》："栩栩然胡～也。"

褋 音同上　單衣。《楚辭·湘夫人》："遺余～兮醴浦。"

諜 音同上　密探。《左·宣八》："晉人獲秦～。"

蹀 音同上　踏，跺脚。《列子·黄帝》："康王～足謦欬。"

揲 di̯ap/i̯ɛp/yè　siap/siep/xiè　（《切韻》又音ȡʻi̯at/dʑʻi̯ɛt/shè　ɕi̯at/ɕi̯ɛt/shè，跟前面339組的讀音混起來了）　拿着點數。《易·繫辭上》："～之以四，以象四時。"

偞 di̯ap/i̯ɛp/yè　？/xi̯ɛp/xiè　小，無意義。《禮·玉藻》："若祭爲已～卑。"

韘 ɕi̯ap/ɕi̯ɛp/shè　弓箭手的指套。《詩·芄蘭》："童子佩～。"

屧 siap/siep/xiè　鞋的襯底，鞋子。《吕氏春秋·觀表》："今侯～過而弗辭。"（按：今本作"渫"。）

634

涉 ȡi̯ap/ʑi̯ɛp/shè　❶費力地前進。《詩·載馳》："大夫跋～。"❷過河。《詩·匏有苦葉》："濟有深～。"❸横越。《左·僖四》："不虞君之～吾地也，何故？"

1179 殷甲文（A1: 53, 3）

1180 殷甲文（M235）

1181 周I（銘文97）

1182 周II（銘文147）

此字从雙止（足）、水。

1179—1182

635

妾 tsʻi̯ap/tsʻi̯ɛp/qiè　❶女奴。《書·費誓》："臣～逋逃。"❷女僕。《禮·雜記上》："君不撫僕～。"❸小妻。《左·僖十七》："女爲人～。"

1183 殷甲文（A4: 25, 7）

1184 周II（銘文139）

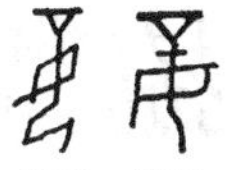

1183—1184

此字从女、辛（笛子，見251組和653組的古文字），即女音樂家之意。

踥 音同上　來回走。《楚辭·哀郢》："衆～蹀而日進兮。"

接 tsi̯ap/tsi̯ɛp/jiē　❶連接，接見。《易·晉》："康侯用錫馬蕃庶，晝日三～。"❷接近。《儀禮·聘禮》："賓立～西塾。"❸立即，迅捷。《禮·内則》："國君世子生，告于君，～以大牢。"❹接受。《禮·曲禮上》："由客之左，～下承弣。"

通1254組"扱"。《周禮·廩人》："大祭祀則共其～盛。"

通"翣"。《周禮·縫人》："衣～柳之材。"（按：今本作"翣"，高氏從鄭玄注。）

椄 音同上　木釘，木榫。《莊子·在宥》："吾未知聖知之不爲桁楊～槢也。"

翣 sap/ʂap/shà　羽毛扇。《左·襄二十五》："四～不蹕。"

636

疌 dzʻi̯ap/dzʻi̯ɛp/jié　迅速的。見《説文》。此字是"捷"的初文（無書證）。

捷 音同上　❶勝利。《詩·采薇》："一月三～。"❷戰利品。《左·莊三十一》："六月，齊侯來獻戎～。"❸迅速，靈活，敏捷。《詩·巷伯》："～～幡幡。"❹捷徑。《左·成五》："待我，不如～之速也。"

同音假借　養育。《吕氏春秋·論威》："～於肌膚。"

通631組"插"。《儀禮·士冠禮》："～柶興。"（按：今本作"建"，高氏從别本。）Gl619

寁 dzʻi̯ap/dzʻi̯ɛp/jié　？/tsăm:/zǎn　粗暴的。《詩·遵大路》："無我惡兮，不～故也。"Gl225

睫 tsi̯ap/tsi̯ɛp/jié　眼睫毛。《莊子·庚桑楚》："向吾見若眉～之間，吾因以得汝矣。”

637

巤 li̯ap/li̯ɛp/liè　竪起的毛髮。見《説文》(無書證)。

1185

1185 周II(銘文182,“臘”義)

是否即“獵”(龜)的初文(象形)?

儠 音同上　身材高大的。《説文》引《左傳》:“長～者相之。”(按: 今《左·昭七》作“鬣”。)

擸 音同上　(把幾個東西)抓在一起,持。《儀禮·聘禮》:“尚～坐啐醴。”

獵 音同上　❶追獵。《詩·伐檀》:“不狩不～。”❷虐待。《儀禮·鄉射禮》:“命曰無射獲,無～獲。”

同音假借　一種龜。《周禮·龜人》:“南龜曰～屬。”

躐 音同上　踩,踏。《禮·檀弓上》:“及葬,毁宗～行。”

邋 音同上　移動(銘文323)。

1186

1186 周III/IV(銘文323)

鬣 音同上　❶馬頸上的長毛。《禮·明堂位》:“夏后氏駱馬黑～。”❷長鬚。《左·昭七》:“使長～者相。”❸掃帚。《禮·少儀》:“拚席不以～。”

臘 lɑp/lɑp/là　冬祭。《左·僖五》:“虞不～矣。”

同音假借　劍刃。《周禮·桃氏》:“桃氏爲劍,～廣二寸有半寸。”

638

聶 ni̯ap/ni̯ɛp/niè　允諾。《莊子·大宗師》:“瞻明聞之～許。”

假借爲ṭi̯ap (tni̯ap?)/tɕi̯ɛp/zhé　切肉片。《禮·少儀》:“牛與羊魚之腥,～而切之爲膾。”

通“攝”。抓住。《管子·侈靡》:“十二歲而～廣。”

此字从三耳(可能是“讘”的初文?)。

躡 ni̯ap/ni̯ɛp/niè　踏。《國策·秦四》:“康子履魏桓子,～其踵。”

讘 ni̯ap/ȵʑi̯ɛp/rè　喋喋不休的。《韓非子·奸劫弑臣》:“～詼多誦先古之書,以亂當世之治。”

懾 ṭi̯ap (t'ni̯ap?)/tɕi̯ɛp/zhé(shè)　沮喪的,恐懼。《禮·曲禮上》:“貧賤而知好禮,則志不～。”

攝 ɕni̯ap/ɕi̯ɛp/shè　❶持。《國語·楚語下》:“民所以～固者也,若之何其舍之也!”❷擔任(職務)。《左·成二》:“～官承乏。”❸提起、收起(衣服下襬)。《論語·鄉黨》:“～齊升堂。”❹遞……給,援助。《詩·既醉》:“朋友攸～。”❺爲别人而作。《孟子·萬章上》:“堯老而舜～也。”❻兼任(兩種官職)。《論語·八佾》:“官事不～。”❼借。《左·襄二十三》:“欒氏退,～車從之。”❽使驚恐。《左·襄十一》:“武震以～威之。”❾夾。《論語·先進》:“～乎大國之間。”

通“翣”。《國語·楚語下》:“屏～之位。”Gl888

639

劦 g'i̯ap/ɣi̯ɛp/xié　協力(僅有漢代書證)。小篆從三“力”。

協 音同上　協調,融洽。《書·湯誓》:“有衆率怠弗～。”

叶 前字的異體。《周禮·大史》:“與羣執事讀禮書而～事。”(按: 今本作“協”,高氏從《釋文》。)

此字从口、十。

拹 xi̯ăp/xi̯ɐp/xié　折。《公羊·莊元》:“～幹而殺之。”(按: 今本作“搚”,高氏從《釋文》。)

脅 音同上 ❶（軀體的）兩側。《詩·小戎》："游環～驅。"❷肋骨。《左·僖二十三》："曹共公聞其駢～，欲觀其裸。"❸蜂擁，逼迫。《左·昭三十一》："衆從者～公不得歸。"

脅肩：聳肩。《孟子·滕文公下》："～肩諂笑，病于夏畦。"

嗋 音同上 閉（特指嘴）。《莊子·天運》："予口張而不能～。"

640

業 ŋi̯ăp/ŋi̯ɐp/yè 鐘架或框上的横木。《詩·靈臺》："虡～維樅。"

同音假借 ❶開始。《國語·齊語》："擇其善者而～用之。"❷工作，成果。《孟子·梁惠王下》："君子創～垂統。"❸行爲。《易·乾》："君子進德修～。"❹功業。《書·盤庚上》："紹復先王之大～。"❺職業。《左·宣十二》："商農工賈，不敗其～。"❻財産，遺産。《左·昭二十九》："貴是以能守其～。"❼强壯的。《詩·采薇》："戎車既駕，四牡～～。"❽可怕的。《詩·長發》："有震且～。"Gl852、1199

641

乏 bʽi̯wăp/bʽi̯wɐp/fá ❶空缺。《左·成二》："攝官承～。"❷耗盡。《孟子·告子下》："空～其身。"❸玩忽。《莊子·天地》："子往矣，无～吾事。"

同音假借 （射箭時用的）掩蔽處。《周禮·車僕》："大射共三～。"

泛 pʽi̯wăm/pʽi̯wɐm-/fàn 漂浮。《莊子·秋水》："～～乎其若四方之无窮，其无所畛域。"

窆 pi̯am/pi̯ɛm-/biǎn pəm/pəŋ-/bèng 落葬。《周禮·鄉師》："及～，執斧以涖匠師。"

貶 pi̯am/pi̯ɛm:/biǎn pi̯ăm/pi̯ɛm:/biǎn 削弱。《詩·召旻》："我位孔～。"Gl1065

642

去 kʽi̯ab/kʽi̯wo-/qù 離開。《詩·生民》："鳥乃～矣。"

kʽi̯ab/kʽi̯wo:/qǔ 拋棄，去掉。《詩·大田》："～其螟螣。"

1187

1187 殷甲文（A6: 37, 3）

跟"灋"的銘文所見相似，此字像一人兩腿間有個球狀物，可能是閹割義，該義只是基本義"去掉"的引申。

呿 kʽi̯ab/kʽi̯wo, kʽi̯wo-/qū 張嘴呼吸。《莊子·秋水》："公孫龍口～而不合。"

祛 kʽi̯ab/kʽi̯wo/qū 强壯。《詩·駉》："以車～～。"

袪 音同上 袖子。《詩·大路》："摻執子之～兮。"

麮 kʽi̯ab/kʽi̯wo:, kʽi̯wo-/qù 麥粥。《荀子·富國》："夏日則與之瓜～。"

胠 kʽi̯ab/kʽi̯wo/qū kʽi̯ăp/kʽi̯ɐp/qiè ❶打開一邊。《莊子·胠篋》："將爲～篋探囊發匱之盜。"❷軍隊右翼。《左·襄二十三》："～，商子車御侯朝，桓跳爲右。"

假借爲kʽi̯ab/kʽi̯wo/qū 圈住。《荀子·榮辱》："儵鉢者，浮陽之魚也，～於沙而思水，則無逮矣。"

劫 ki̯ăp/ki̯ɐp/jié ❶劫掠，搶奪。《左·哀十六》："殺子西、子期于朝而～惠王。"❷强迫。《荀子·解蔽》："故口可～而使墨云。"

刧 前字的俗字。

怯 kʽi̯ăp/kʽi̯ɐp/qiè 害怕。《左·襄二十四》："今則～也。"

法 pi̯wăp/pi̯wɐp/fǎ ❶法令。《書·大禹謨》："罔失～度。"❷典範，效法。《禮·

大學》："其爲父子兄弟足～，而后民～之也。"❸式樣。《左·昭二十三》："取其冠～而與之兩冠。"

灋 前字的異體。《周禮·庖人》："以～授之。"

1188

1188 周I（銘文 65）

上面附加部分的意義未明，不過如不理會聲母問題，"去"作聲符是很有可能的。

盇（盍）gʻap/ɣap/hó（hé） ❶合，聚。《易·豫》："朋～簪。"❷（闔閉者>）門扇。《荀子·宥坐》："復瞻被九～皆繼。"（按：今本作"蓋"，高氏從《説文通訓定聲》。）

同音假借 ❶何。《莊子·盜跖》："～不爲行？"❷何不。《論語·公冶長》："～各言爾志？"

在"⿺走盇"的銘文中我們可看到"去"確實是聲符，因此"盍"是譌字。

嗑 gʻap/ɣap/hó（hé） 閉。《易·序卦》："～者合也。"

xap/xap/xiā 笑聲。《莊子·天地》："～然而笑。"

蓋 gʻap/ɣap/hó（hé） 蓋屋頂，覆蓋。《左·襄十四》："乃祖吾離被苫～。"

kɑb（>kɑd>）/kɑi-/gài ❶遮蓋，掩藏。《書·蔡仲之命》："爾尚～前人之愆。"❷（車）蓋。《周禮·輪人》："輪人爲～。"

同音假借 就是，因爲。《詩·黍苗》："～云歸哉。"

通"盇"。何不。《禮·檀弓上》："子～言子之志於公乎？"Gl533、734

葢 前字的異體。

闔 gʻap/ɣap/hó（hé） ❶木門扇。《左·襄十七》："以枚數～。"❷閉。《易·繫辭上》："一～一闢謂之變。"

通"盇"。何不。《莊子·則陽》："日與物化者，一不化者也，～嘗舍之！"

通"蓋"。《周禮·圉師》："茨牆則翦～。"

榼 kʻɑp/kʻɑp/kō（gē） 杯、碗之類器皿。《左·成十六》："使行人執～承飲。"

溘 kʻɑp/kʻɑp/kò（kè） kʻəp/kʻăp/kō（kē） 即刻，突然。《楚辭·離騷》："寧～死以流亡兮。"

磕 kʻɑp/kʻɑp/kō（kē） kʻɑb（>kʻɑd>）/kʻɑi-/kài ？/kʻɑt/kē 敲擊聲。《楚辭·離騷》："憚涌湍之～～。"

饁 gi̯ap/ji̯ɛp/yè 送飯（特指給在田裏幹活的人送飯）。《詩·甫田》："～彼南畝，田畯至喜。"

⿺走盇 音義均不明，見銘文 229；這裏引用的目的是爲了説明"盇"的古文字形式。

1189

1189 周III（銘文 229）

643

函 gʻəm/ɣăm/hán ❶包容，包含。《詩·載芟》："播厥百穀，實～斯活。"❷鎧甲。《孟子·公孫丑上》："～人惟恐傷人。"

gʻæm/ɣăm/xián 地名（中的一個字）。《左·僖三十》："晉軍～陵。"

1190 殷甲文（A2: 32, 2，人名）

1191 殷甲文（B下22: 5，人名）

1192 周II（銘文 172，"陷"義）

1193 周（銘文 360，人名）

此字像一種裝箭的容器（箭袋？）。

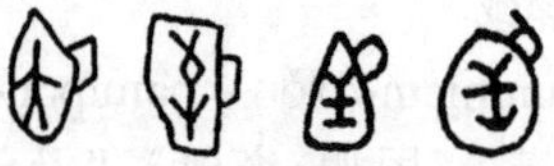
1190—1193

圅 前字的異體。

涵 gʻəm/γăm/hán　浸泡，充滿。《管子·度地》："中則～，～則塞。"

通 671 組"減"。減少。《詩·巧言》："僭始既～。" Gl601

菡 gʻəm/γăm:/hàn　～萏：荷花。《詩·澤陂》："有蒲～～。"

644

偘 ŋəm/ŋăm-/àn　遲鈍，猶豫。《荀子·不苟》："窮則棄而～。"

645

貪 tʻəm/tʻăm/tān　貪圖（別人的東西）。《詩·桑柔》："～人敗類。""今"不大可能是聲符，"貪"很可能是會意字。

嗿 tʻəm/tʻăm:/tǎn　多。《詩·載芟》："有～其饁。" Gl1120

646

覃 dʻəm/dʻăm/tán　延長，伸展。《詩·葛覃》："葛之～兮，施于中谷。"

di̯æm/i̯ɛm:/yǎn　尖的，鋒利的。《詩·大田》："以我～耜。"

潭 dʻəm/dʻăm/tán　深的，深淵。《楚辭·抽思》："泝江～兮。"

譚 音同上　説。《莊子·則陽》："夫子何不～我於王？"

同音假借　大，舒適。《大戴禮·子張問入官》："修業居久而～。"

燂 dʻəm/dʻăm/tán　dzʻi̯æm/dzʻi̯ɛm/qián　dzi̯æm/zi̯ɛm/xián　❶加熱。《禮·内則》："～湯請浴。"❷烤、煮爛。《周禮·弓人》："撟角欲孰於火而無～。"

鐔 dʻəm/dʻăm/tán　dzi̯əm/zi̯əm/xín　zi̯əm/i̯əm/yín　劍把上的球狀凸出物，劍環。《莊子·説劍》："天子之劍，以……周、宋爲～。"

嘾 dʻəm/dʻăm:/dàn　含在嘴裏。《玉篇》引《莊子》："大甘而～。"（按：今《莊子》無，高氏從《康熙字典》。）

禫 音同上　除喪服之祭。《禮·喪服小記》："庶子在父之室，則爲其母不～。"

撢 tʻəm/tʻăm/tān　持，握。《周禮·撢人》："～人掌誦王志。"

鱏 di̯əm/i̯əm/yín　dzi̯əm/zi̯əm/xín（xún）魚名。《楚辭·通路》："鯨～兮幽潛，從蝦兮遊陼。"

簟 dʻiəm/dʻiem:/diàn　竹席。《詩·斯干》："下莞上～，乃安斯寢。"

1194

1194 周II（銘文 194）

驔 音同上　腿有長毛的馬。《詩·駉》："有～有魚。"

647

參 tsʻəm/tsʻăm/cān　❶三，三個一組。《易·繫辭上》："～伍以變，錯綜其數。"❷積聚。《書·西伯戡黎》："乃罪多～在上。"❸（聯合，比較＞）檢驗。《荀子·解蔽》："～稽治亂而通其度。"

同音假借　筆直的。《論語·衛靈公》："立則見其～於前也。"

şi̯əm/şi̯əm/shēn　星座名（獵户座的一部分）。《詩·小星》："嘒彼小星，維～與昴。"

tşʻi̯əm/tşʻi̯əm/cēn　參差不齊的。《詩·關雎》："～差荇菜，左右流之。"

用如"三"。《莊子·大宗師》："吾猶守而告之，～日而後能外天下。"

1195

1195 周II（銘文 132）

獵户星座的象形字？

驂 tsʻəm/tsʻăm/cān　❶三匹馬一組。《詩·采菽》："載～載駟。"❷拉車的一組馬中旁邊的馬。《詩·大叔于田》："兩～如舞。"❸戰車上的第三個人。《左·襄二十三》："鞅請～乘持帶。"

1196

1196 周III/IV（銘文 325）

慘 tsʻəm/tsʻăm:/cǎn　悲傷，苦惱。《詩·正月》：“憂心～～，念國之爲虐。”

此字跟660組的“憯”（悲傷）爲同一個詞，而且跟它相似，也被同音假借作虛詞。《左·昭二十》：“～不畏明。”

它還常被誤寫成1134組的“懆”：tsʻɷg/tsʻɑu-/cǎo　傷心。《詩·月出》：“勞心～兮。”Gl348

糝 səm/săm:/sǎn　肉糜粥。《周禮·醢人》：“酏食，～食。”

槮 ṣi̯əm/ṣi̯əm/shēn　tṣʻi̯əm/tṣʻi̯əm/chēn　長，高（特指樹）。《楚辭·九辯》：“萷櫹～之可哀兮。”

摻 sæm/ṣăm:/shǎn　握。《詩·遵大路》：“遵大路兮，～執子之袪兮。”

sæm/ṣăm/shān　纖細的，柔嫩的（特指手指）。《詩·葛屨》：“～～女手。”Gl270

648

三 səm/sɑm/sān　三個。《詩·閟宮》：“～壽作朋。”

səm/sɑm-/sàn　三次。《論語·學而》：“吾日～省吾身。”Gl1171

中古音sɑm不規則，應念sǎm，因爲從《詩經》韻脚看上古音顯然是səm。

1197 殷甲文（A1: 7, 2）

1198 周I（銘文 56）

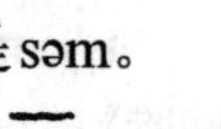
1197—1198

此字指事。

649

男 nəm/năm/nán　❶男子。《詩·斯干》：“維熊維羆，～子之祥。”❷古爵位名。《左·襄十五》：“王及公、侯、伯、子、～、甸、采、衛、大夫，各居其列。”

1199 殷甲文（A8: 7, 1）

1200 周I（銘文 70）

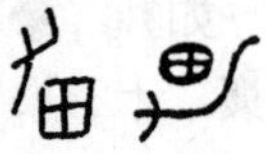
1199—1200

此字从力（928組）、田。

650

南 nəm/năm/nán　南方。《詩·漢廣》：“～有喬木。”

1201 殷甲文（A1: 13, 2）

1202 周I（銘文 57）

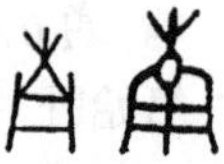
1201—1202

651

今 ki̯əm/ki̯əm/jīn　現在，目前。《詩·權輿》：“～也每食不飽。”

1203 殷甲文（A1: 11, 4）

1204 周I（銘文 56）

1205 周I（銘文 65）

1206 周II（銘文 151）

1203—1206

紟 gʻi̯əm/gʻi̯əm-/jìn　死人的單被。《儀禮·士喪禮》：“緒絞～，衾二。”

衿 ki̯əm/ki̯əm/jīn　古代衣服的交領。《詩·子衿》：“青青子～。”

gʻi̯əm/gʻi̯əm-/jìn　腰帶，繫衣服的帶子，結上帶子。《禮·内則》：“～纓綦屨。”

通“紟”。《禮·内則》：“唯絞～衾冒，死而后制。”（按：今本作“紟”，高氏從《釋文》。）

通“衾”。《禮》。（按：今本未見。）

衾 kʻi̯əm/kʻi̯əm/qīn　被子。《詩·小星》：“抱～與裯。”

坅 kʻi̯əm/kʻi̯əm:/qǐn　ŋi̯əm/ŋi̯əm:/yǐn　坑。《儀禮·既夕禮》：“甸人築～坎。”

禽 gʻi̯əm/gʻi̯əm/qín　❶鳥。《左·昭元》：“公孫黑又使强委～焉。”❷獸。《易·比》：“王用三驅，失前～。”❸捉住，捕獲。《左·哀二十三》：“知伯親～顔庚。”

1207 周I（銘文 60，人名）

1208 周II（銘文 172）

1209 III/IV（銘文 326）

1207—1209

銘文 60 和銘文 172 的主要部分是鳥網（見 407 組“畢”的古文字），而在銘文 326 中譌作野獸形狀了。

擒 音同上　捉住。《國語·吴語》：“員不忍稱疾辟易，以見王之親爲越之～也。”

芩 音同上　生於沼澤地的一種植物。《詩·鹿鳴》：“呦呦鹿鳴，食野之～。”

聆 音同上
竹篋。《儀禮·士喪禮》：“繫用～。”

琴 音同上　撥弦樂器。《詩·鼓鐘》：“鼓瑟鼓～。”

黔 gʻi̯əm/gʻi̯əm/qín　gi̯æm/gʻi̯ɛm/qián
黑色。《左·襄十七》：“邑中之～，實慰我心。”

吟 ŋi̯əm/ŋi̯əm/yín　❶嘆息，呻吟。《國策·楚一》：“晝～宵哭。”❷拖長聲音而令人傷心的吟唱。《荀子·不苟》：“盜跖～口，名聲若日月，與舜禹俱傳而不息。”

岑 ŋi̯əm/ŋi̯əm:/yǐn　?/tsʻi̯əm/qín　崖岸。《莊子·徐无鬼》：“夜半於无人之時而與舟人鬬，未始離於～而足以造於怨也。”

?/dzʻi̯əm/chén（cén）　小而高的山。《孟子·告子下》：“方寸之木可使高於～樓。”

趻 tʻi̯əm/ȶʻi̯əm:/chěn　遲滯而行。《莊子·秋水》：“吾以一足～踔而行。”

戡 kʻəm/kʻăm/kān　殺。《説文》引《書》：“西伯既～黎。”（按：今《書·西伯戡黎》作“戡”。）

侌 ʔi̯əm/ʔi̯əm/yīn（“霒”的初文，故從此讀）　陰天。見《説文》（無書證）。形符爲“云”。

陰 ʔi̯əm/ʔi̯əm/yīn　❶北坡。《詩·公劉》：“相其～陽，觀其流泉。”❷陰暗。《詩·鴟鴞》：“迨天之未～雨。”❸陰天。《詩·終風》：“曀曀其～。”❹中國古代哲學中的陰陽學説。《左·僖十六》：“是～陽之事，非吉凶所生也。”❺地窖。《詩·七月》：“二之日鑿冰沖沖，三之日納于淩～。”

ʔi̯əm/ʔi̯əm-/yìn　庇護。《詩·桑柔》：“既之～女，反予來赫。”

Gl984、1520

1210

1210 周III/IV（銘文 326）

霒 ʔi̯əm/ʔi̯əm/yīn　陰。《大戴禮·文王官人》：“五曰：生民有～陽。”

蔭 ʔi̯əm/ʔi̯əm-/yìn
日影。《左·昭元》：“趙孟視～。”

廕 前字的異體。

酓 ʔi̯æm/ʔi̯ɛm:/yǎn　苦酒。見《説文》（無書證）。

1211 殷甲文（O1316，“歓”義？）

1212 周IV（銘文 289，人名）

1213 漢前（銘文 407，“歓”義？）

1211—1213

韽 ʔəm/ʔăm/ān（還有幾個異讀）　低聲。《周禮·典同》：“微聲～。”

歓 ʔi̯əm/ʔi̯əm:/yǐn　喝，“飲”的異體（銘文 224）。

1214

1214 周III（銘文 224）

媕 ŋəm/ŋăm:/ǎn　美。《説文》引《韓詩》：“碩大且～。”（按：今《詩·澤陂》作“儼”。）Gl353

含 gʻəm/ɣăm/hán　❶銜在嘴裏。《莊子·馬蹄》：“～哺而熙。”❷懷有（如忿恨）。《書·無逸》：“不啻不敢～怒。”❸

包含。《易·坤》："～萬物而化光。"

gʻəm/ɣǎm-/hàn 放進嘴裏。《左·襄十九》："卒而視，不可～。"

唅 gʻəm/ɣǎm/hán 銜在嘴裏。《荀子·禮論》："～以槁骨。"

頷 gʻəm/ɣǎm:/hàn ❶頷，顎。《公羊·宣六》："祁彌明逆而踆之，絶其～。"❷消瘦，蒼白（特指臉）。《楚辭·離騷》："長顑～亦何傷。"

ŋəm/ŋǎm:/ǎn 點頭。《左·襄二十六》："逆於門者，～之而已。"

652

金 ki̯əm/ki̯əm/jīn 金屬，青銅。《詩·淇奧》："如～如錫。"

1215

1215 周I（銘文59）

⿰衤金 音同上 古代衣服的交領。《漢石經》引《詩》："青青子～。"（按：今《詩·子衿》作"衿"。）

錦 ki̯əm/ki̯əm:/jǐn 帶彩色花紋的絲織品，織錦。《詩·葛生》："衾爛兮。"

欽 kʻi̯əm/kʻi̯əm/qīn ❶强烈。《詩·晨風》："憂心～～。"❷恭敬專注。《書·堯典》："～若昊天。"❸莊重的。《詩·鼓鐘》："鼓鐘～～。" Gl1912、1946

唫 gʻi̯əm/gʻi̯əm:/jìn 塞，閉。《吕氏春秋·重言》："君呿而不～。"

假借爲 ŋi̯əm/ŋi̯əm/yín kʻi̯əm/kʻi̯əm/qīn 陡峭的。《穀梁·僖三十三》："女死必於殽之巖～之下。"

趛 ŋi̯əm/ŋi̯əm:/yǐn 低着頭快走。見《説文》（無書證）。

1216

1216 周II（銘文142，人名）

顉 ŋəm/ŋǎm:/ǎn（hàn） 點頭。《説文》引《左傳》："迎于門，～之而已。"（按：今《左·襄二十六》作"頷"。）

嶔 kʻi̯əm/kʻi̯əm/qīn 陡峭的。《公羊·僖三十三》："爾即死，必於殽之～巖。"

廞 xi̯əm/xi̯əm/xīn 擺出，陳設。《周禮·笙師》："大喪，～其樂器。"

653

音 ʔi̯əm/ʔi̯əm/yīn 聲音，音調。《詩·凱風》："睍睆黄鳥，載好其～。"

通651組"蔭"。《左·文十七》："鹿死不擇～。"

1217 周II/III（銘文275，人名）

此字可能是口吹笛子的象形。參251組"言"字。

1217

愔 音同上 温和，平和。《左·昭十二》："祈招之～～，式昭德音。"

喑 ʔi̯əm/ʔi̯əm/yīn ʔəm/ʔǎm/ān ❶啞的。《管子·入國》："聾盲，～啞。"❷默不作聲。《墨子·親士》："近臣則～。"

ʔi̯əm/ʔi̯əm-/yìn（還有幾個異讀）被抑制的。《莊子·知北遊》："生者，～醷物也。"

瘖 ʔi̯əm/ʔi̯əm/yīn 啞。《禮·王制》："～、聾、跛、躃、斷者、侏儒、百工，各以其器食之。"

⿸广音 音同上

地名。見《玉篇》（無書證）。

1218

1218 周II（銘文180，人名）

暗 ʔəm/ʔǎm-/àn 黑暗。《國語·鄭語》："今王棄高明昭顯，而好讒慝～昧。"

闇 ʔəm/ʔǎm:, ʔǎm-/àn 黑暗。《禮·禮器》："逮～而祭。"

歆 xi̯əm/xi̯əm/xīn ❶聞到、享受到祭祀的香氣。《詩·生民》："其香始升，上帝居～。"❷享有，想望。《詩·皇矣》："無然～羨。"❸興高采烈。《詩·生民》："履帝武敏～。"

654

飲 ʔi̯əm/ʔi̯əm:/yǐn 喝。《詩·泮水》："在泮～酒。"

ʔi̯əm/ʔi̯əm-/yìn 給……喝。《詩·緜蠻》："～之食之。"此字从食、欠（張口）。

655

林 gli̯əm/li̯əm/lín ❶森林，樹叢。《詩·擊鼓》："于～之下。"❷（像森林一樣>）衆多的。《詩·賓之初筵》："有壬有～。"

1219 殷甲文（A2: 8, 1）

1220 殷（銘文 11，人名）

1221 周Ⅱ（銘文 169）

此字从雙木。

1219—1221

淋 音同上 （雨）傾盆而下。《國策·趙一》："使我逢疾風～雨。"

霖 音同上 久雨（三天或更長時間）。《左·隱九》："凡雨，自三日以往爲～。"

1222

1222 殷甲文（A4: 9, 8）

琳 音同上 一種寶石。《書·禹貢》："厥貢惟球、～、琅玕。"

婪 gləm/lǎm/lán 貪婪。《楚辭·離騷》："衆皆競進以貪～兮。"

惏 音同上 貪婪的，貪得無饜的。《左·昭二十八》："貪～無饜。"

禁 kli̯əm/ki̯əm-/jìn 制止。《左·僖三》："蕩公，公懼變色，～之，不可。"

同音假借 一種禮器的支承物。《禮·禮器》："大夫、士棜～。"

通 651 組"紟"。《荀子·非十二子》："其纓～緌。"

襟 kli̯əm/ki̯əm/jīn 衣襟。《楚辭·思古》："泣霑～而濡袂。"

噤 g'li̯əm/g'i̯əm:, g'i̯əm-/jìn 閉口。《楚辭·思古》："口～閉而不言。"

656

冘 di̯əm/i̯əm/yín 行走（僅有漢代書證）。此字像個拿着東西的人，也許是撐着竿子的人（見"沈"的古文字）。

沈 ɖ'i̯əm/ɖ'i̯əm/chén ❶下沉。《詩·菁菁者莪》："載～載浮。"❷淹没。《國策·秦四》："城不～者三板耳。"❸深。《莊子·外物》："心若懸於天地之間，慰暋～屯。"❹把毒藥投入液體中（參"酖"）。《周禮·雍氏》："禁山之爲苑、澤之～者。"

d'i̯əm/ɖ'i̯əm/chén ɖ'i̯əm/ɖ'i̯əm-/zhèn 投物水中而祭祀。《周禮·大宗伯》："以貍～祭山林川澤。"

ɕi̯əm/ɕi̯əm:/shěn 諸侯國名。《左·文三》："叔孫得臣會晉人、宋人、陳人、衛人、鄭人伐～。"

ʈ'i̯əm/tɕ'i̯əm:/chěn（shěn） 汁。《禮·檀弓下》："爲榆～。"Gl1546

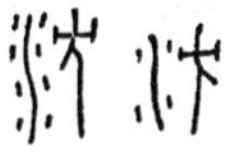

1223—1224

1223 殷甲文（N4: 61，P149，人名）

1224 周Ⅰ（銘文 58，人名）

酖 ɖ'i̯əm/ɖ'i̯əm-/zhèn 毒酒。《左·閔元》："晏安～毒，不可懷也。"

鴆 音同上 （帶毒翅的鳥用來浸酒>）毒害。《國語·魯語上》："使醫～之。"

枕 ʈi̯əm/tɕi̯əm:, tɕi̯əm-/zhěn ❶枕頭。《詩·澤陂》："輾轉伏～。"❷將頭靠在枕頭之類物體上。《論語·述而》："曲肱而～之。"

忱 di̯əm/ʑi̯əm/shén, chén ❶信賴，可靠的。《詩·大明》："天難～斯。"❷真誠。《書·多方》："爾不克勸～我命。"❸真正地。《書·盤庚中》："爾～不屬。"Gl1452

抌 təm/tǎm:/dǎn 擊，刺入。《列子·黄帝》："攩拯挨～。"

眈 təm/tǎm，tǎm:/dān
下視。《易·頤》："虎視～～。"

紞 təm/tɑm:/dǎn（中古音不規則，應念 tǎm） 冠冕上的絲狀垂飾。《左·桓二》："衡 ～紘綖。"

耽 təm/tǎm/dān 醉心於音樂，放蕩，喜歡。《詩·氓》："于嗟女兮，無與士～。"

髧 dʻəm/dʻǎm:/dàn 垂下（特指頭髮）。《詩·鄘風·柏舟》："～彼兩髦。"Gl128

黕 təm/tǎm:/dǎn 污垢。《楚辭·九辯》："或～點而汙之。"

醓 tʻəm/tʻǎm:/tǎn 腌製的肉醬和汁。《詩·行葦》："～醢以薦。"

657

㸒 di̯əm/i̯əm/yín
貪求。見《説文》（無書證）。

淫 音同上 浸泡。《周禮·匠人》："善防者水～之。"

同音假借 ❶過分。《書·大禹謨》："罔遊于逸，罔～于樂。"❷放蕩。《書·西伯戡黎》："惟王～戲用自絶。"❸使獲自由，釋放。《書·費誓》："今惟～舍牿牛馬。"❹大。《詩·有客》："既有～威，降福孔夷。"❺參差不齊的。《左·昭元》："於是有煩手～聲。"

658

甚 di̯əm/ʑi̯əm:，ʑi̯əm-/shèn 過分，很。《詩·東門之墠》："其室則邇，其人～遠。"

此字可能是"煁"（爐竈）的初文（見本組古文字）。

煁 di̯əm/ʑi̯əm/chén
小竈。《詩·白華》："卬烘于～。"

諶 音同上 可信賴的，相信。《詩·蕩》："天生烝民，其命匪～。"

1225

1225 周（銘文 344，人名）

揕 ti̯əm/ȶi̯əm-/zhèn 刺。《國策·燕三》："因左手把秦王之袖，而右手持匕首～抗之。"

椹 ti̯əm/ȶi̯əm/zhēn 砧板。《周禮·司弓矢》："王弓弧弓，以授射甲革～質者。"

踸 tʻi̯əm/ȶʻi̯əm:/chěn 遲滯而行。《莊子·秋水》："吾以一足～踔而行。"（按：今本作"跉"，高氏從《康熙字典》。）

斟 ȶi̯əm/tɕi̯əm/zhēn ❶舀出，服侍。《楚辭·天問》："彭鏗～雉，帝何饗？"❷細細考慮。《國語·周語上》："耆、艾修之，而後王～酌焉。"

葚 dʻi̯əm/dʑi̯əm:/shèn di̯əm/ʑi̯əm:/shèn
桑樹的果實。《詩·氓》："無食桑～。"

媅 təm/tǎm/dān 高興。見《説文》（無書證）。

1226

1226 周Ⅰ/Ⅱ（銘文 212，人名）

湛 təm/tǎm/dān 沉入，沉浸於（特指快樂），高興。《詩·賓之初筵》："子孫甚～。"

dʻæm/dʻǎm:/zhàn ❶浸透（特指露水）。《詩·湛露》："～～露斯，匪陽不晞。"❷深。《楚辭·招魂》："～～江水兮上有楓。"

tsi̯æm/tsi̯ɛm/jiān 浸。《禮·內則》："～諸美酒。"

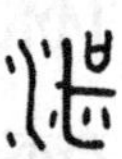
1227

1227 周Ⅱ（銘文 180）

黮 tʻəm/tʻǎm:/tǎn dʻəm/dʻǎm:/dàn 不明。《莊子·齊物論》："我與若不能相知也，則人固其～闇。"

通"受"。《詩·泮水》："食我桑～。"

糂 səm/sǎm:/sǎn 肉糜粥。《荀子·宥坐》："藜羹不～。"

堪 kʻəm/kʻăm/kān　勝任，經得起。《詩·訪落》：“維予小子，未～家多難。”

戡 音同上　征服，殺。《書·西伯戡黎》：“西伯既～黎，祖伊恐。”

通“堪”。《書·君奭》：“惟時二人弗～。”

嵁 kʻəm/kʻăm/kān　kʻæm/kʻăm/qiān　ŋəm/ŋăm/án　多石。《莊子·在宥》：“故賢者伏處大山～巖之下，而萬乘之君憂慄乎廟堂之上。”

659

闖 tʻi̯əm/ȶʻi̯əm-/chèn　猛衝，自己闖入。《公羊·哀六》：“開之，則～然公子陽生也。”

此字从門、馬。

660

兓 tsi̯əm/tsi̯əm/jīn
銳利。見《說文》（無書證）。

1228

1228 周Ⅱ（銘文 147，“朁”義）

此字可能是“簪”（髮針）的初文。

朁 tsʻəm/tsʻăm:/cǎn　表完成時的虛詞。《說文》引《詩》：“～不畏明。”（按：今《詩·民勞》作“憯”。）

1229

1229 周Ⅱ（銘文 194，“憯”義）

憯 音同上
悲傷。《詩·雨無正》：“～～日瘁。”

同音假借　表完成的虛詞。《詩·民勞》：“～不畏明。”

噆 tsʻəm/tsʻăm:/cǎn　銜。《淮南子·覽冥訓》：“～味含甘。”

tsəp/tsăp/zá　叮，咬。《莊子·天運》：“蚊虻～膚，則通昔不寐矣。”

簪 tsəm/tsăm/zān　tṣi̯əm/tṣi̯əm/zhēn　髮針。《荀子·賦》：“～以爲父。”

假借爲tṣi̯əm/tṣi̯əm/zhēn　迅速。《易·豫》：“朋盍～。”

鐕 tsəm/tsăm/zān　無頭的釘子，固定用的針。《禮·喪服大記》：“君裏棺用朱綠，用雜金～。”

蠶 dzʻəm/dzʻăm/cán
蠶。《詩·七月》：“～月條桑。”

譖 tṣi̯əm/tṣi̯əm-/zhèn（zèn）　讒言。《詩·瞻卬》：“～始竟背。”Gl601、958

鬵 dzi̯əm/zi̯əm/xín　dzʻi̯æm/dzʻi̯ɛm/qián　大鍋。《詩·匪風》：“誰能亨魚？溉之釜～。”

僭 tsi̯əm/tsi̯ɛm-/jiàn　❶犯錯誤，錯誤。《詩·殷武》：“不～不濫。”❷虛假，謊言。《詩·抑》：“不～不賊。”❸混亂。《詩·鼓鐘》：“以籥不～。”❹篡權。《禮·雜記下》：“君子上不～上，下不偪下。”Gl601、958

熸 tsi̯æm/tsi̯ɛm/jiān　熄火。《左·襄二十六》：“王夷，師～。”

潛 dzʻi̯æm/dzʻi̯ɛm/qián　❶在水裏走，趟水過河。《國語·吳語》：“越王乃令其中軍銜枚～涉。”❷潛在水底。《詩·潛》：“～有多魚。”❸沉入，沉浸於（特指享樂）。《書·洪範》：“沈～剛克，高明柔克。”

dzʻi̯æm/dzʻi̯ɛm，dzʻi̯ɛm-/jiàn　隱藏，秘密地。《左·僖三十二》：“若～師以來，國可得也。”Gl1099、1546

661

𠬶 tsʻi̯əm/tsʻi̯əm/qīn（“侵”的初文，故讀此音）（掃過>）侵入（殷甲銘文Ⅰ 39：11）。

1230

1230 殷甲文（Ⅰ 39：11）

此字从又（手）、帚（1087 組）。

侵 音同上　❶（掃過>）侵入。《詩·六月》：“～鎬及方。”❷奪取。《淮南子·主術訓》：“貪主暴君，撓於其下，～漁其民。”

1231

1231 周I（銘文343，人名）

綅 tsʻi̯əm/tsʻi̯əm/qīn　tsi̯əm/tsi̯əm/jīn　si̯æm/si̯ɛm/xiān　綫。《詩·閟宫》：“公徒三萬，貝胄朱～。”

寢 tsʻi̯əm/tsʻi̯əm:/qǐn　❶躺下睡覺。《詩·斯干》：“乃安斯～。”❷宫殿中的住房。《禮·喪大記》：“君夫人卒於路～。”❸祖廟後殿。《詩·巧言》：“奕奕～廟。”

1232 殷甲文（A1: 30, 5）

1233 殷甲文（Ⅰ23: 13）

1234 殷（銘文4）　1235 周II（銘文193）

這些古文字的聲符都簡作“帚”字。

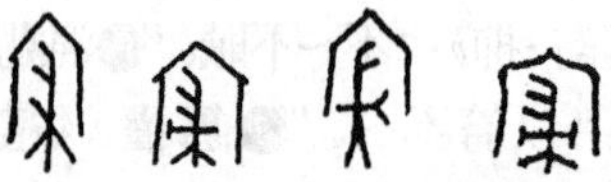

1232—1235

鋟 tsʻi̯əm/tsʻi̯əm:/qǐn　tsʻi̯æm/tsʻi̯ɛm/qiān　tsi̯æm/tsi̯ɛm/jiān　刻。《公羊·定八》：“睋而～其板。”

駸 tsʻi̯əm/tsʻi̯əm/qīn　tṣʻi̯əm/tṣʻi̯əm/chēn　飛跑。《詩·四牡》：“駕彼四駱，載驟～～。”

浸 tsi̯əm/tsi̯əm-/jìn　❶充溢。《詩·白華》：“滮池北流，～彼稻田。”❷浸泡。《詩·下泉》：“～彼苞稂。”❸逐漸，一步一步地。《易·遯》：“～而長也。”❹湖。《周禮·職方氏》：“東南曰揚州……其～五湖。”

祲 tsi̯əm/tsi̯əm, tsi̯əm-/jìn　（環繞日月的）暈圈，表示某種預兆的霧氣。《左·昭十五》：“吾見赤黑之～，非祭祥也。”

寖 “浸”的異體。《吕氏春秋·尊師》：“治唐圃，疾灌～，務種樹。”

662

尋 dzi̯əm/zi̯əm/xín, xún　長度單位（八尺）。《詩·閟宫》：“新甫之柏，是斷是度，是～是尺。”

同音假借　❶加熱（特指食物）。《左·哀十二》：“若可～也，亦可寒也。”❷重複，繼續。《左·僖九》：“夏，會于葵丘，～盟且修好，禮也。”❸用。《左·僖五》：“三年，將～師焉。”

663

心 si̯əm/si̯əm/xīn　心情。《詩·草蟲》：“憂～忡忡。”

1236 周II（銘文139）　1236

此字象形

664

森 ṣi̯əm/ṣi̯əm/shēn（sēn）　稠密的樹林，叢林（僅有漢代書證）。

1237 殷甲文（B下3: 2，其義不明）　1237

此字从三木。

665

審 ɕi̯əm/ɕi̯əm:/shěn　❶檢查，辨别。《論語·堯曰》：“謹權量，～法度。”❷審慎。《書·顧命》：“兹予～訓命汝。”

同音假借　一束（羽毛）。《周禮·羽人》：“十羽爲～。”

瀋 t̑ʻi̯əm/tɕʻi̯əm:/chěn　汁。《左·哀三》：“無備而官辦者，猶拾～也。”

666

突 ɕi̯əm/ɕi̯əm/shēn　深。《詩·殷武》：“～入其阻。”段玉裁認爲應是“突入其阻”，但正確的寫法應如598組的“罙”，參Gl1201。（按：段説見《説文解字注》“罙”條。）

穼 前字的異體。

深 ɕi̯əm/ɕi̯əm/shēn　深。《詩·邶風·谷風》：“就其～矣，方之舟之。”

ɕi̯əm/ɕi̯əm-/shèn　深度。《周禮·大司徒》：“以土圭之法測土～。”

1238 周III/IV（銘文327）　1238

琛 tʻi̯əm/ṭʻi̯əm/chēn 寶貝。《詩·泮水》："來獻其～。"

探 tʻəm/tʻăm/tān(tàn) ❶手伸進去試探。《論語·季氏》："見善如不及，見不善如～湯。"❷探索。《易·繫辭上》："～賾索隱。"❸自己取。《書·多方》："惟爾多方～天之威。" Gl1933

667

壬 ni̯əm/nzi̯əm/rén ❶天干名。《左·昭七》："～子，余將殺帶也。"❷大。《詩·賓之初筵》："有～有林。"

通"荏"。(柔軟的>)獻媚。《書·皋陶謨》："何畏乎巧言令色孔～。" Gl72、1278

1239 殷甲文(A1: 1, 1)

1240 殷(銘文 30)

1241 周I(銘文 59)

1242 周I(銘文 79)

1239—1242

任 ni̯əm/nzi̯əm/rén ❶負，載。《詩·生民》："是～是負。"❷支承，經受，擔當。《左·成三》："臣不～受怨，君亦不～受德。"❸堅定、可靠的。《周禮·大司徒》："二曰六行，孝、友、睦、婣、～、恤。"

ni̯əm/nzi̯əm-/rèn ❶擔子。《孟子·滕文公上》："門人治～將歸。"❷使擔當(責任)，職位。《書·大禹謨》："～賢勿貳。"❸委托。《左·成三》："臣不才，不勝其～。"❹信任。《論語·陽貨》："信則人～焉。"

通"荏"。(柔軟的>)獻媚。《書·舜典》："惇德允元，而難～人。" Gl72、1278

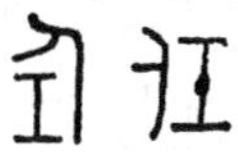

1243—1244

1243 周I(銘文 79)

1244 周I(銘文 131b)

妊 ni̯əm/nzi̯əm-/rèn 懷孕。見《説文》。

1245

1245 周I(銘文 97，人名)

姙 前字的異體(僅有漢代書證)。

紝 ni̯əm/nzi̯əm/rèn　ni̯əm/ni̯əm/nín 織物。《左·成二》："孟孫請往賂之，以執斲、執鍼、織～。"

絍 前字的異體。《墨子·節葬下》："紡績織～。"

衽 ni̯əm/nzi̯əm:, nzi̯əm-/rèn ❶衣服下襬，衣邊。《左·成十七》："抽戈結～。"❷床席。《禮·曲禮上》："請～何趾?"❸棺蓋上的木楔。《禮·檀弓上》："～，每束一。"❹衣襟。《論語·憲問》："微管仲，吾其被髮左～矣。"

袵 前字的異體。

飪 ni̯əm/nzi̯əm:/rèn 煮透，煮爛。《論語·鄉黨》："失～不食。"

恁 音同上 想(銘文 306)。

1246

1246 周III/IV(銘文 306)

荏 音同上 一種大的豆。《詩·生民》："蓺之～菽。"

同音假借 柔軟的。《詩·巧言》："～染柔木。"

賃 ni̯əm/ni̯əm-/nìn(lìn) 雇。《左·襄二十七》："僕～於野，以喪莊公。"

668

稟 pli̯əm/pi̯əm:/bǐng　bli̯əm/li̯əm:/lǐn 配給口糧。《禮·中庸》："日省月試，既～稱事。"(按：今本作"廩"，高氏從《釋文》。)

pli̯əm/pi̯əm:/bǐng ❶收到，得到。《左·昭二十六》："先王所～於天地，以其爲民也。"❷請示命令。《左·閔二》："～命則不威，專命則不孝。"此字北京音bǐng不規則，應讀bǐn。此字从亩(糧倉，有兩層圍牆和一個屋頂)、禾(糧食)。

稟 前字的俗體。

廩 bli̯əm/li̯əm:/lǐn 糧倉。《詩·豐年》:"亦有高~,萬億及秭。"

同音假借 震動,摇動。《左·哀十五》:"無乃~然隕大夫之尸。"

通"稟"。《管子·問》:"問死事之寡,其餼~何如?"

懍 音同上 恐懼,敬畏。《荀子·議兵》:"殺戮無時,臣下~然莫必其命。"

669

品 p'li̯əm/p'i̯əm:/pǐn ❶種,類,級。《書·禹貢》:"厥貢惟金三~。"❷程度。《禮·檀弓下》:"~節斯,斯之謂禮。"

1247 殷甲文(A5: 35, 3)

1248 殷甲文(A5: 35, 4)

1249 周I(銘文 63)

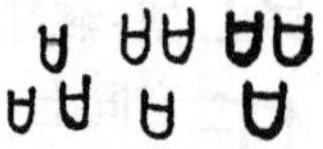

1247—1249

此字字形可比較 122 組的"區"。

臨 bli̯əm/li̯əm/lín ❶接近,至。《詩·小旻》:"如~深淵。"❷垂視,監視。《詩·思齊》:"不顯亦~。"❸一種戰車。《詩·皇矣》:"以爾鉤援,與爾~衝。"

bli̯əm/li̯əm-/lìn 哭弔。《左·宣十二》:"卜~于大宫。"Gl811

1250 周I(銘文 65)

1251 周II(銘文 180)

1250—1251

形符从人、臣(目)。

670

念 niəm/niem-/niàn 思念。《詩·文王》:"無~爾祖。"

通"諗"。宣布。《書·盤庚下》:"~敬我衆。"Gl1485

1252 周I(銘文 58)

1253 周II(銘文 139)

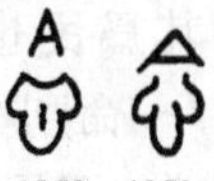

1252—1253

稔 ni̯əm/nzi̯əm:/rěn 收成,年。《左·僖》:"不可以五~。"

腍 音同上 煮熟的。《禮·郊特牲》:"腥,肆,爓,~,祭。"

淰 ɕni̯əm/ɕi̯əm:/shěn 逃跑。《禮·禮運》:"故魚鮪不~。"

諗 音同上 ❶規諫。《左·閔二》:"昔辛伯~周桓公。"❷報告。《詩·四牡》:"將母來~。"Gl404

敜 niəp/niep/niè 塞,阻。《書·費誓》:"~乃穽。"

671

咸 g'æm/ɣăm/xián ❶皆。《詩·玄鳥》:"殷受命~宜。"❷聯合。《詩·閟宫》:"克~厥功。"❸全部。《詩·崧高》:"周邦~喜。"❹徧。《國語·魯語上》:"小賜不~。"❺卦名。《易·咸》:"~亨利貞。"

通"緘"。《禮·喪大記》:"大夫士以~。"

通"諴"。《書·無逸》:"用~和萬民。"Gl1163、1846

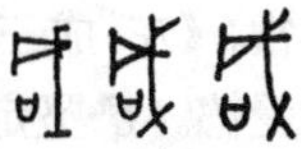

1254—1256

1254 殷甲文(A1: 43, 5)

1255 殷(銘文 12) 1256 周I(銘文 67)

此字从口、戌(一種武器)——一次"會議",一個指揮官下的軍隊?

諴 音同上 和。《書·召誥》:"其丕能~于小民。"

鹹 音同上 鹽,鹹。《書·洪範》:"潤下作~。"

減 kæm/kăm:/jiǎn g'æm/ɣăm:/xiàn 節略,減輕。《禮·祭義》:"禮主其~。"Gl601

1257

1257 周III(銘文 230,人名)

緘 kæm/kăm/jiān ❶繩。《莊子·胠篋》:"則必攝~縢。"❷縛。《莊子·齊物論》:"其厭也如~。"

1258

1258 周II（銘文 180）

黬 kæm/kǎm/jiān　ʔæm/ʔǎm:/yǎn（還有好幾個異讀）　黑垢。《莊子·庚桑楚》："有生，～也。"

感 kəm/kǎm:/gǎn　❶感動。《易·繫辭上》："～而遂通天下之故。"❷觸動。《詩·野有死麕》："無～我帨兮。"

通"憾"。《左·襄二十九》："美哉，猶有～。"

顑 xəm/xǎm-/hàn　kʻəm/kʻǎm:/kǎn　消瘦。《楚辭·離騷》："長～頷亦何傷。"

箴 t̑i̯əm/tɕi̯əm/zhēn　❶針。《禮·内則》："衣裳綻裂，紉～請補綴。"❷（刺>）批評。《左·宣十二》："～之曰：'民生在勤。'"

鍼 音同上　針。《左·成二》："孟孫請往賂之，以執斲、執～、織紝。"

憾 gəm/ɣǎm-/hàn　❶不滿。《禮·中庸》："人猶有所～。"❷恨。《左·隱五》："請君釋～於宋。"

672

臽 gʻæm/ɣǎm-/xiàn　小坑。見《説文》（無書證）。

1259 周II（銘文 184，"陷"義）

此字爲人落陷阱的象形。　1259

陷 音同上　❶（落入陷阱>）落下，掉下。《左·僖四》："大～於沛澤之中。"❷扔下。《孟子·梁惠王上》："彼～溺其民。"

錎 前字的異體。《莊子·外物》："～没而下。"

埳 kʻəm/kʻǎm:/kǎn　坑。《莊子·秋水》："子獨不聞夫～井之鼃乎？"

欿 音同上　❶（空>）不足，欠缺，低劣。《孟子·盡心上》："如其自視～然。"❷沮喪，憂傷。《楚辭·哀時命》："～愁悴而委惰兮。"

通"埳"。《左·僖二十四》："乃坎～。"

淊 gʻəm/ɣǎm:/hàn　泥水。見《説文》（無書證）。

1260 漢前（銘文 432，人名）　1260

窞 dʻəm/dʻǎm:/tàn（應爲 dàn）　洞穴或地窖中的壁龕或小坑。《易·坎》："入于坎～。"

此字爲會意字，从穴、臽。但是"臽"在某種程度上也有表音的作用。下面諸字都以此字爲聲符，但聲符經過簡略（比較"肘"作"詩"的聲符）。

萏 dʻəm/dʻǎm:/dàn　菡～：荷花。《詩·澤陂》："有蒲菡～。"

啗 dʻɑm/dʻɑm:, dʻɑm-/dàn　食，吞。《國語·晉語二》："主孟～我。"

諂 tʻi̯æm/t̑ʻi̯ɛm:/chǎn　奉承。《論語·學而》："貧而無～。"

閻 di̯æm/i̯ɛm/yán　里巷之門。《荀子·儒效》："雖隱於窮～漏屋，人莫不貴之。"

壛 音同上　檐。《楚辭·大招》："曲屋步～。"

爓 di̯æm/i̯ɛm-/yàn　光亮（僅有漢代書證）。

dzi̯æm/zi̯ɛm/xián　煮沸（特指肉）。《禮·郊特牲》："血、腥、～、祭，用氣也。"

dzi̯əm/zi̯əm/xín　用煮沸之肉的祭祀。《禮·祭義》："～祭祭腥而退。"

讇 "諂"的異體。《禮·玉藻》："立容辨卑毋～。"

673

嵒 ŋæm/ŋǎm/yán　ŋi̯əm/ŋi̯əm/yín　險峻的，危險的。《書·召誥》："顧畏于民～。"此據僞孔傳《尚書》的傳統説法，但是它的正確讀音也許是以"山"爲形符的"嵒"字 n̑i̯ap/ȵʑi̯ɛp/rè，即"讘"的異

體。Gl1729

674

熊 gi̯um/ji̯uŋ/xióng（應爲 róng, yóng）熊。《詩·斯干》："維～維羆。"

1261 周III（銘文 239）

1261

原來的字形可能爲象形字。參885組"能"。

675

合 gʻəp/ɣăp/hó（hé） ❶連接，結合。《詩·小戎》："龍盾之～。"❷聚焦。《論語·憲問》："桓公九～諸侯。"❸和睦。《詩·常棣》："妻子好～。"❹配偶。《詩·大明》："天作之～。"❺回答。《左·宣二》："既～而來奔。"❻符合。《孟子·梁惠王上》："此心所以～於王者，何也？"❼關閉。《國策·燕三》："國之有封疆，猶家之有垣牆，所以～好掩惡也。"

1262 殷甲文（A7: 36, 1）
1263 殷（銘文 53，人名）
1264 周II（銘文 150）

1262—1264

此字像一蓋子蓋在物體的開口處。

迨 音同上（hé）
到達，至。（銘文 27）。

1265 殷甲文（H2: 25, 6）
1266 殷（銘文 27）

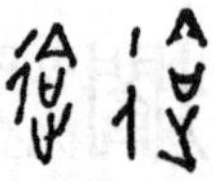

1265—1266

蛤 kəp/kăp/gó（gé） 牡蠣，貽貝。《禮·月令》："爵入大水爲～。"

閤 音同上（gé） 小門。《墨子·雜守》："百步一隊，～通守舍。"

韐 kæp/kăp/jiá kəp/kăp/gó（gé） 蔽膝。《詩·瞻彼洛矣》："韎～有奭。"

跲 kæp/kăp/jiá ki̯ăp/ki̯ɐp/jiē gʻi̯ăp/gʻi̯ɐp/jié 絆跌。《禮·中庸》："言前定則不～。"

鞈 kæp/kăp/jiá ❶穿在衣服裏面用作鎧甲的皮服。《管子·小匡》："輕罪入蘭盾～革二戟。"❷防禦的，堅固的。《荀子·議兵》："楚人鮫革犀兕以爲甲，～如金石。"

洽 gʻæp/ɣăp/xiá（qià） 瀰漫，充滿。《孟子·公孫丑上》："猶未～於天下。"

同音假借 ❶協調，一致。《詩·板》："民之～矣。"❷聯接，聚合。《詩·正月》："～比其鄰。"❸完成。《詩·賓之初筵》："～此百禮。"

祫 音同上
合祭於祖先。《禮·王制》："～禘。"

袷 ki̯ăp/ki̯ɐp/jié （朝服的）交領。《禮·曲禮下》："天子視不上於～。"

給 ki̯əp/ki̯əp/jǐ ❶供，給。《左·僖十三》："敢不共～。"❷充足。《孟子·梁惠王下》："秋省斂而助不～。"❸善言。《論語·公冶長》："禦人以口～。"

翕 xi̯əp/xi̯əp/xī ❶團結，和睦。《詩·常棣》："兄弟既～，和樂且湛。"❷聯合。《爾雅》引《詩》："～～訿訿。"（按：今《詩·小旻》作"潝"。）❸引。《詩·大東》："維南有箕，載～其舌。"

通"潝"。吼叫聲。《詩·般》："允猶～河。"Gl1143

噏 音同上 斂。《老子》三十六章："將欲～之，固必張之。"（按：今本作"翕"，高氏從河上本。）

歙 音同上 縮。《莊子·山木》："則呼張～之。"

同音假借 懼。《老子》四十九章："～～爲天下渾其心。"

潝 音同上 ❶水疾聲。見《説文》（無書證）。❷聯合。《詩·小旻》："～～訿訿。"Gl574、1143

闟 音同上 止，站立不動。《管子·小問》："～然止，瞋然視。"

676

答 təp/tǎp/dá ❶對應。《書·洛誥》：“奉～天命。”❷回答。《詩》（按：今《詩》無“答”字。）

此字从竹、合。

荅 前字的異體。

回答。《詩·雨無正》：“聽言則～。”

通“嗒”。《莊子·齊物論》：“～焉似喪其偶。”

嗒 t‘əp/t‘ǎp/tà t‘ap/t‘ap/tà 離體，分神。《莊子·齊物論》：“～焉似喪其偶。”（按：今本作“荅”，高氏從《釋文》。）

677

沓 d‘əp/d‘ǎp/dá 嘮叨，多言。《詩·十月之交》：“噂～背憎。”

同音假借 ❶聯，接。《楚辭·天問》：“天何所～。”❷貪食。《國語·鄭語》：“其民～貪而忍。”

此字从曰（説話）、水（像水流般）。

誻 音同上 愛説話的。《荀子·正名》：“黑者之言～～然。”

678

眔 d‘əp/d‘ǎp/dá （達，及>）與，和。（銘文 54）此字跟“遝”是同一個詞。

1267 殷甲文（A2：5，7）

1268 殷甲文（A2：45，2）

1269 周 I（銘文 54）

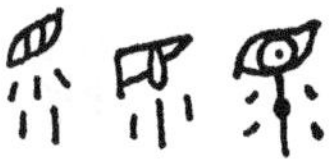

1267—1269

遝 音同上 達。《禮·中庸》：“所以～賤也。”（按：今《禮》作“逮”，高氏從《釋文》。）

嚃 t‘əp/t‘ǎp/tà

喝。《禮·曲禮上》：“毋～羹。”

679

帀 tsəp/tsǎp/zā 一周，一圈。《莊子·秋水》：“宋人圍之數～。”

1270 周 II（銘文 182，可能爲“師”義）

1270

匝 前字的異體。

680

颯 səp/sǎp/sà 風的沙沙聲。《楚辭·山鬼》：“風～～兮木蕭蕭。”

681

及 g‘i̯əp/g‘i̯əp/jí ❶來到，至。《詩·蕩》：“覃～鬼方。”❷和。《詩·氓》：“～爾偕老。”❸在……的時候。《孟子·公孫丑上》：“～是時，明其政刑。”

通“急”。《書·盤庚下》：“朕～篤敬恭承民命。”Gl1480

1271 殷甲文（A3：19，2）

1272 周 III（銘文 226）

此字像手抓住人。

1271—1272

彶 ki̯əp/ki̯əp/jí

急行。見《説文》。

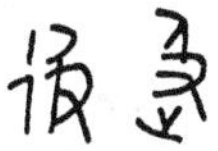

1273—1274

1273 周 I（銘文 97，“及”義）

1274 周 II/III（銘文 253，“及”義）

急 音同上 ❶急迫。《詩·六月》：“我是用～。”❷急忙。《左·桓六》：“君何～焉。”❸急難。《左·桓六》：“今以君命奔齊之～。”現代字形中的聲符稍有變化。

汲 音同上 ❶汲水。《易·井》：“可用～。”❷拉向自己。《周禮·匠人》：“凡任索約大～其版。”

同音假借 急切。《禮·問喪》：“望望然，～～然。”Gl1480

級 音同上 ❶程度，質量的等級。《禮·月令》：“以別貴賤等～之度。”❷階梯。《禮·曲禮上》：“拾～聚之。”

吸 xi̯əp/xi̯əp/xī 吸。《莊子·齊物論》：“激者，謞者，叱者，～者，叫者，譹者，宎者，咬者。”

同音假借 動。《楚辭·思古》：“雲

～～以湫戾。”

圾 ŋiəp/ŋi̯əp/yì(jí) 危險。《莊子·天地》：“殆哉～乎天下。”

岌 音同上(jí) ❶高貌。《楚辭·離騷》：“高余冠之～～兮。”❷危險。《孟子·萬章上》：“天下殆哉，～乎。”

极 gʻiæp/gʻi̯ɛp/jié(jí) 背上裝物之架。見《說文》(無書證)。

1275 周III/IV(銘文327，其義不明)

1275

笈 音同上(jí) 背上所負之箱(僅有漢代書證)。

682

爗 gi̯əp/ji̯əp/yì gi̯æp/ji̯ɛp/yè 照耀，閃光。《詩·十月之交》：“～～震電。”

此字从火、華(花)。“爗”還有“日”義。

燁 前字的異體。

683

邑 ʔi̯əp/ʔi̯əp/yì 城，鎮。《詩·文王有聲》：“作～于豐。”

同音假借 抽泣。《楚辭·悲回風》：“氣於～而不可止。”

通“悒”。《荀子·解蔽》：“無～憐之心。”

1276 殷甲文(A2: 13, 2)

1277 殷(銘文52)

1278 周I(銘文126)

1279 周II(銘文132)

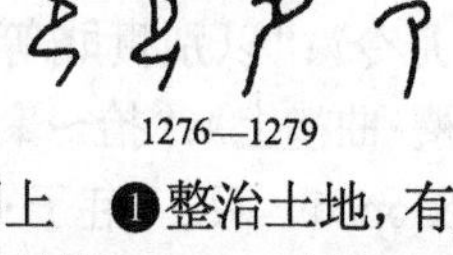

1276—1279

悒 音同上 ❶整治土地，有力的。《莊子·天地》：“～～乎耕而不顧。”(有不同的讀音)❷憂慮，悲傷。《大戴禮·曾子立事》：“君子終身守此～～。”

挹 音同上 ❶舀。《詩·泂酌》：“～彼注茲。”❷壓抑。《荀子·宥坐》：“此所謂～而損之之道也。”

通“揖”。作揖。《荀子·議兵》：“拱～指麾。”

浥 音同上

濕，打濕。《詩·行露》：“厭～行露。”

唈 ʔi̯əp/ʔi̯əp/yì ʔəp/ʔăp/è 呼吸不接。《荀子·禮論》：“悍詭～僾而不能無時至焉。”

684

馽 ti̯əp/ti̯əp/zhí 縛馬前足。《莊子·馬蹄》：“連之以羈～。”

685

執 ti̯əp/tɕi̯əp/zhí ❶抓住，持，拿。《詩·簡兮》：“左手～籥。”❷關閉，阻塞。《左·僖二十八》：“願以間～讒慝之口。”❸親密的。《禮·曲禮上》：“～友稱其仁也。”

通“慹”。可怕。《詩·執競》：“～競武王。”Gl1084

1280 殷甲文(A5: 36, 4)

1281 殷(銘文28) 1282 周II(銘文147)

1283 周II(銘文172)

此字像人戴手銬之形。

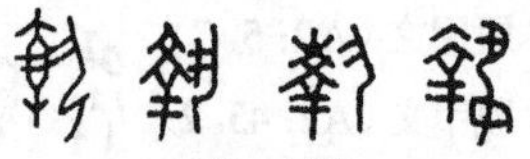

1280—1283

縶 ti̯əp/ti̯əp/zhí ❶繩，拴縛的繩。《詩·有客》：“言授之～，以～其馬。”❷縛。《左·成九》：“南冠而～者，誰也？”

蟄 dʻi̯əp/dʻi̯əp/zhí(zhé) ❶(蛇或昆蟲的)冬眠。《易·繫辭下》：“龍蛇之～。”❷叢生《詩·螽斯》：“宜爾子孫，～～兮。”Gl22

慹 ti̯æp/tɕi̯ɛp/zhé niəp/niep/niè ti̯əp/tɕi̯əp/zhí 嚇呆，發呆。《莊子·田子

方》："～然似非人。"

蓺 tsi̯əp/tsi̯əp/jí　種植。《國語·周語中》："墾田若～。"

驇 ti̯əb/ȶi-/zhì　遲滯，不願前進（特指馬）。《莊子·馬蹄》："而馬知介倪闉扼～曼詭銜竊轡。"

摯 ȶi̯əb/tɕi-/zhì　❶攫取。《書·西伯戡黎》："大命不～。"❷拿，送禮。《禮·曲禮下》："庶人之～匹。" Gl1497

通"致"。《周禮·函人》："凡甲，鍛不～，則不堅。"

通"輊"。《周禮·輈人》："今夫大車之轅，～其登又難。"由此例看來，"摯"很早就轉入以-d收尾的韻部（＞ti̯əd）。

1284

1284 殷甲文（A6: 29, 5）

贄 ȶi̯əb/tɕi-/zhì　禮物。《書·舜典》："五玉三帛二生一死～。"

鷙 音同上　❶猛禽。《楚辭·離騷》："～鳥之不羣兮。"❷捕食。《禮·月令》："鷹隼蚤～。"

墊 ti̯əm/tiem-/diàn　❶扔下。《莊子·外物》："然則廁足而～之致黃泉，人尚有用乎？"❷溺水。《書·益稷》："下民昏～。"❸壓垮。《左·成六》："民愁則～隘。"

686

十 di̯əp/ʑi̯əp/shí　十。《詩·小雅·甫田》："倬彼甫田，歲取～千。"

1285—1287

1285 殷甲文（A1: 5, 5）

1286 殷（銘文 10）

1287 周 I（銘文 54）

個位的第一個數以"一"表示，十位的第一個數以"丨"表示。

什 音同上　❶十個士兵。《左·昭元》："以～共車，必克。"❷十個物件。《孟子·滕文公上》："其實皆～一也。"

汁 ȶi̯əp/tɕi̯əp/zhī　❶汁，液。《禮·郊特牲》："～獻涚于醆酒。"❷在融化的雪。《禮·月令》："則天時雨～。"

687

拾 di̯əp/ʑi̯əp/shí　❶撿，集。《左·哀三》："無備而官辦者，猶～瀋也。"❷射箭用的護袖。《詩·車攻》："決～既佽。"

gʻi̯ăp/gʻi̯ɐp/jié　更迭。《禮·投壺》："左右告矢具，請～投。"

通"涉"。《禮·曲禮上》："～級聚足，連步以上。"

688

咠 tsʻi̯əp/tsʻi̯əp/qì　tsi̯əp/tsi̯əp/jī　耳語。《說文》引《詩》："～～幡幡。"（按：今《詩·巷伯》作"緝緝翩翩"。）

此字从口、耳。

緝 tsʻi̯əp/tsʻi̯əp/qì（qī）　❶縫（衣服的）邊。《儀禮·喪服》："齊者何～也。"❷後續，連續的一排，連續的。《詩·行葦》："授几有～御。"

假借爲 tsʻi̯əp/tsʻi̯əp/qì　tsi̯əp/tsi̯əp/jī　多嘴。《詩·巷伯》："～～翩翩。" Gl618

葺 tsʻi̯əp/tsʻi̯əp/qì　❶以草蓋屋。《周禮·匠人》："～屋三分。"❷蓋，修理。《左·襄三十一》："繕完～牆。"

輯 dzʻi̯əp/dzʻi̯əp/jí　❶收集，聚集。《詩·公劉》："思～用光。"❷和諧。《詩·板》："辭之～矣。"

ts̯i̯əp/ts̯i̯əp/zhí　拖着。《禮·檀弓下》："有餓者蒙袂～屨貿貿然來。" Gl899

戢 ts̯i̯əp/ts̯i̯əp/zhí（jí）　❶收集，儲藏。《詩·時邁》："載～干戈。"❷摺迭（翼等）。《詩·鴛鴦》："～其左翼。"❸和諧的。《詩·桑扈》："不～不難。" Gl693

濈 音同上（jí） 擠聚在一起。《詩·無羊》：“其角～～。” Gl21

揖 tsi̯əp/tsi̯əp/jí tʂi̯əp/tʂi̯əp/zhí 聚積，集合。《詩·螽斯》：“螽斯羽，～～矣。”

ʔi̯əp/ʔi̯əp/yī 拱手致敬。《詩·還》：“～我謂我好兮。” Gl21

楫 tsi̯æp/tsi̯ɛp/jié（jí） ❶槳。《詩·棫樸》：“烝徒～之。”❷茂密的叢林。《吕氏春秋·明理》：“有若山之～。”

檝 前字槳義的異體。《管子·兵法》：“歷水谷，不須舟～。”

689

襲 dzi̯əp/zi̯əp/xí ❶加在外面的衣服。《禮·内則》：“寒不敢～。”❷蓋。《禮·少儀》：“劍則啟櫝蓋～之。”❸重複。《左·哀十》：“卜不～吉。”❹相因，相合。《禮·表記》：“卜筮不相～也。”

同音假借 ❶突然襲擊。《左·莊二十九》：“凡師有鐘鼓曰伐，無曰侵，輕曰～。”❷接受。《左·昭二十八》：“故～天禄，子孫受之。”

此字从衣、龍。（按：《説文》从“龖”省聲。）

690

習 dzi̯əp/zi̯əp/xí ❶學飛。《禮·月令》：“鷹乃學～。”❷練習。《論語·學而》：“學而時～之。”❸親近。《書·立政》：“乃惟庶～逸德之人，同于厥政。”❹重複地。《書·大禹謨》：“卜不～吉。”❺一陣一陣的狂風。《詩·邶風·谷風》：“～～谷風。”

此字从羽、日（參“騽”的甲骨文）。

謵 前字的異體。《莊子·庚桑楚》：“夫復～不餽而忘人。”

槢 音同上 楔，釘。《莊子·在宥》：“吾未知聖知之不爲桁楊接～也。”

騽 音同上 足上多毛的馬。見《説文》（無書證）。

1288

1288 殷甲文（A4: 47, 5 其義不明）

熠 zi̯əp/i̯əp/yì ?/ji̯əp/yì 發光。《詩·東山》：“～耀宵行。” Gl389

褶 dʻiəp/dʻiep/dié 兩層的，夾衣。《禮·玉藻》：“帛爲～。”

慴 ȶi̯æp/tɕi̯ɛp/zhé 害怕。《莊子·達生》：“是故遻物而不～。”

691

集 dzʻi̯əp/dzʻi̯əp/jí ❶會集，止息（特指鳥）。《詩·鴇羽》：“～于苞栩。”❷聚集。《左·襄二》：“親～矢於其目。”❸會集。《詩·小毖》：“予又～於蓼。”❹團結，和睦。《左·成十六》：“我若羣臣～睦以事君。”（按：今本作“輯”，高氏據《釋文》。）❺完成。《詩·黍苗》：“我行既～。” Gl1917

1289 殷甲文（A5: 37, 7）

1290 周II（銘文 180）

此字从隹（鳥）、木。

1289—1290

雜 dzʻəp/dzʻǎp/zá ❶混雜。《詩·女曰雞鳴》：“～佩以贈之。”❷雜色。《禮·玉藻》：“～帶，君朱緑，大夫玄黄。”

通 679 組“匝”。《吕氏春秋·論人》：“圜周復～。”此字跟“集”同源。

692

濕 ɕi̯əp/ɕi̯əp/shī tʂʻi̯əp/tʂʻi̯əp/chī 拍打（特指耳朵）。《詩·無羊》：“其耳～～。”

假借爲kʻi̯əp/kʻi̯əp（按：王引之認爲通“曝”，高氏故有此音。）/qì 乾，燥。《詩·中谷有蓷》：“暵其～矣。” Gl205 俗作“溼”。

隰 dzi̯əp/zi̯əp/xí ❶低，濕地。《詩·簡兮》：“～有苓。”❷河畔。《左·襄二十五》：“牧～皐。”

693

溼 çi̯əp/çi̯əp/shī　潮濕（特指泥土）。《易·乾》："水流～。"

1291 殷甲文（B上 13：6）

1292 殷甲文（A2：3，4）

1293 周 I / II（銘文 205）

1294 周III / IV（銘文 326）

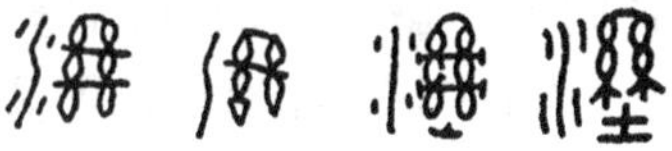

1291—1294

此字除去左邊的水旁，好像是中間帶有水滴的土層（在最後一個字形中，水滴誤作"絲"）。最後兩個字形還外加"土"字。

694

立 gli̯əp/li̯əp/lì　❶站立。《詩·燕燕》："佇～以泣。"❷樹立。《詩·緜》："迺～應門，應門將將。"❸登（王位）。《左·襄二十九》："同欲～之以爲君。"

通"粒"。《詩·思文》："～我烝民。"Gl1087

1295 殷甲文（A7：16，4）

1296 殷（銘文 46，人名）

1297 周 II（銘文 134，"位"義）

此字像站着的人。

1295—1297

笠 音同上　竹編的帽子。《詩·無羊》："何簑何～。"

粒 音同上　❶米粒。《孟子·滕文公上》："樂歲～米狼戾。"❷以米爲食。《書·益稷》："烝民乃～。"

苙 gli̯əp/li̯əp/lì　g'li̯əp/g'i̯əp/jí　牲畜之欄。《孟子·盡心下》："既入其～。"

泣 k'li̯əp/k'i̯əp/qì　哭泣。《詩·燕燕》："佇立以～。"

湆 音同上　汁。《儀禮·士昏禮》："大羹～在爨。"

㕇 gləp/lǎp/là　石聲。見《說文》（無書證）。

1298 周 I（銘文 96，其義不明）

1298

拉 音同上（lā）　斷裂。《公羊·莊元》："～幹而殺之。"（按：今本作"搚"，高氏從《釋文》。）

695

入 ni̯əp/nzi̯əp/rù　❶進入。《詩·七月》："～此室處。"❷納，獻。《左·僖四》："貢之不～。"❸接受。《詩·思齊》："不諫亦～。"Gl816

1299 殷甲文（A1：9，7）

1300 殷（銘文 48）

1301 周 I（銘文 59）

1299—1301

此字像一尖端物（楔？箭鏃？）。

内 nəp/nǎp/nà（與"納"同，故定此音）納。《孟子·萬章上》："若己推而～之溝中。"

nwəb＞nwəd/nuǎi-/nèi　内部，裏面。《詩·蕩》："～奰于中國。"

通"入"。進入。《書·堯典》："寅餞～日。"（按：今本作"納"，高氏從《尚書大傳》。）Gl1223

1302 周 I（銘文 56）

1303 周 I（銘文 63）

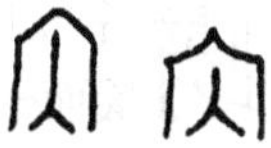

1302—1303

納 nəp/nǎp/nà　❶收進來，輸送，呈獻。《詩·七月》："十月～禾稼。"❷放入。《禮·曲禮上》："跪而遷屨，俯而～屨。"

軜 音同上　四駕馬車的邊馬内轡。《詩·小戎》："鋈以觼～。"

現在還不明白下列諸字到底屬於何種情況，或者它們本來帶-p尾，後來在某個早期階段異化作-t，如"訥"nwəp＞nwət（跟nwəb＞nwəd的異化作用同）；

或者這些字采用“内”爲聲符的時候，nwəb已經變作nwəd了。在後一種情況下，“訥”的齒音韻尾原來就是存在的。這個問題我們暫且存疑。

訥 nwət/nuət/nò（nè） 言語遲鈍。《論語·里仁》：“君子欲～於言而敏於行。”

吶 ȵi̯wat/ȵʑi̯wɛt/？ ni̯wat/ȵi̯wɛt/？ nwat/nwat/？ nwət/nuət/nò（nè） 言語遲鈍。《禮·檀弓下》：“其言～～然。”

1304

1304 殷甲文（A1: 36, 6 其義不明）

枘 ȵi̯wad/ȵʑi̯wɛi-/ruì 釘，榫。《莊子·天下》：“鑿不圍～。”

汭 音同上 水曲，二水交匯處。《書·堯典》：“釐降二女于嬀～。”

蜹 “蚋”的異體。《孟子·滕文公上》：“蠅～蛄嘬之。”

芮 音同上 草生貌。見《說文》（無書證）。

通“汭”。《詩·公劉》：“～鞫之即。”

通“蜹”。《莊子·至樂》：“瞀～生乎腐蠸。”Gl910

焫 ȵi̯wad/ȵʑi̯wɛi-/ruì ȵi̯wat/ȵʑi̯wɛt/rò（ruò） 熱，燒。《禮·郊特牲》：“既奠，然後～蕭合羶薌。”

蜹 音同上 蚊子。《荀子·勸學》：“醯酸而～聚焉。”

696

幸 ni̯æp/ȵiɛp/niè 所以驚人者。見《說文》（無書證）。

在甲骨文中此字的初文用作“執”的同義詞，也許是囚犯手銬的象形。

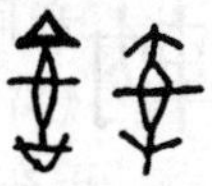

1305—1306

1305 殷甲文（Ⅰ48: 4）

1306 殷甲文（A5: 13, 6）

697

岡 kaŋ/kaŋ/gāng 山脊。《詩·卷阿》：“陟彼高～。”

剛 音同上 ❶硬，强。《詩·烝民》：“～則吐之。”❷奇（數）。《禮·曲禮上》：“外事以～日。”

通“犅”。《詩·閟宮》：“白牡騂～。”

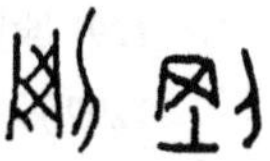

1307—1308

1307 殷甲文（I48: 4）

1308 周Ⅱ（銘文 147）

綱 音同上 ❶提網的繩。《書·盤庚上》：“若網在～，有條而不紊。”❷控制者，控制。《詩·棫樸》：“～紀四方。”❸法則，規律。《左·僖二十四》：“實紀～之僕。”

犅 音同上 公牛。《公羊·文十三》：“魯公用騂～。”

1309

1309 殷甲文（A2: 17, 8 人名）

鋼 kaŋ/kaŋ, kaŋ-/gāng 鋼鐵。《列子·湯問》：“錬～赤刃，用之切玉如切泥焉。”

698

亢 kaŋ/kaŋ/gāng ❶頸，喉（僅有漢代書證）。❷星宿名。《禮·月令》：“昏～中。”

同音假借 高舉。《莊子·人間世》：“與豚之～鼻者。”

k'aŋ/k'aŋ-/kàng ❶超過其他的。《易·乾》：“～龍有悔。”❷極。《左·宣三》：“可以～寵。”❸屏蔽，保護，保衛。《左·昭元》：“吉不能～身焉。”

通“抗”。阻止，反對。《左·宣十三》：“而～大國之討。”

通“伉”。相等。《禮·燕義》：“臣莫敢與君～禮也。”

抗 k'aŋ/k'aŋ-/kàng ❶樹起。《詩·賓之初筵》：“大侯既～。”❷舉。《禮·樂記》：“故歌者上如～。”❸阻止，反對。《老子》六十九章：“故～兵相加。”❹保護。《國語·晉語四》:"未報楚惠而～宋。"

伉 音同上　相等,伙伴,配偶。《左·昭二》:"非～儷也,請君無辱。"

同音假借　❶高(特指門)。《詩·緜》:"皋門有～。"❷傲。《韓非子·亡徵》:"太子輕而庶子～。"

通"抗"。對抗。《國策·秦一》:"天下莫之能～。"

忼 kʻaŋ/kʻaŋ:, kʻaŋ-/kǎng　悲傷。《國策·燕三》:"復爲～慨羽聲。"

杭 gʻaŋ/ɣaŋ/háng　乘船而行。《詩·河廣》:"一葦～之。"

沆 gʻaŋ/ɣaŋ:/hàng　～瀣:露濕貌。《楚辭·遠遊》:"餐六氣而飲～瀣兮。"

頏 gʻaŋ/ɣaŋ/háng
引頸。《詩·燕燕》:"頡之～之。"

坑 kʻăŋ/kʻɐŋ/kēng　坑。《楚辭·初放》:"死日將至兮,與麋鹿同～。"

阬 音同上　坑,洞。《莊子·天運》:"在谷滿谷,在～滿～。"

699

卬 ŋaŋ/ŋaŋ/áng　高。《詩·卷阿》:"顒顒～～,如圭如璋。"

同音假借　我(主格,賓格)。《詩·匏有苦葉》:"～須我友。"

ŋi̯aŋ/ŋi̯aŋ:/yǎng　仰視。《詩·雲漢》:"瞻～昊天。"

通"迎"。《國語·晉語四》:"若川然有原,以～浦而後大。"Gl879、914

昂 ŋaŋ/ŋaŋ/áng　高舉。《楚辭·遠遊》:"服偃蹇以低～兮。"

仰 ŋi̯aŋ/ŋi̯aŋ:/yǎng　臉向上,上視。《詩·車舝》:"高山～上。"

迎 ŋi̯ăŋ/ŋi̯ɐŋ/yíng　迎接。《左·僖二十二》:"婦人送～不出門。"

ŋi̯ăŋ/ŋi̯ɐŋ-/yìng　往迎,接。《詩·大明》:"親～于渭。"

700

唐 dʻaŋ/dʻaŋ/táng　❶誇張。《莊子·天下》:"荒～之言。"❷大。《周禮·弓人》:"往體來體若一,曰～弓之屬。"

同音假借　❶廟内之道。《詩·防有鵲巢》:"中～有甓。"❷菟絲。《詩·桑中》:"爰采～矣。"❸～棣:櫻桃。《詩·何彼襛矣》:"何彼襛矣,～棣之華。"

1310

1310 殷甲文(A4: 29, 5, 人名)

(按:《説文》从庚得聲。)

塘 音同上　壩,堤。《國語·周語下》:"陂～汙庳,以鍾其美。"

榶 音同上
杯。《荀子·正論》:"魯人以～。"

螗 音同上
蟬。《詩·蕩》:"如蜩如～。"

701

宕 dʻaŋ/dʻaŋ-/dàng
洞屋(無漢前書證)。

同音假借　超越。《穀梁·文十一》:"佚～中國。"

1311 殷甲文(A I: 30, 7)
1312 周II(銘文 150)
此字从宀(屋頂)、石。

1311—1312

702

葬 tsaŋ/tsaŋ-/zàng　埋葬。《論語·爲政》:"死,～之以禮。"

此字从死从雙艸。

703

倉 tsʻaŋ/tsʻaŋ/cāng　❶穀倉。《詩·甫田》:"乃求千斯～。"❷～庚:黄鸝。《詩·七月》:"有鳴～庚。"

通"蒼"。《禮·月令》:"駕～龍。"

通"愴"。《詩·桑柔》:"～兄填

1313

兮。”Gl412

1313 周II（銘文 184）

滄 tsʻɑŋ/tsʻɑŋ/cāng　tʂʻi̯aŋ/tʂʻaŋ-/chuàng 冷。《逸周書·周祝》：“天地之間有～熱。”

滄 tsʻɑŋ/tsʻɑŋ/cāng　河名。《尚書·禹貢》：“又東爲～浪之水。”

通“滄”。《列子·湯問》：“初出～～涼涼。”

蒼 音同上　❶緑。《詩·蒹葭》：“蒹葭～～。”❷青。《詩·黍離》：“悠悠～天。”

鶬 tsʻɑŋ/tsʻɑŋ/cāng 鶬。《楚辭·招魂》：“煎鴻～些。”

同音假借　叮噹響。《詩·蓼蕭》：“鞗革有～。”Gl450

搶 tsʻi̯aŋ/tsʻi̯aŋ, tsʻi̯aŋ:/qiǎng　突。《莊子·逍遥遊》：“我決起而飛，～榆枋。”

tʂʻi̯aŋ/tʂʻi̯aŋ:/chuǎng　碰擊。《國策·魏四》：“以頭～地爾。”

瑲 tsʻi̯aŋ/tsʻi̯aŋ/qiāng　叮噹響。《詩·采芑》：“有～葱珩。”參“鶬”。Gl450

槍 音同上　尖頭的長棒。《國語·齊語》：“挾其～，刈、耨、鎛，以旦暮從事於田野。”

蹌 tsʻi̯aŋ/tsʻi̯aŋ/qiāng　❶穩重地行動。《詩·猗嗟》：“巧趨～兮。”❷舞。《書·益稷》：“鳥獸～～。”Gl266、1344

牄 前字的異體。《説文》引《書》：“鳥獸～～。”（按：今《書·益稷》作“蹌蹌”。）

創 tʂʻi̯aŋ/tʂʻi̯aŋ/chuāng　傷。《禮·月令》：“命理瞻傷，察～視折。”

假借爲tʂʻi̯aŋ/tʂʻi̯aŋ-/chuàng　❶開始工作。《書·益稷》：“予～若時。”❷開始，創造。《論語·憲問》：“爲命，裨諶草～之。”

通“瘡”。《禮·曲禮上》：“頭有～則沐。”Gl1332

愴 tʂʻi̯aŋ/tʂʻi̯aŋ-/chuàng　悲傷。《禮·祭義》：“君子履之必有悽～之心。”

瘡 tʂʻi̯aŋ/tʂʻi̯aŋ/chuāng　瘡瘍，腫塊。《國策·楚四》：“飛徐者，故～也。”

704

桑 saŋ/saŋ/sāng 桑樹。《詩·氓》：“無食～葚。”

顙 saŋ/saŋ:/sǎng 額頭。《左·昭八》：“桓子稽～。”

705

喪 saŋ/saŋ/sāng　喪事，埋葬。《詩·常棣》：“～亂既平。”

saŋ/saŋ-/sàng　❶失去。《詩·皇矣》：“受禄無～。”❷毁壞。《書·微子》：“今殷其淪～。”

1314 周I（銘文 65）

1315 周II（銘文 180）

1316 周III（銘文 234）

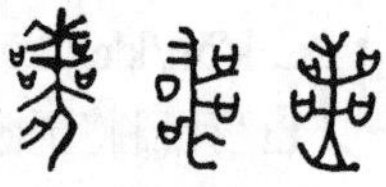

1314—1316

706

光 kwaŋ/kwaŋ/guāng　❶光明。《詩·敬之》：“學有緝熙于～明。”❷光輝，光榮。《詩·韓奕》：“不顯其～。”

通“廣”。充分，廣泛。《書·堯典》：“～被四表。”Gl899、1209

1317 殷甲文（A5: 32, 7，人名？）

1318 殷（銘文 10，其義不明）

1319 周I（銘文 64）

1320 周I（銘文 70）

此字由一跪着的人和火組成。

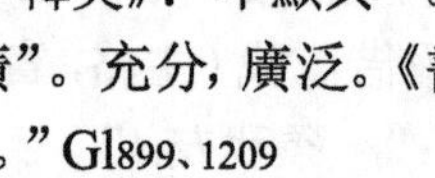

1317—1320

洸 音同上　❶激流。《荀子·宥坐》：“其～～乎不淈盡似道。”❷狂暴，凶猛。

《詩·邶風·谷風》：“有～有潰。”Gl101、1038

絖 kwaŋ/kwaŋ-/guàng 細絮。《莊子·逍遥遊》：“世世以洴澼～爲事。”

侊 kwaŋ/kwaŋ/guāng kwăŋ/kweŋ/gōng 豐盛。《説文》引《國語》：“～飯不及一食。”（按：今《國語·越語》作“觥”。）

觥 kwăŋ/kweŋ/guāng（應爲gōng） 角爵，一種禮器。《詩·卷耳》：“我姑酌彼兕～。”

恍 xwaŋ/xwaŋ:/huǎng ❶慌亂。《禮·祭義》：“夫何～惚之有乎。”（按：今本作“慌”，高氏從坊本。）❷混亂。《老子》二十一章：“惚兮～兮。”

707

黄 g'waŋ/ɣwaŋ/huáng 黄色。《詩·緑衣》：“緑衣～裹。”

1321

1321 周Ⅰ（銘文79）

此字字形實際上同“莫”，字形解釋不明。

璜 音同上 半圓形玉佩。《周禮·大宗伯》：“以玄～禮北方。”

1322

1322（按：此字高氏漏注。）

潢 音同上 ❶湖，池。《左·隱三》：“～汙行潦之水。”❷大，廣。《荀子·富國》：“～然兼覆之。”

1323

1323 殷甲文（A2: 5, 7人名）

簧 音同上 笙中簧片，簧樂器。《詩·君子陽陽》：“左執～。”

廣 kwaŋ/kwaŋ:/guǎng ❶廣，寬，大。《詩·漢廣》：“漢之～矣。”❷擴大。《詩·泮水》：“濟濟多士，克～德心。”

kwaŋ/kwaŋ-/guàng ❶軍隊編制名稱。《左·宣十二》：“其君之戎分爲二～。”❷一組戰車。《左·宣十二》：“～三十乘。”❸從東至西的距離。《周禮·大司徒》：“周知九州之地域～輪之數。”

1324 周Ⅱ（銘文172）

1325 周Ⅱ（銘文174）

1326 周Ⅱ（銘文197）

1324—1326

觵 kwăŋ/kweŋ/guāng（應爲gōng） 角爵，禮器名。《周禮·小胥》：“～其不敬者。”此字是“觥”之異體。

横 g'wăŋ/ɣweŋ/hóng, héng ❶交横。《左·僖二十八》：“原軫郤溱以中軍公族～擊之。”❷横的，緯的。《楚辭·沈江》：“不别～之與縱。”❸邪惡，無理。《孟子·萬章下》：“～民之所止。”

kwaŋ/kwaŋ-/guàng ❶强烈，充溢。《禮·樂記》：“號以立～，～以立武。”❷充分，廣泛。《書·堯典》：“～被四表。”（按：今本作“光”，高氏據《漢書·王莽傳》。）Gl1209

壙 k'waŋ/k'waŋ-/kuàng ❶墓穴。《禮·檀弓下》：“若從柩乃～，皆執紼。”❷礦野，未墾之地。《孟子·離婁上》：“猶水之就下，獸之走～也。”

曠 音同上 ❶明。《莊子·天地》：“此謂照～。”❷荒蕪。《詩·何草不黄》：“率彼～野。”❸空。《書·皋陶謨》：“無～庶官。”❹遺棄。《禮·王制》：“無～土。”❺廣。《老子》十五章：“～兮其若谷。”

纊 音同上 ❶與“絖”同。細絮。《書·禹貢》：“厥篚纖～。”❷充絮的（特指衣服）。《左·宣十二》：“三軍之士皆如挾～。”

1327

1327 周Ⅰ/Ⅱ（銘文213，人名）

懬 k'waŋ/k'waŋ:, k'waŋ-/kuàng 遠離。《詩·泮水》：“～彼淮夷。”（按：今本作“憬”，高氏從《釋文》引《説文》。）

獷 kwăŋ/kweŋ:/gǒng（guǎng） 粗野。《關尹子·五鑑》：“耕夫習牛則～。”

擴 kʻwak/kʻwak/kuò　擴充。《孟子·公孫丑上》:"凡有四端於我者,知皆～而充之矣。"

708

皇 gʻwaŋ/ɣwaŋ/huáng　❶威嚴,至高的。《詩·楚茨》:"先祖是～。"❷崇敬。《詩·烈文》:"繼序其～之。"❸華麗,光輝。《詩·采芑》:"朱芾斯～。"❹黄白雜色。《詩·東山》:"～駁其馬。"❺匡正。《詩·破斧》:"四國是～。"❻禮帽。《禮·王制》:"有虞氏～而祭。"❼焦急,不安。《孟子·滕文公下》:"孔子三月無君則～～如也。"

通"遑"。《詩·漸漸之石》:"不～朝矣。"

通"凰"。《書·益稷》:"鳳～來儀。"

Gl391、393、661、744、1075、1141

1328 周I(銘文69)

1329 周I(銘文86)

1328—1329

徨 音同上　徘徊。《莊子·逍遥遊》:"彷～乎无爲其側。"

偟 前字的異體。《國語·吳語》:"王親獨行,屏營仿～於山林之中。"

湟 音同上　不流動的積水。《大戴禮·夏小正》:"～潦生苹。"

煌 音同上　光輝。《詩·東門之楊》:"明星～～。"

篁 音同上　竹叢。《楚辭·山鬼》:"余處幽～兮終不見天。"

遑 音同上
閑暇。《詩·采薇》:"不～啟居。"

隍 音同上
溝壑。《易·泰》:"城復于～。"

餭 音同上
糕餅。《楚辭·招魂》:"有餦～些。"

凰 音同上　雌鳳。《詩·卷阿》:"鳳～于飛。"(按:今本作"皇",高氏從閩本。)

蝗 gʻwaŋ/ɣwaŋ/huáng　gʻwăŋ/ɣweŋ/hóng　蝗蟲。《禮·月令》:"行春令,則～蟲爲災。"

喤 gʻwăŋ/ɣweŋ/hóng(huáng)　xwăŋ/xweŋ/hōng　鳴響。《詩·執競》:"鐘鼓～～。" Gl1085

709

莽 mwaŋ/mwaŋ:/mǎng　❶草,雜草。《孟子·萬章下》:"在野曰草～之臣。"❷叢林。《左·哀元》:"暴骨如～。"❸(植物)茂盛。《楚辭·懷沙》:"滔滔孟夏兮草木～～。"❹粗魯。《莊子·則陽》:"君爲政焉勿鹵～。"

此字从犬从雙艸。

710

畺 ki̯aŋ/ki̯aŋ/jiāng　分界。《周禮·載師》:"以大都之田任～地。"

此字爲二"田"被三條界綫所劃分。

壃 前字的異體。《大戴禮·千乘》:"成長幼老疾孤寡,以時通于四～。"

僵 ki̯aŋ/ki̯aŋ/jiāng　gʻi̯aŋ/gʻi̯aŋ/qiáng　❶仆倒。《吕氏春秋·貴卒》:"鮑叔御公子小白～。"❷推倒。《莊子·則陽》:"推而～之。"(按:今本作"强",高氏從《康熙字典》。)

薑 ki̯aŋ/ki̯aŋ/jiāng
薑。《論語·鄉黨》:"不撤～食。"

彊 gʻi̯aŋ/gʻi̯aŋ/qiáng　强,有力的。《詩·載芟》:"侯～侯以。"

gʻi̯aŋ/gʻi̯aŋ:/qiǎng(應爲jiàng)　❶盡力。《孟子·梁惠王下》:"～爲善而已矣。"❷强迫。《孟子·滕文公下》:"～而後可。"(按:今本作"强",高氏從《康熙字典》。）

k̑i̯aŋ/k̑i̯aŋ/jiāng　凶猛的。《詩·鶉之奔奔》：“鷸之～～。”Gl137、1119

1330 周Ⅰ（銘文 65，“畺”義）

1331 周Ⅱ（銘文 139）

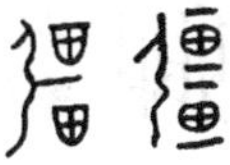

1330—1331

疆 k̑i̯aŋ/k̑i̯aŋ/jiāng　邊界，界限。《詩·七月》：“萬壽無～。”與“畺”同。

假借爲 g̑ʻi̯aŋ/g̑ʻi̯aŋ:/jiàng　硬（特指土）。《周禮·草人》：“～檗用蕡。”（按：今本作“彊”，高氏從《康熙字典》。）

1332

1332 周Ⅲ（銘文 229）

711

姜 ki̯aŋ/ki̯aŋ/jiāng　❶姓。《詩·桑中》：“美孟～矣。”❷凶猛。《禮·表記》引《詩》：“鶉之～～。”（按：今《詩·鶉之奔奔》作“彊彊”。）Gl137

1333 周Ⅰ（銘文 69）

此字从女、羊。（按：《説文》羊聲。）

1333

712

羌 k̑ʻi̯aŋ/k̑ʻi̯aŋ/qiāng　西方部族。《詩·殷武》：“自彼氐～。”

同音假借　助詞。《楚辭·惜誦》：“～衆人之所仇。”

1334 殷甲文（P154 有些學者對此字的考定有所懷疑，但此字在這個例子中卻是可以肯定的，這個句子是“羌十人”）

1335 殷甲文（A1：9，6）

1336 周Ⅲ（銘文 220，人名）

此字从人、羊，有時候還帶有另一個意義不明的成份。（按：《説文》从人、羊會意，羊亦聲。）

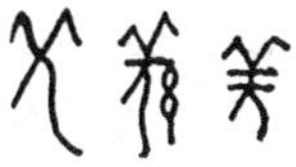

1334—1336

蜣 音同上　甲蟲。《莊子·齊物論》注：“夫蛣～之知在於轉丸。”（按：高氏據《康熙字典》，誤以爲《莊子》原文。）

713

强 g̑ʻi̯aŋ/g̑ʻi̯aŋ/qiáng　一種昆蟲（“蜣”的異體?）。見《説文》（無書證）。

同音假借　强大。《孟子·梁惠王上》：“晉國，天下莫～焉。”

g̑ʻi̯aŋ/g̑ʻi̯aŋ:/qiǎng（應爲 jiàng）❶竭力。《左·莊十九》：“鬻拳～諫楚子。”❷强迫。《禮·樂記》：“～而弗抑則易。”

強 前字的異體。

繈 k̑i̯aŋ/k̑i̯aŋ:/jiǎng（qiǎng）　帶，索。《墨子·明鬼下》：“鮑幼弱在荷～之中。”

襁 音同上（qiǎng）　把嬰兒綁在背上的寬帶。《論語·子路》：“則四方之民～負其子而至矣。”

714

皀 xi̯aŋ/xi̯aŋ/xiāng　穀之馨香。見《説文》（無書證）。但是因爲它在銘文 270 中爲“饗”義，在下面“鄉”的古文字中像容器之形，所以馨香、食物宴飲這些意義從詞源關係來説顯然都是同一個詞。

1337

1337 周Ⅱ/Ⅲ（銘文 270，“饗”義）

鄉 xi̯aŋ/xi̯aŋ-/xiàng　❶面向，對着。《禮·曲禮上》：“從長者而上丘陵，則必～長者所視。”❷移向。《詩·庭燎》：“夜～晨。”❸（面對的一邊>）窗户。《禮·明堂位》：“復廟、重檐、刮楹、達～。”❹（面向的一邊>）南邊。《詩·殷武》：“居國南～。”❺（距説話者的時間>）不久前。《論語·顔淵》：“～也，吾見於夫子而問知。”

假借爲 xi̯aŋ/xi̯aŋ/xiāng　❶鄉村。《論語·雍也》：“以與爾鄰里～黨乎。”❷區域。《周禮·大司徒》：“五州爲～。”❸地方，處所。《詩·采芑》：“于彼新田，于此中～。”

xi̯aŋ/xi̯aŋ:/xiǎng　宴飲。《荀子·榮辱》："～～而飽已矣。"

1338 殷甲文（A4: 22, 6,"饗"義）

1339 殷甲文（A4: 22, 3,"饗"義）

1340 殷（銘文 20,"饗"義）

1341 周Ⅰ（銘文 58,"饗"義）

1342 周Ⅱ（銘文 134,"向"義）

此字像二人對食具相向而坐，既用作"饗"，又用作"向"。

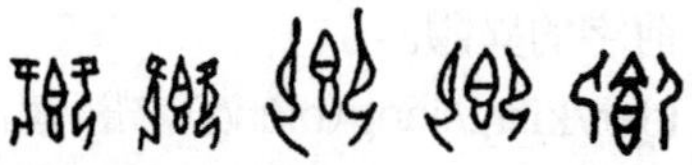

1338—1342

嚮 xi̯aŋ/xi̯aŋ-/xiàng　向，趨向。《書·多士》："～于時夏。"

通"饗"。享。《荀子·解蔽》："故～萬物之美而不能嗛也。"

通"響"。《易·繫辭上》："其受命也如～。"（按：今本作"響"，高氏從《康熙字典》。）

饗 xi̯aŋ/xi̯aŋ:/xiǎng　❶宴飲。《禮·雜記下》："夫大～，既～。"❷享用酒食。《詩·七月》："朋酒斯～，曰殺羔羊。"❸給宴席或祭祀獻上酒食。《詩·彤弓》："鐘鼓既設，一朝～之。"❹受用此種供獻。《禮·禮器》："鬼神弗～也。"

曏 xi̯aŋ/xi̯aŋ:, xi̯aŋ-/xiàng ?/ɕi̯aŋ:, ɕi̯aŋ-/shǎng　❶不久。《説文》引《左》："～役之三月。"（按：今《左·僖二十八》作"鄉"。）❷最近。《吕氏春秋·觀表》："～者右宰穀臣之觴吾子。"

通"嚮"。《莊子·秋水》："證～今故。"

膷 xi̯aŋ/xi̯aŋ/xiāng　牛肉羹。《禮·内則》："膳～臐膮醢牛炙。"

薌 音同上

穀香。《禮·祭義》："燔燎羶～。"

響 xi̯aŋ/xi̯aŋ:/xiǎng　回響。《列子·仲尼》："其靜若鏡，其應若～。"

卿 ki̯ăŋ/kʻi̯eŋ/qīng　執政官。《詩·蕩》："爾德不明，以無陪無～。"

1343 周Ⅰ（銘文。義爲"卿士"之"卿"）　同一個古文既用作"鄉"，又用作"卿"。

1343

715

向 xi̯aŋ/xi̯aŋ-/xiàng　❶朝北的窗户。《詩·七月》："塞～墐户。"❷對着。《莊子·齊物論》："五者圓而幾～方矣。"❸不久前。《莊子·寓言》："若～也俯而今也仰。"比較 714 組。

1344 殷甲文（A2: 20, 5, 人名）

1345 殷（銘文 5, 人名）

1346 周Ⅱ（銘文 174, 人名）　此字像屋帶窗形。

1344—1346

餉 ?/ɕi̯aŋ-/shàng（xiǎng）　給田中勞動的人送飯。《孟子·滕文公下》："有童子以黍肉～。"

716

享 xi̯aŋ/xi̯aŋ:/xiǎng　❶供獻祭品。《詩·天保》："是用孝～。"❷宴會。《左·成十二》："～以訓共儉，宴以示慈惠。"❸享用。《左·僖二十三》："保君父之命，而～其生禄。"

xăŋ/xɐŋ/hēng　通達。《易·坤》："品物咸～。"

通"烹"。《詩·楚茨》："或剥或～。"

亨 前字的異體。

"享"和"亨"，原來爲同一個字的異體。現代則把讀音 xiǎng 寫作"享"，把 hēng 寫作"亨"。在唐代此二字仍混用。

1347 殷甲文（A6: 63, 5）

1348 周Ⅰ（銘文 65）

此字爲建筑物的象形，也許

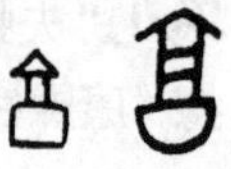

1347—1348

是一廟字。

717

香 xi̯aŋ/xi̯aŋ/xiāng 香。《詩·生民》："其～始升。"

718

央 ʔi̯aŋ/ʔi̯aŋ/yāng ❶中央，中間。《詩·蒹葭》："宛在水中～。"❷盡。《詩·庭燎》："夜未～。"

同音假借和假借 ʔi̯ăŋ/ʔi̯ɐŋ/yīng ❶鮮明。《詩·六月》："白旆～～。"❷鈴聲。《詩·載見》："和鈴～～。" Gl458、480

1349 周Ⅱ（銘文 157）

此字像人拿住竿的中部，參"尢"。

1349

佒 ʔi̯aŋ/ʔi̯aŋ:/yǎng ʔɑŋ/ʔɑŋ/āng 屈身。《莊子·列禦寇》："緣循，偃～。"

怏 ʔi̯aŋ/ʔi̯aŋ:, ʔi̯aŋ-/yàng 不安，不滿意。《國策·趙三》："辛垣衍～然不悅。"

殃 ʔi̯aŋ/ʔi̯aŋ/yāng ❶災難。《左·莊二十》："哀樂失時，～咎必至。"❷損害，毀害。《孟子·告子下》："不教民而用之，謂之～民。"

鞅 ʔi̯aŋ/ʔi̯aŋ:/yǎng 牛馬胸部的革帶。《左·襄十八》："大子抽劍斷～。"

通"怏"。《詩·北山》："或王事～掌。" Gl646

泱 ʔi̯aŋ/ʔi̯aŋ/yāng 流，深廣的水流。《詩·瞻彼洛矣》："維水～～。"

鴦 ʔi̯aŋ/ʔi̯aŋ/yāng ʔɑŋ/ʔɑŋ/āng 雌的鴛鴦。《詩·鴛鴦》："鴛～于飛。"

盎 ʔɑŋ/ʔɑŋ-/àng ❶酒名。《禮·禮器》："夫人薦～。"❷充盛。《孟子·盡心上》："其生色也，睟然見於面，～於背，施於四體。"

㼜 音同上（盆、桶>）肥胖，臃腫。《莊子·德充符》："甕～大癭説齊桓公。"

英 ʔi̯ăŋ/ʔi̯ɐŋ/yīng ❶花。《詩·汾沮洳》："美如～。"❷一種寶石。《詩·著》："尚之以瓊～乎而。"❸鮮明。《詩·白華》："～～白雲。"❹裝飾品。《詩·鄭風·羔裘》："三～粲兮。" Gl224、273、458

719

鬯 tʻi̯aŋ/tʻi̯aŋ-/chàng 芳香的酒。《詩·江漢》："秬～一卣。"

通"韔"。《詩·大叔于田》："抑～弓忌。"

1350 殷甲文（A1: 9, 7）

1351 殷甲文（Ⅰ43: 5）

1352 周Ⅰ（銘文 65）

此字爲碗的象形。

1350—1352

720

昜 di̯aŋ/i̯aŋ/yáng 南邊（殷甲文 A4: 10, 2）。

1353 殷甲文（A4: 10, 2）

1354 周Ⅰ（銘文 59，可能是"盪"義）

1355 周Ⅰ（銘文 98，"揚"義）

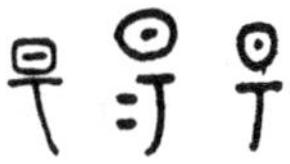
1353—1355

陽 di̯aŋ/i̯aŋ/yáng ❶高地的南坡。《詩·殷其雷》："在南山之～。"❷河的北岸。《詩·渭陽》："我送舅氏，曰至渭～。"❸光，亮。《詩·七月》："我朱孔～。"❹太陽。《詩·湛露》："湛湛露斯，匪～不晞。"❺構成宇宙的光明要素。《左·昭元》："六氣曰陰、～、風、雨、晦、明也。"❻得意。《詩·君子陽陽》："君子～～。" Gl199、351

1356 周Ⅰ（銘文 100，"揚"義）

1357 周Ⅱ（銘文 157）

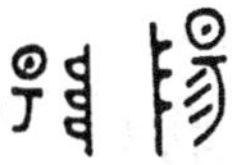
1356—1357

暘 音同上 陽光，光明。《書·洪範》："曰雨曰～。"

煬 di̯aŋ/i̯aŋ/yáng ❶烘烤，加熱。《莊子·盜跖》："夏多積薪，冬則～之。"❷殘暴。《逸周書·謚法》："去禮遠衆曰

～。”

揚 di̯aŋ/i̯aŋ/yáng ❶舉，抬高。《詩·七月》：“以伐遠～。”❷（上拋＞）簸揚。《詩·大東》：“維南有箕，不可以簸～。”❸展示，頌揚。《詩·江漢》：“虎拜稽首，對～王休。”❹激揚。《詩·王風·揚之水》：“～之水。”❺抬高聲音。《詩·泮水》：“不吳不～。”

同音假借 ❶額。《詩·野有蔓草》：“清～婉兮。”❷出名。《禮·文王世子》：“或以言～。”❸戰斧。《詩·公劉》：“干戈戚～。”❹鷹擊。《詩·大明》：“時維鷹～。”Gl201、241、785、1134

1358 周Ⅰ（銘文 59）

1359 周Ⅰ（銘文 69）

1360 周Ⅰ（銘文 78）

1361 周Ⅰ（銘文 91）

1362 周Ⅰ（銘文 105）

其中的形符不是“手”，而是“丮”。

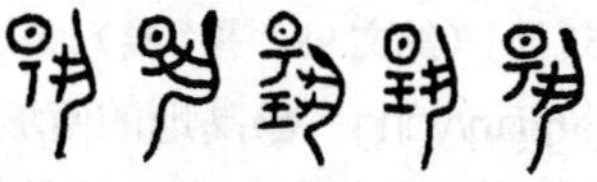

1358—1362

颺 音同上 被風颺起。《楚辭·九辯》：“從風雨而飛～。”

同音假借 ❶抬高聲音。《書·益稷》：“皋陶拜手稽首，～言曰：念哉。”❷促進。《書·益稷》：“時而～之。”❸威嚴，堂皇。《左·昭二十八》：“今子少不～。”Gl1325、1349

楊 音同上 楊樹。《詩·東門之楊》：“東門之～。”

1363

1363 周Ⅲ/Ⅳ（銘文 324）

瘍 音同上 瘡，潰瘍。《左·襄十九》：“荀偃癉疽，生～於頭。”

鍚 音同上 ❶馬額上的金屬飾物。《詩·韓奕》：“玄衮赤舄，鉤膺鏤～。”❷盾上飾物。《禮·郊特牲》：“朱干設～。”

暘 t'i̯aŋ/t̂'i̯aŋ-/chàng 用犁翻耕泥土除掉幼草。《大戴禮·夏小正》：“初歲祭耒，始用～。”

暢 音同上 ❶通達，延伸。《易·坤》：“美在其中，而～於四支。”❷充。《禮·月令》：“命之曰～月。”❸長的。《詩·小戎》：“文茵～轂。”❹豐盛。《孟子·滕文公上》：“草木～茂。”

通“鬯”。《禮·雜記上》：“～臼以椈。”

場 d'i̯aŋ/d̂'i̯aŋ/cháng 平整的場地。《詩·七月》：“九月築～圃。”

腸 音同上

腸。《詩·桑柔》：“自有肺～。”

湯 t'ɑŋ/t'ɑŋ/tāng ❶熱的液體。《論語·季氏》：“見不善如探～。”❷放蕩。《詩·宛丘》：“子之～兮。”

çi̯aŋ/çi̯aŋ/shāng 水流很大（特指河）。《詩·鼓鐘》：“淮水～～。”Gl329、655

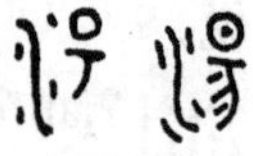

1364—1365

1364 周Ⅰ（銘文 288，人名）

1365 周Ⅱ/Ⅲ（銘文 258，人名）。

餳 d'ɑŋ/d'ɑŋ/táng 糖果，糕點（僅有漢代書證）。

1366

1366 周Ⅰ（銘文 105，其義不明）

愓 d'ɑŋ/d'ɑŋ:/dàng 無憂慮，奢侈。《荀子·榮辱》：“～悍憍暴，以偷生反側於亂世之間。”

çi̯aŋ/çi̯aŋ/shāng 直而快，直接地。《禮·玉藻》：“凡行容～～。”

碭 d'ɑŋ/d'ɑŋ-/dàng 帶花紋的石頭（僅有漢代書證）。

同音假借 越出。《莊子·庚桑楚》：“吞舟之魚，～而失水，則蟻能苦之。”

禓 çi̯aŋ/çi̯aŋ/shāng 驅除惡鬼。《禮·郊特牲》：“鄉人～，孔子朝服立于阼。”

𥜽 前字的異體。

𥎊 ɕi̯aŋ/ɕi̯aŋ/shāng　tsʻi̯aŋ/tsʻi̯aŋ/qiāng　傷也。見《説文》(無書證)。

傷 ɕi̯aŋ/ɕi̯aŋ/shāng　❶傷，害。《左·僖二十二》:"公～股。"❷痛苦。《詩·卷耳》:"維以不永～。"

殤 音同上　夭折。《左·哀十一》:"能執干戈，以衛社稷，可無～也。"

觴 音同上　一種酒杯。《左·成二》:"奉～加璧以進。"

瑒 dʻɑŋ/dʻɑŋ:/dàng　一種寶石。《説文》引《禮》:"佩刀，諸侯～玤而璆珌。"(按:今《禮》未見此句。)

盪 音同上　❶除去。《易·繫辭上》:"八卦相～。"❷振動。《左·昭二十六》:"茲不穀震～播越。"

tʻɑŋ/tʻɑŋ-/tàng　前推。《論語·憲問》:"奡～舟。"

簜 dʻɑŋ/dʻɑŋ:/dàng
大竹。《書·禹貢》:"篠～既敷。"

蕩 dʻɑŋ/dʻɑŋ:/dàng　❶大。《詩·蕩》:"～～上帝。"❷廣。《書·洪範》:"王道～～。"❸心胸寬廣。《論語·述而》:"君子坦～～。"❹平滑。《詩·南山》:"魯道有～。"❺移動。《禮·樂記》:"天地相～。"❻摇撼。《書·堯典》:"～～懷山襄陵。"❼放掉(特指水)。《周禮·稻人》:"以溝～水。"❽毀壞。《國語·周語下》:"而幽王～以爲魁陵、糞土、溝瀆。"❾放蕩，不拘。《論語·陽貨》:"好知不好學，其蔽也～。"

dʻɑŋ/dʻɑŋ-/dàng　滌除，清除。《禮·昏義》:"是故日食則天子素服而修六官之職，～天下之陽事。"Gl329、921

721

長 dʻi̯aŋ/ȡʻi̯aŋ/cháng　❶長，高。《詩·蒹葭》:"道阻且～。"❷長久。《詩·卷阿》:"爾受命～矣。"❸經常。《論語·里仁》:"不可以～處樂。"

dʻi̯aŋ/ȡʻi̯aŋ-/zhàng　長度。《禮·檀弓上》:"～尺而總八寸。"

ti̯aŋ/ȶi̯aŋ:/zhǎng　❶長高。《孟子·公孫丑上》:"手助苗～矣。"❷增加。《詩·巧言》:"君子屢盟，亂是用～。"❸成人，年歲大者。《詩·大明》:"纘女維莘，～子維行。"❹官長。《詩·皇矣》:"克～克君。"❺首領。《書·益稷》:"咸建五～。"❻主持。《詩·皇矣》:"不～夏以革。"

1367 殷甲文(A2: 8, 3, 人名)

1368 殷甲文(B上: 19, 6)

1369 周III(銘文 220, 加形符"立")

1370 漢前(銘文 423, 人名)

此字像人生着長髮(或者帶羽狀頭飾?)。

1367—1370

萇 dʻi̯aŋ/ȡʻi̯aŋ/cháng　一種樹。《詩·隰有萇楚》:"隰有～楚。"

帳 ti̯aŋ/ȶi̯aŋ-/zhàng
帷幕。《楚辭·招魂》:"翡帷翠～。"

張 ti̯aŋ/ȶi̯aŋ/zhāng　❶拉緊弓弦，開弓。《詩·吉日》:"既～我弓。"❷調緊琴弦。《國策·秦一》:"～樂設飲。"❸伸展，擴大。《老子》三十六章:"將欲噏之，必固～之。"❹展示。《詩·公劉》:"弓矢斯～，干戈戚揚。"❺打開(帳帷)。《周禮·掌次》:"～其旅幕。"❻(張開物>)帳幕。《左·昭十三》:"子産以帷幕九～行。"❼捕禽獸之網。《周禮·冥氏》:"掌設弧～。"❽安排，布置。《莊子·天運》:

“帝～咸池之樂於洞庭之野。”❾（伸展>）大，寬。《詩·韓奕》：“孔脩且～。”❿吹噓，欺騙。《書·無逸》：“民無或胥譸～爲幻。”

ţi̯aŋ/ȶi̯aŋ-/zhàng　❶膨脹，自大。《左·桓六》：“隨～必棄小國。”❷欲大便。《左·成十》：“將食，～，如廁，陷而卒。”

粻　ţi̯aŋ/ȶi̯aŋ/zhāng
米糧。《詩·崧高》：“以峙其～。”

餦　音同上
糕點。《楚辭·招魂》：“有～餭些。”

倀　ţʻi̯aŋ/ȶʻi̯aŋ/chāng　ţʻăŋ/ȶʻɐŋ-/chèng
魯莽。《禮·仲尼燕居》：“～～乎其何之。”

悵　ţʻi̯aŋ/ȶʻi̯aŋ-/chàng
失望。《禮·問喪》：“心～焉愴焉。”

韔　音同上　❶弓袋。《詩·小戎》：“虎～鏤膺。”❷將弓納入弓袋。《詩·采綠》：“言～其弓。”

棖　ḍʻăŋ/ȡʻɐŋ/chéng
門柱。《禮·玉藻》：“士介拂～。”

722

丈　ḍʻi̯aŋ/ȡʻi̯aŋ:/zhàng
十尺。《左·昭三十二》：“計～數。”

同音假借　老人。《論語·微子》：“遇～人以杖荷蓧。”

通“杖”。《禮·曲禮上》：“席間函～。”

小篆从十、寸（手）。

杖　ḍʻi̯aŋ/ȡʻi̯aŋ:/zhàng　棍，棒。《論語·微子》：“遇丈人以～荷蓧。”

ḍʻi̯aŋ/ȡʻi̯aŋ-/zhàng　❶憑倚。《左·襄八》：“～信以待晉。”❷執持。《書·牧誓》：“王左～黃鉞，右秉白旄以麾。”

723

章　ţi̯aŋ/tɕi̯aŋ/zhāng　❶明顯。《書·洪範》：“俊民用～。”❷華麗。《詩·載見》：“載見辟王，曰求厥～。”❸文雅。《詩·裳裳者華》：“維其有～矣。”❹裝飾。《詩·韓奕》：“淑行綏～。”❺典範。《詩·抑》：“維民之～。”❻規則，法度。《詩·都人士》：“出言有～。”❼明顯的標志。《左·桓二》：“～孰甚焉。”❽信號。《國語·晉語一》：“變非聲～，弗能移也。”❾印章。《詩·棫樸》：“追琢其～。”

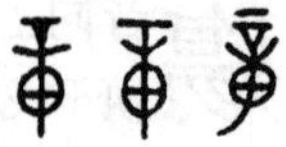
1371—1373

Gl807、1101

1371 殷（銘文 44）

1372 周Ⅰ（銘文 78）

1373 周Ⅱ（銘文 163，“璋”義）

彰　音同上　顯示。《書·金縢》：“今天動威以～周公之德。”

樟　音同上　樟樹。《國策·宋衛》：“荆有長松、文梓、楩、柟、豫～。”

獐　音同上　獐子。《吕氏春秋·博志》：“使～疾走，馬弗及至。”

璋　音同上　徽節。《詩·棫樸》：“左右奉～。”Gl804

1374

1374 周Ⅲ/Ⅳ（銘文 310，人名）

鄣　音同上　地名。《左·莊三十》：“欲救～而不能也。”

通“障”。攔阻，堵塞。《禮·祭法》：“鯀～鴻水而殛死。”

障　ţi̯aŋ/tɕi̯aŋ, tɕi̯aŋ-/zhàng　❶壩，以堤攔阻。《左·昭元》：“～大澤。”❷阻礙。《禮·月令》：“開通道路，毋有～塞。”

724

昌　ţʻi̯aŋ/tɕʻi̯aŋ/chāng　❶明，光澤。《詩·雞鳴》：“朝既～矣。”❷壯，盛。《詩·丰》：“子之～兮。”❸豐富。《禮·樂記》：“民有德而五穀～。”

通“菖”。《儀禮·有司》：“婦贊者執～菹醢以授主婦。”

1375

1375 漢前（銘文 426，人名）

倡 ȶʻi̯aŋ/tɕʻi̯aŋ-/chàng 領唱，吟誦。《詩·蘀兮》：“～予和女。”

通“猖”。《莊子·山木》：“～狂妄行。”

唱 音同上 領頭。《墨子·經説下》：“～而不和，是不學也。”

猖 ȶʻi̯aŋ/tɕʻi̯aŋ/chāng ❶肆行。《莊子·在宥》：“～狂不知所往。”❷放縱，奢侈。《楚辭·離騷》：“何桀紂之～披兮。”

菖 音同上 菖蒲。《吕氏春秋·任地》：“冬至後五旬七日，～始生。”

閶 音同上 宫門。《楚辭·離騷》：“倚～闔而望予。”

725

尚 d̑i̯aŋ/ʑi̯aŋ-/shàng ❶向上。《書·康誥》：“矧曰其～顯聞于天。”❷高，令人敬佩。《左·襄二十七》：“～矣哉。”❸上位者。《書·多方》：“爾～不忌于凶德。”❹加在上面。《論語·里仁》：“好仁者無以～之。”❺崇尚。《孟子·盡心上》：“～志。”❻贊許。《詩·抑》：“肆皇天弗～。”❼上升。《孟子·萬章下》：“舜～見帝。”❽超越。《孟子·公孫丑下》：“莫能相～。”❾加。《詩·著》：“～之以瓊華乎而。”❿（認爲高而可望>）希望。《詩·陟岵》：“～慎旃哉。”（按：今本作“上”，高氏從《隸釋》引《漢石經》。）⓫庶幾。《詩·大東》：“薪是獲薪，～可載也。”

同音假借 還，仍。《詩·蕩》：“人～乎由行。”Gl276、942、1477

1376 周II（銘文 132，“當”義）

1377 周（銘文 367）

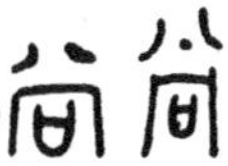

1376—1377

此字可能像一房子，上面是屋脊（比較“向”），或者是“堂”之初文？

裳 d̑i̯aŋ/ʑi̯aŋ/sháng ❶下服。《詩·葛屨》：“可以縫～。”❷帷。《禮·雜記上》：“緇布～帷。”

同音假借 豐盛，華麗。《詩·裳裳者華》：“～～者華。”

常 d̑i̯aŋ/ʑi̯aŋ/cháng 一種旗。《周禮·司常》：“日月爲～，交龍爲旂。”

同音假借 ❶永恒，經常。《詩·思文》：“陳～于時夏。”❷不變的命運或義務。《詩·閟宫》：“魯邦是～。”（按：今本作“嘗”，高氏從《説文通訓定聲》。）❸使永存。《書·盤庚上》：“不～厥邑。”❹常常。《詩·文王》：“侯服于周，天命靡～。”❺長度單位。《儀禮·公食大夫禮》：“司宫具几與蒲筵～。”❻櫻桃樹。《詩·采薇》：“維～之華。”Gl1202

嘗 音同上 ❶嘗味。《詩·瓠葉》：“君子有酒，酌言～之。”❷嘗試。《孟子·梁惠王上》：“請～試之。”❸曾經。《論語·八佾》：“吾未～不得見也。”❹（嘗新的果實>）秋祭。《詩·天保》：“禴祠烝～。”

1378 周II（銘文 151）

1379 周IV（銘文 284）

1378—1379

甞 前字的異體。《國語·楚語下》：“家於是乎～祀。”

掌 ȶi̯aŋ/tɕi̯aŋ:/zhǎng ❶手掌。《論語·八佾》：“指其～。”❷管理。《周禮·舍人》：“～米粟之出入。”❸鞅～：慌亂。《詩·北山》：“或王事鞅～。”Gl646

倘 ȶʻi̯aŋ/tɕʻi̯aŋ:/chǎng tʻɑŋ/tʻaŋ，tʻaŋ:/tǎng 突然停止。《莊子·在宥》：“雲將見之，～然止。”

惝 ȶʻi̯aŋ/tɕʻi̯aŋ:/chǎng 失望。《莊子·則陽》：“客出而君～然若有亡也。”

敞 音同上

高平地，開，空曠（僅有漢代書證）。

賞 ɕi̯aŋ/ɕi̯aŋ:/shǎng 獎賞。《論語·顔淵》：“雖～之不竊。”

1380 周II（銘文 132，“償”義）

1380—1381

1381 周III（銘文 220）

當 tɑŋ/tɑŋ/dāng　❶抵，相等，相當。《左·成三》："小國之上卿～大國之下卿。"❷匹敵，抵當。《孟子·梁惠王下》："彼惡敢～我哉。"❸有能力。《孟子·萬章下》："會計～而已矣。"❹擔任，承受。《論語·衛靈公》："～仁，不讓於師。"❺遵循……而行。《孟子·告子下》："務引其君以～道。"❻負責，治理。《左·襄十》："於是子罕～國。"❼防禦，保護。《左·桓五》："爲右拒以～陳人。"❽在其上。《書·湯誥》："罪～朕躬，弗敢自赦。"❾在。《論語·鄉黨》："～暑，袗絺綌，必表而出之。"❿實在，正值那個時候。《國語·晉語八》："朱也～御。"⓫面對。《左·哀元》："逢滑～公而進。"

tɑŋ/tɑŋ-/dàng　❶正當，應當。《孟子·離婁下》："言人之不善，～如後患何。"❷適當。《左·僖二十八》："允～則歸。"❸底部。《韓非子·外儲説右上》："今有千金之玉卮而無～，可以盛水乎？"

黨 tɑŋ/tɑŋ:/dǎng　❶同夥人。《左·僖十》："皆里丕之～也。"❷偏袒。《書·洪範》："無偏無～，王道蕩蕩。"❸類。《論語·里仁》："人之過也，各於其～。"❹一羣家庭，鄉里。《論語·雍也》："以與爾鄰里鄉～乎？"❺處所，地方。《左·哀五》："師乎師乎，何～之乎？"

同音假借　直言。《荀子·非相》："文而致實，博而～正，此士君子之辯者。"Gl1300

堂 dʻɑŋ/dʻɑŋ/táng　❶廳，房間。《詩·七月》："躋彼公～。"❷打地基。《書·大誥》："厥子乃弗肯～。"

同音假借　堂皇。《論語·子張》："～～乎張也。"

通"棠"。《詩·終南》："有紀有～。"Gl320

棠 音同上
棠梨。《詩·甘棠》："蔽芾甘～。"

牚 dʻăŋ/ȡʻɐŋ/chéng　用作支撑物。《周禮·弓人》："維角～之。"

鱨 ȡi̯aŋ/ʑi̯aŋ/cháng　魚名。《詩·魚麗》："魚麗于罶，～，鯊。"

惝 ȶʻi̯aŋ/tɕʻi̯aŋ:/chǎng　驚恐貌。《列子·湯問》："～然自失。"

償 ȡi̯aŋ/ʑi̯aŋ/cháng　ȡi̯aŋ/ʑi̯aŋ-/shàng
償還，還錢，履行。《左·僖十五》："西鄰責言不可～也。"

儻 tʻɑŋ/tʻɑŋ:/tǎng　❶懶散的，不經心的，隨意的。《莊子·天地》："以天下非之，失其所謂，～然不受。"❷偶然，突然。《莊子·繕性》："物之～來，寄者也。"

攩 音同上
擊。《列子·黃帝》："～拯挨抌。"

曭 音同上　暗，遮蔽（特指太陽）。《楚辭·遠遊》："時曖曃其～莽兮。"

矘 音同上　目不明。《楚辭·遠遊》："昔晻曀其～莽。"

螳 dʻɑŋ/dʻɑŋ/táng　螳螂。《莊子·人間世》："汝不知夫～螂乎？"

鏜 tʻɑŋ/tʻɑŋ/tāng
鼓聲。《詩·擊鼓》："擊鼓其～。"

瞠 tʻăŋ/ȶʻɐŋ/chēng　直視，注視。《莊子·田子方》："及奔逸絶塵而回～若乎否者。"

726

上 ȡi̯aŋ/ʑi̯aŋ-/shàng　❶上，向上。《詩·宛丘》："宛丘之～兮。"❷最高的地位。《詩·蕩》："蕩蕩～帝。"❸最高的，最優的。《左·僖二十八》："原軫將中軍，胥臣佐下軍，～德也。"❹第一。《書·舜典》："正月～日。"

ḍi̯aŋ/ʑi̯aŋ:/shàng ❶升。《詩·大叔于田》："兩服～襄，兩驂雁行。"❷舉。《左·文六》："使能，國之利也，是以～之。"❸往上走。《左·昭二十八》："執其手以～。"❹高度評價。《左·昭二十六》："是以先王～之。"

通"尚"。但願。《詩·陟岵》："～慎旃哉。"Gl276

1382 殷甲文（A2: 14, 3）

1383 周Ⅰ（銘文 63）

1384 周Ⅲ（銘文 139） 此字指事。

1382—1384

727

爿 ts'i̯aŋ/ts'i̯aŋ/qiāng 古代的人名。《唐韻》（按：見裴務齊正字本《刊謬補缺切韻》）此字的本義無書證，《説文》不收。

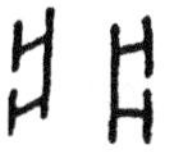
1385—1386

1385 殷甲文（A4: 45，其義不明）

1386 殷甲文（A7: 3, 1，其義不明）

是否"床"之初文？可比較"疒"。

斨 音同上 一種斧頭。《詩·七月》："取彼斧～。"

1387 周Ⅲ/Ⅳ（銘文 310，人名）

1387

將 tsi̯aŋ/tsi̯aŋ/jiāng ❶帶來。《詩·鵲巢》："之子于歸，百兩～之。"❷奉獻。《詩·我將》："我～其享。"❸帶領。《左·桓九》："楚子使道朔～巴客以聘於鄧。"❹用，使用。《國策·秦一》："蘇秦始～連横説秦惠王。"❺舉行。《詩·文王》："裸～于京。"❻安排。《詩·烝民》："肅肅王命，仲山甫～之。"❼保持。《書·酒誥》："越庶國，飲惟祀，德～無醉。"❽侍候，保護，扶持。《詩·四牡》："不遑～父。"❾（河）道。《詩·皇矣》："在渭之～。"❿往，過（特指時間）。《荀子·賦》："聖人共手，時幾～矣。"⓫護送。《詩·丰》："悔予不～兮。"⓬（從事＞）將要。《詩·訪落》："～予就之，繼猶判渙。"⓭打算。《左·莊十》："公～鼓之。"⓮也許。《論語·憲問》："道之～行也與，命也。"⓯或者。《楚辭·卜居》："～與鷄鶩爭食乎？"

同音假借 ❶偉大。《詩·長發》："有娀方～。"❷强。《詩·北山》："鮮我方～。"

tsi̯aŋ/tsi̯aŋ-/jiàng ❶將領。《公羊·隱五》："將尊師少，稱～。"❷統領。《左·桓五》："虢公林父～右軍。"

假借爲ts'i̯aŋ/ts'i̯aŋ/qiāng ❶乞求。《詩·將仲子》："～仲子兮，無踰我里。"❷發出叮噹聲。《詩·思文》："磬筦～～。"❸通"鏘"。《書·微子》："用以容～食。"Gl15、212、403、660、747、761、798、839、1085、1112、1476、1508、1667、1781

此字从寸（手，一點從拇指變來）、肉（獻祭）。

戕 dz'i̯aŋ/dz'i̯aŋ/qiāng 殺。《春秋·宣十八》："邾人～鄫子于鄫。"

1388 殷甲文（O1219，人名？）

1389 周Ⅰ（銘文 67，"臧"義）

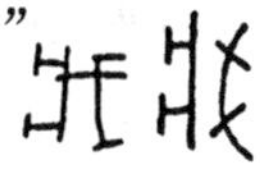
1388—1389

牆 音同上（qiáng） 牆。《詩·將仲子》："無踰我～。"

1390 周Ⅱ（銘文 182，"嗇"義）

右邊形符的意義是穀倉。

1390

墻 前字的異體。

廧 前字的異體。《國策·趙一》："公宫之垣，皆以狄蒿苫楚～之。"

此字聲符被形符"广"所代替。

壯 tṣi̯aŋ/tṣi̯aŋ-/zhuàng 强，壯，大。《詩·采芑》："克～其猶。"

妝 tṣi̯aŋ/tṣi̯aŋ/zhuāng 裝飾。見《説文》（無書證）。

1391 周Ⅲ/Ⅳ（銘文 294，人名）

1391

莊 音同上　❶莊重，嚴肅。《論語·爲政》："臨之以～則敬。"❷六條路的交匯處。《左·襄二十八》："得慶氏之木百車於～。"

牀 dẓ'i̯aŋ/dẓ'i̯aŋ/chuáng　坐臥之具。《詩·斯干》："載寢之～。"

狀 dẓ'i̯aŋ/dẓ'i̯aŋ-/zhuàng　❶形狀。《國語·周語中》："且其～方上而銳下。"❷外貌。《左·襄四》："是子也熊虎之～而豺狼之聲。"❸陳述。《莊子·德充符》："自～其過。"❹所記之功。《左·僖二十八》："且曰獻～。"❺情狀。《國策·秦一》："形容枯槁，面目犁黑，～有歸色。"

牂 tsaŋ/tsaŋ/zāng
牝羊。《詩·苕之華》："～羊墳首。"

同音假借　盛（特指葉）。《詩·東門之楊》："其葉～～。"

獎 tsi̯aŋ/tsi̯aŋ:/jiǎng　❶幫助。《左·僖二十八》："皆～王室。"❷鼓勵。《左·昭二十二》："以～亂人。"

此字形符應該是"廾"。

漿 tsi̯aŋ/tsi̯aŋ/jiāng　米湯，飲料。《詩·大東》："或以其酒，不以其～。"

蔣 音同上　一種織席用的植物。《韓非子·十過》："縵帛爲茵，～席額緣。"

醬 tsi̯aŋ/tsi̯aŋ-/jiàng　鹽水中的剁細食物。《論語·鄉黨》："不得其～，不食。"

鏘 ts'i̯aŋ/ts'i̯aŋ/qiāng　叮噹作響，如馬鈴一樣。《詩·烝民》："四牡彭彭，八鸞～～。"

鬺 ɕi̯aŋ/ɕi̯aŋ/shāng
煮，沸（銘文28和85）。

1392 殷（銘文28）

1393 周I（銘文85）

1394 周I（銘文88）

1395 周I（銘文107）

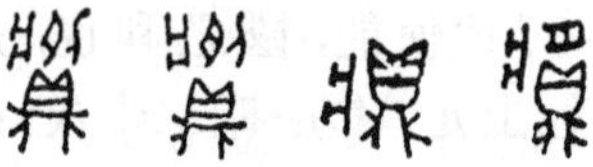

1392—1395

臧 tsaŋ/tsaŋ/zāng　善。《詩·雄雉》："不忮不求，何用不～。"

藏 dz'aŋ/dz'aŋ/cáng　❶隱藏。《易·乾文言》："陽氣潛～。"❷貯藏。《易·繫辭上》："慢～誨盜。"

dz'aŋ/dz'aŋ-/zàng　❶庫藏，財富。《詩·十月之交》："亶侯多～。"❷內臟。《周禮·疾醫》："參之以九～之動。"

通"臧"。《詩·隰桑》："中心～之，何日忘之。"Gl1722

臟 tsaŋ/tsaŋ/zāng　偷來的財物。《列子·天瑞》："遂踰垣鑿室，手目所及，亡不探也，未及時，以～獲罪。"

裝 tṣi̯aŋ/tṣi̯aŋ, tṣi̯aŋ-/zhuāng　包裹，載重，行裝。《國策·齊四》："於是約車治～，載券契而行。"

嬙 dz'i̯aŋ/dz'i̯aŋ/qiáng　宮廷女官。《左·昭三》："以備嬪～。"

此字是"牆"省聲。

728

象 dzi̯aŋ/zi̯aŋ:/xiàng　❶象。《詩·泮水》："元龜～齒。"❷象牙。《詩·葛屨》："佩其～揥。"❸（雕刻肖像>）形象。《禮·樂記》："聲者樂之～也。"❹代表。《左·僖三十》："～其德。"❺模仿。《禮·郊特牲》："繼世以立諸侯，～賢也。"❻相貌，形狀。《易·繫辭下》："～也者，像也。"❼外貌。《書·堯典》："～恭滔天。"❽描述。《書·舜典》："～以典刑。"❾描畫的。《書·益稷》："方施～刑惟明。"❿符號，象徵。《書·益稷》："予欲觀古人之～。"

Gl1267

1396 殷甲文（B下 5：11）
1397 周 I（銘文 88）
1398 周 II（銘文 188）

1396—1398

此字象形。

像 音同上　相似，描繪。《易·繫辭下》："象也者，～也。"

橡 音同上
橡樹。《莊子·盜跖》："盡拾～栗。"

729

匠 dzʻi̯aŋ/dzʻi̯aŋ-/jiàng　木匠。《周禮·匠人》："～人營國，方九里，旁三門。"
此字从匚（箱）、斤（斧）。

730

襄 sni̯aŋ/si̯aŋ/xiāng　❶（除去＞）搬移。《詩·大東》："終日七～。"❷成。《書·皋陶謨》："予未有知，思曰贊贊～哉。"❸向上，直立。《詩·大叔于田》："兩服上～。"❹升騰。《書·堯典》："蕩蕩懷山～陵。"Gl215、437、1312、1897

纕 音同上　❶佩帶。《楚辭·離騷》："解佩～以結言兮。"❷馬腹帶。《國語·晉語二》："亡人之所懷挾纓～。"

饟 ɕni̯aŋ/ɕi̯aŋ，ɕi̯aŋ:，ɕi̯aŋ-/shāng（xiǎng）送食物（特指送給田裏幹活的人）。《詩·良耜》："其～伊黍。"

壤 ȵi̯aŋ/ȵʑi̯aŋ:/rǎng　❶耕過的土壤。《書·禹貢》："厥土惟白～。"❷國土。《孟子·滕文公上》："夫滕，～地褊小。"❸土堆。《禮·檀弓上》："反～樹之哉。"❹豐富。《列子·天瑞》："一年而給，二年而足，三年大～。"

攘 ȵi̯aŋ/ȵʑi̯aŋ/ráng　❶竊。《詩·蕩》："寇～式內。"❷扯去（特指樹）。《詩·皇矣》："～之剔之。"❸用力前伸（特指手臂）。《孟子·盡心下》："馮婦～臂下車。"❹驅趕。《禮·月令》："命國難，九門磔～，以畢春氣。"❺向旁猛推。《詩·小雅·甫田》："～其左右。"

通"讓"。《禮·曲禮上》："左右～辟。"

ȵi̯aŋ/ȵʑi̯aŋ，ȵʑi̯aŋ:/ráng　反對，擾亂。《莊子·外物》："心无天遊，則六鑿相～。"Gl680

瀼 ȵi̯aŋ/ȵʑi̯aŋ/ráng　露濃。《詩·蓼蕭》："蓼彼蕭斯，零露～～。"

禳 音同上　驅除邪惡之祭。《左·昭二十六》："齊有彗星，齊侯使～之。"

穰 ȵi̯aŋ/ȵi̯aŋ，ȵi̯aŋ:/ráng　❶（穀物）豐收。《詩·烈祖》："豐年～～。"❷豐盛。《詩·執競》："降福～～。"Gl1086

讓 ȵi̯aŋ/ȵʑi̯aŋ-/ràng　❶斥責。《左·僖二十四》："寺人披請見，公使～之，且辭焉。"❷讓與。《論語·泰伯》："三以天下～。"❸讓步。《詩·角弓》："受爵不～，至于己斯亡。"❹謙遜。《書·堯典》："允恭克～。"

釀 音同上　切碎而混雜。《禮·內則》："鶉～之蓼。"

曩 naŋ/naŋ:/nǎng　過去，從前。《左·襄二十四》："～者志入而已，今則怯也。"

囊 naŋ/naŋ/náng
袋。《詩·公劉》："于橐于～。"

731

相 si̯aŋ/si̯aŋ-/xiàng　❶視，見。《詩·相鼠》："～鼠有皮。"❷（照管＞）輔助。《詩·雝》："～予肆祀。"❸助手，執政官。《詩·雝》："～維辟公。"❹幫助。《書·呂刑》："今天～民。"❺一種打拍子的樂器。《禮·樂記》："始奏以文，復亂以武，治亂以～。"

si̯aŋ/si̯aŋ，si̯aŋ-/xiàng　外貌，品質。

《詩·棫樸》："追琢其章，金玉其～。"

si̯aŋ/si̯aŋ/xiāng 互相。《詩·斯干》："兄及弟矣，式～好矣，無～猶矣。" Gl807、955、2075

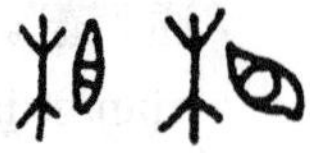

1399 殷甲文（A2: 17, 4，其義不明） 1399—1400

1400 周（銘文 396，人名）

此字从目、木。

想 si̯aŋ/si̯aŋ:/xiǎng 想，想象。《周禮·眡祲》："眡祲掌十煇之法……八曰敘，九曰隮，十曰～。"

湘 si̯aŋ/si̯aŋ/xiāng 煮沸。《詩·采蘋》："于以～之，維錡及釜。"

箱 音同上 ❶（車）箱。《詩·大東》："睆彼牽牛，不以服～。"❷廂房。《儀禮·公食大夫禮》："公揖退于～。"

霜 ṣi̯aŋ/ṣi̯aŋ/shuāng 白霜。《詩·蒹葭》："蒹葭蒼蒼，白露爲～。"

孀 音同上 寡婦。《列子·湯問》："鄰人京城氏之～妻，有遺男。"

732

羊 zi̯aŋ/i̯aŋ/yáng 羊，公羊。《詩·七月》："朋酒斯饗，曰殺羔～。"

通"徉"。《左·哀十七》："衡流而方～裔焉。"

1401 殷甲文（E86: 3）

1402 殷甲文（A1: 12, 4） 1401—1403

1403 周I（銘文 67） 此字象形。

佯 音同上 假裝，欺騙。《韓非子·外儲說右下》："人主不可～愛人。"

徉 音同上 徘徊，猶豫。《楚辭·招魂》："彷～無所依。"

恙 zi̯aŋ/i̯aŋ-/yàng ❶病。《楚辭·九辯》："賴皇天之厚德兮，還及君之無～。"❷缺陷，不足。《國策·齊四》："民亦無～耶？"

洋 zi̯aŋ/i̯aŋ/yáng ❶大面積的水。《莊子·秋水》："望～向若而嘆。"❷水流盛大。《詩·碩人》："河水～～，北流活活。"❸廣大。《詩·大明》："牧野～～。"

通"徉"。《孟子·萬章上》："始舍之，圉圉焉，少則～～焉。"

痒 zi̯aŋ/i̯aŋ/yáng dzi̯aŋ/zi̯aŋ/xiáng ❶病。《詩·桑柔》："降此蟊賊，稼穡卒～。"❷痛苦。《詩·正月》："哀我小心，癙憂以～。"

zi̯aŋ/i̯aŋ:/yǎng 瘡瘍。《周禮·疾醫》："夏時有～疥疾。"

養 zi̯aŋ/i̯aŋ:/yǎng ❶供養食物。《左·成十三》："敬在～神。"❷養育，使之成長。《詩·酌》："遵～時晦，時純熙矣。"

同音假借 ❶隱藏。《大戴禮·曾子事父母》："兄之行若不中道，則～之。"❷長的。《大戴禮·夏小正》："時有～日。～，長也。"❸渴望，憂傷。《詩·二子乘舟》："願言思子，中心～～。"

zi̯aŋ/i̯aŋ-/yàng 照養，扶持（特指父母）。《論語·爲政》："今之孝者，是謂能～。"

通"癢"。《荀子·正名》："疾～滄熱滑鈹輕重以形體異。" Gl127、1136

羕 zi̯aŋ/i̯aŋ-/yàng 延長（如河）。《說文》引《詩》："江之～矣。"（按：今《詩·漢廣》作"永"。） Gl32

1404 周III/IV（銘文 294） 1404

庠 dzi̯aŋ/zi̯aŋ/xiáng 學校。《孟子·梁惠王上》："謹～序之教。"

祥 音同上 ❶吉兆，吉利，福。《詩·斯干》："維熊維羆，男子之～。"❷吉日。《詩·大明》："文定迎厥～，親于渭。" Gl776

1405 周IV（銘文 291） 1405

翔 音同上　❶往來。《詩·清人》：“二矛重英，河上乎翱～。”❷空中盤旋。《論語·鄉黨》：“～而後集。”❸（飛翔>）行走時兩肘張開如翼。《禮·曲禮上》：“室中不～。”

詳 音同上　詳察，詳述。《詩·牆有茨》：“中冓之言，不可～也。”

通“祥”。《左·成十六》：“德、刑、～、義、禮、信，戰之器也。”

癢 zi̯aŋ/i̯aŋ:/yǎng　發癢。《禮·內則》：“疾痛苛～，而敬抑搔之。”

漾 zi̯aŋ/i̯aŋ-/yàng　❶河名。《書·禹貢》：“嶓冢導～，東流爲漢。”❷“羕”之異體。《文選·王粲〈登樓賦〉》注引《韓詩》：“江之～矣。”（按：今《詩·漢廣》作“永”。）Gl32

1406

1406 周Ⅳ（銘文 283）

733

爽 ṣi̯aŋ/ṣi̯aŋ:/shuǎng　❶聰明，機靈。《左·昭三》：“二惠競～猶可。”❷明亮。《書·牧誓》：“時甲子昧～。”

同音假借　❶差别。《左·昭十五》：“鼓人能事其君，我亦能事吾君，率義不～。”❷偏離正道，差錯。《詩·氓》：“女也不～，士貳其行。”❸走錯路。《左傳》（按：今本未見）。❹有缺點，有過失。《詩·蓼蕭》：“其德不～，壽考不忘。”❺敗壞。《老子》十二章：“五味令人口～。”

通“霜”。霜白色（特指馬）。《左·定三》：“有兩肅～馬。”Gl181、1614

1407 周Ⅱ（銘文 147）

1407

此字好像一個跳舞的人。參 103 組“無”。

734

商 ɕi̯aŋ/ɕi̯aŋ/shāng　❶商討。《易·兑》：“～兑未寧。”❷交易。《左·僖三十三》：“鄭～人弦高將市於周。”❸音階名。《禮·月令》：“其音～。”❹地名和朝代名。《詩·殷武》：“～邑翼翼。”❺給予。《書·費誓》：“我～賚汝。”Gl2100

1408 殷甲文（A1: 11, 2, 人名）

1409 殷甲文（A2: 2, 6, 人名）

1410 周Ⅰ（銘文 62，“賞”義）

1411 殷（銘文 10，“賞”義）

此字好像是“賞”之初文，金文都是這種用法。此字由食具（比較 855 組）和“口”組成。

1408—1411

𧶜 音同上　行賈。見《説文》。在這個意義上跟“商”爲同一個詞（無書證）。在銘文中總是用作“賞”義。參“商”。

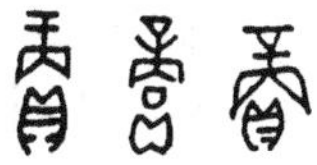
1412—1414

1412 殷（銘文 27）

1413 周Ⅰ（銘文 55）　1414 周Ⅰ（銘文 67）

735

良 li̯aŋ/li̯aŋ/liáng　好。《詩·黃鳥》：“殲我～人。”

1415 殷甲文（A2: 21, 3, 人名）

1416 周Ⅰ（銘文 97）

1417 周Ⅲ（銘文 223）

1415—1417

粮 音同上　穀糧，糧食。《詩·公劉》：“乃裹餱～。”（按：今本作“糧”，高氏從《釋文》。）

俍 li̯aŋ/li̯aŋ/liáng　laŋ/laŋ-/làng　有技能的。《莊子·庚桑楚》：“夫工乎天而～乎人者，惟全人能之。”

埌 laŋ/laŋ-/làng　原野。《莊子·應帝王》：“而遊无何有之鄉，以處壙～之野。”

朗 laŋ/laŋ:/lǎng　明亮。《詩·既醉》：“昭明有融，高～令終。”

稂 laŋ/laŋ/láng 一種樹（銘文147）。

1418

1418 周II（銘文147）

浪 laŋ/laŋ/láng 河名。《書·禹貢》："又東爲滄～之水。"

laŋ/laŋ-/làng ❶放縱，放蕩。《詩·終風》："謔～笑敖。"❷流。《楚辭·離騷》："霑余襟之～～。"

狼 laŋ/laŋ/láng 狼。《詩·還》："並驅從兩～兮。"

1419

1419 殷甲文（A6：58，4，其義不明）

琅 laŋ/laŋ/láng ❶一種寶石。《書·禹貢》："厥貢惟球琳～玕。"❷叮噹作聲，如玉一樣。《楚辭·東皇太一》："璆鏘鳴兮琳～。"

假借爲laŋ/laŋ-/làng 放蕩。《管子·宙合》："以～湯陵轢人。"

稂 laŋ/laŋ/láng 莊稼地裏的雜草。《詩·下泉》："冽彼下泉，浸彼苞～。"

筤 音同上

幼竹。《易·説卦》："爲蒼～竹。"

蜋 音同上

螳螂。《禮·月令》："螳～生。"

郎 音同上 ❶地名。《左·隱元》："費伯帥師城～。"❷雙重屋頂，一重屋頂在另一屋頂之上。《逸周書·作雒》："重亢重～。"

閬 laŋ/laŋ，laŋ-/làng 空曠。《莊子·外物》："胞有重～，心有天遊。"

廊 laŋ/laŋ/láng 旁邊建築，旁邊廊道。《國策·秦三》："謀不出～廟，坐制諸侯。"

736

兩 li̯aŋ/li̯aŋ:/liǎng ❶二，雙。《詩·大叔于田》："～服上襄。"❷軍隊單位。《左·宣十二》："其君之戎分爲二廣。廣有一卒，卒偏之～。"

li̯aŋ/li̯aŋ:，li̯aŋ-/liǎng 安排，裝飾。《左·宣十二》："御下～馬，掉鞅而還。"

li̯aŋ/li̯aŋ-/liàng 車輛。《詩·鵲巢》："之子于歸，百～御之。"

通"蜽"。《莊子·齊物論》："罔～問景。"

1420

1420 周I（銘文59）

輛 li̯aŋ/li̯aŋ-/liàng "兩"字車輛一義的異體。《墨子》。（按：此字後出，高氏誤。）

蜽 li̯aŋ/li̯aŋ:/liǎng 蝄～：一種魔鬼。《國語·魯語下》："木石之怪曰夔、蝄～。"

737

量 li̯aŋ/li̯aŋ-/liàng

數量。《論語·鄉黨》："唯酒無～。"

li̯aŋ/li̯aŋ/liáng 度量。《左·隱十一》："～力而行之。"

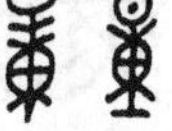
1421—1422

1421 周II（銘文139，人名）

1422 周（銘文368，人名）

此字下部爲"重"，也許是某種稱重量的用具，上部像一物體加於其上。

糧 li̯aŋ/li̯aŋ/liáng 穀糧，糧食。《詩·公劉》："乃裹餱～。"

1423

1423 周（銘文376，人名）

738

梁 li̯aŋ/li̯aŋ/liáng ❶梁柱。《莊子·秋水》："～麗可以衝城。"❷橋。《詩·大明》："造舟爲～，不顯其光。"❸壩。《詩·邶風·谷風》："毋逝我～，毋發我笱。"❹車轅端部。《詩·小戎》："小戎俴收，五楘～輈。"❺竿。《詩·小雅·甫田》："如茨如～。"Gl682

粱 音同上 小米，高粱，穀物。《詩·小雅·甫田》："黍稷稻～，農夫之慶。”

1424 周II（銘文158）

1425 周II/III（銘文258）

1424—1425

739

王 gi̯waŋ/ji̯waŋ/wáng 王。《詩·靈臺》：“～在靈沼。”

gi̯waŋ/ji̯waŋ-/wàng 統治。《詩·皇矣》：“～此大邦。”

通“往”。《詩·板》：“及爾出～。”Gl933

1426 殷甲文（A1: 9，7）

1427 殷甲文（A1: 40，5）

1428 殷甲文（A1: 1，8）

1429 殷（銘文4）

1430 殷（銘文27）

1431 周I（銘文54）

1432 周I（銘文65）

1426—1432

㞷 gi̯waŋ/ji̯waŋ:/wǎng（此字是“往”之初文，故定此讀音） 到。殷甲文（A1: 29，2）。

1433

1433 殷甲文（A1: 29，2）

上部形符爲“止”（足）。

往 音同上 ❶到。《詩·桑柔》：“云徂何～。”❷過去。《易·繫辭上》：“知以藏～。”❸以往的，從前的。《書·立政》：“桀德惟乃弗作～任。”Gl1940

此字爲前字加形符“彳”而成，上部的“止”縮減成一點，於是右面主要部分的現代字形變得跟“主”相同了。

迋 gi̯waŋ/ji̯waŋ-/wàng 往。《左·襄二十八》：“君使子展～勞於東門之外。”

借假爲 gi̯waŋ/ji̯waŋ:/wǎng 恐嚇。《左·昭二十一》：“子無我～。”

ki̯waŋ/ki̯waŋ:/guǎng g'i̯waŋ/g'i̯waŋ:/kuàng 欺騙。《詩·鄭風·揚之水》：“人實～女。”

匡 k'i̯waŋ/k'i̯waŋ/kuāng ❶方筐。《詩·楚茨》：“既齊既稷，既～既勅。”❷（方，規則>）糾正。《詩·六月》：“王于出征，以～王國。”❸調整，調節。《莊子·讓王》：“～坐而弦歌。”❹輔助，救助。《書·盤庚上》：“不能胥～以生。”

同音假借 ❶彎曲。《周禮·輪人》：“察其菑蚤不齵，則輪雖敝不～。”❷畏懼。《禮·禮器》：“是故年雖大殺，衆不～懼。”Gl454、670

1434

1434 周II（銘文158）

此字的聲符好像不是現代的形式“王”，而是“㞷”。

狂 g'i̯waŋ/g'i̯waŋ/kuáng ❶瘋，愚蠢。《詩·桑柔》：“自有肺腸，俾民卒～。”❷放蕩，魯莽。《詩·載馳》：“許人尤之，衆穉且～。”❸激進，過度。《論語·子路》：“～者進取，狷者有所不爲也。”

通“往”。《書·微子》：“我其發出～。”Gl1505

1435

1435 殷甲文（B上14: 8，也許是“㞷”義）。此字的聲符是“㞷”，而不是“王”。

枉 ʔi̯waŋ/ʔi̯waŋ:/wǎng ❶彎，曲。《禮·月令》：“毋或～橈。”❷敗壞，不正直。《論語·顏淵》：“能使～者直。”❸（彎下>）屈就。《國策·韓二》：“不遠千里，～車騎而交臣。”

汪 ʔwaŋ/ʔwaŋ/wāng ❶池。《左·桓十五》：“尸諸周氏之～。”❷廣大。《國語·晉語二》：“～是士也，苟違其違，誰能懼之。”

1436

1436 漢前（銘文425，人名）

此字的聲符是“㞷”，而不是“王”。

尩 ʔwaŋ/ʔwaŋ/wāng 瘦弱。《左·僖二十一》:"夏大旱,公欲焚巫～。"

眶 kʻi̯waŋ/kʻi̯waŋ/kuāng 眼窩。《列子·仲尼》:"矢來注眸子而～不瞚。"

筐 音同上 ❶方籃(參"匡"字)。《詩·卷耳》:"采采卷耳,不盈傾～。"❷牀。《莊子·齊物論》:"與王同～牀。"

誑 ki̯waŋ/ki̯waŋ-/guàng(kuáng) 欺騙。《禮·曲禮上》:"幼子常視毋～。"

俇 gʻi̯waŋ/gʻi̯waŋ:/guàng 速,匆匆離去。《楚辭·思古》:"魂～～而南行兮。"

740

方 pi̯waŋ/pi̯waŋ/fāng ❶方形。《周禮·輿人》:"圜者中規,～者中矩。"❷地區,地方。《詩·皇矣》:"奄有四～。"❸遍及。《書·堯典》:"共工～鳩僝功。"❹占據。《詩·鵲巢》:"維鵲有巢,維鳩～之。"❺對四方之神的祭祀。《詩·小雅·甫田》:"與我犧羊,以社以～。"❻並處。《詩·十月之交》:"艷妻煽～處。"❼在一邊。《儀禮·大射禮》:"左右曰～。"❽二船並排相繫,筏。《詩·邶風·谷風》:"就其深矣,～之舟之。"❾並排放在一起,比較。《論語·憲問》:"子貢～人。"❿方牌子。《禮·中庸》:"文武之政,布在～策。"

同音假借 ❶開始。《詩·公劉》:"干戈戚揚,爰～啟行。"❷剛,正當。《詩·北山》:"旅力～剛,經營四方。"❸方法。《易·繫辭上》:"～以類聚。"❹規則,標準,式樣。《詩·皇矣》:"萬邦之～,下民之王。"❺整齊,規則。《詩·大田》:"既～既皁,既堅既好。"

假借爲bʻuaŋ/bʻuaŋ/páng 顛簸。《左·哀十七》:"衡流而～羊裔焉。"

通"放"。不理會。《書·堯典》:"～命圮族。"Gl551、685、840、900、1183、1234、1238、1294

1437 殷甲文(A1: 41, 7)

1438 殷甲文(A4: 24, 1)

1439 殷(銘文10)

1440 周I(銘文56)

1441 周I(銘文86)

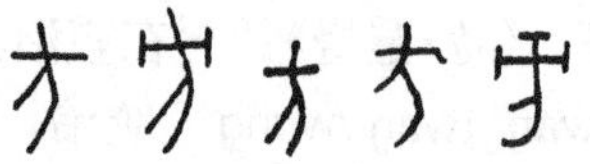

1437—1441

此字實際上同"尣",像人肩荷一竿,"央"同樣有一荷竿,字形解釋不明。

舫 pi̯waŋ/pi̯waŋ-/fǎng pwaŋ/pwaŋ-/bàng 船。《說文》引《禮》:"～人,習水者。"(按:《禮·月令》"命漁師伐蛟",鄭玄注:"今《月令》'漁師'爲'榜人'。"《說文》段注"舫"云:"舫正字,榜假借字。許所據即鄭所謂今《月令》也。")(還見於銘文327)

1442

1442 周III/IV(銘文327)

放 pi̯waŋ/pi̯waŋ-/fàng ❶放鬆,釋放。《孟子·盡心上》:"摩頂～踵利天下爲之。"❷不理會。《書·康誥》:"大～王命。"❸縱情。《論語·微子》:"隱居～言。"❹放縱。《孟子·梁惠王上》:"～僻邪侈無不爲已。"❺放逐。《書·舜典》:"～驩兜于崇山。"❻驅趕。《禮·禮器》:"湯～桀,武王伐紂,時也。"❼伸展。《孟子·梁惠王下》:"～於琅琊。"

pi̯waŋ/pi̯waŋ:/fǎng ❶仿效。《禮·檀弓上》:"梁木其壞,哲人其萎,則吾將安～?"❷遵從。《周禮·食醫》:"凡君子之食恒～焉。"

昉 pi̯waŋ/pi̯waŋ:/fǎng 當時。《公羊·隱二》:"始不親迎～於此乎。"

枋 pi̯waŋ/pi̯waŋ/fāng 一種樹。《莊子·逍遥遊》:"我決起而飛,槍榆～。"

pi̯aŋ/pi̯wɐŋ-/bìng 柄。《儀禮·士冠

禮》："加柶面～。"

牥 pi̯waŋ/pi̯waŋ/fāng　一種壯牛。《穆天子傳》四："～牛二百，以行流沙。"

瓬 pi̯waŋ/pi̯waŋ:/fǎng　陶器。《周禮·瓬人》："～人爲簋。"

旊 前字的譌體。

邡 pi̯waŋ/pi̯waŋ/fāng　地名（銘文 241）。

通"訪"。《穀梁·昭二十五》："宋公佐卒于曲棘，～公也。"

1443

1443 周II/III（銘文 241）

妨 pʻi̯waŋ/pʻi̯waŋ/fáng　❶損害。《左·隱三》："且夫賤～貴。"❷對立。《左·襄十七》："爲平公築臺，～於農功。"

紡 pʻi̯waŋ/pʻi̯waŋ:/fǎng　❶紡績。《左·昭十九》："～焉以度而去之。"❷捆，縛。《國語·晉語九》："獻子執而～於庭之槐。"

芳 pʻi̯waŋ/pʻi̯waŋ/fāng　香。《楚辭·離騷》："～菲菲其彌章。"

訪 pʻi̯waŋ/pʻi̯waŋ-/fǎng　詢問，詳審。《詩·訪落》："～予落止。"Gl1110

髣 pʻi̯waŋ/pʻi̯waŋ:/fǎng　～髴：相似，好像。《楚辭·遠遊》："時～髴以遥見兮，精皎皎以往來。"

仿 前字的異體。《淮南子·俶真訓》："虛無寂寞，蕭條霄霓，無有～佛氣遂。"

坊 bʻi̯waŋ/bʻi̯waŋ/fáng　堤。《禮·郊特牲》："祭～與水庸，事也。"

房 音同上　❶旁室，室。《詩·君子陽陽》："左執簧，右招我由～。"❷盛食物器具。《詩·閟宮》："毛炰胾羹，籩豆大～。"Gl1167

防 音同上　❶堤。《詩·防有鵲巢》："～有鵲巢，邛有旨苕。"❷防禦，預防。《左·襄三十一》："然猶～川。"❸抵擋，相敵。《詩·黃鳥》："維此仲行，百夫之～。"Gl322

埅 前字的異體。《吕氏春秋·季春紀》："修利堤～，導達溝瀆。"（按：今本作"防"。）

魴 音同上　魚名。《詩·汝墳》："～魚赬尾。"

雱 pʻwaŋ/pʻwaŋ/pāng（páng）　大雪。《詩·北風》："北風其涼，雨雪其～。"

汸 "滂"的異體。《荀子·富國》："財富渾渾如泉源，～～如河海。"

彷 bʻwaŋ/bʻwaŋ/páng　徘徊，猶豫。《莊子·逍遥遊》："～徨乎无爲其側，逍遥乎寢臥其下。"

通"髣"。《楚辭·九辯》："顏淫溢而將罷兮，柯～彿而萎黃。"

旁 bʻwaŋ/bʻwaŋ/páng　❶旁邊。《左·昭十》："公與桓子莒之～邑。"❷各方。《書·太甲上》："～求俊彦。"❸廣。《荀子·性惡》："雜能～魄而無用。"

păŋ/peŋ/bēng　象聲詞。《詩·清人》："清人在彭，駟介～～。"Gl218、1234

1444 殷甲文（A2：3，2）

1445 周III/IV（銘文 302）

1446 漢前（銘文 430，人名）

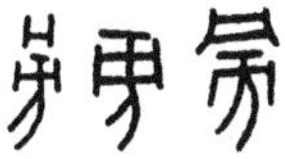

1444—1446

祊 păŋ/peŋ/bēng　❶廟門之側。《詩·楚茨》："祝祭于～，祀事孔明。"❷祭於門側。《禮·郊特牲》："～之於東方。"

謗 pwaŋ/pwaŋ-/bàng　誹謗。《左·昭四》："國人～之。"

滂 pʻwaŋ/pʻwaŋ/pāng　（雨、淚等）大量落下。《詩·澤陂》："涕泗～沱。"

傍 bʻwaŋ/bʻwaŋ/páng　bʻwaŋ/bʻwaŋ-/bàng　❶在旁邊。《管子·兵法》："一氣專定則～通而不疑。"❷幫助。《禮·

中庸》："洋洋乎如在其上。"鄭玄注："人想思其～僾之貌。"

通"旁"。《詩·北山》："四牡彭彭，王事～～。"Gl218

騯 bʻwaŋ/bʻwaŋ/páng bʻăŋ/bʻɐŋ/péng 象聲詞。《説文》引《詩》："四馬～～。"（按：今《詩·北山》作"彭"。）

徬 bʻwaŋ/bʻwaŋ-/bàng 在旁邊走。《周禮·罪隸》："凡封國若家，牛助爲牽～。"

榜 păŋ/pɐŋ-/bèng（bàng） 槳。《楚辭·涉江》："齊吳～以擊汰。"

1447

1447 周II（銘文 132）

蒡 păŋ/pɐŋ/bēng bʻwaŋ/bʻwaŋ/páng 植物名（見於《爾雅》，無書證）。

1448

1448 周I（銘文 74，人名）

741

匚 pi̯waŋ/pi̯waŋ/fāng 箱子。見《説文》（無書證）。此字在甲骨文中總是用作祭名（箱中奉獻的祭品？或同"祊"？）

1449

1449 殷甲文（A5: 3，1）

742

亡 mi̯waŋ/mi̯waŋ/wáng ❶消失。《詩·車鄰》："今者不樂，逝者其～。"❷流亡。《詩·瞻卬》："人之云～，邦國殄瘁。"❸死。《書·湯誓》："予及汝皆～。"❹毀滅。《孟子·離婁上》："暴其民甚則身弒國～。"❺無。《詩·邶風·谷風》："何有何～，黽勉求之。"❻不。《國語·晉語四》："若資窮困，～在長幼。"

通"忘"。《詩·綠衣》："曷維其～。"

此字"無"義讀作wú是現代的讀法，無古代的證據。

1450 殷甲文（A1: 51，1）

1451 殷甲文（A2: 3，5）

1452 殷甲文（A6: 48，6）

1453 周I（銘文 72）

1454 周I（銘文 77）

1450—1454

妄 mi̯waŋ/mi̯waŋ/wàng ❶不法。《左·哀二十五》："彼好專利而～。"❷超出應有的範圍。《莊子·齊物論》："～言～聽，記而存之，非有所感也。"❸愚蠢。《孟子·離婁下》："此亦～人也已矣。"❹粗暴。《左·哀二十七》："三桓亦患公之～也。"❺魯莽，虛假。《禮·曲禮上》："車上不廣欬，不～指。"

通"亡"。無。《禮·儒行》："今衆人之命儒也～常，以儒相詬病。"

1455

1455 周II（銘文 220）

忘 mi̯waŋ/mi̯waŋ, mi̯waŋ-/wàng 忘記。《詩·假樂》："不愆不～，率由舊章。"

1456

1456 周III（銘文 220）

芒 mi̯waŋ/mi̯waŋ/wáng mwaŋ/mwaŋ/máng 穀物外殼上刺狀物。《周禮·稻人》："澤草所生，種之～種。"

假借爲mwaŋ/mwaŋ/máng ❶大，廣。《詩·玄鳥》："宅殷土～～。"❷疲乏。《孟子·公孫丑上》："～～然歸。"

假借爲mwaŋ/mwaŋ/máng xmwaŋ/xwaŋ, xwaŋ:/huāng 混亂，昏暗。《莊子·齊物論》："而人亦有不～者乎。"

罔 mi̯waŋ/mi̯waŋ:/wǎng ❶網。《易·繫辭下》："作結繩而爲～罟，以佃以漁。"❷捕捉。《孟子·公孫丑下》："以左右望，而～市利。"❸陷害，網羅。《孟子·

梁惠王上》："及陷於罪，然後從而刑之，是～民也。"❹混亂，無序。《詩·瞻卬》："天之降～，維其優矣。"❺欺騙。《詩·節南山》："弗問弗仕，勿～君子。"❻愚弄。《論語·雍也》："可欺也，不可～也。"❼結，編。《楚辭·湘夫人》："～薜荔兮爲帷。"

同音假借　不，無。《詩·蓼莪》："欲報之德，昊天～極。" Gl1059

望 mi̯waŋ/mi̯waŋ-/wàng　❶月亮對着太陽，滿月。《書·召誥》："惟二月既～。"❷遠看，對着看。《詩·河廣》："誰謂宋遠，跂予～之。"❸敬仰。《詩·都人士》："行歸于周，萬民所～。"❹希望。《孟子·梁惠王上》："王如知此，則無～民之多於鄰國也。"❺考慮，估量。《禮·表記》："以人～人。"❻祭名（祭山川）。《書·舜典》："～于山川，徧于羣神。"

1457

1457 周II（銘文179）

忙 mwaŋ/mwaŋ/máng　慌亂。《列子·楊朱》："子産～然無以應之。"

汒 音同上　慌忙的。《莊子·秋水》："今吾聞莊子之言，～焉異之。"

盲 măŋ/mɐŋ/méng（máng）　瞎。《老子》十二章："五色令人目～。"

通"望"。對着看。《周禮·內雍》："豕～眡而交睫，腥。"

甿 măŋ/mæŋ/méng　民。《周禮·遂人》："致～以田里，安～以樂昏。" Gl176

這裏的上古音應變爲中古的mɐŋ，中古音不規則。

寅 măŋ/mɐŋ/méng　虻。《莊子·天下》："由天地之道觀惠施之能，其猶一蚉一～之勞者也。"

同音假借　貝母。《詩·載馳》："陟彼阿丘，言采其～。"

𧒽 前字的異體。

氓 măŋ/mæŋ/méng　民。《詩·氓》："～之蚩蚩，抱布貿絲。" 此字同"甿"。

巟 xmwaŋ/xwaŋ/huāng　廣闊的水面。《説文》引《易》："包～，用馮河。"（按：今《易·泰》作"荒"。）

1458

1458 漢前（銘文434，人名）

肓 音同上　胸膈膜。《左·成十》："居～之上，膏之下。"

衁 音同上　血。《左·僖十五》："士刲羊亦無～也。"

網 mi̯waŋ/mi̯waŋ:/wǎng　網。《詩·新臺》："魚～之設，鴻則離之。" 此字與"罔"同。

惘 音同上　沮喪。《楚辭·悲回風》："撫珮衽以案志兮，超～～而遂行。"

鋩 mi̯waŋ/mi̯waŋ/wáng（máng）　武器的尖端。《列子·湯問》："～鍔摧屈，而體無痕撻。"

茫 mwaŋ/mwaŋ/máng　迷亂。《列子·仲尼》："子貢～然自失。"

荒 xmwaŋ/xwaŋ/huāng　❶野草蔓生，未開墾。《孟子·梁惠王下》："土地～蕪。"❷廢棄，荒涼。《詩·召旻》："我居圉卒～。"❸饑荒。《周禮·大司徒》："以～政十有二，聚萬民。"❹覆蓋。《詩·樛木》："南有樛木，葛藟～之。"❺廣遠。《國語·晉語四》："天作高山，大王～之。"❻大，擴大。《詩·閟宮》："奄有龜蒙，遂～大東。"❼過度。《詩·蟋蟀》："好樂無～，良士瞿瞿。"❽拋棄，不理會。《書·蔡仲之命》："汝往哉！無～棄朕命。"❾衰老。《書·微子》："吾家耄遜于～。" Gl287、1077、1506

詤 xmwaŋ/xwaŋ, xwaŋ:/huǎng 夢囈，胡説，謊言。《吕氏春秋·知接》："瞑者目無由接也，無由接而言見，～。"

㤺 xmwaŋ/xwaŋ:/huǎng 昏亂。《禮·祭義》："夫何～惚之有乎？"

㡛 mwaŋ/mwaŋ/máng 漂染絲。《周禮·㡛氏》："～氏湅絲以涚水，漚其絲七日。"

㡆 前字的異體。

743

𦣠 mi̯waŋ/mi̯waŋ-/wàng（此字與"望"同，故定此音） 面對，視（殷甲文 A5: 20, 7，銘文 10）。

1459 殷甲文（A5: 20, 7）

1460 殷（銘文 10） 1459—1460

此字由一站立人形和一眼睛構成。

朢 音同上 "望"之異體（依《説文》）。月亮對着太陽，滿月（銘文 28 和 74）。

1461 殷（銘文 28）

1462 周 I（銘文 74） 1461—1462

𧬄 音同上 斥責，批評。見《説文》（無書證）。在漢代文獻中此義寫作"望"，顯然爲假借字。

1463 周 I（銘文 77，"忘"義） 1463

744

网 mi̯waŋ/mi̯waŋ:/wǎng 網。見《説文》（無書證）。此字現代通常寫作"罔"或"網"。

1464 殷甲文（A6: 38, 2，其義不明） 1464

此字象形。

蛧 音同上

～蜽：一種魔鬼。《國語·魯語下》："木石之怪曰夔、～蜽。"

745

更 kăŋ/keŋ/gēng 改變。《左·昭三》："景公欲～晏子之宅。"

kăŋ/keŋ-/gèng 再，更加。《左·僖五》："晉不～舉矣。"

1465 周 II（銘文 132） 1465

哽 kăŋ/keŋ:/gěng

哽塞。《莊子·外物》："壅則～。"

鯁 音同上 魚骨卡在喉嚨。《國語·晉語六》："除～而避强。"

梗 音同上 醫用植物。《莊子·徐无鬼》："藥也，其實堇也，桔～也。"

同音假借 ❶苦，病。《詩·桑柔》："誰生厲階，至今爲～。"❷以法術驅鬼。《周禮·女祝》："掌以時招～禬禳之事。"❸阻塞。《管子·四時》："謹禱弊～。"❹强。《楚辭·橘頌》："～其有理兮。"❺木偶。《國策·齊三》："有土偶人與桃～相與語。"

綆 音同上 汲井索。《左·襄九》："具～缶，備水器。"

不知什麽原因，此字還假借爲 pi̯ĕŋ/pi̯ɛŋ:/bǐng，輪緣。《周禮·輪人》："眡其～。"

746

庚 kăŋ/keŋ/gēng 天干名稱之一。《詩·吉日》："吉日～午。"

同音假借 ❶路。《左·成十八》："以塞夷～。"❷倉～：黄鸝。《詩·七月》："有鳴倉～。"

通"賡"。《詩·大東》："東有啟明，西有長～。"

通"更"。補償。《禮·檀弓下》："季子皋葬其妻，犯人之禾，申祥以告，曰，請～之。"

1466 殷甲文（A1: 6, 1）

1467 殷甲文（A3: 10, 3）
1468 殷（銘文 33）
1469 周Ⅰ（銘文 73）
1470 周Ⅰ（銘文 84）

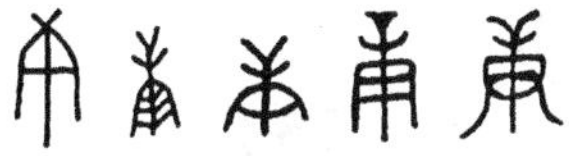

1466—1470

賡 kăŋ/keŋ, keŋ-/gēng 繼續。《書·益稷》："乃～載歌。"

康 kʻaŋ/kʻaŋ/kāng 空穀殼。《穀梁·襄二十四》"四穀不升謂之～。"

同音假借 ❶康盛。《詩·烈祖》："自天降～，豐年穰穰。"❷安，靜。《詩·民勞》："民亦勞止，迄可小～。"❸樂，樂於。《詩·蟋蟀》："無已大～，職思其居。"❹贊揚。《禮·祭統》："～周公，故以賜魯也。"❺交叉路口（五道相接處）。《列子·仲尼》："堯乃微服游於～衢。"Gl710

1471 殷甲文（A2: 39, 2）
1472 周Ⅰ（銘文 70）

1471—1472

㝩 音同上 空（僅有漢代書證）。

1473 周Ⅱ（銘文 139，人名）

1473

慷 kʻaŋ/kʻaŋ:/kǎng（kāng） 沮喪，悲傷。《楚辭·九辯》："憎慍惀之修美兮，好夫人之～慨。"

穅 kʻaŋ/kʻaŋ/kāng 穀殼。《莊子·天運》："夫播～眯目，見天地四方易位矣。"

糠 前字的異體。《莊子·達生》："爲彘謀，曰不如食以～糟而錯之牢筴之中。"

747

羹 kăŋ/keŋ/gēng 羹湯。《詩·閟宮》："毛炰胾～。"

此字从羔、美。

748

行 gʻăŋ/ɣeŋ/xíng ❶路。《詩·卷耳》："嗟我懷人，寘彼周～。"❷五行，五種要素。《書·洪範》："初一曰五～。"❸走，往。《詩·無衣》："脩我甲兵，與子偕～。"❹流行。《詩·巧言》："往來～言，心焉數之。"❺可能，成功。《左·文八》："此必不～。"❻施行。《詩·大明》："長子維～，篤生武王。"

găŋ/ɣeŋ-/xìng ❶周遊。《左·襄四》："韓獻子使～人子員問之。"❷視察。《禮·月令》："樹木方盛，乃命虞人入山～木。"❸行爲。《易·繫辭下》："履以和～，謙以制禮。"

gʻaŋ/ɣaŋ/háng 級，列。《詩·鴇羽》："肅肅鴇～，集于苞桑。"

假借爲 gʻaŋ/ɣaŋ, ɣaŋ-/háng 强，有力。《論語·先進》："～～如也。"Gl12、272、302、386、606、778

1474 殷甲文（A6: 9, 7）
1475 殷甲文（A1: 40, 5）
1476 周Ⅰ（銘文 57）

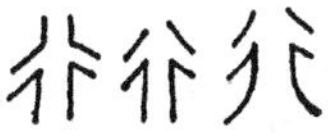

1474—1476

此字像道路相交，左邊一半可作簡體用，如 871 組的"徒"和 919 組的"德"。

荇 gʻăŋ/ɣeŋ:/xìng 植物名。《詩·關雎》："參差～菜，左右流之。"

桁 gʻăŋ/ɣeŋ/héng （容器上的）木蓋。《儀禮·既夕禮》："皆木～久之。"

gʻaŋ/ɣaŋ/háng 足械。《莊子·在宥》："～楊者相推也，刑戮者相望也。"

珩 gʻăŋ/ɣeŋ/héng 腰部垂飾上方的寶玉。《詩·采芑》："朱芾斯皇，有瑲葱～。"

衡 gʻăŋ/ɣeŋ/héng ❶天平或秤上的杆。《書·舜典》："同律度量～。"❷公斷人。《書·君奭》："時則有若保～。"❸横楅。《詩·閟宮》：“秋而載嘗，夏而楅～。”❹車軶。《詩·采芑》：“方敘率止，約軧錯～。”❺冠上橫簪。《左·桓二》：“～紞紘綖。”❻橫。《孟子·梁惠王下》：“一人～行於天下。”❼平。《禮·曲禮下》：“大夫～視。”

g'wăŋ/ɣwɐŋ/hóng ❶橫耕。《詩·南山》：“蓺麻如之何，～從其畝。”❷橫，水平。《禮·檀弓上》：“古者冠縮縫，今也～縫。”

1477

1477 周II（銘文 180）

蘅 g'ăŋ/ɣɐŋ/héng 杜～：一種芳草。《楚辭·山鬼》：“被石蘭兮帶杜～。”

749

杏 g'ăŋ/ɣɐŋ:/xìng 杏樹，杏子。《禮·內則》：“桃李梅～，楂棃薑桂。”

1478 殷甲文（H2: 18, 11）

1479 殷甲文（A4: 16, 3）

1478—1479

這二例的字義都不明。此字从木，下面从口或者爲一圓圈，像果子之形。

750

彭 b'ăŋ/b'ɐŋ/péng ❶地名。《詩·清人》：“清人在～，駟介旁旁。”❷專有名詞。《論語·述而》：“竊比我於老～。”

b'waŋ/b'waŋ/páng 有力，專橫。《易·大有》：“九四，匪其～，无咎。”

pwaŋ/pwaŋ/bāng 象聲詞。《詩·出車》：“出車～～，旂旐央央。”Gl218

1480 殷甲文（A4: 7, 2，可能是“鬃”義）

1481 殷（銘文 1，人名）

1482 漢前（銘文 403，人名）

1480—1482

鬃 păŋ/pɐŋ/bēng 廟門之側。《説文》引《詩》：“祝祭于～。”（按：今《詩·楚茨》作“祊”。）

此字同“祊”。

751

烹 p'ăŋ/p'ɐŋ/pēng 煮沸。《左·昭二十》：“小火醯醢鹽梅以～魚肉。”參716組“享”。

752

竟 ki̯ăŋ/ki̯ɐŋ:/jìng 邊界，界限，邊際。《左·莊二十七》：“卿非君命不越～。”

ki̯ăŋ/ki̯ɐŋ-/jìng 結束，最後。《禮·儒行》：“起居～信其志。”

境 ki̯ăŋ/ki̯ɐŋ:/jìng 邊境。《孟子·梁惠王下》：“臣始至於～。”

鏡 ki̯ăŋ/ki̯ɐŋ-/jìng 鏡子。《大戴禮·保傅》：“明～者，所以察形也。”

滰 g'i̯aŋ/g'i̯aŋ:/jiàng（jiǎng） 剛從淘米水中拿出來的米。《説文》引《孟子》：“孔子去齊，～淅而行。”（按：今《孟子·萬章》作“接”。）

753

慶 k'i̯ăŋ/k'i̯ɐŋ-/qìng ❶幸福，快樂。《詩·楚茨》：“莫怨具～。”❷慶賀。《左·宣十一》：“諸侯縣公皆～寡人。”❸賞。《孟子·告子下》：“俊傑在位，則有～。”

通“卿”。《禮·祭統》：“作率～士，躬恤衛國。”Gl673、1030

1483

1483 周II（銘文 151）

754

競 g'i̯ăŋ/g'i̯ɐŋ-/jìng ❶强，有力。《詩·桑柔》：“君子實維，秉心無～。”❷競爭，奮爭，愛爭吵的。《詩·桑柔》：“職～用力。”❸忙碌，熱衷於。《左·哀二十三》：“敝邑有社稷之事，使肥與有職～焉。”

1484 殷甲文（A5: 41, 5，其義不明）

1485 周I（銘文 78，人名）

1486 周II（銘文 184）

1484—1486

755

京 kli̯ăŋ/ki̯ɐŋ/jīng ❶丘，山。《詩·皇矣》:“依其在～。”❷京城。《詩·文王有聲》:“考卜維王，宅是鎬～。”❸大。《詩·正月》:“念我獨兮，憂心～～。”❹大穀倉。《管子·輕重丁》:“有新成囷～者。”Gl528

1487 殷甲文（A4: 45, 5）

1488 周 I（銘文 70）

此字像一高的建筑。

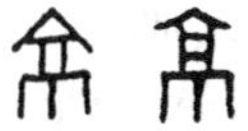

1487—1488

景 kli̯ăŋ/ki̯ɐŋ:/jǐng ❶明。《左·成十三》:“～公即世。”❷大。《詩·車舝》:“高山仰止，～行行止。”❸影，用影去測量。《詩·定之方中》:“望楚與堂，～山與京。”

同音假借 一種外衣。《儀禮·士昏禮》:“婦乘以几，姆加～，乃驅。”

通“憬”。《詩·二子乘舟》:“二子乘舟，泛泛其～。”Gl125、138、703

勍 g'li̯ăŋ/g'i̯ɐŋ/qíng 强。《左·僖二十二》:“～敵之人。”

鯨 音同上（jīng） 鯨魚。《左·宣十二》:“取其～鯢而對之，以爲大戮。”

黥 音同上 （於犯人臉上）刻黑色印記。《書·吕刑》:“爰始淫爲劓、刵、椓、～。”

憬 kli̯wăŋ/ki̯wɐŋ:/jiǒng 遠去。《詩·泮水》:“～彼淮夷，來獻其深。”Gl125

倞 gli̯aŋ/li̯aŋ-/liàng 搜尋。《禮·郊特牲》:“祊之爲言～也。”

亮 音同上 ❶明亮。《書·無逸》:“乃或～陰。”❷（照明>）指導，引導，輔助。《書·舜典》:“～采惠疇。”

通“諒”。《孟子·告子下》:“君子不～惡乎執。”Gl1281、1836

掠 gli̯aŋ/li̯aŋ-/liàng gli̯ak/li̯ak/lüè ❶搶，奪。《左·襄十一》:“納斥侯，禁侵～。”❷打。《禮·月令》:“毋肆～，止獄訟。”

涼 gli̯aŋ/li̯aŋ/liáng 冷。《詩·北風》:“北風其～。”

同音假借 ❶薄，有缺點。《左·襄三十二》:“虢多～德。”❷一種飲料。《周禮·漿人》:“掌共王之六飲，水、漿、醴、～、醫、酏。”

通“亮”。明亮。《詩·大明》:“～彼武王。”

通“掠”。貪婪。《詩·桑柔》:“民之罔極，職～善背。”

通“諒”。誠實。《詩·桑柔》:“～曰不可，覆背善詈。”Gl786、985

諒 gli̯aŋ/li̯aŋ-/liàng ❶誠實。《論語·季氏》:“友直，友～，友多聞，益矣。”❷信任。《詩·鄘風·柏舟》:“母也天只，不～人只。”❸確實。《詩·何人斯》:“及爾如貫，～不我知。”❹固執。《論語·憲問》:“豈若匹夫匹婦之爲～也?”

756

影 ʔi̯ăŋ/ʔi̯ɐŋ:/yǐng 陰影。《周禮·大司徒》:“正日～以求地中。”（按：今本作“景”，高氏從《釋文》。）

757

丙 pi̯ăŋ/pi̯wɐŋ:/bǐng 天干名稱之一。《左·昭十七》:“其以～子若壬午作乎?”

1489 殷甲文（A7: 29, 2）

1490 殷甲文（A1:3, 5）

1491 殷（銘文 43） 1492 周 I（銘文 82）

1493 周 II（銘文 159）

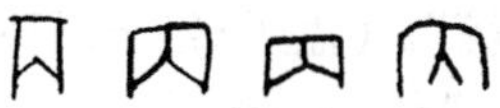

1489—1493

怲 pi̯ăŋ/pi̯weŋ:, pi̯weŋ-/bǐng 悲傷。《詩·頍弁》:"未見君子,憂心～～。"

柄 pi̯ăŋ/pi̯weŋ-/bǐng 柄。《詩·大東》:"維北有斗,西～之揭。"

炳 pi̯ăŋ/pi̯weŋ:/bǐng 光明。《易·革》:"其文～也。"

邴 音同上 人名。《左·哀十一》:"～洩爲右。"

同音假借 幸福,光明。《莊子·大宗師》:"～～乎其似喜乎。"

病 bʻi̯ăŋ/bʻi̯ɐŋ-/bìng ❶疾病。《書·顧命》:"～日臻。"❷極重的病,危險期。《論語·述而》:"子疾～。"❸痛苦。《書·吕刑》:"人極于～。"❹憂傷,煩憂。《左·文十八》:"與刖其父而弗能～者何如。"❺恥辱。《禮·儒行》:"今衆人之命儒也妄,常以儒相詬～。"

758

秉 pi̯ăŋ/pi̯weŋ:/bǐng ❶持,拿。《詩·簡兮》:"左手執籥,右手～翟。"❷一把。《詩·大田》:"彼有遺～,此有滯穗。"❸量詞。《論語·雍也》:"冉子與子粟五～。"

1494 殷甲文(B下21: 13)

1495 周II(銘文146)

1494—1495

此字像一手持一禾。

棅 pi̯ăŋ/pi̯weŋ-/bìng 柄。《莊子·天道》:"天下奮～而不與之偕。"

759

兵 pi̯ăŋ/pi̯weŋ/bīng ❶武器。《詩·抑》:"脩爾車馬,弓矢戎～。"❷兵士。《周禮·典瑞》:"牙璋,以起軍旅,以治～守。"

1496

1496 周III/IV(銘文307)

此字从廾(雙手)、斤(斧)。

760

明 mi̯ăŋ/mi̯weŋ/míng ❶明亮。《詩·東方未明》:"東方未～,顛倒衣裳。"❷光明的。《詩·小明》:"～～上天,照臨下土。"❸聰明的。《詩·烝民》:"既～且哲,以保其身。"❹開明,辨明。《書·堯典》:"欽～文思安安。"❺視力。《孟子·梁惠王下》:"～足以察秋毫之末。"❻所見,感覺。《書·皋陶謨》:"天聰～自我民聰～。"❼(弄清楚>)一致,協議。《詩·小雅·黃鳥》:"此邦之人,不可與～。"Gl492、1310

1497 殷甲文(A7: 32, 4)

1498 殷甲文(B下20: 16)

1499 周I(銘文67)

1497—1499

殷甲骨文从日、月。周代金文變作"囧"(窗户)對着太陽。但奇怪的是現代字形又回到原來的結構。

盟 mi̯ăŋ/mi̯weŋ/méng(應讀míng) 盟約。《詩·巧言》:"君子屢～,亂是用長。"

1500

1500 周I(銘文127)

萌 măŋ/mæŋ/méng(中古音不規則,應讀meŋ) 芽。《禮·月令》:"～者盡達。"

通"氓"。民。《國策·燕二》:"施及～隸。"

761

皿 mi̯ăŋ/mi̯weŋ:/mǐng(mǐn) 器皿,碟,碗。《左·昭元》:"於文,～蟲爲蠱。"

1501 殷甲文(A4: 15, 2, 其義不明)

1502 殷(銘文53, 人名)

1503 漢前（銘文 458）　此字象形。

1501—1503

孟 mǎŋ/mɐŋ-/mèng　❶（兄妹中的）居長者。《詩·有女同車》：“彼美～姜，洵美且都。”❷（三個月的）第一月。《禮·月令》：“～春之月，日在營室。”❸大。《管子·任法》：“莫敢高言～行以過其情。”❹主要的。《書·康誥》：“～侯，朕其弟小子封。”Gl1622

1504

1504 周II（銘文 172）

猛 mǎŋ/mɐŋ:/měng　❶凶猛。《論語·述而》：“威而不～。”❷嚴酷。《左·昭二十》：“～以濟寬。”

762

命 mi̯ăŋ/mi̯wɐŋ-/mìng　❶命令。《詩·下武》：“永言配～，成王之孚。”❷授勳。《左·僖十一》：“賜晉侯～。”❸名號，稱號。《左·昭七》：“且追～襄公。”❹取名。《書·洪範》：“乃～卜筮。”❺上天的意志。《論語·雍也》：“～矣夫。”❻生命。《易·乾》：“各正性～。”Gl1550

1505

1505 周I（銘文 78）

此字从令、口。

763

冏 ki̯wăŋ/ki̯wɐŋ:/jiǒng　專有名詞。《書·冏命》：“王若曰：伯～。”

囧 前字的異體。

764

永 gi̯wăŋ/ji̯wɐŋ:/yǒng　❶延長。《詩·漢廣》：“江之～矣，不可方思。”❷長久，永遠。《詩·木瓜》：“匪報也，～以爲好也。”❸拉長的。《詩·碩鼠》：“樂郊樂效，誰之～號。”❹遠。《詩·既醉》：“君子萬年，～錫祚胤。”

通“咏”。《書·舜典》：“歌～言。”Gl285、1291

1506 殷甲文（A4: 11, 3）

1507 周I（銘文窸齋 5: 20）

1508 周I（銘文 69）

1509 周I（銘文 89）

1510 周II（銘文 163）

殷代甲骨文从人、亍（“行”的省體）。在金文中還有一筆代表水（“水”之省體），所以此字可能爲“泳”之初文。

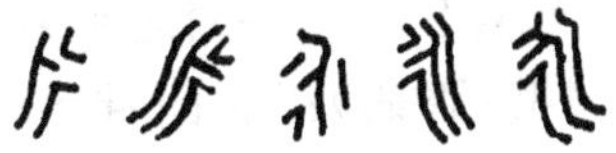

1506—1510

咏 gi̯wăŋ/ɣi̯wɐŋ-/yǒng　（拉長>）唱。《禮·檀弓下》：“陶斯～。”

1511

1511 周I（銘文 123，人名）

詠 前字的異體。《書·益稷》：“搏拊琴瑟以～。”

泳 音同上　沉入水中，涉水。《詩·漢廣》：“漢之廣矣，不可～思。”Gl31

1512

1512 殷甲文（A1: 19, 5，人名）

765

兄 xi̯wăŋ/xi̯wɐŋ/xiōng　❶哥哥。《詩·邶風·柏舟》：“亦有～弟，不可以據。”❷年長。《禮·祭義》：“敬長，爲其近於～也。”

通“怳”。痛苦。《詩·常棣》：“每有良朋，～也永嘆。”（按：今本作“況”，高氏從《釋文》。）

通“況”。況且。《詩·召旻》：“職～其引。”Gl412

1513 殷甲文（A1:39, 3）

1514 殷甲文（A6:13, 3）

1515 殷（銘文 45）

1516 周III（銘文 225）

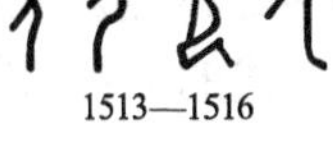

1513—1516

此字从儿（人）、口，也許上面部分像人頭。

怳 xi̯waŋ/xi̯waŋ:/huǎng ❶失望，痛苦。《楚辭·少司命》："望美人兮未來，臨風～兮浩歌。"❷模糊不清。《老子》二十一章："道之爲物，惟～惟忽。"（後一意義又讀作xwaŋ/xwaŋ:/huǎng）

況 xi̯waŋ/xi̯waŋ-/huàng（kuàng） ❶增加。《詩·桑柔》："爲謀爲毖，亂～斯削。"❷何況。《老子》二十三章："天地尚不能久，而～於人乎？"❸況且。《左·隱元》："蔓草猶不可除，～君之寵弟乎？"❹給，賜。《禮·聘義》："北面拜～。"（按：今本作"貺"，高氏從《釋文》。）❺相比，等於。《荀子·非十二子》："成名～乎。"

通"怳"。痛苦。《詩·常棣》："每有良朋，～也永嘆。"Gl412、971

貺 音同上（kuàng） 給，授於。《詩·彤弓》："我有嘉賓，中心～之。"

軦 音同上 一種昆蟲。《莊子·至樂》："黃～生乎九猷。"

766

各 klak/kak/gò（gè） 每個。《詩·抑》："民～有心。"

1517 殷甲文（A5: 24, 6"徦"義）

1518 周I（銘文67,"徦"義）

1517—1518

此字从夊（足）、口，也許是"徦"之初文。

胳 klak/kak/gō（gē） 腋窩。《禮·深衣》："～之高下，可以運肘。"（按：今本作"袼"，高氏從《釋文》。）

klăk/kɐk/gò（gè） 後腿，腰臀部。《儀禮·鄉飲酒禮》："介俎、脊、脅、～、肺。"

袼 音同上（gē） （衣服之）腋下縫。《禮·深衣》："～之高下，可以運肘。"

閣 音同上（gé） ❶架子，擱板。《禮·內則》："大夫七十而有～。"❷（格子式的>）一塊在一塊上，順序嚴格（特指建築間架）。《詩·斯干》："約之～～。"Gl498

恪 k'lak/k'ak/kò（kè） 尊敬。《詩·那》："温恭朝夕，執事有～。"

貉 g'lak/ɣak/hó（hé） 貛（或土撥鼠？）。《詩·七月》："一之日于～。"

măk/mɐk/mò 北方部族。《孟子·告子下》："子之道，～道也。"這種用法與"貊"相混。

măg/ma-/mà 祭名。《周禮·肆師》："凡四時之大甸獵祭表～。"

1519 周I（銘文98，人名）

1519

狢 前字第一義的異體。《穆天子傳》一："於是得白狐玄～焉。"

洛 glak/lak/lò（luò） 河名。《詩·瞻彼洛矣》："瞻彼～矣。"

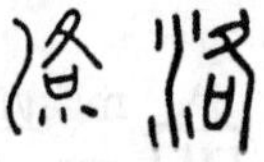

1520 殷甲文（M108）

1521 周II（銘文157）

1520—1521

烙 音同上（luò） 燒。《吕氏春秋·順民》："願爲民請砲～之刑。"

絡 音同上（luò） ❶絲綫。《逸周書》（按：今本未見）。❷捆綁。《楚辭·招魂》："秦篝齊縷，鄭綿～些。"

酪 音同上（lào） 米、粟做的一種酸漿。《禮·禮運》："以爲醴～。"

雒 音同上（luò） 一種鳥。見《説文》（無書證）。

通"絡"。《莊子·馬蹄》："我善治馬，燒之，剔之，刻之，～之。"

通"駱"。《詩·駉》："有駵有～。"

䩣 音同上 生皮，獸皮。《吕氏春秋·古樂》："乃以麋～置缶而鼓之。"

駱 音同上（luò） 黑鬃的白馬。《詩·四牡》："駕彼四～。"

鵅 音同上（luò） 水鳥。《穆天子傳》五："有鵁者～，翩翩其飛。"

珞 glak/lak/luò　gliak/liek/lì　小石，瑣碎。《老子》三十九章："不欲琭琭如玉，～～如石。"

略 gli̯ak/li̯ak/lüè　❶標出，測量面積，計劃，經管，劃定。《書·禹貢》："嵎夷既～，濰淄其道。"❷邊界。《左·莊二十一》："王與之武公之～，自虎牢以東。"❸穿過。《左·隱五》："吾將～地焉。"❹簡略。《公羊·隱十》："《春秋》録内而～外。"❺概要，大略。《孟子·萬章下》："然而軻也，嘗聞其～也。"❻（簡略地對待>）忽視。《國語·晉語八》："～刑行志。"❼疏忽，匆促。《左·襄十八》："師遠而疾，～也。"❽（通過>）路。《左·定四》："吾子欲復文武之～。"❾計劃，方法。《左·昭七》："天子經～。"

同音假借　鋒利。《詩·載芟》："有～其耜，俶載南畝。"

通"掠"。《國語·齊語》："犧牲不～則牛羊遂。"Gl1355

佫 klăk/kɐk/gó(gé)　往（銘文58）。

1522 周I（銘文58）

1522

格 音同上(gé)　❶伸展，達到。《書·説命下》："～于皇天。"❷至。《詩·抑》："神之～思，不可度思。"❸升。《書·吕刑》："罔有降～。"❹舉。《書·召誥》："天迪～保。"❺達到最高點，窮盡，透徹。《書·堯典》："光被四表，～于上下。"❻理解，明察的。《書·大誥》："其有能～。"❼糾正。《論語·爲政》："道之以德，齊之以禮，有恥且～。"❽規則。《禮·緇衣》："言有物而行有～也。"❾抵抗。《荀子·議兵》："服者不禽，～者不舍。"

g'ăk/ɣɐk/hó(hé)　阻，抗。《禮·學記》："發然後禁，則扞～而不勝。"

1523

Gl1325、1480、1481、1489、1590、1727、1803、1877

1523 周I（銘文97，人名）

觡 klăk/kɐk/gó(gé)　鹿角。《禮·樂記》："羽翼奮，角～生。"

骼 klăk/kɐk/gó　klak/kak/gó(gé)　骨骼。《禮·月令》："掩～埋胔。"

klăk/kɐk/gó　klak/kak/gó　k'lăg/k'a-/qià(gé)　（犧牲的）腰臀部。《儀禮·有司徹》："司士設俎于豆北，羊～一。"

客 k'lăk/k'ɐk/kò(kè)　❶客人，來訪者。《詩·那》："我有嘉～。"❷陌生人。《易·需》："有不速之～三人來。"

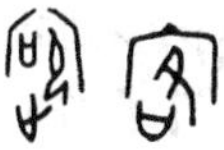

1524 殷甲文（A4: 30, 4）

1525 周II（銘文192）

1524—1525

垎 g'lăk/ɣɐk/hó(hé)　土地失去水分。《楚辭·憫上》："冰凍兮～澤。"（按：今本作"洛"，高氏從《説文通訓定聲》。）

詻 ŋlăk/ŋɐk/ò(è)　❶嚴格的，有權威的。《禮·玉藻》："戎容暨暨，言容～～。"❷爭論，爭辯。《墨子·親士》："上心有～～之士。"❸擊。《莊子·人間世》："若唯无～。"（按：今本作"詔"，高氏從《釋文》。）

1526 周I/II（銘文213，人名）

1526

頟 音同上(è)　喧囂難禦。《書·益稷》："傲虐是作，罔晝夜～～。"

賂 glag/luo-/lù　❶贈送。《左·宣十五》："楚子厚～子。"❷賄賂。《左·僖九》："晉郤芮使夷吾重～秦以求入。"

通"輅"。戰車。《詩·泮水》："元龜象齒，大～南金。"

路 音同上　路。《詩·遵大路》："遵大～兮。"

同音假借　大。《詩·生民》："厥聲載～。"

通"輅"。戰車。《詩·采薇》："彼～

斯何，君子之車。”

通“露”。《荀子·議兵》：“彼可詐者，怠慢者也，～亶者也。”

1527

1527 周I/II（銘文205）

輅 glɑg/luo-/lù 大車。《書·顧命》：“大～在賓階面。”

g'lăk/ɣɐk/hó(hé) 人挽住小車的縛於轅上的橫木。《儀禮·既夕禮》：“賓奉幣，由馬西，當前～，北面致命。”

ŋlăg/ŋa-/yà 往迎。《左·僖十五》：“～秦伯。”

喀 k'lăk/k'ɐk/kò(kè) 吐，嘔。《列子·説符》：“兩手據地而歐之，不出，～～然，遂伏而死。”

愙 “恪”的異體。《説文》引《左傳》：“以陳備三～。”（按：今《左·襄二十五》作“恪”。）

落 glɑk/lɑk/lò(luò) ❶葉落。《詩·氓》：“桑之未～，其葉沃若。”❷落，掉下，減。《國語·吳語》：“使吾甲兵頓弊，民人離～，而日以憔悴。”❸死。《詩·訪落》：“訪予～止。”❹毀壞。《莊子·天地》：“无～吾事。”❺澆以祭牲之血。《左·昭四》：“饗大夫以～之。”

通“絡”。《莊子·秋水》：“～馬首，牢牛鼻，是謂人。”Gl1110

璐 glɑg/luo-/lù 一種寶石。《楚辭·涉江》：“被明月兮珮寶～。”

簬 音同上 一種竹子。《説文》引《書》：“惟箘～楛。”（按：今《書·禹貢》作“簵”。）

露 音同上 ❶露水。《詩·蓼蕭》：“蓼彼蕭斯，零～濃濃。”❷（漏>）使顯現。《左·襄三十一》：“亦不敢暴～。”❸（顯露出骨頭>）消瘦。《左·昭元》：“以～其體。”

潞 前字的異體。《吕氏春秋·不屈》：“士民罷～。”

鷺 音同上 鷺。《詩·有駜》：“振振～，～于飛。”

簵 音同上 一種竹子。《書·禹貢》：“惟箘～楛。”參“簬”。

767

壑 xɑk/xɑk/hò(hè) ❶壕溝。《詩·韓奕》：“實墉實～，實畝實籍。”❷渠，溝。《孟子·告子下》：“是故禹以四海爲～。”❸山谷。《左·襄三十》：“吾公在～谷。”

768

噩 ŋɑk/ŋɑk/ò(è) 驚恐。《周禮·占夢》：“占六夢之吉凶，一曰正夢，二曰～夢。”

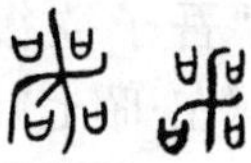
1528—1529

1528 周II（銘文171，人名）

1529 周II（銘文173，人名）

蘁 ŋɑk/ŋɑk/ò(è) ŋɑg/ŋuo-/wù 逆，反。《莊子·寓言》：“使人乃以心服，而不敢～立。”

769

朔 sɑk?/ʂɔk/shò(shuò) ❶一個月的第一天。《詩·十月之交》：“十月之交，～月辛卯。”❷開始。《禮·禮運》：“以事鬼神上帝，皆從其～。”❸北面。《詩·出車》：“天子命我，城彼～方。”Gl1226

此字的語音演變不明。從此字在《禮·禮運》的韻脚以及此字的諧聲系列來看，它的上古音應讀sɑk，所以中古的ʂɔk是不規則的，應該是sɑk。

愬 sɑg/suo-/sù 告訴，解釋。《詩·邶風·柏舟》：“薄言往～，逢彼之怒。”

?/ʂæk/sè 恐懼。《易·履》：“九四，履虎尾，～～，終吉。”

𧫷“訴”的異體。《管子·版法》:“治不盡理,則疏遠微賤者無所告～。”

遡 sag/suo-/sù　❶逆流而上。《詩·蒹葭》:“～洄從之,道阻且長。”❷逆向。《詩·桑柔》:“如彼～風,亦孔之僾。”

通“訴”。控訴。《國策·齊五》:“衛君跣行,告～於魏。”

770

索 sɑk/sɑk/sǒ(suǒ)　搓繩。《詩·七月》:“晝爾于茅,宵爾～綯。”

同音假借　❶規則,法。《左·昭十二》:“是能讀三墳五典八～九丘。”❷戰栗,恐懼。《易·震》:“震～～,視矍矍。”❸盡。《儀禮·鄉射禮》:“命曰取矢不～。”❹尋,求。《左·昭二十七》:“不～何獲?”❺搜索。《周禮·方相氏》:“帥百隸而時難,以～室驅疫。”❻分散。《禮·檀弓上》:“吾離羣而～居,亦已久矣。”

sǎk/ṣɐk/sè　選擇。《禮·曲禮下》:“大夫以～牛。”Gl1513

771

博 pak/pak/bó
寬,大。《詩·泮水》:“戎車孔～。”

通“簙”。《論語·陽貨》:“不有～弈者乎?”

1530—1531

1530 周II(銘文 157)

1531 周II(銘文 182)

此字作下列諸字聲符的時候,稍有簡省(比較“役”作“疫”的聲符)。

搏 pak/pak/bó　❶擊打。《孟子·告子上》:“今夫水～而躍之,可使過顙。”❷抓,提。《詩·車攻》:“～獸于敖。”(也讀pi̯wo/pi̯u-/fù,以“甫”作聲符)❸～拊:小鼓。《書·益稷》:“～拊琴瑟以詠。”Gl1340

1532

1532 周II(銘文 172,形符爲“戈”,而不是“手”)。

溥 pak/pak/bó
河名。

假借爲p'ag/p'uo:/pǔ　大,廣。《詩·北山》:“～天之下,莫非王土。”

通“敷”。鋪開。《禮·祭義》:“夫孝,置之而塞乎天地,～之而橫乎四海。”

鎛 pak/pak/bó　❶鐘。《左·襄十一》:“及其～磬。”❷一種農具。《詩·良耜》:“其～斯趙,以薅荼蓼。”

1533—1534

1533 周III(銘文 218)

1534 周III/IV(銘文 301)

韠 音同上
皮帶(銘文 86)。

1535

1535 周I(銘文 86)

膊 p'ɑk/p'ɑk/pó(bó)　肢解。《左·成二》:“殺而～諸城上。”

縛 b'i̯wak/b'i̯wak/fù　❶縛,包,卷。《左·襄二十五》:“閭丘嬰以帷～其妻而載之。”❷束縛的繩索。《左·僖六》:“武王親釋其～。”

簙 pak/pak/bó　一種古代的游戲(類似於下棋)。《楚辭·招魂》:“菎蔽象棋,有六～些。”

簿 b'ag/b'uo:/bù　文書。《孟子·萬章下》:“孔子先～正祭器。”

薄 b'ak/b'ak/bó　❶枝條交叉的樹。《楚辭·涉江》:“露申辛夷,死林～兮。”❷格子,簾。《禮·曲禮上》:“帷～之外不趨。”

同音假借　❶薄。《詩·小旻》:“如臨深淵,如履～冰。”❷語首助詞。《詩·葛覃》:“～污我私,～澣我衣。”❸迫近。《書·酒誥》:“矧惟若疇圻父,～違農父。”❹接鄰。《書·益稷》:“外～四海。”

假借爲p'ak/p'ak/pò　車疾驅聲。《詩·載驅》:“載驅～～。”

通“亳”。《禮·郊特牲》：“～社北牖。”Gl11、1689

礴 b'ak/b'ak/bó　充塞。《莊子·逍遥遊》：“將磅～萬物以爲一。”

同音假借　箕坐。《莊子·田子方》：“則解衣般～贏。”

鑮 “鎛”的異體。《儀禮·大射禮》：“其南～。”

772

霏 p'ak/p'ak/pò
雨濡革。見《説文》（無書證）。

此字从革、雨。

霸 p'ak/p'ak/pò（義與“魄”同，故定此讀音）　月相。《説文》引《書》：“哉生～。”（按：今《書·康誥》作“魄”。）（還見於銘文69、78。）

假借爲pag/pa-/bà　做首領，有盟主權。《論語·憲問》：“管仲相桓公，～諸侯。”

1536 周I（銘文 69）

1537 周I（銘文 78）

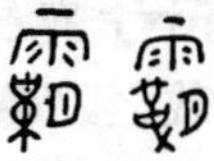

1536—1537

773

亳 b'ak/b'ak/bó　地名，殷國都。《左·襄三十》：“鳥鳴于～社。”

1538 殷甲文（A2: 2, 4）

1539 殷（銘文 29）　1540 周（銘文 390）

1538—1540

此字字形可比較775組“京”。

774

郭 kwak/kwak/guō　城之外牆。《左·哀十》：“毀高唐之～。”

1541 殷甲文（A4: 10, 7）

1542 周I（銘文 63，人名）

1543 周III（銘文 228）

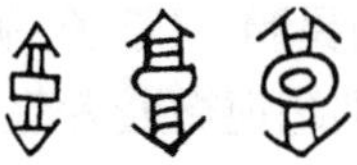

1541—1543

此字像帶城樓的牆。現代字形右旁的“阝”是後加的，所以“椁”和“鞟”的聲符並非“郭”的省體，而是更接近於聲符的原來形式。

椁 音同上（guǒ）　外棺。《左·定元》：“范獻子去其柏～。”

同音假借　度量。《周禮·輪人》：“～其漆内而中詘之。”

槨 前字的異體。

廓 k'wak/k'wak/kuò　廣，大。《詩·皇矣》：“上帝耆之，憎其式～。”

鞟 音同上
皮革。《詩·載驅》：“簟茀朱～。”

鞹 前字的異體。

775

霍 xwak/xwak/huò　迅速，突然。《荀子·議兵》：“～然離耳。”

1544 殷甲文（A2: 15, 7，人名）

1545 周（銘文 341，人名）

此字从雨、隹（鳥）或从數隹。

1544—1545

藿 音同上　豆之嫩葉。《詩·白駒》：“皎皎白駒，食我場～。”

臛 ?/xuok/hù（huò）　無菜的肉羹。《楚辭·招魂》：“露鷄～蠵，厲而不爽些。”

776

谷 g'i̯ak/g'i̯ak/jué
口之内部。見《説文》（無書證）。

原來的字形可能爲象形字，以此字爲聲符的現代字形中，此字總是與“谷”gǔ混爲一形。

卻 k'i̯ak/k'i̯ak/què　❶推辭，拒絶。《孟子·萬章下》：“～之爲不恭。”❷驅

逐，去除。《吕氏春秋·召類》：“舜～苗民。”❸拆下。《儀禮·郊特牲》：“加折，～之加抗席。”

通“隙”。《莊子·知北遊》：“人生天地之間，若白駒之過～。”

却 前字的異體。

綌 k‘i̯ăk/k‘i̯ɐk/qì（xì）粗葛布。《詩·葛覃》：“爲絺爲～。”

郤 音同上（xì） 地名和姓。《左·宣十二》：“～克佐之。”

通“隙”。間隙。《禮·曲禮下》：“相見於～地曰會。”

郄 前字的異體（xì）。

脚 ki̯ak/ki̯ak/jué（jiǎo） 腿，足。《荀子·正論》：“捶笞臏～。”此字也作“腳”。

777

若 ȵi̯ak/ȵʑi̯ak/rò（ruò） ❶允諾，順從，符合。《詩·大田》：“曾孫是～。”❷贊許。《詩·烝民》：“天子是～。”❸協調。《詩·閟宮》：“孔曼且碩，萬民是～。”❹柔順的。《書·金縢》：“予仁～考能多材多藝。”❺如，像。《詩·雨無正》：“～此無罪，淪胥以鋪。”❻如此。《論語·公冶長》：“君子哉～人。”❼這樣。《書·盤庚中》：“予～籲懷茲新邑，亦惟汝故。”❽（像這種情況＞）如果。《書·太甲下》：“～升高必自下。”❾及，和。《書·召誥》：“旅王～公。”❿或。《禮·投壺》：“矢以柘～棘。”

同音假借 ❶一種菫。《楚辭·雲中君》：“華采衣兮～英。”❷助詞。《書·堯典》：“曰～稽古。”Gl684、1021、1175、1207、1409、1570

1546 殷甲文（A4: 11，3）

1547 殷（銘文 42）

1548 周I（銘文 65） 1549 周I（銘文 86）

1546—1549

此字像一跪着的人，頭髮蓬亂，雙手前伸，是兵士降服的傳統姿勢，有些字形還加有一“口”。

諾 nɑk/nɑk/nò（nuò） 同意，應諾。《詩·閟宮》：“莫不敢～。”此字跟“若”同源，爲同一字形加上形符“言”。

箬 ȵi̯ak/ȵʑi̯ak/rò（ruò） 竹箬（銘文 328，其義不明）。

1550

1550 周III / IV（銘文 328）

鄀 音同上（ruò） 地名。《左·僖二十五》：“秦晉伐～。”

1551

1551 周III（銘文 222）

婼 t‘ȵi̯ak/ȶ‘i̯ak/chò（chuò） 專有名詞。《左·昭十二》：“～將與季氏訟。”

匿 ni̯ək/ȵi̯ək/nì 藏。《書·盤庚上》：“不～厥指。”

1552

1552 周I（銘文 65）

暱 ni̯ək/ȵi̯ək/nì 接近，熟悉。《詩·菀柳》：“上帝甚蹈，無自～焉。”《切韻》和《釋文》都讀作 ȵi̯ət/nì，跟同義詞“昵”相混了。Gl725

慝 t‘nək/t‘ək/tè 惡，錯。《詩·民勞》：“式遏寇虐，無俾作～。”

778

矍 ki̯wak/ki̯wak/qué xi̯wak/xi̯wak/xuè（jué） 急視。《易·震》：“震索索，視～～。”此字从雙目、隹（鳥）、又（手）。

攫 ki̯wak/ki̯wak/qué，guó（jué） 抓住。《禮·儒行》：“鷙蟲～搏不程勇者。”

玃 ki̯wak/ki̯wak/jué 猴子。《吕氏春秋·察傳》：“狗似～。”

躩 k'i̯wak/k'i̯wak/què　ki̯wak/ki̯wak/jué　❶搖擺。《論語·鄉黨》："足～如也。"❷疾行。《莊子·山木》："褰裳～步。"

戄 xi̯wak/xi̯wak/xuè　驚。《莊子·庚桑楚》："南榮趎～然顧其後。"（按：今本作"懼"，高氏從《釋文》。）

779

赫 xăk/xɐk/hò（hè）　❶紅，火紅。《詩·簡兮》："～如渥赭。"❷發怒。《詩·皇矣》："王～斯怒。"❸威嚴。《詩·皇矣》："皇矣上帝，臨下有～。"❹威壓，威嚇。《詩·桑柔》："既之陰女，反予來～。"❺熱情。《詩·淇奧》："～兮咺兮。"❻光輝。《詩·雲漢》："～～炎炎，云我無所。"❼顯示。《詩·生民》："以～厥靈。" Gl984

此字从雙赤。

嚇 xăk/xɐk/hè　xăg/xa-/xià　恐嚇。《莊子·秋水》："今子欲以子之梁國而～我邪？"

780

乇 tăk/ṭɐk/zé
樹葉。見《說文》（無書證）。

宅 d'ăk/ḍɐk/zé（zhái）　❶住宅，住處。《詩·崧高》："王命召伯，定申伯之～。"❷居住。《詩·文王有聲》："考卜維王，～是鎬京。"❸占據位置。《書·堯典》："申命和叔～朔方。"❹就位。《書·顧命》："大保受畀祭嚌～。"❺安定，鞏固。《書·康誥》："亦惟助王～天命作新民。"

通"度"。度量。《書·立政》："～乃事，～乃牧，～乃準。" Gl1635、2006

1553 殷甲文（A1: 30, 5）

1554 周 I（銘文 59）

1553—1554

託 t'ɑk/t'ɑk/tō（tuō）　❶托付。《論語·泰伯》："可以～六尺之孤。"❷依賴。《孟子·萬章下》："士之不～諸侯，何也？"❸交付。《左·襄十五》："～諸季武子，武子寘諸卞。"❹寄身。《左·襄二十七》："～於木門，不鄉衛國而坐。"

秅 tɑg/tuo-/dù　d'ăg/ḍ'a/chá　若干束穀物。《儀禮·聘禮》："車三～。"

咤 tăg/ṭa-/zhà　咂咂聲。《禮·曲禮上》："毋～食。"（按：《書》古本作"託"。不過也許二者都是錯字，見Gl2006。）

詫 t'ăg/ṭ'a-/chà　告訴。《莊子·達生》："有孫休者，踵門而～子扁慶子。"

侘 音同上　失意。《楚辭·離騷》："忳鬱邑余～傺兮，吾獨窮困乎此時也。"

⿱冖託 tag/tuo-/dù　放置盛酒的器具。《說文》引《書》："王三宿三祭三～。"此字《書·顧命》作"咤"，但是二者可能都是錯字。Gl2006

781

百 păk/pɐk/bó（bǎi）　百。《詩·伐檀》："不稼不穡，胡取禾三～億兮？"

1555 殷甲文（A3: 23, 3）

1556 殷（銘文 20）　1557 周 I（銘文 69）

1558 周 II（銘文 144）　"粕"之初文？

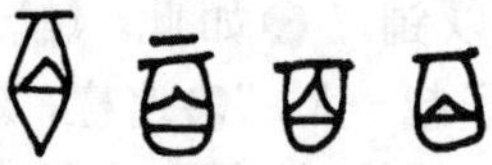

1555—1558

貊 măk/mɐk/mò　一個北方的民族。《詩·閟宮》："至于海邦，淮夷蠻～。"

同音假借　穩定。《詩·皇矣》："～其德音，其德克明。" Gl829

陌 音同上　田間東西走向的小道。《墨子·雜守》："丘陵阡～。"

782

白 b'ăk/b'ɐk/bó（bái）　❶白色。《詩·裳裳者華》："裳裳者華，或黃或～。"

❷裸露。《禮·檀弓上》:“是流矢在～肉。”❸完全懂得。《國策·燕二》:“而又不～於臣之所以事先王之心。”❹(弄清楚>)宣告，報告。《吕氏春秋·士節》:“今晏子見疑，吾將以身死～之。”

1559 殷甲文(A1: 46, 3)

1560 殷(銘文 37,“伯”義)

1561 周I(銘文 54,“伯”義)

1562 周I(銘文 75)

此字爲“伯”之初文，它跟“且”類同，也是男性生殖器的象形。參 46 組。

1559—1562

帛 音同上　絲。《書·舜典》:“五玉、三～、二生、一死、贄。”

1563 殷甲文(A2: 12, 4, 人名)

1564 周II(銘文 150)

1563—1564

伯 păk/pɐk/bó　❶兄弟中年齡最大的，年齡最大的。《詩·旄丘》:“叔兮～兮，何多日也。”❷封爵。《左·僖二十九》:“會～子男可也。”❸諸侯首領。《詩·崧高》:“申～之功，召～是營。”

同音假借　❶一百人。《孟子·滕文公上》:“或相什～，或相千萬。”(按：今本作“百”，高氏從閩本。)❷馬神之祭。《詩·吉日》:“吉日維戊，既～既禱。”Gl193、473

柏 音同上(bǎi)　柏樹，《詩·天保》:“如松～之茂。”

通“迫”。《周禮·司几筵》:“其～席用萑黼純。”

迫 音同上(pò)　壓。《左·襄十四》:“昔秦人～逐乃祖吾離于瓜州。”

怕 pʻăk/pʻɐk/pò　不動的，安靜的。《老子》二十章:“我獨～兮其未兆。”(按：今本作“泊”，高氏從河上本。)(“害怕”義的pʻa-/pà爲後起讀音)

拍 pʻăk/pʻɐk/pò(pāi)　擊打。《楚辭·湘君》:“薜荔～兮蕙綢。”

假借爲păk/păk/bó　(動物的)肩。《周禮·醢人》:“豚～，魚醢。”

1565 周III/IV(銘文 319, 人名)

1565

魄 pʻăk/pʻɐk/pò　人的精靈(跟“魂”相對)。《左·昭七》:“人生始化曰～。”

同音假借　月相。《書·武成》:“惟一月壬辰，旁死～。”

通“粕”。《莊子·天道》:“然則君之所讀者，古人之糟～已夫。”

粕 pʻak/pʻak/pò　渣滓。《淮南子·道應訓》:“是直聖人之糟～耳。”

胉 音同上　肩緣。《儀禮·士喪禮》:“其實特豚，四鬄、去蹄、兩～、脊、肺。”

泊 bʻak/bʻak/bó　安靜，不動。《老子》二十章:“我獨～兮其未兆。”

碧 pi̯ăk/pi̯ɐk/bì　綠色或藍色的寶石。《吕氏春秋·本味》:“南極之崖有菜，其名曰嘉樹，其色若～。”

783

虢 kwăk/kwɐk/guó　地名。《左·莊二十七》:“晉侯將伐～。”

1566 周II(銘文 146)

1567 周II(銘文 154,“鞹”義)

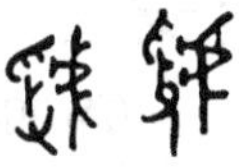

1566—1567

784

蒦 gʻwăk/ɣwæk/huò(銘文中爲“獲”之初文，故定此讀音)　捉(殷甲文 A2: 34, 4)。

同音假借　度量(跟“矱、彠”同，僅有漢代書證)。

1568 殷甲文(A2: 34, 4)

1569 周II(銘文 168, 人名)

1568—1569

此字像“又”(一隻手)捉住“隹”(鳥，有冠或無冠)。

獲 gʽwăk/ɣwæk/huò ❶促住,得到,找到。《詩·巧言》:"躍躍毚兔,遇犬~之。"❷擊中。《詩·桑柔》:"如彼飛蟲,時亦弋~。"❸成功。《詩·皇矣》:"維此二國,其政不~。"❹能夠。《書·咸有一德》:"匹夫匹婦,不~自盡。"Gl438

中古音不規則,應該讀ɣwɐk,因爲《詩》韻和諧聲關係都説明它的上古音是gʽwăk。以下二字也是這種不規則讀音。

韄 gʽwăk/ɣwæk/huò ʔwăk/ʔwɐk/wò 束縛。《莊子·庚桑楚》:"夫外~者不可繁而捉,將内揵。"

彠 gʽwăk/ɣwæk/huò ʔi̯wak/ʔi̯wak/yuè(yuē) 度量。《説文》引《楚辭》:"求矩~之所同。"(按:今《楚辭·離騷》作"矱"。)

矱 前字的異體。《楚辭·離騷》:"求矩~之所同。"

穫 gʽwak/ɣwak/huò 收成,割。《詩·大東》:"有洌氿泉,無浸~薪。"Gl628

鑊 音同上 鼎,鍋。《周禮·大宗伯》:"省牲~。"

濩 gʽwak/ɣwak/huò 煮。《詩·葛覃》:"是刈是~。"

gʽwag/ɣuo-/hù 古代舞名。《左·襄二十九》:"見舞韶~者。"

護 gʽwag/ɣuo-/huò(hù) 保護。《吕氏春秋·古樂》:"湯乃命伊尹作爲大~。"

擭 gʽwăg/ɣwa-/huò ʔwăk/ʔwɐk/wò 捉,陷阱。《書·費誓》:"杜乃~。"

臒 ʔwak/ʔwak/wò 紅或緑的顔料。《書·梓材》:"惟其塗丹~。"

蠖 音同上(huò) 尺蠖。《易·繫辭下》:"尺~之屈。"

785

戟 ki̯ăk/ki̯ɐk/jǐ 一種矛類武器。《詩·秦風·無衣》:"修我矛~,與子偕作。"

㦸 前字的異體。

786

丮 ki̯ăk/ki̯ɐk/jí 抓住,執(銘文58)。

1570 殷甲文(B下11:2)

1571 周I(銘文58)

1570—1571

此字像一人雙手伸出。

787

𡿺 kʽi̯ăk/kʽi̯ɐk/qì 從縫隙中透進來的光。見《説文》(無書證)。

𡿺 前字的異體。

隙 kʽi̯ăk/kʽi̯ɐk/qì(xì) ❶裂縫。《左·昭元》:"牆之~壞,誰之咎也?"❷兩者之中的空間。《左·哀十二》:"宋鄭之間有~地焉。"❸中間。《左·隱五》:"皆於農~以講事也。"❹紛爭。《國語·周語中》:"則可以上下無~矣。"

虩 xi̯ăk/xi̯ɐk/xì 恐懼。《易·履》:"履虎尾,~~終吉。"(按:今本作"愬",此從《説文》。)

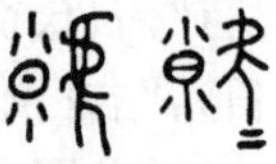

1572 周II(銘文180)

1573 周III(銘文238)

1572—1573

788

屰 ŋi̯ăk/ŋi̯ɐk/yì 不順。見《説文》。故以爲"逆"之初文。

1574 殷甲文(B下11:15,其義不明)

1574

逆 音同上(nì) ❶反對。《書·伊訓》:"敢有侮聖言,~忠直,遠耆德,比頑童,時謂亂風。"❷反叛。《詩·泮水》:"既克淮夷,孔淑不~。"❸往迎。《書·金滕》：“惟朕小子其新～。”❹接受。《儀禮·聘禮》：“衆介皆～命不辭。”❺預料。《論語·憲問》：“不～詐。” Gl1583

1575 殷甲文（I11：13）

1576 周 I（銘文 69）

1575—1576

咢 ŋak/ŋak/ò（è） 擊鼓發聲。《詩·行葦》：“或歌或～。”

咢 前字的現代字形，聲符已經變形。

愕 音同上（è） 驚訝。《國策·燕三》：“羣臣驚～。”

遻 音同上（è） 不期而遇。《楚辭·懷沙》：“重華不可～兮。”

逆 ŋag/ŋuo-/wù 不期而遇。《莊子·達生》：“死生驚懼不入乎其胸中，是故～物而不慴。”

諤 ŋak/ŋak/ò（è） 直言。《列子·力命》：“在朝～然有敖朕之色。”

鄂 音同上（è）

地名。《左·隱六》：“納諸～。”

同音假借 ❶陷坑。《國語·魯語上》：“設阱～。”❷突然。《詩·常棣》：“常棣之華，～不韡韡。”

通“愕”。《列子·周穆王》：“二曰～夢。”

通“諤”。《大戴禮·曾子立事》：“是故君子出言以～～。” Gl410、1330

鍔 音同上（è） 劍，刃。《莊子·說劍》：“天子之劍，以燕溪、石城爲鋒，齊岱爲～。”

鶚 音同上（è） 一種鳥。《列子·黃帝》：“雖虎狼鵰～之類，無不柔馴者。”

789

覤 xi̯ăk/xi̯ɛk/xì 恐懼。《莊子·天地》：“蔣閭葂～～然驚。”

小篆从見、虎。

790

睪 di̯ăk/i̯ɛk/yì 窺視。見《說文》（無書證）。

同音假借 山名。《國策·魏三》：“戰勝～子。”

通“澤”。《荀子·正論》：“側載～芷，所以養鼻也。”

圛 音同上 回旋。《說文》引《書》：“～～者升雲，半有半無。”（按：此非《書》原文，參段玉裁注，高氏誤從《康熙字典》。）

通“殬”。《書·洪範》：“曰雨，曰霽，曰蒙，曰～，曰克。”（按：今本作“驛”。）Gl1551

懌 音同上 ❶高興。《詩·靜女》：“彤管有煒，說～女美。”❷愉快，安和。《詩·節南山》：“既夷既～，如相醻矣。” Gl117、525、1654

斁 di̯ăk/i̯ɛk/yì dʻag/dʻuo-/dù ❶饜足，厭倦。《詩·葛覃》：“爲絺爲綌，服之無～。”❷盛大（聲音，特指音樂）。《詩·那》：“庸鼓有～，萬舞有奕。”

tag/tuo-/dù 敗壞。《詩·雲漢》：“耗～下土。”（比較“殬”） Gl9、818、993、1704

繹 di̯ak/i̯ak/yì ❶抽出（絲），展開。《論語·子罕》：“巽與之言，能毋說乎？～之爲貴。”❷拖長的，不絕，前後相接。《論語·八佾》：“從之，純如也，皦如也，～如也，以成。”❸重複。《左·宣八》：“壬午猶～。”

同音假借 大，盛。《詩·車攻》：“會同有～。”

通“懌”。《左·襄三十一》：“《詩》曰‘辭之～矣，民之莫矣’。”（按：今《詩·板》作“懌”。） Gl467、1142a、1960

譯 音同上　解釋。《禮·王制》："達其志，通其欲……北方曰～。"

醳 音同上
苦酒（僅有漢代書證）。

通"釋"。《國策·燕二》："王欲～臣，專任所善，則臣請歸～事。"

驛 音同上　傳遞文書之馬，中轉之馬（僅有漢代書證）。

同音假借　生長茂盛。《詩·載芟》："～～其達。"

通"殬"。《書·洪範》："乃命卜筮，曰雨，曰霽，曰蒙，曰～。" Gl467、1551

睪 音同上
引，給。見《説文》（無書證）。

1577 周II（銘文 217，"擇"義）　1577

釋 çi̯ăk/çi̯ɛk/shì　洗米。《詩·生民》："～之叟叟，烝之浮浮。"（按：今本作"釋"，高氏從《説文通訓定聲》。）

釋 音同上　❶鬆開。《儀禮·鄉射禮》："～弓反位。"❷溶解。《禮·月令》："冰凍消～。"❸鬆，釋放。《左·成三》："兩～累囚以成其好。"❹解開。《左·僖六》："武王親～其縛。"❺除去。《詩·大叔于田》："抑～掤忌，抑鬯弓忌。"❻寬恕。《書·多方》："開～無辜，亦克用勸。"❼解釋。《左·襄二十九》："公在楚，～不朝正于廟也。"

同音假借　❶浸，漬。《禮·内則》："欲濡肉則～而煎之以醢。"❷洗（米）。《詩·生民》："～之叟叟，烝之浮浮。" Gl878、1867

檡 d'ăk/d̥'ɐk/zé　çiăk/çi̯ɛk/shì　一種棗樹。《儀禮·士喪禮》："王棘若～棘。"

擇 d'ăk/d̥'ɐk/zé　挑選。《詩·十月之交》："～有車馬，以居徂向。"

通"殬"。《書·吕刑》："罔有～言在身。" Gl2044

澤 音同上　❶沼澤。《詩·鴻鴈》："鴻鴈于飛，集于中～。"❷池塘。《左·宣十二》："川壅爲～。"❸濕，打濕。《禮·曲禮上》："共飯不～手。"❹光滑。《禮·少儀》："～劍首。"❺豐富，利益。《書·畢命》："道洽政治，～潤生民。"❻（汗衣>）褲子。《詩·無衣》："豈曰無衣，與子同～。"

di̯ăk/i̯ɛk/yì　純酒。《禮·郊特牲》："猶明清與醆酒于舊～之酒也。"

çi̯ăk/çi̯ɛk/shì　打開（特指土地）。《詩·載芟》："載芟載柞，其耕～～。"

通"釋"。《大戴禮·夏小正》："農及雪～。"

通"擇"。《禮·射義》："天子將祭，必先習射於～。～者，所以擇士也。"

通"宅"。《莊子·則陽》："比於大～，百材皆度。" Gl326、1117

鐸 d'ɑk/d'ɑk/dó（duó）　一種鈴。《論語·八佾》："天將以夫子爲木～。"

殬 tɑg/tuo-/dù　毁壞。《説文》引《書》："彝倫攸～。"（按：今《書·洪範》作"斁"。）

蘀 t'ɑk/t'ɑk/tuò　枯萎，下落之葉。《詩·七月》："十月隕～。" Gl485

791

炙 ȶi̯ăk/tçi̯ɛk/zhì　ȶi̯ăg/tçi̯a-/zhè　❶烤，煮。《詩·楚茨》："爲俎孔碩，或燔或～。"❷（加熱>）接近。《孟子·盡心下》："非聖人而能若是乎？而況於親～之者乎？"

小篆从肉、火。

792

斥 ȶ'i̯ăk/tç'i̯ɛk/chì　❶嚴厲拒絶。《左·昭十六》："大國之求，無禮以～之。"❷考查，偵察。《左·襄十一》："納～

侯，禁侵掠。”❸指出。《穀梁·僖五》：“目晉侯～殺，惡晉侯也。”❹遍布，滋繁。《左·襄三十一》：“寇盜充～。”❺鹹土。《書·禹貢》：“厥土白墳，海濱廣～。”

坼 ȶʻăk/ȶʻɐk/cè(chè) ❶裂。《詩·生民》：“不～不副，無菑無害。”❷裂縫。《周禮·占人》：“卜人占～。”

柝 tʻɑk/tʻɑk/tò(tuò) 更夫擊梆子聲。《易·繫辭下》：“重門擊～，以待暴客。”

1578

1578 周Ⅰ（銘文 92，其義不明）

泝 sɑg/suo-/sù 逆流而上。《左·文十》：“沿漢～江。”與 769 組“遡”同。

訴 音同上 ❶控訴。《左·成十六》：“而～公于晉侯。”❷告訴。《左·成十七》：“孟子～之。”

793

赤 ȶʻi̯ăk/tɕʻi̯ɛk/chì 紅。《詩·韓奕》：“～豹黄羆”。

同音假借 tsʻi̯ăk/tsʻi̯ɛk/cì 驅除。《周禮·赤犮氏》：“～犮氏掌除牆屋。”

1579 殷甲文（B下 18: 8）

1580 周Ⅰ（銘文 85）

此字从大（人）、火。

1579—1580

赦 ɕi̯ăg/ɕi̯a-/shè ❶放走。《詩·鄭風·羔裘》：“彼其之子，～命不渝。”（按：今本作“舍”，高氏從邢昺《爾雅疏》引。）❷釋放，予以自由。《左·成二》：“～之以勸事君者。”❸寬恕。《書·胤征》：“不及時者殺無～。”Gl223、1115

螫 ɕi̯ăk/ɕi̯ɛk/shì 毒刺刺人。《詩·小毖》：“莫予荓蜂，自求辛～。”

794

尺 ȶʻi̯ăk/tɕʻi̯ɛk/chǐ 度量單位，度量。《詩·閟宫》：“是斷是度，是尋是～。”

795

石 ȡi̯ăk/ʑi̯ɛk/shí 石頭，岩石。《詩·鶴鳴》：“它山之～，可以爲錯。”

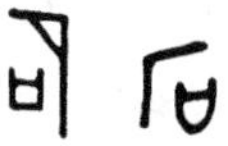
1581—1582

1581 殷甲文（E104: 3）

1582 周Ⅰ（銘文 113，人名）

祏 音同上 放祖先靈牌的石匣。《左·昭十八》：“使祝史徙主～於周廟。”

碩 音同上(shuò) 大，威嚴。《詩·碩人》：“～人其頎。”

通“鼫”。《詩·碩鼠》：“～鼠～鼠，無食我黍。”Gl281

1583—1584

1583 周Ⅰ/Ⅱ（銘文 214，人名）

1584 周Ⅱ/Ⅲ（銘文 247，人名）

鼫 音同上 一種齧齒類的動物。《易·晉》：“九四，晉如～鼠。”Gl281

跖 ȶi̯ăk/tɕi̯ɛk/zhí 脚掌。《吕氏春秋·用衆》：“善學者若齊王之食鷄也，必食其～數千而後足。”

磔 tăk/ȶɐk/zé(zhé) 撕裂（犯人）。《禮·月令》：“命有司，大難旁～。”

斫 ȶi̯ak/tɕi̯ak/zhó(zhuó) 砍，劈。《墨子·備穴》：“斧金爲～。”

柘 ȶi̯ag/tɕi̯a-/zhè 一種桑樹。《詩·皇矣》：“攘之剔之，其檿其～。”

拓 tʻɑk/tʻɑk/tò(tuò) 抬，舉。《列子·説符》：“能～國門之關。”

妬 tɑg/tuo-/dù 妬嫉。《左·襄二十一》：“叔向之母～叔虎之母美而不使。”

妒 前字的異體。聲符“户”從字形相近的“石”變來。

橐 tʻɑk/tʻɑk/tó(tuó) ❶袋。《詩·公劉》：“于～于囊，思輯用光。”❷風箱。《老子》五章：“天地之間，其猶～籥乎。”

同音假借 夯土聲。《詩·斯干》：“約之閣閣，椓之～～。”

㯩 音同上　更夫擊梆聲。《左·哀七》：“魯擊～聞於邾。”（按：今本《左》作“柝”，高氏從《釋文》。）

蠹 tɑg/tuo-/dù　木中蟲。《左·襄二十七》：“兵，民之殘也，財用之～。”

796

夕 dzi̯ăk/zi̯ɛk/xī　❶傍晚。《詩·君子于役》：“日之～兮，牛羊下來。”❷夜。《莊子·人間世》：“今吾朝受命而～飲冰。”

1585 殷甲文（A1: 5, 1）
1586 殷甲文（A1: 27, 4）
1587 周I（銘文 65）

1585—1587

此字像月，參 306 組“月”。

穸 音同上　黑暗，夜（像在墓穴中）。《左·襄十三》：“唯是春秋窀～之事。”

797

席 dzi̯ăk/zi̯ɛk/xí　席子。《詩·邶風·柏舟》：“我心匪～，不可卷也。”

蓆 音同上　大，鬆。《詩·緇衣》：“緇衣之～兮。”Gl213

798

昔 si̯ăk/si̯ɛk/xī　❶古代，從前。《詩·采薇》：“～我往矣，楊柳依依。”❷昨天。《孟子·公孫丑下》：“～者辭以病，今日弔，或者不可乎？”❸夜晚。《左·哀四》：“爲一～之期，襲梁及霍。”

通“錯”。《周禮·弓人》：“老牛之角紾而～。”

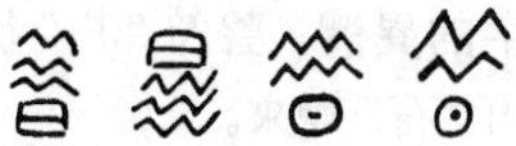

1588—1591

1588 殷甲文（B上 28: 2）
1589 殷甲文（B下 5: 3）
1590 周II（銘文 132）
1591 周II（銘文 139）　此字是否“腊”（乾肉）之初文，像太陽和一條條肉？此二字語源相同，“腊”爲陳肉，跟鮮肉相對。

惜 音同上　❶惋惜。《吕氏春秋·利民》：“爲天下～死。”❷嘆詞。《左·宣二》：“～也，越竟乃免。”

腊 音同上　乾肉。《易·噬嗑》：“六三，噬～肉。”

同音假借　烈，極。《國語·周語下》：“厚味寔～毒。”

1592

1592 周III（銘文 223）

耤 dz'i̯ăk/dz'i̯ɛk/jí　帝王耕的聖地（見《說文》）。此字是“藉”之初文。

1593

1593 周I（銘文 105）

踖 dz'i̯ăk/dz'i̯ɛk/jí
踏。《禮·曲禮上》：“毋～席。”

tsi̯ăk/tsi̯ɛk/jí　恭敬而行。《論語·鄉黨》：“踧～如也。”

ts'i̯ăk/ts'i̯ɛk/qì　ts'i̯ak/ts'i̯ak/què　恭敬的舉止。《詩·楚茨》：“執爨～～，爲俎孔碩。”

趞 ts'i̯ak/ts'i̯ak/què　輕步而行。見《說文》（無書證）。

1594

1594 周II（銘文 135，人名）

鵲 音同上　鵲。《詩·鵲巢》：“維～有巢，維鳩居之。”

斮 tʂi̯ak/tʂi̯ak/zhó（zhuó）　砍掉。《公羊·成二》：“於是～逢丑父。”

厝 ts'ɑk/ts'ɑk/cò（cuò）　礪石。《說文》引《詩》：“它山之石，可以爲～。”（按：今《詩·鶴鳴》作“錯”。）

逪 音同上（cuò）
交錯（銘文 180）。

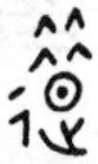

1595

1595 周II（銘文 180）

錯 音同上（cuò）　礪石。《詩·鶴鳴》：“它山之石，可以爲～。”

同音假借 ❶混雜。《詩·漢廣》："翹翹～薪，言刈其楚。"❷交錯。《詩·楚茨》："獻醻交～，禮儀卒度。"❸裝飾的。《詩·采芑》："約軝～衡，八鸞瑲瑲。"❹更迭。《禮·中庸》："辟如四時之～行，如日月之代明。"❺傾斜。《禮·祭義》："不～則隨。"❻驚恐，小心。《易·離》："履～然。"

通"措"。《易·繫辭上》："苟～諸地而可矣。"

醋 dzʻɑk/dzʻɑk/zò（zuò） 舉杯而飲，以回答人家敬酒。《儀禮·士虞禮》："祝酌授尸，尸以～主人。"

借 tsi̯ăg/tsi̯a-/jiè tsi̯ăk/tsi̯ɛk/jì ❶借出，借入。《論語·衛靈公》："有馬者～人乘之。"❷借口。《詩·抑》："～曰未知，亦聿既耄。"

唶 tsi̯ăg/tsi̯a-/jiè 鳥鳴聲。《淮南子·原道訓》："故夫烏之啞啞，鵲之～～。"

措 tsʻɑg/tsʻuo-/cù（cuò） ❶設立。《易·繫辭上》："舉而～之天下之民謂之事業。"❷置放。《論語·子路》："刑罰不中，則民無所～手足。"❸拋棄。《禮·中庸》："有弗學，學之弗能，弗～也。"

蜡 tsʻi̯ag/tsʻi̯wo-/qù 蛆。《周禮·蜡氏》："～氏掌除骴。"

假借爲 dzʻăg/dʐʻɑ-/zhà 一種冬天的祭祀。《禮·郊特牲》："天子大～八，伊耆氏始爲～。"

矠 ?/dʐʻæk/zé 以矛刺取（特指魚）。《國語·魯語上》："魚鱉以爲夏犒。"

籍 dzʻi̯ăk/dzʻi̯ɛk/jí ❶書版，記録。《左·昭十五》："且昔而高祖孫伯黶司晉之典～。"❷田地收入的記録。《詩·韓奕》："實墉實壑，實畝實～。"❸收成用作祭祀的田地。《禮·祭義》："是故昔者天子爲～千畝。"（按：今本作"藉"，高氏從閩本。）

藉 dzʻi̯ăg/dzʻi̯a-/jiè ❶用來放祭品或禮品的草墊。《易·大過》："～用白茅"。❷薦。《左·文十二》："所以～寡君之命，結二國之好。"❸獻助。《禮·王制》："古者公田～而不稅。"❹（依據於>）利用，依靠。《左·宣十二》："敢～君靈。"❺借。《孟子·滕文公上》："助者～也。"參"借"。

dzʻi̯ăk/dzʻi̯ɛk/jí 王所耕而出產用於祭祀的田地。《左·宣十五》："穀出不過～。"

同音假借 ❶貢獻。《穀梁·哀十三》："其～于成周。"❷繫。《莊子·應帝王》："猨狙之便執斄之狗來～。"❸踐踏。《荀子·王霸》："日欲司間而相與投～之。"參看"踖"。

簎 tsʻăk/tʂʻɐk/cè 以矛刺魚。《周禮·鼈人》："以時～魚鼈龜蜃凡貍物。"比較"矠"。

799

舄 si̯ăk/si̯ɛk/xì 拖鞋，鞋，鞋底。《詩·韓奕》："玄衮赤～。"

同音假借 大。《詩·閟宮》："松桷有～。"

1596 周I（銘文 65）
1597 周II（銘文 134）
1598 周II（銘文 187）

1596—1598

潟 音同上 鹽碱地。《周禮·草人》："鹹～用貆，勃壤用狐。"

寫 si̯ăg/si̯a:/xiě ❶卸。《詩·泉水》："駕言出遊，以～我憂。"❷消散，消除。《詩·蓼蕭》："既見君子，我心～兮。"❸傾倒（液體）。《禮·曲禮上》："器之溉者不～。"❹鎔鑄（金屬）。《國語·越語下》："王命工以良金～范蠡之狀而朝禮之。"

❺描繪。《淮南子·本經》："雷震之聲，可以鼓鐘～也。"

1599

1599 周Ⅲ/Ⅳ（銘文 325）

瀉 音同上（xiè） 排泄。《周禮·稻人》："以澮～水。"（按：今本作"寫"，高氏從《康熙字典》。）

800

亦 zi̯ăk/i̯ăk/yì ❶腋下（與"掖、腋"同）。《詩·衡門》序"故作是詩以誘掖其君也"，《釋文》"掖"，石經作"～"。（按：今《釋文》未見，高氏從《康熙字典》。）❷也。《詩·采薇》："采薇采薇，薇～作止。"❸助詞。《詩·草蟲》："～既見止，～既覯止，我心則降。"

通"奕"。大。《詩·文王》："凡周之士，不顯～世。"Gl754、1093、1301

1600—1601

1600 殷甲文（A1: 52, 3）

1601 周Ⅰ（銘文 76）

此字像一人，兩側各有一記號，表示腋窩。

奕 zi̯ăk/i̯ɛk/yì 大。《詩·車攻》："四牡～～。"

帟 音同上 帷蓋。《周禮·幕人》："幕人掌帷、幕、幄、～、綬之事。"

弈 音同上 棋。《論語·陽貨》："不有博～者乎？"

同音假借 帷幕。《逸周書·王會》："張赤～陰羽。"（按：今本作"帟"，高氏從《康熙字典》。）

跡 tsi̯ăk/tsi̯ɛk/jì 脚印。《左·昭十二》："將皆必有車轍馬～焉。"與"蹟"同源，但不相同。

迹 音同上 脚印，蹤跡。《書·立政》："其克詰爾戎兵以陟禹之～。"

1602

1602 周Ⅲ（銘文 225）

夜 zi̯ăg/i̯a-/yè 夜。《詩·庭燎》："～如何其？～未央。"

1603

1603 周Ⅰ（銘文 76）

現代字形有變化。已經看不出"亦"爲聲符。

掖 zi̯ăk/i̯ɛk/yì（yè） ❶腋。《禮·儒行》："衣逢～之衣。"❷挾持而舉。《左·僖二十五》："二禮從國子巡城，～以赴外，殺之。"見"亦"。

腋 音同上（yè） 腋窩。《莊子·秋水》："赴水則接～持頤。"

液 音同上（yè） ❶液體，水氣。《莊子·人間世》："以爲門户則～樠。"❷打濕。《周禮·弓人》："凡爲弓，冬析幹而春～角。"❸拖長（特指聲音）。《禮·樂記》："咏嘆之，淫～之。"

1604

1604 漢前（銘文 400，人名）

801

度 d'ɑg/d'uo-/dù ❶尺度。《詩·汾沮洳》："彼其之子，美無～。"❷法，法則。《書·大禹謨》："周失法～。"❸界限。《左·昭七》："子皮之族飲酒無～。"❹節制。《書·盤庚上》："齊乃位，～乃口。"

d'ɑk/d'ɑk/dó（duó） ❶度量。《詩·緜》："～之薨薨。"❷估量，考慮。《詩·巧言》："他人有心，予忖～之。"

通"宅"。居。《詩·皇矣》："維彼四國，爰究爰～。"Gl794、1216

渡 d'ɑg/d'uo-/dù 涉水。《國策·燕三》："秦兵旦暮～易水。"

剫 d'ɑk/d'ɑk/dó（duó） 劈木。《爾雅·釋器》郭璞注引《左·隱十一》："山有木，工則～之。"（按：今本作"度"。）

802

莫 mɑg/muo-/mù 傍晚，遲。《詩·東方未明》："不能辰夜，不夙則～。"

同音假借 植物名。《詩·汾沮洳》：

"言采其～。"

假借爲mɑk/mɑk/mò ❶不，無。《詩·葛藟》："謂他人之父，亦～我顧。"❷没有人。《詩·常棣》："凡今之人，～如兄弟。"❸寂靜。《莊子·大宗師》："～然有間而子桑户死。"❹計劃，研討。《詩·巧言》："秩秩大猷，聖人～之。"❺安定。《詩·皇矣》："監觀四方，求民之～。"❻廣。《莊子·逍遥遊》："何不樹之於无何有之鄉，廣～之野。"❼昏暗。《荀子·成相》："悖亂昏～不終極。"❽茂盛，豐盛（特指葉子）。《詩·葛覃》："維葉～～。"❾割。《管子·制分》："屠牛坦朝解九牛而刀可以～鐵。"

mǎk/mɐk/mò（《釋文》讀mæk，可能是誤讀，比較"嗼"） 靜而敬。《詩·楚茨》："君婦～～。"

通"慕"。《論語·里仁》："君子之於天下也，無適也，無～也。" Gl638、662、819、829

1605 殷甲文（I10：11，人名）

1606 周II（銘文147，人名）

此字从日、雙艸。

1605—1606

暮 mɑg/muo-/mù 傍晚。《孟子·公孫丑下》："王驩朝～見。"

募 音同上 召來。《荀子·議兵》："招延～選。"

墓 音同上 墳墓。《詩·墓門》："～門有棘，斧以斯之。"

嫫 mɑg/muo/mú（mó） 醜女。《荀子·賦》："～母力父，是之喜也。"

慕 mɑg/muo-/mù 愛，懷戀。《孟子·萬章上》："大孝終身～父母。"

1607

1607 周IV（銘文286）

模 mɑg/muo/mú（mó） 模仿。《列子·周穆王》："變化之極，徐疾之間，可盡～哉？"

膜 音同上（mó） 跪。《穆天子傳》二："吾乃～拜而受。"

謨 音同上（mó） 謀劃。《詩·抑》："訏～定命，遠猶辰告。"

蟆 mǎg/ma/má 蝦～：青蛙。《管子·七臣七主》："苴多螣～，山多蟲螟。"

寞 mɑk/mɑk/mò 寂靜。《莊子》（按：今本未見）。

幕 mɑk/mɑk/mò（mù） ❶幕蓋，帳。《左·昭十三》："子産以幄～九張行。"❷覆蓋。《易·井》："上六，井收，勿～有孚。"

漠 mɑk/mɑk/mò 寂靜。《莊子·天道》："夫虚靜恬淡寂～无爲者，万物之本也。"此字是"寞"之異體。

瘼 音同上 痛，病。《詩·四月》："亂離～矣，爰其適歸。" Gl638、819

嗼 mǎk/mɐk/mò 無聲，寂靜。《楚辭·哀時命》："～寂默而無聲。"

冪 mi̯ak/miek/mì 覆蓋。《周禮·冪人》："祭祀，以疏布巾～八尊。"

803

豦 gʻi̯wag/gʻi̯wo，gʻi̯wo-/qú，jù 一種野猪（僅有漢代書證）。

1608

1608 周（銘文365，人名）

此字从豕、虎。

遽 gʻi̯wag/gʻi̯wo-/jù 突然，急忙。《左·僖二十四》："公～見之。"

1609

1609 周II（銘文192，人名）

醵 gʻi̯wag/gʻi̯wo-/jù gʻi̯wag/gʻi̯wo/qú gʻi̯ak/gʻi̯ak/jué 湊錢宴飲。《禮·禮器》："周禮其猶～與。"

據 ki̯wag/ki̯wo-/jù ❶緊握。《禮·玉藻》："君賜稽首，～掌，致諸地。"❷依靠。《詩·邶風·柏舟》："亦有兄弟，不可以～。”此字與778組“攫”同源。

鐻 音同上　一種樂器。《莊子·達生》：“梓慶削木爲～。”

臄 gʻi̯ak/gʻi̯ak/jué　舌。《詩·行葦》：“嘉肴脾～。”Gl881

劇 gʻi̯ăk/gʻi̯ɐk/jì（jù）　加重。《荀子·解蔽》：“不以夢～亂知謂之靜。”

籧 gʻi̯wag/gʻi̯wo/qú　粗席。《詩·新臺》：“燕婉之求，～篨不鮮。”

ki̯wag/ki̯wo:/jǔ　筐。《禮·月令》：“具曲植～筐。”

蘧 gʻi̯wag/gʻi̯wo/qú　稻草，芳草。《莊子·天運》：“仁義，先王之～廬也。”

同音假借　驚覺。《莊子·齊物論》：“俄然覺，則～～然周也。”

804

庶 ɕi̯ag/ɕi̯wo-/shù　❶衆多。《詩·卷阿》：“君子之車，既～且多。”❷所有，全部。《詩·碩人》：“～姜孽孽，～士有朅。”❸豐盛。《詩·楚茨》：“爲豆孔～，爲賓爲客。”❹（許多中的一個>）妾所生之子。《左·宣二》：“其～子爲公行。”❺（許多機會>）可能。《詩·巧言》：“君子如祉，亂～遄已。”❻希望。《詩·雞鳴》：“會且歸矣，無～予子憎。”

ȶiag/tɕi̯wo-/zhù　～氏：驅除毒蠱的官。《周禮·庶氏》：“～氏掌除毒蠱。”Gl247、663

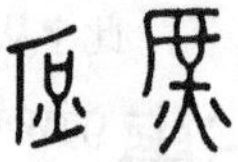
1610—1611

1610 周I（銘文65）

1611 周III/IV（銘文324）

此字聲符看來是“石”，但爲何从火，不明。

遮 ȶi̯ăg/tɕi̯a/zhē　❶阻攔，遏止。《國語·晉語八》：“候～扞衛不行。”❷兼有。《管子·侈靡》：“六畜～育，五穀～熟。”

摭 ȶi̯ăk/tɕi̯ɛk/zhí　采取。《禮·禮器》：“有順而～也。”

蹠 音同上　❶踩。《楚辭·哀郢》：“眇不知其所～。”❷脚掌。《國策·楚一》：“～穿膝暴。”

805

亞 ʔăg/ʔa-/yà　❶第二，其次。《詩·載芟》：“侯～侯旅，侯强侯以。”❷次等，下等。《書·酒誥》：“惟～惟服宗工。”

同音假借　姐夫，妹夫。《詩·節南山》：“瑣瑣姻～，則無膴仕。”

通“惡”。《易·繫辭上》：“言天下之至賾而不可～也。”（按：今本作“惡”，高氏從《釋文》。）Gl1118

1612 殷甲文（A2: 8, 5，其義不明）

1613 殷（銘文52，人名）

1614 周（銘文361，人名）

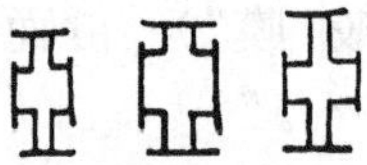
1612—1614

剄 ʔăg/ʔa-/yà　自刎。《國語·吳語》：“自～於客前以酬客。”

啞 ʔăk/ʔɐk/è　笑聲。《易·震》：“笑言～～。”

ʔăg/ʔa:/yǎ　口不能言。《國策·趙一》：“又吞炭爲～，變其音。”

堊 ʔak/ʔak/è　牆上塗沫灰泥。《禮·喪大記》：“既練，居～室。”

惡 ʔak/ʔak/è　❶邪惡。《詩·節南山》：“方茂爾～，相爾矛矣。”❷缺點，錯誤。《左·定五》：“吾以志前～。”❸醜陋。《孟子。離婁下》：“雖有～人，齋戒沐浴，則可以祀上帝。”

ʔag/ʔuo-/wù　恨。《詩·遵大路》：“無我～兮，不寁故也。”

假借爲ʔag/ʔuo/wū　❶怎樣。《論語·里仁》：“君子去仁，～乎成名？”❷哪裏。《孟子·盡心上》：“居～在？仁是也。”

806

乍 dzʻǎg/dzʻa-/zhà　突然，出乎意料。《孟子·公孫丑上》："今人～見孺子將入於井，皆有怵惕惻隱之心。"

1615 殷甲文（A4: 4, 3,"作"義）

1616 殷甲文（A5: 31, 2,"作"義）

1617 殷（銘文 2,"作"義）

1618 周 I（銘文 54,"作"義）

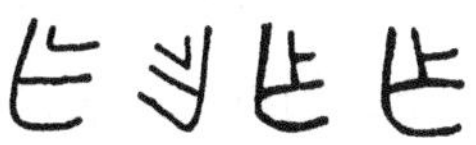

1615—1618

咋 音同上　急促，突然。《左·定八》："桓子～謂林楚曰。"

詐 tsǎg/tsa-/zhà　欺詐。《左·宣十五》："我無爾～，爾無我虞。"

通"乍"。《公羊·僖三十三》："～戰不日。"

祚 dzʻag/dzʻuo-/zù（zuò）　福。《詩·既醉》："君子萬年，永錫～胤。"

胙 音同上（zuò）　❶祭祀的肉和酒。《左·僖九》："王使宰孔賜齊侯～。"❷酬勞，獎賞。《左·昭三》："賜女州田，以～乃舊勳。"❸賜福。《國語·周語下》："天地所～，小而後國。"❹賜予封邑。《國語·齊語》："反～于絳。"

通"酢"。《周禮·膳夫》："賓客食，則徹王之～俎。"

阼 音同上（zuò）　通堂的東階。《書·顧命》："綴輅在～階面。"

通"胙"。《儀禮·特牲饋食禮》："祝命徹～俎。"

笮 tsǎk/tsɐk/zé　箭袋。《儀禮·既夕禮》："役器，甲冑干～。"

通 1128 組"鑿"。黥刑。《國語·魯語上》："中刑用刀鋸，其次用鑽～。"

作 tsɑk/tsɑk/zuò　❶做，製造。《詩·天作》："天～高山，大王荒之。"❷積極。《書·酒誥》："爾克永觀省，～稽中德。"❸表演，獻祭。《禮·樂記》："故知禮樂之情者能～。"❹創作（特指詩歌）。《詩·四月》："君子～歌，維以告哀。"❺成爲，是。《詩·棫樸》："周王壽考，遐不～人。"❻升高，升起。《詩·采薇》："采薇采薇，薇亦～止。"❼站起。《論語·先進》："舍瑟而～。"❽騷動。《詩·駉》："思無斁，思馬斯～。"

通"柞"。清除。《詩·皇矣》："～之屏之，其菑其翳。"Gl622、806、821、856、937、1146、1321、1443、1671

迮 音同上　突然發起。《公羊·襄二十九》："今若是～而與季子國。"

1619 周III/IV（銘文 309）

1620 周III（銘文 220，此字加了形符"攴"）

1619—1620

柞 tsɑk/tsɑk/zuò　dzʻɑk/dzʻɑk/zuó　櫟樹。《詩·緜》："～棫拔矣，行道兑矣。"

tsǎk/tsɐk/zé　清除樹木。《詩·載芟》："載芟載～，其耕澤澤。"

同音假借　❶廣泛傳播（特指聲音）。《周禮·鳧氏》："侈則～，弇則鬱。"❷狹窄。《周禮·輪人》："轂小而長，則～。"

通"酢"。《國策·趙一》："著之盤盂，屬之仇～。"

1621

1621 周III/IV（銘文 328）

怍 dzʻɑk/dzʻɑk/zuò　❶慚愧。《論語·憲問》："其言之不～。"❷改變臉色。《禮·曲禮上》："將即席，容毋～。"

昨 音同上（zuó）　昨天。《莊子·外物》："周～來，有中道而呼者。"

通"酢"。《周禮·司几筵》："祀先王

～席亦如之。”

酢 音同上 ❶客人回敬主人。《詩·行葦》：“或獻或～，洗爵奠斝。”❷回報之祭。《書·顧命》：“秉璋以～。”❸酬報。《詩·楚茨》：“報以介福，萬壽攸～。”

1622

1622 周III（銘文226）

筰 音同上（zuó）
竹繩（僅有漢代書證）。

通“笮”。《周禮·司兵》“大喪廞五兵”，鄭玄注：“甲冑干～。”（按：今本作“笮”，高氏從《釋文》。）

807

射（䠶）d̑ʻi̯ăg/dʑʻi̯a-/shè ❶射箭。《詩·大叔于田》：“叔善～忌，又良御忌。”❷射手，弓箭手。《左·成七》：“與其～御，教吳乘車。”

d̑ʻi̯ăk/dʑʻi̯ɛk/shè 以弓箭射及。《論語·述而》：“弋不～宿。”

假借爲di̯ak/i̯ɛk/yì 滿足，厭倦。《詩·思齊》：“不顯亦臨，無～亦保。”Gl9、814

1623 殷甲文（A6: 3, 4）

1624 周I（銘文105）

1623—1624

此字爲弓和箭的象形，有時附加“手”。後來“弓”譌變成“身”。它們的古文字很相似。“射”是現代形式，“䠶”是古代形式，見《説文》。

榭 dzi̯ăg/zi̯a-/xiè 練習射箭的大廳。《春秋·宣十六》：“成周宣～火。”

1625 周II（銘文157，形符是“广”而不是“木”）

1625

此字从广（只有一堵牆的屋子）。參113組。

謝 音同上 ❶謝絶，推辭。《禮·曲禮上》：“若不得～，則必賜之几杖。”❷離去。《楚辭·橘頌》：“願歲並～，與長友兮。”❸致歉，賠罪。《左·昭七》：“先君之敝器，請以～罪。”

通“榭”。《荀子·王霸》：“聲樂甚大，臺～甚高。”

808

耕 kĕŋ/kæŋ/gēng 耕地。《詩·載芟》：“載芟載柞，其～澤澤。”

此字从井、耒（犁）（按：《説文》井聲）。“井”也是一個村莊中某塊可耕地的稱呼。在下面的派生字裏，“井”（可耕地）作爲“耕”的省聲形式出現，用作聲符。從古文字看，派生字裏的“井”字現在已經譌變。

刑 gʻieŋ/ɣieŋ/xíng ❶處罰。《書·大禹謨》：“～期于無～。”❷法。《詩·蕩》：“雖無老成人，尚有典～。”❸模仿，仿效。《詩·文王》：“儀～文王，萬邦作孚。”❹舉止。《書·堯典》：“觀厥～于二女。”

通“鉶”。《周禮·内饔》：“凡掌共羞脩～。”

1626

1626 周II（銘文147，人名）

形 音同上 ❶形象，形狀。《易·繫辭上》：“在天成象，在地成～。”❷外貌，外表。《孟子·盡心上》：“～色，天性也。”❸顯露，顯示。《禮·樂記》：“然後心術～焉。”❹遵照，適合。《左·昭十二》：“～民之力，而無醉飽之心。”

侀 音同上
形成。《禮·王制》：“形者，～也。”

硎 音同上 磨刀石。《莊子·養生主》：“刀刃若新發於～。”

鉶 音同上 一種禮器。《禮·禮運》：“實其簠簋籩豆～羹。”

鈃 前字的異體。《禮·禮運》：“實其簠簋籩豆～羹。”（按：今本作“鉶”，高氏從《釋文》。）

荆 ki̯ěŋ/ki̯ɐŋ/jīng （中古音不規則，當讀ki̯ɛŋ）（按：上古耕部一部分字變爲中古庚韻三等是規則音變，如“平”。）多刺的灌木。《左·襄十四》：“我諸戎除翦其～棘。”

1627

1627 周I（銘文104，人名）

古文字像刀割荆棘，上部没有“艹”（草）。

809

耿 kěŋ/kæŋ:/gěng ❶光明，光輝。《書·立政》：“以覲文王之～光。”❷（明亮>）清醒貌。《詩·邶風·柏舟》：“～～不寐，如有隱憂。” Gl64

1628

1628 周II（銘文180）

此字从火、耳。

褧 k'i̯weŋ/k'i̯weŋ:/qiǒng(jiǒng) 麻布單衣。《詩·碩人》：“碩人其頎，衣錦～衣。”（《詩》與《説文》同；鄭玄認爲此字是842組“絅”的異體）Gl164

810

幸 g'ěŋ/ɣæŋ:/xìng 幸運，僥幸。《論語·述而》：“丘也～，苟有過，人必知之。”

倖 前字的異體。《國語·晉語二》：“人實有之，我以徼～，不亦可乎?”

婞 g'eŋ/ɣieŋ:/xìng 怨恨。《楚辭·離騷》：“鮌～直以亡身兮。”（按：此字應釋“執拗，剛强”。）

涬 音同上 大水，渾沌。《莊子·在宥》：“大同乎～溟。”

811

爭 tsěŋ/tʂæŋ/zhēng ❶爭吵。《詩·江漢》：“時靡有～，王心載寧。”❷相鬭。《書·大禹謨》：“天下莫與汝～功。”❸競爭。《詩·小旻》：“維邇言是聽，維邇言是～。”❹規勸。《吕氏春秋·功名》：“～其上之過。” Gl578

1629

1629 周II（銘文180，此字从古文字“靜”中摘出。）

此字从雙手、力。參928組。

崢 dz'eŋ/dẓ'æŋ/chéng ？/dẓ'ɐŋ/chéng(zhēng) 高峻。《國策·楚一》：“上～山，踰深溪。”

淨 dz'i̯ěŋ/dẓ'i̯ɛŋ-/jìng 清潔。《國語·周語中》：“陳其鼎俎，～其巾冪。”

竫 dz'i̯ěŋ/dẓ'i̯ɛŋ:/jìng 安靜。《吕氏春秋·貴因》：“～立安坐而至者，因其械也。”

同音假借 選擇。《公羊·文十二》：“惟諓諓善～言。”

812

生 sěŋ/ʂɐŋ/shēng ❶活。《詩·擊鼓》：“死～契濶，與子成説。”❷生育，養育。《詩·生民》：“不康禋祀，居然～子。”❸産生，發生。《論語·學而》：“本立而道～。”❹新鮮的（指蔬菜等）。《詩·白駒》：“～芻一束，其人如玉。”❺（活牲>）祭祀的犧牲。《詩·緜》：“虞芮質厥成，文王蹶厥～。” Gl802

此字的上古韻部當在ěng（耕）部，按規則應演變爲中古的ʂæŋ（耕）韻；但不知何故，此字及“牲、甥、笙”演變爲中古的ɐŋ（庚）韻。

1630 殷甲文（O951）

1631 周I（銘文57）

1632 周I（銘文74）

1630—1632

此字可能是“牲”的初文。參998組“牛”。

牲 音同上 祭祀的犧牲。《詩·雲漢》：“靡神不舉，靡愛斯～。”（此字从牛、生，是活的牲畜之意，與“生”同源，參“生”最後的義項。）

1633

1633 周I（銘文67）

甥 音同上 ❶姐妹之子。《詩·韓奕》：“韓侯取妻，汾王之～。”❷女婿。《孟子·萬章下》：“帝館～于貳室。”

笙 音同上 簧管樂器。《詩·鹿鳴》：“我有嘉賓，鼓瑟吹～。”

眚 ṣiěŋ/ṣiɐŋ:/shěng ？/ṣiɐŋ:/shěng ❶眼睛生翳。見《説文》（無書證）。❷（遮蓋月亮的陰影>）新月（銘文162）。❸日食。《左·莊二十五》：“非日月之～，不鼓。”❹災禍。《易·復》：“有災～。”❺過錯，過失。《書·舜典》：“～災肆赦。”❻削減。《周禮·大司徒》：“七曰～禮。”Gl1269

1634—1635

1634 周II（銘文132，人名）

1635 周II（銘文162，“新月”義）

省 si̯ěŋ/si̯ɛŋ:/xǐng ❶觀察，檢查。《詩·皇矣》：“帝～其山，柞棫斯拔。”❷問候。《禮·曲禮上》：“昏定而晨～。”

ṣi̯ěŋ/ṣi̯ɛŋ:/shěng ？/ṣi̯ɐŋ:/shěng 減少，節約。《左·僖二十一》：“貶食～用。”

通“眚”。災難。《公羊·莊二十二》：“肆大～。”

1636 殷甲文（A1: 46, 3）

1637 殷（銘文27） 1638 周I（銘文57）

1639 周I（銘文83） 這裏的古文字均爲檢查義。“眚”和“省”的古文字同，小篆以後誤分爲二，其中一個字的聲符“生”被譌成“少”了。

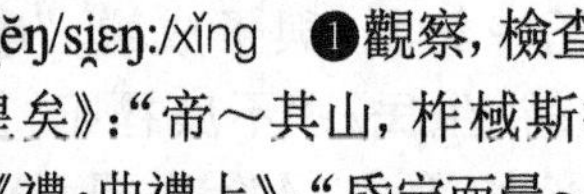
1636—1639

姓 si̯ěŋ/si̯ɛŋ-/xìng ❶家族的稱號。《詩·麟之趾》：“麟之定，振振公～。”❷子孫。《左·昭四》：“所宿庚宗之婦人獻以雉，問其～。”

1640

1640 周III/IV（銘文301，形符是“人”而不是“女”）

性 音同上 ❶本性，性情。《書·太甲上》：“習與～成。”❷生命。《詩·卷阿》：“豈弟君子，俾爾彌爾～。”

狌 音同上（shēng） 黄鼠狼。《莊子·秋水》：“捕鼠不如狸～。”

通“猩”。《荀子·非相》：“今夫～～形笑，亦二足而毛也。”

鼪 音同上（shēng） 黄鼠狼。《莊子·徐无鬼》：“藜藋柱乎～鼬之逕。”

旌 tsi̯ĕŋ/tsi̯ɛŋ/jīng 旗幟。《詩·干旄》：“孑孑干～，在浚之城。”

同音假借 表彰。《左·莊二十八》：“且～君伐。”

星 sieŋ/sieŋ/xīng 星星。《詩·東門之楊》：“昏以爲期，明～煌煌。”

假借爲dzʻi̯ĕŋ/dzʻi̯ɛŋ/qíng 夜間天晴。《詩·定之方中》：“～言夙駕，説于桑田。”Gl139

1641

1641 周（銘文387，人名）

猩 sieŋ/sieŋ/xīng 狗吠聲。見《説文》（無書證）。

sěŋ/ṣɐŋ/shēng（xīng） 猩猩。《禮·曲禮上》：“～～能言，不離禽獸。”

腥 sieŋ/sieŋ, sieŋ-/xīng ❶米粒狀脂肪。《禮·内則》：“豕望視而交睫，～。”❷脂肪。《周禮·庖人》：“秋行犢麛膳膏～。”❸生肉。《論語·鄉黨》：“君賜～，必熟而薦之。”❹腥臭味。《書·酒誥》：“～聞在上。”

醒 sieŋ/sieŋ, sieŋ:, sieŋ-/xǐng 醉中醒來。《左·僖二十三》：“～以戈逐子犯。”

青 tsʻieŋ/tsʻieŋ/qīng 青色，藍色。《詩·青蠅》：“營營～蠅，止于棘。”

假借爲tsieŋ/tsieŋ/jīng 草木繁茂。

《詩·淇奧》:"瞻彼淇奧,緑竹～～。"參"菁"。Gl155

1642

1642 周II(銘文 187,人名)

蜻 tsʻieŋ/tsʻieŋ/qīng 蜻蜓。《吕氏春秋·精喻》:"海上之人有好～者。"

菁 tsi̯ĕŋ/tsi̯ɛŋ/jīng tsieŋ/tsieŋ/jīng ❶韭菜花。《周禮·醢人》:"其實韭菹、醯醢、昌本、麋臡、～菹。"❷一種草。《書·禹貢》:"包匭～茅。"❸繁茂(特指葉子)。《詩·菁菁者莪》:"～～者莪,在彼中阿。"Gl1368

精 tsi̯ĕŋ/tsi̯ɛŋ/jīng ❶上等純米。《論語·鄉黨》:"食不厭～,膾不厭細。"❷精緻,精巧。《禮·王制》:"布帛～麤不中數。"❸精華。《易·乾》:"剛健中正,純粹～也。"❹精液。《易·繫辭下》:"男女構～。"

清 tsʻi̯ĕŋ/tsʻi̯ɛŋ-/qìng 冷。《禮·曲禮上》:"冬温而夏～。"

清 tsʻi̯ĕŋ/tsʻi̯ɛŋ/qīng 清澈,純淨,光亮。《詩·伐檀》:"河水～且漣猗。"

1643

1643 周III(銘文 228,聲符是"靜")

請 tsʻi̯ĕŋ/tsʻi̯ɛŋ:/qǐng dzʻi̯ĕŋ/dzʻi̯ɛŋ/qíng ❶請求,邀請。《論語·八佾》:"儀封人～見。"❷詢問。《左·昭七》:"寡君將承質幣而見于蜀,以～先君之貺。"

情 dzʻi̯ĕŋ/dzʻi̯ɛŋ/qíng ❶感情。《左·昭十三》:"敢不盡～?"❷品質,本性。《孟子·滕文公上》:"夫物之不齊,物之～也。"❸情況。《左·莊十》:"小大之獄,雖不能察,必以～。"❹真情,實情。《易·繫辭上》:"設卦以盡～僞。"❺愛情。《詩·宛丘》:"洵有～兮,而無望兮。"

靖 dzʻi̯ĕŋ/dzʻi̯ɛŋ:/jìng ❶安靜,平靜。《詩·小明》:"～共爾位,正直是與。"❷沉默,默認。《詩·菀柳》:"俾予～之,後予極焉。"Gl653、1511

靜 音同上 ❶寂靜。《詩·邶風·柏舟》:"～言思之,不能奮飛。"❷純淨。《詩·既醉》:"其告維何?籩豆～嘉。"Gl233、1235

1644 周I(銘文 109)

1645 周II(銘文 180)

1646 周III(銘文 228)

1647 周III(銘文 229)

1644—1647

靚 前字的異體。《楚辭·鵩鳥賦》:"澹乎若深淵之～。"

綪 tsĕŋ/tʂæŋ/zhēng 捲起,塞進(指佩飾)。《禮·玉藻》:"齊則～結佩而爵韠。"

假借爲tsʻiən/tsʻien-/qiàn 深紅。《左·定四》:"～茷,旃旌。"(此字在語音上難以理解)Gl166

813

敬 ki̯ĕŋ/ki̯ɐŋ-/jìng ❶恭敬。《詩·抑》:"～慎威儀,維民之則。"❷仔細。《論語·學而》:"～事而信。"

通"儆"。《書·盤庚下》:"念～我衆。"Gl1485

如同"生"字一樣,這一組字的中古音i̯ɐŋ應該是i̯ɛŋ。因爲上古音kiĕŋ(它已爲《詩經》押韻證實)應該演變爲ki̯ɛŋ,而不是ki̯ɐŋ(《釋文》確實表明"儆"和"警"是ki̯ɛŋ,而不是ki̯ɐŋ)。例外實際上並不多,因爲本組字中前五字在詞源上實際是同一個字。

1648 周I(銘文 65)

1649 周I(銘文 72)

1650 周II（銘文 134）

1651 周II（銘文 139）

1652 周II（銘文 225）

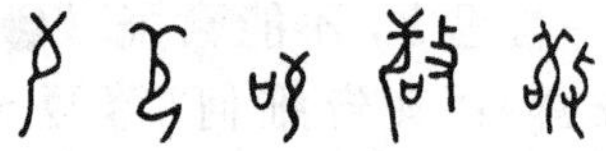

1648—1652

此字是一個戴着特別的（禮儀的?）頭巾而跪着的人的象形。參60組“御”、823組“令”、896組“承”、934組“艮”和1025組“祝”。

驚 ki̯ěŋ/ki̯ɐŋ/jīng ❶害怕。《詩·常武》：“如雷如霆，徐方震～。”❷小心。《詩·車攻》：“徒御不～，大庖不盈。”❸驚嚇。《易·震》：“～遠而懼邇也。”

儆 ki̯ěŋ/ki̯ɐŋ:/jǐng ki̯ěŋ/ki̯ɐŋ:/jǐng g'i̯ěŋ/g'i̯ɐŋ-/jìng ❶告誡。《左·宣十二》：“無日不討軍實而申～之。”❷留心，當心。《左·成十六》：“申宮～備，設守而後行。”

憼 前字的異體。留心，當心。《荀子·賦》：“無私罪人，～革貳兵。”

警 ki̯ěŋ/ki̯ɐŋ:/jǐng ki̯ěŋ/ki̯ɐŋ:/jǐng ❶告誡。《左·宣十二》：“今天或者大～晉也。”❷戒備。《左·襄十六》：“～守而下。”

擎 g'i̯ěŋ/g'i̯ɐŋ/qíng 舉起。《莊子·人間世》：“～跽曲拳，人臣之禮也。”

檠 音同上 矯正弓的框架。《荀子·性惡》：“然而不得排～，則不能自正。”

814

嬰 ʔi̯ěŋ/ʔi̯ɛŋ/yīng ❶頸飾。《荀子·富國》：“是猶使處女～寶珠。”（按：此當釋佩戴，高氏據《康熙字典》而誤。）❷環繞。《國策·秦四》：“小黃、濟陽～城。”

同音假借 ❶嬰兒。《禮·雜記下》：“中路～兒失其母焉。”❷觸犯。《韓非子·説難》：“若人有～之者，則必殺人。”

1653

1653 周III（銘文 219，人名）

此字从雙貝从女會意。

攖 音同上 ❶遭遇，觸犯。《孟子·盡心下》：“虎負嵎，莫之敢～。”❷打擾。《莊子·庚桑楚》：“不以人物利害相～。”

癭 ʔi̯ěŋ/ʔi̯ɛŋ:/yǐng ❶腫瘤。《莊子·德充符》：“甕㼜、大～説齊桓公。”❷啞巴。《呂氏春秋·盡數》：“輕水所，多禿與～人。”

纓 ʔi̯ěŋ/ʔi̯ɛŋ/yīng ❶絲帶，垂帶，冠帶。《禮·曲禮上》：“女子許嫁，～。”❷馬飾上的絲帶。《左·桓二》：“鞶、厲、遊、～，昭其數也。”

嚶 ʔěŋ/ʔæŋ/yīng 鳥鳴聲。《詩·伐木》：“伐木丁丁，鳥鳴～～。”Gl416

鸚 音同上 鸚鵡。《禮·曲禮上》：“～鵡能言，不離飛鳥。”

罌 音同上 瓶、罐。《穆天子傳》二：“黃金之～。”

815

盈 di̯ěŋ/i̯ɛŋ/yíng ❶充滿。《詩·卷耳》：“采采卷耳，不～頃筐。”❷滿足。《詩·抑》：“民之靡～，誰夙知而莫成。”Gl961

1654

1654 周III/IV（銘文 327）

楹 音同上 柱子。《詩·斯干》：“殖殖其庭，有覺其～。”

816

嬴 di̯ěŋ/i̯ɛŋ/yíng 地名和氏族名。《左·僖十五》：“爲雷爲火，爲～敗姬。”

通“贏”。豐滿。《荀子·非相》：“緩急～絀。”

1655 周I（銘文 122）

1656 周III/IV（銘文 294）

1657 周（銘文 358）

1655—1657

此字字形變化劇烈，但仍可以看出其从能（熊）、女。此字可能是一個氏族的圖騰。在現代字形中，“能”譌變爲 14 組的“𣎆”。

瀛 音同上　大水。《楚辭·招魂》：“倚沼畦～兮遥望博。”

贏 音同上　❶得利，盈利。《左·昭元》：“賈而欲～而惡囂乎？”❷剩餘。《詩·雲漢》：“大夫君子，昭假無～。”❸過度。《周禮·弓人》：“撟幹欲孰於火而無～。”

同音假借　❶接納（客人）。《左·襄三十一》：“而以隸人之垣，以～諸侯。”❷包裝而擔負（糧食）。《莊子·庚桑楚》：“南榮趎～糧。”

1658

1658 周I（銘文 92，人名）

817

騁 t̑'i̯ĕŋ/ȶ'i̯ɛŋ:/chĕng　❶奔馳。《莊子·天地》：“時～而要其宿。”❷疾驅。《詩·節南山》：“我瞻四方，蹙蹙靡所～。”

818

成 d̑i̯ĕŋ/ʑi̯ɛŋ/chéng　❶完成。《詩·靈臺》：“庶民攻之，不日～之。”❷完全的。《書·伊訓》：“伊尹乃明言烈祖之～德。”❸和解，言和。《詩·緜》：“虞芮質厥～。”❹方圓十里的區域。《左·哀元》：“有田一～。”

通“誠”。《詩·雨無正》：“戎～不退，飢～不遂。”Gl184、495、616、617、802、892、1178

1659 殷甲文（A5: 10，6）

1660 周I（銘文 58）

1661 周I（銘文 75）

1659—1661

此字字義不明，參 1257 組“戊”及其古文字。

城 音同上　❶城牆。《詩·靜女》：“靜女其姝，俟我於～隅。”❷築城。《詩·擊鼓》：“土國～漕，我獨南行。”❸城市。《孟子·離婁上》：“殺人盈～。”

1662 周II（銘文 147，形符是“享”〔城牆〕而不是“土”。）

1663 周III（銘文 220）

1662—1663

誠 音同上　❶真誠，真實。《論語·子路》：“～哉是言也。”❷果真，確實。《詩·崧高》：“申伯還南，謝于～歸。”❸審查。《禮·經解》：“故衡～縣，不可欺以輕重。”

盛 d̑i̯ĕŋ/ʑi̯ɛŋ/chéng　❶盛放（指容器）。《詩·采蘋》：“于以～之，維筐及筥。”❷裝載。《左·襄九》：“修器備，～餱糧。”❸容器。《左·哀十三》：“旨酒一～兮。”❹裝滿的容器。《孟子·滕文公下》：“諸侯耕助，以供粢～。”

d̑i̯ĕŋ/ʑi̯ɛŋ-/shèng　❶豐盛。《禮·月令》：“生氣方～，陽氣發泄。”❷極點。《莊子·德充符》：“平者，水停之～也。”

通“成”。《周禮·匠人》：“四旁兩夾窗，白～。”

1664

1664 周II（銘文 158）

819

井 tsi̯ĕŋ/tsi̯ɛŋ:/jĭng　❶水井。《左·宣二》：“鄭人入于～。”❷以村莊爲單位的田地制度。《左·襄二十五》：“～衍沃。”

同音假借　連續貌。《易·井》：“往來～～。”

1665 殷甲文（B上 18: 5，人名）

1666 周 I（銘文 58，第 808 組“刑”或“形”義）

1667 周Ⅰ（銘文63，人名）
1668 周Ⅱ（銘文132，人名）
此字爲井欄象形。

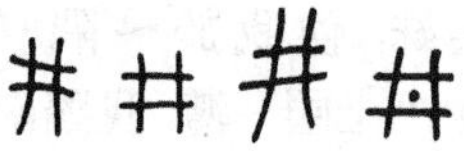
1665—1668

妌 dz'i̯ěŋ/dz'i̯ɛŋ:/jìng ❶靜。見《説文》。❷貞潔（指女子）。見《廣雅》（無書證）。

1669

1669 殷甲文（E75: 1，人名）

穽 音同上（jǐng） 陷阱。《書·費誓》："敜乃～。"

阱 音同上（jǐng） 坑。《禮·中庸》："驅而納諸罟獲陷～之中。"

820

晶 tsi̯ěŋ/tsi̯ɛŋ/jīng 明亮，清澈（參812組"精"）。

1670

1670 殷甲文（P506）
（按：徐灝《注箋》謂星之象形。）

821

觲 si̯ěŋ/si̯ɛŋ/xīng 角弓調和貌。《説文》引《詩》："～～角弓。"（按：今《詩·角弓》作"騂騂"。）

此字从角、羊、牛。

觪 前字的現代簡體，已經譌變。此字跟"辛"没有關係。

騂 音同上 ❶赤色馬。《詩·駉》："有～有騏，以車伾伾。"❷赤色的犧牲。《詩·信南山》："祭以清酒，從以～牡。"❸赤色。《周禮·草人》："凡糞種，～剛用牛。"

通"觲"。《詩·角弓》："～～角弓，翩其反矣。"

822

聲 ɕi̯ěŋ/ɕi̯ɛŋ/shēng ❶聲音。《詩·庭燎》："君子至止，鸞～將將。"❷説話聲。《詩·何人斯》："我聞其～，不見其身。"❸名聲。《詩·文王有聲》："文王有～。"

此字从殸（磬）、耳（耳朵）。

823

令 li̯ěŋ/li̯ɛŋ, li̯ɛŋ-/lìng 命令。《詩·東方未明》："倒之顛之，自公～之。"

假借爲li̯ěŋ/li̯ɛŋ/líng 好。《詩·卷阿》："如圭如璋，～聞～望。"

通"鈴"。《詩·盧令》："盧～～，其人美且仁。"

通"鴒"。《詩·小宛》："題彼脊～，載飛載鳴。"Gl257

《詩經》音證明此字的上古音有li̯ěŋ和li̯ěn兩讀，後讀見於漢朝地名"令居"之"令"。

1671 殷甲文（A3: 18, 5）
1672 殷（銘文10） 1673 周Ⅰ（銘文54）
1674 周Ⅰ（銘文58）

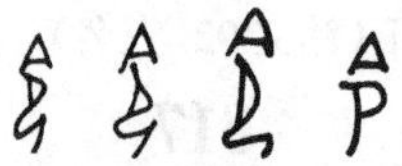
1671—1674

此字可能是"鈴"的初文（字的下部是一個跪着的人），在銘文中經常用作"命"。（按：李孝定《集釋》謂上像倒口，發號令也，下一人跽而受命。）

領 li̯ěŋ/li̯ɛŋ:/lǐng ❶頸項。《詩·碩人》："～如蝤蠐，齒如瓠犀。"❷衣領。《禮·雜記上》："左執～，右執要。"❸（挈領>）領導，指導。《禮·樂記》："～父子君臣之節。"

伶 li̯eŋ/li̯eŋ/líng 優伶。《詩·車鄰》："未見君子，寺人之～。"（按：今《詩》作"令"，高氏從《韓詩》。）

冷 li̯eŋ/li̯eŋ:/lǐng ?/lɐŋ:/lěng 寒冷。《莊子·則陽》："暍者反冬乎～風。"

囹 lieŋ/lieŋ/líng　牢獄。《禮·月令》："命有司，省～圄。"

泠 音同上　❶潔淨（特指空氣、風）。《莊子·齊物論》："～風則小和，飄風則大和。"❷啟發，教育。《莊子·山木》："舜之將死，真～禹。"

同音假借　（毛髮）長而纏結。《禮·內則》："羊～毛而毳，羶。"

玲 音同上　一種玉。《穆天子傳》四："～[illegible]兵瓚。"

笭 音同上　遮蓋車廂的竹簾（僅有漢代書證）。

1675

1675 漢前（銘文456，人名）

舲 音同上　有帶窗小房的船。《楚辭·涉江》："乘～船余上沅兮。"

苓 音同上（《詩經》讀li̯ěn，參"令"）植物名（大苦？或蒼耳？）。《詩·采苓》："采～采～，首陽之巔。"

蛉 音同上　❶蜻蜓。《國策·楚四》："王獨不見夫蜻～乎？"❷桑葉上的蟲。《詩·小宛》："螟～有子，蜾蠃負之。"

軨 音同上　❶車廂前側的木格欄。《楚辭·九辯》："倚結～兮長太息。"❷制輪楔。《禮·曲禮上》："僕展～，效駕。"

鈴 音同上　小鈴。《詩·載見》："龍旂陽陽，和～央央。"

通"軨"。《周禮·巾車》："大祭祀，鳴～以應雞人。"

1676—1677

1676 周II（銘文180，聲符是"命"不是"令"，這説明"命、令"兩字可以交替。參"令"）

1677 周II（銘文，182）

零 音同上（《詩經》音li̯ěn，參"令、苓"）　滴下。《詩·定之方中》："靈雨既～，命彼倌人。"

鴒 音同上　䳭～：一種鳥。《左·昭七》："䳭～在原。"

齡 音同上　年齡。《禮·文王世子》："古者謂年～，齒亦～也。"

824

并 pi̯ěŋ/pi̯ɛŋ, pi̯ɛŋ-/bìng　❶合併。《周禮·輿人》："凡居材大與小無～。"❷總共一起。《詩·正月》："民之無辜，～其臣僕。"❸相同。《書·金縢》："啟籥見書，乃～是吉。"❹添加。《左·襄十四》："～帑於戚。"❺獨斷。《禮·檀弓下》："行～植於晉國"。

通"屏"。摒去。《莊子·天運》"至貴，國爵～焉。"Gl1575

1678

1678 殷甲文（A4: 47, 5）

此字像二横畫連接兩人。

併 b'ieŋ/b'ieŋ:/bìng　pi̯ɛŋ/pi̯ɛŋ-/bìng　併肩，並排。《禮·祭義》："行肩而不～。"

通"屏"。《荀子·强國》："～己之私欲。"

頩 p'ieŋ/p'ieŋ, pieŋ:/pīng　面容，外表。《楚辭·遠遊》："玉色～以脕顏兮。"

屏 b'ieŋ/b'ieŋ/píng　❶屏風，蕭牆。《詩·桑扈》："君子樂胥，萬邦之～。"❷隔絕。《書·君奭》："明恤小臣，～侯甸。"❸遮蔽，保護。《左·襄二十九》："晉國不恤周宗之闕，而夏肄是～。"

pi̯ěŋ/pi̯ɛŋ:, pi̯ɛŋ-/bìng　❶（遮去，避開>）移開。《左·昭二十七》："～王之耳目，使不聰明。"❷（自己離開>）退避。《禮·曲禮上》："則左右～而待。"

假借爲pi̯ěŋ/pi̯ɛŋ/bīng　焦急，緊張。《楚辭·逢尤》："步～營兮行邛阿。"

偋 b'i̯ěŋ/b'i̯ɛŋ-/bìng　去除。《荀子·榮辱》："恭儉者，～五兵也。"此字與

前字同源。

洴 bʻieŋ/bʻieŋ/píng　捶打（特指漂洗絲織品，使之潔白）。《莊子·逍遥遊》："世世以～澼絖爲事。"

缾 音同上　水罐。《詩·蓼莪》："～之罄矣，維罍之恥。"

瓶 音同上　瓶子。《禮·禮器》："盛於盆，尊於～。"

荓 bʻieŋ/bʻieŋ/píng　一種用以製帚的植物。《管子·地員》："～下於蕭。"

假借爲pʻĕŋ/pʻæŋ/pēng　使，促使。《詩·桑柔》："民有肅心，～云不逮。"Gl973、1115、1217

絣 pĕŋ/pæŋ/bēng　縫紉。《國策·燕一》："妻自組甲～。"

迸 pĕŋ/pæŋ-/bèng　驅趕，驅逐。《禮·大學》："唯仁人放流之，～諸四夷。"

駢 bʻieŋ/bʻieŋ/píng　bʻien/bʻien/pián　兩馬併肩。《左·襄八》："使王子伯～告于晉。"（用作人名）。

bʻien/bʻien/pián　❶兩者並列。《莊子·駢拇》："～拇枝指，出乎性哉！"❷兩者粘連。《左·僖二十三》："曹共公聞其～脅，欲觀其裸。"

骿 前字最末一義的異體。《國語·晉語四》："聞其～脅，欲觀其狀。"

胼 bʻien/bʻien/pián　手和脚的老繭。《莊子·讓王》："顔色腫噲，手足～胝。"

跰 音同上　～蹮：步履艱難貌。《莊子·大宗師》："～蹮而鑑於井。"

825

平 bʻi̯ĕŋ/bʻi̯weŋ/píng　❶平坦。《詩·黍苗》："原隰既～，泉流既清。"❷平原。《詩·生民》："誕置之～林。"❸使之相等。《禮·深衣》："權衡取其～。"❹公正。《詩·節南山》："赫赫師尹，不～謂何？"❺平靜。《詩·江漢》："四方既～，王國庶定。"❻整治，平定。《詩·皇矣》："修之～之，其灌其栵。"❼言和。《春秋·宣十五》："宋人及楚人～。"

通195組"采"，參該條。Gl716、1212、1217、1877

"平"上古bʻi̯ĕŋ（這已爲《詩經》音所證實）當演變爲中古的bʻieŋ，演變爲bʻi̯weŋ是不規則的。

1679 周III（銘文220）

此字象形（刮刀？釘耙？抑或刨子？）　1679

苹 bʻi̯ĕŋ/bʻi̯weŋ/píng　艾屬植物。《詩·鹿鳴》："呦呦鹿鳴，食野之～。"

bʻieŋ/bʻieŋ/píng　浮萍。《大戴禮·夏小正》："有潦而後有～草也。"

通824組"屏"。屏蔽。《周禮·車僕》："～車之萃。"Gl399

萍 bʻieŋ/bʻieŋ/píng　浮萍。《禮·月令》："虹始見，～始生。"

伻 pʻĕŋ/pʻæŋ/pēng　pĕŋ/pæŋ/bēng　派遣。《書·洛誥》："～來以圖，及獻卜。"

怦 pʻĕŋ/pʻæŋ/pēng　真誠。《楚辭·九辯》："心～～兮諒直。"

砰 音同上　隆隆聲。《列子·湯問》："～然聞之，若雷霆之聲。"

826

名 mi̯ĕŋ/mi̯eŋ/míng　❶姓名。《左·昭五》："其～曰牛。"❷名聲。《詩·猗嗟》："猗嗟～兮，美目清兮。"❸文字。《儀禮·聘禮》："百～以上書於策。"

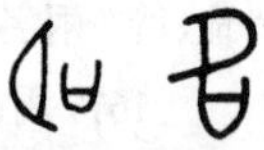

1680 殷甲文（A6: 1, 4）

1681 周II（銘文151）

1680—1681

此字从口、夕"（月亮，黄昏）。"夕"可能是"明"mi̯ăŋ的省略形式，在"名"mi̯ĕŋ中做聲符。參762組"命"mi̯ăŋ也能用作"名"mi̯ěŋ。

銘 mieŋ/mieŋ/míng 銘文。《禮·祭統》："夫鼎有～。"

1682

1682 周II（銘文 220）

827

鳴 mi̯ěŋ/mi̯wɐŋ/míng ❶鳥叫。《詩·七月》："春日載陽，有～倉庚。"❷一般動物的叫聲。《詩·車攻》："蕭蕭馬～，悠悠旆旌。"❸發出聲音。《論語·先進》："小子～鼓而攻之。"

此字由《詩經》音證實的上古音 mi̯ěŋ 應當演變爲中古音 mi̯ɛŋ，現在的 mi̯wɐŋ 是不規則的。

1683—1684

1683 殷甲文（I42：11）

1684 周III/IV（銘文 306）

此字从鳥、口。

828

頃 k'i̯wěŋ/k'i̯wɛŋ/qīng 傾斜。《詩·卷耳》："采采卷耳，不盈～筐。"

假借爲 k'i̯wěŋ/k'i̯wɛŋ:/qǐng ❶土地的一種面積單位。《吕氏春秋·過理》："築爲～宫。"❷少時，片刻。《禮·三年問》："猶有啁噍之～焉。"

通"跬"。《禮·祭義》："故君子～步而弗敢忘孝也。"

傾 k'i̯wěŋ/k'i̯wɛŋ/qīng k'i̯ěŋ/k'i̯ɛŋ/qīng ❶頭偏斜，偏斜。《禮·曲禮下》："～則奸。"❷倒塌。《詩·蕩》："曾是莫聽，大命以～。"

頴 gi̯weŋ/i̯wɛŋ:/yǐng ❶穀穗的芒。《詩·生民》："實～實栗，即有邰家室。"❷劍把上的環。《禮·少儀》："刀卻刃授～。"（按：今本作"穎"，高氏從《釋文》。）

ki̯ěŋ/ki̯ɛŋ:/jǐng kiweŋ/kiweŋ:/jiǒng 一種枕頭（警枕）。《禮·少儀》："枕、几、～、杖、琴、瑟。"（按：今本作"熲"，高氏從別本。）

熲 kiweŋ/kiweŋ:/jiǒng 不明。《詩·無將大車》："無思百憂，不出于～。"Gl648

顈 k'i̯weŋ/k'i̯weŋ:/qiǒng, qǐng（jiǒng）❶一種可供紡織的植物。《禮·雜記下》："既～，其練祥皆行。"❷單衣。《儀禮·士昏禮》："纚笄被～黼。"Gl164

829

睘 g'i̯wěŋ/g'i̯wɛŋ/qióng 驚恐的，孤獨無依靠的。《詩·杕杜》："獨行～～，豈無他人。"Gl299

此字又用作另一個詞，參 256 組"睘"。

嬛 音同上 孤獨無依靠。《詩·閔予小子》："遭家不造，～～在疚。"Gl299

830

惸 g'i̯wěŋ/g'i̯wɛŋ/qióng 孤獨無依靠。《詩·正月》："哿矣富人，哀此～獨。"Gl299

831

巠 kieŋ/kieŋ/jīng 水脉。見《説文》（無書證）。此字在金文中用作"經"義，字形可能像某種織機，因此它也許是"經"的初文。

1685

1685 周I（銘文 65，"經"義）

經 kieŋ/kieŋ/jīng ❶經綫（此義《切韻》又音 kieŋ-）。《左·昭二十五》："天地之～緯也。"❷準則，法則。《詩·小旻》："匪先民是程，匪大猷是～。"❸治理。《詩·北山》："旅力方剛，～營四方。"❹籌劃。《詩·靈臺》："經始靈臺，～之營之。"❺指導。《左·隱十一》："禮，～國家，定社稷，序民人，利後嗣者也。"❻經過，穿過。《左·襄四》："～啟九道。"❼遵循。《書·酒誥》："～德秉哲。"❽延續。《書·君奭》："弗克～歷，嗣前人恭明

德。"❾自縊。《論語·憲問》:"自～於溝瀆而莫之知也。"Gl1677、1865 b

1686

1686 周II(銘文157)

剄 kieŋ/kieŋ:/jǐng　用刀割頸。《左·定四》:"句卑布裳,～而裹之。"

徑 kieŋ/kieŋ-/jìng　❶小路,捷徑。《論語·雍也》:"行不由～。"❷直徑。《禮·投壺》:"口～二寸半。"❸行走,旅行。《左·僖二十五》:"昔趙衰以壺飧從～。"

涇 kieŋ/kieŋ/jīng　❶流過,流通。《莊子·秋水》:"～流之大,兩涘渚崖之間不辯牛馬。"❷河名。《詩·鳧鷖》:"鳧鷖在～,公尸來燕來寧。"Gl891

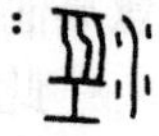

1687

1687 周II(銘文148,人名)

逕 kieŋ/kieŋ-/jìng　(路,經過)遠離。《莊子·逍遥遊》:"大有～庭,不近人情焉。"

窒 kʻieŋ/kʻieŋ-/qìng　空。《説文》引《詩》:"瓶之～矣。"(按:今《詩·蓼莪》作"罄"。)

脛 gʻieŋ/ɣieŋ-/xìng(jìng)　小腿。《論語·憲問》:"以杖叩其～。"

陘 gʻieŋ/ɣieŋ/xíng　狹谷。《左·襄十六》:"速遂塞海～而還。"

勁 ki̯ĕŋ/ki̯ɛŋ-/jìng　强壯有力。《左·宣十二》:"中權後～。"

頸 ki̯ĕŋ/ki̯ɛŋ:/jǐng　gʻi̯ĕŋ/gʻi̯ɛŋ/qíng　脖子。《左·定十四》:"使罪人三行,屬劍於～。"

輕 kʻi̯ĕŋ/kʻi̯ɛŋ/qīng　❶輕捷的馬車。《國策·齊一》:"使～車鋭騎衝雍門。"❷重的相反。《書·吕刑》:"～重諸罰有權。"

kʻi̯ĕŋ/kʻi̯ɛŋ-/qìng　輕快,敏捷。《左·莊二十九》:"凡師,有鐘鼓曰伐,無曰侵,～曰襲。"

鑋 kʻi̯ĕŋ/kʻi̯ɛŋ/qīng　kʻieŋ/kʻieŋ-/qìng　單脚跳。《左·昭二十六》:"～而乘於他車以歸。"(此字形符應是"足",不是"金")

牼 kʻĕŋ/kʻæŋ/kēng　gʻĕŋ/ɣæŋ/héng　❶牛的脛骨。見《説文》(無書證)。❷用作人名。《左·昭二十》:"華～將自門行。"

1688

1688 周III(銘文217,人名)

硜 kʻĕŋ/kʻæŋ/kēng　頑固,固執。《論語·子路》:"～～然,小人哉!"

誙 kʻĕŋ/kʻæŋ/kēng　gʻĕŋ/ɣæŋ/héng　無理性,易衝動。《莊子·至樂》:"吾觀夫俗之所樂舉羣趣者,～～然如將不得已。"

莖 gʻĕŋ/ɣæŋ/héng(jīng)　❶植物的主幹。《楚辭·少司命》:"緑葉兮紫～。"❷劍柄。《周禮·桃氏》:"以其臘廣爲之～圍。"

娙 ŋĕŋ/ŋæŋ/yíng　快速,魯莽。《大戴禮·曾子立事》:"進給而不讓,好直而～。"

經 tʻi̯ĕŋ/ȶʻi̯ɛŋ/chēng　紅色。《儀禮·士喪禮》:"～裏,著組繫。"

832

殸 kʻieŋ/kʻieŋ-/qìng　石磬。見《説文》(無書證)。此字是"磬"的初文。

1689 殷甲文(A4: 10, 5,人名)

此字从声(石磬)、殳(手執棒槌敲擊)。參795組。

1689

磬 音同上　❶一種石製樂器。《詩·鼓鐘》:"鼓瑟鼓琴,笙～同音。"❷擊磬。《詩·大叔于田》:"抑～控忌,抑縱送忌。"❸懸掛。《禮·文王世子》:"公族其有死罪,則～于甸人。"

同音假借　像,似。《詩·大明》:"～天之妹。"(按:今《詩》作"俔",高氏從

《韓詩》。）

通"磬"。《國語·魯語上》："室如懸～，野無青草。"Gl216、775

罄 音同上 ❶空，盡。《詩·蓼莪》："缾之～矣，維罍之恥。"❷徹底，完全。《詩·天保》："～無不宜，受天百祿。"

謦 kʻieŋ/kʻieŋ:/qǐng 咳嗽，清喉。《莊子·徐无鬼》："又況乎昆弟親戚之～欬其側者乎？"

馨 xieŋ/xieŋ/xīng 芬芳。《詩·載芟》："有椒其～，胡考之寧。"

833

丁 tieŋ/tieŋ/dīng 天干名稱之一。《儀禮·少牢禮》："日用～巳。"

同音假借 ❶打擊。《詩·雲漢》："耗斁下土，寧～我躬。"❷銅鉦。《左·宣四》："著於～寧。"❸蝌蚪。《莊子·天下》："～子有尾。"

假借爲 tĕŋ/tæŋ/zhēng 敲打聲。《詩·伐木》："伐木～～，鳥鳴嚶嚶。"Gl994

1690 殷甲文（A1: 4, 3）

1691 殷（銘文 9）

1692 周 I（銘文 56）

1690—1692

頂 tieŋ/tieŋ:/dǐng 頭頂。《易·大過》："過涉滅～。"

汀 tʻieŋ/tʻieŋ/tīng 島嶼。《楚辭·湘夫人》："搴～洲兮杜若。"

町 tʻieŋ/tʻieŋ:/tǐng 被踐踏的（特指田）。《詩·東山》："～畽鹿場，熠熠宵行。"

dʻieŋ/dʻieŋ:/dìng （被踐踏的路＞）田埂。《左·襄二十五》："～原防。"Gl388

亭 dʻieŋ/dʻieŋ/tíng 料理，管理。《老子》五十一章："～之毒之。"

停 音同上 停止。《關尹子·八籌》："草木俄茁茁，俄～～。"

正 ȶiĕŋ/tɕi̯ɛŋ-/zhèng ❶正直。《易·乾卦》："剛健中～，純粹精也。"❷正確。《詩·民勞》："式遏寇虐，無俾～敗。"❸改正，校正。《詩·節南山》："不懲其心，覆怨其～。"❹模型，典範。《老子》三十九章："侯王得一以爲天下～。"❺長官，首領。《詩·雲漢》："羣公先～，則不我聞。"❻統治者。《詩·正月》："今兹之～，胡然厲矣。"❼恰恰，僅僅。《論語·述而》："～唯弟子不能學也。"

ȶiĕŋ/tɕi̯ɛŋ/zhēng ❶第一個（月）。《詩·正月》："～月繁霜，我心憂傷。"❷靶心。《詩·猗嗟》："終日射侯，不出～兮。"

通"征"。進攻。《書·多士》："予亦念天即于殷大戾，肆不～。"

通"政"。政府。《書·無逸》："以庶邦惟～之供。"Gl504、526、539、1847

1693 殷甲文（A1: 48, 6）

1694 殷甲文（A6: 26, 1）

1695 殷（銘文 22）

1696 周 I（銘文 55）

1693—1696

此字形符是"止"（足），故可能是"征"的初文。參 1219 組。

征 ȶiĕŋ/tɕi̯ɛŋ/zhēng ❶（改正＞）遠征。《詩·破斧》："周公東～，四國是皇。"❷懲罰，攻擊。《詩·采芑》："顯允方叔，～伐玁狁。"❸行走。《詩·小星》："肅肅宵～，夙夜在公。"❹巡視。《禮·小宛》："我日斯邁，而月斯～。"❺徵稅。《孟子·梁惠王下》："關市譏而不～。"

1697 殷（銘文 28）

1698 周 I（銘文 54）

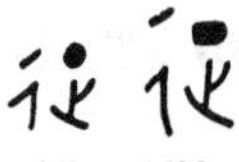

1697—1698

政 ṭi̯ĕŋ/tɕi̯ɛŋ-/zhèng　❶政府。《詩·北門》:“王事適我，～事一埤益我。”❷政令，法令。《禮·王制》:“齊其～不易其宜。”❸管理。《左·昭七》:“而三世執其～柄。”❹政事。《禮·王制》:“八十者，一子不從～。”

通“徵”。徵税。《周禮·均人》:“均人掌均地～。”

1699

1699 周II（銘文 157）

整 ṭi̯ĕŋ/tɕi̯ɛŋ:/zhěng　❶安排，處置。《詩·常武》:“～我六師，以脩我戎。”❷整齊。《左·隱九》:“戎輕而不～。”此字形符是“敕”（使……改正）。

証 ṭi̯ĕŋ/tɕi̯ɛŋ-/zhèng　勸諫。《國策·齊一》:“士尉以～靖郭君。”

鉦 ṭi̯ĕŋ/tɕi̯ɛŋ/zhēng　❶一種鐘，即丁寧。《詩·采芑》:“方叔率止，～人伐鼓。”❷大鐘的一部分。《周禮·鳧氏》:“鼓上謂之～。”

1700

1700 周III/IV（銘文 315）

竀 ṭʻi̯ĕŋ/ṭʻi̯ɛŋ/chēng　?/ṭʻɐŋ/chēng　正視。見《説文》（無書證）。

同音假借　紅色。《左·哀十七》:“如魚～尾。”

定 dʻieŋ/dʻieŋ-/dìng　❶安身，定居。《詩·采薇》:“我戍未～，靡使歸聘。”❷結束，停止。《詩·節南山》:“不弔昊天，亂靡有～。”❸固定的，一定的。《易·説卦》:“天地～位。”❹安定。《左·宣十二》:“我徂維求～。”

tieŋ/tieŋ-/dìng　❶星名。《詩·定之方中》:“～之方中，作于楚宫。”❷前額。《詩·麟之趾》:“麟之～，振振公姓。”❸食物煮熟。《禮·禮器》:“羹～詔於堂。”

1701

1701 漢前（銘文 460，人名）

834

鼎 tieŋ/tieŋ:/dǐng　古代的大鍋。《詩·絲衣》:“自羊徂牛，鼐～及鼒。”

同音假借　～～：舒適悠閑貌。《禮·檀弓上》:“～～爾則小人。”

1702 殷甲文（A5: 3, 4）

1703 殷（銘文 46）

1704 周I（銘文 61）

1705 周I（銘文 80）

1706 周II（銘文 147）　此字象形。

1702—1706

貞 ṭi̯ĕŋ/ṭi̯ɛŋ/zhēng（zhēn）　❶查證，認讀甲骨兆紋。《書·洛誥》:“我二人共～。”❷問卜。《周禮·大卜》:“凡國人～，～立君，～大封。”❸《易》的内卦，即卦的下三爻。《書·洪範》:“曰～曰悔。”❹正直。《易·師》:“～，正也。”❺改正，改善。《書·禹貢》:“厥賦～作十有三載，乃同。”❻純潔，貞潔。《左·僖九》:“臣竭其股肱之力，加之以忠～。”Gl1354、1550、1752

1707 殷甲文（A2: 45, 2）

1708 殷甲文（E45: 3）

1707—1708

此字實際是“鼎”（大鍋）tieŋ，借用爲問卜義的ṭi̯ĕŋ；但作此用法時字形多半不太清晰，只有一個輪廓。有趣的是銘文A5: 3, 4中，“鼎”字比起“貞”字來圖形更爲形象。這裏收録的第二個古文字已經增加了形符“卜”（占卜）。

禎 音同上　吉祥。《詩·維清》:“迄用有成，維周之～。”

偵 ṭi̯ĕŋ/ṭi̯ɛŋ/zhēng　ṭʻi̯ĕŋ/ṭʻi̯ɛŋ，ṭʻi̯ɛŋ-/chēng（zhēn）　❶觀察，考查。《禮》（按：今本未見）。❷檢驗，證實。《禮·緇衣》:“恒其德～，婦人吉。”

楨 ti̯ĕŋ/ti̯ɛŋ/zhēng(zhēn) ❶築牆的框架中的木柱。《書·費誓》:"峙乃~榦。"❷支柱。《詩·文王》:"王國克生,維周之~。"

赬 tʻi̯ĕŋ/tʻi̯ɛŋ/chēng 紅色。《詩·汝墳》:"魴魚~尾,王室如燬。"

835

壬 tʻieŋ/tʻieŋ:/tǐng 善,好。見《說文》(無書證)。

1709 殷甲文(B下 39: 1)

1710 殷甲文(B下 6: 1)

1709—1710

此字在甲骨文中的意義不明。第二個古文字還出現在"廷"的古文字中。

廷 dʻieŋ/dʻieŋ/tíng dʻieŋ/dʻieŋ-/dìng (宮殿的)院子。《詩·山有樞》:"子有~內,弗洒弗埽。"

1711 周I(銘文 67)

1712 周II(銘文 137)

1713 周II(銘文 164)

1711—1713

庭 dʻieŋ/dʻieŋ/tíng ❶(宮殿的)院子。《詩·簡兮》:"碩人俁俁,公~萬舞。"❷朝見。《書·周官》:"四征弗~。"

同音假借 挺直。《詩·大田》:"播厥百穀,既~且碩。"

假借爲tʻieŋ/tʻieŋ-/tìng(tíng) 遠。《莊子·逍遥遊》:"大有逕~,不近人情焉。"

Gl1026、1109

挺 dʻieŋ/dʻieŋ:/dìng(tǐng) ❶拔出。《國語·吳語》:"披甲帶劍,~鈹搢鐸。"❷伸出,露出(像某物生長出來一樣)。《禮·月令》:"芸始生,荔~出。"

同音假借 ❶寬緩(懲罰)。《禮·月令》:"~重囚,益其食。"❷動摇。《吕氏春秋·忠廉》:"不足以~其心矣。"

假借爲tʻieŋ/tʻieŋ:/tǐng 筆直。《左·襄五》:"周道~~。"

通"脡"。《儀禮·鄉飲酒禮》:"薦脯五~。"

梃 dʻieŋ/dʻieŋ:/dìng(tǐng) 木棒。《孟子·梁惠王上》:"殺人以~與刃,有以異乎?"

筳 dʻieŋ/dʻieŋ/tíng 用以占卜的小竹枝。《楚辭·離騷》:"索藑茅以~篿兮。"

莛 音同上 草木的莖、幹。《莊子·齊物論》:"故爲是舉~與楹。"

霆 音同上 雷聲。《詩·雲漢》:"兢兢業業,如~如雷。"

蜓 dʻieŋ/dʻieŋ:/dìng dʻien/dʻien:/diàn 蜥蜴。《荀子·賦》:"螭龍爲蝘~。"

鋌 dʻieŋ/dʻieŋ:/dìng 鑲在箭上的金屬條。《周禮·冶氏》:"冶氏爲殺矢,刃長寸,圍寸,~十之。"

假借爲tʻieŋ/tʻieŋ:/tǐng 猛衝。《左·文十七》:"~而走險。"

珽 tʻieŋ/tʻieŋ:/tǐng 玉笏。《禮·玉藻》:"天子搢~,方正於天下也。"

脡 音同上 乾肉片。《公羊·昭二十五》:"高子執簞食,與四~脯。"

呈 dʻi̯ĕŋ/dʻi̯ɛŋ/chéng 顯露。《列子·天瑞》:"而味味者未嘗~。"

通"逞"。《左·僖二十三》:"淫刑以~。"(按:今本作"逞",高氏從《釋文》。)

在現代字形中,此字聲符變得像"王"字了。

珵 dʻi̯ĕŋ/dʻi̯ɛŋ/chéng 一種寶石。《楚辭·離騷》:"豈~美之能當?"

tʻieŋ/tʻieŋ/tīng 玉笏。《禮·玉藻》:"天子搢~。"(按:今本作"珽",高氏從《釋文》。)

程 dʻi̯ĕŋ/dʻi̯ɛŋ/chéng ❶測量單位(用於容量、重量或長度)。《荀子·致仕》:"~者,物之準也。"❷法則,規則。

《詩·小旻》:“匪先民是～,匪大猶是經。”

同音假借　豹。《莊子·至樂》:“青寧生～。”

裎 音同上　裸體。《孟子·公孫丑上》:“雖袒裼裸～於我側,爾焉能浼我哉?”

酲 d'iĕŋ/d̑'i̯ɛŋ/chéng　t'iĕŋ/t̑'i̯ɛŋ/chēng　酒醉。《詩·節南山》:“憂心如～,誰秉國成。”

逞 t'iĕŋ/t̑'i̯ɛŋ:/chěng　❶追求,放縱,滿足欲望。《左·桓六》:“今民餒而君～欲。”❷鬆緩。《論語·鄉黨》:“～顔色,怡怡如也。”

桯 diĕŋ/i̯ɛŋ/yíng(tīng)　柱子。《周禮·輪人》:“～圍倍之,六寸。”

聖 ɕiĕŋ/ɕi̯ɛŋ-/shèng　賢明。《詩·凱風》:“母氏～善,我無令人。”

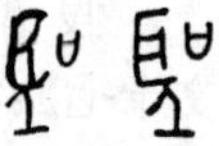

1714—1715

1714 周II(銘文 149)

1715 周II(銘文 152)

檉 t'iĕŋ/t̑'i̯ɛŋ/chēng　河柳。《詩·皇矣》:“啟之辟之,其～其椐。”

聽 t'ieŋ/t'ieŋ/tīng　聽。《詩·抑》:“誨爾諄諄,～我藐藐。”

t'ieŋ/t'ieŋ-/tìng　❶聽到。《詩·伐木》:“神之～之,終和且平。”❷承認。《書·高宗肜日》:“民有不若德,不～罪。”❸服從。《左·桓十七》:“昭公惡之,固諫不～。”

1716 周III(銘文 234)

1716

此字从耳、悳(才能,能力),壬聲,但是我們見到的唯一的古文字是“聖”字上加了一些意義不明的筆劃。

836

霝 lieŋ/lieŋ/líng　雨點降落。《説文》引《詩》:“～雨其濛。”(按:今《詩·東山》作“零”。)

1717 殷甲文(4:24,2)

1718 周I(銘文 58,“靈”義)

1719 周II(銘文 140,“靈”義)

1717—1719

此字从雨、三口(或二口),“口”可能是求雨者念咒的意思,中國至今還有這樣求雨的。

⿰金霝 音同上　一種器皿(銘文 397)。

1720

1720 周(銘文 397)

蘦 音同上　花、葉零落。《楚辭·遠遊》:“悼芳草之先～。”

⿰虫霝 音同上　桑蟲。《説文》引《詩》:“螟～有子。”(按:今《詩·小宛》作“蛉”。)

靈 音同上　❶巫師(求雨的巫師?參“霝”字)。《楚辭·東皇太一》:“～偃蹇兮姣服。”❷超自然的,神的。《詩·定之方中》:“～雨既零,命彼倌人。”❸有才智的。《書·盤庚下》:“非廢厥謀,弔由～。”❹卓越。《書·泰誓》:“惟人萬物之～。”Gl1481

837

寧 nieŋ/nieŋ/níng　❶安寧,平安。《詩·常棣》:“喪亂既平,既安且～。”❷尊貴的。《書·大誥》:“天休于～王。”❸省視父母。《詩·葛覃》:“歸～父母。”❹賜予。《書·洛誥》:“乃命～予以秬鬯二卣。”❺寧可,寧願。《書·大禹謨》:“與其殺不辜,～失不經。”

同音假借　❶爲何。《詩·日月》:“胡能有定,～不我顧?”❷丁～:一種小鐘。《左·宣四》:“著於丁～。”Gl77、980、999

𡨴 前字的現代異體。

寍 前字的現代異體。

1721—1723

1721 殷甲文(A2: 18, 1)
1722 周Ⅰ(銘文 68)
1723 周Ⅱ(銘文 180) 此字从宀(屋頂)、皿(器皿)、心,底部的"丁"不知何意。

濘 nieŋ/nieŋ-/nìng 爛泥。《左·僖十五》:"晉戎馬還～而止。"

嬣 nĕŋ/næŋ/néng 身體。見《廣韻》(無書證)。

1724

1724 周Ⅱ/Ⅲ(銘文 277, 人名)

838

佞 nieŋ/nieŋ-/nìng 善辯,聰明,機靈。《論語·先進》:"是故惡夫～者。"

839

甹 pʻieŋ/pʻieŋ/pīng 直率的話。見《説文》(無書證)。

1725

1725 周Ⅱ(銘文 194, 其義不明)

娉 pʻi̯ĕŋ/pʻi̯eŋ-/pìng(pìn) (爲了婚事)詢問名字。《荀子·富國》:"婚姻～內,送逆無禮。"

聘 音同上(pìn) ❶詢問。《詩·采薇》:"我戍未定,靡使歸～。"❷邀請。《孟子·萬章上》:"湯使人以幣～之。"❸求婚。《左·成八》:"宋華元來～,～共姬也。"

840

竝 bʻieŋ/bʻieŋ:/bìng 並排,一起。《詩·還》:"～驅從兩狼兮。"

1726

1726 殷甲文(B下 9: 1)
此字从兩人、一,站在一起之意。此字與 824 組"并"字同源但不相等。

並 前字的現代異體。

841

冥 mieŋ/mieŋ, mieŋ:/míng 黑,暗。《詩·無將大車》:"無將大車,維塵～～。"

miek/miek/mì 覆蓋。《周禮·冥氏》:"～氏掌設弧張。"

瞑 mieŋ/mieŋ/míng mien/mien/mián ❶閉眼。《左·文元》:"謚之曰靈,不～。"❷睡眠。《莊子·知北遊》:"神農隱几闔户晝～。"

mien/mien-/miàn (攪亂視綫>)頭昏眼花。《孟子·滕文公上》:"《書》曰:'若藥不～眩,厥疾不瘳。'"(按:所引見《書·説命上》。)

溟 mieŋ/mieŋ/míng 海。《莊子·逍遥遊》:"北～有魚。"(按:今本作"冥",高氏從《釋文》。)

螟 音同上 ❶穀物的害蟲。《詩·大田》:"去其～螣,及其蟊賊。"❷桑蟲。《詩·小宛》:"～蛉有子,蜾蠃負之。"

塓 miek/miek/mì 塗刷灰泥。《左·襄三十一》:"圬人以時～館宮室。"

幎 音同上 覆蓋。《儀禮·士喪禮》:"～目用緇。"

同音假借 使……平,均匀。《周禮·輪人》:"欲其～爾而下迆也。"

⿰衤冥 音同上 車上的地毯。《周禮·巾車》:"王之喪車五乘,木車、蒲蔽、犬～。"

842

冋 kiweŋ/kiweŋ/jiōng 遠離國都的區域。見《説文》(無書證)。此字是"坰"的初文。

1727

1727 周Ⅱ(銘文 133,"絅"義)

坰 音同上 遠離國都的區域。《詩·駉》:"駉駉牡馬,在～之野。"

扃 kiweŋ/kiweŋ/jiōng ❶(關門用的)橫木。《禮·曲禮上》:"入户奉～。"❷鎖鑰。《莊子·胠篋》:"則必攝緘縢,固～鐍。"❸扛鼎的橫木。《儀禮·公食大夫禮》:"當門南面西上,設～鼏。"❹戰車上的武器架。《左·宣十二》："楚人惎之脫～。"

假借爲kiweŋ/kiweŋ:/jiǒng 頭腦清楚，明察。《左·襄五》："我心～～。"

駉 kiweŋ/kiweŋ/jiōng 强健（特指馬）。《詩·駉》："～～牡馬。"

絅 kʻiweŋ/kʻiweŋ:/qiǒng(jiǒng) 單衣。《禮·玉藻》："禪爲～。" Gl164

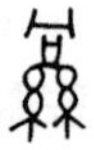

1728

1728 周II（銘文177）

泂 gʻiweŋ/ɣiweŋ:/xiòng(jiǒng) 遠。《詩·泂酌》："～酌彼行潦。"

843

熒 gʻiweŋ/ɣiweŋ, ɣiweŋ:, ɣiweŋ-/yíng 眩惑。《莊子·人間世》："王公必將乘人而鬭其捷，而目將～之。"

檾 kʻiweŋ/kʻiweŋ:/qiǒng kʻi̯weŋ/kʻi̯wɛŋ:/qiǒng(qǐng) 一種麻。《說文》引《詩》："衣錦～衣。"（按：今《詩·碩人》作"褧"。）Gl164

塋 gi̯wĕŋ/i̯wɛŋ/yíng 墓地。《禮·月令》："審棺槨之薄厚，～丘壟之大小。"

榮 gi̯wĕŋ/ji̯wɐŋ/yóng(róng) ❶花。《禮·月令》："半夏生，木菫～。"❷屋檐兩端上翹的部分。《禮·喪大記》："皆升自東～。"❸榮譽。《左·宣十二》："利人之幾，而安人之亂，以爲己～。"

從《詩經》押韻和諧聲關係看，本組的"榮、禜、塋、嶸"四字的上古音是i̯ĕŋ，但它們也跟"生、敬"兩組一樣，不是按規則演變爲中古的i̯ɛŋ，而是演變爲不規則的i̯ɐng。

禜 gi̯wĕŋ/ji̯wɐŋ, ji̯wɐŋ-/yóng(róng) 獻祭於日月山川以除災。《左·昭元》："日月星辰之神，則雪霜風雨之不時，於是乎～之。"

營 gi̯wĕŋ/i̯wɛŋ/yíng ❶劃界，描繪，計劃。《詩·靈臺》："經始靈臺，經之～之。"❷扎營。《左·莊四》："～軍臨隨。"❸建造。《左·昭三十二》："士爾牟～成周。"❹治理，指導。《詩·黍苗》："肅肅謝功，召伯～之。"❺圍繞。《公羊·莊二十五》："以朱絲～社。"

同音假借 ❶嗡嗡聲（如蒼蠅）。《詩·青蠅》："～～青蠅，止于樊。"❷惑亂。《大戴禮·文王官人》："煩亂之而志不～。"

煢 gʻi̯wĕŋ/gʻi̯wɛŋ/qióng ❶孤獨無援。《左·哀十六》："～～余在疚。"❷悲哀。《楚辭·憂苦》："念我～～。"Gl299

縈 ʔi̯wĕŋ/ʔi̯wɛŋ/yīng(yíng) 纏繞。《詩·樛木》："南有樛木，葛藟～之。"

螢 gʻiweŋ/ɣiweŋ/yíng 螢火蟲。《禮·月令》："腐草爲～。"

謍 gi̯wĕŋ/i̯wɛŋ/yíng 嗡嗡聲（指蒼蠅等）。《說文》引《詩》："～～青蠅。"（按：今《詩·青蠅》作"營營"。）

瑩 ʔieŋ/ʔieŋ-/yìng gi̯wĕŋ/ji̯wɐŋ/yíng ❶一種玉石。《詩·著》："尚之以瓊～乎而。"❷光潔明亮。《說文》引逸《論語》："如玉之～。"

鶯 ʔĕŋ/ʔæŋ/yīng 羽毛有花紋。《詩·桑扈》："交交桑扈，有～其羽。"

嶸 gʻwĕŋ/ɣwæŋ/hóng gi̯wĕŋ/ji̯wɐŋ/yóng(róng) 高峻。《楚辭·遠遊》："下崢～而無地兮。"

844

戹 ʔĕk/ʔæk/è ❶軛。《詩·韓奕》："鞗革金～。"（按：今《詩》作"厄"。）❷（夾住＞）狹窄，困難。《孟子·盡心下》："君子之～於陳蔡之間，無上下之交也。"Gl1028

戹 前字的現代異體。

1729

1729 周I（銘文 86）

此字象形。

軶 音同上　壓住牛馬頭頸以帶動大車的部件。《儀記·既夕禮》："楔貌如～上兩末。"

軛 前字的異體。

扼 前字的現代異體。《莊子·馬蹄》："而馬知介倪闉～鷙曼。"（按：高氏以"扼"爲"軛"的異體不妥，當是通假。"扼"本義掐、握，《國策·燕三》："樊於期偏袒～腕而進。"）

阸 ʔĕk/ʔæk/è　ʔĕg/ʔai-/yài（ài）　❶隘道。《左·昭元》："困諸～，又克。"❷狹窄，困難。《孟子·萬章下》："～窮而不憫。"

阨 前字的異體。

845

册 tsʻĕk/tʂʻæk/cè　文件。《書·金縢》："乃納～于金縢之匱中。"

冊 前字的現代異體。

1730 殷甲文（A4: 37, 6）

1731 殷（銘文 40）

1732 周I（銘文 69）

1733 周II（銘文 133）

此字爲寫成的竹簡連綴在一起的象形。

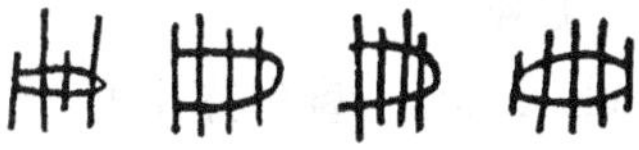

1730—1733

栅 tsʻĕk/tʂʻæk/cè　?/tʂʻɐk/cè（zhà, shān）栅欄。《莊子·天地》："内支盈於柴～。"

846

筴 tsʻĕk/tʂʻæk/cè　占卜用的蓍草。《禮·曲禮上》："龜爲卜，～爲筮。"

通 845 組"册"。《國語·魯語上》："使書以爲三～。"

通 845 組"栅"。《莊子·達生》："祝宗人元端以臨牢～。"

此字从竹、夾（夾持在指間）。

847

畫 gʻwĕk/ɣwæk/huò　❶劃分，描繪，計劃。《左·襄四》："芒芒禹迹，～爲九州。"❷限制。《論語·雍也》："力不足者，中道而廢，今女～。"

gʻwĕg/ɣwai-/huà　畫畫。《孟子·滕文公下》："有人於此，毀瓦～墁。"

1734 周I（銘文 59）

1735 周I（銘文 86）

1736 周II（銘文 154）

1734—1736

此字从聿（手執筆）、田（地圖）。參 1083 組。

繣 gʻwĕg/ɣwai-/huà　xwĕk/xwæk/huò　羈絆，阻礙。《楚辭·離騷》："紛總總其離合兮，忽緯～其難遷。"

848

脈 mwĕk/mwæk/mò（mài）　血脈。《左·僖十五》："張～僨興。"（按：今本作"脉"。）

脉 前字的現代異體。在古文字中，"𠂢"同"永"。參 764 組。

霢 音同上（mài）　濛濛細雨。《詩·信南山》："益之以～霂。"

覛 mwĕk/mwæk/mò（mài）　miek/miek/mì　觀看，查看。《國語·周語上》："古者太史順時～土。"

849

益 ʔi̯ĕk/ʔi̯ɛk/yì　❶增加。《詩·天保》："俾爾多～，以莫不庶。"❷更多，

進一步。《論語·子路》:"請～，曰:'無倦。'"❸利益，好處。《論語·衛靈公》:"吾嘗終日不食，終夜不寢，以思，無～。"

1737 殷（E223: 4，人名）

此字从水（液體）、皿（容器），爲充滿之意。

1737

嗌 音同上　喉嚨。《莊子·庚桑楚》:"兒子終日嗥而～不嗄。"

膉 音同上　頸部肌肉。《儀禮·士虞禮》:"膚祭三，取諸左～上。"

搤 ʔĕk/ʔæk/è　抓住。《墨子·非攻下》:"～矢有苗之祥。"

鷁 ŋiek/ŋiek/yì　水鳥名。《左·僖十六》:"六～退飛過宋都。"此字與873組"鶂"同。

縊 ʔi̯ĕg/ʔiĕ-/yì　ʔieg/ʔiei-/yì　弔死。《左·桓十三》:"莫敖～于荒谷。"

隘 ʔĕg/ʔai-/ài　❶險要之地。《左·襄十八》:"衛殺馬於～以塞道。"❷狹窄。《詩·生民》:"誕置之～巷。"❸陋小。《左·昭三》:"子之宅近市，湫～囂塵。"

同音假借或 ʔĕk/ʔæk/è　困難，窘迫。《莊子·讓王》:"陳蔡之～，於丘其幸乎?"參844組"阸"。

850

易 di̯ĕk/i̯ɛk/yì　❶改變。《易·繫辭下》:"後世聖人～之以書契。"❷交换。《孟子·滕文公上》:"以粟～械器者，不爲厲陶冶。"

di̯ĕg/iĕ-/yì　❶容易。《詩·文王》:"宜鑒于殷，駿命不～。"❷輕視。疏忽。《禮·樂記》:"外貌斯須不莊不敬，而～慢之心入之矣。"❸心安。《詩·何人斯》:"爾還而入，我心～也。"

通851組"役"。❶勞動。《書·堯典》:"平在朔～。"❷整治（特指田地）。《詩·小雅·甫田》:"禾～長畝，終善且有。"

通"埸"。《荀子·富國》:"觀國之治亂臧否，至於疆～，而端已見矣。"Gl681、1226

1738 殷甲文（A7: 21，4）

1739 殷甲文（A7: 333）

1740 殷（銘文6，"錫"〔賜予〕義）

1741 周I（銘文54，"錫"〔賜予〕義）

此字是"蜴"的初文，是蜥蜴的象形（?）。

1738—1741

蜴 di̯ĕk/i̯ɛk/yì　蜥蜴。《詩·正月》:"哀今之人，胡爲虺～?"

埸 音同上　❶田埂。《詩·信南山》:"疆～翼翼，黍稷彧彧。"❷邊界。《左·定四》:"若鄰於君，疆～之患也。"

剔 t‘iek/t‘iek/tì　割除。《詩·皇矣》:"攘之～之。"

惕 音同上　❶悲傷。《詩·防有鵲巢》:"誰侜予美，心焉～～。"❷敬畏，尊敬。《書·盤庚上》:"不～予一人。"Gl345、1422

1742

1742 周III（銘文237，"錫"〔賜予〕義）

逷 音同上　遠，疏遠。《詩·抑》:"用戒戎作，用～蠻方。"Gl950

緆 siek/siek/xī　細布。《淮南子·修務訓》:"衣阿～，曳齊紈。"（按：今本作"錫"。）

t‘ieg/t‘iei-/tì　裳的邊飾。《儀禮·既夕禮》:"縓綼～。"

裼 siek/siek/xī　❶袒露上身。《詩·大叔于田》:"襢～暴虎，獻于公所。"❷裘衣外加一件前襟敞開的外衣。《禮·檀弓上》:"子游～裘而弔。"

t‘ieg/t‘iei-/tì　襁褓。《詩·斯干》:"載

衣之～，載弄之瓦。”

錫 siek/siek/xī　錫。《詩·淇奥》：“如金如～，如圭如璧。”

同音假借　❶賜予。《詩·既醉》：“孝子不匱，永～爾類。”❷細滑的織物。《禮·喪服小記》：“諸侯弔，必皮弁～衰。”

1743

1743 周Ⅱ/Ⅲ（銘文 258，“賜予”義）

聲符是“睗”。

睗 çi̯ĕk/çi̯ɛk/shì　一瞥，掃視（僅有漢以後書證）。

1744

1744 周Ⅱ（銘文 157，“賜予”義）

鬄 d‘ieg/d‘iei-/dì　si̯ĕk/si̯ɛk/xī　假髮（無書證）。此字是“髢”的初文。

假借爲t‘iek/t‘iek/tì　t‘ieg/t‘iei-/tì　支解。《儀禮·士喪禮》：“其實特豚，四～去蹄。”

髢 d‘ieg/d‘iei-/dì　假髮。《詩·君子偕老》：“鬒髮如雲，不屑～也。”此字是前字的譌體。

賜 si̯ĕg/si̯e/sì（cì）　給予，贈送。《論語·鄉黨》：“君～食，必正席先嘗之。”

851

役 di̯ĕk/i̯ɛk/yì　❶兵役，戍邊。《詩·君子于役》：“君子于～，不知其期。”❷爲……服務，貢獻。《書·大誥》：“予造天～。”❸勞役。《孟子·盡心下》：“有布縷之征、粟米之征、力～之征。”❹僕人。《孟子·公孫丑上》：“不仁、不智、無禮、無義，人～也。”❺辛苦，勞累。《莊子·齊物論》：“終身～～，而不見其成功。”❻種植。《詩·生民》：“禾～穟穟。”Gl871

此字从彳（前往）、殳（手執木棒，敲擊）。

坄 音同上　製陶窑，爐竈。《禮·喪大記》：“甸人爲～于西牆下。”

疫 音同上　流行性疾病，瘟疫。《左·昭元》：“山川之神，則水旱癘～之災。”

852

脊 tsi̯ĕk/tsi̯ɛk/jí　❶背脊。《禮·内則》：“狸去正～。”❷原理，理由。《詩·正月》：“維號斯言，有倫有～。”❸～令：鶺鴒。《詩·常棣》：“～令在原，兄弟急難。”

假借爲dz‘i̯ĕk/dz‘i̯ɛk/jí　踐踏，壓迫。《莊子·在宥》：“天下～～大亂。”Gl534

此字下部从月（肉），上部原先可能是背脊的象形。

蹐 tsi̯ĕk/tsi̯ɛk/jí　小步行走。《詩·正月》：“謂地蓋厚？不敢不～。”

瘠 dz‘i̯ĕk/dz‘i̯ɛk/jí　❶消瘦。《禮·曲禮上》：“居喪之禮，毁～不形。”❷土地貧瘠。《國語·魯語下》：“擇～土而處之。”❸受苦，遭難。《書·微子》：“罪合于一，多～罔詔。”

膌 前字的異體。《管子·問》：“時簡稽帥馬牛之肥～。”

853

辟 pi̯ĕk/pi̯ɛk/bì　❶統治者，君主。《詩·雨無正》：“～言不信。”❷明。《禮·禮運》：“～於其義，明於其理。”

同音假借　切開的薄片。《禮·内則》：“麕爲～鷄。”

b‘i̯ĕk/b‘i̯ɛk/bì　❶法令，法則。《詩·蕩》：“其命多～。”❷合法的，正確的。《詩·抑》：“～爾爲德，俾臧俾嘉。”❸使正。《書·微子之命》：“我之弗～，我無以告我先王。”❹整治，整理。《孟子·滕文公下》：“彼身織屨，妻～纑，以易之也。”

b‘iek/b‘iek/pì　内棺。《左·哀二》：“不設屬～。”

通“璧”。《詩·靈臺》：“於樂～廱。”

通“僻”。《詩·板》：“民之多～。”

通"擗"。《詩·邶風·柏舟》:"寤～有摽。"

通"闢"。《詩·江漢》:"式～四方。"

通"避"。《詩·葛屨》:"宛然左～。"

通"擘"。《禮·喪服大記》:"絞一幅爲三,不～。"

通"譬"。《禮·坊記》:"君子之道,～則坊與。"

通"躃"。《荀子·正論》:"天下之善馭者也,不能以～馬毁輿致遠。"Gl567、854、934、1039、1203

1745 周I(銘文65)

1746 周III(銘文220)

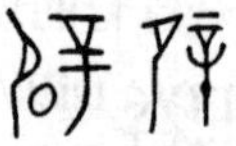

1745—1746

璧 pi̯ĕk/pi̯ɛk/bì 圓形玉器。《詩·淇奧》:"如圭如～。"

1747 周II(銘文151)

1748 周III(銘文234)

1747—1748

躃 音同上
瘸腿。《禮·王制》:"瘖、聾、跛～。"

躄 前字的異體。

僻 p'i̯ĕk/p'i̯ɛk/pì ❶不正。《楚辭·涉江》:"雖～遠之何傷?"❷墮落,邪惡。《書·洪範》:"人用則頗～。"❸鄙視。《左·哀七》:"～君之執事。"(按:今本作"辟",高氏從《説文通訓定聲》。)

通"避"。《説文》引《詩》:"宛如左～。"(按:今《詩·葛屨》作"辟"。)

擗 b'i̯ĕk/b'i̯ɛk/bì 拊胸。《詩·邶風·柏舟》:"寤～有摽。"(按:今本作"辟",高氏從《釋文》。)

闢 b'i̯ĕk/b'i̯ɛk/bì(pì)
開。《書·舜典》:"～四門。"

通"避"。《周禮·閽人》:"凡外内命夫命婦出入,則爲之～。"

壁 piek/piek/bì
牆壁。《禮·月令》:"蟋蟀居～。"

澼 p'iek/p'iek/pì 在水裏捶打絲絮(使之潔白)。《莊子·逍遥遊》:"世世以洴～絖爲事。"

甓 b'iek/b'iek/bì(pì)
瓦。《詩·防有鵲巢》:"中唐有～。"

幦 miek/miek/mì 車上的覆蓋物。《禮·少儀》:"僕者右帶劍,負良綏,申之面,拕諸～。"

擘 pĕk/pæk/bò ❶分開,劈開。《禮·禮運》:"始諸飲食,其燔黍～豚,汙尊而抔飲。"(按:今本作"捭",高氏從《釋文》。)❷拇指。《孟子·滕文公下》:"於齊國之士,吾必以仲子爲巨～焉。"

繴 b'ĕk/b'æk/bó ❶捕鳥的網。見《説文》(無書證)。❷絲織的帶。見《切韻》。銘文180可能即爲此義。

1749

1749 周II(銘文180)

臂 pi̯ĕg/pi̯ie̯-/bì 前肢。《禮·少儀》:"其禮,大牢則以牛左肩、～臑,折九箇。"

譬 p'i̯ĕg/p'i̯ie̯-/pì 例子,比較。《詩·抑》:"取～不遠。"

避 b'i̯ĕg/b'i̯ie̯-/bì ❶避去。《國語·周語下》:"今吾執政,無乃實有所～。"❷躲開。《孟子·萬章上》:"堯崩,三年之喪畢,舜～堯之子於南河之南。"

嬖 pieg/piei-/bì 受寵愛的人。《孟子·梁惠王下》:"～人有臧倉者,沮君,君是以不果來也。"

薜 b'ieg/b'iei-/bì 植物名。《莊子·知北遊》:"在稊～。"(按:今本作"稗",高氏從《釋文》。)

假借爲pĕk/pæk/bò 破裂。《周禮·旊人》：“凡陶旊之事，髻、墾、～、暴不入市。”

854

毄 k'iek/k'iek/qī ❶打。《周禮·廬人》：“～兵同强。”❷拂拭。《周禮·弓人》：“和弓～摩。”

擊 kiek/kiek/jī ❶打。《詩·擊鼓》：“～鼓其鏜。”❷柷、敔之類樂器。《書·益稷》：“戛～鳴球。”Gl1340

轚 kieg/kiei-/jì 車相撞。《周禮·野廬氏》：“凡道路之舟車～互者，敘而行之。”

繫 g'ieg/ɣiei-/xì kieg/kiei-/jì ❶縛上。《易·无妄》：“或～之牛。”❷懸弔。《論語·陽貨》：“吾豈匏瓜也哉，焉能～而不食？”

855

鬲 gliek/liek/lì 一種禮器（空足鼎）。《周禮·陶人》：“～實五觳。”

假借爲klĕk/kæk/gè ❶一把。《儀禮·士喪禮》：“苴絰大～。”❷軛。《周禮·車人》：“～長六尺。”

1750—1751

1750 周Ⅰ（銘文65）

1751 周Ⅰ（銘文69） 此字象形。

搹 klĕk/kæk/gè 一把。《儀禮·喪服》：“苴絰大～。”

膈 klĕk/kæk/gé 膈膜（無漢前書證）。

同音假借 懸掛鐘的架子。《荀子·禮論》：“縣一鍾尚拊之～。”

隔 音同上 阻隔。《管子·水地》：“脾生～，肺生骨。”

翮 g'lĕk/ɣæk/hé 羽根。《周禮·羽人》：“羽人掌以時徵羽～之政于山澤之農。”

鷊 ŋliek/ŋiek/yì 一種葉子有綬狀花紋的植物。《詩·防有鵲巢》：“邛有旨～。”

856

狄 d'iek/d'iek/dí ❶北方部族名。《詩·閟宮》：“戎～是膺。”❷低級官員。《書·顧命》：“～設黼扆綴衣。”

通“翟”。《禮·玉藻》：“王后褘衣，夫人揄～。”

通“悐”。《詩·瞻卬》：“舍爾介～，惟予胥忌。”

通“逖”。《詩·泮水》：“桓桓于征，～彼東南。”Gl563

1752—1753

1752 周Ⅱ/Ⅲ（銘文258）

1753 周Ⅲ/Ⅳ（銘文316）

銘文316从火、犬，跟今字同。銘文258則从亦不从火，可能是譌字。

荻 音同上 ❶燈心草屬植物，蘆葦。《韓非子·十過》：“公宮之垣，皆以～蒿楛楚牆之。”❷南方之木。《左·襄十八》：“十二月有戊戌，及秦周伐雍門之～。”（按：今本作“萩”，高氏從閩本。）

悐 t'iek/t'iek/tì 憂慮，悲痛。《楚辭·悲回風》：“悼來者之～～。”

逖 音同上 ❶遠。《書·牧誓》：“～矣西土之人。”❷移走。《左·僖二十八》：“糾～王慝。”

857

析 siek/siek/xī ❶劈開。《詩·南山》：“～薪如之何？匪斧不克。”❷分散。《書·堯典》：“厥民～，鳥獸孳尾。”

1754

1754 周Ⅰ（銘文97）

此字从木、斤（斧頭）。

晳 音同上 白，明亮。《詩·君子偕老》：“揚且之～也。”

晢 音同上 白。《左·襄十七》：“澤門之～，實興我役。”

朱駿聲在《説文通訓定聲》中認爲

此字與前字不同，然其説似站不住脚。（按：朱注認爲“晳”與“晢”同，而與从日折聲之“晢”迥别。高氏誤。）

淅 音同上 淘過的米。《孟子·萬章下》：“孔子之去齊，接～而行。”

858

秝 liek/liek/lì 一個個按序排列。見《説文》（無書證）。此字是“歷”的初文。

1755 殷甲文（H1：18，14，其義不明）

此字从雙禾，像植物在地裏那樣排成一行。

厤 音同上 經過，循行。《荀子·天論》：“日月星辰瑞～，是禹、桀之所同也。”同“歷”。

1756 周Ⅱ（銘文180）

歷 音同上 ❶依次，逐次，順序，詳盡。《書·盤庚下》：“～告爾百姓于朕志。”❷數字。《書·大誥》：“嗣無疆大～服。”❸分類。《禮·月令》：“命宰～卿大夫至于庶民土田之數。”❹循行。《禮·檀弓下》：“～階而升。”❺越過。《孟子·離婁下》：“禮，朝廷不～位而相與言。”

同音假借 ❶擠壓手指。《書·梓材》：“肆往姦宄殺人～人宥。”❷雜亂無序。《大戴禮·子張問入官》：“～者，獄之所由生也。”Gl1475、1588、1694、1865b

1757 殷甲文（B下11：4）

1758 殷甲文（A1：33，1）

曆 音同上 ❶推算路徑（特指星）。《書·堯典》：“～象日月星辰，敬授人時。”❷推算。《莊子·齊物論》：“巧～不能得，而況其凡乎？”❸數目。《管子·海王》：“終月大男食鹽五升少半……此其大～也。”

磿 音同上 山名。《國策·楚一》：“遂自棄於～山之中。”

通“歷”。《周禮·遂師》：“道野役及窆，抱～。”

859

鼏 miek/miek/mì 祭祀用容器的蓋子。《儀禮·士昏禮》：“設扃～。”

1759 周Ⅲ（銘文229，其義不明）

此字从鼎、冖（蓋子）。

860

狊 kiwek/kiwek/jú 地名。《公羊·襄十六》：“公會晉侯……于～梁。”（按：今本作“溴梁”，高氏從《釋文》。）

鶪 音同上 伯勞鳥。《禮·月令》：“小暑至，螳蜋生，～始鳴。”

鵙 音同上 伯勞鳥。《詩·七月》：“七月鳴～。”這是前字的譌體。

闃 k'iwek/k'iwek/qù 寂靜。《易·豐》：“闚其户，～其无人。”

861

解 kĕg/kai:/jiě ❶宰割（特指牛）。《莊子·養生主》：“庖丁爲文惠君～牛。”❷劃分。《國語·魯語上》：“晉文公～曹地以分諸侯。”❸使融解，使融化。《禮·月令》：“東風～凍。”❹鬆解。《孟子·公孫丑上》：“民之悦之猶～倒懸也。”❺解釋。《孟子·公孫丑下》：“賈請見而～之。”

kĕg/kai-/jiè g'ĕg/ɣai:/xiè （鬆解的>）懈怠，懶散，疏忽。《詩·烝民》：“夙夜非～。”

g'ĕg/ɣai:/xiè 理解。《禮·學記》：“善問者如攻堅木，先其易者，後其節目，及其久也，相説以～。”

kĕg/kai-/jiè 官邸。《商君書·墾令》：“高其～舍。”

通“蟹”。《吕氏春秋·恃君》：“大～

陵魚。”

懈 kĕg/kai-/jiè(xiè)　懶散，懈怠。《孝經·卿大夫章》：“《詩》云：‘夙夜匪～，以事一人。’”（按：今《詩·烝民》作“解”。）

繲 音同上　穿舊的、洗過的衣服。《莊子·人間世》：“挫鍼治～，足以餬口。”

蟹 g'ĕg/ɣai:/xiè　蟹。《禮·檀弓下》：“蠶則績而～有匡。”

邂 g'ĕg/ɣai-/xiè　～逅：輕鬆而快樂。《詩·野有蔓草》：“～逅相遇，適我願兮。”Gl242

862

企 k'i̯ĕg/k'jiḙ:, k'jiḙ-/qǐ　❶踮起脚尖站着。《老子》二十四章：“～者不立。”❷渴望。《楚辭·憂苦》：“登巑岏以長～兮。”

此字从人、止（脚）。

863

知 ti̯ĕg/ȶiḙ/zhī　❶知道。《詩·墓門》：“夫也不良，國人～之。”❷瞭解，熟悉。《左·僖七》：“唯我～女。”❸注意。《左·昭十四》：“楚令尹子旗有德於王，不～度，與養氏比，而求無厭。”❹知己。《詩·隰有萇楚》：“樂子之無～。”

通“智”。《禮·中庸》：“好學近乎～。”Gl356

此字从人、口（見“智”的古文字），“人”被誤解並被改成今字中的“矢”。

智 ti̯ĕg/ȶiḙ-/zhì　知識，智慧。《孟子·公孫丑上》：“是非之心，～之端也。”

1760 周II（銘文 180）

1760

此字加了形符“曰”（説）和另一意義不明的成分。

蜘 ti̯ĕg/ȶiḙ/zhī　蜘蛛。《關尹子·三極》：“聖人、師蜂立君臣師，～蛛立網罟。”

踟 d'i̯ĕg/ȡ'iḙ/chí　～躕：猶豫不前。《詩·靜女》：“搔首～躕。”Gl116

864

支 ȶi̯ĕg/tɕiḙ/zhī　❶分枝。《詩·芄蘭》：“芄蘭之～。”❷肢。《易·坤文言》：“正位居體，美在其中，而暢於四～。”❸分離的。《荀子·富國》：“其候徼～繚。”❹支承，支撐。《左·定元》：“天之所壞，不可～也。”❺計算。《大戴禮·保傅》：“燕～地計衆不與齊均也。”其初文可能是手持枝條的象形。

枝 音同上　❶（樹的）分枝。《詩·隰有萇楚》：“猗儺其～。”❷走上歧途。《荀子·解蔽》：“心～則無知。”❸對抗，堅持。《左·桓五》：“蔡、衛不～，固將先奔。”

肢 音同上　四肢。《孟子·盡心下》：“口之於味也……四～之於安佚也，性也。”

忮 ȶi̯ĕg/tɕiḙ-/zhì　❶壞的，邪惡的。《詩·瞻卬》：“鞫人～忒。”❷違逆。《莊子·天下》：“不苟於人，不～於衆。”Gl1057

翅 ɕi̯ĕg/ɕiḙ-/shì(chì)　翅膀。《國策·楚四》：“鼓～奮翼。”

同音假借　僅僅。《孟子·告子下》：“取食之重者與禮之輕者而比之，奚～食重?”（同877組“啻”）

跂 k'i̯ĕg/k'jiḙ-/qì　傾斜，斜放。《説文》引《詩》：“～彼織女。”（按：今《詩·大東》作“跂”。）

跂 k'i̯ĕg/k'jiḙ:, k'jiḙ-/qì　踮起脚尖站着。《詩·斯干》：“如～斯翼。”

通“跂”。《詩·大東》：“～彼織女。”

g‘i̯ĕg/g‘jie̯/qí　六趾之足。《莊子·駢拇》:“枝者不爲～。”

岐 g‘i̯ĕg/g‘jie̯/qí　❶山名。《詩·皇矣》:“居～之陽。”❷(跨立>)邁步。《詩·生民》:“克～克嶷。”Gl870

歧 音同上　分叉的(特指路)。《列子·説符》:“‘亡一羊何追者之衆?’鄰人曰:‘多～路。’”

伎 g‘i̯ĕg/g‘jie̯:/jì　有才能的。《老子》五十七章:“人多～巧。”

g‘i̯ĕg/g‘jie̯/qí　慢跑。《詩·小弁》:“鹿斯之奔,維足～～。”Gl598、1057

技 g‘i̯ĕg/g‘jie̯:/jì　技藝,才能。《書·秦誓》:“人之有～,若己有之。”

芰 g‘i̯ĕg/g‘jie̯-/jì　菱。《國語·楚語上》:“屈到嗜～。”

頍 k‘i̯wĕg/k‘jwie̯:/kuǐ　帶分岔的帶子。《詩·頍弁》:“有～者弁。”Gl697

865

只 ti̯ĕg/tɕie̯:/zhǐ　助詞。《詩·南山有臺》:“樂～君子,萬壽無疆。”Gl445

胑 ti̯ĕg/tɕie̯/zhī　四肢。《荀子·君道》:“塊然獨坐而天下從之如一體,如四～之從心。”

軹 ti̯ĕg/tɕie̯:/zhǐ　❶車軸端穿貫車轄的孔。《周禮·輪人》:“五分其轂之長,去一以爲賢,去三以爲～。”❷車廂左右兩内側横直交結的欄木。《周禮·輿人》:“參分較圍,去一以爲～圍。”

通“只”。《莊子·大宗師》:“而奚來爲～?”

咫 音同上　古長度名(約8吋)。《左·僖九》:“天威不違顔～尺。”

枳 ti̯ĕg/tɕie̯:/zhǐ　ki̯ĕg/kjie:/jǐ　一種柑枳。《周禮·考工記》:“橘踰淮而北爲～。”

866

是 d̑i̯ĕg/ʑie̯:/shì　❶此。《詩·巷伯》:“成～貝錦。”❷這是,是。《詩·君子偕老》:“～紲袢也。”❸(是這樣>)對的。《詩·園有桃》:“彼人～哉!”

通“寔”。實在。《書·金縢》:“若爾三王～有丕子之責于天。”Gl1569

1761—1762

1761 周I(銘文95)

1762 周II(銘文157)

諟 音同上　證實。《禮·大學》:“《大甲》曰:‘顧～天之明命。’”

禔 ti̯ĕg/tɕie̯/zhī　d̑i̯ĕg/ʑie̯/shí　d‘ieg/d‘iei/tí　安,福。《説文》:“《易》曰:‘～既平。’”(按:今《易·坎》作“祇”。)

翨 ɕi̯ĕg/ɕie-/shì　ki̯ĕg/kjie̯-/jì　翅膀。《周禮·翨氏》:“～氏掌攻猛鳥。”

隄 tieg/tiei/dī　堤岸,堤防。《禮·月令》:“修利～防。”

鞮 tieg/tiei/dī　d‘ieg/d‘iei/tí　獸皮做的鞋。《禮·曲禮下》:“～屨。”

醍 t‘ieg/t‘iei:/tí　澄清的紅酒。《禮·坊記》:“～酒在堂。”

緹 d‘ieg/d‘iei/tí　t‘ieg/t‘iei:/tǐ　赤色。《周禮·酒正》:“辨五齊之名……四曰～齊。”

堤 d‘ieg/d‘iei/tí(dī)　堤岸,堤防。《左·襄二十六》:“宋芮司徒生女子,赤而毛,棄諸～下。”參“隄”。

媞 音同上　高貴,好看的。《楚辭·怨世》:“西施～～而不得見兮。”

徥 前字的異體。

偍 弛緩。《荀子·修身》:“難進曰～。”

提 d‘ieg/d‘iei/tí　提起,抓住。《詩·抑》:“匪面命之,言～其耳。”

同音假借　❶平靜,安詳。《詩·葛屨》:“好人～～。”❷緩慢,拖拉。《荀子·

修身》："不由禮則勃亂～僈。"

tieg/tiei:/dǐ　切斷。《禮·少儀》："牛羊之肺，離而不～心。"

假借爲ȡi̯ĕg/ʑi̯e̯/chí　❶成羣（特指鳥）。《詩·小弁》："歸飛～～。"❷抛擲。《國策·燕三》："侍醫夏無且以其所奉藥囊～軻。" Gl271

媞 dʻieg/dʻiei/tí　蟬。《大戴禮·夏小正》："寒蟬也者，～蝶也。"

題 dʻieg/dʻiei/tí　❶額頭。《禮·王制》："南方曰蠻，雕～交趾，有不火食者矣。"❷引導，帶領。《左·襄十》："舞師～以旌夏。"

dʻieg/dʻiei-/dì　看見，看。《詩·小宛》："～彼脊令。"

踶 dʻieg/dʻiei-/dì　踢。《莊子·馬蹄》："喜則交頸相靡，怒則分背相～。"

ȡi̯ĕg/ȡi̯e̯:/zhì　盡力。《莊子·馬蹄》："及至聖人，蹩躠爲仁，～跂爲義。"

鯷 dʻieg/dʻiei-/dì　dʻieg/diei/tí　ȡi̯ĕg/ʑi̯e̯:/shì　一種鬚鯰。《國策·趙二》："～冠秫縫。"

寔 ȡi̯ək/ʑi̯ək/shí　❶這，這是。《詩·小星》："～命不明。"❷實在。《書·仲虺之誥》："簡賢附勢，～繁有徒。" Gl1569

湜 音同上　清澈（特指水）。《詩·邶風·谷風》："～～其沚。" Gl96

867

氏 ȡi̯ĕg/ʑi̯e̯:/shì　❶氏族，家族。《論語·季氏》："季～將有事於顓臾。"❷姓氏。《詩·大明》："摯仲～任。"❸對已婚婦女的稱呼。《詩·葛覃》："言告師～。"

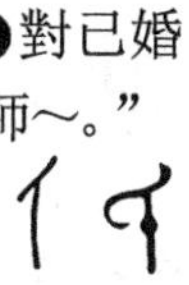

1763—1764

1763 殷甲文（A7: 39, 2）

1764 周 I（銘文 84）

坻 ȶi̯ĕg/tɕi̯e̯:/zhǐ　停止，止息（該字的右半部分常誤寫爲"氐"，因而在《釋文》中念成tɕi:和tiei:，參590組）。《左·昭二十九》："物乃～伏。"

抵 ȶi̯ĕg/tɕi̯e̯:/zhǐ　擊。《國策·秦一》："～掌而談。"

舐 ȡʻi̯ĕg/dʑʻi̯e̯:/shì　舔取，舔。《莊子·田子方》："衆史皆至，受揖而立；～筆和墨，在外者半。"

疧 gʻi̯ĕg/gʻji̯e̯/qí　疾病，受苦。《詩·白華》："之子之遠，俾我～兮。"

疷 tiər/tiei:/dǐ　疾病，受苦。《詩·無將大車》："無思百憂，祇自～兮。"

此字聲符同590組。"疧"和"疷"在各種本子中常常弄錯。

祇 gʻi̯ĕg/gʻji̯e̯/qí　地神。《書·微子》："今殷民乃攘竊神～之犧牷牲。"

通"疧"。《詩·何人斯》："俾我～也。"

假借爲ȶi̯ĕg/tɕi̯e̯/zhī　僅僅。《詩·無將大車》："無思百憂，～自疷兮。" Gl613、1383

軝 gʻi̯ĕg/gʻji̯e̯/qí　輪轂突出部分。《詩·采芑》："約～錯衡。"

868

朿 tsʻi̯ĕg/tsʻi̯e̯-/cì　荆棘。見《説文》（無書證）。

1765—1766

1765 殷甲文（H2: 18, 13，其義不明）

1766 周 I（銘文 75，人名）

這是一棵帶枝條的樹的象形。

刺 tsʻi̯ĕg/tsʻi̯e̯-/cì　tsʻi̯ĕk/tsʻi̯ɛk/cì　❶刺穿，戳。《孟子·梁惠王上》："是何異於～人而殺之。"❷殺。《春秋·成十六》："乙酉，～公子偃。"❸批評，譴責。《詩·瞻卬》："天何以～？"❹探查。《周禮·司刺》："壹～曰訊羣臣。"

莿 tsʻi̯ĕg/tsʻi̯e̯-/cì　刺穿。《鶡冠子》（按：今本未見）。

諫 音同上
指責（無上古書證）。

1767

1767 周Ⅱ（銘文 150，其義不明）

速 tsi̯ĕk/tsi̯ɛk/jì 足迹，踐踏（銘文 182）。同“蹟”。

1768

1768 周Ⅱ（銘文 182）

趚 ts‘i̯ĕk/ts‘i̯ɛk/qì 側步扭捏而行。《説文》引《詩》：“謂地蓋厚，不敢不～。”（按：今《詩·正月》作“蹐”。）

1769

1769 周Ⅲ/Ⅳ（銘文 323）

策 ts‘ĕk/tṣ‘æk/cè ❶記事的竹片或木片，記載。《左·僖二十八》：“王命尹氏及王子虎、内史叔興父～命晉侯爲侯伯。”❷鞭笞。《論語·雍也》：“～其馬。”

責 tsĕk/tṣæk/zé ❶要求報償。《左·桓十三》：“宋多～賂於鄭。”❷要求。《書·君奭》：“誕無我～。”❸苛求。《論語·衛靈公》：“躬自厚而薄～於人。”❹責備，指責。《書·秦誓》：“～人斯無難。”

tsĕg/tṣai-/zhài 債。《書·金縢》：“若爾三王是有丕子之～于天。” Gl1569、1886

1770 周Ⅱ（銘文 189）

1770

今字簡化得很厲害，以致看不出“朿”是聲符。

嘖 tsĕk/tṣæk/zé dz‘ĕk/dẓ‘æk/zé 爭吵，爭辯。《左·定四》：“會同難，～有煩言，莫之治也。”

幘 tsĕk/tṣæk/zé
包頭巾（僅有漢代書證）。

假借爲 ts‘ĕk/tṣ‘æk/cè 整齊的好牙。《左·定九》：“晳～而衣貍製。”

簀 tsĕk/tṣæk/zé ❶床墊。《禮·檀弓上》：“華而睆，大夫之～與？”❷墊席。《詩·淇奧》：“緑竹如～。” Gl157

皟 ts‘ĕk/tṣ‘æk/cè 純粹的。《管子·輕重乙》：“～山，諸侯之國也。”

賾 dz‘ĕk/dẓ‘æk/zé 深奥難解的。《易·繫辭上》：“聖人有以見天下之～。”

積 tsi̯ĕk/tsi̯ɛk/jī ❶聚集，堆積。《詩·公劉》：“迺～迺倉。”❷滯塞。《莊子·天道》：“天道運而无所～，故萬物成。”❸慣做。《荀子·解蔽》：“私其所～，唯恐聞其惡也。”❹打褶（特指衣服）。《禮·祭義》：“君皮弁素～。”

tsi̯ĕg/tsi̯ẹ-/jì ❶壘成一堆，儲放。《詩·載芟》：“有實其～。”❷一堆。《詩·良耜》：“～之栗栗。”❸秘藏的東西，給養。《左·僖三十三》：“居則具一日之～。” Gl1124

蹟 tsi̯ĕk/tsi̯ɛk/jì 足迹，循着（正確的）軌迹。《詩·沔水》：“念彼不～，載起載行。”

此字跟“迹”同源但不相等。

績 tsiek/tsiek/jī ❶捻，紡。《詩·七月》：“八月載～。”❷達到，成績，功績。《書·堯典》：“庶～咸熙。”❸完全，充分。《左·莊十一》：“大崩曰敗～。”

通“蹟”。遺迹。《詩·殷武》：“設都于禹之～。” Gl861、1252、2093

漬 dz‘i̯ĕg/dz‘i̯ẹ-/zì ❶浸泡。《周禮·鍾氏》：“鍾氏染羽……淳而～之。”❷沾染。《禮·曲禮下》：“羽鳥曰降，四足曰～。”

869

斯 si̯ĕg/si̯ẹ-/sī 劈開，撕開。《詩·墓門》：“墓門有棘，斧以～之。”

同音假借 ❶此。《詩·瓠葉》：“有兔～首。”❷語末助詞。《詩·螽斯》：“螽～羽。”❸於是，隨即。《論語·述而》：“我欲仁，～仁至矣。”

～須：須臾。《孟子·告子上》："～須之敬在鄉人。"

si̯ĕg/si̯e̯-/sì　完全，整個。《禮·檀弓下》："我喪也～沾。" Gl16、742、835

1771

1771 周III（銘文 225）

此字从斤（斧頭）、其（簸箕）。參952 組。（按：《説文》："从斤，其聲。"）

澌 si̯ĕg/si̯e̯/sī　融化的冰，冰水。《楚辭·河伯》："流～紛兮將來下。"

廝 音同上　奴僕，僕役。《公羊·宣十二》："～役扈養，死者數百人。"

嘶 sieg/siei/xī（sī）　尖聲喊叫。《大戴禮·文王官人》："心氣鄙戾者，其聲～醜。"（按：今本作"斯"。）

撕 音同上（sī）　手提，帶領。《墨子·備城門》："樓～揗。"

870

虒 si̯ĕg/si̯e̯/sī　地名。《左·昭八》："晉侯方築～祁之宮。"

此字从虎、厂（峭壁）。

褫 t̑'i̯ĕg/t̑'i̯e̯:/chǐ　d̑'i̯ĕg/d̑'i̯e̯/chí　d̑'i̯eg/d̑'i̯e̯:/zhì　剥去，脱去。《易·訟》："或錫之鞶帶，終朝三～之。"

篪 d̑'i̯ĕg/d̑'i̯e̯/chí　竹製管狀樂器。《詩·何人斯》："仲氏吹～。"

嗁 d'ieg/d'iei/tí　大聲呼喊。《左·莊八》："豕人立而～。"（按：今本作"啼"，高氏從《説文通訓定聲》。）

遞 d'ieg/d'iei:, d'iei-/dì　交替，替换。《國策·齊一》："今齊、楚、燕、趙、韓、梁六國之～甚也。"

871

徙 si̯ĕg/si̯e̯:/sǐ（xǐ）　❶ 移向。《論語·述而》："聞義不能～，聞善不能改，是吾憂也。" ❷移開。《左·文十六》："楚人謀～於阪高。"

此字从彳（748 組"行"的一半）、止（足）。

祉 音同上（"徙"的異體，故從此讀）（xǐ）移到，到……去（殷甲文A1: 1, 7）。

1772 殷甲文（A1: 1, 7）

1773 殷（銘文 12）　1774 周I（銘文 67）

1772—1774

這些古文字常被解作"延"，但卻毫無根據。《説文》釋作"徙"的異體，很正確。形符"彳"和"辵"經常互换。在銘文中此字有時具常用義（殷甲文A1: 1, 7），有時假借作同音字"斯"。

蓰 音同上（xǐ）
植物名。見《唐韻》（無書證）。

同音假借　五倍。《孟子·滕文公上》："夫物之不齊，物之情也，或相倍～，或相什百。"

屣 ṣi̯ĕg/ṣi̯e̯:/xǐ　鞋。《吕氏春秋·觀表》："視舍天下若舍～。"在《孟子》中形符作"𧾷"不作"尸"。

縰 音同上　束髮的帶。《禮·内則》："慎衣服，櫛～笄總。"

872

詈 li̯ĕg/lji̯e̯-/lì　辱罵，誹謗。《詩·桑柔》："覆背善～。"

此字从网、言。

873

兒 n̑i̯ĕg/n̑zi̯e̯/ér　兒童，兒子。《詩·閟宮》："黄髮～齒。" Gl1176

1775 殷甲文（A7: 16, 2, 人名）

1776 殷（銘文 23）

1777 周II（銘文 143，人名中的一個字）

1775—1777

該字曾被解作是一個囟門未閉的小孩的

象形，但更可能是小孩的兩簇頭髮。參 187 組。

唲 音同上 ❶勉强的笑。《楚辭·卜居》：“將呢訾栗斯、喔咿儒～以事婦人乎？”❷（像小孩一樣地）談話。《荀子·富國》：“拊循之，～嘔之。”

倪 ŋieg/ŋiei/yí（ní） 幼，弱。《孟子·梁惠王下》：“反其旄～。”

同音假借 界限。《莊子·秋水》：“是非之不可爲分，細大之不可爲～。”

通“睨”。《莊子·馬蹄》：“夫加之以衡扼，齊之以月題，而馬知介～闉扼鷙曼詭銜竊轡。”

通 879 組的“涯”。《莊子·齊物論》：“何謂和之以天～？”

掜 ŋieg/ŋiei:，ŋiei-/yì（nǐ） 緊握，保持某一狀態。《莊子·庚桑楚》：“終日握而手不～。”

睨 音同上（nì） 斜視。《左·哀十三》：“余與褐之父～之。”

輗 ŋieg/ŋiei/yí（ní） 連結車杠前端和軛的關鎖。《論語·爲政》：“大車無～，小車無軏，其何以行之哉？”

郳 音同上（ní） 地名。《左·莊十五》：“諸侯爲宋伐～。”

1778

1778 漢前（銘文 422）

鯢 音同上（ní） ❶雌鯨。《左·宣十二》：“取其鯨～而封之。”❷小魚名。《莊子·外物》：“趣灌瀆，守～鮒，其於得大魚，難矣。”

霓 ŋieg/ŋiei/yí（ní） ? /ŋiet/yè 虹。《孟子·梁惠王下》：“民望之，若大旱之望雲～也。”

蜺 “霓”的異體。《楚辭·株昭》：“乘虹驂～兮。”

麑 ŋieg/ŋiei/yí（ní） mi̯ĕg/mjie̯/mí mieg/miei/mí 幼鹿。《論語·鄉黨》：“素衣～裘。”

鶂 ŋiek/ŋiek/yì ❶水鳥名。《莊子·天運》：“夫白～之相視，眸子不運而風化。”（見 849 組的“鷁”）❷鵝叫聲。《孟子·滕文公下》：“惡用是～～者爲哉？”

鬩 xiek/xiek/xì 爭吵。《詩·常棣》：“兄弟～于牆。”

874

卑 pi̯ĕg/pjie̯/bī（bēi） ❶低下。《詩·正月》：“謂山蓋～，爲岡爲陵。”❷謙卑。《書·無逸》：“文王～服，即康功田功。”

通“俾”。《荀子·宥坐》：“～民不迷。”

Gl1844

1779

1779 周 I（銘文 100，“俾”義）“鼙”的初文？

俾 pi̯ĕg/pjie̯:/bǐ，běi ❶促使，使得。《詩·節南山》：“～民不迷。”❷指引，指揮。《書·顧命》：“～爰齊侯吕伋。”❸把……説成，認爲。《詩·桑柔》：“匪用其良，覆～我悖。”

通“卑”。低下，謙卑。《書·君奭》：“罔不率～。”Gl831、983、1901、1981

碑 pi̯ĕg/pjie̯/bēi 柱。《禮·祭義》：“君牽牲……既入廟門，麗于～。”

裨 pi̯ĕg/pjie̯/bēi（bì） 補，增。《國語·鄭語》：“若以同～同，盡乃棄矣。”

pi̯ĕg/pjie̯/bēi b‘i̯ĕg/b‘jie̯/péi 一種禮服。《禮·曾子問》：“大宰、大宗、大祝皆～冕。”

通“陴”。《國語·晉語四》：“文公誅觀狀以伐鄭，反其～。”（按：今本作“陴”，高氏從《説文通訓定聲》。）

髀 pi̯ĕg/pjie̯:/běi b‘ieg/b‘iei:/bì ?/bji:/bì 股骨上端，腿臀部。《禮·祭統》：“骨有貴賤，殷人貴～。”

綼 bʻi̯ĕg/bʻjiẹ/pí 裙袍的下部邊飾。《儀禮·既夕禮》：“縓~緆。”

脾 音同上 ❶脾。《禮·月令》：“祭先~。”❷腸肚。《詩·行葦》：“嘉殽~臄。”

陴 音同上 女牆。《左·宣十二》：“守~者皆哭。”

通“髀”。《呂氏春秋·明理》：“有鬼投其~。”

1780 殷甲文（A2：8，4）

埤 bʻi̯ĕg/bʻjiẹ/pí 增益。《詩·北門》：“政事一~益我。”

bʻi̯ĕg/bʻjiẹ:/bì 低地。《國語·晉語八》：“松柏不生~。”Gl517

婢 bʻi̯ĕg/bʻjiẹ:/bèi, bì 女奴，女僕。《禮·內則》：“雖~妾，衣服飲食必後長者。”

庳 音同上 ❶低。《左·襄三十一》：“宮室卑~。”❷矮（身材）。《周禮·大司徒》：“其民豐肉而~。”

同音假借 輔助。《荀子·宥坐》：“天子是~。”

頼 pʻieg/pʻiei:/pǐ 頭傾（銘文 238）。

1781 周III（銘文 238）

鼙 bʻieg/bʻiei/pí 小手鼓。《周禮·大司馬》：“中軍以~令鼓。”

椑 bʻieg/bʻiei/pí （兵器的）橢圓形柄。《周禮·廬人》：“句兵~。”

bʻiek/bʻiek/bì bʻi̯ĕk/bʻi̯ĕk/bì 內棺（緊接君主的身體）。《禮·檀弓上》：“君即位而爲~。”

捭 pĕg/pai:/bǎi 開。《鬼谷子·捭闔》：“~之者，開也。”

pĕk/pæk/bò 撕開，分裂。《禮·禮運》：“燔黍~豚。”

稗 bʻĕg/bʻai:/bài 似穀之草。《左·定十》：“用秕~也。”

粺 音同上 精米。《詩·召旻》：“彼疏斯~。”

蜱 bʻĕg/bʻai/pái（pí） 蚳。《儀禮·既夕禮》：“東方之饌四豆：脾析，~醢，葵菹，蠃醢。”

蠯 bʻĕg/bʻai/pái bʻi̯ĕg/bʻjiẹ/pí bʻĕŋ/bʻæŋ:/bèng 狹長的蚌。《周禮·鼈人》：“共~蠃蚳，以授醢人。”

鞞 pi̯ĕg/pjiẹ:/bǐ pieŋ/pieŋ:/bǐng 刀鞘。《詩·公劉》：“~琫容刀。”

通“鼙”。《禮·月令》：“命樂師脩鞀~鼓。”Gl692

1782 周I（銘文 109）

875

規 ki̯wĕg/kjwiẹ/guī ❶圓規。《孟子·離婁上》：“不以~矩，不能成方員。”❷圓。《禮·玉藻》：“周還中~。”❸畫整齊的綫。《國語·周語下》：“其母夢神~其臀以墨。”❹規則，法則。《禮·仲尼燕居》：“行中~。”❺改正。《左·昭四》：“王使椒舉侍於後以~過。”❻勸諫。《左·襄十四》：“大夫~誨。”❼計劃對付。《禮·儒行》：“不臣不仕，其~爲有如此者。”

同音假借 ❶要求，貪婪。《左·昭二十六》：“侵欲無厭，~求無度。”❷倉皇失措。《莊子·秋水》：“適適然驚，~~然自失也。”

瞡 音同上 看問題膚淺。《荀子·非十二子》：“學者之嵬容……~~然，瞿瞿然。”

窺 kʻi̯wĕg/kʻjwiẹ/kuī 窺探。《論語·子張》：“~見室家之好。”

闚 音同上 窺探，偵探。《易·豐》：“~其戶。”

876

系 g‘ieg/ɣiei-/xì 捆扎（僅有漢代書證）。

1783 殷甲文（E：2，2，其義不明）

此字从丿（手）、糸（細絲）。

係 kieg/kiei-/jì（xì） ❶捆扎。《孟子·梁惠王下》：“～累其子弟。”❷連結，繼續。《易·隨》：“六二，～小子，失丈夫。”

奚 g‘ieg/ɣiei/xī 奴隸，僕人。《周禮·冢宰》：“～三百人。”

同音假借 爲何，什麼。《左·莊十四》：“縱弗能死，其又～言？”

1784 殷甲文（A2：42，3，人名）

1785 漢前（銘文 446，人名）

此字从大（人）、系，即鐐銬和奴隸。

嫨 音同上 女奴。見《説文》（無書證）。

1786 漢前（銘文 408，人名）

徯 g‘ieg/ɣiei，ɣiei:/xī 等待。《書·仲虺之誥》：“～予后，后來其蘇。”

通“蹊”。《禮·月令》：“謹關梁，塞～徑。”

謑 g‘ieg/ɣiei:/xǐ 恥辱。《荀子·非十二子》：“無廉恥而忍～詢。”

g‘ieg/ɣiei，ɣiei:/xǐ 不正（此義不可靠）。《莊子·天下》：“～髁无任而笑天下之尚賢也。”

豀 g‘ieg/ɣiei/xī 不和。《莊子·外物》：“室无空虚，則婦姑勃～。”

蹊 音同上 ❶小路。《孟子·盡心下》：“山徑之～。”❷踐踏。《左·宣十一》：“牽牛以～人之田。”

鼷 音同上 一種嚙齒類動物。《春秋·成七》：“春，王正月，～鼠食郊牛角。”

雞 kieg/kiei/jī 雞。《詩·女曰雞鳴》：“女曰～鳴。”

1787 殷甲文（A2：36，7）

鷄 前字的異體。

谿 k‘ieg/k‘iei/qī（xī） 溪谷。《左·隱三》：“澗～沼沚之毛。”

877

帝 tieg/tiei-/dì 君主，皇帝，神。《詩·皇矣》：“～度其心。”

1788 殷甲文（E35：2）

1789 周 I（銘文 63）

1790 周 I（銘文 101）

1788—1790

揥 tieg/tiei-/dì t‘ieg/t‘iei-/tì ?/ȶi̯ei-/chì 梳頭的飾針。《詩·葛屨》：“佩其象～。”

諦 tieg/tiei-/dì 細查。《關尹子·九藥》：“～毫末者，不見天地之大。”

通“啼”。《荀子·禮論》：“哭泣～號。”

啼 d‘ieg/d‘iei/tí 哭，嚎。《左·定十四》：“夫人見其色，～而走。”

蹄 音同上 獸蹄。《易·説卦》：“其於馬也……爲薄～。”

禘 d‘ieg/d‘iei-/dì 大祭之一。《左·襄十》：“魯有～樂。”

締 d‘ieg/d‘iei-/dì d‘ieg/d‘iei/tí 結在一起，凝聚。《楚辭·悲回風》：“氣繚轉而自～。”

啻 çiĕg/çi̯e-/shì（chì） 僅僅。《書·秦誓》：“其心好之，不～若自其口出。”

1791 周 I（銘文 89，“敵”義）

這實際上是以下諸字的聲符，不過在今字中略有變化。

嫡 tiek/tiek/dí 嫡子。《左·文十七》：“歸生佐寡君之～夷。”

鏑 音同上 箭鏃。《列子·黄帝》："～矢復沓。"

蹢 tiek/tiek/dí 獸蹄。《詩·漸漸之石》："有豕白～。"

d'ĭĕk/d̯'i̯ɛk/zhí 徘徊不進。《易·姤》："羸豕孚～躅。"

同音假借 扔掉，送走。《莊子·徐无鬼》："齊人～子於宋者。"

摘 t'iek/t'iek/tì tĕk/ʈæk/zhé（zhāi） 摘取。《莊子·馬蹄》："澶漫爲樂，～僻爲禮，而天下始分矣。"

敵 d'iek/d'iek/dí ❶仇敵，敵手。《書·微子》："相爲～讎。"❷對抗。《左·文四》："諸侯～王所愾而獻其功。"❸對等者，相配者。《左·文六》："～惠～怨，不在後嗣。"

謫 tĕk/ʈæk/zhé d'ĕk/d̯'æk/zhé 責備，懲罰。《左·桓十八》："公～之。"

假借爲d'ĕk/d̯'æk/zhé 太陽變異。《左·昭三十一》："庚午之日，日始有～。"

適 ɕi̯ĕk/ɕi̯ɛk/shì ❶往，至。《詩·緇衣》："～子之館兮。"（該義項照《切韻》亦可念ti̯ĕk/tɕi̯ɛk/zhī）❷傾向於。《書·吕刑》："上刑～輕下服。"❸碰巧。《詩·伐木》："寧～不來，微我弗顧。"❹正在那時。《左·文十》："王使～至，遂止之。"❺適合。《詩·野有蔓草》："～我願兮。"❻（覺得合適>）喜歡。《詩·伯兮》："誰～爲容?"❼（使……適合>）節制。《書·多士》："有夏不～逸。"❽（意見）一致，（同某人）關係好。《管子·弟子職》："以葉～己。"

同音假借 ❶僅。《孟子·告子上》："口腹豈～爲尺寸之膚哉?"❷驚恐。《莊子·秋水》："～～然驚，規規然自失也。"

通"嫡"。《詩·大明》："天位殷～。"

通"敵"。《論語·里仁》："君子之於天下也，無～也。"

通"謫"。《詩·殷武》："勿予禍～。" Gl194、418、1204、1802

擿 d'ĭĕk/d̯'i̯ɛk/zhì ❶搔。《列子·黄帝》："指～無痟癢。"❷扔。《莊子·胠篋》："～玉毀珠，小盜不起。"

讁 "謫"的異體。責備。《詩·北門》："室人交徧～我。"

878

麗 lieg/liei-/lì ❶一對。《周禮·校人》："～馬一圉。"❷數目。《詩·文王》："其～不億。"❸相稱。《禮·王制》："郵罰～於事。"❹優雅，美麗。《楚辭·招魂》："～而不奇些。"❺精粹。《書·顧命》："昔君文王武王宣重光，奠～。"❻健美。《莊子·列禦寇》："美髯長大莊～勇敢。"

同音假借 ❶施。《儀禮·士喪禮》："設決～于掔。"❷縛住。《禮·祭義》："君牽牲……既入廟門，～于碑。"❸擊中。《左·宣十二》："射麋～龜。"❹抓住。《詩·魚麗》："魚～于罶。"❺確定（懲罰）。《書·多方》："不克開于民之～。"❻植物名。《國策·宋衛》："食高～也。"

通"欐"。《莊子·人間世》："三圍四圍，求高名之～者斬之。" Gl442、759、1907、1974

1792 周（銘文382，人名）

1792

可能是象形字，長着一對漂亮的角的鹿。

儷 音同上 ❶一對。《儀禮·士昏禮》："納徵，玄纁、束帛、～皮，如納吉禮。"❷成對物中的一個，配偶，伴侶。《左·成十一》："鳥獸猶不失～。"

攦 音同上 折斷。《莊子·胠篋》："～工倕之指。"

欐 音同上 梁。《列子·湯問》："過雍門，鬻歌假食。既去而餘音繞梁～，三日不絕。”

驪 lieg/liei/lí　liĕg/ljiḙ/lí　黑色的馬。《詩·駉》:“有～有黃。”

纚 liĕg/ljiḙ/lí　用繩繫住。《詩·采菽》:“泛泛楊舟,紼～維之。”

sliĕg/ṣiḙ:/shǐ　slĕg/ṣai:/shǎi　束髮的帶。《儀禮·士冠禮》:“緇～,廣終幅。”

釃 sliĕg/ṣiḙ/shī　濾酒。《詩·伐木》:“～酒有藇。”亦可念ṣio/ṣiwo/shū,這是具有相同字形的同義詞。

灑 sliĕg/ṣiḙ:, ṣiḙ-/shǐ　slĕg/ṣai:, ṣai-/shǎi(sǎ)　❶噴灑。《禮·内則》:“～掃室堂。”❷分散,散布。《逸周書·大匡》:“賦～其幣。”

躧 sliĕg/ṣiḙ:/shǐ(xǐ)　草鞋。《國策·燕一》:“燕、趙之棄齊也,猶釋弊～。”

879

圭 kiweg/kiwei/guī　❶用來表示身份、權位,在朝聘等禮儀時用的玉版。《詩·崧高》:“錫爾介～。”❷純潔的,神聖的。《孟子·滕文公上》:“卿以下必有～田。”

通“閨”。《禮·儒行》:“篳門～窬。”

1793

1793 周II(銘文150)

珪 前字的異體。《書·金縢》:“植璧秉～。”

桂 kiweg/kiwei-/guì　肉桂。《禮·内則》:“楂、梨、薑、～。”

閨 kiweg/kiwei/guī　小門,内室的門。《禮·坊記》:“～門之内,戲而不嘆。”

窐 kiweg/kiwei/guī　ʔwăg/ʔwa/wā　洞,中空的,凹陷的。《吕氏春秋·任地》:“子能以～爲突乎?”

鮭 kiweg/kiwei/guī　魚名(僅有漢代書證)。

假借爲 gʻwăg/ɣwa/huá　gʻĕg/ɣai/xié　～蠪:神名。《莊子·達生》:“東北方之下者,倍阿、～蠪躍之。”

刲 kʻiweg/kʻiwei/kuī　刺,割。《易·歸妹》:“士～羊无血。”

奎 音同上(kuí)　❶胯部。《莊子·徐无鬼》:“～蹏曲隈。”❷星宿名。《禮·月令》:“仲春之月,日在～。”

畦 gʻiweg/ɣiwei/xí(qí)　❶五十畝爲一畦。《孟子·滕文公下》:“脅肩諂笑,病于夏～。”❷區域。《莊子·人間世》:“彼且爲无町～。”

洼 ʔiweg/ʔiwei/wēi(wā)　凹陷的,水坑。《莊子·齊物論》:“山林之畏佳,大木百圍之竅穴……似臼,似～者。”(《釋文》引了幾個異讀;這個字還有幾個意義,讀音各不相同,但没有漢以前的書證)

跬 kʻiwĕg/kʻjwiḙ:/kuǐ　行走時舉足一次爲跬(舉足兩次爲步)。《禮·祭義》:“故君子～步而弗敢忘孝也。”(按:今本作“頃”。)

恚 ʔiwĕg/ʔjwiḙ-/wèi(huì)　怒。《管子·地員》:“秫莖黄秀～目。”

佳 kĕg/kai/jiā　美好。《淮南子·説林訓》:“～人不同體,美人不同面。”

街 音同上(jiē)　十字路口,街道。《莊子·徐无鬼》:“適當渠公之～。”

厓 ŋĕg/ŋai/yái, ái(yá)　河岸(只有漢以後的書證)。

崖 音同上(yá)　❶河岸。《左·襄二十八》:“伯有廷勞於黄～。”❷邊際。《莊子·知北遊》:“將爲汝言其～略。”

涯 音同上(yá)　❶河岸。《書·微子》:“若涉大水,其無津～。”❷邊際。《莊子·養生主》:“吾生也有～,而知也无

～。”

卦 kwĕg/kwai-/guà　❶用筮草預言的辦法。《易·繫辭上》：“聖人設～觀象。”❷占卜的圖形（綫條組合）。《禮·月令》：“審～吉凶。”

挂 音同上　懸挂。《儀禮·特牲禮》：“實于左袂，～于季指。”

掛 前字的異體。

絓 g‘wĕg/ɣwai-/huà　kwĕg/kwai-/guà　纏住，受牽制。《左·成二》：“驂～於木而止。”

哇 g‘wĕg/ɣwai, ɣwai-/huá（wā）　嘔，吐。《莊子·大宗師》：“屈服者，其嗌言若～。”（《釋文》還有幾個異讀，但字義無上古書證。）

鼃 ʔwĕg/ʔwai/wā　ʔwăg/ʔwa/wā　g‘wĕg/ɣwai/huá　g‘wăg/ɣwa/huá　蛙。《周禮·蟈氏》：“蟈氏掌去～。”

蛙 ʔwĕg/ʔwai/wā　蛙。《尹文子·大道上》：“路逢怒～而軾之。”

睚 ŋĕg/ŋai-/yái（yá）　眼眶。《國策·韓二》：“賢者以感忿～眦之意。”

窪 ʔwăg/ʔwa/wā　洼地，凹陷的。《老子》二十二章：“～則盈。”

880

巂 g‘iweg/ɣiwei/xí（應爲huí）　鳥名。見《説文》（無書證）。

同音假借　車輪周長。《禮·曲禮上》：“立視五～。”

⿰忄巂 音同上（xí）　不同意，疏遠。《國語·楚語》：“民之精爽不～貳者，而又能齊肅衷正。”（按：今本作“攜”，高氏從《説文通訓定聲》。）

攜 音同上（xié）　❶執，領。《詩·北風》：“～手同行。”❷持，負。《書·召誥》：“夫知保抱～持厥婦子。”❸離。《國語·周語上》：“分均無怨，行報無匱，守固不偷，節度不～。”❹疏遠。《左·文七》：“親之以德，皆股肱也，誰敢～貳？”

蠵 音同上（xì）　大龜。《楚辭·招魂》：“露鷄臛～。”

觿 g‘iweg/ɣiwei/xī　xi̯wĕg/xjwie̯/huī　用來解結的角或骨製的錐形用具。《詩·芄蘭》：“童子佩～。”

鑴 音同上　大鐘（無書證）。

同音假借　日旁氣。《周禮·眡祲》：“眡祲掌十煇之法，……三曰～。”

881

亙（亘）kəŋ/kəŋ-/gèng（gèn）（此字是“恒”的初文，故定此讀音）　月亮增盈，見《説文》（無書證）。

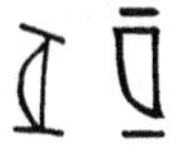
1794—1795

1794 殷甲文（B上9：10，人名）

1795 周I（銘文119，人名）

恒 g‘əŋ/ɣəŋ/héng　永恒。《詩·小明》：“嗟爾君子，無～安處。”

假借爲kəŋ/kəŋ-/gèng　❶月亮增盈。《詩·天保》：“如月之～。”❷蔓延，到處。《詩·生民》：“～之秬秠。”

1796

1796 周II（銘文132）

緪 kəŋ/kəŋ/gēng　猛烈地彈琴弦。《楚辭·東君》：“～瑟兮交鼓。”

縆 前字的異體。

堩 kəŋ/kəŋ-/gèng　道路。《禮·雜記下》：“非從柩與反哭，無免於～。”

882

肯 k‘əŋ/k‘əŋ:/kěn（應爲kěng）　附在骨上的肉。《莊子·養生主》：“技經～綮之未嘗。”（《釋文》説此義《字林》音k‘əg/k‘ăi:/kǎi）

同音假借　願意。《詩·碩鼠》："三歲貫女，莫我～顧。"

肎 前字的異體。

883

豋 təŋ/təŋ/dēng　一種祭祀器皿。《詩·生民》："于豆于登。"（登，一本作"～"）

1797—1799

1797 殷甲文（A5: 20, 7，"登"義）

1798 殷甲文（A5: 2, 2，"登"義）

1799 周 I（銘文 68，"鄧"義）

古文字爲雙手抱着禮器，今字的雙手已移到上部，而且左邊的手换成了"夕"（肉）。

登 音同上　❶升起，升高。《詩·崧高》："～是南邦。"❷加。《左·昭三》："陳氏三量，皆～一焉。"❸登上。《詩·皇矣》："誕先～于岸。"❹舉薦。《書·堯典》："疇咨若時～庸。"❺成熟（特指穀物）。《孟子·滕文公上》："五穀不～。"Gl1009

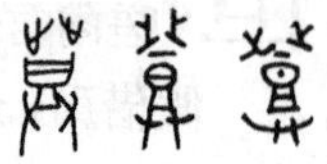

1800—1802

1800 殷甲文（A5: 2, 1）

1801 殷（銘文 34）

1802 周 II（銘文 147）

此字上面的部首已换作雙"止"。

鐙 音同上　❶高脚禮器。《儀禮·公食大夫禮》："大羹湆不和，實于～。"❷這種禮器的脚。《禮·祭統》："執醴授之執～。"❸燈。《楚辭·招魂》："華～錯些。"

燈 前字燈義的異體。

隥 təŋ/təŋ-/dèng　緩緩上升的高地，斜坡。《穆天子傳》一："乃絶隃之關～。"

鄧 dʻəŋ/dʻəŋ-/dèng　地名。《左·桓二》："蔡侯、鄭伯會于～。"

澄 ḍʻi̯əŋ/ḍʻi̯əŋ/chéng　？/ḍʻɐŋ/chéng　清澈，潔淨。《禮·坊記》："～酒在下。"

證 ṭi̯əŋ/tɕi̯əŋ-/zhèng　證實。《論語·子路》："其父攘羊，而子～之。"

884

曾 tsəŋ/tsəŋ/zēng　❶增加。《孟子·告子下》："～益其所不能。"❷累，加倍。《楚辭·離騷》："～歔欷余鬱邑兮。"❸晚的，關係遠的。《詩·維天之命》："～孫篤之。"❹升高。《楚辭·遠遊》："因氣變而遂～舉兮。"❺助詞（同"則"）。《詩·河廣》："～不容刀。"

dzʻəŋ/dzʻəŋ/céng　表完成時的助詞。《詩·蕩》："～是在位。"Gl935

1803

1803 周 I（銘文 110，人名）

此字似爲"甑"的初文。

增 tsəŋ/tsəŋ/zēng　❶增加。《詩·天保》："如川之方至，以莫不～。"❷衆多的。《詩·閟宫》："烝徒～～。"

憎 音同上　憎恨。《詩·正月》："有皇上帝，伊誰云～？"

橧 音同上　一堆樹枝。《禮·禮運》："夏則居～巢。"

罾 音同上　網。《莊子·胠篋》："鉤餌罔罟～笱之知多，則魚亂於水矣。"

矰 音同上　用絲繩繫住的箭。《周禮·司弓矢》："～矢、茀矢，用諸弋射。"

繒 tsəŋ/tsəŋ/zēng　dzʻi̯əŋ/dzʻi̯əŋ/qíng　絲。《禮·禮運》："列祭祀、瘞～。"

層 dzʻəŋ/dzʻəŋ/céng　tsəŋ/tsəŋ/zēng　二層樓，重疊。《楚辭·招魂》："～臺累榭。"

贈 dzʻəŋ/dzʻəŋ-/zèng　❶送，贈。《詩·女曰雞鳴》："雜佩以～之。"❷（送，送走＞）驅除（特指壞的影響）。《周禮·占夢》："以～惡夢。"

甑 tsi̯əŋ/tsi̯əŋ-/jìng, zèng　鍋，蒸米飯的陶製炊具。《孟子·滕文公上》："許子以釜～爨，以鐵耕乎？"

885

能 nəŋ/nəŋ/néng　一種熊。《國語·晉語八》："今夢黄～入於寢門。"

同音假借　❶能够。《詩·芄蘭》："～不我知。"❷相善。《詩·民勞》："柔遠～邇。"《書·舜典》亦有此句。❸耐。《左·昭元》："神怒民叛，何以～久？" Gl189、917

"熊"義亦念 nəg/nǎi/nái。能够義在《詩經》及上古其他典籍中常跟-əg韻字通押，因而上古的標準音很可能是nəg。中古音nəŋ（北京音néng）是該字作助動詞時的異常音變。

1804 殷（銘文 6）　1805 周 I（銘文 58）

1806 周 I（銘文 79）

1807 周 II（銘文 180）

此字的初文當是象形。

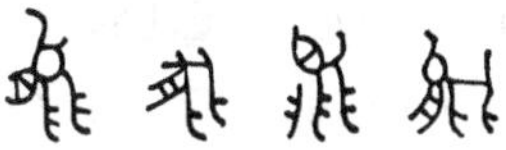

1804—1807

態 t‘nəg/t‘ǎi-/tài　儀態，姿態，舉止。《國策·秦一》："科條既備，民多僞～。"

886

朋 b‘əŋ/b‘əŋ/péng　❶（用綫穿的）一串貝。《詩·菁菁者莪》："錫我百～。"❷同等地位的人，對等物。《詩·椒聊》："碩大無～。"❸同夥，朋友。《詩·閟宫》："三壽作～。"❹成對的。《詩·七月》："～酒斯饗。"❺宗派，同盟。《書·洛誥》："孺子其～。" Gl297、1171、1331

1808 殷甲文（A1: 30, 5）

1809 殷（銘文 10）

1810 周 I（銘文 66）

1811 周 I（銘文 69）

這是一串貝殼的象形。

1808—1811

倗 音同上　支持者，助手。《周禮·士師》："七曰爲邦～。"（按：今本作"朋"，高氏從《釋文》。）

1812 殷甲文（A4: 30, 2）

1813 周 II（銘文 135）

1812—1813

傰 前字的異體。

鵬 音同上　傳説中的大鳥。《莊子·逍遥遊》："～之背，不知其幾千里也。"

堋 pəŋ/pəŋ-/bèng　落葬。《左·昭十二》："鄭簡公卒……司墓之室有當道者，毀之則朝而～，弗毀則日中而～。"

塴 前字的異體。

崩 pəŋ/pəŋ/bēng　❶倒塌（特指山）。《詩·十月之交》："百川沸騰，山冢崒～。"❷（大人物）去世。《書·顧命》："越翼日乙丑，王～。"

掤 pi̯əŋ/pi̯əŋ/bīng　箭筒蓋。《詩·大叔于田》："抑釋～忌。"

繃 pæŋ/pæŋ/bēng　包扎。《説文》引《墨子》："禹葬會稽，桐棺三寸，葛以～之。"（按：今《墨子·節葬》作"緘"。）

887

厷 kwəŋ/kwəŋ/gōng　手臂。見《説文》。用作"肱"的初文（無書證）。

1814—1816

1814 殷甲文（A5: 15, 2, "弘"義）

1815 周 I（銘文 95, "弘"義）

1816 周 II（銘文 164, 人名）

此字的初文也許是手臂的象形。

肱 音同上　手臂（主要指上臂，從肘關節到肩膀）。《詩·無羊》："麾之以～。"

弘 gʻwəŋ/ɣwəŋ/hóng　❶巨大。《詩·節南山》："天方薦瘥，喪亂～多。"❷擴充。《詩·召旻》："溥斯害矣，職兄斯～。"

宏 gʻwæŋ/ɣwæŋ/hóng　❶響亮的。《周禮·梓人》："其聲大而～。"❷大。《書·盤庚下》："用～兹賁。"❸～父：司空（古官名）。《書·酒誥》："～父定辟。"

竑 音同上　測量。《周禮·輪人》："故～其輻廣，以爲之弱。"

紘 音同上　❶冠冕上的帶子。《左·桓二》："衡、紞、～、綖，昭其度也。"❷懸挂的繩子。《儀禮·大射》："簜倚于頌磬西～。"

閎 音同上　門。《左·成十七》："與婦人蒙衣乘輦，而入于～。"

通"宏"。大。《禮·月令》："其器圜以～。"

雄 gi̯uŋ/ji̯uŋ/yóng, róng（xióng）　雄的。《詩·正月》："誰知烏之雌～。"

鞃 kwəŋ/kwəŋ/gōng　kʻwəŋ/kʻwəŋ/kōng　車上套皮的靠板。《詩·韓奕》："鞹～淺幭。"

888

兢 ki̯əŋ/ki̯əŋ/jīng　擔心，小心，留心。《詩·小旻》："戰戰～～，如臨深淵。"

同音，又gʻi̯əŋ/gʻi̯əŋ/qíng　❶强壯。《詩·無羊》："矜矜～～。"❷恐懼。《詩·雲漢》："～～業業。"

1817

1817 周II（銘文143）

889

興 xi̯əŋ/xi̯əŋ/xīng　❶升高。《詩·緜》："百堵皆～。"❷起。《詩·氓》："夙～夜寐。"❸興盛。《詩·天保》："天保定爾，以莫不～。"❹開始。《書·益稷》："率作～事，慎乃憲。"❺激起。《孟子·盡心下》："百世之下，聞者莫不～起也。"❻受激發。《論語·泰伯》："君子篤於親，則民～於仁。"❼打開。《孟子·梁惠王下》："於是始～發補不足。"

xi̯əŋ/xi̯əŋ-/xìng　欣喜。《禮·學記》："不～其藝。"

1818 殷甲文（A5: 21, 8）

1819 周II/III（銘文280）

1820 周（銘文365，人名）

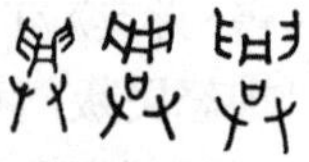
1818—1820

此字从四手、凡，見625組。

890

雁 ʔi̯əŋ/ʔi̯əŋ/yīng　鷹。見《説文》。此字是"鷹"的初文（無書證）。

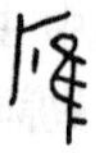
1821

1821 周I（銘文88，人名）

鷹 音同上

鷹隼。《詩·大明》："時維～揚。"

應 ʔi̯əŋ/ʔi̯əŋ-/yìng　❶應答。《孟子·公孫丑下》："吾～之曰：'可。'"❷有反應。《詩·下武》："媚兹一人，～侯順德。"❸相應，適合。《易·乾》："同聲相～。"❹接受，同意。《國語·周語中》："叔父實～且憎。"

ʔi̯əŋ/ʔi̯əŋ/yīng　應當，照要求來説。《左·僖十二》："～乃懿德。"

通"膺"。❶抵抗。《史記·建元以來侯者年表》引《魯詩》："戎狄是～。"（按：今《詩·閟宮》作"膺"。）❷受。《書·康誥》："王～保殷民。" Gl857、1142、1634

膺 ʔi̯əŋ/ʔi̯əŋ/yīng　❶胸。《禮·中庸》："得一善，則拳拳服～而弗失之矣。"❷馬帶。《詩·小戎》："虎韔鏤～。"❸（轉過胸去>）抵抗，反對。《詩·閟宮》：

"戎狄是～。"❹受。《國語·周語下》："～保明德，以佐王室。"

891

徵 ti̯əŋ/ȶi̯əŋ/zhēng ❶召。《書·舜典》："舜生三十～庸。"❷審查，驗證。《左·襄二十八》："以～過也。"❸作證。《左·襄二十一》："范鞅爲之～。"❹證據。《禮·禮運》："我欲觀夏道，是故之杞而不足～也。"❺證明。《左·襄二十一》："軌度其信，可明～也。"❻預兆，應驗。《書·洪範》："念用庶～。"❼效果。《禮·中庸》："故至誠無息，不息則久，久則～。"❽徵收（特指税）。《周禮·閭師》："以時～其賦。"

d'i̯əŋ/ȡ'i̯əŋ/chéng 抑制。《易·損》："君子以～忿窒欲。"（按：今本作"懲"，高氏從《釋文》。）

ti̯əg/ȶi:/zhǐ 五聲音階中的一個音級。《禮·月令》："其音～。"

懲 d'i̯əŋ/ȡ'i̯əŋ/chéng ❶指責，警告。《左·成十四》："～惡而勸善。"❷鑒誡，《書·吕刑》："其今爾何～？"❸懲治。《詩·小毖》："予其～而毖後患。"❹刑罰。《書·吕刑》："罰～非死，人極于病。" Gl1114

892

蠅 di̯əŋ/i̯əŋ/yíng 蒼蠅。《詩·青蠅》："營營青～。"

繩 d'i̯əŋ/dʑ'i̯əŋ/shéng ❶繩子。《詩·采緑》："之子于釣，言綸之～。"❷（成一直綫地>）繼續。《詩·下武》："～其祖武。"❸使有條理，節制。《禮·深衣》："古者深衣蓋有制度，以應規矩～權衡。"❹綿延不斷，《詩·抑》："子孫～～。"❺小心地。《管子·宙合》："君子～～乎慎其所先。"❻贊揚。《左·莊十四》："～息嬀以語楚子。"

假借爲di̯əŋ/i̯əŋ-/yìng 豐滿的（特指穀穗）。《周禮·薙氏》："秋～而芟之。"

893

灷 di̯əŋ/i̯əŋ-/yìng（"倂"的初文，故定此讀音） 僕人，奴隸（銘文180）。

1822 周II（銘文180）

此字爲雙手捧一不明物體，該物體在今字中譌變爲"火"。

1822

倂 音同上 （同"媵"）❶僕人，爲……幹活（銘文138）。❷作爲正室陪嫁的僕人或妾（銘文386）。

1823 周II（銘文138）

1824 周（銘文386）

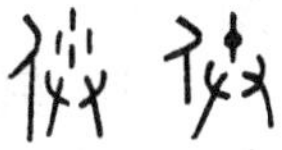

1823—1824

朕 d'i̯əm/ȡ'i̯əm:/zhèn 我，我們，我們的。《詩·訪落》："於乎悠哉，～未有艾。"

d'i̯ən/ȡ'i̯ĕn:/zhèn ❶縫隙。《周禮·函人》："視其～，欲其直也。"❷預兆，徵兆。《莊子·齊物論》："若有真宰，而特不得其～。"

該字及下面各字的韻尾輔音令人費解，特別是從它得聲的字又有-ŋ讀音，更是不好解釋。

1825 殷甲文（A4: 4, 7）

1826 周I（銘文63）

1827 周I（銘文65）

1825—1827

栚 d'i̯əm/ȡ'i̯əm:/zhèn 養蠶框架上的橫木。《吕氏春秋·季春》："具～曲籧筐。"

媵 di̯əŋ/i̯əŋ-/yìng ❶隨正室嫁到夫家而成妾的姑娘。《左·成九》："晉人來～。"❷相送。《楚辭·河伯》："魚隣隣兮～予。"

賸 音同上　伴隨的"禮物"，跟隨正室嫁去的妾（銘文212，同"倂"和"媵"）。

1828

1828 周Ⅰ/Ⅱ（銘文212）

塍 d̑'i̯əŋ/dʑ'i̯əŋ/chéng　田埂。見《説文》（無書證）。

1829

1829 周Ⅲ（銘文216，"塍"義）

勝 ɕi̯əŋ/ɕi̯əŋ-/shèng　❶征服。《詩·玄鳥》："武丁孫子，武王靡不～。"❷超過。《論語·雍也》："質～文則野，文～質則史。"

同音假借　頭飾。《禮·月令》："戴～降于桑。"

ɕi̯əŋ/ɕi̯əŋ/shēng　❶有能力。《論語·鄉黨》："執圭，鞠躬如也，如不～。"❷勝任。《詩·緜》："鼛鼓弗～。"Gl797、1185

滕 d'əŋ/d'əŋ/téng　❶（像水一樣）涌出。《玉篇》水部引《詩》："百川沸～。"（按：今《詩·十月之交》作"騰"。）❷張口滔滔不絶地説。《易·咸》："～口説也。"

同音假借　地名。《左·宣九》："宋人圍～。"

⿰月⿱龹火 音同上　地名，此義同"滕"（故讀音從此）。

1830

1830 周Ⅰ（銘文116）

縢 音同上　帶子。《詩·閟宮》："公車千乘，朱英緑～。"

螣 d'əŋ/d'əŋ/téng　傳説中會飛的蛇。《荀子·勸學》："～蛇無足而飛。"

d'ək/d'ək/dé（tè）　吃苗葉的小蟲。《詩·大田》："去其螟～。"

騰 d'əŋ/d'əŋ/téng　❶隆起，上漲。《詩·十月之交》："百川沸～。"❷上升。《禮·月令》："地氣上～。"❸（登上>）凌駕，壓迫。《詩·閟宮》："不震不～。"

通"媵"。《儀禮·公食大夫禮》："衆人～羞者。"Gl1170

894

爯 ȶ'i̯əŋ/tɕ'i̯əŋ/chēng　舉，持（殷甲文A：25，3）。

1831 殷甲文（A7：25，3）

1832 漢前（銘文406，人名）

此字爲一手舉一不明物體。

1831—1832

偁 ȶ'i̯əŋ/tɕ'i̯əŋ/chēng　舉。《爾雅·釋言》郭璞注引《書》："～爾戈。"（按：今《書·牧誓》作"稱"。）

1833 殷甲文（B下36：8，其義不明）

1833—1834

1834 漢前文字（銘文404，人名）

稱 ȶ'i̯əŋ/tɕ'i̯əŋ/chēng　❶衡量輕重。《禮·月令》："蠶事既登，分繭～絲效功。"❷舉起。《詩·七月》："～彼兕觥。"❸發動。《書·湯誓》："非台小子敢行～亂。"❹贊美。《論語·泰伯》："民無得而～焉。"❺宣揚。《論語·陽貨》："惡～人之惡者。"❻（估價>）命名，把……稱做。《論語·季氏》："邦君之妻，君～之曰夫人。"❼宣稱，自稱，申明。《左·隱五》："僖伯～疾不從。"

ȶ'i̯əŋ/tɕ'i̯əŋ-/chèng　❶鑒別，估價。《易·謙》："～物平施。"❷（稱重量>）等於，相稱。《詩·候人》："彼其之子，不～其服。"❸相應，按照。《書·洛誥》："王肇～殷禮祀于新邑。"❹合身。《左·僖二十四》："子臧之服不～也夫。"❺合適，適宜。《禮·禮器》："羊豚而祭，百官皆足；大牢而祭，不必有餘，此之謂～也。"❻一套（衣服）。《禮·喪服大記》："衣必有裳，謂之一～。"Gl1754

895

乘 d̑'i̯əŋ/dʑ'i̯əŋ/chéng　❶登上。《詩·七月》："亟其～屋。"❷乘，駕。《詩·采

芑》："～其四騏。"❸在……以上，超過。《老子》二十章："～～兮若無所歸。"❹憑借，利用。《孟子·公孫丑上》："雖有智慧，不如～勢。"❺欺凌。《國語·周語中》："佻天不祥，～人不義。"❻計算。《周禮·宰夫》："～其財用之出入。"

ȡʻi̯əŋ/dʑʻi̯əŋ-/shèng　❶（被駕御的>）戰車。《詩·六月》："元戎十～。"❷四匹馬。《詩·大叔于田》："乘～黃。"❸四個一組。《孟子·離婁下》："發～矢而後反。"❹幾個，一組。《禮·聘義》："～禽日五雙。"❺一組注解，史書。《孟子·離婁下》："晉之《～》，楚之《檮杌》，魯之《春秋》，一也。"❻一組田地，區域。《孟子·萬章下》："孔子……嘗爲～田矣。" Gl376、1483

1835 殷甲文（A5: 25, 3）
1836 周I（銘文 97）
此字爲一人在樹上。

1835—1836

896

丞 ȡi̯əŋ/ʑi̯əŋ/chéng　舉，持（銘文 54）。同"承"。"承"只是同一個古文字的現代變體。

1837

1837 周I（銘文 54）
此字爲雙手舉着一個跪着的人。

承 音同上　❶舉，呈獻。《詩·鹿鳴》："～筐是將。"❷尊崇，贊頌。《詩·清廟》："不顯不～，無射於人斯。"❸支承，幫助。《易·坤》："乃順～天。"❹奉承。《詩·玄鳥》："大糦是～。"❺承接。《詩·天保》："無不爾或～。"❻（戰爭中）相遇。《詩·閟宫》："則莫我敢～。"❼繼續。《詩·抑》："子孫繩繩，萬民靡不～。"❽（連續的等級>）賦稅等級。《左·昭十三》："子産爭～。" Gl431、1070、1172、1892

丞 音同上　輔助。《説文》認爲是"丞"的初文，"丞"底下一横純係譌變。

1838 殷甲文（E171: 3）
1839 周III/IV（銘文 324）
此字下半部分不是"山"，而是一個陷阱的象形，雙手把人救出。

1838—1839

丞 音同上　輔助。《禮·文王世子》："虞、夏、商、周有師保，有疑～。"

烝 ȶi̯əŋ/tɕi̯əŋ/zhēng　蒸騰。《詩·生民》："～之浮浮。"

同音假借　❶進，送前。《詩·豐年》："～畀祖妣。"❷送禮。《詩·甫田》："攸介攸止，～我髦士。"❸冬祭。《詩·天保》："禴祠～嘗。"❹衆多的。《詩·東山》："蜎蜎者蠋，～在桑野。"❺崇高。《書·堯典》："克諧以孝，～～乂，不格姦。"❻燦爛輝煌。《詩·泮水》："～～皇皇。"❼淫逸。《左·桓十六》："衛宣公～於夷姜。" Gl387、679、1151、1245、1918、1949

拯 ȶi̯əŋ/tɕi̯əŋ:/zhěng　❶援救，幫助。《左·昭十》："譬之如天，其有五材，而將用之，力盡而敝之，是以無～。"❷舉。《易·艮》："不～其隨。"

脀 ȶi̯əŋ/tɕi̯əŋ/zhēng　（將肉）呈送去祭祀。《儀禮·特牲饋食禮》："宗人告祭～。"

蒸 音同上　像木柴那樣的小枝條。《詩·正月》："瞻彼中林，侯薪侯～。"

同音假借　衆多的。《孟子·告子上》引《詩》："天生～民，有物有則。"（按：今《詩·烝民》作"烝"。）

897

升 ɕi̯əŋ/ɕi̯əŋ/shēng　量器名（一斗的十分之一）。《詩·椒聊》："椒聊之實，蕃衍盈～。"

同音假借　❶八十縷一組（織布）。

《禮·雜記上》:"朝服十五～。"❷升,登,出現。《詩·天保》:"如月之恒,如日之～。"❸(舉>)呈獻。《禮·鄉飲酒義》:"至于衆賓,～受,坐祭,立飲,不酢而降。"

1840

1840 周II(銘文 191)

量器的象形。

昇 前字升、登義的異體。《易·升》,《釋文》:"升,鄭本作～。"

陞 "升"字升、登義的異體。《楚辭·哀時命》:"吾固知其不能～。"

抍 çi̯əŋ/çi̯əŋ/shēng　ṱi̯əŋ/tçi̯əŋ:/zhěng　舉起,拯救。《説文》引《易》:"用～馬壯吉。"(按:今《易·明夷》作"拯"。)

898

夌 li̯əŋ/li̯əŋ/líng　超越。見《説文》。此字是"陵"的初文(無書證)。

1841

1841 周I(銘文 96,人名)

陵 音同上　❶高土堆,山。《詩·天保》:"如岡如～。"❷高地。《左·昭十二》:"有酒如澠,有肉如～。"❸登。《國策·魏三》:"～十仞之城。"❹超越。《禮·學記》:"不～節而施之謂孫。"❺侵犯,侵占。《左·哀七》:"以～我小國。"❻使煩惱,壓制。《左·襄二十五》:"君民者豈以～民?"❼侮辱,蔑視。《左·昭元》:"無禮而好～人,怙富而卑其上。"

同音假借　鍛(金屬)。《荀子·君道》:"兵刃不待～而勁。"

1842

1842 周II(銘文 147)

淩 音同上　❶超越。《國策·秦一》:"今欲併天下,～萬乘,詘敵國……非兵不可!"❷乘。《楚辭·哀郢》:"～陽侯之泛濫兮。"

凌 音同上　❶冰。《詩·七月》:"三之日納于～陰。"❷欺凌,壓制。《楚辭·國殤》:"～余陣兮躐余行。"

菱 音同上　菱。《列子·說符》:"夏日則食～芰。"

鯪 音同上
魚名。《楚辭·天問》:"～魚何所?"

蔆 音同上　菱。《禮·內則》:"芝、栭、～、椇。"見"菱"。

899

冫 pi̯əŋ/pi̯əŋ/bīng　冰凍。見《説文》。此字是"冰"的初文(無書證)。

冰 音同上　冰。《詩·匏有苦葉》:"迨～未泮。"

通 886 組的"掤"。《左·昭二十五》:"公徒釋甲,執～而踞。"

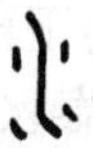
1843

1843 周IV(銘文 292)

馮 bʻi̯əŋ/bʻi̯əŋ/píng　❶(踏>)徒步過河。《詩·小旻》:"不敢～河。"❷(踐踏>)粗暴地對待。《左·襄十三》:"小人伐其技以～君子。"❸侵犯。《周禮·大司馬》:"～弱犯寡,則眚之。"❹憤怒。《左·昭五》:"今君奮焉,震電～怒。"❺登上。《周禮·春官》:"～相氏中士二人,下士四人。"❻(沿一個方向>)依靠。《詩·卷阿》:"有～有翼。"

同音假借　充滿,堅固。《詩·緜》:"削屢～～。"Gl796

憑 音同上
依靠。《書·顧命》:"皇后～玉几。"

900

凭 bʻi̯əŋ/bʻi̯əŋ/píng　bʻi̯əŋ/bʻi̯əŋ-/bìng　靠,倚(特指凳子)。《説文》引《書》:"～玉几。"(按:今《書·顧命》作"憑"。)

901

弓 ki̯ŭŋ/ki̯uŋ/gōng　❶弓。《詩·車攻》:"～矢既調。"❷長度單位。《儀禮·鄉射禮》:"侯道五十～。"

1844 殷甲文（A5: 7, 2）

1845 殷甲文（B下13: 17）

1846 周Ⅰ（銘文88）

1844—1846

此字象形。

穹 k'i̯ŭŋ/k'i̯uŋ/qióng ❶穴，孔。《詩·七月》："～室熏鼠。"❷高而成拱狀，穹窿。《詩·桑柔》："以念～蒼。"

通"空"。《周禮·韗人》："～者三之一。" Gl372

902

夢 mi̯ŭŋ/mi̯uŋ-/mèng 夢。《詩·斯干》："乃占我～。"

muŋ/muŋ/méng 暗，不明。《詩·正月》："視天～～。" Gl532

1847

1847 周Ⅱ（銘文170）

此字下面从夕，上面部分的意思不明。上面部分在下列字中重複出現，其作爲獨體字時爲何義尚未明。

㝱 前字的異體。《周禮·占夢》："占～掌其歲時。"（按：今本作"夢"，高氏從《釋文》。）

瞢 mi̯ŭŋ/mi̯uŋ/méng mwəŋ/mwəŋ/méng ❶暗。《周禮·眂祲》："眂祲掌十煇之法……六曰～。"❷慚愧，沮喪。《左·襄十四》："不與於會，亦無～焉。"

甍 mwæŋ/mwæŋ/méng 屋椽，梁。《左·襄二十八》："猶援廟桷動於～。"

蘉 mwaŋ/mwaŋ/máng 盡力。《書·洛誥》："汝乃是不～。"

薨 xmwəŋ/xwəŋ/hōng 去世（指王和諸侯）。《左·桓十八》："公～于車。"

同音假借 很多。《詩·螽斯》："螽斯羽，～～兮。" Gl19

903

克 k'ək/k'ək/kò（kè） ❶負，支撐。《左·隱元》："三月，公及邾儀父盟于蔑，邾子～也。"❷能，會。《詩·雲漢》："后稷不～。"《書·堯典》："允恭～讓。"❸征服，控制。《詩·泮水》："既～淮夷。"❹壓垮。《書·牧誓》："弗迓～奔，以役西土。"❺克制。《詩·蕩》："曾是掊～。"❻支配。《書·洪範》："二曰剛～，三曰柔～。" Gl992、1519、1543

1848 殷甲文（A3: 27, 2）

1849 殷甲文（A8: 5, 5）

1850 周Ⅰ（銘文56）

1851 周Ⅰ（銘文72）

1848—1851

剋 前字的異體。《莊子·讓王》："湯遂與伊尹謀伐桀，～之。"

尅 前字的異體。

904

黑 xmək/xək/hēi 黑的。《詩·大田》："以其騂～。"

1852

1852 周Ⅱ/Ⅲ（銘文244）

此字爲人形，臉和身上都帶斑點（出戰前塗在身上的顏料?）。

墨 mək/mək/mò ❶墨。《孟子·盡心上》："大臣不爲拙工改廢繩～。"❷黑的。《左·哀十三》："肉食者無～。"❸墨刑。《書·吕刑》："～辟疑赦，其罰百鍰。"❹度量名。《國語·周語下》："不過～丈尋常之間。"

默 音同上 （暗>）默不作聲的。《左·哀十一》："我不欲戰而能～。"

嘿 前字的異體。《國策·韓二》："政獨安可～然而止乎?"

纆 音同上 繩索。《易·坎》："係用徽～。"

905

㝵 tək/tək/dé 獲得，得到，拿到（銘文146）。

1853—1854

1853 殷甲文（E29: 2）

1854 周Ⅱ（銘文146）

此字从手、貝（錢幣），今字“貝”譌作“見”。

得 音同上 ❶獲得，得到。《詩·伯兮》：“焉～諼草。”❷能。《論語·述而》：“聖人吾不～而見之矣。”

906

則 tsək/tsək/zé ❶法，準則，典範。《詩·正月》：“彼求我～，如我不得。”❷信奉法則，模仿。《詩·鹿鳴》：“君子是～是傚。”❸從而，那麼，於是。《詩·雨無正》：“聽言～答。”

通907組的“賊”。《書·盤庚中》：“汝有戕～在乃心。”Gl1462

1855

1855 周Ⅰ（銘文97）

此字从鼎、刂（刀）。法則是鼎上的銘文編成的。今字“鼎”譌作“貝”。

側 tʂi̯ək/tʂi̯ək/zè（cè） ❶旁邊。《詩·殷其雷》：“在南山之～。”❷傾斜。《詩·賓之初筵》：“～弁之俄。”❸偏頗的。《書·蔡仲之命》：“罔以～言改厥度。”❹（邊上＞）劣等的，下賤的。《書·堯典》：“明明，揚～陋。”❺邪惡的。《詩·蕩》：“時無背無～。”❻轉向一邊。《詩·關雎》：“輾轉反～。”Gl615、939

1856

1856 周Ⅱ（銘文179）

惻 tʂʻi̯ək/tʂʻi̯ək/cè 同情，哀痛。《孟子·告子上》：“～隱之心，人皆有之。”

測 音同上 ❶測量。《詩·常武》：“不～不克。”❷清澈。《周禮·弓人》：“漆欲～。”Gl1053

廁 tʂʻi̯əg/tʂʻi-/cì（cè） 廁所。《左·成十》：“晉侯……如～，陷而卒。”

907

賊 dzʻək/dzʻək/zéi ❶凶手，歹徒，惡棍。《書·舜典》：“寇～姦宄。”❷傷害。《詩·抑》：“不僭不～，鮮不爲則。”

1857

1857 周Ⅱ（銘文147）

此字从人、戈、貝（錢幣）。

908

塞 sək/sək/sè səg/sǎi-/sài（sāi） ❶堵塞。《詩·七月》：“～向墐户。”❷關閉。《論語·八佾》：“邦君樹～門。”❸關口，要隘。《左·昭二十六》：“使汝寬守關～。”❹充滿。《孟子·公孫丑上》：“其爲氣也……則～乎天地之間。”

同音假借 誠實。《詩·燕燕》：“其心～淵。”

səg/sǎi-/sài 邊境。《穀梁·僖二》：“夏陽者，虞、虢之～邑也。”

同音假借 一種棋類遊戲。《莊子·駢拇》：“問穀奚事，則博～以遊。”Gl73、1208

寋 sək/sək/sè 誠實。《説文》引《書》：“剛而～。”（按：今《書·皋陶謨》作“塞”。）

909

北 pək/pək/běi ❶轉過背去。《左·桓九》：“以戰而～。”❷（後部＞）北面。《詩·南山有臺》：“～山有萊。”❸送往北方。《書·舜典》：“分～三苗。”Gl1272

1858 殷甲文（A4: 3, 2）

1859 周Ⅰ（銘文115）

1860 周Ⅱ（銘文134）

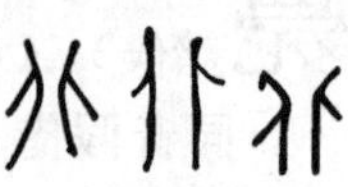

1858—1860

此字爲二人相背。

背 pwəg/puǎi-/bèi 背脊，後面部分。《詩·閟宮》：“黄髮台～。”

bʻwəg/bʻuǎi-/bèi 反背，欺詐。《詩·

蕩》："時無～無側。" Gl939

偝 bʻwəg/bʻuǎi-/bèi　❶背棄，拋棄。《禮·坊記》："利禄先死者而後生者，則民不～。"❷不正對着臉。《禮·投壺》："毋～立。"

910

亟 ki̯ək/ki̯ək/jí　❶急迫，匆促。《詩·靈臺》："經始勿～。"❷困難。《左·定五》："以周～矜無資。"

kʻi̯əg/kʻji-/qì　常常。《論語·陽貨》："好從事而～失時，可謂知乎？"

1861

1861 周Ⅱ（銘文 180）

㥛 ki̯ək/ki̯ək/jí　急迫，匆忙。《列子·力命》："讙～凌誶。"（按：今本作"極"，高氏從《康熙字典》。）

殛 音同上　❶死。《左·襄二十一》："鯀～而禹興。"❷毀滅，殺。《書·舜典》："～鯀于羽山。"

極 gʻi̯ək/gʻi̯ək/jí　❶屋脊。《莊子·則陽》："鄰有夫妻臣妾登～。"❷頂點，極限，限度。《詩·氓》："士也罔～。"❸竭盡。《詩·江漢》："王國來～。"❹到達終點，至。《詩·載馳》："誰因誰～。"❺成就。《詩·思文》："莫匪爾～。"❻中心，當中。《詩·殷武》："四方之～。"❼正中，準則。《書·洪範》："建用皇～。"

同音假借　（射箭用）皮套。《儀禮·大射禮》："朱～三。"

通"亟"。《荀子·賦》："出入甚～，莫知其門。" Gl148、182、253、671、726、1040、1058、1205、1524

1862

1862 周Ⅰ（銘文 65，形符是"彳"而不是"木"）

911

棘 ki̯ək/ki̯ək/jí　❶棗樹。《詩·園有桃》："園有～。"❷荆棘。《左·襄十四》："我諸戎除翦其荆～。"❸棘手的，煩惱的，麻煩的。《詩·雨無正》："維曰予仕，孔～且殆。"❹緊急，匆促。《詩·采薇》："玁狁孔～。"❺快。《詩·斯干》："如矢斯～。"❻消瘦的。《吕氏春秋·任地》："～者欲肥，肥者欲～。"

通 785 組的"戟"。《左·隱十一》："子都拔～以逐之。" Gl354、500、860

1863

1863 殷（銘文 51，人名）

此字从雙"朿"（刺）（868 組）。

襋 音同上　衣領。《詩·葛屨》："要之～之，好人服之。"

912

翊 gi̯ək/i̯ək/yì　❶飛來飛去。《書·大誥》："今蠢，今～日民獻有十夫。"（按：今本作"翼"，高氏從段玉裁《説文解字注》，參段書"翊"下。）❷光亮。《書·顧命》："延入～室。"（按：今本作"翼"，參前按。）❸下一（天）。（銘文 67）Gl1302、1598、1982

1864—1865

1864 殷甲文（A2：20，5）

1865 周Ⅰ（銘文 67）

翌 前字的異體。

913

奭 xi̯ək/xi̯ək/xì　？/ɕi̯ɛk/shì　紅色。《詩·采芑》："路車有～。"（《詩》韻屬職部〔ək〕）

襫 ？/ɕi̯ɛk/shì　蓑衣。《國語·齊語》："首戴茅蒲，身衣襏～。"

914

衋 xi̯ək/xi̯ək/xì　悲痛，痛心。《書·酒誥》："民罔不～傷心。"

915

抑 ʔi̯ək/ʔi̯ək/yì　❶按，觸痛。《禮·學記》："君子之教喻也，道而弗牽，强而弗～。”❷壓抑。《書·無逸》：“厥亦惟我周太王、王季，克自～畏。”❸（自我抑制＞）小心，留意。《詩·假樂》：“威儀～～。”

同音假借 ❶發語詞。《詩·十月之交》：“～此皇父。”❷而且，可是，否則。《詩·大叔于田》：“～釋掤忌，～鬯弓忌。”Gl552、895

916

陟 ti̯ək/ti̯ək/zhì ❶上升。《詩·敬之》：“～降厥士。”❷提升。《書·舜典》：“黜～幽明。”❸（升天＞）死。《書·舜典》：“五十載～方乃死。”Gl1109、1294

1866 殷甲文（A7: 32, 4）

1867 周I（銘文 58）

此字从邁步的雙止（足）、自（高石級），參1015組。

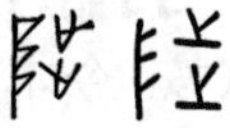

1866—1867

917

敕 tʻi̯ək/tʻi̯ək/chì ❶使正。《易·噬嗑》：“先王以明罰～法。”（按：今本作“勑”，高氏從《釋文》。）❷整理。《詩·楚茨》：“既匡既～。”（按：今本作“勑”，高氏從《說文通訓定聲》。）❸處置。《書·益稷》：“～天之命。”（按：今本作“勑”，高氏從《說文通訓定聲》。）Gl670、1348

1868 周III（銘文 229）

字从柬（即185組的“諫”）、攴（擊）或从力。

1868

勅 前字的異體。

918

弋 di̯ək/i̯ək/yì 以繩繫矢而射。《詩·女曰雞鳴》：“～鳧與雁。”

1869 周I（銘文 100，其義不明）

此字當是某種箭的象形。

1869

⿰女弋 音同上

氏族名（銘文 302）。

1870 周III/IV（銘文 302）

1870

杙 音同上 杆，椿。《左·襄十七》：“以～抉其傷而死。”

式 çi̯ək/çi̯ək/shì ❶規則，法，典範。《詩·楚茨》：“～禮莫愆。”❷成爲法式。《詩·長發》：“帝命～于九圍。”❸效法。《詩·崧高》：“于邑于謝，南國是～。”❹（衡量）標準。《周禮·大宰》：“以九～均節財用。”

同音假借 ❶用。《詩·思齊》：“不聞亦～，不諫亦入。”❷助詞。《詩·瞻卬》：“無忝皇祖，～救爾後。”

通“拭”。《荀子·禮論》：“不浴則濡巾三～而止。”

通“軾”。《論語·鄉黨》：“凶服者～之。”Gl103、519、654、665、668、713、816、1193、1636、1944、1966

忒 tʻək/tʻək/tè ❶犯錯誤。《詩·抑》：“昊天不～。”❷欺詐。《詩·瞻卬》：“鞫人忮～，譖始竟背。”❸變化。《書·洪範》：“卜五，占用二，衍～。”Gl1552

貣 tʻək/tʻək/tè dʻək/dʻək/tè 乞求。《荀子·儒效》：“雖行～而食，人謂之富矣。”

通“忒”。《史記·宋微子世家》引《書》：“卜五，占之用二，衍～。”（按：今《書·洪範》作“忒”。）

代 dʻəg/dǎi-/dài ❶替代。《書·皋陶謨》：“天工人其～之。”❷更替。《左·昭十二》：“寡人中此，與君～興。”❸輪流。《禮·中庸》：“如日月之～明。”❹繼任。《左·昭六》：“公使～之。”❺一代。《詩·桑柔》：“稼穡維寶，～食維好。”❻朝代。《論語·八佾》：“周監於二～。”❼世

世代代。《詩·桑柔》："好是稼穡，力民～食。" Gl974

1871

1871 周III/IV（銘文 332）

拭 ɕi̯ək/ɕi̯ək/shì 擦。《禮·雜記下》："雍人～羊。"

軾 音同上 車廂前面的橫木。《左·僖二十八》："君馮～而觀之。"

侙 t'i̯ək/ȶ'i̯ək/chì 懼。《國語·吳語》："夫越王之不忘敗吳，於其心也～然。"

試 ɕi̯əg/ɕi-/shì ❶試驗。《詩·閟宮》："壽胥與～。"❷用。《詩·采芑》："師干之～。" Gl460、1173

弒 音同上 殺（特指君長）。《論語·憲問》："陳恒～其君。"

貣 t'əg/t'ǎi-/tài（dài） 借用，借給。《左·文十四》："盡其家，～於公。"

通"忒"。《禮·月令》："毋有差～。"

岱 d'əg/d'ǎi-/dài 山名。《書·舜典》："東巡守，至于～宗。"

黛 音同上 畫眉毛。《列子·周穆王》："粉白～黑。"

蟘 d'ək/d'ək/dé（tè） 食苗葉的蟲。《説文》引《詩》："去其螟～。"（按：今《詩·大田》作"螣"。）

919

直 d'i̯ək/ȡ'i̯ək/zhí ❶筆直的。《詩·大東》："其～如矢。"❷正直。《詩·崧高》："申伯之德，柔惠且～。"❸（坦率地>）僅僅。《孟子·梁惠王下》："寡人非能好先王之樂也，～好世俗之樂耳。"

通"德"。《書·益稷》："其弼～。"

同音假借或假借爲 d'i̯əg/ȡ'i-/zhì 代替，相當於。《禮·投壺》："請立馬，馬各～其筭。" Gl1320

此字（見"悳、德"的古文字）从目、一。

稙 ti̯ək/ȶi̯ək/zhí 早播種、早栽培。《詩·閟宮》："～稺菽麥。"

埴 ȡi̯ək/ʑi̯ək/zhí（應爲 shì） 粘土，粘土似的。《書·禹貢》："厥土赤～墳。" Gl1358

殖 ȡi̯ək/ʑi̯ək/shì（zhí） 惡臭的（特指油脂）。《説文》："脂膏久，～也。"（無漢前書證）

同音假借 ❶生長，昌盛，興旺。《左·昭元》："内官不及同姓，其生不～。"❷種植，栽培。《書·吕刑》："農～嘉穀。"❸建立。《國語·周語下》："上得民心，以～義方。"❹平坦。《詩·斯干》："～～其庭。"

植 ȡi̯ək/ʑi̯ək/zhí d'i̯əg/ȡ'i-/zhì ❶栽種。《國策·燕二》："～於汶皇。"❷植物。《周禮·大司徒》："其～物宜早物。"❸豎着放置。《書·金縢》："～璧秉珪。"❹倚。《論語·微子》："～其杖而芸。"❺舉起，樹立。《周禮·田僕》："令獲者～旌。"❻穿門閂用的直木。《墨子·備城門》："門～關必環錮。"❼柱子。《禮·月令》："具曲～。"❽成長，茂盛。《淮南子·兵略訓》："兵如～木。"❾目標，意向。《楚辭·招魂》："弱顔固～。"❿主管。《左·宣二》："華元爲～，巡功。" Gl331、1566

犆 d'ək/d'ək/tè 單獨。《禮·少儀》："喪俟事，不～弔。"

假借爲 d'i̯ək/ȡ'i̯ək/zhí （衣服）鑲邊。《禮·玉藻》："君羔韠虎～。"

置 ti̯əg/ȶi-/zhì ❶放置，排列。《詩·那》："～我鞉鼓。"❷（放到一邊>）廢棄。《國語·周語中》："今以小忿棄之，是以小怨～大德也。"

值 d'i̯əg/ȡi̯-/zhì（zhí） ❶豎立。《詩·宛丘》："～其鷺羽。"❷遇。《莊子·知北遊》："明見無～，辯不若墨。" Gl331

悳 tək/tək/dé
德行（銘文 286）。  1872

1872 周（銘文 286）

德 音同上 ❶德行，有德行的。《詩·邶風·谷風》：“～音莫違，及爾同死。”❷品質，本性。《左·成十六》：“民生厚而～正。”❸特徵，氣質。《書·無逸》：“無若殷王受之迷亂，酗于酒～哉。” Gl1477、1854  1873

1873 周Ⅰ（銘文 65）

920

戠 ȶi̯ək/tɕi̯ək/zhí 粘附。《易·豫》：“朋盍～。”（按：今本作“簪”，高氏從《釋文》。）Gl1358

1874 殷甲文（A4: 4, 4，其義不明）

1875 周Ⅰ（銘文 97，人名）

1876 周Ⅱ（銘文 132，“織”義）

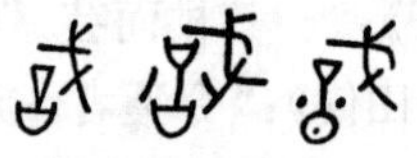

1874—1876

樴 ȶi̯ək/tɕi̯ək/zhí d'ək/d'ək/dé 木樁。《周禮·肆師》：“犠牲繫于牢，頒于～人。”（按：今本作“職”，高氏從鄭玄注。）

織 ȶi̯ək/tɕi̯ək/zhī
織。《詩·六月》：“～文鳥章。”

ȶi̯əg/tɕi̯-/zhì 染絲織成的織品。《禮·玉藻》：“士不衣～。”Gl457

職 ȶi̯ək/tɕi̯ək/zhí ❶工作，職位。《詩·大東》：“東人之子，～勞不來。”❷照料，管理。《左·僖二十六》：“大師～之。”❸賦税，貢物。《左·僖五》：“且歸其～貢於王。”

同音假借 ❶僅僅，只。《詩·蟋蟀》：“～思其居。”❷豐，多。《莊子·至樂》：“萬物～～。”

通“樴”。《周禮·肆師》：“犠牲繫于牢，頒于～人。”

通“織”。織物。《詩·烝民》：“袞～有闕，維仲山甫補之。”Gl286、1023  1877

1877 周Ⅳ（銘文 283）

膱 音同上 乾肉片。《儀禮·聘禮》：“薦脯五～。”

幟 ɕi̯ək/ɕi̯ək/shì ɕi̯əg/ɕi-/shì ȶ'i̯əg/tɕ'i-/chì（zhì） 一種旗子。《韓非子·外儲説右上》：“縣～甚高。”

識 ɕi̯ək/ɕi̯ək/shí
知道。《詩·皇矣》：“不～不知。”

ȶi̯əg/tɕi-/zhì ❶記住。《詩·賓之初筵》：“三爵不～。”❷紀念。《易·大畜》：“君子以多～前言往行，以畜其德。”❸標明。《書·益稷》：“撻以記之，書用～哉。”

熾 ȶ'i̯əg/tɕ'i-/chì ❶火焰。《詩·十月之交》：“艷妻煽方～。”（按：今本作“處”，高氏從《釋文》。）❷壯麗。《詩·閟宮》：“俾爾～而昌。”❸加熱。《左·昭十》：“柳～炭于位。”

921

食 d'i̯ək/dʑ'i̯ək/shí ❶吃。《詩·巷伯》：“豺虎不～。”❷（“吃掉”太陽或月亮>）日食或月食。《詩·十月之交》：“朔月辛卯，日有～之。”

dzi̯əg/zi-/sì ❶食物。《詩·山有樞》：“子有酒～。”❷給人吃。《詩·緜蠻》：“飲之～之。”

1878 殷甲文（A6: 35, 2）

1879 周（銘文 351，人名） 1878—1879

此字爲有蓋的食品器皿的象形。

蝕 d'i̯ək/dʑ'i̯ək/shí 逐漸吃完，日食或月食。《吕氏春秋·明理》：“其月有薄～。”

飤 dzi̯əg/zi-/sì 食物，給人吃。《爾雅·釋器》"魚謂之鮨"條郭璞注："見《公食大夫禮》。"《釋文》："食，又作～。"（按：高氏誤解《說文通訓定聲》注文，將此書證錯作"《釋文》引《儀禮》"。）又見銘文225。

1880

1880 周III（銘文225）

飭 t̑ʻi̯ək/t̑ʻi̯ək/chì ❶加固，加强。《國語·吳語》："周軍～壘。"❷準備。《詩·常棣》："戎車既～。"❸整理。《禮·月令》："～鍾磬柷敔。"❹命令。《國語·齊語》："～其子弟。"

飾 ɕi̯ək/ɕi̯ək/shì 裝飾，裝飾品。《詩·羔裘》："羔裘豹～，孔武有力。"

同"飭"。《穀梁·襄二十五》："古者大國過小邑，小邑必～城而請罪。"

922

畟 tsi̯ək/tsi̯ək/jì tʂʻi̯ək/tʂʻi̯ək/chì 銳利的。《詩·良耜》："～～良耜。"Gl1128

稷 tsi̯ək/tsi̯ək/jì 粟。《詩·黍離》："彼黍離離，彼～之苗。"

通"昃"。《穀梁·定十五》："日下～，乃克葬。"

謖 ṣi̯ŭk/ṣi̯uk/shù（sù） 起立。《禮·祭統》："是故尸～。"

923

即 tsi̯ək/tsi̯ək/jí 往，即刻，隨即等。見399組。

蝍 音同上 ～蛆：蜈蚣。《莊子·齊物論》："～蛆甘帶。"

堲 dzʻi̯ək/dzʻi̯ək/jí（此是《釋文》音，但更正確可能是dzʻi̯ət/dzʻi̯ĕt/jí）

通"疾"。憎惡。《書·舜典》："朕～讒說殄行。"

tsi̯ət/tsi̯ĕt/jí ❶磚石建築。《禮·檀弓上》："夏后氏～周。"❷燒成灰的燭頭。《管子·弟子職》："右手執燭，左手正～。"（按：今本作"櫛"，《禮·檀弓上》鄭玄注引作～。）後一讀音跟399組同。Gl1292

䳭 tsi̯ək/tsi̯ək/jí tsi̯ăk/tsi̯ɛk/jí 䳭鴒：鳥名。《左·昭七》："～鴒在原。"

924

夨 tʂi̯ək/tʂi̯ək/zè 側頭。見《說文》（無書證）。

1881

1881 周I（銘文69，人名）

下字的初文，像人歪着頭。

仄 音同上 歪斜的，傾斜的。《周禮·車人》："行山者～輮。"

厌 《說文》認爲此字是"仄"的初文。

昗 音同上 日西斜。《書·無逸》："自朝至于日中～，不遑暇食。"

1882—1883

1882 殷甲文（E110：1，其義不明）

1883 殷甲文（A4：8，7，其義不明）

昃 前字的異體。

厢 前字的異體。

925

息 si̯ək/si̯ək/xī ❶呼吸。《論語·鄉黨》："屏氣似不～者。"❷嘆息。《國策·趙三》："都平君喟然太～曰：'單不至也！'"❸休息。《詩·民勞》："汔可小～。"❹停止。《書·酒誥》："惟荒腆于酒，不惟自～乃逸。"❺（聚集力量>）生長。《孟子·告子上》："其日夜之所～。"❻利息。《周禮·泉府》："凡民之貸者……以國服爲之～。"❼子孫。《國策·趙四》："老臣賤～舒祺，最少，不肖。"此字从自（鼻子，參1088組）、心，即鼻子和心臟。

熄 音同上　熄滅。《孟子·離婁下》:"王者之迹～而《詩》亡。"

926

嗇 ṣi̯ək/ṣi̯ək/sè ❶收穫。《儀禮·特牲饋食禮》:"主人出寫～于房。"❷貪。《易·説卦》:"坤爲地，爲母……爲吝～。"

1884 殷甲文（A1: 29, 7）

1885 殷甲文（G12: 2）

1886 殷甲文（A4: 41, 3）

1884—1886

此字从一禾或雙禾，下面像穀倉或田（見殷甲文A4: 41, 3）之形。

穡 音同上　❶收割，收穫。《詩·桑柔》:"好是稼～，力民代食。"❷耕作。《書·盤庚上》:"若農服田力～。"❸吝惜，節儉。《左·昭元》:"大國省～而用之。"Gl974

927

色 ṣi̯ək/ṣi̯ək/sè ❶顏色。《左·僖二十四》:"目不別五～之章爲昧。"❷面容，容貌。《詩·烝民》:"令儀令～，小心翼翼。"❸美色。《論語·季氏》:"少之時，血氣未定，戒之在～。"❹表現，炫耀。《詩·皇矣》:"不大聲以～，不長夏以革。"Gl841

928

力 li̯ək/li̯ək/lì ❶强壯，力量，力氣。《詩·羔裘》:"孔武有～。"❷迫使。《詩·桑柔》:"職競用～。"❸盡力。《詩·烝民》:"威儀是～。"

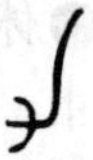
1887

1887 周III（銘文220）

此字似爲臂和掌的象形（參995組）。

仂 lək/lək/lè　li̯ək/li̯ək/lì　十分之一。《禮·王制》:"祭用數之～。"

扐 lək/lək/lè　手指之間（夾蓍草占卜）。《易·繫辭上》:"歸奇於～以象閏。"

阞 音同上　地的脈理。《周禮·匠人》:"凡溝，逆地～，謂之不行。"

同音假借　分數。《周禮·輪人》:"以其圍之～捎其藪。"

勒 音同上

轡。《儀禮·既夕禮》:"纓轡貝～。"

同音假借　刻。《禮·月令》:"物～工名，以考其誠。"

1888

1888 周I（銘文86）

泐 音同上　依紋理裂開（特指石頭。參"阞"）。《周禮·考工記》:"石有時以～。"

929

或 gi̯wək/ji̯wək/yù（《説文》以爲是"域"的初文，故定此讀音）　疆域，領土（銘文57）。

假借爲g'wək/ɣwək/huò　❶有些，有人，某事。《詩·北山》:"～燕燕居息，～盡瘁事國。"❷（某些偶然的>）也許，可能。《書·盤庚中》:"不其～稽，自怒曷瘳。"❸兩者擇一。《左·襄十四》:"～撫其內，～營其外。"

通"惑"。謬誤，錯誤的。《書·康誥》:"無～刑人殺人。"Gl1453、1640、1828、1836

1889 殷甲文（A2: 6, 5）

1890 周I（銘文57）

1891 周I（銘文71）

1889—1891

古文字从戈、口（軍隊和命令）。

域 gi̯wək/ji̯wək/yù ❶疆域，領土。《論語·季氏》:"且在邦～之中矣。"❷疆界。《詩·玄鳥》:"正～彼四方。"❸宇宙。《老子》二十五章:"～中有四大，而王居其一焉。"Gl304、875

1892 周II（銘文182，形符是"邑"而不是"土"）

1892

棫　音同上　櫟木。《詩·緜》："柞～拔矣。"

1893—1894

1893 周II（銘文 147，人名）

1894 周III / IV（銘文 328）

罭　音同上　魚網。《詩·九罭》："九～之魚，鱒魴。"

閾　gi̯wək/ji̯wək/yù　xi̯wək/xi̯wək/xù　門檻。《論語·鄉黨》："行不履～。"

淢　xi̯wək/xi̯wək/xù　護城河。《詩·文王有聲》："築城伊～。"

窢　音同上　（像風一樣）呼嘯。《莊子·天下》："其風～然。"

緎　xi̯wək/xi̯wək/xù　gi̯wək/ji̯wək/yù　一束綫。《詩·羔羊》："素絲五～。"Gl50

國　kwək/kwək/guó　❶國家。《詩·六月》："王于出征，以匡王～。"❷都城。《周禮·司士》："掌～中之士治。"

1895

1895 周I（銘文 84）

惑　gʻwək/ɣwək/huò　❶欺騙。《論語·顔淵》："既欲其生，又欲其死，是～也。"❷疑惑。《論語·爲政》："四十而不～。"

蜮　gʻwək/ɣwək/huò　gi̯wək/ji̯wək/yù　傳説中水中有毒的動物，水怪。《詩·何人斯》："爲鬼爲～。"

通"蟈"。《大戴禮·夏小正》："鳴～。"

膕　kwæk/kwæk/guó　膝後彎。《荀子·富國》："詘要橈～。"

蟈　音同上（guō）　蛙。《禮·月令》："螻～鳴。"

馘　音同上　割下腦袋。《詩·泮水》："在泮獻～。"

同音假借（見《釋文》）　乾皺的，乾癟的（特指臉）。《莊子·列禦寇》："槁項黄～。"

聝　前字的異體。《説文》引《左傳》："以爲俘～。"（按：今《左·成三》作"馘"。）

𥄎　"馘"的異體（形符爲"爪"）（銘文 67）。

1896

1896 周I（銘文 67）

彧　ʔi̯oŭk/ʔi̯uk/yù　豐盛，茂盛（特指黍稷）。《詩·信南山》："黍稷～～。"

930

洫　xi̯wək/xi̯wək/xù　❶水道，溝渠，城池。《論語·泰伯》："卑宫室而盡力乎溝～。"❷空。《管子·小稱》："滿者～之，虛者實之。"

同音假借　濫，低劣。《莊子·則陽》："所行之備而不～。"

該字最初讀xi̯wət，故聲符爲"血"，見 410 組的"洫"。後來借用作跟 929 組"淢"相等的同義詞的字形。Gl859

侐　xi̯wək/xi̯wək/xù　xi̯wəg/xjwi-/huì　清靜。《詩·閟宫》："閟宫有～。"

殈　xi̯wək/xi̯wək/xù　xi̯wăk/xi̯wɛk/xù　開裂（指蛋殼）。《禮·樂記》："卵生者不～。"

931

革　kæk/kæk/gó（gé）　❶皮，皮革。《詩·羔羊》："羔羊之～。"❷變。《詩·皇矣》："不大聲以色，不長夏以～。"❸（剥皮 >）除去。《左·襄十四》："善則賞之，過則匡之，患則救之，失則～之。"

一般認爲假借爲ki̯ək/ki̯ək/jí　急。《禮·檀弓上》："夫子之命～矣。"不過這也可能是（變 >）"變（壞）"義的引申。

通 928 組"勒"。轡。《詩·蓼蕭》："鞗～忡忡。"

通"翱"。《詩·斯干》："如鳥斯～。"Gl450、501、860

1897

1897 周II（銘文 166） 此字象形。

愅 音同上（gé） 變。《荀子·禮論》："則夫忠臣孝子，亦～詭而有所至矣。"

䩐 gʻæk/ɣʻæk/hó（hé） 翼。《詩·斯干》："如鳥斯～。"（按：今本作"革"，高氏從《韓詩》。）

932

麥 mwæk/mwæk/mò（mài） 麥子。《詩·載馳》："我行其野，芃芃其～。"

1898 殷甲文（I10: 8）

1899 周I（銘文 64，人名）

此字象形。

1898—1899

933

畐 bʻi̯ŭk/bʻi̯uk/fú 滿的，豐富的（充裕）。見《説文》（無書證）。此字像酒器形，在銘文中爲"福"字初文。不過它即便不是"福"字初文，在語源上也一定是很接近的（充裕>幸福）。

1900 殷甲文（A4: 23, 8,"福"義）

1901 周II（銘文 197,"福"義）

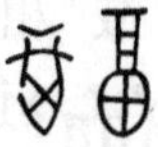

1900—1901

福 pi̯ŭk/pi̯uk/fú 幸福，福氣。《詩·天保》："詒爾多～。"

1902 殷甲文（A4: 2, 8）

1903 殷甲文（B下27: 6）

1904 周I（銘文 58）

1905 周I（銘文 87）

1902—1905

葍 音同上 一種果和根可食的植物。《詩·我行其野》："言采其～。"

輻 音同上 車輪輻條。《詩·正月》："無棄爾輔，員于爾～。"

幅 pi̯ŭk/pi̯uk/fú ❶（布的）寬度。《左·襄二十八》："且夫富，如布帛之有～焉。"❷界限。《左·襄二十八》："夫民生厚而用利，於是乎正德以～之。"❸寬闊的。《詩·長發》："～隕既長。"

pi̯ŭk/pi̯uk/fú pi̯ək/pi̯ək/bī 綁腿帶。《詩·采菽》："邪～在下。"Gl1187

楅 pi̯ŭk/pi̯uk/fú pi̯ək/pi̯ək/bī ❶扣牛角的橫木。《詩·閟宮》："夏而～衡。"❷承箭之器。《儀禮·鄉射禮》："乃設～于中庭南。"Gl1165

匐 bʻi̯ŭk/bʻi̯uk/fú bʻək/bʻək/bó 爬行。《詩·邶風·谷風》："匍～救之。"Gl98

偪 pi̯ək/pi̯ək/bī ❶擠。《左·襄二十九》："直而不倨，曲而不屈，邇而不～，遠而不攜。"❷侵犯。《禮·雜記下》："君子上不僭上，下不～下。"❸逼迫。《孟子·滕文公上》："禽獸～人。"❹近。《左·僖五》："親以寵～，猶尚害之，況以國乎？"❺綁腿帶。《禮·内則》："～屨著綦。"

pi̯ŭk/pi̯uk/fú 地名。《春秋·襄十》："五月甲午，遂滅～陽。"

湢 pi̯ək/pi̯ək/bì 浴室。《禮·内則》："不共～浴。"

逼 音同上（bī） ❶催促，逼迫。《孟子·萬章上》："居堯之宫，～堯之子，是篡也，非天與也。"❷接近。《左·昭四》："魯、衛～於齊而親於晉。"（按：今本作"偪"，高氏從石經本。）

疈 pʻi̯ək/pʻi̯ək/pì pæk/pæk/bò 剖開，割開。《周禮·大宗伯》："～辜祭四方百物。"

富 pi̯ŭg/pi̯ə̯u-/fù ❶富裕。《詩·正月》："哿矣～人。"❷自大。《詩·小宛》："壹醉日～。"Gl585

副 pʻi̯ŭg/pʻi̯ə̯u-/fù ❶幫助，輔助。《吕氏春秋·過理》："帶益三～矣。"❷一種首飾。《詩·君子偕老》："～笄六珈。"

pʻi̯ək/pʻi̯ək/pì 裂開，剖開。《詩·生

民》：“不拆不～。”

934

𠬝 bʻi̯ŭk/bʻi̯uk/fú 征服，屈服（銘文184）。

1906 殷甲文（A4：8，2）

1907 周II（銘文184）

1906—1907

此字像跪着的人和手。

服 音同上 ❶控制，征服。《詩·文王》：“侯～于周。”❷馴化，訓練（動物）。《易·繫辭下》：“～牛乘馬。”❸屈服，服從。《詩·泮水》：“淮夷攸～。”❹駕車，套軛的馬。《詩·大叔于田》：“兩～齊首。”❺（使經歷>）從事。《書·禹貢》：“三百里納秸～。”❻服務，事。《詩·板》：“我言維～。”❼强烈的思念。《詩·關雎》：“寤寐思～。”❽（征服區域>）地區，屬地。《書·禹貢》：“五百里侯～。”

同音假借 ❶衣服。《詩·六月》：“既成我～。”❷穿。《詩·采芑》：“～其命服。”❸箭袋。《詩·采薇》：“象弭魚～。”❹扶～：爬行。《禮·檀弓下》引《齊詩》：“扶～救之。”（按：今《詩·邶風·谷風》作“匍匐”。）

bʻi̯ŭg/bʻi̯əu:/fù 馬車車廂。《周禮·車人》：“牝～二柯。”Gl4、98、455、633、1286、1386、1634、1844

1908 周I（銘文63）

1909 周I（銘文65）

1908—1909

箙 音同上 箭袋。《周禮·司弓矢》：“中秋獻矢～。”

935

伏 bʻi̯ŭk/bʻi̯ŭk/fú ❶俯伏。《詩·澤陂》：“輾轉～枕。”❷扔掉。《書·大禹謨》：“嘉言罔攸～，野無遺賢，萬邦咸寧。”❸順服。《詩·靈臺》：“麀鹿攸～。”❹隱匿，埋伏。《詩·正月》：“潛雖～矣。”

假借爲bʻi̯ŭg/bʻi̯əu-/fù 孵卵。《莊子·庚桑楚》：“越鷄不能～鵠卵。”

通933組“匐”。《左·昭十三》：“懷錦奉壺飲冰，以蒲～焉。”

1910 漢前（銘文410，人名）

1910

此字从人、犬。

936

改 kəg/kăi:/gǎi 改變。《詩·都人士》：“其容不～。”

1911 殷甲文（A5：10，6）

1912 漢前（銘文445，人名）

1911—1912

937

亥 gʻəg/ɣăi:/hài 地支名稱之一。《左·定五》：“十月丁～，殺公何藐。”

1913 殷甲文（E258：3）

1914 殷甲文（A5：44，2）

1915 殷甲文（A1：52，3）

1916 殷（銘文12） 1917 周I（銘文70）

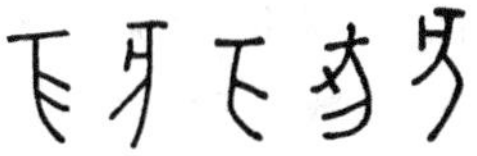

1913—1917

此字可能是某動物的象形，因猪是十二生肖裏最末一個，所以認爲它同“豕”。不過，十二生肖並非很古就有，所以不能因此來理解地支中的“亥”。

咳 gʻəg/ɣăi/hái 像小孩一樣笑。《禮·內則》：“父執子之右手，～而名之。”

kʻəg/kʻăi-/kài（ké） 咳嗽。《禮·內則》：“不敢噦噫、嚏～、欠伸。”

孩 gʻəg/ɣăi/hái ❶像小孩一樣笑。《老子》二十章：“如嬰兒之未～。”❷幼兒。《國語·吳語》：“～童焉比謀。”❸幼小的動物。《禮·月令》：“毋殺～蟲。”

侅 gʻəg/ɣăi-/hài 受痛苦。《韓非子·存韓》：“秦之有韓，若人之有腹心之病也，虚處則～然。”

侅 kəg/kăi/gāi　專有名詞。《穀梁·隱八》:"無～之名,未有聞焉。"

ŋəg/ŋăi-/ài　吞咽。《莊子·盜跖》:"～溺於馮氣,若負重行而上,可謂苦矣。"

垓 kəg/kăi/gāi　範圍,領地。《說文》引《國語》:"天子居九～之田。"(按:今《國語·鄭語》作"畡"。)

姟 音同上　億。《國語·鄭語》:"計億事,材兆物,收經入,行～極。"

晐 音同上　完具,賅備。《國語·吳語》:"一介嫡女,執箕箒以～姓於王宮。"

絯 kəg/kăi/gāi　g'æg/ɣai/xié　束。《莊子·天地》:"方且爲物～。"

胲 kəg/kăi/gāi　大脚趾。《莊子·庚桑楚》:"臘者之有膍～,可散而不可散也。"

該 音同上　完具,賅備。《穀梁·哀元》:"此～之變而道之也。"

賅 音同上　兼備。《莊子·齊物論》:"百骸,九竅,六藏,～而存焉。"

陔 音同上　臺階。《詩》篇名"南～"。

通990組"祴"。《儀禮·鄉飲酒禮》:"賓出奏～。"

欬 k'əg/k'ăi-/kài(ké)　❶咳嗽。《左·昭二十四》:"余左顧而～,乃殺之。"❷哄笑。《莊子·徐无鬼》:"莫以真人之言謦～吾君之側乎!"

硋 ŋəg/ŋăi-/ài　阻礙。《列子·黃帝》:"雲霧不～其視。"

閡 前字的異體。

刻 k'ək/k'ək/kò(kè)　❶雕刻。《左·莊二十四》:"～其桷。"❷割,傷害,損壞。《書·微子》:"我舊云～子。"❸(切割>)苛刻。《國策·秦一》:"～深寡恩。"Gl1510

劾 g'ək/ɣək/hó(hé)　g'əg/ɣăi-/hài　審查、審問(犯人)。(僅有漢代書證)

駭 g'æg/ɣăi:/xiè(hài)　受驚。《左·哀二十三》:"知伯視齊師馬～,遂驅之。"

骸 g'æg/ɣăi/xié(hái)　骨頭,屍骨。《左·宣十五》:"析～以爨。"

核 g'æk/ɣæk/hó(hé)　❶有核的果子。《詩·賓之初筵》:"殽～維旅。"❷(進入核心>)細查。《莊子·人間世》:"剋～大至,則必有不肖之心應之。"Gl705

938

唉 ʔəg/ʔăi/āi　應答聲。《莊子·知北遊》:"～!予知之。"以下諸字聲符爲該字的省略形式。

埃 音同上　塵埃。《莊子·逍遥遊》:"塵～也。"

挨 ʔəg/ʔai:/ǎi　ʔæg/ʔăi:/yǎi(āi)　推。《列子·黃帝》:"攩拯～抌。"

欸 ʔəg/ʔăi/āi　嘆息,呻吟。《楚辭·涉江》:"～秋冬之緒風。"

娭 xi̯əg/xji/xī　娛樂,消遣。《楚辭·惜往日》:"國富强而法立兮,屬貞臣而日～。"

誒 音同上(還有幾個異讀)　感嘆聲。《說文》引《左傳》:"～～出出。"(按:今《左·襄三十》作"譆譆"。)

939

臺 d'əg/d'ăi/tái　高樓,高臺。《詩·新臺》:"新～有泚。"

同音假借　❶僕役。《左·昭七》:"僕臣～。"❷一種草。《詩·都人士》:"～笠緇撮。"Gl728

940

災 tsəg/tsăi/zāi　❶災難,禍害,損害。《詩·閟宮》:"無～無害。"❷不幸的事。《書·咸有一德》:“惟天降～祥。”

1918 殷甲文(A2: 22, 2)

1919 殷甲文(A2: 22, 1)

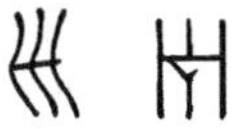

1918—1919

今字从巛(流水)、火。

殷甲文(A2: 22, 2) 只是用交叉筆劃表明堵住的流水,有時(如殷甲文A2: 22, 1)這些交叉筆劃變形以後用作聲符(見943組)。

灾 前字的異體。《易·復》:“有～眚。”(按:今本作“災”,高氏從《釋文》。)此字从火、宀(房屋)。

941

再 tsəg/tsăi-/zài ❶兩次。《書·多方》:“至于～,至于三。”❷第二次,又,再。《左·僖五》:“一之謂甚,其可～乎?”Gl315

1920 周III(銘文220)

1921 周IV(銘文288)

1920—1921

942

采 tsʻəg/tsʻăi:/căi ❶采集。《詩·邶風·谷風》:“～葑～菲。”❷雜色的,色彩豐富的。《詩·蒹葭》:“蒹葭～～。”❸顔色。《書·益稷》:“以五～彰施于五色。”❹優美。《左·宣十四》:“於是有容貌、～章、嘉淑。”

同音假借 事。《書·堯典》:“疇咨若予～。”

通“菜”。《周禮·大胥》:“春入學,舍～合舞。”

tsʻəg/tsʻɑi-/cài 封地。《書·禹貢》:“百里～。”Gl318、1233

1922 殷甲文(E242: 1)

1923 周I(銘文90)

1922—1923

此字从木、手。

採 前字的異體。《國策》:“芻牧薪～莫敢闚東門。”(按:今本未見,高氏從《康熙字典》。)

菜 tsʻəg/tsʻăi-/cài (采集的草本植物>)可食的草本植物,蔬菜。《詩·關雎》:“參差荇～。”

1924 周I(銘文97,人名)

1924

943

才 dzʻəg/dzʻăi/cái ❶才能,才幹。《左·昭二十八》:“～之不可以已。”❷有才能的,强壯的。《詩·駉》:“思馬斯～。”

通“裁”。《國策·趙一》:“唯王～之。”

1925 殷甲文(A1: 9, 7)

1926 殷甲文(A1: 42, 1)

1927 殷(銘文25)

1928 殷(銘文4)

1929 周I(銘文54)

1925—1929

這些古文字均爲“在”義。請注意,在最古老的文字中,這個符號有時可用來代表幾個不同的詞,交叉筆劃既用作“七、甲”,又用作“才”。

材 音同上 ❶木材,原料。《孟子·梁惠王上》:“斧斤以時入山林,～木不可勝用也。”❷財富。《左·閔二》:“歸公乘馬……與門～。”❸品性,性質。《禮·中庸》:“故天生之物,必因其～而篤焉。”❹才能。《書·咸有一德》:“任官惟賢～。”

財 音同上 ❶財產,財寶。《書·武成》:“散鹿臺之～,發鉅橋之粟。”❷(精神財富>)才能。《孟子·盡心上》:“有成德者,有達～者。”

在 dzʻəg/dzʻăi:/zài ❶在(動詞)。《詩·關雎》:“關關雎鳩,～河之洲。”❷在場。《詩·六月》:“侯誰～矣?張仲孝友。”❸在(介詞)。《詩·鶴鳴》:“魚潛～淵。”❹在於,依靠。《書·皋陶謨》:“皋陶曰:‘都,～知人,～安民。’”❺存在於。《列子·仲尼》："衎衎然若專直而～雄者。"❻活着。《論語·里仁》："父母～，不遠遊。"❼專心於。《左·襄二十六》："吾子獨不～寡人。"❽審察。《書·舜典》："～璿璣玉衡，以齊七政。"

通"哉"。《書·君奭》："汝明勗偶王～。"Gl751、1898、1899、2081

1930 周Ⅰ（銘文 57）

1931 周Ⅰ（銘文 65）

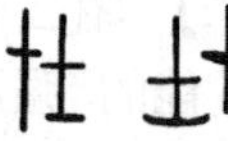

1930—1931

𢦏 tsəg/tsăi/zāi 傷害，損害（殷甲文A5: 9, 3）

1932 殷甲文（B上 14: 6）

1933 殷甲文（A5: 9, 3）

1934 周Ⅱ（銘文 143，"載"義）

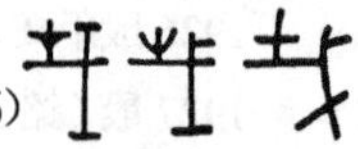

1932—1934

⿰⿱才食丮 tsəg/tsăi-/zài 擺出食物，侍奉（銘文 58）。

1935 周Ⅰ（銘文 58）

1935

鼒 tsi̯əg/tsi/zī 小鼎。《詩·絲衣》："鼐鼎及～。"

⿰糸才 tṣi̯əg/tṣi/zī 黑色。《禮·檀弓上》："爵弁経～衣。"

豺 dz'æg/dẓ'ăi/chái 猛獸。《詩·巷伯》："取彼譖人，投畀～虎。"

1936 周（銘文 368，人名）

1936

哉 tsəg/tsăi/zāi ❶助詞。《詩·文王》："陳錫～周。"❷開始。《書·武成》："厥四月，～生明。"

1937 周Ⅲ（銘文 218）

1937

栽 tsəg/tsăi/zāi 種植。《禮·中庸》："故～者培之。"

dz'əg/dz'ăi-/zài 設板，立建築木架。《左·哀元》："里而～，廣丈，高倍。"

烖 tsəg/tsăi/zāi 災難。《禮·中庸》："如此者，～及其身者也。"同 940 組的"災"。

載 tsəg/tsăi-/zài ❶車輛。《書·益稷》："予乘四～。"❷用車運，裝載。《詩·正月》："其車既～。"❸支撑。《左·襄二十九》："德至矣哉大矣，如天之無不幬也，如地之無不～也。"❹充滿。《詩·生民》："厥聲～路。"❺記載。《左·昭十五》："有績而～。"❻事。《書·舜典》："有能奮庸熙帝之～。"❼工作。《詩·大明》："文王初～。"❽開始。《詩·大田》："俶～南畝。"❾成就。《書·洛誥》："丕視功～。"❿跟"則"同義。《詩·載》："～見辟王。"

tsəg/tsăi:, tsăi-/zǎi 年。《書·堯典》："朕在位七十～。"

dz'əg/dz'ăi-/zài 裝載的貨物。《詩·正月》："乃棄爾輔，載輸爾～。"

通"栽"。《詩·緜》："縮版以～。"Gl311、683、767、792、824、1100、1351、1352

1938 周Ⅳ（銘文 293，聲符是"才"而不是"𢦏"）

1938

裁 dz'əg/dz'ăi/cái dz'əg/dz'ăi-/zài ❶剪裁衣服。《禮·喪服大記》："夷衾質殺之，～猶冒也。"❷調節，控制。《國語·吳語》："救其不足，～其有餘。"❸決定。《左·僖十五》："唯君～之。"

胾 tṣi̯əg/tṣi-/zì 切開的肉。《詩·閟宮》："毛炰～羹。"

戴 təg/tăi-/dài ❶用頭頂着。《孟子·梁惠王上》："申之以孝悌之義，頒白者不負～於道路矣。"❷加於其上。《禮·月令》："～勝降于桑。"❸擁戴，支持。《左·文十八》："同心～舜以爲天子。"

944

來 ləg/lăi/lái 一種麥子。《詩·思文》："貽我～牟。"

同音假借 來。《詩·終風》："莫往莫～，悠悠我思。"

通“勑”。《詩·大東》：“職勞不～。”

1939 殷甲文（A2: 17, 6）

1940 殷甲文（A1: 25, 3）

1941 殷（銘文 22）

1942 周 I（銘文 73）

此字爲麥子象形。

1939—1942

倈 音同上　來。《楚辭·九辯》：“去鄉離家兮～遠客。”

逨 音同上

《廣韻》：“至也。”（無書證）

1943

1943 周 II（銘文 147, 人名）

勑 ləg/lăi-/lài　激勵（“來”的使動：使……來）。見《説文》（無書證）。該字常誤作“勅”。

萊 ləg/lăi, lăi-/lái　❶一種草。《詩·南山有臺》：“北山有～。”❷除草。《周禮·山虞》：“若大田獵，則～山田之野。”❸荒地。《孟子·離婁上》：“辟草～、任土者次之。”

賚 ləg/lăi-/lài

予。《詩·楚茨》：“徂～孝孫。”

1944

1944 漢前（銘文 419）

騋 ləg/lăi/lái　馬七尺以上。《詩·定之方中》：“～牝三千。”

945

乃 nəg/năi:/nǎi　你的。《書·盤庚中》：“古我先后，既勞～祖～父。”

通 946 組“迺”。《詩·生民》：“鳥～去矣。”

1945—1946

1945 殷甲文（A7: 36, 1）

1946 周 I（銘文 65）

鼐 nəg/năi:, năi-/nài

大鼎。《詩·絲衣》：“～鼎及鼒。”

仍 ṇi̯əŋ/ṇzi̯əŋ/réng　❶重複，照舊。《論語·先進》：“～舊貫，如之何？”❷因。《書·顧命》：“華玉～几。”❸反覆，不斷。《詩·常武》：“～執醜虜。”

通“扔”。《老子》三十八章：“攘臂而～之。”Gl1051

扔 音同上（rēng）　拉，推。《老子》三十八章：“攘臂而～之。”（按：各本作“仍”，范本作“～”。）

芿 音同上　草不剪。《列子·黄帝》：“藉～燔林。”

1947

1947 周 II（銘文 147, 人名）

艿 前字的異體。

孕 di̯əŋ/i̯əŋ-/yìng（yùn）　懷孕。《左·僖十七》：“梁嬴～過期。”

946

迺 nəg/nai:/nǎi　接着，於是。《詩·緜》：“～立應門。”此義是假借用法，其本義不見於任何典籍。

1948 殷甲文（B下 20, 4）

1949 周 I（銘文 56）

1950 周 I（銘文 70）

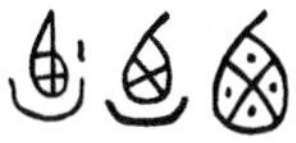

1948—1950

947

母 məg/mə̯u:/mǔ　母親。《詩·日月》：“父兮～兮，畜我不卒。”

1951 殷甲文（A1: 31, 1）

1952 殷甲文（A1: 3, 4）

1953 殷（銘文 10）

1954 周 I（銘文 56）　此字有時同“女”，有時用表示乳房的兩小點加以區別。

1951—1954

姆 音同上　後宮女師。《左·襄三十》：“宋伯姬卒，待～也。”

拇 音同上 ❶大脚趾。《易·咸》："咸其～。"❷拇指。《國語·楚語上》："至于手～毛脈，大能掉小，故變而不勤。"

坶 mi̯ŭk/mi̯uk/mù 地名。《説文》引《書》："武王與紂戰于～野。"（按：今《書·牧誓》作"牧"。）

每 mwəg/muǎi, muǎi-/mèi 富饒，充裕（特指作物）。《左·僖二十八》："原田～～。"

假借爲 mwəg/muǎi:/měi ❶每個，任何時候。《詩·皇皇者華》："～懷靡及。"❷雖然。《詩·常棣》："～有良朋，況也永嘆。"❸貪。《莊子·人間世》："無門無～。"（按：今本作"毒"，高氏從《釋文》。）❹昏暗，混亂。《莊子·胠篋》："天下～～大亂。"Gl126、405

1955 殷甲文（A2: 2, 6，其義不明）
1956 周II（銘文 132，"誨"義）
形符爲枝杈的象形。

1955—1956

梅 mwəg/muǎi/méi ❶梅樹。《詩·摽有梅》："摽有～，其實七兮。"❷梅子。《左·昭二十》："水火醯醢鹽～，以烹魚肉。"

通"晦"。《禮·玉藻》："視容瞿瞿～～。"

脢 mwəg/muǎi, muǎi-/méi 脊側肉。《易·咸》："咸其～。"

鋂 mwəg/muǎi/méi 狗頸上大環貫二小環。《詩·盧令》："盧重～，其人美且偲。"

畮 məg/mə̯u:/mŭ, mǒu 畝。《周禮·大司徒》："不易之地家百～。"

1957

1957 周I（銘文 118）

痗 mwəg/muǎi-/mèi xmwəg/xuǎi-/huì 悲痛，憂傷。《詩·伯兮》："使我心～。"

𠧟 xmwəg/xuǎi-/huì 上三爻。《説文》引《書》："曰貞曰～。"（按：今《書·洪範》作"悔"。）

悔 音同上（huǐ） 悔悟，悔恨。《詩·丰》："～予不送兮。"

通"𠧟"。《書·洪範》："曰貞曰～。"Gl1550

晦 音同上 ❶陰曆每月最後一天。《左·成十七》："陳不違～。"❷昏暗，模糊不清。《詩·酌》："遵養時～，時純熙矣。"❸言不盡意的。《左·成十四》："志而～。"Gl1136

誨 音同上 教導。《詩·抑》："～爾諄諄。"

1958

1958 周II（銘文 172）

海 xməg/xǎi:/hǎi 海。《詩·沔水》："沔彼流水，朝宗于～。"

1959

1959 周I（銘文 54）

948

某 məg/mə̯u:/mǒu 某人，某事，某種。《書·金縢》："惟爾元孫～，遘厲虐疾。"

1960

1960 周I（銘文 60，"謀"義）
因爲《詩·摽有梅》毛詩作"梅"，韓詩作"楳"，所以"某"可能是"梅"的初文。

媒 mwəg/muǎi/méi 媒人，作媒。《詩·氓》："匪我愆期，子無良～。"

通"昧"。《莊子·知北遊》："～～晦晦，无心而不可與謀。"

煤 音同上 煤。《吕氏春秋·任數》："～炱入甑中。"

禖 音同上 生育之神。《禮·月令》："以大牢祠于高～。"

謀 mi̯ŭg/mi̯ə̯u/móu（《切韻》一種抄本音 mə̯u，然照韻序來看當是誤注）❶計議。《詩·氓》："來即我～。"❷諮詢。

《詩·皇皇者華》："周爰咨～。"

949

畝 məg/mə̯u:/mǔ, mǒu　畝。《詩·南山》："衡從其～。"

同947組"晦"。

950

灰 xwəg/xuǎi/huī　❶灰。《莊子·齊物論》："形固可使如槁木，而心固可使如死～乎！"❷炭。《禮·月令》："毋燒～。"小篆从火、又（手）。

恢 k'wəg/k'uǎi/kuī（huī）　❶大，擴大。《左·襄四》："用不～于夏家。"❷周備。《吕氏春秋·君守》："有事則有不～矣。"

脄 mwəg（gmwəg？）/muǎi，muǎi-/méi　脊側肉。《禮·內則》："取牛羊麋鹿麕之肉，必～。"參947組"脢"。

951

佩 b'wəg/b'uǎi-/bèi（pèi）　腰帶上佩帶飾物，垂飾。《詩·子衿》："青青子～。"

1961

1961 周I（銘文67）

此字从人、巾，"巾"上爲腰帶的簡形。

珮 前字的異體。《楚辭·涉江》："被明月兮～寶璐。"

952

其 ki̯əg/kji/jī　簸箕。見《説文》。此字是"箕"的初文（無書證）。

同音假借　助詞。《詩·庭燎》："夜如何～？"

假借爲ki̯əg/kji-/jì　這，那。《詩·候人》："彼～之子。"

假借爲g'i̯əg/g'ji/qí　❶這。《論語·八佾》："爾愛～羊。"❷他（她、它）的，他們的。《詩·桃夭》："桃之夭夭，灼灼～華。"❸語氣助詞，表揣測。《詩·園有桃》："心之憂矣，～誰知之？"❹但願。《詩·賓之初筵》："錫爾純嘏，子孫～湛。"

通"期"。期望，以……爲目的。《書·無逸》："君子所～無逸。"Gl1829

1962 殷甲文（A1：1，7）

1963 周I（銘文58）

1964 周I（銘文107）

1965 周II（銘文140）

1962—1965

此字爲簸箕象形。

箕 ki̯əg/kji/jī　❶簸箕。《詩·巷伯》："哆兮侈兮，成是南～。"❷畚垃圾的器具。《禮·曲禮上》："凡爲長者糞之禮，必加帚於～上。"

基 音同上　❶基礎，根本。《詩·昊天有成命》："夙夜～命宥密。"❷門塾之基。《詩·絲衣》："自堂徂～。"❸居住的地方。《詩·公劉》："止～迺理。"

同音假借　耒耜類農具。《孟子·公孫丑上》："雖有鎡～，不如待時。"Gl908

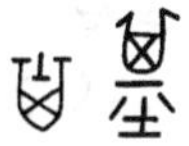
1966—1967

1966 殷甲文（P354，人名）

1967 周III/IV（銘文310，"期"義）

朞 音同上　一年。《書·堯典》："～，三百有六旬有六日。"

期 ki̯əg/kji/jī　❶一年。《易·繫辭上》："凡三百有六十，當～之日。"❷滿一定的時間。《禮·曾子問》："如將冠子而未及～日。"

g'i̯əg/g'ji/qí（qī）　❶規定的時間。《詩·采綠》："五日爲～。"❷時間。《詩·頍弁》："實維何～。"❸終點，界限。《詩·南山有臺》："萬壽無～。"❹等候，盼望。《莊子·寓言》："年先矣，而无經緯本末以～年耆者，是非先也。"❺以……爲目標。《孟子·告子上》："至於味，天下～於易牙，是天下之口相似也。"Gl698

稘 kịəg/kji/jī 一年。《說文》引《書》:"～,三百有六旬。"(按: 今《書·堯典》作"朞"。)

萁 kịəg/kji/jī 蘮～: 一種植物。《禮·曲禮下》:"粱曰蘮～。"

g'ịəg/g'ji/qí 豆莖。《淮南子·時則訓》:"爨～燧火。"

諆 kịəg/kji/jī

謀劃(無書證)。

k'ịəg/k'ji/qī 欺騙。見《説文》。此字是"欺"的初文(無書證)。

1968

1968 周I(銘文105,人名)

倛 k'ịəg/k'ji/qī 面具。《荀子·非相》:"仲尼之狀,面如蒙～。"

欺 音同上 ❶欺騙。《論語·子罕》:"吾誰～?"❷凌辱。《左·襄二十九》:"～其君,何必使余?"

㫷 g'ịəg/g'ji/qí("期"的異體,故定此讀) 確定的時間,終點,界限(銘文224)。

1969 周III(銘文224)

1969

棋 音同上 棋子。《左·襄二十五》:"弈者舉～不定。"

棊

前字的異體。

旗 音同上 旗幟。《左·莊元》:"吾視其轍亂,望其～靡,故逐之。"

琪 音同上

一種玉。《穆天子傳》四:"玗～。"

祺 音同上 吉祥,幸運。《詩·行葦》:"壽考維～。"

綦 g'ịəg/g'ji/qí 雜有黑色條紋的灰色。《詩·出其東門》:"縞衣～巾。"

g'ịəg/g'ji/qí g'ịəg/g'ji-/jì 鞋帶。《禮·內則》:"偪屨著～。"

通"基"。《荀子·王霸》:"是～定也。"

通"極"。《荀子·仲尼》:"非～文理也。"Gl364

騏 g'ịəg/g'ji/qí ❶帶黑色條紋的灰馬。《詩·駟》:"有騂有～。"❷雜有黑色條紋的灰色。《詩·鳲鳩》:"其弁伊～。"❸駿馬。《國策·燕三》:"～驥盛壯之時,一日而馳千里。"Gl364

麒 音同上 麒麟。《禮·禮運》:"鳳凰～麟,皆在郊棷。"

惎 g'ịəg/g'ji-/jì ❶毒害,毀壞。《左·定四》:"管蔡啟商,～間王室。"❷憎惡。《左·哀二十七》:"趙襄子由是～知伯。"❸告誡。《左·宣十二》:"晉人或以廣隊,不能進;楚人～之脱扃。"Gl2106

諅 音同上 害怕。《說文》引《書》:"上不～于凶德。"(按: 今《書·多方》作"忌"。)參953組"忌"。

璂 g'ịəg/g'ji/qí 附在帽縫上的玉飾。《周禮·弁師》:"王之皮弁會五采玉～。"

僛 k'ịəg/k'ji/qī 像戴面具的鬼怪。《詩·賓之初筵》:"屢舞～～。"Gl712

953

己 kịəg/kji:/jǐ ❶天干名稱之一。《左·襄二十三》:"～卯,孟孫卒。"❷自己。《論語·學而》:"不患人之不～知,患不知人也。"

1970 殷甲文(E39: 4)

1971 殷甲文(E197: 1)

1972 殷(銘文12) 1973 周I(銘文58)

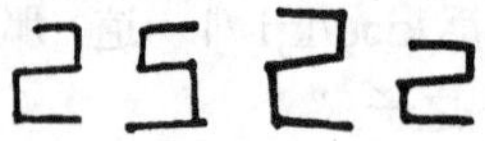

1970—1973

改 音同上

女子名字(銘文79)。

1974 周I(銘文79)

1974—1975

1975 周II（銘文 201）

紀 音同上　❶絲綫的頭緒。《禮·禮器》：“～散而衆亂。”❷整治。《詩·棫樸》：“綱～四方。”❸法則，標準。《詩·雲漢》：“旱既大甚，散無友～。”❹有規則的系列，若干年循環一次。《國語·晉語四》：“蓄力一～。”❺繼續。《書·大誥》：“殷小腆誕敢～其敘。”❻記載。《左·桓二》：“夫德，儉而有度，登降有數，文物以～之，聲明以發之。”❼日月交會之處。《禮·月令》：“月窮于～。”

通“杞”。《詩·終南》：“有～有堂。”Gl320

記 ki̯əg/kji-/jì　❶記載。《書·洛誥》：“～功，宗以功作元祀。”❷記憶。《書·益稷》：“侯以明之，撻以～之。”

屺 kʿi̯əg/kʿji:/qǐ　山無草木。《詩·陟岵》：“陟彼～兮。”Gl275

杞 音同上　❶杞柳。《詩·將仲子》：“無折我樹～。”❷枸杞。《詩·四牡》：“集于苞～。”

1976 殷甲文（A2: 8, 7, 人名）

1977 殷（銘文 35，人名）

1978　1979 周II/III（銘文 248，人名）

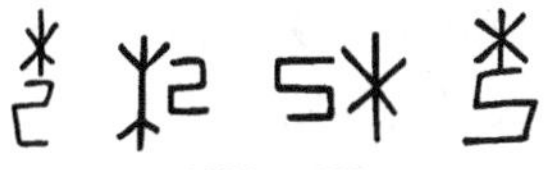

1976—1979

芑 音同上　❶一種小米。《詩·生民》：“維穈維～。”❷苦苣或蒿苣。《詩·采芑》：“薄言采～。”

起 音同上　起來。《詩·沔水》：“念彼不蹟，載～載行。”

忌 gʿi̯əg/gʿji-/jì　❶畏懼。《詩·桑柔》：“胡斯畏～。”❷怨恨。《詩·瞻卬》：“維予胥～。”❸尊重。《左·昭元》：“非羈何～。”❹禁戒，忌諱。《周禮·小史》：“若有事，則詔王之～諱。”❺謹慎。《禮·表記》：“敬～而罔有擇言在躬。”❻忌日。《左·昭三》：“遇懿伯之～。”

假借爲ki̯əg/kji-/jì　語助詞。《詩·大叔于田》：“叔善射～，又良御～。”Gl2106

1980

1980 周III（銘文 217）

諅 gʿi̯əg/gʿji-/jì　告誡（銘文 301）。

1981

1981 周III/IV（銘文 301）

跽 gʿi̯əg/gʿji:/jì　跪。《莊子·人間世》：“擎～曲拳，人臣之禮也。”

此字《切韻》列入旨韻（-d、-r），而《釋文》列入止韻（-g），《釋文》比較正確。

曁 音同上（《玉篇》和《集韻》音，而不是《切韻》或《廣韻》音；“跽”的讀音可證實此讀）　❶跪下。見《玉篇》。❷盤腿蹲坐。見《説文》（無書證）。

1982 殷（銘文 9，人名）

1983 周II（銘文 141，人名）

1984 周II（銘文 182，人名）

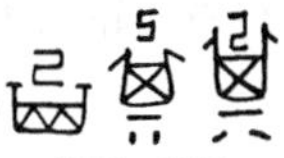

1982—1984

954

異 gi̯əg/i-/yì　❶不同。《詩·大車》：“穀則～室。”❷少有的，傑出的。《詩·靜女》：“洵美且～。”❸異常的，疏遠的。《詩·頍弁》：“豈伊～人？兄弟匪他。”

1985 殷甲文（A5: 38, 6，其義不明）

1986 周I（銘文 65，“翼”義）

此字像人舉雙手，其頭似鬼。見569組。

1985—1986

翼 gi̯ək/i̯ək/yì　❶翅膀。《詩·候人》：“維鵜在梁，不濡其～。”❷（用翅膀蓋覆>）保護，掩蔽。《詩·生民》：“誕置之寒冰，鳥覆～之。”❸幫助。《詩·卷阿》：“有馮有～。”

同音假借　❶恭敬的。《詩·烝民》：

"小心～～。"❷有秩序的。《詩·常武》："緜緜～～。"

通912組的"翊"。❶飛來飛去。《書·大誥》："今蠢，今～日民獻有十夫。"❷光亮。《書·顧命》："延入～室。"

通603組的"冀"。❶渴求（形近通假）。《書·多士》："非我小國敢～殷命。"（按：今本作"弋"，高氏從《釋文》。）❷下一個（特指日子）。《書·金縢》："王～日乃瘳。"Gl433、1598、1799、1982

廙 gi̯ək/i̯ək/yì　gi̯əg/i-/yì　❶帳篷。見《說文》。❷恭敬的。見《切韻》（無書證）。

1987

1987 周I（銘文111，人名）

趩 t̑'i̯ək/t̑'i̯ək/chì 進軍號令聲（銘文323）。

1988

1988 周III/IV（銘文323）

瀷 gi̯ək/i̯ək/yì　滴。《管子·宙合》："泉踰～而不盡。"

955

喜 xi̯əg/xji:/xǐ　❶欣喜。《易·否》："先否後～。"❷喜歡。《詩·彤弓》："我有嘉賓，中心～之。"

1989 殷甲文（A1: 2, 3）

1990 周II（銘文197）

此字从壴（鼓）、口。

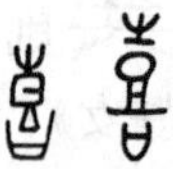
1989—1990

憘 前字的異體。《大戴禮·曾子立事》："兄弟～～。"

嘻 xi̯əg/xji/xī　❶歡笑聲。《易·家人》："婦子～～。"❷懼怕聲。《左·定八》："從者曰～。"

譆 音同上　叫喊聲。《左·襄三十》："鳥鳴于亳社，如曰～～。"

嬉 音同上　自娛。《大戴禮·誥志》："惟民是～。"

1991

1991 殷甲文（H1: 21, 12）

暿 音同上　熱情，融洽。《大戴禮·本命》："三年～合。"

熺 音同上　發光。《管子·侈靡》："有時而星～。"

熹 前字的異體。

糦 t̑'i̯əg/tɕ'i-/chì　煮熟後祭祀用的米飯。《詩·玄鳥》："大～是承。"Gl911

饎 前字的異體。《詩·泂酌》："可以餴～。"

956

疑 ŋi̯əg/ŋji/yí　❶懷疑。《論語·顏淵》："夫聞也者，色取仁而行違，居之不～。"❷猜疑，不決。《禮·坊記》："夫禮者，所以章～別微，以爲民坊者也。"❸相似。《禮·燕義》："不以公卿爲賓，而以大夫爲賓，爲～也。"❹害怕。《禮·雜記下》："皆爲～死。"

ŋi̯ək/ŋi̯ək/yì　❶固定，使固定。《詩·桑柔》："靡所止～。"❷站立不動。《儀禮·鄉飲酒禮》："賓西階上～立。"

通"擬"。《儀禮·士相見禮》："若不得，則正方不～君。"（鄭玄說通517組"仡"，不可取。）G967

儗 ŋi̯əg/ŋji:/yǐ（nǐ）　比。《禮·曲禮下》："～人必於其倫。"

通"疑"。《荀子·儒效》："無所～㤼。"

嶷 ŋi̯əg/ŋji/yí　山名。《楚辭·湘夫人》："九～繽兮並迎。"

假借爲ŋi̯ək/ŋi̯ək/yì　穩立。《詩·生民》："克岐克～。"Gl870、967

擬 ŋi̯əg/ŋji:/yǐ（nǐ）　估量，推測。《易·繫辭上》："～議以成其變化。"

薿 ŋi̯əg/ŋji:/yǐ　ŋi̯ək/ŋi̯ək/yì（nǐ）　（穀物）生長茂盛。《詩·甫田》："黍稷～～。"

觺 ŋi̯əg/ŋji/yí　ŋi̯ək/ŋi̯ək/yì　角鋭利貌。《楚辭·招魂》:"其角～～些。"

礙 ŋəg/ŋăi-/ài　阻礙。《列子·力命》:"獨往獨來,獨出獨入,孰能～之?"

凝 ŋi̯əŋ/ŋi̯əŋ/níng　❶凝凍。《詩·碩人》:"膚如～脂。"❷堅固的,使固定。《易·鼎》:"君子以正位～命。"❸集中,成功。《書·皋陶謨》:"庶績其～。"

957

意 ʔi̯əg/ʔi-/yì　❶想。《詩·正月》:"終踰絶險,曾是不～。"❷思想,意圖。《禮·大學》:"欲正其心者,先誠其～。"

噫 ʔi̯əg/ʔi/yì　感嘆聲。《詩·噫嘻》:"～嘻成王。"

ʔæg/ʔăi/yài(ài)　打嗝。《禮·內則》:"不敢噦～、嚔咳。"

鷾 ʔi̯əg/ʔi-/yì　燕子。《莊子·山木》:"鳥莫知於～鴯。"

醷 ʔi̯əg/ʔi:/yì　ʔi̯ək/ʔi̯ək/yì　梅漿。《禮·內則》:"黍酏、漿、水、～濫。"

假借爲ʔæg/ʔăi-/yài(ài)　聚氣。《莊子·知北遊》:"生者,喑～物也。"

億 ʔi̯ək/ʔi̯ək/yì　❶十萬,很大的數字。《詩·假樂》:"子孫千～。"❷打算,準備。《左·襄二十五》:"不可～逞。"❸滿足,安寧。《左·昭二十一》:"心～則樂。"

通"噫"。《易·震》:"～喪貝。"

憶 音同上　記憶。《國語·楚語下》:"庶～懼而鑒前惡乎?"

檍 音同上　一種樹。《周禮·弓人》:"凡取幹之道七,柘爲上,～次之。"

繶 音同上　衣服鑲邊,飾帶。《儀禮·士冠禮》:"青絇、～、純。"

臆 音同上　胸。《列子·湯問》:"正度乎胸～之中。"

958

醫 ʔi̯əg/ʔi/yī　❶醫生。《左·文十八》:"～曰:'不及秋將死。'"❷藥酒。《周禮·酒正》:"辨四飲之物……二曰～……"

此字當是幾個字的合體,其上面部分(589組,-r部)不可能是聲符;從《切韻》音看,上古音有韻尾-g是確鑿無疑的。

959

恥 ȶʻi̯əg/ȶʻi:/chǐ　❶羞恥。《詩·蓼莪》:"瓶之罄矣,維罍之～。"❷侮辱。《左·昭五》:"～匹夫,不可以無備,況～國乎!"

此字从耳、心。

960

𦣝 gi̯əg/i/yí　下巴(銘文244,人名:黑𦣝)。

1992 周II/III(銘文244)　1992

頤 音同上　下巴。《禮·玉藻》:"～霤垂拱。"

同音假借　養育。《禮·曲禮上》:"百年曰期～。"

巸 音同上　寬下巴。見《説文》(無書證)。

1993 周III/IV(銘文298,"熙"義)　1993

姬 ki̯əg/kji/jī　❶姓。《詩·泉水》:"孌彼諸～。"❷美女。《詩·東門之池》:"彼美淑～。"

1994 周II(銘文149)

1995 周II/III(銘文259)　1994—1995

茝 ȶʻi̯əg/tɕʻi:/chǐ　ȶi̯əg/tɕi:/zhǐ　鳶尾(植物名)。《禮·內則》:"佩帨～蘭。"

熙 xi̯əg/xji/xī　明亮,光彩。《詩·維清》:"維清緝～。"Gl1229

饎 ȶʻi̯əg/tɕʻi-/chì　煮熟後祭祀用的米飯。《周禮·饎人》:"～人掌凡祭祀共盛。”見955組“糦”。

961

止 t̂i̯əg/tɕi:/zhǐ ❶脚。《儀禮·士昏禮》：“媵衽良席在東，皆有枕北～。”❷停止，休息，停留，站立。《詩·緜蠻》：“緜蠻黄鳥，～于丘阿。”❸停止（行動），留住。《論語·微子》：“～子路宿。”❹安定。《詩·小旻》：“國雖靡～，或聖或否。”❺居住的地方。《詩·公劉》：“～基迺理。”❻合適的舉止，有禮貌的。《詩·抑》：“淑慎爾～。”

同音假借 ❶助詞。《詩·南山》：“既曰歸～，曷又懷～。”❷擊鼓椎。《書·益稷》：“合～柷敔。”

通“祉”。《詩·甫田》：“攸介攸～，烝我髦士。”Gl142、679、908、1004、1319、1343

1996 殷甲文（I9: 16）

1997 殷甲文（A7: 19, 1）

1998 周I（銘文57）

1999 周II（銘文140）

2000 周II（銘文150，人名）

此字是脚的象形，在甲骨文和金文中常假借作同音字“之”的各個義項。見962組。

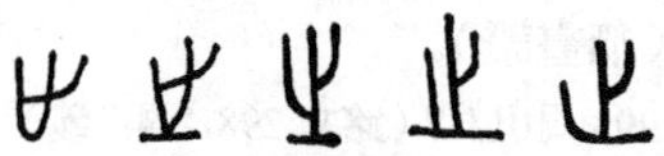

1996—2000

趾 音同上 ❶脚。《詩·七月》：“四之日舉～。”❷底脚。《左·宣十一》：“略基～。”

沚 音同上 水中小洲。《詩·蒹葭》：“宛在水中～。”

2001 殷甲文（A6: 25, 6，人名）

2001

芷 音同上 一種香草。《楚辭·離騷》：“扈江離與辟～兮，紉秋蘭以爲佩。”

祉 t̂ʻi̯əg/ȶʻi:/chǐ（zhǐ） 福，幸運。《詩·巧言》：“君子如～。”Gl602

齒 t̂ʻi̯əg/tɕʻi:/chǐ 門齒。《詩·碩人》：“～如瓠犀。”

寺 dzi̯əg/zi-/sì ❶廳堂（僅有漢代書證）。❷太監。《詩·車鄰》：“未見君子，～人之令。”Gl308

2002 周III（銘文217）

2003 周III（銘文220，“侍”義）

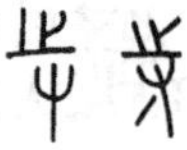

2002—2003

現代字形中聲符“止”譌作“土”。

持 d̂ʻi̯əg/d̂ʻi/chí 握，執。《左·成十六》：“使鍼御～矛。”

峙 d̂ʻi̯əg/d̂ʻi:/zhì 積聚，儲備。《詩·崧高》：“徹申伯土疆，以～其粻。”Gl1016

畤 前字的異體。《詩·崧高》：“徹申伯土疆，以～其粻。”（按：今本作“峙”，高氏從《釋文》。）

庤 音同上 儲備，準備。《詩·臣工》：“命我衆人，～乃錢鎛。”

痔 音同上 痔瘡。《莊子·列禦寇》：“子豈治其～邪？”

跱 音同上 止息，躊躇，遲疑不前。《莊子·秋水》：“而跨～埳井之樂。”Gl116

洔 t̂i̯əg/tɕi:/zhǐ 水中小洲。《穆天子傳》一：“飲於枝～之中。”同“沚”。

侍 d̂i̯əg/ʑi-/shì 隨從，服侍。《左·襄二十五》：“～者曰：‘不可。’”

恃 d̂i̯əg/ʑi:/shì 依靠，依賴。《詩·蓼莪》：“無母何～？”

時 d̂i̯əg/ʑi/shí ❶時候。《詩·魚麗》：“維其～矣。”❷這時，現在。《詩·桑柔》：“如彼飛蟲，～亦弋獲。”❸時令。《詩·十月之交》：“豈曰不～？”❹按時。《詩·時邁》：“～邁其邦，昊天其子之？”❺隨時，經常。《論語·學而》：“學而～習之，不亦説乎？”

同音假借 ❶此。《詩·噫嘻》：“率～

農夫。”❷當時。《書·康誥》:“～乃不可殺。”❸正確,好。《詩·頍弁》:“爾殽即～。”

通“跱”。停止。《詩·緜》:“曰止曰～。”

通“恃”。《書·君奭》:“君已曰～我。”Gl553、791、1249、1284、1860

2004

2004 周III/IV(銘文 323)

旹 前字的異體。《楚辭·湘君》:“～不可兮再得。”

2005

2005 殷甲文(A6: 24, 7)

詩 ɕi̯əg/ɕi/shī 詩,歌謠。《詩·巷伯》:“作爲此～。”

通“持”。《禮·内則》:“～負之。”

邿 音同上 地名。《左·襄十八》:“魏絳、欒盈以下軍克～。”

2006

2006 周II/III(銘文 254)

待 d'əg/d'ăi:/dài ❶等待。《論語·子罕》:“我～賈者也。”❷對待。《論語·微子》:“以季、孟之間～之。”

特 d'ək/d'ək/dé(tè) ❶牡牛。《書·舜典》:“歸格于藝祖,用～。”❷雄的動物。《周禮·校人》:“凡馬,～居四之一。”❸三歲動物。《詩·伐檀》:“胡瞻爾庭,有縣～兮。”

同音假借 ❶單獨,唯一。《儀禮·士昏禮》:“其實～豚。”❷僅僅。《吕氏春秋·適音》:“故先王之制禮樂也,非～以歡耳目極口腹之欲也。”❸特别。《左·僖三十三》:“～祀於生。”❹正直的。《詩·秦風·黄鳥》:“維此奄息,百夫之～。”❺(一對中的一個>)配偶。《詩·鄘風·柏舟》:“實維我～。”❻匹配。《詩·我行其野》:“求爾新～。”Gl129、494

等 təŋ/təŋ:/děng ❶臺階。《論語·鄉黨》:“出,降一～。”❷類别,程度。《易·繫辭下》:“貴賤之～也。”❸等級。《左·文十五》:“示有～威。”❹分級(此義項亦可念 təg/tăi:/dăi)。《周禮·大宗伯》:“以～邦國。”

塒 ḍi̯əg/ẓi/shí 牆上挖洞做成的鷄巢。《詩·君子于役》:“鷄棲于～。”

偫 d'i̯əg/ḍ'i:/zhì 儲備,準備。《國語·周語中》:“～而畚梮。”

962

之 ṭi̯əg/tɕi/zhī 往。《詩·碩鼠》:“誰～永號?”

同音假借 ❶這。《詩·桃夭》:“～子于歸。”❷他,她,它,他們(均作賓語)。《詩·樛木》:“南有樛木,葛藟累～。”❸的。《詩·關雎》:“關關雎鳩,在河～洲。”Gl626、984

2007

2007 殷甲文(A1: 1, 1)“之”字“往”義實際上只是961組“止”的變體,“先”的古文字也可證明這一點。“先”的上半部分在殷甲文中有兩個變體,亦可參看961組“止”的殷甲文。

芝 音同上 ❶一種菌類植物。《禮·内則》:“～栭蔆椇。”❷一種香草。《楚辭·疾世》:“齧～華兮療飢。”

蚩 ṭ'i̯əg/tɕ'i/chī 愛開玩笑的,歡樂的。《詩·氓》:“氓之～～。”Gl176

據《説文》小篆來判斷,該字上部的聲符應是“之”或“止”。

志 ṭi̯əg/tɕi-/zhì ❶目的,目標。《書·盤庚上》:“若射之有～。”❷打算,意欲。《論語·爲政》:“吾十有五而～于學。”❸精神,志向。《左·僖二十三》:“子有四方之～。”❹記號,標志。《禮·檀弓上》:“公西赤爲～焉。”❺記載。《左·僖二十四》:“以～吾過。”❻文章。《左·哀十八》:“～曰:‘聖人不煩卜筮。’”❼記住。《國語·魯語下》:“弟子～之。”

從小篆來看，該字上部的聲符應是“之”或“止”。

誌 音同上　記載。《列子·楊朱》：“太古之事滅矣，孰～之哉！”

963

市 di̯əg/zi:/shì ❶市場。《詩·東門之枌》：“不績其麻，～也婆娑。”❷買賣。《國語·齊語》：“～賤鬻貴。”

964

子 tsi̯əg/tsi:/zǐ ❶兒女，孩子。《詩·抑》：“～孫繩繩。”❷當作孩子對待。《詩·時邁》：“時邁其邦，昊天其～之。”❸幼小的動物。《詩·小宛》：“螟蛉有～，蜾蠃負之。”❹對男子的尊稱。《詩·干旄》：“彼姝者～，何以畀之？”❺青年女子。《詩·衡門》：“豈其取妻，必宋之～？”❻師。《論語·公冶長》：“願聞～之志。”❼諸侯，五等爵的第四等。《左·僖二十九》：“卿不會公侯，會伯～男可也。”❽地支名稱之一。《書·牧誓》：“時甲～昧爽，王朝至于商效牧野，乃誓。”

通“孜”。《詩·靈臺》：“庶民～來。”

通“字”。撫育。《詩·鴟鴞》：“鬻～之閔斯。”

通966組的“慈”。《禮·中庸》：“～庶民也。”Gl850、1727

2008—2016

2008 殷甲文（A3: 4, 1）

2009 殷甲文（A7: 15, 3）

2010 周Ⅱ（銘文151）

2011 殷甲文（M197）

2012 殷（銘文10）　2013 周Ⅰ（銘文58）

2014 殷甲文（A3: 7, 5）

2015 殷甲文（A3: 22, 7）

2016 周Ⅰ（銘文97）

這裏應該分成兩組：

A.僅作十二地支名之一的“子”。殷甲文（A3: 4, 1），殷甲文（A7: 15, 3），周Ⅱ（銘文151）都屬於這一組，這些字在使用中有很多變體。

B.第二組中有一個簡單的圓圈表示腦袋，還有一個發育不全的身體和雙臂。這組字有兩個用法：1.用作兒子、對男子的尊稱義，如殷甲文（M197），殷（銘文10），周Ⅰ（銘文58）；2.用作地支名，但決不是十二地支中的第一字，而總是第六字，後來都寫作“巳”，如殷（銘文10）（該銘文有兩個義項），殷甲文（A3: 7, 5），殷甲文（A3: 22, 7），周Ⅰ（銘文97）。

仔 tsi̯əg/tsi, tsi:/zǐ 負重。《詩·敬之》：“佛時～肩。”

孜 tsi̯əg/tsi/zī　勤勉的。《書·君陳》：“惟日～～，無敢逸豫。”

耔 tsi̯əg/tsi:/zǐ　鋤鬆禾根周圍的土。《詩·甫田》：“或耘或～。”

字 dz'i̯əg/dz'i-/zì　❶懷孕。《易·屯》：“女子貞不～，十年乃～。”❷哺育。《詩·生民》：“牛羊腓～之。”❸愛，愛撫。《書·康誥》：“于父不能～厥子，乃疾厥子。”❹照料，撫養。《左·昭十一》：“其僚無子，使～敬叔。”❺表字。《左·隱八》：“公命以～爲展氏。”❻銘文中的合體字，文字（僅有漢代書證）。

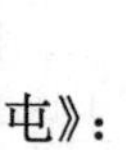

2017

2017 周Ⅲ（銘文225）

965

梓 tsi̯əg/tsi:/zǐ　樹名。《詩·小弁》：“維桑與～。”

此字从木、辛，"辛"爲天干名，此處意義不明。下列字都爲"梓"的省聲。

宰 tsəg/tsǎi:/zǎi　❶主管。《詩·楚茨》："諸～君婦，廢徹不遲。"❷大臣。《詩·雲漢》："疚哉冢～！"❸宰割。《左·隱四》："石碏使其～獳羊肩。"

2018 殷甲文（O1196，人名）

2019 周Ⅰ（銘文 88）

2018—2019

966

玆 tsi̯əg/tsi/zī　黑。《説文》引《左傳》："何故使吾水～？"（按：今《左·哀八》作"滋"。）此字从雙玄。

兹 音同上

草席。《公羊·桓十六》："屬負～。"

同音假借　此。《詩·緜》："築室于～。"

2020 殷甲文（A1: 10, 3）

2021 殷甲文（A1: 51, 1）

2022 周Ⅰ（銘文 58）

2023 周Ⅲ/Ⅳ（銘文 323）

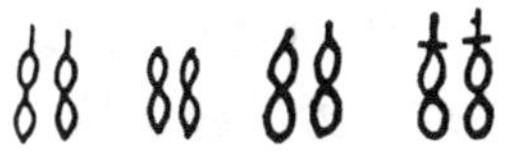

2020—2023

《説文》把"玆、兹"分作兩個同音詞；這些古文字都是"此"義，可以解釋"玆、兹"二字。（按：李孝定《集釋》謂"絲、玆"同字）。

嗞 tsi̯əg/tsi/zī　❶嘆息。《國策·秦五》："嗟～乎，司空馬！"❷嘗。《吕氏春秋》。（按：今本未見。）

滋 音同上　❶充裕。《書·泰誓下》："樹德務～，除惡務本。"❷增長，擴展。《孟子·公孫丑上》："若是，則弟子之惑～甚。"❸污濁。《左·哀八》："何故使吾水～？"❹液汁，滋味。《禮·月令》："薄～味，毋致和。"

通"孶"。《國語·越語下》："民乃蕃～。"

鎡 音同上　鋤頭。《孟子·公孫丑上》："雖有～基，不如待時。"

慈 dzʻi̯əg/dzʻi/cí　充滿深情的，仁慈的。《左·隱三》："父～子孝。"

孶 dzʻi̯əg/dzʻi-/zī　交媾，生殖。《書·堯典》："鳥獸～尾。"

通 964 組的"孜"。《孟子·盡心上》："～～爲善者，舜之徒也。"

967

巳 dzi̯əg/dz:/sì　地支名稱之一。《左·僖十七》："辛～，夜殯。"參 964 組。

2024 殷甲文（E263: 4，"祀"義？）

2025 周Ⅰ（銘文 65，其義不明）

2024—2025

我們在 581 組"妃"和 1113 組"包"（=胞）已指出過這是胎兒的形象，但上古的地支名非常古老，所以我們不能從已知的殷周文字來解釋它們的原始圖形。

祀 音同上　❶祭祀。《詩·生民》："克禋克～。"❷（豐收後秋祭>）年。《書·伊訓》："惟元～十有二月乙丑，伊尹祠于先王。"

2026 殷甲文（A2: 22, 2）

2027 殷（銘文 22）

2028 周Ⅰ（銘文 65）

2029 周Ⅱ（銘文 132）

2026—2029

汜 音同上　從主流分出而又歸入主流的河川。《詩·江有汜》："江有～。"Gl56

2030 殷甲文（A4: 13, 6，其義不明）

2030

戺 dzʻi̯əg/dzʻi:/shì　階旁所砌的柱石。《書·顧命》："夾兩階～。"

968

辭 dzi̯əg/zi/sí, cí　❶詞，言語。《詩·板》：“～之輯矣，民之洽矣。”❷訴狀。《書·吕刑》：“罔差有～。”❸（對一個人的議論＞）壞名聲。《書·多士》：“大淫泆有～。”❹辯解。《論語·季氏》：“君子疾夫舍曰‘欲之’而必爲之～。”❺拒絶。《論語·雍也》：“善爲我～焉！”❻告辭。《左·桓六》：“遂～諸鄭伯。”

通972組“嗣”。此後。《書·大誥》：“天棐忱～其考我民。”Gl1609、1804、2027

969

甾（甾）tşi̯əg/tşi/zī　這裏有兩個字，《説文》認爲前字是“菑”的初文（無書證），另外注明後字是“缶”義的同義詞（無書證）。本諧聲系列的聲符可隨意寫作這兩個字的任何一個。也可能這兩字是兩個獨立的同音字。如果前字是初文（後字是訛字），那麽940組“災”的殷甲文（A2：22，2）就是其聲符；另一方面，如果後字是初文（前字是訛字），那麽它可能是一個合體字，从田（新翻的土地）、巛（流水，即灌溉）。

菑 tşi̯əg/tşi/zī　❶翻土。《書·大誥》：“厥父～，厥子乃弗肯播。”❷新翻的土地。《詩·采芑》：“于此～畝。”

假借爲tşi̯əg/tşi，tşi-/zì　❶立着的死樹。《詩·皇矣》：“其～其翳。”❷剖裂。《周禮·弓人》：“～栗不迆，則弓不發。”

通“災”。《詩·生民》：“無～無害。”Gl822

緇 tşi̯əg/tşi/zī　黑色。《詩·緇衣》：“～衣之宜兮。”

輜 音同上　有帷蓋的車子。《管子·問》：“鄉師車～造修之具，其繕何若？”

錙 音同上　古代重量單位。《禮·儒行》：“雖分國如～銖。”

970

士 dz'i̯əg/dzi̯:/shì　❶官員。《詩·園有桃》：“謂我～也驕。”❷學者。《論語·里仁》：“～志於道。”❸男子，對男子的尊稱。《詩·褰裳》：“豈無他～。”❹士卒。《詩·祈父》：“予王之爪～。”❺獄官。《書·舜典》：“汝作～。”❻從事。《詩·東山》：“勿～行枚。”❼職責，事。《詩·敬之》：“陟降厥～。”Gl231、274、1109、1140

2031 殷甲文（N1：11，P.142，其義不明）

2032 周I（銘文98）

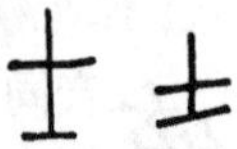

2031—2032

仕 音同上　❶做事。《詩·文王有聲》：“武王豈不～。”❷供職，官職。《詩·節南山》：“弗問弗～。”Gl863

971

事 dz'i̯əg/dz'i-/shì　❶侍奉。《詩·烝民》：“夙夜非解，以～一人。”❷職務，官職，工作。《詩·十月之交》：“黽勉從～，不敢告勞。”❸事情。《左·昭二十五》：“爲政～庸力行務。”❹幹。《論語·顔淵》：“先～後得。”❺（執行＞）祭祀。《詩·楚茨》：“祝祭于祊，祀～孔明。”《書·洛誥》：“予惟曰：‘庶有～。’”❻官員。《詩·常武》：“三～就緒。”Gl1047、1756

2033 周I（銘文59）

2034 周I（銘文70）

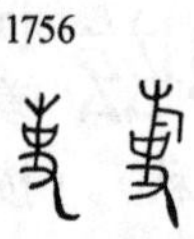

2033—2034

古文字中“事、史、吏”（使）之間實際上没有什麽根本區别。見975組。

剚 tşi̯əg/tşi-/zì　鎬、鋤之類農具。《管子·輕重甲》：“春有以～耜，夏有以決芸。”（按：今本作“傳”，高氏從《康熙字典》。）

972

司 si̯əg/si/sī ❶主管，治理。《詩·十月之交》："皇父卿士，番維～徒。"❷規章。《書·胤征》："俶擾天紀，遐棄厥～。"❸官員。《書·康誥》："外事，汝陳時臬，～師茲殷罰有倫。"

通"嗣"。《書·高宗肜日》："王～敬命。"Gl1492、1641

2035 殷甲文（A2: 14，4）

2036 周 I（銘文 69）

2037 周 II（銘文 151）

2038 周 II（銘文 162）

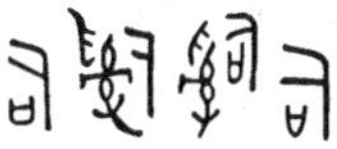

2035—2038

伺 si̯əg/si, si-/sì 探察。《國語·吴語》："夫越王之不忘敗吴，於其心也侙然，服士以～吾間。"

笥 si̯əg/si-/sì 筐。《禮·曲禮上》："凡以弓劍苞苴簞～問人者。"

祠 dzi̯əg/zi/sí（cí） ❶春祭。《詩·天保》："禴～烝嘗，于公先王。"❷祭祀。《周禮·小宗伯》："大災，及執事禱～于上下神示。"

2039

2039 周 III（銘文 237）

詞 音同上（cí） 話，詞，語。《韓非子·詭使》："上無其道，則智者有私～，賢者有私意。"

嗣 dzi̯əg/zi-/sì ❶繼續，繼承。《詩·杕杜》："繼～我日。"❷後代。《書·大禹謨》："罰弗及～。"

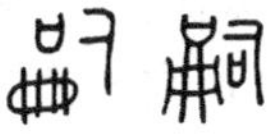

2040—2041

2040 周 I（銘文 65）

2041 周 III / IV（銘文 329）

973

思 si̯əg/si/sī 想。《詩·氓》："信誓旦旦，不～其反。"

同音假借 助詞。《詩·白駒》："勉爾遁～。"《書·皋陶謨》："慎厥身，修～永。"

假借爲 si̯əg/si-/sì 思念。《詩·車舝》："～孌季女逝兮。"

假借爲 si̯əg/si/sī səg/săi/sāi 多鬚貌（一說"白髮貌"）。《左·宣二》："于～于～，棄甲復來。"Gl490、700、1142 a、1146、1178、1296

緦 si̯əg/si/sī 麻布喪服。《禮·大傳》："四世而～，服之窮也。"

葸 si̯əg/si:/sǐ（xǐ） 膽怯。《論語·泰伯》："慎而無禮則～。"

諰 前字的異體。《荀子·議兵》："～～然常恐天下之一合而軋己也。"

颸 tʂ'i̯əg/tʂ'i/chī（sī） 涼風。《楚辭》（按：今本未見）。

偲 ts'əg/ts'ăi/cāi 强有力的。《詩·盧令》："其人美且～。"

si̯əg/si/sī 有説服力的，急切的。《論語·子路》："朋友切切～～。"Gl258

974

絲 si̯əg/si/sī 絲。《詩·氓》："氓之蚩蚩，抱布貿～。"

2042 殷甲文（B下 8: 7）

2043 周 II（銘文 132）

此字爲絲綫象形。

2042—2043

975

史 sli̯əg/ʂi:/shǐ ❶書記，文章。《詩·賓之初筵》："或佐之～。"❷歷史記録，史書。《孟子·離婁下》："其文則～。"

2044—2048

2044 殷甲文（A4: 28，3，"事"義）

2045 殷甲文（A4: 45，1，"使"義）

2046 周 I（銘文 56，"使"義）

2047 周 I（銘文 69，"事"義）

2048 周 I（銘文 102，"史"義）

這些古文字跟 971 組的"事"及下文的

“吏（使）”没有根本區别。

吏 liə̯g/lji-/lì 官吏。《左·成十三》：“畏君之威而受命于～。”

2049 殷（銘文 20，“吏”義）
2050 周Ⅰ（銘文 56，“使”義）
2051 周Ⅰ（銘文 65，“事”義）

2049—2051

𩁹 sliə̯g/ṣi-/shì 一種動物（無書證）。

2052 周Ⅰ（銘文 131，人名）
2053 周Ⅲ/Ⅳ（銘文 324，其義不明）

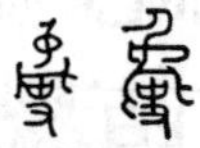

2052—2053

使 sliə̯g/ṣi:/shǐ ❶命令。《易·比》：“上～中也。”❷致使。《詩·狡童》：“維子之故，～我不能餐兮。”❸派遣。《詩·采薇》：“我戍未定，靡～歸聘。”❹假使。《論語·泰伯》：“如有周公之才之美，～驕且吝，其餘不足觀也已。”

sliə̯g/ṣi-/shì 使者。《左·桓六》：“齊～乞師于鄭。”

976

以 ziə̯g/i:/yǐ ❶拿，用。《論語·爲政》：“視其所～。”❷（用＞）款待。《詩·小明》：“式穀～女。”❸雇傭，雇傭的人。《詩·載芟》：“侯彊侯～。”❹用（介詞）。《詩·墓門》：“墓門有棘，斧～斯之。”❺因爲。《詩·皇矣》：“不大聲～色。”❻爲了。《詩·泉水》：“駕言出遊，～寫我憂。”❼隨同。《書·君奭》：“其汝克敬～予監于殷喪大否。”

通“已”。《孟子·梁惠王上》：“無～，則王乎？”Gl654、1119、1894

2054 殷甲文（I7: 11）
2055 殷（銘文 10）
2056 周Ⅰ（銘文 54）

2054—2056

㠯 此字是跟“以”的古文字一致的仿古形式和學究式正字；“以”是一般的流行字體，左邊是古文字隸化後的變體，右邊是附加的形符“人”。

苢 ziə̯g/i:/yǐ 車前草。《詩·芣苢》：“采采芣～。”

苡 前字的現代字體。

似 dziə̯g/zi:/sì 像，類似。《詩·斯干》：“～續妣祖。”Gl497

姒 音同上 ❶姓。《詩·正月》：“赫赫宗周，褒～滅之。”❷弟妻對兄妻的稱呼。《左·昭二十八》：“長叔～生男。”

2057

2057 周Ⅱ（銘文 198）

耜 音同上 農具名，耕。《詩·良耜》：“畟畟良～。”

矣 ziə̯g/ji:/yǐ（中古音不規則，應念 i）句尾助詞。《詩·卷耳》：“我馬瘏～。”

俟 dẓ'iə̯g/dẓ'i:/sì 等待。《詩·靜女》：“～我於城隅。”

同音假借 行走。《詩·吉日》：“儦儦～～。”Gl474

竢 音同上 等待。《國語·晉語四》：“質將善而賢良贊之，則濟可～。”

涘 音同上 水邊。《詩·葛藟》：“在河之～。”

台 diə̯g/i/yí 我。《書·湯誓》：“非～小子，敢行稱亂。”

假借爲 t'ə̯g/t'ǎi/tāi （像河豚一樣，球狀的＞）滾圓的（特指背）。《詩·行葦》：“黄耇～背。”

通“目”。《書·禹貢》：“祇～德先，不距朕行。”

通“怡”。高興。《史記·太史公自序》引今文《尚書》：“唐堯遜位，虞舜不～。”（按：今文《尚書》作“不怡”。）Gl884、1253、1383

2058 周Ⅲ（銘文 217，“目”義）

2059 周III（銘文 217，"台"字"我"義，加了形符"辛"）

2060 周III（銘文 226，"台"字"我"義，形符爲"人、心"，不是"口"）

2058—2060

佁 di̯əg/i:/yǐ　ȶ'i̯əg/ȶ'i-/chì　停止，阻礙。《吕氏春秋·本生》："出則以車，入則以輦，務以自佚，命之曰～蹶之機。"（按：今本作"招"，《文選》枚乘《七發》引作"佁"。）

怡 di̯əg/i/yí　❶和善，令人高興的。《論語·子路》："兄弟～～。"❷温柔。《禮·内則》："下氣～聲，問衣燠寒。"

詒 di̯əg/i/yí　送，遺贈，給。《詩·文王有聲》："～厥孫謀。"

d'əg/d'ăi:/dài　欺騙。《列子·黄帝》："狎侮欺～。"

貽 di̯əg/i/yí　❶贈送，給。《詩·靜女》："～我彤管。"❷留給。《禮·内則》："將爲善，思～父母令名，必果。"❸傳下來。《左·莊三十一》："無不饋～也。"

飴 音同上　❶米做的甜糕。《詩·緜》："堇荼如～。"❷甜食。《禮·内則》："棗栗～蜜以甘之。"❸～鹽：巖鹽。《周禮·鹽人》："王之膳羞共～鹽。"

治 d'i̯əg/ȡ'i/chí　d'i̯əg/ȡ'i-/zhì　❶管理，安排。《左·昭十四》："～國制刑。"❷操作，製造。《詩·緑衣》："緑兮絲兮，女所～兮。"❸指揮，統治。《孟子·離婁上》："～人不～反其智。"❹治理好的，有秩序的。《易·繫辭下》："黄帝、堯、舜垂衣裳而天下～。"❺懲處。《左·莊十六》："鄭伯～與於雍糾之亂者。"❻相比。《國策·趙四》："燕與韓、魏亦且重趙也，皆且無敢與趙～。"

眙 ȶ'i̯əg/ȶ'i-/chì　d'i̯əŋ/ȡ'i̯əŋ-/zhèng　直視。《楚辭·思美人》："擥涕而竚～。"

笞 ȶ'i̯əg/ȶ'i/chī　打。《荀子·正論》："捶～臏脚。"

鈶 dzi̯əg/zi:/sì　犂或鐮刀的柄。《管子·輕重己》："懷鉊～。"

枲 si̯əg/si:/sǐ（xǐ）　麻。《書·禹貢》："厥貢，漆、～、絺、紵。"

始 ɕi̯əg/ɕi:/shǐ　❶開始。《詩·匏有苦葉》："旭日～旦。"❷初，立即。《詩·巧言》："亂之初生，僭～即涵。"

2061 周I（銘文 103，"姒"義）

2062 周II（銘文 164，"姒"義）

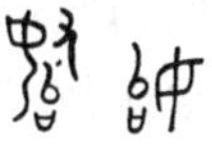

2061—2062

胎 t'əg/t'ăi/tāi　胎兒。《禮·王制》："不殺～。"

炱 d'əg/d'ăi/tái　烟灰。《吕氏春秋·任數》："煤～入甑中。"

駘 d'əg/d'ăi/tái　哀～：醜陋的。《莊子·德充符》："衛有惡人焉，曰哀～它。"

d'əg/d'ăi:/dài　放蕩，懶散。《莊子·天下》："惜乎！惠施之才，～蕩而不得。"

怠 d'əg/d'ăi:/dài　❶懶散。《詩·賓之初筵》："無俾大～。"❷疏忽。《左·文十五》："弱不可以～。"

殆 音同上　❶危險，危險的。《詩·正月》："民今方～。"❷（有危險>）也許，可能。《孟子·梁惠王上》："～有甚焉。"❸幾乎。《左·宣二》："～將斃矣。"❹疑問。《公羊·襄五》："故相與往～乎晉也。" Gl519

紿 音同上　欺騙。《穀梁·僖元》："惡公子之～。"

迨 音同上　到了，直到，當……時。《詩·匏有苦葉》："士如歸妻，～冰未泮。" Gl52

𨽿 前字的異體。《説文》引《詩》:"～天之未陰雨。"(按: 今《詩·鴟鴞》作"迨"。)

冶 di̯ăg/ia:/yě ❶熔化，鑄造。《孟子·滕文公上》:"且許子何不爲陶～?" ❷容飾。《易·繫辭上》:"～容誨淫。"

箈 d'əg/d'ăi:/dài 竹笋。《周禮·醢人》:"～菹雁醢。"

977

已 zi̯əg/i:/yǐ ❶停止，終止。《詩·風雨》:"雞鳴不～。" ❷完成。《易·損》:"～事遄往。" ❸表過去時態的助詞。《詩·桑柔》:"朋友～譖。" ❹已經。《左·昭三》:"其相胡公大姬，～在齊矣。" ❺罷免。《論語·公冶長》:"三～之，無愠色。" ❻棄。《孟子·盡心上》:"於不可～而～者，無所不～。" ❼過分的。《詩·蟋蟀》:"無～大康。" ❽語末助詞。《論語·學而》:"可謂好學也～。" ❾感嘆聲。《書·康誥》:"～!汝惟小子。"

通"以"。用。《書·堯典》:"試可乃～。" G519、1240

照《説文》的判定，該字是976組"目，以"古文字的變體。

异 zi̯əg/i-/yì 不同，異常的。《書·堯典》:"～哉!試可乃已。"

978

里 li̯əg/lji:/lǐ ❶村莊。《詩·韓奕》:"韓侯迎止，于蹶之～。" ❷住處。《詩·將仲子》:"無踰我～。" ❸長度名。《詩·召旻》:"日辟國百～。"

同音假借 悲痛。《詩·十月之交》:"悠悠我～。" Gl90

2063 周I(銘文70)

此字从田、土。

2063

梩 li̯əg/lji/lí 鍬臿類用具。《孟子·滕文公上》:"蓋歸反虆～而掩之。"

理 li̯əg/lji:/lǐ ❶依紋路治玉。《國策·秦三》:"鄭人謂玉未～者璞。" ❷(肌肉)纖維。《禮·内則》:"薄切之，必絶其～。" ❸劃地界。《詩·信南山》:"我疆我～。" ❹治理。《詩·公劉》:"止基乃～。" ❺理由。《易·繫辭上》:"易簡而天下之～得矣。" ❻原則。《孟子·告子上》:"心之所同然者何也?謂～也，義也。" ❼順。《孟子·盡心下》:"稽大不～於口。" ❽(安排的人>)媒人。《楚辭·離騷》:"吾令蹇修以爲～。" ❾獄官。《管子·小匡》:"弦子旗爲～。" ❿使者。《左·昭十三》:"行～之命，無月不至。"

裏 音同上 ❶衣服裏子，襯裏。《詩·緑衣》:"緑衣黄～。" ❷裏面，内部。《左·僖二十八》:"表～山河。"

2064 周I(銘文86)

2065 周II(銘文154)

2064—2065

貍 li̯əg/lji/lí 種屬未明的小動物，可能是一種野貓。《詩·七月》:"取彼狐～。"

通"埋"。《周禮·大宗伯》:"以～沈祭山林川澤。"

狸 前字的異體。《孟子·滕文公上》:"狐～食之。"

鯉 li̯əg/lji:/lǐ 鯉魚。《詩·衡門》:"豈其食魚，必河之～?"

2066 周III/IV(銘文324)

2066

埋 mlæg/măi/mái 埋藏。《左·文十一》:"～其首於子駒之門。"

薶 前字的異體。《荀子·正論》:"雖此倮而～之，猶且必抇也。"

霾 音同上 帶塵土的旋風。《詩·終風》:"終風且～。"

979

嫠 li̯əg/lji/lí（《集韻》《切韻》念 xi̯əg/xji/xī，但跟本諧聲系列極不一致）

2067

爆裂。見《説文》（無書證）。

2067 周II（銘文 182，人名）

嫠 li̯əg/lji/lí　拉，引。見《説文》（無書證）。

2068—2069

2068 殷甲文（A2: 28, 3，“釐”義）2069 周II（銘文 156，人名）

嫠 音同上　寡婦。《左·昭二十四》：“～不恤其緯，而憂宗周之隕。”

犛 音同上　孿生。見《方言》和《切韻》。

2070

2070 周II（銘文 174，“釐”義）

氂 音同上　❶毛髮。《禮·經解》：“差若豪～，繆以千里。”❷小，纖細的。《列子·湯問》：“以～懸蝨於牖。”此字又讀 máo，見 1137 組。

犛 音同上　牦牛。《國語·楚語上》：“巴浦之犀、～、兕、象，其可盡乎。”此字又讀 máo。

䅦 前字的異體。《莊子·逍遥遊》：“今夫～牛，其大若垂天之雲。”

釐 音同上　❶治理。《詩·臣工》：“王～爾成。”❷統治。《書·畢命》：“以成周之衆命畢公保～東效。”❸賜給。《詩·江漢》：“～爾圭瓚。”

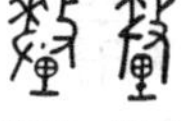
2071—2072

2071 周I（銘文 86，人名）

2072 周II（銘文 140）

980

李 li̯əg/lji:/lǐ　❶李樹，李子。《詩·何彼襛矣》：“華如桃～。”❷行李。《左》（按：《左傳》無此義，先秦典籍亦未見此義）。

通“理”。使者。《左·僖三十》：“行～之往來，供其乏困。”此字从木、子。

981

耳 ni̯əg/ȵzi:/ěr　❶耳朵。《詩·抑》：“匪面命之，言提其～。”❷助詞。《論語·雍也》：“女得人焉～乎？”

通“餌”。筋腱。《詩·閟宫》：“六轡～～。”Gl1164

2073

2073 取自“取”的古文字（周II，銘文 180）。此字象形。

刵 ni̯əg/ȵzi-/èr　割耳朵。《書·吕刑》：“爰始淫爲劓、～、椓、黥。”此據古文《尚書》，但也可能是 306 組“刖”的形譌，見 Gl1640

珥 音同上（ěr）　❶耳飾。《列子·周穆王》：“設笄～。”❷劍鼻。《楚辭·東皇太一》：“撫長劍兮玉～。”❸割耳朵（特指獵物）。《周禮·山虞》：“致禽而～焉。”

衈 音同上（ěr）　祭祀時割取牲耳的一簇毛髮。《禮·雜記下》：“其～皆于屋下。”

佴 音同上　幫助。《墨子·節葬》：“～乎祭祀。”

咡 ni̯əg/ȵzi, ȵzi:/èr　口旁。《禮·少儀》：“有問焉，則辟～而對。”

餌 ni̯əg/ȵzi-/ěr　❶糕餅。《楚辭·招魂》：“粔籹蜜～。”❷肉和稻米做的糰子。《禮·内則》：“稻米二、肉一合以爲～，煎之。”❸（捕魚的）誘餌。《莊子·外物》：“五十犗以爲～。”

同音假借　筋腱。《禮·内則》：“捶反側之，去其～。”

眲 ni̯əg/ȵzi-/èr　næk/ȵæk/nì（nè）　輕視。《列子·黄帝》：“莫不～之。”

982

而 ni̯əg/ȵzi/ér　（動物的）頰毛。《周禮·梓人》：“作其鱗之～。”

同音假借　❶助詞。《詩·桑柔》："予豈不知～作。"❷而且。《詩·北風》："惠～好我，攜手同行。"❸語尾助詞。《詩·著》："俟我於著乎～！"❹你。《左·昭二十》："余知～無罪也。"Gl936

2074

2074 周III（銘文 225）　此字象形。

栭 音同上　一種菌類。《禮·内則》："芝～蔆椇。"

聏 音同上
調和。《莊子·天下》："以～合歡。"

胹 音同上　煮沸，煮爛。《左·宣二》："宰夫～熊蹯不熟。"

鴯 音同上　燕子。《莊子·山木》："鳥莫知於鷾～。"

鮞 ȵi̯əg/ȵʑi/ér　ni̯ŭk/ȵʑi̯uk/rù　❶魚卵。《國語·魯語上》："魚禁鯤～。"❷魚名。《吕氏春秋·本味》："魚之美者，洞庭之鱄，東海之～。"

耐 nəg/nǎi-/nài
忍受。《荀子·仲尼》："能～任之。"
通"能"。《禮·樂記》："故人不～無樂。"

陾 ȵi̯əŋ/ȵʑi̯əŋ/réng　nu/nə̯u:/nǔ（重複）成一長列。《詩·緜》："捄之～～。"Gl793

隭 前字的異體。此字用兩個"而"作聲符；"陾"字用"需"作聲符，這一聲符的字的讀音常常搞錯，見 238 組。此字跟 945 組的"仍"同源。

983

啚 pi̯əg/pji:/bǐ　貯藏。見《説文》（無書證）。

2075—2077

2075 殷甲文（A4: 11, 6, "鄙"義）

2076 殷甲文（A4: 11, 4, "鄙"義）

2077 周I（銘文 126，人名）

參 926 組"嗇"字殷甲文的下半部分：穀倉。

鄙 音同上　❶區域。《周禮·遂人》："五鄼爲～。"❷邊境小邑。《禮·月令》："命司徒巡行縣～。"❸邊境，郊野。《左·隱元》："既而大叔命西～、北～貳於己。"❹粗俗的，下賤的，平常的。《論語·子罕》："吾少也賤，故多能～事。"❺鄙視。《書·大誥》："反～我周邦。"Gl1597

984

葡 b'i̯əg/b'ji-/bèi　準備。見《説文》。"備"的初文（無書證）。

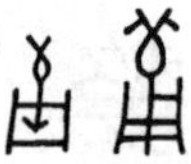
2078—2079

2078 殷甲文（A5: 9, 4, 某種祭品）

2079 周II（銘文 180, 934 組的"箙"義）

備 音同上　❶準備，預備。《左·哀十四》："～酒肉焉。"❷預防。《左·桓十七》："疆埸之事，慎守其一而～其不虞。"❸準備好的，完備。《詩·旱麓》："清酒既載，騂牡既～。"❹全，盡。《易·繫辭上》："以言乎天地之間則～矣。"❺（防禦的兵器>）長的兵器。《左·昭二十一》："齊致死莫如去～。"❻脚爪。《周禮·冥氏》："獻其皮、革、齒、須、～。"

2080

2080 周III（銘文 234）

𣗋 音同上　一種樹。《管子·地員》："其草如茅與走，其木乃～。"（按：今本作"樠"，高氏從《康熙字典》。）

犕 音同上　上軛，馴養動物。《説文》引《易》："～牛乘馬。"（按：今《易·繫辭下》作"服"。）

憊 b'wæg/b'wǎi-/bài（bèi）　精疲力盡。《易·既濟》："三年克之，～也。"

985

龜 ki̯wəg/kjwi/guī　烏龜。《詩·泮水》："元～象齒，大賂南金。"

2081

2081 殷甲文（A4: 54, 7）　此字象形。

986

簋 ki̯wəg/kjwi:/guǐ　一種禮器。《詩·伐木》:"陳饋八～。"見 987 組"𣪘"。

987

𣪘 ki̯wəg/kjwi:/guǐ(跟 986 組"簋"爲同詞,故定此讀)　一種禮器(銘文 20 等)。

2082 殷甲文(B下 7: 12)

2083 殷(銘文 20)

2084 周 I(銘文 58)

2082—2084

986 組"簋"和此字都有器皿形這一重要部分,但附加部分有區別:前者有"⺮"(竹)有"皿"(盆);而後者是持勺的手。

𩛁 ki̯ŭg/ki̯ə̯u-/jiù　饜足(銘文 95)。

2085

2085 周 I(銘文 95)

廏 音同上　馬廏。《詩·鴛鴦》:"乘馬在～,摧之秣之。"

988

頯 g'i̯wəg/g'jwi/kuí　顴骨。《易·夬》:"壯于～。"(按:今本作"頄",高氏從《釋文》。)參 992 組"頄"。

假借爲 k'i̯wəg/k'jwi:/kuǐ　純樸、普通的外貌,嫺雅的外貌。《莊子·大宗師》:"其顙～。"

頮 xwəg/xuǎi-/huì　洗臉。《書·顧命》:"王乃洮～水。"此字是前字的省聲。

989

逵 g'i̯wəg/g'jwi/kuí　幾條道路會合的地方,通道。《詩·兔罝》:"施于中～。"Gl28

990

戒 kæg/kǎi-/jiè　❶戒備。《詩·采薇》:"豈不日～?"❷警誡,懷疑。《書·呂刑》:"今爾罔不由慰日勤,爾罔或～不勤。"❸防備。《詩·抑》:"謹爾侯度,用～不虞。"❹謹慎。《詩·烈祖》:"既～既平。"❺警告。《詩·楚茨》:"鍾鼓既～。"❻告訴,請求。《左·莊二十九》:"～事也。"❼齋戒。《禮·禮器》:"七日～。"

同音假借　折磨(嚴格説應从忄)。《詩·六月》:"我是用～。"(按:今本作"急",高氏從《鹽鐵論》引《齊詩》。)

通"械"。械具。《詩·大田》:"既種既～。"Gl354、434、672、1179、2049

2086 周 I(銘文 99,人名)

此字从雙手从戈。

2086

誡 音同上　❶警誡。《易·繫辭下》:"小懲而大～。"❷制止。《荀子·修身》:"好善無厭,受諫而能～。"❸戒備。《左·桓十一》:"鄖人軍其郊,必不～。"

械 g'æg/ɣǎi-/xiè　❶桎梏。《列子·力命》:"至人居若死,動若～。"❷兵器,器械。《禮·少儀》:"不度民～。"

駴 g'æg/ɣǎi:/xiè　❶驚恐,威嚇。《莊子·外物》:"聖人之所以～天下。"❷打鼓。《周禮·大司馬》:"鼓皆～。"

祴 kəg/kǎi/gāi　樂章名。《周禮·鍾師》:"凡樂事,以鐘鼓奏九夏……～夏……"

991

怪 kwæg/kuǎi-/guài　❶離奇的,異常的。《書·禹貢》:"岱畎絲、枲、鉛、松、～石。"❷奇異之物。《禮·祭法》:"見～物,皆曰神。"

992

九 ki̯ŭg/ki̯ə̯u:/jiǔ　九。《詩·九罭》:"～罭之魚。"

2087 殷甲文(A4: 40, 3)

2088 周 I(銘文 59)

2089 周 I(銘文 65)

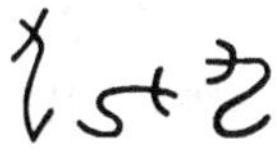
2087—2089

頄 g'i̯ŭg/g'i̯ə̯u/qiū　g'i̯wəg/g'jwi/kuí　顴骨,臉。《易·夬》:"莊于～。"

宄 kịwəg/kjwi:/guǐ　違法作亂的人。《書·舜典》:"寇賊奸~。"

𡧍 "宄"的異體。《説文》記録了另一個異體,下面加了"又",上面去掉了"宀"。

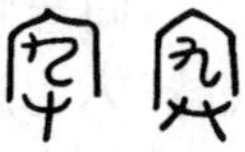

2090 周II(銘文 189,人名)

2091 周II(銘文 132,人名)　2090—2091

氿 音同上　從側面(垂直面有障礙物)而不是從底部出來的泉水。《詩·大東》:"有洌~泉。"

軌 音同上　❶輪軸兩端。《詩·匏有苦葉》:"濟盈不濡~。"❷車轍,軌距。《孟子·盡心下》:"城門之~,兩馬之力與?"❸標準,法則。《左·隱五》:"不~不物,謂之亂政。"

通"宄"。《左·成十七》:"亂在外爲姦,在内爲~。"Gl91

匭 音同上　碗類器皿。《書·禹貢》:"包~菁茅。"(同 986 組"簋")Gl1368

馗 gʻịwəg/gʻjwi/kuí　幾條道路的交匯處,通道。《詩·兔罝》:"施于中~。"(按:今本作"逵",高氏從《文選》注引《韓詩》。)參 989 組"逵"。Gl28

鳩 kịɷg/kịə̯u/jiū　雜色鳥的名稱。《詩·小宛》:"宛彼鳴~。"

同音假借　❶聚集。《書·堯典》:"共工方~僝功。"❷合作。《左·襄十六》:"匄在此,敢使魯無~乎?"❸(帶到一起>)穩定,使言和。《左·隱八》:"君釋三國之圖,以~其民。"Gl1234

究 kịɷg/kịə̯u/jiū　❶探究,細查。《詩·常棣》:"是~是圖。"❷終究。《詩·鴻鴈》:"其~安宅。"❸奢侈,放肆。《詩·羔裘》:"自我人~~。"Gl300、478

仇 gʻịɷg/gʻịə̯u/qiú　❶配偶,同伴。《詩·兔罝》:"公侯好~。"❷仇敵,夙怨。《詩·無衣》:"與子同~。"Gl2、325、538、709、842

厹 音同上　三棱刀。《詩·小戎》:"~矛鋈錞。"Gl314

叴 前字的異體。

艽 音同上　荒野。《詩·小明》:"至于~野。"Gl650

鼽 音同上　頭部受涼,打噴嚏。《禮·月令》:"民多~嚏。"

尻 kʻɷg/kʻɑu/kāo　脊骨末端,臀部。《禮·内則》:"兔去~。"

虓 xɷ̆g/xau/xiāo　虎嘯。《詩·常武》:"闞如~虎。"Gl938

旭 xịuk/xịwok/xù　❶初升的太陽。《詩·匏有苦葉》:"~日始旦。"❷明。《國語》。(按:今本未見。)Gl92

993

久 kịŭg/kịə̯u:/jiǔ　❶長久。《詩·旄丘》:"何其~也?"❷等待。《左·昭二十四》:"寡君以爲盟主之故,是以~子。"

同音假借　蓋住。《儀禮·士喪禮》:"冪用疏布~之。"

灸 kịŭg/kịə̯u:, kịə̯u-/jiǔ　用艾條熏灼。《莊子·盜跖》:"丘所謂無病而自~也。"

同音假借　撐起,頂住。《周禮·廬人》:"以眡其蜎也~諸墻。"

玖 kịŭg/kịə̯u:/jiǔ　一種寶石。《詩·丘中有麻》:"貽我佩~。"

疚 kịŭg/kịə̯u-/jiù

病,痛。《詩·采薇》:"憂心孔~。"

㝌 前字的異體。《説文》引《詩》:"煢煢在~。"(按:今《詩·閔予小子》作"疚"。)

羑 gịŭg/ịə̯u:/yǒu　~里:地名(僅有漢代書證)。《書·康王之誥》"誕受~

若”訓“誘導”，其實是“厥”的訛字。見Gl2012

柩 g'i̯ŭg/g'i̯ə̯u-/jiù　已盛屍體的棺材。《禮·曲禮下》：“在棺曰～。”

994

丘 k'i̯ŭg/k'i̯ə̯u/qiū　小山，土丘。《詩·載馳》：“陟彼阿～。”

同音假借　❶村莊，地區。《孟子·盡心下》：“是故得乎～民而爲天子。”❷大。《管子·侈靡》：“鄉～老不通。”❸廢墟。《楚辭·哀郢》：“曾不知夏之爲～兮。”

2092 殷甲文（A1: 24, 3）

2093 周II/III（銘文260，人名）　此字最初是象形字，周朝銘文已被錯解而訛變了。

2092—2093

蚯 音同上
蚯蚓。《禮·月令》：“～蚓出。”

995

又 gi̯ŭg/ji̯ə̯u-/yòu　❶重複。《詩·小宛》：“各敬爾儀，天命不～。”❷更，而且，也。《詩·臣工》：“亦～何求？”❸原宥。《禮·王制》：“王三～，然後制刑。”

通“佑”。《詩·南有嘉魚》：“嘉賓式燕～思。”Gl444

2094 殷甲文（A1: 16, 5）

2095 殷（銘文12）

2096 周I（銘文56，“有”義）

此字是“右”的初文，像右手形。

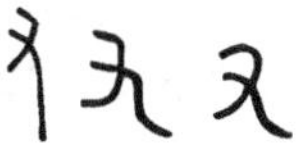

2094—2096

友 gi̯ŭg/ji̯ə̯u:, ji̯ə̯u-/yǒu　❶朋友，朋友般地。《詩·伐木》：“不求～生。”❷結交，聯合。《詩·抑》：“視爾～君子。”

通“右”。輔助。《書·酒誥》：“內史～。”

通“有”。《詩·雲漢》：“散無～紀。”Gl1003、1686

2097 殷甲文（A4: 29, 3）

2098 周I（銘文56）

2099 周II（銘文136，外加形符“曰”）

2097—2099

右 gi̯ŭg/ji̯ə̯u:, ji̯ə̯u-/yòu　❶右手，右邊。《詩·關雎》：“參差荇菜，左～采之。”❷置於尊位，尊重。《詩·我將》：“維天其～之。”❸輔助。《詩·時邁》：“實～序有周。”❹陪侍。《詩·雝》：“既～烈考，亦～文母。”Gl1079、1082

2100 周I（銘文56）

2100

佑 gi̯ŭg/ji̯ə̯u-/yòu　輔助。《書·仲虺之誥》：“～賢輔德。”

祐 音同上　幫助，保佑。《易·大有》：“自天～之，吉无不利。”

⿱右皿 gi̯ŭg/ji̯ə̯u:, ji̯ə̯u-/yòu
小盆。見《説文》（無書證）。

醢 xəg/xǎi:/hǎi　曬乾、切碎後醃好的肉。《詩·行葦》：“醓～以薦。”

有 gi̯ŭg/ji̯ə̯u:/yǒu　❶領有。《詩·鹿鳴》：“我～旨酒。”❷表示存在。《詩·園有桃》：“園～桃。”❸（有>）富有。《詩·公劉》：“爰衆爰～。”

通“又”。《詩·終風》：“終風且曀，不日～曀。”

通“友”。《詩·葛藟》：“亦莫我～。”

通“右”。《詩·下武》：“於萬斯年，不遐～佐。”Gl208、909

2101 周I（銘文63）

2101

侑 gi̯ŭg/ji̯ə̯u-/yòu　❶輔助。《禮·禮運》：“卜筮瞽～，皆在左右。”❷勸酒。《詩·楚茨》：“以妥以～。”❸寬恕。《管子·法法》：“文有三～，武毋一赦。”Gl659

宥 gi̯ŭg/ji̯ə̯u-/yòu　❶心胸寬廣的。《詩·昊天有成命》：“夙夜基命～密。”❷寬恕。《易·解》：“君子以赦過～罪。”❸減免税款。《左·昭十四》："救災患，～孤寡。"❹幫助，鼓勵。《左·莊十八》："王飨醴，命之～。"❺減輕。《書·大禹謨》："～過無大，刑故無小。"

2102 殷（銘文 24，人名）
2103 周II（銘文 160）

2102—2103

囿 gi̯ŭg/ji̯əu-/yòu gi̯uk/ji̯uk/yù ❶園林。《詩·靈臺》："王在靈～，麀鹿攸伏。"❷局限於。《尸子·廣擇》："～其學之相非也。"

2104 周III（銘文 229）

2104

痏 gi̯wəg/jwi:/wěi 創傷。《吕氏春秋·至忠》："齊王疾～。"

鮪 音同上 鱘魚。《詩·潛》："有鱣有～。"

賄 xwəg/xuǎi:/huì ❶財物，值錢的。《詩·氓》："以爾車來，以我～遷。"❷贈送財物，賄賂。《左·文十二》："厚～之。"

郁 ʔi̯ŭk/ʔi̯uk/yù 雅致，精美。《論語·八佾》："～～乎文哉。"

996

尤 gi̯ŭg/ji̯əu/yóu ❶過失。《詩·四月》："莫知其～。"❷有罪。《書·吕刑》："報以庶～。"❸責備。《詩·載馳》："許人～之。"❹過分。《左·襄二十六》："公見棄也，而視之～。"❺（發現過失＞）驚異。《左·昭二十八》："夫有～物，足以移人。"❻傑出的，卓越的。《莊子·徐无鬼》："夫子，物之～也。"Gl2080

2105 殷甲文（A1: 40, 5）
2106 周I（銘文 77）

2105—2106

訧 音同上 過失，罪過。《詩·綠衣》："我思古人，俾無～兮。"

疣 音同上 腫塊。《莊子·大宗師》："彼以生爲附贅縣～。"

肬 音同上 前字的異體。《荀子·宥坐》："今學曾未如～贅，則具然欲爲人師。"

997

郵 gi̯ŭg/ji̯əu/yóu ❶地名。《左·襄十八》："齊侯駕，將走～棠。"❷驛站。《孟子·公孫丑上》："德之流行，速於置～而傳命。"❸田地中田畯的亭舍。《禮·郊特牲》："饗農及～表畷。"

通996組"尤"。過失。《詩·賓之初筵》："不知其～。"

998

牛 ŋi̯ŭg/ŋi̯əu/yóu（niú） 牛。《詩·楚茨》："濟濟蹌蹌，絜爾～羊。"

2107 殷甲文（A1: 24, 3）
2108 周I（銘文 67）
此字象形。

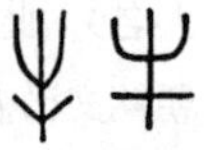
2107—2108

999

不 pi̯ŭg/pi̯əu:/fǒu 飛翔。《吕氏春秋》（按：今本未見此義）。

假借爲 pi̯ŭg/pi̯əu，pi̯əu:，pi̯əu-/fǒu（bù）不。《詩·棫樸》："遐～作人。"

通"丕"。盛大。《詩·常棣》："鄂～韡韡。"Gl410、759、1896

所有現代方言讀音都表明它來自中古音puət，其上古音應爲pwət，跟"弗"pi̯wət同源。這個否定詞pwət跟我們構擬的pi̯ŭg爲同義詞，不過借用了它的字形。

2109 殷甲文（A1: 27, 4）
2110 周I（銘文 56）
2111 周I（銘文 65，"丕"義） 此字可能是飛鳥的象形。

2109—2111

否 pi̯ŭg/pi̯əu:/fǒu ❶不。《詩·烝民》："邦國若～。"❷不善。《論語·雍也》："予所～者，天厭之！"

假借爲❶ pi̯əg/pji:/běi（pǐ） 壞的。《詩·抑》："未知臧～。"❷ b'i̯əg/b'ji:/bèi 堵塞。

《易·雜卦》:"～泰反其類也。"Gl612、1021、1243、1894

2112

2112 周II(銘文 180)

紑 p'i̯ŭg/p'i̯əu, p'i̯əu:/fóu　整潔而又色彩鮮明(特指長袍)。《詩·絲衣》:"絲衣其～。"

罘 b'i̯ŭg/b'i̯əu/fóu(fú)　網。《禮·月令》:"田獵罝～、羅罔、畢翳、餧獸之藥,毋出九門。"

芣 音同上
車前草。《詩·芣苢》:"采采～苢。"

抔 b'ug/b'əu/póu　用手捧(水)。《禮·禮運》:"污尊而～飲。"

丕 p'i̯əg/p'ji/pēi(pī)　❶大。《詩·文侯之命》:"～顯文武。"❷傲慢專橫。《書·無逸》:"時人～則有愆。"Gl1569、1832、1899

伾 音同上　有力的。《詩·駉》:"有騂有騏,以車～～。"

駓 音同上　❶黃白毛相雜的馬。《詩·駉》:"有騅有～。"❷疾馳,跑。《楚辭·招魂》:"逐人～～些。"

秠 p'i̯əg/p'ji/pēi(pī)　p'i̯ŭg/p'i̯əu/fōu　雙粒黑黍。《詩·生民》:"誕降嘉種,維秬維～。"

杯 pwəg/puăi/bēi　杯子。《禮·玉藻》:"母沒而～圈不能飲焉。"

桮 前字的異體。《孟子·告子上》:"以人性爲仁義,猶以杞柳爲～棬。"

阫 p'wəg/p'uăi/pēi　牆。《莊子·庚桑楚》:"日中穴～。"

2113

2113 周I(銘文 78,人名)
此字形符爲"郭"。

坏 b'wəg/b'uăi/péi　塞滿,塞住(特指空隙)。《禮·月令》:"蟄蟲～户。"

咅 (否)p'əg/p'əu-/pòu(《集韻》《切韻》念t'əu,從其諧聲字來看可能是謞字)　唾棄。見《說文》(無書證)。

剖 p'əg/p'əu:/pǒu(pōu)　分開,破開。《左·襄十四》:"與女～分而食之。"

棓 p'əg/p'əu:/pǒu　b'əg/b'əu/póu　高起的木臺,木板做的瞭望所。《公羊·成二》:"踴于～而窺客。"

瓿 b'əg/b'ə̆u:/bòu(bù)　罌子,罐子。《國策·東周》:"夫鼎者,非效醯壺醬～耳。"

部 b'əg/b'əu:/bòu(bù)　小丘。《左·襄二十四》:"～婁無松柏。"

同音假借　❶鋪開。分布。《荀子·王霸》:"如是,則夫名聲之～發於天地之間也。"❷(鋪開的東西＞)固定天篷肋拱的蓋斗。《周禮·輪人》:"信其程圍以爲～廣。"漢以後還有部門義(這時也可念b'uo:/bù)。

培 b'wəg/b'uăi/péi　❶埋入土中(特指植物),培土。《禮·中庸》:"故栽者～之。"❷累積,乘。《莊子·逍遙遊》:"而後乃今～風。"

b'əg/b'əu:/pǒu　壁壘。《國語·晉語九》:"必墮其壘～。"

陪 b'wəg/b'uăi/péi　❶陪同,朋友,陪臣。《詩·蕩》:"爾德不明,以無～無卿。"❷增加,加倍。《左·定四》:"分之土田～敦。"(按:今本作"倍",高氏從《釋文》。)Gl939

倍 b'wəg/b'uăi-/bèi　❶翻轉,背棄。《禮·緇衣》:"信以結之,則民不～。"❷固執,不合理。《論語·泰伯》:"出辭氣,斯遠鄙～矣。"

假借爲b'wəg/b'uăi:/bèi　加倍。《詩·瞻卬》:"如賈三～。"

掊 pəg/pəu:/bǒu　p'əg/p'əu-/pǒu　❶打,擊。《莊子·人間世》:"自～擊於世

俗者也。”❷迫使（某人）降價，榨取。《詩·蕩》：“曾是彊禦，曾是～克。”

通“剖”。《莊子·逍遥遊》：“吾爲其無用而～之。”

踣 bʻək/bʻək/bó　pʻəg/pʻə̯u-/pòu　推翻，征服。《左·襄十一》：“～其國家。”

鞛 pŭŋ/puŋ:/běng　佩刀鞘口的裝飾。《左·桓二》：“藻率鞞～。”

蔀 bʻəg/bʻə̯u:/bòu（bù）　pʻəg/pʻə̯u:/pǒu　遮蔽物。《易·豐》：“豐其～。”

1000

負 bʻi̯ug/bʻi̯ə̯u:/fù　❶以背載物。《詩·小宛》：“螟蛉有子，蜾蠃～之。”❷蒙受。《國策·燕一》：“世～其禍矣。”❸背向。《禮·明堂位》：“天子～斧依南鄉而立。”❹怠慢，無禮地對待。《國策·秦五》：“敗秦而利魏，魏必～之。”❺恃。《左·襄十八》：“～其衆庶。”

偩 音同上　反映，體現。《禮·樂記》：“禮樂～天地之情。”

萯 音同上　黄瓜。《大戴禮·夏小正》：“王～秀。”

1001

婦 bʻi̯ŭg/bʻi̯ə̯u:/fù　婦女，妻子。《詩·東山》：“～歎于室。”

2114 殷甲文（K723）

2115 殷（銘文 16）

2116 周 I（銘文 69）

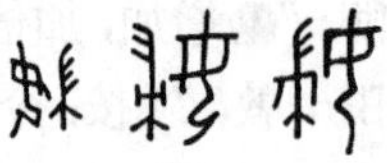

2114—2116

此字从女、帚。

1002

冬 tɔŋ/tuoŋ/dōng　冬天。《詩·邶風·谷風》：“我有旨蓄，亦以御～。”

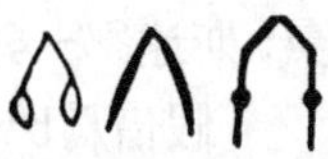

2117—2119

2117 殷甲文（Af:28, 2）

2118 周 I（銘文 63，“終”義）

2119 周 II（銘文 140，“終”義）

初文是否“螽”（蝗蟲）的象形？

終 t̑ɔŋ/tɕi̯uŋ/zhōng　❶末尾，結束。《詩·蕩》：“靡不有初，鮮克有～。”❷持續。《書·舜典》：“怙～賊刑。”❸永遠，永久的。《詩·正月》：“～其永懷。”❹一定，真是。《詩·終風》：“～風且暴。”Gl79、542、1270

螽 音同上　蝗蟲。《詩·草蟲》：“喓喓草蟲，趯趯阜～。”

1003

宗 tsɔŋ/tsuoŋ/zōng　❶祖廟。《詩·鳧鷖》：“既燕于～。”❷祖宗。《禮·大傳》：“～廟嚴故重社稷。”❸宗族。《詩·板》：“大～維翰。”❹尊敬。《詩·雲漢》：“靡神不～。”❺諸侯夏季朝見天子。《周禮·大宗伯》：“春見曰朝，夏見曰～。”❻朝見。《詩·沔水》：“沔彼流水，朝～于海。”❼權貴。《書·多士》：“比事臣我～多遜。”❽主，尊奉。《論語·學而》：“因不失其親，亦可～也。”Gl483、810、904、932、1822

2120 殷甲文（A1: 30, 5）

2121 殷甲文（A1: 45, 5）

2122 殷（銘文 33）　2123 周 I（銘文 58）

此字从宀（房子）、示（徵兆）。

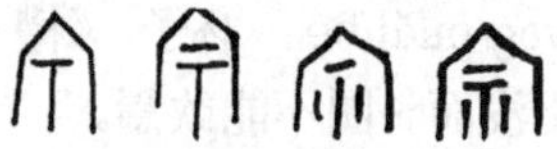

2120—2123

綜 tsɔŋ/tsuoŋ-/zōng　綜合，聚集。《易·繫辭上》：“錯～其數。”

琮 dzʻɔŋ/dzʻuoŋ/cóng　管形玉器。《周禮·大宗伯》：“以黄～禮地。”

崇 dzʻi̯ɔŋ/dzʻi̯uŋ/chóng　❶高。《詩·良耜》：“其～如墉。”❷擢升，尊崇。《詩·烈文》：“維王其～之。”❸積聚。《詩·鳧鷖》：“福禄來～。”❹豐富。《易·豫》：“先王以作樂～德。”❺過多的。《書·酒誥》："其敢～飲。"❻（物體的）尖頂，頭上嵌填的（特指裝飾品）。《詩·有瞽》："～牙樹羽。"❼終了，整個。《詩·蝃蝀》："～朝其雨。" Gl140、842、1679

1004

宋 sɔŋ/suoŋ-/sòng 地名。《詩·河廣》："誰謂～遠，曾不崇朝。"

2124 殷甲文（P106）
2125 周III（銘文 221）
此字从宀（房子）、木。

2124—2125

1005

農 nɔŋ/nuoŋ/nóng ❶農業。《詩·碩人》："碩人敖敖，說于～郊。"❷農民。《詩·小雅·甫田》："我田既臧，～夫之慶。"

同音假借 有力的，精力旺盛的。《書·洪範》："～用八政。" Gl1523、2040

莀 前字的異體。

2126 殷甲文（A5: 48，1）
2127 殷甲文（A5: 48，2）
2128 周I（銘文 100，人名）
2129 周I（銘文 105） 參 455 組。

2126—2129

噥 音同上 輕聲低語，咕噥。《楚辭·怨上》："羣司兮～～。"

膿 音同上 膿。《韓非子·外儲說左上》："軍人有病疽者，吴起跪而自吮其～。"

濃 ni̯uŋ/ȵi̯woŋ/nóng nuŋ/nuŋ/nóng 濃厚，多（特指露水）。《詩·蓼蕭》："零露～～。"

醲 音同上 濃的，烈性的（特指酒）。《淮南子·主術訓》："肥～甘脆，非不美也。"

穠 ni̯uŋ/ȵi̯woŋ/nóng ni̯uŋ/ȵʑi̯woŋ/róng 厚密的覆蓋物，繁茂的植物。《詩·何彼襛矣》："何彼～矣。"（按：今本作"襛"，高氏從《康熙字典》。）Gl61

襛 音同上 厚密的（特指植物）。《說文》引《詩》："何彼～矣。"

1006

宮 ki̯ɔŋ/ki̯uŋ/gōng ❶住宅。《詩·白華》："鼓鍾于～，聲聞于外。"❷宮殿。《詩·泮水》："既作泮～，淮夷攸服。"❸房間。《左·襄二十五》："入于其～，不見其妻，凶。"❹宗廟。《詩·采蘩》："于以用之？公侯之～。"❺音階名。《禮·月令》："其音～。"

2130—2132

2130 殷甲文（A2: 20，5）
2131 殷甲文（A2: 3，7）
2132 周I（銘文 57） 此字从雙口（兩個房間）和宀（房頂）。作下列諸字聲符時稍有簡化。

躳 音同上 軀體，人身。《詩·氓》："靜言思之，～自悼矣。"

躬 前字的俗體。

竆 gʻi̯ɔŋ/gʻi̯uŋ/qióng ❶盡頭，極度。《公羊·哀十四》："吾道～矣。"❷降至極點，貧窮。《詩·邶風·谷風》："以我御～。"❸窮究。《易·說卦》："～理盡性，以至於命。"

窮 前字的俗體。

1007

中 ţi̯ɔŋ/ţi̯uŋ/zhōng ❶中間。《詩·葛覃》："葛之覃兮，施于～谷。"❷中途。《詩·兔罝》："施于～逵。"❸內部，在……中。《詩·牆有茨》："～冓之言，不可道也。"❹中等的，一般的。《左·僖三十二》："～壽，爾墓之木拱矣。"❺（中心＞）心。《禮·文王世子》:“禮樂交錯於～。”❻奉行中道，合適的，正確的。《論語·堯曰》:“天之厤數在爾躬，允執其～。”❼成。《禮·禮器》:“因名山升～于天。”❽穿。《周禮·桃氏》:“～其莖。”❾盛籌的容器。《禮·投壺》:“司射奉～。”

ti̯ɷŋ/ti̯uŋ-/zhòng 擊中中心，擊中，達到。《左·桓五》:“祝聃射王～肩。”

2133 殷甲文（A4: 37, 3）

2134 殷甲文（A7: 22, 1）

2135 周Ⅰ（銘文 56，人名）

2136 周Ⅰ（銘文 67）

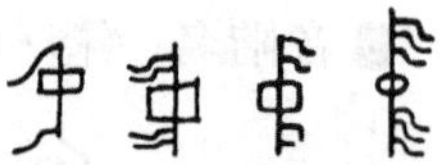

2133—2136

此字的主要部分，爲一圈中貫一豎，在銘文中全用作同源詞“仲”。銘文在表基本義中間時，總帶一些飄帶，尚不知作何解釋。

仲 dʻi̯ɷŋ/dʻi̯uŋ-/zhòng ❶（中間的一個＞）兄弟中的老二。《詩·何人斯》:“伯氏吹壎，～氏吹篪。”❷一季度中第二個月。《書·堯典》:“日中星鳥，以殷～春。”

2137 殷甲文（D3: 1）

2138 殷（銘文 31）

2139 周Ⅰ（銘文 81）

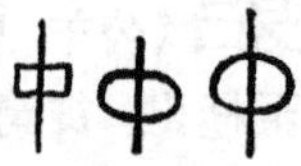

2137—2139

衷 ti̯ɷŋ/ti̯uŋ/zhōng ❶內衣。《左·襄二十七》:“楚人～甲。”❷中央。《左·襄十八》:“將取其～。”❸正確，公正。《書·皋陶謨》:“同寅協恭和～哉!”❹包圍。《左·隱九》:“～戎師，前後擊之，盡殪。”

忠 音同上 忠誠，誠實，正直。《論語·學而》:“爲人謀而不～乎？”

芔 音同上 草。見《説文》（無書證）。

2140 周Ⅱ（銘文 139，其義不明）

2140

忡 tʻi̯ɷŋ/tʻi̯uŋ/chōng 憂傷，激動。《詩·草蟲》:“憂心～～。”Gl40

盅 tʻi̯ɷŋ/tʻi̯uŋ/chōng dʻi̯ɷŋ/dʻi̯uŋ/chōng 虛。《説文》引《老子》:“道～而用之。”（按：今《老子·四章》作“沖”。）

沖 dʻi̯ɷŋ/dʻi̯uŋ/chōng （洶涌澎湃＞）衝向（特指天）。《吕氏春秋·重言》:“飛將～天。”

同音假借 ❶虛。《老子》四十五章:“大盈若～。”❷幼，弱。《書·大誥》:“洪惟我幼～人，嗣無疆大歷服。”❸叮噹的聲音。《詩·七月》:“二之日鑿冰～～。”Gl450

2141

2141 周（銘文 384，人名）

1008

肜 di̯ɷŋ/i̯uŋ/yóng（róng） （主祭後）第二天的祭祀。《書·高宗肜日》:“祖己訓諸王，作《高宗～日》。”

2142 殷甲文（A1: 1, 8）

2143 殷甲文（A1: 2, 2）

2144 殷（銘文 22）

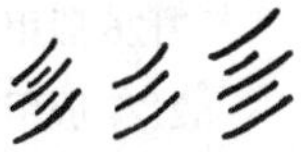

2142—2144

左邊的“月”是後加的，初文可能是某種重複的記號。

彤 dʻɷŋ/dʻuoŋ/tóng 赤色。《詩·靜女》:“靜女其孌，貽我～管。”

2145

2145 周Ⅰ（銘文 88）

1009

虫 dʻi̯ɷŋ/dʻi̯uŋ/chóng 《説文》將其當作“虺”的初文（按：應是《玉篇》）（無書證）。相反，以它作聲符的字（見融、融）恰恰證明其是“蟲”的初文。

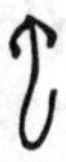

2146

2146（周Ⅲ，銘文 229，“雖”義）

此字象形。

蟲 音同上 ❶昆蟲。《詩·雞鳴》:“～飛薨薨。”❷爬蟲，鱗甲類動物。

《左·昭二十九》："～莫知於龍。"❸動物。《大戴禮·曾子天圓》："倮～之精者曰聖人。"

同音假借　酷熱。《詩·雲漢》："蘊隆～～。"Gl988

融 di̯ɷŋ/i̯uŋ/yóng(róng)　❶熱氣，熱。《左·昭二十九》："火正曰祝～。"（祝～：熱的精靈。）❷融洽。《左·隱元》："其樂也～～。"

通1008組"肜"。長，延展。《詩·既醉》："昭明有～。"Gl520、885

赨 d'ɷŋ/d'uoŋ/tóng　赤色。《管子·地員》："其種大苗細苗，～莖黑秀箭長。"

爞 音同上　憂傷。《楚辭·雲中君》："極勞心兮～～。"Gl40

1010

衆 ti̯ɷŋ/tɕi̯uŋ-/zhòng　大量，衆多，所有。《詩·載馳》："～穉且狂。"

通"螽"。《詩·無羊》："～維魚矣。"Gl510

2147 殷甲文(A4: 30, 2)
2148 周I(銘文56)
2149 周II(銘文132)

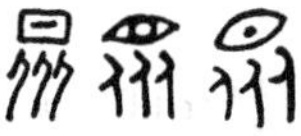

2147—2149

此字从三"人"、从日或目，"目"義不明。

螽 ti̯ɷŋ/tɕi̯uŋ/zhōng　蝗蟲。《公羊·桓五》："～，何以書？記災也。"

潨 ti̯ɷŋ/tɕi̯uŋ/zhōng　dz'ɷŋ/dz'uoŋ/cóng　dz'uŋ/dz'uŋ/cóng　兩河會合處。《詩·鳧鷖》："鳧鷖在～。"Gl893

1011

充 t'i̯ɷŋ/tɕ'i̯uŋ/chōng　充滿。《詩·旄丘》："褎如～耳。"

統 t'ɷŋ/t'uoŋ-/tòng(tǒng)　❶綫的頭緒，規則，規範。《國語·齊語》："班序顛毛，以爲民紀～。"❷本原，起源。《易·乾》："乃～天。"❸連結。《書·微子之命》："～承先王，修其禮物。"❹指導。《國策·齊四》："姑反國～萬人乎！"

1012

嵩 si̯ɷŋ/si̯uŋ/sōng　高。《禮·孔子閑居》："～高惟嶽。"

此字从山、高。

1013

戎 ȵi̯ɷŋ/ȵʑi̯uŋ/yóng(róng)　❶武器。《詩·抑》："弓矢～兵。"❷攻打。《書·泰誓中》："～商必克。"❸戰車。《詩·六月》："元～十乘。"

同音假借　❶西方部族。《詩·出車》："薄伐西～。"❷大。《詩·烈文》："念茲～功。"❸你，你的。《詩·民勞》："～雖小子。"❹相助。《詩·常棣》："烝也無～。"❺繁茂的，濃密的。《詩·旄丘》："狐裘蒙～。"Gl105、2089

2150 殷甲文(A8: 11, 3)
2151 周I(銘文65)
2152 周II(銘文147)

2150—2152

此字从戈、甲(鎧甲)(629組)。

茙 音同上(róng)　❶一種豆。《列子·立命》："進其～菽，有稻粱之味。"❷大。《詩·何彼襛矣》："何彼～矣。"（按：今本作"襛"，《釋文》引《韓詩》作"～"。）Gl61

1014

豐 p'i̯ɷŋ/p'i̯uŋ/fēng　一種禮器。《儀禮·公食大夫禮》："飲酒實于觶，加于～。"

同音假借　繁茂的，豐饒的。《詩·湛露》："湛湛露斯，在彼～草。"Gl1988

2153 殷甲文(A5: 5, 4)
2154 殷(銘文33)
2155 周I(銘文59，人名)

2153—2155

此字是盛物禮器的象形。

麷 音同上　煮過的麥子。《周禮·籩人》："朝事之籩，其實～。"

1015

降 kŏŋ（klŏŋ？）/kɔŋ-/jiàng　❶下降，下去。《詩·文王》："文王陟～，在帝左右。"❷落下。《詩·節南山》："昊天不惠，～此大戾。"

gʻŏŋ（gʻlŏŋ？）/ɣɔŋ/xiáng　降伏。《詩·桑柔》："～此蟊賊。" Gl1477、1887

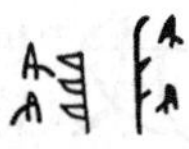

2156 殷甲文（A3: 27, 1）

2157 周 I（銘文 72）

2156—2157

此字从雙止（足）、阜（石級），表示從高處走下來。

洚 gʻŏŋ/ɣuoŋ/hóng　gʻŏŋ/ɣɔŋ/xiáng　gʻuŋ/ɣuŋ/hóng　kŏŋ/kɔŋ-/jiàng　洪水泛濫。《孟子·滕文公下》："～水者，洪水也。"

戇 xuŋ/xuŋ-/hòng　？/tɔŋ-/zhuàng　愚笨。《荀子·大略》："悍～好鬬。"

隆 gli̯ωŋ/li̯uŋ/lóng　❶高。《國策·齊一》："雖～薛之城到於天，猶之無益也。"❷充足。《禮·祭義》："頒禽～諸長者。"❸突出。《左·襄二十九》："擇善而舉，則世～也。"

同音假借　雷，雷聲。《詩·雲漢》："藴～蟲蟲。" Gl988

癃 音同上　衰老。《韓非子·十過》："平公之身遂～病。"

1016

毒 dʻωk/dʻuok/dú　❶毒物，有毒的。《詩·小明》："心之憂矣，其～大苦。"❷恨。《書·盤庚上》："乃不畏戎～于遠邇。"

同音假借　❶指導，統治。《易·師》："以此～天下，而民從之。"❷養育。《老子》五十一章："長之育之，亭之～之。"

通 1019 組"篤"。《書·微子》："天～降災荒殷邦。" Gl1424、1507

纛 dʻωk/dʻuok/dú　dʻωg-/dʻɑu-/dào　旗幟，皇帝乘輿上的裝飾物。《周禮·鄉師》："及葬，執～以與匠師御柩而治役。"

1017

匊 ki̯ωk/ki̯uk/jú　一把。《詩·采緑》："終朝采緑，不盈一～。"

2158 周（銘文 353）

2158

此字从米，上面部分也出現於 1113 組，"包"義。

掬 音同上　雙手合捧，滿捧的。《左·宣十二》："舟中之指可～也。"

椈 音同上　柏木。《禮·雜記上》："暢臼以～，杵以梧。"

菊 音同上　菊花。《楚辭·禮魂》："春蘭兮秋～。"

蘜 前字的異體。《周禮·蟈氏》："焚牡～。"

踘 音同上　皮球。《國策·齊一》："其民無不吹竽、鼓瑟……六博、蹹～者。"

鞠 音同上　皮球。《國策·齊一》："其民無不吹竽、鼓瑟……六博、蹹～者。"（按：今本作"踘"，高氏從鮑本。）

同音假借　❶養育。《詩·蓼莪》："母兮～我。"❷鞠躬，屈身。《論語·鄉黨》："～躬如也。"❸完全，盡。《詩·小弁》："～爲茂草。"（按：今本作"鞫"，高氏從閩本。）❹用盡，走極端。《詩·南山》："既曰告止，曷又～止。"❺多。《詩·節南山》："降此～訩。"❻對……講，告誡。《詩·采芑》："陳師～旅。"

通"菊"。《禮·月令》："～有黄華。"通"麴"。《禮·月令》："天子乃薦～衣于先帝。" Gl253

𪌂 k'i̯ək/k'i̯uk/qū 酒麯。《左·宣十二》："有麥～乎？"

鞫 ki̯ək/ki̯uk/jú ❶耗盡，窮困。《詩·邶風·谷風》："昔育恐育～，及爾顛覆。"❷走極端。《詩·雲漢》："～哉庶正。"

同音假借 河灣的外面。《詩·公劉》："芮～之即。" Gl100、592、910

此字聲符是"鞠"，形符"言"代替了"米"。因此，"鞫"跟 1252 組的"訇"毫無關係。

𥶶 音同上 窮盡，盡力。《楚辭·天問》："皆歸䠶～而無害厥躬。"

1018

畜 xi̯ək/xi̯uk/xù xi̯əg/xi̯əu-/xiù t'i̯ək/t'i̯uk/chù t'i̯əg/t'i̯əu-/chòu ❶養育。《詩·日月》："父兮母兮，～我不卒。"❷飼養。《禮·曲禮上》："～鳥者，則勿佛也。"❸撫愛。《詩·蓼莪》："拊我～我，長我育我。"❹家畜。《周禮·庖人》："庖人掌共六～六獸六禽。"❺保存。《禮·儒行》："易祿而難～也。"❻供養。《詩·我行其野》："爾不我～，言歸斯復。"❼積儲。《禮·月令》："務～菜。"

2159

2159 周III（銘文 229）

此字从玄、田。

蓄 xi̯ək/xi̯uk/xù t'i̯ək/t'i̯uk/chù ❶聚集，儲藏的蔬菜。《詩·邶風·谷風》："我有旨～，亦以御冬。"❷懷着（感情）。《左·文十四》："爾不可使多～憾。"

稸 前字的異體。《國策·燕一》："南攻楚五年，～積散。"

慉 xi̯ək/xi̯uk/xù 撫愛。《詩·邶風·谷風》："不我能～。" Gl99

滀 t'i̯ək/t'i̯uk/chù 鬱積、壓抑的（特指感情）。《莊子·達生》："夫忿～之氣，散而不反，則爲不足。"

1019

竹 ti̯ək/ti̯uk/zhú ❶竹。《詩·竹竿》："籊籊～竿。"❷一種爬藤。《詩·淇洪奧》："綠～猗猗。" Gl150

2160

2160 取自 173 組"箅"的古文字（周 I / II，銘文 205），是典型的倒翻葉子的象形。

筑 音同上 彈撥樂器。《國策·燕三》："高漸離……以～擊秦皇帝。"

築 音同上 ❶連續地搗、敲（特指築墻的土），建造。《詩·斯干》："～室百堵。"❷敲，擊。《周禮·築氏》："～氏爲削。"❸（給樹）培土。《書·金縢》："二公命邦人凡大木所偃，盡起而～之。"

竺 tək/tuok/dǔ 豐厚，寵愛。《楚辭·天問》："帝何～之？"

篤 音同上 ❶堅實，可靠。《詩·公劉》："～公劉。"❷忠誠。《詩·皇矣》："以～于周祜。"❸誠實。《書·君牙》："惟乃祖乃父世～忠貞。"❹健壯。《詩·大明》："～生武王。"❺鞏固。《詩·維天之命》："曾孫～之。"❻持久。《書·微子之命》："予嘉乃德，曰～不忘。" Gl779、1507

1020

育 di̯ək/i̯uk/yù ❶飼養。《書·旅獒》："珍禽奇獸不～于國。"❷養育。《詩·蓼莪》："拊我畜我，長我～我。"

通 1079 組"胄"。《説文》引《書》："教～子。"（按：今《書·舜典》作"胄"。）

通 1023 組"賣"。《莊子·人間世》："是以人惡～其美也。"（按：今本作"有"，高氏從《釋文》。）Gl1471

1021

毓 di̯ək/i̯uk/yù 養育。《周禮·大司徒》："以～草木。"同 1020 組"育"。

2161 殷甲文（A2: 24, 8）

2162 周I（銘文 111）

此字从女、頭朝下的子、三點（水滴）；一説是生孩子。

2161—2162

1022

逐 dʻi̯ɒk/ȡʻi̯uk/zhú ❶追趕。《書·費誓》："臣妾逋逃，勿敢越～。"❷驅逐。《左·哀十一》："國人～之。"❸競爭。《左·昭元》："自無令王，諸侯～進，狎主齊盟。"

2163 殷甲文（A3: 33, 3）

2164 殷甲文（A2: 12, 3）

此字从豕、辵（足）。

2163—2164

篴 dʻiɒk/dʻiek/dí 笛子。《周禮·笙師》："笙師掌教……～。"

蓫 tʻi̯ɒk/ȶʻi̯uk/chù dʻi̯ɒk/ȡʻi̯uk/zhú 草本植物羊蹄。《詩·我行其野》："言采其～。"

1023

賣 di̯ɒk/i̯uk/yù

賣，售（銘文 132）。

2165

2165 周II（銘文 132）

此字从省（檢查）、貝（貨幣）。

儥 音同上 賣，售。《周禮·司市》："以量度成賈而徵～。"

2166

2166 周I / II（銘文 208）

覿 dʻiɒk/dʻiek/dí ❶看。《易·困》："三歲不～。"❷私下見面。《論語·鄉黨》："私～，愉愉如也。"❸明顯可見的。《左·昭四》："西陸朝～而出之。"

匵 dʻuk/dʻuk/dú 匣，箱子。《論語·子罕》："有美玉於斯，韞～而藏諸？"

嬻 音同上 玷污，褻瀆。《國語·周語中》："棄其伉儷妃嬪，而帥其卿佐以淫於夏氏，不亦～姓矣乎？"

櫝 音同上 ❶保險箱。《論語·季氏》："龜玉毀於～中，是誰之過與？"❷盒子。《禮·少儀》："劍則啟～。"❸棺材。《左·昭二十九》："塹而死，公將爲之～。"

殰 音同上 流産。《禮·樂記》："胎生者不～。"

瀆 音同上 ❶溝渠。《論語·憲問》："自經於溝～而莫之知也。"❷玷污。《禮·表記》："殷人未～禮而求備於民。"❸煩惱，折磨。《易·繫辭下》："君子上交不諂，下交不～。"❹侮辱。《左·成十六》："～齊盟而食話言。"❺敲詐，勒索。《左·昭十三》："～貨無厭。"

通"竇"。《左·襄三十》："晨自墓門之～入。"

牘 音同上 ❶書板。《莊子·列禦寇》："小夫之知，不離苞苴竿～。"❷樂器，用以打擊節拍。《周禮·笙師》："春～，應雅以教祴樂。"

犢 音同上 小牛。《禮·禮器》："天子適諸侯，諸侯膳以～。"

讀 音同上 ❶敘述。《詩·牆有茨》："中冓之言，不可～也。"❷閱讀，誦讀。《論語·先進》："何必～書然後爲學？"

讟 音同上 ❶不滿，抱怨。《左·宣十二》："民不罷勞，君無怨～。"❷誹謗，中傷。《左·昭元》："國家不罷，民無謗～。"

遺 音同上

漫不經心（銘文 323）。

2167

2167 周III / IV（銘文 323）

韇 音同上 箭袋。《儀禮·士冠禮》："筮人執筴抽上～。"

黷 音同上 玷污，弄髒。《書·説命中》："～于祭祀，時謂弗欽。"

竇 dʻug/dʻə̣u-/dòu dʻuk/dʻuk/dú ❶洞穴。《禮·月令》："建都邑，穿～窖。"

❷水溝。《左·襄二十六》:“有大雨自其～入。”

贖 ȡʻi̯uk/dʑʻi̯wok/shú　ȡʻi̯uk/ʑi̯wok/shú 贖回。《詩·秦風·黄鳥》:“如可～兮,人百其身。”

續 dzi̯uk/zi̯wok/xù ❶繼續,延續。《詩·斯干》:“似～妣祖。”❷聯接環。《詩·小戎》:“陰靷鋈～。”

藚 音同上　草名,即澤瀉。《詩·汾沮洳》:“彼汾一曲,言采其～。”

1024

粥 ȶi̯ɷk/tɕi̯uk/zhū, zhōu　粥,稀飯。《禮·檀弓上》:“饘～之食。”

同音假借　謙卑。《禮·儒行》:“其難進而易退也,～～若無能也。”

假借爲 di̯ɷk/i̯uk/yù　賣。《禮·曲禮下》:“君子雖貧,不～祭器。”參1023組起首四字。

鬻 ȶi̯ɷk/tɕi̯uk/zhū　粥,稀飯。《左·昭七》:“饘於是,～ 於是。”

di̯ɷk/i̯uk/yù　❶養育。《莊子·德充符》:“天～者,天食也。”❷(正在撫養>)年輕。《詩·鴟鴞》:“恩斯勤斯,～子之閔斯。”

同音假借　賣。《孟子·萬章上》:“百里奚自～於秦養牲者。”

1025

祝 ȶi̯ɷk/tɕi̯uk/zhù ❶祈禱,祝誦。《書·金縢》:“史乃册～。”❷請求。《左·哀二十五》:“公宴於五梧,武伯爲～。”❸巫祝。《詩·楚茨》:“工～致告。”

同音假借　❶捆綁。《詩·干旄》:“素絲～之,良馬六之。”❷剪斷,切斷。《公羊·哀十四》:“噫,天～予!”

ȶi̯ɷk/tɕi̯ə̯u-/zhòu　詛咒。《詩·蕩》:“侯作侯～,靡届靡究。”Gl143

2168 殷甲文(A4: 18, 7)

2169 殷甲文(A4: 18, 8)

2170 周I(銘文61)　2171 周I(銘文67)

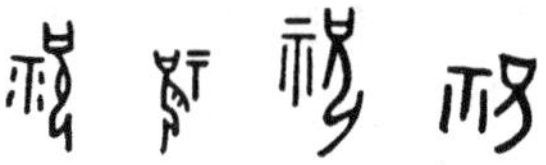

2168—2171

此字从兄(跪着的人),旁邊是表徵兆的符號。

柷 ȶʻi̯ɷk/tɕʻi̯uk/chù　ȶi̯ɷk/tɕi̯uk/zhù　音樂共鳴箱。《詩·有瞽》:“鞉磬～圉。”

1026

孰 ȡi̯ɷk/ʑi̯uk/shú　煮熟。《禮·曲禮上》:“獻～食者操醬齊。”

同音假借　哪一個,誰。《論語·先進》:“季康子問弟子～爲好學。”

此字从享(祭品)、丮(抓持)。參786組。

熟 音同上　❶煮熟。《論語·鄉黨》:“君賜腥,必～而薦之。”❷成熟。《書·金縢》:“歲則大～。”❸詳盡透徹。《國策·齊一》:“是故願大王～計之。”

塾 音同上　❶宫門外側的房屋。《書·顧命》:“先輅在左～之前。”❷學校。《禮·學記》:“古之教者,家有～,黨有庠。”

1027

鼀 tsʻi̯ɷk/tsʻi̯uk/cù　～鼁:蟾蜍。《説文》引《詩》:“得此～鼁。”(按:～鼁,今《詩·新臺》作“戚施”。)Gl121　此字象形。

竈 tsɷg/tsɑu-/zào　火竈。《左·成十六》:“塞井夷～。”

2172

2172 周III(銘文229,其義不明)

1028

肅 si̯ɷg/si̯uk/sù　❶莊重,恭敬。《詩·思齊》:“雝雝在宫,～～在廟。”❷

嚴肅。《詩·烝民》："～～王命，仲山甫將之。"❸熱切。《詩·桑柔》："民有～心，荓云不逮。"❹敏捷，疾速。《詩·小星》："～～宵征，夙夜在公。"❺引進，引導。《禮·曲禮上》："主人～客而入。"❻縮小，（如同花一樣）收攏。《禮·月令》："草木皆～。"❼使……萎縮。《詩·七月》："九月～霜，十月滌場。"❽拍打。《詩·鴇羽》："～～鴇羽，集于苞栩。"

Gl25、54、377、476、735

2173

2173 周II/III（銘文 306）

鱐 si̯ɷk/si̯uk/sù　ṣi̯ɷg/ṣi̯ə̯u/shōu　乾魚片。《禮·內則》："夏宜腒～。"

䐹 前字的異體。《說文》引《周禮》："腒～。"（按：今《周禮·庖人》作"鱐"。）

繡 si̯ɷg/si̯ə̯u-/xiù　綉花。《詩·唐風·揚之水》："素衣朱～，從子于鵠。"

嘯 siɷg/sieu-/xiào　❶歌吟。《詩·江有汜》："不我過，其～也歌。"❷吹口哨。《禮·內則》："男子入內不～不指。"Gl58

歗 音同上　悲哭。《詩·中谷有蓷》："條其～矣，遇人之不淑矣。"此字可能是前字的異體。

簫 siɷg/sieu/xiāo　❶排簫。《詩·有瞽》："既備乃奏，～管備舉。"❷弓梢。《禮·曲禮上》："右手執～。"

蕭 音同上
艾蒿。《詩·采葛》："彼采～兮。"

同音假借　❶荒涼寂靜。《楚辭·遠遊》："山～條而無獸兮。"❷寒冷貌。《楚辭·九辯》："～瑟兮，草木搖落而變衰。"❸～～：馬鳴聲。《詩·車攻》："～～馬鳴。"

瀟 音同上　寒冷貌。《詩·風雨》："風雨～～，雞鳴膠膠。"Gl235

蠨 音同上　蜘蛛。《詩·東山》："伊威在室，～蛸在户。"

1029

宿 si̯ɷk/si̯uk/sù　❶過夜。《詩·泉水》："出～于干，飲餞于言。"❷堅守。《左·昭二十九》："官～其業。"❸老的，陳舊的。《禮·檀弓上》："朋友之墓，有～草而不哭焉。"❹延續，持久。《莊子·徐无鬼》："枯槁之士～名。"

通 1028 組"肅"。《禮·祭統》："宫宰～夫人。"

si̯ɷg/si̯ə̯u-/xiù　星宿。《列子·天瑞》："日月星～，不當墜邪？"

通"縮"。濾酒。《書·顧命》："王三～三祭三咤。"Gl2004

2174

2174 周II/III（銘文 270）

此字从宀（屋頂）、人、西（席子）。

縮 ṣi̯ɷk/ṣi̯uk/suō　❶捆綁。《詩·緜》："其繩則直，～版以載。"❷收集。《國語·楚語上》："～於財用則匱。"

同音假借　❶正直。《孟子·公孫丑上》："自反而不～。"❷垂直。《禮·檀弓上》："古者冠～縫，今也衡縫。"❸使……喪失。《國策·秦三》："淖齒管齊之權，～閔王之筋。"❹收縮，收斂。《淮南子·俶真訓》："盈～卷舒，與時變化。"❺濾酒。《左·僖四》："無以～酒。"Gl792

蹜 音同上　拖曳而行（脚後跟幾乎不提起）。《論語·鄉黨》："足～～如有循。"

1030

夙 si̯ɷk/si̯uk/sù　❶清早，凌晨。《詩·小宛》："～興夜寐，毋忝爾所生。"❷早。《詩·雲漢》："祈年孔～，方社不莫。"

通 1028 組"肅"。《禮·內則》："漱澣～齊。"Gl867

2175 殷甲文（A6: 16, 3）

2176 周 I（銘文 65）

此字由一跪着的人和月亮構成。2175—2176

1031

尗 ɕi̯ωk/ɕi̯uk/shū 豆類。見《説文》。此字是“菽”的初文（無書證）。

叔 音同上　采集，收穫。《詩·七月》：“八月斷壺，九月～苴。”

同音假借　幼小，在伯、仲、叔、季兄弟排行中表第三。《詩·旄丘》：“～兮伯兮，何多日也。”

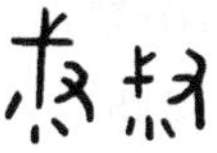

2177 周 II（銘文 156，“淑”義）

2178 周 II（銘文 187，“淑”義）2177—2178

埱 tsi̯ωk/tsi̯uk/zú（cù）　悲傷。《説文》引《孟子》：“曾西～然。”（按：今《孟子·公孫丑上》作“蹴”。）

戚 ts‘i̯ωk/ts‘i̯ek/qì　戰斧。《詩·公劉》：“弓矢斯張，干戈～揚。”

同音假借　❶深厚的感情，愛。《詩·行葦》：“～～兄弟，莫遠具爾。”❷焦慮地。《書·盤庚上》：“率籲衆～出矢言。”（按：今本作“慼”。）❸親戚。《禮·大傳》：“其庶姓别於上；而～單於下。”❹悲哀。《詩·小明》：“心之憂矣，自詒伊～。”❺使……苦惱，使……憂傷。《書·金縢》：“未可以～我先王。”❻～施：蟾蜍。《詩·新臺》：“燕婉之求，得此～施。”Gl121、1409、1564

菽 ɕi̯ωk/ɕi̯uk/shū　豆類。《詩·小宛》：“中原有～，庶民采之。”

俶 ȶ‘i̯ωk/tɕ‘i̯uk/chù　開始。《詩·既醉》：“令終有～，公尸嘉告。”Gl886

諔 音同上　欺詐。《莊子·德充符》：“彼且蘄以～詭幻怪之名聞。”

淑 ɖi̯ωk/ʑi̯uk/shū　善良，美好。《詩·鼓鐘》：“～人君子，懷允不忘。”

踧 tsi̯ωk/tsi̯uk/zú（cù）　走路恭敬貌。《論語·鄉黨》：“君在，～踖如也。”

d‘iωk/d‘iek/dí　平坦（特指道路）。《詩·小弁》：“～～周道，鞫爲茂草。”

寂 dz‘iωk/dz‘iek/jì　平靜。《易·繫辭上》：“～然不動，感而遂通。”

宨 前字的異體。《楚辭·遠遊》：“野～漠其無人。”

督 tωk/tuok/dū　❶檢查，控制。《周禮·大祝》：“禁～逆祀命者。”❷正確，適當。《左·僖十二》：“余嘉乃勳，應乃懿德，謂～不忘。”❸（適中>）中間（特指衣背的中縫）。《莊子·養生主》：“緣～以爲經。”

裻 音同上　衣背的中縫。《國語·晉語一》：“衣之偏～之衣。”參“督”。

惄 niωk/niek/nì　❶渴望。《詩·小弁》：“我心憂傷，～焉如擣。”❷飢餓，不滿足。《詩·汝墳》：“未見君子，～如調饑。”Gl35

椒 tsiωg/tsieu/jiāo　tsi̯ωg/tsi̯ɛu/jiāo　❶胡椒。《詩·椒聊》：“～聊之實，蕃衍盈升。”❷香味。《詩·載芟》：“有～其馨，胡考之寧。”Gl1125

𦺇 d‘iωk/diek/dí　植物枯萎。《説文》引《詩》：“～～山川。”（按：今《詩·雲漢》作“滌滌”。）Gl997

蓛 前字的異體。

蹙 tsi̯ωk/tsi̯uk/zú（cù）　❶踩，踏。《禮·曲禮上》：“以足～路馬芻。”❷壓縮，困擾。《詩·召旻》：“今也日～國百里。”❸急促，緊迫。《禮·禮器》：“不然則已～。”❹局促，窘迫。《詩·節南山》：“我瞻四方，～～靡所騁。”Gl524

蹴 前字的異體。

顣 tsi̯ɷk/tsi̯uk/zú(cù)　tsʻi̯ɷk/tsʻiek/qì　緊皺(眉頭)。《孟子·滕文公下》:"己頻～。"

慼 tsʻiɷk/tsʻiek/qì　憂慮。《書·盤庚上》:"率籲衆～出矢言。"

鏚 音同上　斧頭。《左·昭十二》:"君王命剥圭以爲～柲。"

1032

六 li̯ɷk/li̯uk/lù, liù　六。《詩·干旄》:"素絲祝之,良馬～之。"北京話規則讀音lù屬於書面語,不規則讀音liù用於口語。

2179 殷甲文(A4: 47, 7)
2180 殷(銘文 52)
2181 周I(銘文 65)

2179—2181

坴 li̯ɷk/li̯uk/lù　土塊。見《説文》(無書證)。從下面"陸"的古文字可見,此字有兩個聲符"六"。

陸 音同上　❶陸地(和水域相對)。《詩·考槃》:"考槃在～,碩人之軸。"❷高平之地。《詩·九罭》:"鴻飛遵～,公歸不復。"❸道路。《左·昭四》:"古者日在北～而藏冰。"

同音假借　跳躍。《莊子·馬蹄》:"翹足而～。"

2182

2182 周IV(銘文 282, 人名)

稑 音同上　晚種早熟的穀物。《周禮·内宰》:"而生穜～之種。"Gl375

睦 mli̯ɷk/mi̯uk/mù 和睦。《書·堯典》:"九族既～。"

1033

肉 ṇi̯ɷk/ṇẓi̯uk/ròu　肉。《左·隱元》:"公賜之食,食舍～。"

ṇi̯ɷg/ṇẓi̯əu-/ròu　肥厚,洪亮。《禮·樂記》:"使其曲直、繁瘠、廉～、節奏足以感動人之善心而已矣。"

2183 殷甲文(A1: 41, 7)
此字取自"祭"的古文字(周III,銘文 218)

2183a—2183b

一般認爲此字是乾肉片的象形。

1034

复 bʻi̯ɷk/bʻi̯uk/fù 回復(銘文 143)。

2184 殷甲文(A5: 13, 6)
2185 周II(銘文 143)

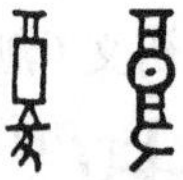

2184—2185

復 音同上　❶回復。《詩·九罭》:"公歸不～,於女信宿。"❷報告。《論語·鄉黨》:"賓退,必～命。"❸答復。《左·定四》:"我必～楚國。"❹報復。《孟子·滕文公下》:"爲匹夫匹婦～讎也。"❺招回(魂魄)。《禮·檀弓下》:"～,盡愛之道也。"❻恢復。《詩·小雅·黄鳥》:"言旋言歸,～我邦族。"❼重新開始。《禮·喪大記》:"君弔,則～殯服。"

通"複"。《禮·明堂位》:"～廟重檐。"

通"覆"。覆蓋。《詩·緜》:"古公亶父,陶～陶穴。"

bʻi̯ɷg/bʻi̯əu-/fù　❶重複,反覆。《孟子·滕文公下》:"良曰:'請～之。'"❷再,又。《論語·述而》:"久矣,吾不～夢見周公!"Gl789

2186 周I(銘文 54)
2187 周II(銘文 132)

2186—2187

輹 bʻi̯ɷk/bʻi̯uk/fù　車廂底板與車軸的支承物。《易·大畜》:"輿説～。"

腹 pi̯ɷk/pi̯uk/fù　❶腹部。《詩·兔罝》:"赳赳武夫,公侯～心。"❷懷抱。《詩·蓼莪》:"顧我復我,出入～我。"

複 音同上　夾的,有襯裏的。《禮·喪大記》:"小斂,君大夫士皆用～衣～衾。"

蝮 pʻi̯ɷk/pʻi̯uk/fù 蛇。《楚辭·招魂》:"～蛇蓁蓁。"

愎 bʻi̯ək/bʻi̯ək/bì 任性，固執。《左·哀二十七》：“知伯貪而～。”

寝 “覆”的異體。覆土而成的屋室。《説文》引《詩》：“陶～陶穴。”（按：今《詩·緜》作“復”。）Gl789

覆 pʻi̯ŏk/pʻi̯uk/fù ❶傾倒。《詩·邶風·谷風》：“昔育恐育鞫，及爾顛～。”❷推翻，打倒。《左·隱十一》：“吾子孫其～亡之不暇。”❸相反。《詩·瞻卬》：“彼宜有罪，女～説之。”❹顛倒。《詩·抑》：“顛～厥德，荒湛于酒。”❺重複。《孟子·萬章下》：“反～之而不聽。”

pʻi̯ŏg/pʻi̯əu-/fòu（fù） ❶覆蓋，掩蔽。《詩·生民》：“誕置之寒冰，鳥～翼之。”❷覆土而成的屋室。《詩·緜》：“陶～陶穴，未有家室。”（按：今本作“復”。）❸保護。《禮·樂記》：“煦嫗～育萬物。”❹埋伏，伏兵。《左·隱九》：“君爲三～以待之。”Gl526

1035

穆 mi̯ŏk/mi̯uk/mù ❶壯麗，雄偉。《詩·清廟》：“於～清廟，肅雝顯相。”❷莊重。《書·金縢》：“我其爲王～卜。”❸在宗廟中被列在右邊（奇數列）祀奉的。《禮·王制》：“天子七廟，三昭三～。”Gl757

2188

2188 周II（銘文 132）

1036

目 mi̯ŏk/mi̯uk/mù ❶眼睛。《詩·碩人》：“巧笑倩兮，美～盼兮。”❷看。《國語·周語上》：“國人莫敢言，道路以～。”❸詳細。《公羊·僖五》：“前～而後凡也。”❹條目，綱目。《論語·顔淵》：“請問其～。”❺稱，言。《穀梁·隱元》：“以其～君，知其爲弟也。”

2189 殷甲文（I11: 3）

2190 漢前（銘文 438）

2189—2190

此字象形。

1037

牧 mi̯ŏk/mi̯uk/mù ❶放牧，牧人。《詩·無羊》：“爾～來思，何蓑何笠。”❷牧場。《詩·靜女》：“自～歸荑，洵美且異。”❸養育。《易·謙》：“卑以自～也。”

2191 殷甲文（A5: 27, 1）

2192 周I（銘文 54）

2191—2192

此字从牛、攴（手執棍棒敲打），而在殷代甲骨文中則常以“羊”代“牛”。

1038

學 gʻŏk/ɣɔk/xué ❶學習。《詩·敬之》：“日就月將，～有緝熙于光明。”❷學校。《禮·王制》：“小～在公宫南之左，大～在郊。”❸模仿。《莊子·秋水》：“且子獨不聞夫壽陵餘子之～行於邯鄲與？”

通“斅”。《禮·學記》：“～學半，其此之謂乎？”

2193 殷甲文（A1: 44, 4 人名）

2194 周I（銘文 65）

2193—2194

斅 gʻŏk/ɣau-/xiào 教。《書·盤庚上》：“盤庚～于民。”

2195 周I（銘文 58）

2195

覺 kŏk/kɔk/jué ❶睡醒。《莊子·齊物》：“～而後知其夢也。”❷覺悟，領悟。《論語·憲問》：“抑亦先～者，是賢乎？”❸啟悟，唤醒。《左·文四》：“以～報宴。”

同音假借 直。《詩·斯干》：“殖殖其庭，有～其楹。”

kŏg/kau-/jiào 睡醒。《詩·兔爰》：“逢此百憂，尚寐無～。”Gl503

嚳 kʻŏk/kʻuok/kù 古帝名。《禮·祭法》：“殷人禘～而郊冥。”

鷽 gŏk/ɣɔk/xué ʔŏk/ʔɔk/yuè 鳥名。《莊子·逍遥遊》：“蜩與～鳩笑之。”

（按：今本作“學”，高氏從《釋文》。）

攪 kǒg/kau:/jiǎo 攪亂。《詩·何人斯》：“胡逝我梁，祇～我心。”

1039

告 kωg/kau-/gào kωk/kuok/gù 宣告，告訴。《詩·葛覃》：“言～師氏，言～言歸。”

2196—2198

2196 殷甲文（A4: 29, 5）

2197 殷甲文（A1: 3, 4）

2198 周 I（銘文 56） 此字从牛、口，可能是指在廟宇裏手持祭品向祖宗禱告。

誥 kωg/kau-/gào 宣告，告訴。《易·姤》：“后以施命～四方。”

郜 kωg/kau-/gào kωk/kuok/gù 地名。《左·成十三》：“焚我箕～。”

2199

2199 周 II / III（銘文 247）

皓 kωg/kau:/gǎo（hào） 純淨，潔白。《詩·月出》：“月出～兮，佼人懰兮。”

晧 g'ωk/ɣau:/hào 明亮，潔白。《吕氏春秋·本生》：“靡曼～齒。”（按：今本作“皓”。）

浩 g'ωk/ɣau:/hào ❶水盛大貌。《書·堯典》：“～～滔天。”❷曠遠，巨大。《詩·雨無正》：“～～昊天，不駿其德。”

梏 kωk/kuok/gù 手銬。《易·蒙》：“用説桎～。”

通 1038 組“覺”。直。《齊詩》：“有～德行。”（按：今《詩·抑》作“覺”。） Gl503

牿 音同上 ❶牛馬圈。《易·大畜》：“童牛之～。”❷把牛馬的脚拴住。《書·費誓》：“今惟淫舍～牛馬。” Gl2099

酷 k'ωk/k'uok/kù 殘酷。《荀子·議兵》：“其使民也～烈。”

鵠 g'ωk/ɣuok/hú 鳥名（鶴？大雁？天鵝？）。《禮·内則》：“～鴞胖。”

kωk/kuok/gǔ 靶心。《禮·射義》：“循聲而發，發而不失正～者。”

通“浩”。《吕氏春秋·下賢》：“～乎其羞用智慮也。”

窖 kǒg/kau-/jiào ❶洞穴，地窖。《禮·月令》：“穿竇～。”❷隱蔽。《莊子·齊物論》：“日以心鬭，縵者，～者，密者。”

1040

臯 kωg/kau/gāo 宣告。《周禮·樂師》：“詔來瞽～舞。”

同音假借 ❶長呼。《禮·禮運》：“及其死也，升屋而號，告曰：～，某復。”❷沼澤。《左·襄二十五》：“牧隰～。”❸高。《詩·緜》：“迺立～門，～門有伉。”❹懶惰。《詩·召旻》：“～～訿訿，曾不知其玷。”

通 1068 組“鼛”。《周禮·韗人》：“爲～鼓。” Gl484、1064

皋 前字的異體。

槔 kωg/kau/gāo 井上的杠杆式汲水工具。《莊子·天運》：“且子獨不見夫桔～者乎？”

嗥 g'ωg/ɣau/háo 嚎，叫。《左·襄十四》：“豺狼所～。”

暤 g'ωg/ɣau:/hào 明亮。《莊子·人間世》：“易之者，～天不宜。”

皞 音同上 輕鬆自在。《孟子·盡心上》：“王者之民，～～如也。”

翺 ŋωg/ŋau/áo 來回飛翔。《詩·女曰雞鳴》：“將～將翔，弋鳧與雁。”

1041

丂 k'ωg/k'au:/kǎo 嗚咽。見《説文》（無書證）。

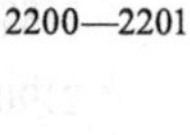
2200—2201

2200 周 II（銘文 147，人名）

2201 周 II（銘文 169，“考”義）

考 音同上 ❶高齡，年老。《詩·棫樸》："周王壽～，遐不作人。"❷亡父。《詩·信南山》："從以騂牡，享于祖～。"❸父親。《書·康誥》："大傷厥～心。"

同音假借 ❶敲打。《詩·山有樞》："子有鍾鼓，弗鼓弗～。"❷完成。《詩·考槃》："～槃在澗，碩人之寬。"❸使……平靜，使……安寧。《書·洛誥》："萬年厭乃德，殷乃引～。"❹考察。《詩·文王有聲》："～卜維王，宅是鎬京。"

通"巧"。《書·金縢》："予仁若～能，多材多藝。"Gl160、1126、1570、1609、1791

2202 殷甲文（B下35：5）
2203 殷（銘文15） 2204 周I（銘文58）
2205 周I（銘文86）
2206 周I（銘文63，"孝"義）

2202—2206

攷 前字的異體。《周禮·大司馬》："以待～而賞誅。"

2207 周III（銘文226）

2207

巧 kʻɷg/kʻɑu:, kʻɑu-/qiǎo 靈巧，狡猾。《詩·碩人》："～笑倩兮，美目盼兮。"

朽 xi̯ɷg/xi̯əu:/xiǔ ❶腐爛。《詩·良耜》："荼蓼～止，黍稷茂止。"❷忘記。《左·僖三十三》："死且不～。"

㱙 音同上 切碎。《列子·湯問》："～其肉而棄之。"

通"朽"。《墨子·尚同上》："腐～餘財，不以相分。"

栲 kʻɷg/kʻɑu:/kǎo 一種樹（山樗？）。《詩·山有樞》："山有～，隰有杻。"

号 gʻog/ɣɑu-/hào 大聲喊叫，痛哭。見《說文》。此字是"號"的初文（無書證）。

號 gʻog/ɣɑu/háo 大聲喊叫。《詩·蕩》："式～式呼，俾晝作夜。"

gʻog/ɣɑu-/hào ❶號令，命令。《莊子·田子方》："何不～於國中？"❷呼喚。《左·襄十九》："見衛在城上，～之乃下。"❸名號。《周禮·大祝》："辨六～。"

呺 xi̯og/xi̯ɛu/xiāo 廣大。《莊子·逍遙遊》："非不～然大也。"

gʻog/ɣɑu/háo 發出喧雜聲。《莊子·齊物論》："作則萬竅怒～。"

枵 xi̯og/xi̯ɛu/xiāo ❶空，寬敞。《莊子·逍遙遊》："非不～然大也。"（按：今本作"呺"，高氏從《文選》謝靈運詩注引《莊子》。）❷玄～：星座名。《左·襄二十八》："歲在星紀而淫於玄～。"

鴞 gi̯og/ji̯ɛu/yáo（xiāo） ❶貓頭鷹。《詩·泮水》："翩彼飛～，集于泮林。"❷一種小鳥。《莊子·齊物論》："見彈而求～炙。"❸鴟～：一種不知類別的鳥。《詩·鴟鴞》："鴟～鴟～，既取我子。"後代學者認爲這也是貓頭鷹，但這跟最早的注釋有抵觸。

1042

昊 gʻɷg/ɣɑu:/hào 明亮，燦爛（特指天）。《詩·雨無正》："浩浩～天，不駿其德。"此字从日、天。

1043

顥 gʻɷg/ɣɑu:/hào 明亮（特指天）。《呂氏春秋·有始》："西方曰～天。"

1044

好 xɷg/xɑu:/hǎo 好。《詩·關雎》："窈窕淑女，君子～逑。"

xɷg/xɑu-/hào 愛好，喜歡。《詩·北風》："惠而～我，攜手同歸。"

同音假借 孔眼。《周禮·玉人》："～三寸以爲度。"

2208 殷甲文（A1: 38, 3）

2209 殷甲文（A7: 27, 4）

2210 周Ⅰ（銘文 128）

2211 周Ⅱ（銘文 167）

此字从女、子。

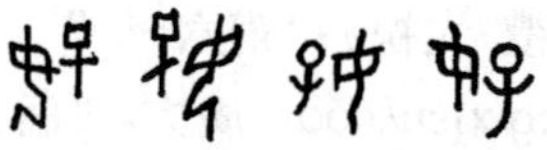

2208—2211

1045

奥 ʔɷg/ʔɑu-/ào ❶室内西南角。《論語·八佾》：“與其媚於～，寧媚於竈。”❷内地。《書·禹貢》：“四～既宅。”（按：今本作“隩”，高氏從《漢書·地理志上》引。）❸内部的。《左·昭十三》：“共有寵子，國有～主。”

同音假借 ❶堆積。《國語·周語中》：“民無懸耜，野無～草。”❷煮。《荀子·大略》：“泔之傷人，不若～之。”

ʔi̯ɷk/ʔi̯uk/yù 河岸的小灣。《詩·淇奥》：“瞻彼淇～，綠竹猗猗。”

同音假借 ❶暖和（特指在陽）。《詩·小明》：“昔我往矣，日月方～。”❷鳥胃。《禮·内則》：“鴇～。”Gl149

澳 ʔi̯ɷk/ʔi̯uk/yù ʔɷg/ʔɑu-/ào 河灣。《禮·大學》：“瞻彼淇～，菉竹猗猗。”Gl149

隩 音同上 ❶隱藏，隱蔽。《國語·鄭語》：“申，吕方强，其～愛太子亦必可知也。”❷内地。《書·禹貢》：“四～既宅。”

通“燠”。《書·堯典》：“厥民～。”Gl149、1227、1380

燠 ʔi̯ɷk/ʔi̯uk/yù 温暖。《詩·唐風·無衣》：“不如子之衣，安且～兮。”

薁 音同上 野生葡萄。《詩·七月》：“六月食鬱及～。”

1046

叏 t'ɷg/t'ɑu/tāo 圓滑，難以捉摸。《説文》引《詩》：“～兮達兮。”（按：今《詩·子衿》作“挑”。）Gl237

2212

2212 周（銘文 367，人名）

弢 音同上 弓的套袋。《左·成十六》：“乃内旌於～中。”

1047

匋 d'ɷg/d'ɑu/táo 燒製陶器的窑。見《説文》。此字是“陶”的初文（無書證）。

2213 殷（銘文 6，人名）

2214 周（銘文 387）

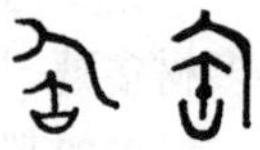

2213—2214

此字从缶（陶器）、勹（覆蓋）。

陶 d'ɷg/d'ɑu/táo ❶燒製陶器的窑。《左·襄二十五》：“昔虞閼父爲周～正。”❷把土放在模型中製造。《詩·緜》：“古公亶父，～復～穴。”❸陶器。《禮·效特牲》：“器用～匏。”

同音假借 ❶抑制（感情）《禮·檀弓下》：“人喜則斯～。”❷焦慮。《孟子·萬章上》：“鬱～思君爾。”❸一種衣服。《左·昭十二》：“王皮冠，秦復～。”

假借爲 d'ɷg/d'ɑu-/dào 驅馳貌。《詩·清人》：“清人在軸，駟介～～。”

假借爲 di̯ɷg/i̯ɛu/yáo ❶和樂貌。《詩·君子陽陽》：“君子～～。”❷皋～：木製的鼓。《周禮·韗人》：“韗人爲皋～。”Gl220、288、657、789

綯 d'ɷg/d'ɑu/táo 繩子。《詩·七月》：“晝爾于茅，宵爾索～。”

1048

道 d'ɷg/d'ɑu:/dào ❶道路。《詩·南山》：“魯～有蕩，齊子由歸。”❷方法，技藝。《詩·生民》：“誕后稷之穡，有相之～。”❸學説，原理。《論語·里仁》：“吾～一以貫之哉。”

dʻɷg/dʻɑu-/dào　❶引路，引導。《左·隱五》：“請君釋憾於宋，敝邑爲～。”❷闡明。《禮·學記》：“～而弗牽。”❸講。《孟子·梁惠王上》：“仲尼之徒無～桓文之事者。”

2215 周 I（銘文 98，人名）

2216 周 II（銘文 147）

此字从首（頭）、辵（走）。

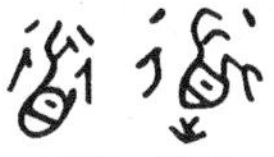

2215—2216

導 dʻɷg/dʻɑu-/dào（dǎo）　領導，引導。《孟子·離婁下》：“則使人～之出疆。”

2217

2217 周 I（銘文 83）

1049

早 tsɷg/tsɑu:/zǎo　早。《書·召誥》：“乃～墜厥命。”

草 tsʻɷg/tsʻɑu:/cǎo　草，植物。《詩·野有蔓草》：“野有蔓～，零露漙兮。”

同音假借　❶粗劣，粗野。《書·微子》：“好～竊奸宄。”❷煩惱，憂傷。《詩·巷伯》：“驕人好好，勞人～～。”

2218

Gl1502

2218 周III/IV（銘文 328）

1050

棗 tsɷg/tsɑu:/zǎo　棗子。《詩·七月》：“八月剝～，十月穫稻。”此字从二朿（刺）。

1051

造 tsʻɷg/tsʻɑu-/cào（zào）　❶前往獻祭。《禮·王制》：“類乎上帝，宜乎社，～乎禰。”❷前往。《孟子·公孫丑下》：“不能～朝。”❸（讓……前往＞）派遣。《詩·公劉》：“既登乃依，乃～其曹。”❹倉卒，緊急。《論語·里仁》：“君子無終食之間違仁，～次必於是。”❺（上法庭＞）訴訟者。《書·呂刑》：“兩～具備。”❻放置。《禮·喪大記》：“君設大盤～冰焉。”❼（逝去的歲月＞）時期，時代。《儀禮·士冠禮》：“公侯之有冠禮也，夏之末～也。”

dzʻɷg/dzʻɑu:/zào　❶做，造。《詩·大明》：“～舟爲梁，不顯其光。”❷活動。《易·屯》：“天～草昧。”❸开始。《禮·中庸》：“君子之道，～端乎夫婦。”❹成就。《詩·思齊》：“肆成人有德，小子有～。”❺改善。《詩·緇衣》：“緇衣之好兮，敝予又改～兮。”❻完美的。《書·大誥》：“弗～哲。”

Gl817、903、1589、2055

2219 周II（銘文 164）

2220 周III/IV（銘文 309）

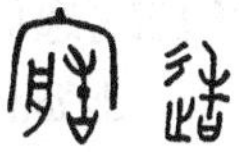

2219—2220

現代字形和第二個古文字都从辵（去，往）、告（祭祀、禱告），第一個古文字从告、宀（房屋，寺廟），還有一個成分好像是“舟”，但意義不明。

慥 tsʻɷg/tsʻɑu-/cào　誠實。《禮·中庸》：“君子胡不～～爾？”

簉 tʂʻi̯ɷg/tʂʻi̯ə̯u-/chòu　助手。《左·昭十一》：“僖子使助薳氏之～。”

1052

屮 tsʻɷg/tsʻɑu:/cǎo　草，植物。《荀子·富國》：“刺～殖穀，多糞肥田。”此字《說文》釋爲“草木初生”。《切韻》讀爲 tʻi̯ɛt/chè，但没有書證。在《荀子》中此字是“草”義，顯然是“草”字的簡體。

2221

2221 漢前（銘文 452，人名）

此字象形。

艸 音同上　草，植物（僅有漢代書證）。此字通常作“草”。

2222

2222（周IV，銘文 283）

此字取自“蔃”。

1053

曹 dzʻɷg/dzʻɑu/cáo　❶兩批，一對。《楚辭·招魂》：“分～並進，遒相迫些。”

❷一起，共同。《國語·周語下》："且民所～好，鮮其不濟也。"❸僕役。《詩·公劉》："既登乃依，乃造其～。"❹羣。夥。《左·昭十二》："周原伯絞虐其輿臣，使～逃。"Gl903

2223 殷甲文（A2: 5, 5, 人名）

2224 周II（銘文135, 人名）

2223—2224

螬 音同上　金龜子幼蟲。《孟子·滕文公下》："井上有李，～食實者過半矣。"

漕 dzʻɷg/dzʻɑu-/zào(cáo)　以船運輸。《逸周書·文傳》："以～四方。"

dzʻɷg/dzʻɑu/cáo　地名。《詩·擊鼓》："土國城～，我獨南行。"

傮 tsɷg/tsɑu/zāo　完成，結束。《荀子·富國》："～然要時務民。"

糟 音同上　酒糟。《周禮·酒正》："醫酏～，皆使其士奉之。"

遭 音同上　遇見，碰上。《詩·閔予小子》："閔予小子，～家不造。"

1054

皁 dzʻɷg/dzʻɑu:/zào　橡樹子，可作黑色染料。《周禮·大司徒》："其植物，宜～物。"

同音假借　❶軟的，未成熟的（特指穀物）。《詩·大田》："既方既～，既堅既好。"❷僕役。《左·昭七》："大夫臣士，士臣～。"❸牛馬廐。《莊子·馬蹄》："編之以～棧。"❹馬十二匹爲一"～"。《周禮·校人》："三乘爲～。"

皂 前字的異體。

1055

老 lɷg/lɑu:/lǎo　年老。《詩·擊鼓》："執子之手，與子偕～。"

2225 殷甲文（B下35: 2）

2226 殷甲文（A2: 2, 6）

2227 周II（銘文150）

2225—2227

1056

牢 lɷg/lɑu/láo　❶牲畜的欄圈。《詩·公劉》："執豕于～，酌之用匏。"❷家畜。《禮·玉藻》："夕深衣，祭～肉。"❸祭品，牛、猪、羊各一。《左·桓六》："接以大～。"

2228 殷甲文（A1: 10, 2）

2229 周I（銘文98）

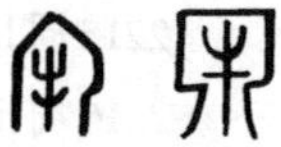
2228—2229

此字从牛、宀（欄圈），在殷甲骨文中經常以"羊"代"牛"。

1057

保 pɷg/pɑu:/bǎo　❶保護，守衛。《詩·崧高》："往近王舅，南土是～。"❷輔助。《詩·臣工》："嗟嗟～介，維莫之春。"❸保持，維持。"《左·襄二十一》："其子黶不能～任其父之勞。"❹依靠。《左·僖二十三》："～君父之命而享其生祿。"❺小城，城堡。《禮·檀弓下》："公叔禺人遇負杖入～者息。"Gl814、1091、1400

2230 殷甲文（A7: 3, 1）　2231 殷（銘文47）

2232 周I（銘文65）　2233 周I（銘文70）

此字从人、子，最末一個古文字中又增加了形符"玉"。

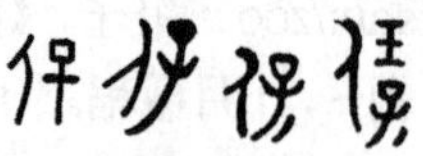
2230—2233

葆 音同上　簾幕，扇子。《禮·雜記下》："匠人執羽～御柩。"

通"保"。城堡。《墨子·明鬼下》引《書·甘誓》："予非爾田野～土之欲也。"（按：今《書》未見此句。）

通"褒"。《禮·禮器》："不樂～大。"Gl1400

褓 音同上　襁褓。《大戴禮·保傅》："昔者周成王幼，在襁～之中。"

褒 pɷg/pɑu/bāo　下襬寬大的長袍（據《說文》），賞賜的禮服。《禮·雜記上》："內子以鞠衣，～衣、素沙。"

假借爲pɷg/pɑu-/bào　禮拜。《周禮·大祝》："八曰～拜。"

1058

報 pɷg/pɑu-/bào　❶回答，報答。《詩·木瓜》："投我以木桃，～之以瓊瑤。"❷回報，報仇。《左·隱五》："以～東門之役。"❸宣告。《書·康王之誥》："惟予一人釗～誥。"

同音假借　❶束扎，包纏。《禮·喪服小記》："本詘而反以～之。"❷交織。《詩·大東》："雖則七襄，不成～章。"❸私通輩分較高的女性。《左·宣三》："文公～鄭子之妃曰陳嬀。"Gl632

2234

2234 周I（銘文 69）

1059

寶 pɷg/pɑu:/bǎo　❶珍貴之物。《詩·桑柔》："稼穡維～，代食維好。"❷珍貴的。《左·莊二十》："取其～器而還。"❸印信符璽。《詩·崧高》："錫爾介圭，以作爾～。"

2235 殷甲文（B下 18: 3）

2236 殷（銘文 2）　2237 周I（銘文 54）

2238 周I（銘文 60）　此字从宀（屋子）、玉（寶玉）、缶（陶器）。"缶"可能兼作聲符。

2235—2238

1060

𠤏 pɷg/pɑu:/bǎo　依次，一個接一個。見《說文》（無書證）。

鴇 音同上　鴇鳥。《詩·鴇羽》："肅肅～羽，集于苞栩。"

同音假借　黑白雜色的馬。《詩·大叔于田》："叔于田，乘乘～。"

1061

虣 b'ɷg/b'ɑu-/bào　凶暴。《周禮·司市》："以刑罰禁～而去盜。"此字从武（武士）、虎。

1062

冒 mɷg/mɑu-/mào　❶俯視，看。《書·君奭》："惟兹四人，昭武王，惟～丕單稱德。"❷貪婪（此義又讀mək/mək/mò）。《書·秦誓》："沈湎～色。"❸覆蓋物。《禮·雜記下》："～者何也？所以揜形也。"❹覆蓋。《詩·日月》："日居月諸，下土是～。"❺（遮住眼睛>）魯莽。《左·成十六》："侵官，～也。"

通"娼"。《呂氏春秋·明理》："夫妻相～。"

通"瑁"。《周禮·玉人》："天子執～四寸。"Gl1624、2117。此字从目、曰（某種遮蓋物）。

媢 音同上　妒忌。《禮·大學》："人之有技，～嫉以惡之。"

瑁 音同上　天子用於覆合諸侯之圭的玉板。《周禮·玉人》："天子執～四寸。"（按：今本《周禮》作"冒"，高氏從《說文》。）Gl1998

1063

牡 mɷg/mə̯u:/mǒu, mǔ　雄性動物。《詩·匏有苦葉》："雉鳴求其～。"此字由《詩》韻表明上古音爲mɷg，發展到中古應是mɑu，這裏的中古音是不規則的。

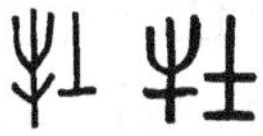

2239—2240

2239 殷甲文（A1: 20, 5）

2240 周I（銘文 107）

此字从牛、土（祭壇上男性生殖器狀的柱子）。參 62 組。在殷代甲骨文中，有時用"羊"或"鹿"代"牛"。

1064

丩 ki̯ǒg/ki̯ěu/jiū
糾纏。見《說文》（無書證）。

糾 ki̯ǒg/ki̯ěu/jiū　❶纏繞，交織。《詩·葛屨》："～～葛屨，可以履霜。"❷聯合。《左·僖二十四》："故～合宗族于成周而作詩。"

同音假借　檢查。《周禮·大司寇》："以五刑～萬民。"

假借爲 gʻi̯og/gʻi̯ɛu:/jiào　ki̯og/ki̯ɛu:/jiǎo

文雅，美麗。《詩·月出》："佼人僚兮，舒窈～兮。"Gl1、269、1130

糺 前字的異體。《楚辭·悲回風》："～思心以爲纕兮。"

赳 ki̯ǒg/ki̯ěu:/jiū　優雅的。《詩·兔罝》："～～武夫，公侯干城。"Gl26

虯 gʻi̯ǒg/gʻi̯ěu/qiú　ki̯ǒg/ki̯ěu/jiū　有角的龍。《楚辭·離騷》："駟玉～以乘鷖兮。"（按：今本作"虬"，一本作～。）

觓 音同上　角曲長貌。《穀梁·成七》："郊牛日，展～角而知傷。"

叫 kiɷg/kieu-/jiào　叫喚，呼喊。《詩·北山》："或不已于行，或不知～號。"

訆 音同上　呼喊。《說文》引《左》："或～于宋大廟。"（按：今《左·襄三十》作"叫"。）

嘂 音同上　呼喊，吵鬧。《周禮·銜枚氏》："禁～呼嘆鳴於國中者。"

1065

韭 ki̯ɷg/ki̯ə̯u:/jiǔ　韭菜。《詩·七月》："四之日其蚤，獻羔祭～。"此字的初文當是象形。

韮 前字的異體。《莊子·徐无鬼》："食芧栗，厭葱～。"（按：今本作"韭"，高氏從別本。）

1066

求 gʻi̯ɷg/gʻi̯ə̯u/qiú　尋求，請求。《詩·伐木》："嚶其鳴矣，～其友聲。"

通"逑"。結合。《詩·桑扈》："彼交匪敖，萬福來～。"Gl695、856、1036

2241 殷甲文（A6: 48, 5）
2242 殷甲文（A6: 48, 6）
2243 周II（銘文132）

2241—2243

《說文》認爲此字是"裘"（皮衣）的初文，假借爲尋求義。此字是毛皮（一根尾巴？）的象形。

裘 音同上　皮衣。《詩·終南》："君子至止，錦衣狐～。"

球 音同上　一種寶玉。《詩·長發》："受大～小～。"Gl1193a

捄 音同上　角曲長貌。《詩·大東》："有～棘匕。"參1064組"觓"。

ki̯ɷg/ki̯ə̯u/jiū　聚集。《詩·緜》："～之陾陾，度之薨薨。"Gl793、1193a

絿 gʻi̯ɷg/gʻi̯ə̯u/qiú　緊急，急迫。《詩·長發》："不競不～，不剛不柔。"Gl1195

觩 音同上　角曲長貌。《詩·桑扈》："兕觥其～，旨酒思柔。"參"捄"。Gl1153

賕 音同上　賄賂。《韓非子·八經》："故下明愛施而務～紋之政。"

逑 音同上　❶聚合。《詩·民勞》："惠此中國，以爲民～。"❷配偶。《詩·關雎》："窈窕淑女，君子好～。"❸聚斂。《說文》引《書》："旁～孱功。"（按：今《書·堯典》作"鳩"。）Gl2

銶 音同上　鑿子。《詩·破斧》："既破我斧，又缺我～。"Gl394

救 ki̯ɷg/ki̯ə̯u-/jiù　援助，救護。《詩·邶風·谷風》："凡民有喪，匍匐～之。"

俅 gʻi̯ɷg/gʻi̯ə̯u/qiú　玉飾貌。《詩·絲衣》："絲衣其紑，載弁～～。"Gl1133

1067

臼 g'i̯ɷg/g'i̯ə̯u:/jiù　舂米器。《易·繫辭下》："掘地爲～。"

此字象形（參"舊"的古文字）。

舅 音同上　❶母親的兄弟。《詩·渭陽》："我送～氏，曰至渭陽。"❷妻子的父親。《禮·坊記》："～姑承子以授婿。"

舊 g'i̯ŭg/g'i̯ə̯u-/jiù　（此字的上古音爲《詩》韻所證明）❶舊，古老。《詩·文王》："周雖～邦，其命維新。"❷長久，很久以前。《書·微子》："詔王子出迪，我～云刻子。"Gl1510

2244 殷甲文（A4: 15, 4）

2245 周II（銘文 156）

2244—2245

匶 g'i̯ŭg/g'i̯ə̯u/jiù　棺材。《周禮·喪祝》："及朝，御～，乃奠。"

1068

咎 g'i̯ɷg/g'i̯ə̯u:/jiù　❶過錯。《詩·伐木》："寧適不來，微我有～。"❷責備。《詩·北山》："或湛樂飲酒，或慘慘畏～。"❸不祥。《詩·氓》："爾卜爾筮，體无～言。"❹災禍。《易·繫辭上》："无～者，善補過也。"❺厭惡。《書·洪範》："其作汝用～。"

假借爲kɷg/kau/gāo　人名。《左·僖二十三》："狄人伐廧～如。"Gl1538

2246 周III（銘文 228，此字增添了形符"疒"）

2246

櫜 kɷg/kau, kau:/gāo　一種樹（銘文 328）。

2247 周III / IV（銘文 328）

2247

鼛 kɷg/kau/gāo　大鼓。《詩·鼓鍾》："鼓鍾伐～，淮有三洲。"

櫜 音同上　❶弓袋，放入弓袋。《詩·時邁》："載戢干戈，載～弓矢。"❷箭囊。《左·昭元》："請垂～而入。"

1069

翏 gli̯ɷg/li̯ə̯u-/liù　gli̯ŏg/li̯ĕu-/liù　gli̯og/li̯ɛu-/liào　風嘯聲。《莊子·齊物論》："而獨不聞之～～乎？"

鏐 gli̯ɷg/li̯ə̯u/liú　gli̯ŏg/li̯ĕu/liú　純金（銘文 217）。

2248、2249 周III（銘文 217）

2250 周III（銘文 218）

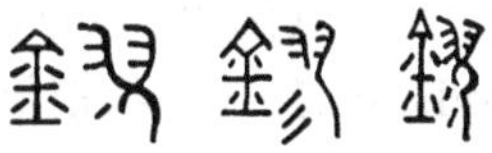

2248—2250

飂 gli̯ɷg/li̯ə̯u/liú　高空之風。《吕氏春秋·有始》："西方曰～風。"

摎 gli̯ɷg/li̯ə̯u/liú　kli̯ŏg/ki̯ĕu/jiū　纏繞，糾結。《儀禮·喪服》："故殤之經不～垂。"（按：今本作"樛"，高氏從石經本。）

樛 kli̯ŏg/ki̯ĕu/jiū　❶向下彎曲（特指樹枝）。《詩·樛木》："南有～木，葛藟累之。"❷糾結。《儀禮·喪服》："故殤之經不～垂。"Gl14

璆 g'li̯ŏg/g'i̯ĕu/qiú　"鏐"的異體。《書·禹貢》："厥貢～鐵，銀鏤砮磬。"

勠 gli̯ɷg/li̯ə̯u, li̯ə̯u-/liú　gli̯ɷk/li̯uk/lù　合力，併力。《國語·齊語》："與諸侯～力同心。"

瘳 t'li̯ɷg/ȶ'i̯ə̯u/chōu　dli̯ɷg(？)/lieu/liáo　❶病愈。《詩·風雨》："既見君子，云胡不～？"❷差異。《左》。（按：此字《左》三見，均病愈義。）❸減損。《國語·晉語二》："君不度而賀大國之襲，於己也何～？"

繆 mli̯ŏg/mi̯ĕu-/miù　捆綁。《詩·綢繆》："綢～束薪，三星在天。"

通"謬"。《禮·經解》："差若豪氂，～以千里。"

kli̯ŏg/ki̯ĕu/jiū　糾結。《禮·檀弓下》：

"衣衰而～絰。"參"樛"。

通"穆"。《禮·大傳》:"序以昭～。"Gl757

謬 mli̯ŏg/mi̯ĕu-/miù 謊言，謬誤。《莊子·天下》:"以～悠之說，荒唐之言。"

寥 gliɷg/lieu/liáo 空虛寂靜。《莊子·知北遊》:"～已吾志。"

漻 音同上 清澈潔淨。《莊子·天地》:"～乎其清也。"Gl245

蓼 gliɷg/lieu:/liǎo 蓼科植物，特指水蓼。《詩·小毖》:"未堪家多難，予又集于～。"

gli̯ɷk/li̯uk/lù 植物長大貌。《詩·蓼蕭》:"～彼蕭斯。"

熮 gli̯ɷg/li̯ɛu-/liào 强烈的辛辣味。《說文》引《逸周書》:"味辛而不～。"（按：段玉裁謂:"'逸'字衍，當刪。"又稱今本《周書》"未見有此句"。）

醪 glɷg/lɑu/láo 濁酒。《列子·湯問》:"臭過蘭椒，味過～醴。"

膠 klɷ̆g/kau, kau:/jiāo ❶粘膠。《周禮·弓人》:"～也者，以爲和也。"❷（膠在一起＞）聯合。《詩·隰桑》:"既見君子，德音孔～。"

同音假借 ❶冰凍。《楚辭·大招》:"霧雨淫淫，白皓～只。"❷學校。《禮·王制》:"周人養國老於東～。"❸雞鳴聲。《詩·風雨》:"風雨瀟瀟，雞鳴～～。"❹搖動，移動。《莊子·天道》:"～～擾擾乎!"

嘐 xlɷ̆g/xau/xiāo 說大話。《孟子·盡心下》:"何以是～～也?"

僇 gli̯ɷk/li̯uk/lù 羞辱。《論語·公冶長》:"邦無道，免於刑～。"（按：今本作"戮"。）

通"戮"。《荀子·非相》:"然而身死國亡，爲天下大～。"

戮 音同上 ❶殺，死刑。《書·甘誓》:"弗用命，～于社。"❷侮辱。《左·文六》:"賈季～臾駢。"

通"勠"。《國語·晉語四》:"吾先君武公與晉文侯～力一心。"

穋 音同上 晚種早熟的穀物。《詩·七月》:"黍稷重～，禾麻菽麥。"Gl375

1070

休 xi̯ɷg/xi̯ə̯u/xiū ❶安寧，悠閑。《詩·蟋蟀》:"好樂無荒，良士～～。"❷休息，逗留。《詩·漢廣》:"南有喬木，不可～思。"❸停止。《國策·齊四》:"先生～矣!"

同音假借 ❶美好。《詩·長發》:"何天之～。"❷恩惠，賜福。《詩·江漢》:"虎拜稽首，對揚王～。"❸幸福。《詩·菁菁者莪》:"既見君子，我心則～。"❹幸運。《書·太甲中》:"實萬世無疆之～。"❺優美。《書·立政》:"～茲，知恤鮮哉!"❻優秀。《書·吕刑》:"雖畏勿畏，雖～勿～。"Gl1126、1938、2051

2251 殷甲文（A5: 26, 2）

2252 殷甲文（H1: 23, 15）

2253 殷（銘文 14） 2254 殷（銘文 28）

2255 周 I（銘文 58）

此字从人、木，有時从人、禾。

2251—2255

咻 音同上 喧嚷。《孟子·滕文公下》:"一齊人傅之，衆楚人～之。"

貅 音同上 一種猛獸（種類不能確知）。《禮·曲禮上》:"前有摯獸，則載貔～。"

鵂 音同上 貓頭鷹。《莊子·秋水》:"鴟～夜撮蚤。"

髹 音同上　黑紅色的漆。《儀禮·鄉射禮》："楅～横而拳之。"此字聲符縮略了。

茠 xɷg/xɑu/hāo　除草。《説文》引《詩》："既～荼蓼。"（按：今《詩·良耜》作"薅"。）

烋 xǒg/xau/xiāo　咆哮，怒吼。《詩·蕩》："女炰～于中國。"Gl938

梟 kiɷg/kieu/jiāo（xiāo）　一種鳥（貓頭鷹？）。《詩·瞻卬》："懿厥哲婦，爲～爲鴟。"

同音假借　❶山頂。《管子·地員》："其山之～多桔、符、榆。"❷擾亂。《荀子·非十二子》："飾邪説，文奸言，同～亂天下。"此字的聲符縮略了。

澆 音同上　冲淡，稀釋。《莊子·繕性》："～淳散朴。"

1071

憂 ʔi̯ɷg/ʔi̯ə̯u/yōu　❶憂愁，悲傷。《詩·邶風·柏舟》："～心悄悄，愠于羣小。"❷苦難。《孟子·告子下》："然後知生於～患，而死於安樂也。"此字从人（包括頭、體和足）、心。

[illegible] 此字音義不明，因其主要部分爲"憂"，故收録於此。

2256

2256 周III/IV（銘文 328）

優 ʔi̯ɷg/ʔi̯ə̯u/yōu　❶寬容，温和。《詩·長發》："敷政～～，百禄是遒。"❷悠閑自得。《詩·白駒》："慎爾～遊，勉爾遁思。"❸喜劇。《左·襄二十八》："陳氏、鮑氏之圉人爲～。"❹優伶。《禮·樂記》："及～侏儒，獶雜子女。"❺豐盛，豐富。《詩·信南山》："益之霢霂，既～既渥。"❻廣闊，浩大。《詩·瞻卬》："天之降罔，維其～矣。"❼過剩，有餘。《論語·憲問》："孟公綽爲趙魏老則～。"Gl677、1060

懮 ʔi̯ɷg/ʔi̯ə̯u:/yǒu　平靜，安寧。《詩·月出》："佼人懰兮，舒～受兮。"

通"憂"。《楚辭·抽思》："傷余心之～～。"Gl346

瀀 ʔi̯ɷg/ʔi̯ə̯u/yōu　水分充足，浸透。《説文》引《詩》："既～既渥。"（按：今《詩·信南山》作"優"。）Gl677

纋 音同上　髮針的中部。《儀禮·士喪禮》："鬠笄用桑，長四寸，～中。"

耰 音同上　覆土於種子上。《論語·微子》："～而不輟。"

櫌 前字的異體。《説文》引《論語》："～而不輟。"（按：今《論語·微子》作"耰"。）

1072

麀 ʔi̯ɷg/ʔi̯ə̯u/yōu　雌鹿。《詩·靈臺》："王在靈囿，～鹿攸伏。"

2257

2257 周III/IV（銘文 323）

此字从鹿、匕（雌的，參 566 組）。

1073

肘 ṭi̯ɷg/ṭi̯ə̯u:/zhǒu　肘部。《左·成二》："自始合，而矢貫余手及～。"此字从月（肉）、寸（手，其中大拇指有所譌變）。以下各字都是此字的省聲。

疛 音同上　腹痛，疾病。《吕氏春秋·盡數》："處腹則爲張爲～。"（按：今本作"府"，誤。）Gl593

酎 ḍʻi̯ɷg/ḍʻi̯ə̯u:/zhòu　醇酒（經過兩次發酵）。《禮·月令》："天子飲～，用禮樂。"

討 tʻɷg/tʻɑu:/tǎo　❶處罰。譴責。《書·皋陶謨》："天～有罪，五刑五用哉。"❷索求。《穀梁·桓二》："以是爲～之鼎也。"❸考查。《論語·憲問》："世叔～論之。"❹削減。《禮·禮器》："有順而～也。"

1074

盩 ȶi̯ɒg/ȶi̯ə̯u/zhōu　抽出。《吕氏春秋·節喪》:“涉血～肝以求之。”

2258

2258 周Ⅰ(銘文 73)

此字从執(抓住,參 685 組)、皿(器皿)。

1075

晝 ȶi̯ɒg/ȶi̯ə̯u-/zhòu　白天。《詩·七月》:“～爾于茅,宵爾索綯。”

1076

丑 ȶ'ni̯ɒg/ȶ'i̯ə̯u:/chǒu　地支名稱之一。《左·隱元》:“五月辛～,大叔出奔共。”

2259 殷甲文(A5: 26, 5)

2260 殷甲文(A5: 34, 1)

2261 周Ⅰ(銘文 69)

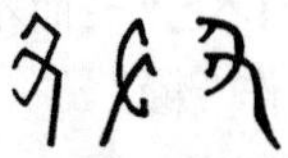
2259—2261

杻 ni̯ɒg/ni̯ə̯u/niǔ　一種樹,其種類不明(梅樹?)。《詩·山有樞》:“山有栲,隰有～。”

狃 音同上　❶隨意,輕視。《左·僖十五》:“一夫不可～,況國乎?”❷重複,慣習。《詩·大叔于田》:“將叔無～,戒其傷女。”

紐 音同上　縛,結扎。《禮·玉藻》:“并～約用組。”

羞 sni̯ɒg/si̯ə̯u/xiū　❶養育。《書·盤庚中》:“予丕克～爾。”❷食物。《左·昭二十七》:“執～者坐行而入。”❸進獻。《書·盤庚下》:“今我既～告爾于朕志。”

同音假借　❶羞怯。《左·襄十八》:“無作神～。”❷羞辱。《書·説命》:“惟口起～。”Gl1458、1522

2262 殷甲文(A2: 11, 1)

2263 周Ⅱ(銘文 172)

2262—2263

忸 ni̯ɒk/ni̯uk/nù(niǔ)　羞慚。《孟子·萬章上》:“鬱陶思君爾,～怩。”

通“狃”。慣習。《荀子·議兵》:“～之以慶賞。”

1077

攸 di̯ɒg/i̯ə̯u/yōu　❶居住的地方。《詩·韓奕》:“爲韓姞相～,莫如韓樂。”❷在那裏。《詩·靈臺》:“王在靈臺,麀鹿～伏。”❸由此。《詩·泮水》:“既作泮宫,淮夷～服。”❹被動態標記。《詩·斯干》:“風雨～除,鳥鼠～去。”

同音假借　❶遠離貌。《孟子·萬章上》:“少則洋洋焉,～然而逝。”❷危險貌。《左·昭十二》:“恤恤乎,湫乎～乎!”

通“修”。《書·洪範》:“四曰～好德。”Gl90、1561

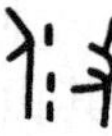
2264

2264 周Ⅱ(銘文 144,參“鋚”)

此字从人、攴(手執木棍),中間部分意義不明。

悠 音同上　❶沉思貌。《詩·雄雉》:“瞻彼日月,～～我思。”❷痛苦。《詩·訪落》:“於乎～哉,朕未有艾。”❸遥遠,悠長。《詩·鴇羽》:“～～蒼天,曷其有所?”❹遠離貌。《詩·黍苗》:“～～南行,召伯勞之。”Gl90、111

修 si̯ɒg/si̯ə̯u/xiū　❶裝飾。《禮·檀弓上》:“吾聞之,古不～墓。”(按:今本作“脩”,高氏從毛本。)❷安排,修理。《詩·常武》:“整我六師,以～我戎。”(按:今本作“脩”。)❸培養。《論語·憲問》:“～己以安百姓。”(按:今本作“脩”。)❹詳細闡述。《書·盤庚上》:“王播告之,～,不匿厥指。”❺充分照顧。《書·文侯之命》:“汝多～扞我于艱。”Gl1416、2096

脩 音同上　❶乾肉。《論語·述而》:“自行束～以上。”❷乾枯。《詩·中谷有蓷》:“中谷有蓷,暵其～矣。”

同音假借　長。《詩·六月》:“四牡～廣,其大有顒。”

通“修”。《詩·秦風·無衣》：“～我戈矛，與子同仇。”

通 1081 組“卣”。《周禮·鬯人》：“廟用～。”Gl203

條 dʻiωg/dʻieu/tiáo ❶一種樹，其種類不明。《詩·終南》：“終南何有？有～有梅。”❷細長的樹枝。《詩·汝墳》：“遵彼汝墳，伐其～枚。”❸長。《詩·椒聊》：“椒聊且，遠～且。”❹拖長（特指聲音）。《詩·中谷有蓷》：“～其歗矣，遇人之不淑矣。”❺繩子。《禮·雜記上》：“喪冠～屬，以別吉凶。”

同音假借 ❶整理，有條理。《書·盤庚上》：“若網在綱，有～而不紊。”❷段落，條款。《國策·秦一》：“科～既備，民多僞態。”

tʻiωg/tʻieu/tiāo 攀拉樹枝，采摘樹葉（特指桑樹）。《詩·七月》：“蠶月～桑。”Gl204

鞗 dʻiωg/dʻieu/tiáo 金屬飾品。《詩·蓼蕭》：“既見君子，～革忡忡。”Gl450

鋚 前字的異體。

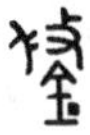
2265

2265 周 I（銘文 86）

鯈 音同上 一種小白魚。《莊子·至樂》：“浮之江湖，食之鰌～。”參“鰷”。

莜 dʻiωg/dʻieu-/diào 籃子。《説文》引《論語》：“以杖荷～。”（按：今本《論語·微子》作“蓧”。）參“蓧”。

翛 siωg/sieu/xiāo ɕi̯ωk/ɕi̯uk/shū 迅飛。《莊子·大宗師》：“～然而往。”

通“脩”。（乾枯>）皺縮。《詩·鴟鴞》：“予尾～～。”Gl384

倏 di̯ωk/ʑi̯uk/shū 迅速。《國策·楚四》：“～忽之間，墜於公子之手。”

2266

2266 周 II（銘文 147，人名）

儵 音同上 迅速，突然。《莊子·應帝王》：“南海之帝爲～。”

通“鯈”。《莊子·秋水》：“～魚出游從容。”

倐 前字的異體。

滺 di̯ωg/i̯ə̯u/yōu 流動。《詩·竹竿》：“淇水～～，檜楫松舟。”

滫 si̯ωg/si̯ə̯u:/xiǔ ❶淘米。《禮·内則》：“～瀡以滑之。”❷尿。《荀子·勸學》：“其漸之～，君子不近。”

蓨 tʻiωk/tʻiek/tī（tiāo） 苹～：羊蹄草。《管子·地員》：“其草宜苹～。”

鰷 dʻiωk/dʻieu/tiáo 一種小白魚。《詩·潛》：“～鱨鰋鯉。”此字與“鯈”同爲一字。

篠 siωk/sieu:/xiǎo 細竹。《書·禹貢》：“～簜既敷。”

蓧 dʻiωk/dʻiek/dí dʻiωg/dʻieu-/diào 籃子。《論語·微子》：“以杖荷～。”參“莜”。

滌 dʻiωk/dʻiek/dí ❶洗滌。《禮·曲禮下》：“水曰清～。”❷清掃。《詩·七月》：“九月肅霜，十月～場。”❸（掃淨>）光禿無草木。《詩·雲漢》：“旱既太甚，～～山川。”❹養祭牲的欄圈（專供清洗祭牲）。《禮·郊特牲》：“帝牛必在～三月。”❺澄清（特指酒）。《周禮·司尊彝》：“凡酒～酌。”（按：今本作“脩”，高氏依鄭玄注。）

同音假借 移動。《禮·樂記》：“流辟、邪散、狄成、～濫之音作，而民淫亂。”Gl997

1078

舀 di̯ωg/i̯ə̯u/yóu di̯og/i̯ɛu:/yǎo 從臼中勺取去皮的穀物。《説文》引《詩》：

"或簸或～。"（按：今《詩·生民》作"揄"。）此字从手、臼（参"滔"的古文字）。Gl876

慆 t'ɷg/t'au/tāo ❶愉悦。《左·昭元》："君子之近琴瑟，以儀節也，非以～心也。"❷經過，逝去。《詩·蟋蟀》："今我不樂，日月其～。"

同音假借 ❶懷疑。《左·昭二十七》："天命不～久矣。"❷掩蓋，隱瞞。《左·昭三》："以樂～憂。"

通"滔"。怠慢。《詩·蕩》："天降～德，女興是力。"（按，今本作"滔"，高氏從《康熙字典》。）Gl288

搯 音同上 打擊，敲打。《國語·魯語下》："無洵涕，無～膺。"Gl221

滔 t'ɷg/t'au/tāo ❶水流寬廣貌。《詩·四月》："～～江漢，南國之紀。"❷洪水，漫溢。《書·益稷》："洪水～天。"❸怠慢。《詩·蕩》："天降～德，女興是力。"❹傲慢無禮。《左·昭二十六》："士不濫，官不～。"

t'ɷg/t'au/tāo d'ɷg/d'au/táo 聚集。《莊子·田子方》："无器而民～乎前。"Gl288、1035、1236

2267

2267 周Ⅲ/Ⅳ（銘文 329）

謟 t'ɷg/t'au/tāo 疑惑。《左·昭二十六》："天道不～，不貳其命。"

韜 音同上 隱藏，遮蔽。《儀禮·鄉射禮》："杠長三仞，以鴻脰～上二尋。"

稻 d'ɷg/d'au/dào 水稻。《詩·七月》："八月剥棗，十月穫～。"

2268 周Ⅱ（銘文 158）
2269 周Ⅱ/Ⅲ（銘文 258）
2270 周Ⅱ/Ⅲ（銘文 263）

2268—2270

蹈 d'ɷg/d'au-/dào（dǎo） ❶踏，踩。《左·哀二十一》："使我高～。"❷移動，變動。《詩·菀柳》："上帝甚～，無自暱焉。"Gl288

1079

由 di̯ɷg/i̯ə̯u/yóu ❶自，從。《詩·君子陽陽》："右招我～房。"❷進行，施行。《禮·經解》："是故隆禮～禮，謂之有方之士。"❸跟隨，遵從。《詩·假樂》："不愆不忘，率～舊章。"❹依從，屈從。《書·梓材》："至于敬寡，至于屬婦，合～以容。"❺經過，穿過。《左·隱三》："信不～中，質無益也。"❻原因，緣故。《左·襄二十三》："有臧武仲之知，而不容於魯國，抑有～也。"❼自由自在（可能是通"油"）。《孟子·萬章下》："～～然不忍去也。"❽延長。《書·立政》："則克宅之，克～繹之。"❾抽生的新枝。《書·盤庚上》："若顛木之有～櫱。"

通"猶"。《孟子·梁惠王上》："民歸之，～水之就下。"Gl200、898、942、1413、1414、1698、1960

此字从田、丨（從田中延伸出的一條路），是"從……出去"之義。

柚 di̯ɷg/i̯ə̯u-/yòu 一種果樹，果實是柚子。《書·禹貢》："厥包橘～錫貢。"

d'i̯ɷk/d̑'i̯uk/zhú 織機上用來繞經紗的圓軸。《詩·大東》："小東大東，杼～其空。"

油 di̯ɷg/i̯ə̯u/yóu ❶流動。《楚辭·惜賢》："～～江湘。"❷充沛的，大量的（特指雲）。《孟子·梁惠王上》："天～然作雲，沛然下雨。"❸（流動＞）自然而然。《禮·祭義》："則易直子諒之心～然生矣。"❹温和謙恭。《禮·玉藻》："三爵而～～以退。"

鼬 di̯ɷg/i̯ə̯u-/yòu 鼬，俗稱黄鼠狼。《大戴禮·夏小正》："熊羆貊貉鼶～則穴，若蟄而。"

妯 t‘i̯ɷg/ȶ‘i̯ə̯u/chōu　d‘i̯ɷg/ȡ‘i̯ə̯u/chóu（zhóu）　焦急不安。《詩·鼓鍾》：“淮有三洲，憂心且～。”Gl657

抽 t‘i̯ɷg/ȶ‘i̯ə̯u/chōu　拔出，拔除。《詩·清人》：“左旋右～，中軍作好。”

宙 d‘i̯ɷg/ȡ‘i̯ə̯u-/zhòu　天空，世界。《莊子·讓王》：“余立於宇～之中。”

胄 音同上　❶後裔。《左·襄十四》：“謂我諸戎是四嶽之裔～也。”❷嫡妻所生的長子。《書·舜典》：“命汝典樂，教～子。”Gl1288

冑 音同上　頭盔。《詩·閟宫》：“公徒三萬，貝～朱綅。”

2271 周 I（銘文 67）

2272 周 II（銘文 159）

2271—2272

此字下部不是“肉”，《説文》認爲從“冃”（帽子）。但看來此字已有譌變，古文字是象形字，其下部爲眼睛，上部爲某種帶花穗的物體。在《荀子》中另有一個以“由”爲聲符的異體，參“䩜”。

䩜 前字的異體。《荀子·議兵》：“置戈其上，冠～帶劍。”

袖 dzi̯ɷg/zi̯ə̯u-/xiù　衣袖。《左·襄十四》：“余狐裘而羔～。”

褎 dzi̯ɷg/zi̯ə̯u-/xiù　衣袖。《詩·唐風·羔裘》：“羔裘豹～，自我人究究。”

zi̯ɷg/i̯ə̯u-/yòu　（裝袖的服裝＞）盛裝。《詩·旄丘》：“叔兮伯兮，～如充耳。”

同音假借　高大貌（指穀物）。《詩·生民》：“實方實苞，實種實～。”Gl108

此字中間左邊从爪（手），中間右邊的“禾”很難理解。

褏 前字的異體。

軸 d‘i̯ɷk/ȡ‘i̯uk/zhú（zhóu）　車軸。《左·定九》：“盡借邑人之車，鍥其～。”

通“迪”。前進，變得卓越。《詩·考槃》：“考槃在陸，碩人之～。”Gl163

迪 d‘i̯ɷk/d‘iek/dí　❶前進。《詩·桑柔》：“維此良人，弗求弗～。”❷沿着。《書·皋陶謨》：“允～厥德。”❸引導，指引。《書·太甲上》：“啟～後人。”❹（使……前進＞）促進。《書·牧誓》：“昏棄厥遺王父母弟不～。”❺實行。《書·立政》：“古之人～惟有夏。”Gl1337、1515、1939

1080

斿 di̯ɷg/i̯ə̯u/yóu　旌旗的垂飾。《周禮·巾車》：“十有二～。”

2273 殷甲文（A2: 26，7，“遊”義）

2274 周 III / IV（銘文 313，人名）

2275 周 III / IV（銘文 327）

2276 周（銘文 340，人名）

此字从㫃（旗幟）、子，意義不明。

2273—2276

游 音同上　❶漂游。《詩·邶風·谷風》：“就其淺矣，泳之～之。”❷漫游，游玩。《詩·漢廣》：“漢有～女，不可求思。”❸旗幟。《左·桓二》：“鞶厲～纓。”（此義有時讀 liú，因爲跟 1104 組“旒”混淆了）

遊 音同上　❶漫游，游玩。《詩·泉水》：“駕言出～，以寫我憂。”❷閑暇。《禮·學記》：“息焉～焉。”

蝣 音同上　蜉～：昆蟲名。《詩·蜉蝣》：“蜉～之羽，衣裳楚楚。”

1081

卣 di̯ɷg/i̯ə̯u，i̯ə̯u:/yǒu　一種禮器。《詩·江漢》：“秬鬯一～。”

2277 殷甲文（A1: 18，4）

2278 殷甲文（A6: 41，5）

2279 周 I（銘文 65）　2280 周 I（銘文 74）

2281 周 II（銘文 159）　此字象形。

2277—2281

逌 di̯ɷg/i̯ə̯u/yóu 自由自在。《列子·楊朱》:"～然而自得,亡介焉之慮者。"

1082

牖 zi̯ɷg/i̯ə̯u:/yǒu 窗户。《詩·鴟鴞》:"徹彼桑土,綢繆～户。"

通1095組"誘"。引導。《詩·板》:"天之～民。"Gl931

1083

周 ȶi̯ɷg/tɕi̯ə̯u/zhōu ❶環繞。《禮·檀弓上》:"天子之棺四重……四者皆～。"❷循環,輪轉。《左·成二》:"逐之,三～華不注。"❸彎曲處。《詩·有杕之杜》:"有杕之杜,生于道～。"❹遍及,完全。《左·隱十一》:"～麾而呼。"❺一直到底。《左·昭二十》:"子行事乎?吾將死之,以～事子。"❻到處。《詩·皇皇者華》:"載馳載驅,～爰咨詢。"❼普遍,全部。《詩·崧高》:"～邦咸喜,戎有良翰。"❽(某人總在周圍>)援助。《詩·雲漢》:"靡人不～,無不能止。"❾救濟。《左·定五》:"歸粟於蔡,以～亟。"❿親密,親近。《左·哀十六》:"～仁之謂信。"⓫秘密。《左·昭四》:"其藏之也～。"⓬地名、朝代名。《詩·下泉》:"愾我寤嘆,念彼～京。"Gl12、303、407

2282 殷甲文(K641) 2283 周I(銘文58)

2284 周I(銘文62)

2285 周I(銘文106)

此字可能是周朝都市的象形(正方的城牆和四通八達的街道)。參847組。

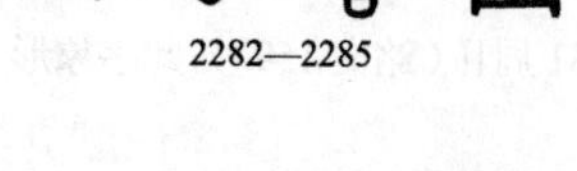

2282—2285

婤 音同上 女子名。《左·昭七》:"嬖人～始生孟縶。"

2286

2286 周II/III(銘文240)

賙 音同上 給予,救濟。《周禮·大司徒》:"五黨爲州,使之相～。"

輖 音同上 前重後輕(特指馬車)。《儀禮·既夕禮》:"志矢一乘,軒～中,亦短衛。"

啁 ȶi̯ɷg/ȶi̯ə̯u/zhōu ȶǒg/ȶau/zhāo 鳥叫聲,嘈雜聲。《禮·三年問》:"猶有～噍之頃焉。"

惆 ȶ'i̯ɷg/ȶ'i̯ə̯u/chóu 失望。《荀子·禮論》:"則其於至意之情者～然不嗛。"

稠 ȡ'i̯ɷg/ȡ'i̯ə̯u/chóu 稠密,衆多。《國策·秦一》:"書策～濁,百姓不足。"

通"調"。調整。《莊子·天下》:"其於宗也,可謂～適而上遂矣。"

綢 ȡ'i̯ɷg/ȡ'i̯ə̯u/chóu ❶纏繞,包扎。《詩·綢繆》:"～繆束薪,三星在天。"❷緊密,稠密。《詩·都人士》:"彼君子女,～直如髮。"

t'ɷg/t'au/tāo 包裹。《禮·檀弓上》:"～練設旐,夏也。"

裯 ȡ'i̯ɷg/ȡ'i̯ə̯u/chóu (夜間穿的)貼身短衣。《詩·小星》:"肅肅宵征,抱衾與～。"Gl55

凋 tiɷg/tieu/diāo 枯落,凋謝。《國策·秦三》:"此何故也?爲其～榮也。"

琱 音同上

雕刻(銘文133)。

2287

2287 周II(銘文133)

彫 音同上 ❶雕刻。《莊子·大宗師》:"覆載天地、刻～衆形而不爲巧。"❷刻畫紋彩。《左·宣二》:"厚斂以～牆。"❸損傷。《左·昭八》:"今宮室崇侈,民力～盡。”

通“凋”。《論語·子罕》:“歲寒然後知松柏之後～也。”

錭 前字的異體。《荀子·富國》:“必將～琢刻鏤、黼黻文章,以塞其目。”

雕 音同上 鷹。《莊子·山木》:“莊周游於～陵之樊。”

通“彫”。❶雕刻。《書·顧命》:“～玉仍几。”❷損傷。《國語·周語下》:“民力～盡,田疇荒蕪。”

蜩 dʻiɷg/dʻieu/tiáo 蟬。《詩·七月》:“四月秀葽,五月鳴～。”

調 dʻiɷg/dʻieu/tiáo ❶調音。《禮·月令》:“～竽笙箎簧。”❷調節。《詩·車攻》:“弓矢既～。”❸混和,調和。《呂氏春秋·去私》:“庖人～和而弗敢食。”❹搖動,移動。《莊子·齊物論》:“而獨不見之～～、之刁刁乎?”

假借爲 ȶi̯ɷg/ȶi̯ə̯u-/zhòu(zhōu) 早晨(實際是通1075組“晝”)。《詩·汝墳》:“未見君子,惄如～飢。”Gl35

禂 tɷg/tɑu:/dǎo 爲將被獻祭的牲畜祈禱。《周禮·甸祝》:“～牲～馬。”Gl473

倜 tʻi̯ɷk/tʻiek/tì 廣大,高遠。《荀子·非十二子》:“則～然無所歸宿。”

1084

舟 ȶi̯ɷg/tɕi̯ə̯u/zhōu 船。《詩·二子乘舟》:“二子乘～,泛泛其景。”

通1083組“周”。❶朝代名。《詩·大東》:“～人之子,熊羆是裘。”❷環繞。《詩·公劉》:“何以～之?維玉及瑶。”Gl630

2288 殷甲文(A7: 24, 2)

2289 殷甲文(A2: 26, 2)

2290 周III/IV(銘文327)

2291 周(銘文367)

此字象形。

2288—2291

侜 ȶi̯ɷg/ȶi̯ə̯u/zhōu 欺騙。《詩·防有鵲巢》:“誰～予美?心焉忉忉。”

輈 音同上

車轅。《詩·小戎》:“五楘梁～。”

1085

受 ȡi̯ɷg/ʑi̯ə̯u:/shòu ❶接受。《詩·下武》:“～天之佑,四方來賀。”❷(接受>)順從,安寧。《詩·月出》:“佼人懰兮,舒憂～兮。”Gl346

2292 殷甲文(A1: 20, 7)

2293 周I(銘文58)

2292—2293

此字从雙手从舟(雙手持船形物體〔梭子?〕),“舟”又聲。

授 ȡi̯ɷg/ʑi̯ə̯u-/shòu ❶給予。《詩·七月》:“七月流火,九月～衣。”❷移交。《左·昭十七》:“宣子夢文公攜荀吳而～之陸渾。”

綬 ȡi̯ɷg/ʑi̯ə̯u:/shòu 絲帶(把玉璽等繫在腰間)。《禮·玉藻》:“天子佩白玉而玄組～。”

1086

州 ȶi̯ɷg/tɕi̯ə̯u/zhōu ❶水中小島。《説文》引《詩》:“在河之～。”(按:今《詩·關雎》作“洲”。)❷古區域名。《書·禹貢》:“九～攸同。”❸周代編制。《周禮·大司徒》:“五黨爲～。”❹聚集。《國語·齊語》:“令夫士羣萃而～處。”

2294 殷甲文(O262)

2295 周I(銘文63)

此字象形。

2294—2295

洲 音同上 小島。《詩·關雎》:“關關雎鳩,在河之～。”

酬 ȡi̯ωg/ʑi̯ə̯u/chóu　❶主人再次敬酒。《詩·彤弓》:“鐘鼓既設,一朝～之。”(按:今本作“醻”。《釋文》:“本又作～。”)❷勸酒。《儀禮·鄉飲酒禮》:“主人實觶～賓。”❸以禮物報謝。《左·昭二十七》:“吾無以～之。”

1087

帚 ȶi̯ωg/tɕi̯ə̯u:/zhǒu　掃帚。《禮·曲禮上》:“必加～於箕上。”

2296 殷甲文(A1: 30, 5)

2297 殷甲文(A1: 25, 3)

2298 漢前(銘文 437)

2296—2298

在古文字中,此字一直用作“歸”(回來)或“婦”(妻子)。此字象形。

箒 音同上　掃帚。《國語·吳語》:“一介嫡女,執箕～。”

埽 sɷg/sɑu:, sɑu-/sǎo　刷,掃。《詩·牆有茨》:“牆有茨,不可～也。”

掃 前字的異體。《禮·內則》:“灑～室堂及庭。”

1088

臭 ȶʻi̯ωg/tɕʻi̯ə̯u-/chòu　❶濃烈的氣味。《詩·文王》:“上天之載,無聲無～。”❷惡臭。《書·盤庚中》:“無起穢以自～。”

2299 殷甲文(A5: 47, 4)

此字从犬、自,“自”爲鼻之象形。

2299

參 521 組和 1237 組。

嗅 xi̯ωg/xi̯ə̯u-/xiù　用鼻子聞,吸氣。《論語·鄉黨》:“子路共之,三～而作。”

糗 kʻi̯ωg/kʻi̯ə̯u:/qiǔ　乾糧。《書·費誓》:“峙乃～糧。”

1089

醜 ȶʻi̯ωg/tɕʻi̯ə̯u:/chǒu　❶醜陋。《詩·牆有茨》:“所可道也,言之～也。”❷不吉利,不祥。《詩·十月之交》:“日有食之,亦孔之～。”❸憎惡。《左·昭二十八》:“惡直～正,實蕃有徒。”❹羞恥,慚愧。《莊子·德充符》:“寡人～乎,卒授之國。”

同音假借　❶衆人。《詩·出車》:“執訊獲～,薄言還歸。”❷區分種類。《禮·學記》:“古之學者,比物～類。”❸同類,相類。《孟子·公孫丑下》:“今天下地～德齊。”❹肛門。《禮·內則》:“鼈去～。”

Gl438、918

2300 殷甲文(C4: 9)

此字从酉(酒瓮)、鬼。

2300

1090

𠷎 dʻi̯ωg/ȡʻi̯ə̯u/chóu　犂過的田。見《説文》。此字是“疇”字的初文(無書證)。

2301 殷甲文(A1: 8, 5“禱”義)

此字可能是已耕之田的象形。

2301

𠷎 音同上　誰。《易·否》:“～離祉。”(按:今本作“疇”,高氏從《釋文》引鄭玄説)。

2302

2302 周 I(銘文 86,可能是“幬”義)。

𠷎 前字的異體。見《説文》。

壽 ȡi̯ωg/ʑi̯ə̯u:/shòu　長壽,高齡。《詩·七月》:“萬～無疆。”

2303 周 I(銘文 58)

2304 周 I(銘文 79)

2305 周 II(銘文 140)

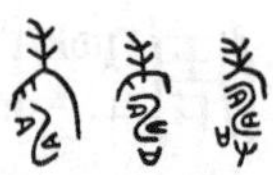

2303—2305

本組前三個字分别是這裏三個古文字的聲符,形符則是“老”。

儔 dʻi̯ωg/ȡʻi̯ə̯u/chóu　同輩,伴侣。《鬼谷子·中經》:“～善博惠。”

疇 音同上　❶犂過的田。《左·襄三十》:“取我田～而伍之。”❷領土。《書·酒誥》:“矧惟若～圻父,薄違農夫。”❸大麻田。《國語·齊語》:“陸、阜、陵、墐、井、田、～均,則民不憾。”

同音假借 ❶誰。《書·舜典》："～若予工。"❷過去，昨日。《左·宣二年》："～昔之羊子爲政。"❸種類，範疇。《書·洪範》："天乃錫禹洪範九～。"❹(同類>)同事，伴侶。《書·舜典》："亮采惠～。" Gl1230、1281

籌 音同上 ❶古代投壺比賽用的箭。《禮·投壺》："～，室中五扶。"❷記數的籌碼。《儀禮·鄉射禮》："箭～八十。"

躊 音同上 ～躇：徘徊不前，猶豫。《莊子·田子方》："方將～躇，方將四顧。" Gl116

醻 ḍi̯ɷg/ʑi̯əu/chóu ❶主人再次敬酒。《詩·彤弓》："鐘鼓既設，一朝～之。"❷酬答(同1086組"酬")。《詩·節南山》："既夷既懌，如相～矣。" Gl525

魗 音同上 嫌棄。《詩·遵大路》："無我～兮，不寁好也。" Gl227

譸 ṭi̯ɷg/ṭi̯əu/zhōu 欺騙，自夸。《書·無逸》："民無或胥～張爲幻。"

擣 tɷg/tau:/dǎo
敲擊，搗碎。《禮·内則》："～珍。"

同音假借 d'i̯ɷg/ḍ'i̯əu-/zhòu 腹痛。《詩·小弁》："我心憂傷，惄焉如～。" Gl593

禱 tɷg/tau:, tau-/dǎo 祈禱。《詩·吉日》："吉日維戊，既伯既～。"

檮 d'ɷg/d'au/táo 木塊，傻瓜，笨蛋。《左·文十八》："天下之民謂之～杌。"

幬 d'ɷg/d'au-/dào ❶覆蓋。《禮·檀弓下》："天子龍輴而椁～。"❷遮蔽。《左·襄二十九》："如天之無不～也。"

d'i̯ɷg/ḍ'i̯əu/chóu ❶幕帳。《荀子·禮論》："以象菲帷～尉也。"❷車軸的護套。《周禮·輪人》："欲其～之廉也。"

2306 周II(銘文159，形符是"韋"而不是"巾") 2306

燾 d'ɷg/d'au-/dào d'ɷg/d'au/tāo 遮蔽。《左·襄二十九》："如天之無不～也。"(按：今本作"幬"，《後漢書·朱穆傳》注引作～。)

2307 周III(銘文232，人名) 2307

翿 音同上 頂上飾有羽毛的旗。《詩·君子陽陽》："左執～，右招我由敖。"

鑄 ṭi̯ug/tɕi̯u-/zhù 鑄造。《左·昭二十一》："天王將～無射。"

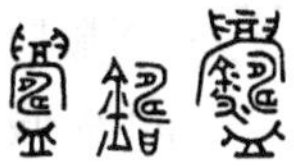

2308 周I/II(銘文209)
2309 III(銘文25)
2310 周II/III(銘文243) 2308—2310

此字形體演變劇烈，有時爲雙手持一蓋子，有時則持一器皿。有些形式(此處未列出)連聲符都省去了。

1091

讎 ḍi̯ɷg/ʑi̯əu/chóu ❶回報，回答。《詩·抑》："無言不～，無德不報。"❷相應，對應。《左·僖五》："無喪而慼，憂必～焉。"❸仇敵。《詩·邶風·谷風》："反以我爲～。"

通1083組"稠"。《書·微子》："用乂～斂。" Gl954、1509、1745

2311 周II(銘文143，人名) 2311

此字从雙隹(鳥)、言。

犨 t'i̯ɷg/tɕ'i̯əu/chōu
牛的呼吸聲。見《説文》(無書證)。

同音假借 突出。《吕氏春秋·召類》："南家之牆～於前而不直。"

犫 前字的異體。《左·昭元》："楚公子圍使公子黑肱、伯州犁城～。"

售 ḍi̯ɷg/ʑi̯əu-/shòu 出賣。《詩·邶風·谷風》："既阻我德，賈用不～。"此字聲符簡縮了。

1092

秋 tsʻi̯ɷg/tsʻi̯ə̯u/qiū ❶秋天。《詩·氓》:“將子無怒,～以爲期。”❷收成。《書·盤庚上》:“若農服田力穡,乃亦有～。”

同音假借 舞動,作出姿勢(指鳥)。《荀子·解蔽》:“鳳凰～～,其翼若干。”此字从禾、火。

楸 音同上 一種樹。《楚辭·哀郢》:“望長～而太息兮。”

萩 音同上

蒿類植物。見《説文》(無書證)。

同音假借 楸樹。《左·襄十八》:“及秦周伐雍門之～。”

鶖 音同上 似鶴水鳥。《詩·白華》:“有～在梁,有鶴在林。”

啾 tsi̯ɷg/tsi̯ə̯u/jiū 鳴叫聲。《楚辭·離騷》:“鳴玉鸞之～～。”

湫 tsi̯ɷg/tsi̯ə̯u/jiū(qiū) tsiɷg/tsieu:/jiǎo ❶低下。《左·昭三》:“子之宅近市,～隘囂塵。”❷狹窄,擁擠。《左·昭元》:“勿使有所壅閉～底。”

揫 dzʻi̯ɷg/dzʻi̯ə̯u/qiú(jiū) 聚集。《説文》引《詩》:“百禄是～。”(按:今《詩·長發》作“遒”。)Gl395

甃 tṣi̯ɷg/tṣi̯ə̯u-/zhòu

井的磚壁。《易·井》:“井～无咎。”

愁 dzʻi̯ɷg/dzʻi̯ə̯u/chóu 憂慮,悲哀。《楚辭·悲回風》:“～鬱鬱之無快兮。”

愀 tsʻi̯ɷg/tsʻi̯ɛu:/qiǎo dzʻi̯ɷg/dzʻi̯ə̯u:/jiù 臉色改變。《禮·哀公問》:“孔子～然作色。”

1093

就 dzʻi̯ɷg/dzʻi̯ə̯u-/jiù ❶靠近,走向。《詩·我行其野》:“昏姻之故,言～爾居。”❷前進,行進。《詩·敬之》:“日～月將。”❸完成,結束。《詩·常武》:“不留不處,三事～緒。”❹適應,適合。《書·舜典》:“五刑有服,五服三～。”❺得,能够。《左·哀十一》:“～用命焉。”❻(即將來到>)以至於。《左·莊十六》:“良月也,～盈數焉。”

同音假借 一套,一束(絲帶)。《禮·禮器》:“大路繁纓一～。”Gl576、1286

蹴 tsi̯ɷk/tsi̯uk/zú tsʻi̯ɷk/tsʻi̯uk/cù 踐踏,踢。《孟子·告子上》:“～爾而與之。”

假借爲tsi̯ɷk/tsi̯uk/zú(cù) dzʻi̯ɷk/dzʻi̯uk/zú 驚悚,恭敬貌。《禮·哀公問》:“孔子～然辟席。”

蹵 前字的異體。

《孟子·公孫丑上》:“曾西～然。”

1094

囚 dzi̯ɷg/zi̯ə̯u/xiú(qiú) ❶俘虜。《詩·泮水》:“淑問如皋陶,在泮獻～。”❷拘禁。《左·隱十一》:“鄭人～諸尹氏。”❸囚具。《書·武成》:“釋箕子～。”

2312

2312 殷甲文(A4: 24, 1)

此字从口(圍欄)、人。

泅 音同上(qiú) 游泳。《列子·説符》:“習於水,勇於～。”

1095

秀 si̯ɷg/si̯ə̯u-/xiù ❶穀物抽穗開花。《詩·生民》:“實發實～,實堅實好。”❷開花。《論語·子罕》:“苗而不～者有矣夫!”❸茂盛,美麗。《左·襄三十一》:“子大叔美～而文。”Gl371

2313

2313 周III/IV(銘文325)

此字上部从禾,下部可能是根的象形。

琇 si̯ɷg/si̯ə̯u-/xiù zi̯ɷg/i̯ə̯u:/yòu 一種玉石。《詩·淇奧》:“有匪君子,充耳～瑩。”

莠 zi̯ɷg/i̯ə̯u:/yòu ❶狗尾草。《詩·大田》:“既堅既好,不稂不～。”❷無用的。有害的。《詩·正月》："好言自口，～言自口。"

誘 音同上 ❶引導，感化。《論語·子罕》："夫子循循然善～人。"❷勉勵。《書·大誥》："肆予大化～我友邦君。"❸引誘。《詩·野有死麕》："有女懷春，吉士～之。"

1096

酉 zi̯ɷg/i̯ə̯u:/yǒu 地支名稱之一。《左·成十七》："乙～，同盟于柯陵。"

2314 殷甲文（E146: 3）

2315 殷甲文（E118: 4）

2316 殷甲文（A6: 5, 3）

2317 殷（銘文 26）

2318 周 I（銘文 65，"酒"義）

2319 周 I（銘文 67）

此字是酒器的象形。

2314—2319

庮 zi̯ɷg/i̯ə̯u, i̯ə̯u:/yóu 腐朽，腐爛。《禮·内則》："牛夜鳴則～。"

槱 zi̯ɷg/i̯ə̯u:, i̯ə̯u-/yǒu 積聚柴火。《詩·棫樸》："芃芃棫樸，薪之～之。"

酒 tsi̯ɷg/tsi̯ə̯u:/jiǔ 酒。《詩·既醉》："既醉以～，既飽以德。"

酋 dzʻi̯ɷg/dzʻi̯ə̯u/qiú 掌酒之官。《禮·月令》："乃命大～。"

同音假借 完成，結束。《詩·卷阿》："俾爾彌爾性，似先公～矣。"

2320 殷文（F9: 2，其義不明） 2320

蝤 音同上 ～蠐：天牛的幼蟲。《詩·碩人》："領如～蠐，齒如瓠犀。"

遒 dzʻi̯ɷg/dzʻi̯ə̯u/qiú tsi̯ɷg/tsi̯ə̯u/jiū ❶聚集。《詩·長發》："敷政優優，百祿是～。"❷壓迫，迫近。《楚辭·招魂》："分曹並進，～相迫些。"❸～人：古官名。《書·胤徵》："～人以木鐸徇于路。"Gl395

緧 tsʻi̯ɷg/tsʻi̯ə̯u/qiū 套車時拴在牛馬屁股後的皮帶。《周禮·輈人》："不援其邸，必～其牛後。"

鰌 音同上 泥鰍。《莊子·齊物論》："麋與鹿交，～與魚游。"

通"蹭"。《莊子·秋水》："～我亦勝我。"

猶 zi̯ɷg/i̯ə̯u/yóu ❶一種猴子。《爾雅·釋獸》："～如麂。"《釋文》引《尸子》："～，五尺大犬也。"❷～與：遲疑不決。《禮·曲禮上》："所以使民決嫌疑定～與也。"

同音假借 ❶相同，相似。《詩·鼓鍾》："淑人君子，其德不～。"❷計劃，謀劃。《詩·采芑》："方叔元老，克壯其～。"❸謀害。《詩·斯干》："式相好矣，無相～矣。"❹沿着。《詩·般》："允～翕河。"❺仍然，還。《詩·陟岵》："上慎旃哉，～來無止。"❻笑貌。《莊子·逍遥遊》："宋榮子～然笑之。"

通"由"。《孟子·公孫丑上》："然而文王～方百里起，是以難也。"

Gl277、496、577、658、1112、1143

2321 周Ⅳ（銘文 290，人名） 2321

猷 音同上 ❶計劃，謀劃。《詩·巧言》："秩秩大～，聖人莫之。"❷告訴。《書·多士》："～告爾多士。"❸仍然，還。《書·秦誓》："尚～詢兹黄髮。"Gl1585

2322 殷甲文（A7: 12, 1）

2323 周 II（銘文 139）

2324 周 II（銘文 180）

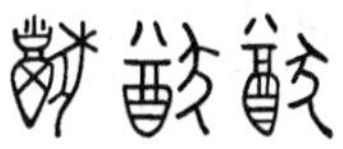

2322—2324

輶 音同上 ❶輕車。《詩·駟驖》："～車鸞鑣，載獫歇驕。"❷輕。《詩·烝民》："人亦有言，德～如毛。"

䠓 tsi̯ɷk/tsi̯uk/zú tsʻi̯ɷk/tsʻi̯uk/cù 壓迫，按壓。《莊子·秋水》："～我亦勝我。"（按：今本作"鰌"，高氏從《釋文》。）

蕕 zi̯ɷg/i̯ə̯u/yóu 一種有臭味的水生植物。《左·僖四》："一薰一～。"

1097

叟 sug/sə̯u:/sǒu 老人。《孟子·梁惠王上》："～不遠千里而來。"

2325

通"溲"。《詩·生民》："釋之～～，烝之浮浮。" Gl878

2325 殷甲文（A4: 28, 7, 可能是"搜"義）

搜 ṣi̯ɷg/ṣi̯ə̯u/sōu ❶查找，搜尋。《莊子·秋水》："～於國中，三日三夜。" ❷衆多。《詩·泮水》："角弓其觩，束矢其～。"

sug/sə̯u:/sǒu 移動。《莊子·寓言》："～～也，奚稍問也。" Gl1154

廋 ṣi̯ɷg/ṣi̯ə̯u/sōu ❶隱蔽。《論語·爲政》："人焉～哉！" ❷～人：掌管王室馬廄的官。《周禮·廋人》："～人掌十有二閑之政。"

溲 ṣi̯ɷg/ṣi̯ə̯u:/sǒu 浸泡。《儀禮·士虞禮》："明齊～酒。"

ṣi̯ɷg/ṣi̯ə̯u/sōu 撒尿。《國語·晉語四》："少～於豕牢。"

獀 音同上 季節性的狩獵。《禮·祭義》："而弟達乎～狩矣。"

瘦 ṣi̯ɷg/ṣi̯ə̯u-/sòu（shòu） 瘦削，瘦弱。《釋文》引《孝經·喪親》："毀瘠羸～。"

醙 ṣi̯ɷg/ṣi̯ə̯u:/sǒu（sōu） 白酒。《儀禮·聘禮》："～黍清皆兩壺。"

嫂 sɷg/sau:/sǎo 兄之妻。《禮·大傳》："是～亦可謂之母乎？"

謏 si̯ɷg/sieu:/xiǎo 閑談。《禮·學記》："足以～聞，不足以動衆。"

傁 sug/sə̯u:/sǒu 老人。《左·宣十二》："趙～在後。"參"叟"。

瞍 音同上 無瞳孔的盲人。《詩·靈臺》："矇～奏公。"

1098

蒐 ṣi̯ɷg/ṣi̯ə̯u/sōu 茜草（僅有漢代書證）。

同音假借 ❶春季的會獵。《左·隱五》："故春～、夏苗、秋獮、冬狩。" ❷檢閱。《左·宣十四》："告於諸侯，～焉而還。" ❸搜尋隱藏者。《左·文十八》："服讒～慝。"此字从艹、鬼（魔鬼的植物）。

1099

守 ɕi̯ɷg/ɕi̯ə̯u:/shǒu 保衛，守護。《詩·十月之交》："俾～我王。"

ɕi̯ɷg/ɕi̯ə̯u-/shòu 某人所守的領地，采邑。《書·舜典》："五載一巡～。"

2326

2326 周II（銘文 161）

此字从宀（屋頂）、寸（手，其中拇指已變形）。

狩 ɕi̯ɷg/ɕi̯ə̯u-/shòu ❶打獵。《詩·車攻》："東有甫草，駕言行～。" ❷冬季的打獵。《詩·伐檀》："不～不獵，胡瞻爾庭有縣鶉兮？" ❸巡視，視察。《孟子·梁惠王下》："天子適諸侯曰巡～。"

1100

獸 ɕi̯ɷg/ɕi̯ə̯u-/shòu 四足動物。《詩·車攻》："建旐設旄，搏～于敖。"

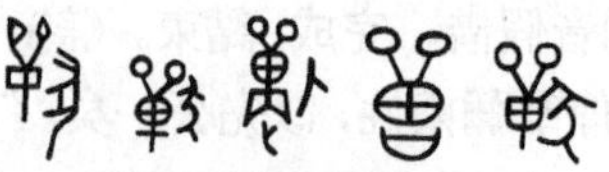
2327—2331

2327 殷甲文（A6: 49, 7）

2328 殷（銘文 28）

2329 周I（銘文 65）

2330 周I（銘文 67）

2331 周I（銘文 102）

此字从嘼（蟬）、犬。參147組。

1101

手 ɕi̯ɷg/ɕi̯əu:/shǒu　手。《詩·擊鼓》：“執子之～，與子偕老。”

2332

2332 周Ⅰ（銘文86）

此字象形。

1102

首 ɕi̯ɷg/ɕi̯əu:/shǒu　❶頭。《詩·伯兮》：“自伯之東，～如飛蓬。”❷最先的，最前的。《詩·頍弁》：“有頍者弁，實維在～。”❸顯示。《禮·間傳》：“所以～其内而見諸外也。”

ɕi̯ɷg/ɕi̯əu-/shòu　頭部轉向。《禮·檀弓上》：“狐死正丘～。”

2333—2334

2333 周Ⅰ（銘文58）

2334 周Ⅱ（銘文170）

此字爲有角動物頭部的象形。

1103

收 ɕi̯ɷg/ɕi̯əu/shōu　❶捉住。《詩·瞻卬》：“此宜無罪，女反～之。”❷收取。《易·井》：“井～，勿幕有孚。”❸收集，收到。《詩·維天之命》：“假以溢我，我其～之。”❹拘捕。《詩·瞻卬》：“罪罟不～，靡有夷瘳。”❺收取並撤下。《書·顧命》：“太保降、～。”❻了結，引退。《書·君奭》：“誕無我責～，罔勖不及。”❼收穫。《禮·月令》：“命百官始～斂。”❽（接收之物>）馬車的支架。《詩·小戎》：“小戎俴～。”❾一種帽子。《儀禮·士冠禮》：“周弁、殷冔、夏～。”Gl1886、2008

1104

流 li̯ɷg/li̯əu/liú　❶流動。《詩·常武》：“如山之苞，如川之～。”❷漂浮。《左·昭十三》：“殺囚，衣之王服而～諸漢。”❸流亡。《詩·召旻》：“瘨我饑饉，民卒～亡。”❹流浪者。《書·舜典》：“五～有宅。”❺流布，流散。《易·謙》：“地道變盈而～謙。”❻流放。《書·舜典》：“～共工于幽洲。”❼下降。《詩·七月》：“七月～火，九月授衣。”❽漫無節制。《禮·樂記》：“樂勝則～，禮勝則離。”

同音假借　❶抓住。《詩·關雎》：“參差荇菜，左右～之。”❷～離：一種鳥。《詩·旄丘》：“瑣兮尾兮，～離之子。”

Gl3、107

2335

2335 周Ⅲ/Ⅳ（銘文327）

旒 音同上　❶旗幟的垂飾。《詩·長發》：“爲下國綴～，何天之休。”❷帽子的垂飾。《禮·禮器》：“天子之冕，朱緑藻，十有二～。”

1105

柔 ȵi̯ɷg/ȵʑi̯əu/róu　❶柔軟有韌性。《詩·七月》：“遵彼微行，爰求～桑。”❷温和，柔順。《詩·崧高》：“申伯之德，～惠且直。”Gl917。此字从矛（長矛）、木。

揉 ȵi̯ɷg/ȵʑi̯əu，ȵʑi̯əu-/róu　使之柔順，安撫。《詩·崧高》：“～此萬邦，聞于四國。”

䐓 ȵi̯ɷg/ȵʑi̯əu/róu　良田。《國語·鄭語》：“鄢、蔽、補、丹、依、～、歷、華，君之土也。”（按：今《國語》作“㽥”，高氏從公序本。）

蹂 ȵi̯ɷg/ȵʑi̯əu，ȵʑi̯əu:，ȵʑi̯əu-/róu　踐踏。《詩·生民》：“或舂或揄，或簸或～。”Gl877

輮 ȵi̯ɷg/ȵʑi̯əu:，ȵʑi̯əu-/rǒu（róu）　車輪的外周。《周禮·車人》：“行澤者反～。”

糅 ȵi̯ɷg/ȵʑi̯əu-/róu　混雜。《儀禮·鄉射禮》：“無物則以白羽與朱羽～。”

猱 nɷg/nɑu/náo　猴子。《詩·角弓》：“毋教～升木，如塗塗附。”

1106

彪 pi̯ŏg/pi̯ĕu/biāo 人名。《春秋·昭十》:“戊子，晉侯～卒。”此字从虎、彡(三撇)。

滮 bʻi̯ŏg/bʻi̯ĕu/biāo　bʻi̯ɷg/bʻi̯ə̯u/biāo 流動。《詩·白華》:“～池北流，浸彼稻田。”Gl740

1107

缶 pi̯ɷg/pi̯ə̯u:/fǒu　❶陶盆。《詩·宛丘》:“坎其擊～，宛丘之道。”❷陶瓶。《易·比》:“有孚盈～。”

2336—2337

2336 殷甲文(O939)

2337 漢前(銘文 434,“寶”義)

此字象形(窰的象形?)。

橐 bʻi̯og/bʻi̯ɛu/piáo 大袋子(銘文 324)。

2338—2339

2338 周II(銘文 180，其義不明)

2339 周III/IV(銘文 324)

1108

阜 bʻi̯ɷg/bʻi̯ə̯u:/fòu(fù)　❶大土丘，土山。《詩·天保》:“如山如～，如岡如陵。”❷肥大。《詩·小戎》:“四牡孔～，六轡在手。”❸豐盛。《詩·頍弁》:“爾酒既旨，爾肴既～。”

2340—2341

2340 殷甲文(D3)

2341 周I(銘文 72，此字取自古文字“降”)

此字爲由高向低的梯級或臺階的象形。

1109

矛 mi̯ɷg/mi̯ə̯u/máo　mug/mə̯u/máo(應爲 móu) 長矛。《詩·清人》:“二～重英，河上乎翱翔。”

2342

2342 殷甲文(P23)

此字象形。

茅 mŏg/mau/máo　草名(白茅等)。《詩·七月》:“晝爾于～，宵爾索綯。”

楙 mɷg/mau/máo(mào)　冬桃樹。見《說文》(無書證)。

2343

2343 周II/III(銘文 242，人名)

懋 mug/mə̯u-/mòu(mào)　勉勵。《書·舜典》:“惟時～哉。”

2344

通 1114 組“貿”。貿易，交易。《書·益稷》:“～遷有無化居。”Gl1282、1316

2344 周I(銘文 54，人名)

敄 mi̯ug/mi̯u:, mi̯u-/wù 虐待(銘文 180)。

2345

2345 周II(銘文 180)

務 mi̯ug/mi̯u-/wù　❶致力於。《左·僖九》:“齊侯不～德而勤遠略。”❷事務。《易·繫辭上》:“夫易開物成～。”

通“敄”。《詩·常棣》:“兄弟鬩于牆，外禦其～。”《書·康王之誥》:“昔君文武丕平富，不～咎。”Gl413、2015

婺 音同上　～女：星名。《禮·月令》:“旦～女中。”

騖 音同上　❶到處疾馳。《穆天子傳》:“天子西征～行。”❷急忙。《莊子·外物》:“～揚而奮鬐。”

蟊 mi̯ɷg/mi̯ə̯u/móu(máo)　吃稻根的蟲。《詩·大田》:“去其螟螣，及其～賊。”

蝥 前字的異體。《左·成十三》:“傾覆我社稷，帥我～賊。”

鍪 音同上　頭盔。《國策·韓一》:“甲、盾、鞮、～。”

髳 音同上　少兒在頭兩側分別蓄留一束的頭髮。《說文》引《詩》:“髳彼兩～。”(按：今《詩·鄘風·柏舟》作“髦”。)

瞀 mŭg/mə̯u-/mòu(mào)　mŭk/mɔk/mò　❶視力模糊。《莊子·徐无鬼》:“予適有～病。”❷弄錯。《楚辭·九辯》:

“中～亂兮迷惑。”❸移開目光。《荀子·非十二子》:“綴綴然,～～然,是弟子之容也。”

楘 muk/muk/mù　車轅上裝飾的皮帶。《詩·小戎》:“小戎俴收,五～梁輈。”

鶩 音同上(wù)　鵝,鴨。《左·襄二十八》:“饔人竊更之以～。”

霿 mi̯ug/mi̯u-/wù　霧。《書·洪範》:“乃命卜筮,曰雨曰霽曰～曰驛。”(按:今本作“蒙”,高氏從孔疏。)Gl1551

1110

牟 mi̯ɷg/mi̯ə̯u/móu
牛吼叫。見《説文》(無書證)。

同音假借　❶侵奪。《國策·楚四》:“上干主心,下～百姓。”❷加倍。《楚辭·招魂》:“成梟而～。”❸一種陶製器皿。《禮·内則》:“敦、～、卮、匜。”

通“眸”。《荀子·非相》:“堯舜參～子。”

通“麰”。《詩·思文》:“貽我來～,帝命率育。”

恈 音同上　貪婪貌。《荀子·榮辱》:“～～然唯利之見,是賈盜之勇也。”

眸 音同上　瞳孔。《孟子·離婁上》:“胸中正,則～子瞭焉。”

麰 音同上　大麥。《孟子·告子上》:“今夫～麥,播種而耰之。”

侔 mi̯ɷg/mi̯ə̯u/móu　mug/mə̯u/móu　相等。《周禮·輪人》:“權之以眡其輕重之～也。”

1111

爪 tsɷ̆g/tʂau:/zhǎo
❶爪子。《詩·祈父》:“祈父,予王之～牙。”❷剪指甲。《禮·喪大記》:“小臣～手翦須。”

2346

2346 周II(銘文157,此字取自古文字“爰”)

此字象形,在合體字裏它大多表示手。

抓 tsɷ̆g/tʂau, tʂau:, tʂau-/zhāo(zhuā)　抓取。《莊子·徐无鬼》:“有一狙焉,委蛇攫～,見巧乎王。”

1112

叉 tsɷ̆g/tʂau:/zhǎo　爪子,指甲。見《説文》。此字是1111組“爪”的異體(無書證)。

2347 殷甲文(A2: 19, 3, 人名)

2348 周(銘文369, 人名)

此字象形。

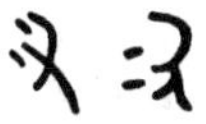
2347—2348

蚤 tsɷg/tsau:/zǎo　跳蚤。《莊子·秋水》:“鴟鵂夜撮～。”

同音假借　❶早,早晨。《詩·七月》:“四之日其～,獻羔祭韭。”❷車輻的末端。《周禮·輪人》:“欲其～之正也。”

通“叉”。《禮·曲禮下》:“不～鬋。”

慅 sɷg/sau, sau:/sāo　ts'ɷg/ts'au:/cǎo　憂愁。《詩·月出》:“勞心～兮。”

搔 sɷg/sau/sāo　抓撓。《詩·靜女》:“愛而不見,～首踟躕。”

通“蚤”。跳蚤。《儀禮·士虞禮》:“沐浴櫛～翦。”

騷 音同上　❶騷動,騷擾。《詩·常武》:“匪紹匪游,徐方繹～。”❷憂愁。《楚辭·離騷》:“離～。”❸急迫貌。《禮·檀弓上》:“故～～爾則野。”

糔 si̯ɷg/si̯ə̯u:/xiǔ　浸濕,滲透。《禮·内則》:“～溲之以爲酏。”

鼜 ts'i̯ɷg/ts'i̯ek/qì　守夜者的鼓。《周禮·鼓人》:“凡軍旅,夜鼓～。”

1113

包 pɷ̆g/pau/bāo　❶裹扎。《書·禹貢》:“厥～橘柚錫貢。”❷包含。《左·昭元》:“而無乃～藏禍心以圖之?”

通“苞”。《書·禹貢》：“草木漸～。”

通“庖”。《易·姤》：“～有魚。”此字可能是“胞”的初文，爲子宮中胎兒的象形。

胞 pɷ̆g/pau/bāo p‘ɷ̆g/p‘au/pāo 子宮。《莊子·外物》：“～有重閬，心有天游。”

通“庖”。《禮·祭統》：“～者，肉吏之賤者也。”

苞 pɷ̆g/pau/bāo ❶包裝用的蘆席。《禮·曲禮上》：“凡以弓劍～苴簞笥問人者。”❷叢生的。《詩·下泉》：“洌彼下泉，浸彼～稂。”❸密集，厚實。《詩·常武》：“如山之～，如川之流。”❹繁茂。《詩·鴇羽》：“肅肅鴇羽，集于～栩。”

b‘i̯og/b‘i̯ɛu:/biào 藨草。《禮·曲禮下》：“～屨。”Gl365

飽 pɷ̆g/pau:/bǎo 飽足，滿足。《詩·既醉》：“既醉以酒，既～以德。”

庖 b‘ɷ̆g/b‘au/páo 廚房。《詩·車攻》：“徒御不驚，大～不盈。”

匏 音同上 葫蘆。《詩·匏有苦葉》：“～有苦葉，濟有深涉。”

炮 音同上 燒烤。《詩·瓠葉》：“有兔斯首，～之燔之。”

同音假借 呼喊。《詩·蕩》：“咨女殷商，女～烋于中國。”（按：今本作“炰”。）Gl938

鮑 b‘ɷ̆g/b‘au:/bào 鹹魚乾。《周禮·籩人》：“形鹽、膴、～、魚、鱐。”

通“鞄”。《周禮·考工記》：“攻皮之工，函、～。”

袍 b‘ɷg/b‘ɑu/páo 長袍。《詩·秦風·無衣》：“豈曰無衣，與子同～。”

b‘ɷg/b‘ɑu-/bào 衣服的前襟。《公羊·哀十四》：“反袂拭面，涕沾～。”

抱 b‘ɷg/b‘ɑu:/bào 擁持在懷中。《詩·氓》：“氓之蚩蚩，～布貿絲。”

枹 b‘i̯ɷg/b‘i̯ə̯u/fóu（fú）鼓槌。《左·成二》：“右援～而鼓。”

罦 音同上 一種鳥網。《說文》引《詩》：“雉離于～。”（按：今《詩·兔爰》作“罿”。）

鞄 p‘ɷ̆k/p‘ɔk/pò b‘ɷ̆g/b‘au:，b‘ao-/bào b‘ɷ̆g/b‘au/páo 製革。《說文》引《周禮》：“柔皮之工～氏。”（按：今《周禮》未見此句。）

雹 b‘ɷ̆k/b‘ɔk/báo 冰雹。《左·昭四》：“大雨～。”

1114

卯 mlɷ̆g/mau:/mǎo 地支名稱之一。《詩·十月之交》：“十月之交，朔月辛～。”

2349 殷甲文（A3：4，1）

2350 殷（銘文 25） 2351 周 I（銘文 56）

2352 周 I（銘文 90）

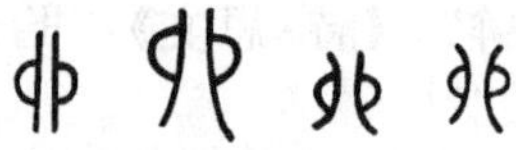

2349—2352

在本組下面的派生字中，“卯”字演變爲兩種供選擇的變體：“卯”和“丣”。《說文》認爲其中第二個是“酉”的變體，但這是不能成立的，因爲“柳”的古文字十分清晰地顯示出聲符是“卯”，而不是“酉”。同時，我們看到“茆”字有有趣的兩讀。

茆 mlɷ̆g/mau:/mǎo li̯ɷg/li̯ə̯u:/liǔ 蒓菜。《詩·泮水》：“思樂泮水，薄采其～。”

昴 mi̯ɷ̆g/mau:/mǎo 昴星。《詩·小星》：“嘒彼小星，維參與～。”

2353

2353 周（銘文 375，人名）

窌 p‘lɷ̆g/p‘au-/pào klɷ̆g/kau-/jiào 地窖。《周禮·匠人》：“囷～倉城，逆

牆六分。”

貿 mlug/məu-/mào（應爲 mòu）　交易，買賣。《詩·氓》：“氓之蚩蚩，抱布～絲。”

假借爲 mli̯ɷg/mi̯əu-/mòu　視力模糊。《禮·檀弓下》：“有餓者蒙袂輯屨～～然來。”

2354

2354 周（銘文 345，人名）

柳 li̯ɷg/li̯əu:/liǔ　柳樹。《詩·采薇》：“昔我往矣，楊～依依。”

2355—2356

2355 周 II（銘文 147）

2356 周 III / IV（銘文 324）

留 li̯ɷg/li̯əu/liú　❶留住，挽留。《孟子·公孫丑下》：“有欲爲王～行者。”❷停留，逗留。《詩·常武》：“不～不處，三事就緒。”❸長久。《禮·儒行》：“悉數之，乃～更僕。” Gl1046

2357

2357 周 III / IV（銘文 321，人名）

駵 音同上　有黑鬃毛的栗色馬。《詩·小戎》：“騏～是中。”

聊 liɷg/lieu/liáo
耳鳴（僅有漢代書證）。

同音假借　❶依賴。《國策·秦四》：“百姓不～生。”❷姑且，暫且。《詩·素冠》：“～與子同歸兮。”❸助詞。《詩·泉水》：“孌彼諸姬，～與之謀。”❹椒～：胡椒。《詩·椒聊》：“椒～之實，蕃衍盈升。” Gl295

溜 li̯ɷg/li̯əu-/liù　涌出，噴出。《管子·宙合》：“減，盡也。～，發也。”

通“霤”。《左·宣二》：“三進及～，而後視之。”

罶 li̯ɷg/li̯əu:/liǔ　捕魚的網具。《詩·魚麗》：“魚麗于～，鱨鯊。”

通“霤”。《詩·苕之華》：“牂羊墳首，三星在～。” Gl746

霤 li̯ɷg/li̯əu-/liù　❶正廳中央雨水流下處。《公羊·哀六》：“於是使力士舉巨囊而至于中～。”❷雨水管。《禮·檀弓上》：“池視重～。”❸屋檐。《左·定九》：“求自門出，死於～下。”

騮 “駵”的異體。《列子·周穆王》：“右服驊～而左綠耳。”

劉 li̯ɷg/li̯əu/liú　❶殺。《詩·武》：“嗣武受之，勝殷遏～。”❷戰斧。《書·顧命》：“一人冕執～。”❸殘缺，毀壞。《詩·桑柔》：“捋采其～，瘼此下民。” Gl964

懰 li̯ɷg/li̯əu:/liǔ　美好，端莊。《詩·月出》：“月出皓兮，佼人～兮。”

瀏 li̯ɷg/li̯əu, li̯əu:/liú　❶深而清澈（特指水）。《詩·溱洧》：“溱與洧，～其清矣。”❷劇烈（特指風）。《楚辭·九辯》：“乘騏驥之～～兮。” Gl245

1115

幺 ʔiɷg/ʔieu/yāo
小（僅有漢代書證）。

如“幽”的古文字所示，此字可能是絲綫的象形。參“絲”。

丝 ʔi̯ŏg/ʔi̯ĕu/yōu　ʔi̯ɷg/ʔi̯əu/yōu
小。見《説文》（無書證）。

幽 ʔi̯ŏg/ʔi̯ĕu/yōu　❶幽暗。《詩·隰桑》：“隰桑有阿，其葉有～。”❷隱蔽，隱退。《易·履》：“～人貞吉。”❸囚禁。《左·襄十七》：“遂～其妻。”❹不明，難懂。《易·困》：“～，不明也。”

2358—2359

2358 殷甲文（O549）

2359 周 II（銘文 144）

幼 ʔi̯ŏg/ʔi̯ĕu-/yòu　年小。《孟子·梁惠王下》：“夫人～而學之。”

呦 ʔi̯ŏg/ʔi̯ĕu/yōu　鹿鳴聲。《詩·鹿鳴》：“～～鹿鳴，食野之苹。”

黝 ʔi̯ŏg/ʔi̯ĕu:/yǒu 黑色。《禮·喪服大記》:"既祥,～堊。"

窈 ʔiɷg/ʔieu:/yǎo ❶～窕:美麗嬌好。《詩·關雎》:"～窕淑女,君子好逑。"❷深邃,幽暗,幽秘。《莊子·在宥》:"至道之精,～～冥冥。"Gl1

坳 ʔɛ̆g/ʔau/yāo(ào) 地凹處。《莊子·逍遥遊》:"覆杯水於～堂之上。"

1116

鳥 tiɷg/tieu:/diǎo(niǎo) 鳥。《詩·斯干》:"如矢斯棘,如～斯革。"此字象形。參827組"鳴"的古文字。

蔦 tiɷg/tieu:, tieu-/diǎo(niǎo) 桑寄生(植物名)。《詩·頍弁》:"～與女蘿,施于松柏。"

島 tɷg/tɑo/dǎo 海中陸地。《書·禹貢》:"～夷皮服。"

1117

隺 g'ok/ɣuok/hù(hè) 高飛,高。《説文》引《易》:"夫乾～然。"(按:今《易·繫辭下》作"確"。)

鶴 g'ɔk/ɣɑk/hè ❶鶴。《詩·鶴鳴》:"～鳴于九皋。"❷白亮貌。《孟子·梁惠王上》:"白鳥～～。"

搉 kŏk/kɔk/jué(què) 舉出,引用。《莊子·徐无鬼》:"則可不謂有大揚～乎!"

確 k'ŏk/k'ɔk/què
堅固。《易·乾》:"～乎其不可拔。"

1118

虐 ŋi̯ok/ŋi̯ak/nüè ❶殘暴,虐待。《詩·淇奥》:"善戲謔兮,不爲～兮。"❷災難。《書·盤庚中》:"殷降大～。"

2360 周II(銘文184)

此字从虎、爪。

2360

瘧 音同上
瘧疾。《禮·月令》:"民多～疾。"

謔 xi̯ok/xi̯ak/xuè 戲弄,打趣。《詩·淇奥》:"善戲～兮,不爲虐兮。"

1119

龠 di̯ok/i̯ak/yuè 竹笛。見《説文》。此字是"籥"的初文(無書證)。

2361 周I(銘文74,"禴"義)

2361

此字从册(排簫,綁在一起的笛子)、雙口(孔),頂上部分不明。

籥 音同上 ❶竹笛。《詩·簡兮》:"左手執～,右手秉翟。"❷鑰匙。《禮·月令》:"慎管～。"❸竹管。《書·金縢》:"啟～見書。"Gl1574

瀹 音同上 ❶浸泡。《儀禮·既夕禮》:"菅筲三,其實皆～。"❷疏導,疏浚(河流)。《孟子·滕文公上》:"～濟漯而注諸海。"❸淨化(特指心靈)。《莊子·知北遊》:"汝齊戒疏～而心。"

灊
前字的異體。

爚 音同上 ❶照耀。《吕氏春秋·期賢》:"今夫～蟬者,務在乎明其火。"❷熔化,分散。《莊子·胠篋》:"皆外立其德而以～亂天下者也。"

禴 音同上 夏祭。《詩·天保》:"～祠烝嘗,于公先王。"

籲 di̯ug/i̯u-/yù 呼喊。《書·泰誓中》:"無辜～天。"Gl1409

1120

勺 di̯ok/ʑi̯ak/sháo ❶長柄勺子,杯子。《周禮·玉人》:"黄金～。"❷～藥:即芍藥。《詩·溱洧》:"贈之以～藥。"

ti̯ok/tɕi̯ak/zhó(zhuó) 舀取,舀酒。《禮》(按:今本未見)。

同音假借 樂曲名。《禮·内則》:"學

樂誦詩，舞～。”

此字的初文可能是象形。

杓 ḍi̯ok/ʑi̯ak/sháo
長柄勺子。《禮·禮器》：“樿～。”

通“的”。《莊子·庚桑楚》：“我其～之人邪？”

汋 ḍi̯ok/ʑi̯ak/sháo　ṭi̯ok/tɕi̯ak/zhó（zhuó）　di̯ok/i̯ak/yuè　❶長柄勺子。《莊子·田子方》：“夫水之於～也，无爲而才自然矣。”❷舀出，倒出。《穀梁·僖八》：“處其所而請與也，蓋～之也。”❸斟酌，考慮。《周禮·士師》：“一曰邦～。”

酌 ṭi̯ok/tɕi̯ak/zhó（zhuó）　❶倒入杯子（特指酒）。《詩·卷耳》：“我姑～彼兕觥。”❷舀水。《詩·泂酌》：“泂～彼行潦。”❸斟酌，考慮。《左·成六》：“子爲大政，將～於民者也。”

通“勺”。《楚辭·招魂》：“華～既陳，有瓊漿些。”

妁 ṭi̯ok/tɕi̯ak/zhó（zhuó）　ḍi̯ok/ʑi̯ak/sháo　媒人。《孟子·滕文公下》：“不待父母之命、媒～之言。”

灼 ṭi̯ok/tɕi̯ak/zhó（zhuó）　❶燒。《書·洛誥》：“無若火始焰焰，厥攸～敘。”❷鮮明光亮。《詩·桃夭》：“桃之夭夭，～～其華。”❸照亮。《書·吕刑》：“～于四方。”❹明白透徹。《書·立政》：“我其克～知厥若。”Gl24

礿 di̯ok/i̯ak/yuè　祭名。《禮·王制》：“天子諸侯宗廟之祭，春曰～。”

的 tiok/tiek/dí　❶明亮，鮮明。《禮·中庸》：“小人之道～然而日亡。”❷目標。《詩·賓之初筵》：“發彼有～，以祈爾爵。”

旳 前字的異體。《説文》引《易》：“爲～顙。”（按：今《易·説卦》作“的”。）

靮 音同上　繮繩。《禮·檀弓下》：“則孰執羈～而從？”

釣 tiog/tieu-/diào　釣魚。《詩·采緑》：“之子于～，言綸之繩。”

魡 前字的異體。《莊子·刻意》：“～魚閑處，无爲而已矣。”（按：今本作“釣”，高氏從《釋文》。）

約 ʔi̯ok/ʔi̯ak/yuē　❶捆綁。《詩·斯干》：“～之閣閣，椓之橐橐。”❷細繩。《左·哀十一》：“人尋～，吳髮短。”❸約束，抑制。《論語·子罕》：“博我以文，～我以禮。”❹節省，縮減。《禮·坊記》：“故君子～言。”❺結盟，訂約。《禮·學記》：“大信不～。”❻簡約，精要。《孟子·公孫丑上》：“然而孟施舍守～也。”❼窘迫。《論語·里仁》：“不仁者不可以久處～。”❽順從的。《國語·吳語》：“王不如設戎，～辭行成。”

ʔi̯ok/ʔi̯ak/yuē　ʔi̯og/ʔi̯ɛu-/yào　契約，盟約。《左·宣十二》：“先君有～言焉。”

葯 ʔi̯ok/ʔi̯ak/yuè　ʔŏk/ʔɔk/wò　白芷。《楚辭·湘夫人》：“辛夷楣兮～房。”

1121

爵 tsi̯ok/tsi̯ak/jué　❶麻雀。《孟子·離婁上》：“爲叢毆～者，鸇也。”❷一種帶鳥形蓋子的禮器。《詩·賓之初筵》：“酌彼康～，以奏爾時。”

同音假借　爵位。《詩·桑柔》：“告爾憂恤，誨爾序～。”

2362 殷甲文（B下7：7）

2363 周I（銘文 102）

2362—2363

此字爲這種禮器的象形。

爝 dzʻi̯ok/dzʻi̯ak/jué　火炬。《莊子·逍遥遊》：“日月出矣而～火不息。”

穱 tsŏk/tṣɔk/zhó（zhuó）　在原先種稻處種的麥子。《楚辭·招魂》：“稻粢～

麥。"

灂 tsi̯og/tsi̯ɛu-/jiào 漆。《周禮·輈人》："軓中有～。"

釂 音同上 乾杯。《禮·曲禮上》："長者舉未～，少者不敢飲。"

1122

雀 tsi̯ok/tsi̯ak/què（現代音不規則） 麻雀。《詩·行露》："誰謂～無角，何以穿我屋？"

2364

2364 殷甲文（A8: 11, 3）

此字从小、鳥，也可能是頭上有一簇翎毛的鳥的象形。

1123

弱 ni̯ok/nʑi̯ak/rò（ruò） ❶弱小，軟弱。《書·仲虺之誥》："兼～攻昧。"❷輕視，忽視。《書·盤庚上》："無～孤有幼。"❸年少，幼小。《左·文十二》："有寵而～，不在軍事。"

蒻 音同上（ruò） 織席用的蒲草。《楚辭·招魂》："～阿拂壁。"

愵 niok/niek/nì 憂愁。《釋文》引《韓詩》："～如調飢。"（按：今《詩·汝墳》作"惄"。）Gl35

溺 ni̯ok/niek/nì ❶沉没，陷入。《詩·桑柔》："其何能淑，載胥及～。"❷（沉没>）墮落。《禮·樂記》："宋音燕女～志。"

niog/nieu-/niào 尿。《莊子·人間世》："以筐盛矢，以蜄盛～。"

嫋 niog/nieu:/niǎo 在風中纖弱摇動貌。《楚辭·湘夫人》："～～兮秋風。"

1124

翟 dʻiok/dʻiek/dí ❶野鷄。《書·禹貢》："羽畎夏～。"❷野鷄毛。《詩·簡兮》："左手執籥，右手秉～。"

通"狄"。《國語·周語上》："而自竄于戎～之間。"（按：今本作"狄"，高氏從《康熙字典》。）

2365

2365 漢前（銘文 439）

此字爲有翎毛的鳥的象形。

糴 音同上 買穀。《左·隱六》："公爲之請～於宋、衛、齊、鄭。"

籊 tʻiok/tʻiek/tì dʻiok/dʻiek/dí 逐漸變細的。《詩·竹竿》："～～竹竿，以釣于淇。"

趯 tʻiok/tʻiek/tì 跳，躍。《詩·草蟲》："喓喓草蟲，～～阜螽。"

躍 tʻiok/tʻiek/tì di̯ok/i̯ak/yuè 跳，躍。《詩·旱麓》："鳶飛戾天，魚～于淵。"

擢 dʻŏk/ḍʻɔk/zhó（zhuó） ❶拔出，挑選。《國策·楚四》："～閔王之筋。"❷去掉，消除。《禮·少儀》："不角，不～馬。"

濯 dʻŏk/ḍʻɔk/zhó（zhuó） ❶洗滌。《詩·泂酌》："挹彼注兹，可以～罍。"❷弄濕。《詩·桑柔》："誰能執熱，逝不以～。"❸光滑，有光澤。《詩·靈臺》："麀鹿～～。"❹光明，優良。《詩·殷武》："赫赫厥聲，～～厥靈。"

dʻŏg/ḍʻau-/zhào 洗衣服。《禮·禮器》："澣衣～冠以朝。"Gl851

曜 di̯og/i̯ɛu-/yào 發光，明亮。《詩·檜風·羔裘》："羔裘如膏，日出有～。"

燿 音同上 ❶照耀。《左·昭三》："焜～寡人之望。"❷閃爍。《詩·東山》："熠～宵行。"Gl389

耀 音同上 光亮。《左·莊二十二》："光遠而自他有～者也。"

糶 tʻiog/tʻieu-/tiào 賣穀。《墨子·魯問》："釣之～，亦於中國耳，何必於越哉？"

藋 dʻiog/dʻieu-/diào 植物名（灰菜？）。《左·昭十六》："斬之蓬蒿藜～而共處之。”

鑃 d'iog/d'ieu-/diào 一種器皿（銘文 304）。

2366 周III/IV（銘文 304）

2367 周III/IV（銘文 305）

2366—2367

櫂 d'ŏg/ȡ'au-/zhào 船櫓。《楚辭·湘君》：“桂～兮蘭枻。”

1125

樂 ŋlŏk/ŋɔk/yuè 音樂。《詩·楚茨》：“～具入奏，以綏後祿。”

glok/lɑk/lè ŋlŏg/ŋau-/yào 喜悦，喜歡。《詩·唐風·揚之水》：“既見君子，云何不～。”

glɔk/lɑk/lè gli̯og/li̯ɛu-/liào 治療。《詩·衡門》：“泌之洋洋，可以～飢。”（此義應加部首“疒”）。Gl337

2368 殷甲文（A5: 1, 2）

2369 周III（銘文 217）

2368—2369

此字从木（木架）、绌（絲弦？）、白（鐘鈴？）。

轢 glɔk/lɑk/lè gliok/liek/lì 被車輪輾壓。《吕氏春秋·慎大》：“淩～諸侯，以及兆民。”

[言+樂] glɔk/lɑk/lè 謊言（無書證）。

2370 周（銘文 349，人名）

2370

濼 glok/luok/lù 河流名。《左·桓十八》：“公會齊侯于～。”

2371 周II（銘文 167，“樂”義）

2371

櫟 gliok/liek/lì 櫟樹。《詩·晨風》：“山有苞～。”

礫 音同上 小石塊。《吕氏春秋·樂成》：“禹之決江水也，民聚瓦～。”

躒 音同上 移動。《大戴禮·勸學》：“騏驥一～，不能千里。”

[走+樂] ɕli̯ok/ɕi̯ak/shuò gliok/liek/lì 移動（銘文 325）。

2372 周III/IV（銘文 325）

2372

爍 ɕli̯ok/ɕi̯ak/shuò ❶熔化。《周禮·考工記》：“～金以爲刃。”❷發光。《吕氏春秋·明理》：“人民淫～不固。”

鑠 音同上 ❶熔化。《國語·周語下》：“衆心成城，衆口～金。”❷注入。《孟子·告子上》：“仁義禮智，非由外～我也。”

同音假借 優美，優良。《詩·酌》：“於～王師，遵養時晦。”

藥 gi̯ok/i̯ak/yuè（yào） ❶藥草。《周禮·疾醫》：“以五味、五穀、五～養其病。”❷藥物。《左·昭十九》：“盡心力以事君，舍～物可也。”❸治療。《詩·板》：“多將熇熇，不可救～。”❹勺～：一種花。《詩·溱洧》：“贈之以勺～。”

1126

卓 tŏk/ȶɔk/zhuō ❶高。《論語·子罕》：“如有所立，～爾。”❷遥遠。《楚辭·逢尤》：“世既～兮遠眇眇。”

通“踔”。《莊子·秋水》：“吾以一足趻～而行。”（按：今本作“踔”，高氏從《釋文》。）

倬 音同上 偉大，傑出。《詩·韓奕》：“有～其道，韓侯受命。”Gl678

逴 t'ŏk/ȶ'ɔk/chuò 遥遠。《楚辭·九辯》：“春秋～～而日高兮。”

趠 前字的異體。

2373 周I（銘文 93，人名）

2373

踔 音同上（chuō） 跛行。《莊子·秋水》：“吾以一足趻～而行。”

綽 ȶ'i̯ok/tɕ'i̯ak/chuò ❶寬緩，從容。《詩·淇奥》：“寬兮～兮，倚重較兮。”❷寬裕廣大。《書·無逸》：“不寬～厥心。”

❸自由自在，不受拘束。《孟子·公孫丑下》：“豈不～～然有餘裕哉。”Gl158

2374

2374 周（銘文 335）

罩 tǒg/ʈau-/zhào 捕魚的罩籃。《詩·南有嘉魚》：“南有嘉魚，烝然～～。”Gl443

淖 nǒg（dnǒg？）/nau-/nào 泥漿，泥沼。《左·成十六》：“欒、范以其族夾公行，陷於～。”

通“綽”。《莊子·在宥》：“～約柔乎剛强。”

2375

2375 周Ⅲ/Ⅳ（銘文 324）

悼 d'og/d'au-/dào ❶悲傷。《詩·氓》：“靜言思之，躬自～矣。”❷憐憫。《逸周書·謚法》：“年中早夭曰～。”❸憂慮。《國語·晉語二》：“隱～播越，托在草莽。”

掉 d'iog/d'ieu:，d'ieu-/diào ❶摇動。《左·昭十一》：“末大必折，尾大不～。”❷整理。《左·宣十二》：“御下兩馬，～鞅而還。”此義又音 nǒk（dnǒk？）/dɔk/nào。

1127

駁 pǒk/pɔk/bó ❶馬的毛色不純（如棕夾白）。《詩·東山》：“之子于歸，皇～其馬。”❷混雜。《荀子·賦》：“粹而王，～而伯。”❸六～：一種樹。《詩·晨風》：“隰有六～。”（按：今本作“駮”，高氏從崔豹《古今注·草木》。）Gl324、391

2376

2376 殷甲文（A4：47，3）

此字从馬、爻（交叉綫條）。（按：《説文》爻聲。）

駮 音同上 傳説中的一種野獸。《管子·小問》：“意者君乘～馬而盤桓，迎日而馳乎？”

同音假借 一種樹。《詩·晨風》：“山有苞櫟，隰有六～。”

此字常用作前字的異體。

1128

鑿 dz'ɔk/dz'ɑk/zò（zuò，又讀 záo） ❶鑽孔。《儀禮·士喪禮》：“重木刊～之。”❷鑿去。《詩·七月》：“二之日～冰沖沖。”❸挖掘《孟子·梁惠王下》：“～斯池也，築斯城也。”❹孔。《周禮·輪人》：“量其～深，以爲輻廣。”

同音假借 ❶開始。《公羊·成十三》：“公～行也。”❷情感。《莊子·外物》：“心无天遊，則六～相攘。”

假借爲 tsɔk/tsɑk/zò（zuò） 鮮明，精美。《詩·唐風·揚之水》：“揚之水，白石～～。”

通“糳”。《左·桓二》：“大羹不致，粢食不～。”Gl292

糳 tsɔk/tsɑk/zò（zuò） 精米。《楚辭·惜誦》：“～申椒以爲糧。”

1129

高 kɔg/kɑu/gāo 高。《詩·卷耳》：“陟彼～岡，我馬玄黄。”

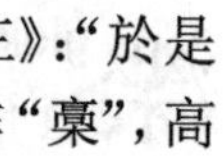
2377—2378

2377 殷甲文（A1：33，3）

2378 周Ⅰ（銘文 111）

此字爲高大建筑物的象形。

暠 kɔg/kɑu:/gǎo 光亮潔白。《孟子·滕文公上》：“～～乎不可尚已。”

稾 音同上 禾秆。《左·哀三》：“於是乎去表之～。”（按：今本作“槀”，高氏從石經本。）

藳 音同上 乾稻草（用于編席）。《荀子·正名》：“屋室廬庾葭～蓐尚机筵而可以養形。”

縞 音同上 白色生絹。《詩·出其東門》：“～衣綦巾，聊樂我員。”

膏 kɔg/kɑu，kɑu-/gāo ❶油脂，香脂。《詩·伯兮》：“豈無～沐？誰適爲容。”

❷脂肪。《禮·内則》："春宜羔豚，膳～膷。"❸滋潤，使肥沃。《詩·下泉》："芃芃黍苗，陰雨～之。"（按：此義中古音只有去聲。）❹心臟下面的部位。《左·成十》："在肓之上，～之下。"

槀 k'og/k'ɑu:/kǎo（gǎo） 乾枯。《禮·樂記》："曲如折，止如～木。"

kog/kɑu:/gǎo 一種藥草。《荀子·大略》："蘭茝～本漸於蜜醴。"

通 1041 組"考"。敲打。《莊子·達生》："吾執臂也，若～木之枝。"（按：高氏誤，《莊子》此字凡十二見，均乾枯義。）

槁 前字的異體。

犒 k'og/k'ɑu-/kào 以酒食慰勞軍隊。《左·僖二十六》："公使展喜～師。"

毫 g'og/ɣɑu/háo 細毛。《老子》六十四章："合抱之木生於～末。"

豪 音同上 ❶豪猪（僅有漢代書證）。❷長滿粗長毛的牲畜。《穆天子傳》："天子之～馬～牛～羊。"❸毛。《禮·經解》："差若～氂，繆以千里。"❹勇敢，才智出衆。《孟子·盡心上》："若夫～傑之士，雖無文王猶興。"

鎬 g'og/ɣɑu:/hào 地名。《詩·六月》："侵～及方，至于涇陽。"

2379

2379 周（銘文 388）

蒿 xog/xɑu/hāo ❶蒿草。《詩·鹿鳴》："呦呦鹿鳴，食野之～。"❷散發香味。《禮·祭義》："焄～悽愴。"

同音假借 ❶混亂（特指眼睛）。《莊子·駢拇》："今世之仁人，～目而憂世之患。"❷消耗。《國語·楚語上》："使民～焉忘其安樂，而有遠心。"

2380

2380 周Ⅳ（銘文 283）

敲 k'ǒg/k'au, k'au-/qiāo 敲打。《左·定二》："奪之杖以～之。"

謞 xǒg/xau-/xiào 呼喊。《莊子·齊物論》："激者、～者、叱者、吸者。"Gl928

熇 xok/xuok/hù（hè） xɔk/xɑk/háo 火熱，熾盛。《易·家人》："家人～～。"（按：今本作"嗃"，高氏從《釋文》。）

通"謞"。《詩·板》："多將～～，不可救藥。"Gl928

翯 xǒk/xɔk/hè gǒk/ɣɔk/hè（hú） 潔白貌（指鳥）。《詩·靈臺》："白鳥～～。"

嗃 xɔk/xɑk/hè xǒk/xɔk/hè 嚴酷。《易·家人》："家人～～。"

xǒg/xau-/xiào 尖叫聲。《莊子·則陽》："夫吹管也，猶有～也。"

壕 g'og/ɣɑu/háo 護城河。《墨子·備城門》："～池深以廣。"

譹 音同上 呼喊。《莊子·齊物論》："叫者、～者、宎者、咬者。"

薧 k'og/k'ɑu:/kǎo ❶乾魚。《周禮·𩺰人》："辨魚物爲鱻～。"❷乾的食物。《禮·内則》："堇、荁、枌、榆、免、～。"

嚆 xǒg/xau/hāo 發出響聲。《莊子·在宥》："焉知曾史之不爲桀跖之～矢也。"

歊 xog/xɑu-/hào xǒk/xɔk/hè 乾縮。《周禮·輪人》："轂雖敝不～。"

1130

敖 ŋog/ŋɑu/áo ❶游玩，自娛。《詩·邶風·柏舟》："微我無酒，以～以遊。"❷身材修長。《詩·碩人》："碩人～～，説于農郊。"

通"嗷"。喧嚷。《詩·絲衣》："不吳不～，胡考之休。"

通"熬"。《荀子·富國》："天下～然，若燒若焦。"Gl926、1134

2381

2381 周Ⅱ（銘文 185，人名）

遨 前字的異體。《莊子·列禦寇》:“汎若不繫之舟,虛而～遊者也。”(按:今本作“敖”,高氏從《釋文》。)

傲 ŋog/ŋau-/ào 驕傲,傲慢。《書·堯典》:“象～。”

嗸 ŋog/ŋau/áo ❶哀鳴聲(指鳥)。《詩·鴻雁》:“鴻雁于飛,哀鳴～～。”❷叫喊。《詩·十月之交》:“讒口囂囂。”《釋文》引《韓詩》作“～～”。❸嘲罵。《吕氏春秋·懷寵》:“～醜先王。”(按:今本作“警”。)Gl926

摮 音同上 敲擊。《公羊·宣六》:“以斗～而殺之。”

熬 音同上 ❶油煎。《周禮·舍人》:“喪紀共飯米～穀。”❷烤。《禮·内則》:“爲～,捶之。”

2382

2382 漢前(銘文 418,人名)

獒 音同上 高大的狗。《書·旅獒》:“西旅厎貢厥～。”

螯 音同上 蟹骹。《大戴禮·勸學》:“蟹二～八足。”

謷 ŋog/ŋau/áo ŋǒg/ŋau/yáo ❶誹謗,嘲罵。《吕氏春秋·懷寵》:“～醜先王。”❷魯莽。《莊子·天地》:“～然不顧。”❸巨大。《莊子·德充符》:“～乎大哉,獨成其天!”

ŋog/ŋau-/ào 嘲笑。《荀子·禮論》:“歌謠、～笑、哭泣、啼號。”

驁 ŋog/ŋau/áo 駿馬。《吕氏春秋·察今》:“不期乎驥～。”

通“傲”。《莊子·外物》:“夫不忍一世之傷而～萬世之患。”

2383

2383 周III/IV(銘文 326)

鼇 音同上 海龜。《列子·湯問》:“斷～之足以立四極。”

1131

刀 tog/tau/dāo ❶刀。《詩·信南山》:“執其鸞～,以啟其毛。”❷小船。《詩·河廣》:“誰謂河廣?曾不容～。”

假借爲 tiog/tieu/diāo 風中飄動貌。《莊子·齊物論》:“而獨不見之調調、之～～乎?”(此義有時寫作“刁”。)

2384

2384 周II(銘文 147,取自“刑”的古文字) 此字象形。

忉 音同上 悲傷。《詩·齊風·甫田》:“無思遠人,勞心～～。”

叨 t'og/t'au/tāo 貪婪。《莊子·漁父》:“好經大事,變更易常,以掛功名謂之～。”

通“忉”。《書·多方》:“亦惟有夏之民～懫。”Gl1912

召 d'i̯og/d'i̯ɛu-/zhào ❶召唤,呼唤。《詩·出車》:“～彼僕夫,謂之載矣。”❷招致。《書·微子》:“～敵仇不怠。”

di̯og/ʑi̯ɛu-/shào 地名。《詩·黍苗》:“悠悠南行,～伯勞之。”

2385—2387

2385 殷甲文(A2:22,4)

2386 周I(銘文 65)

2387 周II(銘文 148) 在前兩個古文字中有些附加部分無法解釋。

怊 t'i̯og/t'i̯ɛu/chāo t'i̯og/tɕ'i̯ɛu/chāo 悲傷。《莊子·天地》:“～乎若嬰兒之失其母也。”

超 t'i̯og/t'i̯ɛu/chāo ❶跳上,躍上。《左·僖三十三》:“～乘者三百乘。”❷越過,躍過。《孟子·梁惠王上》:“挾太山以～北海。”❸惆悵貌。《莊子·徐无鬼》:“武侯～然不對。”

軺 di̯og/i̯ɛu/yáo 小車。《國語·齊語》:“服牛～馬,以周四方。”

招 ȶi̯og/tɕi̯ɛu/zhāo ❶用點頭、招手等方式召喚。《詩·君子陽陽》:“左執簧，右～我由房。”❷揭示，昭示。《國語·周語下》:“而好盡言，以～人過。”❸射中箭靶。《吕氏春秋·本生》:“～無不中。”

通“韶”。《左·昭十二》:“祭公謀父作《祈～》之詩。”

昭 ȶi̯og/tɕi̯ɛu/zhāo ❶光明，明亮。《詩·抑》:“昊天孔～，我生靡樂。”❷傑出，輝煌。《書·文侯之命》:“～升于上。”❸顯示。《左·隱三》:“～忠信也。”❹照耀。《書·康王之誥》:“厎至齊信，用～明于天下。”

ȶi̯og/tɕi̯ɛu:/zhǎo ～～：悦耳。《詩·泮水》:“其馬蹻蹻，其音～～。”

ȡi̯og/ʑi̯ɛu/cháo 在祖廟中列在左邊的靈位。《詩·載見》:“率見～考，以孝以享。”（讀音參《釋文》所載《禮·王制》“三昭三穆”注音）Gl1102

炤 ȶi̯og/tɕi̯ɛu-/zhào ❶照耀。《荀子·天論》:“日月遞～，四時代御。”❷鮮明，明顯。《詩·正月》:“潛雖伏矣，亦孔之～。”

照 音同上 照耀。《詩·日月》:“日居月諸，～臨下土。”

沼 ȶi̯og/tɕi̯ɛu:/zhǎo 池塘。《詩·正月》:“魚在于～，亦匪克樂。”

詔 ȶi̯og/tɕi̯ɛu-/zhào ❶吩咐。《書·微子》:“～王子出迪。”❷宣告，通知。《禮·曲禮下》:“出入有～於國。”❸指導。《左·成二》:“燮之～也，士用命也。”❹呼籲。《書·微子》:“多瘠罔～。”

通“紹”。幫助，引導。《禮·禮器》:“故禮有擯～。”

鉊 ȶi̯og/tɕi̯ɛu/zhāo 大鐮刀。《管子·輕重己》:“～鉊叉櫌。”

弨 ȶ'i̯og/tɕ'i̯ɛu, tɕ'i̯ɛu:/chāo 鬆弛的弓。《詩·彤弓》:“彤弓～兮，受言藏之。”

邵 ȡi̯og/ʑi̯ɛu-/shào 高。見《説文》（僅有漢代書證）。在銘文中通“昭”。爲第四代周王名。

2388 周I（銘文 58） 2389 周I（銘文 63）

2390 周I（銘文 107）

2391 周II（銘文 164）

2388—2391

紹 ȡi̯og/ʑi̯ɛu:/shào ❶繼續。《詩·抑》:“女雖湛樂從，弗念厥～。”❷傳送。《書·康誥》:“～聞衣德言。”❸（在儀式上）幫助，引導。《禮·聘義》:“士爲～擯。”

同音假借 美麗。《詩·月出》:“舒夭～兮，勞心慘兮。”

通“弨”。緩慢，逗留。《詩·常武》:“王舒保作，匪～匪游。”

韶 ȡi̯og/ʑi̯ɛu/sháo 樂曲名。《書·益稷》:“簫～九成。”

磬 前字的異體。《周禮·大司樂》:“以樂舞教國子，舞雲門、大卷、大咸、大～。”

貂 tiog/tieu/diāo 貂鼠（只見於作人名）。《左·僖二》:“齊寺人～始漏師于多魚。”

苕 d'iog/d'ieu/tiáo ❶一種豆科植物（按：又稱紫雲英）。《詩·防有鵲巢》:“防有鵲巢，邛有旨～。”❷凌霄。《詩·苕之華》:“～之華，其葉青青。”

tiog/tieu/diāo 蘆葦花。《荀子·勸學》:“而編之以髮，繫之葦～。”

鞀 d'og/d'au/táo 小鼓。《禮·月令》:“命樂師修～鞞鼓。”

1132

到 tog/tau-/dào 到達。《詩·韓奕》:“蹶父孔武，靡國不～。”

通“倒”。《莊子·外物》:“草木之～植者過半。”

2392

2392 周Ⅱ(銘文132)

此字从至(到達)、人,或从至,刀聲。

倒 tog/tau:, tau-/dǎo ❶顛倒。《詩·東方未明》:“東方未明,顛～衣裳。”❷違逆。《韓非子·難言》:“且至言忤於耳而～於心。”

菿 tog/tau-/dào tŏk/t̂ɔk/zhuō 高大的植物,高大。《詩·小雅·甫田》:“～彼甫田。”(按:今本作“倬”,高氏從《韓詩》。)Gl678

1133

盜 dʻog/dʻau-/dào ❶賊,强盜。《詩·桑柔》:“民之未戾,職～爲寇。”❷偷竊。《左·文十八》:“～器爲姦。”

1134

喿 sog/sau-/sào 羣鳥鳴叫。見《說文》(無書證)。

2393

2393 周(銘文363,人名)

此字从木(樹)、三口(嘴)。

譟 音同上(zào) 喧鬧。《左·文十三》:“既濟魏人～而還。”

燥 sog/sau:, sau-/sào(zào) 乾燥。《易·乾》:“水流濕,火就～。”

臊 sog/sau/sāo 猪或狗的脂肪。《禮·内則》:“夏宜腒鱐,膳膏～。”

鱢 音同上 腥臭。《晏子春秋·雜上》:“食魚無反,則惡其～也。”

澡 tsog/tsau:/zǎo 洗滌。《禮·儒行》:“儒有～身而浴德。”

璪 音同上 帽子的玉製垂飾。《禮·郊特牲》:“戴冕～十有二旒。”

繰 音同上 漂白(持指絲織品)。《禮·雜記上》:“緦冠～纓。”

趮 tsog/tsau-/zào 偏離。《周禮·矢人》:“羽豐則遲,羽殺則～。”

躁 音同上 ❶迅速移動。《禮·月令》:“處必掩身毋～。”❷急躁。《論語·季氏》:“言未及之而言,謂之～。”❸凶猛。《左·襄三十》:“視～而足高。”

懆 tsʻog/tsʻau:/cǎo 悲傷。《詩·白華》:“念子～～,視我邁邁。”Gl348

操 tsʻog/tsʻau:/cāo ❶持,拿。《禮·曲禮上》:“獻米者～量鼓。”❷撫弄。《左·成九》:“使與之琴,～南音。”

tsʻog/tsʻau-/cāo (操持不放的>)節操。《孟子·滕文公下》:“充仲子之～。”

藻 tsog/tsau:/zǎo 一種水生植物。《詩·采蘋》:“于以采～,于彼行潦。”

同音假借 ❶冠冕上裝飾的絲繩。《禮·玉藻》:“天子玉～。”❷呈送寶玉的墊板。《禮·雜記下》:“～三采六等。”

1135

勞 log/lau/láo ❶辛苦。《詩·凱風》:“有子七人,母氏～苦。”❷功績。《左·襄十一》:“二三子之～也。”

log/lau-/lào (感謝某人的辛勞>)慰勞。《詩·碩鼠》:“三歲貫女,莫我肯～。”Gl284

膋 liog/lieu/liáo 腸間脂肪。《詩·信南山》:“以啟其毛,取其血～。”

1136

暴 bʻog/bʻau-/bào ❶凶暴的,壓制的。《詩·氓》:“言既遂矣,至于～矣。”❷全憑力量(徒手)制服。《詩·小旻》:“不敢～虎,不敢馮河。”❸突然,迅速。《禮·曲禮下》:“已孤～貴,不爲父作謚。”

bʻuk/bʻuk/bú(pù) ❶曝曬,曬乾。《孟子·滕文公上》:“秋陽以～之。”❷顯露。《孟子·萬章上》:“～之於民而民受之。”

曝 前字的異體。《國策·燕策二》:"蚌方出～。"

瀑 bʻog/bʻau-/bào 驟雨。《説文》引《詩》:"終風且～。"(按: 今《詩·終風》作"暴"。)

襮 pok/puok/bú pɔk/pak/bó 綉花的衣領。《詩·唐風·揚之水》:"素衣朱～,從子于沃。"

嚗 pǒk/pɔk/bó 發怒聲(或撞擊聲)。《莊子·知北遊》:"～然放杖而笑。"

1137

毛 mog/mau/máo ❶毛髮。《詩·信南山》:"執其鸞刀,以啟其～。"❷羽毛,獸毛。《禮·月令》:"孟秋之月……其蟲～。"❸草木。《左·隱三》:"澗溪沼沚之～。"

2394

2394 周I(銘文 95,人名)

此字象形。

旄 音同上 牛尾旗。《詩·干旄》:"孑孑干～,在浚之郊。"

同音假借 後傾(特指山丘)。《詩·旄丘》:"～丘之葛兮,何誕之節兮。"

通"耄"。《孟子·梁惠王下》:"反其～倪。"

2395

2395 周II(銘文 192,人名)

髦 音同上 ❶兒童或青年蓄留的披在頭兩側的長髮。《詩·鄘風·柏舟》:"髧彼兩～,實維我特。"❷長毛,鬃毛。《禮·曲禮下》:"乘～馬。"

同音假借 傑出,優秀。《詩·小雅·甫田》:"攸介攸止,烝我～士。"Gl128、679

氂 音同上 牛尾(按: 僅有漢代書證)。此字古書又讀lǐ。參 979 組。

芼 mog/mau/máo 蔬菜(常用以煮湯)。《儀禮·特牲饋食禮》:"～設于豆南南陳。"

mog/mau-/mào 采集和燒煮(蔬菜)。《詩·關雎》:"參差荇菜,左右～之。"Gl5

耄 mog/mau-/mào ❶很老。《詩·抑》:"借曰未知,亦聿既～。"❷衰老。《書·吕刑》:"王享國百年,～荒。"Gl1506

眊 mog/mau-/mào mǒk/mɔk/mò mɔk/mak/mò 視力模糊。《孟子·離婁上》:"胸中不正,則眸子～焉。"

秏 xmog/xau-/hào 一種黍米。《説文》引《吕氏春秋》:"飯之美者,玄山之禾,南海之～。"(按: 今《吕氏春秋·本味》作"秬"。)

同音假借 減損,消耗。《周禮·㮚氏》:"改煎金錫則不～。"

耗 音同上 減損,消耗。《詩·雲漢》:"～斁下土,寧丁我躬。"Gl993

1138

喬 gʻi̯og/gʻi̯ɛu/qiáo ❶高。《詩·漢廣》:"南有～木,不可休息。"❷聳起。《詩·時邁》:"及河～嶽,允王維后。"

假借爲kʻi̯og/kʻi̯ɛu/qiāo ki̯og/ki̯ɛu/jiāo 憂慮。《莊子·在宥》:"於是乎天下始～詰卓鷙。"

通"驕"。驕傲。《禮·表記》:"～而野。"

通"鷮"。《詩·清人》:"二矛重～,河上乎逍遥。"Gl30、219

2396

2396 周III/IV(銘文 295)

此字象形。

僑 gi̯og/gʻi̯ɛu/qiáo 高。《左·文十一》:"獲長狄～如。"

嶠 gʻi̯og/gʻi̯ɛu/qiáo gʻi̯og/gʻi̯ɛu-/jiào 山峰。《列子·湯問》:"二曰員～。"

鐈 gʻi̯og/gʻi̯ɛu/qiáo 高脚鼎(銘文 257)。

2397

2397 周II/III(銘文 257)

橋 g'i̯og/g'i̯ɛu/qiáo ❶横杆，横木。《儀禮·士昏禮》："笄緇被纁裏，加于～。"❷橋梁（出現在地名中）。《左·成二》："將爲陽～之役。"

ki̯og/ki̯ɛu-/jiào 井上汲水的杠杆。《禮·曲禮上》："奉席如～衡。"

假借爲ki̯og/ki̯ɛu:/jiǎo 强勁的。《莊子·則陽》："欲惡去就於是～起。"

通"喬"。《詩·山有扶蘇》："山有～松，隰有游龍。"（按：今本作"喬"，高氏從《釋文》。）

通"憍"。《荀子·榮辱》："～泄者，人之殃也。"

通"矯"。《吕氏春秋·離謂》："其與～言無擇。"

趫 g'i̯og/g'i̯ɛu/qiáo 敏捷。《吕氏春秋·悔過》："皆以其氣之～與力之盛至。"

憍 ki̯og/ki̯ɛu/jiāo 高，昂首。《莊子·達生》："方虚～而恃氣。"

撟 ki̯og/ki̯ɛu:/jiǎo 舉起，提高。《荀子·臣道》："率羣臣百吏而相與强君～君。"

通"矯"。《周禮·士師》："五曰～邦令。"

敿 音同上 扣緊（指盾上的皮帶）。《書·費誓》："～乃干。"

矯 音同上 ❶糾正，弄直《易·説卦》："爲～輮。"❷僞造，假托。《書·仲虺之誥》："～誣上天。"

同音假借 勇健。《詩·泮水》："～～虎臣，在泮獻馘。"

譑 音同上 揭别人的短處。《荀子·富國》："則必有貪利糾～之名。"

鷮 ki̯og/ki̯ɛu/jiāo g'i̯og/g'i̯ɛu/qiáo 一種野鷄。《詩·車舝》："依彼平林，有集維～。"Gl219

驕 ki̯og/ki̯ɛu/jiāo ❶高。《説文》引《詩》："我馬維～。"（按：今《詩·皇皇者華》作"駒"。）❷野馬。《莊子·在宥》："僨～而不可係者，其唯人心乎！"❸驕傲自大。《詩·巷伯》："～人好好，勞人草草。"

k'i̯og/k'i̯ɛu/qiāo 健壯（特指馬）。《詩·碩人》："四牡有～。"

xi̯og/xi̯ɛu/xiāo 歇～：短嘴狗。《詩·駟鐵》："載獫歇～。"Gl169

繑 k'i̯og/k'i̯ɛu/qiāo 繩子，帶子。《管子·輕重戊》："絏～而踵相隨。"

蹻 g'i̯ok/g'i̯ak/jué ❶足高舉，壯實貌。《詩·崧高》："四牡～～。"❷驕傲自大。《詩·板》："老夫灌灌，小子～～。"

ki̯og/ki̯ɛu:/jiǎo 英武貌。《詩·酌》："～～王之造。"

ki̯ok/ki̯ak/jué ❶草鞋。《莊子·天下》："多以裘褐爲衣，以跂～爲服。"❷快速跑動。《吕氏春秋·情欲》："意氣易動，～然不固。"

屩 ki̯ok/ki̯ak/jué 草鞋。《韓非子·外儲説左下》："故昭卯五乘而履～。"

1139

荍 g'i̯og/g'i̯ɛu/qiáo 一種錦葵。《詩·東門之枌》："視爾如～，貽我握椒。"此字从艸（草）、收（收集）。

1140

嚻 xi̯og/xi̯ɛu/xiāo 喧鬧。《左·成十六》："在陳而～。"

同音假借 自得，安適。《孟子·盡心上》："人知之，亦～～。"

ŋog/ŋau/áo ❶喧鬧聲。《詩·十月之交》："無罪無辜，讒口～～。"❷傲慢。《詩·板》："我即爾謀，聽我～～。"

Gl558、926

2398 周（銘文 354，人名）

2398

此字从四口、頁（人頭）。

1141

夭 ʔi̯og/ʔi̯ɛu:/yǎo ❶彎曲。《左·宣十二》："盈而以竭，～且不整。"❷折斷。《莊子·逍遥遊》："背負青天而莫之～閼者。"❸短命，早死。《書·高宗肜日》："非天～民，民中絶命。"❹殺，滅。《詩·正月》："民今之無禄，天～是椓。"

ʔi̯og/ʔi̯ɛu/yāo ❶纖嫩，嬌美。《詩·桃夭》："桃之～～，灼灼其華。"❷性情和善。《論語·述而》："子之燕居，申申如也，～～如也。"

通"祅"。《周禮·硩蔟氏》："硩蔟氏掌覆～鳥之巢。"

ʔog/ʔɑu:/ǎo 初生者。《禮·王制》："不殺胎，不殀～。" Gl23、347、548、1363

2399 殷甲文（A1: 48, 3, 人名）

此字爲曲體人象形。

2399

枖 前字纖嫩、嬌美義的異體。《説文》引《詩》："桃之～～。"（按：今《詩·桃夭》作"夭"。）

妖 ʔi̯og/ʔi̯ɛu/yāo ❶艷麗嫵媚。《莊子·大宗師》："善～善老，善始善終。"❷怪異，超自然的。《左·莊十四》："人棄常，則～興。"

⿰女芺 前字的異體。《大戴禮·千乘》："子女專曰～。" Gl23

殀 ʔi̯og/ʔi̯ɛu:/yǎo ❶短命，早死。《孟子·盡心上》："～壽不貳，修身以俟之。"❷殺死動物。《禮·王制》："不殺胎，不～夭。"

祅 ʔi̯og/ʔi̯ɛu/yāo 不祥，不幸。《國語·晉語六》："辨～祥於謡。"

訞 音同上 凶兆。《大戴禮·易本命》："～孽數起。"

宎 ʔiog/ʔieu:/yǎo 房子的東南角。《莊子·徐无鬼》："未嘗好田而鶉生於～。"

窔 ʔiog/ʔieu，ʔieu:，ʔieu-/yǎo 暗昧，深藏。《莊子·齊物論》："叫者，譹者，～者，咬者。"（按：今本作"宎"，高氏從《康熙字典》。）

䴠 ʔog/ʔau:/ǎo（yǎo） 幼鹿。《國語·魯語上》："獸長麑～。"

沃 ʔok/ʔuok/wò ❶灌，澆。《左·僖二十三》："奉匜～盥。"❷肥沃。《左·襄二十五》："井衍～。"❸茂盛有光澤。《詩·氓》："桑之未落，其葉～若。"❹漂亮，優美。《詩·隰有萇楚》："夭之～～，樂子之無知。"❺柔滑。《詩·皇皇者華》："我馬維駱，六轡～若。"❻洗手。《周禮·小臣》："朝覲，～王盥。" Gl355

鋈 ʔok/ʔuok/wò（wù） 銀，鍍銀。《詩·小戎》："游環脅驅，陰靷～續。" Gl312

1142

要 ʔi̯og/ʔi̯ɛu/yāo ❶腰。《禮·雜記上》："左執領，右執～。"❷腰帶。《詩·葛屨》："～之襋之，好人服之。"

同音假借 ❶求取，要求。《孟子·告子上》："今之人修其天爵以～人爵。"❷要挾。《論語·憲問》："雖曰不～君，吾不信也。"❸攔截。《孟子·萬章上》："將～而殺之。"❹約定。《論語·憲問》："久～不忘平生之言。"❺遇見，會見。《詩·桑中》："期我乎桑中，～我乎上宫。"❻條約。《書·吕刑》："有倫有～。"❼概括。《書·畢命》："辭尚體～。"

ʔi̯og/ʔi̯ɛu-/yào ❶重要。《孝經·開宗明義》："先王有至德～道。"❷摘要，要點。《莊子·天道》："大謾，願聞其～。"❸

賬册。《周禮·大司馬》:"受其~,以待考而賞誅。"(想要、希望是此字的後起義) Gl1384、1924

腰 ʔi̯og/ʔi̯ɛu/yāo 腰,腰部。《國策·魏四》:"梁者,山東之~也。"

喓 音同上 蝗蟲鳴聲。《詩·草蟲》:"~~草蟲。"

葽 音同上 一種草(遠志)。《詩·七月》:"四月秀~,五月鳴蜩。"

1143

朝 ti̯og/ȶi̯ɛu/zhāo 早晨。《詩·氓》:"夙興夜寐,靡有~矣。"

dʻi̯og/ȡʻi̯ɛu/cháo ❶(早晨的儀式>)朝見。《詩·雨無正》:"邦君諸侯,莫肯~夕。"❷朝廷。《詩·雞鳴》:"鷄既鳴矣,~既盈矣。"❸上朝廷。《左·宣二》:"盛服將~。"Gl744

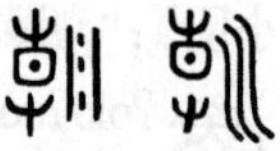
2400—2401

2400 周I(銘文 65)

2401 周I(銘文 70)

此字是"潮"(早潮,與"朝"同源)的初文。此字左半意符从草中見到太陽(表示太陽從地平綫升起。比較"莫":太陽落下,從草叢中消失),右半从水。

潮 dʻi̯og/ȡʻi̯ɛu/cháo 早晨的潮水。《楚辭·悲回風》:"聽~水之相擊。"

2402

2402 周IV(銘文 286,"朝"義)

1144

䍃 di̯og/i̯ɛu/yáo (與"窰"同爲一詞,故有此讀) 陶器。見《説文》(無書證)。此字是"窰"的初文,从缶(陶器)、夕(肉)。《切韻》音 di̯ɷg/i̯ə̯u/yóu,從派生詞來看,此音並不可靠。

窰 音同上 燒製陶器的窰。《管子·七臣七主》:"文采纂組者,燔功之~也。"

窯 前字的異體。《墨子·備突》:"城百步一突門,突門各爲~竈。"

徭 音同上 徭役。《韓非子·備内》:"~役多則民苦。"

媱 音同上 玩樂。《楚辭·傷時》:"音晏衍兮要~。"

摇 音同上 ❶摇動。《詩·鴟鴞》:"予室翹翹,風雨所漂~。"❷不安。《詩·黍離》:"行邁靡靡,中心~~。"

榣 音同上 一種樹。《國語·晉語八》:"~木不生危。"(按:今本作"拱",高氏從公序本。)

瑶 音同上 一種玉石。《詩·木瓜》:"投我以木桃,報之以瓊~。"

謡 音同上 歌唱。《詩·園有桃》:"心之憂矣,我歌且~。"

遥 音同上 逍~:自由自在。《詩·清人》:"二矛重喬,河上乎逍~。"

鰩 音同上 傳説中一種有翅膀的魚。《吕氏春秋·本味》:"藿水之魚名曰~。"

鷂 di̯og/i̯ɛu-/yào 鷂鷹,風箏。《列子·天瑞》:"布穀久復爲~也。"

繇 di̯og/i̯ɛu/yáo ❶茂盛。《書·禹貢》:"厥草惟~。"❷遵循。《吕氏春秋·貴當》:"不可强求,必~其道。"

假借爲 dʻi̯og/ȡʻi̯ə̯u-/zhòu 卜卦的占辭。《左·閔二》:"成風聞成季之~。"

通"由"。《易·坤》:"其所~來者漸矣。"(按:今本作"由",高氏從馬本。)

櫾 di̯ɷg/i̯ə̯u/yóu 一種樹。《列子·湯問》:"吳楚之國有大木焉,其名爲~。"

1145

兆 dʻi̯og/ȡʻi̯ɛu:/zhào ❶占卜時,火灼龜板或獸骨的裂紋(作爲吉凶的預兆)。

《左·昭五》："龜～告吉。"❷徵兆，迹象。《左·昭八》："其～既存矣。"❸開端，開始。《左·哀元》："能布其德，而～其謀。"

同音假借 ❶區域，固定的地方。《禮·樂記》："行其綴～，要其節奏。"❷衆多，百萬。《書·五子之歌》："予臨～民。"

垗 音同上 在墳地或祭祀地建造祭壇。《説文》引《周禮》："～五帝於四郊。"（按：今《周禮·小宗伯》作"兆"。）

旐 音同上 畫有龜蛇的旗。《詩·出車》："設此～矣，建彼旄矣。"

姚 di̯og/i̯ɛu/yáo ❶姓氏。《左·哀元》："虞思於是妻之以二～。"❷美麗。《荀子·非相》："莫不美麗～冶。"

2403—2404

2403 周II/III（銘文 273）

2404 周II/III（銘文 278）

珧 di̯og/i̯ɛu/yáo 貝殼。《楚辭·天問》："馮～利決。"

銚 tʻiog/tʻieu/tiāo tsʻiog/tsʻieu/qiāo 鋤頭。《莊子·外物》："～鎒於是乎始脩。"

dʻiog/dʻieu/tiáo 長矛。《吕氏春秋·簡選》："可以勝人之長～利兵。"

恌 tʻiog/tʻieu/tiāo 輕賤。《詩·鹿鳴》："視民不～，君子是則是傚。"Gl400

眺 tʻiog/tʻieu-/tiào 望，看。《禮·月令》："可以遠～望。"

祧 tʻiog/tʻieu/tiāo 祭祀遠祖的祠廟。《左·襄九》："以先君之～處之。"

覜 tʻiog/tʻieu-/tiào （向諸侯或天子）問好致敬。《周禮·大宗伯》："殷～曰視。"

頫 前字的異體。《左·昭五》："享～有璋。"此字有時用同"俯"（低頭），原因不明。

佻 tʻiog/tʻieu/tiāo dʻiog/dʻieu/tiáo ❶竊取。《國語·周語中》："而郤至～天之功以爲己力。"❷輕薄。《楚辭·離騷》："雄鳩之鳴逝兮，余猶惡其～巧。"

dʻi̯og/dʻieu/tiáo dʻiog/dʻieu:/diào 往來貌。《詩·大東》："～～公子，行彼周行。"Gl237、1969

挑 tʻiog/tʻieu/tiāo 挑逗，挑動。《左·宣十二》："請～戰，弗許。"

同音假借 ❶長柄勺子。《儀禮·有司》："二手執～匕枋。"（按：今本作"桃"，高氏從《釋文》。）❷挑選。《國策·趙三》："不與，則是棄前貴而～秦禍也。"

dʻiog/dʻieu:/diào 轉身，跳躍。《莊子·大宗師》："孰能登天遊霧，撓～無極。"

tʻog/tʻau/tāo 好動，不能安靜的。《詩·子衿》："～兮達兮，在城闕兮。"Gl237、1969

跳 dʻiog/dʻieu/tiáo（tiào） 跳躍。《莊子·逍遥遊》："東西～梁，不辟高下。"

窕 dʻiog/dʻieu:/diào（tiǎo） 穿孔。《淮南子·要略訓》："所以竅～穿鑿百事之壅遏。"

通"姚"。美麗。《詩·關雎》："窈～淑女，君子好逑。"

假借爲tʻiog/tʻieu/tiāo ❶細小，不足。《左·昭二十一》："小者不～。"❷輕佻。《左·成十六》："楚師輕～。"Gl1

誂 dʻiog/dʻieu:/diào 引誘。《國策·秦一》："楚人有兩妻者，人～其長者。"

洮 tʻog/tʻau/táo 盥洗。《書·顧命》："王乃～頮水。"Gl1969

咷 dʻog/dʻau/táo tʻiog/tʻieu-/tiào 呻吟，哭。《易·同人》："同人先號～而後笑。"

桃 dʻog/dʻau/táo 桃樹，桃子。《詩·桃夭》："～之夭夭，灼灼其華。"

逃 音同上　❶逃跑。《詩·四月》:"潛～于淵。"❷回避。《孟子·盡心下》:"～墨必歸於楊。"

鞉 音同上　小鼓。《詩·有瞽》:"應田縣鼓,～磬柷圉。"

鼗 前字的異體。《論語·微子》:"播～武,入於漢。"

駣 d'og/d'au/táo　d'og/d'au:/dào　三、四歲的馬。《周禮·庾人》:"教～,攻駒。"

1146

肇 d'i̯og/d'i̯ɛu:/zhào　❶開始,創立。《詩·生民》:"后稷～祀。"❷整理,安排。《國語·齊語》:"比綴以度,竱本～末。"❸勤勉的。《詩·江漢》:"～敏戎公。"❹敏捷。《詩·小毖》:"～允彼桃蟲。"❺界限,劃界。《詩·玄鳥》:"～域彼四海。" Gl875、1042、1116、1266

2405 周I(銘文 58)

2406 周I(銘文 86)

2405—2406

此字从户(門)、攴(手持劍或棍)、聿(筆),其義不明。

1147

鼂 d'i̯og/d'i̯ɛu/cháo　一種蛙(僅有漢代書證)。

通"朝"。《楚辭·哀郢》:"甲之～吾以行。"

1148

焦 tsi̯og/tsi̯ɛu/jiāo　烤熱,燒焦。《左·哀二》:"卜戰,龜～。"

此字从隹(鳥)、灬(火)。

燋 tsi̯og/tsi̯ɛu/jiāo　烤熱,燒焦。《禮·內則》:"舉～其管,不蓼。"

tsi̯ok/tsi̯ak/jué　tsŏk/tʂɔk/zhuó　火把。《禮·少儀》:"凡飲酒爲獻,主者執燭抱～。"Gl383

僬 tsi̯og/tsi̯ɛu-/jiào　❶明察貌。《荀子·不苟》:"其誰能以己之～～,受人之掝掝者哉?"(按:今本作"潐",高氏從《康熙字典》。)❷自由,自然。《禮·曲禮下》:"庶人～～。"

dz'i̯og/dz'i̯ɛu/qiáo　矮人。《列子·湯問》:"從中州以東四十萬里,得～僥國,人長一尺五寸。"Gl383

潐 tsi̯og/tsi̯ɛu-/jiào　明察貌。《荀子·不苟》:"其誰能以己之～～,受人之掝掝者哉?"

蕉 tsi̯og/tsi̯ɛu/jiāo　生麻。《列子·周穆王》:"遽而藏諸隍中,覆之以～。"

通"樵"。《左·成九》:"雖有姬姜,無棄～萃。"

醮 tsi̯og/tsi̯ɛu-/jiào　在青年男子的加冠儀式或婚禮上向他祝酒。《禮·昏義》:"父親～子而命之迎。"

同音假借　竭,盡。《荀子·禮論》:"利爵之不～也,成事之俎不嘗也。"

鷦 tsi̯og/tsi̯ɛu/jiāo　～鷯:小鳥名。《莊子·逍遥遊》:"～鷯巢於深林,不過一枝。"

憔 dz'i̯og/dz'i̯ɛu/qiáo　❶憂鬱,困乏,受苦。《左·昭七》:"或燕燕居息,或～悴事國。"❷形容枯槁。《國語·吳語》:"民人離落,而日以～悴。"

樵 音同上　❶打柴。《詩·白華》:"～彼桑薪。"❷柴薪。《左·桓十二》:"請無扞采～者以誘之。"❸焚燒。《公羊·桓七》:"焚之者何?～之也。"

譙 音同上　變壞,磨損。《詩·鴟鴞》:"予羽～～。"Gl383

噍 dz'i̯og/dz'i̯ɛu-/jiào　嚼。《禮·少儀》:"小飯而亟之,數～,毋爲口容。"

假借爲tsi̯og/tsi̯ɛu/jiāo　減小(特指

聲音）。《禮·樂記》："是故志微～殺之音作，而民思憂。"

tsi̯ɷg/tsi̯əu/jiū 鳥鳴聲。《禮·三年問》："小者至於燕雀，猶有啁～之頃焉。"Gl383

穛 tsŏk/tʂɔk/zhuō 未熟而收的禾。《禮·內則》："飯：黍、稷、稻、粱、白黍、黃粱、稰、～。"

⿰米焦 前字的異體。

2407

2407 周（銘文 364）

1149

小 si̯og/si̯ɛu:/xiǎo ❶與"大"相反。《詩·泮水》："無～無大。"❷輕視。《左·桓四》："秦師侵芮，敗焉，～之也。"

2408 殷甲文（A1: 3, 4）

2409 殷（銘文 10）

2410 周 I（銘文 54）

此字爲指事字。

2408—2410

少 ɕi̯og/ɕi̯ɛu:/shǎo ❶與"多"相反。《詩·邶風·柏舟》："受侮不～。"❷略微。《國語·周語下》："其何德之修，而～光王室，以逆天休。"❸過了一會。《孟子·萬章上》："始舍之圉圉焉，～則洋洋焉，攸然而逝。"

ɕi̯og/ɕi̯ɛu-/shào ❶年幼，年輕。《論語·季氏》："～之時，血氣未定。"❷輔佐，副職。《左·昭三十》："我先大夫印段實往，敝邑之～卿也。"

2411

2411 周Ⅳ（銘文 291）

肖 si̯og/si̯ɛu-/xiào 相像（如父與子）。《書·說命上》："說築傅巖之野，惟～。"

假借爲 si̯og/si̯ɛu/xiāo 失散。《莊子·列禦寇》："達於知者～。"

宵 si̯og/si̯ɛu/xiāo 夜晚。《詩·七月》："～爾索綯。"

通"小"。《禮·學記》："～雅肄三，官其始也。"

2412

2412 漢前（銘文 424，人名）

消 音同上 ❶消融，溶解。《詩·角弓》："見晛曰～。"❷消失。《易·泰》："君子道長，小人道～也。"

通"逍"。《禮·檀弓上》："孔子蚤作，負手曳杖，～搖於門。"

痟 音同上 頭痛。《周禮·疾醫》："春時有～首疾。"

綃 si̯og/si̯ɛu/xiāo siog/sieu/xiāo 一種絲織品。《禮·玉藻》："玄～衣以裼之。"

逍 si̯og/si̯ɛu/xiāo ～遥：安閑自得貌。《詩·清人》："河上乎～遥。"

銷 音同上 熔化，縮減。《禮·樂記》："禮減而不進則～。"參"消"。

霄 音同上 凍雨（僅有漢代書證）。

通"宵"。《吕氏春秋·明理》："有晝盲，有～見。"

通"消"。《墨子·經說上》："～盡，蕩也。"

俏 ts'i̯og/ts'i̯ɛu-/qiào 相似。《列子·力命》："佹佹成者，～成也，初非成也。"

哨 音同上 口小而歪（特指壺）。《禮·投壺》："某有枉矢～壺，請以樂賓。"

峭 音同上 峻峭的。《楚辭·悲回風》："上高巖之～岸兮。"

悄 ts'i̯og/ts'i̯ɛu:/qiǎo 憂愁貌。《詩·月出》："勞心～兮。"

誚 dz'i̯og/dz'i̯ɛu-/jiào（qiào） 責備。《書·金縢》："王亦未敢～公。"

趙 d'i̯og/d'i̯ɛu:/zhào 趕快，匆忙。《穆天子傳》二："天子北征，～行口舍。"

同音假借或假借爲 d'i̯og/d'i̯ɛu:/diào

刺，割穿。《詩·良耜》："其鎛斯～。"

2413

通"掉"。《荀子·賦》："頭銛達而尾～繚者邪？"

2413 周III（銘文 237，人名）

捎 sio̯g/sieu/xiāo　消除。《周禮·輪人》："以其圍之防～其藪。"

梢 sŏg/ṣau/shāo
樹枝（僅有漢代書證）。

同音假借　流水冲出溝渠。《周禮·匠人》："～溝三十里而廣倍。"

稍 sŏg/ṣau-/shào ❶稍微。《左·昭十》："子尾多受邑而～致諸君。"❷糧食（指軍糧等）。《周禮·宮正》："幾其出入，均其～食。"

筲 sŏg/ṣau/shāo　竹器。《論語·子路》："斗～之人，何足算也？"

蛸 音同上
蜘蛛。《詩·東山》："蠨～在户。"

削 sio̯k/siak/xuē　sio̯g/si̯ɛu-/xiāo ❶用刀刮、削、割。《詩·緜》："～屢馮馮。"❷消滅。《詩·桑柔》："亂況斯～。"❸刮刀，刻刀。《周禮·築氏》："築氏爲～，長尺，博寸，合六而成規。"❹刪除。《莊子·胠篋》："～曾，史之行，鉗楊、墨之口。"❺剝奪，奪去。《禮·王制》："君～以地。"

同音假借　劍鞘（僅有漢代書證）。

假借爲 sŏg/ṣau-/shào　距王畿三百里以内的采地名稱。《周禮·大府》："家～之賦，以待匪頒。"

掣 sio̯g/sieu/xiāo　sŏg/ṣau/shāo　sŏk/ṣɔk/shuò　拉長使尖細，尖細。《周禮·輪人》："望其幅，欲其～爾而纖也。"

箾 sio̯g/sieu/xiāo　管狀物，笛形物。《左·襄二十九》："見舞象～南籥者。"

săk/ṣɔk/shuò　樂曲名。《荀子·禮論》："韶、夏、護、武、汋、桓、～、簡象。" Gl1345

1150

笑 sio̯g/si̯ɛu-/xiào
笑。《詩·終風》："謔浪～敖。"

1151

尞 li̯og/li̯ɛu-/liào　火焰上升貌（殷甲文 A1: 1，1）。同"燎"。

2414—2415

2414 殷甲文（A6: 64，4）

2415 殷甲文（A1: 1，1）

此字是柴火和火舌的象形，下面有的有"火"，有的没有。

燎 li̯og/li̯ɛu，li̯ɛu-/liáo　liog/lieu-/liào ❶火焰上升貌。《詩·正月》："～之方揚，寧或滅之。"❷火炬，大燭。《詩·庭燎》："夜未央，庭～之光。"❸燒。《詩·旱麓》："民所～矣。"❹光耀貌。《詩·月出》："佼人～兮。"

療 li̯og/li̯ɛu-/liáo　醫治，治愈。《左·襄二十六》："以害楚國，不可救～，所謂不能也。"

繚 li̯og/li̯ɛu:/liǎo　liog/lieu:/liǎo（liáo）
纏繞。《禮·玉藻》："再～四寸。"

僚 liog/lieu，lieu:/liáo　同僚，同伴。《詩·板》："及爾同～。"（按：今本作"寮"，高氏從《釋文》。）

同音假借　❶美好。《詩·月出》："佼人～兮。"❷官員。《詩·大東》："百～是試。"

寮 音同上　❶同事，同伴。《左·文七》："爲同～故也。"❷執勞役者。《左·文七》："同官爲～。"

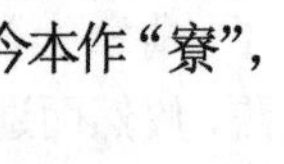
2416—2418

2416 殷甲文（A4: 31，6）

2417 周 I（銘文 69）

2418 周 II（銘文 180）

憭 liog/lieu/liáo　無聊，消沉。《楚辭·九辯》："～慄兮若在遠行。"

獠 音同上　（攜火炬）夜獵。《管子·四稱》："～獵畢弋，暴遇諸父。"

瞭 liog/lieu, lieu:/liǎo　眼珠明亮。《孟子·離婁上》："胸中正，則眸子～焉。"

膫 liog/lieu/liáo　腸子周圍的脂肪。《說文》引《詩》："取其血～。"（按：今《詩·信南山》作"膋"。）

遼 音同上　遥遠。《左·襄八》："楚師～遠，糧食將盡，必將速歸。"

鷯 音同上　鷦～：鳥名。《莊子·逍遥遊》："鷦～巢於深林，不過一枝。"

橑 log/lau:/lǎo　liog/lieu/liáo　短椽木。《楚辭·湘夫人》："桂棟兮蘭～，辛夷楣兮葯房。"

簝 log/lau/láo　liog/lieu/liáo　一種禮器。《周禮·牛人》："與其盆～以待事。"

潦 log/lau:/lǎo　❶雨水。《禮·曲禮上》："水～降，不獻魚鼈。"❷積水，水坑。《詩·泂酌》："泂酌彼行～。"

蓼 音同上　梅乾。《周禮·籩人》："饋食之籩，其實棗、栗、桃、乾～、榛實。"

1152

擾 ȵi̯og/ȵʑi̯ɛu:/rǎo　❶攪亂。《左·襄四》："各有攸處，德用不～。"❷馴順貌。《書·皋陶謨》："～而毅。"❸馴服。《周禮·服不氏》："服不氏掌養猛獸而教～之。"❹馴養，馴化。《左·昭二十九》："乃～畜龍。"

此字从扌（手）、憂。

獶 nog/nau/náo　猴子。《禮·樂記》："～雜子女。"此字是前字的省聲。

1153

表 pi̯og/pi̯ɛu:/biǎo　❶外衣。《禮·玉藻》："～裘不入公門。"❷（衣服的）外面。《論語·鄉黨》："必～而出之。"❸外面，最遠處。《書·立政》："方行天下，至于海～。"❹展示，顯明。《書·畢命》："旌别淑慝，～厥宅里。"❺辨别。《左·昭十一》："會朝之言必聞於～著之位。"❻標志。《國語·晉語八》："置茅蕝，設望～。"❼表率。《左·襄十四》："世胙大師，以～東海。"

1154

彪 pi̯og/pi̯ɛu/biāo　pi̯ŏg/pi̯ĕu/biū（biāo）　sam/ṣam/shān　長髮（僅有漢代書證）。

此字从镸、彡（毛髮之象形）。

1155

猋 pi̯og/pi̯ɛu/biāo　疾，暴（特指風）。《禮·月令》："～風暴雨總至。"此字从三犬。

1156

驫 pi̯og/pi̯ɛu/biāo　pi̯ŏg/pi̯ĕu/biū（biāo）　一羣馬（僅有漢以後書證）。

2419—2420

2419 周III（銘文 220，增加了形符"广"，人名）

2420 漢前（銘文 402，人名）

此字从三馬。

1157

票 pʻi̯og/pʻi̯ɛu/piāo　跳動的火焰。見《說文》（無書證）。此字是"熛"的初文（但《廣韻》在作此解時讀送氣音，而非不送氣音）。

假借爲pʻi̯og/pʻi̯ɛu-/piào　乾燥和粉狀（指泥土）。《周禮·草人》："輕～用犬。"

熛 pi̯og/pi̯ɛu/biāo　跳動的火焰。《尸子·貴言》："～火始起易息也。"

標 音同上　樹梢。《莊子·天地》："上如～枝，民如野鹿。"

飄 pi̯og/pi̯ɛu/biāo　bʻi̯og/bʻi̯ɛu/piáo　旋風。《詩·卷阿》："～風自南。"

pʻi̯og/pʻi̯ɛu/piāo　吹落（特指瓦片）。《莊子·達生》："雖有忮心者不怨～瓦，是以天下平均。"

僄 p'i̯og/p'i̯ɛu, p'i̯ɛu-/piāo 輕（與“重”相對）。《荀子·議兵》:“輕利～速，卒如飄風。”

剽 p'i̯og/p'i̯ɛu-/piào 迅速。《周禮·弓人》:“小簡而長，大結而澤，則其爲獸必～。”

p'i̯og/p'i̯ɛu/piāo pi̯og/pi̯ɛu:/biǎo 末梢。《莊子·庚桑楚》:“有長而无乎本～。”

嘌 p'i̯og/p'i̯ɛu/piāo 突然衝出（特指車）。《詩·匪風》:“匪車～兮。”Gl359

漂 音同上 ❶浮流，漂移。《孫子·勢篇》:“激水之疾，至於～石者，勢也。”❷水腫病。《莊子·則陽》:“～疽疥癰，内熱溲膏是也。”

通“飄”。《詩·蘀兮》:“風其～女。”

縹 p'i̯og/p'i̯ɛu:/piǎo 淺藍或淡青色。《楚辭·通路》:“翠～兮爲裳。”

瓢 b'i̯og/b'i̯ɛu/piáo 用葫蘆製成的容器。《論語·雍也》:“一簞食，一～飲。”

摽 b'i̯og/b'i̯ɛu:/biào ❶墜落。《詩·摽有梅》:“～有梅，其實七兮。”❷捶擊。《詩·邶風·柏舟》:“寤辟有～。”

p'i̯og/p'i̯ɛu/piāo p'i̯og/p'i̯eu/piāo p'ŏg/p'au/pāo 擊倒，壓倒。《左·哀十二》:“長木之斃，無不～也。”

p'ŏg/p'au/pāo 放下。《公羊·莊十三》:“已盟，曹子～劍而去之。”

pi̯og/pi̯ɛu/biāo ❶召喚，發信號。《孟子·萬章下》:“～使者出諸大門之外。”❷高舉。《管子·侈靡》:“若夫教者，～然若秋雲之遠。”

1158

眇 mi̯og/mi̯ɛu:/miǎo ❶眯縫眼，湊近凝視，視力差的。《易·履》:“～能視，跛能履。”❷低微，無足輕重。《書·顧命》:“～～予末小子，其能而亂四方，以敬忌天威。”❸細小，微細。《莊子·德充符》:“～乎小哉! 所以屬於人也。”❹（直至細微末節>）盡，極。《荀子·王制》:“彼王者不然，仁～天下，義～天下，威～天下。”❺遠。《莊子·庚桑楚》:“藏其身也，不厭深～而已矣。”

此字从目、少。

妙 mi̯og/mi̯ɛu-/miào ❶奇異的，極妙的。《易·説》:“神也者，～萬物而爲言者也。”❷神秘的。《老子》一章:“故常無欲以觀其～。”此字“眇”省聲。

杪 mi̯og/mi̯ɛu:/miǎo 最末尾，最末端。《禮·王制》:“冢宰制國用，必於歲之～。”此字“眇”省聲。

鈔 前字的異體。《管子·幼官》:“器成於僇，教行於～。”

渺 音同上 水勢浩瀚深遠。《管子·内業》:“～～乎如窮無極。”

1159

苗 mi̯og/mi̯ɛu/miáo ❶未結穗之禾。《詩·碩鼠》:“無食我～。”❷初生的植物。《詩·白駒》:“食我場～。”

同音假借 夏季狩獵。《詩·車攻》:“之子于～。”此字从艹、田。

庿 1160 組“廟”的異體。《儀禮·士冠禮》:“士冠禮，筮于～門。”

貓 mi̯og/mi̯ɛu/miáo mŏg/mau/māo ❶野貓。《詩·韓奕》:“有～有虎。”❷貓。《禮·郊特牲》:“迎～，爲其食田鼠也。”

1160

廟 mi̯og/mi̯ɛu-/miào 供祀祖宗的廟宇。《詩·思齊》:“肅肅在～。”

2421 周II（銘文 159）

2422 周II（銘文 153）

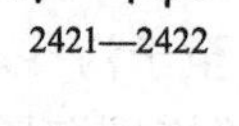

2421—2422

該字从广（屋頂）、朝（早晨），意爲清晨上供的廳堂。

1161

淼 mi̯og/mi̯ɛu:/miǎo　水域寬廣貌。《楚辭·哀郢》：“～南渡之焉如？”此字从三水。

1162

敫 kiog/kieu:/jiǎo（此字同“皦”，故定此音）　照耀，光明。見《説文》（無書證）。《廣韻》讀i̯ɑk/yuè，但《集韻》讀kieu:/jiǎo，因此字从白（光明）、放（放出），故很可能“皦”只是多加了一個“白”的“敫”，這就證實了《集韻》的讀音。

皦 kiog/kieu:/jiǎo　❶明亮貌。《詩·大車》：“有如～日。”❷分明。《論語·八佾》：“從之，純如也，～如也。”

噭 kiog/kieu-/jiào　❶呼叫。《禮·曲禮上》：“毋側聽，毋～應。”❷哭。《公羊·昭二十五》：“昭公於是～然而哭。”

徼 kiog/kieu/jiāo　❶尋求。《禮·中庸》：“小人行險以～幸。”❷窺探。《論語·陽貨》：“惡～以爲知者。”❸攔截。《左·襄十六》：“孟孺子速～之。”❹利用。《左·成元》：“劉康公～戎，將遂伐之。”

kiog/kieu-/jiào　邊界。《老子》一章：“常有欲以觀其～。”

激 kiog/kieu-/jiào　kiok/kiek/jī　築壩攔水使之騰涌。《孟子·告子上》：“～而行之，可使在山。”

同音假借　❶鮮明。《莊子·盜跖》：“唇如～丹，齒如齊貝。”❷尖鋭（特指聲音）。《楚辭·招魂》：“宫庭震驚，發～楚些。”

邀 kiog/kieu/jiāo（yāo）　遵循，追求。《莊子·徐无鬼》：“吾與之～樂於天。”

擊 kʻiog/kʻieu-/qiào　kʻiok/kʻiek/qī　旁擊。《莊子·至樂》：“髐然有形，～以馬捶。”

竅 kʻiog/kʻieu-/qiào　孔，隙。《禮·禮運》：“地秉陰，～於山川。”

1163

釗 kiog/kieu/jiāo　ȶi̯og/tɕi̯ɛu/zhāo　切割。見《説文》（無書證）。

同音假借　❶古人名。《書·顧命》：“用敬保元子～，弘濟於艱難。”❷見。郭璞《爾雅注》引《書》：“～我周王。”（按：此句今《書》佚。）　此字从金、刂。

1164

堯 ŋiog/ŋieu/yáo　高。《墨子·親士》：“王德不～～者，乃千人之長也。”

同音假借　古人名。《書·堯典》：“曰若稽古帝～。”

僥 ŋiog/ŋieu/yáo　矮人。《列子·湯問》：“從中州以東四十萬里，得僬～國，人長一尺五寸。”

kiog/kieu:/jiǎo　僥幸。《莊子·在宥》：“此以人之國～倖也。”

澆 kiog/kieu/jiāo　沖淡。《莊子·繕性》：“～淳散樸，離道以善。”（按：今本作“澆”，高氏從《釋文》。）

髐 kʻiog/kʻieu/qiāo　白色（特指骨頭）。《莊子·至樂》：“莊子之楚，見空髑髏，～然有形。”

嘵 xiog/xieu/xiāo　驚叫。《詩·鴟鴞》：“予維音～～。”

曉 xiog/xieu:/xiǎo　明喻。《荀子·臣道》：“～然以至道而無不調和也。”

膮 xiog/xieu，xieu:/xiāo　猪肉羹。《禮·内則》：“膳膷膮～醢牛炙。”

翹 gʻi̯og/gʻi̯ɛu/qiáo　鳥尾的長羽毛。《楚辭·招魂》：“砥室翠～，掛曲瓊些。”

同音假借　❶舉起。《莊子·馬蹄》：“齕草飲水，～足而陸。”❷揭發。《禮·儒行》：“粗而～之。”❸堆積，高，危。《詩·

漢廣》："～～錯薪。"❹遠。《左·莊二十二》："～～車乘，招我以弓。"

磽 k'ŏg/k'au/qiāo k'iog/k'ieu:/qiǎo 多石之地。《孟子·告子上》："雖有不同，則地有肥～。"

墝 前字的異體。《荀子·儒效》："相高下，視～肥，序五種，君子不如農人。"

繞 ṇi̯og/ṇʑi̯ɛu:/rǎo 環繞。《左·成六》："與楚師遇於～角。"（地名的一部分）

蕘 ṇi̯og/ṇʑi̯ɛu/ráo 柴草。《詩·板》："詢于芻～。"

蟯 音同上 腹中小蟲。《關尹子·六七》："我之一身，内變～蛔，外烝虱蚤。"

襓 音同上 劍套。《禮·少儀》："加夫～與劍焉。"

饒 音同上 豐，盛。《左·成六》："國～，則民驕佚。"

橈 nŏg/nau-/náo ❶彎木。《周禮·輈人》："唯轅直且無～也。"❷曲從。《荀子·榮辱》："重死持義而不～，是士君子之勇也。"❸冤屈。《禮·月令》："斬殺必當，毋或枉～。"❹弱。《易·大過》："棟～，本末弱也。"❺轉開，打散（特指軍隊）。《左·成二》："畏君之震，師徒～敗。"❻使散開。《易·説》："～萬物者莫疾乎風。"

ṇi̯og/ṇʑi̯ɛu/ráo 船槳。《楚辭·湘君》："蓀～兮蘭旌。"

譊 nŏg/nau/náo 喧嚷，爭辯。《莊子·至樂》："奚以夫～～爲乎！"

鐃 音同上 樂器名。《周禮·鼓人》："以金～止鼓。"

通"撓"。《莊子·天道》："萬物无足以～心者，故靜也。"

撓 nŏg/nau-/náo xnog/xau/hāo ❶撓亂。《左·成十三》："～亂我同盟，傾覆我國家。"❷彎曲。《吕氏春秋·别類》："木尚生，加塗其上，必將～。"❸畏縮，屈服。《孟子·公孫丑上》："不膚～，不目逃。"（按：今本作"橈"，高氏從閩本。）

燒 ɕṇi̯og/ɕi̯ɛu/shāo 火燒。《禮·月令》："～薙行水，利以殺草，如以熱湯。"

1165

弔 tiog/tieu-/diào tiok/tiek/dì ❶弔唁。《左·莊十一》："秋，宋大水，公使～焉。"❷悲傷。《詩·匪風》："中心～兮。"❸憐憫。《詩·節南山》："不～昊天。"❹安慰。《孟子·梁惠王下》："誅其君而～其民。"❺善，好。《詩·瞻卬》："不～不祥。"❻文雅，仁慈。《書·盤庚下》："非廢厥謀，～由靈。"Gl429、1481 在銅器銘文中，該字常用作"叔"義。

2423 殷（銘文 30）

2424 周I（銘文 88）

2423—2424

盄 ti̯og/tɕi̯ɛu/zhāo（diào） 器皿。見《説文》（無書證）。

2425 周II（銘文 139，義同 1031 組的"淑"）

2425

1166

交 kŏg/kau/jiāo ❶交叉。《詩·楚茨》："獻醻～錯。"❷交换。《易·繫辭下》："～易而退，各得其所。"❸遞交。《左·成十二》："～贄往來。"❹接觸。《孟子·萬章下》："敢問～際何心也？"❺連結。《左·僖五》："其九月十月之～乎？"❻交友。《易·繫辭下》："上～不諂，下～不瀆。"Gl312

2426 周II/III（銘文 281，人名）

此字爲一個人兩腿交叉的象形。

2426

烄 kŏg/kau:/jiǎo 木柴交積燃燒（殷甲文 A5: 33, 2）。

2427 殷甲文（A5: 33, 2）

2427

佼 音同上 美麗。《詩·月出》:“～人僚兮。”

姣 kǒg/kau:/jiāo 美麗。《吕氏春秋·達鬱》:“公～且麗。”

g'ǒg/ɣau/xiáo 淫蕩。《左·襄九》:“棄位而～，不可謂貞。”

咬 kǒg/kau/jiāo ʔǒg/ʔau/yāo 叫聲。《莊子·齊物論》:“叫者，譹者，宎者，～者。”Gl321

挍 kǒg/kau-/jiào 比較。《禮·學記》:“中年考～。”（按：今本作“校”，高氏從毛本。）

校 kǒg/kau-/jiào 脚鐐。《易·噬嗑》:“屨～滅趾，不行也。”

同音假借 ❶檢查。《禮·學記》:“比年入學，中年考～。”❷比較，較量。《孟子·滕文公上》:“貢者，～數歲之中以爲常。”❸爭辯，反報。《論語·泰伯》:“犯而不～。”

kǒg/kau:/jiǎo 快速。《周禮·弓人》:“引之則縱，釋之則不～。”

g'ǒg/ɣau-/xiào ❶（關動物的）木柵欄。《周禮·校人》:“六廄成～，～有左右。”❷學校。《孟子·滕文公上》:“夏曰～，殷曰序，周曰庠。”

g'ǒg/ɣau，ɣau:，ɣau-/xiào 几足、桌脚等。《禮·祭統》:“夫人薦豆執～。”

狡 kǒg/kau:/jiǎo ❶機敏的。《詩·山有扶蘇》:“乃見～童。”❷狡猾。《左·昭二十六》:“無助～猾。”❸邪惡。《左·僖十五》:“亂氣～憤。”Gl230

絞 kǒg/kau:/jiǎo ❶纏繞。《禮·喪服大記》:“皆左衽，結～不紐。”❷縊死。《左·哀二》:“若其有罪，～縊以戮。”❸急切，熱切。《左·昭元》:“叔孫～而婉。”❹無禮，粗暴。《論語·泰伯》:“直而無禮則～。”

g'ǒg/ɣau/xiáo 斂屍所用的束帶。《禮·喪大記》:“小斂布～，縮者一，橫者三。”

同音假借 蒼黄色。《禮·玉藻》:“麛裘青豻褎，～衣以裼之。”Gl357

茭 kǒg/kau/jiāo 乾草。《書·費誓》:“峙乃芻～。”

蛟 音同上 ❶有鱗之龍。《吕氏春秋·喻大》:“水大則有～龍。”❷指鼉、鰐之屬。《禮·月令》:“命漁師伐～、取鼉、登龜、取黿。”

郊 音同上 ❶城外，郊區。《詩·干旄》:“在浚之～。”❷野外。《詩·碩人》:“説于農～。”❸郊外的祭壇和祭禮。《詩·雲漢》:“自～徂宫。”

鮫 音同上 鯊魚。《荀子·議兵》:“楚人～革、犀兕以爲甲。”

骹 k'ǒg/k'au/qiāo 脛骨，比喻車輻近輪周而漸細的那一端。《周禮·輪人》:“參分其股圍，去一以爲～圍。”

恔 g'ǒg/ɣau/xiào 滿意。《孟子·公孫丑下》:“於人心獨無～乎?”

效 音同上 ❶模仿，效法。《左·莊二十一》:“鄭伯～尤，其亦將有咎。”❷通報。《禮·曲禮上》:“已駕，僕展軨，～駕。”❸遞交。《左·文八》:“～節於府人而出。”❹發布命令。《書·梓材》:“王其～邦君越御事。”❺獻身。《孟子·梁惠王下》:“～死而民弗去，則是可爲也。”❻效果。《荀子·議兵》:“臣請遂道王者諸侯强弱存亡之～、安危之埶。”

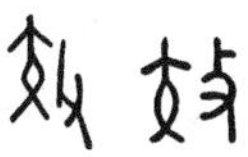

2428—2429

2428 殷甲文（B下10：16）

2429 周I（銘文76，人名）

傚 音同上 效法。《詩·鹿鳴》:“君子是則是～。”

効"效"的異體。《國策·秦一》:"願大王少留意，臣請奏其～。"（按：今本作"效"，高氏從鮑本。）

晈 kiog/kieu:/jiǎo 潔白明亮貌。《楚辭·東君》:"夜～～兮既明。"

皎 音同上 潔白明亮貌。《詩·月出》:"月出～兮。"

宎 ʔiog/ʔieu:/yǎo 屋的東南角。《儀禮·既夕禮》:"比奠，舉席埽室，聚諸～。"

窔 ʔiog/ʔieu-/yào 幽深，陰暗。《淮南子·道應訓》:"陰陽之所行，四時之所生，其比夫不名之地，猶～奥也。"

較 kǒk/kɔk/jué 車廂兩旁的橫木，前端有曲鉤。《詩·淇奥》:"倚重～兮。"

同音假借 相競爭。《孟子·萬章下》:"魯人獵～。"

假借爲 kǒg/kau-/jiào 比較。《老子》二章:"長短相～。"

1167

爻 gʻǒg/ɣau/xiáo, yáo 變化。《易·繫辭下》:"道有變動故曰～。"

2430 殷甲文（B下41:1，人名）

2431（銘文159,"較"義）

2430—2431

肴 音同上（yáo） 菜肴。《國語·晉語一》:"飲而無～。"

殽 音同上（yáo） 食物，菜餚。《詩·韓奕》:"其～維何?"

同音假借 混雜。《莊子·齊物論》:"仁義之端，是非之塗，樊然～亂，吾惡能知其辯。"

通"效"。效法。《禮·禮運》:"是故夫禮，必本於天，～於地。"

⿰爻攵 kǒg/kau-/jiào 教導（銘文147）。同"教"。

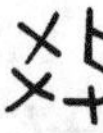

2432 周II（銘文147）

2432

⿰𡥈攵 音同上 教導。《詩·小宛》:"～誨爾子。"

敎 前字的異體，實際上是譌體。

2433 殷甲文（A5: 8, 1, 人名）

2434 殷甲文（A5: 20, 2, 其義不明）

2435 周IV（銘文293）

2433—2435

較 kǒk/kɔk/jué 同1166組的"較"，即車廂上的横木（銘文86等）。

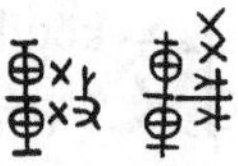

2436 周I（銘文86）

2437 周II（銘文154）

2436—2437

1168

孝 xǒg/xau-/xiào 孝順。《詩·下武》:"永言～思。"

2438 殷（銘文9）

2439 周II（銘文139）

此字从耂（老）、子。

2438—2439

哮 xǒg/xau, xau-/xiào 咆哮，吼叫。《文選·左思〈魏都賦〉》注引《詩》:"女咆～于中國。"（按：今《詩·蕩》作"炰烋"。）Gl938

1169

巢 dzʻǒg/dzʻau/cháo ❶鳥窠。《詩·鵲巢》:"維鵲有～。"❷築巢。《左·襄二十九》:"猶燕之～於幕上。"此字初文可能爲象形。

剿 tsi̯og/tsi̯ɛu:/jiǎo 切斷。《書·甘誓》:"天用～絶其命。"（按：今本作"勦"。）

tsʻǒg/tʂʻau/chāo 攫取。《禮·曲禮上》:"毋～説，毋雷同。"（按：今本作"勦"，高氏從岳本。）

勦 tsi̯og/tsi̯ɛu:/jiǎo 使疲乏。《左·宣十二》:"無及於鄭而～民。"

假借爲 dzʻǒg/dzʻau/cháo tsʻog/tʂʻau/

chāo 攫取。《禮·曲禮上》:"毋~説, 毋雷同。"

繅 sog/sɑu/sāo 繅絲。《禮·祭義》:"及良日夫人~。"

通"藻"。《周禮·弁師》:"五采~, 十有二就。"

藻 "藻"的異體。《周禮·巾車》:"~車~蔽。"

1170

麃 bʻŏg/bʻau/páo 一種鹿。《逸周書·王會》:"~者若鹿迅走。"

假借爲 pi̯og/pi̯ɛu/biāo ❶奔跑。《詩·清人》:"駟介~~。"❷除草。《詩·載芟》:"厭厭其苗, 緜緜其~。" Gl170

此字从鹿、火。

儦 pi̯og/pi̯ɛu/biāo 奔跑。《詩·吉日》:"~~俟俟, 或羣或友。" Gl170、474

瀌 音同上 盛貌。《詩·角弓》:"雨雪~~。" Gl170

穮 音同上 除草。《左·昭元》:"譬如農夫, 是~是蓘, 雖有饑饉, 必有豐年。"

鑣 音同上 馬嚼子。《詩·駟驖》:"輶車鸞~。" Gl170

皫 pʻi̯og/pʻi̯ɛu:/piǎo 變色(指鳥羽)。《禮·内則》:"鳥~色而沙鳴, 鬱。"

犥 前字的異體。《周禮·内饔》:"鳥~色而沙鳴, 貍。"(按: 今本作"皫", 高氏從《釋文》。)

1171

皃 mŏg/mau-/mào 容貌, 外表, 風度。《國語·晉語五》:"夫~, 情之華也。"(按: 今本作"貌", 高氏從《説文通訓定聲》。)

貌 音同上 容貌, 外表, 風度。《書·洪範》:"二、五事: 一曰~, 二曰言……"

藐 mi̯og/mi̯ɛu:/miǎo ❶小。《左·僖九》:"以是~諸孤, 辱在大夫, 其若之何?"❷輕視, 藐視。《詩·抑》:"聽我~~。"

mok/mɔk/mò 廣遠貌。《詩·瞻卬》:"~~昊天。"(同"邈"。) Gl963、1012

邈 mŏk/mɔk/mò(miǎo) 遠貌。《楚辭·離騷》:"神高馳之~~。"

1172

工 kuŋ/kuŋ/gōng ❶工作, 事情。《書·舜典》:"帝曰: 疇若予~。"❷工匠。《左·隱十一》:"山有木, ~則度之。"❸官員。《詩·臣工》:"嗟嗟臣~。"❹主持。《詩·楚茨》:"~祝致告。" Gl666、1325

2440—2441

2440 殷甲文(O1271)

2441 周I(銘文 58)

據説此字是木匠所用矩尺的象形。參 95 組。

功 音同上 ❶工作, 事情。《詩·七月》:"上入執宫~。"❷成就, 成果。《詩·烈文》:"念兹戎~。"❸功勞, 功績。《詩·常武》:"天子之~。"

通"貢"。《書·金縢》:"公乃自以爲~。" Gl1565

攻 kuŋ/kuŋ/gōng kɔŋ/kuoŋ/gōng ❶從事某事。《詩·靈臺》:"庶民~之。"❷致力於。《論語·爲政》:"~乎異端, 斯害也已。"❸好的, 堅固。《詩·車攻》:"我車既~。"❹進攻。《易·同人》:"乘其墉, 弗克~, 吉。"

2442

2442 周III(銘文 228)

貢 kuŋ/kuŋ-/gòng ❶貢品。《書·禹貢》:"厥包橘柚錫~。"❷進獻。《左·桓十五》:"諸侯不~車服。"

空 kʻuŋ/kʻuŋ/kōng ❶空曠的, 空的。《詩·桑柔》:"有~大谷。"❷司~: 主管建築工程的官員。《書·舜典》:"伯禹作司~。"

k'uŋ/k'uŋ-/kòng 用完，耗盡。《詩·大東》："杼柚其～。"

k'uŋ/k'uŋ:/kǒng 孔穴。《周禮·函人》："眂其鑽～。"

紅 ɡ'uŋ/ɣuŋ/hóng 紅色。《論語·鄉黨》："～紫不以爲褻服。"

虹 ɡ'uŋ/ɣuŋ/hóng kŭŋ/kɔŋ-/jiàng 彩虹。《禮·月令》："～始見，萍始生。"

通"訌"。《詩·抑》："實～小子。"

訌 ɡ'uŋ/ɣuŋ/hóng(hòng) 騷亂，動亂。《詩·召旻》："蟊賊内～。"

鳿 音同上 體大肥碩之鳥（僅有漢代書證）。

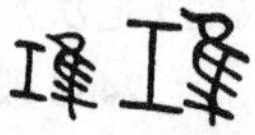
2443—2444

2443 殷甲文（A2: 9, 6, 人名）

2444 周II（銘文 147, 人名）

巩 ki̯uŋ/ki̯woŋ:/gǒng 擁，持（銘文 180）。此字形符是786 組的"丮"。

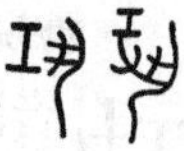
2445—2446

2445 周II（銘文 180）

2446 周II（銘文 180）

邛 ɡ'i̯uŋ/ɡ'i̯woŋ/qióng 土丘。《詩·防有鵲巢》："～有旨苕。"

同音假借 苦惱。《詩·巧言》："維王之～。"

通"蛩"。《穆天子傳》一："～～距虚走百里。"Gl343

2447

2447 周II/III（銘文 266，人名）

杠 kŭŋ/kɔŋ/jiāng(gāng) ❶竹竿、木竿等。《儀禮·士喪禮》："竹～長三尺，置于宇西階上。"❷小橋。《孟子·離婁下》："歲十一月，徒～成。"

江 音同上 ❶長江。《詩·常武》："如～如漢。"❷江河通稱。《書·禹貢》："九～孔殷。"

矼 kŭŋ/kɔŋ/jiāng(gāng) k'uŋ/k'uŋ-/kòng 堅實貌。《莊子·人間世》："且德厚信～，未達人氣。"

項 ɡ'ŭŋ/ɣɔŋ-/xiàng ❶頸項。《左·成十六》："使射吕錡，中～，伏弢。"❷伸長脖子。《詩·節南山》："四牡～領。"Gl523

悾 k'ŭŋ/k'uŋ, k'uŋ-/kōng k'ŭŋ/k'ɔŋ/qiāng 簡樸。《論語·泰伯》："狂而不直，侗而不願，～～而不信，吾不知之矣。"

控 k'uŋ/k'uŋ-/kòng ❶控制（如馭馬）。《詩·大叔于田》："抑磬～忌。"❷投擲。《莊子·逍遥遊》："時則不至而～於地而已矣。"❸（委身於>）急急趕往。《詩·載馳》："～于大邦。"❹上訴。《左·襄八》："翦焉傾覆，無所～告。"

k'ŭŋ/k'ɔŋ-/qiàng 擊。《莊子·外物》："儒以金椎～其顪。"Gl147、216

椌 k'ŭŋ/k'ɔŋ/qiāng 一種中空的木質打擊樂器。《禮·樂記》："然後聖人作爲鞉、鼓、～。"

鞏 ki̯uŋ/ki̯woŋ:/gǒng ❶以革帶束物。《易·革》："～用黄牛之革。"❷加强，鞏固。《詩·瞻卬》："無不克～。"

恐 k'i̯uŋ/k'i̯woŋ/kǒng 懼怕。《詩·大雅·谷風》："將～將懼。"

蛩 ɡ'i̯uŋ/ɡ'i̯woŋ/qióng ❶蟋蟀（僅有漢代書證）。❷～～：傳説中的一種野獸。《吕氏春秋·不廣》："～～、距虚必負而走。"

跫 ɡ'i̯uŋ/ɡ'i̯woŋ/qióng k'ŭŋ/k'ɔŋ/qiāng 踏步聲。《莊子·徐无鬼》："聞人足音～然喜矣。"

鴻 ɡ'uŋ/ɣuŋ/hóng 大雁。《詩·鴻雁》："～雁于飛。"

同音假借 均等，匀稱。《周禮·梓人》："摶身而～。"

通"洪"。大。《禮·祭法》："鯀障～水而殛死。"

1173

公 kuŋ/kuŋ/gōng ❶父親。《列子·黄帝篇》:"家~執席。"❷君主,諸侯。《詩·大東》:"佻佻~子。"❸政府,公家。《詩·采蘩》:"夙夜在~。"❹公正無私。《論語·堯曰》:"敏則有功,~則說。"❺(官邸>)宫庭。《詩·簡兮》:"~庭萬舞。"

通"功"。《詩·天保》:"于~先王。"

Gl427

2448 殷甲文(A2: 3, 7)

2449 殷(銘文 6)

2450 殷(銘文 25)

2451 周Ⅰ(銘文 58)

2452 周Ⅰ(銘文 65)

這些字形中有些似乎是表示男性生殖器(參 46 組的"且"),其餘的則没有這個含義。

2448—2452

瓮 ʔuŋ/ʔuŋ-/wèng 罋子。《墨子·備城門》:"狗屍長三尺,喪以弟~。"

1174

孔 k'uŋ/k'uŋ:/kǒng ❶甚,很。《詩·鹿鳴》:"德音~昭。"❷空的。《老子》二十一章:"~德之容,唯道是從。"❸孔雀。《逸周書·王會》:"方人以~鳥。"

2453

2453 周Ⅱ(銘文 157)

1175

東 tuŋ/tuŋ/dōng 東方。《詩·大東》:"~人之子。"

2454 殷甲文(A1: 49, 1)

2455 殷甲文(A6: 32, 4)

2456 周Ⅰ(銘文 54)

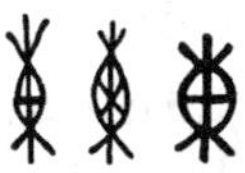

2454—2456

凍 tuŋ/tuŋ-/dòng 受寒。《左·襄十八》:"楚師多~。"

棟 音同上 ❶屋中的正梁。《易·繫辭下》:"上~下宇。"❷一種樹。《管子·地員》:"種木胥容榆桃柳~。"(按:今本作"楝",高氏從《康熙字典》。)

涷 音同上 暴雨。《楚辭·大司命》:"使~雨兮灑塵。"

蝀 tuŋ/tuŋ/dōng 蝃~:虹。《詩·蝃蝀》:"蝃~在東。"

1176

同 d'uŋ/d'uŋ/tóng ❶聚集。《詩·吉日》:"獸之所~。"❷相同。《詩·小星》:"夙夜在公,寔命不~。"❸配合。《詩·車攻》:"射夫既~。"❹使整齊劃一。《書·舜典》:"~律度量衡。"❺分享。《孟子·梁惠王下》:"與民~之,民以爲小。"❻和睦,協調。《禮·禮運》:"故外户而不閉,是謂大~。"❼律管。《周禮·大司樂》:"以六律、六~、五聲、八音、六舞,大合樂。"❽34 組"斝"的上古字體之譌變,奠典用的酒杯。《書·顧命》:"太保承介圭,上宗奉~瑁。"Gl469、1998

2457 殷甲文(B下 10: 2)

2458 周Ⅰ(銘文 70)

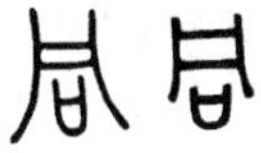

2457—2458

此字从口、月(蓋子),表示互相配合。

銅 音同上 青銅,銅(用作地名的一部分)。《左·成九》:"晉人討其貳於楚也,執諸~鞮。"

桐 音同上 梧桐,梧桐類的樹。《詩·定之方中》:"椅~梓漆。"

2459

2459 周Ⅱ/Ⅲ(銘文 279, 人名)

筒 音同上(tǒng) 管,筩。《吕氏春秋·古樂》:"次制十二~。"

洞 d'uŋ/d'uŋ-/dòng 疾流貌(僅有漢代書證)。

同音假借 恭敬貌。《禮·祭義》:"~

～乎，屬屬乎，如弗勝，如將失之。”

詷 dʻuŋ/dʻuŋ/tóng　共同，全體。《書·顧命》：“在後之～，敬迓天威。”（按：今本作“侗”，高氏從馬本。）

侗 tʻuŋ/tʻuŋ，tʻuŋ-/tōng　dʻuŋ/dʻuŋ/tóng　愚昧，無知。《書·顧命》：“在後之～，敬迓天威。”

dʻuŋ/dʻuŋ:/dòng　簡樸，誠懇。《莊子·庚桑楚》：“能～然乎？” Gl811、1977

恫 tʻuŋ/tʻuŋ/tōng　痛苦，悲痛。《詩·思齊》：“神罔時～。” Gl811

1177

嵏 tsuŋ/tsuŋ/zōng　斂足而飛（特指鳥）。見《説文》（無書證）。

㛰 tsuŋ/tsuŋ/zōng　壅塞。《莊子·天地》：“三曰五臭薰鼻，困～中顙。”

椶 音同上　一種樹（棕櫚？）。（銘文 328）

2460 周Ⅲ/Ⅳ（銘文 328，加形符“舟”）　2460

稯 音同上　❶束，梱。《國語·魯語下》：“其歲，收田一井，出～禾、秉芻、缶米，不過是也。”❷衆多。《莊子·則陽》：“子路曰：‘是～～何爲者邪？’”

鬷 音同上　釜屬。見《説文》（無書證）。

同音假借　去。《詩·東門之枌》：“越以～邁。” Gl333、597

1178

叢 dzʻuŋ/dzʻuŋ/cóng　❶聚集。《書·無逸》：“是～于厥身。”❷灌木叢。《孟子·離婁上》：“爲～敺爵者，鸇也。”

2461 周（銘文 393，人名，加了形符“木”）

2461

此字爲“取”和“灌木”的會意。

1179

送 suŋ/suŋ-/sòng　❶送行。《詩·燕燕》：“之子于歸，遠～于野。”❷跟從。《詩·大叔于田》：“抑縱～忌。”❸遣送。《左·隱八》：“陳鍼子～女。”❹贈送。《禮·奔喪》：“有賓，則主人拜賓、～賓。” Gl216

1180

弄 luŋ/luŋ-/lòng（nòng，nèng）　❶操縱，玩弄。《詩·斯干》：“載～之璋。”❷遊戲。《左·僖九》：“夷吾弱不好～。”❸喜好。《左·定三》：“君以～馬之故。”

2462 周Ⅲ/Ⅳ（銘文 311）　2462

此字从廾（雙手）、王（玉）。

1181

蒙 muŋ/muŋ/méng　❶覆蓋。《詩·君子偕老》：“～彼縐絺。”❷（遮蔽的>）愚昧的，無知的。《書·伊訓》：“具訓于～士。”❸（蒙目以對>）勇敢地面對，冒犯。《易·明夷》：“以～大難。”❹被暴露。《左·僖二十四》：“天子～塵于外。”❺欺騙。《左·僖二十四》：“上下相～。”

通“厖”。大。《荀子·榮辱》引《魯詩》：“爲下國駿～。”（按：今《詩·長發》作“厖”。） Gl105、385、1197

幪 muŋ/muŋ/méng　覆蓋。《逸周書·太子晉》：“若能～，予反而復之。”

muŋ/muŋ:/měng　繁榮，稠密。《詩·生民》：“麻麥～～。”

矇 muŋ/muŋ/méng　眼睛失明。《詩·靈臺》：“～瞍奏公。”

濛 音同上　陰暗（特指雨）。《詩·東山》：“零雨其～。” Gl385

蠓 muŋ/muŋ，muŋ:/méng（měng）　蚋，蚊。《列子·湯問》：“春夏之月有～蚋者，因雨而生，見陽而死。”

饛 muŋ/muŋ/méng 盛滿貌（特指食器）。《詩·大東》："有～簋飧。"

1182

廾 ki̯uŋ/ki̯woŋ:/gǒng 拱手，兩手捧獻（殷甲文A1: 12，4）。

2463

2463 殷甲文（A1: 12，4）

此字象形。

共 ki̯uŋ/ki̯woŋ:/gǒng 拱手。《儀禮·鄉飲酒禮》："～少立。"

ɡ'i̯uŋ/ɡ'i̯woŋ-/gòng 一起，都。《書·盤庚中》："汝～作我畜民。"

通"拱"。拱璧，寶玉。《詩·長發》："受小～大～。"

通"供"。《詩·小明》："靖～爾位。"

通"恭"。《詩·召旻》："昏椓靡～。"

通"鞏"。力量，穩固，安全。《書·盤庚中》："承汝俾汝，唯喜康～。"

Gl1063、1196、1450、1847

2464

2464 周II（銘文186，"恭"義）

拱 ki̯uŋ/ki̯woŋ:/gǒng ❶拱手胸前。《論語·微子》："子路～而立。"❷雙手合圍。《左·僖三十二》："爾墓之木～矣。"❸～璧：一種禮儀上用的玉璧。《左·襄二十八》："與我其～璧。"Gl1196

供 ki̯uŋ/ki̯woŋ，ki̯woŋ-/gōng ❶供給。《書·費誓》："無敢不～。"❷供奉。《禮·月令》："收祿秩之不當～養之不宜者。"

龏 ki̯uŋ/ki̯woŋ/gōng 恭敬（銘文136，周天子的謚名"～王"）。

2465 殷甲文（A2: 25，6，人名）

2466 殷（銘文48，人名）

2467 周II（銘文136）

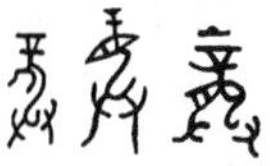

2465—2467

龔 音同上

恭敬（僅有漢代書證）。

通"供"。《墨子·非命上》："～喪厥師。"

恭 kuŋ/kuŋ/gōng kɷŋ/kuoŋ/gōng ki̯uŋ/ki̯woŋ/gōng 有禮貌，恭敬。《詩·皇矣》："密人不～。"該字雖屬uoŋ韻，但最早的《切韻》殘卷却作kuŋ。

拲 ki̯uŋ/ki̯woŋ:/gǒng ki̯uk/ki̯wok/jú 手銬。《周禮·掌囚》："凡囚者，上罪梏～而桎。"

輁 ki̯uŋ/ki̯woŋ:/gǒng ɡ'i̯uŋ/ɡ'i̯woŋ/kóng 一種殯葬車。《儀禮·既夕禮》："夷牀～軸。"

洪 ɡ'uŋ/ɣuŋ/hóng ❶洪水。《詩·長發》："～水芒芒。"❷大。《書·大誥》："延～，惟我幼沖人。"Gl1587

鬨 ɡ'uŋ/ɣuŋ-/hòng ɡ'ŭŋ/ɣɔŋ-/xiàng 爭吵，爭鬪。《孟子·梁惠王下》："鄒與魯～。"

閧 前字流行的譌誤字。

烘 xuŋ/xuŋ/hōng 燃燒。《詩·白華》："卬～于煁。"

巷 ɡ'ŭŋ/ɣɔŋ-/xiàng 小巷，街道。《詩·叔于田》："～無居人。"

輂 ki̯uk/ki̯wok/jú 大馬車。《周禮·鄉師》："正治其役與其～輦。"

1183

凶 xi̯uŋ/xi̯woŋ/xiōng ❶壞的，不吉祥的，凶惡的。《詩·兔爰》："逢此百～。"❷懼怕。《國語·晉語一》："敵入而～，救敗不暇，誰能退敵？"

兇 音同上 恐懼。《左·僖二十八》："曹人～懼。"

訩 音同上 爭訟，不和。《詩·泮水》："不告于～。"Gl1152

匈 音同上 胸。《楚辭·哀時命》："惟煩懣而盈～。"（按：今本作"胸"，高氏從《康熙字典》)。

同音假借 叫喊。《荀子·天論》:“君子不爲小人～～也輟行。”

胷 音同上 胸。《孟子·離婁上》:“～中正,則眸子瞭焉。”

胸 前字的異體。《左》(按: 今本未見)。

洶 xi̯uŋ/xi̯woŋ, xi̯woŋ:/xiōng 水波騰涌。《楚辭·悲回風》:“聽波聲之～～。”

1184

邕 ʔi̯uŋ/ʔi̯woŋ/yōng 城壕(僅有漢代書證)。

2468

2468 周(銘文 380, 人名)

此字从邑(城市)、巛(流水)。

雝 音同上 ❶鳥的和鳴聲。《詩·匏有苦葉》:“～～鳴雁。”❷鐘的和鳴聲。《詩·雝》:“有來～～。”❸和諧,一致。《詩·何彼襛矣》:“曷不肅～。”

假借爲ʔi̯uŋ/ʔi̯woŋ:, ʔi̯woŋ-/yōng 遮蔽。《詩·無將大車》:“維塵～兮。”

通“邕”。《詩·振鷺》:“振鷺于飛,于彼西～。”

2469 殷甲文(A2: 36, 1, 人名)

2470 周I(銘文 81, 人名)

2471 周I(銘文 82, 人名)

2472 周II(銘文 180)

古文字中的“邑”被簡縮爲一堵牆的象形。最末一個古文字增加了形符“殳”。

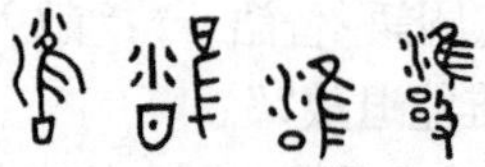

2469—2472

雍 音同上 和諧,一致。《書·堯典》:“黎民於變時～。”此字是前字的譌體。

ʔi̯uŋ/ʔi̯woŋ:, ʔi̯woŋ-/yōng 堵塞,控制。《周禮·雍氏》:“～氏掌溝瀆澮池之禁。”

通“擁”。《國策·秦五》:“～天下之國,徙兩周之疆。”

通“饔”。《儀禮·饋食禮》:“～人溉鼎匕俎于～爨。”

通“罋”。《易·井》:“～敝漏。”(按: 今本作“甕”,高氏從《説文通訓定聲》。)

壅 ʔi̯uŋ/ʔi̯woŋ, ʔi̯woŋ:, ʔi̯woŋ-/yōng 阻隔,堵塞。《左·成十二》:“交贄往來,道路無～。”

廱 ʔi̯uŋ/ʔi̯woŋ/yōng 辟～: 宫庭中的禮堂。《詩·靈臺》:“於樂辟～。”Gl854

擁 ʔi̯uŋ/ʔi̯uŋ:/yōng ❶抱,抓。《左·襄二十五》:“陳侯免,～社。”❷遮蓋,遮蔽。《禮·内則》:“女子出門,必～蔽其面。”

癰 ʔi̯uŋ/ʔi̯woŋ/yōng 潰瘍。《孟子·萬章上》:“或謂孔子於衛主～疽。”

饔 音同上 熟飯,準備好的食物。《詩·祈父》:“有母之尸～。”

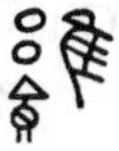

2473

2473 周I(銘文 112, 人名)

此字聲符有所省略。

罋 ʔi̯uŋ/ʔi̯woŋ, ʔi̯woŋ-/yōng ʔuŋ/ʔuŋ-/wèng ❶水罐,罈子。《儀禮·聘禮》:“醯醢百～。”❷花瓶。《左·昭七》:“賂以瑶～、玉櫝、斝耳。”

甕 ʔuŋ/ʔuŋ-/wèng ❶陶器罈子。《禮·檀弓上》:“醯醢百～。”❷(球莖狀>)腫脹。《莊子·德充符》:“～㼜大癭説齊桓公。”

1185

用 di̯uŋ/i̯woŋ-/yòng ❶使用,雇傭。《詩·公劉》:“酌之～匏。”❷以,用,靠。《詩·小旻》:“是～不集。”❸工具。《左·昭十二》:“子大叔使其除徒執～以立。”❹獻祭。《左·僖十九》:“宋公使邾文公～鄫子于次睢之社。”

2474 殷甲文(A1: 9, 6)

2475 殷甲文（A3: 23, 5）

2476 殷（銘文 3）　2477 周 I（銘文 54）

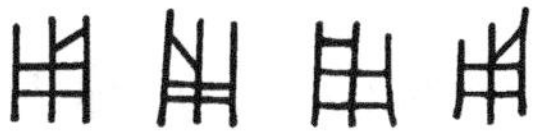

2474—2477

戫 di̯uŋ/i̯woŋ:/yǒng “勇”的異體。見《説文》。

2478

2478 周（銘文 337, 人名）

甬 音同上　鐘頂部用以懸掛的環。《周禮·梟氏》：“舞上謂之～，～上謂之衡。”

同音假借　量器，容積。《禮·月令》：“鈞衡石，角斗～，正權概。”

2479

2479 周 I（銘文 86,“鏞”義）

俑 音同上　墓内的塑像。《孟子·梁惠王上》：“始作～者，其無後乎！”

勇 音同上
勇敢。《詩·巧言》：“無拳無～。”

涌 音同上　噴涌（如泉水）。《公羊·昭五》：“直泉者何？～泉也。”

蛹 音同上　蠶蛹。《荀子·賦》：“～以爲母，蛾以爲父。”

踊 音同上　❶跳，躍。《詩·擊鼓》：“～躍用兵。”❷受刖刑者所穿的鞋子。《左·昭三》：“國之諸市，屨賤～貴。”

誦 dzi̯uŋ/zi̯woŋ-/sòng　❶朗誦。《詩·桑柔》：“～言如醉。”❷告誡。《詩·節南山》：“家父作～，以究王訩。”❸詩歌。《詩·烝民》：“吉甫作～，穆如清風。”

桶 t'uŋ/t'uŋ:/tǒng　容積，量器。《吕氏春秋·仲春》：“角斗～，正權概。”

痛 t'uŋ/t'uŋ-/tòng　疼痛，痛苦。《左·成十三》：“斯是用～心疾首，暱就寡人。”

通 t'uŋ/t'uŋ/tōng　❶通透，通過。《易·繫辭上》：“曲成萬物而不遺，～乎晝夜之道而知。”❷溝通。《左·襄二十六》：“～外内之言以事君。”❸通奸。《左·桓十八》：“遂及文姜如齊，齊侯～焉。”❹普遍的，共同的。《論語·陽貨》：“夫三年之喪，天下之～喪也。”❺全體，整個。《孟子·離婁下》：“～國皆稱不孝焉。”

2480

2480 周 II（銘文 164）

筩 d'uŋ/d'uŋ/tóng　管，筒。《韓非子·説疑》：“不能飲者以～灌其口。”

湧 “涌”的異體。《列子·湯問》：“有水～出，名曰神瀵。”

2481

2481 周 III / IV（銘文 327）

庸 di̯uŋ/i̯woŋ/yōng　❶使用，雇傭。《書·大禹謨》：“弗詢之謀勿～。”❷忙碌。《書·康誥》：“～～祇祇，威威顯民。”❸於是。《書·説命》：“王～作書以誥。”❹因此。《左·襄二十五》：“～以元女大姬配胡公。”❺功績。《書·堯典》：“疇，咨，若時登～？”❻成就，行爲。《書·堯典》：“静言～違。”❼好處，便利。《左·成十七》：“敵多怨，有～。”❽普通的，平凡的。《易·乾》：“～言之信，～行之謹。”❾平庸。《國策·趙三》：“始以先生爲～人，吾乃今日而知先生爲天下之士也。”

同音假借　豈，難道，如何。《左·宣十二》：“其君能下人，必能信用民矣，～可幾乎？”

通“墉”。《詩·崧高》：“以作爾～。”

通“鏞”。《詩·那》：“～鼓有斁。”Gl1010、1235、1623

傭 di̯uŋ/i̯woŋ/yōng　雇傭。《荀子·議兵》：“～徒鬻賣之道也。”

t'i̯uŋ/t'i̯woŋ/chōng　均等，公平。《詩·節南山》：“昊天不～。”Gl520

墉 di̯uŋ/i̯woŋ/yōng　牆壁，砌圍牆。《詩·行露》：“何以穿我～？”

鏞 音同上
大鐘。《詩·靈臺》:“賁鼓維～。”

1186

𩫖 di̯uŋ/i̯woŋ/yōng　用也。見《説文》(無書證)。

2482 周(銘文 398)

2483 周III/IV(銘文 332)

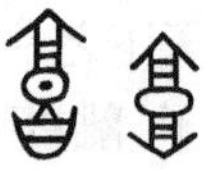

2482—2483

這兩個銘文都表示“牆”義，跟 1185 組的“墉”爲同一個字。後一個字跟 774 組的“郭”(城牆)字形相同。但從銘文 332 的押韻情況看，它是代表同義的 di̯uŋ。在前一個字的底部有附加的形符“自”，其義不明。

1187

容 di̯uŋ/i̯woŋ/róng　❶容納。《詩·河廣》:“曾不～刀。”❷懷抱。《書·梓材》:“合由以～。”❸容忍。《左·僖七》:“將不女～焉。”❹克制。《論語·鄉黨》:“入公門，鞠躬如也，如不～。”❺寬容，大度。《書·君陳》:“有～，德乃大。”❻舒適。《論語·鄉黨》:“享禮，有～色。”❼欣喜貌。《孟子·盡心下》:“事是君，則爲～悦者也。”❽態度，儀表。《詩·都人士》:“其～不改。”❾容貌。《禮·玉藻》:“既服，習～觀玉聲，乃出。”❿裝飾。《詩·伯兮》:“誰適爲～?”⓫司儀。《禮·樂記》:“使之行商～而復其位。”

同音假借　典禮的佩刀。《詩·公劉》:“鞞琫～刀。”Gl190、1508、1528、1698

溶 音同上　水盛貌。《楚辭·逢紛》:“體～～而東回。”

蓉 音同上　芙～:荷花。《楚辭·離騷》:“集芙～以爲裳。”

1188

重 d'i̯uŋ/ȡ'i̯woŋ:/zhòng　❶與“輕”相對。《禮·王制》:“輕任并，～任分。”❷重要，重大，嚴重。《左·昭五》:“誰其～此?”❸增加。《左·襄二十八》:“不然則～其幣帛。”❹尊敬。《左·昭八》:“舜～之以明德。”

d'i̯unŋ/ȡ'i̯woŋ/chóng　❶雙重。《詩·清人》:“二矛～英。”❷累積。《詩·無將大車》:“祇自～兮。”❸再次。《左·僖二十二》:“君子不～傷。”❹重複。《左·哀元》:“居不～席。”

通“穜”。《詩·七月》:“黍稷～穋。”Gl375、649

此字形也許是表示某種衡器。參 737 組。

偅 ȶi̯uŋ/tɕi̯woŋ-/zhòng　失意，沮喪。《荀子·議兵》:“案角鹿埵、隴～、東籠而退耳。”(按:今本作“種”，高氏從《康熙字典》。)

湩 ti̯uŋ/ȶi̯woŋ-/zhòng　tuŋ/tuŋ-/dòng　乳汁。《穆天子傳》四:“因具牛羊之～，以洗天子之足。”

同音假借　鼓聲。《管子·輕重甲》:“～然擊鼓士忿怒。”

種 ȶi̯uŋ/tɕi̯woŋ:/zhǒng　種子，各種穀物。《詩·生民》:“誕降嘉～。”

ȶi̯uŋ/tɕi̯woŋ-/zhòng　播種。《詩·生民》:“～之黄茂。”

假借爲 ȶi̯uŋ/tɕi̯woŋ:/zhǒng　❶短(特指頭髮)。《左·昭三》:“余髮如此～～。”❷勤勉。《莊子·胠篋》:“舍夫～～之民而悦夫役役之佞。”

通“腫”。《莊子·讓王》:“顔色～噲，手足胼胝。”

通“穜”。《説文》引《詩》:“黍稷～稑。”(按:今《詩·七月》作“重”。)

腫 ȶi̯uŋ/tɕi̯woŋ:/zhǒng　❶瘤。《周禮·瘍醫》:“瘍醫掌～瘍。”❷腫脹。《左·定十》:“公閉門而泣之，目盡～。”

踵 音同上 ❶脚後跟。《禮·曲禮下》："行不舉足，車輪曳～。"❷跟隨，緊追。《左·昭二十四》："吳～楚，而疆埸無備。"❸行至。《孟子·滕文公上》："～門而告文公。"❹頻頻拜訪。《莊子·德充符》："魯有兀者叔山无趾，～見仲尼。"❺支撑車廂橫木的車轅後面部分。《周禮·輈人》："去一以爲～圍。"

鍾 ȶi̯uŋ/tɕi̯woŋ/zhōng ❶酒器。《列子·楊朱》："朝之室也聚酒千～。"❷古代容量單位。《左·昭三》："釜十則～。"❸鐘（樂器）。《禮·明堂位》："垂之和～。"

同音假借 ❶聚。《左·昭二十八》："而天～美於是。"❷重複。《周禮·考工記》："～氏染羽。"

2484—2485

2484 周II（銘文 167，"鐘"義）

2485 周III（銘文 217，"鐘"義）

衝 ȶʻi̯uŋ/tɕʻi̯woŋ/chōng ❶縱橫相交的大道。《左·昭元》："執戈逐之，及～。"❷衝擊。《左·昭十三》："驅～競。"❸（衝撞物>）攻擊的器械。《詩·皇矣》："臨～閑閑。"

尰 ɖi̯uŋ/ʑi̯woŋ:/shòng（zhǒng）（膨脹>）誇大，自誇。《詩·巧言》："既微且～。"Gl608

董 tuŋ/tuŋ:/dǒng 掌管。《左·桓二》："隨人使少師～成。"

動 dʻuŋ/dʻuŋ:/dòng 移動。《書·盤庚中》："欽念以忱，～予一人。"

慟 dʻuŋ/dʻuŋ/dòng（tòng） 極其悲痛。《論語·先進》："顏淵死，子哭之～。"

童 dʻuŋ/dʻuŋ/tóng ❶男孩，小伙子。《詩·芄蘭》："～子佩觿。"❷兒童（男孩或女孩）。《左·襄三十一》："猶有～心。"❸奴僕。《易·旅》："得～僕貞。"❹未長角的幼年動物（尤指牛或羊）。《詩·抑》："彼～而角。"❺光禿，無草木。《莊子·徐无鬼》："舜舉乎～土之地。"

同音假借 豐盛。《禮·射義》鄭玄注引《詩·采蘩》："被之～～。"（按：今《詩》作"僮"。）Gl38

2486—2487

2486 周II（銘文 180，"動"義）

2487 周II（銘文 195）

此字聲符的上面部分意義不明。

僮 音同上 ❶兒童，僕人。《左·哀十一》："公爲與其嬖～汪錡乘。"❷無知。《國語·晉語四》："～昏不可使謀。"❸豐盛貌。《詩·采蘩》："被之～～。"Gl38

瞳 tʻuŋ/tʻuŋ/tóng 無經驗，無知。《莊子·知北遊》："汝～焉如新生之犢。"

穜 dʻi̯uŋ/ɖʻi̯woŋ/chóng dʻuŋ/dʻuŋ/tóng 先種後熟的穀物。《周禮·内宰》："而生～稑之種。"

𨁎 "踵"的"支撑車廂橫木的車轅後面部分"義的異體字（銘文 180）。

2488

2488 周II（銘文 180）

鐘 ȶi̯uŋ/tɕi̯woŋ/zhōng 鐘（樂器）。《詩·關雎》："～鼓樂之。"（按：今本作"鍾"，高氏從毛本。）

2489—2490

2489 周II（銘文 139）

2490 周II（銘文 146）

參"鍾"。

衝 ȶʻi̯uŋ/tɕʻi̯woŋ/chōng 戮入，刺。《國策·楚四》："臣請爲君～其胸而殺之。"

憧 ȶʻi̯uŋ/tɕʻi̯woŋ/chōng dʻŭŋ/ɖʻɔŋ/zhuàng 猶豫，主意不定。《易·咸》："～～往來。"

罿 ȶʻi̯uŋ/tɕʻi̯woŋ/chōng dʻuŋ/dʻuŋ/tóng 一種網。《詩·兔爰》："雉離于～。"

瘇 “尰”的異體。《説文》引《詩》:“既微且～。”(按: 今《詩·巧言》作“尰”)。

幢 dʻŭŋ/ḍʻɔŋ/chuáng 一種旗幟。《韓非子·大體》:“雄駿不創壽於旗～。”

撞 dʻŭŋ/ḍʻɔŋ/chuáng dʻŭŋ/ḍʻɔŋ-/zhuàng 撞擊。《禮·學記》:“善待問者如～鐘。”

1189

妐 ṭi̯uŋ/tɕi̯woŋ/zhōng 夫之父。《吕氏春秋·遇合》:“姑～知之曰:‘爲我婦而有外心,不可畜。’”此字从女、公(父)。

1190

松 dzi̯uŋ/zi̯woŋ/sōng 松樹。《詩·山有扶蘇》:“山有喬～。”

此字从木、公(用來建造公共建築的木料?)。

訟 dzi̯uŋ/zi̯woŋ, zi̯woŋ-/sòng ❶訴訟。《詩·行露》:“何以速我～?”❷愛爭吵。《書·堯典》:“嚚～可乎。”❸責備。《論語·公冶長》:“吾未見能見其過而内自～者也。”

2491 周I(銘文 65)

此字“松”省聲。

2491

頌 dzi̯uŋ/zi̯uŋ-/sòng ❶頌辭,頌揚。《詩·關雎·序》:“～者美盛德之形容。”❷甲骨上的卜辭。《周禮·大卜》:“其～皆千有二百。”

2492 周II(銘文 163,人名)

此字“松”省聲。

2492

崧 si̯ɷŋ/si̯uŋ/sōng 高大貌。《詩·崧高》:“～高維嶽。”

1191

从 dzʻi̯uŋ/dzʻi̯woŋ/cóng 跟隨。《周禮·司儀》:“客～拜辱于朝。”(按: 今本作“從”,高氏從《釋文》。)

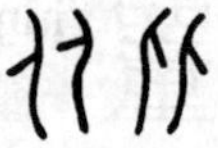

2493—2494

2493 殷甲文(A4: 37, 6)

2494 殷甲文(A4: 44, 6)

此字爲排成一行的兩個人。

從 dzʻi̯uŋ/dzʻi̯woŋ/cóng ❶跟隨。《詩·黄鳥》:“誰～穆公?”❷追逐。《詩·還》:“並驅～兩狼兮。”❸服從。《書·洪範》:“三人占,則～二人之言。”❹依順。《詩·賓之初筵》:“式勿～謂。”❺從事於(事務)。《易·坤》:“或～王事。”❻根據,按照。《左·哀十四》:“～吾君之命。”❼自,從。《詩·何人斯》:“伊誰云～。”

dzʻi̯uŋ/dzʻi̯woŋ-/zòng ❶跟隨者,隨從。《詩·采菽》:“亦是率～。”❷旁親。《禮·大傳》:“五曰長幼,六曰～服。”

tsi̯uŋ/tsi̯woŋ/zōng 縱向的。《詩·南山》:“衡～其畝。”

tsʻi̯uŋ/tsʻi̯woŋ/cōng ～容: 悠閑貌。《詩·都人士·序》:“～容有常。”

tsuŋ/tsuŋ:/zǒng 高式髮髻。《禮·檀弓上》:“爾毋～～爾。”

通“縱”。《左·襄十四》:“以～其淫。”

Gl473 a、713

2495 殷(銘文 41)

2496 周I(銘文 56)

2497 周I(銘文 67)

2495—2497

縱 tsi̯uŋ/tsi̯woŋ-/zòng ❶放開,放鬆。《詩·大叔于田》:“抑～送忌。”❷縱容。《詩·民勞》:“無～詭隨。”❸放肆。《書·太甲中》:“欲敗度,～敗禮。”❹雖然,即使。《詩·子衿》:“～我不往。”

假借爲tsuŋ/tsuŋ:/zǒng 急速貌。《禮·檀弓上》:“喪事欲其～～爾。”Gl216

樅 tsi̯uŋ/tsi̯woŋ/zōng tsʻi̯uŋ/tsʻi̯woŋ/cōng ❶跟冷杉和柏樹同類的一種樹。《尸子·綽子》:“松柏之鼠不知堂密之有美～。”❷齒狀裝飾。《詩·靈臺》:“虡業維～。”

Gl852

聳 si̯uŋ/si̯woŋ:/sǒng　❶鼓勵。《國語·楚語上》:“教之春秋，而爲之～善而抑惡焉。”❷驚恐。《左·成十四》:“大夫聞之，無不～懼。”❸慎重。《國語·楚語上》:“昔殷武丁能～其德，至於神明。”

豵 tsuŋ/tsuŋ/zōng　半歲或一歲的猪。《詩·騶虞》:“壹發五～。”Gl62

1192

春 ɕi̯uŋ/ɕi̯woŋ/chōng（現代音不規則）❶用杵搗穀去皮。《詩·生民》:“或～或揄。”❷用來敲擊出音節樂節奏的棒形物。《周禮·笙師》:“管、～牘、應、雅。”

2498

2498 漢前（銘文 429，人名）

此字从臼、个（杵）、雙手。

摏 音同上　擊。《左·文十一》:“富父終甥～其喉以戈，殺之。”

惷 ɕi̯uŋ/ɕi̯uŋ/chōng　t̑ʻi̯uŋ/ȶʻi̯woŋ-/chòng　t̑ʻuŋ/ȶʻɔŋ/chuāng　愚笨。《儀禮·士昏禮》:“某之子～愚。”

2499

2499 周II（銘文 180）

聲符有減省。

1193

龍 li̯uŋ/li̯woŋ/lóng　龍。《詩·小戎》:“～盾之合。”

通“寵”。寵愛，恩寵。《詩·長發》:“何天之～。”

通“壟”。《孟子·公孫丑下》:“必求～斷而登之。”

假借爲 mlŭŋ/mɔŋ/máng　黑白雜色，雜色的。《周禮·玉人》:“天子用全，上公用～。”Gl1137

2500 殷甲文（A4: 53，4）

2501 殷甲文（A4: 54，2）

2502 周III/IV（銘文 295）

2503 漢前（銘文 409，人名）　此字象形。

2500—2503

壟 li̯uŋ/li̯woŋ:/lǒng　土墩。《禮·曲禮上》:“適墓不登～。”

隴 前字的異體。《荀子·議兵》:“案角鹿埵、～種、東籠而退耳。”

蘢 li̯uŋ/li̯woŋ/lóng　luŋ/luŋ/lóng　一種種類不明的植物。《管子·地員》:“其山之淺有～與斥。”

龐 luŋ/luŋ/lóng　營養充足（特指馬）。《詩·車攻》:“四牡～～。”

2504

2504 殷甲文（A5: 12，3，人名）

礱 音同上　磨，磨光。《國語·晉語八》:“趙文子爲室，斫其椽而～之。”

籠 luŋ/luŋ, luŋ:/lóng　❶籃，簍，筐。《周禮·遂師》:“共丘～。”❷鳥籠。《莊子·天地》:“則鳩鴞之在於～也。”❸箭袋。《周禮·司弓矢》:“田弋充～箙氏。”

假借爲 luŋ/luŋ:/lǒng　潮濕。《荀子·議兵》:“案角鹿埵、隴種、東～而退耳。”

li̯uŋ/li̯woŋ/lóng　一種竹。《管子·度地》:“以冬無事之時，～臿板築各什六。”

聾 luŋ/luŋ/lóng　耳聾。《左·僖二十四》:“耳不聽五聲之和爲～。”

2505

2505 漢前（銘文 428，人名）

蠪 音同上　鮭～：神名。《莊子·達生》:“東北方之下者，倍阿鮭～躍之。”

寵 t̑ʻli̯uŋ/ȶʻi̯woŋ:/chǒng　❶恩寵，寵愛。《左·隱三》:“有～而好兵。”❷提攜。《孟子·梁惠王下》:“惟曰其助上帝，～之四方。”

1194

茸 ńi̯uŋ/ńźi̯woŋ/róng　❶濃密。《左·僖五》:“狐裘尨～。”❷一種樹。《管子·

地員》:“其杞其～。”Gl105

1195

氄 ȵi̯uŋ/ȵʑi̯woŋ:/rǒng　濃密(特指毛髮)。《書·堯典》:“鳥獸～毛。”

1196

宂 ȵi̯uŋ/ȵʑi̯woŋ:/rǒng　無專職任務的多餘官員。《周禮·槁人》:“掌共外內朝～食者之食。”

2506 周II(銘文158,人名)

此字从儿(人)、宀(房屋),意爲“屋中之人,侍者”。

2506

1197

丰 pʻi̯uŋ/pʻi̯woŋ/fēng　茂盛的,美好的。《詩·丰》:“子之～兮。”

2507 殷甲文(A2: 10, 6,“封”義)

2508 周(銘文362,人名)

2507—2508

蚌 bʻŭŋ/bʻɔŋ:/bàng　蜃屬,蚌類。《吕氏春秋·精通》:“月望則～蛤實。”

邦 pŭŋ/pɔŋ/bāng　國。《詩·文王》:“周雖舊～,其命維新。”

2509 殷甲文(A4: 17, 3,形符是“田”,不是“邑”,《説文》所載爲異體字)

2510 周I(銘文65)

2511 周II(銘文174)

2509—2511

此字現代字形聲符已譌變爲“手”(手)。

封 pi̯uŋ/pi̯woŋ/fēng　❶土墩,冢,築墳。《易·繫辭下》:“葬之中野,不～不樹。”❷築壇。《書·舜典》:“～十有二山。”❸(給植物)培土。《國語·吳語》:“今天王既～植越國。”❹疆界,封界。《左·文八》:“且復致公壻池之～。”❺田界。《左·襄三十》:“田有～洫。”❻確定封地邊界,給封地。《左·桓二》:“故～桓叔于曲沃。”❼封地。《詩·烈文》:“無～靡于爾邦。”

同音假借　大。《詩·殷武》:“～建厥福。”

通“窆”。《禮·檀弓上》:“縣棺而～。”Gl1074a

2512 周II(銘文151)

此字現代字形的聲符已譌變爲“圭”(君王的符信)。

2512

葑 pʻi̯uŋ/pʻi̯woŋ/fēng　一種可以食用的植物(蕪菁?)。《詩·采苓》:“采～采～。”

紺 puŋ/puŋ:/běng　pŭŋ/pɔŋ:/bǎng　麻鞋。《慎子·君人》:“有虞氏之誅以後～當刖。”

夆 bʻi̯uŋ/bʻi̯woŋ/féng　pʻi̯uŋ/pʻi̯woŋ/fēng　碰撞。見《説文》(無書證)。

2513

2513 周I(銘文129,人名)

逢 bʻi̯uŋ/bʻi̯woŋ/féng　遇見,碰上。《詩·邶風·柏舟》:“～彼之怒。”

同音假借　大。《書·洪範》:“子孫其～吉。”

假借爲bʻuŋ/bʻuŋ/péng　鼓聲。《詩·靈臺》:“鼉鼓～～。”Gl855、1554

2514 殷甲文(B上10: 4)

2515 周III/IV(銘文332)

2514—2515

烽 pʻi̯uŋ/pʻi̯woŋ/fēng　烽火。《墨子·號令》:“晝則舉～,夜則舉火。”

蜂 音同上　蜜蜂,黄蜂,蜂螫。《詩·小毖》:“莫予荓～,自求辛螫。”Gl115

鋒 音同上　兵器的尖端。《書·費誓》:“礪乃～刃。”

摓 bʻi̯uŋ/bʻi̯woŋ/féng　大。《莊子·盜跖》:“～衣淺帶,矯言僞行。”(按:今本作“縫”,高氏從《釋文》。)

縫 bʻi̯uŋ/bʻi̯woŋ/féng　縫。《詩·葛屨》:“可以～裳。”

bʻi̯uŋ/bʻi̯woŋ-/fèng　縫合之處。《詩·

羔羊》:“羔羊之～。”

蓬 bʻuŋ/bʻuŋ/péng　❶種類不詳的植物(艾屬？菊屬？兔子花？)。《詩·騶虞》:“彼茁者～。”❷(葉子)茂盛貌。《詩·采菽》:“其葉～～。”❸紛亂，紊亂。《莊子·逍遥遊》:“則夫子猶有～之心也夫。”

同音假借　吹(特指風)。《莊子·秋水》:“今子～～然起於北海。”

奉 bʻi̯uŋ/bʻi̯woŋ:/fèng　pʻi̯uŋ/pʻi̯woŋ:/fěng ❶雙手捧着。《詩·棫樸》:“～璋峨峨。”❷進獻。《詩·駟驖》:“～時辰牡。”❸接受。《左·昭七》:“～承以來，弗敢失隕。”❹奉事。《左·襄二十五》:“我又與蔡人～戴厲公。”

2516

2516 周II(銘文 147,“封”義)

此字中聲符與作形符的雙“手”熔爲一體作爲上部，現代字形在下部又添加了一個“手”。

捧 pʻi̯uŋ/pʻi̯woŋ/fěng(pěng)　雙手抱着。《莊子·達生》:“惡聞雷車之聲，則～其首而立。”

俸 bʻi̯uŋ/bʻi̯woŋ-/fèng　(接受物>)薪俸。《國策·中山》:“三軍之～有倍於前。”

唪 puŋ/puŋ:/běng　bʻuŋ/bʻuŋ:/bèng　大笑。見《説文》(無書證)。

同音假借　衆多貌(特指水果)。《詩·生民》:“瓜瓞～～。”

琫 puŋ/puŋ:/běng　刀鞘上部的裝飾品。《詩·瞻彼洛矣》:“鞞～有珌。”Gl692

菶 puŋ/puŋ:/běng　bʻuŋ/bʻuŋ:/bèng　茂盛貌(特指葉子)。《詩·卷阿》:“～～萋萋。”參“唪”。

蚌 bʻŭŋ/bʻɔŋ:/bàng　蜃屬，蛤類。《韓非子·五蠹》:“民食果蓏～蛤。”

1198

講 kŭŋ/kɔŋ:/jiǎng　❶講解。《左·昭十三》:“間朝以～禮。”❷討論。《左·襄五》:“～事不令。”❸練習。《易·兑》:“君子以朋友～習。”此字从冓(交織，糾纏)、言。

1199

囱 tsʻŭŋ/tʂʻɔŋ/chuāng　窗子。見《説文》。此字是“窗”的初文(無書證)。

悤 tsʻuŋ/tsʻuŋ/cōng　❶聰明。《吕氏春秋·下賢》:“～～乎其心之堅固也。”❷匆忙(僅有漢代書證)。

2517

2517 周II(銘文 139)

此字像“有一孔的心”(此孔爲洞察之孔，參考現代漢語“心眼”一詞，引申爲聰敏)。

聰 音同上　❶聽覺靈敏。《詩·兔爰》:“尚寐無～。”❷聰敏。《詩·敬之》:“不～敬止。”❸聽。《書·皋陶謨》:“天～明，自我民～明。”

通“窻”。《書·舜典》:“明四目，達四～。”Gl1274、1310

蔥 tsʻuŋ/tsʻuŋ/cōng　❶葱。《禮·内則》:“膾，春用～，秋用芥。”❷葱緑色。《詩·采芑》:“有瑲～珩。”

假借爲 tsʻŭŋ/tʂʻɔŋ/chuāng　～靈：古代有窗欞的小車。《左·定九》:“載～靈，寢於其中而逃。”

蔥 前字的異體。

總 tsuŋ/tsuŋ:/zǒng　❶聚合。《詩·長發》:“百禄是～。”❷葱緑色絲綢。《周禮·巾車》:“勒面繢～。”參“蔥”。❸用乾草捆成的禾束。《書·禹貢》:“百里賦納～。”❹縛，繫。《書·盤庚》:“無～于貨寶。”

tsuŋ/tsuŋ/zōng　緵束。《詩·羔羊》："素絲五～。" Gl50、1385

總 前字的異體。

揔 前字的異體。《荀子·王霸》："三公～方而議。"

窻 ts'ŭŋ/tʂ'ɔŋ/chuāng　窗口，窗户。《左·文十八》"賓于四門"注引《書》："闢四門，達四～。"（按：今《書·堯典》作"聰"。）

1200

雙 sŭŋ/ʂɔŋ/shuāng　一對。《詩·南山》："冠緌～止。"

此字从雙隹（鳥）、又（手）。

1201

龙 mŭŋ/mɔŋ/máng　❶粗毛狗。《詩·野有死麕》："無使～也吠。"❷雜色。《左·閔二》："衣之～服，遠其躬也。" Gl105

2518

2518 周（銘文 339，人名）

此字象形。

哤 音同上　混雜，雜亂。《國語·齊語》："雜處則其言～，其事易。"

駹 音同上　雜色牲口，雜色的。《周禮·犬人》："凡幾珥沈辜，用～可也。"

厖 音同上　❶大。《詩·長發》："爲下國駿～。"❷豐盛。《左·成十六》："民生敦～。" Gl1197

1202

谷 kuk/kuk/gŭ　山谷。《詩·十月之交》："高岸爲～，深～爲陵。"（此義《切韻》又讀 gi̯uk/i̯wok/yù）

同音假借　❶好，善。《詩·桑柔》："進退維～。"❷養。《老子》六章："～神不死，是謂玄牝。"（依河上公注） Gl977

2519 殷甲文（A2: 5, 4）

2520 周 I（銘文 97，複姓"谷渾"之"谷"）

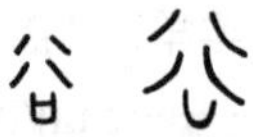
2519—2520

此字象形。

欲 gi̯uk/i̯wok/yù　願望，期望。《詩·文王有聲》："匪棘其～。"

慾 音同上　欲望，情欲。《論語·公冶長》："棖也～，焉得剛？"

浴 音同上　洗澡，洗。《論語·先進》："～乎沂，風乎舞雩，詠而歸。"

鵒 音同上　鸜～：鳥名。《左·昭二十五》："鸜之～之。"

裕 gi̯ug/i̯u-/yù　❶豐富的，充裕的。《書·康誥》："弘于天，若德～。"❷寬容。《詩·角弓》："綽綽有～。"

通"欲"。願望，打算。《書·君奭》："告君乃猷～。" Gl1630

1203

哭 k'uk/k'uk/kū　慟哭，哭泣。《左·昭二十五》："哀有～泣。"此字从雙口、犬。

1204

屋 ʔuk/ʔuk/wū　❶房屋。《詩·小戎》："在其板～。"❷屋頂。《左·文十三》："大室之～壞。" Gl327

剭 音同上　誅殺。《易·鼎》："其形～。"（按：今本作"渥"，高氏從《釋文》。）

偓 ʔŭk/ʔɔk/wò　拘束。《楚辭·憂苦》："～促談於廊廟兮。"

喔 音同上　低聲作笑。《楚辭·卜居》："～咿儒兒，以事婦人乎？"

幄 音同上　篷帳。《左·襄二十四》："二子在～。"

握 音同上　❶抓住。《詩·小宛》："～粟出卜。"❷一把之量。《詩·東門之枌》："貽我～椒。"

通"幄"。《周禮·巾車》："翟車貝面

組總有～。”

渥 ʔŭk/ʔɔk/wò 使濕潤，沾潤。《詩·信南山》：“既優既～。”

ʔŭg/ʔə̯u-/òu 浸濕。《周禮·㡛氏》：“～淳其帛。”

腛 ʔŭk/ʔɔk/wò 肥膘。《周禮·鮑人》：“欲其柔滑，而～脂之，則需。”

1205

秃 t'uk/t'uk/tū 無髮。《穀梁·成元》：“季孫行父～。”

頹 參 544 組。

1206

族 dz'uk/dz'uk/zú ❶氏族。《詩·麟之趾》：“振振公～。”❷親族。《書·堯典》：“以親九～。”❸周制，百家爲一族。《周禮·族師》：“各掌其～之戒令政事。”❹聚集。《莊子·在宥》：“雲氣不待～而雨。”Gl272、1238

2521—2522

2521 殷甲文（A7: 1, 4）

2522 周 I（銘文 71） 此字从㫃（旗幟）、矢，意爲氏族、軍事武裝單位等。

鏃 tsuk/tsuk/zú 箭頭。《儀禮·既夕禮》：“骨～短衛。”

瘯 ts'uk/ts'uk/cù 疥癬。《左·桓六》：“謂其不疾～蠡也。”

蔟 ts'uk/ts'uk/cù 鳥巢。《周禮·硩蔟氏》：“硩～氏掌覆夭鳥之巢。”

ts'ug/ts'ə̯u-/còu 大～：律管名。《禮·月令》：“律中大～。”

嗾 sug/sə̯u:, sə̯u-/sǒu ts'ug/ts'ə̯u-/còu 使狗向前。《左·宣二》：“公～夫獒焉。”

1207

數 sŭk/ṣɔk/shuò ❶數次，屢次。《禮·少儀》：“～噍毋爲口容。”❷煩擾。《禮·樂記》：“衛音趨～煩志。”❸快速。《禮·曾子問》：“不知其已之遲～。”

ts'i̯uk/ts'i̯wok/cù 密織（指網）。《孟子·梁惠王上》：“～罟不入洿池。”此字跟 123 組的“數”是同一個字，請參閱。

籔 ṣi̯u/ṣi̯u:/shǔ suk/suk/sù 容量單位。《儀禮·聘禮》：“門外米三十車，車秉有五～。”

藪 sug/sə̯u:/sǒu 有很多野獸的沼澤地。《詩·大叔于田》：“叔在～，火烈具舉。”

同音假借 車軸中的洞孔。《周禮·輪人》：“以其圍之防捎其～。”

1208

录 luk/luk/lù 刻木。見《説文》（無書證）。

2523 殷甲文（A6: 1, 8,“禄”義）

2524 周 I（銘文 27，人名）

2525 周 I（銘文 84，人名）

2523—2525

此字可能是“盝”的初文，意爲用匙斟酒。

盝 音同上 過濾，倒掉。《周禮·㡛氏》：“清其灰而～之，而揮之。”

琭 音同上 寶石，珍貴。《老子》三十九章：“不欲～～如玉，珞珞如石。”

睩 音同上 細視貌。《楚辭·憫上》：“哀世兮～～。”

禄 音同上 福，幸運，俸禄。《詩·既醉》：“天被爾～。”

𣘦 音同上 長滿樹木的山脚（殷甲文 A2: 23, 1） 此字是 1209 組“麓”的異體。參《説文》。

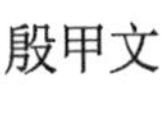

2526

2526 殷甲文（A2: 23, 1）

緑 li̯uk/liwok/lǜ 緑色。《詩·緑衣》：“～衣黄裳。”

通“菉”。《詩·采緑》：“終朝采～。”

菉 音同上　一種屬類不明的植物。《楚辭·離騷》："薋～施以盈室兮。"《禮·大學》引《詩·淇奥》："～竹猗猗。"（按：今《詩》作"綠"。）Gl150

録 音同上（lù）❶銘記，記載。《公羊·隱十》："春秋～内而略外。"❷記録。《周禮·職幣》："皆辨其物而奠其～。"❸次第。《國語·吳語》："今大國越～。"

1209

鹿 luk/luk/lù
鹿。《詩·鹿鳴》："呦呦～鳴。"
同音假借　方形糧倉。《國語·吳語》："市無赤米，而囷～空虛。"
通"麓"。《易·屯》："即～，無虞。"
2527 殷甲文（A2: 34, 4）
2528 殷甲文（A4: 47, 7）
2529 周I（銘文 98）

2527—2529

此字象形。

摝 音同上　摇動。《周禮·大司馬》："三鼓～鐸。"

漉 音同上　❶（從池塘等）抽去水。《禮·月令》："毋～陂池。"❷濾，滲出。《國策·楚四》："～汁灑地，白汗交流。"

麗 音同上　小魚網。《國語·魯語上》："水虞於是乎禁罝罜～。"

麓 音同上　❶長滿樹木的山脚。《詩·旱麓》："瞻彼旱～。"❷護林人員。《國語·晉語九》："主將適螻，而～不聞。"

1210

卜 puk/puk/bǔ　❶用龜甲和骨頭占卜，預兆。《詩·氓》："爾～爾筮。"❷預言。《詩·天保》："君曰～爾。"Gl428
2530 殷甲文（A1: 2, 6）
2531 殷甲文（A1: 1, 1）
2532 周I（銘文 67）

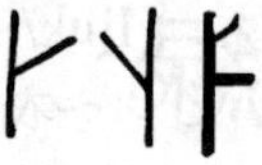

2530—2532

此字象形，像甲骨上預卜吉凶的裂紋。

扑 pʻuk/pʻuk/pū　❶戒尺，教鞭。《書·舜典》："～作教刑。"❷棍杖，棒槌。《左·文十八》："歜以～抶職。"

朴 pʻŭk/pʻɔk/pò（pǔ）　❶質樸，自然。《禮·表記》："～而不文。"❷大。《楚辭·懷沙》："材～委積兮。"

仆 pʻi̯ug/pʻi̯u-/fù　pʻug/pʻə̯u-/pòu　pʻi̯ɷg/pʻi̯ə̯u-/fòu　bʻək/pʻək/bó　跌倒。《國策·秦四》："暴骨草澤，頭顱僵～。"

訃 pʻi̯ug/pʻi̯u-/fù　報喪。《禮·雜記上》："大夫～於同國。"

赴 音同上　匆匆前往，赴告。《左·隱三》："平王崩，～以庚戌，故書之。"

1211

菐 bʻuk/bʻuk/bú
煩惱。見《説文》（無書證）。

僕 bʻuk/bʻuk/bú（pú）　bʻɷk/bʻuok/bú（pú）
❶駕車者。《詩·正月》："屢顧爾～。"❷僕人，侍從。《詩·正月》："並其臣～。"❸隱藏。《左·昭七》："吾先君文王作～區之法。"
puk/puk/pú　一羣。《莊子·人間世》："適有蚊虻～緣。"Gl890
2533 殷（銘文 25）
2534 周I（銘文 105，增添了形符"广"）
2535 周I（銘文 109）
2536 周II（銘文 150）

2533—2536

樸 puk/puk/bú　bʻuk/bʻuk/bú　叢生的樹木。《詩·棫樸》："芃芃棫～。"
pʻŭk/pʻuk/pǔ　未加修飾，粗糙。《左·哀十二》："素車～馬。"
pʻŭk/pʻɔk/pò　❶修整未成器的木料。

《書·梓材》："既勤～斲。"❷强壯，堅固。《周禮·考工記》："欲其～屬而微至。"Gl1706

2537

2537 周III/IV（銘文 323）

轐 puk/puk/bú 車廂下的支撑物，擱在車軸上。《周禮·考工記》："加軫與～焉。"

撲 pʻuk/pʻuk/pū 擊。《書·盤庚上》："若火之燎于原，不可嚮邇，其猶可～滅。"

2538—2539

2538 周II（銘文 147，形符爲"戈"，而不是"手"）

2539 周II（銘文 184，形符是"戈"）

此字同"攴"。

墣 pʻuk/pʻuk/pú pʻŭk/pʻɔk/pò 土塊。《國語·吳語》："王寐，疇枕王以～而去之。"

璞 pʻŭk/pʻɔk/pò（pú） 未經雕琢的玉石。《孟子·梁惠王下》："今有～玉於此。"

1212

木 muk/muk/mù 樹，木。《詩·角弓》："毋教猱生～。"

2540 殷甲文（B上 13: 8）

2541 殷（銘文 38）

2542 周I（銘文 97）

2540—2542

此字象形。

沐 音同上 ❶洗頭髮。《詩·采綠》："薄言歸～。"❷整治，預備。《禮·檀弓下》："夫子助之～椁。"

霂 音同上 小雨。《詩·信南山》："益之以霢～。"

1213

曲 kʻi̯uk/kʻi̯wok/qū ❶彎曲。《詩·采綠》："予髮～局。"❷不正。《左·僖二十八》："師直爲壯，～爲老。"❸小，細小。《禮·禮器》："～禮三千，其致一也。"❹養蠶的框子。《禮·月令》："具～植籧筐。"

1214

局 gʻi̯uk/gʻi̯wok/jú ❶部分。《禮·曲禮上》："左右有～，各司其～。"❷（身體）彎曲，縮。《詩·正月》："不敢不～。"❸卷曲。（特指頭髮）。《詩·采綠》："予髮曲～。"

跼 音同上 彎曲身體。《詩·正月》："不敢不～。"（按：今《詩》作"局"，高氏從《釋文》。）

挶 ki̯uk/ki̯wok/jú 手推車。《左·襄九》："陳畚～，具綆缶。"

梮 音同上 托盤。《國語·周語中》："收而場功，徥而畚～。"

1215

獄 ŋi̯uk/ŋi̯wok/yù ❶（在法庭上）審訊。《詩·行露》："雖速我～。"❷起訴。《書·立政》："文王罔攸兼于庶言，庶～庶慎。"❸訟案。《論語·顏淵》："片言可以折～者，其由也與？"❹牢獄。《詩·小宛》："宜岸宜～。"

2543

2543 周II（銘文 151.）

此字从雙犬、言。

嶽 ŋŭk/ŋɔk/yuè 高山，山峯。《詩·崧高》："崧高維～。"

鸑 音同上 鳥名。《國語·周語上》："周之興也，～鷟鳴於岐山。"

1216

玉 ŋi̯uk/ŋi̯wɔk/yù ❶玉石。《詩·鶴鳴》："它山之石，可以攻～。"❷寶貴。《詩·民勞》："王欲～女。"

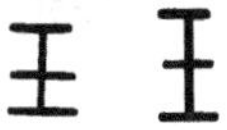
2544—2545

2544 殷（銘文 44）

2545 周I（銘文 79）

此字一定是象形字。

頊 xi̯uk/xi̯wok/xù　張皇失措。《莊子·天地》："子貢卑陬失色，～～然不自得。"

1217

勖 xi̯uk/xi̯wok/xù　❶激勵。《詩·燕燕》："以～寡人。"❷努力。《書·牧誓》："爾所弗～。"

1218

豖 t̑ʻi̯uk/t̑ʻi̯wok/chù　跛行的猪。見《說文》。

此字像猪，腿上有一劃（參"豖"的古文字）。

啄 tŭk/t̑ɔk/zhó（zhuó）　tuk/tuk/dū　啄起。《詩·黄鳥》："無～我粟。"

椓 tŭk/t̑ɔk/zhó（zhuó）　❶敲擊。《詩·兔罝》："～之丁丁。"❷宫刑。《書·吕刑》："爰始淫爲劓、刵、～、黥。"❸閹人。《詩·召旻》："昏～靡共。"

通"諑"。《左·哀十七》："衛侯辭以難，大子又使～之。"Gl548、1063

掾 前字的異體。《吕氏春秋·慎行》："於是～崔舒之子。"

涿 音同上（zhuó）　滴下。《周禮·壺涿氏》："壺～氏掌除水蟲。"

琢 音同上（zhuó）　雕刻寶玉或其他玉石。《詩·淇奥》："如～如磨。"

諑 音同上（zhuó）　責駡。《楚辭·離騷》："謡～謂余以善淫。"

冢 ti̯uŋ/t̑i̯woŋ:/zhǒng　❶山丘，山頂。《詩·十月之交》："山～崒崩。"❷大。《詩·緜》："迺立～土。"

2546

2546 周II（銘文 155）

1219

足 tsi̯uk/tsi̯wok/zú　脚。《詩·小弁》："維～伎伎。"

同音假借　足够。《詩·信南山》："既霑既～。"

假借爲 tsi̯ug/tsi̯u-/jù　堆積。《管子·五行》："春辟勿時，苗～本。"

2547

2547 周II（銘文 204）

此字下面是"止"（脚趾），上面是一個圓圈（意義不詳）。參 833 組"正"的古文字。

哫 音同上　阿諛逢承。《楚辭·卜居》："將～訾栗斯。"

促 tsʻi̯uk/tsʻi̯wok/cù　驅策，催促。《莊子·庚桑楚》："夫外韄者不可繁而～。"（按：今本作"促"，高氏從《釋文》。）

捉 tsŭk/tʂɔk/zhuō　❶抓住。《莊子·讓王》："～衿而肘見。"❷握在手中。《左·僖二十八》："～髮走出。"

1220

俗 dzi̯uk/zi̯wok/sú　❶民間的，通俗的。《孟子·梁惠王下》："寡人非能好先王之樂也，直好世～之樂耳。"❷風俗，習俗。《禮·曲禮上》："入國而問～。"

2548

2548 周II（銘文 161，人名）

此字从人、谷（按：《說文》从人，谷聲）。

1221

粟 si̯uk/si̯wok/sù　帶殼穀物（稻或粟）。《詩·黄鳥》："無啄我～。"

1222

束 ći̯uk/ći̯uk/shù　❶捆，縛。《詩·牆有茨》："不可～也。"❷把，小捆。《詩·白駒》："生芻一～。"

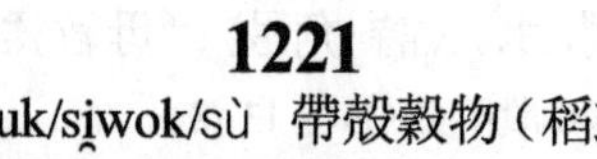
2549—2553

2549 殷甲文（H2: 25, 6）

2550 周I（銘文 66）

2551 周II（銘文 132）

2552 周II（銘文 150）

2553 周II（銘文 175）

此字爲一小捆的象形。

誎 tsʻi̯uk/tsʻi̯wok/cù 驅策，催促（銘文 65）。此字跟 1219 組的“促”爲同一個字。

2554

2554 周I（銘文 65）

速 suk/suk/sù ❶快速。《論語·子路》：“欲～則不達。”❷迅速地。《書·康誥》：“乃其～由文王作罰。”❸催促。《詩·行露》：“何以～我獄。”❹邀請。《詩·伐木》：“以～諸父。”

通“遫”。《楚辭·大司命》：“吾與君兮齊～。”

2555

2555 周III/IV（銘文 323）

餗 音同上 肉燉菜。《易·鼎》：“鼎折足，覆公～。”

駷 si̯uŋ/si̯woŋ:/sǒng sug/sə̯u:/sǒu 搖動馬嚼使馬奔走。《公羊·定八》：“陽越下取策，臨南～馬。”

悚 si̯uŋ/si̯woŋ:/sǒng 恐懼。《韓非子·內儲說上七術》：“皆～懼其所而不敢爲非。”

竦 音同上 舉，揚。《楚辭·少司命》：“～長劍兮擁幼艾。”

通“悚”。《詩·長發》：“不戁不～。”

欶 sŭk/ṣɔk/shù 吮。見《說文》（無書證）。

樕 suk/suk/sù 叢生的矮樹。《詩·野有死麕》：“林有樸～。”

蔌 音同上 蔬菜。《詩·韓奕》：“其～維何？”

同音假借 卑劣的。《詩·正月》：“～～方有穀。”Gl547

遬 音同上 温順，恭敬有禮。《禮·玉藻》：“見所尊者齊～。”

嗽 sug/sə̯u-/sòu 咳嗽。《周禮·疾醫》：“冬時有～，上氣疾。”

漱 sug/sə̯u-/sòu（shù） si̯ɷg/si̯ə̯u-/sòu 洗滌。《禮·內則》：“冠帶垢，和灰請～。”

1223

辱 ȵi̯uk/ȵʑi̯wok/rǔ ❶恥辱。《詩·牆有茨》：“言之～也。”❷（玷辱自己>）屈尊。《左·襄三十》：“使君子～在泥塗久矣。”

溽 音同上（rù） ❶濕潤。《禮·月令》：“土潤～暑，大雨時行。”❷味濃。《禮·儒行》：“其飲食不～。”

縟 音同上（rù） 雜色斑駁。《儀禮·喪服》：“喪成人者其文～。”

蓐 音同上（rù） 草蓐。《左·宣十二》：“軍行，右轅，左追～。”

同音假借 充分（指食物）。《左·文七》：“秣馬、～食。”

槈 nug/nə̯u-/nòu 鋤頭。《管子·小匡》：“挾其槍刈～鎛。”

耨 音同上 持鋤除草。《孟子·梁惠王上》：“深耕易～。”《莊子》與此相同，但“耨”作“鎒”，形符爲“金”。

1224

蜀 d̑i̯wk/ʑi̯wok/shǔ 像蠶一樣的蟲。《詩·東山》：“蜎蜎者～。”（按：今《詩》作“蠋”，高氏從《釋文》。）

同音假借 ❶祭器。《管子·形勢》：“抱～不言，而廟堂既修。”❷地名。《左·宣十八》：“楚於是乎有～之役。”

2556 殷甲文（A1: 51, 6，人名）

2557 周III/IV（銘文 323，“獨”義）

此字象形，後一個古文字增加了形符“虫”。

2556—2557

蠋 音同上(zhú) 像蠶一樣的蟲。《詩·東山》:“蜎蜎者~。”

燭 ȶi̯uk/tɕi̯wok/zhú 火炬。《禮·曲禮上》:“~不見跋。”

臅 ȶʻi̯uk/tɕʻi̯wok/chù 狼胸腔内的脂肪。《禮·内則》:“小切狼~膏,以與稻米爲酏。”

觸 音同上 ❶頂撞。《易·大壯》:“羝羊~藩,羸其角。”❷撞擊。《左·宣二》:“~槐而死。”

躅 dʻi̯uk/ȡʻi̯wok/zhú ❶駐足,停止不前。《易·姤》:“羸豕孚蹢~。”❷踏步不前。《荀子·禮論》:“過故鄉,則必徘徊焉,鳴號焉,躑~焉。”

獨 dʻuk/dʻuk/dú 單獨。《詩·正月》:“念我~兮,憂心京京。”

襡 音同上 包裹。《禮·内則》:“縣衾,篋枕,斂簟而~之。”

韣 dʻuk/dʻuk/dú ȡi̯uk/ʑi̯wok/shǔ ȶi̯uk/tɕi̯wok/zhú 弓套。《禮·少儀》:“弓則以左手屈~執拊。”

韇 前字的異體。《國策·齊六》:“因罷兵倒~而去。”

髑 dʻuk/dʻuk/dú 頭蓋骨。《莊子·至樂》:“夜半,~髏見夢。”

噣 tŭk/ȶɔk/zhó(zhuó) 啄。《國策·楚四》:“俯~白粒,仰棲茂樹。”

tŭg/tə̣u-/dòu ti̯ɷg/ȶi̯ə̯u-/zhòu 鳥嘴(僅有漢代書證)。

斀 tŭk/ȶɔk/zhó(zhuó) 宫刑。《説文》引《書》:“刖、劓、~、黥。”(按:今《書·吕刑》作“椓”。)

濁 音同上(zhuó) 混濁。《詩·四月》:“載清載~。”

鐲 dʻŭk/ȡʻɔk/zhó(zhuó) 小鐘。《周禮·鼓人》:“以金~節鼓。”

擉 tʂʻŭk/tʂʻɔk/chō(chuō) 刺,扎(指魚)。《莊子·則陽》:“冬則~鱉於江。”

屬 ȡi̯uk/ʑi̯wok/shǔ ❶依附。《詩·角弓》:“小人與~。”❷屬某一類。《書·梓材》:“至于~婦。”

ȶi̯uk/tɕi̯wok/zhǔ ❶連接。《禮·經解》:“~辭比事,春秋教也。”❷聯合。《禮·王制》:“五國以爲~。”❸用。《詩·小弁》:“耳~于垣。”❹觸。《左·定十四》:“~劍於頸。”❺(用於>)忠實。《禮·禮器》:“~~乎其忠也。”❻囑托。《左·隱三》:“召大司馬孔父而~殤公焉。”❼命令。《左·僖十九》:“欲以~東夷。”❽招來(特指仇怨)。《國語·晉語四》:“齊秦不得其請,必~怨焉。”❾聚集。《孟子·梁惠王下》:“乃~其耆老而告之。”❿足够,滿足。《左·昭二十八》:“爲君子之心,~厭而已。”

通“獨”。《書·盤庚中》:“爾忱不~。”

Gl1452 此字形符是“尾”。

斸 ți̯uk/ȶi̯wok/zhú 斫也。《國語·齊語》:“惡金以鑄鉏、夷、斤、~。”

欘 音同上 斧柄。《周禮·車人》:“一宣有半謂之~。”

钃 音同上 斫,根除,消滅。《荀子·榮辱》:“所謂以狐父之戈~牛矢也。”

躅 dʻi̯uk/ȡʻi̯wok/zhú 駐足,停止不前。《易·垢》:“羸豕孚蹢~。”(按:今本作“躅”,高氏從《釋文》。) 此字與“躅”同。

1225

角 kŭk/kɔk/jué 角。《詩·泮水》:“~弓其觩。”

同音假借 較量,匹敵。《禮·月令》:“習射御、~力。”

2558 殷甲文(A4: 53, 3)

2558—2559

2559 周II（銘文 163，人名）

此字象形。

桷 音同上 ❶椽子。《詩·閟宫》："松～有舄。"❷平直的樹枝。《易·漸》："鴻漸于木，或得其～。"

确 gŭk/ɣɔk/xué（què） 堅實，多石的。《韓非子·外儲説左上》："言而拂難堅～，非功也。"

斛 g'uk/ɣuk/hú 量器名。《儀禮·聘禮》："十斗曰～。"

1226

㱿 k'ŭk/k'ɔk/què 空殼，空。《列子·黄帝》："木葉幹～。"（按：今本《列子》作"殼"。《康熙字典》以爲"殼"即"㱿"。）

通"嗀"。《左·哀二十五》："若見之，君將～之。"

愨 音同上 勤勉，誠摯，謹慎。《禮·檀弓下》："孔子曰，殷已～。"

瑴 kŭk/kɔk/jué 雙玉。《左·僖三十》："皆十～。"

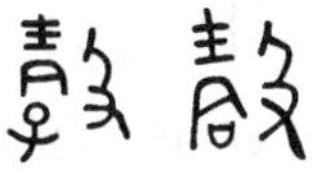

2560—2561

2560 周II（銘文 170，"㝅"省聲）

2561 周II（銘文 173，"嗀"省聲）

嗀 xŭk/xɔk/xuè xuk/xuk/hù 嘔吐。《説文》引《左》："君將～之。"（按：今《左·哀二十五》作"㱿"。）

榖 kuk/kuk/gŭ 楮木（皮可造紙）。《詩·鶴鳴》："其下維～。"

穀 音同上 ❶穀物。《詩·七月》："其始播百～。"❷小孩。《荀子·禮論》："君子以倍叛之心接臧～，猶且羞之。"❸活着。《詩·大車》："～則異室，死則同穴。"❹俸禄。《詩·天保》："俾爾戩～。"❺善，美好。《詩·東門之枌》："～旦于差。"❻善待。《詩·黄鳥》："不我肯～。"❼幸運。《詩·小弁》："民莫不～。" Gl332、425、491、1147

轂 音同上 車輪中間車軸貫入處的圓木。《詩·小戎》："文茵暢～。"

縠 g'uk/ɣuk/hú 縐紗。《國策·齊四》："王之憂國愛民，不若王愛尺～也。"

觳 g'uk/ɣuk/hú 量器名。《周禮·陶人》："鬲實五～。"

同音假借 恐懼。《孟子·梁惠王上》："吾不忍其～觫。"

假借爲 g'ŭk/ɣɔk/xué k'ŭk/k'ɔk/què ❶瘠薄。《管子·地員》："～土之次曰五凫。"❷粗陋。《莊子·天下》："其道大～。"❸祭牲的後足。《儀禮·特牲饋食禮》："主婦俎～折，其餘如阼俎。"

㝅 kŭg/kə̯u-/gòu ?/nə̯u-/nòu 哺乳（楚方言詞）。《左·宣四》："楚人謂乳～。"

2562—2563

2562 周I/II（銘文 215，人名）

2563 周II/III（銘文 262，人名）

彀 kŭg/kə̯u-/gòu 張滿弓弩。《孟子·告子上》："羿之教人射，必志於～。"

鷇 k'ŭg/k'ə̯u-/kòu 新雛。《莊子·天地》："夫聖人鶉居而～食。"

1227

岳 ŋŭg/ŋɔk/yuè 高山，山峰。《書·舜典》："詢于四～。" 此字从丘、山。

1228

剥 pŭk/pɔk/bō ❶切割，剥皮。《詩·楚茨》："或～或亨。"❷采，摘。《詩·七月》："八月～棗。"❸暴露。《禮·檀弓上》："喪不～奠也，與祭肉也與。"❹破壞，破碎。《左·昭十二》："君王命～圭以爲鏚柲。" Gl373

1229

奏 tsug/tsə̯u-/zòu ❶提供。《書·益稷》："暨益～庶鮮食。"❷上書。《書·舜典》："敷～以言。"❸展示。《詩·賓之初筵》：

“各～爾能。”❹奏（樂）。《詩·有瞽》：“既備乃～。”❺匆匆前進。《詩·緜》：“予曰有奔～。”

通“腠”。《儀禮·公食大夫禮》：“載體進～。”Gl333、1315

湊 tsʻug/tsʻə̯u-/còu 會合，聚合。《國策·燕一》：“士爭～燕。”

腠 音同上 皮膚的細皺紋。《儀禮·鄉飲酒禮》：“皆右體進～。”

1230

裒 bʻug/bʻə̯u/póu ❶聚，積，全。《詩·殷武》：“～荆之旅。”❷來到一起。《詩·常棣》：“原隰～矣。”❸減少。《易·謙》：“君子以～多益寡，稱物平施。”Gl411

1231

戊 mug/mə̯u-/mòu（wù）

天干名稱之一。

2564 殷甲文（E122：1）

2565 殷甲文（A3：4，1）

2566 殷（銘文 26）

2567 周 I（銘文 55）

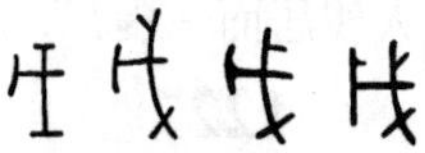

2564—2567

此字顯然是某種戈類兵器的象形。

茂 mi̯ɷg/mə̯u-/mòu（mào） ❶草木繁盛貌。《詩·天保》：“如松柏之～。”❷美好。《詩·南山有臺》：“德音是～。”

通“懋”。《左·昭八》：“惠不惠，～不～。”Gl525、1282

此字的上古音已爲《詩經》押韻所證明，其中古音不規則，當讀 mi̯ə̯u。

1232

畀 ti̯ug/tɕi̯u-/zhù 左後蹄有白斑的马。《詩·小戎》：“駕我騏～。”

1233

孚 pʻi̯ug/pʻi̯u/fú 孵。《大戴禮·夏小正》作“桴”（“鷄桴粥”）。

同音假借 ❶信任。《詩·文王》：“萬邦作～。”❷真誠。《易·雜卦》：“中～，信也。”❸依賴。《書·君奭》：“厥其永～于休。”❹證實，證據。《書·吕刑》：“獄成而～，輸而～。”Gl1859、2070

2568 周 I（銘文 67，“俘”義）

2569 周 II（銘文 182，“俘”義）

2568—2569

此字从爪（手）、子。

俘 音同上 戰俘，戰利品。《左·襄五》：“數～而出。”

2570 殷甲文（D6）

2570

莩 音同上 水果裏的纖維。見《爾雅·釋草》（没有更早的書證）。

通“殍”。《孟子·梁惠王上》：“民有飢色，野有餓～。”

郛 音同上 外城。《左·隱五》：“伐宋，入其～。”

垺 pʻi̯ug/pʻi̯u/fú pʻi̯ɷg/pʻi̯ə̯u/fōu pʻwəg/pʻuăi/pēi 大也。《莊子·秋水》：“夫精，小之微；～，大之殷也。”

殍 pʻi̯ug/pʻi̯u/fū bʻi̯og/bʻi̯ɛu:/piǎo 餓死者。《孟子·盡心下》：“用其二而民有～。”

罦 pʻi̯ug/pʻi̯u/fú bʻi̯ɷg/bʻi̯ə̯u/fóu 捕鳥網。《詩·兔爰》：“雉離於～。”

桴 pʻi̯ug/pʻi̯u/fū（fú） 木筏。《論語·公冶長》：“道不行，乘～浮于海。”

bʻi̯ɷg/bʻi̯ə̯u/fóu（fú） 鼓槌。《禮·禮運》：“蕢～而土鼓。”

浮 bʻi̯ɷg/bʻi̯ə̯u/fóu（fú） ❶漂浮。《詩·菁菁者莪》：“載沉載～。”❷輕薄，輕浮。《書·盤庚中》：“鮮以不～于天時。”❸超越，勝過。《禮·

2571

坊記》："與其使食浮於人也，寧使人～於食。" Gl1447

2571 周（銘文 356，人名）

蜉 音同上（fú）
蜉蝣。《詩·蜉蝣》："～蝣之羽。"

捊 bʻŏ̯g/bʻau/páo　bʻug/bʻə̯u/póu　來到一起。《爾雅》郭璞注引《詩》："原隰～矣。"（按：今《詩·常棣》作"裒"。）Gl411

1234

鬥 tŭg/tə̯u-/dòu　爭鬭。見《說文》。此字是 1235 組"鬭"的初文（無書證）。

2572

2572 殷甲文（A2: 9，4，人名）

此字象形。

1235

𠁁 tŭk/ṭɔk/zhuó
酒器。見《說文》（無書證）。

此字初文一定是象形字。

斲 tŭk/ṭɔk/zhuó　❶砍，伐，削。《詩·殷武》："方～是虔。"❷劈開。《左·宣十》："～子家之棺。"

鬭 tŭg/tə̯u-/dòu　爭吵，爭鬭。《論語·季氏》："戒之在～。"

下列各字因缺少《詩經》押韻或諧聲材料而無法構擬出它們的上古讀音，它們中間大部分字的字形解釋不詳，我是根據中古漢語音系（《切韻》）來安排這些字的。

1236

些 ？/sɑ-/suò　語末助詞。《楚辭·招魂》："魂兮歸來，東方不可以托～。"此字後來表示另一個詞 si̯a/xiē（少許，一些）。

蓏 ？/luɑ:/luǒ　草生植物的果實（跟樹上長的果實相對）。《周禮·場人》："而樹之果～珍異之物。"

嗄 ？/ṣa-/shà　聲音嘶啞。《老子》五十五章："終日號而不～。"

1237

洎 ？/kji-/jì　？/gʻji-/jì　❶倒出。《周禮·士師》："及王盥～鑊水。"❷肉湯。《左·襄二十八》："則去其肉而以其～饋。"

假借爲？/gʻji-/jì　及，和（周III/IV，銘文 327）。後面這個讀音也許跟 515 組的"暨"相同，因此我們或許可以構擬一個 gʻi̯æd/gʻji-/jì（？）Gl1394

2573

2573 周III/IV（銘文 327）

彝 ？/i/yí
禮器。《書·益稷》："作會，宗～。"

同音假借　❶法規，常規，常法。《詩·烝民》："民之秉～。"❷經常。《書·酒誥》："有正有事，無～酒。"❸習慣，常道。《書·洪範》："我不知其～倫攸敘。"

《孟子·告子上》引《詩·烝民》"民之秉彝"，句中"彝"作"夷"，因此，我們或許敢於構擬一個 di̯ər/i/yí。

2574 殷（A5: 1，3）

2575 殷（銘文 1）

2576 殷（銘文 2）

2577 周I（銘文 54）

2578 周II（銘文 140）

2574—2578

黹 ？/ṭi:/zhǐ　刺繡。鄭玄所引《周禮·司服》："則～冕。"（按：今本作"希"。）

2579

2579 周II（銘文 133）　此字象形。

絺 ？/ṭʻi/chī
細布。《詩·葛覃》："爲～爲綌。"

謚 ？/dẓi-/shì　死後授予的稱號。《禮·表記》："先王～以尊名。"

自 ?/dzʻi-/zì ❶自身。《詩·氓》:“躬～悼矣。”❷跟從。《詩·唐風·羔裘》:“～我人究究。”❸自從。《詩·執競》:“～彼成康。”Gl300、766、1731

2580 殷甲文(A1: 30, 5)

2581 周I(銘文 54)

2582 周I(銘文 55)

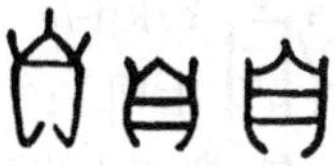

2580—2582

據説此字是鼻子的象形,並以此作爲“鼻”的形符。參1088組和521組的“鼻”。

漦 ?/dzʻi/shí(lí) (龍的)唾液。《國語·鄭語》:“卜請其～而藏之,吉。”

奰 ?/bʻji-/bì 逞强。《詩·蕩》:“内～于中國。”Gl943

夔 ?/gʻjwi/kuí ❶一只脚的怪物。《國語·魯語下》:“木石之怪曰～。”❷古人名。《書·舜典》:“伯拜稽首,讓于～龍。”❸敬畏貌。《書·大禹謨》:“～～齊慄。”

2583 殷(銘文 22,人名)

此字象形。

2583

睢 ?/xjwi/huī 凝視貌,跋扈貌,粗俗。《莊子·寓言》:“而～～盱盱,而誰與居?”

蕤 ?/ȵźwi/ruí 下垂的帽帶。《禮·雜記上》:“大白冠、緇布之冠皆不～。”

夂 ?/sui/suī 徐行貌。《切韻》和《玉篇》引《詩·南山》:“雄狐～～。”(按:今《詩》作“綏綏”。)Gl195

轡 ?/pji-/pèi 繮繩。《詩·駟驖》:“六～在手。”

2584

2584 周III/IV(銘文 326)

此字是象形字,中間爲一牲口,兩邊是繮繩。現代字形中的“車”和“口”是誤解、譌變的結果。

圮 ?/bji:/pǐ 推翻,搗毁。《書·堯典》:“方命,～族。”Gl1238

1238

羈 ?/kjię/jī ❶馬籠頭,繮繩。《左·僖二十四》:“臣負～絏,從君巡於天下。”❷孩童頭上的髮髻。《禮·内則》:“男角女～。”

或許可以作這樣的構擬 kia/kję/jī,因爲它是1組“羇”的異體字。《左·莊二十二》:“羇旅之臣幸若獲宥。”又《左·昭七》“君之羈臣”(羈旅之臣)。

豸 ?/dię:/zhì 像猫捕食或爬行動物那樣匍匐而行。見《説文》(無書證)。

同音假借 解散,散開。《左·宣十七》:“庶有～乎。”

2585 摘自766組“豻”的古文字(周I,銘文 98)

此字象形。

2585

卮 ?/tçię/zhī 酒杯。《莊子·寓言》:“～言日出。”

咶 ?/dzʻię:/shì 舐。《莊子·人間世》:“～其葉,則口爛而爲傷。”

豕 ?/çię:/shǐ ❶猪。《詩·公劉》:“執～于牢。”❷公猪。《左·昭二十八》:“實有～心,貪惏無饜。”

2586 殷甲文(A3: 33, 3)

2587 殷(銘文 32)

2588 周(銘文 360)

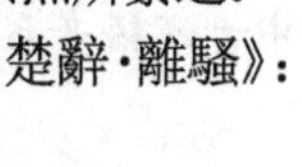

2586—2588

此字象形。

繠 ?/ȵźwię:/ruǐ ?/ȵźwi:/ruǐ 垂下。《左·哀十三》:“佩玉～兮,余無所繫之。”

蕊 音同上 花心,果實。《楚辭·離騷》:“貫薜荔之落～。”

1239

卉 ?/xjwęi:, xjwęi-/huì 植物。《詩·四月》:“山有嘉～。”

1240

咍 ?/xǎi/hāi 笑。《楚辭·惜誦》:“又衆兆之所～。”

猜 ?/ts‘ăi/cāi　❶嫌疑。《左·僖九》:“耦俱無～。”❷懷疑。《左·昭七》:“雖吾子亦有～焉。”

買 ?/mai:/mǎi　買。《周禮·小宰》:“聽賣～以質劑。”

2589 周(銘文 346, 人名)　2589

賣 ?/mai-/mài　賣。《周禮·小宰》:“聽～買以質劑。”

瀣 ?/ɣăi-/xiè　沆～:露珠的水氣。《楚辭·遠遊》:“餐六氣而飲沆～兮。”

薤 音同上　某種葱蒜類植物。《禮·内則》:“脂用葱,膏用～。”

乖 ?/kwăi/guāi　❶背離,不一致。《左·昭三十》:“楚執政衆而～。”❷混亂。《左·昭二十三》:“諸侯～亂,楚必大奔。”

1241

計 ?/kiei-/jì　計算。《左·昭三十二》:“～丈數。”　此字也許跟 552 組的“稽”同源,因而可作這樣的構擬 kiər/kiei-/jì。

繼 ?/kiei-/jì　連續。《詩·杕杜》:“～嗣我日。”

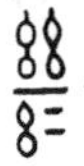

2590 周Ⅲ/Ⅳ(銘文 319)　2590

此字形裏有三股絲綫,其餘部分意義不明。

兮 ?/ɣiei/xī　語末助詞。《詩·伐檀》:“坎坎伐檀兮,寘之河之干～。”

2591 殷甲文(A2:11, 3, 人名)

2592 周Ⅰ(銘文 66, 人名)

2593 周Ⅱ(銘文 189, 人名)

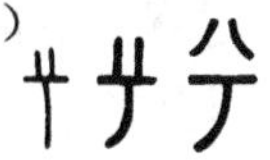

2591—2593

盻 ?/ɣiei-/xì　怒視貌,不悦,痛苦。《孟子·滕文公上》:“爲民父母,使民～～然。”

醯 ?/xiei/xī　醋,浸在醋裏的食物。《禮·喪大記》:“食菜以～醬。”

替 ?/t‘iei-/tì　❶解除,解散,拋棄。《書·旅獒》:“無～厥服。”❷去掉。《詩·召旻》:“胡不自～。”❸停止,間斷。《詩·楚茨》:“勿～引之。”❹疏忽。《左·昭十八》:“於是乎下陵上～。”

細 ?/siei-/xì　細小,微小。《左·襄四》:“吾子舍其大而重拜其～。”

隸 ?/liei-/lì　屬下,僕人。《左·昭七》:“士臣皁,皁臣輿,輿臣～,～臣僚……”

盠 音同上　老蠡,胼胝。《吕氏春秋·遇合》:“長肘而～。”

蠡 ?/liei:/lǐ　樹木的蛀蟲。《孟子·盡心下》:“以追～。”

?/luɑ:/luǒ　疥癬。《左·桓六》:“謂其不疾瘯～也。”

劙 ?/liei:, liei-/lǐ　?/lji̯e̯/lí　分割。《荀子·强國》:“剥脱之,砥厲之,則～盤盂刎牛馬忽然耳。”

攭 前字的異體。《荀子·賦》:“～兮其相逐而反也。”

荔 ?/liei-/lì　草名(其根可製刷子)。《禮·月令》:“芸始生,～挺出。”

沴 ?/liei-/lì　有害的影響。《莊子·大宗師》:“陰陽之氣有～。”

1242

飫 ?/ʔi̯wo-/yù　❶不拘禮節地喝酒,立着的飲宴。《國語·周語下》:“夫禮之立成者爲～。”❷使飽,足量的。《詩·常棣》:“飲酒之～。”Gl414

樗 ?/ȶ‘i̯wo/chū　臭椿樹。《詩·七月》:“采荼薪～。”

1243

酗 ?/xi̯u-/xù　沈迷於酒。《書·微子》:“我用沈～于酒。”在《説文》中,此字的聲符是 108 組的“句”,所以也許可以作這樣的構擬 xi̯u/xi̯u-/xù。

該字从酉(酒)、凶(惡,不祥)。

窳 ?/i̯uː/yǔ ❶有缺陷的。《荀子·議兵》：“械用兵革，～楛不便利者弱。”❷懶惰，粗心大意。《商君書·墾令》：“愛子惰民不～，則故田不荒。”

戍 ?/ɕi̯u-/shù ❶守邊。《詩·采薇》：“我～未定。”❷警衛。《左·桓六》：“於是諸侯之大夫～齊。”

2594 周 I（銘文 81）

此字从人、戈。

2594

1244

羔 ?/kau/gāo
小羊。《詩·羔羊》：“～羊之皮。”
此字从羊、灬（火）。

䅵 ?/kuok/gǔ 穀物外殼。《吕氏春秋·審時》：“薄～而赤色。”

杲 ?/kauː/gǎo
明亮貌。《詩·伯兮》：“～～出日。”
此字从日、木。

薅 ?/xau/hāo
除草。《詩·良耜》：“以～荼蓼。”

媪 ?/ʔauː/ǎo 老婦。《國策·趙四》：“老臣竊以爲～之愛燕后賢於長安君。”

腦 ?/nauː/nǎo
腦子。《禮·内則》：“豚去～。”

[illegible] 前字的異體。
《周禮·弓人》：“蹙於～而休於氣。”

饕 ?/t'au/tāo ～餮：貪食者。《左·文十八》：“天下之民以比三凶，謂之～餮。” 此字从號（大聲叫喊）、食。

呶 ?/n̥au/náo 喧鬧聲。《詩·賓之初筵》：“載號載～。”

怓 音同上 騷亂喧嘩。《詩·民勞》：“以謹惽～。”

豹 ?/pau-/bào
豹。《詩·羔裘》：“羔裘～飾。”

1245

窅 ?/ʔieuː/yǎo 隱退，沮喪。《莊子·逍遥遊》：“～然喪其天下焉。”

杳 音同上 黑暗。《管子·内業》：“～乎如入於淵。”此字“木”下有“日”。

料 ?/lieu, lieu-/liào ❶估量。《國語·楚語上》：“楚師可～也。”❷觸摸。《莊子·盜跖》：“疾走～虎頭。”此字从米、斗（容器）。

敹 ?/lieu/liáo 挑選。《書·費誓》：“善～乃甲冑。” Gl2098

1246

[illegible] ?/tə̯u-/dòu 龍～：是宿名。《國語·楚語下》：“日月會于龍～。”

陋 ?/lə̯u-/lòu ❶狹窄。《論語·雍也》：“一簞食，一瓢飲，在～巷。”❷處於困境的，卑賤的。《書·堯典》：“明明，揚側～。”❸粗野，粗俗。《左·文十二》：“國無～矣。”

狖 ?/i̯ə̯u-/yòu 一種猴子。《楚辭·山鬼》：“猨啾啾兮～夜鳴。” 此字从犬、穴（洞穴）。

1247

豔 ?/i̯ɛm-/yàn 美麗。《詩·十月之交》：“～妻煽方處。”

忝 ?/tiemː/tiǎn 玷辱。《詩·小宛》：“毋～爾所生。”此字从⺗（心）、天（在額上烙印）。

1248

畽 ?/t'uanː/tuǎn 町～：被踐踏的（特指田地）。《詩·東山》：“町～鹿場。”此字从田、重。

綻 ?/d'ăn-/zhàn 衣縫開裂，撕開。《禮·内則》：“衣裳～裂。”

幻 ?/ɣwăn-/huàn 騙局，欺詐。《書·無逸》：“民無或胥，譸張爲～。”

1249

縓 ? /ts'i̯wɛn，ts'i̯wɛn-/quàn　橙色的絲綢。《禮·檀弓上》："練衣黄裏，～緣。"

1250

繭 ? /kien:/jiǎn　❶絲繭。《左·襄二十一》："重～衣裘。"❷（聲音）細微。《禮·玉藻》："言容～～。"❸脚上老繭。《國策·宋衛》："墨子聞之，百舍重～。"

襺 音同上　絲棉衣袍。《説文》引《左傳》："盛夏重～。"（按：今本《左·襄二十一》作"重繭"。）

倩 ? /ts'ien-/qiàn
紅色。《詩·碩人》："巧笑～兮。"

或許可作這樣的構擬 ts'i̯ən/ts'i̯en-/qiàn，同 812 組的"綪"。Gl166

輤 音同上　柩車上的罩布。《禮·雜記上》："其～有裧。"

晛 ? /nien-/niàn　? /ɣien:/xiàn　陽光，日氣。《詩·角弓》："見～曰消。"此字从日、見。

或許可作這樣的構擬 nian/nien-/niàn，因爲它跟 217 組的"燃"同源。Gl723

蠲 ? /kiwen/juān　千足蟲。《説文》引《禮》："腐草爲～。"（按：今《禮·月令》作"螢"。）

同音假借　❶純淨。《詩·天寶》："吉～爲饎。"❷輝煌。《左·襄十四》："惠公～其大德。"

或許可作這樣的構擬 kiwan/kiwen/juān，因爲表示純淨義的此字也許同 228 組的"涓"。Gl426、1918

贙 ? /ɣiwen:，ɣiwen-/xuàn　一種猛獸。見《爾雅》（無書證）。

2595

2595 漢前（銘文 449，人名）

1251

嚚 ? /ŋi̯ĕn/yín　❶虛假，僞善。《書·堯典》："吁，～訟，可乎？"❷愚蠢。《左·僖二十四》："口不道忠信之言爲～。"此字从臣（奴隸）、四口。

憖 ? /ŋi̯ĕn-/yìn　❶寧肯，願意。《詩·十月之交》："不～遺一老。"❷姑且。《左·昭二十八》："～使吾君聞勝與臧之死也以爲快。"Gl556

2596—2597

2596 殷（銘文 18，人名）

2597 周（銘文 378，人名）

印 ? /ʔi̯ĕn-/yìn　印記，圖章。《國策·秦一》："封爲武安君，受相～。"

2598

2598 周II（銘文 180，其義不明）

甄 ? /tɕi̯ĕn-/zhèn（zhēn）　震動。《周禮·典同》："薄聲～，厚聲石。"

或許可作這樣的構擬 ti̯ən/tɕi̯ĕn-/zhèn，參 455 組"振"。

藺 ? /li̯ĕn-/lìn
一種燈心草（僅有漢代書證）。

同音假借　～石：積累，堆積石頭。《墨子·雜守》："～石厲矢諸材器用皆謹。"

閵 音同上
火。見《説文》（無書證）。

2599

2599 殷甲文（O192，人名）

此字从門、火。

尹 ? /i̯uĕn:/yǔn（yǐn）　❶統治。《左·定四》："以～天下。"❷主管長官。《書·顧命》："師氏、虎、臣、百～、御事。"❸正式的，正規的。《禮·曲禮下》："脯曰～祭。"❹正直。《詩·都人士》："謂之～吉。"Gl731

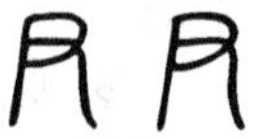
2600—2601

2600 殷（A1: 11, 5）　2601 周I（銘文 69）

閏 ? /ȵʑi̯uĕn-/rùn　閏月。《書·堯典》："以～月定四時成歲。"

潤 音同上 ❶浸濕，濕潤。《書·洪範》：“水曰～下，火曰炎上。”❷使豐富，增美。《論語·憲問》：“東里子產～色之。”

敏 ? /mi̯wĕn:/mǐn ❶勤勉。《詩·甫田》：“農夫克～。”❷匆促，敏捷。《論語·學而》：“～於事而慎於言。”

通947組“拇”。足之大趾。《詩·生民》：“履帝武～，歆。”Gl866

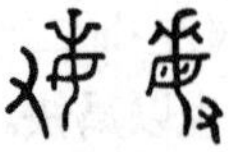

2602 周I（銘文65）

2603 周II（銘文156）

2602—2603

此字的中古音十分奇怪，它左邊的聲符是“每”，在《詩經》中押-g韻。該字在上古一定是收-g的字，以後才用作收-n的同義詞。

1252

鏗 ? /k'æŋ/kēng 金屬樂器聲（如鐘等）。《禮·樂記》：“鍾聲～，～以立號。”此字从金、堅。

訇 ? /xwæŋ/hōng

喧鬧聲（僅有漢代書證）。

2604 漢前（銘文399，人名）

2604

黽 ? /mæŋ:/měng（mǐn） 蟾蜍。《周禮·蟈氏》：“蟈氏掌去鼃～焚牡蘜。”

假借爲? /mi̯ĕn:/mǐn 勉力。《詩·邶風·谷風》：“～勉同心。”Gl95

此字初文可能爲象形字。

1253

賵 ? /p'i̯uŋ-/fèng 隨葬的禮物（尤其是車、馬等）。《春秋·隱元》：“天王使宰咺來歸惠公仲子之～。”

1254

擸 ? /lăp/lā 折斷。《公羊·莊元》：“於其乘焉，～幹而殺之。”（有些本子作“拉”，也許是該讀音訛變產生的現代字形。）

扱 ? /tṣ'ăp/chā ❶收集，斂取。《禮·曲禮上》：“以箕自鄉而～之。”（作此義解時鄭玄讀xi̯əp）❷舉起。《禮·曲禮下》：“苞屨、～衽、厭冠，不入公門。”❸插。《禮·問喪》：“～上衽。”❹拜手至地。《儀禮·士昏禮》：“婦拜～地。”此字从手、及（達到）。

1255

疊 ? /d'iep/dié 重疊，堆積（僅有漢代書證。也許此字同690組的“褶”）。

同音假借 恐懼。《詩·時邁》：“莫不震～。”Gl1083

燮 ? /siep/xiè 協和，和諧。《書·顧命》：“～和天下。”

同音假借 進軍。《詩·大明》：“～伐大商。”Gl781

2605 周II/III（銘文258）

2605

苶 ? /niep/niè 疲倦。《莊子·齊物論》：“～然疲役，而不知其所歸。”

1256

隉 ? /ŋiet/niè 不穩，不安。《書·秦誓》：“邦之杌～，曰由一人。”

鐵 ? /t'iet/tiě 鐵。《書·禹貢》：“厥貢璆～銀鏤砮磬。”

驖 ? /d'iet/dié（tiě）

黑馬。《詩·駟驖》：“駟～孔阜。”

屑 ? /siet/xiè 瑣碎，煩細。《左·昭五》：“而～～焉習儀以亟。”

同音假借 純潔，潔美。《詩·邶風·谷風》：“不我～以。”

di̯ĕt/i̯ĕt/yì 用作397組的“佾”，通402組的“佚”，魯莽的，妄動的。《書·多方》：“爾乃～播天命。”Gl1804

屑 前字通行的俗體。

䙠 ? /kiwet/jué 帶子，扣子。《詩·小戎》：“鋈以～軜。”

1257

溢 ?/iet/yì　❶滿而外流，溢出。《孝經·諸侯章》："滿而不～。"❷充滿。《禮·中庸》："是以聲名洋～乎中國。"❸鎮撫。《詩·維天之命》："假以～我。"❹傳播開。《孟子·離婁上》："故沛然德教～乎四海。"

同音假借　一把。《儀禮·喪服》："朝一～米。"Gl758

小篆从水、益（增加）。

鎰 ?/i̯et/yì　古重量單位。《孟子·梁惠王下》："雖萬～，必使玉人彫琢之。"此字"溢"省聲。

昳 音同上　語助詞。《說文》引《詩》："～求厥寧。"（按：今《詩·文王有聲》作"遹"。）

騭 ?/tɕi̯ĕt/zhì　提升，升。《書·洪範》："惟天陰～下民。"《切韻》和《釋文》均讀tɕi̯ĕt，然而應改讀爲ti̯ək/ȶi̯ək/zhì（跟916組的"陟"相同）。Gl1520

此字从陟（升起）、馬。

悉 ?/si̯ĕt/xī　❶都，全。《詩·吉日》："～率左右。"❷耗盡。《左·襄八》："～索敝賦，以詩于蔡。"

蟋 ?/si̯ĕt/xī　?/ʂi̯æt/sè　～蟀：一種昆蟲。《詩·蟋蟀》："～蟀在堂。"

觱 ?/pi̯ĕt/bì　❶疾風。《詩·七月》："一之日～發。"❷清泉涌出。《詩·采菽》："～沸檻泉。"Gl366

戌 ?/si̯uĕt/xū　地支名稱之一。《書·費誓》："甲～我惟築。"

2606—2609

2606 殷甲文（A1: 50, 4）

2607 殷甲文（A3: 6, 2）

2608 周II（銘文134）

2609 周II（銘文166）

此字似乎是戈一類兵器的象形。

㤜 ?/xi̯uĕt/xù　魯莽，妄動。《公羊·桓五》："曷爲以二日卒?～也。"（按：今本作"㤜"，誤。）

1258

涸 ?/ɣɑk/hé　乾涸。《禮·月令》："水始～。"此字从水、固（固體）。

辵 ?/ȶʻi̯ak/chuò　跑過，通過（階梯等）。《說文》引《公羊》："～階而走。"（按：今《公羊·宣六》作"躇"。）

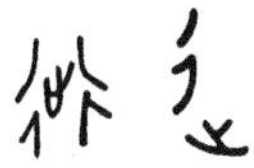

2610—2611

2610 殷甲文（B下14: 18）

2611 摘自"通"的古文字（周II，銘文164）

此字从止、彳（街）。

繳 ?/ȶi̯ak/zhuó　繫在箭上的絲繩。《孟子·告子上》："思援弓～而射之。"

1259

謋 ?/xɐk/huò　迅速。《莊子·養生主》："動刀甚微，～然已解。"

屐 ?/gʻi̯ek/jī　木屐。《莊子·天下》："以～蹻爲服。"（按：今本作"跂"，高氏從《說文通訓定聲》。）

1260

覈 ?/ɣæk/hé　果核。《周禮·大司徒》："其植物宜～物。"也許此字跟937組的"核"相同，因此上古音可構擬作gʻæk。

疒 ?/ṇæk/nì（nè）　臥病。見《說文》（無書證）。《切韻》把它作爲"牀"的異體。其音爲dẓʻi̯aŋ/dẓʻi̯aŋ/chuáng。

隻 ?/tɕi̯ɛk/zhī　一隻，單個。《公羊·僖三十三》："匹馬～輪無反者。"此字从又（手）、隹（鳥）。

覡 ?/ɣiek/xí　男巫。《國語·楚語下》："在男曰～，在女曰巫。"此字从巫、見。

簚 ?/miek/mì 車前扶杆上的覆蓋物。《禮·曲禮下》:“鞮屨素～,乘髦馬。”

砉 ?/xiwek/xū ?/xwɐk/huò(huā) 撕裂聲,破裂聲。《莊子·養生主》:“～然嚮然,奏刀騞然。”

附　録

從上古漢語到中古漢語

漢語的語音，從古到今一直沿着簡化的道路發展。儘管漢語原是一種單音節語言，但是語音非常豐富，有許多不同的音節；後來經過劇烈的變化，早期區分得很清楚的音位合併了，語音變得非常貧乏，以致在現代北京話中只剩下420個左右不同的音節；而且即使這個數字也是把聲調計算在内的，t‘an^{1}、t‘an^{2}、t‘an^{3}、t‘an^{4}算作四個不同的音節。如果知道上古漢語的聲調，這420個現代北京話音節將跟數千個上古音節對應①。可惜這一點還辦不到，因爲諧聲不反映聲調的差别，《詩》韻雖然有某種程度的反映，但很不規則。所以中古漢語的聲調雖然是已知的，我們卻不可能構擬出上古漢語的聲調。本書除個别例子以外，對上古聲調不作討論，字典部分也不標出上古調號。由此可見，上古的同音詞決没有字典中那麽多。我們必須時刻記住這裏頭還有聲調區别，只是我們還不能把它們搞清楚而已。

聲母

上古漢語有一套豐富的單輔音聲母：

舌根音	k	k‘	g	g‘	ŋ	x						
舌面音	ȶ	ȶ‘	ȡ	ȡ‘	ȵ	ç						
舌尖音	t	t‘	d	d‘	n	l	s	z	ts	ts‘	dz	dz‘
舌尖後音	ʂ	tʂ	tʂ‘	dʐ								
唇　音	p	p‘	b‘	m								
喉　音	ʔ											

上古漢語中的這套單輔音聲母系統到中古發生了巨大的變化。

1.舌根音：不送氣的g僅出現於i̯前，後來在i̯的作用下發生了喻化："王"gi̯waŋ變作ji̯waŋ（j是半元音，就像英語yes中的y）。i̯前的送氣音g‘保持不變，如"乾"。g‘i̯an＞g‘i̯ɛn。其他情況下的g‘變作擦音ɣ，如"河"g‘a＞ɣa。

2.舌面音：所有的塞音跟許多語言曾經發生過的情況一樣都變作塞擦音：

ȶ＞tɕ，如"章"ȶi̯aŋ＞tɕi̯aŋ；

① 高氏關於北京話音節的説法有誤。如果不計聲調，現代北京話有430個左右音節；加計聲調，則有1380個左右音節，這還不包括輕聲、兒化等。——譯者注

ȶ‘ > tɕ‘，如“昌”ȶ‘i̯aŋ > tɕ‘i̯aŋ；

ȡ > dʑ，以後再變作濁擦音ʑ，如“禪”ȡi̯an > ʑi̯ɛn；後一階段的變化發生得很晚，因爲佛經翻譯中“禪”對應於梵文dhyāna。

ȡ‘ > dʑ‘，如“蛇”ȡ‘i̯a > dʑ‘i̯a。

ȵ產生出一個寄生性的同部位擦音。開始它僅僅是一個過渡音，後來變作鼻塞擦音的第二個音素，如“汝”ȵi̯o > ȵʑ‘i̯wo。

3. 舌尖音：不送氣的d僅在i̯前出現，後來整個失落，如“榆”di̯u > i̯u。z也只在i̯前出現，同樣整個失落，如“羊”zi̯aŋ > i̯aŋ。i̯前的t、t‘、d‘、n發生腭化，如“展”ti̯an > ȶi̯ɛn、“敕”t‘i̯ək > ȶ‘i̯ək、“長”d‘i̯aŋ > ȡ‘i̯aŋ、“女”ni̯o > ȵi̯uo。在另一些中古元音（有不同的上古來源）前面也發生同樣的音變，包括開元音a、ă、ɐ、æ和ɔ，如“站”tam > ȶam、“擇”d‘ăk > ȡ‘ɐk、“摘”tæk > ȶæk、“撞”d‘ŭŋ > ȡ‘ɔŋ。這種變化發生在六朝後期。

dz變作z，如“祥”dzi̯aŋ > zi̯aŋ。

s、ts、ts‘、dz‘在元音a、ă、ɐ、æ和ɔ前面變作捲舌音，如“山”săn > ʂăn、“窄”tsăk > tʂɐk、“策”ts‘ek > tʂ‘æk、“窗”ts‘ŭŋ > tʂ‘ɔŋ、“乍”dz‘ăg > dẓ‘a。

其餘的聲母到中古保持不變。由於以上的變化，中古漢語形成以下的聲母系統：

舌根音	k	k‘	g‘	ŋ‘	x	ɣ				
舌面音	ȶ	ȶ‘	ȡ‘	ȵ	j	ɕ	ʑ	tɕ	tɕ‘	dʑ‘	ȵʑ
舌尖音	t	t‘	d‘	n	l	s	z	ts	ts‘	dz‘
舌尖後音	ʂ	tʂ	tʂ‘	dẓ‘						
唇音	p	p‘	b‘	m						
喉音	ʔ（ʔan類），ø（i̯u類）。									

必須記住：

舌根音ɣ來自g‘。

舌面音ȶ、ȶ‘、ȡ‘、ȵ來自t、t‘、d‘、n；j來自g；ʑ來自ȡ；tɕ、tɕ‘、dʑ來自ȶ、ȶ‘、ȡ‘；ȵʑ來自ȵ。

舌尖音z來自dz。

舌尖後音一部分來自原來的舌尖後音，一部分來自s、ts、ts‘、dz‘。

喉音ø（平滑的元音性起始音，i̯u類）來自d（di̯u）。

除了單輔音聲母以外，上古漢語在音節開頭還有各種複輔音。確定這些複輔音常常很困難，有時甚至不可能，因爲研究它們的唯一途徑就是諧聲字，而許多複輔音是不可能憑諧聲關係來發現的。所以我們的上古聲母構擬比起韻母來容易出現問題。韻母構擬依靠《詩》韻和諧聲相結合，可以得到非常完美的結論。複輔音聲母的例子在上面字典中經常可以碰到。

介音

在漢語的音節中介音起着非常重要的作用。上古漢語也跟中古漢語一樣有輔音性的i̯、w，如ki̯an、kwɑŋ，也有元音性的i，如kien。這些音素從上古到中古只有少許變化，不過有兩個現象須引起注意：

第一，有些韻類中輔音性的w强化作元音性的u，它首先發生在某些帶ɑ的韻類之前：“戈”kwɑ＞kuɑ、“官”kwɑn＞kuɑn、“獪”kwɑd＞kuɑi、“括”kwɑt＞kuɑt；此外也發生在元音ə之前：“昆”kwən＞kuən、“君”ki̯wən＞ki̯uən、“骨”kwət＞kuət。中古漢語這種强的元音性u跟輔音性w的對立還見於某些現代方言，例如，中古的“官”kuɑn在廣州話中變作kūn，但是“關”kwan變作kwan。

第二，有些韻類在上古没有w，到中古在唇音後面産生出一個w來，這是由於聲母過度的圓唇發音動作引起的。“丕”pʻi̯əg按照變化規則應是pʻi̯əg＞pʻi̯əi＞pʻji（韻母的演變見下），但實際是pʻjwi；“丙”pi̯ăŋ，應發展爲中古pi̯ɐŋ，但實際是pi̯wɐŋ（《切韻》中“丙”以“永”作反切下字，可見有w介音）。不過這種後起的w一定比原來的w更弱，更不穩定，因爲它對後接元音的演變方向影響較小。pi̯w-中的w如果是原來就有的，到近古漢語或現代方言中p都要變作f：“方”pi̯waŋ＞中古pi̯waŋ＞近古fwaŋ＞官話faŋ。而後起的w就没有這種作用：“丕”，中古pʻjwi＞官話pʻei，“丙”，中古pi̯wɐŋ＞官話piŋ，p都保持不變。

韻母

我們把上古韻母分成26個部，大體上跟《詩經》的韻部對應（少許例外將隨文説明）。

韻部Ⅰ

上古韻母：1.ɑ，2.wɑ；3.a，4.wa；5.i̯a；6.ia，7.wia。

	上古	中古		上古	中古
1.歌	kɑ	kɑ	5.蛇	ȡʻi̯a	ȡʑʻi̯a
2.過	kwɑ	kuɑ	6.皮	bʻi̯a	bʻjie̯
3.加	ka	ka	7.虧	kʻwia	kʻjwie̯
4.化	xwa	xwa			

後ɑ和前a單獨出現或在w和i̯之後出現都保持不變；但在强的元音性的i之後發生音變：bʻia變作bʻjie̯。a在帶i̯的閉音節中會發生音變：ki̯an＞ki̯ɛn，但是在開音節中則一直到中古保持不變，這一點是很引人注意的。

韻部II

上古韻母：1.ɔ，2.wɔ，3.i̯ɔ；4.o，5.wo；6.i̯o，7.i̯wo。

	上古	中古		上古	中古
1.家	kɔ	ka	5.孤	kwo	kuo
2.瓜	kwɔ	kwa	6.居	ki̯o	ki̯wo
3.且	ts'i̯ɔ	ts'i̯a	7.吁	xi̯wo	xi̯u
4.古	ko	kuo			

這個韻部上古到中古的變化很大。

韻類ɔ（很開的o）到紀元初還是ɔ，以後變作開a。這個音變決不是逐漸開化：ɔ＞ɑ＞a，這可從以下事實得到證明。韻部I的ɑ在中古保持不變——如果ɔ向a的發展過程中經過ɑ的階段，原來的ɑ一定也會跟着變作a，但是事實並非如此。所以我們設想這個音變一定是一種"裂變"，然後開頭的音素逐漸失落：kɔ＞kɔă＞kɔa＞ka。這種變化跟漢語的性質很一致，官話中的-o在許多方言中已經進入裂化的第一個階段，如lo、so、to在山東變作loă、soă、toă。

上古o（普通的o，比ɔ閉）發生類似的裂化：ko＞kuo，可比較拉丁語novum＞意大利語nuovo。o經過這個音變跟原來的wo合流：kwo＞kuo。韻母i̯o由於存在輔音性的元音i̯，裂變產生的u弱化作w：ki̯o＞ki̯wo。

上古帶兩個輔音性元音的i̯wo，有別樣的音變方向，w吞没了o：xi̯wo＞xi̯u。最後一點很有意思，可以設想，音變xi̯wo＞xi̯u一定比ki̯o＞ki̯wo發生得更早，否則後來產生的i̯wo（例6的中古ki̯wo）一定也會變作i̯u，所以必須設置兩個發展階段：

ko＞ko＞kuo

kwo＞kwo＞kuo

ki̯o＞ki̯o＞ki̯wo

xi̯wo＞xi̯u＞xi̯u

第二個階段僅發生在六朝。

韻部III

上古韻母：1.u；2.i̯u。

	上古	中古
1.口	k'u	k'ə̯u
2.駒	ki̯u	ki̯u

這個韻部的變化很簡單：i̯u保持不變，聲母和u之間產生一個寄生性的短元音：k'u＞k'əu，可比較德語的hūs＞həus＞haus。

韻部Ⅳ

上古韻母：1.ɑn，2.wɑn；3.an，4.wan；5.i̯an，6.i̯wan；7.ian，8.iwan；9.ăn，10.wăn；11.i̯ăn，12.i̯wăn。

	上古	中古		上古	中古
1.幹	kɑn	kɑn	7.見	kian	kien
2.官	kwɑn	kuɑn	8.涓	kiwan	kiwen
3.顔	ŋan	ŋan	9.間	kăn	kăn
4.關	kwan	kwan	10.患	gʻwăn	ɣwăn
5.展	ti̯an	ȶi̯ɛn	11.言	ŋi̯ăn	ŋi̯ɐn
6.轉	ti̯wan	ȶi̯wɛn	12.原	ŋi̯wăn	ŋi̯wɐn

我們注意到這些韻有一個基本的區别，1至8帶長的主元音，9至12帶短的主元音，但是這兩種韻母在《詩經》中能自由押韻。帶長元音的韻類既有帶後ɑ的韻（1，2），也有帶前a的韻（3—8），但是它們在《詩經》中也同樣自由押韻。

这個韻部從上古到中古的變化不太劇烈，i̯和i後的長a發生音變，但是程序有所不同：輔音性的i̯僅把a變作ɛ：ti̯an＞ȶi̯ɛn；元音性的i則把a變作e：kian＞kien。

i̯後的短ă跟不帶i̯的ă變化不一樣（就跟韻部Ⅱ的情況相似），它變作鬆元音ɐ：ŋi̯ăn＞ŋi̯ɐn，ŋi̯wăn＞ŋi̯wɐn。

韻部Ⅴ

上古韻母：1.ɑt，2.wɑt；3.at，4.wat；5.i̯at，6.i̯wat；7.iat；8.ăt，9.wăt；10.i̯ăt，11.i̯wăt；12.ɑd，13.wɑd；14.ad，15.wad；16.i̯ad，17.i̯wad；18.iad；19.ăd，20.wăd；21.i̯ăd，22.i̯wăd。

把這些韻類分爲兩個韻部更加恰當。一類以-t結尾，一類以-d結尾。但是由於它們在《詩經》中自由押韻，所以我把它們併作一部。容易看出，這兩類跟韻部Ⅳ帶-n的韻類有平行的關係。我們先來考察帶-t的一類。

	上古	中古		上古	中古
1.葛	kɑt	kɑt	7.截	dzʻiat	dzʻiet
2.括	kwɑt	kuɑt	8.轄	gʻăt	ɣăt
3.殺	sat	ʂat	9.刮	kwăt	kwăt
4.八	pwat	pwat	10.揭	ki̯ăt	ki̯ɐt
5.桀	gʻi̯at	gʻi̯ɛt	11.蕨	ki̯wăt	ki̯wɐt
6.悦	di̯wat	i̯wɛt			

這裹也跟韻部Ⅳ一樣分作長主元音（1—7）和短主元音（8—11）兩類，前一類

也有帶後ɑ的韻（1、2）和帶前a的韻（3—7）。它到中古的演變情況也跟Ⅳ部相同，輔音性的i̯後面發生弱變化：gʻi̯at＞gʻi̯ɛt，元音性的i後面發生强變化：dzʻi̯at＞dzʻiet。前一部i̯後面的ă變作鬆的ɐ（ki̯ăn＞ki̯ɐn），本部也同樣：ki̯ăt＞kiɐt。

再來看對應的收-d諸韻。

	上古	中古		上古	中古
12.帶	tɑd	tɑi	18.螮	tiad	tiei
13.外	ŋwɑd	ŋuɑi	19.察	tsăd	tʂăi
14.蠆	tʻad	ȶʻai	20.拜	pwăd	pwăi
15.噲	kʻwad	kʻwai	21.刈	ŋi̯ăd	ŋi̯ɐi
16.厲	li̯ad	li̯ɛi	22.吠	bʻi̯wăd	bʻi̯wɐi
17.稅	ɕi̯wad	ɕi̯wɛi			

首先，韻尾-d都元音化作-i：tɑd＞tɑi。注意到這一點以後，這些韻類跟韻部Ⅳ和本部收-t諸韻就有完全平行的關係了：有長主元音（12—18），也有短主元音（19—22）。長主元音有後ɑ也有前a；有舌面介音引起的音變（li̯ad＞li̯ɛi，liad＞liei），也有i̯後的ă變作ɐ的現象（ŋi̯ăd＞ŋi̯ɐi）。

韻部Ⅵ

上古韻母：1.ɑr，2.wɑr；3.i̯ar，4.i̯war；5.i̯ăr，6.i̯wăr。

	上古	中古		上古	中古
1.鼉	dʻɑr	dʻɑ	4.瑞	ȡi̯war	ʑwie̯
2.播	pwɑr	puɑ	5.邇	ȵi̯ăr	ȵʑie̯
3.觶	ȶi̯ar	tɕie̯	6.譭	xi̯wăr	xjwie̯

這一部的字較少，也很少見於《詩》韻。韻尾-r可從它們間或跟帶-n的字押韻、諧聲得到證明，如wɑr：wɑn，i̯wăr：i̯ăn。

ɑ、a、ă後的r掉落以後不留任何痕迹（可跟下面ər部中的-r比較）：dʻɑr＞dʻɑ，pwɑr＞puɑ。3和5中的r掉落以後，應該跟韻部Ⅰ中的i̯a合流（韻部Ⅰ，蛇ȡʻi̯a＞dʑʻi̯a），變作3.tɕi̯a，5.ȵʑi̯a。但事實並不如此。可見3和5中的r尾掉落以後，一定還伴隨着音量的换位：i變作主元音，a變作依附性元音，以後隨之出現音變：ȶi̯ar＞ȶia̯＞tɕie̯，ȵi̯ăr＞ȵia̯＞ȵʑie̯。這種音量换位，是韻部Ⅰ中的一個大韻類ia（中古ie̯）的類推作用引起的，如"皮"bʻia＞bʻjie̯。

這裏還有另一種類推作用。帶w的音節4和6應該變作中古的4.ȡiwe和6.xiwe；但實際上却是i跟w换了位置，這同樣是由於韻部Ⅰ的類推作用。韻部Ⅰ的"虧"kʻwia＞kʻjwie̯，w在i的前面。在其影響下，"瑞"ȡi̯wa（r）變作ȡwia＞ʑwie̯，譭xi̯wă（r）

變作xwia＞xjwie̯。

韻部Ⅶ

上古韻母：1.ien，2.iwen；3.i̯ĕn，4.i̯wĕn。

	上古	中古		上古	中古
1.天	tʻien	tʻien	3.人	ɳi̯ĕn	ɳʑi̯ĕn
2.淵	ʔiwen	ʔiwen	4.均	ki̯wĕn	ki̯uĕn

本部跟韻部Ⅳ一樣，主元音有長短的區别。帶長元音的一類至中古不變，帶短元音的一類，w强化作u：ki̯wĕn＞ki̯uĕn，其餘都保持不變。

韻部Ⅷ

上古韻母：1.iet，2.iwet；3.i̯ĕt，4.i̯wĕt；5.ied，6.i̯ĕd。

這裏也跟韻部Ⅴ一樣，帶韻尾-t和-d的兩類合爲一部。

	上古	中古		上古	中古
1.結	kiet	kiet	4.恤	si̯wĕt	si̯uĕt
2.穴	gʻiwet	ɣiwet	5.嚏	tied	tiei
3.吉	ki̯ĕt	ki̯ĕt	6.至	ȶi̯ĕd	tɕi

本部跟前面一些韻部類似，主元音分長短兩類。

帶-t的一類從上古至中古不變，僅第4類的w＞u。在帶-d的一類中我們碰到在韻部Ⅴ中曾經研究過的現象：韻尾-d元音化作-i，所以tied＞tiei。但是6中的d變作i以後，短ĕ在兩個i之間被吞没。到中古只剩下-i：ȶi̯ĕd＞ȶi̯ĕi＞tɕi。

韻部Ⅸ

上古韻母1.ən，2.wən；3.i̯ən，4.i̯wən；5.iən，6.iwən；7.æn，8.wæn；9.i̯æn，10.i̯wæn。

	上古	中古		上古	中古
1.跟	kən	kən	4a.君	ki̯wən	ki̯uən
2.昆	kwən	kuən	4b.春	ȶʻi̯wən	tɕʻi̯uĕn
3a.勤	gʻi̯ən	gʻi̯ən	5.先	siən	sien
3b.振	ȶi̯ən	tɕi̯ĕn	6.犬	kʻiwən	kʻiwen

本部有一個特徵，兩個主元音ə、æ始終保持短的性質。由於它們在《詩經》中自由押韻，所以我們把它們併作一部。這兩個音的音色雖然有相當大的差别，但是在聽覺上一定被認爲是足夠接近的，所以能够互相押韻。

首先，短主元音ə前的介音w總是强化作元音性的u：kwən＞kuən，等等。

此外，音變受聲母制約，這可以從下面的中古漢語音節結構得到説明：

ki̯ən	kiuən	○	○	○	○	○	○	piuən
○	○	ȶi̯ĕn	ȶi̯uĕn	li̯uĕn	tsi̯ĕn	tsi̯uĕn	pi̯ĕn	○

上古的ə在舌根音（喉音）後面和帶w(u)的唇音後面保持不變。但是在舌面音、舌尖音以及不帶w的唇音後面變作ĕ，而跟韻部Ⅶ的韻母合流。所以，在上面的例子中，g'i̯ən＞g'i̯ən，而ȶi̯ən＞tɕi̯ĕn；ki̯wən＞ki̯uən，而ȶ'i̯wən＞tɕ'i̯uĕn。這是牽涉到一大批字的重要變化。

在元音性的i後面，ə發生前高化：siən＞sien，k'iwən＞k'iwen。

	上古	中古
7.艱	kæn	kăn
8.鰥	kwæn	kwăn
9a.臻	tṣi̯æn	tṣi̯æn
9b.巾	ki̯æn	ki̯ĕn
10.隕	gi̯wæn	ji̯wĕn

這裏的æ是一個短而鬆的音，它有幾種不同的變化。在不帶i̯的情況下變作ă——聲音跟它很接近的一個音。在i̯後面，仍然保持舌面元音的特點，有時這個特點還加强了。其變化方向也跟剛才討論過的ə元音一樣受到聲母的制約。不過情況有所不同。它僅在舌根音和喉音後面變作ĕ：ki̯æn＞ki̯ĕn，ʔi̯æn＞ʔi̯ĕn，gi̯wæn＞ji̯wĕn。

韻部X

上古韻母：1.(ət，無字)，2.wət；3.i̯ət，4.i̯wət；5.iət，6.iwət；7.æt，8.wæt；9.i̯æt，10.i̯wæt；11.əd，12.wəd；13.i̯əd，14.i̯wəd；15.iəd，16.iwəd；17.æd，18.wæd；19.i̯æd，20.i̯wæd。

本部跟韻部V一樣分-t、-d兩類，只是因爲在《詩經》中自由押韻，所以併作一部。容易看出，這些韻跟韻部Ⅸ收-n諸韻有嚴格的平行關係，都分作ə和æ兩類。

	上古	中古		上古	中古
1.(無字)			4a.屈	k'i̯wət	k'i̯uət
2.卒	tswət	tsuət	4b.出	ȶ'i̯wət	tɕ'i̯uĕt
3a.訖	ki̯ət	ki̯ət	5.撇	p'iət	p'iet
3b.質	ȶi̯ət	tɕi̯ĕt	6.闋	k'iwət	k'iwet

上面的音變現象跟韻部ən完全一樣：除了6以外，w都變作u；韻母i̯ət、i̯wət中的主元音變化受聲母制約，舌根音（喉音）和帶w的唇音後面的ə保持不變：ki̯ət＞ki̯ət，k'i̯wət＞k'i̯uət，"弗"pi̯wət＞pi̯uət，但是舌面音、舌尖音以及不帶w的唇音後面的ə變作ĕ：ȶi̯ət＞tɕi̯ĕt，ȶ'i̯wət＞tɕ'i̯uĕt，元音性i後面的ə變作e，跟韻部ən情況一樣：

pʻiət＞pʻiet，kʻiwət＞kʻiwet。

	上古	中古
7.戛	kæt	kăt
8.滑	gʻwæt	ɣwăt
9a.瑟	şi̯æt	şi̯æt
9b.暨	ki̯æt	ki̯ĕt
10.橘	ki̯wæt	kiuĕt

æ跟韻部Ⅸ有相同的變化，前面如不帶i̯變作ă：kæt＞kăt；前面如帶i̯，聲母是舌根音的發生前高化，聲母是舌尖後音則不變，ki̯æt＞ki̯ĕt，而şi̯æt＞şi̯æt，它跟韻部ən的平行關係是很嚴格的。

	上古	中古		上古	中古
11.溉	kəd	kăi	14a.貴	ki̯wəd	kjwe̯i
12.退	tʻwəd	tʻuăi	14b.類	li̯wəd	ljwi
13a.氣	kʻi̯əd	kʻje̯i	15.戾	liəd	liei
13b.利	li̯əd	lji	16.惠	gʻiwəd	ɣiwei

初看去，中古的演變結果好像非常混亂、不規則，但是仔細觀察以後可以看出，它跟帶 -ət 一類的韻部Ⅸ完全平行。韻部Ⅴ中的語音律在這裏起着同樣的作用。爲了弄清這個問題，我在下面列出演變的先後階段：

	上古	階段 2	階段 3	中古
11.	kəd	kəi	kəi	kăi
12.	tʻwəd	tʻwəi	tʻwəi	tʻuăi
13a.	kʻi̯əd	kʻi̯əi	kʻi̯əi	kʻje̯i
13b.	li̯əd	li̯əi	li̯ĕi	lji
14a.	ki̯wəd	ki̯wəi	ki̯wəi	kjwe̯i
14b.	li̯wəd	li̯wəi	li̯wĕi	ljwi
15.	liəd	liəi	liei	liei
16.	gʻi̯wəd	gʻi̯wəi	gʻiwei	ɣʻiwei

第一個變化是韻尾-d都變作i，跟韻部ɑt的情況相同。在第二個階段，發生了韻部ən和ət類也發生過的變化。帶i̯的ə在舌根音（喉音）和帶w的唇音後面保持不變：13a.kʻi̯əi，14a.ki̯wəi，"費"pʻi̯wəd＞pʻi̯wəi；但是在舌面音、舌尖音和不帶w的唇音後面，它變作ĕ，而跟韻部Ⅷ合流：13b.li̯əi＞li̯ĕi，14b.li̯wəi＞li̯wĕi。另一方面，元音性i後面的ə，無論聲母是什麽都變作e：15.liəi＞liei，16.gʻiwəi＞gʻiwei，這跟韻部ən和ət一類也相同。在最後階段，先是出現跟韻部Ⅷ相平行的變化：短的舌面

元音ĕ在兩個舌面元音i之間被吞没：13 b.li̯ĕi＞lji，14 b.li̯wĕi＞ljwi（跟“至”ȶi̯ĕd＞ȶi̯ĕi＞ȶɕi同）。但是當這個短的ĕ消失以後，舌根音後面的兩個i之間的ə又演變爲新的e̯來（13 a.kʻi̯əi，14 a.ki̯wəi）。我們現在可以看到，由於聲母的影響，這一類的演變ə＞e̯延遲發生，直到很晚，也許在六朝才發生這個音變。當13 b的舌尖音已經變作lji的時候，13 a才變作kʻje̯i，14 a變作kjwe̯i。

13 a在日本吴音中讀作ke，可見（ki̯əd＞）ki̯əi確實發展爲前高元音：kje̯i。接着，我們在下文將要討論到，kje̯i在中古以後變作kji。所以，舌根音一類的kʻi̯əd跟舌尖音一類的li̯əd，演變過程完全一樣①，只是後者變化得快一點而已：

上古	階段2	階段3	中古	近古
kʻi̯əd	kʻi̯əi	kʻi̯əi	kʻje̯i	kʻji
li̯əd	li̯əi	li̯ĕi	lji	lji

最後，在階段3到中古的變化過程中，我們碰到一個以後經常碰到的非常重要的現象。短元音ə的前面如果不帶i̯或i，而且韻尾是-i，-m，-p（不是-n、-t，-ŋ，-k），要變作ǎ。這個從上古ə變來的ǎ總是短的，而從上古ɑ（韻部Ⅴ）變來的ɑ總是長的。所以有：11.（kəd＞）kəi＞kǎi，12.（tʻwəd＞）tʻwəi＞tʻuǎi。

可見，上表從əd變來的中古形式决不是雜亂無章的，而是某些特定的語音律的邏輯結果。這些語音律的大多數我們在前面幾個韻部中已經碰到過。這些語音律在下面韻部Ⅺ中同樣發生作用。

再轉到本韻部中帶主元音æ的一類：

	上古	中古		中古	中古
17.屆	kæd	kǎi	19.棄	kʻi̯æd	kʻji
18.簣	kʻwæi	kʻwǎi	20.匱	kʻi̯wæd	kjwi

這些韻母跟帶-t的對應韻類（7—10）完全平行，只是韻尾-d變作-i——這一點我們已經很熟悉了。

前面不出現i̯的æ變作ǎ（像7：kæt＞kǎt）。但是當前頭出現i̯，前高化更加厲害，19.kʻi̯æd先變作kʻi̯ei（就像“巾”ki̯æn＞ki̯ĕn），接着，跟前面所碰到過的情況一樣，兩個i之間的ĕ被吞没：ki̯ĕi＞kji。與此類似，20.ki̯wæd＞ki̯wĕi＞kjwi。

韻部ⅩⅠ

上古韻母：1.ər，2.wər；3.i̯ər，4.i̯wər；5.iər；6.ær，7.wær；8.i̯ær，9.i̯wær。

這裏也跟帶ən的韻部Ⅸ和帶ət的韻部Ⅹ一樣，主元音分ə和æ兩類。由於在

① 這意味着本類跟ən、ət的演變有所不同。ki̯ən、ki̯ət中的ə到中古不變，而kʻi̯əd則變作（kʻi̯əi＞）kʻje̯i，這種差別是從-d變來的-i尾的腭化作用引起的。

《詩經》中互相押韻，所以併作一部。

	上古	中古		上古	中古
1.哀	ʔər	ʔăi	4a.歸	ki̯wər	kjwe̯i
2.回	gʻwər	ɣuăi	4b.追	ȶi̯wər	ȶɕwi
3a.几	ki̯ər	kje̯i	5.氐	tiər	tiei
3b.脂	ȶi̯ər	tɕi			

這個韻部跟前一韻部中əd類的諸韻有絶對的平行關係。只要我們證明韻尾r跟əd中的韻尾d都元音化作i，我們就可以把下面的語音律也應用於本韻部。ə前如果不帶i̯變作ă：ər＞ăi，gʻwər＞ɣuɑi。i̯ər類的演變方向隨聲母是舌根音（喉音、帶w的唇音）或者舌面音、舌尖音的不同而不同：

3a. kiər＞ki̯əi＞ki̯əi＞kje̯i；3b. ȶi̯ər＞ȶi̯əi＞ȶi̯ĕi＞tɕi。

元音性的i後邊也發生同樣的音變：tiər＞tiei。本部每一點演變都跟əd相同。

唯一須加説明的是-r元音化作-i。這個變化在語音上好像不大可能。r是個舌尖音，發音部位是舌尖抵齒齦；i是舌面音，前舌面抵齒齦和硬腭。但是須要提醒，腭化的r也並不是一個罕見的現象，俄語中的tsar、teper都有一個典型腭化的r。此外還有一個現象更有啟發性：r是顫音，舌尖一般有多次的快速擊打，但是有時候擊打的次數會減少到二次或一次。後者的r跟d的區别很小，只是比塞音d有更大的動量和更快的速度，例如日語的r一般有顫動次數減少的傾向，常常只有一次擊打，非常像d。所以ryō（ri̯ō）常常發成像di̯ō。這樣，如果我們假定ər中的r由於在韻尾的位置，顫動次數劇減到只有一次或二次擊打，它就接近於跟əd中的d合流。因此，əd、i̯əd、iəd類跟ər、i̯ər、iər類由於韻尾輔音變作同一個元音，它們從上古到中古有完全相同的演變，這就非常自然了。

還有一點須要注意。我們已經知道韻尾d元音化作i，不僅在韻部X的ə後面發生這種變化，在韻部V的長ɑ後面也是如此：ɑd＞ɑi。但是本部的ər雖然變作əi，韻部Ⅵ中的ɑr（原來帶ɑ）卻失去韻尾變作中古的-ɑ，它並没有變作-ɑi。這一點區别反映了時代的差異，在對應的ɑd變作ɑi以前，ɑ後（ɑr）的r弱化、掉落。但是短ə（ər）後的r保存的時間較長，跟əd同時變作əi，於是兩者都變作中古的ăi：

上古	階段2	階段3	中古
ɑd	ɑd	ɑi	ɑi
ɑr	ɑ	ɑ	ɑ
əd	əd	əi	ăi
ər	ər	əi	ăi

再來看ær類。

	上古	中古
6.皆	kær	kăi
7.懷	gʻwær	ɣwăi
8.几	ki̯ær	kji
9.葵	gʻi̯wær	gʻjwi

r也都元音化作i。以後，它的變化就跟æd類（韻部X）完全一樣了，æd類的-d同樣元音化作i。我們可以看到：

kæd＞kăi；kʻwæd＞kʻwăi；kʻi̯æd＞kʻji；ki̯wæd＞kjwi。

變化的結果完全相同，韻部X æd類中已解釋過的語音律都適用於本類。

韻部XII

上古韻母：1.ɑm，2.am，3.i̯am，4.iam；5.ăm，6.i̯ăm，7.i̯wăm。

	上古	中古		上古	中古
1.甘	kɑm	kɑm	5.陷	gʻăm	ɣăm
2.芟	sam	ṣam	6.欠	kʻi̯ăm	kʻi̯ɐm
3.拑	gʻi̯am	gʻi̯ɛm	7.範	bʻi̯wăm	bʻi̯wɐm
4.玷	tiam	tiem			

這個部跟韻部IX（ɑn）有完全的平行關係，主元音也都分長、短兩類，長元音有ɑ和a。ɑ、a和ă前頭如果沒有i̯或i，到中古保持不變。輔音性的i̯後面出現弱音變：gʻi̯am＞gʻi̯ɛm，元音性的i後面出現强音變：tiam＞tiem。i̯後的ă變作鬆的ɐ：kʻi̯ăm＞kʻi̯ɐm。這些音變的每一步都見之於韻部IV。

韻部XIII

上古韻母：1.ɑp，2.ap，3.i̯ap，4.iap；5.ăp，6.i̯ăp，7.i̯wăp；8.ɑb，9.i̯ăb。

	上古	中古		上古	中古
1.臘	lɑp	lɑp	6.怯	kʻi̯ăp	kʻi̯ɐp
2.甲	kap	kap	7.法	pi̯wăp	pi̯wɐp
3.獵	li̯ap	li̯ɛp	8.蓋	kɑb	kɑi
4.頰	kiap	kiep	9.去	kʻi̯ăb	kʻi̯wo
5.插	tṣʻăp	tṣʻăp			

以-p收尾的字跟前一韻部的ɑm類完全平行，不須再加説明；演變的規律也嚴格一致。

最後兩類8、9的情況比較複雜。總的説來，上古漢語的韻尾-b只留下些微痕迹。這種痕迹在《詩經》中已經找不到了，因爲《詩經》的語言是以某種方式加工過的。但是從諧聲體系可以發現一些帶-b的字。8“蓋”在中古有異讀ɣap和kai，這説明它在上古讀gʻap和kab。kab先變作帶-d的韻部（在下一韻部我們會碰到幾個b＞d的可靠例子），以後跟着原來的上古韻部ad一起變化：kab＞kad＞kai。“去”的中古音kʻi̯wo。有幾個以“去”爲聲符的字，如6“怯”，中古讀kʻi̯ɐp，上古應該讀kʻi̯ăp，所以“去”的原來讀音可能是kʻi̯ăb。“胠”的一對異讀更有説服力：讀音kʻi̯ɐp（＜kʻi̯ăp）的意思是從旁邊打開、搶劫，讀音kʻi̯wo（＜kʻi̯ăb）的意思是身側、脅。kʻi̯ăb顯然很早就變作kʻi̯o了（《詩經》中跟韻部-o通押），以後跟隨原來的-o（韻部Ⅱ）發生裂化：“去”kʻi̯ăb＞kʻi̯o＞kʻi̯wo。

韻部XⅣ

上古韻母：1.əm，2.i̯əm，3.iəm；4.æm，5.i̯æm；6.um，7.i̯um。

	上古	中古		上古	中古
1.南	nəm	năm	5.潛	dzʻi̯æm	dzʻi̯ɛm
2.今	ki̯əm	ki̯əm	6.芃	bʻum	bʻuŋ
3.墊	tiəm	tiem	7.風	pi̯um	pi̯uŋ
4.咸	gʻæm	ɣăm			

這里有三類韻：一類主元音是短ə，一類是短æ，一類是u（可能是ŭ？），在《詩經》中合爲一個韻部。這個韻部的大多數語音律已經在前面碰到過。

不帶i̯的ə在韻尾i、m、p（見韻部X）前變作ă，所以nəm變作中古的năm。i後的ə則保持不變：ki̯əm＞ki̯əm。在元音性的i後面發生音變（就像韻部Ⅸ的siən＞sien）：tiəm＞tiem 。

不帶i̯的æ變作ă（就像韻部Ⅸ的æn＞ăn）：gʻæm＞ɣăm。而在i̯後則發生音變：dzʻi̯æm＞dzʻi̯ɛm。

以上古-um、i̯um作韻母的少數字由於異化作用變作中古-uŋ、i̯uŋ：u和m都是合口音，不允許並列在一起，於是後者舌根化作ŋ。

韻部XⅤ

上古韻母：1.əp，2.i̯əp，3.iəp；4.æp，5.i̯æp；6.wəb，7.i̯əb。

	上古	中古		上古	中古
1.納	nəp	năp	5.慴	ȶi̯æp	ȶɕi̯ɛp
2.給	ki̯əp	kiəp	6.内	nwəb	nuăi
3.褶	dʻiəp	dʻiep	7.摯	ȶi̯əb	ȶɕi
4.祫	gʻæp	ɣăp			

這裏跟韻部ɑp（XIII）一樣，分-p、-b兩類。在前一類中，主元音跟韻部əm（XIV）一樣也有ə和æ。韻部əm中的語音律，在-p類韻中同樣起作用，而且有嚴格平行的關係。不帶i̯的ə變作ɑ̆：nəp＞nɑ̆p；帶i̯的ə保持不變：ki̯əp＞ki̯əp；元音性i後面發生音變：d'i̯əp＞d'i̯ɛp，不帶i̯的æ變作ă：g'æp＞ɣăp；在i̯後面則發生音變：ȶi̯æp＞tɕi̯ɛp。

帶-b的字初看去好像很不規則，但實際上並不如此。我們在韻部ɑp（XIII）已經提到，上古漢語只有少許以-b收尾的字，在《詩經》語言中好像找不到，它們在《詩經》的方言中已經變作其他音了，但是通過諧聲體系還可以找到幾個比較肯定的例子，例如"納"nəp（＞nɑ̆p）和"内"nwəb（＞nuɑ̆i），"執"ȶi̯əp（＞tɕi̯əp）和"摯"ȶi̯əb（＞tɕi）是同源詞[1]。這些例子原來帶-b是肯定的。它們的變化跟韻部ɑp（XIII）中帶-b的一類韻相一致。韻部ɑp中b變作d，以後按規定元音化作i：

蓋kɑb＞kɑd＞kɑi

這裏的情況也完全相同：内nwəb＞nwəd＞nuɑ̆i，

摯ȶi̯əb＞ȶi̯əd＞ȶɕi̯ĕi＞ȶɕi。

《詩經》語言已經到達中間階段nwəd，因爲"内"字在《詩經》中跟ət（韻部X）通押。nwəd＞nuɑ̆i是完全規則的，根據韻部X已經建立的語音律，d元音化作i，ə在i前變作ɑ̆。

韻部XVI

上古韻母：1.ɑŋ，2.wɑŋ；3.i̯ɑŋ，4.i̯wɑŋ；5.ăŋ，6.wăŋ；7.i̯ăŋ，8.i̯wăŋ。

	上古	中古		上古	中古
1.剛	kɑŋ	kɑŋ	5.庚	kăŋ	kɐŋ
2.光	kwɑŋ	kwɑŋ	6.横	g'wăŋ	ɣwɐŋ
3.疆	ki̯ɑŋ	ki̯ɑŋ	7.京	ki̯ăŋ	ki̯ɐŋ
4.筐	k'i̯wɑŋ	k'i̯wɑŋ	8.兄	xi̯wăŋ	xi̯wɐŋ

跟前面許多韻部一樣，本部分兩類：一類帶長主元音（ɑ或a），一類帶短主元音（ă）。前者在中古保持不變，後者變成鬆元音。

韻部XVII

上古韻母：1.ɑk，2.wɑk；3.i̯ɑk，4.i̯wɑk；5.ăk，6.wăk；7.i̯ăk；8.ɑg，9.wɑg；10.i̯ɑg，11.i̯wɑg；12.ăg，13.wăg；14.i̯ăg。

本部也分-k、-g兩類。每一類的主元音既有長的（ɑ、a），也有短的（ă）。這一韻部的韻類雖沒有韻部aŋ那麼齊全，但是關係完全平行。

① 還有其他一些同源詞可作佐證："合"g'əp（＞ɣăp）和"會"g'wəb（＞g'wəd＞ɣuɑ̆i）；"答"təp（＞tăp）和"對"twəb（＞twəd＞tuɑ̆i）。

	上古	中古		上古	中古
1.鶴	gʻak	ɣak	5.百	păk	pɐk
2.郭	kwak	kwak	6.虢	kwăk	kwɐk
3.若	n̑i̯ak	n̑ʑi̯ak	7a.逆	ŋi̯ăk	ŋi̯ɐk
4.矍	ki̯wak	ki̯wak	7b.昔	si̯ăk	si̯ɛk

長主元音的韻類（1—4）和不帶i̯介音的短主元音的韻類，跟韻部aŋ（XⅥ）有絶對的平行關係。韻母i̯ăk（好像不存在i̯wăk）的變化隨聲母而異（比較韻部XⅪ），在舌根音後面，上古的i̯ăk變作中古i̯ɐk（跟韻部aŋ同）：ŋi̯ăk＞ŋi̯ɐk，在舌尖音和舌面音後面則有音變：si̯ăk＞si̯ɛk。

	上古	中古		上古	中古
8.度	dʻag	dʻuo	12.怕	pʻăg	pʻa
9.護	gʻwag	ɣuo	13.樺	gʻwăg	ɣwa
10.寫	si̯ag	si̯a	14.射	ɕi̯ăg	ɕi̯a
11.庶	ɕi̯wag	ɕi̯wo			

韻尾g在帶其他主元音的韻部中發生元音化，但是這個韻部中，在a、a、ă後面不留任何痕迹（參看以下各韻部）。帶短元音的一類（12—14）很簡單：上古ă到中古保持不變，僅僅聲音增長，占據整個韻母。

帶長主元音的一類（8—11）情況稍爲複雜一點。不帶w的開a，即10“寫”保持不變。但是後a（8、9）和帶w的a（11）“暗化”作o，以後發生了跟韻部Ⅱ的-o和-wo相同的變化：8.度dʻag＞dʻo＞dʻuo

9.護gʻwag＞gʻwo＞ɣuo

11.庶ɕi̯wag＞ɕi̯wo＞ɕi̯wo

比較韻部Ⅱ：古ko＞kuo

孤kwo＞kuo

但是這個看起來非常簡單的事實，並未能解決本韻部歷史演變中的困難。這是一個上古時期已經出現方言分歧的韻類。諧聲關係清楚地表明這一組韻中都帶韻尾g，主元音是a、a、ă。但在《詩經》方言中-g已經退化，並被喉塞音所取代[①]，同時元音變作o。《詩經》方言的變化是：

8.dʻag＞dʻoʔ　　12.pʻăg＞pʻoʔ

9.gʻwag＞gʻwoʔ　　13.gʻwăg＞gʻwoʔ

① 這種變化只發生在帶a的韻部，在帶其他主元音的韻部，如əg、og，則不發生，在《詩經》語言中這些韻的-g還是很强的。舌根韻尾變作喉塞韻尾的現象在現代漢語方言中很普遍。

10.çi̯ag > çi̯oʔ　　14.çi̯ăg > çi̯oʔ

11.çi̯wag > çi̯woʔ

這就是韻部ɑk中-g類字在《詩經》中不跟ɑk類字押韻，而跟韻部o（Ⅱ）中的-o類字（"古"ko）押韻的原因。

但是《詩經》的一些强大的姐妹方言，顯然是保存ɑg、wɑg的，因爲我們發現，在漢代中期這個-g還是强而有力的。此外，《切韻》的幾乎所有其他韻類都像是從《詩經》方言直接發展而來，但是在這一點上則反映出它的直接母語只不過是《詩經》方言的一個姐妹方言。《切韻》母語ɑ、a、ă在10、12—14中從來没有變作o："寫"si̯ag > 中古si̯a，"怕"p'ăg > p'a，等等，同時韻尾-g在早期也從來没有掉落過①。

韻部XⅧ

上古韻母：1.ĕŋ，2.wĕŋ；3.i̯ĕŋ，4.i̯wĕŋ；5.ieŋ，6.iweŋ。

	上古	中古		上古	中古
1.耕	kĕŋ	kæŋ	4.傾	k'i̯wĕŋ	k'i̯wɛŋ
2.嶸	g'wĕŋ	ɣwæŋ	5.經	kieŋ	kieŋ
3.輕	k'i̯ĕŋ	k'i̯ɛŋ	6.螢	g'iweŋ	ɣiweŋ

這裏也跟前頭的許多部一樣，主元音分長的e和短的ĕ兩大類。前者僅出現在元音性介音i之後，到中古保持不變（5、6）。而短元音則發生開化：i̯以後變作ɛ：k'i̯ĕŋ > k'i̯ɛŋ；在不帶i̯的情況下變得更開更鬆：kĕŋ > kæŋ。

韻部XⅨ

上古韻母：1.ĕk，2.wĕk；3.i̯ĕk；4.iek，5.iwek；6.ĕg，7.wĕg；8.i̯ĕg，9.i̯wĕg；10.ieg，11.iweg。

這個韻部跟有些韻部相同，也分-k、-g兩類。由於在《詩經》中互相押韻，併作一個韻部。

	上古	中古		上古	中古
1.責	tsĕk	tʂæk	4.擊	kiek	kiek
2.畫	g'wĕk	ɣwæk	5.鶪	kiwek	kiwek
3.易	di̯ĕk	i̯ɛk			

本部跟ĕŋ韻部有完全平行的關係，只是韻類不及後者齊全。它們從上古到中古的演變過程是完全一樣的，帶長元音e的韻不變：kiek > kiek；i̯後的ĕ開化作ɛ：di̯ĕk

① 11"庶"çi̯wag在早期没有變作çi̯wo，否則它到中古會變作çi̯u，就像"吁"xi̯wo變成中古xi̯u一樣。可參韻部Ⅱ。

＞i̯ɛk，在没有 i̯ 的情況下開化作 æ：tsĕk＞tʂæk。

	上古	中古		上古	中古
6.解	kĕg	kai	9.跬	kʻi̯wĕg	kʻjwie̯
7.挂	kwĕg	kwai	10.帝	tieg	tiei
8.知	ti̯ĕg	ʈie̯	11.圭	kiweg	kiwei

這一類比較複雜，但是其中起作用的許多語音律都是曾經碰到過的。

首先，我們必須把 8、9 兩類拿出去，因爲它們很早就由於類推作用被另一個大韻吞併，脱離了本類中其他韻的共同演變方向。8 和 9 的韻尾 -g 可從《詩》韻和諧聲關係中得到證明，但是在周代後期它已經併到韻部Ⅰ的 -ia 中去了，在《莊子》《老子》《荀子》中它跟 -ia、-a 押韻，因此跟韻部Ⅰ的 6 "皮" bʻia＞bʻjie̯ 發展方向相同：8 ti̯ĕg＞晚周 tiă＞中古 ʈie̯。與此類似，由於 "虧" kʻwia＞kʻjwie̯ 的類推作用，9 kʻi̯wĕg＞晚周 kʻwiă＞中古 kʻjwie̯（iw＞wi 换位也跟韻部Ⅵ相同）。

其他韻類的演變比較好解釋。跟所有帶 -g 韻尾的韻一樣，-g 都消失了。由於這裏的主元音是前高元音，所以 -g 尾元音化作 -i。這就解釋了帶長主元音韻類的演變，tieg＞tiei，kiweg＞kiwei。但是帶短主元音的韻類中，像 "解" 變作 kĕi 和 "挂" 變作 kwĕi 以後，變化並不就此停止。這時候一條大家很熟悉的語音現象區分律（differentiation）起作用了。許多語言都有此現象，例如德語，在區分律的作用下 ei 變作 ai：bei 讀作 bai，geist 讀作 gaist。這種音變發生的原因是兩個聲音很接近的元音前後相隨，互相之間太相似了，須要把它們更清楚地分開來，形成更明顯的對立，這樣，其中的一個音要從原來前高的位置上倒退一步：ei＞ai。這裏的 eg 類就發生了這種變化，在下面的幾個韻部中也會碰到這種變化："解" kĕg＞kĕi＞kai，"挂" kweg＞kwĕi＞kwai。

ĕ 變作中古的長 a，而没有像預料的那樣變作短 ă，這一點令人不解。我只能敘述這個事實，却不能解釋它。

韻部ⅩⅩ

上古韻母：1.əŋ，2.wəŋ，3.i̯əŋ；4.æŋ，5.wæŋ；6.i̯ŭŋ。

	上古	中古		上古	中古
1.登	təŋ	təŋ	4.橙	dʻæŋ	ɖʻæŋ
2.肱	kwəŋ	kwəŋ	5.宏	gʻwæŋ	ɣwæŋ
3.兢	ki̯əŋ	ki̯əŋ	6.弓	ki̯ŭŋ	ki̯ŭŋ

帶主元音 ə 和 æ 的韻類不須要説明，它們到中古保持不變。但是 6 須加解釋。

在上面一系列韻部中都有帶長主元音的一類（如韻部Ⅳ an、i̯an）和帶短主元音的一類（如Ⅳ ăn、i̯ăn），韻部 -uŋ（ⅩⅩⅤ）也如此。上古存在uŋ、i̯uŋ，也存在ŭŋ、i̯ŭŋ。在《詩經》中，an、i̯an、ăn、i̯ăn能互相押韻，uŋ、i̯uŋ跟ŭŋ是能押韻的，但是i̯ŭŋ（弓類）卻不跟韻部ⅩⅩⅤ的三類韻母押韻，而跟韻部ⅩⅩ的əŋ韻類通押。這説明在i後面，i̯ŭŋ中的短ŭ（而不是i̯uŋ中的長u）具有更開更鬆的音色，有點像英語value中的u，聲音接近於ə，而不是uŋ、i̯uŋ、ŭŋ中又緊又窄的u。

這種現象不僅發生在《詩經》，也發生在晚周的其他詩歌，所以我們根據《詩經》押韻把i̯ŭŋ從韻部ⅩⅩⅤ移到韻部ⅩⅩ中來，但是從歷史和發生學角度考慮則應該歸於韻部ⅩⅩⅤ的。到中古，-ŋ前長短u的對立消失，ki̯ŭŋ變作ki̯uŋ。

韻部ⅩⅩⅠ

上古韻部：1.ək，2.wək；3.i̯ək，4.i̯wək；5.æk，6.wæk；7.i̯ŭk；8.əg，9.wəg；10.i̯əg，11.i̯wəg；12.æg，13.wæg；14.i̯ŭg。

這裏跟前面許多韻部一樣，分-k、-g兩類，由於在《詩經》中互相押韻，所以併作一部。主元音有ə、æ、ŭ，跟剛才討論過的韻部əŋ相同。

	上古	中古		上古	中古
1.得	tək	tək	5.革	kæk	kæk
2.國	kwək	kwək	6.麥	mwæk	mwæk
3.亟	ki̯ək	ki̯ək	7.囿	gi̯ŭk	ji̯uk
4.域	gi̯wək	ji̯wək			

這些韻類跟韻部əŋ有嚴格的平行關係，ək（1—4）和æk（5—6）到中古保持不變。從歷史來源看，韻部uk（ⅩⅩⅥ）應該包括uk、i̯uk、ŭk、i̯ŭk。i̯ŭk移到本部中來，原因跟i̯ŭŋ一樣，i̯後短ŭ的聲音比起其他韻來，開而鬆，所以在上古詩歌中跟ək押韻。上古i̯ŭk變作中古的ji̯uk，長短u的區別消失。

	上古	中古		上古	中古
8a.該	kəg	kăi	11.龜	ki̯wəg	kjwi
8b.母	məg	mə̯u	12.戒	kæg	kăi
9a.灰	xwəg	xuăi	13.怪	kwæg	kwăi
9b.梅	mwəg	muăi	14.久	ki̯ŭg	ki̯ə̯u
10.基	ki̯əg	kji			

這一系列韻顯得很混亂。我們不妨從14開始分析，它跟韻部əŋ（ⅩⅩ）的i̯ŭŋ和韻部ək（ⅩⅩⅠ）的i̯ŭk有平行關係：i̯ŭg在發生學上應該歸於韻部ⅩⅩⅥ，與ug、i̯ug、ŭg列在一起；由於i̯後的ŭ有一個鬆而開的變體，所以在《詩經》中跟本部的əg類押韻，我們就把它移到這裏來。i̯ŭg中的g在後高元音ŭ後面元音化作u，以後，ki̯ŭu變作

ki̯əu。

對 14 作了這樣處理以後，再回過頭來討論 8—11。初看去，它們的中古形式非常混亂，毫無規則，但是我們已經討論過的大多數語音律在這裏又重新碰到。我們暫時把 8b 和 9b（唇音）放一放，集中討論 8a、9a、10、11。這幾個韻類的韻尾 g 也失去，由於 g 出現在 ə 之後，它跟韻部 ek（XIX）中 e、ĕ、æ 後面的情况一樣，都元音化作 i。第一步的變化結果是：

8a.kəi　　9a.xwəi　　10.ki̯əi　　11.ki̯wəi

以後 i̯- 和 -i̯ 之間的 ə 完全消失：10.ki̯əi 變作 kji，11.ki̯wəi 變作 kjwi①。但是 8a、9a 的 əi 由於前頭没有 i̯，變化結果不一樣：ə 没有失去，而是變作 ǎ：kəi＞kǎi，xwəi＞xwǎi，跟韻部 əm（XIV）中的 əm 變作中古 ǎm，韻部 əp（XV）中的 əp 變作 ǎp 相同。由此可以確定如下的演變過程 8.kəg＞kəi＞kǎi，9.xwəg＞xwəi＞xwǎi。

我們再來討論 8b 和 9b，即唇聲母後面的 əg、wəg。8b 的唇音聲母引起與其他聲母不一樣的變化，注意到這一點很重要。跟 kəg＞kəi＞kǎi 相比較，8b.məg 中的 m 使元音發生圓唇化：先變作 mŭg，跟韻部 XXVI 中的 -ŭg 合流，以後再一道變化。“彀”類 kŭg 變作中古的 kə̯u，8b.məg 則通過 mŭg 階段變作 mə̯u。

我們原來預料 9b 也會發生類似的變化，但是卻没有發生。顯然，後響複合元音 wə 使 mwəg 保持複合元音的特點，而且不受唇音的影響，mwəg 變作 mwəi＞muǎi，跟 xwəg＞xwəi＞xuǎi 的變化相同。

最後，這個韻部還剩下 æg 和 wæg 兩類。我們在上文已經知道，ən:æn、ət:æt、əd:æd、əŋ:æŋ、ək:æk 在《詩經》中互相押韻，所以 æg 也和 əg 通押。-g 在 æ 後面元音化作 -i。“戒”kæg＞kæi，“怪”kwæg＞kwæi，以後區分律發生了作用：kæi＞kǎi，kwæi＞kwǎi。

下面我們列出各個階段的變化情况：

8a.kəg＞kəi＞kǎi

8b.məg（＞mŭg）＞mu＞mə̯u

9a.xwəg＞xwəi＞xuǎi

9b.mwəg＞mwəi＞muǎi

10.ki̯əg＞ki̯əi＞kji

11.ki̯wəg＞ki̯wəi＞kjwi

① 這裏的變化跟韻部 ət（X）不同，那裏是“氣”k‘i̯əd＞k‘i̯əi＞k‘je̯i。這説明這兩個變化不是同時發生的。如果“基”的 ki̯əi 階段跟“氣”k‘i̯əi 同時，它們在中古就不會有不同的結果了。

12.kæg＞kæi＞kăi

13.kwæg＞kwæi＞kwăi

14.ki̯ŭg＞ki̯u̯u＞ki̯ə̯u

韻部XXII

上古韻母：1.ɷŋ，2.i̯ɷŋ，3.ɷ̆ŋ。

	上古	中古
1.冬	tɷŋ	tuoŋ
2.宫	ki̯ɷŋ	ki̯uŋ
3.降	kɷ̆ŋ	kɔŋ

像前面大多數韻部一樣，這裏也分長主元音（1、2）和短主元音（3）。

ɷŋ中的ɷ分裂作中古的uoŋ，就像韻部II"古"ko變作中古的kuo。但是i̯後的ɷ變閉：ki̯ɷŋ＞ki̯uŋ——我們在上文經常碰到帶或不帶i̯會有不同的變化的現象。

短ɷ̆變開變鬆：kɷ̆ŋ＞kɔŋ，這跟韻部ĕŋ（XVIII）中的ĕ變成開而鬆的æ（kĕŋ＞kæŋ）差不多。

韻部XXIII

上古韻母：1.ɷk，2.i̯ɷk，3.iɷk；4.ɷ̆k；5.ɷg，6.i̯ɷg，7.iɷg；8.ɷ̆g。

這裏也像通常情況那樣分-k、-g兩類，每一類都有長主元音，也有短主元音。

	上古	中古		上古	中古
1.酷	k'ɷk	k'uok	3.戚	ts'iɷk	ts'iek
2.菊	ki̯ɷk	ki̯uk	4.學	g'ɷ̆k	ɣɔk

1、2、4類跟剛才討論過的韻部ɷŋ（XXII）有嚴格的平行關係。tɷŋ通過裂化變成中古的tuoŋ，這裏的k'ɷk也變作中古的k'uok；i̯後面的ɷ變成閉的u：ki̯ɷŋ＞ki̯uŋ，這裏是ki̯ɷk＞ki̯uk；短的ɷ̆變成開而鬆的ɔ，這裏g'ɷ̆k＞ɣɔk。

-k韻部比起-ŋ韻部多出一類：帶元音性i的3.ts'iɷk。如果不是《詩經》韻和諧聲關係表明它的主元音爲ɷ，而僅僅根據它的中古形式ts'iek，我們真難決定是不是該把它放到韻部ɷk中來。不過把ts'iɷk變成ts'iek的理由弄明白並不難。强的元音性i（跟弱的輔音性i̯對立）造成音變：ts'iɷk＞ts'iøk，接着是許多語言中常見的非圓唇化音變（如德語方言中的schön＞schen）：ts'iøk變成s'iek。

	上古	中古		上古	中古
5.告	kɷg	kɑu	7.蕭	siɷg	sieu
6.求	g'i̯ɷg	g'i̯ə̯u	8.巧	k'ɷ̆g	k'au

在前面一些韻部中，上古帶-g的韻向中古音的演變有點奇怪，但是只要仔細考

察，就會發現造成這些音變的語音律都是大家熟知的、合情合理的，而且是在其他各方面已得到驗證的。本韻部也是這樣。初看去，中古的kɑu、gʻi̯ə̯u、ieu、kʻau從整齊的上古音演變而來，好像完全不可能。但是一旦分析了造成這些韻類的語音律，我們就會明白這些演變是十分自然和一致的。

首先，-g尾也照樣消失，在本韻部中它出現在後高元音ɷ之後，所以元音化作u，kɷg＞kɷu。以後，根據帶或不帶介音i̯的語音條件而有不同的變化方向。

在不帶i̯的5.kɷu和8.kʻɷ̆u中，我們又碰到韻部ĕk（XIX）所曾討論過的現象。

由於區分律，ĕi變作中古的ai，就像德語geist＞gaist，e跟i的性質太近，聲音太像了，都是前高元音，爲了强調它們之間的對立，互相之間產生了一種區分作用：ĕi＞ai。這裏也出現同樣的現象。ɷ和u都是很高很後的圓唇元音，要結合成一個發音清楚的複合元音，它們是過於接近和相似了。於是在區分律的作用下，第一個元音變開變前，成爲a一類的元音。帶長元音的kɷu變成kɑu（帶後ɑ），帶短元音kʻɷ̆u變成kʻau（帶前a）。後一類所變成的元音比前一類更開，這跟前頭韻部所見到的趨勢是一致的，短元音傾向於變開：ĕŋ＞æŋ（XVIII），ɷ̆ŋ＞ɔŋ（XXII），本韻部的kʻɷ̆u＞kʻau再一次證明了這個趨勢。

韻類6、7變化有點不一樣——帶i̯和帶i，變化的方向不同，這個現象在前面幾個韻部已經碰到過。

"求"gʻi̯ɷg的g元音化作u以後，跟韻部ək（XXI）"久"ki̯ŭg的聲音已經十分相似，兩者一起變成相同的中古音。"久"ki̯ŭg先變作ki̯ŭu，再變作中古ki̯ə̯u；"求"gi̯ɷg先變作gʻi̯ɷu再變作中古gʻi̯ə̯u。所以，中古的i̯ə̯u有兩個不同的上古來源：i̯ŭg和i̯ɷg。

最後，帶强的元音性i的"蕭"siɷg跟-k類嚴格平行。"戚"tsʻiɷk受i影響先變作tsʻiøk，以後非圓唇化作tsʻiek。這裏的siɷg也是先受i影響變作siøu，以後再非圓唇化作sieu。

由此，我們給這些非常複雜的韻類擬成如下的演變過程：

5.kɷg＞kɷu＞kɑu	7.siɷg＞siøu＞sieu
6.gʻi̯ɷg＞gʻi̯ɷu＞gʻi̯ə̯u	8.kʻɷ̆g＞kʻɷ̆u＞kʻau

韻部XXIV

上面諸韻部中只有一個帶-ŋ的o類元音的韻部，即韻部XXII，帶閉的ɷ：ɷŋ、i̯ɷŋ、ɷ̆ŋ。但是帶-k、-g的o類韻部就多了，總共有兩個韻部。一個帶閉的ɷ，即剛才討論過的韻部XXIII，包括ɷk、i̯ɷk、iɷk、ɷ̆k；ɷg、i̯ɷg、iɷg、ɷ̆g。另一個帶開的o。這個韻部雖然在《詩》韻和諧聲系統中都大體上跟帶ɷ的韻部有區別，但是在結構上跟帶ɷ的韻部有聯繫，聲音也很接近，所以通押和互諧的例子不是僅見的例外。

此外，這兩個韻部從上古到中古的發展互相平行，這也是合情合理的。

上古韻母：1.ok，2.i̯ok，3.iok；4.ŏk；5.ɔk；6.og，7.i̯og，8.iog；9.ŏg。

這裏也像通常的情況那樣分-k、-g兩類，有長主元音，也有短主元音。

	上古	中古		上古	中古
1.沃	ʔok	ʔuok	4.較	kŏk	kɔk
2.虐	ŋi̯ok	ŋi̯ak	5.樂	lɔk	lɑk
3.的	tiok	tiek			

容易看出，至少有三個韻類，1、3和4，跟對應的韻部ɷk（XXIII）有相同的演變過程。

1.ʔok裂化變成ʔuok；3.tiok受i影響先變作tiøk，以後非圓唇化作tiek。4.kŏk從短的ŏ變成開而鬆的ɔ。

剩下的兩類須要作一點説明。前一韻部的"菊"中，閉而暗的ɷ變作更閉的u：ki̯ɷk＞ki̯uk。而本韻部開而亮的o卻有别樣的變化，在輔音性i̯後發生非圓唇化：2.ŋi̯ok＞中古ŋi̯ak，跟韻部ɑk（XVII）的-i̯ak合流。5.lɔk在韻部ɷk中没有對應的韻類。它是一個短而且很開的聲音，慢慢地繼續變開，成爲中古的lɑk，並跟韻部ɑk（XVII）中的-ɑk合流。

	上古	中古		上古	中古
6.高	kog	kɑu	8.皎	kiog	kieu
7.矯	ki̯og	ki̯ɛu	9.郊	kŏg	kau

g在後高元音後面元音化作u，跟韻部ɷk相同，其餘的變化只須運用韻部ɷk和剛才討論過的本韻部-k類諸韻中的語音律即可。

6、8、9類跟韻部ɷk對應的韻類（ɷg、iɷg、ɷ̆g）有完全一致的變化，到中古變爲相同的韻母。6.kog變作kou，以後在區分律作用下變作kɑu；9.kŏg變作kŏu，在區分律作用下變作kau；8.iog在元音性i的影響下變作kiøu，以後非圓唇化變作kieu，這些變化都曾見諸ɷk韻部。

此外，7也遵循業已建立的語音律。我們知道，韻部ɷk中帶閉元音的"菊"ki̯ɷk變作ki̯uk；本韻部帶開元音的"虐"ŋi̯ok由於非圓唇化變作ŋi̯ak。帶-g諸韻有同樣的現象：韻部ɷk中帶閉元音的"求"gʻi̯ɷg變作gʻi̯ɷu，再變作gʻi̯ə̯u；這裏帶開元音的"矯"kʻi̯og先非圓唇化作ki̯au（o＞a），以後在介音影響下變作ki̯ɛu。韻部IV在輔音性i̯的影響下，産生開的ɛ，在元音性i的影響下産生閉的e，這裏同樣是ki̯og＞ki̯au＞ki̯ɛu，kiog＞kiøu＞kieu。

韻部XXV

上古韻母：1.uŋ，2.i̯uŋ；3.ŭŋ。

這裏同樣有長元音和短元音的區别。應該還有一個韻類i̯ŭŋ跟3對應，這個i̯ŭŋ事實上是存在的（“弓”類），由於上面已詳加解釋過的原因，移到韻部əŋ（XX）去了。

	上古	中古		上古	中古
1.工	kuŋ	kuŋ	3.江	kŭŋ	kɔŋ
2.恭	ki̯uŋ	ki̯woŋ			

1保持不變，3遵循短元音到中古變開變鬆的規律。我們在上頭已經討論過ĕŋ＞æŋ，ŏ̆ŋ＞ɔŋ，ŏŋ＞ɔŋ等等，可以説，這裏的3也加進了這股潮流，跟ŏ̆ŋ、ŏŋ合流變作中古的ɔŋ。

2的情況更有意思。u的後面生出一個過渡音，分裂成wo：ki̯uŋ＞ki̯u°ŋ＞ki̯woŋ，這個變化在語音上一點也不奇怪。至於這種裂化只影響到帶介音i̯的字，而不影響不帶介音的字，要解釋它也没有什麽大的困難。前面各韻部中我們已經碰到過許多例子，帶i̯或不帶i̯有不同的發展。真正困難的是年代問題。我們已經證明過韻部ɷŋ（XXII）中的i̯ɷŋ發展爲中古的i̯uŋ（宫ki̯ɷŋ＞ki̯uŋ）；在這裏我們又認爲“恭”ki̯uŋ＞ki̯woŋ。很顯然，從《詩經》時代的上古漢語到《切韻》時代的中古漢語的發展過程中，後一個音變發生得較早，前一個音變的時代較晚：

ki̯ɷŋ＞ki̯ɷŋ＞ki̯ɷŋ＞中古ki̯uŋ

ki̯uŋ＞ki̯u°ŋ＞ki̯woŋ＞中古ki̯woŋ

换句話説，一定有一個“宫”ki̯ɷŋ跟“恭”ki̯woŋ並存的時期。當帶閉ɷ的i̯ɷŋ變作i̯uŋ的時候，從寄生性過渡音變化而來的i̯woŋ中的開o，在中古漢語中留了下來。

韻部XXVI

上古韻母：1.uk，2.i̯uk；3.ŭk；4.ug，5.i̯ug；6.ŭg。

這裏也分-k、-g兩類，每一類都有長主元音和短主元音。跟3、6對應的i̯ŭk、i̯ŭg爲什麽没有在這個韻部出現，上面已經解釋過：它們在上古漢語中無疑是存在的（囿gi̯ŭk，久ki̯ŭg），由於i̯後面的ŭ有特殊的開的音色，在《詩經》中跟韻部ək（XXI）通押，所以我們把它們移到韻部XXI去了。

	上古	中古		上古	中古
1.谷	kuk	kuk	3.角	kŭk	kɔk
2.曲	k‘i̯uk	k‘i̯wok			

這些韻的演變跟韻部uŋ（XXV）嚴格平行，那裏已經討論過的内容也適用於本部：1.kuk保持不變；短的kŭk變作kɔk；k'i̯uk增生出一個過渡音，引起裂變：k'i̯ŭ°k＞k'i̯wok。

	上古	中古		上古	中古
4.瞀	mug	mə̣u	6.瞉	kŭg	kə̣u
5.仆	p'i̯ug	p'i̯u			

韻尾g也失落，由於在u之後，不留任何痕迹，結果是：

4.mu　　5.p'i̯u　　6.ku

由於-g的失落，這些韻類跟韻部u（Ⅲ）的u和-i̯u類合流，發展的方向也非常一致，不帶介音i̯的韻類産生出寄生性的ə（比較韻部Ⅲ"口"k'u＞k'əu）：

4.mug＞mu＞mə̣u

5.p'i̯ug＞p'i̯u＞p'i̯u

6.kŭg＞ku＞kə̣u

通過上面各個韻部的簡單討論，我們已經概括地歸納了從上古漢語到中古漢語的演變。下面我們從相反方向加以總結，表中列出每個中古韻類以及所由發展而來的上古韻母。中古韻類采用《廣韻》。最左一列的阿拉伯數字對應於後面用漢字寫的《廣韻》韻目前的阿拉伯數字。如果同一個數字下有三個《廣韻》韻目，説明它們代表三個不同的聲調，例如ā、á、à（平、上、去）。括號中列出這個中古韻類所由變化而來的上古韻母，羅馬數字表示所涉及的上古韻母屬於26個韻部中的哪一個部。《廣韻》的韻類安排可參看我的《中國音韻學研究》。

1.ɑ（ɑⅠ，ɑrⅥ）

2.uɑ（wɑⅠ，wɑrⅥ）

3.a（aⅠ，ɔⅡ，ăgXⅦ）

wa（waⅠ，wɔⅡ，wăgXⅦ）

i̯a（i̯aⅠ，i̯ɔⅡ，i̯ag，i̯ăgXⅦ）

4.ji（i̯ĕdⅧ，i̯ed，i̯ædX，i̯er，i̯ærXⅠ，i̯əbXV）

jwi（i̯wəd，i̯wædX，i̯wər，i̯wærXⅠ，i̯wəgXXⅠ）

5.ji（i̯əgXXⅠ）

6.je̯i（i̯ədX，i̯ərXⅠ）　jwe̯i（i̯wədX，i̯wərXⅠ）

7.jie̯（iaⅠ，i̯ar，i̯ărⅥ，i̯ĕgXⅨ）　jwie̯（wiaⅠ，i̯war，i̯wărⅥ，i̯wĕgXⅨ）

8.ăi（ədX，ərXⅠ，əgXXⅠ）

9.uăi（wədX，wərXⅠ，wəgXXⅠ，wəbXV）

10.ɑi（ɑd Ⅴ, ɑb ⅩⅢ）　uɑi（wɑd Ⅴ）

11.ăi（ădⅤ, ædⅩ, ærⅩⅠ, æg ⅩⅩⅠ）　wăi（wădⅤ, wædⅩ, wær ⅩⅠ, wægⅩⅩⅠ）

12.ai（ĕgⅩⅨ）　wai（wĕgⅩⅨ）

13.ai（ad Ⅴ）　wai（wadⅤ）

14.i̯ɛi（i̯adⅤ）　i̯wɛi（i̯wad Ⅴ）

15.i̯ɐi（i̯ădⅤ）　i̯wɐi（i̯wădⅤ）

16.iei（iad Ⅴ, iedⅧ, iəd Ⅹ, iər ⅩⅠ, iegⅩⅨ）　iwei（iwed Ⅹ, iwegⅩⅨ）

17.ɑ̆m（əm ⅩⅣ）

18.ɑm（ɑm ⅩⅡ）

19.ăm（ăm ⅩⅡ, æm ⅩⅣ）

20.am（am ⅩⅡ）

21.i̯ɛm（i̯am ⅩⅡ, i̯æm ⅩⅣ）

22.i̯ɐm（i̯ăm ⅩⅡ）

23.i̯wɐm（i̯wăm ⅩⅡ）

24.iem（iam ⅩⅡ, iəm ⅩⅣ）

25.ɑ̆p（əp ⅩⅤ）

26.ɑp（ɑp ⅩⅢ）

27.ăp（ăp ⅩⅢ, æp ⅩⅤ）

28.ap（ap ⅩⅢ）

29.i̯ɛp（i̯ap ⅩⅢ, i̯æp ⅩⅤ）

30.i̯ɐp（i̯ăp ⅩⅢ）

31.i̯wɐp（i̯wăp ⅩⅢ）

32.iep（iep ⅩⅢ, iəp ⅩⅤ）

33.i̯əm（i̯əm ⅩⅣ）

34.i̯əp（i̯əp ⅩⅤ）

35.ɑn（ɑn Ⅳ）

36.uɑn（wɑn Ⅳ）

37.ăn（ăn Ⅳ, æn Ⅸ）　wăn（wăn Ⅳ, wæn Ⅸ）

38.an（an Ⅳ）　wan（wan Ⅳ）

39.i̯ɛn（i̯an Ⅳ）　i̯wɛn（i̯wan Ⅳ）

40.i̯ɐn（i̯ăn Ⅳ）　i̯wɐn（i̯wăn Ⅳ）

41.ien（ian Ⅳ, ien Ⅶ, iən Ⅸ）　iwen（iwan Ⅳ, iwen Ⅶ, iwən Ⅸ）

42.ɑt（ɑt Ⅴ）

43.uɑt（uɑt Ⅴ）

44.ăt（ăt Ⅴ，æt Ⅹ） wăt（wăt Ⅴ，wæt Ⅹ）

45.at（at Ⅴ） wat（wat Ⅴ）

46.i̯ɛt（i̯at Ⅴ） i̯wɛt（i̯wat Ⅴ）

47.i̯ɐt（i̯ăt Ⅴ） i̯wɐt（i̯wăt Ⅴ）

48.iet（iat Ⅴ，iet Ⅷ，iət Ⅹ） iwet（iwet Ⅷ，iwət Ⅹ）

49.ən（ən Ⅸ）

50.uən（wən Ⅸ）

51.i̯ən（i̯ən Ⅸ）

52.i̯uən（i̯wən Ⅸ）

53.i̯ĕn（i̯ĕn Ⅶ，i̯ən，i̯æn Ⅸ） i̯wĕn（i̯wæn Ⅸ）

54.i̯uĕn（i̯wĕn Ⅶ，i̯wən Ⅸ）

55.i̯æn（i̯æn Ⅸ）

56.uət（wət Ⅹ）

57.i̯ət（i̯ət Ⅹ）

58.i̯uət（i̯wət Ⅹ）

59.i̯ĕt（i̯ĕt Ⅷ，i̯ət，i̯æt Ⅹ）

60.i̯uĕt（i̯wĕt Ⅷ，i̯wət，i̯wæt Ⅹ）

61.i̯æt（i̯æt Ⅹ）

62.ɑŋ（ɑŋ ⅩⅥ） wɑŋ（wɑŋ ⅩⅥ）

63.i̯aŋ（i̯aŋ ⅩⅥ） i̯waŋ（i̯waŋ ⅩⅥ）

64.ɑk（ɑk ⅩⅦ，ɔk ⅩⅩⅣ） wɑk（wɑk ⅩⅦ）

65.i̯ak（i̯ak ⅩⅦ，i̯ok ⅩⅩⅣ） i̯wak（i̯wak ⅩⅦ）

66.əŋ（əŋ ⅩⅩ） wəŋ（wəŋ ⅩⅩ）

67.i̯əŋ（i̯əŋ ⅩⅩ）

68.ək（ək ⅩⅩⅠ） wək（wək ⅩⅩⅠ）

69.i̯ək（i̯ək ⅩⅩⅠ） i̯wək（i̯wək ⅩⅩⅠ）

70.ɐŋ（ăŋ ⅩⅥ） wɐŋ（wăŋ ⅩⅥ） i̯ɐŋ（i̯ăŋ ⅩⅥ） i̯wɐŋ（i̯wăŋ ⅩⅥ）

71.æŋ（æŋ ⅩⅩ，ĕŋ ⅩⅧ） wæŋ（wæŋ ⅩⅩ，weŋ ⅩⅧ）

72.i̯ɛŋ（i̯ĕŋ ⅩⅧ） i̯wɛŋ（i̯wĕŋ ⅩⅧ）

73.ieŋ（ieŋ ⅩⅧ） iweŋ（iweŋ ⅩⅧ）

74.ɐk（ăk XⅦ） wɐk（wăk XⅦ） i̯ɐk（i̯ăk XⅦ）

75.æk（æk XXⅠ，ĕk XⅨ） wæk（wæk XXⅠ，wĕk XⅨ）

76.i̯ɛk（i̯ăk XⅦ，i̯ĕk XⅨ）

77.iek（iek XⅨ，iɷk XXⅢ，iok XXⅣ） iwek（iwek XⅨ）

78.ɔŋ（ɷŋ XXⅡ，ŭŋ XXⅤ）

79.ɔk（ɷ̆k XXⅢ，ŏk XXⅣ，ŭk XXⅥ）

80.uŋ（uŋ XXⅤ，um XⅣ） i̯uŋ（i̯ŭŋ XX，i̯ɷŋ XXⅡ，i̯um XⅣ）

81.uoŋ（ɷŋ XXⅡ）

82.i̯woŋ（i̯uŋ XXⅤ）

83.uk（uk XXⅥ） i̯uk（i̯ŭk XXⅠ，i̯ɷk XXⅢ）

84.uok（ɷk XXⅢ，ok XXⅣ）

85.i̯wok（i̯uk XXⅥ）

86.uo（o，wo Ⅱ，ɑg，wɑg XⅦ）

87.i̯wo（i̯o Ⅱ，i̯wag XⅦ，i̯ăb XⅢ）

88.i̯u（i̯u Ⅲ，i̯wo Ⅱ，i̯ug XXⅥ）

89.ɑu（ɷg XXⅢ，og XXⅣ）

90.au（ɷ̆g XXⅢ，ŏg XXⅣ）

91.i̯ɛu（i̯og XXⅣ）

92.ieu（iɷg XXⅢ，iog XXⅣ）

93.ə̯u（u Ⅲ，ə̯g XXⅠ，ŭg，ug XXⅥ）

94.i̯ə̯u（i̯ŭg XXⅠ，i̯ɷg XXⅢ）

1.歌哿箇

2.戈果過

3.麻馬禡

4.脂旨至

5.之止志

6.微尾未

7.支紙寘

8.咍海代

9.灰賄隊

10.　泰

11.皆駭怪

12.佳蟹卦

13.　夬

14.　祭

15.　廢

16.齊薺霽

17.覃感勘

18.談敢闞

19.咸豏陷

20.銜檻鑑

21.鹽琰豔

22.嚴儼釅

23.凡范梵

24.添忝㮇

25.合

26.盍

27.洽

28.狎

29.葉

30.業

31.乏

32.帖

33.侵寑沁

34.緝

35.寒旱翰

36.桓緩換

37.山産襇

38.删潸諫

39.仙獮線

40.元阮願

41.先銑霰	55.臻	69.職	83.屋
42.曷	56.没	70.庚梗映	84.沃
43.末	57.迄	71.耕耿諍	85.燭
44.鎋[①]	58.物	72.清静勁	86.模姥暮
45.黠	59.質	73.青迥徑	87.魚語御
46.薛	60.術	74.陌	88.虞麌遇
47.月	61.櫛	75.麥	89.豪皓號
48 屑	62.唐蕩宕	76.昔	90.肴巧效
49.痕很恨	63.陽養漾	77.錫	91.宵小笑
50.魂混慁	64.鐸	78.江講絳	92.蕭筱嘯
51.欣隱焮	65.藥	79.覺	93.侯厚候
52.文吻問	66.登等嶝	80.東董送	94.尤有宥
53.真軫震	67.蒸拯證	81.冬　宋	95.幽黝幼
54.諄準稕	68.德	82.鍾腫用	

從中古漢語到官話

本文所説的官話是指北京話，有時爲了照顧其他官話方言作一些細微的變動[②]。在本文論述部分，我用我標注上古音和中古音的音標來給北京話注音，但在本文字表部分，考慮到實用，在括號内加注威妥瑪式音標[③]。

聲母

各組聲母都涉及到的最基本的變化是清化現象：濁的塞音、塞擦音和擦音變作清音。濁的送氣塞音和塞擦音（如g‘、d‘）的變化規律是：

中古的平聲字變作清的送氣音，如中古d‘an＞北京t‘an，中古dz‘an＞北京ts‘an；中古的仄聲字，即上聲、去聲、入聲（-p、-t、-k收尾）字，變作清的不送氣音，如中古d‘an:＞tan，中古d‘an-＞北京tan，中古d‘at＞北京ta。

① 《廣韻》中，鎋、黠與山、删相配，所以高本漢在《漢文典》中擬作ăt、at，與山、删的ăn、an相配。後來，中國的學者指出《廣韻》的韻目錯誤，高氏在修訂版中把鎋、黠分别改作at、ăt，所以這兩個韻的擬音在本書中前後會不一致。——譯者

② 譯文參照高氏《中國音韻學研究》中“方言字匯”的老北京話來注音，並把爲照顧其他方言的“細微的變動”都去掉了。——譯者注

③ 爲清晰起見，譯文把高氏的上古音、中古音和北京話的音標都改作國際音標，並把威妥瑪式音標全部删去了。——譯者注

爲簡便起見，我們把這個極爲重要的演變叫作清化律。它發生在所有的官話方言，也發生在南方方言（僅送氣、不送氣有些不同）。不過，在吴方言中清化現象没有發生，例如上海話中，中古的dʻan仍讀濁音dɛ。

下面我們依次討論中古的各組聲母及其現代形式。

中古的舌根音：k、kʻ、gʻ、ŋ、x、ɣ。

首先，上面提到的清化律影響到塞音gʻ和擦音ɣ。gʻ的平聲字變作kʻ，如“其”中古gʻji->北京kʻi，仄聲變作k，如“忌”中古gʻji>北京ki。ɣ變作x，如“河”中古ɣɑ>北京xə。

這樣，整組聲母減少到只有四個：k、kʻ、ŋ、x，這四個聲母再按照規律進一步發生變化。

ŋ在北京音的i、u、y前失落，如“疑”中古ŋji>北京i，“吾”中古ŋuo>北京u，“元”中古ŋi̯wɐn>北京yan。ŋ在其他韻母前，有些北京人把它發作輕微的擦音：“岸”中古ŋɑn>北京ɣan，“餓”中古ŋɑ>北京ɣə，等等；但是在大多數的北京人口中已經失去：北京an、ə。在另一些官話方言中，ŋ-在這些韻母前面仍然保存：西安ŋan、ŋo。

此外，k、kʻ、x在i、y前面發生腭化：k>tɕ，kʻ>tɕʻ，x>ɕ，如“幾、忌”近古ki>北京tɕi；“氣、其”近古kʻi>北京tɕʻi；“喜、奚”近古xi>北京ɕi，等等。這種腭化現象發生在大多數的官話方言，不過也並不全部如此。

中古舌面音：ȶ、ȶʻ、ȡʻ；tɕ、tɕʻ、dʑʻ；ɕ、ʑ；ȵ、ȵʑ、j。

我們先來討論頭八個音，即塞音、塞擦音和擦音。這裏，有幾個音變現象交互作用，使這一組發生了系統的改觀。

1）清化律使濁音ȡʻ、dʑʻ、ʑ消失。

2）塞音發生塞擦化，例如ȶ變作tɕ，這樣第一個音跟第四個音，第二個音跟第五個音，第三個音跟第六個音發生了合併。

3）所有的舌面音變作舌尖後音，如tɕ>tʂ。這樣，本組便跟下文的舌尖後音發生了合併。

4）dʑ和ʑ合併，平聲字變作送氣的塞擦音或擦音，仄聲變作擦音。所有這些語音規律互相結合，産生了以下結果：

中古	北京	中古	北京
ȶ：中ȶi̯uŋ	tʂuŋ	dʑʻ：繩dʑʻi̯əŋ（平）	ʂəŋ
ȶʻ：暢ȶʻi̯aŋ	tʂʻaŋ	dʑʻ：剩dʑʻi̯əŋ（仄）	ʂəŋ
ȡʻ：長ȡʻi̯aŋ（平）	tʂʻaŋ	ɕ：商ɕi̯aŋ	ʂaŋ

ȡʻ：丈ȡʻi̯aŋ（仄）	tʂaŋ	ʑ：常ʑi̯aŋ（平）	tʂʻaŋ
tɕ：章tɕi̯aŋ	tʂaŋ	ʑ：裳ʑi̯aŋ（平）	ʂaŋ
tɕʻ：昌tɕʻi̯aŋ	tʂʻaŋ	ʑ：上ʑi̯aŋ（仄）	ʂaŋ
dʑʻ：乘dʑʻi̯əŋ（平）	tʂʻəŋ		

現在討論最後三個中古舌面音，ȵ、ȵʑ、j。

ȵ在北京話中已經失去了它的舌面音性質，“女”中古ȵi̯wo/北京ny。

j（半元音，如英語yes的y）一般不變：“有”中古ji̯ə̯u＞北京ju，但是在北京的i、y之前失去：“羽”中古ji̯u北京y。

ȵʑ的演變歷史比較複雜。第一個音素ȵ在南方方言中仍然存留，但是在官話中整個失落，僅有極少數字保存下來。ȵ的失落一定晚於清化律起作用的年代，所以中古ʑ發生了清化（變作tʂʻ或ʂ，見上文），而這裏的第二個音素ʑ的濁音性質不失去。不過它也發生過從舌面音到舌尖後音的演變：ʑ＞ʐ，結果：“人”中古ȵʑi̯ĕn＞北京ʐən（rén）。

另一類帶這個聲母的字變作ʐ以後，又進一步發生了奇特的變化。當這個ʐ後面跟着韻母i：ʐi（從中古ȵʑi和ȵʑie̯變來），先是i變作跟ʐ同部位的元音，被自成音節的ʐ吞没，以後前頭産生出一個寄生性的ə，使ʐ成了韻尾，最後ʐ變作r類的音：“而”中古ȵʑi，和“兒”中古ȵʑie̯＞ʐi＞ʐʅ＞ʐ＞əʐ＞ər。

中古舌尖音：t、tʻ、dʻ；s、tsʻ、dzʻ；s、z；n、l。

清化律使dʻ、dzʻ和z消失。前兩個音遵循本文開頭所述的語音律，z逢平聲變作tsʻ或s，逢仄聲變作s（參上文中古ʑ的平行現象）。

中古	北京
彈dʻɑn（平）	tʻan
但dʻɑn（仄）	tan
才dzʻăi（平）	tsʻai
在dzʻăi（仄）	tsai
辭zi（平）	tsʻɿ
祥zi̯aŋ（平）	ɕiaŋ
似zi（仄）	sɿ

塞擦音ts、tsʻ（包括原有的以及從中古dzʻ、z變來的）、擦音s（＜中古s和z），在官話元音i和y前服從在舌根音一組已討論過的腭化律。

中古	北京
將 tsi̯aŋ	tɕiaŋ
秋 tsʻi̯ə̯u	tɕʻiu
相 si̯ăŋ	ɕiaŋ

這種腭化現象出現在北京話和其他許多官話方言，不過不是全部官話方言。

中古舌尖後音：tʂ、tʂʻ、dʐʻ、ʂ。

這些音在北京音中不變，但是有兩處例外：

送氣的 dʐʻ 服從清化律：

中古	北京
查 dʐʻa（平）	tʂʻa
乍 dʐʻa（仄）	tʂa

在北京韻母 -ə（有不同的中古來源，tʂɐk、tʂæk、tʂi̯æt，等等，見下文）之前，舌尖後音變作舌尖音：

中古	北京
責 tʂæk	tsə
瑟 ʂi̯æt	sə

回顧中古舌面音組和舌尖後音組的變化結果，我們會發現從中古漢語到北京話大大地簡化了，許多聲母合併了。跟中古的 12 個聲母 ȶ、ȶʻ、ȡʻ、tɕ、tɕʻ、dʑ、ɕ、ʑ、tʂ、tʂʻ、dʐʻ、ʂ 對應，北京話只有三個聲母 tʂ、tʂʻ、ʂ。

中古唇音：p、pʻ、b、m。

清化律在這一組也發生作用：

中古	北京
葡 bʻuo（平）	pʻu
步 bʻuo（仄）	pu

這一組還有一點引人注意，它產生出一套中古漢語沒有的聲母。當雙唇音 p、pʻ、bʻ、m 出現在 i̯ 之前，在後接 w 或 u（pi̯w-、pi̯u- 等等）影響下，在唐代變作唇齒音：f、fʻ、v、ɱ。

f、fʻ、v 在北京話中合併作 f（v 發生清化）。ɱ 在後接 w 或 u 前整個失去：

中古		北京
方 pi̯waŋ	fwaŋ	faŋ
芳 pʻi̯waŋ	fʻwaŋ	faŋ
房 bʻi̯waŋ	vwaŋ	faŋ
亡 mi̯waŋ	ɱwaŋ	uaŋ

請注意，只有真正的、原有的w才使雙唇音變作唇齒音。前文已經討論過，某些中古韻類中有一種後來產生的假w（如“丙”上古pi̯ɐŋ，中古pi̯wɐŋ）。它比較弱，而且不穩定（它實際上只是雙唇音的過分發音動作），這種w並不會引起唇齒化：“丙”中古pi̯wɐŋ，北京piŋ。

中古喉音：ʔ（如ʔɑn）、Ø（平滑的元音性的起始音〔ingress〕，如i̯u）。

後一個音跟舌面音組中的j-變化相同。前一個音在北京的i和y之前也有同樣的變化：

中古	北京
衣ʔje̯i	i
於ʔi̯wo	y
因ʔi̯ĕn	in
央ʔi̯aŋ	iaŋ
夷i	i
榆i̯u	y
用i̯woŋ	iuŋ

在i、y以外的元音前面，喉塞音在北京話中通常失去：“安”中古ʔɑn＞北京an。但是有少數發音人，由於受從中古ŋ（“岸”ŋɑŋ）變來的那些字的類推作用，會讀作輕微的ɣ-：北京ɣan。在其他許多官話方言中，受同樣的類推作用，會讀作ŋ-，如西安，“安”讀ŋan。

韻母

關於韻母演變，我將先討論中古以元音和-m、-n、-ŋ結尾的韻類，以後再討論帶韻尾-p、-t、-k的韻類。除此以外，討論次序依照前文所作的韻表（主要根據《廣韻》韻目，參見我的《中國音韻學研究》）。前接的聲母類型對韻母的演變影響很大，所以我分各組聲母來選用我的例子。一組是舌根音和喉音（在下文中“舌根音”包括喉音），一組是舌尖音，一組是舌尖後音（包括中古的舌面音，它在北京話中也都變作舌尖後音）。

1. ɑ類韻

中古			北京
哥kɑ	羅lɑ	多tɑ	kə、lo、to
家ka	沙ʂa	巴pa	tɕia、ʂa、pa
也i̯a	者tɕi̯a	寫ɕi̯a	jɛ、tʂə、ɕiɛ
果kuɑ	妥tʻuɑ	破pʻuɑ	kuo、tʻo、pʻo
瓜kwa			kua

後ɑ變作o：如lo、to，等等。在舌根音後面o變作ə，如北京kə，等等。

uɑ變作uo：kuɑ＞kuo；舌尖音和唇音後面的u失落：tʻuɑ＞tʻo，等等。

前a保持不變。但是當它出現在舌根音後面，在唐代發生腭化現象，k和a之間冒出一個寄生性的i：“家”ka＞kia＞北京tɕia。我們將看到，在後面的許多韻中，這個語音規律起着重要的作用。

i̯a先變作i̯ɛ：i̯ɛ、tʂi̯ɛ、ɕi̯ɛ。i̯ɛ在某些聲母後面一直保持不變，但是在舌尖後音後面則發生進一步的變化。發舌尖後音的時候舌尖抵齒齦，這跟i和ɛ的舌面抬向硬腭的發音部位發生衝突，於是i失落，ɛ變作ə：“者”（tɕi̯a＞）tʂi̯ɛ先變作tʂɛ（在某些官話方言中就是這樣的），以後變作北京音tʂə。

2. i類韻

中古						北京
基kji	脂tɕi	子tsi	李lji	而ȵʑi		tɕi、tʂʅ、tsɿ、li、ər
寄kjie̯	支tɕie̯	斯sie̯	離ljie̯	皮bʻjie̯	兒ȵʑie̯	tɕi、tʂʅ、sɿ、li、pʻi、ər
機kje̯i						tɕi

i、ie̯和je̯i在近古漢語都變作i，以後的演變就完全受聲母制約。舌尖後音就像前一類韻中的情況一樣有“硬化”作用：（tɕi＞）tʂi＞tʂʅ，等等。本類的舌尖音也有同樣的作用：tsi＞tsɿ，si＞sɿ，等等。ʐi（來自中古ȵʑi、ȵʑie̯）有奇特的變化：先變作ʐʅ，以後變作ʐ＞əʐ＞ər，這已在上文討論過。

中古				北京
規kjwi	追ʈwi	累ljwi	悲pjwi	kuei、tʂuei、lei、pei
虧kʻjwie̯	吹tɕʻwie̯	碑pjwie̯		kʻuei、tʂʻuei、pei
歸kjwe̯i	非pjwe̯i			kuei、fei

wi、wie̯、jwe̯i都先變作-uei（北京常常發作ui，特別是平聲調）；以後是唇音和l後面的u失落：puei＞pei，fuei＞fei，luei＞lei。

3. ɑ̆i類韻

中古				北京
該kɑ̆i	來lɑ̆i			kai、lai
丐kɑi	大dʻɑi			kai、ta
皆kǎi	齋tʂǎi	埋mǎi		tɕiɛ、tʂai、mai
佳kai	柴dʐʻai	罷bʻai		tɕia、tʂʻai、pa
藝ŋi̯ɛi	世ɕi̯ɛi	例li̯ɛi	敝pi̯ɛi	i、ʂʅ、li、pi
刈ŋi̯ɐi				i
雞kiei	低tiei	迷miei		tɕi、ti、mi

後ɑ和前a的區别雖然還保存在某些南方方言（如廣州話中，中古kɑi＞koi，而中古kai＞kai），但是官話中這種區别已經完全消失，僅在舌根音後面尚留下一點痕迹，中古kɑi在北京音中是kai，而kai（帶前a）則發生了第一類韻中的那種腭化現象。就像“家”從中古的ka變作北京的tɕia一樣，這裏的“皆、佳”也從中古的kăi和kai先變作kiăi和kiai。“皆”在許多官話方言中還是kiai，但是在北京話中受i的影響已變作tɕiɛ。

短的ɑ̆i、ăi和長的ɑi、ai之間的區别在有些韻類中已經消失（都變作ai）；但也有不少帶長的ɑi、ai的字失去韻尾-i（帶短元音的字卻絶不失去）：“大”d‘ɑi＞北京ta，“佳”kai＞北京tɕia，“罷”b‘ai＞北京pa。

韻母i̯ɛi、i̯ɐi、iei都簡化作-i，跟上面i類韻的i、tɕi、li、pi等合流。跟i類韻一樣，舌尖後音也使元音發生硬化：（ɕi̯ɛi＞）ʂi＞ʂʅ。

中古					北京
瑰kuɑ̆i	堆tuɑ̆i	内nuɑ̆i	雷luɑ̆i	梅muɑ̆i	kuei、tuei、nei、lei、mei
會ɣuɑi					xuei
乖kwăi	拜pwăi				kuai、pai
挂kwai	派p‘wai				kua、p‘ai
税ɕi̯wɛi	歲si̯wɛi				ʂuei、suei
廢pi̯wɐi					fei
圭kiwei					kuei

帶u、w的韻中，主元音前a保持不變，uɑ̆i、uɑi、i̯wɛi、i̯wɐi、iwei則全都變作uei（北京話常發作ui，特别是平聲調），跟上面第二類韻的韻母合流；接着fuei變作fei，跟上文討論過的情況相同。

4. ɑ̆m類韻

中古			北京
感kɑ̆m			kan
甘kɑm			kan
咸ɣɑ̆m	讒dʐɑ̆m		ɕiɛn、tʂ‘an
監kam	衫ʂam		tɕiɛn、ʂan
拑g‘i̯ɛm	占tɕi̯ɛm	廉li̯ɛm	tɕ‘iɛn、tʂan、liɛn
欠k‘i̯ɐm			tɕ‘iɛn
玷tiem			tiɛn
犯b‘i̯wɐm			fan

-m都變作-n，長短元音的區别消失。前a前頭的舌根音發生腭化，僅僅這一點尚留有後ɑ和前a的區别：正像第一類韻的“家”，從中古ka變作tɕia，這裏ɣăm變作hiam，kam變作kiam，以後在i的影響下發生音變：hiam變作ɕiɛn，kiam變作tɕiɛn，跟後面一類韻的iɛn合流。

i̯ɛm的主元音不變，僅僅有一處重要的例外，此處的舌尖後音也發生了硬化作用：(tɕi̯ɛm＞) tʂiɛm＞tʂam＞北京tʂan。我們知道，中古tɕi̯ɛm來自上古ȶi̯am，所以此處的主元音又回到上古形式去了（“占”ȶi̯am＞tɕi̯ɛm＞tʂi̯ɛm＞tʂɛm＞tʂan）。在各種語言中，這種循環變化是極普通的。造成這種演變的原因是中古以後出現了一個新的因素：舌面音（tɕi̯ɛm，等等）變作舌尖後音（tʂi̯ɛm，等等），舌尖後音在所有的韻類中都有硬化作用。

韻母i̯ɐm、iem跟i̯ɛm合流：kʻi̯ɐm＞北京tɕʻiɛn，tiem＞北京tiɛn。

主元音在fw-後面也跟舌尖後音後面一樣，倒退作a，這也是一個循環演變：“犯”（上古bʻi̯wăm＞）中古bʻi̯wɐm＞唐代vwɐm＞近古fwam＞北京fan。

5. ɑn類韻

中古	北京
干kɑn　丹tɑn	kan、tan
艱kăn　山ʂăn	tɕiɛn、ʂan
姦kan　删ʂan	tɕiɛn、ʂan
愆kʻi̯ɛn　戰tɕi̯ɛn　連li̯ɛn	tɕʻiɛn、tʂan、liɛn
建ki̯ɐn	tɕiɛn
見kien　天tʻien	tɕiɛn、tʻiɛn

這裏的演變規律跟前類非常相似：長短元音的區别（an:ăn）消失。

後ɑ和前a的區别在廣州話中尚存在，如“干”讀kon，“姦”讀kan，但是北京話這種區别已消失，只是在舌根音後面還保留一點痕迹：聲母和前a之間也跟前類韻一樣産生了腭化成分，在唐代kăn、kan變作kiăn、kian，以後在i的作用下，在北京話中變作tɕiɛn，跟中古i̯ɛn合流。

i̯ɛn保持不變，僅僅是舌尖後音的硬化作用使它變回到a，這跟前類韻同。“戰”（上古ȶi̯an＞）中古tɕi̯ɛn＞tʂi̯ɛn＞tʂɛn＞北京tʂan。

中古i̯ɐn、ien跟i̯ɛn合流：ki̯ɐn和kien＞北京tɕiɛn。

中古	北京
官kuɑn　端tuɑn　般puɑn	kuan、tuan、pan
鰥kuăn	kuan

關kwan 班pwan kuan、pan

權g'i̯wen 全dz'i̯wɛn 專tɕi̯wɛn tɕ'yan、tɕ'yan、tʂuan

元ŋi̯wɐn 反pi̯wɐn yan、fan

玄ɣiwen 編piwen ɕyan、piɛn

除了唇音後面的u、w失落（puɑn＞pan，pwan＞pan，piwen＞piɛn）這一點以外，剛才討論過的前類韻中的語音律在這裏也起作用：短ă和長a的區別消失，元音性u和輔音性w的區別消失（而廣州話中還保留較古老的階段：kuɑn＞kun，kwan＞kuan），i̯wɛn、i̯wɐn、iwen合併作北京yan（許多其他官話中則是yɛn或yen，跟中古音更接近些）。

這個系統僅僅因爲兩個已知的現象出現例外：

舌尖後音的硬化作用：（tɕi̯wɛn＞）tʂi̯wɛn＞tʂwɛn＞北京tʂwan；fw的影響：pi̯wɐn＞fwan＞fwan＞北京fan。

北京話的tʂuan、fan原來是跟中古的i̯ɛn、i̯wɛn等押韻，現在由於這些變化，轉而跟舌位較後的一類kuan、pan等押韻了。

6. i̯əm類韻

中古 北京

今ki̯əm 針tɕi̯əm 心si̯əm 品p'i̯əm tɕin、tʂən、ɕin、p'in

-m變作北京的-n。

ə在舌尖後音以外的所有聲母後面被i̯吞没：ki̯əm＞kim＞tɕin。像通常的那樣舌尖後音跟舌面音衝突，迫使i̯失去，結果是：（中古tɕi̯əm＞）tʂi̯ərm＞北京tʂən。

7. ən類韻

中古 北京

根kən kən

斤ki̯ən tɕin

巾ki̯ĕn 真tɕi̯ĕn 新si̯ĕn 民mi̯ĕn tɕin、tʂən、ɕin、min

臻tʂi̯æn tʂən

這裏跟前一類韻完全一樣：i̯ən和i̯ĕn中的i̯吞掉後面短的ə和ĕ：ki̯ən和ki̯ĕn＞kin（＞tɕin）；舌尖後音發揮了它的反舌面作用，使i̯失落；由於ĕ是一個前元音，所以也被變作ə：tɕi̯ĕn＞tʂi̯ĕn＞tʂĕn＞tʂən。後一個變化可以跟第一類韻的“者”從（tɕi̯a＞tʂi̯ɛ＞）tʂɛ變作tʂə進行比較。ɛ也是一個前元音，所以發生了同樣的變化。此外，前一類音變（tɕi̯əm＞）tʂi̯əm＞tʂən，由於類推作用，也更强化了本類的音變tʂĕn＞tʂən。

只包括少數幾個字的i̯æn韻跟着i̯ĕn韻一道變化：tʂi̯æn＞北京tʂən。

中古	北京
昆kuən　温ʔuən　敦tuən　門muən	kun、uən、tuən、mən
君ki̯uən　分pi̯uən　文mi̯uən	tɕyn、fən、uən
均ki̯uĕn　準tɕi̯uĕn　詢si̯uĕn	tɕyn、tʂun、ɕyn
隕ji̯wĕn	yn

首先，脣音後面的u失落：muən＞北京mən，中古pi̯uən＞唐代fuən＞北京fən。例外：mi̯uən＞uən。其次，仍然保留的u、w吞掉後隨的ə、ĕ：kuən＞kun，ki̯uən＞ki̯un（＞tɕyn），等等。例外：ʔuən＞uən。

最後，在i̯的影響下，i̯u＞y：ki̯un＞kyn（＞tɕyn），等等。但是舌尖後音破壞這種規則，使i̯失落：（tɕi̯uĕn＞）tʂiun＞tʂun。

8. ɑŋ類韻

中古	北京
剛kɑŋ　當tɑŋ　忙mɑŋ	kaŋ、taŋ、maŋ
疆ki̯aŋ　章tɕi̯aŋ　相si̯aŋ	tɕiaŋ、tʂaŋ、ɕiaŋ
光kwɑŋ　幫pwɑŋ	kuaŋ、paŋ
筐kʻi̯waŋ　方pi̯waŋ	kʻuaŋ、faŋ

這一類的演變規律很一般：

後ɑ和前a的區别消失；脣音後面的w失落：pwɑŋ＞paŋ，pi̯waŋ＞fwaŋ＞faŋ；舌尖後音使後面的i̯失去：（tɕi̯aŋ＞）tʂi̯aŋ＞tʂaŋ。

這一類中，所有聲母後面的i̯如跟w結合，全都失去，這跟前幾類有所不同。這樣，中古kʻi̯waŋ＞北京kʻuaŋ。大多數的漢語方言也是如此。但是從温州話（一種吳語）看來，中古是存在i̯的，例如“光”的中古音kuɑŋ，温州話kɔ；“筐”的中古音kʻi̯waŋ，温州話tɕʻyɔ。日語借詞中一律保持這種i̯：“筐”kyō（拼作ki-ya-u）。

這一類還有一個非常特殊的現象，有一些中古不帶w的舌尖後音：“莊”中古tʂi̯aŋ，“創”中古tʂʻi̯aŋ，“狀”中古dʐʻi̯aŋ，“爽”中古ʂaŋ，等等，在外國借詞（日本、朝鮮、越南）中都沒有w的迹象，但是幾乎所有中國本土的方言卻都表明中古好像是有w的：tʂi̯waŋ、tʂʻi̯waŋ、dʐʻi̯waŋ、ʂi̯waŋ，例如它們在北京話中是tʂuaŋ、tʂʻuaŋ、tʂuaŋ、ʂuaŋ。

9. əŋ 類韻

中古	北京
亘 kəŋ 登 təŋ 崩 pəŋ	kəŋ、təŋ、pəŋ
兢 ki̯əŋ 蒸 tɕi̯əŋ 冰 pi̯əŋ	tɕiŋ、tʂəŋ、piŋ
肱 kwəŋ	kuŋ

在這一類韻起作用的語音律跟 i̯əm 類韻（第六類）完全一樣：i̯ 和 w 吞掉後隨的 ə；舌尖後音則吞掉 i̯。

10. ɐŋ 類韻

中古	北京
庚 kɐŋ 省 ʂɐŋ 猛 mɐŋ	kəŋ、ʂəŋ、məŋ
耕 kæŋ 爭 tʂæŋ 萌 mæŋ	kəŋ、tʂəŋ、məŋ
輕 ki̯ɛŋ 徵 tɕi̯ɛŋ 清 tsʻi̯ɛŋ 名 mi̯ɛŋ	tɕʻiŋ、tʂəŋ、tɕʻiŋ、miŋ
京 ki̯ɐŋ	tɕiŋ
經 kieŋ 丁 tieŋ 冥 mieŋ	tɕiŋ、tiŋ、miŋ

這一組發生一些根本性的語言簡化，第一，短元音 ɐ（不帶 i̯）和 æ 都變作 ə，這樣，頭兩行的音就跟第九類韻原來的 əŋ 合流。有時舌根音後面會產生一個寄生性的 i："行" 中古 ɣɐŋ ＞ ɣiɐŋ ＞ xiŋ ＞北京 ɕiŋ。第二，在 i̯ɛŋ、i̯ɐŋ 和 ieŋ 中，i̯ 和 i 吞掉後隨的主元音，從而跟前類韻的 -iŋ 合流。

後一條規則的唯一例外是舌尖後音引起的 i̯ 失落："征"（tɕi̯ɛŋ ＞）tʂi̯ɛŋ ＞ tʂɛŋ，舌尖後音還進一步使前舌位的 ɛ 變作 ə：tʂɛŋ ＞ tʂəŋ——跟第一類韻的 "者" 相同。

中古	北京
橫 ɣwɐŋ	xuŋ
宏 ɣwæŋ	xuŋ
傾 kʻi̯wɛŋ	tɕʻiŋ
兄 xi̯wɐŋ 兵 pi̯wɐŋ	ɕiuŋ、piŋ
螢 ɣiweŋ	iŋ

在不帶 i̯ 的一類中，w 吞掉後隨元音：ɣwɐŋ 和 ɣwæŋ ＞ xuŋ（"橫" 在北京也讀 xəŋ）。在帶 i̯、i 的音中，i̯、i 吞掉 w 和主元音：kʻi̯wɛŋ ＞ tɕʻiŋ，等等；僅僅在舌根音後面 i̯wɐŋ 仍然保持圓唇成分：xi̯wɐŋ ＞ ɕiuŋ。

11. ɔŋ 類韻

中古	北京
江 kɔŋ 窗 tʂʻɔŋ 邦 pɔŋ	tɕiaŋ、tʂʻuaŋ、paŋ

我們在前文已經討論到："家"上古kɔ，通過裂化kɔ＞kɔa，變作中古的ka。這個音變發生在六朝，中古漢語（《切韻》）已经是ka這個階段了。在此，閉音節（-ŋ）也發生同樣的現象，只是時代遲一些，發生在唐代；中古kɔŋ＞kɔaŋ，tʂʻɔŋ＞tʂʻɔaŋ，pɔŋ＞pɔaŋ。這以後，在不同的聲母後面發生了不同的變化。

舌尖後音後面的ɔ變得更閉：tʂʻɔaŋ＞tʂʻuaŋ。

但是在舌根音和唇音後面，ɔ整個失去，這跟早期開音節發生的情况完全一樣。就像"家"kɔ＞kɔa＞ka，這裏的"江"中古kɔŋ＞kɔaŋ＞kaŋ，"邦"pɔŋ＞pɔaŋ＞paŋ。最後，由於這個分裂出來的a是前a，它在舌根音後面産生了前幾組已經碰到過的腭化現象。就像"家"得到一個寄生性的i變作北京的tɕia，這裏的"江"（kɔŋ＞）則變作北京的tɕiaŋ。

12. uŋ類韻

中古	北京
工kuŋ　東tuŋ　蒙muŋ	kuŋ、tuŋ、məŋ
農nuoŋ　冬tuoŋ	nuŋ、tuŋ
弓ki̯uŋ　熊ɣi̯uŋ　中ȶi̯uŋ	kuŋ、ɕiuŋ、tʂuŋ
隆li̯uŋ　風pi̯uŋ	luŋ、feŋ
恭ki̯woŋ　凶xi̯woŋ　用i̯woŋ	kuŋ、ɕi̯uŋ、juŋ
鍾tɕi̯woŋ　從dzʻi̯woŋ　封pi̯woŋ	tʂuŋ、tsʻuŋ、feŋ

這裏也同樣發生韻類的簡化，過去有區别的韻現在合流了：uoŋ與uŋ合流，i̯wɔŋ與i̯uŋ合流。舌尖後音照常使i̯失落：（ȶi̯uŋ）tʂi̯uŋ＞tʂuŋ。大多數聲母後面的i̯像第八組的"筐"那樣失落了，i̯仍然保存的例子大多是舌根擦音（x、ɣ）和i̯在音節開頭的字。

唇音聲母後面發生異化：muŋ＞məŋ，pi̯uŋ＞fuŋ＞feŋ。n、l後面的uŋ（＜uŋ或uoŋ）可能保持uŋ的形式，或者變作əŋ："農"北京nuŋ或nəŋ。

13. uo類韻

中古	北京
古kuo　都tuo　鋪pʻuo	ku、tu、pʻu
居ki̯wo　諸tɕi̯wo　胥si̯wo	tɕy、tʂu、ɕy
俱ki̯u　朱tɕi̯u　須pi̯u　夫pi̯u	tɕy、tʂu、ɕy、fu

本組的情况跟前組一樣，uo變作u，i̯wo變作i̯u，後者跟原來的中古i̯u合流。這樣，第二、三行韻類有以下的演變結果："居、俱"ki̯u，"諸、朱"tɕi̯u，"胥、須"ɕi̯u，"夫"pi̯u。

這以後，它們進一步發生三種變化：舌面音變作舌尖後音，同時使i̯失落：（tɕi̯u＞）tʂi̯u＞tʂu，pi̯u＞fu，上面已討論過；其餘的情況，ki̯u、si̯u等等，受i̯的影響發生音變：ki̯u＞北京tɕy，等等。

14. ɑu類韻

中古	北京
高kɑu 刀tɑu 毛mɑu	kau、tau、mau
交kau 爪tʂau 飽pau	tɕiau、tʂau、pau
驕ki̯ɛu 昭tɕi̯ɛu 苗mi̯ɛu	tɕiau、tʂau、miau
叫kieu 雕tieu	tɕiau、tiau

这裏後ɑ和前a的區别也失去，僅僅留存一點痕迹：舌根音和中古的前a之間産生出寄生性的i，發生腭化現象："交"kau＞kiau（北京tɕiau），跟第一組"家"同。過去有明顯區别的韻類發生簡化、混合，這種趨勢在本組特别强烈：i̯ɛu和ieu都變作iau，跟表中第一、二行的au、iau合併。但是現代方言並不都是如此，有些南方方言原來的舌根音和舌面音還區分得很清楚（例如福州："高"kɔ，"交"kau，"驕"和"叫"kieu），甚至在山西的官話中還留有這種區别的痕迹。

15. ə̯u類韻

中古	北京
鉤kə̯u 頭d'ə̯u	kou、t'ou
鳩ki̯ə̯u 周tɕi̯ə̯u 秀si̯ə̯u 缶、富pi̯ə̯u	tɕiu、tʂou、ɕiu、fou、fu

韻母ə̯u變作ou；不過這只是北京如此，其他官話方言的讀音有各種變化：eu、ou、au、ɛu，等等。

i̯əu的i̯吞没後隨的短ə：ki̯ə̯u＞北京tɕiu。這條規則有兩個例外：一個是舌尖後音使i̯失落，（tɕi̯ə̯u）tʂi̯ə̯u＞tʂə̯u，以後tʂə̯u跟着第一行的類型（中古ə̯u）變作北京的tʂou；另一個是唇音聲母：p＞f音變一般只影響到pi̯wo、pi̯u等，前面幾組已經討論過，但是本組的pi̯（əu）也受到影響，在北京音中變作fou或fu。

16. ăp類韻

中古	北京
鴿kăp 拉lăp 答tăp	kə、la、ta
盍ɣɑp 臘lɑp 塔t'ɑp	xə、la、t'a
袷kăp 插tʂ'ăp	tɕia、tʂ'a
甲kap	tɕia
葉i̯ɛp 摺tɕi̯ɛp 接tsi̯ɛp	jɛ、tʂə、tɕiɛ
劫ki̯ɐp	tɕiɛ
協ɣiep 帖t'iep	ɕiɛ、t'iɛ
法pi̯wɐp	fa

韻尾p失落，不留任何痕迹。

變化的開始階段，ăp和ɑp中的後ɑ在舌根音後面不變，在其他聲母後面開化作前a，所以當-p失去以後，前者是kɑ，接着變作ko，後者還是ta，主元音a保持不變——這跟第一類韻完全相同：

kɑp＞kɑp＞kɑ＞ko（北京kə）；tɑp＞tap＞ta＞北京ta。

第三、四行的韻類，當-p失去以後，是ka、tʂʻa，前a保持不變，以後ka按規則變作kia（北京tɕia），這跟第一類韻的"家"相同。

i̯ɛp、i̯ɐp、iep在韻尾-p失去以後合併作北京的iɛ。舌尖後音同樣出現例外，它使i̯失落，使前元音ɛ變作ə：（tɕi̯ɛp＞）tʂi̯ɛp＞tʂɛ＞tʂə；這跟第一類韻"者"完全一致。

"犯"從中古的bʻi̯wɐm變作唐代的vwɐm＞fwan，再變作北京的fan（見第四類韻）。這裏的pi̯wɐp也是這種變化：唐代fwɐp＞fwa＞北京fa。

17. ɑt類韻

中古	北京
葛kɑt　達dʻɑt	kə、ta
轄ɣăt	ɕia
戛kat　殺ʂat	tɕia、ʂa
傑gʻi̯ɛt　折tɕi̯ɛt　滅mi̯ɛt	tɕiɛ、tʂə、miɛ
訐ki̯ɐt	tɕiɛ
結kiet　鐵tʻiet	tɕiɛ、tʻiɛ

這一類跟前一類有嚴格的平行關係，僅僅有一點不同，即這裏失落的是t而不是p。韻尾t失落以後，第一行留下的形式是kɑ、tɑ，kɑ變作ko（北京kə），tɑ的元音開化作前a，北京音爲ta；第二、三行留下的形式是ka、ʂa，ka也産生出一個寄生性的i：kia（北京tɕia）；第四至六行，留下的形式是iɛ、iɐ、ie，合併爲北京的iɛ，僅僅舌尖後音有它自己的變化：（tɕi̯ɛ＞）tʂiɛ＞tʂɛ＞tʂə。

中古	北京
括kuɑt　脱tʻuɑt　末muɑt	kuo、tʻo、mo
刮kwăt	kua
滑ɣwat　刷ʂwat　八pwat	xua、ʂua、pa
悦i̯wɛt　拙tɕi̯wɛt　説ɕi̯wɛt　雪si̯wɛt	yɛ、tʂo、ʂuo、ɕyɛ
決kiwet	tɕyɛ
蕨ki̯wɐt　發pi̯wɐt	tɕyɛ、fa

韻尾t失落以後，第一行留下的形式kuɑ、tʻuɑ、muɑ——跟第一類韻形式相

同——以後變作北京的kuo、t‘o、mo。

第二、三行的開a保持不變（就像第一類韻的“瓜”kwa＞北京kua），以後變作北京的kua、xua、ʂua、pa。

第四至六行的i̯wɛ、i̯wɐ、iwe很自然地合併作北京的yɛ。有兩個例外：1.舌尖後音使i̯失落（tɕi̯wɛt＞）tʂi̯wɛ＞tʂuɛ。以後uɛ單音化作o：北京tʂo（但是有一些官話方言，如開封仍發作tʂuɛ）；或者u仍然保留，如（ɕi̯wet＞）ʂi̯wɛ＞ʂwɛ北京ʂuo。2.雙唇音變作唇齒音以後，也使i̯失落：pi̯wɐt＞唐代fwɐt＞fwa＞北京fa。這些現象跟前頭各類韻中的變化非常符合。

18. i̯əp類韻

中古	北京
級ki̯əp 執tɕi̯əp 立li̯əp	tɕi、tʂʅ、li

一般説來i̯吞没後接的短ə（參第六類韻）：ki̯əp＞kip＞ki（北京tɕi）；但是舌尖後音在這裏也起着硬化作用，（tɕi̯əp＞）tʂi變作tʂʅ，跟第二類韻的“脂”（tɕi＞）tʂi變作tʂʅ相同。

19. i̯ət類韻

中古	北京
訖ki̯ət	tɕi
吉ki̯ĕt 質tɕi̯ĕt 悉si̯ĕt 必pi̯ĕt	tɕi、tʂʅ、ɕi、pi
瑟ʂi̯æt	sə

演變的情況跟前類一樣。韻尾t掉落，i̯吞掉後面的短元音ə、ĕ：ki̯ət＞kit＞ki（北京tɕi），但舌尖後音後面的i硬化作ʅ：（tɕi̯ĕt＞）tʂit＞tʂi＞tʂʅ。

i̯æt韻僅出現在原來的舌尖後音後，有特殊的演變方向：i̯失落，æ變作ə：ʂi̯æt＞ʂæ＞北京sə。

中古	北京
骨kuət 卒tsuət 脖b‘uət	ku、tsu、po
屈k‘i̯uət 弗pi̯uət	tɕ‘y、fu
橘ki̯uĕt 出tɕ‘i̯uĕt 戌si̯uĕt	tɕy、tʂ‘u、ɕy

跟第七類韻中古kuən變作北京kun的情況相似，這裏的u吞掉後隨的ə：kut、tsut、k‘i̯ut，等等。因爲“門”muən變作北京mən，而不是mum，唇音後面的u失去，所以此處的唇音也應該相同，b‘uət先變b‘ət。此外，我們上文已經討論過，pi̯u-在唐代變作fu-。於是這一組演變成：

kut、tsut、b‘ət　　k‘i̯ut、fut　　ki̯ut、tɕ‘i̯ut、si̯ut

接着是-t失落：

ku、tsu、b‘ə　　k‘i̯u、fu　　ki̯u、tɕ‘i̯u、si̯u

以後，b‘ə變作北京的po，i̯u在i̯影響下變作y：k‘i̯u＞k‘y（北京tɕ‘y），si̯u＞sy（北京ɕy）。但舌尖後音使i̯失落，“出”（tɕ‘i̯ut＞tɕ‘i̯u＞）tʂ‘i̯u變作北京的tʂ‘u。

20. ɑk類韻

中古	北京
各kɑk　鐸d‘ɑk　博pɑk	kə、to、po
脚ki̯ak　酌tɕi̯ak　略li̯ak	tɕyɛ/tɕiau/tɕyo、tʂo、lyɛ/liau/lyo
郭kwɑk	kuo
矍ki̯wak　縛b‘i̯wak	tɕyo、fu

韻尾-k失落後，kɑ、d‘ɑ、pɑ變作ko（＞北京kə）、to、po，跟第一類韻相同。

ki̯ak類的情況比較奇特，在北京話中有幾個異讀，例如“脚”，在北京可以聽到tɕyɛ、tɕiau、tɕyo等讀音；這無疑是方言混雜的結果。現代讀音tɕiau比較容易解釋：在上古漢語，-g在其他元音後面有元音化作-i的趨勢，而在近代，北京話中的-k在a後面元音化作-u。

在其他方言中，演變情況可能是這樣：在ɑk韻的類推作用下，ki̯ak變作ki̯ɑk，隨着音變kɑk＞ko（見上文），kiɑk變作kio（法國的漢學家現在還是這樣轉寫）；從kio到kyo（i在後隨圓唇元音o的影響下變作y）僅一步之變。

對於另一個方言中tɕyɛ的解釋，就有點吃不準：是不是經過kyo的階段＞kyø＞kyɛ？

kwɑk先變作kwɑ再變作kuo，這是完全規則的變化，所以ki̯wak也是變作kyo（北京tɕyo）。但是b‘i̯wak變作北京fu卻有點奇怪，我們原以爲b‘i̯wak＞vwak＞fwa＞fa。

21. ək類韻

中古	北京
刻k‘ək　勒lək　得tək　墨mək	k‘ə、lə、tə、mo
黑xək　賊dz‘ək　北pək	xei、tsei、pei
亟ki̯ək　測tʂ‘i̯ək　職tɕi̯ək　力li̯ək　息si̯ək	tɕi、ts‘ə、tʂʅ、li、ɕi
國kwək	kuo
域ji̯wək	y

韻尾-k失落。ək在兩種演變方向之間摇擺不定。一種情況是-k失落，不留痕迹：kʻək＞kʻə，mək＞mə，後者再變作北京的mo（參十九類的bʻuət＞bʻət＞bʻə＞北京po）；另一種情況是-k元音化作-i，就像上古的-əg元音化作-əi一樣；不過此處前接的ə在i的影響下前化作e：xək＞xəi＞xei。

i̯ək韻中，i̯吞掉後隨的短ə：ki̯ək＞kik＞ki。舌尖後音還是那種硬化作用：使i̯失落：tʂʻi̯ək＞tʂʻək＞北京tsʻə。中古舌面音也像舌根音那樣，使韻母中的元音數目減少："職"tɕi̯ək＞tɕik。接着舌面音變作舌尖後音：tɕik＞tʂik，最後i按照通常的演變方式變作ʅ：tʂik＞tʂi＞tʂʅ。

wək中的ə在u的影響下變作o：kwək＞kwə＞kuo（參十五類韻ə̯u＞北京ou）。i̯wək中的ə被吞没，i̯u變作y：i̯wək＞i̯uk＞i̯u＞y。

22. ɐk類韻

中古	北京
格kɐk 宅ȡʻɐk 百pɐk	kə、tsə或tʂai、po或pai
革kæk 責tʂæk	kə、tsə或tʂai
益ʔi̯ɛk 隻tɕi̯ɛk 昔si̯ɛk 碧pi̯ɛk	i、tʂʅ、ɕi、pi
逆ŋi̯ɐk	i
擊kiek 滴tiek 壁piek	tɕi、ti、pi

韻尾-k掉落，跟所有帶-k的韻相同。

ɐk和æk完全合併，在北京話中有不同的演變方向，這跟前面幾個帶-k的韻有點相似。一個方向是變作北京話的ə（kə、tsə，等等），從而跟前一類韻的ək合流，接着，唇音如"百"pə變作北京的po（有如中古bʻuət＞bʻət＞bʻə＞po），這種po的讀音屬於文讀，另一個方向是k元音化作i，ȡʻɐk變作北京tʂai，pɐk變作北京pai。æk也跟着和ɐk合流，變作北京的ai：（tʂæk）tʂɛi＞tʂai。

i̯ɛk、i̯ɐk、iek中的i̯和i吞掉後隨的元音：ʔi̯ɛk變作ʔik，等等。-k尾失落以後，只剩下單獨的i：i、si、pi、ki、ti，等等。舌尖後音也對i發生作用：（tʂi̯ɛk＞tʂik＞）tʂi變作北京的tʂʅ。

這一類韻的演變結果，大部分跟前一類韻合流。

中古	北京
虢kwɐk	kuo
畫ɣwæk	hua
鶪kiwek	tɕy

帶w的字太少，難以從中得出一般的規律。

23. ɔk類韻

中古	北京
角kɔk　捉tʂɔk　剥pɔk	tɕyɛ/tɕiau/tɕyo、tʂo、po/pau

對於ɔŋ類韻我們已討論過，中古ɔŋ唐代裂化作ɔaŋ，以後在舌根音後面變作kaŋ，進一步變作北京的kiaŋ（tɕiaŋ）。這裏也發生對應的現象：中古kɔk（＞kɔak＞kak）＞ki̯ak，以後再跟二十類的ki̯ak（“脚”類）合併，並且一道變化。在北京話中出現三個異讀：tɕyɛ、tɕiau、tɕyo。這些音的産生過程已在第二十類討論過了。

中古tʂɔk變作北京tʂo；中古pɔk變作北京po；但後者白讀爲pau。

24. uk類韻

中古	北京
谷kuk　鹿luk　卜puk	ku、lu、pu
酷k‘uok　篤tuok　僕b‘uok	k‘u、tu、p‘u
菊ki̯uk　祝tɕi̯uk　肅si̯uk　福pi̯uk	tɕy、tʂu、su、fu
曲k‘i̯wok　燭tɕi̯wok　足tsi̯wok	tɕ‘y、tʂu、tsu

uok跟uk合併，-k失落以後，就成爲一般的u：北京ku、lu和k‘u、tu，等等。

與此類似，中古i̯wok跟中古i̯uk合流；pi̯uk在唐代就變作fuk了，這在聲母部分已討論過。-k掉落以後，舌面音變作舌尖後音，第三、四行就變作以下的音：

ki̯u、tʂi̯u、si̯u、fu　　k‘i̯u、tʂi̯u、tʂi̯u

舌尖後音使i̯失落：tʂi̯u＞tʂu，大多數舌尖塞擦音和擦音也有這種作用[①]：si̯u＞su（參第二類韻中古tsi＞北京tsʅ，中古si＞北京sʅ）。但是另一些i̯u變作y。於是這一組在現代北京話中變作如下讀音：

tɕy、tʂu、su、fu　　tɕ‘y、tʂu、tsu

上面的概述僅僅勾勒出最一般的演變規律，略去許多的特殊情況和例外。我以中古漢語作爲出發點，描寫它的韻母怎樣演變成北京音。現在我準備從另一個方向加以總結。下面我列出一張北京韻表，在括號中注上它們由之發展而來的中古韻母。數目字表明它們屬於上面24個韻類中的哪一類。

a（a①，ɑi，ai③，ăp，ɑp，ăp，i̯wɐp⑯，ɑt，at，wat，i̯wɐt⑰）；

ai（ăi，ɑi，ăi，ai，wăi，wai③，ɐk，æk㉒）；

an（ăm，ɑm，ăm，am，i̯ɛm，i̯wɐp④，ɑn，ăn，iɛn，uɑn，wan，i̯wɐn⑤）；

aŋ（ɑŋ，i̯aŋ，wɑŋ，i̯waŋ⑧，ɔŋ⑪）；

① 例外：“續”中古zi̯wok＞北京ɕy。l後的i̯大部分失落了，如“戮”li̯wok＞lu，“録”li̯wok＞lu，但有時候會在另一種形式下出現：“六”li̯uk＞liu，“緑”li̯wok＞ly。

au（ɑu，au，i̯ɛu⑭，ɔk㉓）；

ei（jwi，jwię，jwęi②，uăi，i̯wɐi③，ək，i̯ək㉑）；

ə（ɑ，i̯a①，ăp，ɑp，i̯ɛp⑯，ɑt，i̯ɛt⑰，i̯æt⑲，ɑk⑳，ək㉑，ɐk，æk㉒）；

ən（i̯əm⑥，ən，i̯ĕn，i̯æn，uən，i̯uən⑦）；

ər（i，ię②）；

əŋ（əŋ，i̯əŋ⑨，ɐŋ，æŋ，i̯ɛŋ⑩，uŋ，i̯uŋ，i̯woŋ⑫）；

i（i，ię，ĕi②，i̯ɛi，i̯ɐi，iei③，i̯əp⑱，i̯ət，i̯ĕt⑲，iək㉑，i̯ɛk，i̯ɐk，iek㉒）；

ia（a①，ai③，ăp，ap⑯，ăt，at⑰）；

iaŋ（i̯aŋ⑧，ɔŋ⑪）；

iau（au，i̯ɛu，ieu⑭，i̯ak⑳，ɔk㉓）；

iɛ（i̯a①，ăi③，i̯ɛp，i̯ɐp，iep⑯，i̯ɛt，i̯ɐt，iet⑰）；

iɛn（ăm，am，i̯ɛm，i̯ɐm，iem④，ăn，an，i̯ɛn，i̯ɐn，ien，iwen⑤）；

in（i̯əm⑥，i̯ən，i̯ĕn⑦）；

iŋ（i̯əŋ⑨，i̯ɛŋ，i̯ɐŋ，ieŋ，i̯wɛŋ，i̯wɐŋ，iweŋ⑩）；

iu（i̯ə̯u⑮）；

iuŋ（i̯wɐŋ⑩，i̯uŋ，i̯woŋ⑫）；

ʅ·ɿ（i，ię②，i̯ɛi③，i̯əp⑱，i̯ĕt⑲，i̯ək㉑，i̯ɛk㉒）；

o（ɑ，uɑ①，uɑt，i̯wɛt⑰，uət⑲，ɑk，i̯ak⑳，ək㉑，ɐk㉒，ɔk㉓）；

ou（ə̯u，i̯ə̯u⑮）；

u（uo，i̯wo，i̯u⑬，i̯ə̯u⑮，uət，i̯uət，i̯uĕt⑲，i̯wak⑳，uk，uok，i̯uk，i̯wok㉔）；

ua（wa①，wai③，wăt，wat⑰，wæk㉒）；

uai（wăi③）；

uan（uɑn，wăn，wan，i̯wɛn⑤）；

uaŋ（wɑŋ，i̯waŋ⑧，ɔŋ⑪）；

uei（jwi，jwię，jwęi②，uăi，uɑi，i̯wɛi，iwei③）；

uən（uən，i̯uən⑦）；

un（uən，i̯uĕn⑦）；

uŋ（wɐŋ，wæŋ⑩，uŋ，uoŋ，i̯uŋ，i̯woŋ⑫）；

uo（uɑ①，uɑt，i̯wɛt⑰，wɑk⑳，wək㉑，wɐk㉒）；

y（i̯wo，i̯u⑬，i̯wət，i̯uĕt⑲，i̯wək㉑，iwek㉒，i̯uk，i̯wok㉔）；

yan（i̯wɛn，i̯wɐn，iwen⑤）；

yɛ（i̯wɛt，i̯wɐt，iwet⑰，i̯ak⑳，ɔk㉓）；

yn（i̯uən，i̯uĕn，i̯wĕn⑦）；

yo（i̯ak，i̯wak⑳，ɔk㉓）。

中古漢語和日語漢字

日語來自漢語的中古借詞爲數極多，且源於不同的渠道。一方面，有民間直接借用的日常用詞，語音上時常很不規則，諸如“馬”，中古漢語爲ma，日語爲uma；“三”，中古漢語爲sɑm，日語爲sabu（如常見人名“三郎”）等。另一方面，有更多規則的、系統的文學借詞，通過這些借詞，漢語詞匯大批大批地進入中古日語，跟日語相融合。人們通常所稱的日語漢字（Sino-Japanese）正指後者，即這些按照始終如一的語音規律系統組成並日益積纍的借詞。本文的討論范圍限於這部分借詞。

日語漢字借詞來自兩個不同渠道：一個是中國北方，從那裏（特別是在公元7世紀和8世紀）傳入日語的借詞稱爲漢音；另一個是中國東部和東南部，從那裏（特別是公元6世紀和7世紀）傳入日語的借詞叫作吳音。以後，又有從第三條渠道來的（唐音），不過，總的説來，從這條渠道來的幾乎未産生甚麽新的讀音，故在這篇簡短的文章裏從略了。

還有許許多多混合的形式，由漢音和吳音拼湊而成，這一些我也不談了，諸如：“月”，漢音爲ge-tu（現讀getsu），吳音爲gu-wa-ti（現讀gachi），流行的混合形式是gu-wa-tu（現讀gatsu）；“没”，漢音爲bo-tu（現讀botsu），吳音爲mo-ti（現讀mochi），流行的混合形式是mo-tu（現讀motsu）。

漢音和吳音的讀音在很多音類中是相同的，但在另一些音類中卻差別甚大，這是中古漢語方言的差異造成的。然而，總的來看，漢音比較真實地反映了隋代和唐初長安的北方漢語（《切韻》語言），不過也有些不合之處，下文將會論及。吳音則反映了在許多重要方面與《切韻》語言很不相同的古代方言。

日本人大規模借用漢字材料，但他們並未不折不扣地按照每個語音細節複製這些外國詞匯。相反，他們經常在相當大的程度上對漢字讀音加以簡化、改變，以適應他們自己語言的語音特點（發音基礎）。這樣，從一開始，中古漢語的本來讀音與它們的日語漢字模仿音之間就存在着很大的差異，例如介音常被省略：中古漢語ki̯ɛn＞日語漢字ken，中古漢語puɑn＞日語漢字pan（現讀han）。日語詞匯不能用m結尾，於是用n來代替：中古漢語sɑm＞日語漢字san。日語詞匯不能用p、t或k結尾，因此，對於這一類漢字，日本人就不得不加上附著性的元音來結尾：中古漢語kɑt＞

日語漢字katu（katsu）。

另一方面，這些在中古融合於日語的新詞讀音在以後幾百年中也並非一成不變。日語漢字迅速成爲日語詞匯的組成部分，並與日語一起發生語音演變。這樣，公元6—8世紀的一些讀音（這些讀音現在通過日本音節文字假名也許還能一點點探明）有很多已變得認不出了。因此，我們的任務是，對於每個要討論的音類，首先描述中古日語在借用時期是如何反映中古漢語讀音的，它們的替換規則是甚麽；其次再描述如此産生出來的中古日語漢字讀音是如何在日本自己的土地上發生變化的。理所當然，在本文概括而簡短的論述中，我們只能探討主要的特徵，所有比較複雜的細節和情況都略去不談。

聲母

在討論日語漢字語音時，如同剛才申明的那樣，我們必須始終把在借用時的讀音改變跟借詞成爲日語詞匯的一部分以後所發生的變化清楚地區别開來。爲了更好做到這一點，我在每個例子裏總是首先標明中古日語漢字用假名表示的讀音，然後，只要它的現代東京讀音有别於中古日語漢字讀音，我就用括號將其標出。東京讀音按現在通用的羅馬字拼寫法拼寫，字體采用有間隔的印刷體[①]。

從中古漢語角度出發，我們可以發現日語借用者對漢字字音進行了程度極大的簡化：

清塞音與送氣音的區别在漢語中儘管十分重要，但借用到日語中卻完全被忽視：k和kʻ都用k來對譯，t和tʻ則都用t來對譯。

忽視喉塞音與喉擦音之間的區别：不論漢音還是吴音，x都用k對譯，ɣ在漢音裏用k，在吴音裏用g對譯。

漢音完全不管清濁塞音的區别：k和gʻ都對譯作k，t和dʻ都對譯作t，s和z都對譯作s，等等。吴音則並非如此，吴音借用者總是保持了k和gʻ、t和dʻ、s和z之間的區别。這表明，漢音簡化並非因日本借用者不能分辨清濁音聲母，而是因爲長安濁音聲母有其一定的特殊性，而吴方言聲母則不具備這種特殊性。或許長安的bʻ、dʻ、gʻ發音時不像中國東南部的人聲帶振動得那麽厲害和清晰。

舌尖音和舌面音之間的區别完全被忽視了：t和ȶ都用t對譯。

舌尖後塞擦音tʂ、舌面塞擦音tɕ與舌尖塞擦音ts的區别完全被忽視。更有甚者，塞擦音與擦音的區别也被完全忽略了：ts與s都用s對譯。這就是説，14個中古漢語的聲母：tʂ、tʂʻ、dʐʻ、ʂ、tɕ、tɕʻ、dʑ、ɕ、ʑ、ts、tsʻ、dzʻ、s、z，漢音只用一個音位s來替

① 原文的中古日語漢字讀音用斜體印刷，譯文一律改用國際音標，音節之間用小短横分開。現代東京音仍用羅馬字拼音，並加括號。——譯者注

代；吴音（保持清濁音區别）則用兩個音位：s和z。

漢音處理鼻音聲母十分奇特，它們被相應的口腔音所代替：中古漢語的nuo對譯作do，中古漢語的ȵiwo對譯作dio（現讀jo），中古漢語的ma對譯作ba。但是這兩個聲母吴音又是清楚而有規則地對譯爲n和m（不論漢音還是吴音，聲母ŋ都用g對譯），這一事實再次表明，這種奇怪的現象只能在中古北方漢語方言裏得到解釋。現在，甚至在今天，山西還有些能幫我們揭開這些奥秘的方言：在興縣，中古漢語的"怒"nuo（北京音nu）讀ndo（請注意，此處的元音也很古老），中古漢語的"馬"ma讀作mba。從發生學角度看，這並不值得大驚小怪：從鼻音m到口腔音a的發音過程中，軟腭的關閉是先期發生的，於是在m之後，會有一個同部位的口腔音b出現在它和a之間：m-b-a。顯而易見，在隋代和唐初的長安口語裏一定有與此類似的現象（也許只有一點輕微的色彩），它正好説明了漢音的這種特殊性。

到目前所敘述的都是借用的時候就已經發生的字音的改變。以後，隨着歲月的流逝，日語漢字音在日本土地上又發生了三個主要變化：

日語漢字的舌尖音在i前面變成舌面音：ti變成tɕi，羅馬字拼作chi。di變成dʑi，羅馬字拼作ji。si變成ɕi，羅馬字拼作shi。zi變作dʑi（這是東京音，其他一些方言作ʑi），羅馬字拼作ji。這正意味着，當日語漢字的二合元音eu變成iō以後（看下文），後來産生的i前面也發生了同樣的腭化：日語漢字te-u＞tiō＞tɕō，羅馬字拼作chō。

日語漢字的舌尖音t、d在u前面分裂爲ts、dz：tu＞tsu，du＞dzu。

日語漢字的唇音p漸漸發展成雙唇擦音ɸ：ɸɑ、ɸi、ɸu、ɸe、ɸo。以後它在u前面仍保持未變（日語的fu實際上是雙唇音），但在a、e、i、o前面，則變成h：hɑ、he、hi、ho。

一方面是中古借用時存在的一般替换規則，另一方面則是在日本土地上發生了語音演變，於是下面與中古漢語相對照的日語漢字聲母表即可由此得到解釋。

中古漢語的舌根音（包括喉音）：

中古漢語	漢音	吴音
歌kɑ	ka	ka
可k'ɑ	ka	ka
其g'ji	ki	gi
我ŋɑ	ga	ga
漢xɑn	kan	kan
河ɣɑ	ka	ga
安ʔɑn	an	an
夷i	i	i

中古漢語的舌面音：

中古漢語	漢音	吳音
展ȶi̯ɛn	ten	ten
朝ȶi̯ɛu	te-u（chō）	te-u（chō）
張ȶi̯aŋ	ti-ja-u（chō）	ti-ja-u（chō）
追ȶwi	tu-wi（tsui）	tu-wi（tsui）
徹ȶʻi̯ɛt	te-tu（tetsu）	
超ȶʻi̯ɛu	te-u（chō）	te-u（chō）
暢ȶʻi̯aŋ	ti-ja-u（chō）	ti-ja-u（chō）
䡩ȡʻi̯ɛn	ten	den
兆ȡʻi̯ɛu	te-u（chō）	de-u（jō）
長ȡʻi̯aŋ	ti-ja-u（chō）	di-ja-u（jō）
墜ȡʻwi	tu-wi（tsui）	du-wi（dzui）
戰ȡɕiɛn	sen	sen
昭tɕi̯ɛu	se-u（shō）	se-u（shō）
章tɕi̯aŋ	si-ja-u（shō）	sa-u（sō）
川tɕʻi̯wɛn	sen	sen
齒tɕʻi̯	si（shi）	si（shi）
船dʑʻi̯wɛn	sen	zen
順dʑʻi̯uĕn	si-jun（shun）	zi-jun（jun）
煽ɕiɛn	sen	sen
燒ɕi̯ɛu	se-u（shō）	se-u（shō）
尸ɕi	si（shi）	si（shi）
善ʑi̯ɛn	sen	zen
上ʑi̯aŋ	si-ja-u（shō）	zi-ja-u（jō）
女ȵi̯wo	di-jo（jō）	ni-jo（nyo）
然ȵʑi̯ɛn	zen	nen
饒ȵʑi̯ɛu	ze-u（jo）	ne-u（nyō）
人ȵʑi̯ĕn	zin（jin）	nin

中古漢語的舌尖後音：

中古漢語	漢音	吴音
醆 tʂan	san	sen
側 tʂi̯ək	si-jo-ku（shoku）	soku
釵 tʂʻai	sai	se
測 tʂʻi̯ək	si-jo-ku（shoku）	soku
棧 dʐʻian	san	zen
士 dʐʻi	si（shi）	zi（ji）
山 ʂan	san	sen
使 ʂi	si（shi）	si（shi）

中古漢語的舌尖音：

中古漢語	漢音	吴音
多 tɑ	ta	ta
都 tuo	to	tu（tsu）
雕 tieu	te-u（chō）	te-u（chō）
炭 tʻɑn	tan	tan
土 tʻuo	to	tu（tsu）
挑 tʻieu	te-u（chō）	te-u（chō）
唐 dʻɑŋ	ta-u（tō）	da-u（dō）
圖 dʻuo	to	du（dzu）
條 dʻieu	te-u（chō）	de-u（jō）
左 tsɑ	sa	sa
焦 tsi̯ɛu	se-u（shō）	se-u（shō）
子 tsi	si（shi）	si（shi）
磋 tsʻɑ	sa	sa
悄 tsʻi̯ɛu	se-u（shō）	se-u（shō）
親 tsʻi̯ĕn	sin（shin）	sin（shin）
存 dzʻuən	son	zon
字 dzʻi	si（shi）	zi（ji）
散 sɑn	san	san
消 si̯ɛu	se-u（shō）	se-u（shō）
新 si̯ĕn	sin（shin）	sin（shin）

隋zwię	sui	zui
旬zi̯uĕn	si-jun（shun）	zi-jun（jun）
男năm	dan	nan
年nien	den	nen
來lăi	rai	rai

中古漢語的唇音：

中古漢語	漢音	吴音
波puɑ	pa（ha）	pa（ha）
甫pi̯u	pu（fu）	po（ho）
破pʻuɑ	pa（ha）	pa（ha）
敷pʻi̯u	pu（fu）	po（ho）
盆bʻuən	pon（hon）	bon
分bʻi̯uən	pun（fun）	bun
門muən	bon	mon

介音

爲了避免重複，在這裏只敘述包含在不同類别裏的幾個一般規則。至於其他情況，不管是介音已經譯出的或者被省略的，將分别在各組韻母表裏説明。

1.在日語漢字的元音e前面，中古介音i̯和i從不譯出，如“愆”，中古漢語kʻi̯ɛn，“見”，中古漢語kien，日語漢字都作ken。

2.中古漢語唇音聲母後的i̯從不譯出，如“分”，中古漢語pi̯uən＞日語漢字pun（fun）。

3.中古對譯的介音i̯一直保存到現代，但有一個重要例外：日語漢字舌尖音後面的介音i̯接着另一個元音時，介音i̯脱落，如“中”，中古漢語ȶi̯uŋ＞日語漢字ti-ju-u＞現代ȶɕu；“寫”，中古漢語si̯a＞日語漢字si-ja＞現代ɕa。

4.中古舌根音後面的介音u、w出現在日語漢字a之前，它們在中古的譯音中是存在的，但在現代東京音中，這些介音都消失了，如“官”中古漢語kuɑn、“關”中古漢語kwan＞日語漢字ku-wan＞現代kan。

5.日語漢字舌尖音、唇音跟a之間的介音u、w不譯出，如中古漢語“端”tuɑn＞日語漢字tan；中古漢語“破”pʻuɑ＞日語漢字pa（ha）。

6.舌根音和唇音之後的介音w，如出現在日語漢字i之前不譯出，如“龜”，中古漢語kjwi＞日語漢字ki；“非”，中古漢語pjwęi＞日語漢字pi（hi）。

7.日語漢字o前的介音i̯和u、w不譯，如“昆”，中古漢語kuən＞日語漢字kon；“今”，中古漢語ki̯əm＞吳音kon（例外：中古漢語ʔuən＞日語漢字won，現代音爲on）。

韻母

爲了便於比較中古漢語到官話的發展演變，我基本上采用與上文相同的例字。

看來，最好的辦法是將《切韻》的中古漢語、漢音形式和吳音形式依次排在一起。但由於前面已提到過的原因，這是行不通的。實際上，唯獨漢音才能系統地與《切韻》的中古漢語進行比較，這是因爲漢音與《切韻》音基本上以相同的中古北方漢語爲依據。吳音卻不是這樣，它是依據於古代中國東部和東南部的吳方言。

從大量反映中古吳語的吳音材料看來，長安中古漢語（《切韻》）同中古吳語之間的區别是相當大的，這些區别主要有三點：

1.同一組内的音類可能相同，只是中古吳語每一個音類的音值不一定都跟《切韻》相符合。這意味着《切韻》每一個韻類内所有的字在吳音裏都有一個明確的對譯方式（不管是單個韻母、或者是因聲母不同按固定規則分爲幾個韻母）。比方説山韻，中古漢語是ăn（漢音都作an），吳音則都用en來對譯。中古吳語方言和中古長安方言儘管音值不盡相同，但是每一音類所包含的字完全相同。侵韻就是類似的例子。侵韻中古漢語i̯əm（漢音都作in），吳音在舌根音後都作on（如kon等），其他聲母後作in（如sin、rin、jin等）。在這兒同一個韻類（侵類）中的收字是完全相同的，只是中古吳語又再分爲兩個小類。在這種情形下，由於可以確定固定的對應規則，所以草擬一個中古漢語《切韻》和吳音之間的比較表是可能的。

2.同一組内的音類不同，這是因爲從上古漢語發展爲中古吳語的方式跟中古長安話（《切韻》）不同，所以音韻歸類也不同。韻母ən：ĕn就是個典型的例子。上古漢語的“銀”ŋi̯æn變成長安話（《切韻》）的ŋiĕn，屬於真韻i̯ĕn。在真韻i̯ĕn裏，有《切韻》的“銀”ŋi̯ĕn、“人”ȵʑi̯ĕn、“民”mi̯ĕn等（漢音作gin、in、bin等）。但是，在中古吳語裏，ŋi̯æn並未變入i̯ĕn類，而是變爲i̯ən類（跟上古漢語“斤”ki̯ən同類）：ŋi̯æn＞吳語ŋiən，因此吳音對譯作gon。因而如果以《切韻》的“銀、人、民”ŋiĕn、ȵʑi̯ĕn、mi̯ĕn作爲比較的出發點，那吳音的一組就是gon、nin、min。在這裏，如果把《切韻》音和吳音並排列在一張表裏，就方法而論是錯誤的，因爲嚴格講它們是不能比較的。“銀”與“人、民”在《切韻》語言中同類（i̯ĕn韻），而在中古吳語裏不同類。“人、民”在吳語屬i̯ĕn韻，但“銀”則屬於另一類，“斤”吳語作ki̯ən，“銀”吳語作ŋi̯ən。換言之，長安話（《切韻》）和中古吳語都有一個i̯ĕn類和一個i̯ən類。但它們並不完全互相對應，因爲它們收字並不完全相同：某些上古的i̯æn類字在長安話變作i̯ĕn，在吳語則變作i̯ən。所以，長安話（《切韻》）的i̯ĕn在邏輯上不能作爲研究以中古吳語爲依據的吳音的出發點。由於不能確立任何固定的對應規則，故《切韻》和吳語的對照表也就不能製定出來。

3.第三點提出的困難更大。根據我剛才在第二點所說的理由，大體上可以這樣認爲，研究吳音和它的音類，不應當從《切韻》的音類出發，而應當從上古漢語的音類出發。我們應該研究每一上古漢語韻母在中古吳語（吳音）中發展爲哪些音。這一點看上去非常簡單，也很容易做到，但我們面臨着一個不可克服的困難：我們發現吳音的讀音並非出自一個特定的中古吳語方言，而是出自幾個語音不同的吳語方言。這一點很容易加以證明。上古的韻母əm在舌尖音後面是可供比較的例子，如上古"南"nəm和"貪"t'əm在《切韻》裏作nɑm和t'ɑm（漢音爲dan、tan）。在吳音裏，我們卻發現它們並不像我們所想的那樣用相同的方法，而是以不同的方法對譯："南"nəm吳音作nam，但"貪"t'əm吳音則爲ton！如果認爲這些音都屬於同一個吳語方言，我們就不可以說上古əm的某些舌尖音字，如"南"，變成中古吳語am（nam，由此產生吳音nam），另一些字，如"貪"，變成中古吳語əm（t'əm，由此產生吳音ton）。在同一種方言裏，同類聲母後的同一個上古韻母只能產生相同的結果。因此，我們必然得出如下結論：舌尖音後的上古əm在一種中古吳語方言裏變作ɑ̆m（跟《切韻》相同），如"南"nɑ̆m、"貪"t'ɑ̆m等等，吳音"南"nam即來自這種吳語方言；舌尖音後的上古əm在另一種中古吳語方言裏變作əm（不同於《切韻》），如"南"nəm、"貪"t'əm，並由此產生了吳音借詞"貪"ton。這就解釋了上古的一個韻母（在聲母完全可比較的情況下）爲何在吳音裏時而是這個音、時而又是另一個音。在這種情況下，不僅上古漢語不可作爲研究吳音的直接出发點，甚至連上古漢語和吳音的對照表也不能建立，因爲我們無法確立固定的對應規則。對於這種有不同中古吳語方言來源的吳音，《切韻》（即中古長安音）的類別更不能作爲研究的出发點。

總之，在許多情形下（實際是大多數情況下），《切韻》的韻類能够作爲研究吳音的出發點。所以能够這樣做，一方面是有許多字的吳音與漢音完全相同，如"歌"，《切韻》作kɑ，吳音和漢音都作ka；另一方面有許多字，吳音與《切韻》、漢音的音值雖然不同，但音類完全一樣，如"山"《切韻》作ʂăn（漢音作san）＝吳音sen。但是，在許多情形下，《切韻》的韻類卻不能作爲研究吳音的出發點。所以會出現這種情況，一方面是由於有許多字從上古漢語發展爲中古吳語的時候形成了與《切韻》不同的音類（如前所舉例子"銀"）；另一方面，特別是吳音讀音不是出自一種而是出自數種不同的中古吳語方言的時候（如上述的"南、貪"），更是如此。

詳細討論這些複雜問題是很有必要的，因爲它們與本題有着重要的實際關係。在下文裏，我們的論述將限於把漢音跟《切韻》韻母作直接对照，而僅在每一韻組對吳音作些補充説明。

還存在另一個原因更須要這樣做。鑒於漢音的讀音比較固定並已完全確定，所以有關每一個字的真實漢音的所有原始材料（字典的和書本的）都完全一致，而吳音的真實讀音在許多地方則很不確定。如果我們比較兩本標準的大字典，諸如《上田大辭典》（以下簡作《大辭典》）和《漢和大辭林》（以下簡作《大辭林》），我們發現它們的漢音完全一致，而吳音的讀音卻有驚人的差異。原因是，許多吳音的讀音與其説在實際語言裏真正通用，倒不如説是爲了理論上的存在。下面我將舉例説明這些不同。

1. ɑ類韻

中古漢語	漢音
歌kɑ　羅lɑ　多tɑ	ka、ra、ta
家ka　沙ʂa　巴pa	ka、sa、pa（ha）
也i̯a　者tɕi̯a　寫si̯a	ja（ya）、si-ja（sha）、si-ja（sha）
果kuɑ　妥t'uɑ　破p'uɑ	ku-wa（ka）、ta、pa（ha）
瓜kwa	ku-wa（ka）

中古漢語的ɑ和a在漢音裏都作a。

中古漢語的ɑ、uɑ，吳音韻母和漢音一樣，但a、i̯a的吳音則與原來讀音不合。如果我們相信《大辭典》的材料，那麼《切韻》的a、i̯a在中古吳語或吳音所依據的方言裏並不是一個韻類：時而是e、時而是a、時而又是i̯a，而且没有任何明顯的規則。然而在《大辭林》中，絶大多數是用e來替代中古漢語的a、i̯a：

《切韻》	《大辭典》	《大辭林》
嘉ka	ke	ke
荼d'a	da	de
詐tʂa	se	se
紗ʂa	si-ja（sha）	se
巴pa	pe（he）	pe（he）
爬b'a	ba	be
也i̯a	e	e
夜i̯a	ja（ya）	e
瓜kwa	ke	ke

但是，甚至《大辭林》的e也未像這張表裏出現得那樣規則，而是有着各種各樣的例外，如"沙"，中古漢語作ʂa；"差"，中古漢語作tʂ'a，《大辭林》的吳音都作si-ja（sha）。

2. i類韻

中古漢語	漢音
基kji　脂tɕi　子tsi　李lji	ki、si (shi)、si (shi)、ri
而ȵʑi	zi (ji)
寄kjie̯　支tɕie̯　斯sie̯　離ljie̯	ki、si (shi)、si (shi)、ri
皮bʻjie̯　兒ȵʑie̯	pi (hi)、zi (ji)
機kje̯i	ki
規kjwi　追ṭwi　累ljwi　悲pjwi	ki、tu-wi (tsui)、rui、pi (hi)
虧kʻjwie̯　吹tɕʻwie̯　碑pjwie̯	ki、su-wi (sui)、pi (hi)
歸kjwe̯i　非pjwe̯i	ki、pi (hi)

中古漢語韻母i、ie̯、e̯i在漢音裏都作i。

吳音也都是i，只有一個重要例外：不帶w的e̯i韻，如下表的例字kje̯i，變爲e：

中古漢語	吳音	漢音
機kje̯i	ke	ki
豈kʻje̯i	ke	ki
希xje̯i	ke	ki
衣ʔje̯i	e	i

3. ǎi類韻

中古漢語	漢音
該kǎi　來lǎi	kai、rai
蓋kɑi　大dʻɑi	kai、tai
皆kǎi　齋tṣǎi　埋mai	kai、sai、bai
佳kai　柴dẓʻai　罷bʻai	kai、sai、pai (hai)
藝ŋi̯ɛi　世ɕi̯ɛi　例li̯ɛi　敝bʻi̯ɛi	gei、sei、rei、pei (hei)
刈ŋiɐi	gai
雞kiei　低tiei　迷miei	kei、tei, bei
瑰kuǎi　堆tuǎi　内nuǎi　雷luǎi　梅muǎi	ku-wa-i(kai)、tai、dai、rai、bai
儈kuɑi	ku-wa-i(kai)
乖kwǎi　拜pwǎi	ku-wa-i(kai)、pai (hai)
挂kwai　派pʻwai	ku-wa-i(kai)、pai (hai)
税ɕi̯wɛi　歲si̯wɛi	sei、sei
廢pi̯wɐi	pai(hai)
圭kiwei	kei

漢音用a對譯中古漢語的ɑ、a、ă和ɐ，用e對譯ɛ和e。

吳音材料表明，這組字的中古吳語音類與長安話完全不同。有些ai、ei、e，甚至a，與《切韻》韻類毫無對應關係。此外，日本的字典編纂者對於吳音真實讀音的看法很不一致。下面我們就根據上表的例字分別列出兩本詞典中的吳音形式：

《切韻》	《大辭典》	《大辭林》
kɑ̆i、lɑ̆i	kai、rai	ke、rai
kɑi、d'ɑi	kai、dai	kai、dai
kăi、tʂă̯i、măi	kei、sai、mai	kei、sai、mai
kai、dʐ'ai、b'ai	ka、ze、be	ke、se、be
ŋi̯ɛi、ɕi̯ɛi、li̯ɛi	gei、sei、rei	gei、se、rei
b'i̯ɛi	bei	pai（hai）
ŋi̯ɐi	ge	gei
kiei、tiei、miei	kai、tai、mei	kai、tai、mei
kuɑ̆i、tuɑ̆i、nuɑ̆i	ke、te、nai	ku-wa-i（kai）、te、nai
luɑ̆i、muɑ̆i	re、mai	re、mai
kuɑi	ke	ku-wa-i（kai）
kwăi、pwăi	ke、pe（he）	ku-wa-i（kai）、pe（he）
kwai、p'wai	ke、pe（he）	ge、pe（he）
ɕi̯wɛi、si̯wɛi	sei、sei	ze、sai
pi̯wɐi	pai（hai）	pe（he）
kiwei	ke	ke

但是，吳音與《切韻》音類對應上的混亂程度要比這張表的所示情況更加驚人：按照《大辭林》，中古漢語的“皆”kăi吳音作kei，但同音的中古漢語“戒”kăi，吳音卻作ke；“迷”，中古漢語作miei，吳音作mei（兩種詞典皆同），但同音的中古漢語“米”miei，吳音卻作mai（兩種詞典皆同）。

所以這組字的吳音與長安中古漢語之間不能建立對應規則。

4. ɑ̆m類韻

中古漢語				漢音
感kɑ̆m	勘k'ɑ̆m	含ɣɑ̆m	諳ʔɑ̆m	kan、kan、kan、an
貪t'ɑ̆m	南nɑ̆m	婪lɑ̆m		tan、dan、ran
甘kɑ̆m	三sɑm	藍lɑm		kan、san、ran
減kɑm	咸ɣăm	站ȶăm		kan、kan、tan
斬tʂăm	讒dʐ'ăm			san、san

監 kam　銜 ɣam　衫 ʂam	kan、kan、san
檢 ki̯ɛm　拑 g'i̯ɛm　險 xi̯ɛm	ken、ken、ken
鹽 i̯ɛm　炎 ji̯ɛm　沾 ȶi̯ɛm	en、en、ten
閃 ɕi̯ɛm　廉 li̯ɛm	sen、ren
欠 k'iɐm　嚴 ŋi̯ɐm	ken、gen
兼 kiem　玷 tiem　念 niem	ken、ten、den
犯 b'i̯wɐm　帆 b'i̯wɐm	pan（han）、pan（han）

這裏，同前一組一樣，漢音用a對譯中古漢語的ǎ、ɑ、ă和a；用e對譯ɛ和e；用a和e分別對譯帶與不帶w的ɐ。

這一組所依據的吳語方言，總的説來與長安話音類没有對應關係。這些《切韻》韻類不管在《切韻》音系中的音韻地位如何，其吳音時而是an，時而是en，時而是on。此外，這組字在各種材料中的讀音很不一致。在規律性方面，我們僅僅可以觀察到一些模糊的趨勢：

《切韻》	《大辭典》	《大辭林》
ǎm、ɑm	an（on罕見）	on（an罕見）
ăm、am	an（en罕見）	en（an罕見）
i̯ɛm	en（on罕見）	en或on
i̯ɐm	an或on	on
iem	en	en
i̯wam	on或an	on

下面是這兩本詞典中上表例字的讀音：

《切韻》	《大辭典》	《大辭林》
kǎm、k'ǎm、ɣǎm	kan、kon、gon	kon、kon、gon
ʔǎm、t'ǎm、nǎm	on、ton、nan	on、ton、nan
lǎm	ran	ron
kɑm、sɑm、lɑm	kan、san、ran	kon、san、ron
kăm、ɣăm、ȶăm	gen、gan、tan	gen、gan、ten
tʂăm、dẓ'ăm	san、zan	zen、zen
kam、ɣam、ʂam	ken、gan、san	ken、gen、sen
ki̯ɛm、g'i̯ɛm、xi̯ɛm	ken、gen、ken	ken、gon、ken
i̯ɛm、ji̯ɛm、ȶi̯ɛm	en、on、ten	on、on、ton

çi̯ɛm、li̯ɛm	sen、ren	sen、ron
k'i̯ɐm、ŋi̯ɐm	ken、gon	ken、gon
kiem、tiem、niem	ken、ten、nen	ken、ten、nen
b'i̯wɐm、b'i̯wɐm	bon、ban	bon、bon

5. ɑn類韻

中古漢語	漢音
幹kɑn　丹tɑn	kan、tan
艱kăn　山ṣăn	kan、san
姦kan　删ṣan	kan、san
愆k'i̯ɛn　戰tɕi̯ɛn　連li̯ɛn	ken、sen、ren
建ki̯ɐn	ken
見kien　天t'ien	ken，ken
官kuɑn　端tuɑn　般puɑn	ku-wan（kan）、tan、pan（han）
鰥kwăn	ku-wan（kan）
關kwan　班pwan	ku-wan（kan）、pan（han）
權g'i̯wɛn　專tɕi̯wɛn　全dz'i̯wɛn	ken、sen、sen
元ŋi̯wɐn　反pi̯wɐn	gen、pen（hen）
玄ɣiwen　编piwen	ken、pen（hen）

中古漢語的ɑ、ă、a由漢音a對譯，ɛ和ɐ由漢音e對譯。

吳音的音類劃分大體上相同，它對韻母ɑn（uɑn）、i̯ɛn（i̯wɛn）、ien（iwen）的對譯方法跟漢音十分相似（權，中古漢語作g'i̯wɛn，吳音作gon，而不是gen，那是一個例外）。帶前a的ăn（wăn）和an（wan），吳音常常作en，如“艱”ken、“關”ken、“山”sen、“班”pen（hen）。吳音用on對譯韻母i̯ɐn，如“建”kon；i̯wɐn有時作（w）on，有時作（w）an：

中古漢語	吳音
元ŋi̯wɐn	gu-wan（gan）
苑ʔi̯wɐn	won（on）
反pi̯wɐn	pon（hon）或pan（han）
幡p'i̯wɐn	pon（hon）

6. i̯əm類韻

中古漢語	漢音
今ki̯əm　針tɕi̯əm	kin、sin（shin）
心si̯əm　品p'i̯əm	sin（shin）、pin（hin）

漢音一律作in。

吳音在舌根音和脣音後作on，如“今”爲kon、“品”爲pon（hon）。在其他聲母後同漢音一樣作in，如“心”sin（shin）。

但《大辭林》也偶爾作on，《大辭典》則不承認這種讀音，如“寢”，中古漢語作ts'i̯əm，吳音《大辭典》作sin，《大辭林》作son。

7. ən類韻

中古漢語	漢音
根kən	kon
斤ki̯ən	kin
巾ki̯ĕn　真tɕi̯ĕn	kin、sin（shin）
新s'i̯ĕn　民mi̯ĕn	sin（shin）、bin
臻tʂi̯æn	sin（shin）
昆kuən　温ʔuən	kon、won（on）
敦tuən　門muən	ton、bon
君ki̯uən　分p'i̯uən　文mi̯uən	kun、pun（fun）、bun
均ki̯uĕn　準tɕi̯uĕn	kin、si-jun（shun）
脣dʑ'i̯uĕn　詢si̯uĕn	sin（shin）、si-jun（shun）
隕ji̯wĕn	win（in）

在漢音裏，ən由on來對譯：kən＞kon。uən的u失落，也變作on；kuən＞kon。i̯後的ə完全省去：ki̯ən＞kin。三合元音韻母i̯uən緊縮得更厲害，變成un：ki̯uən＞kun。

i̯後面的ĕ和æ同樣被省略了，如ki̯ĕn＞kin；但舌根音後面的三合元音韻母i̯uen約簡成in，在其他聲母後約簡成iun（拼寫作i-jun）或in。帶弱w的三合元音韻母i̯wĕn約簡成win（in）。

吳音的音類與中古漢語ən、uən、i̯ən完全對應。ən、uən的譯音同漢音一樣（吳音“根”作kon，“昆”作kon）。iən總是用on來對譯，如“斤”作kon。

至於其他韻類，吳音（中古吳語）和《切韻》（中古長安音）之間無平行對應關係。各種字典的吳音形式也常常不一致：

《切韻》	《大辭典》	《大辭林》	《切韻》	《大辭典》	《大辭林》
緊 ki̯ĕn	kin	kon	君 ki̯uən	kun	kon
巾 ki̯ĕn	kon	kon	羣 g'i̯uən	gun	gun
僅 g'i̯ĕn	gin	gin	韻 ji̯uən	won (on)	
銀 ŋi̯ĕn	gon	gon	運 ji̯uən	un	on
因 ʔi̯ĕn	in	in	雲 ji̯uən	un	un
殷 ʔi̯ĕn	on	on	分 p'i̯uən	bun	bun
均 ki̯uĕn	kin	kun	文 mi̯uən	mon	mon
允 i̯uĕn	in	in			

這些音無法建立對應規則。

8. ɑŋ 類韻

中古漢語	漢音
剛 kɑŋ　當 tɑŋ　忙 mɑŋ	ka-u (kō)、ta-u (tō)、ba-u (bō)
疆 ki̯aŋ　章 tɕiaŋ	ki-ja-u (kyō)、si-ja-u (shō)
相 si̯aŋ　良 li̯aŋ	si-ja-u (shō)、ri-ja-u (ryō)
光 kwɑŋ　幫 pwɑŋ	ku-wa-u (kō)、pa-u (hō)
筐 k'i̯waŋ　王 ji̯waŋ　方 pi̯waŋ	ki-ja-u (kyō)、wa-u (ō)、pa-u (hō)

漢音裏的u經常與中古漢語a後的韻尾ŋ對應，a-u在現代日語漢字裏已縮簡成ō。

吳音的韻類與此相同，中古漢語的ɑŋ、wɑŋ，吳音譯作與漢音一樣的韻母。對譯中古漢語i̯aŋ、iwaŋ的時候，吳音比漢音更多地省去i，如"疆"ka-u(kō)，"牆"(中古漢語dz'i̯aŋ) za-u(zō)，"相"sa-u(sō)，"筐"ka-u(kō)。

9. əŋ 類韻

中古漢語	漢音
亙 kəŋ　登 təŋ　崩 pəŋ	ko-u (kō)、to-u (tō)、po-u (hō)
兢 ki̯əŋ　蒸 tɕi̯əŋ　冰 pi̯əŋ	ki-jo-u (kyō)、si-jo-u (shō)、pi-jo-u (hyō)
肱 kwəŋ	ko-u (kō)

漢音用o來對譯ə，跟前面字組的情況相同。在ə（日語漢字作o）後面的ŋ用u來對譯。並且，o-u縮簡成現代的ō。

吳音的對譯與漢音一樣（ko-u等），但i̯əŋ韻吳音有時省略i̯，而漢音是照譯不漏的，如"興"，中古漢語作xi̯əŋ，漢音作ki-jo-u(kyō)，吳音作ko-u(kō)；"應"，中古漢語ʔiəŋ，漢音爲i-jo-u(yō)，吳音爲o-u(ō)。

10. ɐŋ類韻

中古漢語	漢音
庚kɐŋ 生ʂɐŋ 猛mɐŋ	ka-u（kō）、sei、ba-u（bō）
耕kæŋ 爭tʂæŋ 萌mæŋ	ka-u（kō）、sa-u（sō）、ba-u（bō）
輕k'i̯ɛŋ 徵tɕi̯ɛŋ 清ts'i̯ɛŋ	kei、sei、sei
名mi̯ɛŋ	bei
京ki̯ɐŋ	kei
經kieŋ 丁tieŋ 冥mieŋ	kei、tei、bei

在日語漢字的a後面，中古漢語ŋ用u來對譯，這跟前面字組的譯法相同。日語漢字前元音e後面的ŋ，用i來對譯。ɑ-u則縮簡成ō。

漢音用e對譯ɛ和e，跟前面字組的譯法相同。ɐ和æ的譯音没有區别。這兩個音都是開元音，近似a。當它們前面没有i̯時，漢音都用a對譯：kɐŋ＞ka-u，kæŋ＞ka-u等；但有時候也出現e的譯法，如“生”ʂɐŋ＞sei。i̯後面的ɐ用e對譯，如ki̯ɐŋ＞kei。

這組的吳音與漢音完全不同，所有韻母都對譯作i-ja-u（yō）。上表例字的吳音是：

《切韻》	吳音
kɐŋ、ʂɐŋ、mɐŋ	ki-ja-u（kyō）、si-ja-u（shō）、mi-ja-u（myō）
kæŋ、tʂæŋ、mæŋ	ki-ja-u（kyō）、si-ja-u（shō）、mi-ja-u（myō）
k'i̯ɛŋ、tɕi̯ɛŋ	ki-ja-u（kyō）、si-ja-u（shō）
ts'i̯ɛŋ、mi̯ɛŋ	si-ja-u（shō）、mi-ja-u（myō）
k'i̯ɐŋ	ki-ja-u（kyō）
kieŋ、tieŋ、mieŋ	ki-ja-u（kyō）、ti-ja-u（chō）、mi-ja-u（myō）

這個現象一定要到中古吳語方言中去尋找解釋。在中古吳語裏，上古kɐŋ和kæŋ一定先産生出一個寄生音i̯：ki̯ɐŋ、ki̯æŋ。接着，發生了區别性作用，鄰接的前元音i和æ、i和ɛ、i和e之間太相似，於是第二個音的舌位後縮，ki̯ɐŋ、ki̯æŋ、ki̯ɛŋ、ki̯eŋ都變成中古吳語的kiaŋ。吳語的這個kiaŋ常常用吳音ki-a-u（kyō）來對譯。

對應的帶w的韻中，規則完全一樣，唯一不同之處是吳音的頭兩個韻裏没有寄生音i：

中古漢語	漢音	吳音
橫ɣwɐŋ	ku-wa-u（kō）	wa-u（ō）
宏ɣwæŋ	ku-wa-u（kō）	gu-wa-u（gō）
傾k'i̯wɛŋ	kei	ki-ja-u（kyō）
兄xi̯wɐŋ 兵pi̯wɐŋ	kei、pei（hei）	ki-ja-u（kyō）、pi-ja-u（hyō）
螢ɣiweŋ	kei	gi-ja-u（gyō）

11. ɔŋ類韻

中古漢語	漢音
江kɔŋ　雙ʂɔŋ　邦pɔŋ	ka-u（kō）、sa-u（sō）、pa-u（hō）

開元音ɔ介於o和ɑ之間，漢音用a對譯，而a後的ŋ也像通常那樣用u對譯。

吳音在各種材料中形式不一。《大辭典》與漢音一樣都作a-u（ō）；於是，上述例字有如下的譯音：

ka-u（kō）、sa-u（sō）、pa-u（pō）

然而，這個韻在《大辭林》中的吳音都作o-u（ō），例字的吳音如下：

ko-u（kō）、so-u（sō）、po-u（pō）

另一部重要字典《辭源》進一步證實了《大辭林》的讀音。在《辭源》裏，通常用o-u對譯中古漢語ɔŋ韻。吳音的元音o在確定中古漢語"江"韻音值上確實極有意義，至關重要。

12. uŋ類韻

中古漢語	漢音
工kuŋ　東tuŋ　蒙muŋ	ko-u（kō）、to-u（tō）、bo-u（bō）
農nuoŋ　冬tuoŋ	do-u（dō）、to-u（tō）
弓ki̯uŋ　中ʈi̯uŋ　風pi̯uŋ	ki-ju-u（kyū）、ti-ju-u（chū）、pu-u（fū）
恭kiwoŋ　鍾tɕi̯woŋ	ki-jo-u（kyō）、si-jo-u（shō）
封pi̯woŋ	po-u（hō）

在《大辭典》裏，"弓、中"分別拼作ki-ju-u和ti-ju-u。《大辭林》則作ki-u和ti-u。

日語漢字後元音o和u後面，韻母ŋ用u對譯。

《切韻》uŋ和uoŋ在漢音中没有區别，這可有兩種解釋，或者是漢音所依據的北方漢語在東韻這一部分：koŋ、toŋ、moŋ，真的不同於長安話，但這個解釋會帶來一個難題，歷史告訴我們，漢音基本上是日本和長安——唐朝的京城之間的密切聯繫的産物。或者是韻母uŋ裏的後元音u的發音動作可能有些鬆，是一個不很高不很閉的後元音，圓唇動作有點像德語drucken一詞中的u那樣不太有力。這個元音聽上去介於u和o之間，給外國人留下一個o而不是u的印象，特别是與"弓"ki̯uŋ的u互相對照的時候（"弓"ki̯uŋ帶有一個舌位更加抬高的後高元音），因此用o對譯：ko/uŋ＞ko-u。

最後兩個韻i̯uŋ和i̯woŋ，漢音如實地反映了中古漢語的讀音。在現代，o-u已經簡化爲ō。

本組吳音的韻類劃分與《切韻》不一樣。大多數的字在吳音中都帶韻母u。上表的例字因此是：

《切韻》	吳音
kuŋ、tuŋ、muŋ	ku，tu（tsu）、mo-u（mō）
nuoŋ、tuoŋ	nu、tu（tsu）
ki̯uŋ、ʈi̯uŋ、pi̯uŋ	ku、ti-ju（chu）、pu（fu）
ki̯woŋ、tɕi̯woŋ、pi̯woŋ	ku、si-ju（shu）、pu（fu）

13.uo類韻

中古漢語	漢音
古kuo 烏ʔuo	ko、wo（o）
都tuo 鋪pʻuo	to、po（ho）
居ki̯wo 諸tɕi̯wo	ki-jo（kyo）、si-jo（sho）
胥si̯wo	si-jo（sho）
俱ki̯u 朱tɕi̯u	ku、si-ju（shu）
須si̯u 夫pi̯u	si-ju（shu）、pu（fu）

漢音非常真實地反映了長安的中古漢語。

《切韻》模韻字（uo）吳音大多作u，如上面例字的吳音是ku、u、tu（tsu）、pu（fu）；但在m後面有時是o，如“模”，中古漢語muo，吳音爲mo。

《切韻》魚韻字（i̯wo），吳音像漢音一樣用o作主元音，但是很多字都省略了i̯，如“居”ko、“胥”so。

《切韻》虞韻字（iu），《大辭典》的吳音跟漢音一樣都作u，不過有省略介音i的明顯傾向（如“須”su等）。但是《大辭林》中的吳音只在日語漢字的舌尖音聲母後面作u；舌根音後面（以及中古ji̯u類字）對譯作o，唇音後也偶爾（不經常）作o，例如：

《切韻》	《大辭典》	《大辭林》	《切韻》	《大辭典》	《大辭林》
拘ki̯u	ku	ko	羽ji̯u	u	wo（o）
驅kʻi̯u	ku	ko	甫pi̯u	pu（fu）	po（ho）
懼gʻi̯u	gu	go	敷pʻi̯u	pu（fu）	po（ho）
愚ŋi̯u	gu	go	附bʻi̯u	bu	bo

14.ɑu類韻

中古漢語	漢音
高kɑu 刀tɑu 毛mɑu	ka-u（kō）、ta-u（tō）、ba-u（bō）
交kau 爪ʈʂau 飽pau	ka-u（kō）、sa-u（sō）、pa-u（hō）
驕ki̯ɛu 昭tɕiɛu 苗mi̯ɛu	ke-u（kyō）、se-u（shō）、be-u（byō）
叫kieu 雕tieu	ke-u（kyō）、te-u（chō）

漢音通常用a對譯中古漢語ɑ和a，用e對譯ɛ和e。在現代日語裏，eu已變成i̯ō。

在第一、三和第四個韻裏，吳音與漢音一致，但是吳音不僅用e-u對譯第三、四個，而且對譯第二個，如“交”ke-u（kyō）、“爪”se-u（shō）、“飽”pe-u（pyō）。

15. ə̯u類韻

中古漢語	漢音
鉤kə̯u　頭dʻə̯u	ko-u（kō）、to-u（tō）
鳩ki̯ə̯u　周tɕi̯ə̯u	ki-u（kyō）、si-u（shū）
秀si̯ə̯u　缶pi̯ə̯u	si-u（shū）、pu-u（fū）

如同前幾組，漢音用o對譯ə，三合元音i̯ə̯u約縮爲i-u，在現代日語裏，這個i-u已變成帶長元音u的i̯u（中古日語漢字i-ju。但是如第13組所示，si-ju〔shu〕等，帶有短元音u）。

在這一整組裏吳音一般有韻母u，如“鉤”ku，“頭”du（dzu），“鳩”ku，“周”si-u（shu）等。

16. ăp類韻

中古漢語	漢音
合ɣăp　納năp　答tăp	ka-pu（kō）、da-pu（dō）、ta-pu（tō）
盍ɣɑp　蠟lɑp　塔tʻɑp	ka-pu（kō）、ra-pu（rō）、ta-pu（tō）
祫kăp　插tʂʻăp	ka-pu（kō）、sa-pu（sō）
甲kap　鴨ʔap	ka-pu（kō）、a-pu（ō）
葉i̯ɛp　摺tɕi̯ɛp　獵li̯ɛp	e-pu（yō）、se-pu（shō）、re-pu（ryō）
劫ki̯ɐp	ke-pu（kyō）
協ɣiep　帖tʻiep	ke-pu（kyō）、te-pu（chō）
法pi̯wɐp	pa-pu（hō）

現代形式離中古漢語的原來讀音已經非常遠，但這些變化都是符合邏輯的、有嚴格規則的。

日語漢字一定要在漢語韻尾p後面加上一個附著元音u。如同前述各類一樣，漢音用a對譯ɑ̆、ɑ、ă和a，用e對譯ɛ和e。同時本組也跟對應的以-m收尾的第4組韻一樣，i̯（ki̯ɐp＞ke-pu）後的ɐ用e對譯，但在w後面（pi̯wɐp＞pa-pu）則用a對譯。

日語漢字元音間的p變弱並逐漸消失：kapu＞kaɸu＞kawu＞kau；kepu＞keɸu＞kewu＞keu。然後kau縮簡爲kō，keu變成ki̯ō（kyō），與前面第14組相同。

至於這組的吳音，各種材料分歧很大。《大辭典》的吳音形式與漢音完全相同，只是第二個韻（ɑp）偶爾作o-pu（ō），i̯ɐp、i̯wɐp韻都作o-pu。但是，《大辭林》的第一個韻（ăp）和第二個韻（ɑp）都作o-pu（ō），僅偶然出現一個ɑ-pu（ō）。此外，帶前a的ăp韻和ap韻作e-pu（yō），跟前述an韻（第5組）和au韻（第14組）相似，在吳音裏，前a總是作e的。i̯ɐp、i̯ɛp和iep諸韻，《大辭林》與《大辭典》大體一致，但在i̯ɛp韻裏，它甚至偶爾也作o-pu。

根據這兩種材料，前表例字有下列吳音形式：

《切韻》	《大辭典》	《大辭林》
ɣăp、năp、tăp	ga-pu（gō）、na-pu（nō）、ta-pu（tō）	go-pu（gō）、na-pu（nō）、to-pu（tō）
ɣɑp、lɑp、t'ɑp	ga-pu（gō）、ra-pu（rō）、to-pu（tō）	go-pu（gō）、ro-pu（rō）、to-pu（tō）
kăp、tʂ'ăp	ka-pu（kō）、sa-pu（sō）	ke-pu（kyō）、se-pu（shō）
kap、ʔap	ka-pu（kō）、a-pu（ō）	ke-pu（kyō）、e-pu（yō）
i̯ɛp、tɕi̯ɛp、li̯ɛp	e-pu（yō）、se-pu（shō）、re-pu（ryō）	e-pu（yō）、se-pu（shō）、ro-pu（rō）
ki̯ɐp	ko-pu（kō）	ko-pu（kō）
ɣiep、t'iep	ge-pu（gyō）、te-pu（chō）	ge-pu（gyō）、de-pu（jō）
pi̯wɐp	po-pu（hō）	po-pu（hō）

17. ɑt類韻

中古漢語	漢音
葛kɑt　達d'ɑt	ka-tu（katsu）、ta-tu（tatsu）
轄ɣăt	ka-tu（katsu）
戛kat　殺ṣat	ka-tu（katsu）、sa-tu（satsu）
傑g'i̯ɛt　折tɕ'i̯ɛt　滅mi̯ɛt	ke-tu（ketsu）、se-tu（setsu）、be-tu（betsu）
訐ki̯ɐt　歇xi̯ɐt	ke-tu（ketsu）、ke-tu（ketsu）
結kiet　鐵t'iet	ke-tu（ketsu）、te-tu（tetsu）

漢音如實地反映了中古漢語讀音，簡化規律跟對應的以n收尾的第5組所述相同。

吳音跟漢音有一個十分重要的區別，吳音的後附元音不是u而是i。

至於其他方面，根據《大辭典》，吳音同漢音完全一致。但是，《大辭林》總是用e來對譯前a（kăt、kat等），跟前面許多組的譯法相同。此外，i̯ɐt常常作o-ti。

前表例字在兩種字典中的吳音形式如下：

《切韻》	《大辭典》	《大辭林》
kɑt、dʻɑt	ka-ti（kachi）、da-ti（dachi）	ka-ti（kachi）、da-ti（dachi）
ɣăt	ka-ti（kachi）	ge-ti（gechi）
kat、ʂat	ka-ti（kachi）、sa-ti（sachi）	ke-ti（kechi）、se-ti（sechi）
gʻi̯ɛt、tɕi̯ɛt、mi̯ɛt	ge-ti（gechi）、se-ti（sechi）、me- ti（mechi）	ge-ti（gechi）、se-ti（sechi）、me-ti（mechi）
ki̯ɐt、xi̯ɐt	ke-ti（kechi）、ke-ti（kechi）	ke-ti（kechi）、ko-ti（kochi）
kiet、tʻiet	ke-ti（kechi）、te-ti（techi）	ke-ti（kechi）、te-ti（techi）

爲了研究對應的帶介音w的字，讓我們再回到漢音上來。

中古漢語	漢音
括kuɑt　脱tʻuɑt　末muɑt	ku-wa-tu（katsu）、ta-tu（tatsu）、ba-tu（batsu）
刮kwăt	ka-wa-tu（katsu）
滑ɣwat　刷ʂwat　八pwat	ku-wa-tu（katsu）、sa-tu（satsu）、pa-tu（hatsu）
悦i̯wɛt　拙tɕi̯wɛt　雪si̯wɛt	e-tu（etsu）、se-tu（setsu）、se-tu（setsu）
蕨ki̯wɐt　發pi̯wɐt	ke-tu（ketsu）、pa-tu（hatsu）
決kiwet	ke-tu（ketsu）

漢音譯法與不帶w的組相同，只是i̯wɐt韻根據聲母不同分别用e和a對譯。

至於吳音，兩種主要字典所收的形式也不相同，就跟上述不帶w的字一樣。例字的吳音是：

《切韻》	《大辭典》	《大辭林》
kuɑt、tʻuɑt、muɑt	ku-wa-ti（kachi）、ta-ti（tachi）、ma-ti（machi）	ku-wa-ti（kachi）、da-ti（dachi）、ma-ti（machi）
kwăt	ku-wa-ti（kachi）	ke-ti（kechi）
ɣwat、ʂwat、pwat	gu-wa-ti（gachi）、sa-ti（sachi）、pa-ti（hachi）	ge-ti（gechi）、se-ti（sechi）、pa-ti（hachi）
i̯wɛt、tɕi̯wɛt、si̯wɛt	e-ti（echi）、se-ti（sechi）、se-ti（sechi）	e-ti（echi）、se-ti（sechi）、se-ti（sechi）
ki̯wɐt、pi̯wɐt	ku-wa-ti（kachi）、po-ti（hochi）	ku-wa-ti（kachi）、po-ti（hochi）
kiwet	ke-ti（kechi）	ke-ti（kechi）

18. i̯əp類韻

中古漢語　　　　　漢音

急ki̯əp　泣kʻi̯əp　邑ʔi̯əp　ki-pu（kyū）、ki-pu（kyū）、i-pu（yū）

執tɕi̯əp　立li̯əp　　si-pu（shū）、ri-pu（ryū）

韻母i-pu的演變同上述第16組的a-pu完全相同：kipu＞kiɸu＞kiwu＞kiu。同時也像我們在第15組已經看到過的那樣，這個kiu的現代音全變作kyū。

《大辭典》中的吳音讀音與漢音完全一樣。但《大辭林》的吳音在大多數的舌根音和喉音聲母後面作o-pu（ō）；根據《大辭林》，上述例字的吳音是：

《切韻》	《大辭林》
ki̯əp、kʻi̯əp、i̯əp、tɕi̯əp	ko-pu（kō）、ko-pu（kō）、o-pu
li̯əp	（ō）、si-pu（shū）、ri-pu（ryū）

19. i̯ət類韻

中古漢語	漢音
訖ki̯ət	ki-tu（kitsu）
吉ki̯ĕt　質tɕi̯ĕt　悉si̯ĕt	ki-tu（kitsu）、si-tu（shitsu）、si-tu（shitsu）
瑟ʂi̯æt	si-tu（shitsu）
骨kuət　没muət	ko-tu（kotsu）、bo-tu（botsu）
屈kʻi̯uət　弗pi̯uət　勿mi̯uət	ku-tu（kutsu）、pu-tu（futsu）、bu-tu（butsu）
橘ki̯uĕt　出tɕʻi̯uĕt　律li̯uĕt	ki-tu（kitsu）、si-ju-tu（shutsu）、ri-tu（ritsu）

這裏的對應規律與上面對應的以n收尾的第7組完全相同：ə用漢音o來對譯，uən韻中的u被省略：kuət＞ko-tu。在i̯ət、i̯ĕt和i̯æt裏，i̯吞没了後面的短元音。三合元音韻母i̯uət約簡成utu，舌根音後面的三合元音韻母i̯uĕt約簡成itu，在其他聲母後面變成iutu或itu；這些跟對應的以n收尾的一組相吻合。

吳音的音類劃分大體上和《切韻》相同，大多韻母的對譯方法與漢音一樣，只是後附元音是i，不是u。與漢音主元音不同的是i̯ət韻對譯作o-ti，還有i̯uət韻對譯作u-ti或o-ti。這樣，上述例字有如下的吳音形式：

《切韻》	吳音
ki̯ət	ko-ti（kochi）
ki̯ĕt、tɕi̯ĕt、pi̯ĕt	ki-ti（kichi）、si-ti（shichi）、pi-ti（hichi）
ʂi̯æt	si-ti（shichi）
kuət、muət	ko-ti（kochi）、mo-ti（mochi）
kʻi̯uət、pi̯uət、mi̯uət	ku-ti（kuchi）、pu-ti（fuchi）、mo-ti（mochi）
ki̯uĕt、tɕʻi̯uĕt、li̯uĕt	ki-ti（kichi）、si-ju-ti（shuchi）、ri-ti（richi）

上引材料以《大辭典》爲根據,《大辭林》與它幾乎完全一致，唯一重要的不同是：i̯uət韻全譯作o-ti（“屈”ko-ti〔kochi〕,“弗”po-ti〔hochi〕）。

20. ɑk類韻

中古漢語	漢音
各kɑk　鐸dʻɑk　博pɑk	ka-ku、ta-ku，pa-ku（haku）
脚ki̯ak　酌tɕi̯ak　略li̯ak	ki-ja-ku（kyaku）、si-ja-ku（shaku）、ri-ja-ku（ryaku）
郭kwɑk	ku-wa-ku（kaku）
矍ki̯wak　縛pi̯wak	ki-ja-ku（kyaku）、pa-ku（haku）

漢音相當準確地反映了中古漢語的讀音，吳音對譯ɑk、wɑk的方法與漢音相同，但是i̯ak的i̯在很多字中被省略了，如“脚”ka-ku,“爵”（中古漢語tsi̯ak，漢音si-ja-ku）sa-ku等。

21. ək類韻

中古漢語	漢音
刻kʻək　得tək　墨mək	ko-ku、to-ku、bo-ku
極gʻi̯ək　職tɕi̯ək	ki-jo-ku（kyoku）、si-jo-ku（shoku）
即tsi̯ək　力li̯ək	si-jo-ku（shoku）、ri-jo-ku（ryoku）
國kwək	ko-ku
域ji̯wək	yo-ku

如同前面幾組一樣，漢音一律用o對譯ə。在ək、wək諸韻裏，吳音韻母與漢音相同。在i̯ək韻裏，吳音或者省略了i̯，用oku來對譯，或者省略了ə，用iki來對譯。在舌根音後面，吳音作oku；在其他聲母後面，有時是oku，有時是iki。這樣，上述例字的吳音是：

《切韻》	吳音
kʻək、tək、mək	ko-ku、to-ku、mo-ku
gʻi̯ək、tɕi̯ək、tsi̯ək、li̯ək	go-ku、si-ki（shiki）、si-ki（shiki）、ri-ki
kwək	ko-ku
ji̯wək	wi-ki（iki）

這裏的材料以《大辭典》爲依據，但是,《大辭林》在舌根音後作oki，如,“極”go-ki等。

22. ɐk類韻

中古漢語	漢音
格kɐk　宅ȡʻɐk　百pɐk	ka-ku、ta-ku、pa-ku（haku）
革kæk　責tʂæk	ka-ku、sa-ku
益ʔi̯ɛk　隻tɕi̯ɛk　碧pi̯ɛk	e-ki、se-ki、pe-ki（heki）
逆ŋi̯ɐk	ge-ki
擊kiek　滴tiek	ke-ki、te-ki
虢kwɐk	ku-wa-ku（kaku）
畫ɣwæk	ku-wa-ku（kaku）
鶪kiwek	ke-ki

本組同以-ŋ收尾的對應組（ɐŋ等，前面第10組）的關係絶對平行，ɐ和æ都由漢音a來對譯，但是前者在i̯後面則譯作e（ŋi̯ɐk＞geki）。中古漢語的ɛ和e通常都用漢音e對譯。在a後面，後附元音作u，在前元音e後面則作i。

這裏和ŋ組一樣，吳音没有像《切韻》那樣的韻類劃分，所有的字它都用iaku對譯。這樣，上述例字的吳音是：

《切韻》	吳音
kɐk、dʻɐk、pɐk	ki-ja-ku（kyaku）、di-ja-ku（jaku）、pi-ja-ku（hyaku）
kæk、tʂæk	ki-ja-ku（kyaku）、si-ja-ku（shaku）
ʔi̯ɛk、tɕi̯ɛk、pi̯ɛk	ja-ku、si-ja-ku（shaku）、pi-ja-ku（hyaku）
ŋi̯ɐk	gi-ja-ku（gyaku）
kiek、tiek	ki-ja-ku（kyaku）、ti-ja-ku（chaku）
kwɐk	ku-wa-ku（kaku）
ɣwæk	gi-ja-ku（gyaku）
kiwek	ki-ja-ku（kyaku）

本組也跟ŋ組一樣，中古吳語在ɐ和æ前面顯然産生了一個寄生音i：kɐk、kæk＞ki̯ɐk、ki̯æk。ki̯ɛk和kiek再通過區别性作用變爲kiak。

23. ɔk類韻

中古漢語	漢音
角kɔk　嶽ŋɔk	ka-ku、ga-ku
駁pɔk　捉tʂɔk	sa-ku、pa-ku（haku）

元音ɔ（介於a和o之間）漢音用a對譯，跟前面對應的ŋ組（第11組）一樣。

《大辭典》的吳音與漢音一致。然而，《大辭林》在絶大多數情况下作oku，如上述例字：ko-ku、go-ku、so-ku、po-ku（hoku）。

24. uk類韻

中古漢語	漢音
谷kuk　鹿luk　卜puk	ko-ku、ro-ku、po-ku（hoku）
酷kʻuok　篤tuok　僕bʻuok	ko-ku、to-ku、po-ku（hoku）
菊ki̯uk　竹ʈi̯uk　祝tɕi̯uk	ki-ku、ti-ku（chiku）、si-ju-ku（shuku）
陸li̯uk　肅si̯uk	ri-ku、si-ju-ku（shuku）
福pi̯uk　目mi̯uk	pu-ku（fuku）、bo-ku
曲kʻi̯wok　欲i̯wok	ki-jo-ku（kyoku）、jo-ku
燭tɕi̯wok　足tsi̯wok	si-jo-ku（shoku）、si-jo-ku（shoku）

本组以-k收尾，是前面以-ŋ收尾的第12組對應組。在第12組裏我們談到，《切韻》的kuŋ、tuŋ等用漢音的ko-u、to-u來對譯，這個事實也許可以用中古長安音u的較低較鬆的發音特點來解釋：ku/oŋ、tu/oŋ。在這裏，這種説法也可用來解釋與此平行的現象：《切韻》的kuk用漢音ko-ku來對譯。

我們發現，i̯uk韻在舌根音和日語漢字的k、t、l後面，譯出i而略去u，如ki̯uk＞kiku、liuk＞riku，但在其他情況下u卻保留了下來。十分奇怪的是，中古漢語所有發mi̯uk的字，漢音都作boku。

至於uk和uok諸韻，吴音與漢音完全一致。在i̯wok韻裏，主元音o的情況也是如此，但吴音經常省略i̯，除非這個i̯是在字的起首部分（上述例字爲：ko-ku、jo-ku、so-ku、so-ku）。

中古吴語顯然没有直接與中古漢語i̯uk對應的音類劃分，因爲《切韻》i̯uk韻的字在吴音中時而是iku，時而是uku，時而是oku，毫無嚴格的規則；此外，這些字真實的吴音讀音，主要的字典都極不一致。

《切韻》	《大辭典》	《大辭林》
菊ki̯uk	ki-ku	ko-ku
竹ʈi̯uk	to-ku	to-ku
畜ʈʻi̯uk	ti-ku（chiku）	to-ku
逐ɖʻi̯uk	di-ku（jiku）	di-ku（jiku）
祝tɕi̯uk	si-ju-ku（shuku）	so-ku
叔ɕi̯uk	si-ju-ku（shuku）	so-ku
淑ʑi̯uk	si-ju-ku（shuku）	zi-ju-ku（juku）
肉ȵʑi̯uk	ni-ku	ni-ku

陸 li̯uk	ro-ku	ro-ku
肅 si̯uk	si-ju-ku（shuku）	so-ku
福 pi̯uk	po-ku（hoku）	po-ku（hoku）
覆 p'i̯uk	pu-ku（fuku）	po-ku（hoku）
服 b'i̯uk	bu-ku	bo-ku
目 mi̯uk	mo-ku	mo-ku

古文字引用説明

下面是本詞典古文字的檢引方法。

卜　辭

殷代甲骨文直接按卷數和頁數引自下列文獻，爲簡略起見，各種文獻用一大寫字母代表。

A=殷虚書契前編；B=殷虚書契後編；C=殷虚書契續編；D=殷虚書契菁華；

E=鐵雲藏龜；F=鐵雲藏龜之餘；G=鐵雲藏龜拾遺；H=龜甲獸骨文字；

I=戩壽堂所藏殷虚文字；K=殷虚卜辭；L=殷虚文字存真；M=新獲卜辭寫本；

N=田野考古報告 I；O=殷契萃編；P=殷契佚存。

例如，A5：40，5 表示所討論的古文字出現在羅振玉《殷虚書契前編》卷五頁 40，甲骨編號第 5。

金石銘文

本詞典所引的銘文都用數字編號，如周 I 57 表示所討論的這個古文字出現在下面的銘文 57，時間在周代 I 期（請參看導言）。銘文表中的文獻采用以下簡寫：

貞松＝貞松堂集古佚文；澂秋＝澂秋館吉金圖；

Eumorf=The George Eumorfopoulos collection of Chinese and Korean Bronzes...1929, 1930.

懷米＝懷米山房吉金圖；奇＝奇觚室吉金文述；窓＝窓齋集古録；

攈＝攈古録金文；夢郼＝夢郼草堂吉金圖；寶蘊＝寶蘊樓彝器圖録；

三代＝三代吉金文存；泉屋＝泉屋清賞；善＝善齋吉金録；

十二家＝十二家吉金圖録；石鼓＝石鼓疏記；小校＝小校經閣金石文字；

頌齋，續＝頌齋吉金續録；陶＝陶齋吉金録；尊古＝尊古齋所見吉金圖；

圖録＝兩周金文辭大系圖録；武英＝武英殿彝器圖録。

銘文表

殷

1.貞松 2: 24
2.貞松 2: 41
3.貞松 2: 44
4.貞松 4: 12
5.貞松 4: 43
6.貞松 7: 18
7.貞松 8: 23
8.貞松 8: 24
9.貞松 8: 28
10.貞松 8: 31
11.貞松，續上 26
12.貞松，續中 4
13.貞松，續中 8
14.貞松，續中 9
15.貞松，續中 19
16.貞松，續中 24
17.貞松，補上 18
18.貞松，補中 9
19.奇 2: 1
20.奇 3: 20
21.奇 3: 20
22.奇 5: 13
23.奇 6: 13
24.奇 16: 3
25.奇 16: 4
26.奇 16: 6
27.窓 6: 5
28.窓 6: 8
29.攈 2/1: 20
30.攈 2/1: 41
31.攈 2/1: 49
32.攈 2/3: 86
33.陶 1: 25
34.貞松 2: 9
35.貞松 8: 14
36.貞松 8: 18
37.貞松，續上 19
38.貞松，續下 10
39.貞松，補上 19
40.貞松，補上 22
41.貞松，補中 18
42.貞松，補中 21
43.貞松，補中 29
44.窓 7: 16
45.小校 4: 51
46.小校 2: 34
47.小校 2: 48
48.小校 3: 70
49.小校 4: 46
50.小校 5: 20
51.小校 5: 94
52.十二家 4: 12
53.善 5: 44

周I

（前 1027—前 900 左右）

54.貞松 6: 6，圖録 9
55.貞松 4: 47，圖録 11
56.善 2: 81，圖録 12
57.奇 16: 9，攈 3/1: 14
58.貞松，補上 29，善 8: 98
59.貞松 4: 48，圖録 12
60.貞松 3: 18，攈 2/3: 22，圖録 4
61.攈 1/2: 47
62.貞松 3: 15，寶蘊 8，圖録 15
63.貞松 4: 48，Eumorf I : 26，圖録 20
64.貞松 8: 42，圖録 21
65.奇 2: 35，攈 3/3: 31，圖録 18
66.貞松，補上 12，圖録 24
67.攈 3/3: 42，圖録 19
68.奇 7: 30，圖録 24
69.貞松 6: 11，圖録 2
70.貞松 4: 49，圖録 2—3
71.貞松 7: 17，圖録 4
72.攈 2/3: 82，圖録 13
73.攈 2/3: 80，圖録 12
74.貞松，續上 23，圖録 16
75.貞松 3: 25，圖録 17
76.奇 6: 15，圖録 86
77.圖録 23
78.貞松，補上 12，圖録 36
79.奇 17: 17，圖録 38
80.攈 1/3: 42
81.奇 17: 7，圖録 33
82.貞松 4: 21，圖録 32
83.窓 6: 11，圖録 31
84.陶 2: 39，圖録 33

85.泉屋Ⅱ：105，圖録 34
86.奇 4：16，圖録 35
87.攈 3/1：15，圖録 32
88.愙 4：28，善 2：80
89.奇 16：5，圖録 8
90.貞松 7：19，圖録 5
91.愙 19：22，圖録 5
92.愙 19：3，圖録 21
93.奇 2：5，圖録 14
94.貞松，補上 12，圖録 14
95.奇 2：51
96.奇 16：7
97.奇 16：36，圖録 64
98.奇 6：14
99.貞松 4：5，善 3：19
100.奇 6：15
101.奇 2：3
102.貞松 3：29，善 2：79
103.貞松 3：16，圖録 266
104.夢鄣 1：24，周金文存 3：109
105.奇 16：13，圖録 14
106.攈 2/3：10
107.愙 4：21，圖録 31
108.攈 2/3：61，圖録 35
109.愙 11：5，圖録 27
110.攈 2/3：36
111.貞松，補上 34
112.貞松 4：44
113.愙 11：25，圖録 234
114.奇 1：13，夢鄣 1：9
115.貞松 8：23
116.貞松 4：45，圖録 211
117.攈 2/2：5，澄秋 27
118.愙 9：7，圖録 264
119.貞松 9：27
120.貞松，補上 10
121.奇 6：30
122.善 9：30
123.善 8：48
124.奇 5：6
125.貞松 2：35，十二家 6：3
126.Burlington Mag. Apr. 1937
127.奇 18：8，圖録 225
128.陶 238
129.善 3：33
130.奇 6：23
131.奇 6：8
131a.遵古 1：36
131b.頌齋，續 37

周Ⅱ

（前 900—前 770 左右）

132.奇 2：21，圖録 83
133.愙 4：26，圖録 61
134.愙 11：7，圖録 58
135.貞松 3：30，圖録 38
136.貞松 3：31，圖録 39
137.貞松 3：33，圖録 62
138.奇 4：15，圖録 60
139.愙 5：1，圖録 110
140.貞松 3：34，圖録 113
141.貞松 6：3，圖録 107
142.愙 15：18，圖録 112
143.貞松 6：44，圖録 116
144.貞松 6：9，圖録 116
145.奇 2：15，陶 1：40，圖録 118
146.奇 9：30，圖録 118
147.奇 8：21，圖録 127
148.貞松 1：9，圖録 93
149.貞松 3：22
150.攈 3/2：25，圖録 133
151.奇 4：27，圖録 135
152.奇 9：17，圖録 140
153.貞松 6：17，圖録 146
154.貞松 6：20
155.貞松，補上 39，圖録 84
156.愙 9：17，圖録 137
157.奇 8：15，圖録 88
158.愙 15：16，圖録 79
159.奇 16：10，圖録 99
160.陶 2：10，圖録 101
161.攈 3/2：21，圖録 99
162.愙 11：6，圖録 102
163.貞松 6：5，圖録 43
164.貞松 3：36，圖録 45
165.攈 1/3：62
166.貞松，補上 14，圖録 71
167.奇 9：11
168.貞松，補上 16
169.貞松 6：7，圖録 73
170.奇 4：29，圖録 73
171.貞松 5：25，圖録 90
172.奇 4：30，圖録 89
173.奇 2：7，圖録 90

174.慹 11: 9，圖録 129
175.貞松 6: 10，圖録 74
176.貞松 3: 35，圖録 75
177.奇 4: 22，圖録 76
178.貞松 6: 42，圖録 144
179.奇 2: 10，圖録 143
180.奇 2: 41，圖録 131
181.奇 18: 25，圖録 117
182.奇 4: 25，圖録 135
183.慹 5: 7，圖録 63
184.攈 3/2: 56，圖録 25
185.慹 11: 23，圖録 137
186.攈 3/2: 49，圖録 36
187.奇 5: 19，圖録 58
188.攈 3/1: 32，圖録 67
189.奇 8: 19，圖録 134
190.貞松 6: 3，圖録 27
191.奇 4: 4
192.奇 4: 7，圖録 69
193.慹 13: 9，圖録 70
194.陶 2: 16，圖録 130
195.貞松 62
196.奇 16: 33，貞松 64
197.貞松 1: 18，圖録 124
198.貞松 5: 23
199.慹 16: 25，攈 2/2: 11
200.攈 3/1: 15，圖録 92
201.奇 16: 6，圖録 282
202.慹 5: 11，圖録 29

周Ⅰ/Ⅱ（前 1027—前 770 左右）

203.攈 2/3: 74，圖録 80
204.奇 16: 32，圖録 79
205.慹 14: 13，圖録 80
206.貞松 3: 16
207.圖録 74
208.奇 4: 1，圖録 30
209.奇 4: 2
210.貞松 3: 23
211.攈 2/2: 61
212.奇 3: 15
213.小校 3: 22
214.小校 3: 26
215.小校 3: 98

周Ⅲ

（前 770 左右—前 450 左右）

216.貞松，續中 1
217.貞松 1: 16，攈 3/1: 38，圖録 213
218.攈 3/2: 6，圖録 216
219.貞松 11: 3，圖録 203
220.貞松，續上 1，圖録 227
221.攈 1/3: 38，圖録 206
222.貞松 1: 5
223.貞松 3: 21，圖録 164
224.慹 2: 19，圖録 165
225.奇 9: 14，圖録 172
226.奇 17: 35，圖録 170
227.奇 17: 36，圖録 170
228.奇 18: 21，圖録 239
229.貞松 6: 13，圖録 288
230.貞松 1: 13，圖録 152
231.奇 18: 23，圖録 182
232.善 2: 69
233.貞松 11: 8，圖録 211
234.奇 18: 16，圖録 255，懷米，下 16
235.攈 2/1: 29
236.奇 17: 19
237. Burlington Mag.Jan. 1937
238.攈 3/3: 28，圖録 268
239. Burlington Mag. 1930

周Ⅱ/Ⅲ

（前 900 左右—前 450 左右）

240.貞松 10: 39，圖録 205
241.善 8: 78
242.慹 14: 14
243.貞松 6: 31，圖録 237
244.貞松 6: 29
245.攈 2/2: 80
246.攈 2/2: 10
247.善 2: 70
248.貞松 3: 5，5: 19
249.攈 2/2: 70
250.奇 16: 34，圖録 226
251.貞松 10: 35
252.攈 2/3: 18
253.慹 16: 20
254.攈 2/2: 58，圖録 22
255.陶 2: 18，圖録 190
256.陶 1: 29，圖録 190
257.貞松 7: 33，圖録 208
258.奇 5: 26，圖録 207
259.奇 3: 18
260.奇 5: 22，陶 2: 46
261.奇 1: 28
262.奇 8: 34，圖録 204

263.攈 3/1: 9, 圖録 203
264.奇 17: 34
265.貞松 5: 27
266.貞松 6: 33
267.貞松 10: 27
268.愙 15: 19
269.攈 2/2: 77
270.奇 16: 33, 善 8: 82
271.愙 8: 15, 懷米, 下 22
272.貞松 5: 22
273.十二家 5: 6
274.陶, 續上 18
275.善 8: 47
276.貞松 3: 6
277.愙 12: 6, 善 8: 65
278.貞松 5: 37
279.圖録 165
280.武英 100
281.善 4: 51

周IV

（前 450 左右—前 250 左右）

282.愙 1: 21, 圖録 217
283.善 4: 54, 圖録 181
284.貞松 5: 42, 圖録 258, 寶蘊 74, 武英 79
285.貞松 6: 33
286.奇 4: 13, 圖録 260
287.攈 3/1: 21, 圖録 257
288.圖録 261, BMFEA7, 第 26 頁
289.攈 2/3: 77, 圖録 179
290.奇 6: 35, 圖録 262
291.奇 17: 26, 圖録 257
292.攈 2/3: 40, 圖録 257
293.攈 2/3: 66, 圖録 266

周III / IV

（前 770 左右—前 250 左右）

294.奇 5: 26, 圖録 194
295.貞松 1: 18, Eumorf.1: 29, 圖録 269
296.貞松 3: 24, 圖録 282
297.愙 5: 15, 圖録 205
298.奇 3: 29, 圖録 254
299.奇 8: 14, 圖録 253
300.奇 8: 12, 圖録 238
301.愙 2: 21, 圖録 251
302.奇 3: 14, 善 8: 62
303.攈 2/1: 55
304.攈 2/3: 64, 圖録 156
305.攈 3/1: 12, 圖録 158
306.愙 1: 2, 圖録 167
307.貞松 1: 20, 圖録 175
308.攈 3/1: 8, 圖録 187
309.圖録 187
310.貞松 1: 15, 圖録 194
311.貞松 7: 34, 圖録 266
312.貞松 12: 20, 圖録 279
313.陶 2: 48
314.善 9: 7
315.貞松 1: 21
316.愙 2: 17
317.貞松 4: 46
318.貞松 7: 14
319.奇 8: 11
320.貞松, 補上 2
321.三代 1: 2
322.小校 1: 13
323.石鼓: 吾車
324.石鼓: 汧殹
325.石鼓: 田車
326.石鼓: 鑾車
327.石鼓: 靈雨
328.石鼓: 猷作
329.石鼓: 而師
330.石鼓: 天
331.石鼓: 吾水
332.石鼓: 吾人

周

333.攈 2/2: 74, 圖録 182
334.圖録 186
335.奇 5: 18, 圖録 191
336.貞松, 續上 24, 圖録 191
337.圖録 200
338.攈 2/1: 65, 圖録 222
339.攈 2/3: 5, 圖録 286
340.貞松 2: 42
341.貞松 2: 42
342.貞松 3: 14
343.貞松 3: 18
344.貞松 3: 20
345.貞松 3: 23
346.貞松 5: 41
347.貞松 6: 26
348.貞松 6: 27
349.貞松 6: 38
350.貞松 6: 39

351.貞松 6: 40
352.貞松 6: 41
353.貞松 7: 32
354.貞松 10: 29
355.貞松 10: 32
356.貞松 10: 41
357.貞松，補上 37
358.貞松，補中 29
359.奇 1: 25
360.奇 3: 30
361.奇 5: 31
362.奇 16: 1
363.奇 16: 23
364.奇 17: 23
365.奇 17: 29
366.奇 18: 13
367.奇 18: 19
368.窸 11: 13
369.窸 19: 25
370.攈 2/1: 57
371.攈 2/1: 58
372.攈 3/1: 16
373.三代 3: 36
374.三代 6: 51
375.小校 1: 7
376.小校 1: 13
377.小校 1: 18
378.小校 2: 89
379.小校 2: 92
380.小校 3: 96
381.小校 9: 29
382.奇 8: 10
383.小校 9: 79
384.貞松 2: 33
385.窸 11: 18
386.見《古文聲系》，烝 1
387.見《古文聲系》，魚 7①
388.貞松 2: 47
389.攈 2/1: 50
390.貞松 3: 17
391.攈 2/2: 65
392.貞松 4: 11
393.奇 17: 22
394.見《説文古籀三補》 7: 7
395.奇 8: 11
396.窸 12: 9
397.貞松 11: 6
398.見《説文古籀補補》

漢前

399.武英 63
400.善 2: 45
401.貞松 2: 32
402.貞松 2: 35
403.貞松 3: 14
404.貞松 4: 43
405.貞松 4: 44
406.貞松 4: 45
407.貞松 4: 47
408.貞松 5: 10
409.貞松 7: 10
410.貞松 7: 13
411.貞松 7: 15
412.貞松 7: 25
413.貞松 8: 36
414.貞松，補中 11
415.奇 5: 9
416.奇 16: 8
417.奇 17: 13
418.奇 18: 11
419.窸 3: 12
420.窸 5: 14
421.窸 6: 13
422.窸 17: 14
423.攈 1/2: 47
424.攈 1/2: 52
425.攈 1/3: 52
426.攈 2/1: 79
427.三代 3: 18
428.窸 6: 13
429.窸 14: 23
430.奇 1: 9
431.貞松 9: 9
432.陶 3: 7
433.奇 7: 19
434.見《古文聲系》，魚 8②
435.見《古文聲系》，陽 4
436.見《古文聲系》，陽 15
437.攈 1/2: 33
438.窸 23: 14
439.見《古文聲系》，宵 5

---

① 《古文聲系》魚部第 7 頁未見“麓伯星父毁”，恐高氏有誤。
② 《古文聲系》魚部第 8 頁未見“父舟寶毁”，恐高氏有誤。

440.愙 11: 27
441.貞松，續上 27
442.殷文存，下 31
443.見《古文聲系》，魚 13
444.見《古文聲系》，魚 19
445.攈 2/2: 56
446.見《古文聲系》，支 1
447.見《古文聲系》，脂 3
448.貞松，4: 35
449.見《古文聲系》，脂 12
450.愙 22: 2
451.奇 1: 19
452.貞松 8: 41
453.見《古文聲系》，齊 1
454.見《金文編》2: 9
455.奇 7: 30
456.攈 2/1: 5
457.攈 1/3: 52
458.奇 1: 17
459.奇 18: 7
460.貞松 8: 42
461.見《古文聲系》，脂 1

下面是刻有這些銘文的器物名稱，器物編號跟上表的銘文編號相同，如 1，彭女鼎，所刻的銘文録在貞松 2: 24。

1.彭女鼎
2.吼父癸鼎
3.夾鼎
4.鄧鬲
5.向彝
6.能匋尊
7.夾卣
8.對卣
9.奸卣
10.母辛卣
11.林鬲
12.禦簋
13.父丁尊
14.父乙尊
15.父丁卣
16.婦闟斝
17.祖丁甗
18.愗卣
19.師睪鼎
20.小子段
21.辛巳段
22.艅尊
23.小臣兒卣
24.宥鼎
25.旂鼎
26.戊寅父丁鼎
27.宜子鼎
28.父甲鼎
29.亳鼎
30.日壬段
31.遽仲觶
32.戊辰彝
33.豐鼎
34.登鼎
35.杞婦卣
36.旅卣
37.伯禾鼎
38.祖己爵
39.矢彝
40.父戊彝
41.夫觚
42.若觶
43.父丙觥
44.乙亥段
45.册刺鼎
46.立鼎
47.祖辛父庚鼎
48.龔鬲
49.父丁卣
50.季尊
51.棘觶
52.母亞癸斝
53.皿合觚
54.伯懋父段
55.衛段
56.師旅鼎
57.中(南宫)鼎
58.沈子它段
59.小臣宅段
60.禽段
61.大祝鼎
62.獻侯鼎
63.周公段
64.麥盉
65.大盂鼎
66.盂卣
67.小盂鼎
68.盂爵
69.矢令段
70.矢令彝
71.明公段
72.大保段
73.旅鼎
74.臣辰盉
75.作册大鼎
76.效卣
77.獻彝
78.競卣
79.梢改段
80.伯遲鼎
81.臤尊
82.遇甗
83.敔鼎
84.録戜卣
85.録段
86.録伯戜段
87.稓卣
88.師湯父鼎
89.寷鼎
90.趞尊
91.睘卣
92.庚贏卣
93.趠鼎
94.翏鼎
95.毛公肇鼎
96.妟鼎
97.格伯段
98.貉子段
99.戒鬲
100.農卣
101.師眉鼎
102.史獸鼎
103.匽侯旨鼎
104.讼伯段
105 令（耤田）鼎

106.孖段
107.刺鼎
108.伯㦰段
109.靜段
110.曾伯鼎
111.鯱且丁尊
112.鄭饔原父段
113.己侯貉子段
114.自作隩仲鼎
115.北伯卣
116.滕虎段
117.蔡姬尊
118.賢段
119.姑亙母觶
120.刺觀鼎
121.周㝵壺
122.伯衛父盉
123.季咏父段
124.員父尊
125.鮮父鼎
126.康侯段
127.魯侯父爵
128.中卣
129.夆伯甗
130.宰椃角
131.井季㚔卣
131a.睘尊
131b.任氏段
132.曶鼎
133.師奎父鼎
134.師虎段
135.趞曹鼎一
136.趞曹鼎二
137.利鼎
138.豆閉段
139.大克鼎
140.小克鼎
141.無㠱段
142.克盨
143.鬲从盨
144.伊段
145.鬲攸从鼎
146.虢叔旅鐘
147.散氏盤
148.克鐘
149.師㸚鼎
150.召伯虎段一
151.召伯虎段二
152.井人安鐘
153.師兑段一
154.師兑段二
155.曶壺
156.師嫠段
157.虢季子伯盤
158.史穴簠
159.伯晨鼎
160.諫段
161.師晨鼎
162.揚段
163.史頌段
164.頌鼎
165.史頌簠
166.康鼎
167.虘鐘一
168.鄭井叔蒦父鬲
169.同段
170.卯段
171.䣄侯段
172.不嬰段
173.䣄侯鼎
174.叔向父段
175.大段
176.大鼎
177.師酉段
178.杜伯盨
179.無惠鼎
180.毛公鼎
181.寰盤
182.師寰段
183.師望鼎
184.宗周鐘
185.茉伯段
186.善鼎
187.吴彝
188.匡卣
189.兮甲盤
190.通段
191.友段
192.師遽段
193.師遽彝
194.番生段
195.㒼段
196.追段
197.叔氏（士父）鐘
198.叔向父段二
199.史頌匜
200.敔段
201.虢文公子鼎
202.趞鼎
203.穴盤
204.穴段
205.史㦰壺
206.寓鼎
207.段段
208.君夫段
209.守段
210.井鼎
211.癸未尊
212.周棘生簋
213.駱伯鼎
214.閈碩鼎
215.𣪕甗
216.王仲嬀簠
217.朱公牼鐘
218.朱公華鐘
219.王子嬰次盧
220.厲羌鐘
221.宋公戌鐘
222.若公鐘
223.徐王擸鼎
224.沇兒鐘
225.僑兒（余義）鐘
226.徐王義楚鍴
227.徐王耑
228.國差𦉜
229.秦公段
230.者減鐘
231.王子申盞
232.鄭伯𣪕父鼎
233.鄦太保盆
234.齊侯壺
235.衛子簠
236.伯其父簠
237.趙孟壺
238.晉公𥂴
239.楚熊盤
240.陳伯元匜
241.鄭仲子紳簋
242.鄭楙叔壺
243.鑄公簠
244.鑄子叔黑頤簠
245.寒似鼎
246.戲伯鬲
247.告史碩父鼎
248.杞伯每鼎
249.虢季氏簋
250.魯太宰原父簋
251.魯伯愈父匜
252.曼龔父盨
253.仲偁父鼎
254.邾伯鼎
255.鄧公段
256.鄧伯氏鼎
257.鄦伯㫑壺
258.鄦伯霥簠

259.格伯毁
260.商丘叔簠
261.陳侯鼎
262.陳子匜
263.陳公子甗
264.徐王鍴
265.復公子毁
266.叔姬簠
267.師寏父盤
268.孌姬毁
269.中伯壺
270.寏叔毁
271.師趛父毁
272.媿氏毁
273.昜姚鼎
274.仲宦父鼎
275.繽仲父毁
276.伯筍父鼎
277.伯疑父毁
278.叔㖍父毁
279.宜桐盂
280.殷句壺
281.交君壺
282.邾公釪鐘
283.曾姬無卹壺
284.陳侯午毁敦
285.齊陳曼簠
286.陳侯因資敦
287.陳肪毁
288.陳騂壺
289.楚王酓章鐘
290.陳純釜
291.陳逆簠
292.陳逆毁
293.匽侯載彝
294.鄦子妝簠
295.吕鐘
296.寡兒鼎
297.宋走馬亥鼎
298.齊侯敦
299.齊侯盤
300.齊大宰盤
301.齊侯鎛
302.妊鳌母毁
303.甫人父匜
304.其宼句鑃
305.姑瀉句鑃
306.王孫遺者鐘
307.徐日庚句鑃
308.鄘侯毁
309.篖大史申鼎
310.子璋鐘
311.杜氏壺
312.吉日鐱
313.師麻簠
314.師㐆簠
315.鉦鐵
316.斁狄鐘
317.禾毁
318.啓疆尊
319.拍盤
320.者汈鐘
321.留鐘
322.昆厐王鐘
323.石鼓吾車
324.石鼓汧殹
325.石鼓田車
326.石鼓鑾車
327.石鼓靁雨
328.石鼓猷作
329.石鼓而師
330.石鼓天
331.石鼓吾水
332.石鼓吾人
333.仲子化盤
334.黄韋俞父盤
335.蔡姞毁
336.蔡大師鼎
337.鄭臧句父鼎
338.邾討鼎
339.吴尨父毁
340.仲斿父鼎
341.霍鼎
342.昶伯鼎
343.鐘伯侵鼎
344.諶鼎
345.貿鼎
346.買毁
347.伯矩簠
348.奢虎簠
349.諫季毁
350.遣叔吉父毁
351.食中走父毁
352.弭叔毁
353.番匊生壺
354.嚣伯盤
355.隼叔匜
356.公父它匜
357.曩仲壺
358.楚嬴匜
359.犀伯魯父鼎
360.函皇父毁
361.走毁
362.康侯鼎
363.叔臬父毁
364.弭仲簠
365.鬲叔盨
366.殳季良壺
367.喪叏鈚
368.量侯毁
369.叉卣
370.丕昜戈
371.雜鼎
372.豦毁
373.鄖小子鼎
374.莒小子毁
375.霝伯鐘
376.邾公糧鐘
377.楚公嘆鐘
378.憖鼎
379.辛鼎
380.邕子甗
381.中閔父盨
382.取膚盤
383.叔多父盤
384.沖子鼎
385.尌仲毁
386.季宫父簠①
387.麓伯星父毁
388.鎬鼎
389.弘尊
390.亳鼎
391.仲叡父盤
392.右獻鬲
393.邾太宰簠
394.周般匜
395.殷穀盤
396.相侯毁
397.仲義父鑑
398.拍盤
399.歔毁
400.伯液鼎
401.鯀鼎
402.鬳飼鼎
403.娟鼎
404.偁毁
405.辨毁
406.仲爯毁
407.辛巳毁
408.嫚仲毁

①《古文聲系》作“季良父簠”。

409.龍母尊
410.史伏尊
411.述尊
412.刃壺
413.冓斝
414.参卣
415.傳尊
416.獋鼎
417.居毁
418.兮熬壺
419.父戊鼎
420.丙午鼎
421.遂鼎
422.郳始鬲
423.寡長鼎
424.宵毁
425.汪伯卣
426.市師鼎
427.悆鼎
428.聾鼎
429.伯春盉
430.旁鼎
431.乙公觚
432.滔罍
433.父戊舟爵
434.父舟寶毁
435.白毁
436.戊辰毁
437.帚女卣
438.屰目父癸爵
439.史喜鼎
440.來獸毁
441.剢奴甗
442.峀䀠罍
443.旟父乙爵
444.子雨己鼎
445.改盨
446.丙申角
447.公違鼎
448.君妻子彝
449.贊母鬲
450.美爵
451.甚諆鼎
452.屮盉
453.組子鼎
454.趡罍
455.癸旻爵
456.征毁
457.昷卣
458.叔鼎
459.禍觶
460.伯定盉
461.妣辛毁

單字音序索引

説　明

一、本索引收録本書全部有讀音單字，右邊的數字表示它所在正文的頁碼。

二、本索引所稱單字讀音係指單字的官話讀音及其普通話讀音。

單字筆畫索引

説　明

一、本索引收録本書全部單字，右邊的數字表示它所在正文的頁碼。

二、本索引按單字的筆畫、筆順（一丨丿丶乛）次序排列。

九畫

十六畫

［一］

［丨］

［丿］

十九畫

編譯後記

本字典《導言》《修訂本導言》《從上古漢語到中古漢語》《從中古漢語到官話》由潘悟雲翻譯;《中古漢語和日語漢字》由張洪明翻譯。

本字典正文部分翻譯分工如下:

潘悟雲: 第 83—147 組、668—803 組;

楊劍橋: 第 1—82 組、458—568 組、804—852 組、1023—1147 組;

陳重業: 第 148—248 組、569—667 組、853—1022 組;

張洪明: 第 249—457 組、1148—1260 組。

字典所有的古文字, 以及古器名對照表均由浙江温州第八中學吴瑞松先生核校、摹寫和製作。

編譯者

1992 年 7 月